新譯徐霞客遊記（中）

黃珅 注譯
黃志民 校閱

三民書局

新譯徐霞客遊記　目次

中冊

粵西遊日記二

【題解】除了桂林，柳州、南寧、梧州、鬱林等地，均以其獨特的自然人文景觀，飲譽粵西，令人神往。而對徐霞客來說，摸清這裡的山貌水文，必然有助湖江探源，其意義又豈止單純的景物觀賞，故非峰峰手摩，溪溪足涉，不能自釋。離開桂林後，他至蘇橋沿洛青江南下，經永福，過洛容，至柳州，隨即沿柳江、慶遠江北上，經柳城，遊融縣，在真仙巖滯留十餘天。返回柳州後，又沿黔江南下，經象州，過武宣，至潯州（桂平），再翻山越嶺，親臨大容山南的鬱林（今玉林）、北流、容縣，遊覽了白石、勾漏、都嶠諸洞天。返回潯州後，立即溯鬱江西行，經過貴縣、橫州、永淳，直抵南寧，途中遊覽了羅叢巖和寶華山。可惜在南寧一個月的日記，現盡已亡佚。

丁丑六月十二日　晨餐後登舟，順流而南，曲折西轉，二十里，小江口，為永福❶界。又二十里，過永福縣。縣城在北岸，舟人小泊而市蔬。又西南三十五里，下蘭麻灘，其灘懸湧殊甚，上有蘭麻嶺❷，行者亦甚逼仄焉。又二十里，下陟灘，為理定❸，其城在江北岸。又十五里而暮。又十五里，泊於新安鋪❹。

十三日　昧爽行四十里，上午過舊街❺，已入柳州之洛容❻界矣，街在江❼北岸。又四十里，午過牛排。又四十里，下午抵洛容縣南門。縣雖有城，而市肆荒落，城中草房數十家，縣門惟有老嫗居焉。舊洛容縣❽在今城北八十里，其地抵柳州府一百

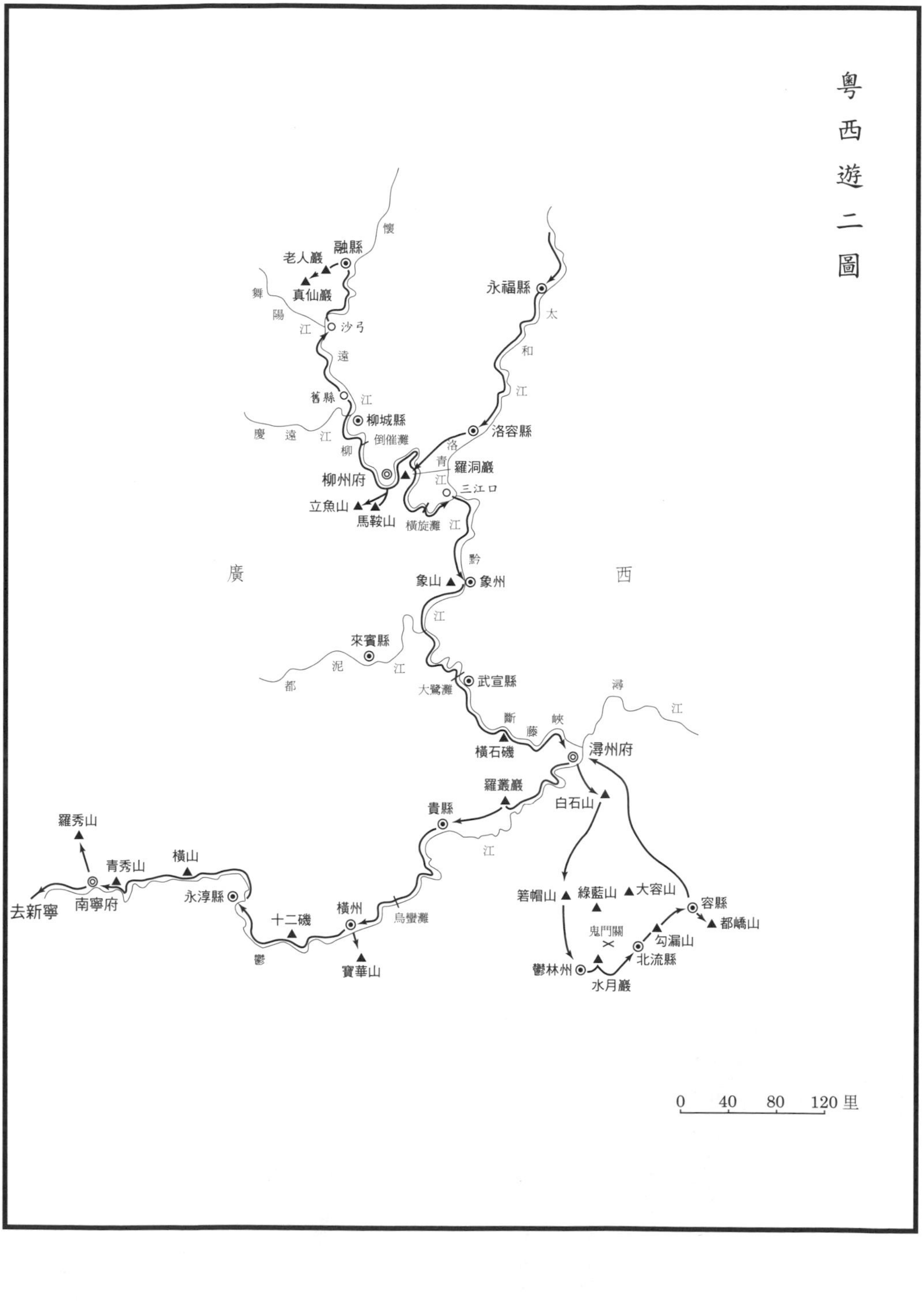
融縣
老人巖
真仙巖
懷
舞
陽
江
沙弓
遠
江
舊縣
柳城縣
慶
遠
江
柳
倒催灘
柳州府
羅洞巖
立魚山
馬鞍山
三江口
橫旋灘
永福縣
太
和
江
洛容縣
洛
青
江
江
黔
象山
象州
江
廣
西
來賓縣
都
泥
江
武宣縣
大鷲灘
斷
藤
峽
潯
江
橫石磯
潯州府
羅叢巖
白石山
貴縣
江
羅秀山
青秀山
橫山
去新寧
南寧府
永淳縣
十二磯
橫州
烏蠻灘
寶華山
鬱
箬帽山
綠藍山
大容山
容縣
都嶠山
鬼門關
勾漏山
北流縣
鬱林州
水月巖
0 40 80 120 里
粵西遊二圖

三十里。今為新縣，西南抵柳州五十里。〔水須三日溯柳江❾乃至。〕是晚宿于舟中。預定馬為靜聞行計。

【章　旨】本章記載了徐霞客進入廣西第六十四、第六十五天離開桂林前往柳州府的行跡。早晨上船，經過永福縣，駛下蘭麻灘、陟灘，望見理定，到新安鋪停泊。次日經過舊街，進入柳州府的洛容地界。又經過牛排，到達洛容縣，城中十分荒涼。

【注　釋】❶永福　明代為縣，隸桂林府永寧州，今屬廣西。❷蘭麻嶺　又名蘭麻山，在永福西南四十里。從桂林至柳州，路經此山，過山澗百餘里，方至平地。舊說山中有毒，沿溪水行走，有伏流，有平流。舊志載：蘭麻、烏沙諸嶺，峰峰刺天，險隘僅能容足。每過嶺，擘天直上至絕頂，又懸空而下抵澗水，連綿不絕。❸理定　今名里定。唐代為縣，明廢，在永福西南六十里，鹿寨北隅。❹新安鋪　今名西岸。在鹿寨北境，洛青江西岸。❺舊街　今名同。在鹿寨北境，洛青江與洛江匯流處。❻洛容　明代為縣，隸柳州府，今廢。故城在今鹿寨西南的洛容。❼江　指洛青江。自桂林分流，經洛容城南，至柳州三江口匯入柳江。❽舊洛容縣　舊城在今洛容西北白龍巖，明天順末毀，縣民奔居米峒，在洛容東北七十里因山築城，即今鹿寨北境的中渡。❾柳江　西江支流，在廣西北部。上源都柳江，出貴州獨山，東流入廣西三江縣境稱融江，南流到柳城以下稱柳江，流至來賓三江口附近和紅水河匯合後稱黔江。沿岸山嶺連綿，灘多水急。

【語　譯】丁丑六月十二日　吃過早飯上船，順流往南，曲曲折折向西轉，行駛二十里，到達小江口，為永福地界。又走了二十里，經過永福縣。縣城在洛青江北岸，船夫在這裡作短暫停泊去買蔬菜。再往西南行駛三十五里，下蘭麻灘，這灘水勢極為陡急洶湧，上面有蘭麻嶺，道路也很狹窄不平。再行駛二十里，下陟灘，到理定，城在洛青江北岸。再行駛十五里，已是傍晚，再行駛十五里，在新安鋪停泊。

十三日　拂曉行駛四十里，上午經過舊街，已進入柳州的洛容地界，街在江的北岸。又行駛四十里，中午過牛排。再行駛四十里，下午到達洛容縣南門。雖有縣城，但街市荒涼，城中有幾十家草屋，縣門只有老婦人居住。原洛容縣治在今城北面八十里，到柳州府有一百三十里。如今為新縣治，往西南到柳州有五十里。從水路逆柳江上行，須三天才能到達。這天晚上在船上過夜。考慮到靜聞無法趕路，為他預訂了馬匹。

十四日　昧爽起飯，覓擔夫肩筐囊，倩馬馱❶靜聞，由南門外繞城而西。靜聞甫登騎，輒滾而下。顧僕隨靜聞擔夫先去，余攜騎返換，再易而再不能行。計欲以車行，眾謂車之屼嵲❷甚於馬，且升降坡嶺，必須下車扶挽，益為不便。乃以重價覓肩輿三人，屢其欲而後行，已上午矣。余先獨行，擬前鋪❸待之，慮轎速余不能踵其後也。共一里，過西門，西越一橋而西，即升陟坡坂，四顧皆迴崗複嶺，荒草連綿，惟路南隔崗有山尖聳，露石骨焉。踄荒莽共十八里，踰高嶺，迴望靜聞轎猶不至。下嶺又西南二里，為高嶺鋪，始有茅舍數家，名子孟村。時靜聞猶未至，姑憩鋪肆待之。久之乃來，則其憊彌甚。於是復西一里，乃南折而登嶺，迤邐南上，共四里，抵南寨山之西，則柳江逼其西崖矣。乃西向下，舟人艤舟以渡。〔有小溪自南寨破壑，西注柳江，曰山門沖。〕江之東為洛容界，江之西為馬平❹界。登西岸，循山瀨江南向行，是為馬鹿堡❺。東望隔江石崖橫亙其上，南寨山分枝聳幹，亭亭露奇。共五里，乃西向踰坳入，則石峰森立，夾道如雙闕。其南峰曰羅山，山頂北向，有洞斜騫，側裂旁開兩門，而仰眺無躋攀路，西麓又有洞駢峙焉。其北峰曰李馮山，而南面峭削尤甚❻。又二里，雙闕之西，有小峰當央❼而立，曰獨秀峰。

行者共憩樹下，候靜聞輿不至。問後至者，言途中並無肩輿，心甚惶惑。然迴眺羅山西麓之洞，心異之。同憩者言：「從其南麓轉山之東，有羅洞巖焉，東面有坊，可望而趨也。」余聞之益心異。仰視日色尚未令昃❽，遂從岐東南披宿草行。一里，抵羅山西南角，山頭叢石疊架，側竇如圭，橫穴如梁。從此轉而南，東循其南麓，北望山半，亦有洞南向，高少遜於北巔，而面背正相值也。東南望一小山瀕江，山之南隅，石剖成罅，上至峰頂，復連而為門。其時山雨忽來，草深沒肩，不虞上之傾注，而轉苦旁之淋漓矣。轉山之東，共約一里，遂踰坳北入，一坪中開，自成函蓋。右峰之北，有巨石斜疊而起，高數十丈，儼若一人北向端拱，衣褶古甚。左崖之北，有雙門墜峽而下，內洞北向，深削成淵，底有伏流澄澈，兩旁俱峭壁數十丈，南進窅然，不知其宗。北抵洞口，壁立斬❾絕，上有橫石，〔高二尺，〕欄洞口如閾，可坐瞰其底，無能踰險下墜，亦無虞失足隕越也。閾之左壁，有懸綆數十丈，圈而繫之壁間，余疑好事者引端懸崖以游洞底者。惜余獨行無偶，不能以身為轆轤⑩，汲此幽閟也。既北出峽門上，復西眺西峰，有道直上，果有石坊焉。亟趨之，石坊之後，有洞東向，正遙臨端拱石人，坊上書「第一仙區」，而不署洞名。洞內則列門設鎖，門之上復橫柵為欄，從門隙內窺，洞甚崆峒，而路無由入。乃攀柵踐壁，踰門端入，則洞高而平，寬而朗，中無佛像，有匡牀⑪木几，遺管城⑫墨池⑬焉。探其左，則北轉漸黑而隘；窮其右，則西上愈邃而昏。余冀後有透明處，摸索久之不得。出，仍踰門上柵，至洞前，見洞右有路西上，撥草攀隙而登，上躡石崖數重，則徑窮莫前，乃洞中剪薪道也。山雨復大至，乃據危石、倚穹崖而坐待之。忽下見洞北坪間，翠碧茸茸，心訝此間草色獨異，豈新禾沐雨而然耶？未幾，則圓繞如規，五色交映，平鋪四壑，自上望之，如步帳⑭迴合，倏忽影滅。

雨止乃下，仍從石坊逾南坳，共二里，轉是山西麓。先入一洞，其門西向，豎若合掌，內窪以下，左轉而西進，黑不可捫；右轉而東下，水不可窮，乃峻逼之崖，非窈窕之宮也。出洞又北，即向時大道所望之洞。洞門亦西向，連疊兩重。洞外有大石，橫臥當門，若置閾焉，峻不可踰。北有隘，側身以入，即為下洞。洞中有石中懸，復間為兩門，南北並列。先從南門入，稍窪而下，其南壁峻裂斜騫，非攀躋可及；其北崖有隙，穿懸石之後，通北門之內焉。其內亦下墜，而東入洞底，水聲汩汩，與南洞右轉之底，下穴潛通。由北門出，仰視上層，石如荷葉，下覆虛懸，無從上躋。復從南門之側，左穿外竅，得一旁龕。龕外有峽對峙，相距尺五，其上南即龕頂盡處，北即覆葉之端。從峽中手攀足撐，遂從虛而凌其上，則上層之洞，東入不深，而返照⑮逼之，不可嚮邇⑯。惟洞北裂崖成竇，環柱通門，石質忽靈，乳然轉異；攀隙西透，崖轉南向，連開二楹，下跨重樓，上懸飛乳，內不深而宛轉有餘，上不屬而飛凌無礙。巖之以凭虛駕空為奇者，陽朔珠明之外，此其最矣。

坐憩久之，仍以前法下出洞前橫閾，復西北入大道。一里，抵獨秀峰下。又西向而馳五六里，遇來者，問無乘肩輿僧，止有一臥牛車僧。始知輿人之故遲其行，窺靜聞可愚，欲私以牛車代易也。其處北望有兩尖峰，亭亭夾立，南望則群峰森繞，中有石綴出峰頭，纖幻殊甚，而不辨其名。又西五六里，則柳江自南而北，即郡城⑰東繞之濱矣。江東之南山，有樓閣高懸翠微，為黃氏書館。即王戌⑱會魁⑲黃啟元⑳。時急於追靜聞，遂西渡江，登涯即闤闠連絡，從委巷二里入柳州城，東門以內，反寥寂焉。西過郡治，得顧僕所止寓，而靜聞莫可蹤跡。即出南門，隨途人輒問之，有見有不見者。仍過東門，繞城而北，由唐二賢祠㉑躡之開元寺，知由寺而出，不知何往。寺僧言此惟千佛樓、三官堂為接眾之所，須從此覓。乃出寺，由其東即北趨，里餘而得千佛樓，已暮矣。問之僧，無有也。又西趨三官堂，入門，眾言有僧內入，余以為是矣，抵僧棲，則仍烏有。急出，復南抵開元東，再詢之途人，止一汲者言曾遇之江邊。問江邊有何庵，曰有天妃廟。乃暗中東北行，又一里，則廟在焉。入廟與靜聞遇。蓋輿人以牛車代輿，而車不渡江，止以一人隨攜行李，而又欲重索靜聞之資，惟恐與余遇，故迂歷城外荒廟中，竟以囊被詒僧抵錢付去。靜聞雖病，何愚至此！時廟僧以飯餉，余與㉒同臥廟北野室中，四壁俱竹籬零落，月明達旦。

【章旨】本章記載了第六十六天在柳州府的行跡。用高價找了三個抬轎的人送靜聞，自己獨自先行，一路翻山越嶺，經過孟村、山門沖，渡過柳江，進入馬平地界。隨後經過馬鹿堡，望見南寨山，繼續向前，只見羅山、李馮山一南一北，夾道而立。聽說周圍有羅洞巖，心中稱奇，冒著大雨前往，途中看到一個端立拱手的石人。走到一個洞口，有石橫攔如同門檻，石壁上拴著繩索，可惜當時獨行無伴，不能到洞底一遊。山中下起大雨，平地間一派蒼翠柔密的景象。下山走到羅山西麓的巖洞，洞門有兩重，側身進入下洞，洞底水聲汩汩，下面洞穴暗中相通。山崖上層，岩石如同荷葉，在峽中手攀足撐，凌空而上。上洞北面崖石裂開，石質靈巧，石乳奇異，洞內曲折有餘，上面飛越無礙。以凌空而起稱奇的巖洞，除了陽朔珠明巖外，要算這裡為最了。下山到獨秀峰下，隨後在柳江邊仰望黃氏書館。進入柳州城，只找到顧僕，卻不見靜聞蹤影。於是先後去唐二賢祠、開元寺、千佛樓、三官堂等地，經一個打水人提醒，終於在江邊的天妃廟找到靜聞，原來是轎夫在愚弄敲詐他。這天就在廟北的野屋中過夜。

【注　釋】❶駝　通「馱」。以畜負載。❷屼嵲　當為「兀臬」，即「兀臲」。動搖不安；顛簸貌。❸鋪　宋代以後稱郵遞驛站為鋪。❹馬平　明代為柳州府附郭縣，民國間改為柳江縣，屬廣西。❺馬鹿堡　今名馬鹿，在柳州東隅，柳江西岸。❻南面峭削尤甚　南，原作「來」，據乾隆本改。❼當央　當中。央，中間。❽昃　太陽偏西。❾斬　通「嶄」。高峻。❿轆轤　古時井上汲水的起重裝置。⓫匡牀　又作「筐牀」，方正安適的牀。⓬管城　又作「管城子」，毛筆的別稱。⓭墨池　指磨墨的硯臺。⓮步帳　用以遮避風塵或障蔽內外的帳幕。⓯返照　指夕陽。⓰嚮邇　靠近。⓱郡城　即柳州城。明代置柳州府，治所在馬平（即今廣西柳州）。⓲壬戌　明熹宗天啟二年（一六二二）。⓳會魁　科舉時代，鄉試中式為舉人。舉人試之京師為會試。會試中式第一名為會元，也稱會魁。⓴黃啟元　《柳州縣志》作王啟元，王化子，與同邑龍文光同為天啟二年（壬戌）文震孟榜進士，官翰林院檢討，晚年告老還鄉，猶著書不輟。㉑唐二賢祠　宋時建，祀唐柳宗元、劉蕡。原址在城西，後廢。明代先後在西關、東關建祠。㉒輿　疑為「與」之誤。

【語　譯】十四日　拂曉起身吃飯，找挑夫挑行李，讓馬馱靜聞，從南門外繞城向西走。靜聞剛上馬，就滾了下來。顧僕隨靜聞挑夫先走，我牽著馬回去，又換了一匹，但還是不能坐著走。想坐車去，但眾人說坐車比乘馬晃動還要厲害，而且在山嶺坡地上上下下，必須下車扶著走，更不方便。於是用高價找了三個抬轎的人，滿足了他們的索價後出發，已是上午了。我獨自先行，打算在前面的鋪站等候，主要是考慮到轎夫走得快，我跟不上他們。共走了一里，經過西門，往西通過一座橋再往西走，便登上山坡，向四面望去，都是迴繞的山岡、重疊的山嶺，荒草連綿不斷，只有路的南面，隔著山岡有座尖聳的山峰，露出岩石。踏著荒草共走了十八里，翻過高高的山嶺，回頭遙望靜聞坐的轎，還沒到來。下嶺又往西南走了二里，到高嶺鋪，才有幾家草屋，地名孟村。這時靜聞還沒到，暫且在鋪中的小店休息等候。過了好久靜聞才到來，只是顯得更加疲憊。從這裡又往西走一里，便往南轉登上山嶺，曲曲折折向南往上走，共四里，到達南寨山的西面，柳江已經逼近它西面的崖壁了。於是往西走下，船夫撐船靠岸擺渡。有小溪從南寨沖破山壑流出，往西注入柳江，地名山門沖。江的東岸為洛容地界，西岸為馬平地界。登上西岸，沿山靠江往南走，前面便是馬鹿堡。向東望見江對岸石崖在上面橫亙，南寨山主峰高聳，支峰分列，亭亭而立，顯露奇姿。共走了五里，便向西翻過山坳往裡走，只見石峰森然挺立，如同矗立在道路兩邊的雙闕。南峰名羅山，山頂朝北，有洞在高處斜露，旁邊裂開兩道門，抬頭眺望，沒路攀登，山的西麓又有洞並立。北峰名李馮山，南面格外陡峭。又走了二里，在如同雙闕的石峰西面，有小峰居中而立，名獨秀峰。

趕路的人一起在樹下休息，等候靜聞坐的轎，卻遲遲不來。向後面過來的人打聽，回答說路上並沒有抬轎的人，心裡十分疑慮不安。但回頭眺望羅山西麓的巖洞，心中暗暗稱奇。一起休息的人說：「從它的南麓轉到山的東面，有羅洞巖，東面有牌坊，可向它走去。」我聽了心中更加好奇。仰望太陽還未西斜，便從岔路往東南撥開隔年的荒草趕路。走了一里，到達羅山西南角，山頭堆積著重重疊疊的岩石，旁邊的孔洞上尖下方，形狀如同圭玉，橫向的洞穴則像橋梁。從這裡往南轉，向東沿著山的南麓，朝北望見山的半腰，也有洞向南，比北面山頂的洞稍許低些，但座落的位置正好前後相對。向東南望見一座靠近江水的小山，山的南隅，岩石開裂，往上直到峰頂，又相連形成門戶。這時山雨忽然飄來，草深高過人的肩膀，雖然不怕傾盆而下的雨水，卻反為身旁濕漉漉的荒草所苦。轉到山的東面，共走了約一里，便翻過山坳往北進去，中間開出一塊平地，自成一片天地。在右邊山峰的北面，有巨石斜疊聳起，高數十丈，很像一個人朝北端立拱手，衣服十分古樸。左邊山崖的北面，有兩處洞門直落峽中，裡面的洞朝北，幽深陡削成為深淵，底部有清澈的暗流，兩旁都是幾十丈高的峭壁，往南進去十分深遠，不知最終通往何處。往北到達洞口，山崖壁立，極其高峻，上面有橫架的岩石，高二尺，攔在洞口，如同門檻，可坐著俯視洞底，雖不能越過險阻往下，也不用擔心失足掉下去。門檻左面的石壁，有幾十丈長的繩索，繞成一圈拴在壁間，我懷疑是好事者抓住繩索的一頭沿崖壁落下，到此洞底遊覽。可惜我獨自行走，沒有伴侶，不能像轆轤汲水那樣，以親身經歷，探取裡面的奧祕。隨即往北從峽門的上面走出，再向西眺望西面的山峰，有路直往上延伸，果然有石坊。急忙往那裡走，石坊的後面，有個朝東的洞，正遠遠對著端立拱手的石人。坊上寫著「第一仙區」這幾個字，但沒有洞名。洞內各道門都上了鎖，門的上面又橫連木頭作為柵欄，從門縫往裡張望，洞內很空曠，但沒路進去。於是拉著木柵，踩著石壁，從門的上端翻進去，只見洞既高大又平坦，既寬敞又明朗，中間沒有佛像，但有匡牀、木桌，上面留下筆墨硯臺。探訪洞的左側，往北轉後漸漸變得昏黑狹隘；窮盡洞的右側，往西向上，越走越深邃昏暗。我希望後面有照進光線的地方，摸索了好長時間都沒找到。出洞後，仍然越過門上木柵，到洞的前面，只見洞的右邊有路往西向上，撥開草叢，從石縫中攀登，踏上幾重石崖，路就到了盡頭，不能向前，原來是洞中砍柴人走的路。山雨又迅猛地下了起來，於是到高峻的岩石下，靠著高大的崖壁，坐著等待雨停。忽然往下看到洞北的平地中，一片蒼翠，對這裡草色與眾不同感到十分驚訝，難道是新生的禾苗得到雨水滋潤才變得這樣？不一會，彩霞圍繞，如同圓規，五色繽紛，交相映照，平鋪四周的山壑，從上面望去，如同步帳環繞，倏忽之間，又如光影破滅。

雨停後下山，仍然從石坊越過南面的坳地，共走了二里，轉到這山的西麓。先走進一個洞，洞門朝西，豎立如同合攏的手掌，裡面窪下，向左轉往西走進，沒法在黑暗中摸索；向右轉往東走下，又沒法到水的盡頭，這裡實在是高峻狹隘的山崖，並非幽深秀麗的地宮。出洞再往北，便是先前在大路上望見的洞。洞門也朝西，接連疊起兩重。洞外有大石，橫臥在門前，就像安放在這裡的門檻，十分高峻，無法越過。北面有個隘口，側著身子走進，便是下洞。洞中有石懸掛在中間，又隔成兩道門，南北並列。先從南門進去，地勢漸漸窪下，南面的石壁高峻開裂，斜向伸出，不是攀登可到的地方；北面的山崖有縫隙，穿過懸掛的岩石的後面，直通北門之內。門內地勢也往下跌落，往東進入洞底，水聲汩汩，與南洞往右轉的底部，下面洞穴暗中相通。從北門走出，仰望上層，石片形如荷葉，往下覆蓋，懸在空中，無法攀登。又從南門的一旁，往左穿過外面的孔洞，看到旁邊有個石龕。龕外有峽壁相對峙立，相隔一尺五寸，峽上南面即是龕頂的盡頭，北面便是像荷葉那樣覆蓋的岩石的上端。在峽中手攀足撐，終於憑空登臨其上，只見上層的洞穴，往東進去並不深，但夕陽照在上面，沒法接近。唯有洞的北面崖石裂成小洞，石柱環列，門戶相通，石質忽然顯得靈巧，石乳也變得十分奇異；登上石縫往西穿過，山崖轉向南面，接連開出兩間屋子，下面如重重樓閣橫跨，上面飛舞的石乳高掛，裡面不深但曲折有餘，上面不連但無礙飛越。以無所依傍凌空而起稱奇的巖洞，除了陽朔的珠明巖，就數這裡了。

坐著休息好長時間，仍然用先前的辦法往下走出洞前橫臥的石檻，再往西北進入大路。走了一里，到獨秀峰下。又向西奔走五、六里，遇見過來的人，打聽有沒有坐轎的僧人，回答說只有一個睡在牛車上的僧人。這才明白抬轎的人之所以故意拖延不走，是因為他們已看出靜聞可以愚弄，想私下用牛車來替代。從這裡向北望去有兩座尖峰，在路的兩邊亭亭而立，向南望去只見群峰森然圍繞，中間有岩石在峰頭相連突起，極為細小奇特，但不知名稱。再往西走五、六里，只見柳江從南往北，已到在郡城東側環繞的江畔。江東的南山，有樓閣高掛綠樹叢中，為黃氏書館。即王戌會魁黃啟元。這時急於追尋靜聞，就向西渡江，上岸便是相連交接的街市，從小巷曲曲折折走了二里，進入柳州城，東門裡面，反而顯得十分冷落。往西經過柳州府衙門，找到顧僕住宿的地方，但不見靜聞蹤跡。隨即走出南門，遇見過路人便上前打聽，有的說看到過，有的說沒看見。仍然經過東門，繞著城往北，從唐二賢祠走到開元寺，得知靜聞從寺中走出，但不知去哪裡。寺內的僧人說這裡惟有千佛樓、三官堂為接客的地方，必須到那裡尋找。於是走出寺院，從它的東面往北趕路，走了一里多到千佛樓，已是傍晚了。向僧人打聽，沒有靜聞。又往西趕到三官堂，走進門，眾人說有僧人進去，我以為就是靜聞，到僧人居住的地方，仍不見人。急忙走出，又往南到開元寺的東面，再向過路人打聽，只有一個打水的人說曾在江邊遇見過。問江邊有什麼庵堂，回答說有天妃廟。就摸黑往東北走，又過了一里，廟就在前面。走進廟中，和靜聞相遇。原來抬轎的人用牛車代轎，但車並不過江，只是讓一個人隨身帶著行李，又想敲詐靜聞，惟恐和我相遇，所以繞道到城外的荒廟中，竟以行李被褥作押，騙僧人付給他錢後離開。靜聞雖然得病，怎麼會愚笨到這種地步！這時廟中的僧人拿出飯給我們吃，我和靜聞一起睡在廟北的野屋中，四面都以稀疏不齊的竹條籬笆作為圍牆，月光皎潔，通宵達旦。

十五日　昧爽起，無梳具，乃亟趨入城寓，而靜聞猶臥廟中。初擬令顧僕出候，並攜囊同入，而顧僕亦臥不能起，余竟日坐樓頭俟之。顧僕復臥竟日，不及出遊焉。是日暑甚，余因兩病人僵臥兩處，憂心忡忡，進退未知所適從，聊追憶兩三日桂西程紀，迨晚而臥。

十六日　顧僕未起，余欲自往迎靜聞，顧僕強起行，余並付錢贖靜聞囊被。迨上午歸，靜聞不至，而廟僧至焉。言昨日靜聞病少瘥，至夜愈甚，今奄奄垂斃，亟須以輿迎之。余謂病既甚，益不可移，勸僧少留，余當出視，並攜醫就治也。僧怏怏去，余不待午餐，出東門，過唐二賢祠，由其內西轉，為柳侯廟❶，〈柳侯碑〉❷在其前，乃蘇子瞻書，韓文公詩。其後則柳墓❸也。余按《一統志》，柳州止有劉蕡墓❹，而不及子厚，何也？容考之。急趨天妃視靜聞，則形變語譫❺，盡失常度。始問之，不能言，繼而詳訊，始知昨果少瘥，晚覓菖蒲、雄黃服之，遂大委頓，蓋蘊熱之極，而又服此溫熱之藥，其性悍烈，宜其及此。余數日前閱《西事珥》❻，載此中人有食飲端午菖蒲酒，一家俱斃者，方以為戒。而靜聞病中服此，其不即斃，亦天幸也。余欲以益元散❼解之，恐其不信，乃二里入北門，覓醫董姓者出診之。醫言無傷，服藥即愈，乃復隨之抵醫寓，見所治劑俱旁雜無要。余攜至城寓，另覓益元散，並藥劑令顧僕傳致之，諭以醫意，先服益元，隨煎劑以服。迨暮，顧僕返，知服益元後，病勢少殺矣。

十七日　中夜雷聲殷殷，迨曉而雨。晨餐後令顧僕出探靜聞，病已漸解。既午雨止，濕蒸未已。匡坐❽寓中，倦於出焉。

柳郡三面距江，故曰壺城❾。江自北來，復折而北去，南環而寬，北夾而束，有壺之形焉，子厚所謂「江流曲似九迴腸」❿也。其城頗峻，而東郭之聚廬，反密於城中，黃翰簡、龍天卿⓫之第俱在焉。龍名文光。黃翰簡，名啟元。壬戌進士。父名化⓬。由鄉科任廣東平遠令，平盜有功，進僉憲⓭。母夫人計氏⓮，以貞烈死平遠，有顓⓯祠。余昔聞之文相公湛持⓰，言其夫人死於平遠城圍之上，而近閱《西事珥》，則言其死於會昌⓱，其地既異，則事亦有分。此其所居，有祠在羅池東。缺　當俟考之。翰簡二子俱鄉科。

【章　旨】本章記載了第六十七天至第六十九天在柳州府的行跡。回到城內的寓所，發現顧僕也病了。天氣炎熱，憂心忡忡。走出東門，經過唐二賢祠，轉到柳侯廟，後面為柳侯墓。趕緊去探望靜聞，只見他因服用菖蒲、雄黃，病情加劇，神志不清。後服了益元散，病勢才得到控制。柳州府城三面臨江，地形如壺，東郭有黃翰簡、龍天卿的府第。

【注　釋】❶柳侯廟　在柳州市內，柳江北岸。唐柳宗元（字子厚）出任柳州刺史，在柳四年，頗有善政，以抑鬱成疾而終，託夢留言：「館我於羅池。」其部屬長慶元年（八二一），於羅池邊立廟祭祀，初名羅池廟，宋徽宗時，追封柳宗元為文惠侯，改今名。現存建築為清雍正年間重建。❷柳侯碑　在柳侯廟中廳堂中。碑文摘自韓愈〈柳州羅池廟碑〉中的享神詩，因首句為「荔子丹兮蕉黃」，故稱「荔子碑」，後經蘇軾手書，人稱「三絕碑」。❸柳墓　柳宗元死後，遺骸運回長安萬年縣安葬，柳州百姓在祠後建衣冠墓，以資憑弔。今墓為清代重修。❹劉蕡墓　在鵝山下，原有石刻上題「劉賢良墓」。劉蕡，字去華，唐昌平人。文宗大和二年，應賢良對策，極言宦官禍國，令狐楚、牛僧孺都上書推薦為幕府，授祕書郎。由於宦官誣陷，後貶柳州司戶參軍。❺譫　因發燒、酒醉、藥物中毒以及其他疾患引起的意識模糊、短時間內精神錯亂而出現的胡言亂語。❻西事珥　書名，凡八卷，對廣西的山川、風土、時政、人情等均有記載。❼益元散　又名六一散、天水散、太白散，以滑石六兩，甘草一兩，為細末，治暑濕身熱，心煩口渴，小便不利。❽匡坐　正坐；端正坐著。❾壺城　柳江流經柳州，將市區分為南北兩部，江北市區東、南、西三面江水環繞，形狀如壺（或說似葫蘆），故名。❿江流曲似九迴腸　語出柳宗元〈登柳州城樓寄漳汀封連四州刺史〉詩。⓫龍天卿　名文光，廣西馬平人。明天啟進士，崇禎間巡撫四川，值張獻忠起事，城陷被殺。⓬父名化　《柳州縣志》作「王化」，字汝贊，馬平人，明嘉靖間任平遠（今屬廣東）知縣，以破梁國相為首的田坑農民起事而知名，擢官廣東按察使。⓭僉憲　明代都察院設左、右僉都御史，位次於副都御史，通稱僉院，敬稱僉憲。⓮許氏　王化妻。王化督兵圍剿梁國相時，將妻兒寄寓會昌。梁國相曾施反間計，派人至會昌，詐稱王化身亡，許氏信以為真，將六歲兒納妾懷中，自刎而死。⓯顓　通「專」。獨自；獨一。⓰文相公湛持　文震孟，號湛持，長洲（今江蘇蘇州）人，文徵明曾孫。為東林後期重要人物，崇禎時曾兼東閣大學士，參預朝政。⓱會昌　明代為縣，隸贛州府，今屬江西。

【語　譯】十五日　拂曉起身，沒有梳洗的器具，急忙趕到城中的寓所，而靜聞仍睡在廟中。起先打算吩咐顧僕出去等候，並將行李一起帶回，但顧僕也睡在牀上，不能起身，我只得整天坐在樓頭等待。顧僕又整天睡著，這樣就不能出去遊賞了。這天特別炎熱，我因為兩個病人睡在兩個地方，憂心忡忡，不知如何是好，暫且追記這二、三天在桂林西郊的遊程，到晚上睡覺。

十六日　顧僕沒起牀，我想自己去接靜聞，顧僕勉強起身出發，我同時付錢贖靜聞的行李被褥。等他上午歸來，靜聞沒一起來，但廟裡的僧人卻到了。據他說昨天靜聞病情稍許緩解些，但到夜間病得更加厲害，如今已奄奄一息，快要死了，必須趕緊用轎去接。我說病情既然已經加劇，就更不可以搬動了，勸那僧人讓靜聞再稍許停留，我自會出去探望，並帶醫生為他治療。那僧人不滿地離去，我等不及吃午飯，走出東門，經過唐二賢祠，從祠內往西轉，為柳侯廟，〈柳侯碑〉在廟前，是蘇子瞻書寫的韓文公詩。廟後便是柳侯墓。據《一統志》的記載，柳州只有劉蕡墓，沒提到子厚墓，不知是何緣故？讓我留待以後查考。急忙趕到天妃廟探望靜聞，只見他形貌大變，胡言亂語，已完全失常。起先問他，還不能回答，接著詳細詢問，才知道昨天病情果真稍許好轉，晚上找了菖蒲、雄黃服用，便極度疲乏，這是因為他體內原來就極濕熱，又服用這種溫熱的藥，因藥性強烈，勢必造成這種結果。我前幾天讀《西事珥》，書中有這裡人因端午節喝了菖蒲酒，一家人全都暴死的記載，正要以此為戒。而靜聞居然在病中服用這種藥，他沒有立刻喪命，也是天幸了。我想用益元散作解藥，怕他不相信，便走了二里進入北門，找了一個姓董的醫生為他出診。醫生說沒關係，吃了藥就可痊癒，便又隨他到行醫的地方，見他的處方雜亂得很，沒有對症下藥。我帶著藥到城裡的寓所，另外找了益元散，連同那藥劑吩咐顧僕送到靜聞處，轉告他醫生的意見，先服用益元散，隨後煎藥服用。到傍晚，顧僕返回，得知靜聞服用益元散後，病勢已有所抑制了。

十七日　半夜雷聲隆隆，到天明下起雨來。早飯後吩咐顧僕出去探望靜聞，病情已漸漸緩解。午後雨停了，但濕熱未去，端正地坐在寓所中，懶得出門。

柳州府城三面對著柳江，故名「壺城」。江水從北流來，又轉向北流去，南面環轉寬廣，北面相夾緊束，形狀如壺，即子厚詩所說的「江流曲似九迴腸」。這城十分險峻，而東郭的住房反比城中密集，黃翰簡、龍天卿的府第都在這裡。龍名文光。黃翰簡，名啟元。壬戌進士。父名化。由鄉試舉人出任廣東平遠令，因平定盜匪有功，進僉憲。母夫人計氏，以貞烈死於平遠之亂，有獨自的祠堂。我過去聽文相公湛持說，夫人死在平遠城圍牆上，但最近讀《西事珥》，卻說她死在會昌，地方既已不同，事情也有區別。這裡是黃翰簡居住的地方，有祠堂在羅池的東面。缺　這些都應留待以後查考。翰簡二個兒子都鄉試中舉。

十八日　因顧僕病不能炊，余就粥肆中，即出東門觀靜聞。一里，北過二賢祠，東過開元寺，又共一里，抵天妃廟，則靜聞病雖少痊，而形神猶非故吾也。余初意欲畀錢廟僧，令買綠豆雜米作糜❶，以芽菜鮮薑為供。問前所畀，竟不買米，俱市粉餅食。余恐蹈前轍，遂弗與，擬自買畀之，而靜聞與廟僧交以言侵余。此方病者不信藥而信鬼，僧不齋食而肉食，故僧以大舖惑靜聞，而靜聞信之。僧謂彼所恃不在藥而在食。靜聞謂予不惜其命而惜錢，蓋猶然病狂之言也。余乃還，過開元寺❷入瞻焉。

寺為唐古剎，雖大而無他勝。又西過唐二賢祠，覓搨碑者家，市所搨蘇子瞻書韓辭二紙。更覓他搨，見有柳書〈羅池題石〉一方。筆勁而刻古，雖後已剝落，而先型宛然。余囑再索幾紙，其人欣然曰：「此易耳。即為公發硎❸。」出一石搨❹，乃新摹而繞鐫之者。問：「舊碑何在？」曰：「已碎裂。今番不似前之剝而不全矣。」余甚惋惜，謝其新搨，祗攜舊者一紙並韓辭二大紙去。詢羅池所在，曰：「從祠右大街北行，從委巷東入即是。然已在人家環堵中，未易覓也。」余從之，北向大街行半里，不得，東入巷再詢之，土人初俱云不知，最後有悟者，曰：「豈謂『羅池夜月』耶？此景已久湮滅，不可見矣。」余問何故，曰：「大江❺東南有燈臺山，魄❻懸臺上，而影浸池中，為此中絕景。土人苦官府遊宴之煩，拋石聚垢，池為半塞，影遂不耀，覓之無可觀也。」余求一見，其人引余穿屋角垣隙進一側門，則有池一灣，水甚汙濁，其南有廢址兩重，尚餘峻垣平角，想即昔時亭館所託也。東岸龍眼二株，極高大，鬱倩❼垂實，正纍纍焉。度其地當即柳祠之後祠，即昔之羅池廟，柳侯之所神棲焉者。今池已不能為神有，況欲其以景存耶？

憑弔久之，還飯於寓。乃出小南門，問融縣舟，欲為明日行計。始知府城北門，明日為墟期，墟散舟歸，沙弓便舟，鱗次而待焉。乃循江東向大南門渡江。江之南，稍西為馬鞍山❽，最高而兩端並聳，為府之案山；稍東為屏風山❾，形伏而端方；其東北為燈臺山，則又高而扼江北轉者也。馬鞍之西，尖峰峭聳，為立魚山❿。其山特起如魚之立，然南復有山映之，非近出其下不能辨。既渡，余即詢仙弈巖，居人無知者。西南一里，至立魚山，而後知其東之相對者，即仙弈巖也。巖在馬鞍之西麓，居人止知為馬鞍，不知為仙弈，實無二山也。立魚當賓州⓫大道，在城之西南隅。由東北躡級盤崖而登，巖門東向，踞山之半。門外右上復旁裂一龕，若懸窩綴閣，內置山神；門外左下拾級數層，又另裂一竅，若雙崖夾壁，高穹直入，內供大士。入巖之門，如張巨吻，其中寬平整朗，頂石倒書「南來滋穴八」四大字，西蜀⓬楊芳筆也。門外又有詩碑。內列神位甚多，後通兩竅，一南一北。穿腹西入，皆小若剜竇。先由南竅進，內忽穹然，高盤豎裂，西復有門，透山之西，其中崇徹窈窕，內列三清巨像，後門踰閾而出，西臨絕壑。遙瞻西南群峰開繞，延攬甚擴。由門側右穿峽竅以下，復有洞，門西向，其內不高而寬，有一石柱中懸，雜置神像環倚之，柱後有穴，即前洞所通之北竅也。乃知是山透腹環轉，中空外達，八面玲瓏，即桂林諸洞所不多見也。由門內左循巖壁而上，洞橫南北，勢愈高盤。洞頂五穴剜空，仰而望之，恍若明星共曜。其下東開一峽，前達僧棲，置門下鍵[13]，不通行焉。稍南，西轉下峽，復西透一門，前亦下臨西壑。由門左轉而入，其內下墜成峽，直迸東底，深峻不可下。由其上捫崖透腋，又南出一門。其門南向，前有一小峰枝起，與大峰駢立成坳。由其間攀崖梯石，直躡立魚之巔焉。蓋是洞透漏山腹，東開二門，西開三門，南開一門，其頂懸而側裂者，復十有餘穴，開夾而趣括[14]無窮，曲折而境深莫閟，真異界矣。

復由諸洞宛轉出前洞，從門右歷級南上，少憩僧廬。東瞰山下，有塘匯水一方，中窪而內沁，不知何出。其東北所對者，即馬鞍山之西北麓，仙弈巖在焉。〔居人祇知馬鞍，不復曉仙弈，實無二巖也。〕其東南所對者，乃馬鞍山西南枝峰，又有壽星巖焉。遙望其後，重巖迴複，當馬鞍之奧境，非一覽可盡。時日已下舂，雨復連綿，余欲再候靜聞，並仙弈巖俱留為後遊。下山一里，復渡南門，又東北三里，攜豆蔬抵天妃殿，而靜聞與僧相侵彌甚，欲以錢贖被，而主僧復避不即至。余乃不顧而返，亟入城，已門將下鍵矣。昏黑抵寓，不得晚餐而臥。

【章　旨】本章記載了第七十天在柳州府的行跡。到天妃廟看望靜聞，卻遭到他及廟內僧人的衝撞。於是去開元寺瞻仰，又買了蘇子瞻和柳子厚書寫的石刻拓片。好不容易找到位於小巷深處的羅池，已污濁不堪，原先「羅池夜月」的絕妙景觀早已湮滅，估計這裡即羅池廟的遺址。午飯後到大南門渡江，柳江南岸有馬鞍山、屏風山、燈臺山。馬鞍山西面為立魚山，到了那裡，才知道仙弈巖就在馬鞍山西麓。踏著石級攀登立魚山，半山腰有洞，走到洞內深處，發現這山中空外達，八面玲瓏，十分罕見。巖洞在山的腹部穿通，或開或夾，趣味無窮，曲折幽深，但不封閉，令人稱奇。登上立魚峰頂，已無暇再遊仙弈巖。回到寓所，天色已經昏黑。

【注　釋】❶糜　粥。❷開元寺　在柳侯廟左，宋時建，明萬曆間重修，後圮。❸發硎　磨刀。發，打磨。硎，磨刀石。❹石搨　指供人捶搨的石刻。❺大江　指柳江。❻魄　桂魄。月亮的別稱。❼倩　當為「蒨」字，形容草木茂盛。❽馬鞍山　在廣西柳州城南，與魚峰山東西對峙，高為城旁諸峰之冠。以石山古老蒼秀，形如馬鞍而得名。在晨霧中似騰空奔馬，有「天馬騰空」之稱。山上有天然形成的「仙人跡」和「棋盤石」遺跡，古稱仙弈山。半山有洞，洞中有洞，有屏有室，甚為美觀。❾屏風山　在柳州城南，因山形開展如屏，故名。❿立魚山　俗稱魚峰山，在柳州城西南二里，柳江南岸。高近百公尺，拔地而起，「山小而高，其形如立魚」，柳宗元稱之為「石魚之山」。山畔有立魚巖，巖下三洞相通，玲瓏深秀，多名人題詠。東側小龍潭，暗通柳江，「南潭魚躍」為柳州一景。傳說歌仙劉三姐在此乘魚上天。山上有洞，洞內有劉三姐石像，因稱三姐巖。⓫賓州　明代為縣，隸思恩府。今名賓陽，屬廣西。⓬西蜀　即今四川。⓭鍵　門栓。⓮括　聚集。

【語　譯】十八日　因為顧僕生病不能煮飯，我到店裡吃粥，隨即走出東門去看靜聞。走了一里，往北經過二賢祠，又往東經過開元寺，再往前共走了一里，到達天妃廟，只見靜聞病雖然稍有好轉，但形貌神態還沒恢復到原來的模樣。我起先想把錢交給廟裡的僧人，叫他買綠豆摻米熬粥，以菜芽、鮮薑下飯。問起先前給的錢，竟沒買米，全都買粉餅吃了。我怕再發生這種事，便不再給錢，打算自己買了給他，但靜聞和廟裡的僧人一起用話來衝撞我。這裡的病人不相信吃藥而相信鬼神，僧人不吃素而吃肉，所以廟裡的僧人以大吃大喝來誘惑靜聞，而靜聞居然相信他的話。僧人說靜聞需要的不是藥而是食物。靜聞說我不愛惜他的生命而愛惜錢，仍然像病中那樣胡言亂語。我於是返回，經過開元寺進去瞻仰。

開元寺為建於唐代的古剎，雖然規模很大，但沒什麼名勝。又往西經過唐二賢祠，尋找拓碑的人家，買了二幅蘇子瞻書寫的韓文拓片。還想尋找其他拓片，看到有柳子厚書寫的〈羅池題石〉一方，筆勢遒勁，刻工古雅，雖然拓片後面已經剝落，但原先的字型宛然在目。我囑咐拓工再拓幾張，那人高興地說：「這很容易，我馬上為你打磨拓出。」拿出一塊石搨，是新近臨摹剛刻上去的。我問他：「原來那塊碑在哪裡？」答道：「已經碎裂，這次拓下的字不會像先前那樣脫落不全了。」我十分惋惜，婉言拒絕他拓新的石刻，只帶一幅舊的拓片和二幅韓文拓片離開。打聽羅池在什麼地方，答道：「從二賢祠右面的大街往北走，再從小巷往東進去便是。但已在住戶的土牆中，不容易找到。」我聽從他的話，往北在大街上走了半里，沒找到，又往東走進小巷再打聽，當地人起先都說不知道，最後有人明白我的意思，說：「你是說『羅池夜月』嗎？這個景觀早已湮滅，現在已看不到了。」我問是什麼緣故，那人說：「在大江的東南有燈臺山，當月亮高掛臺上，倒影池中，可稱這裡最美妙的景觀。當地人苦於官府到這裡遊宴帶來的煩勞，於是往池中拋擲石塊，堆積垃圾，水池一半被填塞，水面不再有月光閃耀，即使找到那地方也沒什麼可看的。」我要求去看一下，那人帶我穿過屋角圍牆的空隙，進入一扇邊門，只見有一灣池塘，水十分骯髒混濁，池塘南面有兩重已廢棄的遺址，還留下高牆的半個角落，想來就是過去亭館所在的地方。水池的東岸有二棵龍眼樹，十分高大，枝葉繁茂，上面果實纍纍。估計這裡應當就是柳祠的後祠，即過去的羅池廟，柳侯神靈安息的地方。如今池塘已不再為柳侯神靈所有，又怎能希望美景永存呢？

憑弔了好長時間，回到寓所吃飯。於是走出小南門，打聽去融縣的船，想為明天出發作準備。方知府城的北門，明天是趕集的日子，集市散後，船隻返回，去沙弓的便船，在江上鱗次櫛比，等候乘客。便沿著江岸，向東到大南門過江。柳江的南岸，稍許偏西處為馬鞍山，山勢最高，兩端並排聳起，為府城的案山；稍許偏東處為屏風山，山形低伏，峰頂方正；在它東北為燈臺山，則又高高聳立，扼住柳江往北轉去。馬鞍山的西面，有一座陡峭高聳的尖峰，為立魚山。這山像魚豎立那樣突起，但南面還有山遮蔽它，不是靠近山下走出就無法辨認。過江後，我立即打聽仙弈巖，當地居民沒人知道。往西南走一里，到立魚山，然後知道在東面和它相對峙立的，即是仙弈巖。巖在馬鞍山的西麓，當地居民只知道是馬鞍山，不知道是仙弈巖，其實並沒有兩座山。立魚山正當去賓州的大路上，在城的西南角。從東北踏著石級繞著山崖攀登，洞門向東，位於半山腰。在門外往右向上，旁邊又裂出一個石龕，就像懸掛的鳥窩、連接的閣樓，裡面放著山神的塑像；在門外往左走下幾層石級，又另外裂出一個孔洞，就像兩座山崖間的夾壁，高拱直上，裡面供著菩薩像。進入的洞門，就像張開的大口，洞內寬敞平坦，整潔明朗，在洞頂的岩石上倒寫著「南來滋穴」四個大字，是西蜀楊芳的手筆。門外另有刻著詩的石碑。裡面陳列著很多神位，後面和兩個洞相通，一南一北。穿過山腹往西走進，都像挖出的孔洞那麼小。先從南洞進去，裡面忽然拱起，向高處盤繞，豎直開裂，西面還有門，通往山的西部，中間高敞幽深，裡面陳列著道教三個尊神的巨大塑像。到後門越過門檻走出，西面正對著陡峭的深壑。遙望西南群峰展現環繞，視野十分開闊。從門旁向右穿過峽洞往下，還有洞，洞門向西，裡面不高但很寬敞，中間懸掛著一根石柱，圍繞著石柱雜亂地安放著一些神像，石柱後面有洞，即和前洞相通的北洞。於是明白這山內部相通環繞，中空外達，八面玲瓏，即使在桂林眾多巖洞中也很少見。從門內往左沿著巖壁向上，洞南北橫連，地勢更加高起盤繞。洞頂有五個挖空的孔洞，抬頭望去，彷彿明星一起照耀。洞下東面開出一個峽谷，往前到達僧人居住的地方，設置的門已被閂住，不能通行。稍許往南，向西轉走下峽谷，再往西穿過一道門，前面也往下正對著西面的深壑。從洞門往左轉入，裡面往下落成峽谷，直裂到洞東的底部，既深又險，無法下去。從它的上面摸著崖壁，從腋下穿過，又往南走出一道門。這門朝南，前面有一座小峰岔出，和大峰並立形成山坳。在裡面攀登石崖，直上立魚峰頂。大體上說，這洞在山的腹部穿通，東面開出兩道門，西面開出三道門，南面開出一道門，另外在洞頂高懸、旁邊開裂的，還有十多個洞穴，或寬或窄，趣味無窮，幽深曲折，但不封閉，真是奇異的地方。

再經過各洞曲曲折折走出前洞，從門的右邊踏著石級往南向上，在僧人的屋中稍許休息一會。往東俯視山下，有池塘匯聚著一方清水，中間窪下，水從裡面滲出，不知從何處流出。池塘東北面所對的，就是馬鞍山的西北麓，仙弈巖便在那裡。當地居民只知道馬鞍山，不再知道仙弈巖，其實並沒有兩座山巖。池塘東南面所對的，是馬鞍山西南岔出的山峰，上面還有壽星巖。遙望池塘的後面，層層山巖環繞重疊，正當馬鞍山的深處，不是一覽無遺的地方。這時太陽已經下山，雨又連綿不斷下了起來，我想再去探望靜聞，只得離開，連同仙弈巖都留待以後遊覽了。下山走了一里，再過江到南門，又往東北走了三里，帶著綠豆蔬菜到天妃殿，靜聞和廟裡的僧人衝撞我更加厲害，想用錢贖回被子，但廟裡的住持僧又躲開不肯馬上就到。我於是不管他們，掉頭趕緊進城，城門已將關閉了。到達寓所時天色已經昏黑，沒吃晚飯就睡了。

十九日　凌晨而起，雨勢甚沛。早出北門觀墟市，而街衢雨溢成渠，墟不全集。上午，還飯於寓。計留錢米綠豆，令顧僕往送靜聞，而靜聞已至，其病猶未全脫，而被襆之屬，俱棄之天妃廟，隻身而來。余陰囑寓主人，同顧僕留棲焉。余乃挈囊出西南門，得沙弓小舟一艙，遂附之。而同舟者俱明晨行，竟宿沙際。

二十日　候諸行者，上午始發舟。循城西而北溯柳江，過西門，城稍遜而內，遂不濱江云。江之西，鵝山❶亭亭，獨立曠野中，若為標焉。再北，江東岸猶多編茅瞰水之家，其下水涯，稻舟鱗次，俱帶梗而束者，諸婦就水次稱而市焉，俱從柳城、融縣順流而下者也。又北二十里，晚泊古城堡❷，在江西岸。

自柳州府西北，兩岸山土石間出，土山迤邐間，忽石峰數十，挺立成隊，峭削森羅，或隱或現，所異於陽朔、桂林者，彼則四顧皆石峰，無一土山相雜，此則如錐處囊中，猶覺有脫穎❸之異耳。

柳江西北上，兩涯多森削之石，雖石不當關，灘不倒壑，而芙蓉倩水之態，不若陽朔江中俱迴崖突壑壁，亦不若洛容江中俱懸灘荒磧也。

此處余所歷者，其江有三，俱不若建溪❹之險。陽朔之灘水，雖流有多灘，而中無一石，兩旁時時轟崖綴壁，扼掣江流，而群峰逶迤夾之，此江行之最勝者；洛容之洛青，灘懸波湧，岸無凌波之石，山皆連茅之坡，此江行之最下者；柳城之柳江，灘既平流，涯多森石，危巒倒岫，時與土山相為出沒，此界於陽朔、洛容之間，而為江行之中者也。

【章　旨】本章記載了第七十一、第七十二天在柳州府的行跡。清晨冒著大雨去集市。上午靜聞孤身到來，安排他住下後，搭乘去沙弓的小船。次日上午開船，經過西門、鵝山往北，只見江邊停泊著許多賣穀的船隻。自柳州府城西北起，柳江兩岸土山石山更迭而出，但不陡險，自有一種芙蓉出水的秀姿。進入廣西後經歷三條江水，其中灘江最美，洛青江最差，柳江居中，但都不如建溪險急。

【注釋】❶鵝山　在柳州城西二里，水從半山嶺噴出，經小河流入大江，遠望如雙鵝飛舞，故名。又名深峨山。❷古城堡　乾隆本作「古陵堡」。今名古林，在柳江縣東北隅。❸脫穎　即穎脫而出。言錐尖透過布袋顯露出來。用以比喻突出的東西總能顯示出來。穎，物的尖端。❹建溪　崇溪流經建陽為建溪，至南平為劍津。

【語譯】十九日　凌晨起身，雨下得很大。清早走出北門觀看集市，街上因大雨積水成渠，集市因此不全。上午回到寓所吃飯。打算留下一些錢、米、綠豆，吩咐顧僕去送給靜聞，而靜聞已先到這裡，他的病尚未痊癒，而被子包袱之類都扔在天妃廟，單身前來。我暗中囑託屋主，留他和顧僕居住。我便拿著行李走出西南門，在去沙弓的小船上找到一個艙位，就搭乘這條船。同一條船上的人，都要明天早晨出發，竟然在沙灘旁過夜。

二十日　因等候旅客，上午才開船。沿城西逆柳江往北上行，經過西門，城稍許靠裡一些，便不再臨近江水。柳江的西岸，鵝山亭亭，獨自聳立在曠野之中，好像作為一個路標。再往北，江的東岸仍有許多面對江水的農家茅屋，在屋下水邊，裝載稻穀的船隻鱗次櫛比，都是連稻稈一起捆紮的。眾多婦女在水上稱賣稻穀，都是從柳城、融縣順流而下到這裡的。又往北行駛二十里，夜晚到古城堡停泊，在柳江的西岸。

從柳州府城西北起，江兩岸土山石山相間而出，在曲折連綿的土山中，忽然有數十座石峰，成群結隊挺立，石壁陡峭，紛然羅列，或隱或現，和陽朔、桂林不同的是那裡四面望去都是石峰，沒有一座土山夾在其中，這裡石峰在土山之中，就像錐在布囊中，仍讓人有脫穎而出與眾不同的感覺。

從柳江往西北上行，兩旁水邊有許多森然陡峭的岩石，雖然岩石沒有當關之阻，河灘沒有倒壑之險，但自有一種「芙蓉出水」的秀姿，既不像陽朔的江中都是環繞的山崖、突起的石壁，也不像洛容的江中都是陡險的水灘、荒涼的沙丘。

我在這裡經歷三條江水，都不如建溪險急。陽朔的灘江，雖然江中多灘，但中間沒有一塊岩石阻擋，兩邊時時有矗立的山崖、相連的石壁，扼制江流，又有連綿不斷的群峰相夾，這是江上行船最佳的勝景；洛容的洛青江，河灘陡急，波浪洶湧，岸邊沒有在水面突起的岩石，山上都是荒草相連的坡地，這是江上行船景觀最差的地方；柳城的柳江，河灘比較平緩，岸邊又有許多森立的岩石，高聳的峰巒倒影江中，時時和土山相間迭出，這裡界於陽朔、洛容兩地之間，是江上行船景觀居中的地方。

二十一日　昧爽行。二十里，上午過杉嶺，江右尖峰疊出。又三十里，下午抵柳城縣❶。自城北溯懷遠江而入，又十里，泊於古舊縣❷。此古縣治也，在江北岸。是日暑甚，舟中如炙。

柳城縣在江東岸，孤城寥寂，有石崖在城南，西突瞰江，此地瀕流峭壁，所見惟此。城西江道分而為二：自西來者，慶遠江❸也，〔其源一出天河縣❹為龍江❺，一出貴州都勻司❻為烏泥江❼，經忻城❽北入龍江，合流至此；〕自北來者，懷遠江❾也，〔其源一出貴州平越府❿，一出黎平府⓫，流經懷遠⓬、融縣⓭至此。〕二江合而為柳江，所謂黔江⓮也。下流經柳州府，歷象州⓯，而與鬱江⓰合於潯⓱。今分潯州⓲、南寧⓳、太平⓴三府為左江道㉑，以鬱江為左也；分柳州、慶遠㉒、思恩㉓為右江道㉔，以黔江為右也。然鬱江上流，又有左、右二江，則以富州㉕之南盤㉖為右，廣源㉗之麗江為左也，二江合於南寧西之合江鎮㉘。古之左、右二江指此，而今則以黔、鬱分耳。

南盤自富州徑田州㉙至南寧合江鎮合麗江，是為右江。北盤㉚自普安㉛經忻城至慶遠合龍江，是為烏泥江。下為黔江，經柳、象至潯州，合鬱亦為右江。是南北二盤，在廣右俱為右江，但合非一處耳㉜。《雲南志》㉝以為二盤分流千里，至合江鎮合焉，則誤以南寧之左、右二江，俱為盤江，而不知南盤之無關於麗江水，北盤之不出於合江鎮也。

【章　旨】本章記載了第七十三天在柳州府的行跡。經過杉嶺，到達柳城縣，在舊縣治所在地停泊。柳城是一座冷清的孤城，城西江道分成兩支：一支為慶遠江，一支為懷遠江，合成柳江（黔江）。如今以鬱江為左，以黔江為右，在廣西設有左江道和右江道。南、北二盤江往下流後都稱右江，《雲南志》所記有誤。

【注　釋】❶柳城縣　明代隸柳州府，治所在今廣西柳城南境的鳳山。❷古舊縣　宋代柳城縣治在龍江北岸，元代遷回龍江南岸，明初又移至龍江東岸。❸慶遠江　即今龍江。流經天河縣者，今稱天河，自北往南至宜山注入龍江。❹天河縣　明代隸慶遠府，治所在今羅城天河鎮。❺龍江　源出貴州荔波東北，上游稱勞村江（今名打狗河），經廣西河池市，稱金城江，至宜山始稱龍江，經柳城會於柳江。相傳五代時有八龍見於江中，故名。❻都勻司　即都勻長官司，正長官吳姓，副長官王姓，在今貴州都勻南七里。❼烏泥江　南北盤江合流，總稱烏泥江，又名都泥江，即今紅水河。雖自貴州流來，但不源於都勻司，流經貴州，亦未北入龍江。對此，徐霞客在七月十九日日記中已作更正。❽忻城　明代為土縣，隸慶遠府，今屬廣西。❾懷遠江　此指融江。❿平越府　明置平越衛，後兼置平越軍民府，治所在福泉（即今貴州）。以產漆著名。⓫黎平府　治所在黎平，今屬貴州。⓬懷遠　明代為縣，隸柳州府，治所在今廣西三江縣丹洲。⓭融縣　明代為縣，隸柳州府，即今廣西融水縣。

⑭黔江　紅水河和柳江匯合後稱黔江，又稱右江。兩岸山嶺聳立，河道深切。⑮象州　明代隸柳州府，今屬廣西。⑯鬱江南源名麗江，流經崇左、扶綏稱左江，在南寧與右江合流名鬱江，又稱邕江，為西江水系第一大支流。⑰潯　潯江。鬱江流至桂平與黔江合流為潯江。⑱潯州　明代為府，治所在桂平，今屬廣西。⑲南寧　明代為府，治所在宣化，即今廣西邕寧。⑳太平　明代為府，治所在崇善，即今廣西崇左。㉑左江道　明代廣西置四道，在今左右江、鬱江、潯江流域置左江道。㉒慶遠　明代為府，治所在宜山，今屬廣西。㉓思恩　明時為軍民府，不設附郭縣，即今廣西武鳴。㉔右江道　明代於今紅水河、柳江流域置右江道。㉕富州　明代隸雲南廣南府，即今雲南富寧，與廣西鄰近。㉖南盤　江名，古稱溫水，西江上源之一。源出雲南曲靖馬雄山，在貴州望謨蔗香附近與北盤江會合後稱紅水河。㉗廣源　唐置羈縻平源州，宋時名羈縻廣源州，治所在今越南高平廣淵，地與今廣西龍州接界，十一世紀中葉，當地首領儂智高起事，事平後還屬交趾（即今越南）。㉘合江鎮在南寧西境。㉙田州　明代隸思恩府，治所在今廣西田東縣。㉚北盤　江名，古稱牂牁水。西江上源之一。源出雲南東部，東流經貴州東南與南盤江會合。㉛普安　明代為軍民府，後改為衛，再改為州，治所在盤縣，今屬貴州。㉜但合非一處耳　以上關於南、北盤江的敘述，為徐霞客最初的認識，內有誤，後來他專門寫了一篇〈盤江考〉，糾正裡面一些錯誤看法。㉝雲南志　當為《雲南山川志》，明楊慎著。

【語譯】二十一日　拂曉出發，行駛二十里，上午經過杉嶺，江的右岸尖聳的山峰屢屢出現。又行駛三十里，下午到達柳城縣。從城北逆懷遠江上行，再行駛十里，在柳城古縣停泊。這是柳城過去的縣治，在懷遠江北岸。這天熱得厲害，船上就像火烤一般。

柳城縣在柳江東岸，是一座冷冷清清的孤城，城南有石崖，向西突起，俯視江流，這裡緊靠江水的峭壁，只看到這一座。城西江道分成兩支：從西面流來的為慶遠江，它的源頭一處出自天河縣，為龍江，一處出自貴州都勻司，為烏泥江，經過忻城往北匯入龍江，合流到這裡；從北面流來的為懷遠江，它的源頭一處出自貴州平越府，一處出自黎平府，流經懷遠、融縣到這裡。兩條江會合後為柳江，即所謂的黔江。往下流經柳州府，過了象州，與鬱江一起匯入潯江。如今分潯州、南寧、太平三府為左江道，是以鬱江為左；分柳州、慶遠、思恩為右江道，是以黔江為右。但鬱江的上游，又有左、右兩江，則以富州的南盤江為右，以廣源的麗江為左。兩條江水在南寧西面的合江鎮匯合。古時左、右兩江指麗江和南盤江，如今則以黔江和鬱江區分。

南盤江從富州流經田州到南寧合江鎮和麗江會合，這就是右江。北盤江從普安流經忻城到慶遠和龍江會合，這就是烏泥江。往下流為黔江，經過柳州、象州至潯州，和鬱江會合後也稱右江。這麼說，南、北兩條盤江，在廣西都是右江，但不在一處會合。《雲南志》以為兩條盤江分流長達千里，到合江鎮會合，這是誤將南寧的左、右兩江，都看作盤江，而不知道南盤江和麗江無關，北盤江也不從合江鎮流出。

二十二日　平明發舟，西北二十里，午過大堡❶，在江東岸。是日暑雨時作，蒸燠殊甚，舟人鼓棹，時行時止，故竟日之力，所行無幾。下午，又十五里，大雨傾盆，舟中水可掬，依野岸泊。既暮雨止，復行五里而歇。

二十三日　昧爽西北行，十五里，過草墟，有山突立江右，上盤危巖，下亙峭壁，其地魚甚賤。十里，馬頭，江左山崖危亙，其內遙峰森列，攢簇天半。於是舟轉東行十里，復北五里，下午抵沙弓❷，融縣南界也。江之西南，即為羅城縣❸東界。沙弓，水濱聚落，北至融五十里，西至羅城亦然。西望隔江，群峰攢處，皆羅城道中所由也。是晚，即宿舟中。

二十四日　昧爽，仍附原舟，向和睦墟❹。先是，沙弓人言：「明日為和睦墟期，墟散有融縣歸舟，附之甚便。」而原舟亦欲往墟貿米，故仍附之行。和睦去沙弓十里，水陸所共由也。舟自沙弓西即轉而東北行，一里，有江自西北來，舞陽江❺也，〔內灘石甚險。〕又直東四里，始轉而北，又五里，為和睦墟。荒墟無茅舍，就高摧❻草，日初而聚，未午而散，問舟不得。久之，得一荷鹽歸者，乃附行囊與之偕行。始東北行一里，有小溪自西而東，越溪而北，上下陂陀，皆荒草靡靡，遠山四繞。又四里，過黃花嶺，始有隨塢之田。直北行五里，過古營，其田皆營中所屯也。又北五里，越一小溪，為高橋，有秦姓者之居在崗中。北下一里為大溪，有水自西而東，有堰堰之，其深及膝，此中水之大者，第不通舟耳。又北五里，大道直北向縣，而荷行李者陸姓，家於東梁西北，遂由此岐而西北行。二里，上雞籠嶺，其坳甚峻，西有大山突兀，曰古東山。山北東隅為東梁，縣中大道所經也；西北隅為東陽，亦山中聚落也。而陸姓者聚居於其北塢對山之下，越雞籠共西北三里，而抵其家。〔去真仙巖尚十里，去縣十五里。〕時甫踰午，而溽暑疲極，遂止其處。

【章旨】本章記載了第七十四天至第七十六天在柳州府的行跡。船經過大堡，於次日到達沙弓，又後一日到和睦墟，卻找不到船去融縣。於是隨一個挑鹽的人經過黃花嶺、古營，翻過雞籠嶺，到東梁西北的陸姓村落住下。

【注釋】❶大堡　今名大埔，為柳城縣治。❷沙弓　今名沙罩，在融水南隅，融江東岸轉折處。❸羅城縣　明代隸柳州府，今屬廣西。❹和睦墟　今名和睦，在融水南隅，融江北岸轉折處。❺舞陽江　今名牛鼻河，源出融水西境，東南流匯入融江。❻蓷　疑為「薙」之誤。薙，除去野草。

【語譯】二十二日　黎明開船，往西北行駛二十里，中午經過大堡，在懷遠江的東岸。這天暑雨時下時停，悶熱異常，船夫划槳，時行時停，故一天下來，沒走多少路。下午，又行駛十五里，下起傾盆大雨，船上的積水可以捧取，便靠著野外的江岸停泊。傍晚雨停後，又行駛五里然後停下。

二十三日　拂曉船向西北行駛，過了十五里，經過草墟，有座山在懷遠江右岸突起，上面高峻的山巖盤繞，下面陡峭的石壁相連，這裡魚價十分便宜。向前十里，到馬頭，江的左岸山崖高高相連，遠遠望見山峰森然羅列，聚立簇擁，高達半空之中。於是船轉向東行駛十里，又轉向北行駛五里，下午到達沙弓，在融縣的南界。江的西南，即羅城縣的東界。沙弓是個位於水邊的村落，往北到融縣有五十里，往西到羅城也一樣。西望江的對岸，群峰聚集之處，都是去羅城路中所經過的地方。這天晚上，就在船上過夜。

二十四日　拂曉，仍然搭乘原來的船，開往和睦墟。在此之前，沙弓人說：「明天是和睦趕集的日子，集市散後有回融縣的船，搭乘很方便。」而原來那條船也想去集市買米，所以仍然搭乘它出發。和睦墟離沙弓有十里路，水陸兩路都能經過。船從沙弓的西邊隨即轉向東北行駛，過了一里，有江水從西北流來，是舞陽江，江內石灘十分險惡。又直往東行駛四里，才轉向北，又行駛五里，到和睦墟。荒涼的集市連一間茅屋也沒有，只在高處除去地面雜草作為市場，太陽初升時聚集，不到中午都已散去，根本找不到船。過了好久，看到一個挑鹽回去的人，便將行李放在他的擔子上和他一起走。起先往東北走一里，有小溪從西向東流去，渡過溪水往北，在山坡中上上下下，一路都是低伏的荒草，四周遠山圍繞。又走了四里，經過黃花嶺，才有沿著山塢的田地。直往北走五里，經過古營，這裡的田地都是營中士兵開墾的。再往北走五里，渡過一條小溪，到高橋，有姓秦的人家在山岡中居住。往北走下一里到大溪，有水從西向東流去，溪上有壩擋水，水深到膝蓋，是這裡較大的溪水，但不通船。再往北走五里，大路直往北通向縣城，但那挑行李姓陸的人，家在東梁的西北，於是從這裡的岔路往西北走。過了二里，登上雞籠嶺，山坳十分險峻，西面有高聳的大山，名古東山。山北東隅為東梁，去縣中的大路從這裡經過；西北角為東陽，也是山中的村落。姓陸的人家聚居在北塢對面的山下，翻過雞籠嶺往西北共走了三里，便到他家。離真仙巖還有十里，離縣城有十五里。這時剛過中午，因又濕又熱，疲乏不堪，就在他家中留宿。

二十五日　平明起飯，陸氏子仍為肩囊送行。先隔晚，望其北山有巖洞剨然❶，上下層疊。余晚浴後，欲獨往一探，而稻畦水溢，不便於行，及是導者欲取徑道行，路出於其下，余乃從田間水道，越畦而登之。巖有二門，俱南向，東西並列，相去數丈，土人名為讀學巖。外幛❷駢崖，中通橫穴，〔若複道行空，蜃樓內朗，垂蓮倒柱，鉤連旁映，〕軒爽玲瓏，可廬可憩，不以隘迫為病也。其西又有小石峰特起田間，旁無延附，亦有門東向，遂並越水畦入之。初入覺峽逼無奇，穿門西進，罅迸十字，西既透明，南北俱裂竅，土人架木竅間，若欲為懸閣以居者，但宛轉軒迥，不若前巖之遠可舒眺而近可退藏也。

甫出洞，導者言：「西去一二里，有赤龍巖奇甚，勝當與老君洞等，惜無知者，君好奇，何不迓❸道觀之？」余昨從和睦墟即屢問融中奇勝，自老君洞外更有何景，導者與諸土人俱云無有。蓋彼皆以庵棲為勝，而不復知有山石之異也。

至是其人見余所好在此，始以其說進。余獎勞之，今即趨赤龍。于是不北向山坳，而西循溪塍。里餘，遂抵巖下。其巖北向，高穹山半，所倚之山，即陸氏所居之後嶺，自西橫列至此，而東下陸村者也。洞前北突兩峰，若龍虎然，而洞當其中，高曠宏遠，底平而上穹，門之中有石臺兩重界其間，洞後列柱分楞，別成圭門❹璇室❺。洞中直入數丈，脊稍隆起，遂成仙田每每❻，中貯水焉。更入則漸窪漸黑，導者云：「其內門東如竇，祇平身入，既入乃復廓然透別竅焉。」恨不從家攜炬，得一窮其奧也。山前有溪自西來，分兩派，而東縈陸氏之居，又東抵東梁，而北匯安靈潭❼，為靈壽溪之上流云。

下山，越溪而北，望北山有洞劃然駢列，跣水畦而攀其上。其洞門南向，雖高穹側裂，而中乃下旋如墜螺。由門外右躋，復飛嵌懸崖，凭踞則有餘，深棲則不足，乃下。蓋此山正與赤龍巖南北相向，其與讀學巖則東西肩列者也。〔北趨問道，正由此山、讀學兩峰中。〕此山之東隅，復開兩巖，其門皆東向，名鐘洞巖：在北者其巖不深峻，若豎鐘而剖其半，中列神像；在南者峽門甚高，層竇疊見，而內入不深，上透無級。所入下層之洞，當門即巨柱中懸，環轉而出，無餘地矣。

乃下，直北趨，共二里，越一脊。脊之北為百步塘，四面尖峰環列，中開平壑一圍，廣漠低窪，下有溺水。塘之西北為古鼎，東北為羊膈山，東南為東梁，西南為此脊。越脊，循巖轉又一里，其山分突三峰，北向百步而列。西一峰，山半洞門西向，有牧者憩歌於中，余不及登；中與東二峰前抱中環，有陸氏冢焉，北向古鼎，以為案者也。中峰有洞東向，洞門層倚若重樓；東峰有洞西向，巖石下插如象鼻。余先登東峰西向之洞。其洞北迸橫峽，南騫斜竇，而有石上自山巔，下嵌峽底，四面可繞而出，所云象鼻者也，但其內淺而不深，不甚為棲託之所。次登中峰東向之洞。其洞北竅下裂，南牖上懸，有石飛架其間，外若垂楞，中可透扃，上牖有石臺前突，憩臥甚適，唯峻不如象鼻，而夾曲過之，所恨者亦不深廣耳。

既下，乃直北徑百步塘。二里，越塘之北。先有一小溪自西而北，〔自古鼎❽來，〕橫涉而過；又有一大溪自南而北，〔即赤龍巖前水，東過東梁至此。〕二水合而北行，有石梁橫渡，於是東西俱駢峰成峽，溪流其中，是為靈壽溪。又北一里，溪匯為潭，是為安靈潭，神龍之所窟也。又北一里，當面有山橫列，峰半割然開張洞門，余以為真仙巖矣。至則路轉西麓，遂東行環繞其北。則此山之後，復有洞焉，不知與南向開張者中通否也？時望真仙巖之山，尚在其北，〔北即安靈溪水流入真仙後洞處。〕遂竭歷東循其麓，姑留此洞，以俟後探焉。

東出山又北轉一里，則與東梁之大道會。峰轉溪迴，始見真仙洞門，穹然東北高懸，溪流從中北出，前有大石梁二道，駢圈溪上。越梁而西，乃南向入洞焉。洞門圓迴如半月高穹，中剜一山之半。其內水陸平分，北半高崖平敞，南半迴流中貫。由北畔陸崖入數丈，崖疊而起，中壁橫拓，復分二道：壁之西有竅南入，而僧棲倚之；壁之東南，溯溪岸入其奧扃，則巨柱中懸，上綴珠旒⑨寶絡⑩，下環白象、青牛，稍後則老君危然，鬚眉皓潔，晏坐而對之，皆玉乳之所融結，而洞之所以得名也。其後則堂皇⑪忽閟，曲戶旋分，千門萬牖，乳態愈極繽紛，以無炬未及入。其下則溪匯為淵，前趨峽壁，激石轟雷。〔其隔溪東崖，南與老君對者，溪上平聳為臺，後倚危壁，為下層；北與僧棲對者，層閣高懸，外復疎明，為上層，但非鵲橋不能度。〕後覆重崖，穿雲逗日，疑其內別有天地。

方徘徊延佇，而僧棲中有二客見余獨入而久不出，同僧參慧入而問焉。遂出憩其棲，將已過午，參慧以飯餉余及陸。既而二客與陸俱別去，參慧亦欲入市，余乃隨之。北一里，過下廓⑫，少憩廣化寺，寺古而半圮。又北則大江⑬在東，自北而南，〔即潭江，北自懷遠、大融⑭南來者；〕小江在西，自西而東⑮。二水交流下廓兩旁，道當其中。又一里，渡菜邕橋。又北半里，入融之南關焉。南關之外，與下廓猶居市相望，而城以內則寥落轉甚。大江北來，繞城東而南，至下廓遂東南去。其水不迴拱，所以蕭條日甚耶？

既問老人巖道，復從下廓之北，循小江西南行⑯。既西抵一峰，見其石勢疊聳，遂披棘登之。至石崖下，乃迴削千仞，無池旁竇⑰，乃下。路當北溯溪岸，余誤而南入山峽，其峽乃老人巖之南支，又與南山夾而成者。南山北麓，有石磴盤山而上。其下有石竇一圓，潴水泓然，有僧方汲。急趨而問之，始知其上為獨勝巖，而非老人巖也，去下廓西南一里矣。余始上探獨勝。其巖北向，高綴峰頭，僧廬塞其門，入其下，不知為巖也。時暑氣如灼，有三十人避暑其間，留余少憩。覘其廬後有小穴焉，因穿穴入其內，復開竅一龕，稍窪而下，外列垂幛，亦有裂隙成楞者，但為僧廬掩映，不得明光耳。〔獨勝北有鯉魚巖，即古彈子巖⑱，聞乳柱甚豐，不及往。〕

下山，日色猶未薄崦嵫，乃復東北一里，出下廓，又西北溯小溪一里，抵老人巖山下。其下有洞東向，余急於上躋，姑置之。遂西向拾級上，兩崖對束，磴懸其間，取道甚勝。已透入一隘門，上鐫「壽星巖」⑲三字，甚古。門之上，轉而北上，則巖之前門也。蓋其巖一洞兩門，前門東南向，下瞰下廓；後門東北向⑳，下瞰融城，乃石崖高跨而東突，洞透其下，前後相去不遙，亦穿巖之類，而前後俱置佛龕障之，遂令空明頓失。時前巖僧方剖瓜，遂以相餉。急從廬側轉入後巖，始仰見盤空之頂，而後巖僧方樵而未返，門閉無由入。時日暮雷殷，姑與前巖僧期為後遊。遂下山，則後巖僧亦歸，余不能復上矣。指小徑，仍從獨勝東峰披蔓草行，二里，乃暮，抵真仙㉑。夜雨適來，參慧為炊粥以供，宿巖中，蚊聚如雷，與溪聲同徹夜焉。

【章　旨】本章記載了第七十七天在柳州府的行跡。清晨隨嚮導登上讀學巖，有兩座洞門，旁邊小石峰也有洞。嚮導見霞客所好在奇異的山石，建議去遊赤龍巖，這洞高大曠遠，內有仙田。下山後望見北山有並列的洞，凌空嵌在懸崖之上。山的東端還有南北兩巖，名鐘洞巖。往北越過一座山脊，北面為百步塘，四周為古鼎、羊膈山、東梁。有一座山突起三個峰頭，向北對著百步塘。峰上都有洞，東峰洞前岩石下插宛如象鼻，中峰洞內有石飛架，只是不太深廣。經過百步塘，看到靈壽溪從峽中流過，來到安靈潭。又接連經過幾個洞穴，轉過山峰，繞過溪水，好不容易進入真仙巖。洞門圓轉，整座山有一半被挖空，裡面一半是水，一半是陸地，洞內還有老君像，石乳形態繽紛多采，下面溪流匯成深淵，聲如轟雷。出洞到僧人住處吃飯，隨後經過下廓，去廣化寺休息片刻，潭江和菜邕江在下廓兩旁交流。通過菜邕橋，進入融縣南關，城內十分冷落。下廓西南有獨勝巖，高高連結峰頂。獨勝巖北面有鯉魚巖，聽說鐘乳石柱甚多。最後到老人巖，這巖一洞兩門，也屬穿巖之類，只是被佛龕遮擋，看不到空明景象。傍晚到真仙巖過夜。

【注　釋】❶剨然　開朗貌。❷幛　本作「障」。❸迓　迎接。❹圭門　圭玉裝飾的門戶。圭，也作「珪」，古代帝王舉行隆重儀式時所用的玉器，上尖下方。❺璇室　美玉裝飾之室。❻每每　美盛貌。❼安靈潭　在真仙巖背一里處，平地中有二潭相連，大者數十畝，小者一、二畝，水色紺碧，中多靈異，時聞杵聲，故名安靈潭。源出鉛船山。❽古鼎　山名，在融縣西南八里。半山腰有龍潭洞（即龍巖），洞口有九條鐘乳石懸崖而下，狀如九龍探水，洞內有潭，潭內尚有臥龍一條，是為「十龍」奇觀。潭水深約四十公尺，潭面深入洞內很遠，裡面洞洞相連，可與外面河水相通。因傳說潭內古有蟄龍，故名「龍潭」。此潭在歷史上曾多次發生「鼓樂齊奏」的現象，據今人分析，可能是由於風聲、水聲、游魚翻騰聲、水石相擊聲引起洞壁共振形成的奇妙的聲響。「古鼎龍潭」為融縣八景之一。❾珠旒　古代帝王禮帽前後的玉串。❿寶絡　帶有珠寶的網狀物。⓫堂皇　廣大的殿堂。⓬下廓　在融縣城南。⓭大江　即融江（懷遠江），因融縣為漢潭中縣地，故舊名潭江。⓮大融　即融縣。⓯小江在西二句　乾隆本作「菜邕江西自丹江橋繞老人巖，至此東入江」。小江，即菜邕江，在融縣城南一里，源出西峒都溝山，匯於老人巖下，東流入融江。⓰循小江西南行　小江，乾隆本作「菜邕江」。⓱無池旁竇　池，疑為「他」字之誤。⓲彈子巖　在融縣南境，中有石室，寬敞可容百人。⓳壽星巖　在融水南郊老子山上，山如雄獅昂首，屹立融江右岸，巖洞即在獅首之上。洞口向南，不深，內有亭閣，陽光從四面照進。巖中有水池，泉聲如鳴琴。洞內石壁題刻滿目，最令人注目的是「壽」字碑，字徑一公尺，褐黑色，為南宋李桂高所書。登巖極目，苗鄉佳景，美不勝收。⓴後門東北向　東北，原作「東南」，據乾隆本改。㉑真仙　巖名，在融水城南五里羅山側峰，本名靈城巖。相傳宋太宗頒御書一百二十軸藏於洞內，張孝祥特書「天下第一真仙之巖」。因洞內有天然老君白石像，又名老君洞。洞高廣三十餘丈，可容三層樓房，在廣西十分罕見。舉目望去，削壁臨空，猿猱難攀，高明軒豁，雲氣接天，洞內鐘乳懸掛，石筍如林。沿壽溪深入洞中，有一竅通天，立梯可至山坳羊角寨，故巖又成了當地百姓避難之所。苗鄉山水，自古有「玉融」之稱，真仙巖即無愧此譽。

【語　譯】二十五日　黎明起牀吃飯，陸家的兒子仍然挑著行李為我送行。昨天晚上，望見北山有巖洞豁然開朗，上下層疊。我在晚上洗澡後，想獨自前往作一次探訪，但水從稻田中溢出，行走不便，這時嚮導想走小路，從巖下經過，我便從田間的水路，越過稻田登上山巖。巖洞有兩扇門，都向南，在東西兩邊並列，相隔幾丈地，當地人稱為讀學巖。外面有並立的山崖作為屏障，裡面洞穴橫向相通，就像架在空中的複道、內部明亮的蜃樓，洞內鐘乳石如蓮花垂掛，石柱倒立，相互鉤連，四旁映照，高敞爽朗，玲瓏精巧，既可居住，也可歇腳，沒有狹小的毛病。在洞的西面，又有小石峰在田間突起，旁邊沒有延伸依附的山石，也有向東的洞門，於是一起越過水田入洞。剛進去時覺得山峽狹窄，沒什麼奇景，穿過洞門往西走進，石縫迸裂成「十」字形，西面照進光亮，南、北都裂成洞穴，當地人在洞中架起木材，像要淩空建閣，在裡面居住，不像前面巖洞那樣曲折高遠，既可往遠處眺望，又可就近藏身。

剛出洞，嚮導就說：「往西走一、二里路，有赤龍巖，十分奇特，洞內的美景可與老君洞相比，可惜沒人知道，您既然好奇，何不去那裡觀賞？」我昨天到和睦墟，便多次打聽融縣的奇景，除老君洞外還有什麼景觀，但嚮導和當地人都說沒有。原來他們都把廟宇作為勝景，而不知還有山石的奇觀。到這時那人見我的興趣在山石上，才提出他的看法。我在獎勵慰勞他之後，叫他立即前往赤龍巖。於是不往北面的山坳走，而向西沿著溪岸趕路。走了一里多，便到巖下。這巖洞朝北，在半山腰高高拱起，所靠的山，即陸氏居處的後嶺，從西面橫向延伸到這裡，再往東直到陸村。洞前北面突起兩座山峰，形狀如同龍虎。洞正當這兩座山峰之中，高曠宏遠，底部平坦，上面拱起，洞門中間有兩重石臺相隔，洞後石柱羅列，窗戶分隔，形成如同美玉裝飾的門戶、居室。在洞中直往裡幾丈，洞脊稍稍拱起，便形成美盛的仙田，中間積著水。再往裡便漸漸窪下昏黑，嚮導說：「裡面洞門縮成孔洞那麼小，只能平躺著進去，進去以後才又變得開闊，和其他洞穴相通。」我只恨沒從他家中帶火把來，可到洞的幽深處走一回。山前有溪水從西面流來，分成兩條支流，往東在陸氏的居處縈繞，再往東到達東梁，再往北和安靈潭匯合，為靈壽溪的上游。

下山後，渡過溪水往北，望見北山有並列的洞豁然開朗，便走過水田登上巖洞。這洞門向南，雖然高高拱起，旁邊開裂，但洞中往下旋繞，形如墜落的螺殼。從門外右側攀登，洞又淩空嵌在懸崖之上，在這裡盡可坐著遠望，但不能居住，於是下山。大體上說，這山正好和赤龍巖南北相對，和讀學巖則東西並立。往北的小路，正從這山和讀學巖兩峰中通過。這山的東端，又開出兩個巖洞，門都朝東，名鐘洞巖：北面的巖洞不太高深，就像豎起的鐘劈成一半，中間陳列著神像；南面的巖洞峽門很高，層層孔洞屢屢出現，但往裡不深，沒有石級和上面相通。我所進入的下層的洞，一根巨大的石柱就在門前居中懸掛，繞過石柱走出，旁邊一點空地也沒有。

於是下山，直往北趕路，共走了二里，翻過一座山脊。山脊的北面為百步塘，四周尖峰環繞，中間開出一圈低平的溝壑，遼闊空曠而窪下，有些地方淹沒在水中。塘的西北為古鼎山，東北為羊膈山，東南為東梁，西南為這座山脊。翻過山脊，沿巖洞又轉過一里，有三座支峰從山上突起，向北對著百步塘排列。西面一座山峰，半山腰有向西的洞門，有牧童在裡面休息歌唱，我來不及登臨；中間和東面的兩座山峰，往前環抱，中間環繞，裡面有陸氏的祖墳，向北對著古鼎山，作為一處分界。中峰有個朝東的洞，洞門層層相倚，如同重樓；東峰有個朝西的洞，岩石插到下面，宛如象鼻。我先登上東峰朝西的洞。這洞北面迸裂成橫向的峽谷，南面伸出傾斜的洞穴，有石從山頂往下直嵌峽谷的底部，四面可以繞出，就是所謂的象鼻，但裡面很淺，不能成為幽居的地方。接著登上中峰朝東的洞。這洞北面有孔洞在下裂開，南面有窗戶高懸，有岩石在中間凌空架起，外面如同窗戶下垂，中間像門那樣穿通，上面的窗洞有石臺往前突起，躺著休息十分舒適，只是不及象鼻高峻，但更狹窄曲折，遺憾的是也不深廣罷了。

下山後，直往北經過百步塘。走了二里，越過塘的北面。起先有一條小溪由西往北，從古鼎山流來，橫渡溪水過去；隨後又有一條大溪從南往北，即赤龍巖前的水，往東經過東梁流到這裡。兩條水會合後往北流去，渡過橫架在溪上的石橋，到這裡東、西兩邊都是並立的山峰，形成峽谷，溪水在中間流過，這就是靈壽溪。又往北走一里，溪水匯聚成潭，這就是安靈潭，為神龍寄身的洞窟。再往北走一里，迎面看到橫列的山峰，半山腰洞門開張，豁然明朗，我以為就是真仙巖。到了那裡路轉到西麓，便往東走，在山的北面繞轉。只見這山的後面，還有巖洞，不知和朝南開張的巖洞裡面是否相通？這時望見真仙巖所在的山，還在它的北面，北面就是安靈溪水流進真仙後洞的地方。於是沿著山麓，竭盡全力向東走，暫且留下這個洞，等到以後再去探訪。

往東走出山，再往北轉過一里，便和去東梁的大路會合。轉過山峰，繞過溪水，才看到真仙洞門，高高拱起，在東北懸掛，溪水從洞中往北流出，前面有兩座大石橋，並排跨在溪上。過橋向西，便往南入洞。洞門圓轉，形如半月，高高拱起，整座山有一半被挖空成洞。洞內一半是水，一半是陸地，北面一半高大的石崖平整寬敞，南面一半曲折的水流從中通過。從北邊的石崖陸路走進幾丈，石崖層層突起，中間石壁橫向拓展，又分出兩個通道：石壁的西面有洞往南進去，僧人的住處就靠著它；石壁的東南，沿溪岸上行，進入洞的幽深封閉處，只見有巨大的石柱在中間懸掛，上面連結著珠旒寶絡，下面環繞著白象、青牛，稍許往後則有老君神態端莊，鬚眉潔白，安詳地坐在那裡，面對著石柱，這些都由玉乳融結而成，洞也由此得名。在它後面廳堂忽然封閉，隨即分出曲折的門洞，眼前千門萬戶，石乳形態更加繽紛多采，因為沒有火把未能進去。在它下面則溪流匯成深淵，往前走到峽壁，水流沖激著岩石，發出雷鳴般的轟響。在溪水對岸東面的石崖上，向南和老君相對的地方，溪上橫向聳起石臺，後面靠著高高的石壁，為下層；向北和僧人住處相對的地方，高掛著層層閣樓，外面開敞明亮，為上層，若無鵲橋決不能過。後面重重山崖覆蓋，穿破雲天，招引紅日，令人懷疑裡面別有一種天地。

正在徘徊不定，引頸觀望之際，僧人住處有兩個客人見我獨自進去久久不出，便同僧人參慧一起進來詢問情況。於是出洞到僧人的住處休息，將過中午了，參慧拿出飯來給我和陸某吃。過了一會兩個客人和陸某都告別離開，參慧也要去集市，我便隨他一起走出。往北走了一里，經過下廓，在廣化寺休息片刻，寺很古老，一半已經倒塌。再往北只見大江在東面，自北往南流去，即潭江，從北面的懷遠、大融往南流來；小江在西面，自西往東流去。兩條江水在下廓兩旁交流，路就在中間。又走了一里，過菜邕橋。再往北走半里，進入融縣的南關。南關的外面，還有住房集市和下廓相對，而城內反倒十分冷落。大江從北面流來，繞過城東往南，到下廓便向東南流去。難道是因為沒有江水回旋環繞，所以縣城也就一天比一天蕭條嗎？

打聽去老人巖的路，再從下廓的北面，沿著小江往西南走。往西走到一座山峰後，看到這山石勢層疊高聳，便撥開荊棘往上攀登。到石崖下面，原來是盤繞陡削的千仞高峰，旁邊沒有其他洞穴，於是下山。路原該往北沿溪岸上行，但我卻走錯了，往南進入山峽之中，這峽是老人巖的南支，又是和南山相夾而成的。在南山的北麓，有石級繞著山向上延伸。在它下面有一個圓形的石洞，積水清澈，有個僧人正在打水。急忙上前打聽，才知道上面是獨勝巖，而不是老人巖，離開下廓往西南已有一里了。我才往上探訪獨勝巖。這巖洞向北，在高高的峰頂，僧人的屋子把洞門堵塞，走到下面，還不知道是巖洞。這時暑氣灼人，有三個讀書人在裡面避暑，留我休息片刻。看到屋後有個小洞，便穿過洞走到裡面，又開出一個如同石龕的孔洞，地勢稍許低窪，外面岩石如同垂掛的帷帳，也有裂成窗洞的縫隙，但被僧人的屋子遮掩，照不進陽光。獨勝巖北面有鯉魚巖，即古時的彈子巖，聽說洞內鐘乳石柱甚多，來不及去了。

下山後，太陽還未落下，便再往東北一里，走出下廓，又往西北沿小溪上行一里，到老人巖山下。在它下面有個朝東的洞，我急於向上攀登，暫且不入洞。於是往西踏著石級向上，兩旁山崖相對收束，石級在中間懸掛，從這裡走過，景色甚美。不久穿入一道隘口，上面刻著「壽星巖」三字，字跡很古老。從隘口的上面，轉而往北上去，便是巖洞的前門。原來這巖一洞兩門，前門面向東南，往下俯視下廓；後門面向東北，往下俯視融城，石崖高跨，向東突起，洞在下面穿通，前後相隔不遠，也屬穿山洞一類，而前後洞口都有佛龕阻隔，致使洞內空曠明亮的景象完全喪失。這時前巖的僧人正在切瓜，就拿瓜請我吃。急忙從屋旁轉入後巖，才抬頭望見在空中盤繞的山頂，而後巖的僧人正外出砍柴，尚未返回，洞門關閉，無法進去。這時天已傍晚，雷聲隆隆，姑且與前巖的僧人約好以後再來遊訪。於是下山，而後巖的僧人也回來了，但我已不能再上去。朝著小路，仍然從獨勝巖東面的山峰撥開蔓草行走，過了二里，暮色籠罩，到達真仙巖，恰巧下起夜雨，參慧煮粥給我吃，就在巖中過夜。蚊子密集，聲如雷鳴，和溪聲一起整夜不休。

二十六日 憩息真仙洞中者竟日。參慧出市中。余拂巖中題識讀之，為錄其一二可備考者。

〈真仙巖記游〉 嘉熙戊戌❶正月二十有三日，零陵唐容約延平黃宜卿、建安田傳震等數人，早自平寨門出行。群山杳藹間，夾道梅花盛開，清香襲人。二里許，至玉華巖❷。巖縱可十丈，橫半之，無他奇瑰，而明潔可愛。東南諸峰當其前，間見層出，不移席而可以遠眺望。乃具飯。飯已，循舊徑過香山❸，歷老人巖下。稍折而西，渡丹江橋，頃之，至彈子巖。洞口平夷，坐百客不啻。少憩，酒三行，始秉炬以進，過若堂殿者三、四。火所照耀，上下四方，皆滴乳流注，千奇萬怪，恫心駭目，不可正視。有如人立、如獸蹲、如蛟蛇結蟠、如波濤洶湧，又有如仙佛之端嚴、鬼神之獰惡，如柱、如劍、如棋局、如鐘鼓鈴鐸❹，考❺擊之有聲。布地皆小石，正圓如彈丸，此巖之所以得名也。其間玲瓏穿穴，大率全山皆空，不可窮極，相與驚嘆，得未曾有。遂出至西峰巖，所見比彈子同，尤加奇而巖稍窄。盤薄❻久之，乃轉而東南，馳至真仙巖而休焉。仰瞻蒼崖，上與雲氣接，劃然天開，高朗軒豁，溪流貫其間，潺潺有聲，東西石壁峭拔，廣袤❼數十畝，彈子、西峰所見，往往皆具。老君晏坐其奧，鬚眉皓潔，如塑如畫，殆造物者之所設施，豈偶然也耶！回視先所誇詡者，恍然自失矣。正如初入富商巨賈之家，珠璣寶貝，充棟盈室，把玩戀嫪❽，殆不能去，而忽登王公大人之居，宮室廣大，位置森然，而珍臺異館，洞房曲戶，百好備足，而富商巨賈之所有，固亦在其間也。人之言曰：「觀於海者難為水❾。」予亦曰：「遊於真仙者難為巖。」於是書于巖口，以識茲遊之盛。

洞間勒記甚多❿，而此文紀諸勝，為詳錄之。

宋紹興丁巳⓫融守胡邦用〈真仙巖詩敘〉 融州⓬真仙巖，耆舊相傳，老君南遊至融嶺，語人曰：「此洞天之絕勝也。山石巑岏，溪流清邃，不復西度流沙⓭，我當隱焉。」一夕身化為石，匪雕匪鐫，太質⓮具焉；匪堊⓯匪雘⓰，太素著焉。丹竈履跡，炳然在焉；霓旌雲幢，交相映焉。有泉湍激，空山缺

嘗以金丹投於其中，使飲之者，咸得延壽，故號壽溪⓱。東流十餘里，入

一村曰靈壽，其民皆享高年，間有三見甲子⑱者。余被命出守，窮文考古，詢訪土俗，遂得仙跡之詳，皆非圖經所載，故作詩以紀之，書其始末，勒石以示來者。詩曰：嶺南地勢富山川，不似應改「誰似」。仙岩勝概全，石璞渾成塵外像，壽溪直徹洞中天。醮壇風細迎秋月，丹灶雲輕壓嶂煙；散步使人名利泯，欲求微妙養三田⑲。

荊南龔大器〈春題真仙洞八景〉

天柱石星　嵯峨盤地軸⑳，錯落布瓊玖；風吹紫霞散，熒熒燦星斗。

龍泉珠月　冰輪碾碧天，流光下丹井；驚起驪龍㉑眠，騰驤弄塞影。

鶴巖旭日　仙人跨白鶴，飄飖下九垓㉒；矯羽㉓扶桑㉔上，萬里日邊來。

牛渚暝煙　朝發函關㉕道，暮入湘水邊；一聲鐵笛起，吹落萬峰煙。

寒淙飛玉　懸崖三千尺，寒泉漱玉㉖飛；奔流下滄海，群山斷翠微。

碧洞流虹　丹洞連海門㉗，流水數千里；石梁臥波心，隱隱蝃蝀㉘起。

群峰來秀　青山望不極，白雲渺何處；鬱鬱秀色來，遙看峰頭樹。

萬象朝真㉙　真象兩無言，物情如影響；迴看大始㉚前，無真亦無象。

二十七日　憩息真仙洞中。有搨碑者，以司道命來搨〈黨籍碑〉㉛。午有邑佐同其鄉人來宴。余摩拭諸碑不輒㉜，得韓忠獻王㉝所書〈畫鶻行〉並黃山谷㉞書二方，皆其後人宦此而勒之者。

【章　旨】本章記載了第七十八、第七十九天在柳州府的行跡。在真仙洞中休息，拂拭閱讀巖中的題記，抄錄了唐容的〈真仙巖記游〉、胡邦用的〈真仙巖詩敘〉、龔大器的〈春題真仙洞八景〉。唐文描述了玉華巖、彈子巖、西峰巖、真仙巖各處勝景。胡文記載了老君到此隱居、身化為石的傳說。龔詩所寫八景為「天柱石星」、「龍泉珠月」、「鶴巖旭日」、「牛渚暝煙」、「寒淙飛玉」、「碧洞流虹」、「群峰來秀」、「萬象朝真」。次日仍在洞中休息。

【注　釋】❶嘉熙戊戌　嘉熙二年（一二三八）。嘉熙，宋理宗年號。❷玉華巖　在融縣西北四里，巖間有一石蹲踞如虎，昂首上驤，又有一石蜿蜒如蛇，垂首下盼，因稱龍吟虎嘯巖。玉華溪在巖下流過。附近有玉華洞，光怪陸離。❸香山　在融縣城西二里，左為大旂山，右為硃砂山，三峰鼎立，上有祠，祀宋梁忠祐侯、吳顯祐侯。邑人李振堂所書宋理宗封二侯敕碣，為融縣八景之一。❹鐸　古代宣布政教法令時或有戰事時所用的大鈴。文事用木鐸，金鈴木舌；武事用金鐸，金鈴鐵舌。❺考　擊。❻盤薄　盤桓；徘徊。❼廣袤　土地的東西長度叫「廣」，南北長度叫「袤」。❽嫪　愛惜；留戀。❾觀於海者難為水　《孟子・盡心上》：「觀於海者難為水。」後引申為見多識廣，眼界極高，不肯輕易讚許。❿洞間勒記甚多　真仙洞內，四壁摩崖石刻，多達百餘處，現尚存宋碑十七處，其中「真仙洞」三字，係岳飛麾下獨臂將軍王佐所題，字徑尺半，高照正堂。朱漆的「雲深」二字，達一公尺見方，十分罕見。⓫紹興丁巳　紹興七年（一一三七）。紹興，宋高宗年號。⓬融州　即融縣，唐、宋置州，明代改為縣，隸柳州府。⓭流沙　沙漠。沙常因風而流動轉移，故稱流沙。傳說中有老子乘青牛西遊之事。⓮太質　與下文「太素」，均指構成宇宙的物質。⓯堊　用白堊（白石灰）塗刷。⓰雘　用丹雘（赤石脂）塗刷。⓱壽溪　老君洞中有清溪，終年不竭。相傳老子曾投丹其中，飲者高壽，故名壽溪。⓲甲子　甲為十天干之首位，子為十二地支之首位，古人用干支依次相配以紀年，如甲子、乙丑……，凡六十年一循環，稱一甲子。⑲三田　即三丹田。道家稱人身臍下三寸為丹田，男以藏精，女以約血。《抱朴子・地真》分丹田為三：在臍下者為下丹田，在心下者為中丹田，在兩眉間者為上丹田。⑳地軸　古代傳說大地有軸，後用以泛指大地。㉑驪龍　傳說中藏於玉淵的神龍，頷下有珠。㉒九垓　天空極高遠處，即九重天。㉓矯羽　展翅高飛。矯，高舉。㉔扶桑　神木名，傳說日出其下。㉕函關　即函谷關，在今河南靈寶縣南，東自崤山，西至潼關，因深險如函，故名函谷。㉖漱玉　指山泉激石，飛流濺白，晶瑩如玉。㉗海門　海口。㉘螮蝀　同「蝃蝀」。虹的別稱。㉙真　本原；本性。㉚大始　即原始。《易經・繫辭上》：「乾知大始，坤作成物。」㉛黨籍碑　即〈元祐黨籍碑〉，為元祐黨人沈千曾孫、融州知州沈暐所立。此碑與桂林隱巖〈黨籍碑〉為現僅存的兩塊「黨籍碑」，雖已半裂，經過補修，仍得見完整。㉜不輒　輒，疑為「輟」之誤。不輟，不止。㉝韓忠獻王　韓琦，字稚圭，相州安陽（今屬河南）人。為宋仁宗、英宗、神宗三朝執政，名重一時，卒諡忠獻。所書杜甫〈畫鶻行〉碑，為裔孫韓休卿刊，楷書，徑長五寸，字法顏魯公，勁健秀美。㉞黃山谷　黃庭堅，字魯直，號山谷道人，分寧（今江西修水縣）人。北宋詩人、書法家，開創江西詩派，與蘇軾齊名，世稱「蘇黃」。

【語　譯】二十六日　整天在真仙洞中休息。參慧外出上街。我拂拭巖中的題記閱讀，抄錄了其中幾篇可留作參考的詩文。

〈真仙巖記游〉　嘉熙戊戌正月二十三日，零陵唐容約了延平黃宜卿、建安田傳震等數人，早晨從平寨門走出。群山出沒在煙靄杳渺之中，路旁梅花盛開，清香襲人。走了二里左右，到玉華巖。這巖有十丈高，五丈寬，沒有什麼奇異瑰麗的景觀，但明亮潔淨，惹人喜愛。東南諸峰就在它的前面，層層相間出現，不用轉移位置就可向遠處眺望。於是準備飯食。吃罷飯，沿著原路經過香山，從老人巖下走過。稍許向西轉，過了丹江橋，不一會就到彈子巖。洞口平坦，可坐一百多個遊客。休息片刻，依次斟了三遍酒，才拿著火把入洞，經過三、四處像殿堂的地方。火光照耀之處，上下四方，都可看到石乳垂滴流注，千奇萬怪，驚心駭目，不可正視。有的像人站立，有的像獸蹲伏，有的像龍蛇蟠繞，有的像波濤洶湧，此外還有像端莊的仙佛、猙獰的鬼神，像柱子、像寶劍、像棋局、像鐘鼓鈴鐸那樣的鐘乳石景，敲擊它會發出清脆的聲響。遍地都是小石塊，像彈丸那樣滾圓，巖洞就由此得名。其間相通的洞穴，曲折玲瓏，大致說，整座山裡面都是空的，不可能走遍，相互驚歎，看到了以前從不曾見過的景觀。於是出洞到西峰巖，所見和彈子巖相同，但更加奇特，只是巖洞稍許狹窄些。在這裡逗留了好長時間，才轉向東南，快步走到真仙巖休息。仰望青色的山崖，上面與雲氣相接，劃然刺破天空，高敞明朗，溪流從中流過，發出潺潺的聲響。東西兩邊，石壁陡峭，占地幾十畝，在彈子巖、西峰巖所看到的景觀，這裡往往也都具備。老君安詳地坐在洞的深處，鬚眉潔白，就像雕塑，又像畫成，大概出於造物者的精心製作，並不是偶然而成的。回頭看先前所誇耀的東西，便恍然不知所措了。正像剛進有錢的大商人家中，珠玉寶貝，滿屋都是，把玩留戀，幾乎捨不得離開，忽然又來到王公大人的府第，只見宮室廣大，森然有序，至於珍奇的臺館，深邃的內室，各種美好的東西，應有盡有，那些富商家中所有的東西，自然也包括在內。人們常說：「看到過大海的人，很難被水打動。」我也說：「遊覽過真仙巖的人，很難對其他巖洞感興趣。」於是在洞口寫了這篇文章，以記載這次出遊的盛況。

洞內刻在石上的記文甚多，這篇文章記載了各處勝境，為此將它詳盡地抄錄下來。

宋紹興丁巳融州守胡邦用〈真仙巖詩敘〉　融州真仙巖，據故老相傳，老君南遊到融嶺，對人說：「這裡是洞天中最美的地方，山石峻峭，溪流清邃，我不再西度流沙，就在這裡隱居。」一天晚上身化為石，既不加雕琢，也未作粉飾，保留並顯示出原始的素質。旁邊丹竈腳印，十分顯著；霓旌雲旗，交相映照。有泉湍激，空山　缺　曾將金丹投入水中，使喝了這水的人，都能長壽，故稱壽溪。溪水往東流十里，進入一個村莊，名靈壽，村民都享高壽，其中有活到三見甲子的人。我奉命出守融州，遍查文獻，考證古蹟，採訪當地風俗，從而得知關於仙跡的詳細情況，都不是圖經所記載的內容，故作詩紀念，並寫了老君事跡的始末，刻在石上，留給後人觀看。詩云：嶺南地勢富山川，不似應改「誰似」。仙巖勝概全，石璞渾成塵外像，壽溪直徹洞中天。醮壇風細迎秋月，丹灶雲輕壓嶂煙；散步使人名利泯，欲求微妙養三田。

荊南龔大器〈春題真仙洞八景〉

天柱石星　嵯峨盤地軸，錯落布瓊玖；風吹紫霞散，熒熒燦星斗。

龍泉珠月　冰輪碾碧天，流光下丹井；驚起驪龍眠，騰驤弄塞影。
鶴巖旭日　仙人跨白鶴，飄飖下九垓；矯羽扶桑上，萬里日邊來。
牛渚暝煙　朝發函關道，暮入湘水邊；一聲鐵笛起，吹落萬峰煙。
寒淙飛玉　懸崖三千尺，寒泉漱玉飛；奔流下滄海，群山斷翠微。
碧洞流虹　丹洞連海門，流水數千里；石梁臥波心，隱隱蝃蝀起。
群峰來秀　青山望不極，白雲渺何處；鬱鬱秀色來，遙看峰頭樹。
萬象朝真　真象兩無言，物情如影響；迴看大始前，無真亦無象。

二十七日　在真仙洞中休息。有拓碑的人，奉當局之命來拓〈黨籍碑〉。中午有本縣的佐吏和他的鄉人來洞中設宴。我不停地擦拭各座石碑，發現韓忠獻王書寫的〈畫鶻行〉及黃山谷的書法兩方石刻，都是他們的後人到這裡做官刻在石上的。

二十八日　參慧束炬，導遊真仙後暗洞。始由天柱老君像後入，皆溪西崖之陸洞也。洞至此千柱層列，百竇紛披，前之崇宏，忽為窈窕，前之雄曠，忽為玲瓏，宛轉奧隙，靡不窮搜。石下有巨蛇橫臥，以火燭之，不見首尾，然伏而不動，踰而入，復踰而出，竟如故也。然此奧雖幽邃，猶溪西一隅，時時由其隙東瞰溪流，冀得一當，而終未能下涉。既出，迴顧溪竇，內透天光，對崖旁通明穴，益覺神飛不能已。遂託參慧入市覓筏倩舟，以為入洞計。〔參慧復爇炬引予，由巖前左石下，北入深穴。穴雖幽深，無乳柱幻空，然下多龍脊，盤錯交伏，鱗爪宛然，亦一奇也。

出洞，參慧即往覓舟。〕既而念參慧雖去，恐不能遽得，不若躬往圖之，且以了老人、香山諸勝。乃復出洞，北遵大道行。已而西望山峽間，峰巒聳異。適有老農至，詢知其內有劉公巖❶，以草深無導者，乃從下廓南先趨老人巖。共二里，至其下，遂先入下巖。巖門東向，其內廣而不甚崇。時近午鬱蒸，入之即清涼心骨。其西北有竅，深入漸暗，不能竟。聞秉炬以進，其徑甚遠，然幽伏不必窮也。從門左仍躋石峽上抵前巖轉透後巖。其內結閣架廬，盡踞洞口，惟閣西則留餘地，以為焚爨之所。前有臺一方，上就石筍鐫象焉。由此再西入石竇，漸隘而暗，爇炬探之，側身而入，懸級而墜，皆甚逼仄，無他奇也。

出就閣前凭眺，則上下懸崖峭絕，菜邕江西來瀠其北麓，自分自合，抵巖下而北轉臨城，大江當其前，環城聚其下，〔緲然如天表飛仙；〕其直北即為香山，為八景之一。就窗中令道人指示所從道，遂下山，絕流渡菜邕江，水淺不及膝。遂溯江北行，望其西江所從來處，峰巒瑰異，〔內有雞場洞。〕幾隨路而西，一里，遇一僧荷薪來，問之，始知香山尚在東北也。乃轉從草徑循北山之東麓，一里抵香山。於是西向登級，有廟在兩山坳間，其神為梁、吳二侯❷。徑寂而殿森，赤暑中蕭蕭令人毛悚。聞其神甚靈異，然廟無碑刻，不知其肇於何代，顯以何功也。始余欲就飯香山，既至而後知廟虛無人。遂東北踰一橋，過演武場，南共一里，即入西門，寥寂殊甚，東抵縣前飯焉。

出南門，欲覓藥市紙，俱不能得。遇醫者詢之，曰：「此中豬腰子、山豆根俱出羅城。所云不死草者，乃掛蘭，懸空不槁，乃草不死，非能不死人也。」為之一笑。又南過下廓，遇樵者，令其覓舟入真仙，二人慨然許之。先是，余屢覓之居人，俱云：「此地無筏，而舟為陂阻，無由入洞，須數人負之以趨。」不意此二人獨漫許之，余心不以為然。然竊計巖中有遺構，可以結桴❸浮水，但木巨不能自移，還將與參慧圖之。既抵巖，則參慧已歸，亦云覓舟不得，惟覓人結桴為便，意與余合。余更幸入洞有機，欣然就臥。

【章旨】本章記載了第八十天在柳州府的行跡。遊真仙巖後洞，洞內幽深曲折，有一條看不到頭尾的大蛇伏在地上，一動不動。隨後去老人巖，先進下巖，再到前巖，通往後巖。出洞居高望遠，縹緲無際，人如天外飛仙。下山橫渡菜邕江，到達香山，因沒地方吃飯，回到縣城，得知這裡所謂的不死草，實際上是不易枯槁的掛蘭。因找不到船，打算用木筏沿壽溪深入真仙巖水洞遊訪。

【注釋】❶劉公巖　在融縣城南四里，舊名西峰巖，宋紹定間郡守劉繼祖命報恩寺僧知性除去污穢，疏通道路，因以「劉公」名巖。❷梁吳二侯　宋天禧間，融縣瑤人起事。梁熹、吳輔組織鄉兵抵抗，戰死。理宗下詔，封梁熹為忠祐侯，吳輔為顯祐侯。❸桴　木筏。

【語　譯】二十八日　參慧紮了火把，帶我去遊真仙巖後的暗洞。開始從天柱老君像後進入，都是壽溪西面石崖上的陸洞。到這裡洞內成千石柱層層排列，上百個孔洞散布各處，前洞高大，到這裡忽然變為幽深，前洞雄曠，到這裡忽然變為玲瓏，在洞深處的空隙中曲折行走，無不竭力尋訪。石下橫臥著一條大蛇，用火照牠，看不到頭尾，但伏在地上一動不動，從牠上面跨入，又從牠上面跨出，竟然毫無動靜。但這洞雖然幽深，仍是壽溪西面的一角，時時從岩石的空隙中向東俯視暗河的溪流，希望能找到一個適當的入口，但始終未能下渡溪水。走出洞，回頭看見溪水流出的孔洞，裡面透出陽光，和對面石崖的明洞相通，更覺神思飛揚，不能自已。於是託參慧上街尋找木筏，租借船隻，作入洞的準備。參慧又燃起火把引路，從巖前左側的石上走下，往北進入深洞之中。洞雖然幽深，卻沒有變幻莫測的鐘乳石柱，但下面有許多龍形的石脊，盤伏交錯，鱗爪逼真，也是一處奇景。

走出洞，參慧便去找船。不一會，我想參慧雖然走了，只怕不會很快就找到，不如親自尋找，同時遊覽老人巖、香山各地的勝景。於是又走出洞，往北沿著大路走。過了一會，向西望見山峽之間，峰巒聳立，形狀奇特，碰巧有老農過來，問後知道裡面有劉公巖，因為草深，又沒有嚮導，就從下廓南面先趕往老人巖。共走二里，到達巖下，便先進入下巖。洞門向東，裡面寬廣但不高大。這時已近中午，天氣悶熱，一進洞立即感到清涼直入心骨。西北有個洞穴，深入進去，漸漸黑暗，沒法走到盡頭。聽說拿著火把進去，可到很遠的地方，但幽深低下，不必窮究。從洞門左邊仍然登上石峽，到達前巖，轉而通往後巖。裡面搭起閣樓，蓋了屋子，將洞口占滿，只有閣樓西面留有一些空地，作為煮飯的地方。前面有一方平臺，上面憑藉石筍雕刻石像。從這裡再往西進入石洞，漸漸變得狹隘黑暗，燃起火把探望，側著身子進去，從石級直往下落，一路都很狹窄，沒什麼奇景。

出洞到閣前居高望遠，只見上下懸崖極其陡峭，菜邕江從西面流來，在山的北麓瀠繞，自分自合，到巖下往北轉流到縣城，大江就在山的前面，環繞的城牆聚在它的下面，人在上面，只覺高遠縹緲，宛如天外的飛仙。在它正北就是香山，為八景之一。靠近窗口叫道士指點去香山的路，便下山，橫渡菜邕江，水淺不到膝蓋。於是沿江水往北上行，望見西江流出的地方，峰巒瑰麗奇特，裡面有雞場洞。差點隨著路一直往西，走了一里，遇見一個僧人挑柴過來，向他問路，才知道香山還在東北處。就轉而從長滿荒草的小路沿著北山的東麓，走了一里，到達香山。於是向西登上石級，有廟在兩個山坳之間，裡面供的神為梁、吳二侯。小路幽寂，殿堂陰森，雖然在赤日炎炎的盛夏，依然令人毛骨悚然。聽說這裡的神十分靈異，但廟中沒有碑刻，不知起於哪個朝代，又以什麼奇功顯達。我原先想在香山吃飯，到了那裡才知道廟裡空無一人，於是往東北走過一座橋，經過演武場，往南共走了一里，便進入西門，城內十分冷落，往東走到縣衙門前吃飯。

走出南門，想覓藥買紙，都找不到地方。遇上一個行醫的人向他求問，那人說：「這裡豬腰子、山豆根都出自羅城。所說的不死草，實際上是掛蘭，掛在空中不會枯槁，是草不死，並不是人吃了不會死。」聽了一笑作罷。又往南經過下廓，遇上砍柴的人，叫他們找船去真仙洞，那二人爽快地一口答應。在此之前，我多次向當地居民找船，都回答說：「這裡沒有木筏，而船因山坡阻隔，沒法入洞，必須用幾個人扛著走。」想不到惟獨這兩個人隨口答應，我心中並不當一回事。但暗想在洞中留下的架屋木材，可編成木筏浮水，但木料太大，獨自無法移動，此事還得和參慧一起商量。到達真仙巖，參慧已經回來，也說找不到船，只有找人編木筏比較方便，意見正好和我相合。我更慶幸有機會進洞，便高興地入睡了。

二十九日　晨起，余促參慧覓結桴者，未行而昨所期樵者群呼而至，謂予曰：「已入洞否？」余應以待舟。樵者曰：「舟不能至。若聯木為桴，余輩從水中挾之以入，便與舟同。」余令參慧即以覓人錢畀之。其人群而負木入溪，伐竹為筏，頃間聯桴已就，復以巖中大梯架其上，上更置木盆。余乃踞坐盆中，架足梯上。諸人前者縴引，旁者挾篙，後者肩聳，遇深淵輒浮水引之，遙不能引，輒浮水挾之。始由洞口溯流，仰矚洞頂，益覺穹峻，兩崖石壁，劈翠夾瓊，漸進漸異，前望洞內天光遙遙，層門複竇，交映左右。從澄瀾迴湧中，破空濛而入，誦謫仙「流水杳然，別有天地❶」，洵若為余此日而親道之也。既入重門，崆峒上涵，淵黛下瀦，兩旁俱有層竇盤空上嵌，盪映幌漾，迴睇身之所入，與前之所向，明光皎然，彼此照耀，人耶仙耶，何以至此耶，俱不自知之矣！

挾桴者欲從其中爇炬登崖，以窮旁竅。余令先溯流出後洞，以窮明竇。乃復浮水引桴，遂抵洞門。其門西南向，吸川飲壑。溪破石而下，桴抵石為所格，不能入溪。乃捨桴踐石而出洞，又劃然一天也。溪石坎坷，不能置〔踵〕，望左崖有懸級在伏莽中，乃援莽蹠❷空而上，不數十步，輒得蹊徑。四望平疇中圍，眾峰環簇，即余昔來橫道北巖之東北隅也，予來時大道尚在南耳。乃隨山左東過一小坳，計轉其前，即雙梁以東大道，從小徑北躋山椒，即老君座對崖旁透之穴，俱可按方而求。而挾桴者俱候余仍遊洞內，乃返而登桴，順流入洞，仍抵中扃。視東西兩旁俱有穴可登，而西崖穴高難登，且前遊暗洞，已彷彿近之，而東崖則穴競門紛，曾未一歷，遂爇炬東入。其上垂乳成幄，環柱分門，與老君座後暗洞之勝，絲毫無異。從其內穿隙透竅，多有旁穴，上引天光，外逗雲影，知其東透山膚甚薄，第穴小竇懸，不容人跡，漫為出入耳。從其側宛轉而北出，已在老君對崖之下層，其處有金星石、龍田諸跡，因崖為臺，下臨溪流，上有石闌圍池❸，豈昔亦有結榭以居、架飛梁以渡者耶？其後壁大鐫「壽山福地」四大字，法甚古異，不辨其為何人筆。再出即為對崖之上層，其上亦列柱縱橫，明竅外透，但石崖峻隔，與此層既不相通。仍引桴下浮，欲從溪中再上，而溪崖亦懸嵌，無由上躋。計其取道當從洞前南轉，抵小坳之東北，躋山椒而後可入，洞中非架飛梁，不能上也。乃從桴更入洞，其下水口旁洞俱淺隘，無他異。始絕流引桴，還登東崖，諸人解桴撤木運歸舊處。余急呼其中一黠者，攜餘炬，令導為劉公洞遊。

北遵大道半里，即西南轉入小岐，向山峽中，依前老農所指示行，導者雖屢樵其處，不識誰為劉公巖也。又二里，抵山下。望一洞在南山，東向而卑伏；一洞在南山，北向而高騫；一洞在北山中突之峰，東向而淺列。方莫知適從，忽聞牧者咳嗽聲。遙呼而詢之，則北向高騫者是，亟披莽從之。其人見余所攜炬一束，哂曰：「入此洞須得炬數枚，乃可竟。此一炬何濟？」余始信此洞之深邃，而恨所攜之炬少也。伏莽中石磴隱隱，隨之而躋，洞門巨石前横，從石隙入，崖石上大鐫「西峰之巖」四字，為寶祐三年❹李桂高書。其前又有碑記二方，其一不可讀，其一為紹定元年❺太守劉繼祖重開此巖，而桂林司理參軍饒某記而並書者也。其記大約云：「桂西靈異之氣，多鍾於山川，故真仙為天下第一，而曰老人者次之，曰玉華、彈子者又次之，而西峰巖則與真仙相頡頏，而近始開之。」余始知此洞之名為劉公者以此，而更信此洞之始，其開道建閣，極一時之麗，而今乃荒塞至此，益慨融之昔何以盛，今何以衰耶！入洞，內甚寬敞，先爇炬由其後右畔入，則乳柱交絡，戶竇環轉，不數丈而出。又從其後左畔入，則乳柱宏壯，門竇峻峽❻，數丈之後，愈轉愈廓，寶幢玉筍，左右森羅，升降曲折，杳不可窮，亦不可記。其時恐火炬易盡，竭蹶前趨。嘗臠❼而出，不知蔗境❽更當何如也。唐容真仙鐫記謂：「西峰巖比彈子同於加奇而稍窄。」所云「窄」者，豈以洞門巨石虧蔽目前，未悉其宮牆之宏邃耶？

下山，西望北山中突東向之洞，其外雖淺而石態氤氳，門若雙列，中必相通。亟趨其下，則崖懸無路。時導者已先歸，見余徘徊仰眺，復還至引入南麓小洞。其門南向而淺，與上巖不通。蓋上巖危瞰峰半，遙望甚異，而近眺無奇，且路絕莫援，不得不為卻步。既東行，回首再顧，則氤氳之狀，復脈脈繫人。仍強導者還圖攀躋，導者乃芟翳級石，猿攀以登。余亦倣而隨之，遂歷其上。則削壁層懸，雖兩崖並列而中不相通，外復淺甚，蓋縱有玲瓏之質，而未通窈窕之關，始興盡而返。仍東南二里，抵真仙巖。時適當午，遂憩巖中，搜覽諸碑於巨石間，而梯為石滑，與之俱墜，眉膝皆損焉。

真仙巖中明夾❾可棲，寂靜無塵，惟泉聲轟轟不絕，幽處有蛇，不為害，而蚊蚋甚多，令人不能寐。廿八中夜，聞有聲甚宏，若老人謦欬然，久而不絕。早起詢之，乃大蟲鳴也。頭大於身，夜潛穴中，然惟此夕作聲，餘寂然。

【章　旨】本章記載了第八十一天在柳州府的行跡。來了一群砍柴人，在溪中聯木成筏，霞客坐在筏上的木盆中，眾人前引旁扶，進入水洞。越往裡越覺奇異，有「流水杳然，別有天地」之感。進入兩道門，裡面陽光照耀，波光蕩漾，人在其中，不知自身是人是仙。到後洞洞口，方知暗河之水乃溪流匯成。出洞豁然開朗，又出現一片新的天地。回到木筏上，順流到達中門，暗河兩旁有很多孔洞，燃起火把進去，發現這裡山壁很薄，過去好像有人架橋過河，在裡面蓋屋居住。遊罷真仙巖水洞，找了一個嚮導前往劉公巖，洞門朝北，高高懸掛。據石刻，劉公巖又名西峰巖，其奇異可與真仙巖相比。洞內極為幽深，因火把不夠，不能深入遊賞。下山時望見北山有個巖洞，巖石形狀迷人，於是登上此洞，盡興而返。中午回到真仙巖，因看碑刻從梯上摔倒受傷。真仙巖中有頭比身大的大蟲，鳴聲就像老人咳嗽。

【注　釋】❶誦謫仙流水杳然二句　唐賀知章讀李白詩，稱之為「謫仙人」。李白〈山中問答〉詩云：「問余何意棲碧山，笑而不答心自閑。桃花流水窅然去，別有天地非人間。」❷蹠　同「跖」。腳底板。此作「踏」解。❸圊池　廁所。❹寶祐

三年　西元一二五五年。寶祐，宋理宗年號。❺紹定元年　西元一二二八年。紹定，宋理宗年號。❻峽　疑為「狹」之誤。❼嘗臠　即嘗鼎一臠。原意為嘗一臠肉而知一鼎（古代的一種烹飪器）之味，即嘗其一二可知其餘。這裡說全洞只遊了極少一部分。一臠，即一塊肉。臠，切成方塊的肉。❽蔗境　晉顧愷之吃甘蔗，常從末梢吃到根部，人問其故，答道：「漸入佳境。」（甘蔗根部最甜）這裡以「蔗境」借喻洞內深處的景觀。❾明夾　夾，疑為「爽」之誤。

【語　譯】二十九日　清早起身，我就催促參慧去找編紮木筏的人，還沒走出，而昨天約好的砍柴人一起呼喊著到來，對我說：「已進洞沒有？」我回答說正在等船。砍柴的人說：「船沒法到這裡。如果將木材聯結成筏，我們在水中從兩旁扶著木筏進去，就和船一樣了。」我叫參慧立即把找人編筏的錢給他們。這些人一起將木材扛到溪中，砍下竹子編紮成木筏，頃刻間木筏就已紮成，又將巖中的大梯架在筏上，上面還放著木盆。我就坐在木盆中，把腳擱在梯上。眾人在前面的拉縴，在旁邊的撐篙，在後面的聳起肩膀推扶，遇上深淵就游水上拉著木筏前進，若太遠沒法游著拉，便扶著木筏在水上推進。一開始從洞口沿溪水上行，抬頭看洞頂，更加覺得高峻，兩邊崖壁，如同劈開的翠玉、相夾的瓊瑤，漸漸往裡，漸漸奇異起來，向前望見洞內陽光遠遠照進，一層層洞門，一個個孔穴，在周圍交相映照。從清澈迴旋的波浪中，衝破空濛迷茫的水氣進去，吟詠謫仙「流水杳然，別有天地」的詩句，真像為我今天的遊訪而親口吟成。走進兩道門後，只見上面包容著山洞，下面積水成為青黑的深潭，兩旁都有層層孔洞淩空盤繞，上嵌石壁，陽光映照，水波盪漾，回頭斜視自身進入之處，和前面要去的地方，光線明亮，相互照耀，此時真不知自己是人是仙，又是怎麼來到這裡的。

扶持木筏的人想在中途燃起火把登上崖石，遊覽旁邊的洞穴，我叫他們先沿溪水上行走出後洞，遍遊明洞。便又游水牽引木筏，到達洞門。這門面向西南，匯聚著從各條溝壑中流來的水。溪水沖破崖石流下，木筏到石前受阻，不能進入溪流。於是離開木筏踏著石塊出洞，眼前又豁然開朗，呈現一片新的天地。溪中的石塊高低不平，沒處落腳，望見左面的山崖上有石級懸掛在草叢中，便拉著荒草，騰空而上，沒走幾十步，就發現一條小路。向四面望去，中間圍成一塊平坦的田地，群山聚立環繞，就是我先前所見的在路北橫列的巖洞的東北角，我來時大路還在它的南面罷了。便隨山的左側往東經過一個小山坳，估計轉到它的前面，即雙梁以東的大路，從小路往北登上山頂，即老君座對面崖壁和旁邊相通的洞穴，都可根據方位找到。但扶持木筏的人都在等我回洞中繼續遊覽，於是返回登上木筏，順流入洞，仍然到達中間的洞門。看到東西兩旁都有洞可登，但西邊崖上的洞穴位置較高，難以登臨，而且先前遊暗洞時，好像已經接近它，而東邊崖上洞門眾多，卻從不曾前往一遊，於是燃起火把往東進去。上面垂掛的石鐘乳形成帷幕，環繞的石柱分列成門，和老君座後暗洞的勝景，完全相同。從它的內部穿過空隙，通過孔洞，旁邊有許多洞穴，上面照進陽光，外面招引雲影，知道往東穿過的山壁很薄，只是洞穴又小又高，人走不進去，只好隨意進出幾處罷了。從它的旁邊曲曲折折往北走出，已在老君座對面石崖的下層，這裡有金星石、龍田等勝跡，憑藉崖石作臺，下面對著溪流，上面有石檻廁所，難道過去也有在這裡蓋屋居住、架橋渡水的人嗎？後面石壁上刻著「壽山福地」四個大字，書法十分老古奇特，無法辨認出自誰的手筆。再往前走出便是對面石崖的上層，在它上面也是縱橫羅列的石柱，明亮的孔洞通向外面，但石崖高高阻隔，和這層並不相通。仍然牽引木筏浮水往下，想從溪中再上去，但溪邊的崖壁也陡直地插入水中，無法攀登。估計去的路應該從洞前向南轉，到小坳的東北，登上山頂方可進入，洞中除非架起飛橋，否則決不能上去。便隨木筏再進入洞中，下面的水口旁洞都低淺狹隘，沒什麼奇景。這才橫渡溪水，牽引木筏，返回登上東面的石崖，眾人解開木筏，撤除木料，運回原地。我趕緊呼喊其中一個伶俐的人，帶著剩下的火把，讓他引路去遊劉公洞。

往北沿大路走了半里，便往西南轉入一條小路，朝著山峽，依照先前那個老農所指的方向走。嚮導雖然多次在這裡砍柴，但也不知哪裡是劉公巖。又走了二里，到山腳下。望見一個洞在南山，洞門朝東，位置低下；一個洞在南山，洞門朝北，在高處懸掛；一個洞在北山中間突起的山峰，洞門朝東，很淺露，就在山的表面。正不知該走哪條路，忽然聽到放牛人的咳嗽聲。遠遠地向他呼喊問路，得知劉公巖為朝北高掛的那個洞，急忙撥開草叢前往。那人見我只帶一束火把，笑道：「進這洞必須有幾束火把，才可以走遍，這一束火把有什麼用？」我方才相信這洞果然深遠，只恨所帶的火把太少。草叢中隱隱約約露出石級，沿著石級往上攀登，只見洞門前橫著一塊大石，從石縫中進去，崖石上刻著「西峰之巖」這四個大字，是寶祐三年李桂高書寫的。在它前面還有兩方碑記，其中一方已沒法讀，另一方是紹定元年太守劉繼祖重新開發這巖時，桂林司理參軍饒某作記並書寫的。這篇記的大意是：「桂林西面神奇之氣，多聚集在山川之中，故真仙巖為天下第一巖，老人巖其次，再其次為玉華巖、彈子巖，而西峰巖則和真仙巖不相上下，直到近世才開發。」我才知道這洞以此名「劉公」，從而更加相信這洞剛被發現時，在這裡開通道路，建造樓閣，一時之間，極其瑰麗，如今竟荒涼閉塞到如此地步，更加慨歎融州過去何等興盛，如今又何等衰敗！走進洞，裡面十分寬敞，先燃起火把從洞後的右側進去，只見石柱交纏，門洞環轉，沒幾丈就已走出。又從洞後的左側進去，只見石柱宏偉壯麗，門洞險峻狹窄，走了幾丈之後，愈往裡轉愈顯得空闊，如同寶玉般的石幢石筍，在兩邊森然羅列，曲折上下，一望深遠，走不到盡頭，也沒法描述。當時怕火把很快燒完，竭盡全力往前走，只看了一些地方就出洞，不知深入進去又將是如何的奇麗。唐容在真仙巖的石刻記文中說：「西峰巖比彈子巖更加奇特，但稍許狹窄些。」所謂「狹窄」，難道是因為洞前有大石遮擋，使人看不到巖洞裡面的高大深遠嗎？

下山時，向西望見北山中突起一個朝東的洞，洞外雖淺，但岩石的形態紛呈，好像雙門並列，裡面必然相通。急忙走到洞的下面，只見懸崖高峻，無路可上。這時嚮導已先回去，見我還在徘徊不定，抬頭眺望，又返回帶我去南麓的小洞。洞門朝南，裡面很淺，和上巖不相通。大體上說，上巖高踞山峰的半腰，遠望十分奇異，但在近處看卻很平常，況且道路斷絕，沒有可攀援的東西，為此不得不止步不前了。在往東走後，再回頭觀望，只見紛呈的石態，又脈脈多情，牽人情思。仍然勉強嚮導回去設法攀登，嚮導便除去遮蔽物，踩著石頭，像猿猴那樣攀登。我也學他的樣跟在後面，便到洞上。只見層層峭壁高懸，雖然兩座山崖並列，但中間並不相通，外面又很淺，即使有玲瓏的石質，但沒有通往幽深之處的關口，這才興盡返回。仍然往東南走二里，到達真仙巖。這時正當中午，便在巖中休息，在大石中尋找觀看各種碑刻，因岩石光滑，人隨梯子一起摔下，眉部、膝蓋全都受傷。

真仙巖中明亮爽朗，可以居住，環境清寂，沒有塵土，只有泉聲不絕於耳，幽暗的地方有蛇，不傷害人，只是蚊子很多，使人無法安眠。廿八日半夜，聽到有很響的聲音，就像老人咳嗽，好長時間都不消失。早晨起身打聽，原來是大蟲的鳴叫。這蟲頭比身大，夜晚藏在洞中，但只有這晚發出聲響，其他日子都很安靜。

七月初一日　早起，以跌傷故，姑暫憩巖中。而昨晚所捶山谷碑猶在石間，未上墨瀋，恐為日爍，強攀崖搨之。甫竟，而參慧呼赴晨餐，余乃去而留碑候燥，亟餐而下，已為人揭去。先是，余搨左崖上〈老君像碑〉❶，越宿候乾，亦遂烏有。至是兩番失之，不勝悵悵。蓋此中無紙，前因司道檄縣屬僧道攜紙來巖搨〈元祐黨籍〉，余轉市其連四❷陸張。搨者為吏所監督，欲候〈黨籍碑〉完，方能為余搨韓忠獻大碑，故棲遲以待。余先以餘閒取一紙分搨此碑，而屢成虛費。然碑可再搨，而紙不可再得，惟坐候搨者完忠獻大碑而已。是日僧道期明日完道碑，初三日乃得為余搨，而韓碑大，兩側不能著腳，余先運木橫架焉。

初二日　是日為縣城墟期，余以候搨淹留，欲姑入市觀墟。出洞而後知天雨，洞中溪聲相溷，晴雨不辨。乃還洞再搨黃碑。下午仍憩巖中。

【章　旨】本章記載了第八十二、第八十三天在柳州府的行跡。抽空所拓的黃山谷碑和〈老君像碑〉因留在石上等候晾乾被人揭走。這裡沒紙張，心中很不愉快。拓碑的人必須先為官府拓〈元祐黨籍碑〉，為此在巖中滯留等候。

【注釋】❶老君像碑　宋咸淳年間歐陽宜中刊並跋。❷連四　連四紙；綿連四紙。後訛稱連史紙。產於江西、福建等地。原料用竹。紙質細，色白，經久不變。舊時凡貴重書籍、碑帖、書畫、扇面等多用之。

【語　譯】七月初一　早晨起身，因為跌傷的緣故，暫且在巖中休息。而昨晚所捶黃山谷碑的拓片還在石中，未上墨汁，怕被陽光烤壞，勉強攀登山崖去拓。剛完成，參慧叫我去吃早飯，我便離開那裡，而將拓片留下晾乾，趕緊吃完飯下去，已被人揭走了。在此之前，我拓左面山崖上的〈老君像碑〉，隔了一夜等它晾乾，結果也沒有了。到這時兩次失去，心中十分不快。因為這裡沒有紙張，先前因當局傳文縣屬的僧人道士帶紙來巖中拓〈元祐黨籍碑〉，我從他們那裡轉手買了陸張連四紙。拓碑的人受到官吏的監督，要等〈黨籍碑〉拓完後，才能為我拓韓忠獻的大碑，所以在這裡停留等待。我先用空閒的時間拿出一張紙來分拓這碑，而屢次白費功夫。但碑可以再拓，紙卻沒法再得，只有坐等拓碑人來完成拓韓忠獻大碑了。這天僧人、道士約好明天完成道碑，初三才能為我拓，因韓碑高大，兩旁不能落腳，我便先將木料運來搭好橫架。

初二　這天是縣城趕集的日子，我因等候拓碑的人而留在巖中，想暫且去集市觀看，出洞後才知道天在下雨，洞中因有溪水聲相混，分不清是晴天還是雨天。於是回洞中再拓黃山谷碑。下午仍然在巖中休息。

初三日　早霧，上午乃霽。坐洞中候搨碑者，久之至，則縣仍續發紙命搨，復既期初四焉。余乃出洞，往覓對崖明竅之徑。東越洞前石梁，遂循山南轉而西，徑伏草中，時不能見，及抵後山過脊，竟不得西向登崖之徑。乃踐棘攀石，莽然躋山半覓之，皆石崖嵯峨，無竅可入。度其處，似過而南，乃懸崖復下。忽有二農過其前，亟趨詢之，則果尚在北也。依所指西北上，則莽棘中果有一竅，止容一身，然下墜甚深，俯而瞰之，下深三丈餘，即北崖僧棲所對望處也。已聞搨碑僧道笑語聲，但崖峻而下懸，不能投虛而墜。眺視久之，見左壁有豎隙，雖直上無容足攀指處，而隙兩旁相去尺五，可以臂繃而足撐。乃稍下。左轉向隙，而轉處石皆下垂，無上歧，圓滑不受攀踐，磨腹而過，若鳥之摩空，猿之踔虛，似非手足之靈所能及也。既至隙中，撐支其內，無指痕安能移足，無足銜安能懸身。兩臂兩足，如膠釘者，然一動，將溜而下。然即欲不動，而撐久力竭，勢必自溜，不若乘其勢而蹲股以就之，迨溜將及地，輒猛力一撐，遂免顛頓。此法亦勢窮而後得之，非可嘗試者也。

既下，則巖寬四、五丈，中平而下臨深溪，前列柱綴楞如勾欄❶然，恐人之失足深崖，而設以護之者。巖內四圍環壁，有卷舒活潑之意，似雕鏤而非雕鏤所能及者。前既與西崖罨映❷，後復得洞頂雙明，從其中遙顧溪之兩端，其出入處俱一望皎然，收一洞之大全，為眾妙之獨擅。真仙為天下第一，宋張孝祥題：「天下第一真仙之巖。」而此又真仙之第一也。巖右崖前一石平突溪上，若跏趺之座，上有垂乳滴溜，正當其端，而端為溜滴，白瑩如玉，少窪而承之，何啻仙掌之露盤❸也。由其側攀崖而北，又連門兩龕，內俱明潔無纖污，而石壁迴嵌，色態亦異，皆如初墜者[4]。其前崖上亦有一柱，旁[5]溪而起，中忽纖圓若指，上抵洞頂，復結為幢絡，散為蛟龍，繞纖指下垂，環而夭矯者數縷，皆有水滴其端。其內近龕處，復有一石圓起三尺，光瑩如瓶卣[6]，以手拍之，聲若宏鐘，其旁倒懸之石，聲韻皆然，而此則以突豎而異耳。此三洞者，內不相通而外成聯壁，既有溪以間道，復有竅以疏明，既無散漫之滴亂灑洞中，又有垂空之乳恰當戶外，臥雲壑而枕溪流，無以逾此！此溪東上層之崖也。其南與下層並峙之崖相隔無幾，而中有石壁，下插溪根，無能外渡。稍內有隙南入，門曲折而內宛轉，倒垂之龍，交繆[7]縱橫。冀其中通南崖，而尚有片石之隔，若鑿而通之，取道於此，從下層臺畔結浮橋以渡老君座後，既可以兼上下兩崖之勝，而宛轉中通，無假道於外，以免投空之險，真濟勝之妙術也。

時余雖隨下溜其中，計上躋無援，隔溪呼僧棲中揭碑者，乞其授索垂崖，庶[8]可挽之而上。而揭者不識外轉之道，漫欲以長梯涉溪。而溪既難越，梯長不及崖之半，即越溪亦不能下。傍徨久之，擬候巖僧參慧歸，覓道授索。予過午猶未飯，反覆環眺，其下見豎隙，雖無可攀援，而其側覆崖反有凹孔，但上瞰不得見，而下躋或可因。遂聳身從之，若鳥斯翼[9]，不覺已出穽而透井，其喜可知也。仍從莽中下山一里，由石梁轉入巖而飯焉。下午以衣褌積垢，就溪浣濯，遂抵暮。

【章　旨】本章記載了第八十四天在柳州府的行跡。離開真仙巖，尋找去對面山崖明洞的路。在荊棘草叢中發現一個洞穴，往下陷入三丈多深，好不容易凌空進入旁邊崖壁上一條豎直的縫隙，在裡面臂綳足撐，不敢移動，但又無法持久，只得乘勢冒險滑下去。到了下面，只見巖洞下臨深溪，是一處獨自擁有眾多美景的地方，如果說真仙為天下第一巖，這裡又是真仙第一景。溪上突起一塊岩石，有石乳滴下，光潔如玉。崖北石龕旁有圓石，拍打它聲如洪鐘。身臥雲壑，頭枕溪流，觀賞景物，沒有比這裡更自在的地方。如果能鑿穿岩石，使洞內相通，就可避免凌空跳躍的危險，兼遊上下兩崖的勝景。這時已滑到下面，但往上攀登卻毫無援助，觀察好久，見崖壁上有凹洞可以利用，終於走出陷阱，回到真仙巖。

【注　釋】❶勾欄　又作「鉤欄」。即欄杆。❷罨映　遮掩襯托。❸仙掌之露盤　漢武帝好神仙，於神明臺上作承露盤，立銅仙人舒掌以承甘露，以為飲之可以延年。❹皆如初墜者　舊本「者」作「處」。❺旁　通「傍」。❻卣　古代的青銅酒器。❼繆　同「繚」。纏繞。❽庶　表示希望。❾若鳥斯翼　如鳥展翅。斯，語助詞。

【語　譯】初三　早晨有霧，上午才放晴。坐在洞中等候拓碑人，過了好久才到，原來縣吏分發紙張下令繼續拓，於是改期初四來為我拓。我便出洞，去找通往對面山崖明洞的路。向東走過洞前的石橋，就沿著山的南面轉而往西，路埋在草中，常看不到，及到後山延伸過來的山脊，竟然仍找不到向西攀登山崖的路。於是踩著荊棘，攀援崖石，莽撞地登上半山腰尋找，到處都是高峻的石崖，無洞可進。估計這地方，似乎已往南走過頭了，便又從懸崖走下。忽然看到有兩個農夫從前面經過，趕緊上前問路，洞果真還在北面。依照他們所指的方向往西北走上，只見荊棘叢中果然有個洞，只能容納一個人，但往下墜落卻很深，低頭往下張望，有三丈多深，即和北面山崖僧人住處相對而望的地方。過了一會聽到拓碑的僧人道士說笑聲，但山崖高峻下垂，身子不能憑空落下。居高望遠，過了好長時間，看到左面崖壁上有道豎直的縫隙，雖然筆直向上沒有落腳把手的地方，但縫隙兩旁相隔僅一尺五寸，可以用手臂綳緊，兩腳撐住。於是稍許走下，向左轉到縫隙處，但轉折的地方崖石都往下垂，沒有向上的分支，表面十分圓滑，沒法攀登，只能將腹部貼在石上通過，就像飛鳥展翅，猿猴騰躍，似乎不是人力所能辦到的。到了縫隙，在裡面手撐腳支，但沒有把手的地方又怎能移動雙腳，沒有落腳的地方又怎能將身體拴住。兩臂兩腳，就像被黏住釘著那樣，只要一動，人就會滑下去。但即使不想動，支撐時間長了，到精疲力竭時，勢必自己滑下去，不如乘勢蹲下，讓身體下滑，等快要接近地面時，就猛地用力一撐，這樣便不會摔傷，得以安全落地。這種辦法只有在無路時才會想出來，並不是可以隨意嘗試的。

下去後，只見巖洞寬四、五丈，中間平坦，下面對著深溪，前面柱子排列，窗戶相連，如同欄杆，這是怕人失足掉入深崖，故設置在這裡用來保護遊人。洞內四周石壁環繞，岩石或卷曲，或舒展，生動自然，就像雕刻而成，但雕刻又決不可能達到這樣生動的地步。前面既和西崖相互遮掩映照，後面洞頂又有兩個透光的孔洞，從這中間回頭遠望溪水的兩端，水流出入的地方，一眼望去，清清楚楚，匯聚著整個巖洞的景觀，成為獨自擁有眾多美景的地方。真仙巖為天下第一巖，宋張孝祥曾題：「天下第一真仙之巖。」而這裡又是真仙巖第一景。巖洞右邊的山崖前有一石在溪上橫向突起，就像佛徒的坐榻。上面有垂掛的石乳滴下，正好落在岩石的頂端，這頂端由於不斷的流滴，潔白晶瑩如玉，石面稍許有些凹下，承接著石乳，勝過仙人舒掌的承露盤。從它的旁邊攀登山崖往北，又有兩個連門的石龕，裡面都明亮潔淨，沒有一點污染，而石壁迴繞相嵌，顏色形態交相生奇，都像最初落下的地方。在它前面的山崖上也有一根石柱，靠近溪水豎起，中間忽然像手指那樣細圓，往上直到洞頂，又纏結如同旗幟的垂旒，分散就像蛟龍，繞著纖指般的石柱垂下，有幾縷環繞屈曲的石痕，都有水滴在它們的頂端。裡面靠近石龕的地方，又有一塊高出三尺的圓石，像酒瓶那麼光潔，用手拍打它，發出大鐘般宏亮的聲響，在它旁邊倒掛的岩石，都會發生這種聲響，而這石則以豎立突起而與眾不同。這三個洞，裡面並不相通，而外面石壁相連，既有溪水將路隔開，又有孔洞透進光亮，既無散漫的滴水在洞中亂灑，又有掛在空中的石乳正當門外，身臥雲壑，頭枕溪流，觀賞景物，沒有比這裡更自在了！

這是溪水東面上層的山崖。在它南面和下層並立的山崖相隔很近，但中間有石壁，往下直插溪水的底部，沒法渡過。稍許往裡有道裂縫可朝南進去，洞門曲折，裡面宛轉，倒掛的石龍，縱橫交纏。希望裡面和南崖相通，但還有一層岩石相隔，如果能開鑿穿通，經過這裡，從下層石臺搭浮橋渡過溪水到老君座的後面，這樣就可以兼遊上下兩崖的勝景，由於裡面曲折相通，不必在外面走，從而避免了凌空跳躍的危險，真可謂通往勝景的好辦法。

這時我雖乘勢往下滑到裡面，考慮到再往上攀登卻無可攀援，便隔著溪水呼喊在僧人住處拓碑的人，請他們將繩索從崖上垂下，希望可拉著繩子上去。但拓碑的人不認得從外面轉過來的路，隨意想帶長梯渡過溪水。而溪水既難渡過，梯長又不到崖壁的一半，即使能渡過溪水，也無法放梯子下去。猶豫不決，過了好久，打算等巖中的僧人參慧回來，找路給我繩索。我過了中午仍沒有吃飯，向四周反覆眺望，看到下面有豎直的縫隙，雖然沒有可以攀援的東西，不過在它旁邊覆蓋的崖壁上反而有凹入的孔洞，但在上面俯視看不到，而從下面攀登或許有用。於是挺起身子從這裡向上，就像飛鳥展開翅膀，不覺已從陷深處走出，可以想像當時是多麼高興。仍然從草叢中下山走了一里，再走過石橋轉到巖中吃飯。下午因衣褲沾滿污泥，到溪中洗滌，就這樣直到傍晚。

初四日　搨碑者晨至，以餘碑未了，及午乃竟，即往呈縣，復約厥明焉。余待之甚悶，欲以下午探古鼎鐵旗巖，新開者。而搨者既去，參慧未歸，姑守囊巖中，遂不得行[1]。

初五日　吳道與鏡禪之徒始至，為搨韓碑。其碑甚大，而石斜列，余先列木橫架，然猶分三層搨，以橫架中礙，必搨一層解架，而後可再搨也。然所搨甚草率，而字大鐫淺，半為漫漶，余為之剜污補空，竟日潤色之，而終有數字不全。會搨者以餘紙搨〈元祐黨籍〉、此碑為宋知軍沈暐所刻。以其祖亦與名籍中也，故以家本刊此，與桂龍隱巖❷所刊同。但龍隱鐫崖而大，此鐫碑而整。〈老君洞圖〉❸與像。下午僧、道乃去，余潤色韓碑抵暮。

【章 旨】本章記載了第八十五、第八十六天在柳州府的行跡。想去新開闢的古鼎山鐵旗巖，因等候拓碑的人沒法動身。次日僧人、道士來拓韓碑，並用剩下的紙張拓〈元祐黨籍碑〉和〈老君洞圖〉。因碑上的字跡模糊不清，整天潤色直到傍晚。

【注 釋】❶初四日一段　乾隆本初四日記作「聞西南十里古鼎山，有龍巖高懸，鐵旗新闢，且可從真仙後溯靈壽上流，幾欲命屐，為候搨所羈」。❷龍隱巖　在月牙山瑤光峰下，小東江北岸，相傳為神龍隱伏之地，故名。因巖形如袋，又名布袋巖，巖室寬闊如大廳，洞頂滴乳，四時不絕，聲如琴音，故有「滴玉泉」等名。現巖口建有題名「桂海碑林」的陳列館，將分布在桂林各處的著名石刻，拓下裝裱後集中展出，有極大的歷史資料和藝術文物價值。❸老君洞圖　即〈真仙巖全圖碑記〉，宋淳祐間杜應然命工摹古細繪，並添新景，巖內諸勝悉備，鐫為洞圖，有詩二十六韻並序。

【語 譯】初四　拓碑的人早晨到來，因剩下的碑尚未了結，到中午方才拓完，隨即送往縣城，又約定明天來為我拓。我等候他們十分煩悶，想在下午探訪古鼎山鐵旗巖，是新開闢的地方。但拓碑的人已經走了，參慧還沒回來，姑且在巖中守候行李，就沒法走了。

初五　吳道士和鏡禪師的徒弟剛到這裡，為我拓韓碑。這碑很大，而且石又傾斜，我先排列木材搭成橫架，但還得分三層來拓，因為橫架在中間礙事，必須拓完一層就拆除一層橫架，然後才能繼續拓。但拓得十分草率，而且碑上字大刻淺，一半已經模糊不清，我為此挖去字上的污垢，填補空白，整天進行潤色，最後還是有幾個字不全。碰巧拓碑的人用多餘的紙拓了〈元祐黨碑〉、這碑為宋代知軍沈暐所刻。因為他的祖父也名列黨籍之中，故以家中藏本刻這碑，和桂林龍隱巖所刻相同。但龍隱巖刻在崖壁上十分高大，這裡刻在石碑上比較完整。〈老君洞圖〉和像。下午僧人、道士離開這裡，我潤色韓碑直到傍晚。

初六日　洞中事完，余欲一探鐵旗巖，遂為行計。而是日雨忽沛然，余不顧，晨餐即行。一里，過來時橫列之北洞，又半里，抵橫列之南洞，雨勢彌大。余猶欲一登南洞，乃攀叢披茅，冒雨而上，連抵二崖下，竟不得洞。雨傾盆下注，乃倚崖避之，益不止，頂踵淋漓，崖不能久倚，遂去蓋拄傘為杖，攀茅為緪，復冒雨下。蓋其洞尚東，余所躋者在西，下望則了然，而近覓則茫不得見耳。又冒雨一里，南過安靈潭，又半里，西渡溪，乃從岐西向山坳，半里，踰坳而西，路漸大，雨漸殺。透山峽而出，共一里，南踰小橋，〔即來時橫涉小溪上源也。〕則仰望橋南山半有洞北向，有路可登，亟從之。洞入頗深而無他岐，土人製紙於中，紙質甚粗，而池灶烘具皆依巖而備。中雖無人，知去古鼎不遠。

乃就其中絞衣去水，下山，循麓再西，則村居鱗次，稱山中聚落之盛焉。問所謂鐵旗巖者，居人指在西北峰半。又半里，抵其峰之東南，見峰腰巖罅層出，余以為是矣。左右覓路不得，為往返者數四。既乃又西，始見山半洞懸於上，閣倚於前，而左右終不得路。復往返久之，得垂釣童子為之前導。蓋其徑即在山下，入處為水淹草覆，故茫無可辨。稍上即得層級，有大木橫偃級旁，上叢木耳，下結靈芝，時急於入巖，不及細簡。及抵巖，則巖門雙掩，以繩綰扣，知僧人不在，而雨猶沛，為之推扉以入。其巖南向，正與百步塘南之陸壠山相對。蓋巖前古鼎村之山峙於左，沸水巖之山峙於右，巖懸山半，洞口圓通，而閣衙❶於內。其內不甚寬廣，叢列神像，右轉宏擴而暗然，數丈之內，亦迴環無他岐入矣。洞內之觀雖乏奇瑰，而洞外之勝頗饒罨映。鐵旗之名，其以峰著，非以洞著耶？環視僧之爨具，在右轉洞中，而臥帳設於前閣。因登其上，脫衣絞水而懸之窗間，取僧所留衣掩體以俟之。過午，望見山下一僧，戴笠撥茅而登，既久不至，則採耳盈筐，故遲遲耳。初至，以余擅啟其閉，辭色甚倨。余告以遠來遇雨，不得不入以待餔。初辭以無米且無薪，余先窺其盎❷有夙儲，不直折之而穿，強其必炊。既炊，余就與語，語遂合，不特炊米供飯，且瀹耳為蔬，更覓薪炙衣焉。其僧好作禪語❸，楚人。既飯，酬以錢，復不納。

時雨漸止，余因問龍巖❹所在。僧初住山，誤以沸水巖為龍巖，指余西南入。

余初不知，從之，半里至其下。山下有水穴東北向，瀦水甚滿，而內聲崆峒❺，其東復然，蓋其下皆中空，而水滿瀦之。然余所聞龍巖在山半，因望高而躋。其山上岐兩峰，中削千仞，西有淺穴在削崖之下，東有夾罅在側峰之側，踐棘披搜，終無危巖貯水。乃下，然猶不知其巖之為沸水不為龍巖也。東半里，趨古鼎村。望村後山南向洞開，一高峽上穹，一圓竅並峙。私念此奇不可失，即從岐東上。上穹者如樓梯內升，而前有一垂石當門，東透為臺，下從臺前南入並峙之竅；圓竅者如圜室❻內剜，而內有一突石中踞。此時亦猶以沸水為龍巖，不復知此地可別覓龍巖也。

既下，仍由村北舊路過小橋，則溪水暴漲，橋沒水底者二尺餘，以傘拄測以渡。念此小溪如此，若靈壽石堰，漲高勢湧，必難東渡。適有土人取筍歸古鼎，問之，曰：「大溪誠難涉，然亦不必涉。踰嶺抵溪，即隨溪北下，所涉者止一小溪，即可繞出老君洞左。」余聞之喜甚，蓋不特可以避涉，而且可以得安靈以北入洞源流，正余意中事。遂從之，踰坳，抵來所涉安靈西堰，則水勢洶湧，洶非揭厲所及。乃即隨溪左北行，里半，近隔溪橫列之南洞，溪遂西轉，又環西面一獨峰，從其西麓轉北，東向以趨老君後洞焉。路至是俱覆深茅間，莫測影響，惟望峰按向而趨。共二里，見靈壽大溪已東去，不能為余阻，而西山夾中，又有一小溪西來注之，其上有堰可涉。然挾漲勢驕，以投鞭可渡之區❼，不免有望洋濡足之歎❽。躊躇半晌，既濟而日已西沉。遂循溪而東，蓋此處有徑，乃北經劉公巖出下廓大道者，按方計里，迂曲甚多。時暮色已上，謂已在洞後，從其左越坳而下，即可達洞前，即無路，攀茅踐棘，不過里許，乃竭蹶趨之。其坳皆懸石層嵌，藤刺交絡，陷身沒頂，手足莫施，如傾蕩洪濤中，汩汩終無出理。計欲返轍劉公巖，已暝莫能及。此時無論虎狼蛇虺，凡飛走之族，一能勝予。幸棘刺中翳，反似鴻濛未鑿，或伏穿其跨下，或踩踔其翳端，久之竟出坳脊。俯而攀棘滾崖，益覺昏暗中下墜無恐。既乃出洞左蔬畦中，始得達洞，則參慧已下楗❾支扉矣。呼而啟扉，再以入洞，反若更生焉。

【章　旨】本章記載了第八十七天在柳州府的行跡。雖然天下大雨，還是決定去鐵旗巖一遊。路過橫列的南北二洞，再經過安靈潭，進入半山腰的一個巖洞，當地人在裡面造紙，這時人已渾身濕透。下山到一村莊，靠一個釣童引路，才找到鐵旗巖，「鐵旗」以山峰而不是以巖洞著名。在僧人的住處避雨吃飯，那僧人誤將沸水巖指為龍巖。聽從他的話到那座山下，只見都是積滿水的空洞，卻找不到高踞半山腰的龍巖。隨後前往古鼎村，遊覽了村後一個拱起的洞和一個並立的圓洞。因溪水暴漲，難以渡過靈壽大溪，根據當地人建議，翻過山坳，到安靈潭，隨著溪水走，經過幾個轉折，路都埋沒在深深的茅草中。這時暮色籠罩，因不顧繞道多走路，便翻過一個山坳往下，誰知山坳中盡是懸石藤刺，人陷在裡面，就像翻倒在大浪中，無法脫身。費盡周折，過了好久方才走出。回到老君洞，就像獲得新生一般。

【注　釋】❶衙　排列。❷盎　古代一種腹大口小的器皿。❸禪語　佛教禪宗出語重機鋒，即好為迅捷銳利、不落跡象、含意深刻之言。❹龍巖　指古鼎山龍潭洞。❺崆峒　形容聲音洪大。❻圜室　牢房。❼投鞭可渡之區　前秦苻堅攻晉，石越以為晉有長江天險，不宜用兵。苻堅道：「以吾之眾旅，投鞭於江，足斷其流。」霞客之言，非苻堅本語，而是借喻溪流狹小。❽望洋濡足之歎　《莊子・秋水》中有一則寓言，寫河伯順流而下，到達北海，向東望去，不見邊際，於是望洋興歎。這裡借喻水大。❾楗　關門的木閂。

【語　譯】初六　洞中要辦的事完畢後，我想去鐵旗巖一遊，便作出發的打算。但這天忽然下起大雨，我不管它，吃罷早飯就動身。走了一里，經過來時橫列的北洞，又走了半里，到達橫列的南洞，雨勢更大了。我還想一登南洞，便拉著叢生的樹枝，撥開茅草，冒雨向上，接連到達兩座山崖之下，竟沒找到洞。雨傾盆而下，就靠著崖壁避雨，雨更加下個不停，人從頭到腳都被淋濕，不能長久靠在崖壁上，便收攏傘拄在地上作拐杖，拉著茅草作繩索，又冒雨往下走。因為這洞還在東面，而我所攀登的山在西面，往下望去一目了然，而走近尋找反而茫然看不清楚。又冒雨走了一里，往南經過安靈潭，再走半里，往西渡過一條溪水，就從岔路向西進入山坳，走了半里，翻過山坳向西，路漸漸變大，雨漸漸停了下來。從山峽中穿出，共走了一里，往南越過小橋，橋下的水即來時所橫渡的小溪上游。抬頭望見橋南半山腰有個朝北的洞，有路可上，急忙走這條路。洞往裡很深，沒有其他岔路，當地人在裡面造紙，紙質很粗，池灶烘具都放在巖中備用。洞內雖然沒人，但看了就知道離古鼎山已經不遠了。

於是在裡面將衣服絞乾，走下山，沿山麓再往西，只見村民住房像魚鱗那樣依次排列，可稱山中較為繁盛的村莊。打聽所謂鐵旗巖這地方，居民指在西北的半山腰。又走了半里，到山峰的東南，只見峰腰出現層岩縫，我以為就在這裡。往左右兩邊都找不到路，為此來回走了四次。過了一會又往西走，才看到有洞座落在半山腰，前面有閣靠著洞，但在左右兩邊始終找不到路。又來回走了好久，找到一個釣魚的孩子引路。原來這條小路就在山下，入口處因為被水淹沒，被草遮蓋，故茫然無法辨認。稍許往上便看到層層石級，有大樹橫倒在石級旁，上面木耳叢生，下面結著靈芝，這時因急於進入巖中，來不及仔細挑選。到了鐵旗巖，只見洞門雙雙閉上，用繩子打結捆住，知道僧人不在，但雨仍下得很大，為此推門進去。這洞朝南，和百步塘南面的陸壠山正好相對。大體上說，鐵旗巖前，古鼎村所在的山峙立在左邊，沸水巖所在的山峙立在右邊，鐵旗巖座落在半山腰，洞口圓通，閣樓就在裡面排列。洞內不太寬廣，有眾多神像陳列，往右轉變得闊大，但光線幽暗，在幾丈之內，也曲折環繞沒有其他岔路可進。洞內雖然沒有奇麗的景觀，但洞外頗多相互掩映的勝景。鐵旗之名，是以山峰而不是以洞穴著稱吧？環顧僧人的炊具，在往右轉的洞中，而臥具則安放在前面的閣樓中。於是登上閣樓，脫下衣服絞乾水，掛在窗中，拿僧人留下的衣服遮蓋身體等候他。過了中午，望見山下有個僧人，頭戴斗笠，撥開茅草登山，過了好久還沒到巖洞，這是因為他沿途採了滿滿一筐木耳，所以拖延了很長時間。剛到時，因為我擅自開門，說話和態度都很傲慢。我告訴他因遠道而來遇上大雨，不得不進屋等飯吃。那僧人起先推辭沒米也沒柴火，我事先已看到他盆中有儲存的米，不直接拆穿他的謊話，而是逼他一定要煮飯。煮飯後，我就和他交談，談得很投機，那僧人不但供飯，而且煮了木耳作蔬菜，還找了柴火讓我烤衣服。這僧人喜歡講禪語，湖南人。吃罷飯，我給他錢，又不肯接受。

這時雨漸漸停下，我便問龍巖在什麼地方。那僧人剛到山中居住，誤將沸水巖當作龍巖，指著路叫我朝西南進去。我起先不知他指錯路，聽從他的話，走了半里到巖下。山下有個朝東北的水洞，積滿了水，裡面發出巨大的聲響，在它東面也是這樣，原來山下都是空洞，積滿了水。但我聽說龍巖在半山腰，便朝著高處攀登。這山上面分出兩支山峰，中間削成千仞峭壁，西面有個淺洞在陡峭的懸崖之下。東面有條夾縫在分出的山峰旁邊，踏著荊棘開路搜尋，始終沒有看到有高處的巖洞積水。於是下山，但當時仍然不知道這巖為沸水巖而不是龍巖。往東走半里，前往古鼎村。望見村後的山上朝南開著洞，一個洞在高聳的山峽向上拱起，另一個圓洞和它並排峙立。心想這樣的奇景決不可錯過，立即從岔路往東攀登。向上拱起的洞如同樓梯在裡面升起，前面有一塊下垂的岩石正當門前，往東透出成為平臺，向下從臺前往南進入和它並立的洞穴；圓洞如同往裡挖出的牢房，裡面有突起的岩石在中間盤踞。到這時仍將沸水巖當作龍巖，不知道從這裡可另外尋找龍巖。

下山後，仍然從古鼎村北的原路走過小橋，只見溪水暴漲，橋被水淹沒二尺多深，用傘頂著橋面摸索著過去。心想這條小溪尚且如此，像靈壽石壩這種地方，水勢高漲洶湧，必定難以往東渡過。碰巧有當地人採了竹筍回古鼎，向他問路，答道：「大溪確實很難渡過，但也不必渡過。翻過山嶺到溪邊，就隨溪水往北走下，只需過一條小溪，便可從老君洞的左邊繞出。」我聽了十分高興，因為這樣不但可以避免過河，而且可以找到安靈潭以北流入洞中的各條溪水的源流，這正合我的心意。於是聽從他的話，翻過山坳，到來時所走過的安靈潭西面的石壩，只見水勢洶湧，確實不是掀起衣服所能渡過的地方。於是立即隨溪水的左邊往北，走了一里半，靠近溪水對岸橫列的南洞，溪水便往西轉，又環繞著西面一座獨自聳立的山峰，從它的西麓轉到北面，向東前往老君後洞。到這裡路都埋沒在深深的茅草中，不見痕跡，惟有朝著山峰根據方向趕路。共走了二里，看到靈壽大溪已經向東流去，不會阻攔我的去路，而在西山夾谷中，又有一條小溪從西流來注入，上面有石壩可以渡過。但水勢因高漲而變得洶湧，雖然只是扔下鞭子便可將水流堵塞的區區之地，但現在卻不免令人因水深浸沒雙腳而生望洋之歎。猶豫了好一會，從石壩上走過，太陽已經下山。便沿著溪水向東，因為這裡有路，可以往北經過劉公巖去下廓的大路走出，按照方位計算里程，要繞道走很多路。這時暮色已經籠罩，以為已經到老君洞的後面，從它的左邊越過山坳往下，便可到達洞前，即使沒路可走，手拉茅草，腳踏荊棘向前，也不過一里多些，便竭盡全力趕路。這山坳中都是高懸的岩石層層相嵌，帶刺的藤條交相纏繞，人陷沒在裡面，手腳沒處用力，就像翻倒在大浪之中，急流汩汩，始終不能脫身。估計要返回劉公巖，天色已晚，來不及了。這時不必說虎狼蛇虺，只要是能飛會走的動物，一定都能傷害我。幸虧中間被叢生的荊棘遮蔽，反像處在還未開鑿的混沌狀態，什麼動物都沒有，我一會兒伏在地上從荊棘下面穿過，一會兒又踩著它的上端跳躍，過了好久終於從坳脊走出。彎著身子拉著棘條從崖上滾下，更加覺得在昏暗中下落毫不可怕。不久從老君洞左邊的菜園走出，才到洞前，參慧已經把門關上。喊他開門，再進入洞中，反像獲得再生一般。

初七日　參慧早赴齋壇，余以衣濡未乾，自炊自炙於巖中。而是日雨淋漓不止，將午，少間，乃趨城南訊舟，更入城補衣焉。是早有二舟已發，計須就其處以俟之，蓋舟從懷遠來，非可預擬，而本地之舟則不時發也。薄暮乃返洞取囊，以就城南逆旅，而參慧猶未返巖，不及與別，為留錢畀其徒而去。是日七夕❶，此方人即以當中元❷，益不知乞巧，祇知報先，亦一方之厚道也。其時雨陣時作，江水暴漲，余為沽酒漫酌，迨夜擁芻而臥，雨透茅滴瀝，臥具俱濕。

初八日　雨勢愈急，江漲彌甚。早得一舟，亟攜囊下待。久之，其主者至。舟甚隘，勢難並處，余乃復負囊還旅肆。是午，水勢垂垂❸踰涯拍岸，市人見其略❹長刻增，多移棲高原以避之。余坐對江流滔滔，大木連株蔽江而下，分陣漩渦，若戰艦之爭先。土人多以小舟截其零枝，頃刻滿載，又以長索繫其巨幹，隨其勢下至漩灣處，始掣入洄溜，曳之涯間。涯人謂盧且不保，何有於薪？舟人謂余因水為利，不若汝之胥❺溺。交相笑也。

【章　旨】本章記載了第八十八、第八十九天在柳州府的行跡。中午到城南打聽坐船的情況，傍晚離開老君洞到旅店投宿。這天是七夕，當地人作為中元節。次日江水暴漲，居民都搬到高地避水。江面上有許多連根拔起的大樹，人們乘小船用長繩順著水勢將樹木拖到水邊。

【注　釋】❶七夕　農曆七月初七夜。傳說牛郎織女此夜在天河相會，民間有婦女穿針乞巧（乞求智巧）、祈禱福壽等活動。❷中元　道家以農曆七月十五日為中元節，舊時道觀在這天作齋醮，百姓在這夜追祀祖先。❸垂垂　漸漸。❹略　疑為「晷」之誤。晷，日規，古時測日影以定時刻的儀器。❺胥　皆；都。

【語　譯】初七　參慧早晨去齋壇，我因為衣服沒乾，在巖中自己煮飯烤火。這天雨下個不停，將近中午，稍許停了一會，便去城南打聽船的消息，再進城補衣服。這天早晨有三條船已經出發，估計必須到那裡去等候，因為船從懷遠駛來，沒法預約時間，而本地的船出發又不定時。傍晚才返回洞中取行李，到城南的旅店投宿，而參慧還沒返回巖洞，來不及和他告別，便留下錢給他徒弟然後離開。這天是七夕，當地人就當作中元節，更不知乞巧，只是追祀祖先，也是這一方的厚道之處。當時常下陣雨，江水暴漲，我買了酒隨意喝，到夜晚鑽進草堆睡覺，雨透過茅屋滴下，臥具全被打濕。

初八　雨愈下愈急，江水更加高漲。早晨找到一條船，急忙帶著行李下船等候。過了好久，租船的主人來了。這船十分狹小，勢難再容納別人，我只好背著行李回到旅店。這天中午，水勢漸漸越過江邊，拍打堤岸，市民見水位不斷提高，大多移居高處的平地以躲避洪水。我坐在那裡面對滔滔的江水，只見連根拔起的大樹遮蓋著江面往下流去，分列成陣，捲起漩渦，就像戰艦競駛爭先。當地人多用小船攔截零星的枝條，不一會裝滿一船，又用長繩繫住大樹幹，順著水勢往下到迴旋彎曲的地方，才將樹幹拉入旋流，拖到水邊。岸邊的人見了，說屋子尚且保不住，還要柴火幹什麼？船上的人說我因水漲獲利，不像你們都被淹死。雙方相互取笑。

初九日　夜雨復間作，達旦少止，而水彌漲。余仍得一小舟，坐其間，泊城南吊橋下。其橋高二丈，橋下水西北自演武場來，初涸不成流，至是倏而凌岸，倏而踰梁，人人有產蛙沉灶❶之慮。過午，主舟者至，則都司促表差也。又有本邑差以獨木舟四綴其兩旁，以赴郡焉，乃郡徼取以載滷者。其舟雖小，得此四舟，若添兩翼。下午發舟，東南行，已轉西南，二十里，有山突立江右，乃西自古東山踰雞籠坳而東抵於此者。又二十里為高街，有百家之聚在江右。又五里，為芙蓉山❷亙其東南，有百家之聚在江左。又西南五里為和睦墟。又西十里，過舞陽江❸口，晚泊於沙弓，水且及街衢，盡失來時之砂磧懸崖矣。

【章　旨】本章記載了第九十天在柳州府的行跡。江水更加高漲，倏忽之間越過堤岸橋梁，人人有屋子被淹沒的憂慮。找到一條小船，下午出發，經過高街、和睦墟，通過舞陽江口，到沙弓停泊。

【注　釋】❶產蛙沉灶　指大水淹沒屋子，灶沉水中，日久致生蝦蟆。❷芙蓉山　在融縣城西約四十里，以山形如芙蓉得名。山腹窪下，占地數十畝。❸舞陽江　原本「舞」作「無」，據六月二十四日日記改。

【語　譯】初九　夜晚又下起間斷雨，到天亮才稍許停歇，而江水更加高漲。我仍然找到一條小船，坐在裡面，停泊在城南的吊橋下。這橋有二丈高，橋下的水從西北的演武場流來，原先因乾涸不成水流，到這時忽然高過堤岸，忽然又越過橋梁，人人都有住屋被水淹沒的憂慮。過了中午，租船的主人到了，是都司派出催表的差役。另外還有本縣的差役用四條獨木船連結在它的兩旁，前往府城，是府署招來裝載鹽滷的船。這船雖小，有了這四條船，就像添上兩張翅膀。下午開船，往東南走，不一會轉向西南，行駛二十里，有座山聳立在江的右岸，是從西面的古東山越過雞籠坳往東到這裡的。又行駛二十里到高街，在江的右岸有上百戶人家的村落。再五里為橫亙在它東南的芙蓉山，江的左岸也有上百戶人家的村落。再往西南行駛五里到和睦墟。再往西行駛十里，過舞陽江口，夜晚在沙弓停泊，水即將漫到街上，來時所見的砂丘懸崖都已不見蹤影。

初十日　昧爽放舟。一十五里，馬頭。五里，楊城，舟泊而待承差❶取供給於驛。其江之西北有崖瀕江，蓋東與馬頭對者也。抵午始放舟。五里，草墟。十五里，羅巖❷。村在江左，巖在江右。其巖層突杳斑駁，五色燦然。南崖稍低，有石芝偃峰頂，有洞匏❸剜崖半，當亦有勝可尋，而來時以暑雨掩篷，去復僅隔江遙睇，崖間猿鶴，能不笑人耶！又五里，楊柳。又五里，大堡。又十五里，舊縣。又五里，古城。又五里，白沙灣。江北有尖峰兩角分東西起，峭拔特甚，其南叢山即縣治所倚也。江至白沙又曲而南，又十里，下午抵柳城縣西門，龍江西自慶遠來會。按志：縣治西有穿山。而治西平臨江渚，地且無山，安得有「穿」？又按：城北有筆架❹、文筆峰❺，而不得其據。遍詢土人，有識者指城西南隔江峭峰叢立者，為筆架、文筆；又言其巔有洞中透，穿山當亦即此。然方隅與志不合，而志既各標，茲何以並萃耶？承差復往驛中，余坐待甚久，泊多行少，不意順流之疾，淹留乃爾！既暮，差至，促舟人夜行，遂得補日之不足焉。南二里，江之左為蠻攔山，削崖截江，為縣城南障；江之右即峭峰叢立，土人所指為筆架、穿山者，而透明之穴，終無從矚。棹月順流，瞬息十五里。轉而東北行，又五里，有山兀聳江東岸，排列而南，江亦隨之南折，灘聲轟轟，如殷雷不絕，是為倒催灘。豈山反插而水逆流，故謂之「倒」，而交併逼促，故謂之「催」耶？其時波光山影，月色灘聲，為之掩映，所云挾飛仙❻者非歟！又南十五里，為古陵。又二十里，為皇澤墟，西與鵝山隔山相向矣。又南三里，抵柳州府，泊其南門，城鼓❼猶初下也。

十一日　早入西南門，抵朱寓，則靜聞與顧僕病猶未瘥也。往返二十日，冀俱有起色，而顧僕削弱尤甚，為之悵然。

十二日　出東門，投刺謁王翰簡之子羅源公，名唐國，以鄉荐任羅源❽令。其弟上春官❾下第，猶未歸。以疾辭。還從北門入。下午出南門，沿江詢往潯州舡，以中元節，無有行者。

【章　旨】本章記載了第九十一天至第九十三天在柳州府的行跡。早晨開船，因公差耽擱，中午才到羅巖，這巖五彩鮮明，洞內應有勝景。又經白沙灣，到柳城。據志書載，城旁有筆架山、文筆峰和穿山，但所見和記載不合。再經過蠻攔山，在月光下順流駛上聲如震雷的倒催灘，人有「挾飛仙以遨遊」之感。船當晚趕到柳州府。次日去朱氏寓所，見靜聞、顧僕的病仍未痊癒。第三天求見王唐國，並打聽去潯州的船。

【注　釋】❶承差　公差。❷羅巖　今名洛崖，在柳城西北，融江西岸。❸匏　即瓠，葫蘆類植物。❹筆架　山名，在柳城東十里，與造化巖並峙。❺文筆峰　在柳城北五里，上銳似筆，舊時堪輿家以為此山主全縣文風。❻挾飛仙　蘇軾〈前赤壁賦〉有「駕一葉之扁舟」，「挾飛仙以遨遊，抱明月而長終」等句。❼城鼓　古時城上有鼓樓，夜間擊鼓，用以報時。❽羅源　明代為縣，隸福州府，今屬福建。❾上春官　參加禮部會試。春官，禮部的別稱。科舉由禮部主持會試。

【語　譯】初十　拂曉開船。行駛十五里，到馬頭。又行駛五里，到楊城，船靠岸等候公差去驛站取給養。這江的西北有山崖靠近江邊，和東面的馬頭相對。到中午才開船，行駛五里，到草墟。又行駛十五里，到羅巖。村在江的左岸，巖在江的右岸。這巖層突起重疊，顏色錯雜，五彩鮮明。南崖稍許低矮，有石芝臥倒在峰頂，有形如葫蘆那樣的洞挖空了半座山崖，想來也應該有美景可以尋訪，但來時因為天熱下雨遮閉船篷沒看到，去時又只是隔著江水遠望，崖間的猿鶴，怎能不笑我枉過此地呢？再行駛五里，到楊柳。再行駛五里，到大堡。再行駛十五里，到過去的縣治。再行駛五里，到古城。再行駛五里，到白沙灣。江的北岸有尖峰分東西兩角聳起，格外陡峭峻拔，在它南面即縣治所靠的群山。融江到白沙又曲折向南，再行駛十里，下午到達柳城縣西門，龍江從西面的慶遠府流來會合。據志書載，縣治的西面有穿山。但如今縣治西面平坦，靠近江邊，地上連山都沒有，「穿」又從何談起？又按：城北有筆架山、文筆峰，但也找不到根據，向當地人到處打聽，有知道的人指縣城西南融江對岸聚立的峭峰為筆架山、文筆峰；又說峰頂有洞中間相通，穿山應該也就是這地方。但方位和志書不合，而且志書是分別標舉的，這裡為何併在一起呢？公差又去驛站，我坐著等了很久，一路上停泊的時候多，行駛的時候少，想不到順流行駛原該很快，竟然如此滯留！到傍晚，公差到了，催促船夫連夜行駛，才得以彌補白天的不足。往南行駛二里，江的左岸為蠻攔山，陡峭的山崖阻擋江水，為縣城南面的屏障；江的右岸即聚立的峭峰，當地人指作筆架山、穿山，但能照進光亮的洞穴，始終沒有看到。在月光下搖櫓行駛，順流直下，一轉眼走了十五里。轉向東北，又行駛五里，有山在江的東岸高高聳起，向南排列，江水也隨著山往南轉，灘聲轟轟，如同震雷，不絕於耳，這就是倒傕灘。難道是因為山倒立而水逆流，故稱作「倒」，並且山水相互逼近，故又稱它「傕」嗎？這時波光山影，月色灘聲，相互掩映，所謂帶著神仙一起遊覽，不就是這樣嗎？又往南行駛十五里，到古陵。再行駛二十里，到皇澤墟，和西面的鵝山隔山相對。再往南行駛三里，到達柳州府，在城南門停泊，這時城樓剛敲一鼓。

十一日　早晨進入西南門，到朱氏的寓所，見靜聞和顧僕的病還沒痊癒。這次出去來回二十天，原希望他們都有些起色，但顧僕消瘦虛弱比原先更加厲害，為此心中不快。

十二日　走出東門，遞上名帖，求見王翰簡的兒子羅源公，名唐國，以地方推薦出任羅源令。他的弟弟參加會試落第，還沒回來。以有病推辭不見。回去時從北門進城。下午走出南門，沿江打聽去潯州的船，因為過中元節，沒船出發。

十三日　早從南門渡江，循馬鞍山北麓西行，折而南，循其西麓，由西南塢中登山。石級草沒，濕滑不能投足。附郭名巖，其荒蕪乃爾，何怪深崖絕谷耶！仙弈巖在山半削崖下，其門西向，正與立魚山對，〔祇隔山下平壑中一潭。〕其巖內逼如合掌，深止丈餘，中坐仙像，兩崖鐫題滿壁。巖外右有石端聳，其上迸裂成紋，參差不齊，雖可登憩，而以為黑肌赤脈，分十八道可弈，似未為確。左有崖上削，大篆「釣臺」二字，江遙潭隘，何堪羨魚❶。蓋博不及魏叔卿❷之臺，釣不及嚴子陵❸之磯，惟登憩崖右石端，平揖立魚，巖中，梵音磬響，飄然天鈞❹，振溢山谷也。崖左有級東南上，又裂一巖，形與仙弈同，〔西南向。〕中砌石為座，後有穴下墜，頗深而隘。右有兩圓穴，大僅如筒，而中外透漏，第隘不能入其下。東南抵坳中，又迸一巖，亦淺隘不足觀。蓋仙弈三巖，齊列山半，俱相伯仲而已。既西下山麓還望，復得一巖，亦西向，正在中巖之下。其巖亦淺隘，中昔有碑，今止存其趺。巖上覆有三圓巖，若梅花之瓣，惜飄零其二，不成五。出巖前，有石平砥如枰，而赤紋縱橫，亦未之有。巖右有石窟如峽，北透通明，其中開朗可憩。而有病夫臥其前，已蠕蠕❺不能屈伸。荒谷斷崖，樵牧不至，而斯人託命於此，可哀亦可敬也。

出巖，西盤一山嘴，轉其東南，山半有洞西南向，乃踐棘而登。洞門岈然，其中高穹而上，深墜而下，縱橫成峽，層疊為樓，不甚寬宏，而以危峻逼裂見奇者也。入門，有石突門右，蹲踞若牛而青其色，其背復高突一石，圓若老人之首。先是，立魚僧指其處有壽星巖，必即此矣。但所指尚在東南黃崖懸削處，蓋黃崖西面與立魚對，而此則側隱於北，當時未見耳。由突石之左懸級下墜，西出突石之下，則下墜淵削，而上級虛懸，皆峭裂不通行。東入峽道中，灣環而進，忽得天光上映，仰睇若層樓空架，而兩崖上覆下嵌，無由躡虛上躋。第遙見光映處，內門規列，高懸夾崖之端，外戶楞分，另透前山之上，其頂平若覆帷，恨不能牽綃一登，悵悵而出。

更下山而東，仰見北山之半，復有一門南向，計其處當即前洞光映所通也。見其下俱迴崖層亙，乃稍東，循崖端西北而上，踰下崖，抵中崖，而上崖懸絕不得上。復從前道下，更東循崖角，西北登上崖。沿崖西陟，則洞前三面皆危壁倚空，惟此一線盤崖可通。前有平石如露臺，內旋室❻方丈，四壁俱環柱駢枝❼，細若鏤絲垂絡，聯布密嵌，而頂平如幕，下平如砥。西北內通一門，下臨深峽，果即前所仰望透空處也。若斷塞所登一線盤崖，從峽中設梯以上，此巖高朗如閣，正巢棲穴處❽之妙境矣。坐憩久之，仍循崖端東南下，其南復有山鵲起❾。從兩山夾中取道而東，可出馬鞍之東隅，而中塞無路；循南山西麓取道而南，可抵上龍潭，乃往來大道也。從西麓仰眺山半，懸崖穹拓，黃斑赭影，轟❿然西向，欲一登無路。循山南行，有微徑從草中東上，頃即翳沒。竭蹶上登，得一門，外雖穹然，而內僅如合掌，無可深入。望黃赭轟削處，已在其北，而崖嘴間隔，不可盤陟。復下至山麓，再從莽中望崖而登，久之，抵轟崖下。其崖危削數千尺，上覆下嵌，若垂空之雲，互接天半。每當平削處，時裂孔一方，〔中多紛綸奇詭，〕第瑣碎⑪不能深入。循崖下北行，上有飛突之崖，下有纍架之石，升降石罅中，雖無窈窕之門，如度凌虛之榭，亦足奇也。

時日已過午，下山欲南尋上龍潭，計無從得飯，而東向峽中，循馬鞍東麓，即傍郭循江，既易得食，而又可闚屏風、登臺，兼盡王氏山房諸勝，且取道兩山間，更愜所願也。乃披莽而東，見兩崖石皆巉嵌⑫，叢翠翳之，神愈飛動。既而得蓺⑬蔬之畦。又東一里，得北來大道。截大道橫過東去，一里，得聚落，則郡東門之對江渡也。於是瀕江南岸，倚屏風山北麓東行，其處村居連絡。一里，抵登臺山，居聚愈稠。江為山扼，（土人謂登臺山巔有三虎，夜輒下山噉豬犬。）民居環山麓而崖峻，虎得負嵎⑭，莫敢攖焉。轉而北去，路從山南繞其東麓而北。聞其處有楊文廣洞⑮，甚深杳，從江底潛通府堂，今其洞已塞，土人莫能指導，僅人人言之而已。

登臺之北又一里，有山橫列三峰，其陰即王氏山房所倚，余昔從洛容來，從其北麓渡江者也。茲從南至，望見南麓有洞駢列，路當出其東隅，而遙聞洞前人聲沸然，乃迂而西北，至其下，則村氓之群，社於野廟者也。洞在廟北半里，南向岈然。其山倒石虛懸，內裂三峽，外通三門，宛轉迴合而不甚深擴，然石青潤而穴旁通，亦不意中所難得者。出洞望西峰之陽，復有一巖南向，乃涉窪從之，適有婦負芻自北坳來，問東西二洞何名，曰：「東洞名蠻王，西洞淺而無名，然中有蛇穴之。」問：「北坳可達王氏山房？」曰：「北坳乃樵徑，無岐可通。大路從東麓而遙，小徑緣西坡而近，然晚輒有虎，須急行。」余乃上西洞，洞門亦南向，而中果淺，皆赭赤之石，下無旁通之竅，何以穴蛇？內高五、六尺，復有石板平庋，虛懸不能上，而石板中央有孔一圓，如井欄中剜，下適有突石，踐石透孔，頸項恰出孔上，如罪人之囊三木⑯者，然聳肩束臂，可自此上躍也。但其上亦不寬奧，不堪舒憩。

遂下從西坡小徑下山，循西麓而北踰一崗，竹塢蓊叢。里餘而得一茅舍，東倚山麓，西臨江坡。坡上密箐蔽空，連麓交蔭，道出其下，如行空翠⑰穴中，不復知有西爍之日也。一里，北抵姚埠，即東門渡也。其上村居數十家。由村後南向登山，即王氏山房。時日已昃，余先每入一巖，輒以所攜龍眼、餅餌箕踞啖之，故至此而後索餐，得粥四甌，飯與茶兼利之矣。遂南入竹塢中，篔簹⑱萬个，森森俱碧玉翔煙，覺塵囂之氣俱盡。已而上山，石磴甚峻，西緣南折，穿榕樹根中，透其胯下。其樹小于桂林之榕樹門⑲，而一橫跨街衢，一側倚崖半，穿根透隙則同也。已又東上，過一庋⑳石片下，〔石去地五、六尺，崖旁平庋出，薄齊架板，〕則山房在焉。小樓三楹，橫列洞前，北臨絕壑。西瞻市堞縱橫，北眺江流奔衍，東指馬鹿㉑、羅洞諸山，分行突翠，一覽無遁形。樓後即洞，洞高不為樓掩，中置西方諸像㉒，而僧則託棲樓中，若為洞門鎖鑰者。蓋王氏昔讀書於此，今則以為僧廬，而名東林洞焉。洞後西、東分兩竅：西竅從南入，稍轉而東漸黑隘，不堪深入；東竅從南入，轉而東忽透明焉。踰東閾而出，巨石迸裂成兩罅：一罅北透則石叢，而平臺中懸，可以遠眺；一罅東下則崖削，而茅閣虛嵌，可以潛棲。四旁皆聳石雲噓，飛翠鸞舞，幽幻險爍，壺中之透別有天㉓，世外之棲杳無地，非若他山透腹而出，一覽即盡也。既而還至前洞，望渡舟甫去西岸。乃從洞東南躋嶺上，石磴危峻，所望愈擴，遂南瞰登臺焉。久之，下山，則渡舟適至，遂由東門，共二里返寓。

十四日　在柳寓。

十五日　在柳寓。

十六日　作一書與王翰簡之子羅源公。促靜聞往天妃廟贖所當被，竟不得。

十七日　以書投王羅源，不俟其回書，即攜行李下舟。過午，雨如注。既而復從南門入抵北門，市土藥於朱醫士，得山豆根、豬腰子、天竺黃、水蘿蔔、兔金藤諸藥各少許。下舟已昏黑矣。

【章旨】本章記載了第九十四天至第九十八天在柳州府的行跡。沿馬鞍山往西走，山中十分荒涼。仙弈巖和立魚山相對，但名稱並不確切，共有三個巖洞，並排座落在半山腰。往前到一個人跡罕至的石窟，有個病人竟在裡面託生。又進入一個以高峻逼裂稱奇的巖洞，裡面有石如老人的頭部，心想這一定是壽星巖。接著進入峽道，越過山崖，到一個三面都是懸崖的巖洞，正是隱居的好地方。隨後到一座矗立的山崖之下，崖形如垂空之雲，洞內有很多奇觀，只是不能深入。過了中午，下山經過對江渡，到達登臺山，當地人說山頂有三隻老虎，沒人敢觸犯。聽說這裡有楊文廣洞，從江底暗通府衙大堂。登臺山北面有山橫列三個峰頭，裡面裂成三座山峽，南麓有巒王洞，也是難得的景觀。再經過東門渡，進入一個蒼翠茂盛的竹塢，上山從榕樹根中穿出，到王氏山房，如今已成僧人住屋，名東林洞。在這裡眺望江流，指點群山。洞後又有西、東兩個孔洞，四周幽奇險爍，真如壺中別有天地。下山渡江進城，返回寓所。往後三天都在寓所。最後一天在北門買了一些藥，下船離開柳州。

【注釋】❶羨魚　想得到魚。羨，貪欲；想慕。❷魏叔卿　疑為「衛叔卿」，漢武帝時人，傳說服雲母成仙。華山朝陽峰東側有「博臺」，俗名「下棋亭」，相傳為衛叔卿下棋遺址。❸嚴子陵　嚴光，字子陵，曾與漢光武帝劉秀同學，劉秀即位後，他隱居富春山（在今浙江桐廬富春江畔）耕釣。後人稱其釣魚處為嚴陵磯。❹天鈞　即「鈞天廣樂」，神話中天上的音樂。❺蠕蠕　形容像蟲那樣爬行的樣子。❻旋室　飾有璇玉的宮室。旋，通「璇」。這裡以璇玉喻石細潤潔白。❼駢枝　比喻多餘而無用的東西。❽巢棲穴處　上古時人無居室，棲宿樹上，稱作巢居。又唐堯時有隱士在樹上築巢而居，人稱巢父。這裡即以巢棲穴處喻隱居。❾鵲起　本謂見機遠引，引申為乘勢奮起。❿轟　《徐霞客遊記》中「轟」字，似多應作「矗」字。⓫瑣碎　乾隆本作「瑣隘」。⓬巉嵌　即「嵌巉」。險峻貌。⓭蓺　種植。⓮負嵎　背倚山曲。後用以稱據險對抗。嵎，山曲。⓯楊文廣洞　在柳江東北，天馬山（馬鞍山）下，傳說儂智高在此幽禁宋將楊文廣。⓰囊三木　以口袋套住犯人的頭部，並在犯人頸、手、足加上刑具。⓱空翠　指蒼翠的樹木。⓲篔簹　篔，蒼篔，青色，也指幼竹。簹，篔簹，竹名，皮薄，節長，竿高。

⑲榕樹門　在榕湖北岸，相傳為初唐李靖修桂州城時所建，宋、元時稱小南門，今仍名古南門。因原有一株古榕，樹根從城牆盤錯而下，故名。桂林也因此別稱榕城。今榕樹樓前仍有古榕，據說已有上千年歷史，相傳北宋黃庭堅南遷，曾繫舟於此。⑳庋　同「跂」。擎起；托出。㉑馬鹿　山名，在柳州城東，兩山宛如雌雄雙鹿相逐。㉒西方諸像　指佛像，因佛教自西域傳入，故云。㉓壺中之透別有天　據《雲笈七籤》載：施存學大丹之道，後遇張申為雲臺治官，常懸一壺如五升器大，變化為天地，中有日月，如世間。夜宿其內，自號「壺天」，人謂曰「壺公」。

【語譯】十三日　早晨從南門渡江，沿馬鞍山北麓往西走，轉而向南，沿著山的西麓，從西南山塢中登山。石級被草埋沒，又濕又滑，沒法落腳。作為近城的名山，竟然如此荒蕪，深山幽谷之中，就更不足為怪了。仙弈巖在半山腰陡峭的崖壁下，洞門朝西，正好和立魚山相對，中間只隔著一個水潭，潭在山下平坦的溝壑中。這巖洞裡面緊逼如同合攏的手掌，只有一丈多深，中間是神仙的坐像，兩邊崖壁上到處都是題刻。巖外右邊有石筆直聳立，石上迸裂成參差不齊的紋理，雖然可以登臨休息，但以為在黑色的石面、紅色的石紋上，分成十八道便可弈棋，似乎並不確切。左邊有崖，上端陡峭，上面用篆體刻著「釣臺」兩個大字，融江在遠處，水潭十分狹小，又怎能釣到魚？大體上說，在這裡下棋不如衛叔卿的「博臺」，在這裡釣魚又不如嚴子陵的「釣臺」，惟有登上崖右的石頂，可在同一個高度和立魚山相對，傾聽巖中的誦經聲和擊磬聲，如同空中的仙樂，在整個山谷中迴蕩。山崖的左邊有石級往東南向上，又看到一個裂開的巖洞，形狀和仙弈巖相同，面向西南。洞中有砌起的石座，後面有洞穴下墜，十分幽深狹隘。右邊有兩個圓洞，只有筒那麼大，但裡外透露，只是太狹隘，不能到它的下面。往東南到山坳中，又迸裂出一個巖洞，也十分淺隘，不值得一看。大體上說，仙弈巖三個洞，並排座落在半山腰，三者不相上下。往西走下山麓轉身望去，又發現一個巖洞，也向西，正好在仙弈巖中洞的下面。這巖洞也很淺隘，洞中過去有碑，如今只存碑下的石座。洞上有三個圓洞覆蓋，就像梅花的花瓣，可惜已失去兩瓣，不像梅花那樣有五瓣花葉。走出洞前，有岩石像棋盤那樣平滑，上面紅色的條紋縱橫交錯，過去也沒見過。巖洞的右邊有個形狀宛如峽谷的石窟，從北面照進亮光，裡面開闊明朗，可以歇腳。有個病人躺在石窟前，手腳已只會蠕動無法伸展了。四周都是荒涼的山谷，陡絕的山崖，連砍柴、放牧的人都不會來，而這個人竟在這裡寄託生命，既可憐，也可敬。

走出巖洞，往西繞過一個山口，轉到它的東南，半山腰有個面向西南的洞，便踩著荊棘攀登。洞門十分深邃，裡面向上高高拱起，往下深深墜落，縱橫交錯，形成峽谷，層層疊疊，成為樓閣，不太寬大，而以高峻逼裂見奇。走進洞門，有岩石在門的右邊突起，像青牛蹲在那裡，在它背部又高高突起一塊岩石，像老人的頭那麼圓。先前，立魚山的僧人手指那裡說有壽星巖，想必就是這個巖洞了。但他所指的地方還在東南黃崖陡峭之處，這是因為黃崖向西和立魚山相對，而這洞則在北面一旁隱藏，當時沒看到罷了。從突起岩石左邊的石級往西走下，只見下面是陡峭的深淵，上面憑空掛著石級，都陡峭斷裂不能通行。往東走進峽道中，彎彎曲曲向前，忽然看到上面陽光映照，抬頭仰望如同凌空架起的層樓，而兩旁山崖上面覆蓋，下面嵌入，沒法凌空攀登。只是遠遠望見陽光映照的地方，裡面排列著圓形的門洞，高高掛在狹隘的山崖的頂端，外面門窗分列，從前面的山上另外透出，頂部像覆蓋的帷幕那樣平整，只恨不能手挽綃帶，登臨一遊，只得悵悵出洞。

再下山向東，抬頭望見北山的山腰，還有一處朝南的洞門，估計那裡應該就是前面陽光映照的洞穴所通往的地方。只見它的下面都是盤繞的山崖層層相連，便稍許往東，沿著山崖的一頭往西北攀登，越過下崖，到達中崖，但上崖陡絕，沒法上去。又從原路下山，再向東沿著山崖一角，往西北攀登上崖。沿著山崖往西走上，只見洞前三面都是高聳的崖壁，無所依傍，唯有這一條盤繞山崖的路可以通行。前面有平坦的岩石如同露臺，裡面有一丈見方的石室，四面石壁都有石柱環繞、分枝並起，像雕刻的絲縷、下垂的網絡那樣細，聯結鋪展，緊密鑲嵌，但頂部像帷幕那樣平整，下面像磨石那樣平滑。往西北裡面有一門穿通，下面對著深峽，果然就是先前抬頭望見的透光的地方。如果堵塞剛才攀登的一條盤繞山崖的小路，從峽中架起梯子爬上去，這巖洞高懸明朗如同樓閣，正是隱居的好地方。坐著休息了好長時間，仍然沿著山崖的一端往東南走下，在它南面又有山聳起。從兩山相夾中取道向東，可出馬鞍山的東隅，但中間堵塞，無路可走；沿南山西麓取道向南，可到上龍潭，是來往的大路。從西麓抬頭眺望半山腰，陡峭的山崖高大寬闊，上面有黃色的斑紋，赭色的影痕，向西矗立，很想登臨一遊，卻無路可走。沿著山往南走，有小路從草中往東向上，很快就被遮沒。竭盡全力向上攀登，看到一道門，外面雖然高高拱起，但裡面僅像合攏的手掌那麼狹小，不能深入進去。望見黃斑赭影矗立陡峭的山崖，已在它的北面，但山口相隔，不能盤繞登臨。又往下走到山麓，再從草叢中朝著這山崖攀登，過了好久，到矗立的山崖之下。這山崖十分陡峭，高達數千尺，上覆下嵌，就像掛在空中的雲層，橫連半空之中。每當平削的地方，常常裂出一方孔洞，裡面有許多複雜奇異的景觀，只是過於瑣碎，不能深入遊賞。沿著山崖往下向北走，上面有淩空突起的崖壁，下面有層層堆積的岩石，在石縫中上上下下，雖然沒有幽深的洞門，但像越過淩空的臺榭，也足以稱奇了。

這時已過中午，下山想往南尋找上龍潭，估計沒地方吃飯，而向東到峽中，沿著馬鞍山的東麓走，便靠近城郭，隨柳江往前，既容易找飯吃，又可窺見屏風山、登臺山，同時還可盡覽王氏山房等勝景，並且從兩山之間取道，更合我的心願。於是撥開草叢向東，只見兩邊山崖都是險峻的岩石，上面有樹叢遮掩，更覺神思飛動。不久到一塊菜地。又往東走了一里，看到從北面延伸過來的大路。橫穿大路往東走了一里，到一個村落，是郡城東門外的對江渡。從這裡貼近柳江南岸，靠著屏風山的北麓往東走，當地村莊接連不斷。走了一里，到登臺山，村落更加密集。江水被山扼住，當地人說登臺山頂有三隻老虎，到夜晚就下山吃豬狗。人們都環繞著山腳居住，而山崖十分高峻，老虎得以據險對抗，沒人敢觸犯牠們。轉而向北流去，路從山南繞過它的東麓向北。聽說這裡有楊文廣洞，十分幽深，從江底暗通府衙的大堂。如今這洞已經堵塞，當地沒人能夠指路，只是人人這樣說罷了。

在登臺山北面一里，有山橫列著三個峰頭，山的北坡便是王氏山房所靠的地方，我先前從洛容過來，就從它的北麓渡江。這次從南面到這裡，望見南麓有並列的洞，路本該從它的東隅走出，但遠遠聽到洞前人聲鼎沸，便繞道往西北走，到它的下面，原來是一群村民，在野廟祭祀土地神。洞在廟北半里處，朝南，十分深邃。這山倒下的岩石憑空懸掛，裡面迸裂成三道峽谷，外面有三座門相通，曲折環繞但不太深廣，岩石青潤，洞穴旁通，也是出乎意料十分難得的景觀。出洞望見西峰的南坡，又有一個朝南的洞，便越過窪地向它走去，碰巧有個婦人背著草從北面的山坳過來，就問她東、西二洞的名稱，回答說：「東洞名蠻王，西洞很淺，沒名稱，但裡面有蛇洞。」又問：「從北面的山坳能到王氏山房嗎？」答道：「北面的山坳只有砍柴的路，沒有岔路可去那裡。大路從東麓走比較遠，小路沿西坡走比較近，但晚上總有老虎，必須趕緊走。」我便登上西洞，洞門也朝南，裡面果然很淺，都是赭紅色的岩石，下面沒有旁通的孔洞，又哪來蛇洞？洞內高五、六尺，還有平放的石板，懸空不能上去，但石板的中央有個圓孔，就像在中間挖出一個井欄，下面正好有突起的石塊，踩著石塊穿過圓孔，頭頸恰巧從孔上鑽出，就像犯人戴著枷具，但聳起肩膀，收束手臂，可從這裡向上躍出。但上面也不寬廣深遠，不能讓人舒適地休息。

於是往下從西坡的小路下山，沿著西麓往北越過一座山岡，竹塢青翠茂盛。走了一里多，看到一間茅屋，東面靠著山腳，西面對著江坡。坡上茂密的細竹遮蔽天空，連接山腳，交相成蔭，路從下面走出，就像在蒼翠的洞穴中行走，不再感到有西曬的烈日。走了一里，往北到達姚埠，即東門渡。在它上面有幾十戶村民的住屋。從村後向南登山，便是王氏山房。這時太陽已經偏西，我先前每次進入一個巖洞，總要拿出所帶的龍眼、糕餅蹲在地上吃，故直到這裡才要飯吃，得到四盆粥，飯和茶都解決了。於是往南進入竹塢中，萬株翠竹，鬱鬱蔥蔥，都像碧玉在煙雲中飄翔，只覺塵濁喧鬧之氣一掃而淨。過了一會上山，石級十分陡峻，沿著西面走再往南轉，從榕樹根中穿過，在它下面走出。這樹比桂林榕樹門的樹小，那一棵橫跨街市，這一棵斜靠半山崖，但根部都有空洞可穿過。隨後又往東向上，經過一塊懸空托起的石片下，石片離地五、六尺，在崖旁平放托出，和擱板一樣薄，山房就出現在眼前。有三間小樓，在洞前橫列，向北對著陡峭的深壑。向西可瞻望縱橫交錯的街市城牆，向北可眺望奔騰的江流，向東指點馬鹿、羅洞等山，分列成行，蒼翠突起，一覽無遺。樓後就是洞，洞高沒被樓遮住，裡面安放著佛像，而僧人則在樓中居住，就像看守洞門一樣。王氏過去在這裡讀書，如今作為僧人的住屋，名東林洞。洞後往西、東兩邊分出兩個孔洞：西洞從南面進去，稍許向東轉漸漸變得黑暗狹隘起來，不能深入進去；東洞也從南面進去，向東轉忽然照進亮光。越過東面的門坎走出，有巨石迸裂成兩道縫隙：從一道縫隙往北穿過便是石叢，中間懸架著平臺，可以向遠處眺望；從一道縫隙往東走下便是陡峭的山崖，有茅屋憑空嵌在崖上，可以隱居。四周都是如同雲霧湧起的高聳的岩石、宛如鸞鳥翔舞的飛動的綠樹，幽奇險爍，真是「壺中之透別有天，世外之棲杳無地」，不像其他山從山腹穿出，便一覽無遺了。不一會回到前洞，望見渡船剛離開西岸。於是從洞的東南登上山嶺，石級高峻，視野更加開闊，就在這裡向南俯視登臺山。過了好久才下山，渡船正好到達，便從東門進城，共走了二里返回寓所。

十四日　在柳州寓所。

十五日　在柳州寓所。

十六日　寫了一封信給王翰簡的兒子羅源公。催促靜聞去天妃廟贖回所抵押的被子，竟沒有拿到。

十七日　將信寄給王羅源，不等他回信，便帶著行李下船。過了中午，大雨如注。不一會又從南門進城到達北門，在朱醫士那裡買土藥，得到少量山豆根、豬腰子、天竺黃、水蘿蔔、兔金藤等藥。下船時天色已經昏黑。

十八日　晨餐後放舟。十里，石狗灣。有小山在江左，江稍曲而東北。小山之東為龍船山，又西南為夾道雙山，此北門陸路所出也。由石狗灣五里，為油閘，江始轉而東。又東北十里，為羅溝。向正東行者五里，始轉而南。十里，為山門沖，即昔日洛容來渡江處也。江東為南寨山〔西麓，石崖迴返，下嵌江流；〕江西岸為馬鹿堡。又南十里為羅峒。前有山突兀坪中，有罅南裂，上連下透〔如石門，〕其巔又有一圓石突綴於上，若一僧倚崖南向，肩與崖齊，而上露其頭顱，下透其腰背。余昔在羅山南已東望而見之，今復西眺，蓋水陸兼收之矣。又南五里，諸峰森叢江右，石崖迴亙，亦猶山門之列於江左者；而其上復有石森列，若立而傴僂，若坐而箕踞者。舟人謂此處有「八仙對弈」，豈即此耶？至此，江稍轉西南，其東岸有聚落曰雞臘，乃柳州東南陸路大道也。道側有溪自西來入，於是舟轉東行。五里，轉而南，有崖懸突江左，層壘疊嵌，〔光采離奇。〕眺其東，有尖峰彎豎，形若牛角。既而東轉，五里，江北聚落出焉，名曰犂沖❶。蓋山脈北自牛角尖直下，江流環其〔東、南、西〕三面，中成盤涯，若犂之尖，故名。忽轉而北，又五里，直抵牛角山下，復轉東去。北山松檜森然，名曰羅墳。遙聞灘聲如雷，久之始至，則懸流迴瀑，一瀉數里，是曰橫旋灘❷。自犂沖北轉至此，破壁而出，建瓴❸而下，又共五里矣。東南下灘，五里，山漸開伏。又十里，稍折而東北。又東十里，三江口❹。洛青〔江〕自東北來注，有聚落在柳江北、洛青西，昔有巡司並驛，今移賈江❺矣。時日已西銜山半，遂泊。

【章　旨】本章記載了第九十九天在柳州府的行跡。船經過石狗灣、油閘、羅溝、山門沖、南寨山、馬鹿堡，到羅峒，前面山上有宛如僧人的圓石。再往南江邊眾峰叢立，上面有密集排列的岩石，或許就是「八仙對弈」。又經過雞臘、犂沖、羅墳，直下聲如雷鳴、一瀉數里的橫旋灘，到三江口停泊。

【注　釋】❶犂沖　今作立沖，在柳江縣東北隅，柳江東岸轉折處。❷橫旋灘　原作「橫拉灘」，據乾隆本改。❸建瓴　「高屋建瓴」的簡稱，喻居高臨下，勢不可遏。❹三江口　今名江口，在鹿寨西南五十里洛青江口，明代在此置運江巡司。❺賓江　今名運江，在象州北隅，運江匯入柳江處。

【語譯】十八日　早飯後開船。行駛十里，到石狗灣。有小山在柳江左岸，江水稍許彎向東北。小山的東面為龍船山，再往西南為夾道雙山，這是從北門走陸路的出口處。從石狗灣行駛五里，為油閘，江水開始轉向東流。又往東北行駛十里，為羅溝。向正東行駛五里，開始往南轉。行駛十里，到山門沖，即原先從洛容來時渡江的地方。江的東岸為南寨山西麓，石崖環繞，往下嵌入江流之中；江的西岸為馬鹿堡。再往南行駛十里為羅峒。前面有山從平地高高聳起，南面裂開一道縫隙，上面相連，下面穿通如同石門，山頂又有一塊圓石在上面突起聯結，就像一個僧人朝南靠著山崖，肩部和山崖同樣高，上面露出頭顱，下面可從腰背穿過。我過去在羅山南面已向東望見它，如今又向西眺望，水陸兩路的景觀全都看到了。又往南行駛五里，眾多山峰在柳江右岸森然聚立，石崖繞轉相連，也和山門在江的左岸排列相像；而上面還有密集排列的岩石，有的像彎腰站立，有的像席地而坐。船夫說這裡有「八仙對弈」的景觀，難道就是這些岩石嗎？到這裡，柳江稍許轉向西南，在它東岸有個名雞臘的村落，是從柳州東南走陸路大路所經過的地方。路旁有溪水從西面流來匯入，於是船轉向東行駛。過了五里，轉而向南，有山崖在江的左岸高高突起，岩石層層相連，疊起嵌入，明亮華美，十分奇特。向它的東面眺望，有一座尖峰彎彎豎立，形狀如同牛角。不一會往東轉，行駛五里，江的北岸又出現一個村落，名「犂沖」。因為山脈從北面的牛角尖直往下伸展，江流環繞著山的東、南、西三面，中間形成盤曲的水涯，就像犂尖，由此得名。江水忽然轉向北流，又行駛五里，直到牛角山下，再轉向東流去。北面山上有茂密的松樹、檜樹，地名羅墳。遠遠聽到灘聲如同雷響，過了好久才到那裡，只見高掛的溪流，迴旋的瀑布，一瀉數里，稱為橫旋灘。江水從犂沖往北轉到這裡，沖破石壁流出，順流直下，勢不可擋，又共行駛五里了。往東南駛下橫旋灘，過了五里，山漸漸開闊低伏。又行駛十里，稍許轉向東北。再往東行駛十里，到三江口。洛青江從東北流來注入，有村落在柳江北岸、洛青江西岸，過去有巡司和驛站，如今已移到賓江。這時太陽已落到半山腰，便在這裡停泊。

十九日　舟人因蚊蚋甚多，乘月放舟中流，聽其隨波去。五鼓，抵賓江，市聚在東岸，其上連室頗盛，其下復有灘。下灘，舟稍泊，既曙乃行。二十里，象州❶，在江東岸。自犂沖來，石山漸隱，土山漸開，唯賓江之下，有崖特立江左，江轉而西，山形下削上突，豈即志所謂「象臺」❷耶？象州城在江東岸，瀕江岸頗高，西門城垣因之，州即在其內。州廨內外，多茅舍蕭條，其東即窪而下，居民之廬託焉。西門外隔江即為象山❸。山土而不高，土人曰：「春月有雲氣，望若象形，紛走其上，即之則散，故名。」其北岸有石蹲伏山頭，謂「貓兒石」❹也，頗覺宛然。舟泊，市蔬米，瀕午乃發。十里，轉而西，有崖峙江左。又西十里，過大容堡❺，轉而西南行，兩岸始擴然無山。又五里，轉而東南行。又十里，都泥江自西南來會，其水渾濁如黃河之流，既入而澄波為之改色。江東北岸有小山，北面分聳兩岐，西突兀而東尖峭，正與都泥入江之口相對，若為建標以識者。又東南十五里，折而西北，旋轉西南。又十里，乃東下大灘，一瀉五里，曰菱角灘。下灘五里，曰薄崦嵫。又十五里，泊於瀧村。在江北岸。

都泥江者，乃北盤之水，發源曲靖❻東山之北，經七星關❼，抵普安之盤山，由泗城❽而下遷江❾，歷賓州❿、來賓⓫而出於此。溯流之舟，抵遷江而止。蓋上流即土司蠻峒，人不敢入；而水多懸流穿穴，不由地中，故人鮮諳其源流者。又按慶遠忻城有烏泥江，由縣西六里北合龍江。詢之土人，咸謂忻城無與龍江北合水口，疑即都泥南下遷江者。蓋遷江、忻城南北接壤，「烏泥」、「都泥」聲音相合，恐非二水。若烏泥果北出龍江，必亦貴州之流，惜未至忻城一勘其跡耳。若此江則的為北盤之委⓬，《西事珥》指為烏泥，似以二水為混，未詳核之也。

【章旨】本章記載了第一百天在柳州府的行跡。經過賈江，到象州，石山漸漸消失。城在柳江東岸，對岸有象山，北岸有「貓兒石」。又經過大容堡，混濁的都泥江流來會合。再駛下菱角灘，到瀧村停泊。都泥江出自北盤江，可能就是烏泥江。

【注釋】❶象州　明代隸柳州府，今屬廣西。❷象臺　山名，在象州城西三十里處，近柳州地界，平地突起，巋然一臺，四望平遠，為古時州治所在地。❸象山　在陽壽縣城西五里，因山形似象得名。❹貓兒石　與西山（象山）相連，形狀似貓，頭朝東北，下臨江潭。❺大容堡　今名大仁，在武宣北隅，柳江南岸。❻曲靖　明代為軍民府，治所在南寧（即今雲南曲靖），為雲南東部門戶。❼七星關　在貴州畢節西南七星山上，下臨烏江上游六沖河，當四川、雲南、貴州三省交通衝要，但與北盤江無關。❽泗城　明代為州，治所在今廣西凌雲。❾遷江　明代為縣，隸柳州府賓州，在今廣西來賓西境，清水江匯入紅水河處。❿賓州　明代為州，治所在今廣西賓陽南。⓫來賓　明代為縣，隸柳州府，今屬廣西。⓬委　水流所聚，前人因先河後海，故視河為原，海為委。

【語　譯】十九日　船夫因嫌蚊子太多，便趁月光開船，聽任船在江中順流直下。到五更，抵達賓江。街市村落在江的東岸，上面有許多連在一起的屋子，往下還有江灘。駛下江灘，船稍許停了一會，天亮後出發。行駛二十里，到象州，在柳江的東岸。從犂沖過來，石山漸漸消失，土山漸漸出現，唯獨賓江下游，有山崖在江的左岸卓然挺立，江水轉向西去，山形下面陡峭上面突出，難道這就是志書所說的「象臺」嗎？象州城在柳江東岸，靠近江邊，地勢很高，西門靠著江岸，築起城牆，州城就在裡面。州署裡裡外外，大多是茅屋，十分蕭條，東面地勢低窪，居民的住房都在那裡。西門外江的對岸便是象山。這是土山，不高，當地人說：「春月有雲氣，看上去形狀像象，在上面紛紛奔走，一靠近山，雲就散開，由此得名。」江的北岸有岩石蹲伏在山頭，稱作「貓兒石」，看上去像真的那樣。船在這裡停下，去買蔬菜和米，將近中午才出發。行駛十里，轉而向西，有山崖峙立在柳江左岸。又往西行駛十里，經過大容堡，轉向西南走，兩岸才變得開闊，沒有山峰。再行駛五里，轉向東南走。再行駛十里，都泥江從西南流來會合，這條江水像黃河水那麼渾濁，清澈的江水因它流入後改變了顏色。江的東北岸有小山，北面聳起兩個分支，西邊的支峰高峻，東邊的支峰尖峭，正好和都泥江匯入柳江的水口相對，就像樹立的標記。再往東南行駛十五里，轉向西北，很快又轉向西南。再行駛十里，才往東駛下大灘，一瀉五里，名菱角灘。駛下大灘五里，太陽已經下山。再行駛十五里，在瀧村停泊。在柳江北岸。。

都泥江，是出自北盤江的水，發源於曲靖東山的北面，經過七星關，到普安的盤山，從泗城往下流到遷江，經過賓州、來賓，到這裡流出。逆水上行的船隻，到遷江為止。這是因為上游便是土司蠻族地區，普通人不敢進去，而水流大多掛在崖上，穿過洞穴，不在地面流，故人們對其源流都不太清楚。又按慶遠府忻城有烏泥江，從縣城西面六里處往北和龍江會合。向當地人打聽，都說忻城北面沒有和龍江會合的水口，懷疑這就是往南流到遷江的都泥江。因為遷江、忻城南北接界，「烏泥」「都泥」聲音相合，恐怕不是兩條江水。如果烏泥江果真往北和龍江會合後流出，也必定是貴州的水流，可惜沒到忻城去作一次實地勘察。至於這條江水則的確是北盤江的下游，《西事珥》指為烏泥江，似乎將兩條江水相混了，而未作詳細的核實。

【研　析】廣西是中國岩溶地貌覆蓋面最廣、發育最完備、景物最秀麗的地區。岩溶面積超過十二萬平方公里，其中裸露岩溶面積近十萬平方公里，占全省總面積的百分之四十。徐霞客對岩溶地貌的考察和研究，主要體現在《粵西遊日記》中。岩溶地形主要為石山地形，通過在廣西近一年的探訪，他根據石山的形態特徵，結合水文條件，將廣西的石山地形又分成幾類：一是東北的灕江峰林谷地，石山成林，或斷或續；一是東南的鬱江残峰谷地；一是中部的柳江残峰谷地，一座或幾座石山分散在平地之上；一是西南的左、右江峰叢谷地；一是西北的都泥江峰叢谷地，山峰成叢，連綿不絕。《遊記》中通過多方面具體的描述，勾勒出一幅完整的廣西岩溶地貌圖，其中既有高屋建瓴式的鳥瞰，也有層層深入的探索。

除了石山地形，還有土山地形。在陽朔遊訪時，徐霞客已經看到：「碧簪玉筍之森羅」，即離立的石峰，北起桂林，南盡於此，到平樂以下，便惟有土山彌望了。從桂林到柳州，徐霞客對灕江、洛青江、柳江沿岸地形作了簡明的比較：灕江兩岸，「轟崖綴壁，扼掣江流，而群峰逶迤夾之」，正是中國石灰岩峰林地貌發育最典型的地區，亦即典型的石山地形；洛青江邊則為非岩溶的土山地形，「岸無凌波之石，山皆連茅之坡」；至柳城的柳江，孤峰稀疏，土石相間，「危巒倒岫，時與土山相為出沒」。以後他到廣西西部的龍英州，還發現並描述了在土石相間地區特有的一種奇景，即在土山之上，會聳起尖錐狀或塔狀的石峰：「其東南隔塢皆石峰攢合，如翠浪萬疊；其西北則土山高擁，有石峰踞其頂焉。」用現在的話說，即在可溶岩與非可溶岩相間出現或相互疊置的地區特有的溶帽山。

在名山遊記中，徐霞客對以「碧水丹崖」為特徵的砂岩峰林地貌，作過多方面的描述。雖然廣西名勝以岩溶居多，但丹霞地形，因岩石的層理、節理發育完好，在濕熱的條件下經風化和水流侵蝕，形成許多奇特的朱崖幽洞，同樣引人注目。徐霞客特意前往桂林東南勘察的白石山、都嶠山，便屬砂岩峰地。他不僅觀察了砂岩石層的紋理（即石脈），還特別注意岩石的質地和色澤，如白石山附近岩石「多赭赤之色」，而會仙巖「皆黃赤之石，上下開竅，而內漸湊合，旁無氤氳之竅，上無滴瀝之乳」。至於橫州的山峰，「色皆赭黯，形俱盤突，無復玲瓏透削之狀矣」。這和岩溶石峰，顯然不同。徐霞客寫勾漏山洞內「垂乳列柱，迴錯開闔，疏櫨窈窕」，寫都嶠山崖上「層石迴亙如盤髻上突，而俱不中空」，雖著墨不多，但岩溶山峰和砂岩山峰的區別，已分明可見。砂岩山峰陡壁甚多，相夾形成「一線天」，如會仙巖的石峽，「兩峰中剖，上摩層霄，中裂駢隙，相距不及丈，而懸亙千餘尺，俱不即不離，若引繩墨而裁削之者」。《遊記》中多次提到上層凸出，下層凹入的額狀崖，「上突下嵌」，「上覆下嵌」這幾個字，常可看到。他還用了「張吻裂唇」這樣一個乍看匪夷所思，細想又令人拍案叫絕的妙語，來形容都嶠山上極為典型的砂岩巖洞。當徐霞客登上白石山絕頂，聯想起先前所遊歷的山峰，不禁讚道：「桂、朔、柳、融諸峰，非不亭亭如碧簪班笥，然石質青幻，片片如芙蓉攢合，竅受躡，痕受攀，無難直躋；而此則赤膚赭影，一劈萬仞，縱覆鐘列柱，連轟駢峙，非披隙導窾，隨其腠理，不能排空插翅也。」這是一段十分優美的文字，完全可和所寫的絢麗景觀媲美，但若將它僅作寫景文字看，就不免與買櫝還珠者為伍了。就徐霞客的本意說，依然在將岩溶山峰和砂岩山峰進行比較，通過這種生動形象、流溢著無限美感的比較研究，人們對廣西的山形地貌，有了深切的了解，留下了難以忘懷的印象。

除岩溶、丹霞地貌外，廣西還有由花崗岩山體形成的勝地，如桂平西山、橫縣寶華山等，這裡奇石林立，山谷幽深，古木參天，清泉溢地，可惜在徐霞客的《遊記》中，卻沒能像前兩種地貌那樣，得到生動、具體的描述。

在勾漏庵後峰，徐霞客看到一方清泉，從亂石中湧出，往下流成溪水。這原是山中最常見的景象，連當地人都熟視無睹，從不曾有人想知道這水究竟來自何處，但徐霞客卻偏要探究它的原委。在經過一段「臨深越險，莫此為甚」的險路後，他終於發現了伏流，摸清了這條泉水的上源。可見在徐霞客的探訪勘察中，水文和山貌一樣，也始終是關注的重點。岩溶地區多盲谷、落水洞、伏流、暗河，在《山海經》中，已留下關於這方面的最原始的記載：「南禺之山，其上多金玉，其下多水。有穴焉，水春輒入，夏乃出，冬則閉。」「贏母之山……其下多青石而無水。」徐霞客遊湖南九疑山時，已考察了斜巖的地下河，在陽朔城內，注意到龍潭下有伏流。在他所遊巖洞中，真仙巖是居留時間最長的地方，他一住十二天，對巖洞內的暗河，興趣更濃，描述尤詳。

二十日　昧爽放舟，五里，下一灘，曰大鷺灘，江右石峰復駢列而出。又南五里，為武宣縣❶西門。縣城在江之左，亦猶象州之西臨江渚也。但隔江西岸之山，卓立岐分，引隊而南，〔巖皆奇詭，若垂首引項，傴僂比肩，種種怪異。志謂「縣西有仙人山❷，南有仙巖山❸」，當即所望諸異峰也，〕不似象州西山，以雲氣得名也。其附舟去五人，復更四人，舟人泊而待之，上午乃發。南五里，江折而東，又五里，乃東南折而去，〔兩岸復擴然。〕又十五里，有溪自西來注。又東南十里，為勒馬堡，堡江左，過此即為潯州之桂平❹界矣。又南十〔里，兩岸山漸合。又〕五里，為橫石磯❺，有石自江右山麓橫突江中，急流倒湧，遂極澒洞❻之勢。蓋兩崖皆連山逼束，至此為入峽之始。又南五里，轉而東南二十里，江左涯闢一坪，是為碧灘❼，設保置戍，為峽中之界，名鎮峽保焉。又東南十里，兩岸山勢高聳，〔獨冠諸峰，〕時有石峰懸峙。江至是轉而東，其南迴東轉處，江左瞰流之石，有大書鐫石者，土人指為韓都憲❽留題，然舟疾不能辨也。又東北二十里，有小溪自北破壁而出，其內深峻屈曲，如夾堵牆。又東為大藤峽❾，大江南北兩崖，俱有石突江中。云昔有巨藤橫駕❿江上，故南北兩山之賊⓫，此追彼竄，彼得藉為津梁，而我不能施其威武。自韓公雍破賊而斷之，易名斷藤峽。

過斷藤五里，下弩灘⑫，遂南出峽口。有水自東來注，曰小江口。其水由武靖州⑬來，至此，合并西南下，勢甚湧急，蓋出峽而恣其放逸也。北自横石磯入峽，南至弩灘而出，其中山勢迴逼，正如道州之瀧江⑭、嚴陵之七里瀧⑮。但此峽相去六、七十里，始入為東西峽⑯，中轉為南北峽，中無居廬，叢木虧蔽，兩旁為瑤、僮窟宅，故易於為暴。使伐木開道，因泉置屯，則亦丹崖⑰、釣臺⑱，勝概所麗⑲矣。今碧灘之上，置鎮峽堡，聲勢甚孤，恐怠玩之後，不足以震懾戎心也。出峽，又西南循山下，十五里抵潯州⑳。已暮，泊於大北門。

大藤峽東抵府約三百餘里，乃灘、柳二江之夾中也。兩江瑤賊昔甚猖獗，屢征之後，今兩江晏然。當其猖獗時，賊東西相結，蓋其中有力山焉，東助府江㉑，西援藤峽，互相竄伏，所謂狡兔之三窟也。王新建㉒討定之後，當有布置，俟考之。

【章　旨】本章記載了第一百零一天從柳州府前往潯州府的行跡。船駛下大鷺灘，到武宣西門，縣城對岸的山巖十分奇異，應該就是仙人山和仙巖山了。船經過勒馬堡，進入潯州的桂平地界。從急流倒湧的横石磯進入峽谷，駛過碧灘、鎮峽堡，前面有韓雍刻石處。再往前為大藤峽，過去是盜賊出沒處。到弩灘走出峽谷。這峽谷全長六、七十里，山勢迂迴狹隘，是瑤人、僮人的居地，若能進行開發屯守，便是美景附麗之地。傍晚到潯州大北門停泊。灘江、柳江地區的盜賊，過去利用地勢之便，東西勾結，活動十分猖獗。

【注　釋】❶武宣縣　明代隸屬柳州府象州，今屬廣西。❷仙人山　在武宣城西十里。唐賈山人居此，上有石形如仙人。❸仙巖山　在武宣城南四十里，巖中可容百人。❹桂平　明代為潯州府附郭縣，今屬廣西。❺橫石磯　即紅石磯，在黔江西岸，南距澁滂山四里。❻澒洞　相連不絕。❼碧灘　《明史・地理志》：「（桂平縣）北有碧灘堡、鎮峽堡，俱成化中置。」霞客以碧灘、鎮峽堡為一地兩名，未知孰是。❽韓都憲　韓雍，字永熙，長洲（今江蘇吳縣）人，曾巡撫江西，提督兩廣軍務，官至右都御史。正德間追謚襄毅。❾大藤峽　在桂平西北六十里黔江下游，武宣勒馬至桂平弩灘之間，全長八十八里，為廣西最大最長的峽谷。峽中原有大藤如斗，橫跨江面，晝沉夜浮，供人攀附渡江，故名。此崖正好位於北回歸線上，西岸有奇麗的丹霞地形，河道曲折，江流湍急，有險灘二十二處。北通羅淥三峒、紫荊、羅運等三十六嶏場，南通龍山、八寨，巖洞數以百計，以九層樓、仙人閣、三妹洞尤險。明代為猺人、僮人起事的活動中心，英宗時，韓雍斷峽中大藤，改名為斷藤峽，並在崖壁刻「敕賜永通峽」幾個大字。❿駕　通「架」。⓫南北兩山之賊　明英宗正統年間，猺族侯大苟率大藤峽地區猺人、僮人起事，憲宗立，韓雍率十六萬大軍討伐，侯大苟被捕殺。但柳州、潯州兩地猺人、僮人起事依舊不絕，直至嘉靖間，方被王守仁、蔡經討平。⓬弩灘　在桂平西北境，大藤峽南口。因水勢迅急如發弩得名。⓭武靖州　明代隸潯州府，治所在今桂平東北三十里。⓮瀧江　今其地已建雙牌水庫。⓯七里瀧　又名七里瀨、七里灘，即富春渚。在浙江桐廬富春山西，兩山聳起壁立，連亙七里，水流如箭。⓰東西峽　因江水從北往南流，山在江水東西兩岸，故成東西峽；後江水轉為從西往東流，山在南北兩岸，故成南北峽。⓱丹崖　在零陵城南一百里零陵瀧下，崖石顏色如丹，故名。⓲釣臺　即嚴子陵釣臺，在桐廬富春江，因東漢嚴光在此隱居而知名。⓳麗　附麗；依附。⓴潯州　明代為府，治所在桂平（今屬廣西）。㉑府江　即桂江，灕江流過平樂稱桂江，至梧州匯入潯江。㉒王新建　王守仁，明世宗時封新建伯，總督兩廣，平息斷藤峽民變。

【語　譯】二十日　拂曉開船，過了五里，駛下一灘，名大鷺灘，黔江右岸石峰又並列出現。再往南行駛五里，到武宣縣西門。縣城在黔江左岸，也像象州那樣西面對著江邊。但隔江西岸的山峰，高高挺立，岔出分起，成隊往南，山岩都很奇幻，就像人有的低頭、有的伸頸、有的駝背、有的並肩，呈現出各種怪異的形狀。志書說「縣城西面有仙人山，南面有仙巖山」，應該就是眼前所望見的眾多奇異的山峰，不像象州的西山，僅以雲氣似象得名。搭乘這船的人走了五個，又來了四個，船夫靠岸等人，到上午才出發。往南行駛五里，江水轉向東流，再行駛五里，才轉向東南流去，兩岸又開擴起來。再行駛十五里，有溪水從西面流來注入。再往東南行駛十里，到勒馬堡，堡在江的左岸，過了這裡便是潯州的桂平地界。再往南行駛十里，兩岸山峰漸漸收攏。再走五里，到橫石磯，有岩石從黔江右岸的山麓橫突江中，急流倒湧，奔騰不息，氣勢極其雄壯。這是因為江兩岸都是緊夾相連的山崖，到這裡才開始進入峽谷的緣故。再往南五里，船轉向東行駛二十里，江水的左邊開出一塊平地，這就是碧灘，在這裡設置了土堡戍卒，為峽中的分界處，名鎮峽堡。再往東南行駛十里，兩岸山勢高聳，出群峰之上，常有石峰巍然峙立。江水到這裡轉而向東，在繞過南面又向東轉的地方，江的左邊有俯視水面的岩石，石上刻著大字，當地人指為韓都憲留下的題刻，但船走得太快，無法辨認。再往東北行駛二十里，有小溪從北面沖破崖壁流出，裡面深峻曲折，如同相夾的土牆。再往東為大藤峽，大江南北兩岸的山崖，都有岩石在江中突起。據說過去有巨大的藤條橫架江上，故南北兩邊山中的盜賊，每當官軍追捕時，就從這裡逃竄，他們以巨藤作為橋梁，而我軍卻因此失去了用武之地。自從韓公雍擊敗盜賊，割斷巨藤後，這裡改名為斷藤峽。經過斷藤峽行駛五里，下弩灘，便往南出峽口。有水從東面流來注入，名小江口。這水從武靖州流來，到這裡和黔江會合往西南流下，水勢洶湧急湍，這是因為江水沖出峽口而恣意奔流。從北面的橫石磯進入大藤峽，往南到弩灘駛出，其間山勢迂迴狹隘，正像道州的瀧江、嚴陵的七里瀧。但這峽前後相隔六、七十里，剛進入時為東西峽，中間轉為南北峽，裡面沒有居民住房，只有叢林遮天蔽日，兩旁為瑤人、僮人的居地，故容易出現暴亂。如果能砍掉樹木，開闢道路，靠著泉水設置屯營，那麼這裡也就像丹崖、釣臺那樣，成為美景附麗的地方。如今在碧灘的上面，設置了鎮峽堡，孤立無援，聲勢不振，只怕在玩忽職守之後，不足以震懾思亂之心。走出峽谷，又往西南沿山下行駛，過了十五里到達潯州。這時已是傍晚，便在大北門停泊。

從大藤峽往東到潯州府大約三百多里，是夾在灘江、柳江中間的地帶。這兩條江水過去是瑤賊活動十分猖獗的地方，經過多次征討，如今太平無事。當活動猖獗之時，盜賊東西勾結，就因為得力於中間的山地，往東可救助府江，往西又可聲援大藤峽，相互流竄隱藏，真可謂狡兔三窟。王新建在討平盜賊後，應當另有布置，這事留到以後來考察了。

二十一日　隔晚泊潯州大北門稅廠❶下。夜半風雨大作，五更雨止，而風勢震撼不休，晨餐後乃殺。乃登涯入大北門。南行半里，轉而東一里，過府前，又半里，抵四牌坊，折而南半里，出大南門，則鬱江自西南來，繞城而東北，至小北門與黔江合而東北去，下平南❷達梧州❸者。下定寓南門驛前。乃登小北門城埤，望二江交合處，有洲當其中。其江❹雖北去，旋轉而東南下蒼梧❺也。循埤西行，望西山❻屼嵲❼出雲表，下瞰城隅，上有石縱橫，土人指其處有寺，當即志所稱三清巖也。其後山即大藤峽。時以舍館未定，不遑命屐，姑下舟覓夫，擔行囊置南門外逆旅。靜聞從而後，遍覓不得，下午乃至。薄暮仍雨。

【章　旨】本章記載了第一百零二天在潯州府的行跡。從大北門進城，到大南門走出，看到鬱江和黔江在小北門合流。在南門外的旅店定下住所。

【注　釋】❶稅廠　明代在各地設立的徵稅機構。❷平南　明代為縣，隸潯州府，今屬廣西。原本誤作「南平」。❸梧州　明代為府，治所在蒼梧（今廣西梧州）。❹其江　指潯江。❺蒼梧　古郡名，治所在今廣西梧州，此即指梧州。❻西山　又名思靈山，因在桂平城西二里處而得名。自南梁設桂平郡治於西山起，漸成遊覽勝地。前人有「桂海名山幾次經，勝游今又說思陵」、「桂林山水甲天下，更有潯城半邊山」之歎。山中石砰上有乳泉，據《縣志》載：「泉清洌如杭州龍井，而甘美過之，時有汁噴出，白如乳，故名乳泉。」此泉冬不竭，夏不溢，水質明淨，天然氧多，礦物質少。走過「通天道」，可到西山最高處神仙峽。❼屼嵲　山高聳貌。嵲，原誤作「嶋」。

【語　譯】二十一日　昨夜在潯州大北門的稅廠下停泊。半夜出現大風大雨，到五更雨停了，但風仍在不停地吼叫，早飯後才開始減弱。於是上岸走進大北門，往南走半里，轉向東走一里，經過府衙門前，又走了半里，到達四牌坊，轉向南走半里，出大南門，只見鬱江從西南流來，繞過城往東北，到小北門和黔江會合後向東北流去，往下經過平南直到梧州。在南門驛站前定下住所，便登上小北門的矮牆，望見鬱江、黔江合流處，中間有個小洲。這江雖然往北流去，但很快就轉向東南直下蒼梧了。沿著矮牆往西走，望見西山高聳雲天，往下俯視城角，山上有縱橫交錯的岩石，當地人指著說那裡有寺院，應該就是志書所說的三清巖。在它後面的山嶺便是大藤峽。這時因為住處還沒安頓好，來不及出遊，暫且下船找了挑夫，把行李挑到南門外的旅店安放。靜聞跟在後面走，到處找都不見他人影，下午才到旅店。傍晚又下起雨來。

二十二日　早，雨復淋漓不休。〔留靜聞、顧僕寓潯之南門，〕覓擔夫為勾漏、白石、都嶠三山游。晨餐後雨止，乃發。即從驛前南渡鬱江，五里，灘頭村。又三里為車路江❶，下有石梁，梁外水發，〔小水自東南西北入鬱，〕舟得而至焉。南二里為石橋村。人家至此，惟灘頭及石橋二村，餘俱蒼莽矣。從此南望白石山與獨秀挺峙，若在三十里外，而土人云：「尚六十里而遙，竟日之力猶不能到。」蓋山路迂隔也。由石橋村而南，蒼莽中四高中窪，平地多伏莽突土之石，多分裂區匯❷之波。二里，得迴石一壑，四面環叢，中瀦清流，有淵墜成潭，有迸裂成隙，水石容與❸，亦荒野中異景也。按志，潯城南十五里有溺水❹，曠野中天然怪石甃其旁，水泉深碧清澄，中有巨魚，人不敢捕，即此無疑。更南，則匯潭更多。疑即志所稱南湖❺。上有崗為橫南墟❻，或湖南之訛。有一婦人結茅賣酒其上，去郡蓋十五里矣。其東有山，自南而北垂抵此，從其西漸升而南，迸穴愈多，皆平地下陷，或長如峽，或圓如井，中皆叢石，玲瓏攢嵌，下則淵水澄澈。蓋其地中二、三丈之下，皆伏流潛通，其上皆石骨嘘結❼，偶骨裂土迸，則石出而穴陷焉。於是升涉溝壠，又三里，乃入山塢，則山皆純土，無復嶙峋之石，而塢中皆禾田曲蟠四麓矣。又二里，上湖塘嶺，坡陀相間，嶺壑重疊。十里，抵容塘村，有潭匯水，數十家聚居山半。又南陟一嶺，共二里，渡一溪橋，上嶺為官坂墟。墟有一婦結茅賣酒，與橫南同。郡中至此三十里，為白石山行之中道，乃餐粥茅店中。從岐東南踰嶺，十里，為姚村❽。村亦百家之聚，依山匯水，真山中之樂墅也。渡一小溪，又南踰嶺，五里，為木角村❾。村在白石山之北麓，去山尚十里。日有餘照而山雨復來，謀止宿其處而村人無納者。村楊姓，俱閉門避客。徘徊抵暮，坐舂舍❿間，擬度其夜。既而一舂傍主人啟扉納焉，為之晚炊而宿。

【章　旨】本章記載了第一百零三天在潯州府的行跡。離開潯州城，渡過鬱江，經過車路江、石橋村，看到山壑中盡是怪石，中間匯聚著清水，為荒野中的奇景，無疑就是⿰氵尿水。又經過橫南墟，發現了因暗流相通、土石崩裂而形成洞井的現象。隨後登上湖塘嶺，經過容塘村、姚村，到白石山北麓的木角村過夜。

【注　釋】❶車路江　今名南津河，鬱江支流，在桂平南境。❷區匯　屈曲會合。區，通「句」(勾)。❸容與　起伏貌。❹⿰氵尿水　今俗稱密石坡。⿰氵尿，同「尿」。❺南湖　在桂平城南，俗名結塘湖。今分上結塘與下結塘，聚落稱頭塘街。❻橫南墟　即雲南墟，在桂平城南，建於明中葉，相傳墟民多從南部雲集而來，故名。❼石骨嘘結　舊本作「石骨亘阻」。❽姚村　在桂平東南，因原為姚姓居地，故名。今名耀村。❾木角村　即木腳村，以地處木山腳而得名。今因建白石水庫而遷走。❿舂舍　指鄉村安放石碓舂米的小屋。

【語　譯】二十二日　早晨，大雨又下個不停。將靜聞、顧僕留在潯州南門外的寓所，我找了挑夫去遊勾漏、白石、都嶠三山。早飯後雨停了才出發。隨即從驛站前往南渡過鬱江，走了五里，到灘頭村。又走了三里，到車路江，下面有石橋，橋外漲水，有小溪從東南往西北注入鬱江，船才得以行駛到這裡。往南二里為石橋村。走到這裡，只有灘頭及石橋二村有人家，其他地方都是空闊無際的景象。從這裡南望白石山和獨秀峰巍然挺立，好像在三十里外，但當地人說：「還有六十多里，即使整天趕路也到不了。」這是因為山路迂曲阻隔的緣故。從石橋村往南，曠野中四周山峰高聳，中間地勢窪下，平地上有許多埋在草中露出地面的岩石，還有許多分流各處又屈曲會合的水流。走了二里，看到一個山壑中盡是形狀奇特的岩石，在四周環繞聚集，中間匯聚著清澈的水流，有的往下陷落成為深潭，有的迸裂形成縫隙，水石起伏不定，也是荒野中一處奇異的景觀。按志書，潯州城南十五里有⿰氵尿水，曠野中有天然的怪石在它旁邊堆砌，泉水深綠清澈，中有大魚，人不敢捉，無疑就是這地方。

再往南，則匯積的潭水更多。懷疑就是志書所說的南湖。上面有山岡名橫南墟，或許是「湖南」之訛。有個婦人在上面搭了一個茅棚賣酒，離開郡城大概有十五里了。在它東面有山，從南到北往下延伸到這裡，從它的西面漸漸往南攀登，迸裂的洞穴更多，都在平地往下陷落，有的像峽谷那麼長，有的像井口那麼圓，中間都是叢聚的岩石，玲瓏精巧，聚合嵌入，下面則為清澈的潭水。這是因為在地面二、三丈之下，都是相通的暗流，而暗流的上面都露出盤結的岩石，偶爾發生土石崩裂，就會露出岩石陷成洞井。於是踏上田埂，渡過水溝，又走了三里，才進入山塢，只見山上都是泥土，不再有突兀的岩石，而山塢中盡是稻田，曲折盤繞在四周山腳。又走了二里，登上湖塘嶺，山路高低不平，嶺壑重重疊疊。走了十里，到達容塘村，有匯積的潭水，半山腰聚住著幾十戶人家。再往南登上一座山嶺，共走了二里，通過一座架在溪上的小橋，上嶺為官坂墟，墟中有個婦人搭起草棚賣酒，和橫南墟相同。從潯州城到這裡有三十里，是去白石山的中途，便在草店裡吃粥。從岔路往東南越過山嶺，走了十里，到姚村。這村莊也是有上百戶人家的聚落，靠山聚水，真是山中安樂的住處。渡過一條小溪，又往南翻過山嶺，走了五里，到木角村。村在白石山的北麓，離山還有十里。雖然夕陽還有餘光，但山雨又來了，想在這裡留宿，但村裡沒人肯接納。村裡人姓楊，都關門避客。徘徊不定，到了傍晚，坐在舂米的小屋中，打算在這裡過夜。不一會小屋旁有家主人開門接客，為我煮了晚飯然後住下。

二十三日　早飯，別木角主人，授火錢，固辭不納。何前倨而後恭耶？由其東南越一嶺，由岐徑望白石[1]而趨。其山峰攢崖絕，東北特聳一峰為獨秀[2]，峭拔孤懸，直上與白石齊頂，而下則若傍若離，直剖其根。崖石多赭赤之色，謂之「白石」，豈不以色起耶？五里，路漸沒草間。渡一溪，嶺半得一山家，傍舍植芭蕉甚盛。亟投問路，始知大道尚在西南，而此乃岐中之岐也。由其左登山，東向而上，望周塘村❸在路右塢中，相隔坑坂❹已兩三重也。由土山之脊轉而南，五里，度一山坳。稍東而南折，直抵山之北麓，則獨秀已不可見，惟轟崖盤削，下多平突之石，石質雖不玲瓏，而盤亙疊出，又作一態也。

直上一里，抵崖石下，轉而南一里，為三清巖。其巖西向，橫開大穴，闊十餘丈，高不過二丈，深不過五丈，石俱平燥，惟左深入而東，然低庳不踰尺，所云南通勾漏者即指此。余謂山脈自此與勾漏南接，若此洞高峙山半，而其山四面孤懸，謂穴道潛通，夫誰入而誰試之耶？右壁盡處有穴大如管，泉自中滴下，懸四、五尺，僧布竹承之，清泠異常。下丈餘，匯為一潭，不甚深澈，指為「龍潭」云。巖內有一石如舡，臥可為榻，坐可為几。巖列三清❺像，故以「三清」為名，即白石之下洞矣。又南半里為大寺❻，甚古，後倚崖壁，有觀音堂甚敞。其左峭壁下有圓珠池，亦水自半崖滴下者，下甃圓潭承之，無他異也。按志：山北有漱玉泉❼，而《西事珥》與《百粵風土記》❽俱謂其泉暮聞鐘鼓則沸溢而起，止則寂然，詫以為異。余謂泉之沸寂，自有常度，乃僧之候泉而鳴鐘鼓，非泉之聞聲而為沸寂也。及抵白石，先詢之三清觀❾，再徵之白石寺並漱玉之名，不知何指；

而聞鐘泉沸之說，山僧茫然，洵皆好事之言也。

寺僧為瀹茗。余急於會仙之勝，即以行囊置僧舍，不候茗，由後寺南循崖壁行。已東轉而上入石峽中，其峽兩峰中剖，上摩層霄，中裂駢隙，相距不及丈，而懸亙千餘尺，俱不即不離，若引繩墨而裁削之者，即俗所誇為「一線天」[10]，無以過也。磴懸其中，時有巨石當關，輒置梯以度，連躋六梯，始踰峽登坳。坳之南北，俱猶重崖摩夾。乃稍北轉，循坳左行，則虬木盤雲，叢篁蔭日，身度霄漢之上，而不知午日之中，真異境也。至是，東嶂稍開，始見獨秀峰在東北，而東南塢中又起一峰[11]，正與獨秀對峙，而高殺其三之一，〔宛然蓮蕊中擎，但四面為諸峰所掩，惟此得睹全體耳。〕又北攀懸崖而上，木根交絡石間，為梯為緪，足躡手緣，無非此矣。已轉一壑，有磵[12]自頂西向墜峽，纍潭搗穴。由峽右復懸梯上登，宛轉三梯[13]，遂行平崗間。其外乃萬丈下削之崖，其內即絕頂漱根[14]之峽，內外皆喬松叢木，一道深碧間，有日影下墮，如篩金颺翠，閃映無定。出林則鑿石成磴，又植竹迴闌，躋磴轉闌，而會仙之巖[15]，岈然南向矣。其巖皆黃赤之石，上下開竅，而內漸湊合，旁無氤氳之竅，上無滴瀝之乳，與下巖同。而地位高迥，境路幽去，五里之雲梯杳藹，自大寺來，約有五里。千秋之鶴影縱橫，非有棲霞餐液⑯之緣，誰得而至哉！時已過午，中有雲寮⑰，綰鑰已久，竈無宿火，囊乏黃粱，無從掃葉煮泉，惟是倚笻臥石，隨枕上之自寐自醒，看下界之雲來雲去。

日既下舂，炎威少退，乃起，從巖右躡削崖，凌絕頂。崖雖危峭而層遙，盤隔處中有子石⑱，圓如鵝卵，嵌突齒齒⑲，上露其半，藉為麗趾之級，援手之階。不覺一里，已騰踴峰頭，東向與獨秀對揖矣。蓋此峰正從潯州來，所望獨秀峰西白石絕頂。而獨秀四面聳削如天柱，非羽輪不能翔其上。粵西三獨秀，而桂城最著，柳州無聞，然皆巑岏可登，此獨最高聳，最孤峭。而此峰三面亦皆危崖突立，惟南面一罅，梯峽上躋，頗如太華三峰⑳，上分仙掌㉑，下懸尺峽㉒，透險躡危。此真青柯嫡冢㉓，他未見其比也。何者？桂、朔、柳、融諸峰，非不亭亭如碧簪班笋㉔，然石質青幻，片片如芙蓉攢合，竅受躡，痕受攀，無難直躋；而此則赤膚赭影，一劈萬仞，縱覆鐘列柱，連轟駢峙，非披隙導窾㉕，隨其腠理㉖，不能排空插翅也。〔獨秀、蓮蕊二峰，為此峰門戶，其內環壑深塹，虧蔽日月，重岡間之，人無至者。〕

坐眺久之，乃仍下會仙，別巖而下，歷三梯，三里，至峽坳上，見峽左一石，倚崖而起，上並崖端倚雲，下有線罅透日。急賈勇穿其中，則其隙不即不離，僅容側身而進，其上或連或缺，既而漸下，南轉出罅，則飛石上下懸嵌，危不可躋矣。返出峽坳，見倚石之側，復有一道上出石端，危懸殊甚，乃流沙滾溜而成者。心益不能已，復攀根引蔓而登，躋其端，透入石闕中，則倚石西盡處也，與前崖夾而成闕。穿闕而南，則飛石南懸之上也，瞰前罅正在其下。遂攀登倚石之頂，則一臺中懸，四崖環峙，見上又或連或缺，參錯不齊。正憑眺間，聞雷聲殷殷，仍下峽坳，歷六梯，一里，西出峽，又一里，北返大寺。亟問餐於僧，濯足於泉，而雷雨適至。先是，余下至上梯，遇寺中肄業諸生，見余登巖久不下，亦乘興共登，至是未返，困于雨。而平南有鄉貢㉗梁凌霄者，開絳帷㉘寺中，見余輒有傾蓋㉙之雅，為之挑燈㉚夜談。中夜雷雨大奮，臥室淋漓。

【章旨】本章記載了第一百零四天在潯州府的行跡。朝著白石山趕路，望見陡峻的獨秀峰獨自高聳，這裡的崖石大多是赭紅色。從白石山的北麓轉到三清巖，聽說洞內和勾漏山相通，但沒人進去試過。三清巖即白石山下洞，往南為大寺。據前人記載，山北有漱玉泉，傍晚聽到鐘鼓聲，泉水就會沸騰湧起，其實這種說法毫無根據。從後寺進入石峽之中，這裡即使和「一線天」相比也毫不遜色。越過石峽登上山坳，真覺置身奇境之中，到這裡才看到蓮蕊峰的全貌。繼續往上攀登，山林中景色十分美麗。走出山林，會仙巖便出現在眼前。岩石的顏色紅黃相雜，地勢高遠，環境幽深，除非和神仙有緣，決不會到這裡。太陽下山後登上峰頂，上面有鵝蛋形的小石塊。獨秀峰四面高聳陡峭，沒有翅膀轉輪決不可能飛臨其上。白石山南面有裂縫可以攀登，形勢險要，和華山青柯坪完全相同。獨秀、蓮蕊兩峰為白石山的門戶，從來沒人到那裡去過。離開會仙巖，鼓起勇氣穿越山峽中的裂縫，又穿過石闕，登上崖頂，居高望遠。因雷聲隆隆，趕緊回到大寺。

【注釋】❶白石　山名，在桂平城東南四十八里，道家稱之為第二十一洞天，明以後成為遊覽勝地。山麓壽聖寺後，有摩崖「白石洞天」四大字。山四面懸絕，傳說葛仙翁曾往來其間。佇立山巔，桂平、玉林、梧州方圓百里旖旎風光，一覽無遺。❷獨秀　峰名，白石山雙峰挺秀，東峰稱公白石，即獨秀峰，孤峰插天，形狀如同聳立的竹筍。❸周塘村　在白石山西麓。❹坑坂　坑，通「岡」。高地。坂，同「阪」。山坡；斜坡。❺三清　道教三尊神。❻大寺　即壽聖寺，在桂平白石山前，內有三寶殿，後閣三間，中祀觀音，左祀文昌，右祀關帝，今廢。❼漱玉泉　在白石山麓壽聖寺（現為白石小學）後峭壁下，是一眼方圓約二公尺的山泉。與壽州咄泉、芽山嘉客泉、無為州笑泉，並為神品。❽百粵風土記　書名，凡一卷，記廣西風土。❾三清觀　又名清真觀、會真觀，在白石山，即宋時的陽明觀。❿一線天　又名蒼玉峽，在主峰蓮蕊峰中，石劈天開，往上可到會仙巖。前人稱之為「巨靈掌擘」。⓫又起一峰　指白石山西峰，稱母白石，即蓮蕊峰，又稱鵝頭峰，形如含苞欲放的蓮蕊。⓬磵　山間的水溝。⓭宛轉三梯　指雲梯，參見注⓲。⓮漱根　言水流侵蝕峽底。⓯會仙之巖　在白石山最高處，穿過一線天（又名蒼玉峽），經過白雲窩，再從雲梯往上，便到會仙巖。洞內有「神仙腳印」，原有塑像數十尊，雕刻極工，栩栩如生，現已毀。⓰棲霞餐液　棲息雲霞，以雨露為食，指成仙。⓱雲寮　指高居雲間的小屋。⓲盤隔處中有子石　指龜背石。登白石山頂，須過三關，即蒼玉峽、雲梯、龜背石。子石，生於大石中的小石。⓳齒齒　像牙齒那樣排列。⓴太華三峰　西嶽華山三主峰，即落雁峰（南峰）、朝陽峰（東峰）、蓮華峰（西峰）。南峰，與東、西兩峰左右相接，形成靠椅形，是一個一峰兩頂的駝形山峰，東曰松檜，西曰落雁，統稱南峰。以落雁較高，故又名落雁峰，為華山最高處。峰南一側為斷層深壑，壁立萬仞。四周皆松林，雜以檜柏，迤邐數里，濃陰密蔽。由峰東下，有避詔崖，傳說陳摶曾在此寫謝詔表：「一片野心都被白雲鎖住，九重寵詔休教丹鳳御來。」東峰，峰頂有朝陽臺，是觀賞日出的佳處，故又名朝陽峰。峰頭陡削，松柏參天，南望秦嶺，峰巒起伏，如萬里波浪；下視平野，河流隱顯，壯麗異常。峰東北有巨崖直垂，黃白相間，旭日照之，赤光燦爛，遠遠望去，形如巨掌，因名「仙掌崖」，關中八景之一的「華山仙掌」即指此。另外尚有甘露池、青虛洞、下棋亭等勝跡。西峰，因峰頂翠雲廟前右側有塊大石如蓮葉，覆蓋崖巔，故名「蓮花峰」。從遠處眺望，山頂形似一枝含苞待放的花蕾，直插青天，有如青色芙蓉，故又名芙蓉峰。山峰如一塊渾然大石，東側陡峭石坡，另外三面都是絕壁懸崖，有如刀切劍削，壁立千仞。登上峰巔俯瞰，秦川茫茫，渭、洛二水若銀帶盤曲其間，是華山觀賞夕照和晚霞的最好場所。峰上最高處有「摘星臺」，登臺一望，有「青天在握」之感。附近林木叢鬱，幽靜無比。峰頂翠靈殿西旁有一塊十多公尺長、斷成三截的巨石，俗稱「斧劈石」，傳說為「寶蓮燈」故事中華山三聖母之子沉香劈山救母處。從此向北，沿壁空絕萬丈，名捨身巖。峰頂之西有「巨靈足」，傳說為巨靈神留下的腳印。㉑仙掌　華山東峰東北有巨崖直垂，名「仙掌崖」，參見注⑳。㉒尺峽　指華山百尺峽，峽中有一巨石，狀如魚脊，夾在兩壁之間，三面凌空，無依無靠。遊人攀鐵索而上，兩壁更狹，如欲合攏，卻被一塊巨石撐住，令人驚心動魄。抬頭一望，「驚心石」三字映入眼簾。過了巨石，回頭望去，石背上刻有「平心石」三字，表示石無絕人之路，遊人至此心緒坦然。㉓青柯嫡冢　青柯，青柯坪，在莎蘿坪南，西峰腳下，距華山谷口約二十里，因有青柯樹而得名。自谷口至青柯坪，兩旁都是天然石壁，澗水縈洄，時有飛瀑高懸，沿途有王猛臺、魚石等古蹟。坪北的雲門，大石綿亙，如同高大的城牆。由青柯坪西上約六里有石圈門洞，名「總天一門」，即南天門。從青柯坪往上，道路艱險，向東南行，忽遇絕路，迎面都是直巖嶄立，峭壁千仞，「回心石」三字呈現在眼前，一道鐵索斜掛長空，遊人至此，往往徘徊不前。故明人王世貞說，遊覽華山的人，往往走到青柯坪就停步不前了。坪，山間的平地。嫡冢，嫡長子。這裡借喻獨秀峰山道之險，和青柯坪完全一樣。㉔班筍　斑竹之筍。班，通「斑」。斑竹，又名湘妃竹，竹上有斑痕。㉕窾　空隙；洞穴。㉖腠理　中醫指皮膚的紋理和皮下肌肉之間的空隙。這裡指岩石的紋理，岩石的斷裂節理。㉗鄉貢　鄉試貢士，明清時指鄉試中式的舉人。㉘絳帷　即絳帳，指紅色的帷帳。後漢馬融常坐高堂，施絳紗帳，前授生徒，後列女樂。後因以絳帳用作師長或講座的代稱。㉙傾蓋　言路中相遇，停車交談，車蓋接近。因稱初交相得，一見如故為傾蓋。㉚挑燈　挑起油燈的燈蕊，使燈光更亮。

【語　譯】二十三日　早飯後，告別木角村主人，給他柴火錢，卻堅決推辭不肯接受。怎麼會昨天這樣傲慢，今天又這樣恭敬呢？從村子的東南翻過一座山嶺，從岔路朝著白石山趕路。這山峰巒聚立，崖壁陡峻，在東北聳起一座突出的山峰，為獨秀峰，陡峭峻拔，獨立高聳，筆直往上和白石山同樣高，而下面則又像靠攏，又像分開，直裂到山腳。崖石多赭紅色，稱為「白石」，難道不是因為顏色得名的嗎？走了五里，路漸漸埋沒在草中。渡過一條溪水，在半山嶺看到一戶人家，屋旁種著芭蕉樹，十分茂盛。急忙上前問路，才知道大路還在西南，這裡只是岔路中的岔路。從屋子的左邊上山，向東攀登，望見周塘村在路右邊的山塢中，已相隔二、三重山坡。從土山的脊部向南轉，走了五里，越過一個山坳。稍許向東再往南轉，直到山的北麓，這時獨秀峰已看不見，惟有矗立的山崖盤繞陡削，下面有許多橫向突起的岩石，石質雖不玲瓏，但盤結相連，層疊而出，又呈現出一種別樣的形態。

直往上走了一里，到崖石下，轉向南走一里，便是三清巖，這巖朝西，橫開一個大洞，闊十多丈，高不過二丈，深不過五丈，岩石都平而乾燥，惟有左邊可往東深入，但通道低矮，不過一尺，所謂往南和勾漏山相通的地方，就指這裡。我以為山脈從這裡往南和勾漏山相接，至於這個洞高高峙立在半山腰，而這山又四面沒有依傍，獨自高聳，說洞中有路暗中相通，又有誰進去、誰試過呢？右面石壁盡頭有洞像管筒那麼大，泉水從裡面滴下，懸掛四、五尺，僧人用竹筒承受泉水，異常清冷。往下一丈多遠，匯成一個水潭，不太深，也不清澈，被人指為「龍潭」。洞內有一塊形狀如船的岩石，躺下可當牀睡，坐著可當小几憑靠。洞中陳列著三清的神像，故巖以「三清」為名，即白石山的下洞。再往南半里，為大寺，十分古老，後面靠著崖壁，有觀音堂十分寬敞。在它左面峭壁下有圓珠池，水也是從半山崖滴下的，下面砌成圓潭承接，沒有其他奇特之處。據志書，山北有漱玉泉，《西事珥》和《百粵風土記》都說這泉傍晚聽到鐘鼓聲便沸騰溢起，鐘鼓聲停後泉水也寂然不動，對此感到驚奇，以為是一種奇觀。我以為泉水的沸騰靜寂，自有一定的規律，這是僧人根據泉水的變化敲鐘擊鼓，並不是泉水聽到聲音而後沸騰靜寂。到達白石山後，先打聽三清觀，再想證實白石寺和漱玉泉得名的由來，都不知指什麼；至於泉水聽到鐘聲然後沸騰的說法，山中僧人更是莫名其妙，確實是好事之徒編造出來的。

寺內的僧人為我烹茶。我急於尋訪會仙巖的勝景，立即將行李放在僧人的屋中，不等候喝茶，便從後寺的南面沿著崖壁行走。隨後向東轉往上進入石峽之中，這峽由兩峰中剖形成，往上直插雲霄，中間裂成兩道並列的縫隙，相隔不到一丈，但懸空落下高達一千多尺，都既不合攏，也不分開，就像拉了墨斗的直線削成一般，即使和人們所誇耀的「一線天」相比，也毫不遜色。石級高懸在石縫中，常有巨石擋在隘口，就架起梯子越過，接連爬了六次梯子，才翻過山峽登上坳地。坳地的南北，仍然都是重重山崖高聳相夾。於是稍往北轉，沿著坳地左邊行走，只見盤屈的樹木在雲中纏繞，茂密的叢竹遮天蔽日，人在高空行走，卻不知這時正是中午烈日當空，真是一處奇境。到這裡東面的山嶂稍許開豁，才看到獨秀峰位於東北，而東南山塢中又聳起一座山峰，正好和獨秀峰相對峙立，高度比獨秀峰低三分之一，宛如蓮蕊從中捧出，但四周被群峰遮掩，只有在這裡可以看到全貌。又往北在懸崖上攀登，樹根在石中交纏，無論用作梯子還是用作繩索，是腳登還是手攀，無不依靠這些樹根了。過了一會轉過一個山壑，有澗水從山頂向西墜入峽谷中，接連注瀉水潭，沖刷洞穴。從峽谷的右面又繫掛梯子向上攀登，曲曲折折爬了三段雲梯，便在平曠的山岡中行走。外面是直落萬丈的懸崖，裡面是高不見頂、底部被水沖刷的峽谷，裡裡外外都是高大的松林，在一片幽深的綠蔭中，有日光照下，就像金屑篩落，翠玉飛揚，閃耀不定。走出樹林便是鑿成的石級，又種植著竹子迴繞隘口，登上石級，轉過隘口，深邃朝南的會仙巖便出現在眼前。這巖都是黃紅相雜的石塊，上下開洞，裡面漸漸湊合，旁邊沒有雲煙彌漫的孔洞，上面沒有滴下的石乳，和下巖相同。但地勢高遠，環境幽深，雲梯深遠，長達五里，從大寺過來，約有五里路。鶴影縱橫，持續千年，如果沒有棲息雲霞、服食雨露的緣分，又誰能到這裡呢？這時已過中午，山中有高踞雲間的小屋，已關閉很久，灶中沒有餘燼，袋裡缺乏小米，無法掃起落葉燒水，只有靠著竹子躺在石上，睡去醒來，全都任其自然，俯視下界，白雲來來往往。

太陽下山後，炎熱稍許減弱，才起身，從洞的右邊踏上陡削的山崖，登臨峰頂。山崖雖然高峻陡峭、重疊遙遠，但盤繞阻隔的地方有小石，像鵝蛋那樣圓，像牙齒的排列那樣嵌入突出，上面露出一半，用作落腳的石級、搭手的階梯。不知不覺走了一里，已躍上峰頂，向東面對獨秀峰了。這座山峰正是從潯州過來時，所望見的位於獨秀峰西面的白石山頂峰。而獨秀峰四面高聳陡峭，猶如擎天巨柱，若身上沒生翅膀、腳下沒有轉輪，決不可能飛到它的上面。廣西有三座獨秀峰，其中桂林城內的最著名，柳州的默默無聞，雖然高峻，但都可以攀登；唯獨這座山峰最高聳，最孤峭。而這座山峰三面也都是聳立的懸崖，惟獨南面有條裂縫，可架起梯子從峽谷攀登，很像華山的三座主峰，上面分出仙掌崖，下面懸掛百尺峽，讓人穿過險阻，登上高處。這真和青柯坪的山路完全一樣，其他地方都不能相比。為什麼會這樣呢？桂林、陽朔、柳州、融縣的眾多山峰，不能說不亭亭而立，如同碧玉簪、斑竹筍，但那裡的青石形狀多變，一片片就像聚攏的荷花，有孔洞可踩，有裂痕可攀，不難直往上攀登；但這裡的岩石呈赭紅色，一舉劈成萬丈懸崖，即使崖上的岩石像倒扣的大鐘、羅列的柱子，接連聳起，並排峙立，如果不利用它分開的縫隙，疏通的孔洞，隨岩石斷裂的節理走，便不可能凌空飛上峰頂。獨秀、蓮蕊兩座山峰，是白石山的門戶，裡面環繞著深深的溝壑，遮蔽日月，又有重重山岡相隔，從來沒人去過。

坐著眺望了好長時間，才仍然往下到會仙巖，離開巖洞下山，爬了三次梯子，走了三里，到峽中的坳地上，看到峽谷左邊有塊岩石，靠著山崖突起，上面和崖頂並排靠近雲端，下面有一線縫隙透進陽光，急忙鼓足勇氣從中穿過，那縫隙不合不離，只能讓人側著身子進去，它上面或相連，或斷裂，不久漸漸往下，向南轉出縫隙，只見凌空而起的岩石在上下懸掛嵌入，地勢高險，沒法攀登了。轉身回到峽中的坳地，看到靠著山崖的岩石旁，又有一條路往上到崖石的頂端，極其高峻，是流沙滑滾形成的。心中更覺不能就此罷休，於是又拉著樹根蔓草攀登，到崖石的頂端，穿入石闕之中，是靠著山崖的岩石的西端，和前面的崖石相夾形成的石闕。穿過石闕往南，便到在南面懸掛的凌空而起的岩石的上方，俯視先前所見的裂縫，正在它的下面。於是攀登靠著山崖的岩石頂端，只見一座石臺座落在中間，四面山崖環繞峙立，又看到上面或相連，或斷裂，參錯不齊。正當居高望遠時，聽到雷聲隆隆，便仍走下峽中的坳地，爬了六次梯子，過一里，往西走出峽谷，又走了一里，往北返回大寺。趕緊向僧人要飯吃，在泉中洗腳，雷雨正好來了。在此之前，我往下走到上層的梯子，碰到在寺中讀書的秀才，見我登上山巖，久久不下，也乘一時高興，一起攀登，到這時還沒返回，想來被雨困住了。而平南有個名梁凌霄的舉人，在寺中講學，和我一見如故，為此和他挑燈夜談。半夜下起大雷雨，臥室都被淋濕。

二十四日　作詩與梁君別，各慇懃執手，訂後期焉。西向下山，望羅叢巖在三十里外。初欲從此而南趨鬱林，及一里，抵山下，渡小磵。又西二里，過周塘，則山谷迴亙，羅叢已不可見。問其道，多未諳者，云須南至麻洞墟❶，始有路西行。又南三里，路分為二：大道由東南上山，岐徑由西南涉塢。余強從西南者一里，踰一嶺，漸不得道。二里，南行山莽間。又一里，南下山，始有路自西北來，隨之東南去，由塢塍出山夾中。二里，抵乾沖，始值北來大道，山始開。有小溪自東而西，又有自南向入之者。涉澗，隨南水而上，村落依焉。於是山分東、西兩界，中則平疇南衍，深溪北流。西南二里，過一獨木橋。又南三里，山坡突處，麻洞墟在焉。是日墟期，時已過午，乃就墟而餐。其西有岐，西向踰山為高塘❷路。覓高塘趁墟❸者問之，言：「由此至羅叢巖尚五十里，高塘未得其中火❹，欲西北渡鬱江乃至。」余聞之悵然，姑留為後遊。遂南隨散墟者循西界山而趨，五里，有村連聚於東界大山之下，猶麻洞之聚落也。又南，山塢稍轉而西，仍南共五里，為石馬村。村倚西麓，有石倚東麓，若馬之突焉。西麓之後，其上石峰突兀，是為穿石寨。土人言其石中穿，可透出山後，余望而未之見也。又南五里為大沖，聚落環倚西麓。於是塢窮疇轉，截山為池，迴坡為田，遂復向山坳矣。

由大沖上行，又五里，路出馬頭嶺之南，過山脊。其水北流者，經乾沖，由車路江入潯；南流者，經都合入秀江❺，北轉高塘、羅行而入鬱。出坳，復東南得平疇，山仍兩開。五里，宿於中都峽。

【章旨】本章記載了第一百零五天在潯州府的行跡。原想從羅叢巖前往鬱林州，但沒人熟悉路程。經過周塘、乾沖，到麻洞墟吃午飯。隨後經過石馬村、穿石寨、大沖，到中都峽留宿。

【注釋】❶麻洞墟 原作「麻墟洞」，依下文改。今名麻洞，在桂平南境。❷高塘 在桂平西境，鬱江南面。❸趁墟 趕集。墟，亦作「虛」。❹中火 途中午休用飯。❺秀江 當為「繡江」。

【語譯】二十四日 作詩和梁君告別，各自拉著對方的手，情意十分懇切，約好以後再見。往西下山，望見羅叢巖在三十里外的地方。起先想從這裡朝南前往鬱林，走了一里，到達山下，渡過小澗。又往西走二里，經過周塘，只見山谷迴繞相連，羅叢巖已看不到了。打聽去那裡的路，大多不熟悉，說必須往南到麻洞墟，才有路往西走。再往南走三里，路分成兩條：大路從東南上山，岔路從西南通過山塢。我只管從西南那條路走了一里，翻過一座山嶺，漸漸找不到路。過了二里，往南在山林中行走。再走一里，往南下山，才有路從西北延伸過來，隨這條路往東南走，從山塢中的田埂，走出兩山相夾中。向前二里，到達乾沖，才遇上從北面延伸過來的大路，山勢開闊起來。有小溪從東往西流去，還有從南面流來的溪水。渡過澗水，隨南來的水往上走，有村莊在水邊。從這裡，山分為東、西兩界，中間是向南擴展的平坦田野，清深的溪水向北流去。往西南走了二里，經過一座獨木橋。又往南走了三里，麻洞墟就在山坡突起的地方。這天是趕集的日子，當時已過中午，便在集市中吃飯。在它西面有岔路，向西翻過山是去高塘的路。找了從高塘來趕集的人打聽，回答說：「從這裡到羅叢巖有五十里，去高塘還不到途中吃午飯的地方，要往西北渡過鬱江才能到達。」我聽了十分失望，暫且留到以後再遊訪了。於是往南隨著散集的人沿著西邊的山趕路，走了五里，有村莊接連聚集在東面的大山下，仍然屬於麻洞墟的村落。再往南，山塢稍許向西轉，繼續往南共走了五里，到石馬村。村莊靠著山的西麓，有岩石靠著山的東麓，就像突起的駿馬。在西麓的後面，山上石峰高聳，這就是穿石寨。當地人說這石中間相通，可從山後穿出，但我望去，卻看不到這種景象。再往南五里到大沖，村落在山的西麓環繞。於是山塢到了盡頭，田野轉向別處，攔截山地聚水為池，環繞山坡開墾成田，便又向山坳中行走了。從大沖往上，再走五里，路從馬頭嶺的南面伸出，越過山脊。往北流的水，經過乾沖，從車路江注入潯江；往南流的水，經過都合注入秀江，往北轉到高塘、羅行匯入鬱江。走出山坳，再往東南，又看到一塊平坦的田地，山峰仍在兩邊展現。走了五里，在中都峽留宿。

二十五日　由都峽南行，二里，渡一橋，有岐從東南隨水登坡。一里為迴龍墟，墟猶未全集也。坡南水復西南去。渡板橋，更南三里，則塢窮而上嶺。逾嶺南下一里，出山則山塢復開。南行三里，為羅播村。東渡一溪，踰小嶺，又涉一溪，共一里，南向登山甚峻，曰大山坪，又曰六合嶺。從其上北眺潯州西山，遠在百里外，而東有大山屏列，西南亦有高峰，惟白石反為東北近山所掩，不得見。平行其上二里，出南坳，嶺頭叢木蓊密。從其右行，又一里，下山。又一里，山壑四交，中成奧谷，有小水自東而西。越其南，從中道復登嶺，一里，踰而東，入山峽。峽北麓堰水滿塢，瀠浸山谷。乃循峽沿水東入南轉，一里漸升，水亦漸涸。復踰山坳，路循嶺右升分嶺界。二里，復下渡山脊，路循嶺左一里，下核桃嶺，則有大溪自南而來，至此西折去。〔即潯郡西繡江❶上流也，發源自平山墟，乃大容山西北水。大容東西有兩繡江：一南自廣東高州❷，北至北流縣，合大容東南水，經容縣注於鬱，此容縣繡江❸也；一即此水，為潯上流之繡江。〕路循溪向東南踰二嶺，共三里，涉流渡江。其水及腹，所謂橫塘渡也，潯州南界止此，江南即鬱林州屬，為梧西北境焉。由江南岸復溯流踰嶺，四里，始有聚落，時已過午，遂就炊村廬。炊飯畢，山雨大作，坐待久之。踰小嶺而南，村聚益連絡，所謂白堤❹者，是亦深山之奧區也。過墟舍，取中道渡小橋，溯溪右南行八里，誤從路旁小岐西入，得大寨村，遂投宿主人李翁家。翁具酒烹蛋，山家風味，與市邸迥別。

大寨諸村，山迴谷轉，夾塢成塘，溪木連雲，堤篁夾翠，雞犬聲皆碧映室廬，杳出人間❺，分墟隔隴，宛然避秦處❻也。

【章旨】本章記載了第一百零六天從潯州府前往梧州府的行跡。經過迴龍墟，登上六合嶺，進入山峽中，再走下核桃嶺，看到一條大溪，即潯州西境繡江的上游。大容山兩邊有兩條繡江。在橫塘渡過江，進入梧州府的鬱林州。隨後經過深山深處的白堤，到大寨村投宿。大寨等村落，景色秀麗，宛如世外桃源。

【注　釋】❶繡江　在桂平西南境，源出容縣、桂平毗連的羅繡墟，為鬱江支流，以水湛碧如繡得名。❷高州　明代為府，治所在茂名（今屬廣東）。❸容縣繡江　源出廣西北流東南，上游名圭江，西北流經容縣南境名容江，又東北流經藤縣為繡江，最後匯入藤江。其源頭、歸宿與高州、鬱江無關。❹白堤　和下大寨村都在鬱林（今名玉林）北境，繡江南面。❺雞犬聲二句　疑有錯亂，當讀作「皆碧映室廬，雞犬聲杳出人間」。❻避秦處　東晉陶潛作〈桃花源記〉，言秦時人避亂至桃花源，其地與世隔絕，人人怡然自樂。

【語　譯】二十五日　從中都峽往南，走了二里，渡過一座橋，有岔路從東南隨溪水登上山坡。往前一里到迴龍墟，集市還沒完全開張。在山坡的南面，水又往西南流去。通過板橋，再往南走三里，就到山塢的盡頭，登上山嶺。翻過山嶺向南往下走一里，出山後又開出一個山塢。往南走三里，到羅播村。往東渡過一條溪水，翻過一座小嶺，又渡過一條溪水，共走了一里，向南登上一座十分陡峻的山峰，名大山坪，又名六合嶺。從山上向北眺望潯州西山，遠在百里之外，而東面有大山像屏障那樣排列，西南也有高峰，唯獨白石山反被東北靠近的山遮掩看不到。在山上平步走了二里，走出南面的坳地，嶺頭的樹林十分茂密。從樹林的右邊行走，又往前一里，下山。再走一里，山壑四面交接，中間形成一個深谷，有小溪從東往西流去。渡過小溪到它的南面，在半路又登上山嶺，走了一里，越過山嶺向東，進入山峽。山峽的北麓有堤壩，滿山塢都是水，水流瀠洄，將山谷浸沒。於是順著山峽沿水邊往東走進再向南轉，走了一里，地勢漸漸升高，水也漸漸乾涸。再翻過山坳，路沿著山嶺的右側升上山嶺的分界處。走了二里，再往下越過山脊，路沿著山嶺的左側走一里，下核桃嶺，有大溪從南面流來，到這裡向西轉去。這溪水即潯州西境繡江的上游，發源於平山墟，是大容山西北的水流。在大容山的東面和西面，有兩條繡江：一條出自南面的廣東高州，往北流到北流縣，會合大容山東南的水，經過容縣注入鬱江，這是容縣的繡江；另外就是這條水，為潯江上游的繡江。路沿著溪水向東南翻過兩座山嶺，共走了三里，渡過江水。這水深到腹部，就是所謂的橫塘渡，潯州南部以此為界，繡江的南面便是鬱林州屬地，為梧州西北地區。從繡江南岸再沿江上行，翻山越嶺，走了四里，才有村落，這時已過中午，便在村中煮飯。煮好飯，山中下起大雨，坐著等了好久。翻過小嶺往南，村落更是接連不斷，所謂白堤，也是在深山深處的一個村落。經過墟市的屋子，在半路通過小橋，沿著溪水右岸上行，往南走了八里，誤從路旁岔出的小路往西走進，到大寨村，便去屋主李翁家投宿。李翁備酒煮蛋款待，山村人家的風味，和城市的旅店截然不同。

大寨等村落，四周山谷環繞，山塢兩側形成池塘，溪邊樹木高聳入雲，堤上翠竹分列成行，鄉村小屋，都在綠蔭之中，雞犬之聲，遠離人世，村落分散，田畝相隔，桃花源景色，宛然在目。

二十六日　主人以鮮鯽餉客，山中珍味，從新漲中所得也。及出山，復誤而西，二里，復得倚雲繞翠、修竹迴塘之舍。問道於村婦，知誤，東出。作〈誤入山村詩〉及〈村婦留別〉二絕句。二里，抵大板橋，始循大溪西岸南行。三里，過馬祿山，越通明橋，遂西南折入山峽。兩山逼束，中惟一溪，無夾水之畦，俱瀠路之草。五里，有巨木橋橫架溪上，乃通東南山路之道。余從橋右過，不從橋渡。其橋巨木兩接，江右有大樹自崖底斜偃江中，巨木兩端俱橫架其杪，為梁柱焉，是名橫江橋。又西南五里，過箬帽山。山峽稍開，南見大容焉。又西南三里，涉溪而右，又涉溪而左，共二里，踰崗而上，是為平山村[1]。由白堤至平山，三十里，路隘草荒，隔絕人境，將出平山，則紛紛言前途多盜矣。由平山南行，路已開闢。過墟舍，越嶺畔行，東望大容在三十里外，猶有層峰間之。五里，下入山峽，過黃草塘。西南二里，抵都長廟。其處兩山開塢西去，而路橫塢而南，越嶺，所上無幾，南下甚遙。共三里，轉峽西出，是為勒菜口❷。於是山分兩界，大容峙東北，寒山❸峙西南，排闥而東南去，中夾成大塢，溪流南注，則羅望江❹之源矣。於是循寒山北麓東南行，又三里，巨樹下有賣漿者，以過午將撤去，乃留之就炊而飯。又五里，渡溪橋，是名崩江橋。橋南有廟，賣漿炊飯者群託焉。又東南二里，過馮羅廟。廟為馮、羅二姓所建。廟之南，山峽愈開，蓋寒山南盡，大容東轉，于是平疇擴然矣。其南有岐，東涉羅望，循大容南麓而東，四十里抵北流，土人以群盜方據南麓陸馬廟❺為巢，俱勸余由州而往。〔予取鬱林道。〕由畦塍中南行七里，復涉崗而南，見有鼓吹❻東去者，執途人問之，乃捕尉勒部過此也。又見有二騎甲冑而馳者，則州中探報之騎也。又三里，抵松城墟❼。墟舍傍有逆旅一家，時日色尚高，而道多虞儆❽，遂停宿焉。二鼓，聞騎聲驟而南，逆旅主人出視之，則麻兵已夜薄賊巢，斬一級，賊已連夜遁去。夜半，復有探者扣扉，入與主人宿。言麻兵者，即土司汛❾守之兵，夙皆與賊相熟，今奉調而至，輒先以二騎往探，私語之曰：「今大兵已至，汝早為計。」故群賊靡遵者一人斬之，以首級畀麻兵為功，而賊俱夜走入山，遂以蕩平入報。恐轉眼之後，將　已下缺。

平山乃大容西來之脈。蓋瀾滄❿以東之山，南徑交趾⓫北境，東轉過欽⓬、廉⓭、靈山⓮，又東北至興業⓯，由平山東度，始突為大容，於是南北之流分焉。

寒山者，鬱林西北之望也。諸山俱環伏於大容，而此獨與之抗。蓋其脈分自興業，在羅望、定川⓰二江之間，其脊至勒菜口而盡，故錚錚特起。《九域志》⓱：越王陀⓲遣人入山採橘，十日方回，問其故，曰：「山中大寒，不得歸。」因名。

陸馬廟者，在大容南麓，乃土人以祀陸績⓳、馬援⓴者。流賊七、八十人，夙往來劫掠村落，近與官兵遇，被殺者六人。旋南入陸川㉑境，掠平樂墟㉒，又殺數十人，還過北流，巢此廟中，縻諸婦女富人，刻期索贖，不至者輒殺之。

【章　旨】本章記載了第一百零七天在梧州府的行跡。先後經過馬祿山、箬帽山，走過通明橋、橫江橋，到平山村。又經過黃草塘，到勒菜口，大容山、寒山在兩邊分立，中間的大塢為羅望江發源地。隨後經過馮羅廟，踏上去鬱林的路，到松城墟留宿。因盜賊出入，一路警戒頗多。半夜有探騎到來，談起官兵和盜賊串通的情況。平山是大容山向西延伸的山脈，寒山是鬱林西北的名山，陸馬廟是盜賊的巢穴。

【注　釋】❶平山村　今名小平山，在玉林北境。❷勒菜口　今名樂泰，在玉林北境。❸寒山　在玉林西北三十里。相傳南越王尉陀派人入山採橘，經十日方歸，言山中大寒，不能返回，因以為名。❹羅望江　又名西望江，源自大容山，自北往南，經玉林西境匯入南流江。❺陸馬廟　今名六馬，在北流西北境，大容山南麓。❻鼓吹　即鼓吹樂，古代一種樂器合奏曲，用鼓、鉦、簫、笳等樂器合奏。用作軍中之樂。❼松城墟　今名塘䏶圩，在玉林北境。❽虞儆　虞，戒備。儆，同「警」。❾汛　明、清時稱軍隊防守之地為汛（地）。❿瀾滄　江名，源出青海唐古拉山，經西藏昌都，東南流貫雲南西部，出國境後，稱湄公河。⓫交趾　舊時對安南、越南的別稱。⓬欽　欽州，明代隸廉州府，今屬廣西。⓭廉　廉州府，明代隸廣東布政使司，治所在合浦，今屬廣西。⓮靈山　明代為縣，隸欽州，今屬廣西。⓯興業　明代為縣，隸鬱林州，治所在今玉林西境的舊縣。⓰定川　江名，今名車陂江，源出玉林葵山，上游名龍川江，東南流經玉林西境注入南流江。⓱九域志　即《元豐九域志》，北宋王存等編著，為官修地理總志。⓲越王陀　趙陀，秦真定（治所在今河北正定南）人，行南海尉事。漢高祖稱帝，遣陸賈立陀為南越王。⓳陸績　字公紀，三國吳郡吳縣（今屬江蘇）人。仕吳，官至鬱林太守。⓴馬援　字文淵，扶風茂陵（今陝西興平東北）人。漢光武時，任伏波將軍，在進擊武陵「五溪蠻」時，病死軍中。㉑陸川　明代為縣，隸鬱林州，今屬廣西。㉒平樂墟　今名平樂，在陸川北境。

【語　譯】二十六日　主人用新鮮的鯽魚款待客人，這是山中的珍味，從剛漲起的溪水中捕得。到走出山，又誤向西轉，走了二里，再一次來到高處雲中、綠樹環繞、竹子細長、水塘縈迴的村舍。向村中的婦人問路，方知已走錯路，便向東走出。寫了〈誤入山村詩〉及〈村婦留別〉這兩首絕句。走了二里，到大板橋，才沿著大溪西岸往南走。往前三里，經過馬祿山，越過通明橋，便往西南轉入山峽中。兩邊山崖緊緊靠攏，中間只有一條溪水，水邊沒有田地，都是在路上纏繞的野草。往前五里，有大木橋橫架在溪上，是往東南山路的通道。我從橋的右邊走過，沒過橋。這橋用巨木連接兩岸，江的右岸有棵大樹從山崖的底部斜倒在江中，巨木的兩端都橫架在樹杪上，成為橋腳，名橫江橋。又往西南走了五里，經過箬帽山。山峽稍許開闊，向南望見大容山。再往西南走三里，渡過溪水往右，再渡過溪水往左，共走了二里，翻過山岡向上，便是平山村。從白堤到平山，有三十里，道路狹隘，荒草遍地，與人世隔絕，即將走出平山，人們便紛紛說前面路上多盜賊。從平山往南走，道路已經開通。經過墟市的屋子，越過嶺畔往前，東望大容山在三十里之外，中間還有層層山峰相隔。走了五里，往下進入山峽，經過黃草塘。往西南走二里，到都長廟。這裡兩山之間開出一片山塢往西延伸，而路橫穿山塢向南，翻過山嶺，往上沒走多少路，便往南走下，路程遙遠。共走了三里，轉過山峽往西走出，便是勒菜口。到這裡山分立兩邊，大容山在東北峙立，寒山在西南峙立，如同推開的門戶，往東南延伸，中間相夾形成大塢，溪流往南流注，為羅望江的源頭。於是沿著寒山北麓往東南走，又過了三里，看到大樹下有個賣豆漿的人，因為已過中午，正要離開，便留他幫我煮飯吃。再走五里，過溪橋，名崩江橋。橋南有廟，賣漿煮飯的人都聚集在這裡。再往東南走二里，經過馮羅廟。廟為馮、羅二姓所建。廟的南面，山峽更加開闊，這是因為寒山往南到了盡頭，大容山往東轉去，於是平坦的田野才得以擴展。在它南面有岔路，往東渡過羅望江，沿大容山南麓向東，走四十里到北流，當地人因為成群盜賊正占據南麓的陸馬廟作為巢穴，都勸我從州城趕路。我踏上去鬱林州的路。在田埂中往南走七里，又過山岡向南，看到有鼓吹往東的人，拉著行人打聽，原來是捕尉率領部屬經過這裡。又看到兩個戴著頭盔披著鎧甲的人騎馬奔馳，是州中探聽報告情況的騎兵。又走了三里，到達松城墟。墟市的屋邊有一家旅店，這時太陽雖然還高掛空中，但路上有多處警戒，便在這裡留宿。二更，聽到騎馬聲迅急往南，旅店主人出門探望，得知廝兵已在夜間逼近賊巢，殺死一個盜賊，賊眾已連夜逃跑。半夜，又有探騎敲門，進來和店主一起睡。據他說廝兵就是土司駐防的士兵，過去都和盜賊熟悉，如今奉命調防到這裡，便先派兩個騎兵前去探聽情況，暗中對盜賊說：「如今大兵已經到達，你們早作準備。」故盜賊把一個跟從的人抓起來殺了，將首級送給廝兵請功，而盜賊都連夜進入山中，廝兵便以掃蕩平定盜賊上報。我聽了，只怕轉眼之後，將　已下缺。

平山是大容山往西延伸的山脈。大體上說，瀾滄江以東的山，往南經過交趾北境，向東轉過欽州、廉州、靈山，再往東北到興業，從平山向東過渡，才突起成為大容山，於是山南北的水在這裡分流。

寒山是鬱林州西北的名山。群山都在大容山下環繞起伏，唯獨這座山能夠和它抗衡。這是因為山脈從興業分起，在羅望、定川二條江水之間，它的山脊到勒菜口已是盡頭，故錚錚突起，與眾不同。《九域志》載：南越王趙陀派人進山採橘，過了十天方才返回，問他是什麼緣故，答道：「山中極其寒冷，沒法回來。」山由此得名。

陸馬廟，在大容山的南麓，是當地人祭祀陸績、馬援的地方。有七、八十個流竄的盜賊，過去來來往往到村落搶劫，近來和官兵相遇，六人被殺。隨即往南進入陸川地界，在平樂墟一帶搶劫，又殺了幾十人，返回時經過北流，將這廟作為巢穴，關押了許多婦女、富人，限定日期要人贖回，到期不來贖，就將人殺掉。

二十七日　早自松城墟，不待飯而行。四里，過谷山村，復行田塍中。又五里，望見一石梁甚高整，跨羅望江上，所謂「北橋」也。三洞連穹，下疊石為堰。水漫堰而下，轉西向行，由鬱林城北轉而西南，與定川南流合而南去，經廉州入海者❶也。石梁之西，又有架木為橋，以渡下流者，行者就近不趨石梁而趨木橋焉。過橋，又南踰一嶺，共一里，入鬱林❷北門。北門外人居俱倚崗匯池，如村落然，既無街衢，不似城郭，然城垣高罄❸，粵西所僅見也。城中亦荒落。過鬱林道❹而西，即為州治。乃炊飯旅肆。問此中兵道，已久駐蒼梧矣。先是蒼梧道顧東曙，名應暘。余錫邑❺人也，其乃郎以家訊寄來，過衡陽❻，為盜劫去，余獨行至此，即令其仍駐此地，亦將不及與通，況其遠在蒼梧耶！

飯後出南門，陂池益廣。西南一里，則南流江自東而西，其流較羅望為大。涯下泊舟鱗次，涯上有堤，內環為塘，堤上石碑駢立，堤下臥石片片，橫列涯間。余視之有異，亟就碑讀之，則紫泉❼也。泉隙在涯堤之半〔石片中。石南北夾成橫罅，橫三尺，闊二尺，東迴環而西，缺其南，水從底上溢瀦其中，停泓者三尺，上從南缺處流瀉去，時見珠泡浮出水面。」堤內塘水高丈餘，涯下江流低亦丈餘，水澄碧異常，其曰變「紫」者，乃宋淳熙❽間異兆，非泉之常也。泉上舊有濯纓亭，今已成烏有。泉之西有石梁曰南橋，亦三孔❾，高跨南流江上。橋北有文昌閣，當江流環轉之中，高架三層，虛敞可眺，為此中勝覽。橋南為廉州大道。橋南由岐溯江岸東行，則水月巖道也。

溯江半里，江自東北來，路向東南去，乃捨江從路，始由田塍行，其路猶大，乃陸川、平樂墟道也。八里，陟崗，有村焉。由村左岐東北行，又二里，從岐而北，路益沒。又二里，北遍一塘堤，始得西來路，循之。東二里，經一村，復上一嶺，路仍沒。乃踰山而東，從莽中躑躅東向，一里，抵東山下，得南來之路，遂循之而北。二里，仍東轉入山塢。一里，渡一小石橋。又循東山而北，過一村，復東轉入山塢。其塢甚深，東入二里，路漸蕪沒。又望坳東登，一里，至嶺，始得西來大道，則亦南向平樂墟路也。越嶺而東，仍捨南行大道，岐而東下山，徑塢中共一里，踰山峽東下，則峽東石峰森森，自北而南，如列旗整隊，別成一界矣。出峽，循西山東麓而北，一村倚山東向，前有大塘，余以為龍塘村矣，問之則龍塘猶在北也。又北一里餘，轉而東，得龍塘村。村踞崗脊之中，〔其南水南流東去，其北水北入水月洞。〕由其東又北一里餘，直東抵石山中峰。渡石橋而北，則上巖西向，高穹峰半矣。

上巖者，水月洞南倚山凭虛之竅也。石山自東北來，南引而下，支分隊聳，而一支中出者。西瞰平蕪，削崖懸竇，層級皆不甚深，而此層最下，亦最擴。環峰石皆青潤，獨裂巖處色變赭赤，然其質猶極靈幻，尋丈之間，層庋縷掛，竇穿蓋偃，無所不備，亦無所不奇。巖前架廬當門，而敞其上，廬可以棲，而上不掩勝，結構亦自不惡。由巖右腋穿竅而上，竅僅如管，歷級宛轉，復透一層，若偏閣焉。雲牖騰空，星楞⑩透影，坐憩其內，又別一「小西天」⑪矣。由巖左腋環柱而出，柱如龍旗下垂，從其側緣崖上躋，轉出巖端，復得一層，其巖亦西向，自分左、右兩重。〔左重在下，垂柱裂竅，仰睇上即右重也，然歷磴無階。由外北躋，始入右重。閣綴絕壁，與左層翼對增妍，皆巖之中層也。〕其上削崖之頂，尚有一層虛懸，而躋之無級，〔惟供矯首耳。〕

水月洞⑫尚在其北而稍下。龍塘之水⑬，經山前石橋而北，過上巖之前，乃東向搗入洞中，洞門亦西向。路由其南，水由其北，相沿而入，透北而出。前後兩門，一望通明，是為明洞。水貫其中，石蹲其旁，夾流突兀，俱作獅象形。〔洞頂垂石夭矯，交龍舞螭，繽紛不一。〕其水平流洞中，無融州真仙巖之大，而兩崖亦無其深峭，可褰裳而涉溪。崖之右，又有一小水，南自支洞出，是為陰洞。〔左則沿溪筍乳迴夾，上亦裂門綴穴。層閣之上，又匯水一池為奇。此明洞以內勝也。後門崖口，列大柱數條，自門頂合併倒懸，洞內望之，蜿蜒浮動。此明洞以外勝也。〕陰洞乃明洞旁穴，其中又分水陸。〔流不甚大，東南自牛隴又開一門，穿山腹至此合明洞。溯流南入半里，洞漸沈黑，崖益陡，水益深，結筏積炬，曲屈約二里，出牛隴。此陰洞水中勝也。從陰洞溯流，始崖左嵌石下，竇甚隘，匍匐下穿，引炬而前，忽巋然上穹，上下垂聳盤柱，詭狀百出，升降其中，恫心駭目，邃曲莫盡。此陰洞陸中勝也。〕

余欲為水月遊，時已過午，尚未飯，抵上巖，道者方扃戶而出，余坐崖下荔陰間。久之，道者罷釣歸，啟扉具炊，余促其束炬遊水月。既入明洞，篝火入陰洞，道人不隨支流入，由其側伏窪穿隙，遍觀陰洞陸崖之勝，其中崇宏幽奧，森羅諸詭，五易炬而後出。欲溯流窮水崖，道者以水深辭，請「別由側道以探其後崖，不必從中出也。」乃復出明洞，涉水窮左崖之勝，遂出後洞，仰睇垂虬舞龍之石。還飯於上巖，已日銜西山矣。

【章　旨】本章記載了第一百零八天在梧州府的行跡。渡過羅望江，江上有石橋名北橋。進入鬱林北門，城內十分荒涼。出城到南流江，觀賞了紫泉，泉西有南橋，橋北有文昌閣。隨後翻山越嶺，經過龍塘村，到上巖，岩石無所不奇，在高居雲天的孔洞歇腳，就像又一個「小西天」。水月洞在上巖北面，既有明洞又有陰洞，陰洞又分水陸兩部，裡面勝景層出不窮。請上巖的道士引路，在洞內上下遊賞，岩石千奇百怪，驚心駭目。

【注　釋】❶經廉州入海者　指南流江，源自大容山，從北往南，經玉林城南，西南流至合浦入北部灣。❷鬱林　明代為州，隸梧州府，治所在南流（即今廣西玉林）。❸罄　通「磬」。嚴整。❹道　明清時在省、府之間所設置的監察區，有分巡、分守等道之別。❺錫邑　江蘇無錫。❻衡陽　衡州府，治所在衡陽（今湖南衡陽）。❼紫泉　又名濯纓泉，在玉林城南一里，南流江濱，有巨石突出，石罅湧泉，清流飛灑。宋嘉定十六年（一二二三）、明洪武永樂間、清康熙癸巳（一七一三），三次噴射紫水，舊時郡中科甲甚盛，因易名「瑞泉」。❽淳熙　宋孝宗年號。❾碧　通「拱」。弧形孔洞。❿星楞　與上「雲牖」相對，牖、楞均指窗洞，雲、星喻其高。⓫小西天　即北京房山區的石經山。明代周忱有〈遊小西天記〉。⓬水月洞　在玉林城東南二十五里。從洞口循崖而入，高大寬廣，內有蝙蝠群飛，聲騰谷應。又約行里許，忽見石壁上清光斜照，月色溶溶，時聞水聲，洞名或取於此。⓭龍塘之水　即盧桐江，南流江上源之一。

【語　譯】二十七日　早晨等不及吃飯，就從松城墟出發。走了四里，經過谷山村，又在田埂中行走。再走五里，望見一座高大平整的石橋跨在羅望江上，即所謂「北橋」。有三個橋洞相連拱起，下面用石塊疊成堤壩。水漫過石壩流下，轉向西流，又從鬱林城北轉向西南，和定川往南流的水會合後向南流去，經過廉州府匯入大海。石橋的西面，又架起一座木橋，以便人們在下游過江，行人抄近路不走石橋而走木橋。過了橋，再往南翻過一座山嶺，共走了一里，進入鬱林城北門。北門外居戶都靠著山岡聚水成池，如同村落，沒有街道，不像城市，但城牆高大嚴整，在廣西十分罕見。城中也很荒涼冷落。經過鬱林道衙門向西，便是州衙門。於是在旅店煮飯，打聽這裡的兵備道，早已駐守蒼梧了。原先蒼梧道員顧東曙，名應暘。是我鄉無錫縣人，他兒子託寄的家信，在過衡陽時，被盜賊搶走，我獨自到這裡，即使他仍然在此地駐守，也已不能和他交往，更何況他遠在蒼梧呢！

飯後走出南門，山坡下的水池更加廣大。往西南走一里，只見南流江從東往西，水流比羅望江要大。江邊停泊的船隻像魚鱗那樣整齊排列，岸上有堤，裡面繞成水塘，堤上石碑並立，堤下是片片臥倒的岩石，在江邊橫列。我看了覺得稀奇，趕緊去讀碑文，原來是紫泉。泉眼在江邊堤岸中部的石片中。石片南北相夾形成橫向的縫隙，長三尺，寬二尺，從東向西繞轉，南面有缺口，水從底部向上溢出，匯積在縫隙中，有三尺深，從南面的缺口往下流瀉，時時看到水珠泡沫浮出水面。堤內塘中的水有一丈多高，岸下江水也比堤岸低下一丈多，水異常清澈碧綠，所謂水變成「紫色」，是宋淳熙年間的異兆，並不是泉水的常態。泉上原有濯纓亭，如今已不存在。泉的西面有石橋名南橋，也有三個弧形孔洞，高跨南流江上。橋的北面有文昌閣，正當江水環繞之中，高高架起三層，空曠寬敞，可以眺望，是這裡觀賞勝景的好地方。橋的南面是去廉州的大路。到橋的南面從岔路沿江岸往東上行，便是去水月巖的路。

沿著江水上行半里，江水從東北流來，路向東南延伸，便離開江邊上路，開始從田埂中走，這還是大路，是去陸川、平樂墟的路。走了八里，踏上山岡，有村莊。從村莊左邊的岔路往東北走，又過了二里，從岔路往北，路更加荒蕪。再走二里，往北走完一個水塘的堤壩，才找到從西面延伸過來的路，就沿著這條路走。往東走了二里，經過一個村莊，又登上一座山嶺，仍不見路。於是翻過山往東走，從草叢中徘徊向東，走了一里，到東山下，看到從南面延伸過來的路，便沿著這條路往北。走了二里，仍然往東轉入山塢之中。再走一里，通過一座小石橋。又沿著東山往北，經過一個村莊，再往東轉入山塢之中。這山塢很深，往東走進二里，路漸漸埋沒在荒草之中。又朝著山坳向東攀登，走了一里，到嶺上，才看到從西面延伸過來的大路，也是往南去平樂墟的路。越過山嶺向東，仍然離開往南的大路，從岔路向東下山，橫穿山塢共走了一里，越過山峽往東走下，只見山峽的東面石峰高聳，從北往南，就像排列的旗幟、整齊的隊伍，呈現出另一種境界。走出山峽，沿西山東麓往北，有個村莊靠山朝東，前面有大水塘，我以為是龍塘村，問後得知龍塘村還在它的北面。又往北走了一里多，轉向東，到龍塘村。這村莊座落在岡脊之中，在它南面的水往南再轉向東流去，在它北面的水往北注入水月洞。從它東面再往北走了一里多，直向東到石山中峰。走過石橋往北，只見上巖洞口向西，在半山腰高高隆起。

上巖，是水月洞南靠著山淩空懸掛的洞穴。石山從東北過來，向南往下延伸，分出一支支山峰，排成一隊隊聳立，上巖就在其中聳起的一支。向西俯視原野，只見陡峭的山崖，高高的洞穴，層層相連，都不太深，而這層在最下面，也最寬廣。環繞山峰的岩石都很青潤，唯獨巖洞裂開的地方變成赭紅色，但石質仍極其神奇，在八尺到一丈之間的地方，岩石層層托起，條條垂掛，有的如穿洞相通，有的如傘蓋倒覆，無所不備，也無所不奇。巖前洞口蓋起屋子，露出洞的上方，可以居住，上面的美景又不被遮掩，這樣的結構自然也就不錯。從巖的右腋穿過孔洞向上，孔洞只有筒管那麼大，踏著石級曲折向前，又穿過一層巖洞，就像旁側的小閣。高入雲天的窗洞騰空而起，照進亮光，如同星辰閃耀，坐在裡面休息，真是又一個「小西天」。從上巖的左腋環繞石柱走出，石柱如龍旗下垂，從它的旁邊沿著崖壁往上攀登，轉到巖頂，又看到一層巖洞，洞口也朝西，天然分成左、右兩重。左邊一重在下方，石柱下垂，孔洞開裂，抬頭仰望，上面便是右邊一重，但沒有石級可以上去。從外面往北攀登，方才進入右邊一重。有小閣連在峭壁之上，和左邊的一重巖洞如同飛鳥兩翼相對，更覺妍麗，都是巖的中層。在它上面陡峭的山崖頂端，還有一層巖洞淩空懸掛，但沒有石級可以攀登，只是讓人抬頭瞻望罷了。

水月洞還在它北面稍許往下的地方。龍塘的流水，經過山前的石橋向北，從上巖的前面流過，便向東沖入洞中，洞門也朝西。路從洞的南面，水從洞的北面，相隨進入洞中，從北面穿出。前後兩道門，一眼望去，十分明亮，這就是明洞。水從洞中流過，有岩石蹲伏在溪流兩旁，形狀獨特，都像獅子、大象。洞頂有石垂掛，屈伸自如，如同蛟龍起舞，繽紛多姿。這水在洞中平緩地流動，沒有融州真仙巖的靈壽溪大，兩旁石崖也不像真仙巖那麼深峭，可撩起衣服渡過。崖壁的右邊，又有一條小溪，從南面支洞流出，這就是陰洞。崖壁的左邊，石筍、石乳沿著溪水迴繞相夾，上面也有裂開的門連著洞穴。在層層樓閣的上面，又匯聚成一個水池，十分奇特。這是明洞裡面的勝景。在後門崖口，排列著幾根大柱，從門頂合併倒掛，從洞內望去，曲折浮動。這是明洞外面的勝景。陰洞是從明洞一旁分出的洞穴，裡面又分水陸兩部分。水不太大，從東南的牛隴又開出一門，穿過山的腹部到這裡和明洞相合。逆著溪流往南上行半里，洞漸漸深暗起來，崖壁更加陡峭，水也更深，紮起木筏帶上火把，曲折向前，約二里，走出牛隴。這是陰洞水洞的勝景。從陰洞逆溪流上行，起先崖壁左邊嵌入的岩石下，孔洞十分狹小，伏在地上從下面穿過，燃起火把往前，洞內忽然向上高高拱起，岩石或從上面垂下，或從下面聳起，在石柱上盤繞，奇形怪狀，層出不窮，在裡面上上下下，令人心驚目呆，幽深曲折，不可窮盡。這是陰洞陸洞的勝景。

我想去水月洞一遊，這時已過中午，還沒吃飯，到上巖，道士正好鎖門外出了，就坐在崖下荔枝樹蔭中。過了好久，道士釣罷魚回來，開門備飯，我催促他紮了火把遊水月洞。進入明洞後，點亮火籠進入陰洞，道士不隨支流進去，而是從它一旁低伏的窪地穿過空隙，將陰洞陸上崖壁的勝景全都遊遍。裡面高大幽深，森羅萬象，奇幻多變，換了五個火把然後走出。我想沿溪流上行，窮究陰洞水邊崖壁的景狀。道士以水深推辭，請我「另外從旁邊的小路去探訪它的後崖，不必從中走出」。於是又走出明洞，渡水遊遍左邊崖上的勝景，便走出後洞，抬頭仰望如同虯龍垂掛飛舞的岩石。回到上巖吃飯，太陽已落下西山了。

二十八日　早坐上巖中。道者出龍塘為予買米。余曳杖窮其最上層，已下，憩石竅偏閣中。蓋是巖西向，下午則返照逼人，余故以上午憩，而擬以下午搜近山諸洞。既午，道人以米至。午炊甫畢，遂循山而南，至昨來所渡石橋，由橋側東折入環峽中。〔是山石峰三支，俱鋒稜巉削，由東北走西南，中支為水月巖所託，是峽則中支南支相夾者。南支多削崖裂竅，予來時循其西麓，〕以為水月在其下。詢之土人，皆曰：「中不甚深，下無蹊徑。」從峽轉北，得中央平窪一圍，牛千百為群，散處其內，名為牛隴。窮其西北，〔水匯成潭，〕遂入陰洞後門，〔即東南臨潭上，四旁皆陡石，無路入，必涉潭乃登。〕洞甚虛敞，分之則二，合之則一。〔隨水西入，漸北轉，石崖成峽，水亦漸深昧，與水月陰洞所見等。雖未出其中，兩端源流悉見，可無煩暗中摸索也。洞門〕右崖，石痕叢沓，俱作馬蹄形，《西事珥》所謂「天馬」，意即此矣。出洞，益遵峽而北，仰矚東西兩界，峰翔石聳，隊合層分。〔二支北盡處，北支又兀突起，與中支北麓對峙成峽。〕遙望其下，有三洞南向，其上轟霞流電，閃爍有異，亟歷莽趨之。其左畔二門駢列，崖下雖懸乳繽紛，而內俱不深。其右畔一門，孤懸峰半，雖洞門嵌空，而中忽淵墜，其深數十丈，宛轉內透，極杳邈之勢，而兩崖峭削，無級下躋。踞崖端望之，其中飛鼠千百成群，見人蓬蓬內竄，其聲甚遙。聞此中有蝙蝠洞，豈即此耶？出洞下山，望西北山嘴頗近，以為由此穿水月後洞而入，抵上巖甚便。竭蹷一里趨之，其下既窪，乃攀陟山崗，則巨石飛聳，中俱蔓絡，下嵌澄淵，路斷徑絕。〔遙探洞外諸奇石，杳不可見，即溪流破壑出者，亦盡沒其跡。〕乃循北麓，仍東趨一里，南向前來之峽，又經牛隴而南，共三里，返上巖之前。見日有餘照，仍入水月，徜徉明洞之內。復隨流出洞後，睇望所涉路斷處，猶隔一峰嘴，始知此中山形橫側倏變，不可以意擬如此。是夕仍宿上巖。

【章旨】本章記載了第一百零九天在梧州府的行跡。午後轉入環繞的峽谷中，有三支山峰，水月巖座落在中間一支。經過牛隴，渡過潭水，進入陰洞後門。隨後看到有三個朝南的洞，景象奇特，洞內極其深遠，有成千上百隻飛鼠，可能就是蝙蝠洞。出洞下山，仍然回上巖過夜。

【語譯】二十八日　早晨坐在上巖洞中。道士出洞去龍塘為我買米。我拖著竹杖直到最上一層，過了一會走下，在石洞偏閣中休息。因為這巖朝西，下午陽光反射逼人，因此我上午休息，打算下午尋訪附近山中的巖洞。到中午，道士帶著米回來。剛吃罷午飯，便沿著山往南，到昨天來時所走過的石橋，從橋旁往東轉入環繞的峽谷中。這山有三支石峰，都尖銳陡峭，從東北往西南伸展，中間一支為水月巖所座落的山峰，這峽谷則由中支和南支相夾而成。南面一支有許多陡峭的山崖、開裂的孔洞，我來時沿著它的西麓走，以為水月巖在它的下面。向當地人打聽，都說：「洞中不太深，下面沒有小路可走。」從峽谷往北轉，看到中間有一圈平坦的窪地，成千上百頭牛一群群分散在裡面放牧，地名牛隴。遍遊它的西北，水匯積成潭，便進入陰洞後門，即面臨東南的潭水之上，四周都是陡峭的岩石，沒路進去，必須渡過潭水才能攀登。洞十分空曠寬敞，分開成為兩個洞，合攏便是一個洞。隨著溪水往西進去，漸漸往北轉，石崖形成峽谷，水也漸漸深暗起來，和在水月陰洞所看到的景象相同。雖然沒從裡面走出，但兩端的源流全都看到，可不必麻煩在黑暗中摸索。洞門右邊的山崖，石痕叢集雜亂，都呈馬蹄形，《西事珥》中所說的「天馬」，大概就是指這裡。走出洞，繼續沿著峽谷往北，抬頭注視東、西兩邊，山峰迴翔，岩石高聳，合成隊列，又層層分開。在兩支山峰往北的盡頭，北面一支又高高突起，和中間一支的北麓相對峙立，形成峽谷。遠遠望見峽谷的下面，有三個朝南的洞，洞上彩霞飛揚，電光流轉，閃爍不定，景象奇特，趕緊越過草叢前往。左邊有兩個並立的洞門，崖下雖然石乳懸掛，繽紛多姿，但裡面都不深。洞的右邊有一個洞門，孤零零地座落在半山腰，雖然洞門嵌在空中，但洞內忽然往下落成深淵，有幾十丈深，往裡曲折穿過，地勢極其深遠，但兩邊崖壁陡峭，沒有石級往下走。坐在崖的上端望去，裡面有成千上百成群結隊的飛鼠，看到有人便往裡逃竄，發出「蓬蓬」的聲響，從很遠的地方傳來。聽說這裡有蝙蝠洞，難道就是這洞嗎？出洞下山，望見西北山口很近，以為從這裡穿過水月後洞進去，到上巖十分方便。竭盡全力走了一里趕到那裡，下面凹陷，便登上山岡，只見巨石凌空而起，中間都縈繞著蔓藤，下面嵌入一個清潭，路也到了盡頭。想探看遠處洞外的眾多奇石，因太遠而看不到，即使沖破山壑流出的溪流，也毫無影蹤。於是沿著北麓，仍然往東走一里，往南朝著先前來時路過的峽谷走去，又經過牛隴往南，共走了三里，回到上巖前面。看到太陽尚有餘光，便進入水月洞，在明洞中優閒地遊賞。又隨著溪流從洞後走出，遙望所經過的路的盡頭處，還隔著一個峰口，方才明白這裡山形或橫或側，變化不定，根本不能憑自己的想法揣測。這天晚上仍然在上巖過夜。

二十九日　由上巖轉入東北峽，過牛隴，共三里，出峽，有岐焉：一直北循北支東麓者，為北流大道；一轉東向踰嶺者，為北流間道。乃東過田塍，更踰土嶺而東，又二里，過一村，又東抵小石峰下，是為塘岸墟。時山雨自東北來，瀰漫山谷，墟無集者。〔墟為陸川北境，〕從此轉而北，冒雨循山，荒岡漫衍，已為北流境矣。十里，為菓子山，有數家倚岡而居。過坳，雨漸止。又十里為橫林，有聚落在路右塢，數日前盜劫平樂墟，還宿於此，去北流祇十里也。其北有石山一支，自北而南，叢尖簇翠。余初望之，以為勾漏在是，漸近而路出其東南，西望而行，秀色飛映。蓋此山在北流西十里，而勾漏尚在北流東十里也❶。由橫林東北五里，踰一土嶺，下行田塍中，有石橋跨小溪，溪流西北去。又東行平岡上，五里，抵北流❷西門。西門閉不啟，以西當賊沖，故戒嚴也。循城由南門入，經縣前，出東門，則街市頗盛。一街循城而北者，為街墟；一街隨江而東者，為沙街。街墟由城北隅東轉，有溪自城北來，石橋跨之，曰登龍橋❸。其溪為大容東流之水，由橋下而南注繡江者也。沙街由城南轉東，繡江南自粵東高州來，至此已勝巨舟，故闤闠依之，宋人名驛為朝宗者，指此江而言也。今驛名寶圭。沙街東北過廣濟橋，則北溪之水至此入繡。渡橋而與登龍之路合，路乃北出隘門，江乃東流而去。

余於是飯於沙街。出隘門，抵北山下，循其南麓東行五里，渡一小溪橋，遂入石山夾中。〔南為望夫石❹，即黃婆巖西垂❺山也。北則石峰逶迤，愈東石骨益瘦，疑即獨秀巖❻所託，今已失其跡。峰東崖大書「勾漏洞❼」三字。此南北二石峰，俱東拱寶圭洞[8]。」又東五里，石山迴合處，中復突一峰，則寶圭洞在其西隅，而勾漏庵在其南麓。時殷雷轟轟，先投庵中。庵頗整潔，乃萬曆間有司[9]重構者。內堂三楹，中列金仙[10]，東則關聖[11]，西則葛令[12]。而葛令之像，綸巾[13]朱履，飄然如生。後軒則準提大士[14]在其中，西置炊而東設坐焉。前庭佛桑[15]盛開，紅粉簇映；後庭粉牆中護，篁桂森繞其中，寂然無人。有老道之妻掩關於後，詢：「游洞何自？」對以：「俟道者晚歸。」乃停囊軒中，令從去，就炊於中。既而雨止，時已暮，道人始歸。乃縣令攝[16]以當道，欲索洞中遺丹及仙人米，故勾攝[17]而去。然葛令欲就丹砂[18]，乃其一時乘興之言，其後蟬脫羅浮[19]，實未至此。此中久已無丹砂，安得有遺丹仙粒耶？道者憂形於色，余姑畀錢，令多覓竹束炬，為明晨遊具。道者領命，願前驅焉。

北流縣當大容南面之中，其脈由大容南下，曰綠藍山[20]。水分東西流，東流者即北溪，循城東下登龍橋而入繡江者也；西流者為南流江之源，西南合水月洞之水，經鬱林南門而西合羅望、定川諸水，南下廉州入海。是北流〔縣〕實南流[21]之源，其曰北流[22]者，以繡江南來，至此始大，〔東過容縣界，合洛桑渡水，經容邑南門，下藤縣[23]，北入鬱江去，〕非北流源此也。

舊有北流、南流㉔二縣，南流即今之鬱林州，皆當南、北二水勝舟之會，東西相距四十里焉。

北流山脈中脊，由縣而西南趨水月，南抵高州，散為諸山。而北流之東十里為勾漏洞，北流之西十里為鬼門關㉕。二石山分支聳秀，東西對列，雖一為洞天，一為鬼窟㉖，然而若排衙㉗擁戟，以衛縣城者，二山實相伯仲也。

鬼門關在北流西十里，顛崖邃谷，兩峰相對，路經其中，諺所謂「鬼門關，十人去，九不還」，言多瘴也。《輿地紀勝》㉘以為桂門關之訛。宣德㉙中改為天門關。粵西關隘所首稱者。

【章　旨】本章記載了第一百十天在梧州府的行跡。經過牛隴、塘岸墟、菓子山、横林，進入北流城，城內有「街墟」、「沙街」這兩條大街。繡江到這裡已能航行大船。出城走進石山的夾縫中，南面為望夫石，北面懷疑是獨秀巖，都向東拱衛寶圭洞。勾漏庵在石山南麓，裡面同時供奉著金仙、關聖和葛令。因縣令索取勾漏洞中的靈丹仙米，庵中道士十分擔憂。大容山往南延伸到北流的山脈為綠藍山，東流的水即北溪，西流的水為南流江的源頭。過去有南流縣，即鬱林州。勾漏洞在北流東面，鬼門關在北流西面，一起護衛縣城。廣西險要的關口，首推鬼門關。

【注　釋】❶而勾漏尚在北流東十里也　尚，原作「出」，據乾隆本改。❷北流　明代為縣，隸鬱林州，今屬廣西。❸登龍橋　在北流城東，原名化龍橋，為宋代的學前橋。舊有讖云：「金在前，水在後，學橋連出狀元。」後屢毀屢修，改三拱為一拱，為縣中壯觀。❹望夫石　在北流城東北五里望夫山中，靠近大江，因石狀如婦人，故名。❺垂　邊境。後通作「陲」。❻獨秀巖　在玉虛洞西，鬱然孤峙平野中，洞廣而深，可容數千人，石室高六丈，乳石掛壁，有彌陀大士像。❼勾漏洞　在北流城東北十里，勾漏山主峰下。據《方輿覽勝》，因洞內有勾、曲、穿、漏的特點而得名。傳說東漢時甘肅人王符，即已到此攬勝，今洞口上刻有「王符彈琴處」。洞前有唐宋以來摩崖碑碣百餘則，其中包括唐李靖的〈上西岳書〉及宋李綱的題詩。勾漏洞由寶圭、玉闕、白沙、桃源四洞組成，現已鑿通，連成一線，全長二里。洞內清邃深幽，鐘乳石千姿百態。洞中既有宏偉的大廳，也有僅能過人的長廊，還有地下暗河，水清可鑒。❽寶圭洞　道書稱為第二十二洞天。❾有司　官吏。古代設官分職，事各有專司，故稱有司。❿金仙　佛家謂如來之身，金色微妙，因稱金仙。⓫關聖　即三國蜀漢大將關羽。明萬曆間從道士張通元之請，進關羽爵為帝，後又敕封「三界伏魔大帝神威遠鎮天尊關聖帝君」。⓬葛令　葛洪，字稚川，自號抱朴子，丹陽句容（今屬江蘇）人。好煉丹導養之法。東晉咸和年間，聞交趾出丹砂，求為勾漏令，至廣州，被刺史鄧岳留住，居羅浮山煉丹，在山積年而卒。著有《抱朴子》、《金匱藥方》等。傳說葛洪曾在勾漏洞中修道煉丹多年，今洞口建有葛仙祠和碧虛亭。⓭綸巾　古時用青絲帶編成的頭巾，相傳為諸葛亮所創，又名諸葛巾。⓮準提大士　佛教菩薩名，為密宗蓮華部六觀音之一。其形為三目十八臂。準提，為梵文音譯，又譯「準胝」、「尊提」，意譯為「清淨」（心性潔淨）。⓯佛桑　又稱「扶桑」、「朱槿」，李自珍《本草綱目》謂為木槿別種。葉卵形，全年開花，有紅、白、黃三色。⓰攝　通「懾」。威脅使懾服。⓱勾攝　拘捕。⓲丹砂　即「硃砂」（朱砂），礦物名，色鮮紅，為煉汞的主要原料，可供藥用。古人認為「上有丹砂，下有黃金。」⓳羅浮　山名，又稱東樵山，在廣東博羅境內東江之濱。道書稱為「第七洞天」、「第三十二泉源福地」。⓴綠藍山　在北流西北三十里，為大容山西支，綠藍水的源頭。㉑南流　江名，發源於北流縣大容山，河道彎曲，經玉林、博白、合浦等地，注入北部灣。㉒北流　江名，發源於北流石城貓山，經容縣、藤縣，注入潯江，是廣西唯一自南向北流入西江水系的大河。㉓藤縣　明代隸梧州府，今屬廣西。㉔南流　縣名，唐置，因縣南百步有南流江，故名。明初省入鬱林州。㉕鬼門關　在北流城西十五里，玉林、北流交界處。雙峰對峙，中成關門。東漢馬援征交趾，經此勒石，殘碣尚存。舊時去交趾，必由此關，至南瘴癘尤甚，去者罕見生還。唐李德裕〈貶崖州〉詩云：「一去一萬里，千至千不還。崖州在何處？生度鬼門關。」㉖一為鬼窟　鬼，原本誤作「思」。㉗排衙　舊時長官升座，陳設儀仗，僚屬依次參見，分立兩旁，稱排衙。㉘輿地紀勝　南宋地理總志，二百卷，王象之編著，據各郡圖經錄其要略而成，約在宋理宗寶慶三年（一二二七）成書。今缺三十一卷。㉙宣德　明宣宗年號。

【語譯】二十九日　從上巖轉入東北的峽谷，經過牛隴，共三里，走出峽谷，前面有岔路：一條沿著北支的東麓直往北走，是去北流的大路；一條向東轉翻過山嶺，是去北流的小路。於是往東走過田埂，再翻過土嶺向東，又走了二里，經過一個村莊，再往東到小石峰下，這就是塘岸墟。這時山雨忽然從東北吹來，遍布山谷之中，墟中沒有趕集的人。這墟市在陸川北境，從這裡往北轉，冒雨沿著山走，荒涼的山岡連綿不絕，已到北流境內了。往前十里，到菓子山，有幾戶人家靠著山岡居住。越過山坳，雨漸漸停了。再走十里到橫林，有村落在路右邊的山塢中，幾天前盜賊搶劫平樂墟，返回時在這裡過夜，離北流城只有十里。在它北面有一支石山，從北往南延伸，聚集著蒼翠的尖峰。我起先望去，以為勾漏山就在這裡，漸漸走近，路從山的東南伸出，便面向西趕路，秀麗的景色，迅速映入眼中。原來這山在北流西面十里，而勾漏山還在北流東面十里處。從橫林往東北走五里，翻過一座土嶺，往下在田埂中行走，有石橋架在小溪上，溪水向西北流去。又往東在平坦的山岡上行走，過了五里，到北流西門。西門緊閉不開，因為城西正當盜賊出入的要衝，以此戒嚴。沿著城走，從南門進去，經過縣衙門前，走出東門，街市十分興盛。一條街沿城往北，為街墟；一條街沿江往東，為沙街。街墟從城北端往東轉，有溪水從城北流來，上面架著石橋，名登龍橋。這溪是大容山東流的水，從橋下往南注入繡江。沙街從城南往東轉，繡江從南面的廣東高州流來，到這裡已能航行大船，故街市靠著江岸，宋人以「朝宗」為驛名，便是指這條江水說的。如今驛名「寶圭」。從沙街的東北通過廣濟橋，北面的溪水，到這裡注入繡江。過了橋和從登龍橋過來的路會合，路就往北從一道隘口伸出，江水便往東流去。

我到這裡在沙街吃飯。走出那座險要的門，到北山下，沿著山的南麓往東走五里，通過一座溪上的小橋，便進入石山的夾谷中。南面為望夫石，即黃婆巖西陲的山。北面石峰連綿，越往東岩石越陡削，懷疑就是獨秀巖座落的地方，如今已不見痕跡。石峰東面的崖壁上寫著「勾漏洞」三個大字。這裡南北兩座石峰，都向東拱衛著寶圭洞。又往東走五里，在石山環繞連接的地方，中間又突起一座山峰，寶圭洞在它西面一角，而勾漏庵則在它的南麓。這時雷聲隆隆，便先進庵中。這庵很整潔，是萬曆年間官府重新建造的。裡面有三間堂屋，中間供奉著金仙，東面是關聖，西面是葛令。葛令的塑像，頭戴綸巾，腳穿朱鞋，神態飄逸，栩栩如生。後面的小屋中間供著準提菩薩像，西面放著炊具，東面設置座位。前面庭院中扶桑樹盛開，紅花粉葉，相聚映照；後面庭院外圍著粉牆，竹子、桂樹在裡面森然環繞，環境清寂，不見人影。有個老道的妻子關著門住在後面，問她：「從什麼地方走可遊勾漏洞？」答道：「等道士晚上回來問他。」於是將行李放在小屋中，叫她跟著一起去，在裡面煮飯。不一會雨停了，這時已是傍晚，道士才回來。原來縣令以當局的名義進行恐嚇，想索取洞中留下的丹砂和仙人米，故將道士拘捕帶走。但葛令想到這裡煉丹砂，只是後人一時乘興所說的話，他後來在羅浮山成仙，實際上並沒來過這裡。此地早已沒有丹砂，哪會有留下的丹砂和仙米呢？道士的臉上流露出憂愁的神色，我暫且給他一些錢，吩咐他多找些竹子紮火把，作為明天早晨遊洞的用具，道士聽從吩咐，願意為我作嚮導。

北流縣正當大容山南面的中段，這裡的山脈從大容山往南延伸，名綠藍山。水往東、西兩處分流，向東流的即北溪，沿著縣城往東流下登龍橋然後注入繡江；向西流的為南流江的源頭，往西南和水月洞的水會合，經過鬱林南門，和西面羅望江、定川江等水會合，往南流下廉州匯入大海。這麼說北流縣實際上是南流江的源頭，稱它為「北流」，是因為繡江從南面流來，到這裡水勢才大起來，往東經過容縣地界，和洛桑渡的水會合，經過容縣南門，往下流到藤縣，再往北注入鬱江，並不是因為北流江的源頭在這裡。

過去有北流、南流兩縣，南流縣即如今的鬱林州，都正當南、北兩條江水能夠航船的會合處，東西相隔四十里。

北流縣山脈中段的山脊，從縣城往西南去水月洞，再往南到高州，分散成群山。在北流城東面十里為勾漏洞，西面十里為鬼門關。兩座石山聳起秀麗的分支，在東、西兩面相對排列，雖然一處為洞天，一處為鬼窟，然而都像下屬分立，衛士持戟，以守護縣城，就此而言，兩座山實在不相上下。

鬼門關在北流城西十里，崖高谷深，兩峰相對，路從中間經過，諺語所謂「鬼門關，十人去，九不還」，是說那裡瘴癘甚多。《輿地紀勝》認為是「桂門關」之訛。宣德間改名為「天門關」。廣西險要的關口，以此為首。

八月初一日　晨餐畢，余先作寶圭行，約道者肩炬篝火後至。洞在庵北半里，庵後先有一巖南向，一巖西向，望之俱淺，而寶圭更在其北。先有漫流自西北來，東向直漱山麓，涉其北登山，則洞門在矣。其門西向，左開巖而右深入。開巖處甃以列碑軒敞，平臨西峰；右窪嵌而下，有石柱當門，其端有石斜飛。磴道由其側下至洞底，交闢為四岐：一由東入，一由南進，二岐俱深黑；一向西豁，一向北透，二岐俱虛明。東岐❶之南，頂側忽倒垂一葉，平庋半空，外與當門之柱相對，〔上下憑虛，各數十丈，卷舒懸綴，薄齊蟬翅，〕葉間復有圓竅曲竇，透漏異常。由左崖攀級而上，抵平庋處，盤旋其間，踞葉而坐，真雲軿❷霞馭，不復人間也。坐久之，復盤葉而下，向北透之岐。岐中倒垂一乳，長數丈，其端空懸，水由端涓涓下。更北入峽中，其右則窪而北出，為下門，其左則高而北渡，為上疊，〔疊成上閣，閣前平臨西北，亦有乳柱界其中。〕此明洞之西、北二岐也。探歷久之，道者負炬至，又攜伴持筐。余詢其故，道者曰：「縣以司道命，取砂米二升，適有庠士❸已為我覓仙米，而砂從洞穴中可探而得，將攜筐就炬以覓之。」始知所為砂者❹，非丹砂，乃砂粒如丹，其色以白為上，而黃次之，故其北洞以白砂命名。所謂米者，乃山窪中菰米，土人加以「仙人」之名耳。洞外蕪莽中又有黃果如彈丸，土人謂之「顛茄」❺云，採以為末，置酒中腋❻，能令人發枉❼迷悶。《嶠南瑣記》❽所載悶陀羅者是。乃爇炬先入南穴，兩旁壁起如峽，高而不廣。入半里，左壁有痕橫亙，曰仙牀，懸地丈許。其側垂柱裂竅，皆短而隘。竅腹宕如臼，以手探之，中有磊磊❾之粒，方圓不計，姑掃置筐中。連探三、四穴，不及升許。計出而淘濯其污，簡取其圓潔成粒者，又不及十之一也。然此亦砂粒之常，豈真九轉❿之餘哉？又少進，峽忽下墜成淵，由洞抵水，其深二丈，而水之深，更不知其幾也。兩崖俱危峭無可著足，南眺其內，窅黑無盡。始促道者涉淵，言：「水深，從無能徒涉者。」再促道者覓筏，言：「隘逼，曾無以筏進者。」「然則何如可入？」曰：「冬月水涸，始可墜崖而涉。」「入當何如？」曰：「其內甚深，能見明而不能升也。」余聞之，為之悵悵。捫石投水中，淵淵不遽及底。旁矚久之，仰見左壁之上有隙旁通，亟入焉。隙柱透漏，漸入漸東，亦無餘竅。乃下，返而仍出四達之中，更爇炬而入東穴。初，兩旁亦成峽壁，而其下漸高，既而中闢如堂皇，旁折如圭竇⓫，皆暗窟也。稍北而東，其徑遂窮。比之南竅，雖有穴宛轉⓬，而深不及其半。彼有穴而水阻，此無水而穴阻，轉覺東穴之無涯涘矣。

復出至四達處，謀為白砂洞⓭遊。按志：白砂在勾漏北，勾漏甲天下，而此洞復甲勾漏。如玉虛⑭、玉田⑮諸洞，普照⑯、獨秀諸巖，道者俱不言，而獨津津言此洞。余急趣其前，道者復肩炬束火⑰攜筐帚以導。從北透偏門之下層出，乃循其西北麓而行。始見其山前後兩峰，駢立而中連，峰之西南突者，為寶圭所倚，峰之東北峙者，為白砂所伏。白砂前後亦有兩門：前門北向而高敞，分為三門，兩旁懸峻，而中可俯級而入；按志云：玉田洞，洞前三門，中門明廣可通。似與此門合。遍詢土人，無知玉田洞者。豈即以後洞為白砂，以此門為玉田洞耶？後門南向，而高隘僅通一孔，前對寶圭之背，其左即中連之脊也。先過後門山坳，草沒無路，道者不入而北去，共一里，轉而東，繞山北麓，而南躋前門，入門即窪下，數十級及底。仰視門左右，各有隙高懸旁啟，即所謂左、右門也。倒光流影，餘照四達，然虛嵌莫攀焉。從洞中右轉，頗崇宏，而漸暗漸窮。余先遍探而四覓之，無深入路。出，促炬命導，仍由之入抵其中，以火四燭，旁無路也。道者忽從右壁下，投炬蛇伏而入，竇高不踰尺，而廣亦如之。既入，忽廓然盤空，眾象羅列，如閶闔下啟，天地復通。方瞻顧不遑，而崇宏四際，復旁無餘隙，忽得竇如前，透而東轉而南，倏開倏合，凡經四竇，皆隘若束管，〔薄僅透屏，故極隘忘窘，屢經不厭其煩也。〕既而見左崖之上，大書「丹砂」二字。其下有一龕，道者曰：「此丹穴也。」復伏而掃砂盈掬焉。其南稍有一岐，入之不深。出向西轉，再折南行，則天光炯然，若明星內射，後洞門在望矣。是洞內窪而中甚平，惟壁竇閜閜，無溝陀升降，前後兩門，俱高懸於上。道者欲仍從前門返，余欲踰後竇出。道者曰：「後門隘不可躋，而外復草深莫從。」余曰：「前暗中之隘，尚不憚其煩，況此空明，正可宛轉，草之深淺，余所不顧也。」遂穿竇出，則午日方中，始見寶圭後峰，君樹⑱塞門焉。乃披茅踐棘，西南出山坳，仍過寶圭透北偏門，共二里，將及庵後，命夫同道者還炊於庵，余挾寄宿庵中者，東探清泉焉，〔即前所經南向巖也。〕洞不深，而明潔可棲。洞前有宋碑，大書「清泉巖」三字。洞左右無泉，而獨得此名，無從徵其故實⑲。還飯於庵。

下午挾夫與寄宿庵中人此人不知何處人，先停庵中，身無半文，隨余遊諸洞，余與之飯，兩日後不知所往。探近山諸巖，乃西南入黃婆巖焉。黃婆巖者，寶圭西南諸峰所裂之巖也。其山西自望夫石攢沓而東，巖當其東北隅，與寶圭東西相對，而茲稍南遜。巖門甚高，中有黃崖疊綴。巖外石峰之頂，分岐聳異，有欹若婦人之首，鬟髻盤空，作迴睇顧影之態。其北面亦有石峰叢突，南與此山並夾，東與寶圭對峙。東南石壁上大書「勾漏山」三字，大與山齊，土人指為仙跡。此其下必昔時宮觀⑳

所託，而今不可徵矣。按志：勾漏有靈寶、韜真二觀。今皆不知其處。靈寶疑即庵基所因，韜真豈其在此耶？當時必多碑碣，而滄桑之後，斷礎無存矣。徘徊其下。又西抵望夫山西麓，眺望山崖，別無巖洞，惟見東南一面，巒岫攢簇，疑即所云巫山寨㉑者，巫山寨一名石寨。山峰如樓櫓㉒雉堞，周迴環繞，其數十二，故有巫山之名。而渺漠無徵，惟與山靈互相盼睞而已。已乃循黃婆巖東麓，且盼且行，〔南抵東南隅，石崿懸峭，片片飛雲綴空。自外崖攀峭石上，歷豎隙，屢出層空，達峰頂，遂盡發其危嵌態。

下山，〕轉循南麓，見峭崖穹然，〔石色雄赭。〕下雖有門，內入不深，無從穿扉透室。乃東由營房在勾漏庵前東南坪上。草房數十間，營兵居之，為居停㉓賣漿之所。橫過勾漏庵，抵後峰東南角，〔蓋寶圭所託之峰，南面駢立而中連，西立一峰，即庵後清泉巖所倚，東立者與之比肩南向。循峰東麓北行，路左得一東向巖，內頗深，漸縮如牛角。出洞又北，〕有清流一方，淙淙自亂石中流出，其上則草石蒙茸，其下則西南成小溪去。行道者俱從此渡崖，庵與營俱從此取汲，而無問其所從來者。余正欲求其源委，忽一少年至，見之，語從夫曰：「汝輩欲尋洞乎？此其上有二洞，相距數十丈，路為草翳，可探而入也。」又一人曰：「昨未晚，有二人攜犬自東來者，虎自崖上躍下，攫犬去。虎穴其上，不可往。」余不顧，亟挾夫與寄宿者攀棘踐刺上躋，覓之深蔓中，則洞門果穹然東向，但外為蔓擁石蔽，無從即見耳。入洞門，即隤然下墜。俯瞰之，則有溪〔自南而北〕貫其底，水聲潺湲，崖勢峻削，非攀緣可下。四矚其上，南崖有墜而未盡者，片石懸空，若棧道架壁，闊不盈咫，而長竟墜處直達西崖。但棧中有二柱駢立，若樹柵斷路者，而外一柱已為人截去，止下存尺餘，可跨而過。但其處益狹，以雙手握內柱，而盤越外柱，臨深越險，莫此為甚。過棧達西崖，已與洞門隔溪相向。乃明炬四燭：崖之下，深墜與外崖同；崖之上，內入則垂乳列柱，迴錯開闔，〔疏櫺窈窕，〕忽環而為璇室，忽透而為曲榭，中藏之秘，難以言罄。

乃出崖臨溪，從深墜處溜險投空而下，遂抵溪中。〔仰視洞頂高穹，延照內映，側棧凌虛，尤增飄渺。〕水深不及膝，南從崖下湧來，北從崖下墜去，〔即由此東出，為亂石泉源也。〕余於是從南崖下溯流入，其穴甚低，垂覆水面，相距止尺。從夫暨寄宿者恐炬為水濕，內深莫辨，共阻莫入。余賈勇溯流，衝沫過顙。南入數丈，望前有流光熠熠。余喜，更透一洞，益高聲呼二從人。雖伏水礙石，匍匐垂首而瞻前顧後，火光與天光交通旁映，益前入不停。又南數丈，有洞穹然，東西橫貫，其上東闢而為外門，其內西入而成巨壑，〔門高聳，與前所入門等勢。〕時二人已至，乃令其以炬更前。於是西向溯流，洞愈崇宏，流愈深闊。又數丈，有石砥[24]中流。登石內望，洞闢如廣廈，淵水四際其下，以杖測水，不竟其底，以炬燭洞，洞甚深黑，〔不知更幾轉，得抵寶圭南穴前所望深墜處也。〕乃自砥石返步隨流，仍抵東闢外門之下。二從者將垂首橫炬，匍匐向低穴北入。余止之曰：「此門雖峻，與〔先〕所入者無異。若傴僂下涉而就所入之門，不若攀空躋危，竟登此門為便。」二從者曰：「門外不通，奈何？」余曰：「門以外總不出此山，即所入之門，其外豈坦途哉？」遂攀崖先登，二人亦棄炬從之，乃出洞口。〔門亦東向，與所入門比肩，特翳於突石連蔓，遂相顧不見。〕循左崖平行，還眺門上，又上闢一層，若懸閣當空，然無級以登。於是北轉一曲，至前汲泉之穴，從容濯足，候從者至[25]。亟自東南山角轉過營房，共一里，入勾漏庵，大雨如注。是日，先西覓玉虛、玉田諸洞而不得，既而東得此二洞，尤為奇絕。然此洞非異人忽指，則跬步[26]之間，亦交臂而過，安知西峰大字巖之側，無赫霾蔓鎖者？安得峰峰手摩足抉，如黃婆巖東南諸峭石也耶！

【章　旨】本章記載了第一百十一天在梧州府的行跡。先遊寶圭洞。洞底有四條相交的岔路，由此分出的東洞、南洞為暗洞，西洞、北洞為明洞。西洞有一葉石片平放在半空中，坐在石上，有騰雲駕霧之感。

北洞倒掛著幾丈長的石乳。道士帶著火把、竹筐到來，問後方知所謂的丹砂仙米，實際上只是洞內的白砂和山窪中的菰米。隨道士進入南洞，裡面有仙牀，往裡峽谷忽然落成深淵，因水深無法過去。東洞沒水，但裡面有洞穴阻隔。接著準備去遊白砂洞，此洞景物為勾漏之冠，前後也有兩道門。走進前洞，隨道士鑽進一個不到一尺高的孔洞，裡面忽然開闊，又接連穿過四個極其狹隘的孔洞，經過一個丹穴，從後洞走出。遊覽了清泉巖，但旁邊並沒有泉水。下午帶著兩個人進入和寶圭洞東、西相對的黃婆巖。又到望夫山西麓，望見東面峰巒聚集，懷疑就是巫山寨。從黃婆巖外崖登上峰頂，高險的形態全都顯現出來。下山後經過營房，看到一方清水，忽然遇到一個少年，說上面還有兩個巖洞可遊。雖然山上有虎穴，但毫不在乎。從荊棘尖刺中往上攀登，果然找到一個被荒草岩石遮沒的洞，洞內也往下墜落，底部有溪水流過。南崖上有石片如同棧道高懸空中，通過棧道到西崖，沒有比這更危險了。崖上包含的奇景，很難用言語說清。冒險從崖上滑到溪中，發現了從亂石中流出的泉水的源頭。從崖下逆流而上，浸在水中不斷往前，裡面洞越來越高大，水越來越深闊，有塊大石峙立在水流之中。沒有從原路返回，而是騰空往高處攀登，從外門走出，回到勾漏庵。這天沒找到玉虛、玉田等洞，卻意外發現兩個奇洞。

【注釋】❶東岐　「東」當為「西」字。❷軿　古代一種有帷幕的車子，這裡作動詞「駕馭（車）」用。❸庠士　即庠生。明、清時用以稱府、州、縣學的生員。庠，古代鄉學名。❹所為砂者　為，疑為「謂」之誤。❺顛茄　多年生有毒草本，夏季開花，呈淡紫色，鐘狀，葉和根可入藥。❻腋　疑為「液」字。❼枉　通「狂」。❽嶠南瑣記　不著作者姓名，疑為明萬曆間福建人魏浚所作。嶠南，即嶺南。嶠，山嶺。❾磊磊　形容石子（塊）眾多。❿九轉　道家謂煉燒金丹，以九轉為貴。轉，循環變化之意，如把丹砂燒成水銀，將水銀又煉成丹砂。燒煉時間愈久，則轉數愈多，效能愈高。⓫圭竇　同「圭窬」。牆上鑿門（洞），上銳下方，形狀像圭。過去用以指窮人住房的門戶。⓬比之南竅二句　原作「比之東穴雖有竅宛轉」，據乾隆本改。⓭白砂洞　勾漏四洞最勝處，因這裡所產沙特別白而得名。⓮玉虛　洞名，舊名念經窟、觀沖洞，在勾漏洞西二里，洞中物象皆瑩潔如玉，每雲從洞出則雨，風從洞出則晴。⓯玉田　洞名，在玉虛洞西，闢三門，中門明亮寬廣，內有田數畝，有石花潔白如玉，田後二石池中有小嶼，其水與江潛通。⓰普照　巖名，在玉虛洞西五里，巖形如倒扣的鍋子。⓱東火　紮火把。⑱君樹　君子樹，松柏之類。⑲故實　典故；出處。⑳宮觀　唐以來特指道教祠廟。㉑巫山寨　在玉虛洞西南十二峰，環列如城，峭壁千仞，止通一門。舊名馮道士石砦，今名天泉山。山前一峰為日月巖，洞穴深窈，人莫能窮其奧。㉒樓櫓　古時軍中用以瞭望敵軍的無頂蓋高臺。㉓居停　棲止、歇腳之處。㉔砥　砥柱，山名，又名三門山，原在今河南三門峽市東北黃河中，河水至此分流，包山而過。因山在水中形狀如柱，故名。㉕於是北轉一曲四句　乾隆本作「蓋北洞奧室內羅，此洞外綴層樓，所異者此耳。遂一以北洞上登法而下。崖半石隙蔓影中，彷彿並北洞見之。迨極下仰眺，仍茫然失所睹矣」。㉖跬步　半步，相當於現在的一步。

【語　譯】八月初一　吃罷早飯，我先去寶圭洞，和道士約定，讓他挑著火把點燃火籠隨後到。洞在勾漏庵北半里處，在庵後先看到一個朝南的巖洞，一個朝西的巖洞，看上去都很淺，而寶圭洞還在它們的北面。先遇到一條溪水從西北流來，水量頗大，直向東沖刷著山麓，渡過溪水到它的北岸登山，洞門就出現在眼前。這門朝西，左邊巖洞敞開，右邊可進入深處。巖洞敞開的地方砌著排列的石碑，高大寬敞，平對西峰；右邊往下凹陷，門前有石柱，它的頂端有岩石斜向淩空突起。有石級從它的旁邊通往洞底，交叉開出四條岔路：一條從東面進去，一條從南面進去，這兩條岔路都又深又黑；還有一條往西面開通，一條往北面穿透，這兩條岔路都透澈明亮。在東邊那條岔路的南面，洞頂一旁忽然倒掛著一葉石片，平架在半空中，和外面門前的石柱相對，上下懸空，各有幾十丈高，卷曲舒展懸掛連接，就像蟬翼那樣輕薄，石片中間還有或圓或彎的孔洞，通風透光極好。從左邊的崖壁踏著石級攀登，到平架石片的地方，在裡面盤繞，坐在石片之上，真有騰雲駕霧、遠離人世之感。坐了好久，又繞著石片走下，朝著往北穿透的岔路走去。岔路中倒掛著一條鐘乳石，有幾丈長，上端懸掛在空中，水從上端涓涓流下。再往北進入峽中，右邊地勢窪下，往北走出，為下門，左邊地勢高起，往北渡過，為上疊，疊成上面的閣樓，閣前平對西北，也有鐘乳石柱在裡面分隔。這是明洞往西往北的兩條岔路。探尋了好長時間，道士背著火把來了，還帶著伙伴，拿著竹筐。我問他為何這樣，道士說：「縣官根據上司的命令，要來拿丹砂仙米，碰巧有個秀才已經為我找到仙米，而砂可從洞中得到，準備帶著竹筐火把尋找。」我方才知道所謂的砂，並不是煉成的丹砂，而是像丹的砂粒，顏色以白色為上，其次為黃色，所以北洞以「白砂」命名。所謂的米，是山窪中的菰米，當地人加上「仙人」之名罷了。洞外雜草叢生的地方還有像彈丸那樣的黃果子，當地人稱為「顛茄」，採下磨成粉末，放在酒中，喝了會使人發狂迷悶。《嶠南瑣記》中所記載的悶陀羅，就是這東西。於是燃起火把先進入南洞，兩旁崖壁聳起，如同峽谷，雖然高聳，但不寬廣。走進半里，只見左邊崖壁上有橫連的痕跡，名「仙牀」，懸空離地一丈多。在它旁邊石柱垂掛，孔洞開裂，都又短又窄，洞內凹陷如同一個舂臼，用手去摸，裡面有許多石粒，不管是方的還是圓的，暫且都掃到竹筐中。接連搜尋了三、四個孔洞，還不到一升左右。估計出洞後經過沖洗除去髒物，選取光圓明潔的砂粒，又不到十分之一。不過這也是很常見的砂粒，哪裡真是九轉金丹呢？又稍許走進幾步，峽谷忽然往下落成深淵，從洞口到水面，有二丈深，至於水深，就更無從推測了。兩旁崖壁都又高又陡，沒法落腳，往南朝裡面眺望，一片深黑，看不到盡頭。起先催促道士引路過淵，回答說：「水太深，從來沒有能徒步過淵的人。」再催促道士去找木筏，回答說：「路太狹窄，從不曾有將木筏帶進洞的人。」問他：「那麼怎樣才可以進去？」答道：「到冬季水乾涸時，才可從崖上落到下面走過去。」又問：「進去後又怎樣？」答道：「裡面很深，能看到亮光，但沒法往上走。」我聽了，為不能過淵到裡面探訪，心中十分不快。拿石子投入水中，因為水深沒有馬上落到底部。向旁邊注視好久，抬頭望見左邊崖壁上有縫隙和旁邊相通，趕緊進去。縫隙中露出石柱，漸漸往裡，漸漸收束，也沒有其他孔洞。於是往下，轉身仍然從四條岔路交錯的地方走出，再燃起火把進入東洞。起先兩旁也形成峽壁，下面漸漸高起，不久中間開出一個如同大殿的洞廳，轉向旁邊的又像窮人家的門洞，都是暗洞。稍許向北再往東轉，路就到了盡頭。比起南洞，雖然洞穴曲折，但深不及南洞的一半。南洞中有洞，但被水阻隔，東洞雖然沒水，但被裡面的暗洞阻隔，由此反而覺得東洞無邊無際。

又出洞到四條岔路交叉的地方，打算去遊白砂洞。據志書載：白砂洞在勾漏山北，勾漏洞甲天下，而此洞又甲勾漏。像玉虛、玉田等洞，普照、獨秀等巖，道士都不提，唯獨津津樂道這個洞。我急忙催促他帶路，道士又挑著紮好的火把帶著竹筐掃帚作嚮導。從北面穿過邊門的下層走出，便沿著山的西北麓行走。起先看到這山前後兩峰並立，中間相連，寶圭洞座落在西南突起的山峰上，白砂洞隱藏在東北峙立的山峰中。白砂洞前後也有兩道門，前門朝北，高大寬敞，分為三門，兩旁陡峻，中間可走下石級進入；據志書載：玉田洞，洞前有三門，中門明亮寬廣可以通行。似乎和這門相合。問遍當地人，卻沒人知道玉田洞。難道就把後洞作為白砂洞，把前門作為玉田洞嗎？後門朝南，但既高又窄，只有一個孔洞可以通過，前面對著寶圭洞的背部，左邊便是在中間相連的山脊。先經過後門的山坳，路已被草遮沒，道士不進門而往北走，共走了一里，向東轉，繞到山的北麓，往南登上前門，一進門就是窪地，走了幾十級石階到底部。抬頭望見門的左右兩邊，各有裂縫高懸，在旁邊張開，即所謂的左門、右門。落日反照，光影流動，夕陽的餘輝遍照四處，但洞門嵌在高空之中，沒法攀登。從洞中往右轉，裡面十分高大，但光線漸漸暗了起來，路也漸漸走到盡頭。我先向四周到處搜尋，沒有可深入的路。走出後，急忙燃起火把叫道士引路，仍然從原路進入洞中，用火把向四周照去，旁邊都沒有路。道士忽然到右邊的石壁下面，扔下火把，像蛇那樣伏在地上爬進去，孔洞高不到一尺，寬也一樣。鑽到裡面，洞內忽然變得開闊，盤空直上，裡面羅列著眾多物象，就像天門向下開放，天地之間又能相通。正忙於前後觀望，四周都很高大，旁邊也沒有其他縫隙，忽然發現有個如前面一樣的孔洞，穿過洞往東再向南轉，一路忽開忽合，共穿過四個孔洞，都像束緊的筒管那樣窄，又像穿過屏幃那麼淺，因此雖然極其狹隘，但並沒有窘迫的感覺，多次穿過也不厭其煩。不一會看到左邊的山壁上面，寫著「丹砂」二個大字。在它下面有個石龕，道士說：「這是丹穴。」又彎下身掃出一捧砂粒。在石龕偏南處有一條岔路，往裡走不太深。走出後向西轉，再轉身往南走，只見陽光燦爛，如同明星在裡面照射，後洞門已出現在眼前。這洞裡面窪下，當中十分平坦，唯獨壁上的孔洞或閉或開，沒有高低不平的溝壑，用不到上上下下行走，前後兩道門，都高高懸掛在上面。道士想仍然從前門返回，我想越過後洞走出。道士說：「後洞狹窄，無法攀登，而且洞外草又很深，沒路可走。」我說：「先前在黑暗中通過那些狹窄的孔洞，尚且不怕麻煩，何況這裡透徹明亮，正可曲折尋訪，至於草的深淺，我根本不去管它。」於是穿過孔洞走出，中午的太陽正當頭頂，才看到寶圭洞後峰，洞門被君子樹堵住。便撥開茅草，踏著荊棘，往西南走出山坳，仍然經過寶圭洞通往北面的邊門，共走了二里，將到勾漏庵的後面，吩咐一起走的人回庵中煮飯，我帶著在庵中寄宿的人，向東探訪清泉巖，即先前所經過的朝南的巖洞。洞不深，但明亮整潔，可以居住。洞前有宋代的石碑，寫著「清泉巖」三個大字。洞的左右兩邊都沒有泉水，卻得到這個名稱，不知它的出處何在。回到庵中吃飯。

下午帶著役夫和在庵中寄宿的人這人不知是哪裡人，原先在庵中停留，身無分文，隨我遊覽各個洞，我給他飯吃，兩天後不知去哪裡了。探訪附近山上的各個巖洞，便往西南進入黃婆巖。黃婆巖是寶圭洞西南諸峰中所裂開的一個巖洞。這山從西面的望夫石聚合後向東延伸，黃婆巖正當它的東北角，和寶圭洞東、西相對，而這個巖洞稍許偏南。洞門很高，中間有黃崖層層相連。巖外石峰的頂端，分出支峰，高聳稱奇，有的向一邊傾斜，就像婦女的頭部鬢髻在空中盤繞，呈現出回頭斜視、顧影自憐的姿態。在它北面也有石峰聚集突起，往南和這座山並排相夾，往東和寶圭洞相對峙立。東南石壁上寫著「勾漏山」三個大字，字跡和山同樣大，當地人指為仙人的遺跡。在它下面一定是過去宮觀所在的地方，如今已沒法徵實了。據志書載：勾漏山有靈寶、韜真兩座宮觀。如今都不知在什麼地方。懷疑勾漏庵就建在靈寶觀的地基上，韜真觀難道就在這裡嗎？當時一定有很多碑碣，經過滄桑變幻之後，連斷裂的石墩也蕩然無存了。在它下面徘徊不前。又往西到望夫山的西麓，眺望山崖，沒有其他巖洞，唯獨看到東南面峰巒聚集，懷疑它就是所謂的巫山寨，巫山寨又名石寨，山峰如同瞭望臺和城牆，周轉環繞，因為有十二座山峰，故有「巫山」之名。只是十分渺茫，沒有證據，唯有和山神相互觀望罷了。過了一會沿著黃婆巖東麓，邊看邊走，往南到達山的東南角，石崖高峻，片片飛雲點綴天空。從外面山崖攀登陡峭的石壁，經過豎直的裂縫，多次從高空中走出，到達峰頂，於是將它高險的形態全都發掘出來。

下山後，轉而沿著山的南麓走，只見陡峭的山崖高高隆起，岩石呈現赭色。下面雖然有門，但裡面不深，沒地方可以穿過。便往東從營房在勾漏庵前東南的平地上。有幾十間草屋，營兵在裡面居住，也是居住、休息、賣漿的地方。橫向經過勾漏庵，到後峰東南角，是寶圭洞所座落的山峰，南面雙峰並立，中間相連，西面聳立一座山峰，即勾漏庵後清泉巖所靠的地方，在東面聳立的山峰和它並肩朝南。沿著山峰的東麓往北走，在路的左邊發現一個朝東的巖洞，裡面很深，像牛角那樣漸漸縮小。出洞再往北走，有一方清泉，從亂石中淙淙流出，上面草石蓬亂，下面則成小溪向西南流去。行人都從這裡渡過小溪登上山崖，庵中和營中的人都到這裡取水，但沒人問過這水是從哪裡來的。我正想探求它的源頭，忽然有個少年到來，見面後，對跟從的役夫說：「你們想找洞嗎？這裡上面有兩個洞，相隔幾十丈，路被草遮沒，可摸索進去。」另有一個人說：「昨天還沒到晚上，有兩個人帶著狗從東面走來，碰到老虎從崖上躍下，把狗抓走。上面有虎穴，不能去。」我不去管它，急忙帶著役夫和在庵裡寄宿的人拉著棘條，踩著尖刺攀登，在深深的蔓草中尋找，只見洞門果然向東拱起，只是外面被蔓草堵塞、石塊遮蔽，不能立即看到罷了。一進洞門，地勢便往下墜落。低頭往下張望，有條溪水自南往北，從底部穿過，水聲潺湲，崖勢陡峻，手腳無法攀緣而下。向它的上方往四面仔細觀察，看到南崖有還沒完全墜落的岩石，有一塊掛在空中，就像棧道架在壁間，寬不滿一尺，而長度從墜落處直連到西崖。但「棧道」中有兩根並立的石柱，就像樹起欄柵將路切斷，外面一根石柱已被人截去，只存下部一尺多，可以跨過。但這裡更加狹窄，用雙手握住裡面的柱子，轉過外面的柱子，就下臨深淵、越過險阻來說，沒有比這裡更危險的了。通過「棧道」到達西崖，已與洞門隔溪相向。於是燃起火把向四面照去：崖的下面，和外面的山崖同樣深深下墜；崖的上方，往裡石乳垂掛、石柱排列，迴繞交錯，或開或閉，稀疏的窗洞曲折幽深，裡面忽然環繞形成璇室，忽然穿透成為曲榭，中間的奧祕，很難用語言完全表現出來。

於是走出山崖，來到溪邊，從深深下墜的地方，冒險從空中滑下，便到溪中。抬頭望見洞頂高高拱起，陽光照入洞內，旁邊的「棧道」凌空飛架，格外增添了縹緲不定的情趣。水深不到膝蓋，從南面的崖下湧來，到北面的崖下落下流去，即從這裡往東流出，為從亂石中流出的泉水的源頭。我於是從南崖沿著溪流上行走進，這個洞很低，向下覆蓋水面，相隔只有一尺。隨從的役夫及寄宿的人怕火把被水打濕，又不知洞內有多深，一起阻攔我不要進去。我鼓起勇氣逆流向前，濺起的水沫高過額頭。往南進去幾丈，望見前面有閃爍的光線，十分明亮。我見了十分高興，再穿過一個洞，更加高聲呼喚兩個跟從的人。雖然浸在水中，被石塊阻礙，伏地爬行，瞻前顧後，火光和日光交相映照，越發不停地往前。又朝南走了幾丈，有個洞拱起，從東往西橫向通過，在它上面向東開出外門，在它裡面向西進去形成巨壑，洞門高聳，和先前所走進的門規模相仿。這時隨從的兩個人已經來到，就叫他們拿著火把再往前走。從這裡向西逆流而上，洞變得更加高大，水流也更加深闊。又走了幾丈，前面有石如同砥柱峙立在水流之中。登上那塊大石往裡張望，洞內開闊如同大廈，在它下面四周都是深淵，用手杖測試水深，碰不到底部，用火把照洞，洞內十分深遠黑暗，不知還要轉過多少路，才能到寶圭洞南穴前所望見的深深下墜的地方。於是從如同砥柱的大石隨水流返回，仍然到向東開出的外門下面。兩個隨從的人正要低下頭，橫拿火把，趴在水中朝著很低的洞穴往北進去。我阻止他們說：「這外門雖然險峻，但和原先進入的地方沒什麼兩樣，與其彎腰曲背往下涉水，去原先進入的門，不如騰空往高處攀登，直接登上這門方便。」兩個跟從的人說：「如果門外不通，怎麼辦？」我說：「門外總不出這座山，即使原先進入的門，外面哪有平坦的路呢？」便先攀登崖壁，那兩人也扔下火把跟在後面，就這樣走出洞口。洞門也朝東，和原先進入的門並排，只因為被突起的岩石、連成一片的蔓草遮掩，相互之間就看不到了。沿著左邊山崖平步行走，轉身眺望洞門上方，又往上開出一層，就像在空中懸掛的樓閣，但沒有石級可以攀登。於是往北轉過山的一角，到先前人們汲取泉水的洞穴，不慌不忙地洗腳，等候隨從的人到來。急忙從東南山角轉過營房，共走了一里，進入勾漏庵，下起傾盆大雨。這天，先往西尋找玉虛、玉田等洞，沒找到，隨即往東發現這兩個洞，尤其奇絕。但這洞如果沒有異人忽然指點，那麼即使相離很近，也將失之交臂，又怎麼知道在西峰大字巖的旁邊，沒有被荊棘蔓草掩沒封閉的奇洞呢？怎樣才能像尋訪黃婆巖東南眾多陡峭的山石那樣，親自遊歷每座山峰呢？

初二日　晨餐後，令從夫隨道者西向北流市蔬米於城，余獨憩庵中。先是，寄宿者夜避蚊，不知何往，至是至，曰：「已詢得獨勝巖在縣北。」余知在縣北者或新開他巖，必非獨勝，而庵中無人，不能與即去，姑辭明日，而此人遂去不復來。既午，從夫以蔬米返。余急令其具餐，將攜硯載筆往錄寶圭洞中遺詩，忽道者馳至，曰：「兵道❶將至，恐治餐庵中。」欲攜余囊暫入所棲處。余不顧，竟趨寶圭。甫出庵，而使者旗旄至矣，非所轄鬱林道，乃廉州海北道也。乃漳浦❷張國徑印梁，余昔在甘棠驛同黃石齋❸曾會之。茲駐廉州。時軍門❹熊文燦❺代荊溪❻盧象叔❼總督中州❽，追捕流寇，張往送之，回轅❾過此，故欲為勾漏遊。余隱牆西，俟其入庵，即趨錄洞詩。錄未半，而彼已至洞，余趨避於北岐疊閣之上。回憶《梧志》所紀西小室，洞朗外矚，自然石榻，平鋪疊架，可眠可踞，與東洞對，正如兩掖❿，其景宛然。彼入南穴，亦抵水而返。余石臥片時，聽洞中人倏寂倏喧，亦一異趣。張出南穴，亦北趨偏門下，終不能攀上層而登，與縣官嘖嘖稱奇指盼，而不知有人臥其中也。俟其去，仍出錄諸詩。詩俱代，祗有一宋碑而不佳，蓋為兵燹蕩淨也。錄甫畢，日銜西山，乃返於庵。

【章　旨】本章記載了第一百十二天在梧州府的行跡。中午去寶圭洞抄錄前人留下的詩篇。碰巧廉州海北道張國徑來遊勾漏洞，為此躲到小閣上。這裡的古碑已被兵火破壞殆盡。

【注　釋】❶兵道　即兵備道，明制於各省重要地區設整飭兵備的道員，稱兵備道。❷漳浦　唐設漳州，治所在漳浦。明代改為府，治所在龍溪（今福建龍海市西）。❸黃石齋　黃道周，字幼平，號石齋。福建漳浦人。學問宏博，忠鯁負氣節。崇禎時，因上疏忤旨下獄。清兵入關，率師出戰，兵敗被害。❹軍門　明代對總督、巡撫的別稱。❺熊文燦　貴州永寧人。崇禎間任福建巡撫、兩廣總督，招海盜鄭芝龍為己用。後拜兵部尚書，總理軍務，因一意主撫，被張獻忠欺騙而棄市。❻荊溪在江蘇宜興城南，以近荊南山得名。❼盧象叔　當為「盧象昇」，字建斗，宜興人。崇禎間，清兵大舉攻擾，奉命督師，號稱督天下兵，實際不滿二萬人，且事事受掣肘，在鉅鹿（今屬河北）與清軍激戰中陣亡。❽中州　即中原，泛指黃河中游地區。❾轅　車前駕牲畜的兩根直木，借指車騎。❿掖　掖門，宮殿正門兩旁的門。

【語譯】初二　早飯後，吩咐跟從的役夫隨道士向西到北流城買米和蔬菜，我獨自在庵中休息。在此之前，寄宿的人夜晚躲避蚊子，不知去哪裡，到這時回來，說：「已打聽到獨勝巖在縣城的北面。」我知道在縣城北面的或許是新開闢的其他巖洞，決不是獨勝巖，因庵中沒人，不能馬上和他走，暫且推辭到明天再去，而這個人就走了，不再返回。到中午，跟從的役夫帶著蔬菜和米回來，我急忙吩咐他準備好飯，打算帶著硯和筆去錄寶圭洞中前人留下的詩篇。忽然道士飛快趕來，說：「兵備道即將到來，怕要在庵中用餐。」要我帶著行李暫且到居住的地方。我不管，竟自前往寶圭洞。剛走出庵，使者的旗旄就到了，並不是受管轄的鬱林道員，而是廉州海北道員。是漳浦人張國徑，字印梁，我過去和黃石齋曾在甘棠驛會見過他，現在廉州駐防。這時軍門熊文燦代荊溪盧象昇總督中原軍事，追捕流竄的盜賊，張前往送行，車馬返回時經過這裡，因此想遊勾漏洞。我藏在牆的西面，等他進入庵中，立即去錄洞中的詩。還沒錄下一半，他們已經到洞了，我就躲到在往北的岔路疊成的閣樓上。想起《梧州志》中所記的西小室，洞內明朗，向外可以眺望，有天然的石牀，平鋪疊架，可睡可坐，和東洞相對，正像宮殿兩旁的門，這種景象彷彿就在眼前。張一行人進入南洞後，也到水邊返回。我在石上躺了一會，聽洞中的人忽然安靜，忽然喧鬧，也是一種奇趣。張走出南洞，也往北到邊門下面，但終於沒能登臨上層，和縣官邊指邊看，嘖嘖稱奇，而不知道有人就睡在裡面。等他們走後，仍然出來抄錄各首詩。詩都是後人代為書寫的，只有一塊宋人碑刻，並不見佳，這是因為已被兵火破壞殆盡的緣故。剛錄完，太陽已落下西山，便返回庵中。

初三日　飯勾漏，即東北行。由營房轉山之東南角，過透石東出之泉，徑草坡而行。五里，越一坡，有塘衍水，環浸山谷。渡橋，又二里，堰塘愈大，石峰至此東盡，其北有尖峰兀立，若獨秀焉。山北隙中露大容，蜿蜒若列屏。又東十里，有水自西北容山來，東南入繡江，為容、鬱分界，名洛桑渡。其水頗急，以藤跨水橫繫兩涯之上，而繫舟於藤，令渡者緣藤引舟，不用篙楫。桃葉渡江❶，不若藤枝更妙矣。又東五里，為西山墟，有公館，客之所庭也。東南由嶺上行，已下渡小橋，共五里矣。又東出山十里，有荒鋪，有板橋。又東五里，為清景新橋❷，則大容東峰，巍然北臨〔若負扆。〕又東五里，入容縣❸西外門。又一里，入城西門，經縣治前，即南轉出城南門。門外江水自西而東，即繡江，自高州北經北流，又東合洛桑❹、渭龍❺二水繞城南，而東北由藤縣入大江❻者也。〔渭龍源出天塘山❼，北向石寨村❽，始入繡江。〕渡江而南，炊於肆。又南二里，踰崗坂，誤入東麓。二里，仍轉西向。又二里，而得大道。西南行又五里，宿於古樓村❾。一村皆李姓。

【章旨】本章記載了第一百十三天在梧州府的行跡。離開勾漏庵，途中看到連綿曲折的大容山。北溪到洛桑渡注入繡江，這裡是容縣、鬱林的分界。有藤條跨過水面，讓過河的人用以牽引船隻。又經過西山墟、清景新橋，進入容縣城，繡江就在城外。過江到古樓村留宿。

【注釋】❶桃葉渡江　江蘇南京秦淮河畔有桃葉渡，相傳因東晉王獻之在此歌送其妾桃葉而得名。歌詞為：「桃葉復桃葉，度江不用楫；但度無所苦，我自迎接汝。」❷清景新橋　原本誤作「景清新橋」。今名清景橋，在容縣西境，因清景寺而得名。❸容縣　明代隸梧州府，今屬廣西。❹洛桑　水名，即今民樂河。❺渭龍　水名，即今楊梅河，又名渭龍江。在容縣城西二十里，源自雙髻山，至渭龍口入繡江。❻大江　指潯江。❼天塘山　今名天堂山，在容縣東南一百里，過去以樹木離奇，蔚然深秀，多千百年古物著稱。❽石寨村　在容縣南境。寨，原作「塞」，據乾隆本改。❾古樓村　今名古柳，又名合柳，分上下兩村。

【語譯】初三　在勾漏庵吃飯，隨即往東北走。從營房轉過山的東南角，路過從石中透出往東流的泉水，經草坡往前，走了五里，越過一座山坡，有水從池塘溢出，環繞浸淹山谷。過了橋，再走二里，築起低壩的水塘更加廣大，石峰到這裡便是往東的盡頭，在它北面有尖峰突起，如同獨秀峰。山北的空隙中露出大容山，曲曲折折就像排列的屏障。再往東十里，有水從西北的大容山流來，往東南注入繡江，為容縣、鬱林的分界，地名洛桑渡。水流迅急，用藤條跨過水面橫繫在兩邊岸上，而將船繫在藤條上，讓過河的人沿著藤條牽引船隻，不用竹篙船槳。桃葉渡江，不如藤條更加奇妙。再往東走五里，到西山墟，有公館，是旅客居住的地方。往東南從嶺上走，過了一會下嶺通過小橋，共走了五里。再往東出山走十里，有荒涼的驛站，還有木板橋。再往東走五里，到清景新橋，只見大容山的東峰，在北面巍然聳起，如同帝王南面而立。再往東走五里，進入容縣西外門。再走一里，進入城西門，經過縣衙門前，便往南轉走出城南門。門外江水從西向東流，即繡江，從高州往北經過北流，又往東和洛桑、渭龍兩水會合後繞過城南，再往東北流由藤縣匯入大江。渭龍水源出天塘山，往北流到石寨村，才注入繡江。過江往南，在店中煮飯。又往南走了二里，翻過岡坡，誤入山的東麓。再走二里，仍然往西轉，再走二里，才到大路。往西南又走了五里，在古樓村留宿。一村人都姓李。

初四日　飯于古樓村。仍西南隨大路盤都嶠❶而過。先是，余按志言：「都嶠在城南二十里。」自城問之，皆曰南山去城七、八里。故余喜其近，出南門渡江，即望山而趨，而不意其誤也。蓋都嶠即南山，其北俱削崖懸亙，無級可階，必繞出其南，始可北向而登。其曰七、八里，乃北面抵山之數，而二十里者，並從南陟山而言也。共五里，過石寨村。又一里，抵石嘴鋪。〔鋪東南八里有黃土巖，不及登。〕東渡一橋，始從岐北向上山。登山東轉，遂由山峽北向，五里，抵南山寺，古所稱靈景寺❷也。大巖倚東崖，其門西向，中無覆架，而外有高垣，設蓮座❸於中，明敞平豁，雖云「寺」，實巖也。蓋都嶠之形，其峰北穹高頂，南分兩腋，如垂臂直下，下兜成塢，而清塘一方當其中焉。兩腋石崖，皆重疊迴亙，上飛下嵌，若張吻裂唇，一巖甫斷，復開一巖，層穴之巔，復環層穴，外有多門，中無旁竇，求如白石下巖所云潛通勾漏者❹，無可託矣。總而披之，靈景為東腋之首，巖最高而大，〔高三丈五尺，深五丈，橫闊十餘丈，兩端稍低，中穹如半月。〕其北有三巖，皆西向而差小，亦有環堵為門者，皆讀書者所託，而今無人焉。三清當分腋之兜，巖最正而潔，〔高深橫闊同靈景。〕其東有二室，皆南向，亦有環堵倚之，與西向三巖易隅而齊列。其西有飛崖，則南轉東向，為西腋之戶。高穹虛敞，第內不甚深，然迤邐而南，與靈景分門對峙，若兩廡焉。

此下層也。三清之上，又列重門為中層，〔無緣陟道。〕其上又啟一巖為上層，是名寶蓋❺。〔高十五尺，深二丈，闊五、六丈，後倚峰頂，地愈高上，獨當中幹，平臨兩腋巔。再上，即中盤頂。〕蓋是巖不以靈巧見奇，而以迴疊取勝。故舍其北峭，就其南嵔❻，信列仙望衡對宇❼之區矣。〔上午，先抵靈景，門外竹光旁映，巖中霞幄高張，心樂其幽曠。〕時日已中，靈景僧留飯。見佛座下有唐碑一通❽、宋幢❾一柱，刻鐫甚古，就僧覓紙，僧僅以黃色者應。遂磨墨瀋于石，取搨月❿于抽⓫，以鐘敲為鎚，以裹足為氈，洗碑而敲搨之，各完兩通而日色已暮。問三清觀，道者他出，空寂無人，竟止巖中。

【章 旨】本章記載了第一百十四天在梧州府的行跡。都嶠山即南山，只有到它的南面才能登山。經過石寨村，到靈景寺，這實際上是一座大巖。都嶠山形，北面隆起高峰，南面分成兩腋，外面有許多洞門，但沒有洞和勾漏山暗中相通。山上巖洞分為三層：靈景巖最高大，三清巖最整潔，寶蓋巖以盤曲取勝。在靈景巖因陋就簡拓了唐碑、宋幢各兩通。當晚留在巖中。

【注 釋】❶都嶠 在容縣城南二十里，因其「銳而高甲於一都」，故名，又名南山。由紅色砂岩組成，為典型的丹霞地貌。有南北二洞天，八峰二十四巖。南洞稱寶元洞天，道書稱為天下第二十洞天。北洞稱都嶠洞天。八峰中以絕頂八疊最奇秀，斷崖絕澗，下臨百仞，自縣望之，猶如屏障。四周赤峰羅列，景色奇絕。山上道觀、題刻甚多。南洞的太極巖，以壁繪太極圖說而得名。聖人巖（又名棲真觀），南宋時在巖內建有一殿，內奉至聖孔子及四配像，壁繪三千七十弟子與車馬圖。❷靈景寺 即靈景巖，在都嶠山八峰之一的雲蓋峰南洞，大谷崯岈，高、深各數丈，廣二十丈，四山環拱，中奉迦葉、阿難、文殊、普賢等佛像，並塑五百羅漢像。法宇寬宏，祇林幽邃。巖中多古碑，大半南漢時所遺。❸蓮座　即佛座，因形如蓮花，故名。❹求如白石下巖句　傳說白石山和勾漏山之間，有洞穴暗中相通，葛洪在此煉丹，經常往來其間。❺寶蓋　巖名，在雲蓋峰絕頂，高一丈五尺，深四丈，廣百丈，奉玉宸道君，故又稱玉皇閣。引笛一吹，聲音似從雲中傳出。❻嵔　盤曲不平。❼望衡對宇　門庭相對，形容住處接近，可以望見。❽唐碑一通　刻有一份（或一篇）完整文字的唐代石碑。❾幢　佛教經幢。在長筒圓形綢繖上寫經的叫經幢，刻經於石柱上的叫石幢。❿搨月　搨碑工具，形如彎月，用以壓紙吸墨。⓫抽　抽替。即抽屜。

【語　譯】初四　在古樓村吃飯，仍然往西南隨大路繞過都嶠山。在此之前，我查閱志書，上面說：「都嶠山在城南二十里。」在城裡打聽，都說南山離城七、八里。我為它離城很近而感到高興，走出南門渡過繡江，便朝著山趕路，沒想到這種說法根本不對。因為都嶠山就是南山，在它北面都是陡峭的山崖高高相連，沒有石級可上，必須從它的南面繞出，才可往北登山。人們所說的七、八里路，只是到山北面的路程，而二十里路，則連從南面登山的路程也一起算上了。共走了五里，經過石寨村。又走了一里，到達石嘴鋪。在鋪東南八里處有黃土巖，來不及登臨了。往東走過一座橋，才從岔路往北上山。登山往東轉，便從山峽朝北，走了五里，到達南山寺，古時稱作靈景寺。只見大巖靠著東面的山崖，門朝西，中間沒有遮蓋支承的東西，但外面有高牆，裡面設置了佛座，明亮寬敞，平坦開豁，雖說是「寺」，實際上是巖。大體上說，都嶠山的形態，北面隆起高高的峰頂，南面兩側分出支峰，就像筆直垂下的臂膀，下面繞成一個山塢，中間有一方清澈的池塘。兩腋的石崖，都重重疊疊，環繞相連，上面凌空突起，下面往裡嵌入，如同張裂的嘴唇，一個巖洞剛了，又有一個巖洞開出，在層層洞穴的頂上，又環繞著層層洞穴，外面有許多門，但裡面沒有旁通的洞，想找如傳說的白石山下巖和勾漏山暗中相通的洞穴，也無從找起。總而言之，靈景巖為東腋巖洞之首，最高大，高三丈五尺，深五丈，寬十多丈，兩端稍低些，中間拱起，形如半月。在它北面有三個巖洞，都朝西，較小，也有以土牆環繞為門的，都是讀書人寄居的地方，現在已沒人住了。三清巖正當所分兩腋下面繞成的山塢中，最平正整潔，高、深、寬和靈景巖相同。在它東面有兩間屋子，都朝南，也有土牆圍靠著，和朝西的三個巖洞方位不同，但在同一高度排列。在它西面有飛崖。向南轉，面朝東，為西腋的門戶。洞高高拱起，空曠寬敞，只是裡面不太深，但曲折往南，和靈景巖門戶分列，相對峙立，就像兩邊的廊屋。這些都是下層的巖洞。三清巖的上面，又有重重門戶排列，為中層巖洞，沒有上去的路。在它上面又開出一個巖洞為上層，名寶蓋巖。這巖洞高十五尺，深二丈，寬五、六丈，後面靠著峰頂，地勢更高，獨自位於山的主幹，平對兩腋的峰頂。再往上，便是在中間盤起的峰頂。總的說，這巖不以靈巧稱奇，而以環繞重疊取勝。故離開它北面的陡峰，而到它南面的盤曲處，真是神仙相聚、門庭相對的好地方。上午，先到靈景巖，門外竹影在旁邊映照，巖中彩霞如同帷幕高張，面對著如此幽靜曠遠的景象，心中感到十分高興。這時已是中午，靈景巖的僧人留客吃飯，看到佛座下有唐代的碑刻一通、宋代的經幢一柱，雕刻十分古老，便向僧人要紙張，僧人只拿出黃紙應付。於是在石上磨墨，在抽屜裡拿出搨月，以敲鐘的棍棒作鎚子，拿裹腳布作毛毯，將碑洗淨後敲拓。各拓完兩份，天色已晚。打聽三清觀，得知道士已經外出，觀中空寂無人，竟自留在巖中。

初五日　早飯於靈景。由巖右北行，歷西向三巖，又盤磴而上，入南向二巖，共里許，然後抵三清巖。巖空境寂，〔樹拂空明，〕甚堪憩足。又西歷東向虛巖，乃仍從來路一里，返三巖之間，取道北上。又里餘，沿崖躋端，遂抵玉帝殿，即寶蓋巖也。蓋已歷重崖之上，下視中巖嵌入足底，而下巖三清，樹杪衍翠鋪雲，若浮空而載之者。由巖左循崖躋石，其上層石迴亙如盤髻上突，而俱不中空，雖峭削無容足之級，而崖端孑石嵌突，與白石之頂同一升法。約一里，遂凌峰頂。其間橫突之崖，旁插之峰，與夫環澗之田，傍溪之室，遐覽近觀，俱無非異境❶。

久之，乃從舊道下，三里，至靈景巖取行囊。又五里，南下至山麓，西渡一橋，飯於石嘴鋪。轉而北，一里，過石寨村，東望峽門深窈，冀一入探，而從夫阻梗不前。眺峽石有巖岈然，強其姑往探，此夫倔強如故。有土人見而問之，余以情告。土人曰：「此巖甚淺，不足入其內。山半有竹簡巖，山北之巖，惟此可入而遊也。」夫乃俛首從命。遂東向峽門入，過峽北，巖果淺，而中北不堪置足。一里，西抵一高峰東麓，見危崖獨展，內環成峽❷。峽南堰水成塘，〔環匯南罅三崖下，西附小峰，即椎立於南。〕塘上一家，結茅而居，環戶以竹，甚有幽致。由此渡峽，轉上西峰北麓。又一里，越嶺稍下，其處又成峽焉。細流南向，〔直墜椎立小峰腋。〕余乃溯流北入，澗壁陰森，藤竹交蔭，澗石磊落，菖蒲茸之，嵌水踐綠，足之所履，知菖蒲不知其為石也。緣澗東上，復東南躋嶺，共一里，有飛石二丈當道。緣梯而上，則竹簡巖在其左夾，兩巖並列，門俱西北向，雖不甚深，高爽殊甚。南有飛泉外墜，北則燥潔中虛。有僧新結廬其間，故其道開闢。〔巖下崖直達澗底。計巖後即西高峰絕頂，當與三清巖胸背值，若由此置磴，可先登峰頂，次第下諸巖也。〕

既而下二里，仍至環塘結茅處，〔探南面裂罅。罅相距五尺，兩罅並起，界崖為三，俱危懸絕峭。」見東麓有徑北倚危崖，款茅❸而問之，其人方牧，指曰：「此石背村路也。」先是，偕從夫循危崖北行，夾徑藤樹密蔭，深綠空濛。徑東澗聲唧唧，如寒蛩私語；徑西飛崖千尺，轟影流空，隔絕天地。若不有此行，祇謂都嶠南魁北峭，一覽可盡，而誰覺其幽悄至此哉！時已下午，從夫頓捐倔強之色，併忘跋履之勞。二里，危崖北窮，與塢西轉，〔即當門屏北麓也。較南麓三裂崖，稍遜其峻，亦環互成塢焉。〕路乃東向，截❹塢登嶺。〔嶺乃西高東北支，北走屬北護峰者。〕踰嶺，其塢自北而南，〔復開南北塢。塢東乃中高盤亙，上亦有巖懸綴，下與西高夾為此塢，北更有重崖間之，南則灣環以出，不知所極。既而南〕見兩、三家倚西峰北麓而居，亟趨而問之，即石背村也。余既得石背，因憶寶蓋道者所云「山北有巖與之相近」，更詳詢其所在。村人曰：「此處東有婆婆巖，巖高路絕，可望而不可到。西有新巖，其巖新闢，有徑可別下石寨。」乃引余從屋右小徑指而望之，即竹箇巖也。蓋北山之洞，即為竹箇。此中巖名、村界，詢之則彼此多錯，陟之則脈絡遞現，山靈與杖屨輻輳❺，其無幽不抉如此！

時日已下迫，問抵縣城尚二十里，亟踰嶺，循危崖而行。三里，未至石寨，見有路北去，遂隨之盤一嶺，路漸微。問之樵者，曰：「誤矣。」指從蒼莽中橫去，曰：「從此西南，可得大道。」從之，路益荒棘。久之，得微徑向西南，約共誤三、四里。仍出石寨傍南來大道，日已逼虞淵矣，始北轉向大道行。五里，過古樓村西，已昏黑。念前所投宿處，酬錢不受，難再入，入他家又昏暮不便，從暗中歷大道北向而馳。四里，越一隘，又二里，轉一岣❻，復下一坡，渡一澗，共二里而抵繡江，則街鼓❼既動，宿肆俱寂。乃叩南涯之肆，入炊而宿焉。即昨來炊飯家，故聞聲而即啟也。

【章　旨】本章記載了第一百十五天在梧州府的行跡。先到三清巖，環境幽寂。又去寶蓋庵，已在重重山崖之上。用和攀登白石山同樣的辦法，登臨峰頂。再回到靈景巖，經過石寨村，聽了當地人的話，走過兩道峽谷，沿著一條澗水走進，看到高敞爽朗的竹箭巖，和三清巖前後相遇。在此之前，沿著高崖行走，途中景物深綠迷茫，環境極為幽靜。下午穿山越嶺，到達石背村。一路人和景物相融，沒有一處景觀不被發現。因天色已晚，急忙趕回縣城。

【注　釋】❶其間橫突之崖六句　乾隆本作「乃知是山東西駢列，惟三峰最高，皆北聳南俯，此其最西者也。迴睇最東，層疊更多，但不及此峻耳。北又橫突一峰，為此峰北護，即縣南望之趨者。其北面峭削特甚，西則旁插一峰，頗尖銳，為此峰附。西北兩附間，下開一門，內環為峽，乃北護山與西高峰夾而成者。峽中又突嶂中盤，為當門屏。由屏東進峽南轉，則東西二高峰交夾隙也，迴合甚深曲」。❷一里四句　乾隆本作「抵當門屏下，其南面裂垂罅，削為三崖，西則下屬北護峰，與之並起；東面危崖獨展，與西高峰麓相對成峽」。❸款茅　叩敲茅屋的門。款，叩；敲。茅，茅屋。❹截　直渡。❺輻輳　也作「輻湊」。車輻湊集在車轂上。形容人或物聚在一起。輻，車輪中連接車轂和輪圈的一條條直棍。❻岣　山頂。❼街鼓　古時街坊的警夜鼓。

【語　譯】初五　在靈景寺吃過早飯，從巖的右面往北走，經過三個朝西的巖洞，又繞著石級向上，進入兩個朝南的巖洞，共走了一里左右，然後到達三清巖。巖內空曠，環境幽寂，樹木在空中搖動，真是歇腳的好地方。又往西經過朝東的空巖，便仍從來路走一里，返回三個巖洞之間，取道北上。再走一里多，沿著山崖踏上峰頂，便到達玉帝殿，即寶蓋巖。這時已到重重山崖之上，往下俯視中巖嵌入腳下，而下巖三清巖，樹梢翠色彌漫，雲霞鋪展，就像在空中飄浮。從巖的左面沿著山崖攀登，上面層層岩石迴繞相連，如同盤在頭頂的髮髻向上突起，但中間都不是空的，雖然山勢陡峭，沒有可落腳的石級，但崖頂有凹突的小石，便用和登上白石山相同的辦法向上攀登。大約走了一里，便登臨峰頂。途中橫突的崖石，在旁邊峙立的山峰，以及環繞山澗的田地，靠近溪水的房屋，遠望近看，沒有一處不是奇境。

過了好久，就從原路下山，走了三里，到靈景巖取行李。又走了五里，南下到達山麓，再往西走過一座橋，在石嘴鋪吃飯。轉而往北，走了一里，經過石寨村，向東望見峽門幽深，想進去作一次探訪，但隨從的役夫卻進行阻撓，不肯前往。望見山峽右邊有個深邃的巖洞，硬要他同去探訪，但這個役夫照樣倔強，不肯聽從。有個當地人見了問是怎麼回事，我將實情告訴他。當地人說：「這巖洞很淺，不值得進去。半山腰有竹簡巖，山北的巖洞，只有這個洞可進去一遊。」那役夫方才低頭服從。便向東進入峽門，經過峽北，原先看到的那個巖洞果然很淺，中間和北面沒有落腳的地方。走了一里，往西到一座高峰的東麓，只見高高的山崖獨自展開，裡面繞成峽谷。峽南築壩擋水成為池塘，環繞匯聚在南面裂成的三座山崖之下，西面依附的小峰，就像棒槌那樣在南面直立。水塘上面有戶人家，蓋起茅屋居住，門外翠竹環繞，很有幽雅的情趣。從這裡越過峽谷，轉而登上西峰的北麓。又走了一里，翻過山嶺稍許往下，這裡又成峽谷。有小溪往南，直落到如同棒槌那樣直立的小峰的腋部。我便沿著溪流上行，往北走進，山澗石壁陰森，青藤翠竹交相遮掩，澗中石塊很多，毛茸茸的菖蒲貼在上面，人在水中腳踩綠葉，腳下所踩的，只知是菖蒲而不知是石塊。沿著澗水往東向上，再往東南登上山嶺，共走了一里，有二丈長的大石攔路突起。沿著梯子往上爬，只見竹簡巖在左邊的夾縫中，兩個巖洞並列，門都朝西北，雖不太深，但特別高敞爽朗。南洞有飛流的泉水落到外面，北洞則乾燥清潔，洞中空無所有。有僧人新近在裡面蓋屋，故開闢了道路。巖下山崖直到澗底，估計巖後就是西面高峰的絕頂，應該和三清巖前後相遇，如果從這裡安置石級，可先登上峰頂，依次走下各個巖洞。

隨即往下走了二里，仍然到環繞水塘、蓋起茅屋的地方，探訪南面裂開的石縫，石縫間相隔五尺，兩條石縫並起，將山崖分成三部分，都高峻陡絕。望見東面的山麓有條小路往北貼著高崖，便敲茅屋的門打聽，那人正在放牧，邊指邊說：「這是去石背村的路。」在此之前，我和隨從的役夫沿著高崖往北走，小路兩旁藤條樹葉密密遮掩，一片深綠迷茫。小路東面澗中水聲唧唧，如同深秋的蟋蟀自言自語；小路的西面，矗立的山崖高達千尺，高聳的山影遍布空中，將天地隔絕。如果沒有這次出遊，只是認為都嶠山南面高大，北面陡峭，一覽無遺，又有誰知道它竟如此幽寂呢！這時已是下午，隨從的役夫頓時改變了倔強的神色，甚至連跋涉的勞苦也都忘掉了。走了二里，到高崖北面的盡頭，隨山塢向西轉，便是正當門前的「屏障」的北麓。和南麓三座裂開的山崖相比，雖然不及它們高峻，但也環繞相連形成山塢。路便向東，橫穿山塢登上山嶺。這山嶺是西面高峰往東北的分支，往北延伸和在北面護衛的山峰相連。翻過山嶺，山塢自北往南伸展，又開出南北向的塢地。山塢東面是在中間盤繞橫貫的高峰，上面也有巖洞在高處懸掛，下面和西面的高峰相夾形成這個山塢，北面還有重重山崖相隔，南面則曲折繞出，不知通向何處。不久往南看到兩、三戶人家靠著西峰的北麓居住，趕緊前往打聽，得知這裡就是石背村。我在找到石背村後，想起寶蓋巖道士說過「山北有巖洞和它靠近」，就詳細地打聽這洞在什麼地方。村裡的人說：「這裡東面有婆婆巖，巖在高處，道路斷絕，可以望見，但不可能到達。西面有座新巖，這巖是新開闢的，有小路可從別處往下到石寨村。」就帶我到屋子右邊的小路指給我看，即竹簡巖。原來北山的洞，就是竹簡巖。這裡的巖名、村界，請問別人，彼此間說法多不一致，攀登時來龍去脈交替出現，人和景物密切融合，所有隱蔽的景觀就這樣的發掘出來了。

這時太陽已經西下，問後得知到縣城還有二十里，急忙翻過山嶺，沿著高崖行走。往前三里，還沒到石寨村，看到有路往北，便順著它繞過一座山嶺，路漸漸狹小起來。詢問樵夫，回答說：「走錯了。」指點我從空曠的山路橫越過去，說：「從這裡往西南，可以找到大路。」聽從他的話往前，路變得更加荒涼，荊棘遍地。過了好久，看到一條通往西南的小路，大約共走錯了三、四里路。仍然到石寨村邊自南面延伸過來的大路上，太陽已快下山，這才往北轉到大路上走。往前五里，經過古樓村的西面，已一片昏黑。考慮到原先投宿的人家給他錢不要，難以再去，到其他人家又因天晚不方便，就在黑暗中經大路往北奔跑。走了四里，越過一個隘口，又走了二里，轉過一座山頂，又走下一道山坡，渡過一條澗水，共計二里到達繡江，這時已敲過街鼓，旅店全都關閉，街市十分寂靜。便去敲南岸店鋪的門，進去煮飯投宿。這是昨天來時煮飯的人家，所以聽到聲音馬上為我開門。

初六日　早，北渡江，入南門，出西門，飯於肆。即從外垣❶內北向行，經演武場，有大塘瀦水甚富，堤行其間。堤北出古城門，此古州❷北城遺址也。有碑言：「天順❸間鄭果❹、嘉靖間吳顯宗❺二寇為亂，皆因改州為縣，城失其險，故崇禎初復門舊基為外護」云。余疑改州為縣，因人散城縮，非改縣而後失險也。出門，即西行。已而北轉，循大容東麓十里，有水自西北來，〔東入繡。〕乃連渡其右，復渡其左，三渡，遂循溪溯流而上，行夾谷間五里，為石頭鋪。於是復亂流❻涉水，水勢愈縮，山勢愈夾。西折入山峽行，透峽共五里，山勢復開，是為李村。已渡一橋，復漸入幽阻，盤旋山峽間，見溪流壑底，樹蔓空中，〔藤箐沉翳，舉手不見天日。〕五里，躋嶺，復盤旋其上峽。又五里，忽山迴谷轉，瀦水滿陂，環浸山麓，開處如湖，夾處如澗，皆平溢不流，左右迴錯，上下幌漾，真深山中異境也。已而路向南山，水連東塢，乃築堤界其間，以通行者。再南出峽，水遂西流，是為水源，蓋大容北下之脈所盤夾而成者。於是水分東西，夾路隨水西北出山。二里，為同山墟❼，山乃大開，原田每每❽，村落高下。轉而西行，仍南見大容西峰巍然穎出也。五里，有大溪自南，小溪自西，二溪會而東來之溪相併北去。乃涉南溪，溯西溪，北循嶺過雞黍山，有村落在路左。越溪而北，日有餘照，途中人言：「從此將北入深峽中，無居人。」遂止於秦窖。秦窖者，雞黍山北塢中懸小阜也。左右俱有峽，通狹徑，兩三家當阜而居，徑分其前，溪合其下。主人方裂竹為構屋具，取大竹椎扁裂之，片大尺許，而長竟其節，以覆屋兼椽瓦之用。迎客，有山家風味，不若他方避客如虎也。

【章　旨】本章記載了第一百十六天在梧州府的行跡。走出古容州北城門，沿著大容山東麓走，經過石頭鋪、李村，在峽谷中盤繞，忽然山迴谷轉，看到一處滿坡積水的奇景。又經過水源、同山墟，到雞黍山中的秦窖投宿。

【注　釋】❶外垣　在城外圍加築的牆。即「郭」。❷古州　元代設容州，明代改州為縣。❸天順　明英宗年號。❹鄭果　據《容縣志》，成化二年（一四六六），大藤盜侯大狗、鄭昂等攻陷容、藤二縣，後被韓雍誅滅。鄭果，疑即「鄭昂」。❺吳顯宗　據《容縣志》，嘉靖二十一年（一五四二），八寨盜吳宗顯等襲擊縣城，掠帑金而去，官軍追至水源洞心山，擒宗顯，奪金歸。吳顯宗，似為「吳宗顯」之誤。❻亂流　橫渡。❼同山墟　今名松山，在容縣西北境。❽原田每每　原田，在平原上開墾出來的田畝，別於山坡上的梯田。每每，美盛。

【語　譯】初六　早晨，往北渡江，進入南門，走出西門，在店裡吃飯。隨即從城的外牆內往北走，經過演武場，有大塘積滿了水，堤壩從水塘中穿過。堤的北端伸出古城門，這是古代容州北城的遺址。有石碑上面寫道：「天順年間鄭果、嘉靖年間吳顯宗兩寇作亂，都是因為改州為縣，城失去險阻引起的，故崇禎初在原來的地基上修復城門作為外面的護衛」等語。我懷疑改州為縣，是因居民離散、州城縮小的緣故，並非因為改縣才失去險阻的。走出城門後，便向西趕路。過了一會往北轉，沿大容山東麓走了十里，有水從西北流來，往東注入繡江。就接連渡過它的右岸，再渡過它的左岸，連渡三次，便沿著溪流上行，在夾谷中走了五里，到石頭鋪。於是又渡水橫渡溪流，水勢更弱，山勢更窄。往西轉入峽谷中行走，穿過峽谷共走了五里，山勢又開闊起來，地名李村。隨即走過一座橋，又漸漸進入幽僻的險阻中，在山峽中盤繞，只見溪水從山壑的底部流過，樹木在空中蔓延，青藤細竹，深深遮蓋，抬頭舉手，不見天日。走了五里，登上山嶺，又在上面的山峽盤繞。再走五里，忽然山迴谷轉，滿坡都是積水，環繞浸滿山麓，開闊的地方像湖，狹隘的地方像澗，都平緩地溢出，並不流走，在左右縈繞，上下蕩漾，真是深山中的奇境。過了一會路向南山伸展，水和東塢相連，就在裡面築堤分界，讓人通行。再往南走出山峽，水便往西流去，地名水源，是大容山往北延伸的山脈盤繞相夾而成的。於是水從東、西兩邊分別流去，路在兩條水中，隨著水流往西北出山。走了二里，到同山墟，山勢才大大開闊起來，平坦田野休耕田裡的綠草鬱鬱蔥蔥，村莊高低錯落。轉而往西走，往南仍然看到大容山的西峰巍然挺立。走了五里，有大溪從南面、小溪從西面流來，兩條溪水會合後和從東面流來的溪水相併往北流去。於是渡過南溪，沿著西溪上行，往北沿山嶺經過雞黍山，有村莊在路的左邊。越過溪水往北，夕陽尚未消失，聽路中的人說：「從這裡往北將進入深峽之中，路上沒有居住的人家。」便在秦窖止步。秦窖，是位於雞黍山北塢中的小丘。左右兩邊都有峽谷，有狹窄的小路通行，二、三戶人家在小丘上居住，小路在前面分開，溪水在下面會合。主人正在剖竹子作蓋屋的材料，選取大竹敲扁後破開，竹片寬一尺左右，長到竹節為止，拿來蓋屋，既作椽子，又作瓦片用。迎接過客，有山裡人家的風味，不像其他地方像躲避老虎那樣躲避過客。

初七日　晨餐畢，從秦窰北行。透峽二里，山復環而成塢，有聚落焉，是為盧綠塘。從此循壑西北行，山谷愈幽，徑路愈塞，山俱叢茅荒棘，求如水源一帶高樹深林，無復可得。況草茅高者沒頂，不辨其上之或東或西；短者翳胸，不見其下之為平為坎。如是者三里，過大蟲塘。又二里，踰長嶺頂，始北望白石山在重峰之外。於是西北從嶺頭下二里，又從坑中下一里，為石潭村。村北踰小橋，從東岐行，五里，山塢大開，有江自南而東北注，是為西羅江，乃發源大容西北，〔至此始勝舟，〕而東至頭家寨❶入繡江者。其流頗大，絕流而渡，沒股焉。北岸為平地墟，有舟下達繡江。由其埠西上嶺，二里，入一塢，為板洞，聚落亦盛。由洞後西上嶺，平行嶺半，二里，轉而北，復平行嶺半，二里乃下。旋東北上躋，遂踰嶺頭，南望大容東西諸峰無不畢獻，惟北瞻白石，為北峰所掩。復平行嶺上，一里而下嶺北，其水猶東行。度峽西，稍踰一坳，水始分東西焉：東水俱入西羅江❷，屬梧；西水俱入大水河❸，屬潯，是為分界。一里出塢，為上周沖，山始開。五里抵羅秀，山乃大開。飯於肆。由羅秀北行，三里為盧塘❹，四山開繞，千室鱗次，倚山為塘，堤分坡疊，亦山居之再盛者也。

羅秀、盧塘之中，道旁有空樹一圓，出地尺五，圍大五尺，中貯水一泓，水面上〔不〕盈樹圍者五、六寸，下浮出地面者幾及尺焉。深碧澄瑩，以杖底之，深不可測，而珠泡疊疊❺上溢。空樹雖高於地，若樹中之水止可與地相平，乃地之左右俱有溪流就下，而水貯樹中者，較地獨高，不溢不減❻，此孰為之斟酌❼其間耶？樹若井欄，或人之刳空而植之地中者。但水之浮地為可異耳。

盧塘北五里，過盧忘村，登一嶺夾，下而復上，又二里，循山半行，始望白石雙尖如靚面。其嶺東西兩界夾持，而北下成深坑，布禾滿底坑。一里，輒有過脊橫斷兩崖間，凡渡三脊，約循崖上者，共六里焉。俯瞰坑中，或旁通，或中歧，所謂「十二岔塘」者是矣。渡脊後遂西北踰嶺，一里，稍下，復東度一脊，乃北向大路，直望白石山麓。北下一里，又隨夾西轉，一里，下至坑底，即踰小嶺。一里西下，則大水河從南北注。隨之北下，又一里，水轉東折，又有一小水，北自白石來，合併東向。乃既渡其大，復渡其小，上東北涯，已暮色逼人，投宿於嶺上之陳村。

大水河者，自同沖、羅秀北流過此，下流至武林❽入潯江。

【章旨】本章記載了第一百十七天從梧州府回潯州府的行跡。經過盧綠塘、大蟲塘，翻過長嶺頂，到石潭村。再往前渡過水流頗大的西羅江，從平地墟進入板洞，來到西羅江和大水河的分流處。接著經過羅秀、盧塘、「十二岔塘」，到陳村投宿。在羅秀、盧塘中間有棵空樹，裡面積水高出地面，十分奇異。

【注釋】❶頭家寨　又作竇家寨，今名道家，在藤縣西南隅。❷西羅江　又名思羅江、絲羅江，今名四六河。源出大容山，經容縣，入藤縣，至道家與繡江合流。❸大水河　今名白沙河，在平南縣境，東北流至武林入潯江。❹盧塘　和羅秀俱在桂平東南隅。❺亹亹　不絕貌。❻臧　收藏。通「藏」。❼斟酌　安排擺布。❽武林　在平南縣東南，潯江北岸。

【語譯】初七　吃罷早飯，從秦窰往北走。穿過峽谷走了二里，山又繞成塢地，裡面有村莊，名盧綠塘。從這裡沿著山壑往西北走，山谷更加幽深，小路更加堵塞，山中都是叢生的野草荊棘，想找如同水源一帶的高大的樹木、茂密的樹林，已不可再得。何況茅草高可遮沒頭頂，分不清上面是東是西；短的掩蓋胸部，看不到下面是平路還是坑坎。這樣走了三里，經過大蟲塘。又走了二里，翻過長嶺頂，才向北望見白石山在重重山峰之外。於是往西北從嶺頭走下二里，又從坑中走下一里，到石潭村。在村北通過小橋，從東面的岔路走，過了五里，山塢大大開闊起來，有江水從南往東北流去，這就是西羅江，發源於大容山西北，到這裡才能通航，往東到頭家寨注入繡江。這條江水流量很大，橫渡江水，大腿都被淹沒。江的北岸為平地墟，有船可到繡江。從船碼頭的西面登上山嶺，走了二里，進入一個山塢，地名板洞，村落也很興盛。從洞後往西登上山嶺，在山嶺的半腰平步行走，過了二里，轉而向北，又在山嶺的半腰平步行走，過了二里才下山。隨即往東北向上攀登，便翻過嶺頭，南望大容山東西兩面眾多山峰無不呈現在眼前，惟獨向北遠望白石山，被北面的山峰遮掩。又在嶺上平步行走，過了一里，往下到山嶺北面，這裡的水仍往東流。經過峽谷的西面，稍許越過一個山坳，水才分別向東、西兩個方向流去：往東流的水都注入西羅江，屬梧州府；往西流的水都注入大水河，屬潯州府，這裡是分界。往前一里走出山塢，到上周沖，山勢才開闊起來。走了五里到羅秀，山勢才大大開闊。在店裡吃飯。從羅秀往北走，往前三里到盧塘，四周群山環繞，有上千戶人家的住房像魚鱗那樣整齊排列，靠山積水成塘，堤岸分割水塘，山坡層層疊疊，也是一個興盛的山中村落。

羅秀、盧塘的中間，路邊有一棵圓形的空心樹根，露出地面一尺五寸，周長五尺，中間積著一泓清水，水面往上離樹根的四圍不到五、六寸，往下高出地面將近一尺。水深綠明澈，用手杖探它的底部，深不可測，水珠泡沫不斷向上浮起。空樹雖然比地面高，但樹中的水按理只能和地面相平，而且樹旁地面的左右兩邊都有溪水往下流，唯獨積在樹中的水，卻比地面高，既不溢出，也不儲藏，這種現象，究竟是什麼原因造成的？樹形就像井邊的欄杆，或許是人挖空後埋在地中的。只是水高出地面十分奇怪。

從盧塘往北五里，經過盧忘村，登上一道山嶺的夾谷，往下再向上，又走了二里，沿著半山腰走，才望見白石山的兩個尖峰，就像面對面那樣。這座山嶺東、西兩邊夾持，往北走下便成深坑，坑底種滿了稻穀。走了一里，就有延伸過來的山脊橫隔兩座山崖之間，先後越過三道山脊，大約沿著山崖往上走的路共有六里。俯視坑中，有的和旁邊相通，有的中間岔開，所謂「十二岔塘」就是這裡了。越過山脊後，便往西北翻過山嶺，走了一里，稍許往下，又往東越過一道山脊，便是朝北的大路，直通白石山麓。往北走下一里，又隨著夾谷往西轉，走了一里，往下到坑底，隨即翻過一座小嶺。往西走下一里，只見大水河從南往北流去。隨河水往北走下，又過了一里，水往東轉，又有一條小溪，從北面的白石山流來，兩條水會合後向東流去。在渡過大水河後，又渡過小溪，登上東北岸，已經暮色籠罩，便到嶺上的陳村投宿。

大水河，從同沖、羅秀往北流過這裡，下游到武林匯入潯江。

初八日　自大水河登後山入潯路，當從山左循小水北行，余誤從山右大水北去。一里，大水折而東，余乃西踰嶺，三里出羅捷，或作「插」，有村落在山半。仍與北來小水遇。溯之行，始得大道。又二里，復踰水上嶺，從嶺上行。二里，西瞻獨秀而行。下山二里，為陳沖，已出獨秀東北，復見白石矣。自陳沖循塢中小水東北行，至是又以潘觀山為西瞻矣。潘觀山與東界山排闥而北。十里，復西北陟崗，盤西界中垂之嘴。於是復循崗隴行，共十里，踰一嶺而下，是為油麻墟❶。時值墟期，飯而後行。十里，連渡二橋，橋北為周村，水北繞而去，路陟西嶺。五里，過上合村。又謂之麻合，居民二、三家在嶺內。又十里，抵陳坊❷。陳坊之南，自周村來，山不甚高，水不成溪，然猶崗嶺間疊，陂陀盤繞。陳坊之北，則平野曠然，西山在望，聚落成市，始不作空山寂寞觀矣。

初九日　自陳坊墟西行荒野之中，中窪如巖，巖中突石，盤錯蹲踞，但下無深墜之隙，中無淵涵之水，與前所過石橋村南窪坡突石無以異也。西行十里，直逼思靈山❸下，則鬱江自西南環城東北，而隔江山光雉堞，恍然在望矣。渡江，抵城東南隅，往南門，至驛前，則二病者比前少有起色。詢橫州渡舡以明晨早發，遂攜囊下舟以俟焉。

是行也，為日十有六，所歷四縣、桂平、陸川、北流、容。一州鬱林之境，得名巖四，而三為洞天：白石名秀樂長真第二十一洞天，勾漏名玉闕寶圭第二十二洞天，都嶠名大上寶玄第二十洞天。惟水月洞不在洞天之列，而實容山❹之正脈。蓋余所歷，俱四面環容山之麓。蓋大脊西南自欽州靈山東北，經興業由平山墟度脈而東，即高峙為大容。其北出之支，發為白石，而山脈盡焉；其南出之支，經北流縣東分為勾漏，而山脈亦盡；南行正脈，自鬼門關又南為水月洞，又南經高州、西寧❺之境，散為粵東南界之脈，而北轉者始自羅徊而北，結為都嶠。是白石、勾漏、水月皆容山嫡冢，而都嶠則雲礽❻之後矣。世謂容州三洞天俱潛穴相通，非也。白石之通於勾漏者，直指其山脈聯屬，而何必竅穴之相徹；都嶠之通於勾漏者，第泥其地界之接軫❼，而豈知脈絡之已分。故余於都嶠而知跡之易混❽，於水月而知近之易遺也❾。

鬼門關在北流西十里，當橫林之北，望之石峰排列，東與勾漏並矣。北流而縣中峙，乃東者名仙區，西者稱鬼域，何耶？余初是橫林北望，心異仙境，及抵北流，而後知其為「鬼門」。悔不能行其中，一破仙、鬼之關也。

【章旨】本章記載了第一百十八、第一百十九天在潯州府的行跡。經過羅捷、陳沖，沿途望著獨秀山、潘觀山行走，又經過油麻墟，到陳坊，往南便是開曠的平野。次日直逼思靈山下，回到潯州城，搭乘明天去橫州的船。這次行程共十六天，經過四縣一州，找到四座名巖，其中白石山、勾漏山、水月洞為大容山正脈，都嶠山為大容山旁支。只後悔沒能去鬼門關一遊。

【注　釋】❶油麻墟　今名油麻，在桂平東南境。❷陳坊　今名尋旺，在桂平城東。❸思靈山　在桂平城西五里，故名西山。山形上銳下廣，蟠根數里，如荷葉倒蓋，又若巨網自空中倒撒。山上龍華寺右有泉，清洌如杭州龍井，而味更甘美，時有汁噴出，白如乳，故名乳泉，即思陵水源。❹容山　即大容山，在容縣西北二十五里，一般海拔在八百公尺以上，東北—西南向，綿延近百里，桂平、玉林、北流、容縣、藤縣，皆分據其麓，以此山為望。因山勢遼闊，無所不容，故名大容。其山面面相似，入山易迷路。山中盛夏有霜，分九十九澗。絕頂有巨石三片，長數十丈，形如「川」字，上有巨人跡。❺西寧　明代為縣，隸廣東羅定州，治所在今廣東郁南建城。❻雲礽　遠孫。古稱從本身下數到第八世孫為礽孫，或稱耳孫。礽，也作「仍」。雲，言其輕遠如雲。❼接軫　車輛相銜接而行。比喻接近。❽故余於都嶠而知跡之易混　此指白石、勾漏、都嶠三山或由於山脈相連，或由於地界相接，從而產生「潛穴相通」的說法。❾於水月而知近之易遺也　此言水月洞實大容山正脈，理應在洞天之列，只因離城較近而被遺漏了。

【語　譯】初八　從大水河登上後山去潯州的路，應當從山的左邊沿小溪往北走，我誤從山的右邊沿大河往北走。過了一里，大河轉向東，我便往西越過山嶺，走了三里，離開羅捷，或作「插」，有村落在半山腰。仍然和從北面流來的小溪相遇。沿著溪水上行，才找到大路。又走了二里，再越過溪水登上山嶺，從嶺上行走。過了二里，向西望著獨秀峰行走。下山走了二里，到陳沖，已從獨秀峰東北走出，又看到白石山。從陳沖沿著塢中的小溪往東北走，到這裡又以潘觀山為向西遠望的目標。潘觀山和東界的山峰相對峙立，如同推開的門戶，往北伸展。走了十里，再往西北登上山岡，繞過垂掛在西界中間的山口。於是又沿著山岡丘隴行走，共走了十里，越過一座山嶺下去，便是油麻墟。這天正逢趕集的日子，吃過飯便出發。走了十里，接連通過兩座橋，橋北為周村，水往北繞過，路登上西嶺。走了五里，經過上合村。又名麻合，有二、三戶居民在嶺內。再走了十里，到達陳坊。陳坊的南面，從周村過來，山不太高，水不成溪，但仍有岡嶺層層相隔，傾斜不平的山路盤繞。陳坊的北面，則是開曠平坦的原野，西山就在眼前，村落變成城鎮，這才沒有空山寂寞的景觀。

初九　從陳坊墟往西在荒野中行走，中間窪陷如同巖洞，巖中有石突起，盤結交錯，形如蹲坐，但下面沒有往深處墜落的縫隙，中間沒有積滿水的深潭，和先前所經過的石橋村南面低窪的山坡中突起的石塊沒什麼不同。往西走十里，直逼思靈山下，鬱江從西南繞城往東北流去，江對岸的山光城牆，彷彿就在眼前。渡過江水，到桂平城東南角，前往南門，到驛站前，見兩個病人比原先稍有起色。打聽到去橫州的渡船明天早晨出發，便帶著行李下船等候。

這次行程，共十六天，經過四縣、桂平、陸川、北流、容縣。一州鬱林的境域，找到四座名巖，其中三座為洞天：白石名秀樂長真第二十一洞天，勾漏名玉闕寶圭第二十二洞天，都嶠名大上寶玄第二十洞天。唯獨水月洞不在洞天之列，而實際上為大容山的正脈。我所經歷的地方，都在四周環繞著大容山的山麓。大體上說，大山脊從西南的欽州靈山往東北延伸，經過興業，從平山墟山脈往東延伸，即高高聳起為大容山。往北伸出的支脈，突起成白石山，而山脈也到了盡頭；往南伸出的支脈，經過北流縣往東分出勾漏山，而山脈也到盡頭；往南延伸的正脈，從鬼門關再往南為水月洞，再往南經過高州、西寧的境地，分散為廣東南界的山脈，而向北轉的從羅徧開始往北延伸，結成都嶠山。因此白石山、勾漏山、水月洞都為大容山的正脈，而都嶠山則為大容山的旁支。世人說容州三個洞天都有暗洞相通，實際上並非如此。說白石山和勾漏山相通，只是指山脈相連，又何必洞穴相通；說都嶠山和勾漏山相通，只拘泥於地界接近，又哪知山的脈絡，已經分開。故我從都嶠等三山相通這種說法，可知表象很容易被混同，從而得出錯誤的結論；從水月洞不在洞天之列，可知景物和人世接近，反而容易被遺忘。

鬼門關在北流縣西面十里，正當橫林的北面，放眼望去，石峰排列，和東面的勾漏山並立。北流縣城位於兩者中間，而東面譽為仙境，西面被稱作鬼域，這是什麼原因呢？我起先在橫林朝北望去，心中稱奇，覺得真是一處仙境，等到了北流，而後知道這是「鬼門」。真後悔沒能到那裡一遊，一破這分隔仙、鬼之說。

【研　析】個性分明，體魄強健，勇於探險，敢於批判，這一切，使徐霞客不僅能見人所未見，聞人所未聞，而且能思人所不思，言人所不言。無論出自傳統、權威的偏頗，還是因習俗、迷信造成的謬誤，都能摧陷廓清，還其科學的、真實的面目。宋初樂史望文生義，在《太平寰宇記》中稱白石山「山色潔白」。而徐霞客則根據親眼所見，指出白石山、都嶠山均為砂岩，故「多赭赤之色」。相傳白石山和勾漏山之間有洞穴暗通，徐霞客也通過實地勘察，斷然否定了這種說法，並提出詰問：「謂穴道潛通，夫誰入而誰試之耶？」白石山北有漱玉泉，傳說每當晚上鐘鼓聲起，泉水就會沸騰，鐘鼓聲止，泉水也隨之平息。過去有些書籍，以訛傳訛，進行渲染，說得更加離奇。徐霞客並不否認這種現象，但不同意這樣的解釋，通過向當地山僧調查，指出「聞鐘泉沸」之說，皆為「好事之言」。其實，漱玉泉和同在廣西的興安白石的喊泉、德保馬隘的叫泉，都是潮汐泉。由於聲波傳入泉洞，在水中引起「共鳴」、「聲壓」等物理作用，因水面受到壓力，從而使泉水往外湧出。故徐霞客說其漲其落，「自有常度」。在潯州龍洞的深潭中，有光浮水面的景象，當地道士視作神怪之光，徐霞客認為這是從水中折射的光線，用科學的分析，否定了迷信虛幻的說法。《大明一統志》是明朝官修的地理總志，徐霞客西遊途中，此書從不離身，隨時翻閱，在《遊記》中引證甚多，但他並不盲從，多次根據實地調查，糾正了書中不少錯誤。

當然在《遊記》中也有不足之處，徐霞客一到柳城，就在日記中闡述了柳江水系和南、北盤江的源流，「城西江道分而為二：自西來者，慶遠江也，其源一出天河縣為龍江，一出貴州都勻司為烏泥江，經忻城北入龍江，合流至此；自北來者，懷遠江也，其源一出貴州平越府，一出黎平府，流經懷遠、融縣至此。二江合而為柳江，所謂黔江也。」據當今學者研究，其中便有好幾處錯誤：一是天河縣應為荔波縣；一是烏泥江（都泥江）是南、北盤江合流後經東蘭州、忻城、遷江、來賓注入黔江，並非龍江支流，不可能經忻城匯入龍江；三是平越府應為都勻府，黎平府應為桂林府；四是柳江和黔江不能等同。將右江當作南盤江，這是明人的通病，徐霞客也是如此。他說北盤江「自普安經忻城至慶遠合龍江」，流向也不對。後來他從象州到都泥江口，又敘述了都泥江口的源流，修訂了過去的說法，但仍有一些錯誤，如保留了都泥江「北合龍江」的說法，對南、北盤江在哪裡合流，又流經哪些地區，也都沒有摸清。唐貴縣人何履光，官特進，但徐霞客卻誤信記載，將履光、特進視作二人。烏蠻和烏滸蠻看似相似，實際上是古代兩個不同的民族，但《遊記》中卻將它們混同了。《遊記》中說大藤峽東抵桂平府約三百餘里，認為繡江僅出自高州，也都有誤。

徐霞客自稱「穿棘則身如蜂蝶，緣崖則影共猿鼯」。他常常隻身孤影，不借繩梯，在無可攀援的條件下，如「梯險躡虛，猿垂豹躍」，登上一座座「利若劍鋒，簇若林筍」，以至從來不曾有人到過的懸崖陡壁。但他情之所鍾，尤在遊洞。廣西多洞，據現存的《遊記》，徐霞客在西遊途中，共遊了三百多個洞，其中一百六十多個洞在廣西境內。其中有明洞，也有暗洞，有陸洞，也有水洞，有的廣若大廳，有的狹如筒管，有的向上盤升，有的往下繞轉。由於洞內野獸潛藏，暗流擋路，履危涉險，幽深莫測，故鑽洞要比攀崖更加艱險。徐霞客因地制宜，採用多種不同的遊洞方法，其中有些毋寧說是一時應急的手段，完全建立在以性命一搏的基礎上。他以「橫綳豎聳」、「臂綳足撐」，甚至「反攀倒躋」之法，登上一個個地處險僻的巖洞。對那些最為險要的深井式的洞穴，在無可奈何之時，「攀崖梯隙」，「撐隙支空」，乃至「若鳥之摩空，猿之躡虛，似非手足之靈所能及也」。徐霞客在容縣，曾因尋找龍巖走錯了路，誤入一個山坳之中，「其坳皆懸石層嵌，藤刺交絡，陷身沒頂，手足莫施，如傾蕩洪濤中，汩汩終無出理……此時無論虎狼蛇虺，凡飛走之族，一能勝予。」當他好不容易脫險回到真仙巖中，心有餘悸，不禁產生一種再生的感覺。

在這篇遊記中，時時透露出因動盪不安而在整個社會彌漫的衰颯的氣息。縣城冷落，山村荒涼，物質貧乏，甚至連拓碑的紙張都難找到。儘管形勢危急，世事孔棘，但省城的王府，依然窮奢極欲，在全城戒嚴之時，照樣大舉興作，焰火耀空，聲振城谷，以至「合城士女喧觀，詫為不數見之盛舉」。更有昏官庸吏，置國計民生於不顧，居然異想天開，荒唐地索取所謂葛仙留在勾漏洞內的丹砂仙米，實際上葛洪根本不曾到過廣西，道士所進獻的，只是十分常見的洞中砂粒和菰米而已。徐霞客在鬱林旅店過夜時，無意中聽到那些奉命「剿匪」的官軍，已對明王朝失去了忠誠和信心，居然與匪私通，罔上冒功。肉食不謀，令人扼腕。原本高蹈遠舉的徐霞客，此時也不由得起憂國濟時之思。在西遊途中，他常面對一些關隘要地，結合當時形勢，或謀劃設計，或傷情致慨。船過大藤峽，眼前山勢迴逼，急流倒湧，叢木虧蔽，僮、瑤雜處，徐霞客不禁發出這樣的警告：「今碧灘之上，置鎮峽堡，聲勢甚孤，恐怠玩之後，不足以震懾戎心也。」並打算對王守仁當年的布置，作一番實地考察。由於人人自危，一些村民甚至不敢開門納客。動亂和貧困，直接導致了民風澆薄，人心敗壞，連嚮往淨土的佛門，也成了納垢藏污之地，一些僧人趁人之危，敲榨勒索，見錢眼開，不怕報應。當徐霞客離開真仙巖，準備返回柳州時，正逢連日大雨，江水暴漲，巨大的樹木連株拔起，遮蓋江面，許多人遷居高處避水，但另有一些人，卻划著小船，在江面打撈木材，為此遭到岸上人的嗤笑：「家都保不住，還要木柴幹什麼？」但船上的人更是理直氣壯：「我將從這場大水獲利，哪像你們都會被淹死？」雖然作者未置一詞臧否，但從中顯示的兩種不同的人生觀和價值觀，頗發人深思。《遊記》中還寫了一個病夫，竟遁跡荒谷，在樵夫牧童都不到的桂平仙弈巖旁的石窟中寄生。所有這些，官修的正史不會寫，文人學士不願寫，就連方志、筆記中都很少見，但徐霞客獨具慧眼，如實記錄，從而保留了許多極其珍貴的社會歷史資料。前人稱杜甫詩為「詩史」，徐霞客的《遊記》，也可說是一部「遊史」。

燕王朱棣以「清君側」為名，揮戈南下，攻陷南京，建文帝突然失蹤，從而留下了一個難解的歷史之謎。朱棣登基後，曾派胡濙遍遊各地、鄭和遠航西洋，到處尋找，一無所獲。徐霞客特意記載了傳說中建文帝留在橫州寶華寺和陳步江寺的遺跡，認為建文的手跡理應表彰，批評「最新而掩其跡」的施怡為愚者，讚揚「追遠而創其祠」的楊氏為「知者」，這已不僅僅是如何保護古蹟的問題，從中清楚地顯示出他的政治態度，表達了他對明初那次軍事政變的愛憎之情。以後他到貴州，在貴陽太子橋、白雲山，繼續尋訪建文帝的遺跡。

初十日　未明發舟。曉霞映江，從篷底窺之，如行紫絲步障❶中，彩色繽紛，又是江行一異景也。隨西山南向溯流十里，外轉而東北行，迂曲者又十里，始轉而南，又十里，望白石山亭峙東南，甚近。於是轉而西北，是為大灣。又西十里，過牛欄村，轉而南，復轉而西，又十五里而暮。又乘月行五里，宿於鎮門。是夕月明如晝。共行六十里。

十一日　未曙而行。二十里，白沙❷。又五里，登涯由小路北行。一里，得大路，稍折而東，渡雷沖橋。從橋東小岐北望石峰而行，涉一溪，行蒼莽中。四里，抵小石峰下，復透一峰峽。又三里，抵羅叢巖❸，巖門南向。邦人黎霄鸞，鄉貢進士，有記曰：「東南望白石洞天，西北接獅子❹、鳳巢❺之秀，艮案峙其前，太平擁其後。」既至，日猶未午，一面索炬同道者游，一面令具餐焉。蓋茲巖前有東、西兩門，內有東、西兩洞。西洞之內，倏夾倏開，倏穹而高盤，倏垂而下覆，頂平若幔，裂隙成紋；至石形之異，有疊蓮盤空，挺筍森立者，亦隨處點綴，不顓以乳柱見奇也。西洞既窮，道者復攜炬遊東洞。其內夾而不寬，高而無岐，石紋水湧，流石形如劈翅，而蓮柱乳筍，亦復不汎。然其深止得西洞之半，不若其屢轉屢擴也。遊畢，下洞底，循故道出❻。

飯于道者，復東炬為水洞、龍洞遊。水洞在山西南隅，其門南向，中寬數畝，潭水四際，瀦而不流，其深不測，而淵碧如黛；其外淺處，紫碧浮映，想為日光所爍也。洞左右俱有重崖迴環潭上，可循行以入。及抵潭際，則崖插底而路旁絕，不能變通焉❼。出洞，循西麓北轉而東，又得龍洞。洞在山西北隅，其門北向，中有水夾，其上片石東西交疊，成天生橋焉。〔五丈以內，又度一梁，篝火入，西穿石柱，夾漸大。〕南入約半里，〔路窮下黑，乃多燃火炬照耀之。〕亦有深潭一泓，瀦水莫測，大更逾于水洞，〔投石沉沉，亦止而不流，〕洵神龍之淵宅也。〔已而熄炬消燄，南望隔潭，深處杳杳，光浮水面，道人神以為怪光使然❽。予謂穴影旁透。道人曰：「昔村人結筏窮之，至其處，輒不得穴，安所得倒影？」予曰：「此地深伏，雖去洞頂甚遙，然由門南出，計去水洞不遠，或水洞之光，由水中深映，浮筏者但從上矚，不及悟光從水出耳。若係靈怪，豈有自古不一息者哉？」乃復明炬〕出龍洞。

〔別道人，〕即西踰石梁，西南望山坳行，皆土山漫衍，三里，輒不得路。乃漫向西南升陟壟坂，五里，始得路。乃隨向西南一里，度一石梁，又一里，得村聚，是為厚祿❾，有公館焉。厚祿西南，乃往貴縣大道；厚祿之北為安祿營，乃潯州所從來者。余從間道出厚祿後山，已過安祿而南，欲趨平碣，尚三十里，中無人煙可以託宿。土人勸余返安祿宿鋪中，時日纔下舂，余不能違也。安祿營有營兵數十家，以宿客為業。

羅叢巖西北有崇山❿橫亙，東北自潯之西山，西南自貴之北山，二山兩角高張，東西相距百四十里，中間峰巒橫亙，翠環雲繞，頗似大容。蓋大容為鬱江南條之山，界於繡、鬱兩江之間，而此山為鬱江北條之山，界於黔、鬱兩江之間。其脈自東南曲靖⑪東山至泗城州⑫界，經思恩⑬、賓州⑭之境，而東盡於潯。貴縣之倚北山，猶鬱林之於大容西嶺；潯州之倚西山，猶容縣之於大容東峰：皆東西突聳兩角，而中則橫亙焉。第大容〔東西八十里，〕較近，而中有北流縣界其間；茲山較遠，而別無縣治，惟安祿營為中界。安祿東有土山，脈由大山東北分支南下。第大山自西南趨東北，土山自東北轉西南，南抵潯、貴濱江諸山而止。其中夾成大塢，映帶甚遙，平疇廣溪，迤邐西南矣。

【章旨】本章記載了第一百二十、第一百二十一天在潯州府的行跡。朝霞映照江面，眼前繽紛多采。船離開桂平，直到鎮門過夜。次日經過白沙，到羅叢巖。巖內有東、西兩洞，西洞石形奇特，東洞也不尋常，但只有西洞一半深。吃過午飯，又去遊水洞，洞內潭水深不可測，上面有重重崖壁環繞。接著到龍洞，洞中有天生橋，也有一泓深潭。水面有亮光浮動，道士以為是神怪之光，實際上可能是從水中透出的亮光。隨後經過厚祿，到安祿營過夜。羅叢巖西北有大山東西橫貫，很像大容山。大容山在繡江、鬱江之間，以北流縣為中界，這山在黔江、鬱江之間，以安祿營為中界。

【注釋】❶紫絲步障　步障，用以遮避風塵或障蔽內外的屏幕。據《世說新語》，晉王愷「作紫絲布步障、碧綾裡四十里。」

❷白沙　在桂平西南境，鬱江北岸。❸羅叢巖　在桂平西南六十里，山上遍布溶洞。從洞門深暗處，忽見巖頂有清光一點，

宛如月色，人稱「羅叢巖月」。有碧虛（東洞）、靈源（西洞）、水月（水洞）諸洞。水月洞有龍潭，廣十畝。巖外有超然亭，為潯州勝景。❹獅子　岡名，在桂平城西五十里，以形如獅子得名。下有獨流江繞過。❺鳳巢　山名，在桂平城西五十里，俗稱鳳凰山，又名鳳凰嶺，下有龍潭。❻西洞既窮十三句　乾隆本作「計里許，北過一隘，西轉有峽，北透天光。時數炬更盡，不復能由內洞返。北躋後洞出，穴北向，僅中匍匐出洞。已下北麓，循麓東行，過東北隅，道者指其上列竇曰：『此東洞後穴也。』予即欲從之入，道者曰：『無炬。須仍由前洞攜炬出。』從之，環其東麓，麓東一峰圓峙，高踰此山，竅穴離披，道者謂都無深入竇。然其北有石一枝離立起，不由此不得睹也。復入東前洞，縛炬內遊，乳石奇變，與西內洞等，而深止得半，不若西屢轉愈擴也。東崖上穴駢迸，亟躋上，則有門三穴，聯翩北向，而下無階級。道者謂從其內西向躋暗夾中，有道可出，然愈上愈隘，不若仍出前洞也」。汎，通「泛」。一般；平常。❼不能變通焉　乾隆本作「上無岐穴，不識水洞何所止」。❽道人神以為怪光使然　當為「道人以為神怪光使然」。❾厚祿　又作厚六，在桂平西隅。❿崇山　當為蓮花山，古稱宣貴山，今又名北山、龍山，綿延一百餘里，有「北山平天連天横」之說。東、西、南三面高，中部低，地勢由西南向東北傾斜。⓫曲靖　明代為府，治所在南寧（今雲南曲靖），為雲南東部門戶。⓬泗城州　治所在今廣西凌雲。⓭思恩　明代為府，嘉靖間移治今武鳴北境舊思恩。⓮賓州　明代隸思恩府，民國間改為賓陽縣（今屬廣西）。

【語　譯】初十　天還沒亮就開船。清晨的彩霞映照江面，從船篷底下向外張望，就像在紫絲布製成的步障中行走，四周繽紛多彩，又是在江中航行所看到的一處奇景。隨西山向南逆流行駛十里，往外轉向東北行駛，又彎彎曲曲往前十里，才向南轉，再行駛十里，望見白石山在東南亭亭峙立，離船很近。於是轉向西北，到大灣。又往西行駛十里，經過牛欄村，向南轉，再向西轉，再行駛十五里，已是傍晚。在月光下繼續行駛五里，在鎮門留宿。這晚月光皎潔，如同白天。一天共行駛六十里。

十一日　天還沒亮就開船。走了二十里，到白沙。又行駛五里，上岸從小路往北走。過了一里，來到大路，稍許向東轉，通過雷沖橋。從橋東的小路朝著北面的山峰行走，渡過一條溪水，在蒼茫的山嶺中趕路。走了四里，到小石峰下，再穿過一座峰峽。又走了三里，到達羅叢巖，洞門朝南。本鄉人黎霄鸞，為鄉貢進士，有遊記寫道：「這裡東南可望白石洞天，西北和秀麗的獅子岡、鳳巢山相接，艮案山在它的前面峙立，太平山在它的背後環抱。」到了那裡，還不到中午，便一面要火把和道士進洞遊賞，一面叫人準備午飯。這巖前面有東、西兩道門，裡面有東、西兩個洞。西洞內部，忽而狹窄，忽而開闊，忽而拱起，向上盤旋，忽而垂落，往下覆蓋，頂部平整如同帳幕，裂開的縫隙形成石紋；至於岩石形狀奇特，有的像層層蓮花在空中盤繞，有的像竹筍森然挺立，到處都是，不僅以鐘乳石柱稱奇而已。到西洞盡頭，道士又帶著火把去遊東洞。裡面相夾而不寬闊，高隆而沒岔開，石紋如水波湧起，滾動的石塊形如張開的翅膀，而石蓮、石柱、石乳、石筍，也都很不尋常。但只有西洞一半深，不像西洞那樣多次往裡轉，多次變得開闊起來。遊完洞後，往下到洞底，沿原路走出。

在道士那裡吃飯，又紮了火把去遊水洞和龍洞。水洞在山的西南角，洞門朝南，裡面有幾畝寬，四周都是潭水，匯聚而不流出，深不可測，潭水深綠如同青黛；外面較淺的地方，水面映照出紫綠色的光亮，想來是陽光照射的緣故。洞左右兩邊都有重重崖石在潭上環繞，可沿著崖壁進入。等到達潭水的邊沿，只見崖壁插入潭底，旁邊道路斷絕，不能另外找路通行。出洞後，沿著山的西麓往北轉再向東，又來到龍洞。洞在山的西北角，洞門朝北，中間有流著水的夾縫，上面有石片東西交疊，成為天然的橋。走了不到五丈，又過一座石橋，帶著火籠進去，往西穿過石柱，夾縫漸漸變大。往南走進大約半里，路到了盡頭，下面一片漆黑，便燃起許多火把照耀。這裡也有一泓深潭，積水深不可測，比水洞更大，將石塊投到潭中，聲音十分低沉，水也靜止不動，真不愧為神龍的窟穴。過了一會火把熄滅，光焰消失，向南望見潭水的另一邊，深遠不見邊際，水面有亮光浮動，道士以為這是由神怪之光造成的。我認為這是從旁邊的孔洞照進的亮光。道士說：「過去村民編了木筏去探尋，到了那裡，總是找不到洞穴，哪來倒映在水面上的亮光？」我說：「這裡位於洞的深處，雖然離洞頂很遠，但從洞門往南走出，估計離水洞不遠，或許是水洞的亮光，從水中往深處映照，在木筏上飄浮的人只是注視上面，還不明白光從水中透出。如果真是靈怪之光，哪有自古以來從不消失的光呢？」於是又燃起火把走出龍洞。

告別道士，立即向西越過石橋，往西南朝著山坳行走，眼前都是連綿不絕的土山，走了三里，總是找不到路。便隨意往西南登上高丘的山坡，走了五里，才找到路。於是隨路往西南走了一里，通過一座石橋，又走了一里，到一個村落，地名厚祿，有公館。厚祿的西南，是通往貴縣的大路；厚祿的北面為安祿營，是從潯州過來的必經之地。我從小路走出厚祿的後山，已越過安祿營往南，想去平碭，還有三十里路，中間沒有人家可以投宿。當地人勸我返回安祿營到驛站過夜，這時太陽剛下山，我不能不聽從他們的勸告。安祿營有幾十戶營兵，以接客過夜為業。

羅叢巖西北有大山橫亙，東北一端出自潯州的西山，西南一端出自貴縣的北山，這兩座山如同兩角高高張開，東西相距一百四十里，中間峰巒橫亙，綠樹白雲環繞，很像大容山。大體上說，大容山為鬱江南面綿延的山脈，位於繡江、鬱江之間，而這山為鬱江北面綿延的山脈，位於黔江、鬱江之間。這山脈從東南的曲靖東山延伸到泗城州地界，經過思恩、賓州的境域，往東到潯州為止。貴縣靠著北山，就像鬱林靠著大容山西嶺；潯州靠著西山，就像容縣靠著大容山東峰：都在東西兩端聳起兩角，而在中間橫亙。只是大容山從東到西相距八十里，比較近，又有北流縣隔在它中間，這山東西相距較遠，中間沒有縣城，唯有安祿營作為中界。安祿營東面有土山，是從大山東北分出南下的支脈。只是大山從西南往東北延伸，土山從東北轉向西南，往南到潯州、貴縣靠近鬱江的眾山為止。中間夾成大塢，景物相互襯托，直到很遠的地方，平坦的田野，寬闊的溪流，連綿曲折，往西南伸展。

十二日　平明，自安祿西南行田塍間。四里，南越山岡，西下二里為飄村，聚落不及厚祿三之一，而西望大山之下，則村落纍纍焉。又西南四里，過一小橋，於是皆沮洳❶之境，兩旁茅草彌望，不復黍苗芃芃❷矣。又一里，過臨徵橋，乃南踰崗隴。又西南三里，有碑大書為「貴縣東界」。又西南漸向崗隴，而草虆❸

一望如故。又八里，直抵石山下，是為平碣營。先是，由飄村南望右大山、左土嶺，兩界夾持，遙遙西南去。大山長，後西突而起；土山短，漸南殺焉。而兩界之中，有石山點點，青若綴螺；至是而道出其間。平碣亦在崗阜上，有營兵數家，墟舍一環。就飯於賣漿者，恐前路無人煙也。

平碣之東，石峰峭立，曰大巖山❹，有巖甚巨，中容數千人。其南又突小山，低而長，上有橫架之石，若平橋高懸，其下透明。小山之西、平碣之南，為馬鞍山，亦峭聳而起。此皆平碣之近山也。南望有駢若筆架、銳若卓錐者，在數里之外，望之而趨。三里，度石梁，為石弄橋。又南十餘里，直抵南望諸峰之麓，有一第舍在路右突阜上，曰劈竹鋪。眺路左諸峰，分岐競異，執途人而問之，始知即貴縣之東山❺也。其西北大山盡處高峙而起者，即貴縣之北山❻也。按志：貴縣有東、西、南、北四山❼，而東山在縣東二十里，為二何隱處，《一統志》曰：「唐時有何特進、履光❽二人隱此。」《風土記》謂「特進」乃官銜，分履、光為二人，曰何履、何光。《西事珥》載：開元❾中何履光以兵定南詔❿，取安寧⓫，立銅柱⓬。按此則履光乃一人，其一名特進，非銜也。明秀挺拔。蓋四山惟北為崇巒峻脊，而東、西、南三山俱石峰森立。東山亞於南，而軼於西。西北一峰，如婦人搭帔⓭簪花，俗呼為新婦巖。中峰石頂分裂，如仙掌舒空，又如二人並立，今人即指為二何化名⓮。然茲山聳拔自奇，何必摹形新婦，託跡化人也？其南支漸石化為土，峰化為崗，逶迤西南。循其右行共九里，為黃嶺⓯。其南面土崗盡處，始見村聚倚崗，室廬高列。其北隅平窪中，復立一小石峰，東望如屋脊⓰橫列，兩端獨聳；西眺則擎芝偃蓋，怪狀紛錯。又西南一里，路右復突一石峰，高聳當關，如欲俯瞰行人者。從此東北，石峰遂盡。遙望南山數點，又青青前列矣。又二里，度一石梁，其水勢石狀與劈竹同。又五里，則路兩旁皆巨塘潴水，漾山瀠郭。又一里，過接龍橋，疊石塘中，以通南北，乃堤而非橋也。於是居聚連絡。又西一里，由貴縣⓱東門抵南門，則大江⓲在其下矣。〔靜聞與顧僕所附舟，已先泊南門久。〕下午下舡，薄暮放舟，乘月西行，十五里而泊。

【章　旨】本章記載了第一百二十二天在潯州府的行跡。經過飄村，走過泥沼地，進入貴縣東界，到達平碣營。平碣東面有大岩石，南面有馬鞍山。貴縣有東、西、南、北四山，其中唯獨北山高峻。在劈竹鋪望見東山群峰競獻奇姿，又看到新婦巖形狀奇特。接著經過黃嶺，石峰漸漸到了盡頭。下午坐船離開貴縣。

【注　釋】❶沮洳　由腐爛植物埋在地下而形成的泥沼。❷芃芃　草木茂盛貌。❸虆　蔓生植物。❹大巖山　在桂平西境，與貴縣接壤處。三峰並峙，又名三巖山，人跡罕至。產天然茶，色味俱佳，經宿不變。❺東山　在貴縣城東十五里，峰巒秀峙，相傳唐何履光隱此。❻北山　在貴縣城北二十里，又名宜貴山。因有銀礦，亦名銀山，錯綜百餘峰，延袤數百里。❼東西南北四山　西山，在貴縣城西二十里，五峰並峙。多躑躅花，產方竹。峰巒奇特，石筍參天。南山，在貴縣城南八里，錯綜二十四峰。上有三巖洞，絕頂為宜仙洞，景物幽邃，為一縣之冠。有南山寺，宋仁宗賜額曰「景祐禪寺」，因巖為寺，多宋、元碑刻。❽何特進履光　何履光，貴州（治所鬱林，在今廣西貴縣西南）人，官廣府節度，授特進。唐天寶八年（七四九），自安南都護府進軍南詔，收復安寧城。特進，唐、宋時為文散官之第二階，相當於正二品。❾開元　唐玄宗年號。❿南詔　古國名，唐開元年間，蒙舍詔王皮邏閣統一六詔（唐西南夷中烏蠻六個部分的總稱。「詔」義為王或首領），遷治太和城（今雲南大理南太和村西）。因蒙舍詔在其他五詔之南，故稱南詔，後稱大理國。⓫安寧　唐初置安寧縣，後為烏蠻遷居，即今雲南安寧。⓬立銅柱　據《南唐書・南詔傳》：「（何履光）取安寧城及井，復立馬援銅柱以還。」據《後漢書・馬援傳》李賢注引《廣州記》：「援到交趾，立銅柱，為漢之極界也。」從未到過雲南。⓭帔　披肩。⓮化名　當為「化身」。⓯黃嶺　今作旺嶺，在貴縣東北。⓰屋脊　屋子中間高起的部分。⓱貴縣　明代隸潯州府，今屬廣西。⓲大江　指鬱江。

【語　譯】十二日　黎明時分，從安祿往西南在田埂中行走。過了四里，往南越過山岡，再往西走二里到飄村，村落的大小不到厚祿三分之一，而向西望見大山的下面，村莊接連不斷。又往西南走了四里，通過一座小橋，從這裡起都是泥沼地，兩旁滿眼都是茅草，不再有茂盛的禾苗。再走一里，通過臨徵橋，便往南越過山岡丘隴。再往西南走三里，有石碑上面寫著「貴縣東界」幾個大字。再往西南漸漸朝著山岡丘隴行走，但一眼望去，仍然都是蔓生的野草。再走八里，直到石山下，這裡就是平碣營。在此之前，我從飄村向南望見右邊是大山，左邊是土嶺，在兩面夾持，遠遠往西南延伸。大山較長，後面往西突起；土山較短，漸漸往南低伏。在這兩界的中間，有點點石山，青色如同點綴的螺螄，到這時才從中走過。平碣營也在山岡上，有幾戶營兵，一圈墟市屋子。在賣豆漿的地方吃飯，怕前面路上沒有人家。

平碣營的東面，有陡峭的石峰峙立，名大巖山，山上有很大的巖洞，裡面可容納幾千人。在它南面又突起一座小山，低而長，上面橫架的岩石，如同平整的石橋高高懸掛，下面照進亮光。小山的西面、平碣巖的南面，為馬鞍山，也陡峭聳起。這些都是平碣營附近的山。向南望見幾里之外，有像筆架那樣並立、像錐子那樣尖銳的山峰，便朝著它趕路。走了三里，通過石橋，為石弄橋。又往南走了十多里，直到朝南望見的眾多山峰的腳下，有一處住房在路右邊突起的山岡上，名劈竹鋪。眺望路左邊的眾多山峰，各不相同，競獻奇姿，拉著路上的人打聽，才知道就是貴縣的東山。在它西北大山的盡頭高高峙立的，是貴縣的北山。據志書載：貴縣有東、西、南、北四山，東山在縣城東面二十里，為二何隱居的地方，《一統志》云：「唐時有何特進、履光二人在此隱居。」《風土記》說「特進」是官銜，分履、光為二人，稱何履、何光。《西事珥》載：開元中何履光率兵平定南詔，攻取安寧，立銅柱。據此則履光為一人，另一人名「特進」，不是官銜。明秀挺拔。這四座山惟獨北山為高峻的峰巒，東、西、南三山都是森然挺立的石峰。東山比南山低些，但比西山高。西北有座山峰，就像婦女搭著披肩，頭上插花，俗稱新婦巖。中峰石頂分裂，如同仙掌伸向天空，又像二人並立，今人即指為二何的化身。其實這山高聳挺拔，本身就很奇特，又何必摹仿新娘的形態，託身前人呢？南面的支峰漸漸由石山變為土丘，由山峰變為山岡，曲曲折折向南延伸。沿著它的右邊共走了九里，到黃嶺。在它南面土岡的盡頭，才看到村落靠著山岡，房屋在高處排列。在它北端平坦的窪地中，又峙立著一座小石峰，向東望去，如同屋脊橫列，兩端獨自聳起；向西眺望，又像靈芝高擎，傘蓋倒置，奇形怪狀，紛亂錯雜。再往西南走一里，路的右邊又突起一座石峰，高高聳起，把守關口，像要俯視行人。從這裡往東北，石峰便到了盡頭。遠遠望見南山，露出幾點峰尖，又在前面展現出青青的山影。再走二里，通過一座石橋，橋下的水勢和岩石形狀與劈竹鋪一帶相同。再走五里，只見路旁都有巨大的池塘積水，蕩漾山影，瀠繞城郭。再走一里，通過接龍橋，實際上是在池塘中疊起石塊，讓人南北通行，是堤而不是橋。到這裡村鎮開始連成一片。再往西走一里，從貴縣東門到達南門，大江已經在它的下面。靜聞和顧僕所搭乘的船，已在南門停泊好長時間。下午下船，傍晚開船。在月光下往西行駛，過了十五里才停泊。

十三日　未明而發。十里，西抵西山之南，轉向南行，五里，轉向東行，十里，是為宋村❶。由貴縣南至南山十里，由南山至宋村十里，而舟行屈曲，水路倍之。先，余擬一至貴縣，即往宿南山，留顧僕待舟，令其俟明晨發。及余至，而舟且泊南門久矣。余別欲覓舟南渡，舟人云：「舟且連夜發。」阻余毋往。余謂：「舟行屈曲，當由南山間道相待於前，不知何地為便？」舟人復辭「不知」，蓋恐遲速難期，先後有誤耳。及發舟，不過十餘里而泊。今過宋村，時猶上午，何不往宿南山，至此登舟也？至是，舟轉西南，掛帆十里，轉東南，仍縴十五里，復南掛帆行，五里，西轉，是為瓦亭堡。其北涯有石突江，若蹲虎；其南涯之內，有山橫列焉。又十五里，則夾江兩山並起，舟溯之入。又五里而暮，乘月行。十里，泊於香江驛❷。

十四日　五鼓掛帆行。晨過烏司堡，已一十里矣，是為橫州界。東風甚利。午過龍山灘，又四十里矣。灘上即烏蠻灘❸，有馬伏波廟❹。灘高溜急，石壩橫截，其上甚艱。既上，舟人獻神廟下，少泊後行。西北五里，為烏蠻驛。又南十里，則石山崢嶸，立江右為鳳凰山❺。自過貴縣西山，山俱變土，至是石峰復突而出。其雙崖壁立、南嵌江中者，即鳳凰巖也。又南二里，為麻埠，日已西昃。余欲留宿其處，為鳳凰游，而村氓皆不肯停客，徘徊久之而去。又西十里，其處有山高突江左，其上有洞曰道君巖，下有村曰謝村。日色已暮，而其山去江尚遠，亦不及停。又南五里，曰白沙堡，又乘月行五里而泊。是夜月明如晝。

烏蠻灘在橫州東六十里，上有烏蠻山[6]、馬伏波廟。志謂：「昔有烏蠻[7]人居此，故名。」余按：烏滸蠻[8]在貴縣北，與此不相及。而廟前有碑，乃嘉靖二十九年知南寧郡王貞吉所立，謂：「烏蠻非可以瀆前古名賢之祠，易名起敬灘。」大碑深刻，禁人舊稱，而呼者如故。余遍觀廟中碑甚多，皆近時諸宦其地者，即王文成上灘詩[9]亦不在。而廟外露立一碑，為宋慶曆丙戌[10]知橫州任粹所撰，張居正[11]所書。碑古字遒。碑言：「粹初授官時，奉常二卿[12]劉公以詩見送，有『烏巖積翠貫州圖』之句。抵任，即覓之不得也。遍詢之父老，知者曰：『今烏蠻山即烏巖山也，昔偽劉擅廣[13]，以諱易其稱[14]，至今不改。』夫蠻乃一方醜彝[15]，諱亦一時僭[16]竊，遂今名賢千古廟貌[17]，訛襲此名，亟宜改仍其舊。聞者皆曰：『喏。』遂為之修廟建碑，以正其訛。」其意與王南寧同。而王之易為起敬，不若仍其舊更妙。

【章　旨】本章記載了第一百二十三、第一百二十四天從潯州府到南寧府的行跡。因船夫阻攔，沒能去南山一遊。船經過宋村、瓦亭堡，到香江驛停泊。次日經過烏司堡，進入橫州地界。再經過龍山灘、烏蠻灘、烏蠻驛、鳳凰山、鳳凰巖、道君巖，到白沙堡停泊。烏蠻灘上有烏蠻山、馬伏波廟。廟前有任粹撰文、張居正書寫的石碑，說烏蠻山原名烏巖山，因避偽劉諱改為今名。

【注　釋】❶宋村　今名上宋，在貴縣城南，鬱江東岸。❷香江驛　今名香江，在貴縣南境，鬱江東岸。❸烏蠻灘　又名起敬灘，在橫縣城東六十里鬱江中，綿延三十餘里，多石。水路有三鬼、馬槽等名，地勢尤其險惡。江水傾瀉，聲響如雷，遠達幾十里外。人謂此灘之險，甚於福建南平城東的黯淡灘。❹馬伏波廟　在烏蠻灘頭北岸岬角上，相傳漢伏波將軍馬援征交趾，為通航開竣險灘，後民眾建廟紀念。明王守仁率軍過此，督府州增建。廟依山傍水，建築雄偉，色澤鮮豔，經久不褪。內有「竹林七賢像」及各種奇花異卉。❺鳳凰山　在橫縣城東四十里，鬱江南岸，石壁臨江，景色秀麗。巖半又有一穴，直逼巖頂，人稱迎仙洞。❻烏蠻山　又名烏滸山，在橫縣城東八十里，過去為烏滸蠻所居之地，又名烏浦。漢靈帝時，鬱林太守谷永招降烏浦人十餘萬，開置七縣。❼烏蠻　晉、宋至隋、唐，爨氏大姓分東、西兩部，居於今雲南東部地區。舊史習稱東爨之居民為烏蠻，西爨之居民為白蠻。此烏蠻似指烏滸蠻。❽烏滸蠻　古族名，也作烏武蠻、鄔浦蠻，由古越人一支發展而來，主要分布在廣西合浦、邕寧、橫縣、玉林等地。❾王文成上灘詩　即王守仁〈謁伏波廟〉其二：「樓船金鼓宿烏蠻，魚麗群舟夜上灘。月遶旌旗千嶂靜，風傳鈴柝九溪寒。荒夷未必先聲服，神武由來不殺難。想見虞廷新氣象，兩階干羽五雲端。」❿慶曆丙戌　慶曆六年（一〇四六）。慶曆，宋仁宗年號。⓫張居正　字叔大，號太岳，江陵（今屬湖北）人。萬曆初出任首輔，主政十年，銳意革新，勇於任事。死後遭攻擊，籍其家。⓬奉常二卿　奉常，秦代九卿之一。漢景帝時改稱太常。歷代沿置，專為司祭祀禮樂之官。隋至清皆稱太常寺卿。二，疑為「寺」之誤。⓭偽劉擅廣　唐末五代初，劉隱據有今兩廣之地。後梁貞元三年（九一七），其弟劉龑稱帝，建都廣州，史稱南漢，為五代十國之一。⓮以諱易其稱　劉龑初名巖，稱帝後改名龔，又改名龑，故改烏巖山為烏蠻山。⓯彝　同「夷」。古時用以對中原以外各族的蔑稱。⓰僭　超越本分。封建王朝以正統自居，稱割據對立的王朝為僭偽。⓱廟貌　廟中所供奉的神像。《釋名·釋宮室》：「廟，貌也。先祖形貌所在也。」

【語　譯】十三日　天還沒亮就出發。過了十里，往西到達西山的南面，轉向南行駛，過了五里，又轉向東行駛，再過十里，到宋村。從貴縣往南到南山為十里，從南山到宋村為十里，但船曲折行駛，水路里程加倍。我原先打算一到貴縣，就去南山過夜，留下顧僕等船，叫他等到明天早晨出發。等我到那裡，船已在南門停泊很久了。我想另外找船往南渡江，船夫說：「船將連夜出發」，阻止我別去。我問：「船曲折行駛，我應當從南山抄小路在前面等待，不知到哪裡等待比較方便？」船夫推託說：「不知道」，實際上是怕到那裡的時間難以預料，因或先或後而發生差錯。開船後走了不過十多里就已停泊。今天經過宋村，還在上午，昨天何不去南山過夜，到這裡上船呢？這時船轉向西南，揚帆行駛十里，又轉向東南，仍然拉縴走了十五里，又揚帆往南行駛，走了五里，向西轉，到瓦亭堡。在它北面水邊，有石在江中突起，如蹲伏的老虎；在它南岸裡面，有山橫向排列。再行駛十五里，只見兩座山在江兩岸並排聳起，船逆流駛入。再走五里，天色已晚，在月光下行駛。再過十里，到香江驛停泊。

十四日　五更揚帆出發。早晨經過烏司堡，已行駛十里，到橫州地界。一路東風，十分順利。中午經過龍山灘，又行駛四十里。灘上即烏蠻灘，有馬伏波廟。灘高水急，石壩橫截水流，上灘十分艱險。駛上灘後，船夫在神廟下獻祭，停泊片刻然後開船。往西北行駛五里，到烏蠻驛。再往南行駛十里，只見石山高峻，在江右岸峙立的為鳳凰山。自從經過貴縣西山，山都變成土山，到這裡石峰才又突起。那兩座山崖如壁陡立，朝南嵌入江中的，便是鳳凰巖。再往南行駛二里，到廠埠，太陽已經偏西。我想在這裡留宿，去遊鳳凰巖，但村民都不肯接客，徘徊好久，只得離開。再往西行駛十里，這裡有山在江的左岸高高突起，山上有洞名道君巖，下面有村名謝村。天色已晚，而這山離江岸還很遠，也來不及停下。再往南行駛五里，地名白沙堡，又在月光下行駛五里停泊。這夜月光明亮，如同白天。

烏蠻灘在橫州城東六十里，上面有烏蠻山、馬伏波廟。志書說：「過去有烏蠻人在這裡居住，以此得名。」我以為：烏滸蠻在貴縣北面，和這裡實不相干。廟前有碑，是嘉靖二十九年知南寧府王貞吉所立，說：「不可用『烏蠻』來褻瀆古代名賢的祠廟，應改名為起敬灘。」碑很大，字刻得很深，想禁止人們用原來的名稱，但人們卻照舊稱為烏蠻山。我到處觀看，廟中碑很多，都是近時這裡做官的人刻立的，連王文成的上灘詩也沒有。只有廟外一塊在露天豎立的石碑，為宋慶曆六年知橫州任粹撰文、張居正書寫。碑文古老，字跡遒勁。碑文說：「粹剛任命時，奉常寺卿劉公以詩送行，裡面有『烏巖積翠貫州圖』這樣的句子。上任後，卻找不到這地方。向當地父老到處打聽，有知道的人說：『現在的烏蠻山就是烏巖山，過去偽劉占據兩廣，因為避諱改了山名，至今不變。』烏蠻只是一方的野蠻民族，劉漢也是一時僭偽的政權，這就使得名賢千古相傳的神廟所在地，錯誤地沿用這個名稱，應立即改為原名。聽到的人都說：『是。』於是重修祠廟，建立石碑，以糾正這個錯誤。」用意和王南寧相同。而王南寧改灘名為「起敬」，則不如恢復原名更妙。

十五日　五鼓，掛帆十五里，清江。有江自江左入大江。又二十里，抵橫州❶南門，猶上午也。橫州城在大江❷東北岸，大江自西來，抵城而東南去，橫城臨其左。其瀨江二門，雖南面瞰之，而實西南向也。近城有南、北兩界山：北七里為古鉢❸，在城西北隅，俗名娘娘山，以唐貞觀❹中，有婦陳氏買魚將烹，忽白衣人謂曰：「魚不可食，急擲水中，上山頂避之。」陳如其言，回望所居，已陷為池矣。其池今名龍池❺，山頂廟曰聖婆廟。南十五里曰寶華❻，在城東南隅。寶華山有壽佛寺❼，乃建文君❽遁跡之地。二山皆土山逶迤，而寶華最高，所謂「秀出城南」是也。宋守徐安國❾詩。時州守為吾郡諸楚餘，名士翹。有寄書者，與鬱林道顧東曙家書，俱置篋中，過衡州時為盜劫去❿。故前在鬱，今過橫，俱得掉頭而去。若造物者故藉手此盜，以全余始終不見之義，非敢竊效殷洪喬⓫也。

是日為中秋節。余以行李及二病人入南寧舟。余入城，飯於市。乃循城傍江而東，二里，抵下渡。橫州有三渡：極西者在州門外，為上渡；極東者在下流東轉處北極廟前，為下渡；而中渡在其中。渡南岸，〔為寶華山道。〕遂登山坡而入，其道甚大，共二里，透入嶺半，其內山環成峒⑫。由峒東北行，有小徑，二十里可抵鳳凰山。已而復隨峽南行，共五里，乃由右岐南復登嶺。一里，南下，又一里，過蒙氏山莊，又一里，乃東向入山。又二里，過山下村居，予以為即寶華寺也，披叢入之，而後知寺尚在山半。渡澗拾級，又半里，得寺。日纔下午，而寺僧閉門，扣久之，乃得入。其寺西向，寺門頗整，題額曰「萬山第一」。字甚古勁，初望之，余憶為建文君舊題，及趨視之，乃萬曆末年里人施怡所立。蓋施怡建門而新其額，第書己名而並沒建文之跡。後詢之僧，而知果建文手跡也。余謂「宜表彰之」，僧「唯唯」。寺中無他遺跡，惟一僧守戶，而鐘磬無聲。問所謂山後瀑布，僧云：「墜自後嶺，其高百丈。而峽為叢木所翳，行之無蹊，望之不見，惟從嶺而上，可聞其聲耳。」余乃令僧炊於寺，而獨曳杖上嶺，直造其頂。而風聲瀑聲，交吼不止，瀑終不見。乃下返寺。寺後岡上，見積磚纍纍。還問之，僧曰：「此里人楊姓者，將建建文帝廟，故庀材以待耳。」吁！施怡最新而掩其跡，此人追遠而創其祠，里閭之間，知⑬、愚之相去何霄壤哉！既而日落西陲，風吼不息，浮雲開合無定。

頃之而雲痕忽破，皓魄當空。參一出所儲醞⑭醉客，佐以黃蕉丹柚。空山寂靜，玉宇無塵，一客一僧，漫然相對，洵可稱群玉山頭，無負我一筇秋色矣。

十六日　早飯於寶華。下山五里，出大路，又五里，出峒前嶺。望東北鳳凰諸石峰，在三十里外，令人神飛。而屢詢路遠，不及往返。南寧舟定於明日早發，遂下山。西五里抵州門，由上渡渡江入舟。

【章　旨】本章記載了第一百二十五、第一百二十六天在南寧府的行跡。船到橫州，城北有古鉢山，城南有寶華山。這天是中秋節，過江上山，經過蒙氏山莊，到寶華寺，寺門題額為建文帝題寫的「萬山第一」四個字。山後有瀑布，但只能聽到聲音。當地有姓楊的人，想在這裡建造建文帝廟。夜晚留在寺內飲酒賞月。次日下山，途中遙望鳳凰山等山峰，過江回到船上。

【注　釋】❶橫州　明代隸南寧府，治所在今廣西橫縣。❷大江　指鬱江。❸古鉢　山名，在橫縣城北七里，山形圓聳，狀如僧人鉢盂，為縣之鎮山。上有聖婆廟。有水從山中流出，因岸邊多產香稻，名香稻溪。❹貞觀　唐太宗年號。❺龍池　在橫縣北門外，傳說即唐貞觀女子陳氏擲魚處。❻寶華　山名，又名南山，在橫縣城南二十里。傳說山頂常見寶氣，有瀑布泉從山頂石槽中直下。山頂有朝煙閣，山半有建於紹興間的應天禪寺，傳說建文帝出走雲遊，寓居此山十六年，題寺門匾額曰「萬山第一」。山中盛產「白毛茶」，傳說第一株白毛茶樹即建文帝所栽。❼壽佛寺　即應天禪寺，在橫縣城南寶華山小坡上，建於宋紹興年間，明時繼修。傳說舊有兩禪師居此，常騎白鹿、花虎。相傳明建文帝遁跡至嶺南，寓居寺中十五年，題曰「萬山第一」，寺額「壽佛禪林」亦其手筆。後恐事洩，於一夕復遁至陳步江寺。❽建文君　名朱允炆。朱元璋死，以皇太孫繼位，在位四年，年號建文。因用齊泰、黃子澄計削藩，燕王朱棣起兵攻陷京師，不知所終。或說在宮中自刎而死，或說從地道出亡，改換僧裝，流浪各地，自號「應文」。清時追諡惠帝。❾徐安國　字衡仲，號春渚，浙江富陽人。南宋紹熙間知橫州，以寬民寧盜為政。能詩詞，其〈詠寶華山〉詩云：「秀出城南號寶華，翠微深處納僧家。百年臺殿歸煨燼，一逕蒼苔落晚花。」❿過衡州時為盜劫去　見〈楚遊日記〉二月十一日日記。⓫殷洪喬　殷羨，字洪喬，晉陳郡長平（在今河南西華東北）人。為豫章太守，臨去，都人託帶信件百餘封。羨行至石頭，皆投之水，祝曰：「沉者自沉，浮者自浮，殷洪喬不能作致書郵。」⓬峒　《遊記》中常用以指山中窪地。⓭知　通「智」。⓮醞　酒。

【語　譯】十五日　五更，揚帆行駛十五里，到清江。有江水從左邊匯入大江。又行駛二十里，到橫州南門，還是上午。橫州城在大江東北岸，大江從西面流來，到城後向東南流去，橫州城在江的左岸。靠近江岸的兩座城門，雖朝南俯視江水，其實面向西南。城附近有南、北兩座作為分界的山峰：城北七里為古鉢山，在城的西北角，俗稱娘娘山，因唐貞觀年間，有個姓陳的女子買了魚正要烹煮，忽然有個穿白衣服的人對她說：「這魚不可吃，趕快把牠投入水中，到山嶺避難。」陳氏照他的話做了，回頭望見居住的地方，已陷落成為池塘。這池如今名龍池，山頂的廟稱為聖婆廟。城南十五里名寶華山，在城的東南角。寶華山有壽佛寺，是建文君隱居的地方。這兩座山都是連綿不斷的土山，而寶華山最高，就是所謂「秀出城南」的山。是宋代知州徐安國的詩句。現在的知州是我們常州府的諸楚餘，名士翹。我這裡原有寄給他的信，和鬱林道顧東曙的家信，都放在小箱中，在經過衡州時被強盜搶走。因此先前在鬱州，如今過橫州，都能毫無牽掛掉頭就走，好像上天故意借這些強盜的手，來成全我始終不見達官貴人的操守，並沒有私下效法殷洪喬的意思。

這天是中秋節。我將行李和兩個病人送上去南寧的船。走進城內，在街市吃飯。然後沿城靠近江水向東，走了二里，到達下渡。橫州有三個渡口：最西的渡口在州城門外，為上渡；最東的渡口在下游往東轉處北極廟前，為下渡；中渡在它們的中間。渡江到南岸，便是去寶華山的路。於是登上山坡往裡走，路很大，共走了二里，穿入山嶺的半腰，裡面山嶺環繞成峒，從峒往東北走，有小路，往前二十里可到鳳凰山。隨後又隨山峽往南走，共五里，就從右面的岔路向南再登上山嶺。過了一里，往南走下，又走了一里，經過蒙氏山莊，再走一里，向東進入山中。再走二里，經過山下的村莊，我原以為這裡就是寶華寺，撥開草叢進去，才知道寺院還在半山腰。渡過澗水，踏著石級，又走了半里，才找到寺院。看日頭還剛到下午，但寺院的僧人已經將門關閉，敲門費了好長時間，方才進入寺內。這寺面向西，寺門很整潔，題額為「萬山第一」。字體古樸遒勁，剛看到時，我想起是建文君原來的題字，走上前細看，原來是萬曆末年本地人施怡所立。施怡建造寺門，新立匾額，只寫上自己的名字，而將建文的遺跡都埋沒了。後來問了僧人，才知道果然是建文君的手跡。我說「應該表彰」，僧人「連連稱是」。寺中沒有其他遺跡，只有一個僧人守著門戶，但沒有鐘磬聲。打聽所謂山後的瀑布，僧人說：「這瀑布從後嶺落下，高達百丈。但峽谷被樹叢遮掩，既沒去路，又看不見，只有從山嶺往上走，可聽到瀑布的聲響。」我便吩咐僧人在寺內煮飯，獨自拖著手杖登上山嶺，直到山頂。只聽到風聲瀑聲不停地交吼，但始終看不到瀑布。便下山返回寺院。在寺後的山岡上，看到有許多堆積的磚瓦。回去打聽，僧人說：「本鄉有個姓楊的人，將建造建文帝廟，所以準備材料等候動工。」唉！施怡最晚的新花樣竟將建文的遺跡遮掩，此人追懷往事而想建立祠廟，在同一個鄉里中，有的明智，有的愚昧，相差真有天壤之別！不一會太陽從西邊落下，大風不停地吼叫，浮雲時而散開，時而聚攏。頃刻之間，雲影忽然散開，明月正當空中。參一拿出所藏的酒讓客暢飲，並以黃蕉、丹柚下酒。空山寂靜，碧空如洗，一客一僧，隨意相對，真可說如在神仙境界，不辜負我拖著手杖觀賞秋色的一番心願。

十六日　早晨在寶華寺吃飯。下山五里，走到大路上，又走了五里，從峒前的嶺中走出。望見東北鳳凰山等眾多石峰，在三十里外，令人神往，一再問路，回答都說路遠，來不及返回。去南寧的船定在明天早晨出發，便下山，往西走了五里到達州城門，從上渡渡江上船。

十七日　平明發舟，雨色淒淒，風時順時逆。舟西南行三十里，江口有小水自江南岸入，江名南江。舟轉北行，又十里，抵陳步江[1]，在江南岸，通小舟。內有陳步江寺，亦建文君所棲。〔欽州鹽俱從此出。〕泊於北岸。是日共行四十里。靜聞以病後成痢，堅守夙戒，恐污穢江流，任其積垢遍體，遺臭滿艙，不一浣濯，一舟交垢❷而不之顧。

十八日　晨餐始發舟。初猶雨色霏霏，上午乃霽。舟至是多西北行，而風亦轉逆。山至是皆土山繚繞，無復石峰嶙峋矣。〔蓋自入鬱江，惟鳳凰山石崖駢立瞰江，餘皆壤阜耳。〕二十里，飛龍堡。又十里，東隴堡。又五里，泊於江之左岸。其處在火煙驛❸下流五里土山之上，有盤石平亙，若懸臺中天，擎是向空，亦一奇也。是日行三十五里。

十九日　平明行。五里，過火煙驛，是為永淳縣❹界。於是舟轉北行，歷十二磯焉。磯在江右涯，盤石斜疊，橫突江畔。蓋自橫以來，山石色皆赭黯，形俱盤突，無復玲瓏透削之狀矣。共十五里，綠村。舟轉東北，又十里，三洲頭。又五里，高村。轉而東南，乃掛帆焉。三里，復轉東北，又五里，轉而東。又二里，抵永淳之南門而泊。是日行四十五里。

永淳踞掛榜山❺而城。鬱江自西北來，直抵山下，始東折而南，仍環南門西去。當城之西，衹一脊過脈，脊北則來江，脊南則去江，相距甚近。脊之東北，石崖圓亙，峙為掛榜山，而城冒❻其上，江流四面環之，旁無餘地。

【章旨】本章記載了第一百二十七天至一百二十九天在南寧府的行跡。經過陳步江、飛龍堡、火煙驛，進入永淳地界。又經過十二磯、綠村，到座落在掛榜山上的永淳城，城四周都有江水環繞。沿途都是土山，沒有石峰。從橫州起，山石都呈暗赭色。

【注釋】❶陳步江　又作陳埠江，或名平塘江，今名沙坪河，源出欽州，經靈山入橫縣，在江口注入鬱江。❷垢　通「詬」。❸火煙驛　今名火煙，在橫縣西境，鬱江南岸。❹永淳縣　明代隸南寧府橫州，治所在今橫縣巒城。❺掛榜山　在永淳縣西北隅，又名屏風山。下有珠巖，俯臨水涯，山下有石圓而浮，相傳有紫水從中湧出。❻冒　覆蓋。

【語譯】十七日　黎明開船，雨景淒清，時而順風，時而逆風。船往西南行駛三十里，江口有條小溪從江的南岸注入，江名南江。船轉向北行駛，又過了十里，到達陳步江，在鬱江南岸，通行小船。裡面有陳步江寺，也是建文君隱居的地方。欽州出產的鹽都從這裡運出。在鬱江北岸停泊。這天共行駛四十里。靜聞因病後得了痢疾，但仍堅守過去的戒規，怕污染江流，任由他全身都是髒物，滿船散發臭味，從不洗滌，即使一條船上的人交相指責，也置之不理。

十八日　吃過早飯才開船。起先依然雨絲飄灑，上午才放晴。船到這裡大多向西北行駛，風也轉逆。到這裡都是土山繚繞，不再有突兀的石峰。自從進入鬱江，只有鳳凰山石崖並立，俯視江面，其他地方都是土丘罷了。行駛二十里，到飛龍堡。又行駛十里，到東隴堡。再行駛五里，在鬱江左岸停泊。這裡在火煙驛下游五里的土山上，有巨石橫亙，就像掛在天空的平臺，向空中高舉，也是一處奇景。這天行駛三十五里。

十九日　黎明出發。行駛五里，經過火煙驛，這裡就是永淳縣地界。於是船轉向北行駛，經過十二磯。磯在江的右邊，巨石斜疊，在江邊橫向突起。從橫州過來，山石都是暗赭色，呈盤繞突起的形態，不再有玲瓏剔透的形狀。共行駛十五里，到綠村。船轉向東北，又行駛十里，到三洲頭。再行駛五里，到高村。船轉向東南，才揚帆行駛。過了三里，又轉向東北，再過五里，轉向東行駛。再過二里，到永淳的南門停泊。這天行駛四十五里。

永淳城座落在掛榜山上。鬱江從西北流來，直到山下，才向東轉又往南流，仍然繞過南門往西流去。在城的西面，只有延伸過來的山脈中的一道山脊，山脊北面是流來的江水，山脊南面是流去的江水，相距很近。山脊的東北，石崖圓轉相連，峙立成為掛榜山，縣城就在山上，江水在四面環繞，旁邊沒有一點多餘地方。

二十日　舟泊而候人，上午始行。乃北繞永淳之東，旋西繞其北，幾環城之四隅，始西北行。十五里，鹿頸堡❶，已過午，始轉而西，乃掛帆焉。於是兩岸土山復出，江中有當流之石。五里，西南行。又十五里，伶俐水❷。有埠在江北岸，舟人泊而市薪。風雨驟至，迨暮而止。復行五里而泊。是日行四十里。

二十一日　雞再鳴即行，五里而曙。西南二十里，過大蟲港，有港口在江北岸。轉而南五里，又西五里，午過留人峒，有石聳立江右，宛若婦人招手留房者。石當山迴水曲處，故曰峒。又北曲而西，五里，過蓑衣灘。又十里，轉而北行，則八尺江❸自西來入。〔江發源自欽州，通舟可抵上思州❹。〕八尺❺之北，大江之西，巡司名八尺，驛又名黃花❻。宿於左峰。

二十二日　平明，由黃花北行五里，上烏涖灘。江流至灘，分一支西出八尺。舟上灘，始轉而西，漸復西南。二十里，有土山兀出北岸，是為青秀山❼，上有浮屠五級，出青松間，乃南寧東南水口也。又西五里，為私鹽渡。又西五里，上一灘，頗長，有石突江西岸小山之上，下有尖座，上戴一頂如帽，是為豹子石❽。舟至是轉而北。又十里，過白灣，山開天闊，夾江多聚落，始不似遐荒矣。轉而南三里，為坪南，江南岸村聚甚盛。又西三里，泊於亭子渡❾。

二十三日　昧爽行，五里，抵南寧之西南城下❿。

此日至九月初八遊南寧日記缺

【章　旨】本章記載了第一百三十天至第一百三十三天在南寧府的行跡。經過鹿頸堡，到伶俐水，進入邕寧地界。又經過留人峒、蓑衣灘、八尺、左峰，駛上烏湴灘。繼續往前，江北岸有青秀山，西岸有豹子石。到白灣，山勢開闊，天地空曠。再經過坪南、亭子渡，到南寧西南城下。從八月二十三日到九月初八的日記都缺。

【注　釋】❶鹿頸堡　今名六景，在橫縣西北隅，鬱江轉折處北岸。❷伶俐水　今名伶俐，在邕寧東隅，鬱江北岸。❸八尺江　在邕寧東南，源出欽州，北流經八尺寨入鬱江。❹上思州　明代隸南寧府，治所在今廣西上思。❺八尺　即八尺寨，在邕寧東南約六十里，地勢險要，明、清置巡司，設兵駐防。❻黃花　原作「黃范」，據乾隆本改，下同。❼青秀山　又名泰青峰，今名青山，在南寧城東南十里，有上中下三層，雄奇秀拔，為邕江砥障。上有仙人插劍石，旁有擷青巖，刻有「陽明先生過化之地」數字。❽豹子石　在邕寧城南十里，石形似豹。❾亭子渡　今名亭子，在南寧南郊，邕江轉折處南岸。❿抵南寧句　南寧，明代為府，治所在宣化（即今廣西南寧）。徐霞客病中曾託季會明代為整理遊記，季會明後於句下附記云：「自此至九月初八日記俱缺。霞客自標簡端云：『在雜刻包根內。』遍搜遺帙，並無雜刻。計其時俱在南寧。嗟嗟！南寧一郡之名勝，霞客匝月之游踪，悉隨斷簡銷沉。繕寫至此，安得起九原而問之！」

【語　譯】二十日　船停下等人，上午才出發。於是往北繞過永淳的東面，隨即往西繞到它的北面，幾乎從城的四周繞過，才往西北行駛。走了十五里，到鹿頸堡，已過中午，才向西轉，揚帆行駛。到這裡兩岸又出現土山，江中有正對水流的岩石。過了五里，往西南行駛。又過了十五里，到伶俐水。江的北岸有碼頭，船夫在這裡停泊買柴。風雨突然到來，到傍晚才停止。再行駛五里停泊。這天行駛四十里。

二十一日　雞啼第二遍就出發，行駛五里天才亮。往西南行駛二十里，經過大蟲港，有港口在江的北岸。轉向南行駛五里，又往西五里，中午經過留人峒，有岩石在江的右岸聳立，很像婦女招手留客。這岩石正當山迴水曲處，故稱峒。再曲折往北又向西轉，行駛五里，經過蓑衣灘。再過十里，轉向北行駛，只見八尺江自西面流來注入。江從欽州發源，通船可到上思州。八尺江的北面，大江的西面，有巡司名「八尺」，驛站又名「黃花」。在左峰留宿。

二十二日　黎明，從黃花驛往北行駛五里，駛上烏涖灘。江水流到灘上，分出一支往西從八尺流出。船駛上灘後，才向西轉，漸漸又轉向西南。行駛二十里，有土山在北岸突起，這就是青秀山，山上有五層佛塔，從青松中露出，這裡是南寧東南的水口。又往西五里，到私鹽渡。再往西五里，駛上一灘，很長，有岩石在江西岸的小山上突起，下面有尖利的底座，上面形狀如帽，這就是豹子石。船到這裡向北轉，又行駛十里，經過白灣，山勢開闊，天空寬廣，江兩岸有很多村落，開始不像邊遠荒野之地了。轉向南行駛三里，到坪南，江南岸村落很興盛。又往西走三里，在亭子渡停泊。

二十三日　拂曉出發，走了五里，到南寧西南城下。

此日至九月初八遊南寧日記缺。

九月初九日　西過鎮北橋關帝廟，西行三里，抵横塘，東望望仙坡[1]東西相距。於是西折行五里，望羅秀[2]已在東北，路漸微。稍前，始得一溪。溪水小於武江，而急流過之。渡溪始北行，二里，西去為申墟❸道，北去為羅賴村，已直逼西山東麓矣。返轉東北，又二里，過赤土村之西，有小水自西而東縈山麓，繞赤土下中墟。越澗登山，越小山一重，內成田峒。又越峒過小橋而上，其路復大。路左有寺，殿閣兩重甚整，望之無人，遂賈餘勇先直北躋嶺。嶺西有澗，重山自西高峰來，即馬退山❹夾而成者。一里，登越山坳。蓋大山西北自思恩來，東西環繞如城，迤邐自西南走東北，而西南最高者為馬退。又東，駢峰雜突，皆無與為並。而羅秀在其東，聯絡若一山，而峰岫錯落，路亦因之。路抵中峰，忽分為二：左向西北者，為武緣❺道；右走直北者，為下山間道。二道界一峰于中，則羅秀絕頂也。時余未識二道所從，坐松陰待行人，過下午而無一至者。以右道幽地，從之北出坳，而見其下嶺，乃謀返轅。念峰頂不可不一登，即從其處南向上。其頂西接馬退，東由黃花北走賓州。蓋其脈自曲靖東山而來，經永寧、泗城、思恩至此，東至於賓，乃南峙為貴縣北山，又東峙為潯州西山，而始盡焉。南寧之脈，自羅秀東分支南下，崗陀蜿蜒數里，結為望仙坡，郡城倚之。又東分支南下，結為青山，為一郡水口。青山與馬退東西對峙，後環為大圍，中得平壤，相距三十里，邊境開洋，曾無此空闊者。從頂四望，惟北面重峰叢突，萬瓣並簇，直連武緣，然皆土山雜沓，無一石峰界其間，故青山、豹子遂為此巨擘。從頂西下武緣道，坳間北望，寥寂皆無可停宿處。乃還從岐約一里下，從路旁入羅秀寺，空無人，為之登眺徘徊。又一里，下至前田峒，由其左循大道，共二里，抵赤土村，宿於陸氏❻。

九月初十日至二十一日遊南寧日記缺。

【章　旨】本章記載了第一百四十九天在南寧府的行跡。經過橫塘，遙望望仙坡，直逼西山東麓。隨後繞過赤土村，越過田峒，登上羅秀山頂峰，考察了山脈的走向、山峰的形態。南寧城靠著望仙坡，青山為一郡水口，附近有邊遠地區罕見的開闊平地，四周都是土山，沒有石峰。下山遊覽了羅秀寺，便回到赤土村過夜。下面從九月初十至二十一日遊南寧的日記都缺。

【注　釋】❶望仙坡　在南寧東北一里，與羅秀山相對，高聳甲於諸山。❷羅秀　山名，在南寧城北二十里，傳說晉羅秀隱於此，後成仙，故名。山勢高峻，俯瞰北湖，上有羅潭，又名羅山。❸申墟　今名心圩，與羅賴村（今名那賴）、赤土村（今名赤里）均在南寧北郊。❹馬退山　在邕寧城北十五里，山勢趨而復返，如馬之退，故名。❺武緣　明代為縣，隸思恩府，治所在今廣西武鳴城南七十里。❻宿於陸氏　季會明在句下又記云：「是紀一則，於亂帙中偶得之，胡塗之甚，不知其紀何日。觀〈獨登羅秀〉詩，知為重陽日記。錄之以志此日之遊蹤，不與前後俱沒。若云登高作賦，不負芳辰，則霞客無日非重九矣。」

【語　譯】九月初九　往西經過鎮北橋關帝廟，再往西走三里，到橫塘，向東望見望仙坡東西相隔。於是轉向西走五里，望見羅秀山已在東北，路漸漸小了起來。稍許往前，才看到一條溪水，比武江小，但水流更急。轉身渡過溪水開始向北走，過了二里，往西走是去申墟的路，往北走是去羅賴村的路，已直逼西山東麓了。轉身往東北，又走了二里，經過赤土村的西面，有小溪從西往東縈繞山麓，繞過赤土村流下中墟。渡過澗水，登上山嶺，越過一重小山，裡面形成田峒。再越過田峒，通過小橋向上，路又大了起來。路的左邊有寺院，兩重殿閣，十分整潔，往裡看沒人，便鼓起勇氣先直往北登上山嶺。嶺的西面有澗水，重重山嶺從西面的高峰延伸過來，即由馬退山相夾形成的山。走了一里，往上越過山坳。大體上說，大山從西北的思恩延伸過來，東西環繞如同城牆，曲曲折折從西南向東北伸展，西南最高的山為馬退山。再往東，並立的山峰雜亂突起，但都不能和它相比。羅秀山在它的東面，連在一起，就像一座山，而峰巒錯落不齊，路也隨著延伸。路到中峰，忽然分為兩條：在左邊往西北走的，是去武緣的路；在右邊往正北走的，是下山的小路。中間有一座山峰將兩條路分開，就是羅秀山的頂峰。當時我不知道這兩條路去哪裡，坐在松樹的樹蔭下等候過路人，過了下午卻沒有一個人來到。因為右邊的路比較幽靜，便從這條路往北走出土坳，看到它下面的山嶺，便打算返回。心想峰頂不可不上，立即從這裡往南上山。這峰頂西面和馬退山相接，東面從黃花驛往北延伸到賓州。大體上說，這山脈從曲靖東山延伸過來，經過永寧、泗城、思恩到這裡，往東到賓州，便在南面聳峙，成為貴縣北山，又在東面聳峙，成為潯州西山，這才到了盡頭。南寧的山脈，從羅秀山東面分出支峰往南延伸，山坡曲折連綿好幾里，結成望仙坡，南寧府城就靠在這坡上。又在東面分出支峰往南延伸，結成青山，為一郡水口。青山和馬退山東西相對峙立，後面繞成一大圈，中間有塊平地，相隔三十里，在邊遠地區，從不曾有過這樣空曠開闊的平地。從峰頂向四面眺望，惟有北面重重山峰聚集突起，如同萬朵花瓣簇聚，直連武緣，但都是紛雜的土山，中間沒有一座石峰，故青山、豹子石便在這裡格外特出。從峰頂西面往下是去武緣的路，在山坳中向北望去，一片寂靜，都沒有可留宿的地方。於是返回，從岔路往下走了大約一里，再從路旁進入羅秀寺，裡面空無一人，在寺內登高望遠，徘徊不定。又走了一里，往下到先前經過的田峒，從它的左邊沿大路共走了二里，到達赤土村，在陸氏家留宿。

以下九月初十至二十一日遊南寧日記缺。

【研　析】王羲之曾云：「仰觀宇宙之大，俯察品類之盛，所以遊目騁懷，足以極視聽之娛，信可樂也。」不過就人與自然的溝通而言，這只是第一步。如果停留在「視聽之娛」上，既不足以窮究自然的奧祕，也無法伸張人自身的個性。柳宗元提出人與景物在「目謀」、「耳謀」之外，還得進一步作「神謀」與「心謀」，非得天地之心、深於山水之趣者不能道。

人對自然景物的認識，當然是從其形象、色彩、聲音、氣息引起的感官愉悅開始的。但單純的形式之美不耐咀嚼，感官的愉悅會因習以為常而麻木，如徐霞客遊罷鐵峰抵達冷水塘時所說的那樣，世世代代在勝地居住的人，總是漠然無視身邊的美。人無興，景不識。只有從感官的觀賞上升到情感的交流，從「身所盤桓，目所綢繆」上升到「目既往還，心亦吐納」，從感覺美的存在上升到感受美的張力，從生理的滿足上升到心理的慰藉，在縱目遠眺中縱情遐想，從高山曠野中湧起高情遠志，人才能跨過主客體的分界，和自然進行真正的溝通。這時，自然不再是無生命的山水木石，而充滿靈性，飽含活力。東晉玄言詩人孫綽胸懷高尚之志，遊放山水十餘年，曾為庾亮參軍，共遊白石山，見衛君長在座，不禁揶揄道：「此子精神都不關山水，而能作文？」（《世說新語・賞譽》）確實，只有對山水充滿摯愛的人，能發現、領悟山水性情的人，才能避開板滯的模山範水，淘汰蕪詞累句，從描眉上升到點睛，直至「情往似贈，興來如答」的神境。當徐霞客走進桂林時，只見石峰離立，如「出水青蓮，亭亭直上」，田野「秧綠雲鋪」，積水「蜚晶漾碧」，「令人塵胃一洗」。真可謂「性以物遷，詞以情發」，筆端含情，滿紙生色。

情景交融如同水乳融合，實際上是合而未融，雖然景中有情，情中有景，但景與情依然作為兩個不同的範疇而分明存在。人與自然溝通的極詣是「天人合一」，這時人才能拋開以天地為廬的淺見，顯示以天地為心的深意，才能「思接千載，視通萬里」，進入遊心太玄、沉浸自然、俯仰自得、涵詠天機的境地，亦即柳宗元所說的「悠悠乎與灝氣俱」、「洋洋乎與造物者遊」的境界。用徐霞客的話說：「此身乃山川之身也。」即已完全融入自然之中，成為山河的一部分，從而產生脫胎換骨之感。當他登臨巉巖，立足峰頭，眼前碧空如洗，身邊萬籟盡收，江清月皎，水天一色，竹韻依風，蘭氣襲人，不覺形影皆異，心骨俱徹，人與境鎔，萬慮都消，恍若脫胎易世，迴出塵世之外，真所謂「飄然欲仙，嗒然喪我」，「奚啻兩翅欲飛，更覺通體換骨」，「人耶仙耶，何以至此耶！俱不自知之矣」！而不像遊黃山、廬山時那樣，面對奇麗的景觀，因「耳目為之狂喜」，不覺「狂叫欲舞」，以至忘形。「造化已在手，香色俱陳迹。相對兩忘言，寒光連太乙。」（〈題小香山梅花堂詩〉）正是徐霞客和自然合一後的真切感受。在桂平會仙巖，徐霞客以十分優美的文字，寫出了他從大自然獲得的逸趣：「（其巖）地位高迥，境路幽去，五里之雲梯杳藹，千秋之鶴影縱橫，非有棲霞餐液之緣，誰得而至哉！時已過午，中有雲寮，綰鑰已久，竈無宿火，囊乏黃粱，無從掃葉煮泉，惟是倚筇臥石，隨枕上之自寐自醒，看下界之雲來雲去。」前代只有陶潛詩「采菊東籬下，悠然見南山」，「此中有真意，欲辨已忘言」，李白詩「眾鳥高飛盡，孤雲獨自閑。相看兩不厭，惟有敬亭山」，有此境界。

既然人已成了自然的一部分，兩者就必須諧調發展。「天人合一」的理想，只有在「天人和諧」的現實中才能產生，只有在維護生態平衡的條件下，人方能與自然真正溝通。因此保護自然環境，成了《遊記》中永不消逝的呼籲。但徐霞客並不是絕對排斥對自然景觀的開發，事實上，《遊記》中多次談到如何開發的問題。在永州出水崖，他因這裡「沙圮蔓覆，不見其底」，提出「若爬梳沙蔓，令石與水接，武陵漁當為移棹」。在真仙巖，他看到三洞「內不相通而外成聯璧」，遊覽很不方便，提出能否鑿通兩崖間的「片石之隔」，這樣「既可以兼上下兩崖之勝，而宛轉中通，無假道於外，以免投空之險，真濟勝之妙術也」。在經過大藤峽時，他看到這裡「山勢迴逼，正如道州之瀧江、嚴陵之七里瀧」，只是「中無居廬，叢木虧蔽」，又提出：「使伐木開道，因泉置屯，則亦丹崖、釣臺，勝概所麗矣。」還該提一下的是，《遊記》中談到柳州絕景「羅池夜月」的湮滅，是由於當地人苦於官府頻頻到此聚宴遊樂，故意拋石聚垢，使池堵塞，雖然令人痛惜，但也發人深省。

粵西遊日記三

【題解】 離開南寧後，徐霞客沿左江西行，經新寧州，至太平府，隨後向西北，經過太平州、安平州、恩城州、龍英州，到下雷州，途中遊覽了穿山、犀牛洞、白雲巖、碧雲洞，觀賞了左江南岸的銀山。原擬取道歸順州，進入雲南，因在胡潤寨聽說鎮安有土司之爭，歸順有交彝之警，道路不通，命運難卜，於是改變主意，往東北至向武州，遊覽百感巖、琊山巖，再經過鎮遠州、佶倫州、都結州，至隆安，遊金榜山，然後沿右江東南行，返回南寧。廣西古稱「百越」（百粵）之地，秦、漢時的西甌、駱越部族，即今壯族（舊稱僮族）的祖先。徐霞客離開南寧後所經過的地方，主要是壯民生活區，以及部分瑤族、苗族、侗族、仫（ㄇㄨ）佬族、毛南族居住地。廣西素有「八山一水一分田」之稱，而在西部少數民族地區尤其明顯。相對東部漢人居住的地方，這裡人口分散，交通不便，石多土少，耕作困難，從而造成經濟和文化都較落後的狀況，這些在《遊記》中都有真實、具體的記載。

丁丑九月二十二日　余往崇善寺❶別靜聞，遂下〔太平〕舟。余守行李，復令顧僕往候。是晚，泊於建武驛前天妃宮下。

二十三日　舟不早發。余念靜聞在崇善畏窗前風裂，雲白屢許重整，而猶不即備。余乘舟未發，乃往梁寓❷攜錢少許付靜聞，令其覓人代整。時寺僧寶檀已歸，能不避垢穢，而客僧慧禪、滿宗又為整簟蔽風，迴異雲白。靜聞復欲索余所

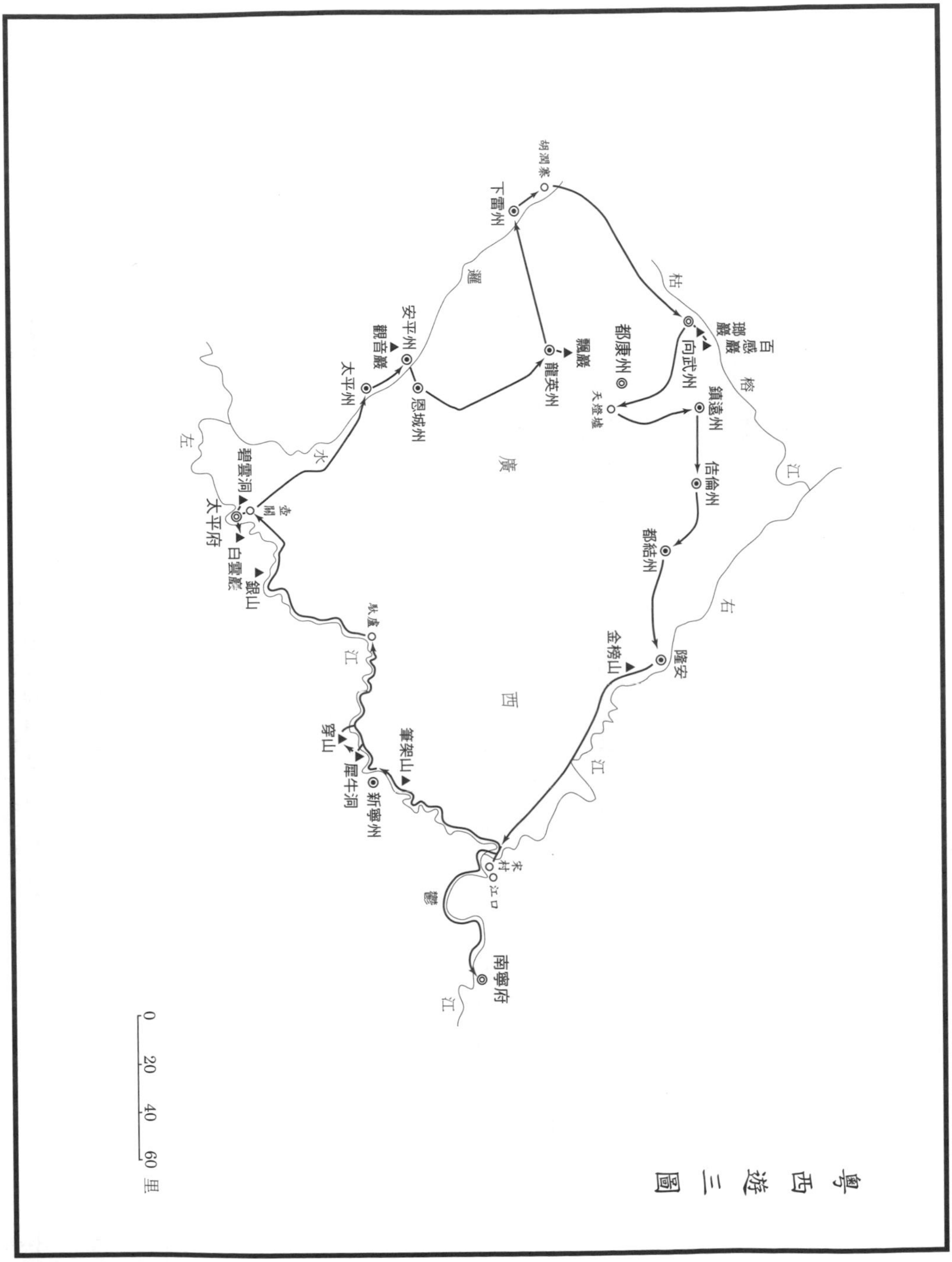
粵西遊三圖
胡潤寨
下雷州
百感巖
向武州
都康州
天燈墟
鎮遠州
佶倫州
都結州
隆安
金榜山
龍英州
飄巖
安平州
觀音巖
太平州
恩城州
碧雲洞
太平府
白雲巖
銀山
馱盧
穿山
犀牛洞
新寧州
筆架山
宋村
江口
南寧府
廣
西
左
江
右
江
枯
榕
江
邏
水
鬱
江
0 20 40 60 里

買布履、衡茶，意甚懇。余語靜聞：「汝可起行，余當還候此，何必索之今日乎？」慧禪亦開諭再三，而彼意不釋。時舟已將行，且聞寶檀在天寧❸僧舍，余欲併取梁錢，悉畀之，遂別之出。同梁主人覓得寶檀，寶檀慨然以扶危自任。余下舟，遂西南行。四里，轉西北。又四里，泊於窰頭。

時日色尚高，余展轉念靜聞索鞋、茶不已，蓋其意，猶望更生，便復向雞足❹，不欲待予來也。若與其來而不遇，既非余心；若預期其必死，而來攜其骨，又非靜聞心。不若以二物付之，遂與永別，不作轉念，可併酬峨眉❺之願也。乃復登涯東行。出窰頭村，二里，有小溪自西北來，至此東注，遂渡其北，復隨之東。又二里，其水南去入江。又東行一里，渡白衣庵西大橋，入崇善寺，已日薄崦嵫❻。入別靜聞，與之永訣。亟出，仍西越白衣庵橋，共五里，過窰頭，入舟已暮，不辨色矣。

【章　旨】本章記載了徐霞客在廣西第一百六十二、第一百六十三天離開南寧向太平府進發前兩天的行跡。往崇善寺告別靜聞後下船。次日上岸，再次前往崇善寺看望靜聞，為之安頓住宿。下船啟行。到窰頭停泊。經再三考慮，又登岸去崇善寺看望靜聞，贈物訣別。

【注　釋】❶崇善寺　在南寧，為靜聞臥病處。❷梁寓　據下文，即徐霞客在南寧寓居的梁仲宇旅店。❸天寧　寺名，在南寧城西五花嶺。❹雞足　佛教名山，在雲南賓川縣西北。❺峨眉　峨眉山。在今四川峨眉山市西南，為佛教名山。❻崦嵫　在甘肅天水市西五十里，《山海經》謂下有虞淵，為日所入處。

【語　譯】丁丑九月二十二日　我到崇善寺告別靜聞，就下了去太平府的船。我守著行李，又命顧僕去探望。當晚船在建武驛前天妃宮下停泊。

二十三日　船遲遲不發。我想到靜聞在崇善寺中畏懼窗前裂縫中吹進的風，雲白屢次答應重修，但還是沒有立即去辦。我乘坐的船還未啟程，就到梁氏的寓所取了一點錢交給靜聞，讓他找人代為修理。這時寺中僧人寶檀已經回來，能不避污穢，而客僧慧禪、滿宗又為他整修竹席擋風，和雲白迥然不同。靜聞又想索取我所買的布鞋和衡山茶葉，態度十分懇切。我對靜聞說：「等你可以起牀行動，我會回來看你，何必今天就要呢？」慧禪也再三勸說，但他仍然想不通。這時船即將出發，又聽說寶檀在天寧寺僧房裡，我打算到梁家把錢全都取出，一起交給他，就辭別靜聞出來。和梁家主人找到寶檀，寶檀慨然應允，以扶危濟困為己任。我下了船，就向西南行駛。走了四里，轉向西北。又走了四里，在窰頭村停泊。

這時天色還早，我反覆思量，想到靜聞屢次向我索取鞋和茶葉，大概他的內心，還希望病能好轉，就可繼續去雞足山，並不想等到我回來。如果回來而不能相會，既不是我的本心；而預期他必死無疑，來收取遺骨，又不是靜聞的心願。不如把這兩樣東西給他，就和他訣別，不再作回來的打算，我也可一併實現赴峨眉山的願望。於是又上岸東行，出窰頭村，走了二里，有小溪從西北流來，到這裡往東流去，就渡過溪水到北岸，再隨溪流東行。又走了二里，溪水往南注入大江。又往東走了一里，再過白衣庵西面的大橋，進入崇善寺，太陽已經落山。進去與靜聞相見，和他永別。急忙出來，仍舊往西越過白衣庵橋，共走了五里，經過窰頭，下船已是夜晚，天色昏黑不辨了。

二十四日　雞三鳴即放舟。西南十五里，過石埠墟❶，有石嘴突江右，有小溪注江左，江至是漸與山遇，遂折而南行。八里，過岔九❷。岸下有石橫砥水際，其色並質與土無辨，蓋土底石骨，為江流洗濯而出者。於是復西向行。五里，向西北。十里，更向北。又十里，轉而西。又五里為右江口。右江自北，左江自西，至此交會。左江自交趾廣源州❸東來，經龍州❹，又東六十里合明江❺南來之水，又東徑崇善縣❻，合通利江及邏、隴、教北來之水，繞太平府❼城東、南、西三面，是名麗江❽，又東流至此。右江自雲南富州❾東來，經上林峒❿，又東合利州⓫南下之水，又東經田州⓬南、奉議州⓭北，又東南歷上林⓮、果化⓯、隆安⓰諸州、縣至此。又按《一統志》：「右江出峩利州。」查「峩利」，皆無其地。惟貴州黎峩里在平越府⓱，有峩峲山，乃牂牁⓲所經，下為下大融⓳、柳州⓴之右江者，與此無涉。至利州有阪麗水，其流雖下田州，然無「峩利」之名，不識《統志》所指，的於何地。又按《路志》曰：「麗江為左，盤江為右。」此指南盤㉑之發臨安㉒者。若北盤㉓之經普安州㉔，下都泥㉕，亦出于來賓㉖，合柳州之右江，與此無涉。此古左、右二江之分也。二水合至橫州㉗，又名鬱江㉘。而慶遠㉙之龍江㉚自貴州都勻㉛、獨山㉜來，融縣之潭江㉝自平越、黎平㉞來，遷江㉟之都泥自普安、七星關㊱來，三水經武宣㊲，是名黔江㊳。二江俱會於潯㊴。於是又以鬱江為左，黔江為右者。而今已左、右二江道因之，彼此互稱，不免因而紕繆矣。又按：《一統志》於雲南曲靖府㊵盤江下注云：「盤江有二源，在霑益州㊶，北流曰北盤江，南流曰南盤江，各分流千餘里，至平伐㊷橫山寨合焉。」今考平伐屬貴州龍里、新添二衛㊸，橫山寨在南寧。聞橫山寨與平伐相去已千餘里，二水何由得合？況龍里、新添之水，由都勻而下龍江，非北盤所經。橫山寨別無合水，合者此左、右二江耳。左江之源出于交趾，與盤江何涉，而謂兩盤之合在此耶？余昔有辨，詳著于〈復劉愚公書〉中。其稿在衡陽遇盜失去。俟身經其上流，再與愚公質之。余問㊹右江之流，溯田州而上，舟至白隘㊺而止。白隘本其鄰境，為田州奪而有之。又考利州㊻有白麗山，乃阪麗水所出。又有「阪」作「泓」、「濛」，二水皆南下田州者。白隘豈即白麗山之隘，而右江之出于峩利者，豈即此水？其富州之流，又西來合之者耶？自岔九來，兩岸土山逶迤，俱不甚高。由右江口北望，其內俱高涯平隴，無崇山之間。而左江南岸，則眾峰之內，突兀一圓阜，頗與眾山異矣。又西一里，江亦轉北。又南一里，是為大果灣。前臨左江㊼，後倚右江㊽，乃兩江中夾脊盡處也。其北有小峰三，石圓亙如駢覆鐘，山至是始露石形。其東有村曰宋村，聚落頗盛，而無市肆。余夙考有合江鎮㊾，以為江夾中大市，至是覓之烏有也。徵之土人，亦無知其名者。是日行五十里，泊於灣下。

【章　旨】本章記載了第一百六十四天在南寧府的行跡。船經石埠墟、岔九，到右江口。左江、右江在這裡會合。這兩條江水的上源和流域，值得進一步考察和研究。再往前行駛，到大果灣，山才露出石形。當晚在河灣下停泊。

【注　釋】❶石埠墟　又作石埠塘或石埠，在南寧城西二十五里，邕江北岸轉折處。❷岔九　今名扎洲，在南寧西隅，邕江西岸轉折處。❸交趾廣源州　唐置羈縻平源州，宋時名羈縻廣源州，治所在今越南高平廣淵，地與今廣西龍州接界，十一世紀中葉，當地首領儂智高起事，事平後還屬交趾（即今越南）。❹龍州　明代直隸廣西布政使司，即今廣西龍州。❺明江　左江南岸支流。源出十萬大山的龍鬚溝，西北流至龍州東南的上會入左江。❻崇善縣　明嘉靖間改為太平府附郭縣，今屬廣西。❼太平府　治所在崇善，即今廣西崇左。❽麗江　鬱江，南源名麗江，流經崇左、扶綏稱左江，在南寧與右江合流名鬱江，又稱邕江，為西江水系第一大支流。❾富州　明代隸雲南廣南府，即今雲南富寧，與廣西鄰近。❿上林峒　明永樂中置上林長官司，後隸泗城州，今屬廣西田林、西林。⓫利州　明初置，後廢。治所在今廣西田林東境的利周。⓬田州　明代隸思恩府，治所在今廣西田東。⓭奉議州　明設奉議衛，後隸思恩府，治所在今廣西田陽西南。⓮上林　明代為縣，初隸田州府，後改隸思恩府，治所在今廣西田東東南。⓯果化　明代為州，初隸田州府，後隸南寧府，治所在今廣西平果西隅。⓰隆安　明代為縣，隸南寧府，今屬廣西。⓱平越府　明置平越衛，後兼置平越軍民府，治所在福泉（即今貴州）。以產漆著名。⓲牂牁　牂牁水，西江上源之一。源出雲南東部，東流經貴州東南與南盤江會合。⓳大融　即融縣，明代為縣，隸柳州府，即今廣西融水苗族自治縣。⓴柳州　明代置柳州府，治所在馬平（即今廣西柳州）。㉑南盤　江名，古稱溫水，西江上源之一。源出雲南曲靖馬雄山，在貴州望謨蔗香附近與北盤江會合後稱紅水河。㉒臨安　明代為府，治所在建水（今屬雲南）。㉓北盤　江名，古稱牂牁水。西江上源之一。源出雲南東部，東流經貴州東南與南盤江會合。㉔普安州　明代為軍民府，後改為衛，再改為州，治所在盤縣，今屬貴州。㉕都泥　都泥江，即今紅水河。雖自貴州流來，但不源於都勻司，流經貴州，亦未北入龍江。對此，徐霞客在七月十九日日記中已作更正。㉖來賓　明代為縣，隸柳州府，今屬廣西。㉗橫州　明代隸南寧府，治所在今廣西橫縣。㉘鬱江　見注❽。㉙慶遠　明代為府，治所在宜山，今屬廣西。㉚龍江　源出貴州荔波東北，上游稱勞村江（今名打狗河），經廣西河池，稱金城江，至宜山始稱龍江，經柳城會於柳江。相傳三代時有八龍見於江中，故名。㉛都勻　都勻司，即都勻長官司，正長官吳姓，副長官王姓，在今貴州都勻南七里。㉜獨山　見〈黔遊日記一〉三月二十九日日記注。㉝潭江　大江，即融江（懷遠江），因融縣為漢潭中縣地，故舊名潭江。㉞黎平　黎平府的治所，今屬貴州。㉟遷江　明代為縣，隸柳州府賓州，在今廣西來賓西境，清水江匯入紅水河處。㊱七星關　在貴州畢節西南七星山上，下臨烏江上游六沖河，當四川、雲南、貴州三省交通衝要，但與北盤江無關。㊲武宣　明代隸屬柳州府象州，今屬廣西。㊳黔江　紅水河和柳江匯合後稱黔江，又稱右江。兩岸山嶺聳立，河道深切。㊴潯　潯江，鬱江流至桂平與黔江合流為潯江。㊵曲靖府　見〈粵西遊日記二〉七月二十日日記注。㊶霑益州　明代隸曲靖府，治所在今雲南沾益。㊷平伐　見〈黔遊日記一〉四月初一日記注。㊸龍里新添二衛　見〈黔遊日記一〉四月初九、初十日記注。㊹問　通「聞」。㊺白隘　今名剝隘，在雲南富寧東隅。㊻利州　原本誤作「麗州」，據上文改。㊼前臨左江　原本誤作「前臨右江」。左江，鬱江右岸最大支流，位於桂西南丘陵地區，發源於越南北部弄替，在越南境內稱窮奇河。經越南諒山、那溤，在廣西憑祥平而關入境的稱平而河，在龍州城與水口河匯合成左江，經龍州、崇左、扶綏至邕寧宋村注入鬱江。㊽右江　鬱江上游河段，位於桂西地區。上源馱娘江發源於雲南廣南，進入廣西後，在田林西岸與西洋江匯合後稱剝隘河，在百色與澄碧河合流後始稱右江，在邕寧宋村合左江入鬱江。㊾合江鎮　在南寧西境。

【語　譯】二十四日　雞啼三遍，船就啟航。往西南行駛十五里，經過石埠墟，江右岸有石嘴突出，江左岸有小溪注入，江水流到這裡，漸漸與山相遇，便轉向南行駛八里，經過岔九。岸下有岩石平滑地橫在水邊，顏色和質地同泥土沒有區別，原來是泥土下面的岩石，被江流沖刷露了出來。從這裡又向西行駛，過了五里，轉向西北。又過了十里，再向北轉，又過了十里，轉而向西。又過了五里，到右江口。右江從北面流來，左江從西面流來，到此會合。左江從交趾廣源州往東流來，經過龍州，又往東流六十里，和從南面流來的明江會合，再往東經過崇善縣境，和通利江以及邏、隴、教等北面流來的水會合，繞過太平府城東、南、西三面，稱為麗江，再往東流到這裡。右江從雲南富州往東流來，經過上林峒，又往東會合利州南下的水，再往東流經過田州南部、奉議州北部，再往東南穿越上林、果化、隆安諸州縣到這裡。又按《一統志》：「右江出峩利州。」到處查都找不到「峩利」這地方。惟有貴州的黎峩里在平越府境內，有座峩剌山，是牂牁江所經過的地方，它的下游就是經過大融、柳州的右江，和此處右江無關。至於利州有阪麗水，雖然往下流經田州，卻沒有「峩利」的名稱，不知《一統志》所指的，到底是在何處。又按《路志》記載：「麗江為左江，盤江為右江。」指的是發源於臨安的南盤江。至於北盤江的流經普安州，往下注入都泥江，也出於來賓，會合柳州的右江，與此處無關。這是古代左、右二江的分別。二水會合，流到橫州，又名鬱江。而慶遠府的龍江從貴州都勻、獨山流來，融縣的潭江從平越、黎平流來，遷江縣的都泥江從普安、七星關流來，三條江水流經武宣，名黔江。鬱江、黔江都在潯州會合，於是又將鬱江作為左江，黔江作為右江。如今左江、右江二條水道沿襲了這名稱，彼此互稱，不免因此產生錯誤。又按《一統志》於雲南曲靖府盤江條下注云：「盤江有兩個上源，在霑益州境內，往北流的名北盤江，往南流的名南盤江，分流各一千多里，到平伐橫山寨合流。」根據現在的查考，平伐屬貴州的龍里、新添二衛，橫山寨在南寧。聽說橫山寨與平伐相距已一千餘里，兩條江水如何能會合？況且龍里、新添的水，由都勻往下流入龍江，並非北盤江流域。橫山寨也沒有別的水來會合，會合的就只有這左、右二江罷了。左江的源頭出自交趾，與盤江有什麼關係，怎樣能說兩條盤江在此處會合呢？我過去有一番辨正，詳細地記在〈復劉愚公書〉中，那稿子在衡陽遇盜時遺失。待我親身經歷盤江的上游，再來和愚公討論。我聽說右江的水流，逆田州上行，船到白隘為止。白隘本是田州鄰境，被田州奪走，占為己有。又經查考，利州有白麗山，是阪麗水發源地。也有將「阪」作為「泓」、「濛」二水的，而二條水都南下流到田州。白隘豈不就是白麗山的隘口，而發源於峩利的右江，是否就是這條水？而富州的水，又是從西面流來和它會合的嗎？自岔九過來，兩岸土山連綿，都不很高。由右江口朝北望去，裡面堤岸高築，田野平坦，沒有大山隔斷。而左江南岸，則在群峰中間，突起一個圓形土丘，和眾山大不一樣了。又往西走一里，江水也轉向北流。再往南走一里，到大果灣。前面對著左江，後面靠著右江，是兩江中間所夾山脊的盡頭。在它北面有三座小峰，山石圓形橫亙，猶如並排倒扣的鐘。山到這裡，才開始露出石形。大果灣東面有個村莊，名宋村，住房很多，但沒有集市店鋪。我過去查考有合江鎮，以為是兩江相夾中的大集市，到這裡尋找，根本沒有。詢問當地人，也沒人知道這個名字。這天行駛五十里，在河灣下停泊。

二十五日　雞再鳴，發舟，西向行，曲折轉西南十五里，復見有突涯之石。已而舟轉南向，遂轉而東。二里，上長灘，有突崖飛石，娉立江北岸。崖前沙亙中流，江分左、右環之，舟俱可溯流上。又三里，為楊美❶，亦名大灣，蓋江流之曲，南自楊美，北至宋村❷，為兩大轉云。自楊美西向行十五里，為魚英灘。

灘東南有山如玦，中起一圓阜，西向迎江，有沙中流對之。其地甚奇，詢之舟人，云：「昔有營葬於上者，俗名太子地。鄉人惡而鑿其兩旁，其脈遂傷。」今山巔松石猶存，鑿痕如新也。上灘又五里而暮，泊於金竹洲之上流野岸也。

【章　旨】本章記載了第一百六十五天在南寧府的行跡。船逆邕江上行，經過楊美、魚英灘，到金竹洲上游野岸邊停泊。

【注　釋】❶楊美　在邕寧西北境，左江東岸。❷宋村　在邕寧西北境，左、右兩江會合處的西面。

【語　譯】二十五日　雞啼兩遍，船出發，向西行駛。曲曲折折轉向西南，行駛十五里，又看到水邊有突起的岩石。隨後船轉向南，又往東轉，過了二里，駛上長長的河灘，有淩空突起的石崖，姿態優美，峙立在江的北岸。崖前有沙洲，橫在江流中，江水從左右兩邊分流，環抱沙洲，船都可以逆流而上。又行駛三里，到楊美，又名大灣。因為江流轉折，南起楊美，北至宋村，形成兩大轉彎。從楊美向西行駛十五里，到魚英灘。灘東南有座山，形如玉玦，中間隆起了一個圓形的山丘，向西面對江流，江中有沙洲和它相對。這地方很奇特，向船夫打聽，答道：「從前有人在上面建造墳墓，俗名太子地。鄉人十分厭惡，就在兩旁開鑿，地脈於是受了損傷。」如今山頂松石仍在，鑿痕和新的一樣。上灘又行駛五里，天色昏黑，便在金竹洲上游荒野的岸邊停泊。

二十六日　雞初鳴，發舟。十里，西南過蕭村❶，天色猶熹微也。至是已入新寧境，至是石山復出，〔若屏列，若角挺。〕兩岸瀕江之石，亦時時競異。又五里，折而東。江南岸穹石成洞，外裂多門，如獅、象駢立，而空其跨下。江北岸斷崖成峽，上架飛梁，如虹霓高映，而綴其兩端。又五里，轉而西南，與石山時向時背。兩崖突石愈奇，其上嵲❷如翅雲斜劈，下覆如肺葉倒垂，幻態時時變換，但洞不甚深，崖不甚擴，未成樓閣耳。又北轉五里，為新莊。轉西南三里，為舊莊❸。又西二里，轉而南。五里，轉而北。三里，復轉西南。更有石山當前矣。又三里，西透兩山之腋，挾江北石峰北轉，而循其西麓。於是東岸則峰排崖拓，穹洞連門；西岸則波激岸迴，磯空竅應。其東岸之山，南連兩峰，北峰洞列三門。門雖外分，皆崆峒內擴。北駢兩崖，南崖壁懸兩疊，疊俱有洞，復高下中通。此即獅巖❹。北行三里，直抵駢崖下，乃轉南行，順風掛帆二里。又西行一里，逼一尖峰下，仍轉向南。西岸復有駢崖平剖，巍臨江潭，即筆架山❺也。而東岸石根愈聳愈透。共三里，過象石下，即新寧❻之西門也。風帆方駛，舟人先有鄉人泊此，遂泊而互酌。余乃入城，登州廨，讀《州記》於儀門❼，詢獅巖諸勝於土著。還登象石，日已薄暮，遂不成行，依象石而泊。

新寧之地，昔為沙水、吳從等三峒，國初為土縣❽，後以思明❾土府有功，分吳從等村畀之，遂漸次蠶食。後忠州❿從而效尤，與思明互相爭奪，其地遂朝秦暮楚[11]，人民塗炭無已，當道始收其地，以武弁守之。土酋黃賢相[12]又構亂倡逆，隆慶[13]末，罪人既得，乃盡收思明、忠州未吐地并三峒為四，創立州治。其東南五里，即宣化[14]如何鄉名一、二、四三團并割以附之；即蕭村以上是也。其西北為思同[15]、陀陵[16]界，西南為江[17]、忠二州界。江水自西南那勒[18]來，繞城西北，轉而東南去。萬曆己丑，州守江右張思中有記在州門，乃建州之初任者。

州北四里，隔江[19]為獅巖山，州西二里，隔江為筆架山，州南一里為犀牛巖，更南三里為穿山大巖，皆石峰聳拔，石洞崆峒奇境也。州西遠峰排列更奇，象石、獅石[20]俱在含暉門江岸。江流自南衝湧而來，獅石首扼其銳，迎流剜骨，遂成猙獰之狀。下流蕩為象石，巍準[21]下倩，空頰內含，截水一灣，可泊可憩，而西門之埠因之。獅石之上曰沖口，下流有石梁高架兩崖間，下闢成門。余先聞之邑父老云：「近沖口有仙源洞府。」記憶不真，無可問者，不識即此否？

自南寧來至石埠墟，岸始有山，江始有石。過右江口岸，山始露石；至楊美江，石始露奇；過蕭村入新寧境，江左始有純石之山；過新莊抵新寧北郭，江右始有對峙之岫。於是舟行石峰中，或曲而左，或曲而右，旋背一崖，復繞一嶂。既環乎此，轉鶩[22]乎彼，雖不成連雲之峽，而如梭之度緯，如蝶之穿叢，應接不暇，無過乎此。〔且江抵新寧，不特石山最勝，而石岸尤奇。蓋江流擊山，山削成壁，流迴沙轉，雲根㉓迸出。或錯立波心，或飛嵌水面，皆洞壑層開，膚痕縠縐。江既善折，岸石與山輔之恐後，益使江山兩擅其奇。余謂陽朔㉔山峭瀕江，無此岸之石；建溪㉕水激多石，無此石之奇。雖連峰夾嶂，遠不類三峽㉖；湊泊一處，促不及武彝㉗，而疏密宛轉，在伯仲間。至其一派玲瓏通漏，別出一番鮮巧，足奪二山之席矣。〕

【章　旨】本章記載了第一百六十六天在南寧府的行跡。船經過蕭村，進入新寧境內，又見兩岸石峰競秀。再經過獅巖、筆架山、象石，到新寧西門停泊。為平息土司叛亂，隆慶末建新寧州治，城四周都是高聳的石峰，從南寧過來，到新寧才有純粹的石山。船在石峰夾立的江中曲折行駛，江水山崖，各擅奇景，玲瓏剔透，勝過長江三峽、武夷九曲。

【注　釋】❶蕭村　今名霄漢，在扶綏東北，左江西岸轉折處。❷嵲　山嶺高峻貌。❸舊莊　在扶綏東北，左江西岸。❹獅巖　在扶綏西北十里，半山有洞，洞口寬數丈，平坦如砌。又有一石，形如蹲獅。❺筆架山　又名三峰山，在扶綏城北，群峰環列，面對江水，景色秀絕。頂峙三尖，下為金雞巖。❻新寧　明代為州，隸南寧府，治所在今廣西扶綏。❼儀門　明清稱衙門或官邸進大門後的第一道正門為儀門，門內有莅事堂，稱儀間。❽土縣　土知縣所管轄的縣分。元、明、清於西北、西南地區，設置由少數民族首領所充任並世襲的官職，文職有土知府、土知州、土知縣等。一般泛稱之為土司。❾思明　明代為府，治所在今廣西寧明城東的明江鎮。明初因總管黃忽都歸附，授世襲知府。❿忠州　明代隸南寧府，治所在今扶綏西南的西長圩。明初江州土司黃咸慶歸附，授世襲知州。⓫朝秦暮楚　指吳從等村，時而隸思明，時而屬忠州。⓬黃賢相　忠州世襲知州。因爭奪南寧、思明、忠州、江州之間四峒土地，擅立總管名目，發兵數千把守，事敗後，下獄死。⓭隆慶　明穆宗年號。⑭宣化　明代為南寧府治。⑮思同　明代為州，隸太平府，治所在今扶綏西北。明初土司黃克嗣歸附，授世襲知州。⑯陀陵　明代為縣，隸太平府，治所在今廣西崇左東北的陀蘆。⑰江　江州，治所在今崇左南境。⑱那勒　在左江東南岸，扶綏西境。⑲隔江　江，指左江。⑳獅石　又名迴瀾石，在扶綏城西江畔，形狀如獅，橫峙江流。㉑巍準　高聳的鼻子。㉒鶖　疑為「鶩」之誤。㉓雲根　古人以為雲從石生，故以雲根為石之代稱。㉔陽朔　明代為縣，隸桂林府，今屬廣西。㉕建溪　崇溪流經建陽為建溪，至南平為劍津。㉖三峽　瞿唐峽、巫峽、西陵峽的總稱，西起重慶奉節白帝城，東迄湖北宜昌南津關，全長近三百八十餘里，為著名長江天險，也是中國難得的自然和人文景觀薈萃處。㉗武彝　武夷山，傳說神人武夷君曾居此，故名。徐霞客所遊的是狹義武夷山，在福建崇安城南三十里，為海拔六百公尺左右的一片山地，方圓一百二十里，四面溪谷環繞，不與外山相連，有「奇秀甲於東南」之譽。

【語　譯】二十六日　雞剛啼，船就出發。行駛十里，往西南經過蕭村，天還剛亮。到這裡已進入新寧州界，又出現石山，如同屏障環列，又如牛角挺起。兩岸臨江的岩石，也時時競奇鬥異。又過了五里，轉而向東。江南岸岩石隆起，形成山洞，外面裂成許多洞門，如同並立的獅子、大象，但橫跨的石下是空的。江北岸的山崖斷裂形成峽谷，上面騰空架著石橋，如同在高空映照的虹霓，連結兩端的斷崖。再行駛五里，轉向西南，時而面對石山，時而背對石山。兩岸山崖上突起的岩石更加奇特，向上高聳的如飛鳥展翅凌雲，斜衝直上，往下覆蓋的似倒掛的肺葉，奇幻的形態不斷變換，只是洞不太深，山崖不太寬廣，沒有形成樓閣罷了。又轉向北行駛五里，到新莊。再轉向西南行駛三里，到舊莊。再往西行駛二里，轉而向南。再過五里，轉而向北。再過三里，又轉向西南。前面石山更多了。再走三里，向西穿過兩山腋部，隨同江北的石峰往北轉，而後沿著石山西麓行駛。到這裡只見東岸山峰排列，山崖寬廣，高隆的巖洞門戶相連；西岸則浪花迸湧，江岸曲折，石磯中空，洞穴相應。東岸的山，南端連接兩座山峰，北峰羅列三個洞門。雖然外面各自分門，但裡面都是擴展的空洞。北岸並立著兩座山崖，南崖石壁陡峻，分成兩層，每層都有洞，又都上下貫通。這就是獅巖。往北行駛三里，直達並立的山崖之下，才轉向南，順風掛帆行駛二里。又往西行駛一里，逼近一座尖峰下，便轉向南行駛。西岸又有並立的山崖，筆直劈開，巍然下臨江潭，就是筆架山。而東岸的岩石越向上高聳，穿透的地方也就越多。共行駛三里，經過象石下面，就是新寧城的西門。船正順風快駛，因船夫看到已有同鄉人在此停泊，也就停船相對飲酒。我便進城，登上新寧州衙門，在涖事堂閱讀《州記》，向當地人打聽獅巖等名勝。返回時登上象石，天色已晚，不能啟程，船就靠象石停泊。

新寧這地方，過去為沙水、吳從等三峒，國朝初期是土縣。後來因思明土知府有功，把吳從等村莊給了他，就開始逐漸蠶食。後來忠州土司也起而效尤，和思明互相爭奪，這地方便朝秦暮楚，人民受盡苦難，當局才收回這地區，派軍隊守衛。土司黃賢相又謀反作亂，隆慶末年，叛逆被捕，於是將思明、忠州沒吐出來的地方全部收回，把三峒併成四峒，創立新寧州治。在它東南五里，就是宣化的如何鄉名一、二、四等三圍，都劃歸新寧。就是蕭村以上地區。它的西北是思同和陀陵的邊界，西南是江州、忠州的邊界。江水從西南的那勒流來，繞過州城西北，轉而向東南流去。萬曆十七年，新寧知州江西張思中寫了一篇記刻在城門上，他是建州時的第一任州官。

州北四里，江對岸為獅巖山，州西二里，江對岸為筆架山，州南一里為犀牛巖，再往南三里為穿山大巖，都是高聳峻拔的山峰，石洞空闊的奇境。新寧州西遠峰排列，更為奇特，象石、獅石都在含暉門江岸。江流從南奔湧而來，獅石首當其衝，扼住江水的氣勢，岩石在迎面而來的激流侵蝕下，便形成猙獰的形狀。下游江水激蕩，將岩石沖刷成象形，高聳的鼻子，往下彎曲，穿空的面頰裡面包含著水，截取一灣江水，可以停船，也可以休息，西門的碼頭就設在這裡。獅石的上面名沖口，下游有石橋高高架在兩崖之間，下面開闢成門。我以前聽鄉中父老說：「沖口附近有仙源洞府。」記不清楚了，又沒人可問，不知是否就在此地？

從南寧來到石埠墟，岸上才開始有山，江中才開始有石。過了右江口岸，山上才開始露出岩石；到了楊美江，岩石才出現奇異的形態；經過蕭村進入新寧境內，江的左岸才出現純粹的石山；經過新莊到達新寧北郭，江的右岸才有對峙的山峰。於是船在石峰中行駛，有時曲折向左，有時曲折向右，忽然轉到山崖的背後，又繞過另一座山峰。既環繞這座山，又轉而馳向那座山，雖然沒有形成如雲相連的峽谷，卻像梭子穿過緯線，又像蝴蝶飛舞花叢，令人應接不暇，沒有比這裡更甚的了。況且大江流到新寧，不僅石山最美，石岸也更為奇特。因為江流沖刷山石，山被削成峭壁，水流迴旋，沙洲繞轉，岩石迸出。有的錯落屹立在江心，有的凌空嵌在水面，都是層層裂開的洞壑，岩石表面呈現出縐紗般的紋理。大江既多曲折，岸上的岩石和山峰，隨著江水曲折延伸，惟恐落後，愈發使得江流和山峰各自擁有獨特的奇景。我認為陽朔的山固然陡峭，靠近江水，但沒有這樣的岸石；建溪水流湍急，岩石甚多，但沒有這樣的奇石。雖然就山峰接連相夾而言，遠不能和三峽相比；就聚集一處而言，又不如武彝山緊湊，但是景物的疏密宛轉，則不相上下。至於那一派玲瓏剔透的景觀，別有一番新奇巧妙，足以勝過那兩處的山峰了。

二十七日　雞初鳴，自新寧西南行，已轉西北，直逼西峰之下，乃南轉，共八里。江東岸石根突兀，上覆中空，已為幻矣。忽一轉而雙崖前突，蛩❶石高連，下闢如閶闔❷中通，上架如橋梁飛亙，更巧幻中雄觀也。但恨舟過其前而不得一登其上，且無知者。質之所謂「獅石」、「洞府」，皆以意測，是耶？非耶？又一里，有水自東南來會，所謂沖江❸也，其源發自忠州。又南三里，則江東岸一峰甚峭，其北垂環腋轉截處，有洞西向者纍纍，然皆懸而無路。又西曲南轉，共八里，過那勒。風帆甚利，舟人以鄉人泊此，復泊而飲。余乃登陸為穿山、犀牛二巖之游，舟竟泊此。

那勒在江東岸，居民頗盛。問犀牛巖，土人皆莫知，誤指南向穆窰。乃透兩峰之下，西南三里，有溪自東南來入大江。流小而悍，淙淙有聲，新甃石梁跨其上，甚整。其源發自江州，土人謂之橫江。越梁而南，即為穆窰村。有市肆，西臨江滸。問犀牛巖不得，得大巖❹。巖在其南一里，群峰排列，巖在峰半，其門西向。攀崖石而上，抵門，始西見江流橫其前，山腹透其後。又見隔山迴環於後門之外，翠壁掩映。乃由洞上躋，踞其中扃，則東西對闢，兩門交透。其上垂石駢乳，凝結兩旁；其內西下東上，故東透之門，高出西門之頂。自外望之，不知中之貫徹，必入門而後見焉。兩門外俱削壁千丈，轟列雲表，而東門地勢既崇，上壁尤峭，下趾彌峻。環對諸巖，自門北迤邐轉東，又南抱圍成深谷，若另闢一翠微世界。其下旋轉西去，谷口石崖交錯，不得而窺也。

復自前洞下山，循山北行。一里，過穆窰，聞知犀牛洞❺在麒麟村，乃過石梁東北行，三里，至麒麟。蓋其村在那勒東二里，三村鼎足，而穆窰稍南。使那勒人即指此，何由向彼得穿巖耶？麒麟村人指犀牛洞在北山東峰之上，相去祇里許耳。至其下，不得路。聞巖下伐木聲，披荊攀棘，呼之不應，覓之不見得，遂復出大路旁。時已過午，雖與舟人期抵午返舟，即舟去腹枵，亦俱不顧，冀一得巖。而詢之途人，竟無知者。以為尚在山北，乃盤山東北隅，循大道行，〔道西北皆石峰。」二里，見有岐北轉，且有燒痕焉。初，麒麟村人云：「抵山下燒痕處，即登巖道。」余以為此必是矣，竭蹷前趨，遂北入山夾。其夾兩旁峰攢崖疊，中道平直，有車路焉。循之里餘，見路旁有停車四、五輛，有數牛散牧於麓，有數人分樵於崖。遍叩之，俱不知有巖者。蓋其皆遠村，且牧且樵，以車為載者。過此，車路漸堙。又入一里，夾轉而東，四眺重崖，皆懸絕無徑，而西崖尤為峻峭。方徘徊間，有負竹而出深叢者，遙呼問之，彼搖手曰：「誤矣。」問：「巖何在？」曰：「可隨我出。」從之出，至前停車處，細叩之，其人亦茫然不知。第以為此中路絕，故呼余出耳。余乃舍而復入，抵其北，復抵其東，共二里，夾環為塢，中平如砥，而四面崖迴嶂截，深叢密翳，徑道遂窮。然其中又有停車散牛而樵者，其不知與前無異也。余從莽棘中出沒搜徑，終不可得，始悵然出夾。余觀此夾外入既深，中蟠亦邃，上有飛巖，旁無餘徑，亦一勝境。其東向踰脊而過，度即舟行所過。東岸有洞累累者，第崖懸路塞，無從著足。然其胏腑未窮，而枝幹已抉，亦無負一番跋履也。

共五里，仍西南至麒麟村北大路旁。前望隔壠有燒痕一圍，亟趨，見痕間有微徑，直趨前所覓伐木聲處，第石環叢隔，一時莫得耳。余以為此必無疑矣。其時已下午，雖腹中餒甚，念此巖必不可失，益賈勇直前，攀危崖，歷叢茅。然崖之懸處，俱有支石為梯；茅之深處，俱有踐痕覆地，並無疑左道矣。乃愈上愈遠，西望南垂，橫脊攢石，森森已出其上；東望南突，迴峰孤崖，兀兀將並其巔。獨一徑北躋，二里，越高峰之頂，以為此巖當從頂上行，不意路復踰頂北下。更下瞰北塢，即前誤入夾中所云「重崖懸處」也。既深入其奧，又高越其巔，余之尋巖亦不遺餘力矣。然徑路愈微，西下嶺坳，遂成茅窪棘峽，翳不可行。猶攀墜久之，仍不得路。復一里，仍舊路南踰高頂。又二里，下至燒痕間，見石隙間復有一路望東峽上。其徑正造孤崖兀兀之下，始與麒麟人所指若合符節。乃知徑當咫尺，而迂歷自迷。三誤三返而終得之，不謂與山靈無緣也。

但日色漸下，亟望崖上躋，懸磴甚峻。逾半里，即抵孤崖之北。始知是崖迴聳於高峰之間，從東轉西向，若獨角中突，「犀牛」之名以此。崖北一脊，北屬高峰，與東崖轉處對。脊上巨石巍峙，若當關之獸，與獨角並而支其腋。巨石中裂豎穴，內嵌一石圭，高丈餘，兩旁俱巨石謹夾，而上復覆之，若剜空而置其間者。圭石赭赤，與一山之石迥別，頗似禹陵窆石❻，而此則外有巨石為冒，覺更有異耳。脊東下墜成窪，深若迴淵，其上削崖四合，環轉無隙，高墉大纛❼，上與天齊，中圓若規。既踰脊上，即俯下淵底，南崖之下，有洞北向，其門高張，其內崆峒，深不知所止；四崖樹蔓蒙密，淵底愈甚；崖旁俱有徑可循，每至淵底，俱則翳不可前。使芟除淨盡，則環崖高拱，平底如掌，復有深洞峆岈，其內洞天福地，捨此其誰？余披循深密，靜若太古，杳然忘世。第腹枵足疲，日色將墜，乃踰脊西下，從麒麟村北西行。二里，抵那勒下舟，舟猶未發，日已沈淵矣。

【章　旨】本章記載了第一百六十七天在南寧府的行跡。船往西行駛，到那勒停泊。岸上岩石奇特，沖江在中途匯入。上岸誤去穆窰村，攀登穿山大巖，洞內貫通，外面都是懸崖峭壁。下山來到麒麟村，尋找犀牛洞，進入峽谷深處，有人從遠處到這裡放牧砍樹。鼓足勇氣在懸崖陡壁上攀登，不顧一切，到處尋找，在「三誤三返」之後，終於找到犀牛洞。因山崖如獨角在中間突起，由此得名。崖北山脊上有石圭嵌入巨石，赭赤色，頗似禹陵窆石。石脊東面陷落成窪地，如同深淵。只要鏟除叢莽，環境清幽，真是洞天福地，令人有遺世獨立之感。晚上回那勒下船。

【注　釋】❶𥑮　水邊大石。❷閶闔　天門，或稱宮門。後泛指高大的門。❸沖江　今名渠榮河，左江支流，在扶綏南境。❹大巖　即穿巖，在犀牛巖西南，有溶洞。❺犀牛洞　在扶綏城西十里，群峰環立，洞最空明，洞中一石如牛，高一丈左右，稍許往裡，洞穴幽邃，有石池似蓮瓣，注水不竭。❻禹陵窆石　大禹陵在浙江紹興會稽山，旁有窆石，呈秤錘形，頂端有一圓孔，四周有不少文字，相傳為大禹下葬時引棺下隧所用。據考證，窆石即碣，為古代一種刻石。❼纛　古代軍隊的大旗。

【語　譯】二十七日　雞剛啼，船就從新寧出發，往西南行駛，不久轉向西北，直逼西峰之下，才向南轉，共行駛八里。江東岸岩石突起，上面往下覆蓋，中間漏空，已很奇幻了。忽然一轉，前面雙崖突起，和水邊的巨石高處相連，下面裂成高大的門戶，中間貫通，上面架石如同淩空橫亙的橋梁，更於玲瓏奇妙中顯出壯觀。只恨船從它前面經過卻無法登臨，而且也沒有人知道。打聽所謂的「獅石」、「洞府」，都只是主觀猜測，究竟是不是呢？又過了一里，有水從東南流來會合，就是所謂的沖江，它的源頭在忠州。再往南行駛三里，江東岸有座山峰，十分陡峭，在它北邊環繞腋部轉折的地方，有許多朝西的洞門，但都在懸崖上，無路可登。再曲折往西然後朝南轉，共行駛八里，經過那勒。途中一帆風順，船夫因有同鄉在這裡停泊，又停船一起喝酒。我於是上岸遊覽穿山、犀牛二巖，船就在這裡停泊。

那勒在左江的東岸，居民很多。打聽犀牛巖所在處，當地人都不知道，錯指為向南的穆窰。於是穿過兩峰之下，往西南走三里，一條溪水從東南流來，匯入大江。水流狹小湍急，淙淙有聲，上面橫跨著新修的石橋，很是完整。它的源頭出自江州，當地人稱為橫江。越過石橋南行，便是穆窰村，有集市店鋪，西面靠近江邊。打聽犀牛巖都不知道，卻發現了大巖。大巖在村南一里，群峰排列，巖洞在山峰半腰，洞門朝西。攀著崖石往上，到達洞門，才看到西面大江橫在巖前，巖後穿透山腹。又看到後洞門外，隔山迴環，掩映著蒼翠的崖壁。於是從洞中再向上攀登，坐在中洞的洞口，只見東西兩邊相對敞開，兩門貫通。上面石鐘乳並排垂掛，凝結兩旁；洞內地勢西低東高，因此通向東面的洞門，高出西面洞門的頂端。從外面望去，不會知道洞中是貫通的，一定要進了洞門才能看到。兩處洞門外都是千丈絕壁，高聳入雲，而東面洞門的地勢既已高峻，上面的石壁更為陡峭，下面的崖腳也更顯得險峻。環對各個巖洞，自洞門北面曲折轉向東去，又在南面圍成一座深谷，就像另外開出一個翠微世界。從它的下面盤繞向西轉，谷口的石崖相互錯雜，已不能往裡觀望了。

再從前洞下山，沿著山麓往北，走了一里，經過穆窰，聽說犀牛洞在麒麟村，就越過石橋往東北走，過了三里，到麒麟。這村子在那勒東面二里，有三個村莊成鼎足而列，而穆窰的位置稍許偏南。如果那勒人當時就指向這裡，哪會到他們那裡找到穿山大巖呢？麒麟村人指點犀牛洞在北山東峰之上，相距只有一里左右。到了山下，找不到路。聽到巖下有砍樹聲，撥開荊棘攀登，既叫不應，又看不到人，只好再走到大路旁。這時已過中午，雖然和船夫約好中午回去，但我對於船要開走、肚子飢餓，都置之不顧，只想能一下找到巖洞。可是向路人打聽，竟沒人知道。我以為還在山北，就繞過山的東北角，沿著大路走，路的西北都是石峰。走了二里，看到一條向北轉去的岔路，而且旁邊有火燒的痕跡。麒麟村人原先說過：「到山下看到有火燒痕跡的地方，就是登上巖洞的路。」我以為一定就是這裡了，竭盡全力往前趕路，就往北走進峽谷，峽谷兩旁山峰聚集，崖壁重疊，中間的路平坦筆直，可以行車。沿這條路走了一里多，看到路旁停著四、五輛車，幾頭牛散放在山腳下吃草，幾個人在崖上各自砍柴。向他們一個個打聽，都不知道有犀牛巖這地方。因為他們都來自遠處的村莊，一邊放牧，一邊砍柴，用車子裝載。過了這裡，車路漸漸堙沒。又往裡走一里，峽谷轉向東，向四面望去，都是重重山崖，懸絕無路可通，而西面的山崖更為險峻陡峭。正在進退兩難之時，有人背著竹子從樹叢中走出，便遠遠呼喊，向他問路，那人搖手說：「走錯了。」又問：「犀牛巖在哪裡？」答道：「可隨我出去。」跟著他走出，到剛才停車的地方，再仔細詢問，那人也茫然不知所在。只是認為峽中沒路，才叫我出來罷了。我於是離開他，又走了進去，到峽谷的北端，又到東端，共走二里，峽谷環抱形成山塢，中間平坦，如同磨石，四面崖壁迴繞，山峰隔斷，幽深的樹叢密密遮掩，小路就到了盡頭。但裡面還有停車放牧砍柴的人，和前面的人一樣也不知犀牛巖的情況。我在樹叢荊棘中出沒找路，始終找不到，才悵然不樂，走出峽谷。我看這峽谷入口既深，中間地勢又蟠曲幽邃，上有飛巖，旁無岔路，也是一處勝境。向東越過山脊，估計就是船行時所經過的地方。江東岸有許多巖洞，只是山高路斷，無法攀登。雖未能深入到它的內部，但已在它的四周探訪，也算是不辜負這番跋涉了。

共走了五里，仍往西南回到麒麟村北的大路旁。望見前面隔著丘壠有一圈火燒的痕跡，急忙過去，發現燒痕中有條小路，便直往前到原先尋找砍柴聲的地方，只是山石環繞，樹叢阻隔，一時沒找到巖洞罷了。我以為這裡必定是犀牛洞了。這時已是下午，雖然空腹餓得厲害，心想這個巖洞決不能錯過，更加鼓足勇氣，直往前走，攀登高高的山崖，穿過密密草叢。然而山崖懸絕的地方，都有支起的石塊作為梯子；茅草深厚的地方，都有踐踏的痕跡覆蓋在地上，並不懷疑這次走錯路了。於是越上越遠，朝西望見南邊山脊橫亙，亂石縱橫，樹木深密，已高出它的上方；朝東望見南面突起的地方，山峰迴繞，孤崖兀立，將和山頂相齊。唯獨有一條小路可往北攀登，走了二里，越過高峰的頂部，還以為去犀牛巖應該從山頂上走，不料路又越過峰頂往北走下。再往下俯視北面的山塢，即剛才誤入峽谷所說的「重重山崖懸絕的地方」。現在既已深入它的內部，又高高越過峰頂，我尋找犀牛巖也真是不遺餘力了。但路越來越小，往西走下山嶺的坳地，便成了長滿茅草的窪地，布滿荊棘的峽谷，路被遮沒，無法行走。我依然攀上落下，費了好長時間，仍沒找到路。又走了一里，仍舊原路往南越過山頂。再走二里，往下到火燒的痕跡之間，只見岩石間隙中又有一條路向東面的峽谷延伸，這條路直通到兀立孤絕的懸崖之下，才和麒麟村人所指的路完全符合。方才知道路本近在咫尺，卻因繞道自己迷了路。三次走錯，三次返回，最終找到了路，不能說我和山靈無緣了。

但這時太陽已漸漸落下，急忙朝著崖上攀登，高懸的石級十分陡峻。走了半里，就到孤絕的山崖的北面。方才知道這座山崖在高峰之中迴環聳起，從東轉向西，如同中間突起獨角，「犀牛」的名稱就由此而來。崖北有一道山脊，北面和高峰連接，和東崖轉折處相對。山脊上有巨石巍然峙立，如同把守關口的猛獸，和獨角峰並立而且支撐著它的腋。巨石中間裂成一個豎直的洞穴，裡面嵌著一枚石圭，高一丈多，兩旁被巨石緊緊夾住，上面又被覆蓋，就像被挖空後安放在裡面的。石圭為土紅色，和整座山的岩石全然不同，很像大禹陵的窆石，但這裡外面有巨石覆蓋，使人更覺奇特。山脊東面下墜成為窪地，如同深淵；上面懸崖環抱，沒有空隙，猶如高牆大旗，上與天齊；中間形如圓規。我既從山脊上越過，便俯身往下走到淵底，只見南崖下面，有洞朝北，洞門高高張開，裡面空闊，深不可測。四周山崖上樹木藤蔓十分密集，淵底更甚。崖旁都有路可走，但一到淵底，就都被遮掩，沒法向前。如果能把叢莽鏟除乾淨，則環繞的山崖高高拱起，平坦的底部如同手掌，裡面又有深邃的巖洞，洞天福地，若捨棄此地，更到何處尋求？我撥開深密的樹叢，順著路走，四周一片寂靜，如同遠古混沌時期，幽寂曠遠，使人忘了世間的一切。只是腹中飢餓，兩腳疲軟，太陽將要落下，才翻過山脊往西走下，從麒麟村北再往西走。過了二里，到那勒下船，船還沒起程，太陽已經下山了。

二十八日　晨餐後自那勒放舟南行，旋轉西北三里，直逼雙峰石壁下。再折東南五里，有小水自東南來入，即穆窖也。又西南一里，過穿山之西，從舟遙望，祇見洞門，不見透穴。又一里，西入兩山隙，於是迴旋❶，多西北行矣。又五里，江北岸山崖陡絕，有小峰如浮屠❷插其前，又有洞〔南向〕綴其半。又六里，又有山蜿蜒而北，是曰界牌山，西即太平境矣。蓋江之北岸，新寧、太平以此山分界，而南岸則俱新寧也。又二里，舟轉北向，江西岸列岫嵯峨，一峰前突，俗名「五虎出洞」。舟人指昔有遠客過而葬此，其家旋掇巍科❸，然終不敢至此治塚也。由此舟遂東轉，已復西北抵北山下，循之西向行，又共六里矣。過安定堡，北山既盡，南山復出，又西循之。三里，隨山北轉，過花梨村。又西北轉，隨江北山二里，轉而西，隨江南山三里，又暮行三里，泊於曉夢村❹。屬新寧。是日共行四十里。

二十九日　循南岸山行二里，轉北又一里，為馱塘。又二里轉而西，山勢漸開。又五里，西南過馱盧❺，山開水繞，百家之市，倚江北岸。舊為崇善地，國初遷太平府治於此，旋還麗江；今則遷馱樸驛於此，名曰馱柴。蓋此地雖寬衍，而隔江即新寧屬，控制上流，自當以壺關為勝也。江北岸太平之地，瀕江雖多屬崇善縣❻，內石山之後，即為諸土州地，而左州❼則橫界焉。是日止行十里，舟人遂泊而不行。

【章　旨】本章記載了第一百六十八、第一百六十九天從南寧府到太平府的行跡。船行江上，經過界牌山，往西便是太平府地界。又經過安定堡、花梨村，到曉夢村停泊。次日經過馱塘，到馱盧停泊。到這裡山勢漸漸開闊。

【注　釋】❶迴旋　旋旗回轉。喻返回。❷浮屠　寶塔。❸巍科　科舉考試，榜上名次前列者稱巍科，猶言高第。❹曉夢村　乾隆本作「晚夢村」。今名灣望村，在崇左東境，左江南岸。❺馱盧　今作馱蘆，在崇左東北，左江北岸轉折處。❻崇善縣　明代為太平府附郭縣，即今廣西崇左。縣，誤作「寺」，據乾隆本改。❼左州　明代隸太平府，治所在今崇左東北的左州。

【語　譯】二十八日　早飯後從那勒開船往南行駛，不久轉向西北，走了三里，直逼雙峰石壁之下。再轉向東南行駛五里，有小溪從東南流來匯入，就是穆窰了。又往西南行駛一里，經過穿山的西面，從船上遠遠望去，只見洞門，不見穿透的洞穴。又行駛一里，往西進入兩山間的缺口，從這裡掉轉方向，多向西北行駛了。再過五里，江北岸山崖陡峭，前面插著一座寶塔般的小山峰，又有一個朝南的洞座落在半山腰。再行駛六里，又有山往北曲折延伸，名界牌山，西面便是太平府境地了。因為左江北岸，新寧、太平兩地以這座山為分界，而南岸則全是新寧地界。再行駛二里，船向北轉，江西岸群峰高聳，有座山峰向前突出，俗名「五虎出洞」。船夫指著說，從前有個遠方的客人路過，死後就葬在這裡。不久他家中的人中試獲得高第，但始終不敢到此地來修建墳墓。到了這裡，船向東轉，隨即又往西北到達北山下面，沿著北山往西又共行駛六里了。經過安定堡，北山已到了盡頭，南山又重新出現，再沿著南山往西行駛。過了三里，隨山往北轉，經過花梨村。又轉向西北，隨江北的山行駛二里，轉而往西，隨江南的山行駛三里，又在暮色蒼茫中行駛三里，到曉夢村停泊。地屬新寧州。這天共行駛四十里。

二十九日　沿著南岸的山行駛二里，又轉向北行駛一里，到馱塘。再行駛二里，轉而向西，山勢漸漸開闊。再行駛五里，往西南路過馱盧，山勢開闊，水流環繞，有上百戶人家的集市，就靠著江的北岸。過去為崇善縣境，國朝初期，將太平府治遷到這裡，不多久遷回麗江；現在則將馱樸驛遷來，名叫馱柴。大體上說，這裡雖然地勢開闊，但江對岸就是新寧地界，若要控制上游，自然以壺關為好。江北岸是太平府地界，沿江雖大多屬崇善縣，往裡石山的後面，就是各土州的地界，而左州則橫隔在中間。這天只行駛十里，船夫就停泊不走了。

十月初一日　昧爽，循馱盧西北五里，〔北岸為左州界。〕稍轉而南，南岸石峰復突。又二里，復轉西北，北岸亦有石山。三里，西南入峰夾間。於是掛帆而行，五里，漸轉南向。有村在江東山塢間，曰馱木❶，猶新寧屬也。又西南五里，江西岸迴崖雄削，駢障江流。南崖最高，有三洞東啟；又南一峰稍低，其上洞闢尤巨。洞右崖石外跨，自峰頂下插江潭，崖右洞復透門而出，其中崆峒，其外交透。自舟望之已奇，若置身其內，不知勝更何若矣！又南二里，東岸石壁亦然。此地峰壁交映，江瀠其間，更為勝絕。又一里，轉向西行。又五里，漸轉南行。已而東折，則北岸雙崖高穹，崖半各有洞，南向；南岸磯盤嘴疊，飛石凌空，〔無不穿嵌透漏。〕二里，轉向西南，上銀甕灘❷。〔灘始有巨石，中橫如壩。〕灘東尖崖聳削，絕壁有形如甕。《九域志》謂：「昔有仙丹成，遺甕成銀，人往取之，輒不得；而下望又復儼然。」《一統志》謂：「在南寧府境。」蓋江東岸猶新寧也。轉西五里，復轉西北，盤東岸危崖，二里，抵北山下。仍西向去，五里，又南轉。既而轉東，一里，乃西向行。山開江曠，一望廓然。又五里而暮。又二里，泊於捺利❸。在江西岸，屬新寧。江空岸寂，孤泊無鄰，終夜悄然。是日行五十里。計明日抵馱樸，望登陸行，惟慮路險，而顧奴舊病未痊。不意中夜腹痛頓發，至晨遂脹滿如鼓，此嵐瘴❹所中無疑。於是轉側俱難，長途之望，又一阻矣。

【章旨】本章記載了第一百七十天在太平府的行跡。船經過馱木，往前看到岸上有洞，十分奇妙。隨後駛上銀甕灘，到捺利停泊，環境極其幽寂。打算明天上岸步行，但半夜腹痛發作，行程受阻。

【注釋】❶馱木　今名馱目，在崇左東境，左江西岸。❷銀甕灘　在左州西四十里，削壁臨江，色彩斑斕。傳說古仙人在山頂洞中埋藏數十銀甕。❸捺利　今名瀨濾，在扶綏西境，左江南岸轉折處。❹嵐瘴　南方山林中致病的濕熱之氣。

【語譯】十月初一　拂曉，沿著馱盧往西北行駛五里，北岸為左州地界。稍稍向南轉，南岸又有石峰突起。又行駛二里，再轉向西北，北岸也出現石山。往前三里，船向西南進入山峰相夾之中。於是掛帆行駛，走了五里，漸漸向南轉，有村莊在江東岸的山塢中，名馱木，仍在新寧境內。再往西南行駛五里，江西岸迴繞的山崖高峻陡峭，並排阻擋著江流。南崖最高，有三個朝東張開的巖洞；再往南又有一座稍低一些的山峰，上面的巖洞張開得格外巨大。洞右面的崖石跨到外面，從峰頂往下插入江潭，山崖右面又透出一個洞門，裡面空曠，外面相通。從船上望去已覺奇特，如果置身洞中，更不知如何奇妙了！再往南行駛二里，看到東岸的石壁也是如此。這裡山峰崖壁相互映照，江流瀠繞其中，更是美妙之極。又過了一里，轉向西行駛。再過五里，漸漸向南行駛，隨後往東轉，只見江的北岸有兩座山崖高高隆起，半山腰各有洞，朝南；南岸磯口盤疊，飛石淩空，沒有一處不穿透相通。再過二里，轉向西南，駛上銀甕灘。灘上開始有巨石，橫臥江中，如同堤壩。灘東面尖崖高聳陡峭，絕壁間有甕形的痕跡。《九域志》載：「從前有人煉成仙丹，留下的瓦甕變為銀甕，人往取它，總是拿不到，而在下面望去，卻又像真的一樣。」《一統志》載：「在南寧府境內。」因為江的東岸仍屬新寧。轉向西行駛五里，又轉向西北，繞著東岸高高的山崖，行駛二里，到北山下。仍然往西行駛，過了五里，再向南轉，隨即向東轉，過了一里，便向西行駛。山勢開闊，江面空曠，眼前一片空闊的景象。又行駛五里，天已傍晚。再行駛二里，到捺利停泊。在左江西岸，屬新寧州。江面空曠，岸上靜寂，孤舟獨泊，沒有其他船隻，整夜悄然無聲。這天行駛五十里。估計明日可到馱樸，希望能上岸步行，只是顧慮道路險惡，顧僕的舊病尚未痊癒。想不到半夜我腹痛忽然發作，到天亮肚子脹得像鼓一樣，這一定是中了山中的瘴氣。於是翻身都感到困難，長途旅行的心願，又一次受到阻礙了。

初二日　昧爽，西北行，碧空如洗，晴朗彌甚。三里，抵江北危崖下。轉而南，二里，過下果灣，有村倚崖臨江，在江西岸。又五里，有水自南來注，其聲如雷，名響源❶，發於江州。水之西岸即為江州屬，而新寧、江州以此水分界焉。水入江處，有天然石壩，橫絕水口如堵牆，其高踰丈，東西長十餘丈，面平如砥，如甃築而成者。水踰其面，下墜江中，雖不甚高，而雪濤橫披，殊瀑❷平瀉，勢闊而悍，正如錢塘八月潮❸，齊驅下坂，又一奇觀也。過響水，其南岸忠州境，雖轄於南寧❹，而瀕江土司，實始于此；北岸則為上果灣，有巖西向臨江，上亦有村落焉。於是轉北行，一里，抵北山下。轉西北，掛帆行，兩岸山復疊出。二里，為宋村。在江南岸，忠州屬。有八仙巖，為村中勝地。又三里，轉東北，又二里，轉西北，又三里，更轉東北。兩岸〔石〕崖疊出遞換，靡非異境。轉西北五里，又北轉，而西岸一崖障天。崖半有洞東向，始見洞門雙穴如連聯，北穴大，南穴小，垂石外間而通其內；既而小者旁大者愈穹，忽劃然中剜，光透其後。舟中仰眺，⿱巩石若連雲駕空，明如皎月透影。洞前上下，皆危崖疊翠，倒影江潭，洵神仙之境，首於土界得之，轉覺神州凡俗矣。〔南有馱樸村。轉登山後，聞可攀躋。〕又北一里，東岸臨江，煥然障空者為銀山❺，劈崖截山之半，青黃赤白，斑爛綴色，與天光水影，互相飛動，陽朔畫山❻，猶為類大❼者耳。崖下有上、下二洞，門俱西向。上洞尤空邃，中懸石作大士形，上嵌層壁，下瀕迴潭，〔無從中躋，其北紛竅甚多，裂紋錯綴樹間，吐納雲物，獨含英潤〕焉。一里，轉而西，遂為馱樸❽，百家之市，尚在涯北一里。東南即銀山，西北又起層巒夾之，迤邐北去，中成蹊焉，而市倚之。陸路由此而北，則左州、養利❾諸道；江路由此而西，則太平、思明諸境也。午抵馱樸，先登涯問道，或云通，或云塞。蓋歸順❿為高平⓫殘破，路道不測，大意須候歸順人至，隨之而前，則人眾而行，始便。歸順又候富州⑫人至，其法亦如之。二處人猶可待，惟顧奴病中加病，更令人惴惴耳。是日，即攜行李寄宿逆旅主人家。馱樸去馱盧五十里。自馱盧西至此，皆為左州南境，北去龍州四十里⑬，西仍為崇善地，抵太平亦四十里，水路倍之。高平為安南地，由龍州換小舟，溯流四日可至太平，〔人呼之為高彝⑭〕。龍州山崖更奇，崖間有龍蜿蜒如生。思明東換小舟，溯流四日，至天龍洞⑮；過山半日，即抵上思州⑯。上思昔屬思明，今改流官⑰，屬南寧。有十萬山⑱，其水西流為明江，〔出龍州；〕東流出八尺江⑲。高平為莫彝，乃莫登庸之後。安南為黎彝，乃黎利之後⑳。自入新寧至此，石山皆出土巴豆樹、蘇木㉑二種，二樹俱不大。巴豆樹葉色丹映，或隊聚重巒，或孤懸絕壁，丹翠交錯，恍疑霜痕黔柴㉒。蘇木山坳平地俱生，葉如決明㉓，英如扁豆，而子長倍之，繞幹結癭㉔，點點盤結如乳，乳端列刺如鉤，不可嚮邇。土人以子種成〔林，收買不至，輒刈為薪。又擇其多年細幹者，光削之，乳紋旋結，朵朵作胡桃痕，色尤蒼潤。余昔自天台㉕覓萬年藤，一遠僧攜此，云出粵西蠻洞。余疑為古樹奇根，不知即蘇木叢條也。〕

初三日日記缺。

【章旨】本章記載了第一百七十一天在太平府的行跡。船在江上行駛，響源流來匯入。水口有天然石壩，水從上面落到江中，勢如錢塘江潮。經過響水，沿江土司屬地就從南岸忠州開始。繼續往前，西岸山崖無處不是奇景。崖上有雙洞相連，山光水影，確為神仙境地，反覺中原景物平庸。再往前，江邊有銀山，陽朔畫山，也不能和它相比。中午到達馱樸，這裡為交通要道，打聽去歸順的路，因為高平作亂，道路難行。這天帶著行李去旅舍投宿。從進入新寧州到這裡，石山都出產土巴豆樹和蘇木。

【注釋】❶響源　即響水，在扶綏西南一百里，水從江岸石罅中流出，聲響如雷。❷殊瀑　指瀑布不同尋常。❸錢塘八月潮　又稱浙江潮，為浙江杭州灣錢塘江口的湧潮。潮頭最高時達三公尺半，潮差可達九公尺，奔騰澎湃，勢不可擋。宋時臨安（今杭州）江干潮勢最盛。後因地理變遷，現以海寧鹽官鎮東南的一段海塘觀潮最勝，有「海寧寶塔一線潮」之稱。一年中以農曆八月十八日潮汛最大，舊稱「潮神生日」。❹南寧　原文誤，倒作「寧南」。❺銀山　在崇左城對岸，有洞深黑，過去有人持火把進入，沒走幾步，即因悶極出洞。❻晝山　見〈粵西遊日記一〉五月二十六日日記。❼類大　大，疑為「犬」之誤。東漢馬援〈誡兄子書〉有「畫虎不成反類犬」之語。原意為因好高騖遠，一無所成，反貽笑柄。此借指兩者不能相比。❽馱樸　今名馱柏，在崇左東北，左江北岸轉折處。❾養利　明代為州，隸太平府，治所在今廣西大新。因土官趙日泰歸附，授世襲州。❿歸順　明代為州，初屬鎮安府，後改為直隸州，治所在今廣西靖西。⓫高平　越南北部城市，在平江右岸山間盆地中，與靖西接界。⓬富州　明代隸雲南廣南府，土司沈氏世襲，治所在今雲南富寧。⓭北去龍州四十里　據地理位置，龍州，當為「左州」。⓮彝　通「夷」。古代對東方少數民族的貶稱。⓯天龍洞　應即遷隆峝，明初降為土巡司，隸思明府，後隸南寧府，在今寧明東隅，明江北岸。⓰上思州　明初隸思明府，後隸南寧府，治所在今廣西上思。⓱流官　明清時在雲貴等少數民族地區任職的官員，因有任期和世襲土官不同，故稱流官。⓲十萬山　即十萬大山。位於廣西防城、欽州、上思和寧明四地區之間，東北—西南向，長約二百里，寬六十至八十里，蜿蜒起伏，凡四百餘峰。主峰蒔良嶺，高一千四百六十二公尺。地層軸部為堅硬的砂岩和礫岩，為廣西南部屏障。⓳八尺江　發源於廣西欽州西北境，流經邕寧東南，北流經八尺寨入鬱江。⓴高平為莫彝四句　明宣宗宣德三年（一四二八），黎利稱帝，建立後黎朝。嘉靖六年（一五二七），莫登庸稱帝，建立莫朝，稱為北朝。一五三三年，黎朝舊臣阮淦等逃哀牢，擁立黎莊宗，稱為南朝。兩朝不斷發生戰爭。一五九一年南朝大將鄭松大舉進攻北朝，翌年占領北朝首都升龍（今河內），南北朝局面結束。但莫氏仍據有高平一帶，直至一六六七年始被全部消滅。㉑蘇木　又稱蘇枋、蘇方木，木名，可作紅色染料。㉒黔柴　黔，黑色，指木炭。㉓決明　植物名，豆科，葉為羽狀複葉。子及葉均可入藥。㉔癭　樹木外部隆起如瘤之處。㉕天台　山名，在浙江天台城北，屬仙霞嶺山脈的東支。

【語　譯】初二　拂曉，船向西北行駛，碧空如洗，分外晴朗。行駛三里，到江北懸崖下。轉而向南，行駛二里，經過下果灣，在江的西岸有村莊背靠山崖，面臨大江。又行駛五里，有水從南面流來注入，水聲如雷，名響源，發源於江州。響水西岸就是江州地界，而新寧、江州就是以這條水作為分界。響水注入大江的地方，有天然的石壩，橫堵在水口，就像一堵牆，高超過一丈，東西長十多丈，表面平滑如同磨石，就像砌築而成的。水流漫過壩面，直落江中，雖落勢不很高，但浪濤如雪，橫向噴灑，瀑布平瀉，水勢闊大洶湧，正如錢塘江八月的潮水，一起沖向下坡，又是一處奇景。經過響水，南岸為忠州地界，雖隸屬於南寧，但沿江土司的屬地，實際上就從這裡開始；北岸就是上果灣，有個向西對著江水的巖洞，上面也有村落。從這裡轉向北行駛，過了一里，到北山下面。轉向西北，掛帆行駛，兩岸又出現層層疊疊的山峰。過了二里，到宋村。在左江南岸，屬忠州。有八仙巖，為村中名勝。又行駛三里，轉向東北，再過二里，轉向西北，再過三里，又轉向東北，兩岸石崖重重疊疊，交替變換，無處不是奇境。船轉向西北行駛五里，又向北轉，江水西岸有座山崖遮住天空。山崖半腰有個朝東的巖洞，起先看見洞門雙洞相連，北洞大，南洞小，外面有垂石相隔，但內部貫通；隨即看到小洞靠在一邊，大洞顯得更加高大，忽然洞內被挖空，有亮光從洞後透出。在船上仰望，洞門拱起如連綿不斷的雲朵飄浮空中，明亮如皎潔的月光映照。洞前上上下下，都是高聳的山崖，層層疊疊，滿目蒼翠，倒影江潭，真是神仙境界，首次在土司境內看到，反而覺得中原景物十分平庸了。南面有馱樸村。轉過去登上山後，聽說可以攀登。又往北行駛一里，在東岸靠近江水的地方，突起一座光彩奪目遮蔽天空的銀山，山的半面為劈成的峭壁，青黃赤白，顏色斑斕，與天光水影，互相飛動，陽朔的畫山，還遠不能和它相比。崖下有上下兩個洞，洞門都朝西。上洞尤其空曠深邃，洞中的懸石形如觀音大士，上邊嵌入層層石壁，下邊靠近深潭，無法從中攀登，在它北面有許多孔洞，裂痕在樹叢中交錯點綴，雲煙景物在裡面出沒，美麗潤澤，與眾不同。過了一里，轉而向西，就是馱樸，是個有上百戶人家的集市，還在岸北一里處。東南就是銀山，西北又聳起層層山巒相夾，曲折連綿往北延伸，中間形成山路，集市就在路旁。陸路由此向北，是去左州、養利各地的路；水路由此向西，便是太平、思明諸州的地界。中午到達馱樸，先上岸問路，有的說可以通行，有的說道路阻塞。這是因為歸順被高平人攻破，道路情況不明，大意是要等歸順人來後隨他們一起走，這樣人多勢眾，行走才方便。到歸順後又要等富州人來到，也用同樣的方法走。這兩處的人還可以等待，只是顧僕病中加病，更使人憂慮不安。這天就帶著行李到旅店主人家寄宿。馱樸離馱盧五十里。從馱盧往西到這裡，都為左州南境，北距龍州四十里，西面仍是崇善地界。到太平也是四十里，水路加倍。高平為安南轄地，從龍州換坐小船，逆流上行，四天可到太平府，人們叫作高彝。龍州山崖更加奇特，崖壁間有龍形石紋，蜿蜒如生。在思明東面換乘小船，逆流上行四天，可到天龍洞；翻過山走半天，就到上思州。上思過去屬思明府，現在改為流官，屬南寧府。有十萬大山，那裡的水往西流的為明江，流出龍州；往東流出八尺江。高平為莫彝，是莫登庸的後人。安南為黎彝，是黎利的後人。自從進入新寧州到這裡，石山上都出產土巴豆樹和蘇木，這兩種樹都不大。巴豆樹葉紅豔，或在層層山巒叢生，或孤零零地懸掛絕壁之上，紅花翠葉相映，恍惚之間令人懷疑是霜痕木炭。蘇木在山坳和平地都有生長，葉子像決明，花像扁豆，只是籽粒長為扁豆的一倍，繞著枝幹結出瘤狀的物體，點點盤結，形似乳頭，乳端排列著刺鉤，不可接近。當地人播下種子，長成樹林，如果商人不來收購，就砍了當柴燒。又挑選生長多年枝幹較細的樹，削光樹皮，乳紋很快凝結起來，一朵朵像核桃的痕跡，色彩更為蒼潤。我曾經到天台山尋找萬年藤，有個遠方僧人帶著這東西，說是在廣西蠻族居住區出產。我懷疑是古樹奇根，不知這就是蘇木的枝條。

初三日記缺。

初四日　自馱樸〔取道至太平❶。〕西南行一里，有石垣東起江岸，西屬於山，是為左州、崇善分界。由垣出，循山溯江南行，三里，越一涸澗，又四里，為新鋪，數家之聚。江流從正南來，陸路遂西南轉。四里，復過一涸澗，澗底多石，上有崩橋曰沖登橋❷。其內有堡。從此南上，盤陟崗阜三里，復與江遇。其上有營房數家，曰崩勘。又南五里，轉一山嘴，其後山中有村曰馱竺，盤其東垂。乃循山南西向行，於是迴崖聯蹁，上壁甚峻拔，下石甚玲瓏。二里，路南復突一危峰，遂入山夾，盤之而西。又一里，轉南。二里，登媚娘山。其處峰巒四合，中懸一土阜為脊。越之而南下，東南三里，路側有窞❸一圓，名龍井❹。下墜五、六丈，四圍大，徑三丈，俱純石環壁。墜空綴磴而下，下底甚平。東北裂一門，透門以入其內，水聲潺潺，路遂昏黑。踐崖捫隙，其下忽深不可測。久之，光漸啟，迴見所入處，一石柱細若碧筍，中懸其間，上下連屬，旁有石板平庋，薄若片雲，聲若戛❺金樹。至其洞，雖不甚宏而奇妙，得之路旁，亦異也。其上有一亭，將就圮。〔自馱樸陸行至太平，輒見岡陀盤旋，四環中墜，深者為井，淺者為田，上下異穴，彼此共窞。蓋他處水皆轉峽出，必有一洩水門，惟此地明洩澗甚少，水皆從地中透去。竅之直墜者，下陷無底；旁通者，則底平可植五稼❻。路旁大抵皆是。惟龍井下陷猶有底，故得墜玩焉。〕由此西南出山，又四里，而江自壺關❼東垂北向而至。溯之，復南二里，升陟崗阜，又二里，抵壺關。關內舊惟守關第舍四、五間，今有菜齋老和尚建映霞庵於左，又蓋茶亭於後。余以下午抵庵，遂留憩于中。菜齋，北人。年六十一歲，參訪已遍海內。所食惟淡菜二盂，不用粒米。見此地荒落，特建庵接眾，憩食於庵者數十人，雖久而不靳❽焉。菜齋法名如喜，徒名海潤。

壺關在太平郡城北一里餘。麗江西自龍州來，抵關之西，折而南繞城南，東轉而北，復抵關之東，乃東北流去。關之東西，正當水之東處，若壺之項，相距不及一里。屬而垣之，設關於中，為北門鎖鑰。其南江流迴曲間，若壺之腹，則郡城倚焉。城中縱橫相距亦各一里。東、西、南三面，俱瀕於江。城中居舍荒落，千戶所門俱以茅蓋。城外惟東北有民居闤闠，餘俱一望荒茅舍而已。

青蓮山❾在郡城北二十餘里，〔重巒北障天半。其支南向，東下者即媚娘嶺，西下為〕碧雲洞。〔洞〕在壺關正西二里，青蓮山南下之支也。〔石峰突兀，洞穿峰半，門東向。先從北麓上三折坂，東向透石隙曰天門，得平臺焉。洞門峙其上，門狹而高，內南轉，空闊深暗，上透山頂，引光一線空濛下。光下有大士龕，北向，中坐像，後有窞深陷，炬燭之，沈黑，又一穴南去，不知其底。此下層也。其上層隔窞之南，復闢為門；門前列雙柱，上平度兩盆，曰「寶盆」。先由大士像右壁，穿小穴南下窞側，由雙柱中抵寶盆下，透門入。始頗隘，連進門兩重，漸轉東上，則穹然高張，天光下迸，一門南向出為通天竅。歷級上，出洞門外，亦有臺甚平，下瞰平壑，與東向門無異。由大士像左壁西穿小穴曲折入，兩壁狹轉，下伏為隘門，透門進，忽上盤如覆鐘。凡進四門，連盤而上者亦四、五處，乃出。於大士像左壁稍北，又西穿小穴，漸北轉，則岈然中通，山影平透，裂一門北向，號曰盤龍窟。此洞中勝也。北門外崖石橫帶山腰，東達天門，西抵一飛崖下，上覆下嵌。崖不甚高，上下俱絕壁，中虛而橫帶者，若平廊複榭，無愧「群峰獻翠」名。北瞰深塢，重巒前拱，較東南二臺，又作一觀。由崖東攀石蔓西望，峰頂蓮瓣錯落，中有一石，東剜空明，為蔓深石削，不得攀接。仍從盤龍窟入，出東臺，仰眺洞南，峰裂岐崖，迴環一峽。乃攀枝援隙上，直歷峽峰攢合中，復有東向洞，內皆聳石攢空，隙裂淵墜，削不受趾，俯瞰莫窺其底，石塊投之，聲歷歷不休，下即大士龕中承受墜光處也。至此洞外勝始盡。」此洞向無其名，萬曆癸丑參戎顧鳳翔開道疊磴，名之曰碧雲，為麗江勝第一。顧乃華亭⑩人。

白雲巖⑪在壺關正東四里，路由郡城東渡江，是為歸龍村峒⑫。在江東岸。太平隔江即江州屬。是村昔有怪出沒江潭，為害江州、太平，人俱莫能制。而思明獨來時而殺之，其害乃息。故江州以此一峒界思明，為思明屬。今此峒東、南、北三面俱屬江州，而西抵于江，為太平府，近太平城者，惟此一村，而又遠屬思明，亦可異也。

石門塘在壺關外東北半里。老虎巖在壺關內西南半里。銅鼓⑬在郡城內城隍廟，為馬伏波遺物，聲如吼虎，而狀甚異。聞制府⑭各道，亦有一、二，皆得之地中者。土人甚重之，間有掘得，價易百牛。

【章　旨】本章記載了第一百七十三天在太平府的行跡。離開馱樸，沿江上行，登上媚娘山，前面路旁有圓坑名龍井，到坑中遊賞，下面深不可測。從馱樸到太平府，途中常可看到井洞，水都從地下流出。下午到壺關，在映霞庵留宿。壺關為太平府城北面要地，城中住房荒涼冷落。碧雲洞在青蓮山南下的支脈，為江邊第一勝景。登上三折坂，穿過天門，進入洞中。洞分上下兩層。從一道洞門走出為通天竅，另有一道洞門名盤龍窟。從天門可到飛崖，景物無愧「群峰獻翠」的美名。白雲巖在壺關正東，老虎巖在壺關西南。府城城隍廟有銅鼓，十分珍貴。

【注　釋】❶太平　明代為府，治所在崇善（即廣西崇左）。❷沖登橋　在崇左城北，左江西岸。❸窞　深坑。❹龍井　在崇左東北，是由於地下河道崩坍而形成的豎井狀的落水洞。❺戛　戛擊。❻五稼　即五穀。❼壺關　在崇左城北三里，城三面臨江，惟北面通陸，江流屈曲，形如壺口。明正德間於此置關，用石砌築，東西跨河。❽靳　吝惜。❾青蓮山　又名青連山，在崇左城北十里，為太平府鎮山。山自安南廣源府發脈，綿亙二、三百里，峰巒矗立，青翠相連，故名。山南有青山巖，高闊深廣，石乳懸綴，奇勝不一。❿華亭　明代為松江府附郭縣，即今上海市松江區。⓫白雲巖　在崇左城東北四里的白雲山，七洞相連，以白雲巖最勝。洞口懸石，叩之作鐘聲，夜靜時有光如燈，出入洞門，人謂之佛燈。下有白雲泉。⓬歸龍村峒　原誤作「龍歸村峒」，據乾隆本改。歸龍村峒，今名歸隆，在崇左城東北郊，左江東岸。⓭銅鼓　據《後漢書・馬援傳》，伏波將軍馬援「於交趾得駱越銅鼓，乃鑄為馬式。」宋范成大《桂海虞衡志・志器》有較具體的描述：「銅鼓，其製如坐墩而空其下。滿鼓皆細花紋，極工緻。四角有小蟾蜍，兩人舁行，以手拊之，聲全似鞞鼓。」⓮制府　明代稱總督為總制，別稱制臺。

【語　譯】初四　從馱樸取道去太平府。往西南走一里，有石牆東面起江岸，西面連著山峰，是左州、崇善兩地的分界。從石牆走出，隨山沿江往南上行，走了三里，越過一條乾涸的山澗，又走了四里，到新鋪，是個幾戶人家的村落。江流從正南流來，陸路就轉向西南。走了四里，又越過一條乾涸的山澗，澗底石塊很多，上面有崩坍的橋梁，名沖登橋。裡面有堡壘。從這裡往南走上，在山岡土丘上盤繞攀登，走了三里，又和江水相遇。上面有幾家營房，名崩勘。再往南走五里，轉過一個山口，後面的山上有個村莊，名馱竺，盤踞在它的東端。就沿著山的南坡往西走，到這裡迴繞的山崖接踵而來，上面的石壁十分高峻挺拔，下面的岩石很是玲瓏精巧。走了二里，路南面又突起一座高峰，就進入峽谷，繞著它往西。又走了一里，轉而向南。再走二里，登上媚娘山。這裡峰巒四面環抱，中間高懸一個土丘成為山脊。越過土脊南下，往東南走了三里，路旁有一個圓形的深坑，名龍井。下落有五、六丈深，四圍很大，直徑三丈，四周都是純粹的岩石。沿石級騰空而下，坑底很平坦。東北裂出一道洞門，穿門進入洞內，聽到水聲潺潺，路便昏黑看不清楚。腳踏崖壁，手攀石縫向前，下面忽然變得深不可測。過了好久，漸漸出現亮光，轉身望見穿門進入的地方，有根細石柱，像碧綠的竹筍那麼懸在中間，上下都和石壁連接，旁邊有石板平放著，像雲片那麼薄，敲打時聲音清越，如敲擊金樹。至於這個洞，雖然不太宏大，但也相當奇妙，能在路旁找到它，也十分少見。洞的上方有個亭子，即將倒坍。從馱樸陸路去太平府，常常見到山岡坡地盤繞，四周環壁，中間陷落，深的形成井洞，淺的成為田地，上下洞穴不同，但卻處在一個深坑之中。因為別處的水，都是繞過峽谷流出，必定有一處排洩的水口。只有這裡在地面排水的山澗很少，水都從地下流去。往下直落的洞穴，下面深不見底；和旁邊相通的洞穴，底部平坦，可種五穀。路旁大多是這樣情況。只有龍井，雖然往下陷落，但還可見到底部，所以能夠下去玩賞。從這裡往西南出山，又走了四里，左江從壺關東陲往北流來。沿著江水上行，又往南走了二里，登上山岡，再走二里，到達壺關。關內過去只有守關的房屋四、五間，現在有個名菜齋的老僧，在關的左邊建造了映霞庵，又在後面蓋了一座茶亭。我因下午到達映霞庵，便留下休息。菜齋是北方人，六十一歲，已參拜訪問走遍天下。所吃的只是二缽盂淡菜，不吃一粒米。看到這裡荒涼冷落，特意建了這座庵，來接待眾人，在庵中住宿吃飯的有幾十人，雖然客人長期食宿，也毫不吝惜。菜齋法名如喜，徒弟名海潤。

壺關在太平府城北面一里多路。麗江從西面的龍州流來，到壺關的西面，便轉向南繞過城南，又往東轉而向北，再到壺關的東面，才朝東北流去。壺關的東面和西面，正對水流束攏的地方，如同壺頸，兩面水流相隔不到一里。築起城牆連接起來，中間設了關卡，成為太平府城北門的要地。在它南面江流彎曲處，如同壺的腹部，便是郡城所靠的地方。城中縱橫相距也各有一里。東、西、南三面都靠近麗江。城中房屋荒涼冷落，千戶所的衙門都用茅草蓋頂。城外只有東北角有居民街市，其餘地方一眼望去惟有荒涼的草房罷了。

青蓮山在府城北面二十多里，重重山巒在北面遮住了半爿天。它的支脈向南延伸，往東延伸的就是媚娘嶺，往西延伸的為碧雲洞。洞在壺關正西二里，是青蓮山往南延伸的支脈。石峰突兀，洞穿過峰腰，洞門朝東。先從北麓登上三折坂，往東穿過稱為天門的石縫，到一個平臺。洞門峙立在臺上，又窄又高，進洞後往南轉，裡面空闊深暗，上面直穿山頂，引來一線迷濛的亮光照下。光的下面有觀音大士龕，面向北，中間是觀音坐像，後面有深坑陷下，用火把照去，黑沉沉的，另有一個洞穴往南去，不知它的底部在何處。這是洞的下層。洞的上層隔在深坑的南面，又開出個洞門。門前並列著兩根石柱，上面平放著兩個盆，名「寶盆」。起我先從大士像右壁，穿過小洞往南走下到深坑的側面，由兩根石柱的中間走到寶盆下面，穿過洞門進去。起先地勢十分狹窄，接連進入兩道門，漸漸轉向東往上，洞忽然高張隆起，陽光往下照射，一道洞門往南出去為通天竅。踏著石級往上，走到洞門外，也有石臺十分平整，俯視山壑，和朝東洞門外的景象相同。再從大士像左壁往西穿過小洞，曲折走進，兩旁石壁狹窄曲折，下面低伏成為隘口。穿過隘口進去，洞頂忽然向上盤曲，如同倒扣的鐘。總共進了四道洞門，接連盤繞往上的地方也有四、五處，這才走出。從大士像左壁稍北處，又往西穿過小洞漸漸向北轉，只見裡面相通，十分幽深，山光平向透入，裂出一個朝北的洞門，名盤龍窟。這是洞中的勝景。北門外崖石橫亙山腰，往東到達天門，往西到達一座飛崖下面，上面覆蓋，下面嵌入。山崖不很高，上下都是絕壁，中間挖空，如腰帶般橫亙，好似平整的長廊、重疊的臺榭，不愧「群峰獻翠」的美名。往北俯視幽深的山塢，重重山巒在前面拱起，和東、南兩座平臺相比，又顯出另一種景觀。從山崖的東面攀登石磴向西望去，峰頂石片如同蓮花花瓣錯落有致，中間有塊岩石，東面挖空透光，只是因為蔓草深密，岩石陡峭，無法攀登接近。仍從盤龍窟進入山洞，從東臺走出，仰望洞的南面，裂開的峰巒，岔出的山崖，環繞形成一個峽谷。於是拉著樹枝、抓住石縫爬上去，直到峽谷山峰聚合之中，又有一個朝東的山洞，裡面都是高聳的岩石在空中聚立，裂開的縫隙、下落的深淵，十分陡削，無法落腳。俯視深淵，望不到底，將石塊扔下去，發出好長時間的回聲，下面就是觀音大士龕中承受照入亮光的地方。到這裡洞外美的景觀才都遊遍。這洞一向沒有名字，萬曆四十一年參將顧鳳翔開闢道路，鋪上石級，命名為碧雲洞，成為麗江第一勝境。顧是華亭人。

白雲巖在壺關正東四里，前往的路要從府城東面渡江，這就是歸龍村峒。在左江東岸。太平府對岸，就是江州地界。這村莊過去曾有怪物出沒江潭，為害江州、太平兩地，無人能夠制服。而思明府有人獨自來把牠殺死，平息了這個禍害，所以江州就把這一峒割給思明，為思明府屬地。現在這峒的東、南、北三面都隸屬江州，而西面到左江這一地區屬太平府。靠近太平府城的只有這一個村莊，但又遠屬思明府，也是一件怪事。

石門塘在壺關外東北半里處。老虎巖在壺關內西南半里處。銅鼓在府城內城隍廟，為伏波將軍馬援的遺物。鼓聲如同虎吼，形狀十分奇異。聽說總督下屬各道也有一、二個，都是從地下發現的。當地人很看重它，偶爾有人挖到了，價值可換上百頭牛。

初五日　晨餐後，即獨渡歸龍，共四里，西循白雲巖[1]。荒坡草塞，沒頂蒙面，上既不堪眺望，下復有芒草攢入襪褲間，舉足針刺，頃刻不可忍。數步，除襪解褲，搜刷淨盡，甫再舉足，復仍前矣。已有一小水自東南峽中出，北瀠巖前，上覆藤蔓，下踔江泥，揭涉甚難。過溪，抵巖下，則棘藤蒙密，既不得路，復無可詢，往返徘徊，日遂過午[2]。

仍西二里，出歸龍，南溯江岸，三里，抵金櫝、將軍兩山之間。〔金櫝[3]瞰江峙，崖洞中空，大容數百人。茅棘湮阨，」竟金櫃山巖洞不得。三週其北、東、南三面，又兩越其巔〔對矚江城，若晰鬚眉於鏡中。東即將軍山，片崖立峰頭迎江，有干城❹赳赳勢。環郡四眺，峰之特聳者此為最。〕下候東關渡舟，已暮不復來，腹餒甚。已望見北有一舟東渡，乃隨江躡石，一里抵其處，其舟亦西還。遷延久之，得一漁舟，渡江而西，見有賣蕉者，不及覓飯，即買蕉十餘枚啖之，亟趨壺關，山雨忽來，暮色亦至。

【章　旨】本章記載了第一百七十四天在太平府的行跡。渡江經歸龍村峒，到白雲巖石壁下。有山崖石色比美玉更加晶瑩潔白。峭壁上有四、五個洞。這裡的巖洞苦於道路阻塞，否則當在碧雲洞之上。接著遊覽了金櫃山、將軍山。傍晚找到一條漁船渡江，急忙趕回壺關。

【注　釋】❶白雲巖　在崇左東北四里，形如玉屏，峰頂常有白雲繚繞。洞中怪石嶙峋，擊之聲響如磬。傳說葛洪曾在此煉丹。❷日遂過午　以上大段乾隆本記遊白雲巖，其文云：「聞壺關東四里有白雲巖，乃由郡城東渡江，經歸龍村峒，東抵石壁下。穹崖高展，下削如屏，色瑩潔逾玉。崖南峭壁半列洞四、五，大小不一，皆西向。南面一洞較大，下復疊一洞，不甚深昧，而上洞中空外削，望之窈窕，竟不得攀憩。再南半里，有洞甚大，亦西向，前俱大石交支。從石隙透門入，窪敞可容三百人，內無旁通竇。洞北有小徑，東上山夾，兩旁削石並聳。攀級而登，踰山坳南，亦有窪下陷，木翳不能窺其涘。其北更聳層峰，西瞰江流城堞，俱有足底。再北直出白雲巖頂，其坳中窪竅雖多，然深莽密冒，終不能下通巖半洞也。此處巖洞，特苦道路蕪阻，若能巖外懸梯，或疊磴中竇，其委曲奇勝，當更居碧雲上。」❸金櫃　山名，在崇左城東一里，石壁百尋。明御史毛伯溫征安南回，勒石於此。❹干城　盾牌和城牆。原指防衛，即衛護如干，防守如城，引申為國家大將。

【語　譯】初五　早飯後，獨自渡江到歸龍，共走了四里，往西沿著白雲巖趕路。山坡上荒草塞路，高過頭頂，遮住眼目，既無法抬頭向上眺望，腳下又有芒草鑽進褲襪之中，一抬腿就像針刺一般片刻不能忍受，走了幾步路，就脫襪解褲，把芒草搜刷乾淨，可剛抬腿就又如原先一樣難受了。過了一會，看到有一條小溪從東南峽谷中流出，往北在白雲巖前瀠繞。溪上藤蔓覆蓋，腳下踏著河泥，掀起衣服下襬跋涉十分困難。渡過溪水，到達巖下，只見荊棘藤蔓叢生，既找不到路，又無從打聽，來回走動，徘徊不定，已過中午。

仍然往西二里，走出歸龍村峒，往南沿江岸上行，走了三里，到金櫃山和將軍山之間。金櫃山俯對江水，高高峙立，崖洞裡面空闊，可容納數百人。因荊棘茅草湮沒堵塞，走遍金櫃山竟找不到巖洞。在它的北、東、南繞了三圈，又兩次越過山頂，眺望江對岸的府城，就像在鏡中看自己的鬍鬚眉毛那樣清晰。東面就是將軍山，一片崖石屹立峰頂面對江水，很有守衛城池雄赳赳的氣勢。環顧府城四周，高聳特立的山峰以此為首。下山等候東關的渡船，時間已晚，船不再來了，肚子餓得厲害。不久望見北面有一條船渡往東岸，就順著江岸踩著岩石，走了一里到那裡，這船也回到西岸。拖延了好長時間，找到一條漁船，渡江到西岸，看到有賣香蕉的人，來不及找飯吃，就買了十多根香蕉吃了，急忙趕到壺關，山雨忽然來臨，天色也暗了下來。

初六日　余以歸順、南丹❶二道未決，余欲走歸順至富州，眾勸須由南丹至貴州。蓋貴州遠而富州近，貴州可行，而歸順為高平彝所阻也。趨班氏神廟❷求籤決之。廟在大西門外，臨江。其神在郡極著靈異，家尸而戶祝之❸，有司之蒞其境者，靡不嚴事焉。求籤畢，有儒生數人賽❹廟中，余為詢歸順道。一年長者輒欲為余作書，畀土司之相識者。余問其姓字，乃滕肯堂也。名祚昌。其中最年少者，為其子滕賓王。名佐。居城中千戶所前。余乃期造其家，遂還飯於映霞庵。攜火炬出壺關，西溯江岸，一里，抵演武場北，又西一里，探碧雲洞，出入迴環者數四，還抵映霞。見日色甫下午，度滕已歸，仍入城叩其堂。滕君一見傾蓋，即為留酌。其酒頗佳，略似京口❺，其茶則松蘿❻之下者，皆此中所無也。坐中滕君為言：「欲從歸順行，須得參戎一馬符方妙。明晨何不同小兒一叩之乎？」余謝不敏。滕曰：「無已，作一書可乎？」余頷之。期明日以書往，乃別而返壺關。

初七日　雨色霏霏，釀寒殊甚。菜齋師見余衣單，為解夾衣衣我，始可出而見風。晨餐後，滕君來。既別，余作畀參戎書。飯而抵其家，則滕自壺關別後，即下舟與乃郎他棹，將暮未返。雨色復來，余不能待，而返壺關。雨少止，西覓老虎巖，墜窪穿莽，終不可得。

【章　旨】本章記載了第一百七十五、第一百七十六天在太平府的行跡。到班氏廟拜神求籤以決定往下如何走。與儒生滕肯堂結識，抽空探遊了碧雲洞。下午拜訪滕家。次日，冒雨尋找老虎巖，始終沒找到。

【注　釋】❶南丹　明初為州，後設南丹衛，不久又恢復為南丹土州，隸慶遠府，治所在今廣西南丹。❷班氏神廟　祀漢班夫人，夫人為谿峝世家女，起兵助馬援征南有功。❸家尸而戶祝之　家家戶戶都崇拜祭祀這神。尸，神像。立尸而祝禱之，表示尊敬，後引申為崇拜之意。❹賽　古時稱酬神為賽。❺京口　古城名，故址在今江蘇鎮江市。❻松蘿　茶名，產於安徽歙縣松蘿山。

【語　譯】初六　我因為究竟走歸順還是走南丹的路不能決定，我打算從歸順到富州，而眾人勸我必須從南丹到貴州。

因為貴州路遠，富州路近，但貴州的道路能夠通行，而歸順的路卻被安南的高平彝阻斷。到班氏神廟求籤來作決定。廟在大西門外，靠近左江。這神在太平府非常靈異，家家戶戶都供奉祭祀。到這裡任職的官吏，無不恭恭敬敬奉祀他。求完籤，遇見幾個來廟中祭神的儒生，我向他們打聽去歸順的路。有個年長的人就想為我寫信介紹給那些相識的土司。我問他的姓名字號，是滕肯堂，名祚昌。其中最年輕的人，是他的兒子滕賓王。名佐。住在城中千戶所前面。我於是約定時間拜訪他家，便回到映霞庵吃飯。帶了火把走出壺關，往西沿江岸上行，走了一里，到演武場的北面。又往西走了一里，去探遊碧雲洞，出入環繞了四回，才回到映霞庵。看天色剛到下午，估計滕肯堂已經回家，便進城去叩他的家門。滕君同我一見如故，立即留我喝酒，他的酒很好，有些像鎮江的酒，茶卻是松蘿茶中的下品，都是這裡沒有的東西。坐談中滕君對我說：「要走歸順，必須得到參將一張馬牌才好。明天早上何不同我兒子一起去拜訪他呢？」我辭謝不敢當。滕君說：「萬不得已，寫一封信行嗎？」我點頭同意，約定明天來取信，於是告別，返回壺關。

初七　秋雨紛紛，聚積的寒氣十分厲害，菜齋師見我衣服單薄，把身上的夾衣脫下給我穿，這才能出門經受寒風。早飯後，滕君來看我。分手後，我寫了給參將的信。午飯後去他家，得知滕君從壺關和我分別後，就乘船和他的兒子去別處，天將晚還沒返回。這時雨又下了起來，我不能等待，就返回壺關。雨稍稍停下，便往西尋找老虎巖，落下窪地，穿過叢莽，卻始終沒有找到。

初八日　余再抵滕，以參戎書畀之。參戎姓章，名易，為會稽❶人。其有名正宸者，合在戶科，為辛未年家❷。滕復留飯，網魚於池，池在門前。魚有大、小二種：大者乃白鰱，小者為鯰魚。鯰魚味淡而不腥，問所謂「香魚」，無有也。剖柑於樹，其柑如香橼❸，瓤白而皮不厚，片剖而共食之，瓤與皮俱甘香，異眾柑。因為罄其生平。滕君少年廩❹于學宮。其人昂藏有俠骨，夙與中表❺謝孝廉有隙。謝死，其家以毒誣滕。滕求檢以白其誣，謝遂大窘。時孝廉之弟為南寧司李掾❻，而孝廉之房考❼趙為閩漳州人，方當道，竟羅織於憲訪，且中以訕府道、毆衛所諸莫須有❽事，遂被黜，戍欽州❾。未幾歸，復為有司齮齕❿不已，雄心竟大耗，而鬚鬢俱皤然矣。其乃郎亦青年游泮⓫，為此中錚錚出穎者，此中亦共以「白眉」⓬推之。且謂余何不暫館⓭於此，則學宮諸友，俱有束脩⓮之奉，可為道路資。余復謝不敏。透出壺關，已薄暮矣。有僧自南寧崇善寺來言：「靜聞以前月廿八子時回首⓯」。是僧親為下火而來。其死離余別時纔五日，雲白竟不為置棺。不知所留銀錢併衣篋俱何人乾沒也？為之哀悼，終夜不寐。

初九日　午飯後再入城，候所進參戎書。而滕氏父子猶欲集眾留余館此，故不為即進。其書立為一初貢方姓者拆。書初錄，展轉攜去，久索而後得之。乃復緘之，囑其速進，必不能留此也。

初十日　晨餐後出游石門。上午抵滕君處，坐甫定，滕賓王持參戎招余柬來，余謝之。已而⓰參府中軍唐玉屏名尚珠，全州⓱人。以馬牌相畀。余為造門投刺，還飯於滕，雨竟不止。是夕遂宿於滕館。

十一日　雨。食息於滕。

十二日　雨。食息於滕。迨暮，雨少止，乃別，抵壺關映霞庵。是夜，夜雨彌甚。

【章　旨】本章記載了第一百七十七天至第一百八十一天在太平府的行跡。往訪滕君，飲酒長談。返回壺關，遇見南寧來人，告知靜聞死訊，深感悲痛。滕君代為呈送致參將的書信，取得馬牌。因連日下雨，不能啟程。

【注　釋】❶會稽　明代為紹興府附郭縣，治所在今浙江紹興。❷其有名正宸者三句　章正宸，紹興人，崇禎三年（一六三○）舉人。辛未為崇禎四年。古時科舉同榜及第者互稱同年，其家屬稱為年翁、年伯、年姪。❸香櫞　即枸櫞，產於福建、廣西一帶。果實狀如人手，有指，俗稱「佛手柑」，味不甚佳，但清香襲人，可入藥。❹廩　糧米。明代州縣皆置學，生員若干人，月給糧米，稱廩生。❺中表　古時稱姑母的兒女為外表，舅父、姨母的兒女為內表，互稱中表。❻司李掾　司李，同「司理」。即推官。掾，屬吏。❼房考　科舉考試中分房閱卷的官員。考卷皆由房考官閱後，推薦給主考，決定取捨。❽莫須有　或許有；也許有。南宋奸相秦檜誣陷岳飛，造成冤獄。韓世忠心不能平，前往責問。秦檜道：岳飛子岳雲及張憲謀反，「其事莫須有。」韓世忠怒道：「莫須有三字，何以服天下乎？」後謂以不實之詞誣陷他人為莫須有。原脫「莫」字。❾欽州　明代隸廉州府，治所在今廣西欽州。❿齮齕　中傷；毀傷。⓫游泮　明清科舉制度，經州縣考試錄取為生員而入學的，稱為入泮，也稱游泮。泮，指泮宮，即古代學宮。⓬白眉　三國蜀漢馬良，字季常，兄弟五人皆用「常」為字，並有才名。良眉有白毛，才學尤為出眾，鄉里諺曰：「馬氏五常，白眉最良。」⓭館　學館，即私塾。這裡借指擔任教職。⓮束脩　脩，乾肉。十條乾肉為束脩。古時指送給教師的酬金。⓯回首　死亡的婉稱。⓰已而　「已」下原脫「而」字。⓱全州　明代為州，隸桂林府，今屬廣西。

【語　譯】初八　我再次到滕君家，把給參將的信交給他。參將姓章，名易，會稽人。族中有個名正宸的人，應該在戶科，是辛未年和我的族人一起及第。滕君又留我吃飯，在池中用網捕魚，池塘在門前，魚有大小兩種：大的是白鰱，小的為鯰魚。鯰魚味道清淡，沒有腥味。打聽所謂的「香魚」，卻沒有。從樹上摘下柑子，柑子很像香櫞，白瓤，皮不厚，切成片片一起吃。瓤和皮都很香甜，和其他柑子不同。於是和我暢談生平。滕君年輕時，是學校的廩生。為人豪邁有俠氣，平日與表兄弟謝舉人不和。謝舉人死後，他的家人誣告滕君下毒，滕為了洗白冤屈，要求驗屍，謝家十分難堪。當時舉人的兄弟為南寧府推官的屬吏，舉人的房師趙某為福建漳州人，正在當權。竟在出巡的御史前羅織罪名，並以毀謗府道、毆打衛所官兵等莫須有的事中傷他，於是被除名，流配欽州。不久回來，又被官府詆毀傷害，雄心終於大為消沉，頭髮鬍鬚全都白了。他的公子也年輕入學，是這裡出類拔萃的人，當地人也都很推許他。並對我說，何不暫時在這裡開館授徒，那麼學校的朋友都會送來酬金，可以作為路費。我又辭謝了。穿出壺關，已是傍晚了。遇到從南寧崇善寺來的僧人，說：「靜聞在上月廿八日子時去世。」這個僧人親自為他舉行火葬。他的死離我告別時才五天，雲白竟然不為他置棺木，不知所留下的銀錢衣物，都被什麼人吞沒了？我為他哀悼，整夜不能入睡。

初九　午飯後再進城，等候呈送參將書信的回音。滕氏父子還想聚集一些人留我開館，所以沒有立即送信進去。那信立刻被一個姓方的剛選拔的貢生拆開。信剛寫好，就被人輾轉拿去，找了好久才得到，於是重新封好，囑咐滕君趕快呈送，我決不會留在這裡。

初十　早飯後出去遊覽石門。上午到滕君那裡，剛坐定，滕賓王拿了參將招我的請柬來，我向他道謝。隨後參將府的中軍唐玉屏名尚珠，全州人。把馬牌交給我。我為此上門投送了名帖，回來在滕家吃飯，雨始終下個不停。當晚就在滕家留宿。

十一日　雨天。在滕家吃飯休息。

十二日　雨天。在滕家吃飯休息。到傍晚，雨稍稍停下，才告別滕君，到壺關映霞庵。這天夜裡，雨越下越大。

十三日　阻雨壺關。

十四日　仍為雨阻。余欲往馱樸招顧行❶，路濘草濕，故棲遲不前。

十五日　雨如故。有遠僧三人自壺關往馱樸，始得寄字顧行，命其倩夫以行李至郡。

十六日　夜雨彌甚，達日不休。余引被蒙首而睡，庵僧呼飯乃起。飯後，天色倏開，日中逗影。余乃散步關前，而顧行至矣。異方兩地，又已十餘日，見之躍然。即促站騎覓挑夫，期以十八日行。

十七日　早寒甚，起看天光欲曙未曙，而煥赤騰丹，朦朧隱耀，疑為朝華，復恐雨徵，以寒甚，仍引被臥。既而碧天如洗，旭日皎潔，乃起而飯。入別滕君，父子俱出，復歸飯映霞。抵晚入候，適滕君歸，留余少酌，且為作各土州書，計中夜乃完。余別之，返宿庵中。

【章旨】本章記載了第一百八十二天至第一百八十六天在太平府的行跡。託人送信給顧僕，吩咐他請人將行李帶到郡城。天晴後，向滕君父子辭行，滕君特意寫了致各州土司的介紹信。

【注釋】❶顧行　即顧僕。

【語譯】十三日　被雨阻在壺關。

十四日　仍然被雨阻留。我想去馱樸把顧僕叫來，道路泥濘，荒草濕透，因此逗留不前。

十五日　雨仍舊下個不停，有三個遠方來的僧人從壺關去馱樸，才能夠寄信給顧僕，叫他雇腳夫帶上行李送到府城。

十六日　夜裡雨越下越大，整夜不止。我拉起被子，蒙頭睡覺，直到庵中的僧人喊我吃飯才起身。飯後，天色忽然開朗，陽光照耀。我就在關前散步，而顧僕也到了。在他鄉分居兩地，又已有十多天了，見面十分高興。於是立即催促驛站派馬找挑夫，計劃在十八日啟程。

十七日　早上十分寒冷，起來看天色將亮未亮，而空中一片通紅，朦朧隱耀，懷疑是朝霞，又怕是下雨的前兆。因為太冷，仍舊蓋上被子睡覺。不一會，碧天如洗，陽光皎潔，便起來吃飯。進城和滕君告別，他父子都外出了，又回到映霞庵吃飯。到晚進城等候，恰巧滕君回來，留我小飲，並為我寫了給各處土州的介紹信，預計半夜才寫完。我告別回映霞庵過夜。

十八日　昧爽入城，取滕所作書。抵北關，站騎已至。余令顧僕與騎俱返候壺關。滕君亦令人送所作書至。余仍入城謝別，返飯於庵。菜齋又以金贈。遂自壺關北行，關外有三岐：東北向馱樸，走左州，乃向時所從來者；西北向盤麻，走龍州，乃碧雲洞游所經者；而茲則取道其中焉，〔太平州道也。〕五里，漸入山夾。又五里，過一空谷，甚平廣而荒漠，無耕為田者。又三里谷盡，有數家在路左。乃折而西，二里，登樓沓峺，兩傍山崖陡絕，夾隘頗逼，雖不甚高，而石骨嶙峋，覺險阻焉。踰隘門，少西下，輒有塘一方，匯水當關，數十家倚之。西從峽中，三里，踰二峺，高倍於樓沓。西下，輒崖石嶄削，夾塢更深。北一里，上大峺，陡絕更倍之。踰坳北下，夾壁俱截雲蔽日。一里，塢窮西轉，其北四山中墜，下窪為不測之淵。又西一里，踰隘門西下，則懸磴旋轉重崖間，直下山椒❶，不啻千級也。〔按郡北有蕩平隘，乃青蓮山中裂成峽者。東南自樓杳峺，西北出此，中為峺❷者凡四重，兩崖重亙，水俱穴壑底墜，並無通流隙，真阨塞絕隘也。〕既下，循麓北行，有深窞懸平疇中，下陷如穽，上開線峽，南北橫裂，中跨一石如橋，界而為兩，其南有磴，可循而下。泉流瀧瀧❸，仰睇天光，如蹈甕牖❹也。北行畦塍間，五里，塢盡山迴，復西登一嶺，下蹈重峽。

五里，出山。山始離立，又多突兀之峰夾。又五里，為陵球❺，有結茅二所，為貰酒炊粥之肆，是為此站之中道。又西北七里，過土地屯，有村一塢在路左山坡之北。又二里，有小水東自土地屯北嶺峽中來，西南流去。絕流西渡，登隴行。聞水聲衝衝，遙應山谷，以為即所渡之上流也。忽見大溪洶湧於路右，闊比龍江之半，自西北注東南，下流與小溪合併而去，上流則懸壩石而下，若湧雪轟雷焉。共二里，抵四把村，即石壩堰流處也。蓋其江❻自歸順發源，至安平界，又合養利、恩城之水，盤旋山谷，至此凡經堰四重，以把截之，故曰「把」，今俗呼為「水壩」云。〔下抵崇善水口綿埠村❼，入龍江❽。水口在太平郡西七十里。〕又西轉二里，水之南有層峰秀聳，攢青擁碧，瀕水有小峰孤突，下斜騫而上分岐，怒流橫嚙其趾；水之北，則巨峰巍踞，若當關而扼之者。路抵巍峰之東，轉而北，循其北麓，共五里，出其西，有村臨江，曰那畔村，為崇善北界。又五里，為叩山村，則太平州屬矣。又西北七里，暮抵太平站。孤依山麓，止環堵三楹，土頹茅落，不蔽風日，食無案，臥無榻，可哂也。先是，挑夫至土地屯即入村換夫，顧奴隨之行。余騎先抵站，暮久而顧奴行李待之不至，心甚懸懸。及更，乃以三人送來，始釋雲霓之望❾。是夜明月如洗，臥破站中，如濯冰壺。五更，風峭寒不可耐，竟以被蒙首而臥。

【章　旨】本章記載了第一百八十七天在太平府的行跡。從壺關出發，取道前往太平府。登上樓杳峺，翻過二峺，再登上大峺，山勢十分險峻。往前平野中有深坑如同陷阱。出山後，過土地屯，到達四把村。有石壩攔住江水。經過崇善北界的那畔村，到太平州的叩山村。在極其破敗的太平站過夜。

【注　釋】❶山椒　乾隆本作「山腳」。❷峺　同「埂」。地勢高起的長條。❸瀧瀧　流水聲。❹甕牖　以破甕之口作窗戶。指貧窮人家。❺陵球　原缺「球」字。當為今崇左西境的楞球。❻其江　即邏水，今名黑水河，源出廣西靖西，南流至崇左西南的棉江匯入龍江。❼綿埠村　今名棉江，在龍州東隅，龍江北岸。❽龍江　即左江流經龍州的一段。❾雲霓之望　因天旱而盼望雲興雨下，借喻心情焦急。

【語　譯】十八日　拂曉進城，去取滕君所寫的書信。到北關，驛站的馬已經到了。我叫顧僕和馬都返回壺關等候。滕君也派人把寫好的信送來。我仍然進城道謝辭別，然後返回庵中吃飯。菜齋又以金錢相贈。於是從壺關往北走，關外有三條岔路：往東北的路通向馱樸，去左州，是我原先來時所走的路；往西北的路通向盤廂，去龍州，是遊覽碧雲洞時所經過的路；而現在則取道走中間一條路，是去太平州的路。走了五里，漸漸進入峽谷。又走了五里，經過一處空曠的山谷，地勢平坦廣闊，但很荒涼，沒有開墾成田地。再走三里，到山谷盡頭，路的左邊有幾戶人家。轉而向西，走了二里，登上樓沓峺，兩旁山崖陡削，緊夾隘口，雖不太高，但岩石嶙峋，感到地勢險要。越過隘口，稍許往西走下，就有一方水塘，在關前匯聚，有幾十戶人家居住。從西面的峽谷進入，走了三里，越過二峺，地勢比樓沓峺高一倍。往西走下，就有陡峭的崖石，把山塢夾得更加幽深。往北走一里，登上大峺，險峻陡絕更比二峺加倍。翻過山坳往北走下，兩旁石壁都是高聳入雲，遮空蔽日。走了一里，山塢到了盡頭，向西轉去，北邊四面的山峰圍繞，中間直落，往下陷成望不見底的深淵。又往西走一里，越過隘口往西走下，只見懸掛的石級在重重山崖間盤旋，直到山腳，不下千級。按府城北面有蕩平隘，是青蓮山中裂成的峽谷。東南起自樓沓峺，往西北到這裡走出，中間共有四道山峺，兩邊山崖層層相連，山水都落到山壑底部的洞穴中，並沒有讓水流通的裂縫，真是一處險要的隘口。下山後，沿著山麓往北走，平野中有深坑，往下深陷如穽，上面裂成一線峽縫，南北橫裂，中間橫跨一塊大石，如同橋梁，分成兩段，它的南邊有石級，可沿著石級而下。泉水汩汩流淌，仰望陽光，真如井底觀天。往北在田間行走，過了五里，山塢盡頭群山迴轉，再向西登上一座山嶺，往下進入重重峽谷之中。

走了五里出山，這時才出現並立的山峰，又有很多突兀的山峰在路邊相夾。又走了五里，到陵球，有兩間茅屋，是賣酒煮粥的店鋪，在這一站的半路上。再往西北走七里，經過土地屯，在路左側山坡北面有一個村莊。再走二里，有條小溪從東面的土地屯北嶺的峽中流來，往西南流去。向西橫渡水流，登上山壟行走，聽到水聲隆隆，在山谷中發出遠遠的回響，以為這就是剛才渡過的小溪上游。忽然看到路右邊一條大溪洶湧奔流，水面有龍江一半寬，自西北流向東南，下游和小溪合流而去，上游則漫過石壩奔流直下，如雪花飛捲，雷聲轟鳴。共走了二里，到達四把村，即石壩攔截水流的地方。這條江水從歸順發源，流經安平州界，又匯合從養利和恩城流來的水，在山谷中盤繞，流到這裡共經四道堤壩，用以把守攔截水流，故稱作「把」，現在俗稱為「水壩」。往下流到崇善水口綿埠村，匯入龍江。水口在太平府西七十里。又往西轉，走了二里，溪水南面，層層秀麗的山峰聳立，鬱鬱蔥蔥，臨近水的地方有座小峰孤零零地突起，下部斜舉，上面岔開，激流侵蝕著山腳。溪水的北面，有巨峰巍然盤踞，如當關扼守著出口。路到高峰的東面轉而向北，沿著它的北麓，共走了五里，從它的西面走出，有村莊靠近江水，名那畔村，為崇善的北界。又走了五里，到叩山村，則為太平州的屬地了。再往西北走七里，傍晚到達太平站。這站孤零零地靠著山腳，只有土牆圍著三間屋子，牆泥倒坍，屋茅飄落，不能遮風蔽日，吃飯沒有桌子，睡覺沒有牀鋪，很是可笑。在此之前，挑夫到土地屯，就進村換人，顧僕也隨著去了。我騎馬先到驛站，天黑了好久，等候顧僕和行李都沒到，心中十分牽掛。到一更時，才用三個人送來，我才放下心來。這天晚上月明如洗，睡在這破敗的驛站中，就像置身冰壺中。五更時，風更冷得不能忍受，只好用被子蒙頭睡覺。

十九日　曉日明麗，四面碧嶠濯濯，如芙蓉映色。西十里，渡江❶即為太平州❷。數千家鱗次倚江西岸。西南有峰俱峭拔攢立，西北一峰特立州後，下有洞南向，門有巨石中突，騎過其前，不及入探為悵。州中居舍悉茅蓋土牆，惟衙署有瓦而不甚雄。客至，館於管籥者。傳刺入，即以刺答而餽程焉。是日傳餐館中，遂不及行。

二十日　晨粥於館，復炊飯而後行，已上午矣。西北出土牆隘門，行南北兩山間，其中平疇四達，畝塍鱗鱗，不復似荒茅充塞景象。過特峰洞門之南，三里，過一小石梁，村居相望，與江浙山鄉無異。又三里，一梁甫過，復過一梁。西岡有銅鐘一覆路左，其質甚巨，相傳重三千餘觔❸，自交南飛至者。土人不知其年，而形色若新出於型❹，略無風日剝蝕之痕，可異也。但其紐❺為四川人鑿去。土人云：「尚有一鐘在梁下水澗中，然亂石磊落，窺之不辨也。」又西北一里，輒見江流自西而東向去。又二里，復有水北流入江，兩石梁跨其上，其水比前較大，皆西南山峰間所湧而出者。又西北五里，復過兩梁，有三水自南來，會而北入於江。此處田禾豐美，皆南山諸流之溥❻其利也。又二里，則平疇西盡，有兩石峰界南北兩山間，若當關者。穿其中而西，又一里，有小溝南屬於山，是為太平州西界。

越此入安平境，復有村在路右崗陂間。又西二里，即為安平州❼。江水在州之東北，斜騫其前，而東南赴太平州去。又有小水自西而來，環貫州右，北轉而入於江，當即志所稱隴水也。其西南有山壁立，仙洞❽穹其下，其門北向，高敞明潔，頂平如綳幔，而四旁竇壁玲瓏，楞棧高下。洞後懸壁上坐觀音大士一尊，恍若乘雲攬霧。其下一石中懸，下開兩門，上跨重閣，內復橫拓為洞。從其右入，夾隙東轉，甚狹而深，以暗逼而出。懸石之外，右裂一門，直透東麓；左拾級而上，從東轉，則跨梁飛棧，遂出懸石之巔。其上有石盆一圓，徑尺餘，深四寸，皆石髓所凝，雕鏤不逮。傍有石局、石牀，乃少加斧削者。從西入，則深竇邃峽，已而南轉，則遂昏黑莫辨。然其底頗平，其峽頗逼，摸索而行。久之，忽見其南有光隱隱，益望而前趨，則一門東南透壁而出，門內稍舒直，南復成幽峽。入之漸隘，仍出至少舒處。東南出洞門，門甚隘，門以外則穹壁高懸，南眺平壑，與前洞頓異矣。久之，復從暗中轉出前洞，壁間雜鐫和州❾帥李侯詩數首，內惟〈鄒泗洙〉❿一首可誦。余亦和二首。既乃出洞，遊州前，其宅較太平州者加整，而民居不及。館乃瓦蓋，頗蔽風雨。然州乃一巨村，並隘門土牆而無之也。太平州帥李恩祀⓫有程儀之餽，安平州帥為李明巒，止有名柬，乃太平姪行。

【章　旨】本章記載了第一百八十八、第一百八十九天在太平府的行跡。到達太平州，城內住房盡是茅屋土牆，在客館過夜，州官贈送了旅費。次日繼續前行，城外平野與江浙山鄉無異。路旁有一口巨大的銅鐘，沒有一點風吹日曬的痕跡。越過一條小溝，進入安平州界。往前遇上隴水，探遊了觀音巖。出洞後在安平州城遊覽，這城實際上只是一個大村莊。

【注　釋】❶渡江　江，指邏水。❷太平州　明代隸太平府，治所在大新南境，今黑水河東岸。❸觔　借用為「斤」。❹型　鑄造器物的模子。❺紐　俗稱鐘鼻。鐘上部用以懸掛處。❻溥　通「敷」。施給；分布。❼安平州　明代隸太平府，治所在今大新安平，位於黑水河東岸。❽仙洞　乾隆本作「觀音巖」。❾和州　疑指和曲州。明代移和曲州於雲南武定府郭下，後隨府移至今雲南武定。❿鄒泗洙　鄒，古國名，後遷都今山東鄒縣東南王城，為孟子故鄉。泗洙，泗水及洙水，春秋時在魯國境內，今屬山東。孔子居洙、泗之間，教授弟子。⓫李恩祀　據《通志》記載，太平州世襲土官名李恩祖。

【語　譯】十九日　拂曉陽光明媚，四面山峰青翠欲滴，如同陽光映照下的蓮花，色彩鮮豔。往西行走十里，渡江便是太平州，有數千戶人家，鱗次櫛比靠著江水的西岸。西南的山峰都峭拔聚立，西北有座獨自屹立在州城後面的山峰，下面有朝南的洞，洞門前有大石在中間突出，騎馬從洞前經過，來不及進去探看，為此十分不快。州城中的住房，都是草頂土牆，惟有州衙門的房屋蓋瓦，但也不太高大。客人到了，到管鑰匙的人那裡住下。我把名帖傳送給州官，他立即用名帖作答，並餽贈旅費。這天有飯送到客館，就來不及走了。

二十日　早晨在客館吃粥，又煮了飯然後出發，已是上午了。往西北走出州城的土牆關門，在南北兩山之間行走，裡面平野直通四方，田埂片片相連，如同魚鱗，不再是荒草充塞的景象。經過特立山峰的洞門南面，走了三里，通過一座小石橋，村莊住房相望，和江浙一帶的山鄉沒什麼不同。又走了三里，剛過一座橋，又過另一座橋，西面的山岡有一口銅鐘，倒覆在路的左邊，體積巨大，相傳重三千多斤，是從交趾南部飛來的。當地人不知道這鐘已經歷了多少年，而看它的形狀顏色，像剛剛鑄造出來，一點沒有因風吹日曬而剝落的痕跡，令人驚奇。但是鐘紐已被四川人鑿去。當地人說：「還有一口鐘在石橋下的澗水中，只因亂石堆積，看不清楚了。」又往西北走一里，看到江水從西向東流去。再走二里，又有一條水往北流入江中，水面架著兩座石橋，水勢比前面那條大些，都是從西南山峰中湧出的。再往西北走五里，又通過兩座石橋，有三條水從南面流來，匯合後往北注入江中。這裡田中禾苗豐美，都是南山各條水流帶來的好處。再走二里，只見平野到了西面盡頭，有兩座石峰隔在南北兩山中間，如同把守關口。從中穿過往西，再走一里，有條小溝，往南和山相連，這就是太平州的西界。

越過這條溝，進入安平境內，又有村莊在路右邊的山坡中。再往西走二里，就是安平州。江水在安平州城的東北，斜流到城前，直向東南太平州流去。又有一條小水從西流來，在州城右面環繞貫通，轉向北流入江中，應該就是志書所說的隴水。在它的西南有山如峭壁屹立，山下隆起一個仙洞，洞門朝北，高敞明淨，洞頂像繃緊的帷幔那麼平，而四周布滿孔洞的石壁，玲瓏剔透，由石棱連成的棧道高低錯落。洞後高懸的石壁上坐著一尊觀音大士像，彷彿在騰雲駕霧。大士像下，有塊岩石懸在中間，下面開出兩個洞門，上面橫跨著重重樓閣，裡面又橫向拓展，成為洞穴。從右洞進去，夾縫轉向東，十分狹窄幽深，因又暗又窄，只得出洞。在高懸的岩石外面，右邊裂出一個洞門，一直通向山的東麓；從左邊踏著石級向上，向東轉過，便是橫跨的石橋凌空飛架的棧道，就從高懸的岩石的頂端走出。在它上面有個圓形的石盆，直徑一尺多，深四寸，完全由石髓凝結而成，人工雕鏤也及不上。旁邊有石棋盤、石牀，稍許經過人工的雕琢。從西邊走進，便是深邃的洞穴峽谷，隨後往南轉，便一片昏黑，分不清路。但洞的底部很平坦，峽谷十分狹隘，摸索著往前走。過了好久，忽然看到南面隱隱約約有亮光，更加朝著光往前趕去，只見一個洞門，往東南從石壁穿出，洞內稍許舒展平直，南面又形成幽深的峽谷。進入峽中，漸漸變得狹窄起來，仍然退到稍許舒展的地方。往東南走出洞門，門很狹窄，門外便是高聳的石壁，向南眺望平曠的山壑，和前洞的景象頓時全然不同。過了好久，再從黑暗中轉出前洞。石壁上雜亂地刻著和州土長官李侯的幾首詩，裡面只有〈鄒泗洙〉這一首還值得誦讀。我也和了兩首。出洞後，在州衙門前遊覽，這宅院比太平州的衙門要整齊些，可百姓的住房就及不上了。客館是瓦蓋的，很能遮擋風雨。不過安平州城只是一個大型的村莊，連關門、土牆都沒有。太平州知州李恩祀有旅費贈送；安平州知州是李明巒，只送了名帖，他是太平知州的姪輩。

二十一日　晨餐後，上午始得夫，乃往恩城者。始易騎而輪。蓋恩城在安平東北，由安平西北向下雷，南寧屬。日半可達；而東北向恩城，走龍英，其路須四日抵下雷焉。但安平之西達下雷界，與交彝即高平。接壤，所謂十九峒也。今慮其竊掠，用木橫塞道路，故必迂而龍英。由安平東一里，即與江遇。其水自西而東，乃發源歸順、下雷者，即志所稱邏水也。其勢減太平之半。蓋又有養利、恩城之水，與此水勢同，二水合於下流而至太平州，出舊崇善焉。渡江，即有山橫嶂江北岸。乃循山麓東行，五里，路北一峰枝起，如指之峭，其東北崖嶂間，忽高裂而中透，如門之上懸，然峻莫可登也。穿嶂之東峽，遂東北轉，其峽之東復起層峰，與穿嶂對夾而東北去。有小水界其內，南流入邏江。當峽有村界其中，此村疑為太平州境，非復安平屬矣。村後一里，壘石橫亙山峽間，踰門而北，則峽中平疇疊塍，皆恩城境矣。渡小水溯之東北行，五里，〔折而東，東峰少斷處，〕有尖岫中懸，如人坐而東向者。忽見一江自東而西，有石梁甚長而整，下開五孔，橫跨北上，江水透梁，即東南搗尖岫峽中。此水即志所稱通利江❶，由養利而來者。其下流則與邏水合而下太平云。過梁，即聚落一塢，是為恩城州❷。宅門北向，亦頗整，而村無外垣，與安平同。是日止行十五里。日甫午，而州帥趙芳聲病臥，卒不得夫，竟坐待焉。其館甚陋，蔬飯亦不堪舉箸也。按《一統志》：在田州者曰恩城，在太平者曰思城。今田州之恩城已廢，而此州又名恩城，不曰思城，與《統志》異，不知何故。

【章　旨】本章記載了第一百九十天在太平府的行跡。因交趾作亂，只得取道去龍英。途中遇上邏水。又有五拱橋架在通利江上，過橋便到恩城州。因找不到替換的挑夫，只能留下等待，客館十分簡陋。

【注　釋】❶通利江　今名桃城河。❷恩城州　明代隸太平府，治所在今大新恩城。

【語　譯】二十一日　吃過早飯，到上午才找到挑夫，是去恩城的。開始將乘馬改為坐車。因為恩城在安平東北，從安平西北到下雷，屬南寧府。走一天半就可到達；而從東北到恩城，走龍英，須四天才到下雷。但安平西境到下雷邊界，和交彝即安南的高平。接壤，所謂十九峒。現在擔心交彝人搶劫，用樹木塞斷道路，所以一定要繞道去龍英。由安平往東走一里，就和江水相遇。這水從西向東流，是發源於歸順、下雷的水，即志書所說的邏水。水勢比在太平時減弱一半。因為還有從養利、恩城流來的水，和這裡水勢相同，兩條水在下游匯合流到太平州，從崇善縣的舊治流出。渡過江就有山橫擋在江的北岸。於是沿著山麓往東走，過了五里，路的北邊有座山峰分立，像豎起的手指那麼陡峭，在它東北的山崖間，忽然高高裂開，中間穿通，像門那樣懸在上面，然而十分陡峻，沒法攀登。穿過山嶂的東面的峽谷，便向東北轉，這峽谷的東面又聳起層層山峰，和穿過的山嶂相對夾立，向東北延伸。有條小溪隔在裡面，往南流入邏江。正當峽谷有個村莊，隔在中間，我懷疑這村莊在太平州境內，不再屬安平管轄了。在村後一里，壘起岩石，橫貫峽谷中間。穿過門往北，只見峽谷中田野平坦、梯田層疊，都在恩城境內了。渡過小溪，沿著溪水往東北上行，走了五里，轉而向東，在東面山峰稍許中斷的地方，有座尖峰在中間聳立，如同一個人朝東坐著。忽然見到一條江水從東往西流，江上有很長而且平整的石橋，下面開有五個拱洞，橫跨江水，往北走上，江水穿過石橋，即往東南直沖尖峰的峽谷。這水就是志書所說的通利江，從養利流來的。它的下游，和邏水會合後流下太平州。通過石橋，就有人家聚住在一個山塢之中，這就是恩城州。州衙大門朝北，也很整齊，但村莊沒有外牆，和安平州相同。這天只走了十五里。剛到中午，因知州趙芳聲臥病在牀，始終找不到挑夫，就只好坐等了。客館十分簡陋，飯菜也不能下筷。據《一統志》載：在田州的名恩城，在太平的名思城。今田州的恩城已廢，而這州的又名恩城，不叫思城，和《一統志》不同，不知是什麼緣故。

二十二日　晨餐後，夫至乃行。仍從州前西越五硔橋❶，乃折而循江東向行，五里，山夾愈東，江亦漸小。有石堰阻水，水聲如雷。蓋山峽東盡處，有峰中峙，南北俱有大溪合於中峰之西，其水始大而成江云。又東五里，直抵東峰❷之北，而北夾之山始盡。乃循北夾東崖，〔渡一小溪，〕溯中峰北畔大溪，北向行夾峽中。二里，復東轉，越小水向東峽，溯北大溪北崖行，漸陟山上躋。一里，始捨溪，北躋嶺坳。其嶺甚峻，石骨嶙峋，利者割趾，光者滑足。共北二里，始踰其巔，是名鼎促，為養利、恩城之界。北下二里，峻益甚，而危崖蔽日，風露不收，石滑土濘，更險於上。既下，有谷一圍，四山密護，中有平疇，惟東面少豁，向之行。余以為水從此出，一里，涉溪而北，則其水乃自東而西者，不識西峰逼簇，從何峽而去也。溪之南有村數家。又東一里，循北山之東崖北向行。又一里，溪從東來，路乃北去。又一里，有石垣橫兩山夾間，不知是何界址。於是東北行山叢間，巒岫歷亂，分合倏忽。二里，出峽，始有大塢，東西橫豁，南北開夾。然中巨流，故禾田與荒隴相半。北向三里，橫度此塢，直抵北崖下，〔若無路可達者，至則東北開一隙，穿入之，峽峰峭合，愈覺宛轉難竟。〕二里，北山既盡，其東山復大開，有村在平疇間，為東通養利大道。乃從小徑北行，一里，折而西北行。三里，南北兩夾之山，引錐標筍，靡非異境。又北行一里，復開大塢，〔東西亙，南北兩界山如南塢，但南塢東西，俱有叢岫遙疊，此則前後豁然，不知西去直達何地也。〕乃東北斜徑塢中，共五里，〔至北山東盡處，〕東山益大開，有村在其南，已為龍英屬。其東隔江❸即養利❹矣。蓋養利之地，西北至江而止，不及五里也。又循山北行一里，有小石峰駢立大峰之東，路透其間，漸轉而西，〔至是北條始見土山，與南條石山夾成塢。〕又三里，有村北向，曰聳峒❺，有聳峒站，乃龍英所開，館舍雖陋而管站者頗馴。去龍英尚四十餘里。抵站雖下午，猶未午餐，遂停站中。自登程來，已五日矣，雖行路迂曲，過養利止數里，而所閱山川甚奇，且連日晴爽明麗，即秋春不及也。

【章　旨】本章記載了第一百九十一天在太平府的行跡。通過五拱橋，進入峽谷，翻越恩城、養利交界的鼎促嶺，山勢十分險峻。在亂山中穿行，路過養利州雖然只有幾里地，但山川十分奇特。到聳峒站停下吃飯。

【注　釋】❶五䂬橋　即前文所記的有五個橋拱的石橋。❷東峰　乾隆本作「中峰」。❸隔江　江，即通利江。❹養利　明代為州，隸太平府，治所在今大新，因土司趙日泰歸附，授世襲知州。❺聳峒　今名松峒，在大新城西北。

【語　譯】二十二日　吃過早飯，挑夫來了才動身。仍然從州城前往西通過五䂬橋，便轉而沿著江岸往東走，過了五里，峽谷越來越窄，江水也漸漸小起來了。有石壩擋著水流，聲如雷鳴。峽谷東面盡頭處，有山峰居中峙立，南北都有大溪，在中峰西面會合，水勢才變大成為江流。又往東走五里，直到東峰的北面，北面峽谷的山才到了盡頭。於是沿著北面峽谷的東崖，渡過一條小溪，沿中峰北邊的大溪上行，往北在相夾的峽谷中行走。過了二里，又向東轉，渡過小溪朝東面的峽谷走，沿著北面大溪的北崖上行，漸漸登山往上爬。過了一里，才離開大溪，往北登上山嶺的坳地。這嶺很險峻，岩石嶙峋，鋒利的割傷腳趾，光滑的兩腳打滑。共往北走了二里，才翻過山頂，嶺名鼎促，是養利、恩城的分界。往北走下二里，山勢更加險峻，高大的山崖遮蔽天日，陰風寒露從不消失，石滑土濘，比上面更加危險。下山後，看到有一圈山谷，四面群山密密環繞，中間有一片平野，只有東面有個小豁口，朝著豁口走去。我以為水從這裡流出，走了一里，渡過溪水往北，只見溪水從東向西，而西面山峰密集，不知水從哪個峽谷流去。溪水的南面有幾戶人家。又向東走一里，沿著北山的東崖往北，再走一里，溪水從東流來，路便向北延伸。再走一里，有石牆橫亙兩山相夾之間，不知是什麼地界。從這裡往東北在亂山中行走，峰巒錯雜，忽分忽合。過了二里，走出峽谷，才出現大塢，東西向橫闢谿壑，南北向開出峽谷。然而塢中有巨大的水流，所以一半是稻田，一半是荒地。往北走了三里，橫越這個山塢，直到北面的山崖下，好像無路可通，到了那裡，只見東北開出一個缺口，穿行其中，峽谷兩邊的山峰陡峭合攏，更覺道路曲折，走不到盡頭。過了二里，北山到底，東面的山勢又十分開闊，平野間有個村莊，是往東通向養利的大路。於是從小路往北，走了一里，轉向西北，又走了三里，南北兩面相夾的山峰，像伸出的錐子，露出的竹筍，沒有一處不是奇境。再往北走一里，又開出一個大塢，東西橫亙，南北兩界的山和南塢相似。但南塢的東西兩邊，都有群山遠遠相疊，這裡則前後豁然大開，不知往西直到什麼地方。於是向東北斜穿山塢中，共走了五里，到北山東端盡頭處，東山更加開闊，南面有村莊，已經屬於龍英地界。在它東面隔江就是養利了。因為養利的地界，西北到江邊為止，不足五里。又沿著山往北走一里，有小石峰並立在大峰的東面，道從兩峰中間穿過，漸漸向西轉，到這裡北條才看見土山，和南條石山相夾形成山塢。再走二里，有個朝北的村莊，名聳峒，有聳峒站，是龍英州開設的，客館的房屋雖然簡陋，但管理驛站的人卻很和善。離龍英還有四十多里。到驛站雖然已是下午，但還沒吃午飯，就在站中留下。從啟程以來，已經走了五天，雖然道路迂迴曲折，路過養利境內只有幾里，但所看到的山川十分奇特，而且連日來天氣晴爽，陽光明媚，即使秋天和春天也比不上。

【研　析】左江河道曲折，水淺灘多，兩岸奇峰夾峙，堪與灕江媲美。當船從南寧駛入新寧境內，左江兩岸的石山頓時映入徐霞客的眼簾，形狀奇幻，令人目不暇給：「至是石山復出，若屏列，若角挺。兩岸瀕江之石，亦時時競異。又五里，折而東。江南岸穹石成洞，外裂多門，如獅、象駢立，而空其跨下。江北岸斷崖成峽，上架飛梁，如虹霓高映，而綴其兩端。又五里，轉而西南，與石山時向時背。兩崖突石愈奇，其上嶼如翅雲斜劈，下覆如肺葉倒垂，幻態時時變換。」「於是舟行石峰中，或曲而左，或曲而右，旋背一崖，復縈一嶂。既環乎此，轉鶩乎彼，雖不成連雲之峽，而如梭之度緯，如蝶之穿叢，應接不暇，無過乎此。且江抵新寧，不特石山最勝，而石岸尤奇。蓋江流擊山，山削成壁，流迴沙轉，雲根迸出。或錯立波心，或飛嵌水面，皆洞壑層開，膚痕縠縐。江既善折，岸石與山輔之恐後，益使江山兩擅其奇。」

北宋畫家郭熙積久侶煙霞、坐窮泉壑的經驗，認為山水遠近深淺、風雨明晦、四時朝暮，有所不同，提出「山形步步移」，「山形面面看」，「真山水之川谷，遠望之以取其勢，近看之以取其質」（《林泉高致·山水訓》）。徐霞客的觀賞和描述，正是從多角度、多方位觀照和表現自然景物的變化形態，其中有整體形態的描摹，也有具體物像的勾勒；有遠眺，也有近觀；有仰望，也有俯視；有比喻，也有比較；既呈現鮮明的色彩，也傳出清晰的聲響。文中始終將巋然的山石與流動的江水結合起來描寫，如「虹霓高映」、「翅雲斜劈」、「雲根迸出」、「錯立波心」等語，無不將靜止的景物動態化，隨著觀照的位移，刻劃山水在時空中奇幻的變態和特徵，靜中有動，動中有靜，亦動亦靜，栩栩如生，從而表現出流轉不息的生氣和神采飛揚的美感。在這幅用生花妙筆繪就的圖畫中，又能看到對左江沿岸岩溶地貌變化最忠實、最精確的科學記載。「江流擊山」以下四句，寫流水對山石的侵蝕作用，寓科學之理於形象寫照之中，簡潔有力。正像清人楊名時所言：「天地山川之性情，悉寓之矣。」緊接著上述描寫的幾句議論：「余謂陽朔山峭瀕江，無此岸之石；建溪水激多石，無此石之奇。雖連峰夾嶂，遠不類三峽；湊泊一處，促不及武彝，而疏密宛轉，在伯仲間。至其一派玲瓏通漏，別出一番鮮巧，足奪二山之席矣。」寫得一往情深，滿紙生輝。

廣西中、西部，或為峰林谷地，或為殘峰平原，常常出現土山石山相間迭出的現象，《遊記》中一再指出：「自過貴縣西山，山俱變土，至是石峰復突而出。」「自岔九來，兩岸土山逶迤，俱不甚高……山至是（大果灣）始露石形。」「（龍英西界）路北皆土嶺，塢南多石峰。」「自隆安西嶺入，土山崇卑不一，皆純土而不見石，至此始復見崢嶸面目矣。」「（羅木堡）東、西兩界石山復遙列，而土山則盤錯於中。」「（鬼巖墟）石、土二山交錯，而石亦有土矣。」由於石山險峻，洞穴幽深，更迎合徐霞客好奇愛險的性格，他對石山的興趣，要比土山大得多，描寫也生動得多。離開太平府的壺關，徐霞客登上樓沓峽，看到「兩傍山崖陡絕，夾隘頗逼，雖不甚高，而石骨嶙峋，覺險阻焉」。他還進一步發現，在樓沓峽和蕩平隘之間，共有四重山峽，「兩崖重亙，水俱穴壑底墜，並無通流隙，真阨塞絕隘也。」其中既有山崖陡逼那樣正面的描述，也有水流無隙這種側面的烘托，既有鮮明的形象躍然眼前，也留下了可供想像馳騁的無限餘地。

常人寫石，往往著眼於形狀的奇特，徐霞客還注意到色澤和聲響，如融安真仙巖有一塊岩石，「圓起三尺，光瑩如瓶卣，以手拍之，聲若宏鐘，其旁倒懸之石，聲韻皆然。」太平府馱樸的龍井洞，「一石柱細若碧筍，中懸其間，上下連屬，旁有石板平庋，薄若片雲，聲若戛金樹。」在從佶倫前往都結的途中，「有黃石倒垂其間，舞蛟懸崿，紋色俱異；有石可擊，皆中商呂，此中一奇境也。」在柳州仙弈巖，徐霞客見過一種赭黃色的山石，以後一直不曾再看到。從三里城往前，所到之處岩石都是青白色的花紋，直到河池州官村前，他才又看到：「北山復起石巖，其色黃白煥然，與前所過諸山異。」這時在他心中產生的，已不僅是觀賞的愉悅，而是由意外發現而噴湧流溢的驚喜。

在廣西境內，徐霞客的旅遊路線，一直沿著（或者靠著）幾條主要的江水走。從湖南進入廣西，沿著湘江走；在桂林、陽朔，沿著灕江走；去柳州，沿著洛青江走；去融縣，沿著懷遠江走；去潯州，沿著柳江、黔江走；在鬱林、容縣，沿著南流江、繡江走；去南寧，沿著鬱江走；去太平府，沿著左江走；回南寧，沿著右江走；在南丹衛，沿著都泥江走；在慶遠府，沿著龍江走。這些河流的水文狀況，諸如源頭、分支、分水嶺、流量、流速、水質、河牀、河道等，都在《遊記》中留下了生動、具體的記載。由於這些記載，均出自實地考察，故具有旁人不可企及的正確性，加上徐霞客異乎尋常的觀察思考能力和迴出流俗的表達技巧，故他的描述，也像水波那樣，搖曳多姿，充滿活力。

南、北盤江是廣西主要幹流紅水河的上游，兩岸為高山峽谷地區。由於「上流即土司蠻峒，人不敢入；而水多懸流穿穴，不由地中，故人鮮諳其源流者」。為此，在徐霞客之前，對盤江源流，從未有人真正摸清。從到柳城起，徐霞客就開始對南、北盤江的源流進行考察，《遊記》中多次提到都泥江上游北盤江「發源（雲南）曲靖東山之北」，並指出在象州西南的水口，都泥江「自西南來會，其水渾濁如黃河之流，既入而（柳江）澄波為之改色。」以後他從三里城前往忻城，途中在羅木渡渡過都泥江，看到「一江西自萬峰石峽中破隘而出，橫流東去，復破萬峰入峽，……而兩岸甚峻，江嵌深崖間，淵碧深沈。蓋當水涸時無復濁流渰漫上色也。」從河牀、伏流、水速以及水色的季節變換等方面，對都泥江的形態特徵作了更為具體的描述。在南寧右江口（即左、右兩江的交會處），徐霞客面對滔滔江水，用相當大的篇幅，第三次詳細論述了左、右兩江的源流及其與南、北盤江的關係，認為南盤江與左江無涉，北盤江也不是右江。隨著考察的深入、認識的深化，他的論述也不斷得到修正補充。

二十三日　飯而候夫，上午始至。即橫涉一塢，北向三里，緣土山而登。西北一里，凌其巔。巔坳中皆夾而為田，是名黨盤嶺❶。平行其上，又西北半里，始下土山東去❷。其北塢皆石峰特立，北下頗平，約里許至塢底。於是東北繞石峰東麓而北，二里，復有一土崗橫於前，〔西抵遙峰隙，東則南屬於土山。〕陟崗不甚高，踰其北，即有水淋漓瀉道間，叢木糾藤，上覆下濕，愈下愈深。見前山峰迴壑轉，田塍盤旋其下，始知橫崗之南，猶在山半也。又北二里，下渡一橋，有水自西南東北去，橫巨木架橋其上。過橋，水東去，路北抵石壁下。一里，忽壁右漸裂一隙，攀隙而登，石骨峻嶒，是曰大峺。半里，躋其坳，南北石崖駢夾甚峻。西穿其間，又半里始下，乃西墜半里至塢底，其處山叢壁合，草木蓊密，〔州人採木者，皆取給大峺云。〕西半里，轉而東北，一里，又西北。二里，北望石峰間有洞並峙，一敞一狹，俱南向。路出其西，復透峽而北，皆巨石夾徑，上突兀而下廉利。於是西北共二里，兩涉石坳，俱不甚高，而石俱峭叢，是名翠村嶺。踰嶺北下山，乃南北成界，東西大開，路向東北，橫截其間。二里，有石梁跨溪上，其溪自西而東，兩岸石崖深夾，水瀠其間，有聲淙淙，而渡橋有石碑，已磨滅無文，拭而讀之，惟見「翠江橋」三字。此處往來者皆就橋前取水，爇木為炊，為聳峒至龍英中道。過橋，日已昃，而顧奴與擔夫未至，且囊無米，不及為炊。俟顧僕至，令與輿夫同餐所攜冷飯，余出菜齋師所貽腐乾啖之，腹遂果然❸。又東北行一里，北透山隙而入，循峽踰崗，共北三里出田塢間，復見北有土山橫於前。乃渡一小溪，共三里，抵土山下。循其南麓東北上，一里，踰嶺東而北，遂西北從嶺上行，又三里稍下，既下而復上，共一里，又踰嶺一重，遂亙下一里，抵山之陰，則復成東西大塢，而日已西沉矣。於是循塢西行，三里，北入山隙中，始有村落。一里，乃北渡一石橋，其水亦自西而東，水勢與橫木溪相似。橋東北有石峰懸削而起，即志所稱牛角山❹也，〔極似縉雲❺鼎湖峰❻。〕其西北又特立一峰，共為龍英水口山。又西一里，過北西❼特峰，抵龍英❽，宿於草館。州官名趙繼宗，甚幼。

龍英在郡城北一百八十里。太平府至太平站七十里，太平站至聳峒七十里，聳峒至州四十里。其西為下雷，東為茗盈❾、全茗❿，二州相去止一里。北為都康、向武，南為恩城、養利。其境頗大。三年前為高平莫彝所破，人民離散，僅存空廨垣址而已。外城垣與宅後垣俱厚五尺，高二丈，仆多於立。土官州廨北向，其門樓甚壯麗，二門與廳事亦雄整，不特南、太諸官廨所無，即制府亦無此宏壯。其樓為隆慶丁卯⓫年所建，廳事堂匾為天啟四年⓬布按三司⓭所給。今殘毀之餘，外垣內壁止存遺址，廳後有棺停其中，想即前土官趙政立者。今土官年十八歲，居于廳宅之左，俟殯棺後乃居中云。

初，趙邦定有七子。既沒，長子政立無子，即撫次弟政舉之子繼宗為嗣。而趙政謹者，其大弟也，嘗統狼兵援遼歸，遂萌奪嫡心，爭之不得。政立死，其妻為下雷之妹，政謹私通之，欲以為內援，而諸土州俱不服。政謹乃料[14]莫彝三入其州，下雷亦陰助之，其妹遂挈州印併資蓄走下雷，而莫彝結營州宅，州中無孑遺[15]焉。後莫彝去，政謹遂顛[16]州境。當道移文索印下雷，因紿[17]政謹出領州事。政謹乃抵南寧，遂執而正其辟[18]，以印予前政立所撫子繼宗，即今十八歲者，故瘡痍未復云。

莫彝之破龍英，在三年前。甲戌年[19]。其破歸順[20]，則數年前事也。今又因歸順與田州爭鎮安[21]，復有所袒而來，數日前自下雷北入鎮安，結巢其地。余至龍英，道路方洶洶，然不聞其抄掠也。抄掠者，乃莫彝各村零寇，而莫酋則不亂有所犯。初，莫彝為黎彝所促，以千金投歸順，歸順受而庇之，因通其妻焉。後莫酋歸，含怨於中，鎮安因而糾之，遂攻破歸順，盡擄其官印、族屬而去。後當道知事出鎮安，坐責其取印取官於莫。鎮安不得已，以千金往贖土官之弟，並印還當道。既以塞當道之責，且可以取償其弟，而土官之存亡則不可知矣。後其弟署州事，其地猶半踞于莫彝，歲入徵利不休。州有土目黃達者，忠勇直前，聚眾拒莫，莫亦畏避，今得生聚[22]焉。

鎮安與歸順近族也，而世仇。前既糾莫彝破歸順，虜其主以去；及為當道獨其奸，復贖其弟以塞責，可謂得計矣。未幾，身死無後，應歸順繼嗣，而田州以同姓爭之。歸順度力不及田，故又乞援於莫。莫向踞歸順地未吐，今且以此為功，遂驅大兵象陣，有萬餘人，象止三隻。入營鎮安。是歸順時以己地獻莫，而取償鎮安也。莫彝過下雷，在月之中，聞十八日過胡潤寨。今其事未定，不知當道作何處置也。莫彝惟烏銃㉓甚利，每人挾一枚，發無不中，而器械則無幾焉。初，莫彝為黎彝所蹙㉔，朝廷為封黎存莫之說。黎猶未服，當道諭之曰：「昔莫遵朝命，以一馬江㉕棲黎，黎獨不可以高平棲莫乎？」黎乃語塞，莫得以存，今乃橫行。中國諸土司，不畏國憲，而取重外彝，漸其可長乎！當道亦有時差官往語莫酋者，彼則厚賂之，回報云：「彼以仇鬨，無關中國事。」豈踞地不吐，狎主齊盟㉖，尚云與中國無與乎？

二十四日　候夫龍英。

糾彝有辟，土司世絕，皆有當憲。今龍英、鎮安正當乘此機會，如昔時太平立郡故事，疆理其地。乃當事者懼開邊釁，且利仍襲之例，第曰：「此土司交爭，與中國無與。」不知莫彝助歸順得鎮安，即近取歸順之地。是莫彝與歸順俱有所取，而朝廷之邊陲則陰有所失。其失鎮安而不取，猶曰仍歸土司，其失歸順賂莫之地，則南折於彝而不覺者也。此邊陲一大利害，而上人烏從知之！

【章旨】本章記載了第一百九十二、第一百九十三天在太平府的行跡。一路翻山越嶺，先後登上鼊盤嶺、大峺，又越過翠村嶺，通過翠江橋，經過牛角山，到龍英的草店過夜。三年前，龍英州土官兄弟爭權，勾結莫彝入侵，州內慘遭破壞。當初莫彝落難時，曾投奔歸順土官，遭到侮辱，後鎮安勾結莫彝，攻破歸順，將土官擄走，並占據半州土地。後歸順又勾結莫彝，奪取鎮安。中國各土司，不怕國法，卻想借外力抬高自己，而當局又怕引起邊事，不加過問，這是一件與邊境安危關係極大的事。

【注釋】❶鼊盤嶺　地以形似得名。鼊，介類，其形如龜。子如麻，南方用以作醬，可炙噉之。❷始下土山東去　此句乾隆本作「土山自西南石峰攢合處，旋亙東去」。❸腹遂果然　即果腹，吃飽肚子。❹牛角山　在天等龍茗東，山上有巖形如牛角。❺縉雲　明代為縣，隸浙江處州府，今屬浙江。❻鼎湖峰　又名玉筍峰、丹峰、石筍，在縉雲城東十六里處，為仙都（縉雲山）勝景。孤峰拔地而起，狀如春筍。峰頂有湖，舊時多生蓮花，草木蔥蘢，蔚然秀潤，稱鼎湖。相傳黃帝曾置爐於峰頂煉丹，丹成飛升。❼北西　據上文，當作「西北」。❽龍英　明代為州，隸太平府，治所在今廣西天等西南的龍茗。明初土官趙世賢歸附，授世襲知州。❾茗盈　明代為州，隸太平府，治所在今大新北境的茗盈。❿全茗　明代為州，隸太平府，治所在今大新北境的全茗。明初，土官許添慶歸附，授世襲知州。⓫隆慶丁卯　明穆宗隆慶元年（一五六七）。⓬天啟四年　西元一六二四年。天啟，明熹宗年號。⓭三司　明代各省以三司分管：承宣布政使司主行政，提刑按察使司主司法，都指揮使司主軍事。⓮料　通「撩」。挑撥；勾引。⓯子遺　殘存；剩餘。⓰顓　通「專」。專擅；獨攬。⓱紿　欺騙。⓲正其辟　治以刑法。⓳甲戌年　崇禎七年（一六三四）。⓴歸順　明代為州，初隸鎮安府，後直隸廣西布政使司，治所在今廣西靖西。㉑鎮安　明代設鎮安土州，隸鎮安府，治所在今廣西德保。㉒生聚　繁殖人口，積蓄物資。㉓烏銃　當作「鳥銃」，下同。為一種火藥武器。明戚繼光《練兵實紀》：「鳥銃本為利器，臨陣第一依賴者也。……名為鳥銃，謂其能擊飛鳥，以其著準多中也。」㉔蹙　困窘；逼迫。㉕馬江　在今越南清化。㉖狎主齊盟　《左傳》襄公二十七年：「晉、楚狎主諸侯之盟也久矣。」狎，更替。齊盟，同盟。

【語　譯】二十三日　吃過飯等候役夫，上午才到。隨即橫度一個山塢，往北走三里，沿著土山上登。往西北走一里，登上山頂。山頂的坳地中都夾成田野，地名黨盤嶺。在上面平步行走，又往西北半里，才下土山往東走去。北面的山塢都是突起的石峰，往北走下，路很平坦，大約一里光景，到山塢底部。從這裡往東北繞過石峰的東麓朝北走，過了二里，又有一座土岡橫在前面，西端到達遠處山峰的缺口，東端則和南面的土山連接。土岡不很高，越過它的北面，就有濕淋淋的水在路中流瀉，樹木叢生，藤蔓糾纏，上面覆蓋，下面潮濕，越往下，水越深。看到前面的山峰迴壑轉，山下田峺盤繞，方才知道橫岡的南面，還在半山腰。又向北走二里，往下走過一座橋，有水從西南流向東北，上面用大樹橫架成橋。過了橋，水向東流，路朝北到達石壁下。走了一里，忽見石壁右面漸漸裂開一道縫隙，沿著石縫攀登，岩石嶙峋，地名大峺。走了半里，登上山坳，南北石崖並排夾立，十分高峻。往西穿行石崖間，又走了半里才下山，便往西走下半里到達塢底，這裡亂山叢立，石壁四合，草木茂盛，龍英州的人砍樹，都到大峺取材。往西走半里，轉向東北，走了一里，再轉向西北，走了二里，朝北望見石峰中有兩個山洞並立，一個寬敞，一個狹窄，洞門都朝南。路從石峰的西面穿出，又穿過峽谷往北，一路都是大石在兩邊聳立，上部突兀，下部鋒利。從這裡朝西北共走了二里，兩次越過石坳，都不很高，但是岩石都陡峭叢聚，地名翠村嶺。翻過嶺的北面下山，山便南北分界，東西向開豁，路向東北，橫隔其間。走了二里，有石橋架在溪上，溪水從西流向東，兩岸石崖深深夾立，水在中間瀠繞，發出淙淙的聲響。過橋後有座石碑，文字已經磨滅，擦拭後閱讀，只看到「翠江橋」三個字。這裡來往行人都到橋前汲水，點燃柴火做飯，正處在從聳峒到龍英的半路上。過了橋，太陽已經偏西，而顧僕和挑夫都還沒到，而且袋裡沒米，來不及做飯。等顧僕到了，吩咐他和車夫一起吃所帶的冷飯，我自己拿出菜齋法師贈送的豆腐乾來吃，肚子也就飽了。又往東北走一里，朝北穿過山間的裂縫走進，沿著峽谷越過山岡，共往北走了三里，從有田地的山塢中走出，又看到北面有土山橫在前面。便渡過一條小溪，共走了三里，到土山下面。沿著山的南麓，往東北走上，過了一里，越過山嶺的東面轉而向北，便往西北從嶺上走，又過了三里，稍許往下，下了又上，共走一里，再翻過一重山嶺，一口氣往下走一里，到山的北坡，則又形成東西向的大山塢，這時太陽已經下山了。於是沿著山塢往西走，過了三里，往北進入山的裂縫中，才有村莊。走了一里，便往北通過一座石橋，橋下的水也從西向東流，水勢與橫木溪相仿。橋的東北有座陡峭的石峰拔地而起，即志書所說的牛角山了，極像縉雲的鼎湖峰。橋的西北又突起一座山峰，共同成為龍英的水口山。又往西走一里，過了在西北突起的石峰，到達龍英，在草店過夜。知州名趙繼宗，十分年輕。

龍英在太平府城北面一百八十里。從太平府到太平站為七十里，太平站到聳峒為七十里，聳峒到龍英州為四十里。它的西面是下雷，東面是茗盈、全茗，兩州相距只有一里。北面是都康、向武，南面是恩城、養利。它的轄境很大。三年前被高平的莫彝攻破，人民流離失散，只存空衙門和牆址而已。外城牆和州官宅第的後牆都有五尺厚，二丈高，倒坍的多，依然直立的少。土官的州衙門朝北，門樓十分壯麗，二道門和廳事堂也高大整齊，不僅在南寧、太平各地的官府看不到，就是總督府也沒有這樣宏偉壯麗。這樓是隆慶丁卯年建造的，廳事堂的匾額是天啟四年布政、按察使等三司衙門贈送的。如今在遭破壞之後，外牆內壁只剩遺址，廳後停放著棺木，想來就是前任土官趙政立了。現任土官十八歲，住在廳宅的左邊，要等棺木出殯後才移居中間的住房。

當初，趙邦定有七個兒子。去世後，長子政立無子，就撫養二弟趙政舉的兒子繼宗作為繼承人。趙政謹是他的大弟，曾率領狼兵救援遼東戰役回來後，便萌發了奪位的心思，沒有成功。政立死後，他的妻子是下雷土官的妹妹，政謹和她私通，想以她作為內援，可是各土州都不服。政謹就勾結莫彝，三次攻入龍英州，下雷州官也在暗中相助，他的妹妹就帶了州官大印和積蓄的財寶，出走下雷，而莫彝則在州衙內安營紮寨，州中百姓慘遭殺掠，沒有一個倖存的人。後來莫彝退兵，政謹就在州內獨攬大權。當局發公文到下雷索取官印，於是哄騙政謹出面掌管州中事務。政謹到了南寧，就將他逮捕正法，官印給了先前政立所撫養的兒子繼宗，就是現在十八歲的土官，所以至今創傷仍未復原。

莫彝攻破龍英，在三年之前。即甲戌年。攻破歸順，則是幾年前的事。如今又因歸順和田州爭奪鎮安，莫彝有所偏袒，又舉兵前來，幾天前從下雷北面進入鎮安，在那裡築了巢穴盤據。我到龍英時，路上正人心惶惶，但沒有聽到他們搶劫。搶劫的是在莫彝各村寨中的零散寇賊。莫彝首領則不隨便侵犯。當初，莫彝受到黎彝的逼迫，帶著一千兩白銀投靠歸順土官，歸順土官拿了禮金庇護他，因和他的妻子私通。莫彝首領後來歸國，銜恨在心，鎮安土官因而勾結他們，於是攻破歸順，把官印和土官家族都擄掠去了。後來當局知道這事起因在鎮安，因此責令鎮安土官從莫彝那裡取回歸順官印和家屬。鎮安土官不得已，用一千兩白銀去贖歸順土官的兄弟，並把官印送還當局。這樣既可以對當局敷衍塞責，又可以從歸順土官兄弟那裡取得補償，至於歸順土官的生死就不得而知了。後來歸順土官的兄弟代理州事，州內轄地一半仍被莫彝占據，每年不斷入境徵斂。州內有個名黃達的土司頭目，赤膽忠心，勇往直前，聚集人馬抵抗莫彝，莫彝也畏懼退避，現在歸順又能生息蓄積了。

鎮安和歸順的土官是近親，但世代為仇。先前既勾結莫彝攻破歸順，擄走土官。等到當局察覺他的奸計，又贖回土官的兄弟來敷衍塞責，可以說是計謀得逞了。沒多久，鎮安土官死了，沒有後人，應該由歸順繼承，而田州土官以同姓出來爭奪。歸順自忖力量及不上田州，所以又向莫彝求援。莫彝過去占據歸順的土地還沒歸還，現在就以此作為自己的功勞，便出動大軍和象隊，有一萬多人，象只有三頭。進入鎮安紮營，這是歸順把自己的土地獻給莫彝，而取鎮安作補償。莫彝是本月中旬經過下雷，聽說十八日經過胡潤寨。現在局勢未定，不知當局如何處置。莫彝只有鳥銃很厲害，每人帶一枝，百發百中，但沒什麼其他器械。起先，莫彝受到黎彝的逼迫，朝廷提出贈封黎氏保存莫氏的主張，黎彝還不服，當局告誡道：「從前莫氏遵從朝廷旨意，將馬江這一地方讓黎人居住，黎人就不能把高平給莫氏居住嗎？」黎氏無話可說，莫氏才得以生存。現在竟橫行霸道，中國各土司，不怕國法，卻想藉外族的力量抬高自己，這種逐漸形成的風氣能由其滋長嗎？當局有時也派官吏去向莫酋傳話，莫彝就重重賄賂這些官吏，於是回報說：「他們是因為仇恨引起的內鬨，和中國無關。」難道占據中國土地不肯退出，和土官更替結盟，還能說與中國無關嗎？

二十四日　在龍英等候役夫。

督察夷族有法度，土司世系中斷，都有相應法令處置。如今對龍英和鎮安，正該乘此機會，像過去太平建府時舊例，來劃分他們的境土。而當事者害怕引起邊境糾紛，又貪圖土司世襲的便利，於是說：「這是土司間的爭鬥，與中國無關。」卻不知莫彝幫助歸順取得鎮安，就立即就近占據歸順的土地。這樣莫彝和歸順土官都有所得，而朝廷的邊境則在暗中受到損失。失去鎮安而不去取回，還可以說仍然歸土司管轄，而失去歸順賄賂莫彝的土地，則不知不覺在南方夷族的侵犯中損失了。這是邊境一件利害關係極大的事，可上面的人怎會知道呢！

二十五日　侯夫龍英，因往游飄巖。州治北向前數里外，有土山環繞，內有一小石峰如筆架❶，乃州之案山也。土人名曰「飄峭」，所云「峭」者，即山之稱也。其前即平疇一塢，自西而東，中有大溪橫於前，為州之帶水❷，〔即東入養利州，為通利江源，下太平州合邏水者也。〕水之東有山當塢而立，即飄巖山❸也。為州之水口山，特聳州東，甚峭拔，〔即前牛角山西北特立峰也。〕其東崩崖之上，有巖東南向，高倚層雲，下臨絕壁，望之岈然。余聞此州被寇時，州人俱避懸崖，交人環守其下，終不能上，心知即為此巖。但仰望路絕，非得百丈梯不可，乃怏怏去。

循東南大路，有數家在焉。詢之，曰：「此飄巖也，又謂之山巖。幾番交寇，賴此得存。」問：「其中大幾何？」曰：「此州遺黎皆其所容。」問：「無水奈何？」曰：「中有小穴，蛇透而入，有水可供數十人。」問：「今有路可登乎？」

或曰：「可。」或曰：「難之。」因拉一人導至其下，攀登崖間，輒有竹梯層層懸綴，或空倚飛崖，或斜插石隙，宛轉而上，長短不一，凡十四層而抵巖口。其兩旁俱危壁下嵌，惟巖口之下，崩崖綴痕，故梯得宛轉依之。巖口上覆甚出，多有橫木架板，度虛分竇，以為蜂房燕壘者。由中竇入，其門甚隘，已而漸高，其中懸石拱把❹，翠碧如玉柱，樹之，其聲鏗然。旁又有兩柱，上垂下挺，中斷不接，而相對如天平之針焉。柱邊亦有分藩界搨，蓋皆土人為趨避計者也。由柱左北入，其穴漸暗，既得透光一縷，土人復編竹斷其隘處。披而窺之，其光亦自東入，下亦有編竹架木，知有別竇可入。復出，而由柱右東透低竅，其門亦隘，與中竇並列為兩。西入暗隘，其中復穹然，暗中摸索，亦不甚深。仍由中竇出外巖，其左懸石中有架木度板，若飛閣中懸者。其中筍簏❺之屬尚遍置焉。又北杙❻一木，透石隙間。復開一洞，西入其門，亦東向，中有石片豎起如碑狀，其高三尺，闊尺五，厚二寸，兩面平削，如磨礪而成者。豈亦泰山無字之遺碑❼？但大小異製。平其內，復踰隘而稍寬。盡處乳柱懸楞，細若柯節。其右有竇潛通中竇之後，即土人編竹斷隘處也。其左稍下，有穴空懸，土人以芭❽覆之。窺其下，亦有竹編木架之屬，第不知入自何所。仍度架木飛閣，歷梯以下。下三梯，梯左懸崖間，復見一梯，亟援之上，遂循崖端横度而北，其狹徑尺，而長三丈餘，土人横木為欄，就柯為援，始得無恐。崖窮又開一洞，其門亦東向。前有一石，自門左下垂數丈，真若垂天之翼⑨。其端復懸一小石，長三尺，圓徑尺，極似雁宕之龍鼻水⑩。但時當冬涸，端無滴瀝耳。其中高敞，不似中竇之低其口而闇其腹。後壁有石中懸，復環一隙，更覺宛轉，土人架木横芭於其內，即上層懸穴所窺之處也。

徘徊各洞既久，乃復歷十一梯而下，則巖下仰而伺者數十人，皆慰勞登崖勞苦，且曰：「余輩遺黎，皆藉此巖再免交人之難。但止能存身，而室廬不能免焉。」余觀此洞洵懸絕，而以此為長城，似非保土者萬全之策。況所云水穴，當茲冬月，必無餘滴，余遍覓之不得。使坐困日久，能無涸轍⑪之虞乎？余謂土人：「守險出奇，當以并力創禦為上著，若僅僅避此，乃計之下也。」其人「唯唯」謝去。〔是洞高張路旁，遠近見之，惟州治相背，反不得見。余西遊所登巖，險峻當以此巖冠。貴溪仙巖⑫，雖懸空瞰溪，然其上窄甚，不及此巖崆峒，而得水則仙巖為勝。〕余返飯於館，館人纔取牌聚夫，復不成行。

【章旨】本章記載了第一百九十四天在太平府的行跡。龍英州城北有筆架山，城東山塢中聳立著飄巖山。崖上有深邃的巖洞，莫彝入侵時，州裡的人都躲進這洞中才得以生存。經過十四層竹梯，登上洞口，從中洞進去，又到後巖，有個洞裡面豎立一石如無字碑。在各個洞徘徊了好久。在西遊途中所登臨的巖洞，就險峻而言，當以飄巖為冠，但冬季無水。如果當地人只是將這洞作為避難之所，乃是下策，對付外敵，自當以合力抵抗為上。

【注釋】❶筆架　山名，在龍茗西南，為通利江發源地。❷帶水　言水如衣帶圍繞。❸飄巖山　在大新西北龍英鎮北的龍茗河畔，景色秀麗。❹拱把　兩臂合抱。❺笱筐　笱，捕魚的竹籠，大口、窄頸、大腹、無底。筐，竹筐。❻杙　小木樁。❼泰山無字之遺碑　即泰山無字碑，在泰山極頂玉皇頂，玉皇殿門外，為長方形石表，高六公尺，無字。相傳為秦始皇所樹，但據顧炎武考證，為漢武帝東封泰山時所立。❽芭　通「笆」。❾垂天之翼　《莊子・逍遙遊》：「鵬之大，不知其幾千里，怒而飛，其翼若垂天之雲。」言鵬鳥翅膀之大，如掛在天空的雲。❿雁宕之龍鼻水　靈巖寺後插龍峰下有龍鼻洞，洞形似蚌殼。洞頂有一條龍鱗狀石紋，狀如長龍，蜿蜒直下。巖上有兩洞眼，不斷有水下滴，稱龍鼻水。⓫涸轍　《莊子・外物》記莊子於途中見乾涸的車轍中有魚，自稱東海波臣，求得一杓水以活命。後以涸轍喻處境困窘。⓬貴溪仙巖　仙人橋，即月橋巖。在貴溪東南三里。石長寬各數十丈，高跨山巔，遠望如月形，橋前有一巨石。趙子昂詩：「月巖如偃月，風泉灑暗雪，仙境在人間，真成兩奇絕。」

【語譯】二十五日　在龍英等候役夫，因而去遊覽飄巖。在州城北面幾里外，有土山環繞，裡面有座小石峰形如筆架，是本州的案山。當地人稱為「飄峭」，所謂的「峭」，就是根據山形而言的。它的前面是一片平坦的塢地，從西往東，中間有一條大溪橫在前面，是圍繞本州的水流，即向東流入養利州，成為通利江的源頭，再往下流到太平州和邏水會合的水。溪水東面有山屹立在山塢中，即飄巖山，是本州的水口山，在州城東面突起聳立，十分陡峻，即先前所見的在牛角山西北突起的山峰。在它東面崩裂的山崖上，有個面向東南的巖洞，高聳入雲，下臨絕壁，望去十分深邃。我聽說本州遭到寇盜入侵時，州裡的人都躲到懸崖上，交趾人在崖下圍困，始終上不去，心裡明白就是指這座山巖。但仰望懸崖無路可上，非得百丈長梯不可，便悶悶不樂地離開。

沿著東南的大路走，路旁有幾戶人家。向他們打聽，答道：「這是飄巖，又叫山巖。交趾人幾次入侵，全靠它人們才活下來。」我問道：「裡面有多大？」答道：「本州倖存的百姓，當時都躲在洞內。」又問：

「沒水怎麼辦？」答道：「洞中有個小穴，像蛇爬行那樣鑽進去，裡面有水，可供幾十個人用。」又問：「現在有路可上嗎？」有人說：「可以。」有人說：「很難。」於是拉了一個人引路到巖下，在山崖中攀登，上面總是有竹梯層層懸掛連接，有的靠著凌空突起的崖壁，有的斜插在石縫中，彎彎曲曲向上去，長短不一，共經過十四層到達洞口。在它兩旁都是往下嵌入的陡壁，只有洞口下面，崩裂的崖壁上連綴著石痕，故梯子能曲曲折折地靠在它上面。洞口上方往下覆蓋的洞石突出的部位很大，有很多橫架的木板，凌空支撐，分隔成小孔洞，看了還以為是蜂房燕窩。由中間的小洞進去，洞門十分狹窄，隨後逐漸升高，洞內懸掛的石柱有兩臂合抱那麼粗，顏色翠綠，如同樹立的玉柱，敲擊時聲音鏗鏘。旁邊又有兩根石柱，上部下垂，下部挺立，中間斷裂不相連接，但像天平上的指針那樣相對著。石柱旁邊也有用籬笆隔開的牀榻，大概都是當地人為來避難考慮設置的。從石柱的左邊往北進去，洞穴漸漸黑暗起來，不一會看到一縷光線透入，當地人又編了竹籬把那隘口隔斷。撥開竹籬往外張望，這光線也是從東面透入的，下面也有編成的竹籬架起的木板，知道還有其他可以進去的洞穴。再走出來，從石柱右面低矮的洞穴往東穿入，洞門也狹窄，和中間的洞穴並列為二。往西進入陰暗的隘口，裡面又高高隆起，在暗中摸索，也不太深。仍然從中洞走出到外巖，在左邊高懸的岩石中架著木板，如同凌空的樓閣。裡面還到處放著魚籠竹筐之類的東西。北面又樹立著一根小木樁，從石縫中透出。再開出一個洞，從西面進入，洞門也朝東，裡面有石片豎立，形狀如同石碑，高三尺，寬一尺五寸，厚二寸，兩面平整，就像打磨而成的。難道也是像泰山無字碑那樣的遺跡？只是大小不同罷了。平步走進洞內，再越過隘口，洞才稍許寬敞。盡頭處鐘乳石柱和懸掛的石條，像樹枝那麼細。右面有洞穴暗通中洞的後面，即當地人編竹籬隔斷隘口的地方。在它左面稍許往下，有個懸空的洞穴，當地人用籬笆覆蓋著。往洞下張望，也有竹編木架一類的東西，只是不知道從哪裡進去。仍然越過木架的凌空樓閣，沿著梯子往下走三架梯子，在梯子左邊的懸崖中，又看到一架梯子，急忙扶著梯子上去，便沿著崖頂往北橫向越過，地勢十分狹隘，只有一尺寬，長三丈多，當地人架起橫木作為欄杆，用樹枝作為拉手，這才沒有危險。山崖盡頭又開出一個洞，洞門也朝東。前面有一塊岩石，從門左邊下垂幾丈長，真像掛在天空的雲片。岩石的頂端又懸掛著一塊圓形小石，長三尺，直徑一尺，極像雁蕩山的龍鼻水。但這時正當冬季水涸，頂端沒水滴下罷了。洞中高大寬敞，不像中洞洞口低下，內部幽暗。後面石壁有石懸在中間，又繞成一道縫隙，更加覺得曲折有致，當地人架起木板用籬笆橫隔在裡面，即在上層懸空的洞穴所望見的地方。

在各個洞穴徘徊很久，才又經過十一層梯子下山，只見巖下有幾十人正抬頭仰望等我下去，都來慰勞我登巖辛苦，並說：「我們這些倖存的百姓，都靠這巖洞躲過交趾人的侵犯。但只能存身，無法保全家園。」我看這個巖洞果然十分險峻，但現在卻把它看作是防禦外敵的長城，似乎不是保全疆土的萬全之策。何況所說的水洞，在今冬季，必定沒有一滴水餘下，我到處找都沒看見。如果被圍困的時間長了，怎能不生陷於絕境的憂慮呢？我對當地人說：「據守險阻出奇制勝，應該以合力抵抗為上策，如果僅僅在這裡躲避，那是下策了。」那些人「連連稱是」，辭謝離去。這洞在路旁高高敞開，遠近都能見到，只有州城背對著它，反而看不見。我西行所登的山巖，論險峻當以此為第一。貴溪的仙巖，雖然也懸空在上，俯瞰溪流，但它的上面太狹窄，不及這巖空闊。至於找水則以仙巖為上。我回到客店吃飯，店裡的人剛拿到馬牌去召集役夫，又不能啟程了。

二十六日　晨餐後，得兩肩輿❶，十夫。由州治前西行。半里，有小水自州後山腋出，北注大溪，涉之。又西半里，大溪亦自西南山谷來，復涉之。遂溯溪西南行一里，於是石山復攢繞成峽，又一小水自南來入。仍溯大溪，屢左右涉。七里，踰一崗。崗南阻溪，北傍峭崖，疊石為壘，設隘門焉。過此則溪南始見土山，與西北石山夾持而西。四里，乃涉溪南登土嶺，一里，躋其上。又西南下一里，旋轉而東南一里，復轉西南，仍入石山攢合中。一里，山迴塢闢，畦塍彌望，數十家倚南山，是曰東村。乃西南行田塍間。三里，遂西過石峽，所躋不多，但石骨嶙峋，兩崖駢合。共一里，連陟二石脊始下，上少下多。共一里，仍穿石山塢中，至是有小水皆南流矣。東村之水，已向南流，似猶仍北轉入州西大溪者。自二石脊西，其水俱南入安平西江所云邏水矣。山脈自此脊南去，攢峰突崿，糾叢甚固，東南盡于安平東北通利、邏水二江合處。由安平西北抵下雷，止二日程；由安平東北自龍英抵下雷，且四日程，〔凡迂數百里，〕皆以此支山巉叢沓，故迂曲至此也。安平西北抵下雷，俱由交彝界上行。時恐竊發，方倒樹塞路，故由其迂者。又西南四里，飯於騷村。四山迴合，中有茅巢三架。登巢而炊，食畢已下午矣。西行一里，復登山峽，陟石蹬半里，平行峽中半里，始直墜峽而下，上少下多，共一缺，蹬道與澗水爭石。下抵塢中，又西南一里，復與土山值。遂西向循土山而上，已轉西南，共二里，踰山之崗。其東南隔塢皆石峰攢合，如翠浪萬疊；其西北則土山高擁，有石峰踞其頂焉。循石頂之西崖北向稍下，復上土山之後重，共一里。隨土山之南，平行嶺半。又西南一里，遂踰嶺上而越其北，於是西北行土山峽中。其東北皆土山高盤紆合，而西南隙中復見石峰聳削焉。一里，復轉西南，下至峽底，其水皆自北山流向西南去，此邏水之上流也。過水有岐北上山崗，其內為三家村。時日色已暮，村人自崗頭望見，俱來助輿夫而代之。又西南一里，直抵所望石峰下，涉一小溪上嶺，得郎頭❷之巢，是為安村，為炊飯煮蛋以供焉。是日行三十餘里，山路長而艱也。

連日晴朗殊甚，日中可夾衫，而五更寒威徹骨，不減吾地，始知冬、夏寒暑之候，南北不分，而兩廣之燠，皆以近日故也。試觀一雨即寒，深夜即寒，豈非以無日耶？其非關地氣可知。余鄉食冬瓜，每不解其命名之意，謂瓜皆夏熟，而獨以「冬」稱，何也？至此地而食者、收者，皆以為時物，始知余地之種，當從此去，故仍其名耳。

【章旨】本章記載了第一百九十五天在太平府的行跡。坐轎出發，一路翻山涉水，經過東村、騷村、三家村，到安村留下。兩廣氣候炎熱，是因為靠近太陽的緣故，和地氣無關。

【注釋】❶肩輿　小轎。❷郎頭　壯族頭人。

【語譯】二十六日　早飯後，得到兩乘小轎，十名轎夫。由州衙前往西走。過了半里，有條小水從州城後面的山腋間流出，往北注入大溪，徒步過水，又往西走半里，大溪也從西南的山谷流來，又徒步過水。於是沿著溪流往西南上行一里，到這裡石山又聚繞形成峽谷，另有一條小水從南面流來，匯入大溪。仍然沿著大溪上行，時而渡水到左岸，時而渡水到右岸。走了七里，越過一道山岡。山岡南面有溪水阻隔，北面靠著陡峭的山崖，疊起石塊築成堡壘，設立了關門。過了這裡則到溪南才看到土山，和西北的石山夾立，往西延伸。走了四里，便徒步渡過溪水往南登上土嶺，走了一里，踏上嶺頭。又往西南走下一里，很快又轉向東南走一里，再轉向西南，仍然進入聚合的石山之中。走了一里，山勢迴旋，山塢展開，一眼望去都是田野，有幾十戶人家背靠南山，地名東村。便向西南在田埂中行走。過了三里，便往西越過石峽，上坡路不多，但岩石嶙峋，兩邊山崖相互合攏。共走了一里，接連登上兩道石脊才下山，往上走得少，往下走得多。共走了一里，仍然在石山塢中穿行，到這裡所看到的小水都往南流去。東村的水，已經向南流，似乎仍然往北轉流入州城西面的大溪。從兩道石脊的西面，水都往南流入安平西面的江水，即所謂的邏水。山脈從這裡的石脊往南延伸，山峰聚立突起，纏結成叢，十分堅固，往東南直到安平東北通利和邏水二江的會合處為止。從安平西北到下雷，只有兩天路程；從安平東北自龍英到下雷，將近四天路程，共繞了幾百里路，都因這支山脈叢集雜亂，所以道路才如此迂迴曲折。從安平西北到下雷，都從交彝的地界上走。這時害怕匪徒出現，正在砍倒樹木堵塞道路，所以走了迂迴曲折的路。又往西南走了四里，在騷村吃飯。四周群山環抱，裡面有三間架在高處的茅屋。登樓煮飯，吃罷飯已是下午了。往西走一里，又登上山峽，踏著石級走半里，在山峽中平步走了半里，才從山峽上直往下落，也是往上走得少，往下走得多，共走缺，磴道和澗水在岩石叢中爭路。往下到山塢中，又往西南走一里，重新和土山相逢。就沿著土山往西向上，隨後轉向西南，共走了二里，越過山岡。在山岡東南隔著山塢的地方，都是聚合的石峰，如同千萬重綠色的波浪；山岡西北則為高高簇擁的土山，有石峰座落在山頂上。沿著石頂西面的山崖往北，稍許走下，又登上後面一重土山，共走了一里，順著土山的南坡，在山嶺半腰平步行走。又往西南走了一里，就從嶺上越過到山嶺北坡，於是往西北在土山峽谷中行走。峽谷的東北都是高大盤曲的土山，而在西南的空隙中又看到陡削的石峰聳起。走了一里，再轉向西南，往下走到峽谷底部，這裡的水都從北山往西南流去，是邏水的上游。渡過水流有岔路朝北登上山岡，裡面是三家村。這時天色已晚，村民在岡頭望見我們，都來幫忙代換轎夫。又往西南走一里，直到所望見的石峰之下，渡過一條小溪登上山嶺，找到頭人的住處，這是安村，為我們燒飯煮蛋。這天只走了三十多里，因為山路很長又難走。

連日來天氣格外晴朗，白天可穿夾衫，而五更寒氣刺骨，不亞於我們家鄉，這才知道冬夏氣候的冷熱，南方和北方沒有分別，而兩廣的炎熱，全是因為離太陽較近的緣故。只要看一下雨就冷，深更半夜就冷，豈不是因為沒有陽光嗎？可知和地氣無關。我在家鄉吃冬瓜，總不明白它命名的含意，以為瓜都在夏季成熟，為什麼獨此稱為「冬瓜」？到這裡吃的、種的瓜，都合時令，這才知道我們家鄉的冬瓜，應當是從這裡傳去的，所以保留了它的原名。

二十七日　昧爽，飯而行。仍東下嶺，由溪西循嶺北塢西行。其處舊塍盤旋山谷，甚富，而村落散倚崖塢間，為龍英西界沃壤。一里，路北皆土嶺，塢南多石峰。循土嶺南麓漸上，一里，踰土嶺之西隅。嶺旁即有石峰三、四，夾嶺而起，路出其間。轉北半里，復西下半里，於是四顧俱土山盤繞矣。西涉小澗，一里，又西登一崗，有數茅龕在崗頭，想汛❶守時所棲者。又盤旋西南下一里，涉一澗，其水自北而南。踰澗西行，漸循路北土山西上，二里，踰嶺而北，循路西土山西北行山半，一里，踰支嶺北下，過踰澗，即前所涉之上流，西自土山涯半來，夾塢田塍高下皆藉之。登澗北崗，見三、四家西倚土山，已為下雷❷屬矣。一里，西北登嶺，半里，攀其巔。又西向平行半里，踰其北，始遙見東北千峰萬岫，攢簇無餘隙，而土峰近夾，水始西向流矣。於是稍下，循路南土峰西向連踰二嶺，共一里，望見西南石峰甚薄，北向橫插如屏，而路則平行土山之上。又西二里，有路自東北來合者，為英村之道，亦下雷屬。其道甚闊，合之，遂循路西土山南向行。一里，又踰一土嶺，直轉橫插石峰之西，復循路西土山之南，折而西，始西向直下一里，又迤邐坦下者一里，始及西塢，則復穿石山間矣。又西北平行一里，始有村落。又西北一里，則大溪自北而南，架橋其上。溪之西即下雷矣。入東隘門，出北隘門，抵行館❸而解裝焉。是日行約十八里。州官許光祖。

下雷州治在大溪西岸，即安平西江之上流所云邏水也。其源發於歸順西北，自胡潤寨而來，經州治南流而下。州南三十里，州北三十里，皆與高平接界。州治西大山外，向亦本州地，為莫彝所踞已十餘年；西之為界者，今止一山，〔州衙即倚之，〕其外皆莫境矣。州宅東向，後倚大山，即與莫彝為界者。壘亂石為州垣，甚低，州治前民居被焚，今方結廬缺 內間有以瓦覆者。其地南連安平，北抵胡潤寨，東為龍英，西界交趾。

時交趾以十八日過胡潤寨，抵鎮安，結營其間。據州人言：「乃田州糾來，以脅鎮安者，非歸順也。」蓋鎮安人欲以歸順第三弟為嗣，而田州爭之，故糾莫彝以脅之。歸順第二弟，即鎮安贖以任本州者。其第三弟初亦欲爭立，本州有土目李園助之，後不得立。李園為州人所捕，竄棲高平界，出入胡潤、鵝槽隘抄掠，行道苦之。

【章　旨】本章記載了第一百九十六天從太平府經過南寧府的行跡。龍英西界有片沃土。往西便進入下雷地界，路上土嶺石峰並起。到下雷客館留宿。下雷州南、北兩面和高平接界，城西山外被莫彝侵占。這時交趾人已到鎮安，據說是田州土官勾結莫彝來威脅鎮安的。

【注　釋】❶汛　明、清時稱軍隊防守之地為汛地。❷下雷　明代為州，初隸鎮安府，後隸南寧府，治所在今大新西北隅的下雷，位於廣西和越南的交界。土官許氏世襲。❸行館　官府所設接待賓客的館舍。

【語　譯】二十七日　拂曉，吃了早飯出發。仍然往東走下山嶺，從溪水西岸沿著山嶺北面的山塢往西走。這裡已耕種多年的田地盤繞著山谷，十分富裕，村子靠著山崖散布在山塢之間，是龍英州西部邊界的一片沃土。走了一里，路的北面都是土嶺，山塢南面有很多石峰。沿著土嶺南麓漸漸往上，走了一里，越過土嶺的西隅。嶺旁就有三、四座石峰，夾著土嶺突起，路從石峰中穿出。轉向北走半里，又往西走下半里，這時環顧四周，都是土山盤繞了。往西徒步渡過小澗，走了一里，再往西登上一座山岡，岡頭有幾間茅屋，想來是軍隊戍守時所居的地方。又在山路盤旋，往西南走下一里，徒步渡過一條澗水，這水從北向南流。越過澗水往西走，漸漸沿著路北的土山往西走上，過了二里，越過土嶺往北，沿著路西的土山往西北在山半腰行走，過了一里，越過支嶺往北走下，經過已越過的澗水，即先前所徒步渡過的澗水的上游，從西面土山下水邊流來，山塢兩旁高高低低的田畝都靠它灌溉。登上澗水北面的山岡，看到三、四戶人家靠著西面土山居住，已經是下雷的轄境了。走了一里，往西北登上山嶺，又走了半里，登上嶺頭。又往西平步走半里，越過嶺北，才遠遠望見東北方千峰萬岫，聚合簇擁，沒有一點空隙，而近處土峰相夾，水才向西流去。從這裡稍許走下，沿著路南的土峰往西接連越過兩座山嶺，共走了一里，望見西南石峰很薄，向北橫插，如同屏障，路在土山上平緩地延伸。又往西走二里，有條路從東北過來會合，是去英村的路，也在下雷境內。這條路很開闊，兩條路會合後，便沿著路西的土山往南，走了一里，又翻過一座土嶺，直轉到橫插的石峰西面，再沿著路西的土山的南麓，轉而向西，才往西直往下走一里，又在平坦的地方曲曲折折往下走一里，才到西山塢，則又在石山中穿行了。再往西北平步走一里，才出現村落。再往西北走一里，只見大溪從北向南流，上面架著橋。大溪的西面就是下雷了。進入東隘門，走出北隘門，到客館解下行囊。這天大約走了十八里。州官名許光祖。

下雷州治在大溪西岸，即安平西江的上游，人們所說的邏水。這水在歸順西北發源，從胡潤寨流來，經過州治往南流下。州南三十里，州北三十里，都和高平接界。在州治西面的大山外，過去也是本州土地，被莫彝侵占已有十多年了；現在西面的邊界，只有一座山，州衙門就靠著它，外面就都是莫彝的境地了。州官的住宅朝東，後面靠著大山，就是和莫彝接界的山。州城外牆用亂石壘成，很低，州治前面的民房曾被燒毀，現在才搭建住房缺　裡面偶爾有些用瓦蓋頂的。這裡南面和安平相連，北面到胡潤寨，東面為龍英，西面和交趾接界。

這時交趾人已在十八日經過胡潤寨，到達鎮安，在那裡安營紮寨，據下雷州人說：「交趾人是田州土官勾結而來，用以脅迫鎮安人的，並不是歸順幹的。」因為鎮安人想立歸順土官第三個兄弟繼位，而田州人為了奪位，故勾結莫彝進行威脅。歸順土官的第二個兄弟，就是被鎮安人贖回任本州土官的。他第三個兄弟原先也想爭位，本州有個土頭目李園幫助他，後來沒有成功。歸順人追捕李園，他就逃竄到高平地界，在胡潤、鵝槽隘一帶出沒搶劫，趕路人都叫苦不迭。

二十八日　陰霾四塞。中夜余夢牆傾覆身，心惡之。且聞歸順以南有莫彝之入寇，歸順以北有歸朝❶之中阻，意欲返轅，惶惑未定焉。歸朝在富州❷、歸順之間，與二州為難，時掠行人，道路為梗。考之《一統志》，無其名。或曰：「乃富州之舊主。富州本其頭目，後得霑朝命，歸朝無由得達，反受轄焉，故互相齮齕。」未知然否。

下雷北隘門第二重上，有聳石一圓，高五丈，無所附麗，孤懸江湄。疊石累級而上，頂大丈五，平整如臺，結一亭奉觀音大士像於中，下瞰澄流，旁攬攢翠，有南海❸張運題詩，莆田❹吳文光作記，字翰俱佳。余以前途艱阻，求大士決籤為行止，而無從得籤詩。叨筊笤❺先與約，若通達無難，三筊俱陽、聖而無陰；有小阻而無性命之憂，三筊中，以一陰為兆；有大害不可前，以二陰為兆。初得一陰并聖、陽各一。又請決，得一聖二陽焉。歸館，使顧僕再以前約往懇，初得聖、陽、陰❻，又徼得聖一、陽，與先所祈者大約相同，似有中阻，不識可免大難否？

上午，霧開日霽，候夫與飯俱不得。久之，得飯，散步州前，登門樓，有鐘焉，乃萬曆十九年❼辛卯土官許應珪所鑄者。考其文曰：「下雷乃宋、元古州，國初為姡府指鎮安也。匿印不繳，未蒙欽賜，淪於土峒❽者二百年。應珪之父宗蔭奉檄征討，屢建厥勳，應珪乃上疏復請立為州治。」始知此州開於萬曆間，宜《統志》不載也。州南城外即崇峰攢立，一路西南轉山峽，即三十里接高平界者；東南轉山峽，即隨水下安平者，為十九峒故道。今安平慮通交彝，俱倒樹塞斷。此州隸南寧，其道必東出龍英抵馱樸焉。若東北走田州，則迂而艱矣。

是日為州墟期，始見有被髮之民❾。訊交彝往鎮安消息，猶無動靜。蓋其為田州爭鎮安，以子女馬幣賂而至者，其言是的。先是，鎮安與歸順黃達❿合而拒田州，田州傷者數十人，故賂交彝至，而彝亦狡甚，止結營鎮安，索餉受餽，坐觀兩家成敗，以收漁人之利，故不即動云。

夫至起行，已近午矣。出北隘門，循石山東麓溯溪西北行。四里，路左石山忽斷，與北面土山亦相對成峽，西去甚深，有小水自峽中出，橫堤峽口，內匯為塘，浸兩崖間，餘波　缺　出注於大溪。踰堤西轉，路始捨大溪。已復北轉，踰北面土山之西腋，復見溪自西北來，路亦西北溯之。已北徑大峽，共四里，有木橋橫跨大溪⓫上，遂渡溪，北復溯大溪左岸，依北界石山行。迴望溪之西南，始有土山，與溪北石山相對成大峽焉。東北石山中，屢有水從山峽流出，西注大溪，路屢涉之。共西北五里，東北界石山下，亦有土山盤突而西，與西南界土山相湊合，大峽遂窮。大溪亦曲而西南來，路始捨溪西北踰土山峽，於是升陟俱土山間矣。又三里，西下土山，復望見大溪從西北來，循土山西麓漸轉西行。二里，直抵大溪上，北岸土山中，復有一小水南注於溪。涉溪升阜，復溯大溪西北行。三里，抵胡潤寨⑫。其地西南有大峽與交趾通界，〔抵高平府⑬可三日程；〕西北有長峽，入十五里，兩峰湊合處為鵝槽隘；正西大山之陰，即歸順地，〔日半至其州；〕直北鵝槽嶺之北為鎮安地，〔至其府亦兩日半程；〕而鵝槽隘則歸順之東境也；東北重山之內，為上英峒⑭，又東北為向武地。是日下午抵胡潤，聞交彝猶陸續行道上，館人戒弗行。余恐妖夢是踐，遂決意返轅，〔東北取向武州道。〕

【章　旨】本章記載了第一百九十七天在南寧府的行跡。半夜做了一場惡夢，心中惶惑不定。到下雷北隘門觀音大士像前，以筊筶問卜，決定去留。飯後登上州前門樓，觀看鐘上銘文，了解置州緣由。這時交彝已進入鎮安，但按兵不動，坐收漁人之利。中午走出州門，接連穿過幾道峽谷，並沿著大溪上行。下午到達胡潤寨，聽說道路不寧，有交彝侵擾，便決定掉頭返回，取道前往武州。

【注　釋】❶歸朝　今名皈朝，在雲南富寧東境。❷富州　明代隸雲南廣南府，治所在今雲南富寧，土官沈氏世襲。❸南海　廣州府附郭縣，今廣州。❹莆田　明代為興化府治，今屬福建。❺筊筶　即杯珓，占卜用具。用兩片蚌殼（或以竹、木製成其形），投空擲於地，視其俯仰，以定吉凶，稱為卜珓或擲珓。❻聖陽陰　指杯珓落地時俯、仰或側立的姿態。❼萬曆十九年　西元一五九一年。萬曆，明神宗年號。❽淪於土峒　土峒，舊時指廣西、貴州少數民族聚居之地，行政級別較州為低。下雷自明初因失印，降為峒，知州降為巡檢。萬曆年間升為州。❾被髮之民　指東方少數民族。《禮記・王制》：「東方曰夷，被髮文身，有不火食者矣。」被髮，散髮。❿黃達　黃，原作「王」，據本月二十三日日記改。⓫大溪　指邏水上游。⓬胡潤

寨　明代隸南寧府，與下雷、歸順和安南接界。今名湖潤，在廣西靖西縣東南隅。⑬高平府　指今越南高平。⑭上英峒　又作上映峒，明初廢上映州為上映峒，隸鎮安府，後復為州，治所在今天等西境的上映。

【語譯】二十八日　陰雲密布。半夜我夢見牆倒坍壓在身上，心中感到很晦氣。而且聽說歸順南面受到莫彝侵犯，歸順北面又有歸朝從中阻擾，想要掉頭返回，惶惑不安，難於決定。歸朝地處富州、歸順之間，和這兩州作對，時常搶劫行人，道路為此阻塞。查考《一統志》，沒有這個地名。有人說：「歸朝是原富州的州主，富州土官本來是他們手下的頭目，後來受朝廷恩惠得到任命，歸朝無法把情由上達，反而被他們管轄，所以互相攻擊。」不知是否這樣。

下雷州北隘門的第二層上，有一塊聳起的圓形岩石，高五丈，旁邊無所依附，獨自屹立江邊。從疊成的石階逐級往上，圓石頂部直徑一丈五尺，平整如臺，蓋了一座亭子，裡面供奉觀音大士像，往下俯視清澈的江流，蒼翠的山峰在旁邊聚擁，有南海張運的題詩，莆田吳文光作記，字和文章都很出色。我因前途有險難，想在大士前求一籤以決去留，可是沒有解籤的詩。只好借重杯珓來占卜，先與約定：如果一路順利，沒有險阻，三筊都是陽筊、聖筊，而沒有陰筊；如果有小的險阻，但沒有性命危險，三筊之中，有一個陰筊作預兆；如果有大禍不能前進，就以兩陰筊為兆。開始得到一個陰筊、一個聖筊、一個陽筊。又請大士決斷，得到一個聖筊、兩個陽筊。回到客館，派顧僕再次按原先的約定去懇請神斷，起先得到一個聖筊、一個陽筊、一個陰筊；又求得一個聖筊和陽筊，和原先我祈求所得的結果大致相同，似乎中途有險阻，不知道能否逃過大難？

上午，霧氣消散，陽光明朗，等候役夫和飯食都沒得到。過了好久，才得飯。在州衙前散步，登上門樓，樓上有口鐘，是萬曆十九年土官許應珪鑄造的。細考鐘上的銘文，寫道：「下雷是宋、元時的古州，明朝建國時，因嫉妒的官府指鎮安。藏起州印不呈繳，未能得到朝廷恩賜，淪為土峒已有二百年。應珪的父親許宗蔭奉命征討，屢建功勳，應珪於是上疏朝廷，請求重新立為州治。」這才知道下雷州到萬曆年間才設置，難怪《一統志》沒有記載了。州南城外就是聚立的高峰，一條路往西南轉入山峽，即走三十里和高平接界的路；

往東南轉入山峽，即隨水流往下去安平的路，是去十九峒的老路。如今安平人擔心和交彝相通，都砍倒樹木將路堵塞了。這州隸屬南寧府，去路一定往東走出龍英州到達馱樸。如果往東北去田州，那麼既繞道又危險了。

這天是州城趕集的日子，首次看到長髮披散的百姓，打聽交彝前往鎮安的消息，還沒有動靜。大體上說，田州用女子、馬匹、金銀賄賂交彝，叫他們來幫助爭奪鎮安，這話沒錯。在此之前，鎮安與歸順的黃達合力抵抗田州，田州幾十人受傷，所以重價請來交彝，可交彝也十分狡猾，只是在鎮安紮營，索取軍餉，接受餽贈，坐觀兩家的勝敗，以收漁人之利，所以沒有立即行動。

役夫到後啟程，已近中午了。走出北隘門，順著石山的東麓沿溪水往西北上行。走了四里，路左邊的石山忽然中斷，和北面的土山相對，也形成峽谷，往西延伸，十分深邃。有條小溪從峽谷中流出，峽口橫向築著堤壩，裡面積水成塘，浸在兩邊的山崖之間，餘波　缺　流出，注入大溪。越過堤壩往西轉，路才離開大溪。隨後再向北轉，越過北面土山的西腋，又看到大溪從西北流來，路也向西北沿水流上行。不久往北橫穿大峽谷，共走了四里，有木橋橫架在大溪上，便渡過溪水，再往北沿著大溪的左岸上行，靠著北界的石山行走。回頭望見溪水的西南，開始有土山，和溪水北面的石山相對，夾成大峽谷。東北的石山中，常常有水從峽谷中流出，往西注入大溪，路中多次渡過溪水。往西北共走了五里，在東北地界的石山下，也有土山盤繞突起，往西延伸，和西南地界的土山湊合一處，大峽谷就到了盡頭。大溪也曲曲折折從西南流來，路才離開大溪，往西北越過土峽谷，於是都在土山中攀登了。又走了三里，往西走下土山，又望見大溪從西北流來，沿著土山西麓漸漸轉向西走。過了二里，直到大溪上，北岸的土山中，又有一條小水往南注入大溪。渡過溪水，登上土丘，再沿著大溪往西北上行。走了三里，到胡潤寨。這裡西南有大峽和交趾邊界相通，到高平府有三天路程；西北有長長的峽谷，進入峽谷十五里，兩座山峰湊合處為鵝槽隘；正西大山的北面，就是歸順地界，走一天半可到州治；正北鵝槽嶺的北面為鎮安地界，到府治也有兩天半路程，而鵝槽隘則是歸順的東境。東北重重山峰的裡面，為上英峒，再往東北為向武地界。這天下午到達胡潤寨，聽說交彝仍陸陸續續在路上活動，客館裡的人勸我不要上路。我怕惡夢應驗，便決心掉頭返回，向東北取道前往向武州。

二十九日　早霧頗重，旋明霽愈甚。候夫不至，余散步寨宅前後，始見大溪之水，一西北自鵝槽隘來者，發源歸順南境，經寨前，南下下雷；一北自寨後土山峽中來者，發源鎮安南境。抵寨後匯而分二口：一由寨宅北瀉石堰，西墜前溪；一由寨宅東環繞其後，南流與前溪合。蓋寨宅乃溪中一磧，前橫歸順之溪，後則鎮安之水分夾其左右。於是合而其流始大，〔即志所謂邏水，為〕左江西北之源，與龍州、高平之水合於舊崇善縣之馱綿埠者也。

胡潤寨有巡檢❶，其魁岑姓，亦曰土官，與下雷俱隸南寧府，為左江屬；過鵝槽隘為　缺　即右江屬。而右江諸土司如田州、歸順、鎮安又俱隸思恩府。是下雷、胡潤雖屬南寧，而東隔太平府龍英、養利之地，北隔思恩府鎮安、田州之境，其界迥不相接者也。

左、右二江之分，以鵝槽嶺為界，其水始分為南北流。蓋山脊西北自富州來，徑歸順、鎮安而東，過都康❷，過龍英之天燈墟❸，分支南下者為青蓮山，而南結為壺關太平府。由龍英之天燈墟直東而去者，盡於合江鎮，則左、右二江合處矣。

田州與歸順爭鎮安，既借交彝為重；而雲南之歸朝與富州爭，復來糾助之。是諸土司祇知有莫彝，而不知為有中國矣。或曰：「鎮安有叛目黃懷立往糾之。」

【章　旨】本章記載了第一百九十八天在南寧府的行跡。胡潤寨宅前後的溪水，是邏水西北支流的源頭。胡潤寨設有巡檢司，和下雷州都隸屬於南寧府，但並不相接。左右兩江在鵝槽嶺分流，到合江鎮匯合。各土司只知有莫彝，不知有中國。

【注　釋】❶胡潤寨有巡檢　原缺「潤塞有巡」四字，據《明史・地理志》補。❷都康　明代為州，直隸廣西布政使司，治所在今天等西北的都康。❸天燈墟　即今天等城關鎮。

【語　譯】二十九日　早上濃霧瀰漫，不久消散，天空更加晴朗。等候役夫不來，我在胡潤寨宅院的周圍散步，這才看到大溪的水流，一條從西北的鵝槽隘流來，發源於歸順南境，流經寨前，往南流到下雷；一條從北面寨後土山峽中流來，發源於鎮安南境。流到胡潤寨後，兩條水匯合，又分為兩個水口：一處從寨宅北面瀉下石堰，往西墜入前面的溪中；一條從寨宅東面繞到宅後，往南流和前面的溪水會合。因為寨宅本是溪中的一個沙石灘，灘前橫著從歸順流來的大溪，灘後則被從鎮安流來的水分夾左右。到這裡合流後水勢才變大，即志書所謂的邏水，是左江西北支流的源頭，和從龍州、高平流來的水在原崇善縣的馱綿埠會合。

胡潤寨設有巡檢司，首領姓岑，也是土官，和下雷州都隸屬於南寧府，是左江道的屬地；經過鵝槽隘為缺　即右江道的屬地。右江道的各土司如田州、歸順、鎮安又都隸屬於思恩府。這樣下雷、胡潤雖然隸屬於南寧，但東面隔著太平府的龍英、養利地區，北面隔著思恩府的鎮安、田州地區，和南寧府相隔很遠，不相連接。

左江和右江分開，就以鵝槽嶺為界，江水才向南北分流。因為山脊從西北的富州延伸過來，經過歸順、鎮安向東，再經過都康，經過龍英的天燈墟，分出一支山脈往南延伸，就是青蓮山，而在南面盤結成壺關、太平府一帶的山。從龍英的天燈墟直向東延伸的山脈，到合江鎮為止，也就是左江和右江的匯合處了。

田州和歸順爭奪鎮安，既已藉交彝的力量來增強自己；而雲南的歸朝和富州爭奪，又勾結交彝求取援助。這樣看來，各土司只知道有莫彝，不知道有中國了。有人說：「鎮安有個叛離的頭目黃懷立前去勾引交彝的。」

三十日　早寒甚。初霧旋霽，而夫終不來。蓋此處鋪司❶奸甚，惟恐余往歸順，以歸順遠也。屢以安南彝人滿道恐嚇余。其土官岑姓，乃寨主也。以切近交彝，亦惟知有彝，不知有中國。彝人過，輒厚款之，視中國漠如也。交彝亦厚庇此寨，不與為難云。余為館人所惑，且恐妖夢是踐，是早，為三鬮❷請於天：一從歸順，一返下雷，一趨向武。虔告於天而拈決之，得向武者。館人亦利余往向武。蓋歸順須長夫，而向武可沿村起換也。

下午夫至，止八名。少二名。及各夫又不賫蔬米，心知其為短夫，然無可再待理，姑就之行。從寨宅溯北來溪而上，半里，渡溪中土崗而行。於是溪分為兩而復合，取道於中。又半里，渡其西夾崗者，迴顧溪身，自土山東峽來，而路出土山西峽。上二里，其峽窮，遂踰山陟坳。一里，復東下而與大溪遇。乃溯溪北岸東北行，二里，有石山突溪北岸，其上藤樹蒙密，其下路縈江潭，仰顧南北，俱土山高爽，而北山之巔，時露峭骨，而復突此石山當道，崚嶒攲側，行路甚難。然兩旁俱芟樹披茅，開道頗闊。始知此即胡潤走鎮安之道，正交彝經此所開也。余欲避交彝，不往歸順，而反趨其所由之道，始恨為館人所賣云。循石山而東北一里，見一老人採薪路旁，輿人與之語，遂同行而前。半里，有樹斜偃溪兩岸架橋，因其杪而渡溪之南，是為南隴村，有數家在溪南。輿夫輿入老人家，遂辭出。余欲強留之，老人曰：「余村自當前送，但今日晚，請少憩以俟明晨，彼夫不必留也。」余無可奈何，聽其去。時日色尚可行數里，而余從老人言，遂登其巢。老人煮蛋獻漿。余問其年，已九十矣。問其子幾人，曰：「共七子。前四者俱已沒，惟存後三者。」其七子之母，即炊火熱漿之嫗，與老人齊眉❸者也。荒徼絕域，有此人瑞❹，奇矣，奇矣！一村人語俱不能辨，惟此老能作漢語，亦不披髮跣足，自下雷至胡潤，其人半披髮不束。並不食烟與檳榔，且不知太平、南寧諸流官地也。老人言：「十六日交彝從此過，自羅洞❺往鎮安。余走避山上，彼亦一無所動而去。」

【章　旨】本章記載了第一百九十九天在南寧府的行跡。因道路不寧，以三鬮占卜，決定去向武州。下午啟程，卻反走上交彝經過的路，到南隴村，下轎在一個老翁家留宿。

【注　釋】❶鋪司　管理驛站的機構。❷鬮　古時抓取物具，以決勝負曰鬮。飲酒遊戲等皆用之。後凡事借他物以卜可否者曰探鬮，書紙為團拈取以卜可否者曰拈鬮。❸齊眉　即舉案齊眉。東漢梁鴻的妻子孟光給丈夫送飯時，從不抬頭仰望，總是把端飯的盤子舉到和眉毛一樣齊的地方。後用以指夫妻相敬如賓。❹人瑞　高壽的人。❺羅洞　據次日日記，當為「羅峒」。

【語　譯】三十日　早晨冷得厲害，起初有霧，很快就霧散天晴，但役夫卻始終不來。因為這裡管理驛站的人十分奸詐，唯恐我去歸順。因為去歸順的路較遠。多次用滿路都是安南彝人來恐嚇我。這裡的土官姓岑，是胡潤寨的寨主。因為貼近交彝，也只知有彝人，不知有中國。彝人路過，總是熱情款待，而不把中國人放在眼裡。交彝對胡潤寨也格外庇護，不和他們為難。我被客館的人所迷惑，又怕惡夢應驗，這天一早就拈了三個紙團，請上天決斷：一是從歸順走，一是返回下雷，一是趕往向武。向天虔誠禱告，然後拾取一鬮決定去向，所得鬮是去向武的。客館中的人也希望我去向武。因為去歸順要用長途役夫，而去向武的役夫可以在沿途村子替換。

下午役夫到了，止有八個人，少了兩個。各個役夫都不帶菜米，心裡明白他們是走短程的。但是沒有再等下去的道理，姑且就用了他們。從胡潤寨宅院起程，沿著從北面流來的大溪上行，走了半里，渡水到溪中的土岡上行走。大溪在這裡分成兩條又再合流，路就在這中間走。又過了半里，渡過在西面夾住山岡的溪流，回頭觀望溪水，從土山東面的峽谷流來，而路從土山西面的峽谷走出。往上走二里，峽谷到了盡頭，便越過山登上山坳。走了一里，又往東走下，與大溪相遇。於是沿著溪水北岸往東北上行，走了二里，有石山在溪水北岸突起，山上藤蔓樹木密集，山下道路縈繞著江潭，仰望南北兩邊，都是高爽的土山，而北山的山頂，時時露出陡峭的岩石，而又突起這座石山擋道，岩石高峻傾側，走路十分困難。但兩旁的樹木茅草都被剪除，道路十分寬闊。才知道這就是從胡潤寨去鎮安的路，正是交彝經過時開築的。我想避開交彝，不去歸順，卻反而走上他們經過的道路，才悔恨被客館裡的人出賣了。沿著石山往東北走一里，見到路旁有個老人在砍柴，轎夫和他說了幾句話，就一起往前。走了半里，有棵樹斜躺在溪水兩岸架成橋梁，通過樹梢渡到溪水南岸，這裡就是南隴村，有幾戶人家在溪水南岸。轎夫把轎子抬到老人家中，就告辭而去。我想強留他們，老人說：「我們村裡的人自會送你上前途的，但今天時間已晚，請留下稍許休息，等到明天早上出發，那幾個轎夫不必留下。」我無可奈何，聽任他們離開。這時看天色還可走幾里，而我聽從老人的話，就登上他的竹樓。老人煮了雞蛋，送上米湯。我問他的年齡，已經九十歲了。問他有幾個兒子，回答說：「一共七個。前四個都已死了，只留下後面三個。」生七個兒子的母親，就是生火熱米湯的老婦人，與老人相敬如賓。在這樣的荒野邊地，竟有如此高壽的人瑞，太奇怪了，太奇怪了！一村人的話都聽不懂，只有這個老人能說漢語，也不散髮赤腳，從下雷到胡潤，有一半人散髮披肩，沒有束起來。並且不吃煙和檳榔，而且不知道有太平、南寧這些由流官治理的地方。老人說：「交彝是十六日從這裡經過的，從羅洞前往鎮安。我逃到山上避難，他們沒動我們一草一木就走了。」

十一月初一日　早霧，而日出麗甚。自南隴東北行，一里，渡溪北岸。溯溪上二里，見其溪自東南山峽轟隴墜而下。蓋兩峽口有巨石橫亙如堰，高數十丈，闊十餘丈，轟雷傾雪之勢，極其偉壯，西南來從未之見也。水由此下墜成溪，西南去，路復由峽北山塢溯小水東北上。一里，塢窮，遂踰嶺而上。一里，抵嶺頭，遇交彝十餘人，半執線槍[1]，俱朱紅柄。半肩鳥銃，身帶籐帽而不戴，披髮跣足，而肩無餘物。見余與相顧而過，輿人與之語，云：「已打鎮安而歸。」似亦誑語。又行嶺上半里，復遇交彝六、七人，所執如前，不知大隊尚在何所也。從此下嶺，半里，復與溪遇，溯之而東。又半里，溪自南來，路出東坳下，見一疇一塢，隨之東北行。一里，有橋跨大溪上，其溪北自石山腋中來，西南經此塢中，乃南轉循山而北，出東坳之西。由橋之北溯溪北入，即鎮安道，交彝所由也。渡橋南，循溪東北渡東來小溪，北為羅峒村❷。由小溪南循山東入為向武道。又從東南山隙去為上英〔都康州〕道。渡橋共半里，換夫於羅峒村。村倚塢北石山下。石峰之西，即鎮安道所入；石峰之東，即向武道所踰，始得與交彝異道云。待夫久之，村氓獻蛋醴。仍南渡東來小溪，循石山嘴轉其南峽，東向上一里半，登隴上，於是復見四面石山攢合，而山脊中復見有下墜之窪。又一里半，盤隴而入，得數家焉，曰湧村。復換夫東行塢中，踰一小水，即羅峒小溪東來之上流。二里，乃東北上嶺，其嶺頗峻，一里抵其坳，一里踰其巔。左右石崖刺天，峭削之極，而嶺道亦崎嶇蒙翳，不似向來一帶寬闢矣。踰嶺，從嶺上循東南石崖平行其陰，又沿崖升陟者三里，渡一脊，脊東復起一崖，仍循之，半里，乃東南下壑中，一里，抵其麓。於是東北行田隴間，又里許，環壑中村聚頗盛，是曰下峺，其水似從東南山峽去。乃飯而換夫，日將晡❸矣。又東北上土山夾中，已漸北轉，共二里，宿於上峺，而胡潤之境抵是始盡。

【章　旨】本章記載了第二百天在南寧府的行跡。離南隴不遠，看到氣勢極為雄壯的瀑布。途中兩次遇見入侵的交彝人。到達羅峒村，踏上去向武的路，這才和交彝人分道而行。又經過湧村，到上峺留宿。

【注　釋】❶線槍　鳥槍的一種。❷羅峒村　今名樂屯，和下峺、上峺俱在靖西東南隅。❸晡　申時，即午後三時至五時，又泛指晚間。

【語　譯】十一月初一　早晨有霧，但日出後天空十分明媚。從南隴村往東北，走了一里，渡過溪水到北岸。沿著溪水上行二里，看到這溪從東南的峽谷中飛流而下，發出巨大的聲響。因為兩個峽口間橫著一塊巨石，如同堤壩，高幾十丈，闊十多丈，水如雷霆轟鳴，雪浪傾瀉，氣勢極為雄壯，是我來到西南地區從未見到過的。水從這裡落下，形成溪流，流向西南。路又從峽谷北面的山塢逆著小水往東北延伸。走了一里，山塢到了盡頭，便越過山嶺向上。走了一里，到嶺頭，遇見十幾個交彝人，一半拿著線槍，都是朱紅色的柄。一半扛著鳥銃，身上帶著篠帽，但不戴在頭上，披髮赤腳，肩上沒有其他東西。看到我只是相互望了一眼，交錯而過，轎夫和他們交談，說：「已經打下鎮安，現在返回。」也不像是真話。又在嶺上走了半里，再遇上六、七個交彝人，手裡拿的東西和前面一樣，不知道大隊人馬還在什麼地方。從這裡下嶺，走了半里，又和溪水相遇，沿著溪水往東上行，再走半里，溪水從南面流來，路從東面的山坳走出，看到一片田地，一個山塢，順著山塢往東北走。過了一里，有橋橫架在大溪上，這溪水從北面石山的腋部流來，往西南從這山塢中流過，才往南轉沿著山往北，從東面山坳的西面流出。從橋的北面沿著溪水往北上行進去，即去鎮安的路，是交彝所經過的路。過橋到南岸，沿著溪水往東北渡過從東面流來的小溪，北面就是羅峒村。由小溪南面沿著山往東走進，是去向武的路。又從東南山的缺口中走是去上英峒、都康州的路。過橋後共走了半里，在羅峒村換役夫。村子靠在山塢北面的石山下。石峰的西面，即去鎮安路的入口；石峰的東面，即去向武路所穿越的地方，這才和交彝分道而行了。等候役夫過了好久，村民獻上雞蛋和甜酒。仍然往南渡過東來的小溪，沿著石山山口轉過它南面的峽谷，往東走上一里半，登上丘隴，於是又看到四面石山聚合，而在山脊中又看到有下落的窪地。再走一里半，繞過丘隴走進，裡面有幾戶人家，地名湧村。再換了役夫往東在山塢中行走，越過一條小水，即羅峒村那條從東面流來的小溪的上游。走了二里，便往東北登上山嶺，這嶺十分高峻，走了一里，到達嶺坳，又走了一里，越過山頂。左右兩旁石崖刺天，極其陡削，而嶺上的路也崎嶇難行，被草遮掩，不像先前來時所路過的那一帶地方寬闊了。越過山嶺，從嶺上沿著東南的石崖平步走到它的北面，又沿著石崖攀登三里，越過一道山脊，山脊東面又聳起一座石崖，仍然沿著石崖走，過了半里，才往東南走下山壑中，再走一里，到達山麓。於是往東北在田隴中行走，又走了一里左右，在山壑環繞中有個村莊，住戶很多，地名下峺，這裡的水好像從東南的峽谷流去。於是停下吃飯，替換役夫，已將近傍晚了。又往東北登上土山峽谷中，隨後漸漸往北轉，共走了二里，在上峺留宿。胡潤地界到這裡為止。

初二日　早無霧，而日麗甚。晨餐甚早，村氓以雞為黍。由上峺村北入山夾中，一里，登嶺而上，其右多石峰，其左乃土脊。半里，踰脊北下，即多流溪水塍，路旁有流汩汩，反自外塍奔注山麓穴中。平下半里，又北行田隴間者一里，有村在路右峰下，是為南麓村❶。換夫北行二里，路右石峰之夾，路左土壟之上，俱有村落。一小水溪界其間，有水如髮，反逆流而南。蓋自度脊，東石西土，山俱不斷，此流反自外入，想潛墜地中者。候夫流畔久之，然腹痛如割。夫至，輿之行，頃刻難忍，不辨天高地下也。北行三里，有村在路左山下，復換夫行。於是石山復離立環繞夾中，陂陀高下，俱草茅充塞，無復舊塍。東北八里，腹痛少瘥❷。有村在路左石崖之內，呼而換夫。其處山夾向東北下，而路乃西北踰石坳。始上甚崚嶒，半里，踰石山而上，其內皆土山。又上半里，即西北行土山夾中一里，又平下者一里，循北塢而去一里，見小溪自西塢中來。路涉溪左，又北半里，捨溪，又西向折入土山峽，半里，是為坪瀨村。時顧僕以候夫後，余乃候炊村巢。顧僕至，適飯熟，余腹痛已止，村氓以溪鯽為餉，為強啖飯一盂。飯後夫至，少二名，以婦人代擔。復從村後西踰一坳，共一里，轉出後塢，乃東向行。止塢，轉而北，共一里，則前溪自南而來，復與之遇。循溪左北行十里，又轉而西向入山峽，半里，有村曰六月。候夫甚久，以二婦人代輿。仍從北山之半，東向出峽。半里，乃踰嶺北下，共一里，復從田塍東北行。已復與南來溪遇，仍溯其西北一里，有石峰峭甚，兀立溪東，數十家倚峰臨溪。溪之西，田畦環繞，闢而成塢，是曰飄峒，以石峰飄渺而言耶？土人呼「尖山」為「飄」。換夫，北陟嶺。半里，轉而西入山峽，一里而下。又西北一里半，有草茅數楹在西塢，寂無居人，是曰上控。前冬為鎮安叛寇王歪劫掠，一村俱空，無敢居者。於是又北半里，折而東南入石山之夾。又半里，有上控居人移棲於此。復換夫，行已暮矣。透峽東南向石山下，共一里，是曰陳峒。峒甚闢，居民甚眾，暗中聞聲，爭出而負輿。又東一里，路北石山甚峭，其下有村，復聞聲出換。又東一里，峭峰夾而成門，路出其中，是曰那峺，嶔崎❸殊甚。出峽，宿於那峺村。是日共行三十五里，以屢停候夫也。

【章　旨】本章記載了第二百零一天在向武州的行跡。過了南麓村，忽然腹痛難熬，坐轎到坪瀨村，才平息下來。又經過六月村、飄峒、上控、陳峒，到那峺留宿。途中多次停下替換役夫，有些村莊用婦女替代，但村民接待十分熱情。

【注　釋】❶南麓村　在今天等把荷鎮西南。❷瘥　病癒。❸嶔崎　山高峻貌。

【語　譯】初二　早晨沒有霧，陽光十分明媚。早飯吃得很早，村民用雞當飯。從上峺村往北進入峽谷中，走了一里，登上山嶺，右面有許多石峰，左面是土山脊。走了半里，越過山脊往北走下，有許多淌著水的小路田埂，路邊水流汩汩，反而從田埂外面奔流注入山麓洞穴中。平步走下半里，又往北在田隴中走一里，有村莊在路右面的山峰下，這就是南麓村。換了役夫往北走二里，在路右邊石峰的夾谷中，路左邊的土壟上，都有村莊。一條小溪隔在中間，有條細如髮絲的小水，反而逆流往南。自從越過山脊，東面的石山和西面的土山都不曾中斷，這條水反而從外面流進，想來是從高處滲透到地下的暗流。在水邊等候役夫，過了好久，可是腹中突然痛如刀割。役夫到後，用轎抬著我走，腹中疼痛難熬，頃刻之間連天高地下都分不清了。往北走了三里，路左邊的山下有村莊，再換了役夫趕路，在這裡又看到石山並立環繞在峽谷中，山坡高低不平，都長滿茅草，已看不到原來的田埂。往東北走八里，腹痛稍許好轉。有村莊在路左邊的石崖裡面，呼喊他們替換役夫。這裡峽谷向東北延伸下去，而路則往西北越過石坳。開始上去時岩石嶙峋，走了半里，越過石山向上，裡面都是土山。又往上走半里，隨即往西北在土山峽谷中走了一里，再平步往下走一里，沿著北面的山塢走一里，看到小溪從西面的山塢中流來。路越過小溪到左岸，又往北走半里，離開小溪，再往西轉入土山峽谷中，走了半里，到坪瀨村。這時顧僕因為等候役夫，落在後面，我就在村中的草屋等候煮飯。顧僕到時，恰好飯熟，我的腹痛已經平息，村民用溪中的鯽魚招待，我勉強吃了一碗飯。飯後役夫來到，少了兩名，由婦女代替挑夫。再從村後向西越過一個山坳，共走了一里，轉出後面的山塢，便往東走。到山塢盡頭，轉而向北，共走了一里，先前遇見的溪水從南面流來，又和它相遇。沿著溪水左岸往北走十里，又轉而向西進入峽谷，過了半里，有村莊名六月。等候役夫很長時間，村裡用兩個婦女代替轎夫。仍然從北山的半腰，往東走出峽谷。過了半里，便翻過山嶺往北走下，共走了一里，又從田埂上往東北走。隨後又和從南面流來的溪水相遇，於是沿著溪水往西北上行一里，有座石峰十分陡削，聳立在溪水東岸，幾十戶人家背靠石峰，面對溪水居住。溪水西岸，田地環繞，開成山塢，地名飄峒，是因為石峰飄渺才這樣稱呼的嗎？土人把「尖山」叫做「飄」。換了役夫，往北登上山嶺。走了半里，轉而往西進入峽谷，走一里下山。又往西北走一里半，有幾間茅屋在西面的山塢中，空寂無人，地名上控。前年冬天被鎮安叛匪王歪搶劫一空，村落荒廢，沒人敢居住。從這裡再往北走半里，轉向東南，進入石山的峽谷。再走半里，有上控村的居民遷到這裡居住。又換了役夫，出發時天色已晚。穿過峽谷往東南到石山下，共走了一里，地名陳峒，地勢開闊，居民眾多，黑暗中聽到人聲，爭先恐後出來抬轎。再往東走一里，路北邊的石山十分陡峭，山下有村莊，村民聽到人聲，又出來替換。再往東走一里，陡峭的山峰夾成門戶，路從中間穿出，地名那峺，山崖格外高峻。走出峽谷，在那峺村留宿。這天共走了三十五里，因為多次停下等候替換役夫的緣故。

初三日　天有陰雲而無雨。村夫昧爽即候行，而村小夫少，半以童子代輿，不及飯，遂行，以為去州近也。東行半里，當前有〔石〕山巍聳。大溪自南峽中透出，經巍峰西麓，抵其北，折而搗巍峰北峽中東向去。路自西來，亦抵巍峰西麓。渡溪堰，循麓沿流，亦北折隨峰東入北峽中。蓋巍峰與溪北之峰峭逼成峽，溪搗其中，勢甚險阻。巍峰東瞰溪西，壁立倒插；其西北隅倚崖阻水，止容一人攀隘東入，因而置柵為關，即北岸寨也。若山海❶之東扼，潼關❷之西懸，皆水銜山截，但大小異觀耳，而深峭則尤甚焉。去冬，交彝攻之不能克而去。王歪糾來，掠上控而去。入隘門，其山中凹而南，再東復突而臨水。中凹處可容數百人，因結為寨，有大頭目守云。過寨東，又南向循崖，再出隘門南下。自渡溪入隘來，至此又半里矣。於是東向行山塢間，南北石山排闥成塢，中有平疇，東向宛轉而去，大溪亦貫其中，曲折東行。南北兩山麓，時時有村落依之。而那峺夫又不同前屢換，村小而路長，豈此處皆因附郭守險，不與鄉村同例，一貴之十里之鋪者耶❸？東北行平疇間，兩涉大溪，隨溪之西，共東北五里，循路右山崖南轉，始與溪別。一里，乃換夫於路右村中，已望向武❹矣。稅駕❺於向武鋪司。此州直隸於省，而轄於右江，供應不給，刁頑殊甚。投滕書，竟置不理。向武州官黃紹倫，加銜參將，其宅北向，後倚重峰，大溪在其北山峽中，志謂：「枯榕❻在州南」，非也。夜半，雨作。

【章　旨】本章記載了第二百零二天在向武州的行跡。因那峺村小，用兒童代替轎夫。沒吃飯就出發。經過水流沖擊山腰橫斷地勢尤其深峭的北岸寨，進入隘門，接著穿過山塢平野，到向武州停步。這裡鋪司的人特別刁鑽惡劣。

【注釋】❶山海　關名，在河北秦皇島市東北三十里。明洪武年間，大將徐達在此構築長城，建關設衛，因關在山海之間而得名。北依燕山，南臨渤海，地勢險要，為東北、華北間的咽喉要衝，有「兩京鎖鑰無雙地，萬里長城第一關」之稱。❷潼關　故址在今風陵渡對岸的黃河邊，陝西潼關港口。雄踞陝西、河南、山西三省要衝，依山臨河，地勢險要，為古代著名的關隘重地。明代設潼關衛。因修建三門峽水庫，原來周長十里的潼關，現基本上已經拆除。❸一貴之十里之鋪者耶　此句疑有闕文或舛誤。❹向武　明代為州，直隸廣西布政使司，治所在今天等西北的向都。❺稅駕　猶解駕，停車。謂休息或歸宿。❻枯榕　江名，今名天等河，源出天等把荷吉蘭村，經向都與源於九十九嶺的支流那必河會合，流至田東匯入右江。

【語譯】初三　天空有陰雲但沒下雨。村裡的役夫天剛亮就等候出發，但村子小，役夫少，抬轎的一半是兒童，等不及吃飯就動身，以為離向武州已很近了。往東走半里，正前方有石山巍然聳起。大溪從南面的峽谷中流出，經過巍峨的石峰西麓，到它的北面，轉而沖向石峰北面的峽谷中，向東流去。路從西面過來，也到巍峨的石峰西麓。通過溪上的堤壩，順著山麓沿溪流走，也轉向北隨石峰往東轉入北面的峽谷中。因為這座巍峨的石峰和溪水北面的山峰陡峭緊逼形成峽谷，溪水在峽中奔騰，地勢十分險要。石峰東面俯視溪水西岸，如同牆壁直立倒插；石峰的西北角靠著山崖擋住水流，只能讓一個人攀上隘口往東進入，因而在這裡設置了欄柵作為關口，即是北岸寨。就像山海關扼守東方，潼關高懸在西方，都是水流沖擊，山脈截攔，只不過景觀大小不同罷了，但這裡尤為深峭。去年冬天，交彝攻打這裡，沒有得手，就退兵了。王歪勾結而來，將上控搶掠一空而去。進入隘門，這山中間凹入，朝南，再往東又突出，下臨溪水。中間凹入的地方能容納幾百人，所以紮下寨子，由大頭目守衛。經過寨子東面，又往南沿著山崖前進，再走出隘門往南走下。自從渡過大溪進入隘口，到這裡已走了半里。於是往東在山塢中行走，南北兩邊石山如同門戶排列，形成山塢，中間一片平野，向東曲折延伸，大溪也從中穿過，曲折往東流去。南北兩面的山麓下，時時有村莊靠著它。但那峺來的役夫又不像以前那些村子那樣多次換人，村子小，但走的路卻長，難道是因為這一帶的村莊靠近州城，扼守險要，所以和一般鄉村不同，就像每十里設置的驛站同樣重視嗎？往東北在平野中行走，兩次渡過大溪，隨著溪水西岸，往東北共走了五里，沿著路右邊的山崖往南轉，才離開大溪。再走一里，在路右邊的村中換了役夫，向武州城已經在望了。在向武州的驛站停步。這州直隸於廣西省，而受右江道管轄。客館不給供應，特別刁滑惡劣。投遞了滕肯堂的信，竟然置之不理。向武州官黃紹倫，加授參將官銜，住宅朝北，後面靠著重疊的山峰，大溪就在北面的山峽中，志書說：「枯榕江在州城南面。」並非如此。半夜下起雨來。

初四日　候夫司中。雨霏霏竟日。賦投黃詩，往叩中軍胡、謝。二人皆貴池❶人，亦漫留之，為余通黃。

初五日　寒甚。上午少霽，夫至，止六名。有周兵全者，土人之用事者也，見余詩輒攜入，且諭夫去，止余少留。下午，黃以啟送蔬米酒肉。抵暮，又和余詩，以啟來授。

初六日　凌晨起，天色已霽。飯後，周名尚武，字文韜。復以翰至，留少停，余辭以夫至即行。既而夫亦不至。乃北向半里，覓大溪，即枯榕江。隨其支流而東，一峰圓起❷如獨秀❸，有洞三層，西向而峙。下洞深五丈，而無支竅，然軒爽殊甚，而內外俱不能上通。仰睇中、上二層飄渺，非置危梯，無由而達。已出洞，環其北、東二麓，復半里矣。共一里，還抵寓。適夫至，欲行。周文韜來坐留，復促其幕賓梁文煥往攜程儀至。乃作柬謝黃，裝行李，呼夫速去。及飯畢，而夫闃然散，無一人矣。蓋余呼其去，乃促其起程，而彼誤以為姑散去也。飯後，令顧僕往催其家，俱已入山採薪，更訂期明早焉。余乃散步四山，薄暮返鋪司，忽一人至，執禮甚恭，則黃君令來留駕者，其意甚篤摯。余辭以名山念切，必不能留，託其婉辭。已而謝、胡各造謁，俱以主人來留，而前使又往返再三。已而周文韜復同大頭目韋守老者來謁，「守老」，土音作「蘇老」。當道以守備假之。傳諭諄諄，余俱力辭云。既暮，黃君復以酒米蔬肉至，又以手書懇留，俟疾起一晤。辭禮甚恭，余不能決而臥。

【章　旨】本章記載了第二百零三天至第二百零五天在向武州的行跡。作詩投贈州官黃紹倫，黃也和詩作答，並贈送蔬米酒肉。為找枯榕江，發現一座圓形的山峰，上面有三層巖洞。行前黃紹倫派人挽留，情意懇切，難以推辭。

【注　釋】❶貴池　明代為池州府附郭縣，今屬安徽。❷一峰圓起　即下文所說的瑯山巖，又名獨巖山、巴浪，今名萬福山，在天等向都街北一里處，獨峙枯榕江邊。石壁嶙峋，中有三巖，逐層而上。南麓有一巨洞，直通北面山巔，數小洞通左右山腰。❸獨秀　峰名，霞客進入廣西後，遊覽了桂林、柳州、潯州三處的獨秀峰。從山形看，此似指桂林獨秀峰。

【語　譯】初四　在驛站等候役夫，陰雨紛飛，整日不止。寫一首詩，投贈州官黃紹倫，前去叩見姓胡、姓謝的兩位中軍。二人都是貴池人，也敷衍地挽留我，答應為我通報黃州官。

初五　天氣十分寒冷。上午稍微放晴，役夫來到，只有六個人。有個名周兵全的人，是一個管事的當地人，看到我的詩就拿去，並吩咐役夫離去，要我暫時留下。下午黃州官送來書信和菜米酒肉。傍晚，又作了和我的詩，用信封送來。

初六　凌晨起身，天色已經放晴。吃過飯，周名尚武，字文韜。又帶了信來，勸我稍許留住一時間，我以役夫一到就得動身來推辭。結果役夫沒有來。於是朝城北走了半里，尋找大溪，即枯榕江。隨著大溪的支流往東走，有一座圓形的山峰突起，如同獨秀峰，峰上有三層巖洞，洞門朝西，高高峙立。下層的洞有五丈深，沒有旁洞，十分高敞爽朗，但洞內洞外都找不到往上的通道。仰望中、上兩層巖洞，飄飄渺渺，除非架起長梯，否則就無法到達。出洞後環繞山峰的北麓和東麓，又過了半里。共走一里，回到寓所。正好役夫來到，準備出發。周文韜來寓，坐著挽留我，又催他的幕僚梁文煥去將旅費帶來。我便寫信答謝黃州官，裝好行李，叫役夫快走。等吃好飯，役夫已一鬨而散，一個人也沒有了。原來我叫他們走，是催促起程，而他們卻誤以為暫時回去。飯後，吩咐顧僕到役夫家催促，都已上山砍柴，只得另約明天一早動身。我到四周的山中散步，傍晚返回驛站，忽然來了一人，禮節十分恭敬，是黃君派來挽留我的，用意十分懇切真誠，我以遊覽名山心切推辭，決不能留下，託他向黃君婉言辭謝。隨後謝、胡兩位中軍各來拜訪，都以主人的名義挽留我，而先前來的使者，又再三來回。接著周文韜又同大頭目韋守老前來看望，「守老」當地音作「蘇老」，當局讓他代理守備之職。傳達黃君的口諭，十分懇切，我都極力辭謝了。到晚上，黃君又送來酒米菜肉，並以親筆信懇切挽留，待他病好後見上一面。言詞禮節都很恭敬，我難以決定，便去睡覺。

初七日　旱寒徹骨，即余地禁寒不是過也。甫曉，黃君又致雞肉酒米。余乃起作柬答之，許為暫留數日。是日明霽尤甚，而州前復墟，余乃以所致生雞畀僧代養，買蕉煮肉，酌酒而醉。

初八日　上午，周文韜復以黃君手柬至，餽青蚨❶為寓中資，且請下午候見。

蓋土司俱以夜代日，下午始起櫛沐耳。下午，文韜復來引見於後堂，執禮頗恭，恨相見晚。其年長余三歲，為五十五矣。初致留悃❷，余以參禮名山，苦辭之。既曰：「余知君高尚，即君相不能牢籠，豈枳棘❸敢棲鸞鳳？惟是路多艱阻，慮難即前。適有歸順使人來，余當以書前導，且移書歸朝，庶或可達。」而胡潤乃其婿，亦許為發書。遂訂遲一日與歸順使同行。乃布局手談❹，各一勝負。余因以囊中所存石齋❺翁石刻併湛持❻翁手書示之，彼引余瞻欽錫❼獎額，上書「欽命嘉獎」四字，乃崇禎八年十月十五日為加參將向武知州黃紹倫立。時額新裝，懸於高楣❽，以重蓆襲護，悉命除去，然後得見。久之返寓，日將晡矣。文韜又以黃柬來謝顧。

【章　旨】本章記載了第二百零六、第二百零七天在向武州的行跡。因州官黃紹倫多次派人懇留，難卻盛情，前往晤談，賓主相得甚歡。

【注　釋】❶青蚨　傳說南方有蟲名青蚨，取其血塗錢，使用後錢可自行飛回。後因稱錢為青蚨。❷悃　誠懇；誠實。❸枳棘　枳木與棘木。二木皆多刺，因常用以比喻艱難險惡的環境。❹手談　下圍棋。❺石齋　黃道周，字幼平，號石齋，福建漳浦人。學問宏博，忠鯁負氣節。崇禎時，因上疏忤旨下獄。清兵入關，率師出戰，兵敗被害。❻湛持　文震孟，號湛持，長洲（今江蘇蘇州）人，文徵明曾孫。為東林後期重要人物，崇禎時曾兼東閣大學士，參預朝政。❼欽錫　欽，舊時對皇帝行事的敬稱。錫，即賜與。❽楣　門框上的橫木。

【語　譯】初七　早晨寒冷徹骨，即使我們家鄉的隆冬時節也不過如此。天剛亮，黃君又送來雞肉酒米。我便起身寫信答謝，同意暫留幾天。這天格外晴朗，州衙門前又有集市，我把黃君送的活雞託僧人代養，買了香蕉，煮了肉，自斟自飲，直到喝醉。

初八　上午，周文韶又送來黃君的手書，贈錢作為住宿的費用，並約請下午等候見面。因為土司都以夜晚代替白天，下午才起牀梳洗。下午，文韶又來帶我到後堂相會，黃君禮節十分恭敬，只恨相見太晚。黃君比我年長三歲，已五十五了。一開始表達了挽留的誠意，我以參拜名山心切苦苦推辭。隨即他又說：「我知道先生志趣高尚，即使君相也不能招攬，這裡的枳棘之林又怎敢棲息鸞鳳？只是這條路險阻甚多，恐怕難以立即通行。正好歸順有使者來，我會寫信引見，並且發文書到歸朝，這樣或許可以到達。」而胡潤寨主是他的女婿，也答應為我發信。於是商定推遲一天，和歸順使者一起走。於是開盤下圍棋，各勝一局、負一局。我將行李中所存的石齋翁石刻和湛持翁的親筆書信拿給黃君看，他帶我去瞻仰欽賜的匾額，上面寫著「欽命嘉獎」四個字，是崇禎八年十月十五日為向武知州黃紹倫加參將銜而立的。匾額剛剛裝潢一新，高懸堂上，用層層席子保護，黃君命令把席子全都除掉，這才看見。過了好久返回寓中，太陽已快落山了。周文韶又拿了黃君的手書來謝我前去探望。

初九日　待使向武。是日陰雲四布，欲往百感巖，以僧出不果。此地有三巖：當前者曰飄瑯巖，即北面圓峰，累洞三層；中、上二層不能上，時州官亦將縛梯纏架窮之。在上流者曰白巖寨，土音曰不汗，一作北岸。在治西數里，即來時臨流置隘門處；在下流者曰百感巖，在治東北數里，枯榕江從此入。此三巖黃將欲窮之，訂余同行，余不能待也。

間晤胡中軍　缺　尚并歸順使者劉光漢，為余言：「昔鎮安壤地甚廣，共十三峒。今歸順、下雷各開立州治，而胡潤亦立寨，隸南寧。胡潤之東有上英峒，尚屬鎮安，而舊鎮安之屬歸順者，今已為交彝所踞，其地遂四分五裂，然所存猶不小。昔年土官岑繼祥沒，有子岑日壽存賓州，當道不即迎入，遂客死，嗣絕。其由鎮安而分者，惟歸順為近，而胡潤次之。田州、泗城同姓不同宗，各恃強垂涎，甚至假脅交彝，則田州其甚者也。」又言：「自歸順抵廣南，南經富州，北經歸朝。歸朝土官姓沈名明通，與叔構兵，既多擾攘。又富州乃其頭目，今富州土官李寶之先所轄皆囉囉❶，居高山峻嶺之上，李能輯撫，得其歡心，其力遂強，齮齕其主，國初竟得竊受州印，而主沈反受轄焉。故至今兩家交攻不已，各借交彝洩憤，道路為阻云。」余觀周文韶所藏歸順宗圖，岑濬之子再傳無嗣，遂以鎮安次子嗣之，繼祥之與大倫，猶同曾祖者也。

周文韶名尚武，本歸順人，為余言：「初，高平莫敬寬為黎氏所攻，挈妻子走歸順，州官岑大倫納之。後黎兵逼歸順，敬寬復走歸朝，而妻子留歸順，為黎逼索不已，竟畀黎去，故敬寬恨之。或言姦其妻，亦或有之。及返高平，漸獲生聚，而鎮安復從中為構，遂以兵圍歸順。自丙寅❷十二月臨城圍，丁卯❸三月城破，竟虜大倫以去。鎮安復取歸殺之。」初，圍城急，州人以文韶讀書好義，斂金千兩、馬四十匹、段❹五十端❺，令隨數人馳獻交彝，說其退師。交人狡甚，少退，受金，輒乘不備，復合圍焉，城幾為破。既抵城下，盡殺隨行者，每晨以周懸竿上試銃恐之，逼之令降。懸數日，其老母自城上望之，乃縋城出。母抱竿而哭於下，子抱竿而哭于上。交人義之，為解懸索贖。母曰：「兒去或可得銀，余老嫗何從辦之？」初釋周行，不數步復留之，曰：「此老嫗，寧足為質者！」必留子釋母以取金。既而有識者曰：「觀其母子至情，必非忍其母者。」乃仍釋周入城，以百二十金贖母歸。及城破，復一家悉縛去，編為奴者數月，母遂死其境。後防者懈，得挈家而遁，晝伏夜行，經月走荒山中，得還歸順，妻子不失一人。即與歸順遺目一、二人同走當道，乞復其主，又遍乞鄰邦共為援助，乃得立大倫子繼綱延其嗣，而向武愛其義勇，留為頭目，乃家向武。

鎮安岑繼祥乃歸順岑大倫之叔❻，前搆交彝破歸順，又取歸殺之。未幾，身死無嗣。應歸順第二子繼常立，本州頭目皆向之。而田州、泗城交從旁爭奪，遂搆借外彝，兩州百姓肝腦塗地。雖爭勢未定，而天道好還如此。初，歸順無主，交彝先縱次子繼常歸，遂嗣州印，後復縱繼綱。蓋重疊索賄也。後當道以州印畀繼綱，而繼常返初服❼。

【章 旨】本章記載了第二百零八天在向武州的行跡。這裡有三個巖洞，即飄琊巖、白巖寨、百感巖。和歸順使者劉光漢及向武州頭目周文韜長談，得知鎮安府過去地域甚大，現已四分五裂，以及土司勾結交彝，爭權奪利，戰亂不息，百姓塗炭的慘況。

【注 釋】❶玀玀 即羅羅，舊時對彝族人的蔑稱。❷丙寅 明熹宗天啟六年（一六二六）。❸丁卯 天啟七年（一六二七）。❹段 當為「緞」字，指綢緞。❺端 古代布帛長度名，絹曰匹，布曰端。古絹以四丈為一匹，布以六丈為一端。❻鎮安岑繼祥句 叔，當為「姪」之誤。❼初服 屈原〈離騷〉：「退將復脩吾初服。」意指辭去官職，重新穿上入仕前的衣服。古時官退職稱復返初服。

【語 譯】初九 在向武等候歸順來的使者。這天陰雲四布，原想遊覽百感巖，因和尚外出沒有去成。這裡有三個巖洞，正當前方的名飄琊巖，即北面那座圓形的山峰，上疊三層巖洞；中、上兩層不能上，當時州官也在打算接長梯子搭起架子上去探個究竟。在上游的是白巖寨，當地音叫「不汗」，又作「北岸」。在州治西面幾里，也就是我來的路上面對溪水設置隘門的地方；在下游的是百感巖，在州治東北幾里，枯榕江從這洞流入。這三個巖洞，黃君都想深入探遊，約我同行，但我不能等待。

空閒時會晤了胡中軍 缺 尚和歸順使者劉光漢對我說：「從前鎮安轄地很廣，共有十三峒。現在歸順、下雷各自設立州治，而胡潤也建了寨，隸屬南寧府。胡潤東面有上英峒，仍屬鎮安府，但過去鎮安府的屬歸順州土地，現在已被交彝占據，這地方便四分五裂，但留下的地域還不算小。當年土官岑繼祥死時，他的兒子岑日壽留在賓州，當局沒有立即接他來繼位，結果客死他鄉，後繼無人。從鎮安分出去的地方，只有歸順血緣最近，胡潤其次。田州、泗城的土官同姓不同宗，各自倚仗強力，垂涎鎮安的空缺，甚至假手交彝進行威脅，而田州更為惡劣。」又說：「從歸順到廣南，南路經過富州，北路經過歸朝。歸朝土官姓沈名明通，和他的叔父交戰，已經多次騷擾。另外富州土官原是他們的頭目，現任富州土官李寶的祖先所管轄的都是玀玀，居住在高山峻嶺上面，李氏能安撫治理，得到他們的歡心，勢力增強，和主子作對，國朝初建時，竟然竊取了州官的印信，而主子沈氏反而受他管轄了。所以至今兩家相互攻戰不息，各自藉交彝的勢力來洩憤，為此道路交通受阻。」我看周文韜收藏的歸順土官宗譜圖，岑濬的兒子傳了一代就絕嗣，便以鎮安土官的次子繼承，岑繼祥和岑大倫，仍是同一曾祖。

周文韜名尚武，本是歸順人，他對我說：「先前，高平的莫敬寬受到黎氏攻打，攜帶妻子逃往歸順，州官岑大倫接納了他們。後來黎氏的軍隊逼近歸順，敬寬又逃到歸朝，而妻子留在歸順，岑大倫在黎氏不斷的逼迫下，竟把人交了出去，因此莫敬寬懷恨在心。也有人說岑大倫姦污了莫敬寬的妻子，這也有可能。莫敬寬返回高平後，逐漸休養生息，而鎮安土官又從中挑撥生事，於是起兵圍攻歸順。從丙寅年十二月兵臨城下圍攻，到丁卯年三月攻破歸順城，竟將岑大倫擄去。鎮安土官又將他取回殺死。」當初，在莫彝圍城緊急時，州裡的人因為文韜好讀書，有義氣，就湊集黃金千兩，馬四十匹，綢緞五十端，讓幾個人跟隨周文韜騎馬前往獻給交彝，勸說他們退兵。交彝人十分狡猾，稍許後退，收下禮品，立即乘城內疏於防備，又合兵圍攻，州城幾乎被攻破。交彝到達城下後，就把周文韜的隨行人員全部殺死，每天早晨把周吊在竹竿上，用鳥銃來進行恐嚇，逼使他投降。這樣吊了幾天，文韜的老母親在城頭上望見了，就用繩子拴住身體往下出城。母親抱著竹竿在下面哭，兒子抱著竹竿在上面哭。交彝被母子情義感動，將文韜解下，索取贖金。母親說：「兒子回去或許可以籌到銀兩，我老太婆到哪裡去弄錢？」交彝開始放周去，但沒走幾步，又把他留下，說：「這個老婆子留下當人質有什麼用！」一定要留下兒子放走母親以取得贖金。後來有個明事理的人說：「看他們母子情深，絕不會忍心丟下母親不顧。」這才仍然放周入城，用一百二十兩銀子贖回母親。到城破以後，一家人又都被綁了去，編為奴隸，這樣過了幾個月，母親就死在交彝境內。後來看守的人鬆懈下來，周得以攜帶全家人逃跑，白天隱藏，晚上行走，在荒山中走了一個月，回到歸順，一路上妻兒沒有丟失一個人。隨即和歸順留下的一兩個頭目一起投奔當局，請求恢復州主，又向鄰近的土司到處求援，這才使岑大倫的兒子繼綱得到繼位，向武州官喜愛他的節義和膽略，留他擔任頭目，便在向武定居。

鎮安岑繼祥是歸順岑大倫的姪子，先前勾引交彝攻破歸順，又從交彝手中取回大倫殺死。沒多久，岑繼祥死去，沒有子孫。應該由歸順土官的第二個兒子岑繼常接位，本州的頭目也都傾向他。可是田州、泗城交相從旁邊爭奪，就勾結借助境外彝族的兵力，兩州百姓因此肝腦塗地。雖然爭奪的形勢還不明朗，可已經看出上天的報應原來如此。當初，歸順州沒有州主，交彝先釋放岑大倫次子繼常回來，就接管了州印，後來又放回繼綱。因為交彝要藉此機會再次索賄。以後當局把州印付給繼綱，繼常也回復到原先的身分。

初十日　天色明麗。未日則寒甚，日出則回和。先晚，晤歸順使劉光漢。言：「歸朝、富州路俱艱阻，而交彝尤不可測。」勸余無從此道。余惑之，復鬮於佛前，仍得南丹❶、獨山❷為吉。既午，周文韜傳黃君命，言：「不從歸順、歸朝，可另作田州、泗城書，覓道而去。」余素不順田州，文韜亦言此二州俱非可假道者，遂決意從東。是日此地復墟，以黃君所賜宋錢，選各朝者俱存其一，以其餘市布為裹足，市魚肉為蔬，又得何首烏❸之大者一枚。抵暮，黃君以綿衣、唐巾❹、紬裙為賜。

十一日　天色明麗，曉寒午暖。覓帖❺作啟謝黃君，而帖不可得。當戶居民有被焚者，遠近俱升屋驅飛焰，攜囊遠置曠野中。蓋向武無土城，而官民俱茅舍，惟州宅廳事及後堂用瓦，故火易延爇云。下午，以短摺❻復黃。

十二日　天色明麗，曉寒午暖。獨再往瑯山尋巖，四面仰望不得上而還。向武東至舊州五十里，又三十里為刁村，為土上林❼境，枯榕江由此入右江。又三十里為土上林縣。向武西南三十里上英峒界有吉祥洞，前後通明，溪流其間，為韋守所居地。又東南二十里有定稔村，有洞甚奇奧，俱有石丸荔盆❽。

十三日　同韋守老聯騎往百感巖。先徑瑯山東，回望見東面懸梯，乃新縛以升巖者。出百感巖，度橫棧，未下梯，有岐東循崖。有巖在百感東，晚不及上。

十四日　韋守老再約遊瑯巖。余早飯，即先行，〔出州城北半里，覓大溪，溪即枯榕江。隨其支流而東遊瑯巖，〕遊畢，韋未至，余再往百感，遊東上巖。復從百感大巖內，暗中穿洞北，下百感村❾。矮僧淨虛以酒來迎，遂溯水觀水巖。外水深不得入，約明日縛棧以進。遂一里東北渡橋，由百感外村東南踰嶺，二里，南出東來大路。西一里，入隘門，〔過紅石崖下，其北石山有洞南向，甚崆峒。〕西向行月下，共五里，還鋪舍。

十五日　早起，曉寒午暖，晴麗尤甚。飯後仍往百感，過瑯巖不上，東渡南曲小溪，循東流，有巖在路北，其下則東分中流所入穴。聞矮僧來言：「村氓未得州命，不敢縛筏。」阻余。轉乃仍至瑯巖東北，觀枯榕水、三分水。北為龍巷村❿，由其西南渡溪北，越村東，隨所分北溪東入山隘。東北共五里，其水東向搗入山穴。穴崖上有洞，門俱西向，中甚暖，有白丹丸。還鋪，復入見黃君手談。入夜，出小荔盆石丸四，俱天成。

十六日 黃君命人送遊水巖。

十七日 黃君以鐲送⑪。

【章 旨】本章記載了第二百零九天至第二百十六天在向武州的行跡。留住向武，連續幾天天色明媚，其間遊覽了瑯山巖，又兩次前往百感巖，從百感大巖內穿出洞北，通往百感村，觀賞百感水巖，因水深不能進入。又觀賞了枯榕水和三分水。

【注 釋】❶南丹 明代為州，隸慶遠府，今屬廣西。❷獨山 見〈黔遊日記一〉三月二十九日日記注。❸何首烏 本名交藤，供藥用。據唐李翺《何首烏方錄》載，順州南河縣人何首烏的祖父田兒，掘交藤塊根，曬乾搗末服食，用來治病，因這藥方由何首烏傳出，故名。❹唐巾 原為唐代帝王所戴的便帽，後為士人使用。明代亦稱進士巾為唐巾。❺帖 用簡短言詞書寫的柬帖。❻摺 摺疊形式的書札。❼上林 明代為縣，隸柳州府賓州，治所在今上林東十里。土官黃氏世襲知縣。❽石丸荔盆 均指洞內的岩溶堆積物。❾百感村 在天都西北境，枯榕江南岸。❿龍巷村 巷，原作「行」，據下文十八日日記改。龍巷，今名隴祥，在向都東北。⓫黃君以鐲送 乾隆本作「復以銀燭贈予」。

【語 譯】初十 天色明媚。太陽未出時十分寒冷，太陽一出就回暖了。前一天晚上，會晤歸順來的使者劉光漢。說道：「歸朝和富州的路都很難走，交彝的動向尤其不可捉摸。」勸我不要走這條路。我聽了疑惑不定，又在佛前拈鬮，仍然得到從南丹、獨山走為吉利的鬮。到了中午，周文韜傳來黃君的口信，說：「如果不從歸順、歸朝走，我可以另外寫信給田州和泗城，找路前往。」我預卜從田州走一直不順利，周文韜也說這兩州都不是可以借道的地方，就下定決心從東走。這天當地又有集市，用黃君送的宋代銅錢，每個朝代都選留一枚，其餘的錢就買了布作裏腿，買了魚肉作菜，又買到一個大的何首烏。到傍晚，黃君又送來綿衣、唐巾和綢裙。

十一日　天色明媚。早晨寒冷，中午暖和。想找帖子寫信答謝黃君，但沒找到。對面有家居民起火，遠近的人都來登上屋頂驅滅飛舞的火焰，我把行李放到遠處的曠野中。原來向武沒有土城，官民的住處都是草房，只有州宅的前廳和後堂蓋瓦，因此火勢容易蔓延。下午，用短摺回覆黃君。

十二日　天色明媚。早上寒冷，中午暖和。獨自一人再次前往瑯山尋找巖洞，在山下向四面仰望，無法攀登，只得返回。從向武往東到舊州所在地為五十里，再走三十里為刁村，是上林土司轄境，枯榕江從這裡注入右江。又走三十里為上林土縣。在向武西南三十里上英峒地界有吉祥洞，前後透進亮光，溪水從中流過，是韋守老居住的地方。又東南二十里有定稔村，那裡有個奇妙幽深的洞穴，都有石丸荔盆。

十三日　同韋守老一起騎馬前往百感巖。先經過瑯山東面，回頭望見東面高懸著梯子，是新紮成用以登上巖洞的。走出百感巖，度過棧道，沒下梯子，有條岔路往東沿著山崖延伸。有個巖洞在百感巖東，因天晚來不及上去。

十四日　韋守老再次相約去遊瑯山巖。我提早吃了飯就先行，出州城往北走了半里，尋找大溪，即枯榕江。隨著它的支流往東，遊覽了瑯山巖，遊完後，韋守老還沒到來，我再前往百感巖，遊覽東面的上巖。再從百感大巖內，摸黑穿出洞北，往下走到百感村。矮個子僧人淨虛備了酒來迎接，於是沿著溪水上行，觀賞水巖。洞外水深進不去，約定明天紮了木筏進洞。便往東北走了一里渡過橋，從百感外村的東南越過山嶺，走了二里，往南走到從東面延伸過來的大路。往西走一里，進入隘門，路過紅石崖下，崖北石山上有朝南的洞，很是空闊。往西踏著月光趕路，共走了五里，回到驛站。

十五日　一早起身，早晨寒冷，中午暖和，天空格外晴朗明媚。飯後仍然前往百感巖，經過瑯山巖沒上去，往東渡過南曲的小溪，沿著往東的溪流走，路的北面有巖洞，下面便是枯榕江向東分流的一支所進入的洞穴。矮個子僧人來告訴我：「村民沒有得到州官的命令，不敢捆紮木筏。」阻止我進洞。於是轉身仍然到瑯山巖的東北，觀賞枯榕水和三分水。北面為龍巷村，從它的西南渡過溪水到北岸，越過村的東面，隨著分出來的北溪往東進入山隘。往東北共走了五里，溪水向東直搗山穴，山穴所在的崖上有洞，洞門都朝西，裡面十分溫暖，出產白色丹丸。回到驛站，又進州衙會見黃君，同他下棋。到夜晚，黃君出示小荔盆石丸四個，都是天然生成的。

十六日　黃君派人送我去遊水巖。

十七日　黃君又送來手鐲。

十八日　天色明麗。待夫，上午始行。周文韜、梁心穀與茂林師遠送，訂後期而別。東過紅石崖下。其北石山有洞南向，甚崆峒，惜不及登。〔直東即出東隘，可五十里至舊州，又三十里為刁村，又三十里為土上林縣。余從鎮遠道，乃〕從此南入山，土石相間而出。五里，南踰一石山脊，亦置隘門，是名峺腋。下嶺東南行，山夾間始有田疇。又五里，得一聚落曰鄧村，換夫。又東入山峽，過一脊，換夫於路。其處村在山北，呼之而出。又二里，飯於嗦村。村人以蟲為「嗦」，形如長身蟋蟀，而首有二眼，光如蜻蜓，亦一異也。又東南行山峽間，三里，換夫於北麓。又東南半里，渡小溪。半里，復上土山，其嶺甚峻。半里登其巔，日已暮矣。東南下山，一里，抵其塢。又暗行半里，抵一村。時顧奴候夫後，久而始至。得夫，又秉炬行。又東南下渡一小溪，復南循水上山峽間。時聞水聲潺潺，不可睹也。共五里，而宿於下寧峒之峒槽村。問上寧峒，已在其西上流。是日約行三十里。

自十一月初三至向武，十八日起行，共十六日。

向武石峰，其洞甚多，余所遊者七：為百感洞，又東洞，又後巖水洞；為瑯山洞，又下洞；為龍巷東北江流所入之上洞。其過而未登者三：為〔瑯山東北二里，〕中江墜穴之上，高岸南向洞；又為〔瑯山東南二里，〕南江所繞獨峰之上西南向洞；又為州東北巨峰南向洞，〔洞在紅崖峰北。〕其聞而未至者二：為吉祥，在西南四十里，韋守老所居。〔洞前後通明，溪流其間。〕為定稔，土音豐葦，在東南三十里。二洞又最以奇著者也。〔共十二洞云。〕所游之最奇者，百感雄邃宏麗，瑯山層疊透漏，百感東洞曲折窈窕，百感水洞杳渺幽閟，各擅其勝，而百感為巨擘矣。

枯榕江〔即州北大溪，〕自向武西南境東流，自北岸寨抵向武北龍巷村之前。其東有石峰一枝，東西如屏橫列。江當其西垂，分而為三：北枝東循峰北入峽，為正派；中枝東循峰南停而大為中江；南枝東南流田塍間，小而急為南江。入峽者東北轉，五里，山勢四逼，遂東搗石崖穴中，勢若奔馬齊驅，下坂，入山而東，經百感巖，北透其下，為水洞者也。循山南者，東行二里，忽下墜土穴，此派經流獨短。亦北注石山而一，想亦潛通百感者也。南行塍間者，東繞平疇中兩獨峰之南，又東抵隘門嶺西麓，折而北，直趨百感東洞之下，稍東入峽，亦下墜土穴，而北入百感。三流分於橫列石峰之西，隔山岐壑，而均傾地穴，又均復合於百感一巖之中，而北出為大溪，始東北流峽去，經土上林之刁村而入右江。百感巖北，有村曰百感村。村東南向，廬舍之下有小流三派，從石穴溢而成渠，大溪自百感巖出，即與之合流。始知此山其中皆空，水無不出入旁通也。

【章　旨】本章記載了第二百十七天在向武州的行跡。離開向武，踏上前往鎮遠的路。經過紅石崖，越過峺脓，又路過鄧村、嗦村，夜晚到下寧峒的峒槽村留宿。在向武州共住了十六天，遊覽了七個巖洞，其中百感巖尤其傑出。聽說還有吉祥、定稔二洞，以奇麗著稱，也未能一遊。枯榕江流到龍巷村，在橫列的石峰西陲分成三條支流，又都在百感巖一個洞中會合。

【語　譯】十八日　天色明媚。等待役夫，上午才出發。周文韶、梁心穀和茂林法師都送行到很遠處，約好以後再見才分手。向東經過紅石崖下。在它北面的石山上有個朝南的洞，十分空闊，可惜來不及登臨。一直往東，就可走出東面的隘口，大約五十里到舊州，再過三十里為刁村，再過三十里為土司所轄的上林縣。我從去鎮遠府的路走，就從這裡往南，進入山中，土山和石山相間出現。走了五里，往南越過一道石山山脊，也設置了隘門，名峺脓。下嶺後往東南走，峽谷中開始有田地。又走了五里，到了一個名鄧村的村落，換了役夫。再往東進入峽谷，越過一道山脊，在路上換了役夫。這裡村子在山的北面，役夫是聽到呼叫出來的。再走二里，在嗛村吃飯。村民把一種蟲叫做「嗛」，形狀如同身體較長的蟋蟀，頭部有兩隻眼睛，像蜻蜓的眼睛那樣亮，也是奇異的東西。再往東南，在峽谷中行走，過了三里，在山的北麓換了役夫。再往東南走半里，渡過一條小溪。再走半里，重上土山，山嶺十分高峻。走了半里，登上山頂，天色已晚。往東南下山，走了一里，到達山塢。再摸黑走了半里，到一個村莊。這時顧僕因等候役夫落在後面，過了好久才到。有了役夫，又點起火把上路。再向東南往下渡過一條小溪，再沿著水流往上走到峽谷間。時時聽到水聲潺潺，只是看不見。共走了五里，在下寧峒的峒槽村留宿。打聽上寧峒，已在這裡西面的上游。這天大約走了三十里。

從十一月初三到向武，至十八日啟程，共逗留十六天。

向武境內的石峰，上面洞穴很多，我遊覽了其中七個：為百感洞，百感東洞，百感下洞，百感後巖水洞；為瑯山洞，瑯山下洞；另有龍巷村東北江水所流入的上洞。經過而未曾登臨的有三個洞：一是在瑯山東北二里處，中江墜入洞穴的上方，高岸上面朝南的洞；一是在瑯山東南二里處，南江所繞過的獨立的山峰上朝西南的洞；還有州東北巨大的山峰上朝南的洞，洞在紅崖峰的北面。聽說但未前往的有兩個洞：一是吉祥洞，在西南四十里，韋守老所居住的地方，洞前後透入亮光，溪水從中流過。一是定稔洞。當地音「豐葦」，在州城東南三十里。這兩個洞又都是最以奇麗著稱的。一共十二個洞。所遊覽的最奇麗的洞，百感巖雄深壯麗，瑯山巖層疊穿透，百感東洞曲折幽深，百感水洞杳渺幽閉，各盡其妙，而百感巖尤其傑出了。

枯榕江即是州城北面的大溪，從向武西南境往東流，從北岸寨流到向武州北面的龍巷村前。在它的東面有支石峰，從東往西，像屏障那樣橫向排列。江水正當石峰的西陲，分成三條支流：北面一支往東沿著石峰北麓流入峽谷，是枯榕江的主流；中間一支往東沿著石峰南流，水流大而緩慢，為中江；南面一支往東南流向田野間，水流小而急湍，為南江。流入峽谷的這支轉向東北，過了五里，四面山勢緊迫，便往東搗入石崖的洞穴中，勢如萬馬奔騰，一齊衝下山坡，進入山中向東流去，經過百感巖，穿過它的底部往北流出，成為水洞。沿著山南流出的這支，向東二里，就突然往下落進土穴中。唯獨這條支流的流程最短。也向北注入石山中合而為一，想來也是暗通百感巖的水流。往南流經田野間的這支，往東繞過平野中兩座獨立山峰的南面，又往東到達隘門嶺西麓，折而向北，直到百感東洞下面，稍許偏東流入峽谷，也往下墜落土穴，向北流入百感巖。這三條支流在橫列石峰的西陲分流，隔著山嶺流入不同的山壑，都傾瀉到地穴中，又都在百感巖一個洞中會合，向北流出，成為大溪，這才往東北流出峽谷，經過上林土縣的刁村，匯入右江。百感巖的北面，有個村莊名百感村，面向東南，房屋下面有三條小水流，從石穴中溢出，成為溝渠，大溪從百感巖流出，就和它合流。這才知道這山內部都是空的，水沒有不四面流通的。

百感巖❶在向武州東北七里。其西南即分水橫列之山，中江之水所由入者；其東南即隘門嶺之山，北邐而屏於東，南江之水所由折而北入者；其西北即此山之背，環為龍巷東入之內塢，北江之水所由搗而下者；其東北即此山後門，繞而為百感村，眾江既潛合於中，所由北出者。此山外之四面也。而其巖則中闢於山之半，南通二門皆隘：一為前門，一為偏穴。北通一門甚拓，而北面層巒阻閡，不通人間，自州來，必從南門入，故巨者反居後，而隘者為前。前門在重崖之上，其門南向。

初抵山下，東北攀級以上，仰見削崖，高數百仞，其上杙木橫棧，緣崖架空，如帶圍腰，東與雲氣同其蜿蜒。既而西上危梯三十級，達崖之半，有坪一掌，石竅氤氳，然裂袤而深。由其東緣崖端石級而左，為東洞。由其西踐棧而右，為正洞之前門。棧闊二尺，長六、七丈。石崖上下削立，外無纖竇片痕，而虬枝古幹，間有斜騫於外，倒懸於上者。輒就之橫木為杙，外者藉樹杪，內者鑿石壁，復以長木架其上為梁，而削短枝橫鋪之，又就垂藤以絡於外。人踐其上，內削壁而外懸枝，上倒崖而下絕壑，飛百尺之浮桴，俯千仞而無底，亦極奇極險矣。

棧西盡，又北上懸梯十餘級，入洞前門。門南向，其穴高三尺五寸，闊二尺，僅容傴僂入。下丈許，中平，而石柱四環如一室，旁多纖穴，容光外爍，宿火種於中。爇炬由西北隙下，則窅然深陷，此乃洞之由明而暗處也。下懸梯三十級，其底開夾而北，仰眺高峻。梯之下有小穴伏壁根，土人云：「透而南出，亦有明室一圍，南向。」則前門之下層，當懸棧之下者也。由夾北入，路西有穴平墜如井，其深不測。又入其西壁下，有窪穴斜傾西墜，土人云：「深入下通水穴，可以取水。」然流沙圮瀉，不能著足也。西壁上有奧室圍環中拓，若懸琉璃燈一盞，乃禪室之最閟者。出由其東，又北過一隘，下懸梯三十級，其底甚平曠，石紋粼粼，俱作荔枝盆。其西懸萎蕤❷，攀隙而入，如穿雲葉。稍北轉而西上，望見微光前透甚遙，躡沙坂從之，透隘門西出，則赫然大觀，如龍宮峨闕，又南北高穹，光景陸離，耳目閃爍矣。此乃洞之由暗而明處也。

其洞內抵西南通偏門，外抵東北通後門，長四十丈，闊十餘丈，高二十餘丈。其上倒垂之柱，千條萬縷，紛紜莫有紀極；其兩旁飛駕之懸臺，剜空之卷室，列柱穿崖之榭，排雲透夾之門，上下層疊，割其一臠❸，即可當他山之全鼎❹。其內多因其高下架竹為欄，大者十餘丈，小者二、三丈，俱可憩可眺。由東崖躋隘入西南洞底之上層，其內有編竹架茵而為廩❺者，可置穀千鍾❻焉。其上又有龕一圍，置金仙於中，而旁小龕曰慈雲蓮座，乃黃君之母夫人像也。黃母數年前脩西方之業❼於此，此其退藏之所，而外所編竹欄，則選佛❽之場，而廩則黃君儲以備不虞者。龕西則偏門之光，自頂射下。此處去後門已遙，而又得斯光相續，遂為不夜之城。

攀峻峽西上，透其門頗隘，即偏門也。其門西南向，下臨不測，惟見樹杪叢叢出疊石間，岨❾懸嶂絕，不辨其處為前山後山也。龕既窮，仍由故道下，東北趨後門。其門東北向，高二十丈，門以外則兩旁石崖直墜山麓，而為水洞之門；門以內，則洞底中陷，亦直墜山底而通水洞之內。陷處徑尺五❿，週圍如井，昔人置轆轤於上，引百丈綆下汲，深不啻十倍虎阜⓫。恐人失足，亦編竹護其上，止留二孔以引軸轤，人不敢涉而窺也。井外即門，巨石東西橫峙，高於洞內者五尺，若門之閾。由井東踐閾，踞門之中，內觀洞頂，垂龍舞蛟，神物出沒，目眩精搖；外俯洞前，絕壁摶雲，重淵破壑，骨仙神聳。此閾內井外峽，下透水門，亦架空之梁，第勢極崇峻，無從對矚耳。閾東透石隘東北下，蹬倚絕壁，壁石皆崆峒，木根穿隙緣竅，磴斷處，亦橫木飛渡。下里半而為百感村。

徐子⑫曰：此洞外險中閎，既穿歷窅渺，忽仰透崇宏，兼一山之前後以通奇，匯眾流於壑底而不覺，幽明兩涵，水陸濟美，通之則翻出煙雲，塞之則別成天地。西來第一，無以易此。

百感東巖，在百感前門之東。由棧東危崖之端，東緣石痕一縷，數十步而得洞，其門亦南向。門以內不甚深，而高爽窈窕，石有五色氤氳之狀，〔詭裂成形。〕由峽中東入三、四丈，轉而北，有石中峙。踰隘以進，遂昏黑其中，又南北成峽，深十餘丈，底平而上峻，北盡處有巨柱迴環，其外遂通明。躋級北上，有竅東透而欹側，祇納天光，不堪出入也。由竅內轉而北，又連闢為二室：一室中通而外障，乃由內北達者；一室北盡而東向，乃臨深而攬勝者。先由中通之室入，其西隙旁環，俱可為房為榻。其東之外障，亦多零星之穴，懸光引照焉。北透一峽，達於北室，其前遂虛敞高門。門乃東臨絕壁，中有纖筍尖峙於前，北有懸崖倒垂於外，極氤氳之致。其下聞水聲潺潺，則南江之水，北轉而抵其下入穴者也，然止聞聲，而不見形焉。其內西壁，亦有群乳環為小龕，下皆編竹架欄，亦昔人棲隱者。此洞小而巧，幽爽兼備，為隱真妙境。第中無滴瀝，非由前棧入百感後軸轤取之，則由前梯轉覓澗山前，取道其遙矣。

百感下水巖，在百感洞之下，百感村之南。百感有內、外兩村。山從百感洞分兩界，北向迴環，下成深塢，而巖下水透山成江，奔騰曲折而北去。從土上林、刁村下右江。村界於其中，源長而土沃，中皆腴産。洞在內村之南二百步，其門東北向，高聳而上，即後門也。水自洞出，前匯為廣潭，中溢兩崖，石壁倒插水底。從潭中浮筏以入，仰洞頂飄緲若雲，孰意乃向之凌跨而下者耶！洞內兩壁排空，南向而入，瀦水甚深。西壁有木梯懸嵌石間，土人指曰：「此即上層軸轤之處。昔儂智高⑬時，有據洞保聚者，茲從下汲。此其遺構也。」東壁石隙中拓，有架廬絕頂，飛綴凭空，而石壁危削虛懸二十丈，無可攀躋。土人曰：「此戊午⑭荒歉，土人藏粟儲糧以避寇者，須縛梯綴壁以上，茲時平，久不為也。」入十餘丈，下壑既窮，上峽懸透，遙眺西南峽竇深入處，高影下射，光采燁燁，而石峻無級可躋，不知所通為山之前、山之右也。下壑石根插入水間，水面無內入之隙，水之所從，由下汎濫而出，則其中眾水交合處，猶崆峒內扃，無從問津焉。乃返筏出洞，從門外潭西躡崖登門左之壁，透峽竅而上，闢巖一圍，其門東向，下臨前潭，右瞰洞水，前眺對崖之上，旁竇氤氳，可橫木跨洞門而渡也。闢巖中廣下平，可棲可憩，第門雖展拓，而對崖高屏，曾無日光之及，不免陰森。若跨木以通對崖，則灝靈爽氣無不收之矣。此洞阻水通源，縹緲掩映，為神仙奧宮。若夫重巒外阻，日月中扃，即內村已軼桃源，而況窈窕幽閟，若斯之擅極者乎！

百感前下巖，在百感洞前門之下，路西坑腋間。其門亦南向，高拓如堂皇，中多巨石磊落，其後漸下。蓋水漲時，山前之水亦自洞外搗入者，而今無滴瀝也。洞東北隅有峽北入，其上透容光，其下嵌重石。累數石而下窺，其底淵然，水涵深竇，而石皆浮綴兩崖間，既不能披隙而下，亦不能架空而入，惟倚石內望西北峽窮處，亦有光內射，其隙長而狹，反照倒影，燁燁浮動，亦不知所通為山之後[15]、山之右也。

龍巷東北塢上洞，在向武州東北七里，即百感之西崖，第路由龍巷村東入北轉，盤旋成塢。枯榕北枝大江，分搗其中，崖迴塢絕，墜穴東入，而洞臨其上，其門西向，左右皆危崖，而下臨激湍。原無入路，由其北攀線紋踐懸壁以入，上幕雲捲，下披芝疊。東進六丈後，忽烘然內暖，若有界其中者，蓋其後無旁竇，而氣盎不洩也。又三丈，轉而北，漸上而隘，又三丈而止。其中懸柱亦多，不及百感之林林總總⑯。而下有丸石如珠，潔白圓整，散布滿坡坂間。坡坂之上，其紋皆粼粼如縐簇，如鱗次，纖細匀密，邊繞中窪，圓珠多堆嵌紋中，不可計量。余選其晶圓者得數握，為薏苡，為明珠⑰，不能顧人疑也。玉砂，洞中甚難得，亦無此潔白。

【章　旨】本章追記在向武州遊百感巖的行跡。百感巖四周，有中江、南江、北江流入。洞在懸崖半山腰，南、北兩面都有門。懸崖上有棧道作橋，凌空飛架，極其奇險。進入洞中，裡面由明變暗處，幽深陷落，由暗到明處，光怪陸離。景物紛紜多姿，取其一角，就相當於其他山巖的全貌。隨後趕到洞的後門，洞底陷落如井，深在劍池十倍以上。坐在洞門正中，往內觀賞洞頂，目眩神搖，往外俯視洞前，有飄然欲仙之感。總的說，百感巖外險內閉，幽深壯麗，明暗兩得，水陸兼美，西行所遊巖洞，以此為第一。百感東巖，高爽幽深，石色如五色的雲煙。穿過昏黑的石峽，裡面有二間石室。北室洞門外南江水聲潺潺，但看不到水流。這洞為隱居妙境，但洞內沒有一滴水。百感下水巖，在百感村南。水在洞前匯成大潭。坐木筏進入洞中，裡面十分險峻。這洞被人阻隔，高遠隱約，曲折幽深，獨擅勝場。百感前下巖，東北隅有峽谷，無法進入。龍巷東北的上洞，即百感巖西崖，枯榕江從下面洞穴流過。由於熱氣不會外洩，洞內忽然變得十分暖和。裡面還有珍珠般的石丸，散布在坡坂之間。

【注　釋】❶百感巖　在天等西北向都鎮東北四里處。石室宏敞，頂通一竅，枯榕江自北向南穿過洞底。洞內有大小洞穴數十，石乳晶瑩，景色壯麗，為溶洞之冠。巖上石梁巧奪天工，人不能上。民間有儂智高據洞駐兵的傳說。❷萋薿　草木枝葉茂盛下垂貌。❸一臠　一塊肉。臠，切成方塊的肉。《淮南子．說林》：「嘗一臠而知一鑊之味。」成語「嘗鼎一臠」本此。❹全鼎　全部；全體。鼎，古代的一種烹飪器。❺編竹架菌而為廩　即用竹片編成捲席，累架成圓形的倉囷。菌，當為「囷」。❻鍾　古代計量單位，一鍾約合六斛四斗。❼脩西方之業　學佛者祈求往生西方淨土，謂拜佛。❽選佛　開場設戒，名為選佛。❾岨　戴土的石山。❿尺五　乾隆本作「一丈五尺」。⓫虎阜　即虎丘。據文獻記載，春秋吳王闔閭陵墓在虎丘劍池下。劍池呈長方形，深可二丈，兩崖劃開，峭壁如削。此言井洞深在劍池十倍以上。⓬徐子　徐霞客自稱。⓭儂智高　宋羈縻廣源州（治所在今越南高平廣淵）壯族首領。慶曆年間建「大曆國」、「南天國」，皇祐年間起兵反宋，自號仁惠皇帝，後被狄青所敗，退走大理，不知所終。⓮戊午　明萬曆四十六年（一六一八）。⓯山之後　乾隆本作「山之前」。⓰林林總總　紛紜眾多的樣子。⓱為薏苡二句　伏波將軍馬援征交趾，常食薏苡以避瘴氣。戰勝還軍時，帶回一車薏苡作種子，死後有人誣諂他帶回的是明珠文犀。後人據此附會訛傳，改作馬援身前事，並說馬援得知後，便將薏苡都沉到江底。薏苡，果仁稱薏米，可食，入藥稱苡仁。

【語　譯】百感巖在向武州城東北七里處。在它西南便是橫向排列使江水分流的山，也是中江的水流入的山；在它東南便是隘門嶺所在的山，向北曲折延伸像屏障那樣排列在東方，南江的水就從這裡轉而向北流入；在它西北即是這座山的背部，環繞成為從龍巷村往東進入的內山塢，北江的水就從這裡奔流直下；在它東北即這座山的後門，山峰盤繞處就是百感村，眾多江水在洞中暗流匯合後就往北流出。這些都是山外四面的情況。而百感巖則在山的半腰開出，南面穿通的兩處洞門都很狹窄：一處為前門，一處為旁洞。北面穿通的一處洞門很寬闊，但北面有層層山巒阻隔，和外界隔絕，從向武州過來，一定要從南門進去，所以大的洞門反而在後，狹窄的洞門在前面。前門在重重山崖之上，洞門朝南。

剛到山下，往東北踏著石級攀登，抬頭望見懸崖直立，高達幾百仞，崖上插入木樁，橫設棧道，沿著山崖，淩空飛架，如同腰帶圍繞，向東和雲氣一起曲折延伸。隨即往西登上三十級高的高梯，到達半山崖，有手掌般的一塊平地，石穴中煙雲瀰漫，但裂縫很深。從它的東面沿崖端的石級向左，是東洞。從它的西面踏上棧道往右，是正洞的前門。棧道寬兩尺，長六、七丈。石崖上下陡峭壁立，外表平滑，連細小的孔穴和一片裂痕都沒有，但盤曲的樹枝、古老的樹幹，有時看到斜伸到外面，倒掛在上面的。就在這些地方，橫插木樁，外面憑藉樹梢，裡面鑿開石壁，再用長木條架在上面作橋，削短樹枝橫鋪其上，又用垂掛的藤蔓在外面纏繞。人踏在上面，看到裡面石壁如削，外面樹枝懸掛，上面是倒崖，下面是絕壑，如坐飄浮的木筏，飛越百尺高空，俯視千仞無底深淵，真是奇極險極了。

從棧道往西走到盡頭，又向北登上十多級懸梯，進入洞的前門。洞門朝南，洞穴高三尺五寸，寬二尺，只能容人彎著身子進去。走下一丈左右，中間地勢平坦，石柱四面環抱，如同一間石室，旁有許多小孔，光線由外照進來，室內留有火種。點燃火把從石室西北的空隙走下，只覺地勢幽邃，深深陷落，這是洞中由明轉暗的地方。往下的地方有三十級懸梯，底部開出一個朝北的夾口，抬頭望去十分高峻。懸梯下面有小洞隱伏在石壁底部，當地人說：「從南面穿出，也有一間圓形明亮的石室，朝南。」那麼是在前門的下層，正當懸空的棧道下方了。從夾口往北走進，路的西邊有洞穴像井那樣從平地落下，深不可測。又進入洞穴西面的石壁下，有個凹下傾斜的洞穴向西陷落，當地人說：「深入進去，下面和水洞相通，可以取水。」但流沙倒坍傾瀉，無處落腳。西面石壁上有幽深的內室，呈圓形，中間擴展，如果懸掛一盞琉璃燈，就成了最隱蔽的禪房。從它東面走出，又往北越過一道隘口，走下三十級懸梯，底部十分平坦空曠，石紋如水波粼粼，都形成荔枝盆。西面石鐘乳密密懸掛，從空隙中攀登走進，就像穿過雲片。稍許往北又轉而西上，望見前面很遠的地方透進微弱的亮光，踏上沙坡向那裡走去，穿過隘口往西走出，眼前呈現出宏偉顯赫的景象，如同雄偉壯麗的龍宮，南北向高高隆起，形狀光怪陸離，令人眼花撩亂。這是洞中由暗轉明的地方。

這洞裡面向西南通往偏門，外面向東北通往後門，長四十丈，闊十多丈，高二十多丈。上面倒垂的石柱，千條萬縷，紛紜眾多，難以計數；在它兩旁有淩空飛架的高臺，內部挖空卷曲的石室，石柱排列穿過山崖的臺榭，推開雲層透過峽谷的洞門，自上而下層層疊疊，只要取它的一角景觀，就可相當於其他山崖的全貌。洞內大多根據地勢的高低，架起竹子圍成欄圈，大的有十多丈，小的也有二、三丈，都可以用來休息眺望。

從東面的山崖登上隘口，進入西南洞底的上層，裡面有用竹子編架的穀倉，可以儲存上千鍾穀子。在它上面又有一個圓形的佛龕，正中安放著金仙像，旁邊的小龕名慈雲蓮座，是黃君的母親的像。黃君的母親幾年前在這裡修行拜佛，這裡是晚年歸宿的地方，外面所編的竹欄，是開壇誦經的場所，而穀倉則是黃君儲藏糧食以備意外的需用。佛龕西面，偏門照進的光線，從頂部射下。這裡離後洞洞門已經很遠，得到偏門的亮光接續，就成了不夜之城。

攀援險峻的峽谷往西走上，透過一道很窄的洞門，便是偏門。門朝西南，下面深不可測，只看到堆疊的亂石中露出一叢叢樹梢，石峰高聳，山嶂懸絕，分不清這裡是前山還是後山。看完佛龕，仍然從原路走下，往東北趕到後門。這洞門面向東北，高達二十丈，洞外兩旁的石崖直插山麓，成為水洞的洞門；門內洞底中間往下陷，也直落山底通向水洞之內。陷落的地方直徑只有一尺五寸，周圍像口井，過去有人在上面安裝了轆轤，放下一百丈的長繩汲水，深度不止於虎丘劍池的十倍。怕人失足摔下，也編了竹欄保護，只留兩個小孔牽引軸轤，沒有人敢過去窺看。井外就是洞門，一塊巨石在洞口東西橫向峙立，比洞內高出五尺，如同門檻。由井的東邊踏上石檻，坐在洞門正中，往裡觀看洞頂，石乳如龍垂掛，如蛟起舞，神怪出沒，目眩心動；向外俯視洞前，絕壁高聳，雲霧繚繞，重重深淵，裂成溝壑，令人有骨清神聳飄然欲仙之感。這道石檻，裡面是深井，外面是峽谷，下面直透水洞，也是一座架在空中的橋梁，只是地勢極其高峻，無法正面對著它看。從石檻東側穿過石隘往東北走下，石級靠著絕壁，石壁上都是空洞，樹根沿著孔洞穿過空隙，在石級中斷的地方，也橫架樹木，可以淩空越過。往下走了一里半就到了百感村。

徐子說：這洞外面險峻，裡面幽深，在穿越幽深杳渺之境後，忽然抬頭望見雄偉壯麗的景象出現，兼有一山前後的奇景，又在山壑底部匯合各處的暗流，而不被察覺，明暗之景兩得，水陸之美兼備，使洞內暢通就能煙雲瀰漫，將洞堵塞則另成一片天地。西行以來所遊的巖洞，以此為第一，沒有其他地方能夠取代。

百感巖東巖，在百感巖前門的東邊。從棧道東面懸崖的一端，往東沿著一縷石痕，走幾十步就找到洞，洞門也朝南。門內不太深，但高爽幽深。岩石有些像五色的雲煙，裂成奇特的形狀。從峽谷中往東走進三、四丈，轉而向北，有岩石居中峙立。越過隘口走進，裡面就一片昏黑，又南北向形成峽谷，深十多丈，底部平坦，上部陡峻，峽谷北面盡頭處有巨大的石柱環繞，再往外就到明亮的地方。踏著石級往北走上，有個孔洞往東傾斜穿出，只能透進陽光，人很難出入。由孔洞中轉而向北，又接連開出兩間石室：一間裡面相通而對外隔斷，是從內部直達北面的地方；另一間在北面盡頭處，面朝東，是下臨深淵收攬勝景的地方。我先從裡面相通的這間石室走進，它的西邊有縫隙在旁環繞，都可作為房間和臥榻。它東邊和外界隔斷處，也有許多零星的洞穴，從上面引進陽光照明。向北穿過一道峽谷，到達北面的石室，在它的前面就敞開高高的洞門。洞門朝東，下臨絕壁，中間有纖細的石筍上端尖銳峙立在門前，北面有懸崖倒垂在外面，極盡雲煙瀰漫的景致。下面可以聽到潺潺的水聲，則是南江的水往北轉到崖下流入洞穴，但只聽到水聲，看不到水流。洞內西面的石壁也有許多石鐘乳環結成小龕，下面都用竹子編成圍欄，也是前人隱居的地方。這洞很小巧，既幽靜，又爽朗，真是隱居養真的理想場所。只是洞中沒有一滴水，非得從洞前的棧道，轉入百感巖後面有軸轤的地方取水，要不就從前面的梯級轉到山前找澗水，無論走哪條路，都是很遠了。

百感巖下的水巖，在百感洞後門的下方，百感村的南面。百感村有內、外兩村。山嶺以百感洞為界，分為兩處，往北迴環，下面形成很深的山塢，巖下的水從山中穿出，匯成大江，奔騰曲折向北流去。從上林土縣、刁村流下右江。百感村隔在中間，源遠流長，土地肥沃，裡面都物產豐富。洞在百感內村南面二百步，洞門面向東北，向上高聳，即百感巖後門。水從洞中流出，在洞前匯成寬廣的水潭，浸在兩邊的山崖之間，石壁倒插水底。從潭中坐木筏進入洞中，仰望洞頂，飄緲如雲，誰能想到這就是先前淩空跨下的地方！洞內兩邊石壁排空而立，往南進入，積水很深。西面石壁上有木梯懸嵌在岩石中，當地人指著說：「這就是上層安放軸轤的地方。從前儂智高作亂時，有人占據這洞聚眾自衛，便從這裡往下取水，這是當年遺留的建築物。」東壁的石縫中間拓開，有人在絕頂架起了房屋，憑空連綴在上面，而石壁高峻陡削懸空直下二十丈，無法攀登。當地人說：「這是戊午年饑荒時，當地人儲藏糧食躲避寇盜的地方，必須把梯子綁住連結在石壁上才能上去。現在時世太平，已經很久不用了。」進去十多丈，下面的溝壑走到盡頭，上面的峽谷高懸穿通，遙望西南峽洞深入的地方，有日影從高處照下，光彩燦爛，但石壁陡峻，沒石級可往上登，不知透光的地方，是在山前還是山右。下面溝壑的山腳插入水中，水面看不見往裡進入的孔隙，水流的來源，是從地下氾濫而出，那麼其中眾水會合的地方，仍然鎖在山洞的裡面，無從進去探望。於是坐筏返回出洞，從洞門外水潭西側踏著山崖登上洞門左邊的石壁，穿過峽洞往上，上面開出一個圓形的巖洞，洞門朝東，下面對著洞前潭水，右邊俯視洞中的水，向前眺望對面的山崖上，旁邊有孔洞雲煙瀰漫，可橫架樹木跨越洞門飛渡過去。開出的巖洞中間寬廣，底部平坦，可以居住休息，但洞門雖然拓展，卻被對面的山崖高高遮擋，沒有陽光照進，使人不免有陰森的感覺。如果架起樹木作橋通往對面的山崖，則可以盡收天地間浩然靈妙高爽明朗的景觀。這洞雖被水阻隔，但源頭相通，高遠隱約，相互掩映，是一座神仙居住的深宮。至於說外有重重山巒阻隔，裡面別有天地，那麼百感內村已超過武陵桃源，更何況巖洞曲折幽深，如此獨擅勝場呢！

百感巖前的下巖，在百感洞前門的下方，路西坑地的內側。洞門也朝南，高高拓展如同大廳，洞中有許多堆積的大石，後面地勢漸漸低下。原來漲水時，山前的水也從外面沖入洞中，但現在卻沒有一滴水。洞的東北角有峽谷往北進去，上面照進亮光，下面嵌著重重岩石。疊起幾塊岩石站著往下張望，底部深黑，深洞裡蓄著水，而岩石都浮出水面，連結在兩邊崖壁之間，既不能穿過石縫下去，也不能架空而入。只能靠著岩石往裡望見西北峽谷盡頭處，也有亮光從裡面射出，這裂縫又長又狹，陽光返照，石影倒映，閃爍浮動，也不知道透光的地方是在山後還是山右。

龍巷東北山塢中的上洞，在向武州東北七里，即百感巖西面的山崖，但路從龍巷村東走進，轉而向北，盤旋形成山塢。枯榕江北流的一支，分流到此，直搗塢中，到山崖迴繞山塢盡頭，江水便落到洞穴中，向東流去，洞就在它的穴上面，洞門朝西，左右兩側都是懸崖，下面對著湍急的水流。原來並沒有進去的路，從洞的北面攀著如線的石痕，踏著懸崖峭壁進去，上面有溶岩如舒卷的雲朵覆蓋，下面如叢疊的芝草鋪開。往東走進六丈後，洞內忽然暖和起來，好像有東西隔在裡面，這是因為洞後部沒有旁通的孔洞，裡面充滿熱氣，不會洩漏。又走進三丈，轉而向北，漸漸往上，又漸漸變得狹隘起來，再走進三丈就到了底部。洞中也有許多懸掛的石柱，但不及百感巖的多種多樣。而地下滿坡滿坂之間，散布著珍珠一樣潔白圓整的石丸。坡坂上，石紋粼粼，如同縐綢聚在一起，又如魚鱗排列，纖細勻密，圍繞著中間窪地的邊沿，圓珠大多堆嵌在石紋中，不可計量。我挑選晶瑩圓潤的石珠，拿了幾把，即使有把薏苡當作明珠的嫌疑，我也顧不上別人怎麼說了。

玉砂，洞中很難找到，也沒有這石珠那樣潔白。

瑯山巖在州北半里，其形正如獨秀。始見西向，有門三疊，而不知登處反在東峰之半也。余至後，黃君始命縛梯通棧，蓋亦欲擇其尤者為靜修之地耳。由東麓攀危梯數百級，入其東門，其門豁然高敞。門以內遂分三徑：由北竅者平開一曲，即透北門，直瞰龍巷後北山，大溪西來界其中，抵橫裂峰西而三分之，北面巒嵐溪翠，遠近悉攬。由南竅者，反從洞內折而東出，外復豁然，即東門之側竅也。第一石屏橫斷其徑，故假內峽中曲出，其內下有深窪，淵墜而底平。由其上循崖又南入峽中，漸上漸隘，有石橫跨其上，若飛梁焉。透梁下再上，峽始南盡，東壁旋穴庋空，透窗倒影，西竅高穹曲嵌，復透而南，是為南門。其前正與州東北巨峰為對，若屏之當前，西南不能眺一州煙火，東南不能挹三曲賸流❶，而不知其下乃通行之峽也。由西直入者，高穹旁拓，十丈以內，側堰曲房，中闢明扉，若隘門之中塹者，然其上穹盤如廬，當隘處亦上裂成峽，高劇彌甚。透隘門而西，則西闢為堂，光明四溢，以西門最高而敞也。堂左南旋成龕，有片石平庋為榻，有懸石下卷為拓託，皆天成器具也。堂石北嵌成樓❷，圓轉無隙，比及前門，則石閾高欄。透竅以出，始俯門下層崖疊穴，危若累棋，浮如飛鵠❸。蓋已出西望第三門之上，而中門在其下矣。坐其上，倒樹外垂，環流下湧，平疇亂岫，延納重重，斷壑斜暉，凭臨無限，三門中較為最暢矣。夫此一山，圓如卓錐，而其上則中空外透，四面成門，堂皇曲室，夾榭飛甍❹，靡所不備。徙倚即殊方，宛轉頻易向，和風四交，蒸鬱不到，洵中天之一柱，兼凌虛之八窗，棲真之最為縹緲而最近人間者也。惟汲泉須盤梯而上，不使負戴❺耳。

下洞即在瑯山西麓，其門西向，東入三丈餘而止。仰其上，則懸巖層穴，又連疊門兩重。余初至此，望之不能上達。明日又至，亦不知其上層之中通於東，並不知東之可登也。既而聞黃君命縛梯，既而由其南峽，同韋守老往百感出山之東，回望見梯已蜿蜒垂空，始知上洞須東上，下洞獨西入，而中洞則無由陟焉。

【章　旨】本章追記遊瑯山巖的行跡。瑯山巖形狀如獨秀峰，洞內分成三條通道，可從北洞、南洞、西洞分別深入遊賞。坐在西洞洞門之上，居高望遠，風光無限。瑯山巖分三層，上洞從東面攀登，下洞從西面進入，但中洞卻無法登臨。

【注　釋】❶三曲塍流　即前文所云枯榕江南支流經田塍間的一段。❷堂石北嵌成樓　乾隆本作「堂左右分嵌樓龕」。❸鷁　一種水鳥。古人在船頭畫鷁，故也用以稱船。❹甍　屋脊。❺負戴　背負頭戴。

【語　譯】瑯山巖在州城北面半里處，形狀正像獨秀峰。初次看到它時，面向西，有三層洞門，但不知道攀登的地方反而在東面山峰的半腰。我到向武後，黃君才下令綁紮梯子，修通棧道以備登山，大概也是想選擇其中最好的地方作為靜修的場所罷了。從東麓攀登數百級高的梯子，進入洞的東門，洞門豁然高敞。門內就分成三條通道：從北洞進去的，開出一條平坦的彎道，即通往北門，可直接俯視龍巷村後的北山，從西面流來的大溪隔在中間，到橫裂的山峰西面分為三股，北面的山巒雲煙，溪澗綠樹，遠遠近近的風光，無不盡收眼底。從南洞進去的，反從洞內轉向東走，外面又豁然開朗，即東門旁的洞穴。第一道石屏橫斷了這條路，所以要從峽谷中借路，迂迴曲折走出，洞內下面有深陷的窪地，深深落下，但底部平坦。從它的上方沿石崖再往南，進入峽谷中，漸漸往上，漸漸狹隘起來，有岩石橫跨在峽上，如同飛架的橋梁。從橋下穿過，再往上走，峽谷才到南面的盡頭處，東面的石壁上有旋繞的洞穴架在空中，透過窗洞，日光倒映，西洞高高隆起，曲折嵌入，再穿過這裡往南，便是南門。門前正好和州城東北的巨峰相對，像屏障那樣擋在前面，既不能向西南眺望一州的煙火，也不能向東南觀賞田野中的三曲江水，卻不知洞的下方是可以通行的峽谷。從西洞直往裡走，巖洞高高隆起，向旁邊拓展，在十丈之內，有傾側的堤壩，幽深的石室，中間開出明亮的門戶，如同設在塹壕中的隘口，但它的上方高拱盤結如同房屋，正對隘口的地方，上面也開裂成峽谷，越發顯得高不可攀。穿過隘口往西，只見西面開成一個廳堂，陽光普照，這是因為西門地勢最為高敞。廳堂左邊，岩石往南旋繞形成石龕，有石片平架成為牀榻，有懸垂的岩石在下面捲起成為托架，都是天然形成的器物。廳堂的岩石往北嵌成一座樓房，四周圓轉，不留空隙，等到了前門，只見石檻高高圍住。穿過洞穴走出，才朝下看到洞門下方，有層層疊疊的山崖洞穴，就像疊得高高的棋子那樣，又像在空中飄浮的遊船。原來這時已從向西望見的第三層洞門上方走出，中門已在它的下面了。坐在洞口，只見外面樹木倒掛，下面水流環繞奔湧，田野平曠，山巒叢立，重重疊疊，接納包容，溝壑斷絕，斜暉映照，登高遠眺，風光無限，在三處洞門中這裡最為開暢。這一座山，像豎立的圓錐，但它的上面卻是中間挖空，和外面相通，四面成門，如高大的廳堂，幽深的石室，相夾的臺榭，飛捲的屋脊，千形百狀，無所不備。徘徊瞻望，景觀立即不同，宛轉曲折，時時改變方向，和風從四面吹來，沒有一點悶熱的感覺，真是一根頂天的柱子，兼有淩空的八面天窗，是養真隱居最為縹緲又離人間最近的地方。只是取水時要盤繞梯子上下，不能像在平地上可以背負頭戴罷了。

下洞就在瑯山西麓，洞門朝西，往東走進三丈多便到盡頭。仰望洞頂，只見岩石高懸，洞穴層疊，又有兩層洞門接連重疊。我剛到這裡，眼望著洞口不能上去。第二天再來，也不知道它上層的洞穴通往東面，並且不知道從東面可以攀登。後來聽說黃君命人綁紮梯子，隨即從瑯山南面的峽谷，同韋守老前往百感巖，從山的東面走出，回頭望見梯子已曲曲折折懸掛在半空中了，這才知道去上洞必須從東面攀登，唯獨去下洞從西面走，但中洞卻無法登臨了。

十九日　曉起，有雲。晨餐後，半里過寧墟，東折入山塢。一里，北入峽。一里，踰小脊北下，隨山東轉。又二里，南那村換夫。東北行二里，東踰一嶺，曰石房嶺。下嶺而東，又二里，至石房村換夫。又東二里，復上山半里，過一嶺脊，脊不高，其北水從東北墜，其南水從南流，是為向武、鎮遠❶分界，而左、右江亦以此分焉。隨流南下一里，大路自西來合，遂東轉，循老山之南，東踰平峽，一里，大道直東去，又從岐隨水東南下一里半，四山環塢一圍，曰龍那村，已鎮遠屬矣。〔初至村，遙見屋角黃花燦爛，以為菊，疑無此盛，逼視之，乃細花叢叢，不知其名。又見白梅一樹，折之，固李也。黃英白李，錯紅霜葉中，亦仲冬一奇景。〕飯而行，北踰嶺而下，共一里，又行峽中半里，與西來大道合。于是隨水形東行山峽間，五里，水形東北去，路東南上山。半里，又從岐南踰一嶺，共一里而下，得南峒村。村人頑甚❷，候夫不即至，薄暮始發。其峒四山連脊，中窪為池，池上有穴，東面溢水，穿山腹東出。池西乃居人聚廬所託也。東踰嶺而下，共一里，東向行山塢間。八里過一村，又東與石山遇。循其南崖，崖上石竇歷亂，俱可入。崖下累石屬南山，傍崖設隘門以入，於是南、北兩石山復崢崢屏立矣。又東一里為鎮遠州，〔屬太平府。〕宿於州東之鋪舍。州官名趙人偉。

州宅西南向，其地在太平府東北二百里。西南一日至全茗❸，又經養利而達府。西北為向武界，十八里。東北為佶倫界，十六里。東為結安界，西南為全茗界。州前流甚細，南入山峽。據土人言，乃東北至佶倫，北入右江者。由此言之，則兩江界脊西自鎮安、都康❹，經天燈墟，龍英之北，向武之南，二州分界。東經全茗、永康❺、羅陽❻諸地，而抵合江鎮。昨所過石房村東南之脊，乃北走分支，其南下之水，尚非入左江者也。

【章　旨】本章記載了第二百十八天在太平府的行跡。早飯後出發，經過石房嶺，到石房村，前面一道嶺脊，為向武和鎮遠的分界，也是左、右兩江的分水嶺。到龍那村吃飯，村內黃花白李，燦爛奪目，為冬天奇景。再經過南峒村，到鎮遠州留宿。

【注　釋】❶鎮遠　隸廣西太平府，土官趙勝昌世襲知州。治所在今天等北境的鎮遠。❷村人頑甚　舊時稱不服從統治的人為頑民。頑，不容易開導或制伏。❸全茗　原作「上茗」，據《明史》改。明代為州，隸太平府，土官許氏世襲，治所在今天等南境的全茗。❹都康　明代為州，隸鎮安府，治所在今天等向都東南。❺永康　明代為縣，土官楊氏世襲，後改設流官，升為州，隸太平府，治所在今扶綏北境的中東。❻羅陽　明代為縣，隸太平府，明初土官黃宣歸附，授知州世襲，治所在今扶綏北境的南哨附近。

【語　譯】十九日　拂曉起身，天空有雲。早餐後出發，走了半里，經過寧墟，往東轉入山塢中。走了一里，往北進入峽谷。又走了一里，越過小山脊往北走下，隨山向東轉。再走二里，在南那村替換役夫。往東北走二里，再向東越過一座山嶺，名石房嶺。走下山嶺往東，再走二里，到石房村替換役夫。又往東走二里，再上山走半里，越過一道嶺脊，脊不高，北坡的水從東北落下，南坡的水往南流去，這裡是向武州和鎮遠州的分界，而左江和右江也以它為分水嶺。隨水流往南走下一里，大路從西面延伸過來會合，於是向東轉，沿著老山的南麓，往東越過平峽，走了一里，大路筆直往東延伸，又從岔道隨水流往東南走下一里半，四面群山環抱，形成一個圓塢，地名龍那村，已屬鎮遠地界了。剛到村子，遠遠望見屋角黃花燦爛，以為是菊花，又懷疑菊花不會如此繁盛，走近細看，是叢叢細小的花朵，不知道它的名稱。又看見一樹白梅花，折下一看，原來是李花。黃花白李，錯落在經霜的紅葉之中，也是仲冬季節的一個奇景。吃過飯出發，向北越過山嶺往下，共走了一里，又在峽谷中走半里，和從西面延伸過來的大路會合。從這裡順著水流往東在山峽中行走，過了五里，水往東北流去，路朝東南上山。過了半里，又從岔道南面越過一座山嶺，共走了一里下山，到南峒村。村裡的人很不順從，役夫沒有立即來到，等到傍晚才出發。這峒四面山脊相連，中間窪下成為水池，池上有洞穴，在東面溢出的水，穿過山腹往東流出。池的西面便是居民住房所在的地方。往東越過山嶺走下，共一里，往東在山塢中行走。走了八里，經過一個村子，又往東和石山相遇。沿著石山的南崖行走，崖上有許多石孔，都可以進入。崖下岩石堆積，和南山相接，靠著山崖設置隘口，讓人出入，到這裡南、北兩座石山又氣象崢嶸如屏障一般聳立了。再向東走一里到鎮遠州，屬太平府。在州城東面的客館留宿。州官名趙人偉。

州官的宅第面向西南，這裡在太平府城東北二百里。往西南走一天到全茗，又經過養利到達府城。西北為向武地界，有十八里。東北為佶倫地界，有十六里。東面為結安地界，西南為全茗地界。州城前的水流很小，往南流入峽谷。據當地人說，是往東北流到佶倫，再向北匯入右江的水。照這樣說來，作為左、右兩江的分水界的山脊，西起鎮安、都康，經過天燈墟，在龍英北面，向武南面，為這二州的分界。再往東經過全茗、永康、羅陽等地，而後到達合江鎮。昨天所經過的石房村東南的山脊，是向北延伸的分支，往南流的水，還不是注入左江的。

【研　析】廣西與交彝接界，於是在眾多社會問題、民族問題外，又多了一個邊患問題。明朝末年，內外交困，岌岌可危，朝廷無暇也無力顧及遠在南方邊隅的動亂。而各土司間為爭權奪利，互相殘殺，勾結交彝，引狼入室，致使百姓流離失所，肝腦塗地，城市殘破，野無人煙。徐霞客在途中曾遇見交彝士兵，「半執線槍，半肩鳥銃，身帶籐帽而不戴，披髮跣足，而肩無餘物。」《遊記》中寫時事的內容，從未像有關交彝那樣詳盡過。他根據沿途見聞，寫交趾得名的由來，追敘了交彝和中國的歷史關係、侵擾邊疆地區的起因，及其燒殺劫掠、強占土地，甚至虜掠百姓作奴隸的暴行。同時記載了各土司的歷史和現狀，敘述了他們互相仇殺的緣由和結果，強烈譴責當地土司構借外彝，以洩私憤的行徑，特別是當地某些人，置家國安危於不顧，反趁亂作惡，綁架行人，轉賣給交彝作奴隸，其用心之險惡、手段之卑劣，令人髮指。《遊記》中著重揭露了邊患由內外共同造成這樣一個怵目驚心的事實。對於交彝的入侵，當時官府卻束手無策，甚至無動於衷，各級官吏都顯得極為昏聵無能。如莫彝幫助歸順土司攻占鎮安，取得歸順土地作為報酬，可當地某些官吏竟說「此土司交爭，與中國無與」。徐霞客嚴厲批駁了這種說法，指出：「是莫彝與歸順俱有所取，而朝廷之邊陲則陰有所失。其失鎮安而不取，猶曰仍歸土司，其失歸順賂莫之地，則南折於彝而不覺者也。此邊陲一大利害，而上人烏從知之！」而上面派去調查的官吏，在得到交彝的賄賂後，竟回去報告說：「彼以仇鬩，無關中國事。」對此，徐霞客憤慨不已：「豈踞地不吐，狎主齊盟，尚云與中國無與乎？」甚至連肩負朝廷重任的巡按御史，也目睹邊患，卻「不聞其調度若何」，「上下俱置之若罔聞也」！正是由於交彝步步緊逼，明朝節節退讓，使得「諸土司祇知有莫彝，而不知為有中國」，「彝人過，輒厚款之，視中國漢如也」。為此，徐霞客憂心忡忡，大聲疾呼：「中國諸土司，不畏國憲，而取重外彝，漸其可長乎！」

徐霞客認為，對於交彝的入侵，只有堅決抵抗，方有生路，他稱讚歸順州一個名黃達的土司頭目，「忠勇直前，聚眾拒莫，莫亦畏避，今得生聚焉。」《遊記》中對歸順州周文韜母子在交彝入侵時，臨危不懼，堅守大義，作了前所未有的詳細記載，就是為了弘揚愛國精神，激勵凜然正氣。徐霞客到南丹州，特意記載了街中大石坊上有「攄忠報國，崇整精微」八字，及街盡頭處的關帝廟，也含有深意。尤其可貴的是，他並沒有將抗擊交彝的希望，僅僅寄託在朝廷和各級官吏身上，同時主張民眾自救。在龍英州的飄巖，聽當地人說：「幾番交寇，賴此得存」時，便告誡道：「此洞洵懸絕，而以此為長城，似非保土者萬全之策。」「守險出奇，當以并力創禦為上著，若僅僅避此，乃計之下也。」這種關注，這種憂慮，這種建議，時時在《遊記》中流露，真可謂一篇之中，三致意焉。清人葉廷甲說：「凡以民物為己任而有政教之責者，周覽是書，於裁成輔相左右宜民之道，不無少補焉。」洵非虛美。只是歷來當道者，對國計民生，不僅自己不謀，也不允許他人代謀，徐霞客的關切、憂慮和建議，和絕大多數憂國憂世之士一樣，徒供後人感慨歎息而已。

在廣西旅遊的後階段，道路多阻，貧病交加，「觸處皆窮」。故徐霞客對時間分外珍惜，趕路的心情更加迫切，但在途中只要看到有洞，特別是地處險要、形狀奇特的洞，依然從不放過。就在離開廣西的前十天，他路過河池州落索村，看到路旁山腰有個大洞，頓時「望之神飛」，不顧荒草塞路，賈勇攀登。據統計，《遊記》中記載洞穴三百五十多個，徐霞客入洞遊覽了三百多個，其中石灰岩溶洞二百八十多個，廣西有一百九十多個。《遊記》中對形形色色的洞穴，都有所描述。他寫了新寧州附近左江東岸「雙崖前突，砦石高連，下闢如閶闔中通，上架如橋梁飛亙」的穿山洞；慶遠府會仙山深井中「上自山巔，下徹山底，中闢奧穴，獨當一面」的通天洞；會仙山百子巖中「雖不深崇，而闢為兩重，自覺靈幻」、「若樓閣然」的洞；寫了三里城韋龜洞中「忽穹然高盤，劃然內朗。其四際甚拓，而頂有懸空之穴，天光倒映，正墜其中」的崩坍天窗。這些描述，都是徐霞客流連山水之際，深入洞穴之奧的結晶，故能析辭切狀，窮形盡相，如印之印泥，曲寫毫芥。

也許是忙於趕路，也許是身體不適，也許是見怪不怪，後階段對洞穴的描述，已不像過去那樣詳盡，但對那些卓爾不群的巖洞，徐霞客依然不吝筆墨。《遊記》中詳細介紹了百感巖所處位置、外觀形態、四周景物、突出其「內削壁而外懸枝，上倒崖而下絕壑，飛百尺之浮桴，俯千仞而無底」的極奇極險的地理形勢；從「洞之由明而暗處」及「洞之由暗而明處」兩路，描述了洞穴結構、洞內通道；以及「赫然大觀，如龍宮蛾闕」，「光景陸離，耳目閃爍」的極奇極美的洞穴景觀；「千條萬縷，紛紜莫有紀極」，「割其一臠，即可當他山之全鼎」的石鐘乳；同時寫了洞內的流水，「陷處徑尺五，週圍如井，昔人置轆轤於上，引百丈綆下汲，深不啻十倍虎阜」；寫了當地人對洞穴的利用，「有編竹架菌而為廪者，可置穀千鍾焉」；還寫了坐在洞口，「內觀洞頂，垂龍舞蛟，神物出沒，目眩精搖；外俯洞前，絕壁摶雲，重淵破壑，骨仙神聳」，獲得因景物的奇幻而產生的美感和快感。最後一段總結：「此洞外險中閎，既穿歷窅渺，忽仰透崇宏，兼一山之前後以通奇，匯眾流於壑底而不覺，幽明兩涵，水陸濟美，通之則翻出煙雲，塞之則別成天地。西來第一，無以易此。」以駢字儷句，抒情達意，要言不煩，有畫龍點睛之妙。

瑯山巖以「層疊透漏」擅勝，不似百感巖「雄邃宏麗」。徐霞客的描寫，重在洞穴通道，筆致疏雋，脈絡清晰，方位感極強，不像寫百感巖那樣濃墨潑彩，窮形盡相。「倒樹外垂，環流下湧，平疇亂岫，延納重重，斷壑斜暉，凭臨無限」數句，通過對山水神韻的感悟，渲染深遠的意境，既有畫一般鮮明的形象，又有詩一般優美的情致。最後的結語，可與寫百感巖的結語比美。白居易稱謝靈運的山水詩：「大必籠天海，細不遺草樹。」讀徐霞客遊百感巖、瑯山巖諸日記，也頗有面面俱到、巨細無遺之感。他以鋪張揚厲之筆，作窮形盡相的描述，既曲致入微，又氣勢恢宏。徐霞客遊山，曾有「倏明倏暗，倏隔倏通，倏上倏下，倏凡倏仙」之歎，讀他的《遊記》，也時有此感。

在遊太平府白雲巖時，徐霞客歎道：「此處巖洞，特苦道路蕪阻，若能巖外懸梯，或疊磴中竇，其委曲奇勝，當更居碧雲上。」確實，世間多少勝景，不僅遠離中原，而且遠離城市，遠離人世，因此，非有山水之情者不會去找，非得山水之心者又不可能找到，而非知山水之趣者，即使面對勝景也不會欣賞。而徐霞客正是那種兼有情、心、趣三者的人。船到新寧州的那勒，他上岸去遊穿山、犀牛巖，因當地人指錯了路，結果進入一處峽谷，「外入既深，中蟠亦邃，上有飛巖，旁無餘徑，亦一勝境……無負一番跋履也。」到了下午，「雖腹中餒甚，念此巖（犀牛巖）必不可失，益賈勇直前」，終於歷經險阻，「三誤三返而終得之，不謂與山靈無緣也。」友人唐泰曾作詩讚美霞客涉險探奇的精神：「險哉遮莫千萬山，畢竟不敵遊山骨一把。」（〈汗漫歌〉）他所遊覽、所描寫的景觀，有不少連方志都不見記載，甚至當地人都不知道。對此，清人潘耒感慨不已：「造物者不欲使山川靈異，久祕不宣，故生斯人以揭露之耶？」（〈遊記序〉）可惜的是，即使像百感巖這樣被徐霞客譽為「西來第一」的勝地，至今尚未開發，不聞於世。「夫物不自美，因人美之。」（獨孤及〈慧山寺新泉記〉）但天人相得，又談何容易！多少清絕險絕、高絕奇絕的勝景，雖則芳容不老，麗姿長存，繡巒芳林，年年姹紫嫣紅，然如絕代佳人，幽居深谷，自憐秀色，獨守山中，空使蒼茫川原，獨讓雲親雨愛，淒清巖壑，長聞風歎泉咽。淪沒不遇，又豈止百感巖一處！

在粵西遊日記中，徐霞客每天所記的第一件事，常常是當時的天氣，對於那天特殊的氣象，更是作了詳盡的描述，由此使得他的日記，成了極為珍貴的區域性的原始氣象資料。據統計，徐霞客外出旅遊，途中近三百天有雨雪，從崇禎十年（一六三七）十二月初六至次年二月十六日，在這七十天內，除偶有幾天放晴，幾乎都是雨天，這年春節前後連續十天下雨。從《遊記》看，當時廣西的雨季比現在要長，氣溫比現在要低。錢謙益曾和徐霞客一起坐船遊賞，正逢大雨傾注，錢便請他上岸，但徐霞客不肯，說：「譬如澗泉暴注，撞擊肩背，良足快耳。」在西遊途中，冒雨探遊，對他來說，更是習以為常的事。作為一個勤於思考、長於推理的學者，徐霞客還進一步對氣候的成因作了探討。他在龍英州時，接連幾天天氣晴朗，雖然已值秋冬之交，但白天可以只穿夾衫，而五更時卻十分寒冷，刺人肌骨。徐霞客從晝夜溫差甚大這一現象，敏銳地指出天氣的寒熱，主要是因所處地理位置同太陽光照的距離和強度（即是否直射）有關：「始知冬、夏寒暑之候，南北不分，而兩廣之燠，皆以近日故也。試觀一雨即寒，深夜即寒，豈非以無日耶？其非關地氣可知。」在希臘文中，氣候一詞原意為傾斜，係指因太陽對地面的投射角度不同，而造成各地冷暖的差異。當代地理學認為，氣候由自然因子（太陽輻射、下墊面性質、大氣環流）、宇宙—地球物理因子及人類活動因子的相互作用所決定。徐霞客在毫無科學儀器測試的情況下，僅僅根據自身的感受，就能得出和現代科學分析相似的結論。江南瓜果，都在夏季成熟，冬瓜成熟之時，正是盛夏，但卻以「冬」為名，過去徐霞客一直不解其緣故，到了廣西，他看到冬瓜在冬季正是時鮮蔬菜，於是恍然大悟，認為冬瓜原產於南方，江南的冬瓜，是從兩廣移植的。霞客思維之敏捷，聯想之豐富，由此可見一斑。

二十日　晨起，小雨霏霏。待夫，而飯後至。乃雨止，而雲不開。於是東向轉入山峽，半里，循南崖之嘴，轉而北，循北崖之缺，共半里，出一隘門，循西山之麓北行。二里，山撞而成峒，乃轉而東。一里，又東出一隘門，即循北山之麓。又東一里，上一嶺，共一里，踰而下，復東行一里，隨小水轉而北。其處山夾長開東西兩界，中行平疇，山俱深木密藤，不辨土石。共北二里半，渡小水，傍西麓北行。又二里，稍東北，經平疇半里，已復北入峽中。其中水草沮洳，路循西麓，崎嶔而隘。二里，渡夾而東上東嶺，一里躋其巔，東下一里，抵其麓。

其嶺峻甚，西則下土而上石，東則上土而下石，皆極峭削，是為鎮遠、佶倫分界。又東行塢中一里，復稍上而下，共一里，踰小石脊，又東北平行半里，乃直下石崖中。半里，已望見佶倫村聚矣。既下，又東行平疇，一里，有小水自西南山夾來，又一大溪自南來，二水合而北注。北望土山開拓，乃涉溪而東，是為佶倫❶，止於鋪舍。適暮，微雨旋止。州乃大村落，州官馮姓。是日共行二十里。

都康在鎮安東南，龍英北，胡潤、下雷東，向武西南，乃兩江老龍所經，再東即為鎮遠、佶倫。土人時縛行道者，轉賣交彝。如壯者可賣三十金，老弱者亦不下十金。如佶倫諸土州隔遠，則展轉自近州遞賣而去。告當道，仍展轉追贖歸，亦十不得二、三。其例：每掠賣一人，即追討七人，然不可得。土州爭殺，每每以此。

佶倫在向武東南、都給❷西南，土上林在其北，結安在其南。其水自西南龍英山穴中流出，北流經結安❸，又北至佶倫繞州宅前，復東北入山穴，出土上林而入右江。疑即志所稱泓滰江，從佶倫東北入石穴，出向武境、土上林，與枯榕俱入右江者。

【章旨】本章記載了第二百十九天在太平府的行跡。一路穿峽涉水，翻山越嶺，到佶倫留宿。都康的人常綁架行人轉賣給交彝。懷疑佶倫州的水就是泓滰江。

【注釋】❶佶倫　宋代有佶倫峒，元時升為佶倫州，明代為土州，隸太平府。明初土官馮萬杰歸附，授知州世襲，治所在今天等東北的進結。《明史・地理志》作「結倫」。❷都給　據下文十一月二十二日日記及《明史・地理志》，當作「都結」。❸結安　明代為土州，隸太平府。因土官張仕榮歸附，授知州世襲，治所在今天等東北的結安。

【語　譯】二十日　早晨起身，小雨飄揚。等候役夫，直到飯後才到。這時雨雖已停了，但天空陰雲密布。於是往東轉入峽谷，走了半里，沿著南面山崖的山口，轉而向北，再沿北面山崖的缺，共走了半里，走出一道隘門，沿著西山山麓往北走。過了二里，山嶺相接成峒，便轉向東。走了一里，又往東走出一道隘門，即沿著北山山麓往前。再往東走一里，登上一座山嶺，共走了一里，翻過山嶺往下，再往東走一里，隨著一條小水轉而向北。這裡的峽谷很長，開出東西兩界，中間是通行的平野，山上都是深林密藤，分不清是土山還是石山。往北共走了二里半，渡過小水，靠著山的西麓往北趕路。又走了二里，稍許轉向東北，經過平野走半里，後又往北進入峽谷中。裡面盡是水草泥沼，路沿著西麓延伸，高低不平，且很狹窄。走了二里，通過峽谷，往東登上東嶺，走了一里，登上嶺頭，往東走下一里，到達山麓。這嶺十分高峻，西坡下面是土，上面是石；東坡則上面是土，下面是石。都極為陡峭，是鎮遠、佶倫兩州的分界。再往東在山塢中走了一里，又稍許向上再往下，共走了一里，越過一道小石脊，再往東北平步走半里，才一直往下到石崖中。走了半里，已經望見佶倫的村落了。走下石崖，再往東在平野中行走，過了一里，有條小水從西南的峽谷中流來，另有一條大溪從南面流來，兩條水會合後往北流去。向北望見土山開闊，便涉過溪水到東岸，這裡就是佶倫，在客館中留宿。這時正好天黑，下了一場小雨，很快停下。佶倫州是個大村莊，州官姓馮。這天共走了二十里。

都康州在鎮安府東南，龍英州北面，胡潤寨、下雷東面，向武州西南，是左右二江間的古老山脈所經過的地方，再往東便是鎮遠和佶倫了。當地人常綁架行路人，賣給交彝。如果是青壯年，可以賣到三十兩銀子，老弱者也不下十兩。像佶倫各土州因相隔較遠，就得從鄰近的土州展轉販賣過去。向當局控告，再展轉追尋贖回，但十個人中已找不到二、三人。這裡的慣例，每掠賣一個人，就要追討七個人，但不可能得到。土州間相互爭殺，常常因這事引起。

佶倫在向武州東南、都結州西南，上林土縣在它的北面，結安州在它的南面。這裡的水從西南龍英的山洞中流出，往北經過結安，又往北流到佶倫，繞過州宅之前，再往東北流進山洞，從上林土縣流出，注入右江。懷疑就是志書所說的泓滰江，即從佶倫東北流入石洞，從向武境內、上林土縣流出，和枯榕江一起注入右江的水。

二十一日　濃雲密布而無霧。候夫未至。飯後散步東阜，得古梅一株，花蕊明密，幽香襲人，徘徊其下不能去。折奇枝二，皆虬幹珠葩。南望竹崖間一巖岈然，披荊入之，其門北向。由隘竇入，中分二岐，一南向入，一東南下，皆不甚深。還鋪舍，覓火炙梅枝。微雨飄揚，拈村醪對之，忘其為天涯歲暮也。

既午雨止，日色熹微，夫始至，復少一名，久之乃得行。從東南盤崖間小巖，一里，路循塢而南，度小溪，有岐東向入土山。從塢南行，又一里，有岐西南溯大溪，結安、養利大道，為此中入郡者。又正南行一里，折而東，入土山之峽。〔其處西為鎮遠來所踰，石峰峭聚如林；東為土山，自佶倫北南繞而西，遙裹西面石峰；中開大塢，亦自西南轉北去。〕從土峽中東行一里，遂躋土山而上。又一里，踰山之巔，即依嶺南行。一里，出南嶺之巔，〔東望盤谷東復有石山遙列，自東北環峙西南矣。〕東向循嶺半行，又一里，轉南半里，又東下半里，抵山之麓。遂從塢東南行，二里，越一南來小水，又北越一西北來小水，得一村，倚東山下，眾夫遂閧然去。余執一人縶之，始知其地為舊州❶，乃佶倫舊治，而今已移於西北大溪之上。兩處止隔一土山，相去十里，而州站乃互相推委。從新州至都結，直東踰山去，今則曲而東南，欲委之舊州也。始，當站者避去，見余縶其夫，一老人乃出而言曰：「鋪司姓廖，今已他出，余當代為催夫。但都結須一日程，必明日乃可。」候余上架餐飯，余不得已從之。檢行李，失二雞，乃鎮遠所送者。仍縶前夫不釋。久之，二村人召雞，釋夫去。是日止行十里，遂止舊州。

【章旨】本章記載了第二百二十天在太平府的行跡。飯後散步，發現一株古梅，十分可愛。午後起程，在山嶺間迂迴行走，到佶倫舊州。役夫一閧而散，只得留下。

【注釋】❶舊州　即今天等東北的高州。

【語譯】二十一日　濃雲密布，但沒起霧。等候役夫沒來。飯後到東面小丘散步，看到一棵古梅樹，花蕊明麗濃密，陣陣幽香襲人，在樹下徘徊，捨不得離開。折下兩枝形態奇特的花，都是蟠曲的枝幹、珍珠般的花朵。向南望見竹林石崖間有個很深的巖洞，撥開荊棘進去，洞門朝北。從狹隘的洞口進去，裡面分為兩個岔洞，一個向南進去，一個往東南走下，都不太深。回到客館，找火來烤梅枝。細雨飄揚，手持一杯村酒，對著梅花，忘記了此時身在天涯，又正逢歲暮。

午後雨停了，陽光微微透出，役夫才到，但還缺少一人，過了好久才動身。從東南繞著山崖間的小巖洞，走了一里，路順著山塢往南，渡過小溪，有岔路往東進入土山。從山塢的南面走，又過了一里，有岔路往西南沿大溪上行，是去結安、養利的大路，也是從這裡進太平府城的路。又往正南走了一里，轉而向東，進了土山的峽谷。這裡西面是從鎮遠來時所越過的地方，石峰陡峭，聚立如林；東面是土山，從佶倫北面往南繞而向西，遠遠圍住西面的石峰；中間開出一個大塢，也從西南向北轉去。從土峽中往東走一里，就登上土山。又走了一里，越過山頂，便靠著山嶺往南走。過了一里，到南嶺的嶺頭，向東望見在盤繞的山谷東面又有石山在遠處排列，從東北環繞峙立伸向西南。沿著山嶺半腰往東走半里，轉向南走半里，再轉往東走下半里，到達山麓。於是從塢中往東南走，過了二里，越過一條從南面流來的小水，又往北越過一條從西北流來的小水，看到一個村莊靠在東山腳下，到了這裡，那些役夫便一鬨而散。我捉住一個人扣了下來，才知道此地是舊州，為佶倫以前的治所，如今已移到西北的大溪之上。兩地只隔著一座土山，相距十里路，但州站便互相推卸責任。從新州治到都結，應該一直往東翻山過去，如今卻繞到東南，是想推給舊州。起先，管理驛站的人躲避一邊，見我扣住了他的役夫，一個老人才出面說：「主管驛站的人姓廖，今天已外出，我會代他派役夫。但去都結要走一天路，必須等到明天才行。」請我上樓用飯，我不得已，只好聽從。檢點行李，丟失了兩隻雞，是鎮遠州所送的。我仍舊扣著那個役夫不放。過了好久，村裡有兩個人去找雞，我才放役夫離去。這天只走了十里，便在舊州留宿。

二十二日　早起，天無霧，而雲密布。飯後村人以二雞至，比前差小。既而夫至，乃行。一里，東北復登土山，四里，俱從土山脊上行。已下一塢，水乃東北行。遂西北復上土山，一里踰脊，又東北行嶺上二里，轉而西北二里，始與佶倫西來路合。乃下山，得一村，曰陸廖村，數家之聚在山半。其夫鬨然去，余執一人縶之，蓋其夫復欲委之村人也。度其地止去佶倫東十餘里，因其委舊州，舊州欲委此村，故展轉迂曲。始，村人不肯承，所縶夫遍號呼之，其逃者亦走山巔遍呼村人。久之，一人至，邀余登架，以難黍❶餉而聚夫，余乃釋所縶者。日午乃得夫，遂東上，嶺頭有岐，直北者為果化❷道。余從東岐循嶺南而東向行半里，遂東北下山，一里而及山塢。有小水自北塢中來，折而東去，渡之，復北上嶺。一里，踰嶺北，循之東向行半里，有岐直東從嶺畔去；即都結大道。以就村故，余從東北岐下山。復一里，抵山塢，有小水自北來，折而東南去。渡之，復東北踰一小嶺，共一里半，前所渡水穿西南山夾來，又一小水從西北山夾下，共會而東，路遂因之。屢左、右渡，凡四渡，共東行三里，又一小水從南塢來合之北去。又東渡之，復上嶺，一里，踰嶺東下，其水復從北而南，又東渡之，復上山，隨之東行，一里半，水直東去，路折入東北峽，一里，得數家之聚，曰那印村。夫復委之，其郎頭他出，予執一夫縶而候之。時甫下午，天復明霽，所行共二十餘里。問去都結尚一日程，而中途無村可歇，須明日早行，即郎頭在亦不及去矣。余為怏怏，登架坐而待之。久之郎頭返，已薄暮矣。其餉以鯽為供。

【章　旨】本章記載了第二百二十一天在太平府的行跡。經過陸廖村，替換役夫，接著到那印村，役夫一鬨而散，只得留下。

【注 釋】❶難黍 難，疑為「雞」字誤。❷果化 明代為州，隸南寧府，治所在今平果西北，右江西岸。土官趙氏世襲知州。

【語 譯】二十二日 早晨起身，天空沒霧，但濃雲密布。飯後村民送來兩隻雞，比原來的雞小些。隨後役夫來到，於是出發。走了一里，往東北再次登上土山，又走了四里，都在土山脊上行走。不久往下到一個山塢，水便向東北流去。於是往西北再登上土山，走了一里，越過山脊。再往東北在山嶺上走了二里，轉而往西北走了二里，才和從佶倫往西延伸的路會合。於是下山，來到一個村莊，名陸廖村，有幾戶人家聚住在山腰。役夫一鬨而散，我捉住一個人扣留下來，原來這些役夫又打算把我推給這個村裡的人。估計這裡在佶倫東方只十幾里，因為佶倫的役夫推給舊州，舊州的役夫又想推給這個村，所以迂迴曲折地繞彎路。起先，村裡的人不肯接受，被我扣下的役夫四處呼喊，那些逃走的役夫也走到山頭到處叫喊村裡的人。過了很久，來了一個人，邀請我登上竹樓，用雞和黍米飯款待，並召集役夫，我才放了所扣的人。到中午找到役夫，於是往東登上山嶺，嶺頭有條岔路，一直往北是去果化的路。我從東面的岔路沿著山嶺南往東走半里，便轉向東北下山，走了一里，到達山塢。有條小水從北面的山塢流來，又轉向東流去，渡過小水，再往北登上山嶺。走了一里，越過山嶺到北坡，沿著山嶺往東走半里，嶺旁有條岔路一直向東伸展；即去都結的大路。因為要從有村落的地方走，我從東北的岔路下山。再走一里，到達山塢，有小水從北面流來，轉向東南流去，渡過這條小水，再往東北越過一座小嶺，共走了一里半，剛才渡過的那條小水穿過西南的峽谷流來，另有一條小水從西北峽谷流下，匯合一處向東流去，路便隨著水流走。一會渡到左岸，一會渡到右岸，共渡四次，共往東走三里，又有一條小水從南面山塢流來會合，往北流去。再往東渡過水重新登上山嶺，走了一里，越過嶺頭往東走下，這條水又從北向南流去，又往東渡過水，再上山，隨著水往東走，過了一里半，這水直往東流去，路折入東北的峽谷，走了一里，來到有幾戶人家的村子，名那印村。役夫又把我推給這個村，村中頭人外出，我捉住一個役夫扣下等候。這時剛到下午，天色又轉晴放光，所走的路一共二十多里。打聽去都結還有一天的路程，而途中沒有村子可以歇腳，必須明天一早起行，即使頭人在也來不及去了。我為此怏怏不樂，登上竹樓，坐著等候。過了好久，頭人回來，已是傍晚。晚飯以鯽魚款待。

二十三日　早霧四塞。既飯而日已東出。促夫至，仍欲從東北塢行。余先問都結道，當東踰嶺，窺其意，以都結道遠，復將委之有村處也。蓋其地先往果化，則有村可代，而東南往都結，無可委之村，故那印夫必不肯東南。久之，一人來勸余，此地東往龍村，名囤龍，亦佶倫。缺　即都結屬，但稍迂，多一番換夫耳。余不得已從之。乃東北入塢中，半里，復與前西南來之水遇，遂循之東向行。二里，下塢中，忽望見北塢石山迴聳。又半里，路右東行之水，又與一東南來水會而北去，東向涉之，復上嶺，東北一里，踰嶺上。又北行嶺脊半里，望西北石山與所登土山分條而東，下隔絕壑，有土脊一枝橫屬其間，前所渡北流之水，竟透脊而入其塢穴中，不從山澗行矣。路既踰嶺，循嶺上東行三里，過一脊，又平行一里，始東南下。一里半及塢底，忽見溪水一泓，深碧盈澗，隨之東下，漸聞潺潺聲，想即入脊之水，至此而出也。東行半里，又有小水自東峽而出，溯之行一里，溪四壑轉❶，始見溪田如掌。復隨之東南行一里，水窮峽盡，遂東上一里，登嶺，平行嶺北半里，又東南坦下者半里，過一脊，又東北踰嶺半里而上，踰其陰，望東北塢中，開洋成塍。又東北半里，始東向下山，半里，午抵囤龍村❷。土人承東往果化，不肯北向都結，亦以都結無村代也。飯於郎頭家，下午夫至。郎頭馬姓者告余曰：「此地亦屬佶倫，若往送都結，其徑已迂，恐都結村人不承，故本村不敢往；往果化則其村為順，不敢違耳。」蓋其地往都結，尚有一村曰捺村，仍須從所來高嶺之脊南向而去。余不得已，仍從之。及升輿，尚少三人，遍入山追之。比至，日已西入山，余有戒心，聞佶倫、都結土人不良。竟止不行。是午，土人以鼠肉供，麾❸卻之。易以小鳥如鵪鶉，乃薰乾者，炒以供飯。各家所供酒，或燒酒，或白漿，皆可食。又有黃酒，色濁味甜，墟中有沽者，各村罕有。是日上午行二十里而已。

【章旨】本章記載了第二百二十二天在太平府的行跡。因那印村人不肯直送都結，只得繞道前往囤龍村，那裡的人也不肯去都結。因聽說這一帶人存心不良，不敢在夜晚趕路。

【注釋】❶溪四壑轉　四，疑為「回」字誤。❷囤龍村　今名隆屯，在廣西隆安西北。❸麾　通「揮」。

【語譯】二十三日　早晨濃霧四處彌漫，吃完飯太陽已從東方升起。催促役夫來到，他們仍然想從東北的山塢走。我事先已經打聽去都結的路，要向東越過山嶺，猜測他們的心意，因為去都結路太遠，又要把我推給有村莊的地方。因從這裡先到果化，就有村子可以接手，而往東南去都結，卻沒有村莊可以代替，所以那印村的役夫必然不肯往東南走。僵持了好久，有個人來勸我，說從這裡往東到龍村，名囤龍，也屬佶倫州。缺　就是都結的屬地了，只是稍許繞段路，多換一次役夫罷了。我不得已，只好答應。於是往東北進入山塢中，走了半里，又和先前那條從西南流來的水相遇，便沿著它往東走。過了二里，往下到山塢中，忽然望見北面的山塢石山高聳。又走了半里，在路右邊東流的水，又和一條從東南流來的水會合後往北流去，往東涉過水再登上山嶺，往東北走一里，越過嶺上。再往北在嶺脊上走半里，望見西北的石山和所登的土山分成兩條往東延伸，下面隔著陡絕的山壑，有一道土山脊橫向連接在其間，先前所渡過的往北流的水，竟透過山脊，進入山塢的洞穴之中，不再從山澗流了。路在越過的山嶺後，沿著嶺上往東走三里，越過一道山脊，又平步行走一里，才往東南下山。走了一里半到達塢底，忽然看見一泓溪水，顏色深綠，溢滿山澗，隨著溪水往東走下，漸漸聽到潺潺的流水聲，猜想就是透入山脊的水，到這裡流出。往東走半里，又有一條小水從東面的峽谷流出，沿著水上行一里，溪水迴繞山壑流轉，才看到溪邊一塊塊手掌似的田地。再隨溪水往東南走一里，溪流和峽谷都到了盡頭，便往東走上一里，登上山嶺，在山嶺北面平步走半里，再往東南平坦處走下半里，越過一道山脊，再往東北越過山嶺走上半里，到嶺北，望見東北的山塢中，有一片廣闊的平野開墾成田。再往東北走半里，才轉向東下山，走了半里，中午到達囤龍村。當地人接受往東去果化的差役，不肯往北去都結，也是因為去都結途中沒有村子可以接代。在頭人家吃了飯，下午役夫來到。姓馬的頭人告訴我說：「這裡也隸屬佶倫州，如果送往都結，已經走了彎路，恐怕都結州所屬村民不肯承擔，所以我村不敢去；如果去果化，那裡的村民比較順從，不敢違抗。」因為從這裡前往都結，還有一個村子，名捺村，仍然必須從來時走過的高嶺的山脊向南走。我不得已，只好聽從。等坐上轎子，還少三個役夫，上山到處尋找。等來到時，太陽已經西下入山了。我有戒心，聽說佶倫、都結的當地人存心不良。就停下不走了。這天中午，當地人供給的是鼠肉，被我揮手退掉。換了一種像鶺鴒的小鳥，是薰乾的，炒熟了當菜下飯。各家所供的酒，或是燒酒，或是白漿，都可以吃。另有黃酒，顏色渾濁而味甜，集市上有售，各村少見。這天上午只走了二十里路而已。

二十四日　早起，霽色如洗。及飯，反有霧蒙四山，日出而淨如故。及起行，土人復欲走果化，不肯走都結，即迂往其村，亦不肯送。蓋與都結有仇殺，恐其執之也。余強之不能，遂復送向那印。蓋其正道在舊州，此皆迂曲之程也。遂西南行田隴間，半里，穿石隙，登土山，西向平上半里，及其巔。又半里，越嶺而南，稍下度一脊，又平上半里，復踰巔西下，一里，及塢中，遂循水痕西北行。一里，有小水自北塢來，與東來小水合而西去。又隨之西一里，復有小水自北塢來，與東來之水合而南去。路西上山，直上者一里半，平行嶺上者二里，又西向下者一里半，下及塢底。忽有水自南峽來，涵碧深沉，西向去。過塢半里，從北山西上，一里，登嶺上，又一里稍下，過一脊復上，始依嶺北，旋依嶺南，俱西向平行嶺上。南望高嶺，即舊州走都結者。共三里，始西南下，一里半而及其塢，則前所過南峽之水，與那印之水東西齊去，而北入石山之穴。截流而西，溯東來之水三里，飯於那印。候夫至下午，不肯由小徑向都結，仍返佶倫。初由村左西北上山，轉西南，共一里，登嶺上行，西南五里，稍下，度一脊復上，西南行嶺上六里，轉出南坳。又西南行六里，稍東轉，仍向西南，始東見舊州在東南山谷，佶倫尖山在西南山谷。又西二里始下，南渡塢塍，始見塍水出北矣。又南踰山半里，又渡塍，踰小山一里，得一村頗大，日已暮。從其南渡一枝流，復與南來大溪遇，南越一壠，溯大溪西南行塍間。又一里半，至佶倫州。州宅無圍牆，州官馮姓，尚幼。又南渡大溪，宿於權州者❶家。是日約行四十餘里，皆迂路也。

【章旨】本章記載了第二百二十三天在太平府的行跡。因囤龍村民不肯直送都結，只得返回那印，由那印村民送往佶倫州。

【注釋】❶權州者　臨時代理州官職責的人。

【語譯】二十四日　早晨起身，天色晴朗，碧空如洗。到吃飯時，反而有霧將四面群山籠罩，太陽升起後又像原來一樣明淨了。到啟程時，當地人又想去果化，不肯去都結，即使繞路前往那裡的村子，也不肯送，原因是和都結的人曾有仇殺，怕去了會被他們捉住。我沒法勉強他們，就只好再送我去那印。因為正路在舊州，這兩天走的都是彎路。於是往西南在田隴中行走，過了半里，穿過岩石的間隙，登上土山，往西平步向上走半里，到達山巔，又走了半里，越過山嶺往南，稍往下度過一道山脊，又平步向上走半里，再越過山頂往西走下，過了一里，到山塢中，便沿著水流的痕跡往西北走。過了一里，有小水從北面的山塢流來，和從東面流來的小水會合後向西流去。又隨著小水往西走一里，另有一條小水從北面的山塢流來，和從東面流來的水會合後往南流去。路往西上山，一直向上走一里半，在嶺上平步走二里，又往西向下走一里半，到下面山塢的底部。忽然有水從南面的峽谷流來，碧綠深沉，向西流去。經過山塢走了半里，從北山往西走上，過了一里，到嶺上，又走了一里，稍許往下，越過一道山脊再上去，起先靠著山嶺的北面走，隨即靠著山嶺的南面走，都是往西在嶺上平步行走。向南望見高嶺，就是從舊州去都結的地方。共走了三里，才往西南下嶺，走了一里半，到達山塢，只見先前所渡過的從南面峽谷流出的水，和從那印流出的水，在東西兩邊，一起流去，往北流入石山的洞穴。橫渡溪流往西，沿著從東面流來的溪水上行三里，到那印村吃飯。等候役夫直到下午，還是不肯走小路去都結，只好仍舊返回佶倫。起初從村子左面往西北上山，轉向西南，共走了一里，登上山嶺行走，往西南走五里，稍許往下，越過一道山脊再向上，在嶺上往西南走六里，轉出南面的山坳。再往西南走六里，稍許往東轉，仍然往西南，才向東望見舊州在東南的山谷，佶倫的尖山在西南的山谷。又往西走二里才下嶺，往南越過山塢中的田野，才看到田野中的水從北邊流出了。再往南翻山走半里，又越過田野，翻過小山走一里，到達一座很大的村莊，天色已晚。從村莊的南面渡過一條支流，又和從南面流來的大溪相遇。往南越過一條田壠，沿著大溪上行，往西南方在田野中行走。再走一里半，到了佶倫州。州官的住宅連圍牆都沒有，州官姓馮，年紀還小。再往南渡過大溪，在代理州官職務的人家裡留宿。這天大約走了四十多里，都是彎路。

二十五日　凌晨，權州者復送二里，至北村，坐而促夫者竟日，下午始行。即從村東南上山，一里，始東北踰嶺，旋轉東南，繞州後山脊行。六里，少庭脊，復上行嶺畔者三里。又稍下，其處深茅沒頂，輿人又妄指前山徑中多賊陣，余輩遙望不見也。又前下一里，渡脊，始與前往陸廖時所登山徑遇，遂東瞰山谷，得舊州村落。又東南下者半里，時及麓，輿夫遂鬨然遁去。時日已薄暮，行李俱棄草莽中。余急趨舊州，又半里下山，又行田塍間一里，抵前發站老人家，已昏黑，各家男子俱遁入山谷。老人婦臥暗處，作呻吟聲。余恐行李為人所攫，遍呼人不得。久之，搜得兩婦執之出，諭以無恐，為覓老人父子歸，令取行李。既而顧僕先擕二囊至，而輿擔猶棄暗中。已而前舍有一客戶來詢，諭令往取，其人復遁去。余追之，執於前舍架上，強之下，同顧僕往取。久之，前所遺婦歸云：「老人旋至矣。」余令其速炊，而老人猶不至，蓋不敢即來見余，亦隨顧僕後，往負行李也。半晌，乃得俱來。老人懼余鞭其子若孫，余諭以不責意。已晚餐，其子跛立，予叱令速覓夫，遂臥。

【章　旨】本章記載了第二百二十四天在太平府的行跡。自二十二日從舊州出發，經過陸廖、那印，到囤龍，又從囤龍返回那印，到佶倫，歷時三天，走了近百里彎路。最後從佶倫出發，仍然返回舊州。驛站的人怕受責罰鞭打，全都逃入山中。

【語　譯】二十五日　凌晨出發，代理州官職務的人又送行二里，到北村，整天坐在那裡催促役夫，下午才出發。立即從村子東南上山，走了一里，才往東北越過山嶺，很快轉向東南，繞到州後的山脊上行走。過了六里，在山脊上稍許休息一會，又沿著嶺旁往上走三里。再稍許往下，這裡深深的茅草高過頭頂，轎夫又胡亂指著說前面山路中有很多盜賊的地盤，我們遠望看不見。再向前往下走一里，越過山脊，才和先前去陸廖村時所登的山路相遇，於是往東俯視山谷，看到舊州的村落。再往東南走下半里，剛到山麓，轎夫便鬨然逃散了。這時天已傍晚，行李都被拋在草叢中。我急忙趕往舊州，又走了半里下山，再在田間走一里，到先前出發的驛站的老人家，已一片昏黑，各家各戶的男子都逃入山谷中。老人的妻子躺在暗處，發出呻吟聲。我怕行李被人搶去，到處叫人都沒有。過了好久，搜得兩個婦女，拉著她們走出來，告訴她們不必害怕，替我把老人父子找回來，去搬行李。不久顧僕先帶著兩袋行李到來，而轎子、擔子還扔在黑暗中。過了一會，前面房屋中有個外來戶走來詢問，我吩咐他去取行李，那人卻又逃跑了。我追上去，在前面竹樓上把他捉住，強迫他下來，和顧僕一起去取。過了好久，前面派去的婦女回來說：「老人馬上就到。」我吩咐她們趕快做飯，但老人還不見來。原來是不敢立即來見我，也跟在顧僕後面去搬行李了。半晌，才一起回來。老人怕我要鞭打他的兒子和孫子，我告訴他決不責怪懲罰他們，吃過晚飯，老人的兒子跛著腿站著，我喝令他趕快去找役夫，便去睡覺。

二十六日　凌晨飯。久之，始有夫兩人、馬一匹。余叱令往齊各夫。既久，復不至。前客戶來告余：「此路長，須竟日。早行，茲已不及。明晨早發，今且貰❶跛者，責令其舉夫可也。」余不得已從之。是日，早有密雲，午多日影。既飯，遂東向隨溪入石山峽，一里，兩石山對束，水與路俱從其中。東入又半里，路分兩岐，一東北踰坳，一西南入峽，水隨西南轉，轟然下墜，然深茅密翳，第聞其聲耳。已西南踰坳，則對東西山之後脊也。溪已從中麓墜穴，不復見其形矣。乃轉至分岐處，披茅覓溪，欲觀所墜處，而溪深茅叢，層轉不能得。又出至兩峰對東處，渡水陟西峰，又溯之南，茅叢路塞，旋復如溪之北也。乃復從來處度舊路，望見東峰崖下有洞南向，已得小路在莽中，亟披之。其洞門南向，有石中懸，內不甚擴，有穴分兩岐，水入則黑而隘矣。出洞，見其東復有一洞，頗寬邃，其門西南向，前有圓石界為二門，右門為大，其內從右入，深十餘丈，高約三丈，闊如之，後壁北轉，漸隘而黑，然中覺穹然甚遠，無炬不能從也。其外從左南擴，復分兩岐，一東北，一東南，所入皆不深，而明爽剔透，有上下旁穿者。況其兩門之內，下俱甚平，上則青石穹覆，盤旋竟尺，圓石❷密布無餘地；又有黃石倒垂其間，舞蛟懸崿，紋色俱異；有石可擊，皆中商呂❸，此中一奇境也。出洞，仍一里，返站架。日色甚暖，不勝重衣，夜不勝覆絮。是日手瘡大發。蓋前佶倫兩次具餐，俱雜母豬肉於中也。

【章　旨】本章記載了第二百二十五天在太平府的行跡。因役夫不齊，不能啟程。走進峽谷，觀看溪水流向及落水洞的情形。又遊覽了兩個無名山洞，用石敲擊時發出的聲音都能合樂。

【注　釋】❶貰　通「赦」。赦免。❷圓石　石，乾隆本作「宕」。❸商呂　義同聲律，指音樂。商，五音之一。呂，古樂，陰律叫呂。

【語　譯】二十六日　凌晨吃飯。過了好久，才來了兩名役夫，一匹馬。我大聲怒斥，叫他們去把役夫叫齊。又過了好久，還是不來。先前遇見的那個外來戶走來對我說：「這條路長，要走一天。一早就得動身，現在已經來不及了。明天一早上路，現在暫且饒了那個跛子，可責令他去調集役夫。」我不得已，只好聽從。這天早上陰雲密布，中午陽光甚多。吃罷飯，便往東隨溪水進入石山峽谷，走了一里，兩座石山相對靠攏，水流和道路都從其中經過。往東又走了半里，分成兩條岔路，一條往東北越過山坳，一條往西南進入峽谷。溪水隨著向西南轉，往下墜落，發出轟然的聲響，但被深深的茅草密集遮蔽，只能聽到聲響罷了。過了一會，往西南越過山坳，就正對著東西兩山的後脊。溪水已經從中間的山麓落到洞中，已不見蹤影了。於是轉到道路岔開的地方，撥開茅草，尋找溪流，想觀察它所墜入的地方，但溪深草密，轉了幾圈沒找到。又走出到兩座山峰相對靠攏的地方，渡過溪水登上西面的山峰，又沿著溪水往南上行，荒草成叢，道路阻塞，很快就又和溪北一樣了。於是又從來處走過原路，望見東峰崖下有個朝南的洞，隨後在草叢中發現一條小路，急忙撥開茅草過去。洞門朝南，有岩石懸在中間，裡面不很寬闊，有個洞穴分成兩支，水流入後，就變得又黑又窄了。走出洞，看到東面另有一個洞，很寬很深，洞門朝西南，前面有圓石將洞門一分為二，右門較大，從右邊進去，裡面深十多丈，高約三丈，寬也差不多，後面石壁往北轉去，漸漸變得狹隘黑暗，只覺得裡面高高隆起，十分深遠，沒有火把不能深入。洞外從左邊向南擴展，又分成兩支，一向東北，一向東南，進去都不深，但是明亮爽朗，玲瓏剔透，上下有旁通的孔洞。何況在這兩個洞門之內，底部都很平坦，頂上則有青石呈拱形覆蓋，盤旋有一尺，圓石密布，沒一點空隙；另有黃石倒掛在中間，如飛舞的蛟龍懸掛在山崖上，紋理和色彩都很奇特；有岩石可以敲擊，發出的聲音都能合樂，在這裡可稱一處奇境。出洞，仍走一里，回到驛站的屋子。天很暖和，穿不住兩件衣服，夜裡也蓋不住棉被。這天手上的瘡毒猛然發作，大概是前兩次在佶倫吃飯菜中都摻進母豬肉的緣故。

二十七日　早起霧甚。既散，夫騎至乃行。仍從東北一里上土山，與前往陸廖道相去不遠。一里，登嶺，霧收而雲不開，間有日色。從嶺上北轉一里，仍東北二里，又下一里，度一水，復東北上二里，嶺畔遂多叢木。從木中行嶺上者三里，從林木少斷處，下瞰左右旋谷中，木密樹叢，飛鳥不能入也。又半里乃下，甚峻。一里半乃及塢底，則木山既盡，一望黃茅彌山谷間矣。從塢中披茅行，始有小水東流峽谷，隨之涉水而東，從南麓行，復渡水從北麓上。又東下塢渡水，復東上嶺，一里登其巔。行其上者三里，又直下塢中者一里，則前水復自南北注向峽中去。又東踰一小嶺，有水自東塢來，自南向北繞，與西來水合。既涉東來水，復東上山，登其巔，盤旋三里，出嶺。二里，得一平脊，乃路之中，齎飯者俱就此餐焉。既飯，復東從嶺北行，已漸入叢木。出山南又度一脊，於是南望皆石峰排列，而東南一峰獨峻出諸峰之上；北望則土山層疊，叢木密翳。過脊稍下而北，轉而東上，直造〔前〕所望〔東南峻〕石峰之北，始東南下。一里半而及塢底，有細流在草中行，路隨之。半里入峽，兩崖壁立，叢木密覆，水穿峽底，路行其間。半里，峽流南匯成陂，直漱峻峰之足。復溯流入，行水中者一里，東南出峽，遂復仰見天光，下睹田塍。於是山分兩界，中有平塢，若別一天地也。東行塢中，塢盡復攀石隘登峺。峺石峻聳，如狼牙虎齒，前此無其巉峭者也。踰嶺，從塢中行二里，循嶺平上一里，平下一里，平行塢一里，穿平峽一里，穿峽又行塢中一里，踰嶺上下，又一里，始得長峽。行四里，又東行塢與西同。三里，踰北山之嘴、南山之麓，始有茅三、四架，於是山塢漸開。南山之東有尖峰復起，始望之而趨，過其東，則都結❶州治矣。州室與聚落俱倚南山，向北，有小水經其前東注，宅無垣牆，廨亦隤圮。鋪司獰甚，竟不承應，無夫無供，蓋宛然一夜郎❷矣。州官農姓。是日為余生辰，乃所遇舊州夫既惡劣，而晚抵鋪司復然，何觸處皆窮也！

二十八日　早起，寒甚而霽。鋪司不為傳餐，上午始得糲飯二盂，無蔬可下。以一刺令投，亦不肯去。午後，忽以馬牌擲還云：「既為相公，請以文字示。」余拒無文，以一詩畀之，乃持刺去。久之，以復刺來，中書一題曰：「有德者必有言，有言者亦必有德❸。」無聊甚。倚筐磨墨，即於其刺後漫書一文畀之。既去，薄暮始以刺饒雞酒米肉，復書一題曰：「子路拱而立，止子路宿❹。」余復索燈書刺尾畀之，遂飯而臥。館人是晚供牛肉為嗛❺。既臥，復有人至，訂明日聯騎行郊，並令館人早具餐焉。

【章　旨】本章記載了第二百二十六天、第二百二十七天在太平府的行跡。一路翻山涉水，到達都結州。途中所登峺石，險峻陡峭，前所未有。州城破敗，驛站的人態度惡劣，夜郎自大。次日向土官投送名帖，土官連出兩題作文，答後方才得到款待。

【注　釋】❶都結　明代為土州，隸太平府，治所在今隆安西境的都結。明初土官農威烈歸附，授知州世襲。❷夜郎　漢時西南地區的古國名，約在今貴州西北、雲南東北及四川南部地區。據《史記》載，夜郎國主曾問漢使：「漢朝和我夜郎國誰大？」後以「夜郎自大」喻妄自尊大。❸有德者必有言二句　明代以八股文取士，試題均取自《四書》。「有德者」一句，出自《論語・憲問》，下句原為「有言者不必有德」。原脫「必有德」三字。❹子路拱而立二句　語出《論語・微子》。子路，孔子弟子，姓仲名由。❺嗏　當為「案」字。案酒，又作「按酒」，即下酒。也用指下酒的食物。

【語　譯】二十七日　早晨起身，霧很大。霧消後，役夫和馬匹來到，於是出發。仍然從東北走一里，登上土山，和前往陸廖村的路相隔不遠。走了一里，登上山嶺，霧氣消散，而天空多雲，只是偶爾有些陽光。從嶺上往北轉過一里，仍然往東北走二里，又走下一里，渡過一條溪水，再往東北走上二里，嶺旁便有許多樹叢。在嶺上樹林中走了三里，從樹林稍許斷開的地方，往下俯視左右兩旁旋繞的山谷中，樹木密集，連鳥都飛不進去。又走了半里才下山，路十分陡峻，走了一里半才到塢底，長滿樹木的山已到盡頭，一眼望去，滿山谷都是黃色的茅草。從山塢中撥開茅草向前，才有小水往東流入峽谷，隨著溪流涉水往東，從山的南麓走，又渡過溪水，從北麓上山。又往東走下山塢，渡過水流，再往東攀登山嶺，走了一里登上山頂。在頂上走了三里，又直下塢中走了一里，只見先前渡過的水又從南往北注入峽谷流去。再往東越過一座小嶺，有水從東面的山塢流來，自南向北繞過，和西面流來的水匯合。涉過從東面流來的水後，又往東上山，登上山頂，在上面盤繞三里，走出山嶺。過了二里，來到一道平坦的山脊，是道路的中點，帶飯的人都在這裡用餐。吃完飯，再往東從山嶺的北邊走，隨後漸漸進入樹叢中。從山的南邊走出，又越過一道山脊，於是向南望去，都是排列的石峰，而東南的一座石峰獨自高出群峰之上；向北望去，則為層層疊疊的土山，樹叢密密遮掩。越過山脊稍許往下朝北走，接著向東往上走，直到先前所望見的位於東南的高峻石峰的北面，才向東南走下。過了一里半到達塢底，有條細小的水在草中流動，路隨著水往前。走了半里進入峽谷，兩邊山崖如壁陡立，樹叢密密覆蓋，水流穿過峽底，路從其間通過。走了半里，峽谷中的水流到南面匯成池塘，直沖高峻的石峰腳下。再沿著水流上行往裡走，在水中走了一里，往東南走出峽谷，才又抬頭望見陽光，往下看到田地。於是山向兩邊分開，中間是平坦的塢地，就像到了另一個天地。往東在塢中行走，到塢盡頭又攀石隥登上山峺。山峺岩石陡峻高聳，如狼牙虎齒，在此之前，從未見到過這樣險峻陡削的岩石。越過山嶺，從塢中走了二里，沿著山嶺平步往上一里，再平步往下一里，在塢中平步行走一里，穿過平坦的峽谷走一里，穿過峽谷又在塢中走一里，越過山嶺上上下下，又走了一里，才到一處長長的峽谷。走了四里，又往東穿行山塢，情況和在西面山塢相同。走了三里，越過北山山口、南山山麓，才有三、四座架起的草樓，到這裡山塢漸漸開闊。南山的東面，又有尖峰突起，才朝著它趨路，經過尖峰的東面，就到都結州了。州官的住宅和村落都靠著南山，面向北，有條小水從它前面流過，向東流去。宅院沒有圍牆，衙門房屋也已倒坍。驛站的人十分凶惡，竟然不肯應差，既不派役夫，又不供食宿，真像一個妄自尊大的夜郎國。州官姓農。這天是我生日，可是遇到的舊州的役夫已是十分惡劣，而晚上到達的驛站又是這樣，怎麼會到處都不順利呢！

二十八日　早晨起身，天氣很冷，但是晴朗。驛站不送飯來，上午才得到兩碗糙米飯，沒菜下飯。我拿一份名帖叫他們投送州官，也不肯去。午後，忽然把馬牌扔還給我，說：「既然是讀書的相公，請出示你的文章。」我回答說沒有文章，給了一首詩，他才拿了名帖離開。過了好久，帶來回覆的名帖，中間寫著一道八股文試題，是「有德者必有言，有言者亦必有德」，真無聊之極。靠著竹筐磨墨，就在名帖的後面隨手寫了一篇文章給他。拿去後，傍晚才拿來名帖，外加雞酒米肉，又寫了一題是「子路拱而立，止子路宿」。我又要了燈，在名帖後面寫了文章給他，便吃飯睡下。驛站的人這天晚上供應牛肉下酒。睡下後，又有人來，約好明天一起騎馬到郊外遊賞，並且吩咐驛站的人早早準備飯食。

二十九日　早寒，日出麗甚。晨起餐甫畢，二騎至矣，一候余，一候太平府貢生何洞玄。同行者乃騎而東，又有三騎自南來，其當先者，即州主農姓也。各於馬上拱手揖而東行，三里，渡一溪，又東二里，隨溪入峽谷，又東五里，東北踰一嶺，其嶺頗峻。農君曰：「可騎而度，不必下。」其騎騰躍峻石間，有游龍之勢。共踰嶺二里，山峒頗開，有村名那吝，數十家在其中央，皆分茅各架，不相連屬。過而東，又二里，復東踰一嶺，其峻彌甚，共二里，越之。又東一里，行平塢間，有水一泓，亦自西而東者，至是稍北折，而南匯潤二丈餘，乃禁以為魚塘，其處名相村。比至，已架茅於其上，蓆地臨。諸峒丁各舉罾❶西流，而漁得數頭，大止尺五，而止有錦鯉，有綠鱖。輒驅牛數十蹂踐其中，已復匝❷而罾焉，復得數頭，其餘皆細如指者。乃取巨魚細切為膾，置大碗中，以蔥及薑絲與鹽醋拌而食之，以為至味。余不能從，第啖肉飲酒而已。既飯，日已西，乃五里還至那吝村，登一茅架，其家宰豬割雞獻神而後食，切魚膾復如前。薄暮，十餘里抵州，別農馬上，還宿於鋪。

三十日　日麗而寒少殺。作〈騎遊詩〉二首畀農。時有南寧生諸姓者來，袖文一篇，即昨題也。蓋昨從相村遇此生來謁，晚抵州官以昨題命作也。觀其文，毫無倫次，而何生漫以為佳。及入農，果能辨之，亟令人候余曰：「適南寧生文，不成文理，以尊作示之，當駭而走耳。」乃布局手談。抵暮，盛饌，且以其族國瑚訐告事求余為作一申文，白諸當道，固留再遲一日焉。

十二月初一日　在都結鋪舍。早起陰雲四布，欲行，復為州官農國琦強留，作院道申文稿。蓋國琦時為堂兄國瑚以承襲事相訟也。抵暮，陰雲不開。既晚餐，農始以程儀來餽。

【章　旨】本章記載了第二百二十八天至第二百三十天在太平府的行跡。早晨騎馬和州官農國琦出遊，越過峻嶺，到相村魚塘觀看捕魚，當地人以生魚片為美食。飯後又到那吝村休息，然後回都結過夜。因州官請求代寫一篇申辨的文稿，在都結又多住了二天。

【注　釋】❶繒　通「罾」。魚網。❷匝　環繞。

【語　譯】二十九日　早晨寒冷，太陽升起，天空十分絢麗。起身後剛吃完飯，兩匹馬到了。一匹接我，一匹接太平府的貢生何洞玄。同行的人騎馬往東，又有三人騎馬從南面過來，領頭的就是姓農的州主。各人在馬上拱手作揖，然後向東走去，過了三里，渡過一條溪水，又向東走二里，隨溪水進入峽谷，再向東走五里，往東北越過一道山嶺，這嶺十分陡峻。農君說：「可以騎馬過去，不必下馬。」那馬在陡峻的岩石中奔騰跳躍，有游龍的氣勢。翻越山嶺共走了二里，山峒地勢開闊，有個村子名那吝，幾十戶人家聚居在峒地中央，都各自架起草樓，不相連接。經過那吝往東，又走了二里，再向東越過一座山嶺，比剛才那座更為險峻，共走了二里，越過這座山嶺。再向東走一里，在平坦的山塢中行走，有一泓清水，也從西向東流，到這裡稍許向北轉，而南面匯成二丈多長的一段澗水，就攔起來作為魚塘，地名相村。等到了那裡，已經在魚塘上架起茅屋席地而坐，面對魚塘。眾峒丁各自在西面的水流中舉起魚網捉到幾條魚，大的只有一尺五寸長，品種也只有錦鯉和綠鱖。隨即又趕來幾十頭牛，在魚塘中踐踏，過了一會再環繞魚塘放下魚網，又捉到幾條，其餘都是像手指那麼細的小魚了。於是把大魚細細切成魚片，放在大碗中，用蔥薑絲和鹽醋拌了生吃，認為這是最可口的食物。我不能跟他們一樣吃，只是喝酒吃肉罷了。吃完飯，太陽已經偏西，便走了五里，回到那吝村，登上一座草樓，這戶人家宰豬殺雞祭神後再吃，和剛才一樣切了生魚片。傍晚騎馬走了十多里，到達州城，在馬上告別農君，回到驛站過夜。

三十日　陽光明媚，寒氣稍許減弱。寫了兩首〈騎遊詩〉送給農君。這時有個南寧府姓諸的儒生來到，袖中有一篇文章，就是昨天的題目。原來昨天在相村遇到這個儒生求見，晚上到都結州官處就用昨天的題目叫他作文。看他的文章，毫無條理，而何洞玄隨隨便便的說很好。等送給農君，果然能夠辨別好壞，急忙派人來接我，說：「剛才那個南寧儒生的文章，不成文理，把您的大作給他看，必定會嚇得逃走。」於是擺開棋局下棋。到晚上又擺了豐盛的宴席款待，並將他的族人農國瑚誣告他的事告訴我，求我為他寫一篇申訴的文章，向當局辨白，一定要留我多住一天。

十二月初一　在都結驛站。早晨起身，陰雲四布，想出發，又被州官農國琦強留下來，寫了向按察院和分巡道申訴的文稿。因為這時農國琦的堂兄農國瑚正為繼承職位事和他打官司。到傍晚，陰雲不散。吃過晚飯，農君才送來旅費。

初二日　早起陰雲如故。飯久之，夫至乃行。東向三里，即前往觀魚道也。既乃渡溪而北，隨溪北岸東行，又二里，有石峰東峙峽中。蓋南北兩界山，自州西八里即排闥而來，中開一塢，水經其間，至此則東石峰中峙而塢始盡。溪水由石峰之南而東趨峽中，即昨所隨而入者。今路由石峰之北而東趨北塢，又三里，得一村在塢中，曰那賢。又東二里，塢乃大開，田疇層絡，有路通南塢，即那倫❶道也。又東五里，山塢復窮，乃北折而東踰山坳。一里，越坳之東，行塢間。又一里，復東穿山峽，其峽甚逼而中平，但石骨稜稜，如萬刀攢側，不堪著足。出峽，路忽降而下，已復南轉石壑中，亂石高下，共三里，山漸開。忽見路左石穴曲折，墜成兩潭，清流瀦其中，映人心目。潭之南塢有茅舍二架，潭之東塢有茅舍一架，皆寂無一人。詢之輿夫，曰：「此湘村也。向為萬承❷所破，故居民棄廬而去。」由湘村而東，復有溪在路北，即從兩潭中溢出者。東行平塢二里，過昨打魚塘之南。又東三里，遂北渡西來之溪，溪水穿石壑中，路復隨之，水石交亂。一里，從溪北行，轉入北壑。一里，水復自南來，又渡之而東。又一里，水復自北而南，又渡之，乃東向出峽。忽墜峽直下者一里，始見峽東平疇，自北而南，開洋甚大，乃知都結之地，直在西山之頂也。下山，是為隆安界，亦遂為太平、南寧之分，其高下頓殊矣。隨西峰東麓北行一里，溪流淙淙，溯之得一村，是為巖村，居民始有瓦房高櫈，復見漢官儀❸矣。至是，天色亦開霽。時已過午，換夫至，遂行。於是俱南向行平疇間，二里，飯於前村之鄧姓者家。既飯，又渡溪西岸，南行一里半，其西山峽中開，峰層塢疊，有村在西塢甚大，曰楊村。又南一里半，楊村有溪亦自西塢而南，與北溪合，其溪乃大。並渡其西，又南一里，水東注東界土山腋中，路西南一里，抵西界石山下，得一村，曰黑區村。換夫，循西界石山南行，其峰有尖若卓錐，其巖有劈若飛翅而中空者。行其下嵌石中，又南四里，得巨村在西峰叢夾處，曰龍村❹。又換夫而南，乃隨東界土山行矣❺。始知自黑區至此，皆山夾中平塢而無澗，以楊村所合之流，先已東入土山也。至是，復有水西自龍村西塢來，又南成小澗。行其東三里，盤土山東南垂而轉，得一村，曰伐雷，換夫。又暮向東南行三里，宿於巴潭黃姓者家。

【章　旨】本章記載了第二百三十一天從太平府回南寧府的行跡。經過那賢村和已廢棄的湘村，下山到隆安地界，重新看到漢人的習俗。在巖村換了役夫，又經過楊村、黑區村和龍村、伐雷村，到巴潭村黃姓人家留宿。

【注　釋】❶那倫　今名那隆，在崇左東北。❷萬承　明代為土州，隸太平府，治所在今大新東北的龍門。明初土官許郭安歸附，授知州世襲。❸漢官儀　即漢官威儀，指漢朝官吏的服飾、典章制度。西漢末年，王莽篡位，建立新朝，更始帝命劉秀為司隸校尉，率兵攻克長安，舊時老吏見劉秀部屬，流涕道：「不圖今日復見漢官威儀。」❹龍村　今名龍正，在隆安西境。❺乃隨東界土山行矣　土，原作「上」，據乾隆本改。

【語　譯】初二　早晨起身，依然陰雲四布。飯後很久，役夫到來便出發。往東走三里，即先前去看捕魚的路。隨即渡過溪水向北，隨溪水北岸往東，又走了二里，有石峰峙立在東面的峽谷中。原來南北兩邊的山，從州城西面八里處就像推開的門那樣延伸過來，中間開出一個山塢，水從中間流過，到這裡則東面有石峰居中峙立，而山塢才到盡頭。溪水從石峰的南面往東奔流峽中，即昨天隨同農君進入的地方。如今路從石峰的北面往東通向北面的山塢。又走了三里，看到山塢中有個村子，名那賢。再往東走二里，山塢才大大開闊起來，層層田地相連，有路通向南面的山塢，即去那倫的路。再往東走五里，山塢又到盡頭，便往北轉再往東越過山坳。走了一里，越過山坳的東面，在山塢中行走。再走一里，又往東穿過峽谷，這峽谷十分狹窄，中間平坦，但石骨稜稜，如萬把尖刀聚集在旁，無法落腳。走出峽谷，路忽然下降，隨後又往南轉到石壑中，亂石高低不平，共走了三里，山勢漸漸開闊。忽然看到路左邊石洞曲曲折折，往下陷落，形成兩個水潭，清澈的水流匯聚其中，映人心目。水潭南面的山塢中有兩架草樓，水潭東面山塢中也有一架草樓，都空無一人。向轎夫打聽，回答說：「這是湘村，曾經被萬承州攻破，所以居民都拋下房屋逃走了。」從湘村往東，在路的北邊又出現溪流，就是從兩個水潭中溢出的水。往東在平坦的山塢中走了二里，經過昨天打魚塘的南面。再往東走三里，便向北渡過從西面流來的溪水，溪水從石壑中穿過，路也隨著溪水延伸，水石雜亂交錯。走了一里，從溪水北面行走，轉入北面的山壑中。過了一里，水又從南面流來，再渡過溪水向東。再走一里，水又從北流向南，再渡過溪水，就向東走出峽谷。忽然道路沿峽谷直落下一里，才看到峽谷東面的平野，從北往南，十分開闊，方知都結州的地界，簡直在西山的山頂。下山就是隆安地界，也就成為太平府和南寧府的分界，兩處的地勢高下頓時不同了。隨著西峰的東麓往北走一里，溪水淙淙有聲，沿著溪水上行，到一個村莊，地名巖村，居民才有瓦房、高櫈，重新見到漢人的習俗。到這裡，天色也已放晴，時間已過中午，替換的役夫來到，便動身走路，於是都往南在平野中行走，過了二里，到前村姓鄧的人家吃飯。吃過飯，又渡過溪水到西岸，往南走了一里半，它西面的峽谷在中間開出，山峰山塢層層疊疊，西面的山塢中有個很大的村莊，名楊村。再往南走一里半，楊村有條溪水也從西面的山塢向南流，和北溪匯合後，這溪水才變大，渡過溪水到西岸，又往南走一里，水向東注入東界土山的腋部，路往西南走一里，到達西界的石山下，來到一個村莊，名黑區村。換了役夫，沿著西邊的石山往南走，它的山峰有的像直立的錐子那麼尖銳，山岩有的劈開，如同飛鳥展翅而中間是空的。在下嵌的岩石中行走，又往南四里，到西面山峰聚集相夾的地方，看到一個大村莊，名龍村。又換了役夫往南，才隨著東邊的土山行走。這才知道從黑區村到這裡，都是峽谷中平坦的山塢，沒有澗水，因為在楊村合流的溪水，已先往東流進土山了。到這裡，又有水從西面龍村的西塢流來，再往南形成小澗。在小澗東面走了三里，盤繞土山的東南直往下轉過，到一個村子，名伐雷，換了役夫。又在夜晚往東南走三里，在巴潭村一戶姓黃的人家留宿。

初三日　巴潭黃老五鼓起，割雞取池魚為餉。晨餐後，東南二里，換夫於伐連村，待夫久之。乃東南踰土山峽，一里，則溪流自西北石山下折而東來，始瀧瀧❶成聲。隨之南行，蓋西界石山至此南盡，轉而西去，復東突一石峰，峙於南峽之中，若當戶之樞，故其流東曲而抵土山之麓，又南繞出中峙石峰，始南流平畦，由龍場入右江焉。隨溪一里，南山既轉西南，平壑大開，而石峰之南，山盡而石不盡。於是平疇曲塍間，怪石森森，佹❷離佹合，〔高下不一，流泉時漱之，環以畦塍，使置一椽❸其中，石林精舍❹，勝無敵此者。〕行石間一里，水正南去，路東上山麓，得一村聚落甚大，曰把定村。村人刁甚，候夫至日昃，始以一騎、二擔夫來。遂東北踰土嶺，一里半，北渡一小水，乃北上嶺。又一里，踰其巔，又北行嶺上者一里，則下見隆安❺城郭在東麓矣。乃隨嶺東北下者里❻，又東行者一里，入西門，抵北門，由門內轉而南，稅駕於縣前肆中。是日，雲氣濃郁，不見日光。時已下午，索飯，令顧僕往驛中索騎，期以明旦，而挑夫則須索之縣中。時縣君何為庫役所訟，往府，攝尉事者為巡檢李姓。將覓刺往索夫，而先從北關外抵犖閣，則右江從西北來，經其下而東去，以江崖深削，故遙望不見耳。從崖下得一〔南寧〕舟，期以明日發。余時瘡大發，樂於舟行，且可以不煩縣夫，遂定之，令顧僕折騎銀於驛，以為舟資。乃還宿於肆。

【章旨】本章記載了第二百三十二天在南寧府的行跡。在自伐連村到把定村的途中，看到平野中怪石林立，勝過石林精舍。到達隆安，在北關外犖閣崖下找到船隻，決定乘船去南寧。

【注釋】❶瀧瀧　水流聲。❷佹　同「詭」。❸椽　房屋間數。❹石林精舍　園名，在浙江吳興西門外，卞山之南，產石奇巧，羅布山間，故名。宋葉夢得於此築亭，自號石林。❺隆安　明代為縣，隸南寧府，今屬廣西。❻乃隨嶺東北下者里　「里」前疑有脫字。

【語譯】初三　巴潭村的黃老五更就起身，殺雞並到池塘捕魚來款待。早飯後，往東南走二里，到伐連村替換役夫，等了很長時間。於是往東南越過土山峽谷，走了一里，只見溪水從西北的石山下轉向東流來，開始發出瀧瀧的聲音。隨著溪水往南走，因為西邊的石山往南到這裡為止，轉而向西延伸，又在東面突起一座石峰，峙立在南面的山峽中，就像門上的樞軸，所以溪流向東彎曲，到達土山山麓，再向南繞出在峽谷中峙立的石峰，才向南流過平野，從龍場注入右江。隨溪水走了一里，南面的山脈已轉向西南，平坦的山壑十分開闊，而石峰的南面，山雖到了盡頭，但岩石還在。在這裡平坦的田野、曲折的田埂中，怪石森然羅列，形狀奇詭，忽分忽合，高低不一，流泉時時沖激著怪石，周圍田埂環繞，如果在這裡造一間房子，即使石林精舍的美景也不能和它相比。在怪石中走了一里，水向正南流去，路往東登上山麓，來到一個很大的村落，名把定村。村人十分刁猾，等候役夫直到太陽偏西，才來了一匹馬，兩個挑夫。於是往東北越過土嶺，走了一里半，往北渡過一條小水，才向北登上山嶺。又走了一里，越過山頂，在嶺上再往北走了一里，往下已見隆安城郭在山的東麓了。於是隨山勢往東北走下數里，再往東走一里，進入隆安城西門，到達北門，從北門內轉向南，在縣衙門前的店鋪歇腳。這天烏雲密布，不見陽光，時間已是下午，便索取飯吃，又吩咐顧僕到驛站要馬，約好明天早晨走，而挑夫則必須向縣裡要了。這時縣令何君被管理倉庫的役吏控告，到府裡去了，由姓李的巡檢代理縣尉職事。正要拿了名帖去要役夫，而又先從北關外去鞏閣，只見右江從西北流來，經過閣下向東流去，因為江上的石崖既深又陡，所以遠望看不見。從崖下找到一條去南寧的船，定在明天出發。我這時瘡毒發得厲害，樂意坐船走，而且可以不用麻煩縣裡的役夫，就定了下來，吩咐顧僕到驛站把馬價折成銀子，作為船錢。於是回店鋪住宿。

初四日　晨起，飯而下舟，則其舟忽改期，初八始行。蓋是時巡方❶使者抵南寧，先晚出囚於獄，同六房❷之聽考察者以此舟往。中夜忽逸一囚，吏役遂更期云。余時已折騎價，遂淹留舟中。瘡病呻吟，陰雲黯淡，歲寒荒邑外，日暮瘴江邊，情緒可知也。

初五日　坐臥舟中。下午顧僕曰：「歲云暮矣，奈何久坐此！請索擔夫於縣，為明日步行計。」余然之。

左、右江之分，以楊村、把定以西石山為界。故石山之內，其地忽高，是為土州，都結、萬承。屬太平。石山之下，其塢忽墜，是為隆安❸，乃嘉靖間王新建❹所開設者，屬南寧。此治界所分也。若西來之龍脊，則自歸順、鎮安、都康、龍英北界之天燈墟，又東經全茗、萬承而石山漸盡，又東抵合江鎮，則宣化屬矣。其在脊之北者，曰鎮遠、佶倫、結安、都結，萬承之東北鄙。其水或潛墜地穴，或曲折山峽，或由土上林，或由隆安入右江。然則此四土州水入右江，而地轄於左江，則以山脊迂深莫辨也。

隆安東北臨右江，其地北去武緣界一百四十里，南去萬承土州界四十里，東去宣化界一百二十里，有大灘驛。西去歸德❺土州界八十里。其村民始有瓦屋，有檯欖，邑中始為平居，始以竈爨，與土州截然若分也。

土人俱架竹為欄，下畜牛豕，上爨與臥處之所託焉。架高五、六尺，以巨竹搥開，徑尺餘，架與壁落俱用之。爨以方板三、四尺鋪竹架之中，置灰爇火，以塊石支鍋，而炊鍋之上三、四尺，懸一竹筐，日炙稻而舂。舂用巨木刳為小舟形，空其中，以雙杵搗之。婦人擔竹筒四枚，汲於溪。其筒長者四、五尺。亦有紡與織者。織亦有扣❻有綜❼，第不高而平，婦人趺坐而織。紡亦然。男子著木屐，木片為底，端絆皮二條，交於巨趾間。豈交趾之稱以此耶？婦人則無不跣者。首用白布五、六尺盤之，以巨結綴額端為美觀，亦間有用青布、花布者。婦人亦間戴竹絲笠，胸前垂紅絲帶二條者，則酋目之婦也。裙用百駢細襉，間有緊束以便行走，則為大結以負於臀後。土酋、土官多戴氈帽，惟外州人寓彼者，束髮以網，而酋與官俱無焉。惟向武王振吾戴巾。交人則披髮垂後，並無布束，間有籠氈帽於髮外者，髮仍下垂，反多穿長褶，而足則俱跣。

交絹輕細如吾地兼❽絲，而色黃如睦州❾之黃生絹，但比之密而且勻。每二丈五尺一端❿，價銀肆錢，可製為帳。

向武多何首烏⓫，出石山穴中，大有至四、五觔⓬者。〔余於州墟以十二錢得三枚，重約十五斤。〕余按《一統．土物志》：粵西有馬檳榔。不知為何物，至是見州人俱切為片和蔞葉⓭以敬客，代檳榔焉，呼為馬檳榔，不知為何首烏也。

隆安縣城在右江西南岸。余前至南寧，入郡堂觀屏間所繪郡圖，則此縣繪於右江之北。故余自都結來，過把定，以為必渡江而後抵邑。及至，乃先邑而後江焉。非躬至，則郡圖猶不足憑也。

【章旨】本章記載了第二百三十三、第二百三十四天在南寧府的行跡。船因故不發，決定改從陸路步行。左江、右江以楊村把定西面的石山為界。到隆安，民風才和土州截然不同。當地土人都架竹樓居住，穿著與漢人不同。交趾人披頭散髮，向武州多何首烏。經實地考察，南寧府地圖還不足信。

【注　釋】❶巡方　原指天子出巡四方，後也用以指天子派大臣巡察四方。❷六房　宋門下省設六房，由給事中分治。元、明、清時州縣衙門也設吏、戶、禮、兵、刑、工六房，後便用作地方衙門吏役的總稱。❸隆安　嘉靖十二年（一五三三），析宣化縣那久地置隆安。❹王新建　王守仁，明世宗時封新建伯，總督兩廣，平息斷藤峽民變。❺歸德　明代為州，隸南寧府，治所在今平果東境的歸德。❻扣　同「筘」。織布機上的機件之一，形狀如梳齒，經紗從梳齒間穿過，可控制經紗的密度和位置，並將緯紗拉緊，推向織口。❼綜　織布機上的裝置，使經線上下交錯分開，以便梭子通過，以受緯線。❽兼　當作「縑」。雙絲織的微帶黃色的細絹。❾睦州　隋置，北宋宣和間改名嚴州，治所在今建德東境的梅城，明依舊。❿端　古代布物長度名，絹稱匹，布稱端。⓫向武多何首烏　以下一段，乾隆本繫於十一月十八日日記遊百感諸巖後。何首烏，本名交藤，蓼科宿根藤本植物，具塊狀根莖，供藥用。⓬觔　同「斤」。⓭蔞葉　又名蔞子、蒟醬。藤葉入藥，有辛辣味。蔞葉裹檳榔一起咀嚼，據說可保護牙齒。

【語　譯】初四　早晨起身，吃過飯下船，但這船忽然改期，到初八才走。原來這時巡察的使者到達南寧，前晚把監獄中的囚犯帶出，和縣內六房聽候考察的官吏一起乘這條船前往。半夜忽然逃走一名囚犯，吏役因此就改了日期。我這時已經把馬價折成銀子付船錢，便留在船上。瘡病呻吟，陰雲暗淡，將近歲末，天色已晚，在這荒涼的小城外，瘴氣瀰漫的江水邊，人的情緒是可想而知了。

初五　在船中時坐時躺，下午顧僕對我說：「將近年底了，怎能長時間在這裡坐等呢？請到縣裡去要役夫，準備明天步行上路吧。」我同意他的話。

左江、右江的劃分，以楊村、把定村以西的石山為界。故石山之內，地勢忽然高起，這是土州地界，都結、萬承。屬太平府。石山之下，山塢忽然落下，這是隆安地界，是嘉靖年間王新建所設置的，屬南寧府。這是轄地的區分。至於從西面延伸過來的大山山脊，則從歸順、鎮安、都康、龍英北界的天燈墟，再往東經過全茗、萬承，石山漸漸到了盡頭，再往東到達合江鎮，便是宣化縣屬地了。在山脊北面的，是鎮遠、佶倫、結安、都結和萬承的東北邊地，那裡的水或暗流落入地洞，或曲曲折折流經峽谷，或從上林土縣，或從隆安注入右江。所以這四個土州的水雖流入右江，而地界卻屬於左江，這是因為山脊曲折深遠，無法辨別的緣故。

隆安城東北面臨右江，這裡往北離武緣縣界一百四十里，往南離萬承土州邊界四十里，往東離宣化縣界一百二十里，有大灘驛。往西離歸德土州邊界八十里。到這裡村民才有瓦房，用檯櫈，縣城內才在平地居住，才用竈燒飯，和土州截然不同了。

當地人都是用竹子架成圍欄，下面養牛養豬，上面是煮飯和睡覺的地方。竹架高五、六尺，是把大竹搥開，直徑有一尺多，屋架和牆壁的落水管都用它。煮飯時將三、四尺長的方板鋪在竹架的中間，放上炭灰生火，用石塊支起鍋子，在飯鍋的上面三、四尺地方，懸掛一個竹筐，每天烘烤稻穀然後去舂米。舂用大樹挖成小船的形狀，中間是空的，用兩根木杵搗米。婦女挑四個竹筒，到溪中取水。竹筒長的有四、五尺。也有紡紗和織布的。織布也有扣有綜，但織機不高，是平放的，婦女盤坐織布。紡紗時也是這樣。男人穿木屐，用木片做底，頂端絆上兩條皮帶，交扣在大腳趾間，難道交趾的名稱就是由此而來的嗎？婦女則沒有不赤腳的。頭上盤繞著五、六尺白布，在額上打著一個大結，以此為美觀，偶爾也有用青布、花布包頭的。婦女也偶有頭戴竹絲斗笠；胸前掛著兩條紅絲帶的，那是酋長、頭目們的妻子。所穿裙子是用細密的褶子組成的百襉裙，偶爾也有為了便於走路而將裙子緊束起來打成一個大結，背在臀後。土酋、土官大多頭戴氈帽，只有住在那裡的外州人，用網束住頭髮，但土酋和土官都沒有這東西。只有向武州王振吾戴頭巾。交趾人則披散頭髮垂在背後，並不用布束起。偶有在頭髮外戴上氈帽的，但頭髮仍然披垂下來，反而有不少人穿長褶裙，但都赤腳。

交趾出產的絹又輕又細，就像我家鄉的兼絲，但顏色發黃，如睦州的黃生絹，但比睦州絹要細密均勻。每二丈五尺為一端，價四錢銀子，可用來做帳子。

向武州盛產何首烏，出自石山的洞穴中，大的有四、五斤重，我在州城集市上花十二文銅錢買了三個，重約十五斤。按《一統志．土物志》載，粵西有馬檳榔。我不知道它是什麼東西，到了這裡，看到州人都把它切成片，和蔞葉一同用來敬客，以代替檳榔，稱作馬檳榔，卻不知道它就是何首烏。

隆安縣城在右江西南岸。我先前到南寧，在府衙大堂上觀看屏風間所畫的南寧府地圖，看到這縣畫在右江的北岸。因此我從都結過來，經過把定村，以為一定要渡江才能到縣城。等走到這裡，卻是先進城，後到江邊。如果不是親自來到，又怎會知道南寧府的地圖仍不足憑信呢。

初六日　早霧四塞。飯後，適縣中所命村夫至，遂行。初自南門新街之南南向行，三里，復入山。踰崗而下半里，兩過細流之東注者，抵第三流，其水較大，有橋跨其上，曰廣嗣度橋。又南上山，一里半，出一夾脊，始望見山南大塢自西北開洋南去。遂南下土山，一里，土山南盡，復有石山如錐當央。由其西南向行六里，又抵一石山下，其山自北遙望若屏斯列，近循其西麓，愈平展如屏。已繞其南，轉東向行三里，其山忽東西兩壁環列而前，中央則後遜而北，皆削崖轟空，三面圍合，而缺其南；其前後有土崗橫接東西兩峰盡處，若當門之閾；其後石壁高張，則環霄之玦也。先是，按《百粵志》記，隆安有金榜山❶，合沓如城。余至邑問之，無有知者。又環觀近邑皆土山，而余方患瘡，無暇遠索。至是心異其山，問之村夫，皆曰：「不知所謂金榜者。」問：「此山何名？」曰：「第稱為石巖，以山有巖，可避寇也。」

余聞之，遂令顧僕同夫候於前村，余乃北向入山。半里，踰土崗而下，其內土反窪墜，其東西兩崖俱劈空前抱，土崗橫亙而接其兩端。既直抵北崖下，望東崖之上，兩裂透壁之光，若明月之高懸鏡臺也。又望西崖之上，有裂罅如門，層懸疊綴，若雲扉之嵌空天半也。余俱不暇窮，先從北崖之麓入一竅。竅門南向，嵌壁為室，裂隙為門。層累而上，內不甚寬，而外皆疊透。連躋二重，若樓閣高倚，飛軒下臨，爽朗可憩。其左忽轉劈一隙，西裂甚深，直自崖巔下極麓底，攀夾縫而上，止可脅肩❷，不堪寄傲。乃復層累下，出懸隙兩重，遂望西崖懸扉而趨。其門東向，仰眺皆崇崖莫躋，惟北崖有線痕可攀，乃反攀倒躋，兩盤斷峽下而復上，始凌洞門。門以內，隙向西北穹起；門以外，隙從崖麓墜下。下峽深數丈，前有巨石立而掩之❸，故自下望，祇知為崖石之懸，而不知其內之有峽也。然峽壁峻削，從上望之，亦不能下。欲攀門內之隙，內隙亦傾側難攀。窺其內漸暗，於是復從舊法攀懸下。乃南出大道，則所送夫亦自前村回，候余出而後去。乃東行五里，有村在路左，曰魚奧。將入而覓夫，則村人遙呼曰：「已同押擔者向前村矣。」〔村人勞余曰：「遊金榜大洞樂乎？」余始知金榜即此山。亟問：「大洞云何？」曰：「是山三面環列，惟西面如屏。大洞在前崖後高峰半，中闢四門，宏朗靈透。」余乃悟所遊者為前崖小洞，尚非大洞也。〕

又東五里，追及之於百浪村，乃飯於村氓家。於是換夫，東南行二里，復見右江自北來，隨之南，遂下抵江畔，則有水西自石峽中來注。其水亦甚深廣，似可勝舟，但峽中多石，不能入耳。其下有渡舟，名龍場渡❹，蓋即把定、龍村之水，其源自都結南境，與萬承為界者也。渡溪口復南上隴，江流折而北去，路乃東南行。又六里，換夫於鄧炎村。又東南八里，踰一小山之脊。又南二里，抵那縱村。從村中行，又二里，換夫於甲長家，日已暮矣，復得肩輿，行月夜者二里。見路右有巨塘汪洋，一望其盤匯甚長。又四里，渡一石橋，有大溪自西南來，透橋東北去。越橋又東二里，宿於那同村。夜二鼓，風雨大作。

【章　旨】本章記載了第二百三十五天在南寧府的行跡。從陸路去南寧，途中看到一座如同錐子直立的石山，三面合圍，獨缺南面。於是上山進入一個孔洞，接連登上兩層，又用「反攀倒躋」之法，登臨崖上高懸的洞門。出山走到魚奧村，方知所遊的是金榜山。隨後經過龍場渡，夜晚到那同村投宿。

【注　釋】❶金榜山　俗名掛榜山，又名野邑山，在隆安城東十里。峭壁聳拔，有三層巖洞，可容千人。山頂有天然石池，南麓一谷尤其奇絕。從山麓拾級而上，中有玉女井，上有明和洞，極深邃，再上為雷壇，深處為飛雲谷、白猿崖、橫煙嶂、香爐峰諸勝。❷脅肩　縮著肩膀，形容恐懼小心。❸前有巨石立而掩之　掩，原作「撩」，據乾隆本改。❹龍場渡　今名龍牀渡，在隆安東南，右江西岸。

【語　譯】初六　早晨濃霧四面密布。吃過飯，正好縣裡所派的村夫來到，就動身上路。先從南門新街的南面往南走，過了三里，再進入山。越過山岡走下半里，兩次渡過往東流的小溪，到第三條溪流，這水較大，有橋架在上面，名廣嗣度橋。又往南上山，過了一里半，走出一道相夾的山脊，才望見山南的大塢從西北向南擴展。於是往南走下土山，過了一里，土山在南面到了盡頭，又有石山如錐子一般正當中央屹立。從它的西面往南走六里，又到一座石山下，這山從北面遠望，就像屏風排列，走近順著它的西麓望去，更加平展，如同屏風。繞到石山的南面，轉而向東走三里，這山的東西兩面石壁，忽然在前面環列，位於中央的山體卻往後退到北面，都是懸崖峭壁向空中矗立，三面合圍，而獨缺南面；在它前後有土岡橫連東西兩座山峰的盡頭處，就像門前門檻；後面石壁高高聳起，則又像環繞雲霄的玉玦。先前，據《百粵志》記載，隆安有金榜山，合圍重疊，如同城垣。我到縣城打聽，沒人知道。又環顧縣城附近都是土山，而我正患瘡毒，沒有空到遠處去尋找。到這裡感到這座山十分奇特，便問村夫，都說：「不知道所謂的金榜山。」問他們：「這山叫什麼名字？」答道：「只稱作石巖，因為山上有巖洞，可以躲避強盜。」

我聽了就吩咐顧僕和役夫到前面的村子等候，我於是朝北進山。走了半里，越過土岡走下，裡面土地反而低窪下陷，東西兩面的山崖都是凌空向前環抱，土岡橫亙，連接山崖的兩端。直到北面山崖的下面，望見東面山崖的上方，有兩處崖壁裂開透進陽光，就像明月高掛在鏡臺之上。又望見西面山崖的上方，有像門那樣的裂縫，層層疊疊，懸掛連結，如同嵌在半空雲中的門扇。我都來不及窮究，先從北崖的山麓進入一個孔洞。洞門朝南，嵌入崖壁成為洞室，裂開的縫隙成為洞門。一層層往上，裡面不大寬敞，但外面都層疊相通。接連登上兩層，就像樓閣背靠高空，飛軒面對下方，寬爽明朗，可以休息。在它左邊轉過，忽劈開一道縫隙，往西裂開很深，從崖頂往下直到山麓底部，從夾縫往上攀登，只可縮著肩膀恐懼小心，不能昂首挺胸傲慢大意。於是又一層層往下，從兩層高懸的空隙中走出，便朝著西面山崖上那扇高懸的洞門走去。洞門朝東，仰望都是高峻的山崖，無法攀登，只有北面的山崖有一條石痕可以攀援，於是倒過來攀援往下，兩次盤繞斷裂的峽谷，下了又上，才登上洞門。洞門裡面，裂縫向西北隆起；洞門外面，裂縫從山崖落到山腳。下面的峽谷有幾丈深，前面有大石屹立遮掩它，所以從下面望去，只看到崖石高懸，而不知裡面有峽谷。但峽壁高峻陡峭，從上面可望見它，而不能下去。想攀登洞門內的裂縫，裡面也傾斜不平難以攀登。向內窺視漸漸暗了起來，在這裡又用原來的辦法攀懸而下。往南走到大路上，只見送我的役夫也已從前面的村子返回，等我出來然後離開。於是往東走了五里，有村莊在路的左邊，名魚奧。正要進村找役夫，就聽到村民在遠處呼叫，說：「已經同押擔的人去前面的村子了。」村民慰勞我說：「遊覽金榜大洞高興嗎？」我才知道金榜山就是這座山。急忙問：「什麼是大洞？」答道：「這山三面環列，只有西面如同屏障。大洞在前崖後面高峰的半腰，中間開出有四道門，宏偉爽朗，靈氣透露。」我才明白所遊覽的只是前崖小洞，還不是大洞。

又往東走了五里，在百浪村追上役夫，便在村民家吃飯。在這裡換了役夫，往東南走二里，重新看到右江從北面流來，隨著江水向南，便往下到江邊，有水從西面的石峽中流來，注入大江。這水也很深廣，似乎可以行舟，但峽谷中岩石太多，船不能進入罷了。下面有渡船，地名龍場渡，大概就是把定、龍村的水，發源於都結州南境，在和萬承州交界的地方。渡過溪口再往南登上山壟，江水轉向北流，路就向東南去。又走了六里，在鄧炎村替換役夫。再往東南走八里，越過一座小山脊。再往南走二里，到達那縱村。從村子中間穿過，再走二里，到甲長家替換役夫，天色已晚，又坐上小轎，在月夜中走了二里。看到路的右邊有巨大的水塘，不見邊際，一眼望去，水塘盤曲，積水很長。再走四里，渡過一座石橋，有大溪從西南流來，穿過橋向東流去。過橋再往東走二里，在那同村留宿。夜晚二更時，風雨大作。

初七日　早起頗寒，雨止而雲甚濃郁。飯後夫至，始以竹椅縛輿，遂東行。一里，路左大江[1]自北來，前所過橋下大溪西南入之，遂曲而東，路亦隨之。半里，江曲東北去，路向東南。又半里，換夫於那炎村。又待夫縛輿，乃東南行。二里，路左復與江遇，既而江復東北去。又東南四里，漸陟土山，共一里，踰而下，得深峽焉。有水自西南透峽底，東北入大江。絕流而渡，復上山崗，半里踰嶺側，復見大江自北來，折而東去，路亦隨之。循南山之半東行一里，南山東盡，盤壑成塘，外築堤臨江，內豬水浸麓。越堤而東，江乃東北去，路仍南轉，共一里，有公館北向大江。有聚落南倚迴阜，是曰梅圭。又東從岐行三里，飯於振樓村。仍候夫縛輿久之。南行十里，始與梅圭西北來大道合。又東南十二里，抵平陸村。已為宣化屬矣❷。村人不肯縛輿，欲以牛車代，相持久之，雨絲絲下。既而草草縛木於梯架，乃行，已昏黑矣。共四里，宿於那吉，〔土人呼為屯吉云。〕

【章旨】本章記載了第二百三十六天在南寧府的行跡。用竹椅綁成轎子，沿著江水走。經過那炎村、梅圭村、平陸村，到那吉留宿。

【注釋】❶大江　指右江。❷已為宣化屬矣　屬，原作「忝」，據乾隆本改。

【語譯】初七　早晨起身，天氣十分寒冷，雨停了但依然濃雲密布。吃過飯，役夫來到，才用竹椅綁成一架轎子，就向東出發。走了一里，在路的左邊，大江從北面流來，先前所經過的橋下的大溪從西南注入大江，便曲折東流，路也跟著江水走。過了半里，大江轉向東北流去，路則向東南延伸。又走了半里，在那炎村替換役夫。再等役夫紮好轎子，就往東南走。過了二里，在路的左邊又和大江相遇，隨即大江又向東北流去。再往東南走四里，漸漸登上土山，共走了一里，越過土山下去，到一處很深的峽谷。有水從西南方穿過峽谷底部，往東北注入大江。橫渡溪水，再登上山岡，走了半里越過山嶺的一邊，又看見大江從北面流來，轉向東流去，路也隨著江水走。沿著南山的半腰往東走一里，南山在東面到了盡頭，盤繞的山壑形成池塘，外面臨江築起堤壩，裡面積水直浸到山麓。越過堤壩向東，大江流向東北，路仍往南轉，共走了一里，看到有座公館朝北對著大江。有個村落南面靠著迴繞的土岡，地名梅圭。再往東從岔路走三里，到振樓村吃飯。仍然用很多時間等候役夫紮轎子。往南走十里，才和從梅圭西北延伸過來的大路相遇。再往東南走十二里，到達平陸村。已經是宣化縣屬地了。村人不肯紮轎子，想用牛車替代，僵持了好久，下起了絲絲細雨。隨後馬馬虎虎將木板捆在梯架上，便出發，天色已經昏暗了。共走了四里，在那吉村留宿，當地人稱為屯吉。

初八日　晨起，雨不止。飯而縛輿，久之，雨反甚，遂持傘登輿。東南五里，雨止，換夫於麟村，縛輿就乃行。東南三里，路分二岐，轉從東南者行，漸復踰土山，三里，越山而東，則右江自北折而來，至此轉東南向去，行隨之。又二里，而至大灘❶，有數家之聚在江西岸，始降欄宅土，有平居矣。即舊之大灘驛也，萬曆初已移于宋村。江中有石，橫截下流，灘聲轟轟，聞二、三里，大灘之名以此。右江至此，始聞聲也。換夫縛輿，遂從村東東南踰嶺，三里，踰嶺南，則左江自楊美下流，東北曲而下，至此折而東南去。遂從江北岸隨流東行，二里，復入山脊，雨復紛紛。上下崗陀間，又二里，換夫于平鳳村。又東行二里半，至宋村，即來時左、右二江夾而合處。其南面臨江，即所謂大果灣也。其村在兩江夾中，實即古之合江鎮，而土人莫知其名矣。萬曆初移大灘驛於此，然無郵亭、驛鋪，第民間供馬而已。故余前過此，求大灘驛而不知何在，至是始知之也。候飯，候夫，久之乃行，雨不止。其地南即大果灣，渡左江，為楊美通太平府道，正東一里即左、右二江交會之嘴。今路從東北行，一里餘，渡右江，南望二江之會在半里外，亦猶前日從舟過其口，而內望其地也。渡右江東岸，反溯江東北行，已遂東向踰山，三里而下，雨竟淋漓大至。又一里，至王宮村❷，遂止息焉。雨淙，抵暮不能復行。王宮在大江❸北岸里餘矣。

【章　旨】本章記載了第二百三十七天在南寧府的行跡。冒雨出發。到大灘，才聽右江水聲轟隆。隨後到宋村，實即古代的合江鎮，村南為大果灣。渡過右江到東岸，走到王宮村，因大雨來臨，不能繼續前進。

【注　釋】❶大灘　即今南寧西的大灘，在左江和右江之間。❷王宮村　在邕寧縣西北境，邕江北岸。❸大江　指鬱江。

【語　譯】初八　早晨起身，雨下個不停。飯後紮轎，等了好久，雨反而下得更大了，便撐著傘上轎。往東南走五里，雨停了，在麟村替換役夫，紮好轎就動身。往東南走三里，路分成兩支，轉而從東南的岔路走，漸漸又越過土山，走了三里，翻山往東，只見右江從北面轉折流來，到這裡又轉向東南流去，就跟著它走。又過了二里到大灘，江的西岸有幾戶人家的村子，才不用竹架樓，而是在地上蓋屋，有在平地居住的人了。即從前的大灘驛，萬曆初年驛站已遷到宋村。江中有石，橫截下游，灘上水聲轟隆，傳到二、三里之外，大灘的名字就由此而起。右江流到這裡，才聽到水聲。換了役夫，紮好轎子，就從村的東面往東南翻越山嶺，走了三里，越過山嶺到南面，只見左江從楊美往下流，往東北曲折流下，到這裡轉向東南流去。於是從江的北岸隨水流往東走，過了二里，再進入山脊，雨又紛紛下了起來。在岡坡中上上下下，又走了二里，在平鳳村替換役夫。

再往東走二里半，到宋村，即來時左右兩江夾流交會處。村的南面對著江水，即所謂的大果灣。這村地處兩江相夾之中，實際上就是古代的合江鎮，而當地人已經不知道這個名字了。萬曆初年，將大灘驛站遷到這裡，但沒有郵亭、驛鋪，只是由民間提供馬匹而已。故我上次經過這裡，尋問大灘驛卻不知在哪裡，到現在方才知道。等飯吃，等役夫，過了好久才動身，雨下個不停。這裡南面就是大果灣，渡過左江，就是從楊美通往太平府的路，正東一里，即左、右二江交會的水口。現在路從東北走，過了一里多，渡過右江，向南望見二江的交會處在半里外，也就是前些日子乘船經過水口時往裡望見的地方。渡過右江到東岸，反過來沿著江水往東北上行，隨即就向東翻越山嶺，走了三里下山，傾盆大雨竟然下了起來。又走了一里，到王宮村，便停下休息。雨聲淙淙，直到晚上，就不能再走。王宮村在大江北岸一里多的地方。

初九日　中夜數聞雨聲甚厲，天明雲油然四翳，遲遲而起。飯而後行，近上午矣。王宮村之左，有路北入山夾，乃舊大灘間道。由村前東南行二里，踰一嶺而下，有小水自北夾來，西南入大江。越之而東，又一里，稍北轉，循北山行，有大道自東而西，始隨之東去。其直西踰小坳者，亦舊大灘道。蓋南寧抵隆安，此其正道，以驛在宋村兩江夾間，故迂而就之也。又東行三里，轉上北岡，換夫於顏村。又東南踰一嶺而下，轉而西，共五里，換夫于登科村。又東南二里，換夫於狼科村。山雨大至，候夫不來，趨避竹間，頂踵淋漓，乃趨避一山莊廡下。久之夫至，雨亦漸止，又東南踰一平坳，共四里，飯於石步村。既飯，已下午矣，雨猶不全止，夫至，乃行。東南有墟在崗頭，踰崗而下，共半里，越小石梁，下有澗深而甚細，蓋南寧北面之山，至石步而西截江流者也。又東南行，雨勢大作，遍體沾透。二里，復下一深澗，越木橋而上崗，又東南行雨中，二里，止於羅岷村。候夫不至，雨不止，煨濕木以爇衣，未幾乃臥。

【章　旨】本章記載了第二百三十八天在南寧府的行跡。經過顏村、石步村，到羅岷村留下。

【語　譯】初九　半夜幾次聽到迅猛的雨聲，天亮後四面陰雲密布，很晚才起身。吃好飯上路，已近上午了。王宮村的左邊，有路往北進入峽谷，是從前去大灘驛的小路。從村前往東南走二里，越過一座山嶺往下，有小水從北面的峽谷中流來，往西南注入大江。越過小水往東，又走了一里，稍許向北轉，沿著北山走，有條大路從東往西，才沿著大路往東走。直往西翻越小山坳的路，也是從前去大灘驛的路。原來從南寧到隆安，這是正路，因為驛站在兩江相夾間的宋村，所以繞路去那裡。又往東走三里，轉上北面的山岡，在顏村替換役夫。再往東南翻過一座山嶺走下，折而向西轉，共走了五里，到登科村替換役夫。又往東南走二里，到狼科村替換役夫。山雨下得很大，等候役夫不來，趕到竹叢中避雨，從頭到腳淋得濕透，於是到一座山莊的廂房下避雨。過了好久，役夫來到，雨也漸漸停了，再往東南越過一處平坦的山坳，共走了四里，在石步村吃飯。吃完飯，已是下午了，雨還沒完全停下，役夫來到就出發。在東南岡頭有個集市，越過山岡往下，共走了半里，通過小石橋，下面有山澗既深又細。原來南寧北面的山嶺，到石步村便向西橫截江流。再往東南走，雨下得很大，全身都濕透了。走了二里，又往下到一條深澗，通過木橋登上山岡，再往東南在雨中行走，過了二里，在羅岷村住下。等候役夫不來，雨又不停，燃起濕柴烘烤衣服，沒多久就去睡了。

初十日　雲勢油然連連，乃飯。村人以馬代輿，而另一人持輿隨行。雨復霏霏，於是多東南隨江岸行矣。五里，稍北折內塢，有溪自東北來入江，乃南踰之。復上崗二里，抵秦村，其村甚長。先兩、三家互推委，既乃下一村人家，騎與送夫去。候夫久之，有奸民三、四人索馬牌看，以牌有馬，不肯應夫。蓋近郭之民，刁悍無比，真不如來境之恭也。久之，止以二夫肩行李，輿與馬俱一無，余以步而行。一輿來，已數村，反為其人有矣。幸雨止，崗漸燥，一里，平踰崗東北，有溪自東北來入江，較前三溪頗大，橫竹欖數十渡澗底，蓋即申墟之下流，發於羅秀山❶者也。復東南上崗一里餘，過窰頭村之北，顧奴同二擔入村換夫，余即從村北大道東行。二里，北渡一石梁。其梁頗長，架兩崗間，而下流亦細。向從舟登陸，自窰頭村東渡小橋，即其下流也。又東四里，有長木梁駕兩崗上，渡而東，即白衣庵，再東，即崇善寺。乃入寺詢靜聞永訣事，其歿在九月廿四酉時，止隔余行一日也。僧引至窆骨之所，乃在木梁東岸溪之半。余拜而哭之。南顧橋上，則顧奴與二擔適從梁上過矣。乃與僧期，而趨梁店稅駕焉。時纔午，雨紛紛不止。飯後躡履❷問雲貴客於熊石湖家，雲貴經紀。則貴竹❸有客纔去，茲尚無來者。余以瘡痛，市藥於肆，併履襪而還。〔一別南寧，已七十五日矣。〕

【章　旨】本章記載了第二百三十九天在南寧府的行跡。冒雨出發，到達秦村，城郊村民遠比土州奸刁，沒轎沒馬，只得步行。途中渡過申墟下游的溪水，再經過窰頭村、白衣庵，進入崇善寺哭拜靜聞，然後趕到梁氏客店住下。

【注　釋】❶羅秀山　在南寧城北二十里，傳說晉羅秀隱於此，後成仙，故名。山勢高峻，俯瞰北湖，上有羅潭，又名羅山。❷躡履　拖著鞋走路。❸貴竹　明初置貴竹長官司，治所在今貴州貴陽，萬曆間改置新貴縣。

【語　譯】初十　烏雲連綿不絕，於是吃飯。村民用馬代替轎子，而另有一人抬著轎子隨行。雨又紛飛落下，於是出發，大多時候往東南隨著江岸行走。過了五里，稍許往北轉入裡面的山塢，有溪水從東北流來注入江中，便往南渡過溪水，再登上山岡走二里，到秦村，這村很長。起先兩、三戶人家互相推諉，隨後到一戶村民家，送我來的馬匹和役夫便走了。等候接替的役夫過了好久，有三、四個奸刁的村民向我要馬牌看，因為牌上注明有馬送，就不肯派役夫了。原來靠近城郊的居民，極為刁猾凶悍，真不如一路過來的各處村民態度恭順了。過了好久，只來了兩個役夫挑行李，轎和馬一樣也沒有，我只能步行。來時所坐的轎子，已經過幾個村莊，現在反而被他們據為己有了。幸虧雨已停止，山岡漸漸乾燥，走了一里，平步越過山岡到東北面，有條溪水從東北流來注入江中，比前面三條溪水要大得多，澗底橫放著幾十張竹欖讓人通過，大概就是申墟的下游，從羅秀山發源的水。再往東南登上山岡走一里多，經過窰頭村的北面，顧僕和二個挑夫進村換人，我就從村北的大路往東走。過了二里，往北通過一座石橋。這橋很長，架在兩座山岡之間，橋下的流水也很細小。上次從船上登岸，自窰頭村東面通過小橋，橋下的水就是這水的下游。再往東走四里，有長木橋架在兩座土岡上，過橋向東，即白衣庵，再往東，就是崇善寺。於是進入寺中，詢問靜聞去世時的情況。他死於九月二十四日酉時，離我動身只隔一天。僧人把我帶到安葬之所，就在木橋東岸山溪的半路上。我哭著拜祭他。往南回顧橋上，只見顧僕和兩個挑夫正巧從橋上走過。於是和僧人約定日期，趕到梁家客店休息。這時不過中午，雨紛紛下個不停。飯後，拖著鞋到熊石湖家打聽有關雲南、貴州客商的情況，熊是雲南、貴州經紀人。

得知貴竹有客商剛走，現在還沒有人來。我因瘡痛，到店鋪去買藥，連帶買了鞋襪返回。一別南寧，已有七十五天了。

【研　析】廣西境內聚居著壯、瑤、苗、侗等十多個少數民族，大部分居住在廣西西部。各少數民族均有各富特色的風俗習慣，如多姿多采的服飾、風味獨特的飲食、「干欄」式的住宅，以及眾多傳統節日（如壯族的三月三歌節）等。位於左、右江交會處的南寧，是徐霞客西遊途中的一個轉折點。在此之前，他所去的都是漢人集居、人文薈萃的名城和勝地，他所留意並重筆渲染的，也是這些地方的地質地貌和歷史人文景觀。自離開南寧後，便開始邁進一個無論民族和民風，對他來說都完全陌生的地區。當地的奇風異俗、奇事異物，在他的眼中、他的筆下，都化作奇情異采、奇文異辭。他寫了在三里城每年正月初五起、十五止，男女答歌，舉國若狂的「打跋」；寫了在荒徼絕域生活了九十年的人瑞；寫了都結州人將生魚片拌上蔥薑鹽醋作為「至味」的飲食習慣；寫了當地人居住的「干欄」式的房屋。特別是在隆安，詳盡地描寫了當地人架竹為欄、人畜共處、炙稻而舂、趺坐而織、男著木屐、婦女赤足、頭盤白布、裙有百襇的情景。通過衣、食、住、行等各個方面，顯示出少數民族和漢族的區別，讀了如同面對一幅極為生動形象的粵西社會民俗的風情圖。徐霞客到太平州，看到這裡「平疇四達，畝塍鱗鱗，不復似荒茅充塞景象……村居相望，與江浙山鄉無異」。可見漢族和少數民族的差別，根本上還是貧富的差別（當然這種貧富是相對而言的），而造成這種差別的原因，則又由所處的地域和交通狀況造成。更可貴的是，他還直言不諱地指出，南寧近郊的漢族居民，要比山中少數民族村民刁悍。徐霞客剛到都結州時，驛站接待十分怠慢，上午只給了兩碗糙米飯，連蔬菜都沒有，但當徐霞客寫了一篇文章交給他們時，態度頓時大變，立即送來雞酒米肉。可見在當時，即使在還十分落後的蠻夷之地，也知道尊重知識，尊重人才，比起後世那些唯權是從、唯利是圖、唯官是尊、唯錢開眼者，霞客實在無須抱怨了。

廣西古稱「瘴癘之地」，即使在徐霞客的時代，山中依然瘴氣彌漫。一天夜晚，他坐的船在新寧州的捺利停泊，半夜忽然腹痛難熬，到清晨腹部「脹滿如鼓」，連翻身都覺困難，心裡明白自己已中瘴氣。以後腹痛時作時癒，到向武州的南麓村，更是「腹痛如割」，「頃刻難忍，不辨天高地下」了。在佶倫州又因吃了兩次母豬肉，手瘡大發。當他準備從隆安返回南寧時，因巡按御史來到，船無法起程，只得留下，「瘡病呻吟，陰雲黯淡，歲寒荒邑外，日暮瘴江邊」，其情緒可想而知了。崇禎十年農曆十一月二十七日，是徐霞客五十一歲生日，那天他正在都結州治，這是一個「宅無垣牆，廨亦隤圮」的荒涼破敗的小城，而管理驛站的人態度惡劣，竟然不肯應差，不派役夫，使一向樂觀的徐霞客，也不禁悲從中來，喟然長歎：「何觸處皆窮也！」霞客不怕山高，不怕水深，不怕路艱，不怕洞險，不怕虎狼出沒，不怕盜賊橫行，但仍禁不住病魔的折磨。過去他最不願和達官貴人交往，據鄭鄤說，當初有個當權者曾給他可借用驛站車馬的郵符，他推辭不肯接受；在遊勾漏山寶圭洞時，故意避開廉州海北道員張國徑；到橫州，也不去拜訪時任知州的同鄉諸楚餘。但在廣西旅遊的後階段，由於貧病交加，徐霞客的精神和體力都日益不支，於是每到一地，都先投送名帖，向當地長官求取幫助。《遊記》中備述向武知州黃紹倫、三里城參將陸萬里慷慨相助的情誼，並翻用三國虞翻的話，來表示自己有幸能在天涯遇見知己的感激之情。離開三里城後，更是憑藉陸萬里所贈的馬牌，每到一村，都要村民提供役夫，坐轎趕路。徐霞客原是個不信鬼神、反對迷信的人，他也「不喜讖緯術數家言」，但後來卻總要用占卜來決定行止走向，以避災禍。他在下雷州通過拈鬮決定繞道南丹州、獨山州去雲南，甚至還通過占卜來判別人的善惡，後來在貴州為此付出了沉重的代價。

徐霞客不辭辛勞，浪跡天涯，周遊名山大川，一個重要目的就是想通過實地考察，獲得正確的認識。志書中說南寧的西境有合江鎮，為左、右二江的會合處。徐霞客原以為這是兩條江水相夾中的一個大鎮，但到了那裡，卻只找到大果灣和宋村，向當地人打聽，也沒人知道合江鎮在什麼地方。他既不敢輕信志書上的記載，又不願放棄弄清這個問題的想法，於是繼續留意尋訪，過了二個半月再回南寧，終於發現宋村就是古代的合江鎮。他到河池州的金城渡渡江到北岸，根據眼前「山迴壑轉」的景象，明白了當地所稱「峒」和「峽」的區別。對於那些未曾去過的地方，或一時還弄不清的問題，都採取謹慎的存疑態度，而不是輕率地亂下結論。如他到南丹州的土寨關，看到從山嶺中流過的溪水，根據山勢，估計這水也是先流進洞中再注入大江的，但由於沒能親自探訪，於是加上「未親晰」三字說明。正是在這三個字中，一個科學家唯真、求實的作風，明明白白地表現出來。

通過實地考察，徐霞客糾正了前人記載中的不少錯誤。明代謝肇淛的《百粵風土記》，因襲舊說，謂「崑崙（關）在賓州城南十里」，但徐霞客走到那裡，發現一路都是平野，並無關隘，又根據北宋狄青駐兵賓州，在二鼓摸黑奇襲，黎明破關這段史實，證明崑崙關離賓州很遠，在賓州南面十里的，只是古漏關罷了，真正的崑崙關，在賓州東南九十里的關山。深井在宜山會仙山絕頂的北面，傳說這洞直通山南，穿過江底從南山透出。徐霞客在觀察周圍的形勢和到洞內探遊後，否定了這種說法，認為「穿江別度」，只是一種毫無根據的「臆說」。他在南寧時，曾到府衙大堂觀看畫在屏風上的府城圖，見圖上將隆安縣畫在右江北岸，後來到隆安，發現縣治實際上在江的南岸，不由得歎道：「非躬至，則郡圖猶不足憑也。」

粵西遊日記四

【題解】在徐霞客離開南寧的第二天，靜聞病故。回到南寧後，他立即收檢遺骨，往北經過崑崙關、賓州、南丹衛，再取道慶遠府西行，經過河池所、河池州、南丹州，進入貴州地界。他在三里城遍遊白崖堡南巖、青獅巖、砥柱巖、佛子嶺、韋龜巖、東巖諸勝，在慶遠府又遍遊龍隱巖、蚺蛇洞、盧僧洞，九龍洞山、九龍潭，會仙山百子巖、雪花洞、深井、白龍洞、東觀，以及多靈山、宜山、袁家山、韋家山等勝景。由於地殼升降活動的差異，形成了廣西由西北向東南傾斜的四周高、中間低的盆地地形。西北多為峰叢洼地，溶峰高大密集，峰頂齊一，並有大小不一的圓洼地嵌在群峰之中。由於岩溶廣布，故山水尤奇，一脈淪漣，萬仞矗聳，或窈窕擅秀，或岧嶢稱雄，更兼碧波如錦，群嶺盡染，奇花異樹，四時不絕。徐霞客自崇禎十年（丁丑，一六三七）閏四月初七進入廣西地界，至次年（戊寅）三月二十六日離開，前後將近一年，占西遊全部行期（三年九個月）的四分之一強，行程五千四百多里，足跡及半省，所記共二十萬字，約占全部遊記的百分之三十。

丁丑十二月十一日　夜雨達旦。余苦瘡，久而後起。然瘡寒體憊，殊無并州❶之安也。時行道莫決，〔聞靜聞訣音，必窆❷骨雞足山，〕且問帶骸多阻，余心忡忡，乃為二鬮請於天寧寺佛前，得帶去者。余乃冒雨趨崇善，以銀畀僧寶檀，今備蔬為明日起窆之具。晚抵梁店，雨竟不止。

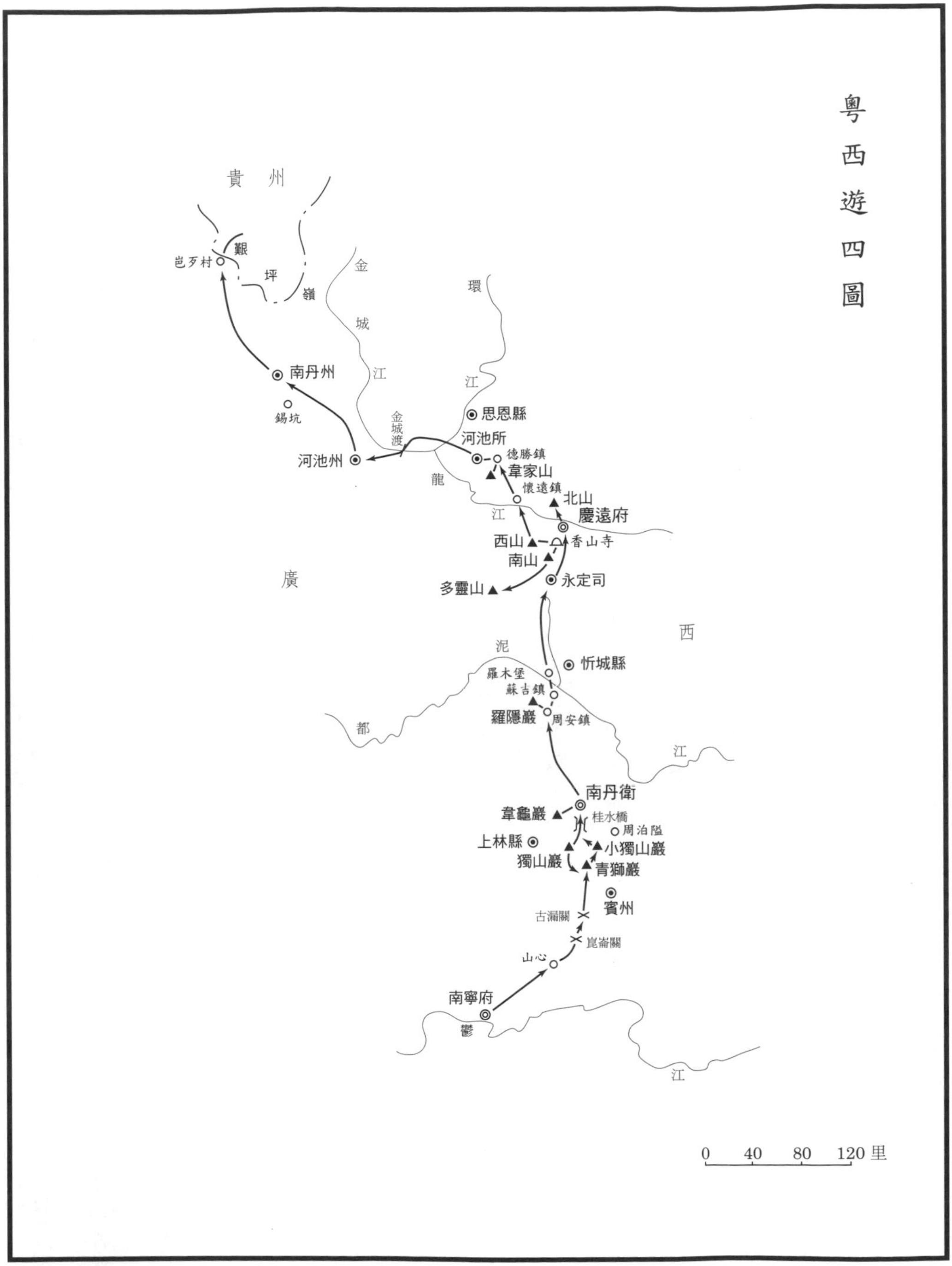
粵西遊四圖
貴州
艱
坪
嶺
岜歹村
金城江
環江
南丹州
錫坑
金城渡
思恩縣
河池所
河池州
德勝鎮
韋家山
龍江
懷遠鎮
北山
慶遠府
西山
香山寺
南山
永定司
多靈山
廣
西
泥
忻城縣
羅木堡
蘇吉鎮
羅隱巖
周安鎮
都
江
南丹衛
韋龜巖
桂水橋
周泊隘
上林縣
小獨山巖
獨山巖
青獅巖
賓州
古漏關
崑崙關
山心
南寧府
鬱
江
0 40 80 120 里

十二日　雨不休，午後小止。余市香燭諸物，趨崇善，而寶檀、雲白二僧欲瓜分靜聞所遺經衣，私商於梁店，為互相推委計，謂余必得梁來乃可。而梁故堅不肯來，余再三苦求之，往返數四，而三惡互推互委，此不肯來，彼不肯去。及余坐促，彼復私會不休。余不識其展轉作奸，是何意故？然無可奈何。惟日夜懇之，而彼反以訕言交詈焉。

十三日　晨起，求梁一往崇善，梁決意不行。余乃書一領❸，求梁作見領者，梁終不一押。余復令顧僕求二僧，二僧意如故。乃不得已，思鳴之於官，先為移寓計。遂入城，得鄧貢士家舊房一間。乃出城，以三日房錢畀梁，移囊入城。天色漸霽。然此寓無鍋，市罐為晚餐。則月色皎然，以為晴霽可望矣。

十四日　早聞衙行躡屐聲❹，起視之，雨霏霏如故。令顧僕炊而起，書一揭令投之郡太守吳公❺。而是日巡方使者自武緣❻來，吳已往候於郊，顧僕留候其還。余坐雨寓中。午餘，余散步察院前，觀左江道所備下程❼及宣化縣❽所備下馬飯，亦俱豐腆。還寓，顧僕以郡尊未還，還再從崇善求之。余復書，顧畀之去，仍不理焉。

太平、南寧俱有柑而不見橘。余在向武，反食橘數枚。橘與柑其形頗相似。

邊魚南寧頗大而多，他處絕無之。巨者四、五觔，小者亦二、三觔，佳品也。

鯽魚頗小而少，至大無出三寸者。

十五日　五更峭寒，天明開霽。自初一早陰至此，恰半月而後晴朗。是日巡方使者駐南寧，接見各屬吏，余上午往觀。既午，吳郡侯還自左江道。今顧僕以揭往訴靜聞事，吳亦不為理。下午，出城覓車夫，復俱不得，忡忡而已。

十六日　明爽殊甚。五鼓，巡方使者即趨太平府。其來自思恩，亦急迫如此，不知何意。想亦為交彝壓境而然耶！然不聞其調度若何，此間上下俱置之若罔聞也。仍令顧僕遍覓車夫，終不可得。

南寧城北狹西闊，北乃望仙坡❾來龍，西乃瀕江處也。北、東、南各一門，皆偏於角上，惟西面臨江，有三門。

十七日　再備香燭素蔬往崇善，求雲白熟而奠之，止索戒衣❿、冊葉⓫、竹撞⓬，其他可易價者悉不問。雲白猶委侯寶檀回。乃先起窆白骨，一瓶幾滿，中雜炭土。余以竹筯逐一揀取，遂竟日之力。仍以灰炭存入瓶中，埋之舊處，以紙數重裹骨，攜置崇善寺外，不容帶入。則寶檀歸矣。見余索冊、撞，輒作盜賊面孔向余曰：「僧死，已安窆，如何輒發掘？」以索自鎖，且以鎖余。余笑而度之，蓋其意欲余書一領，虛收所留諸物也。時日色已暮，余先聞其自語云：「汝謂我謀死僧，我恨不謀汝耳。」余憶其言，恐甚，遂從其意，以虛領畀之，祗得戒衣、冊葉，乃得抱骸歸。昏暮，入鄧寓，覓燭，重裹以拜，俱即戒衣內者。包而縫之，置大竹撞間，恰下層一撞也。是日幸晴霽，故得揀骨涯濱竟日，還從黑暗中見沙堤有車，以為明日行可必矣。

【章　旨】本章記載了第二百四十天至第二百四十六天在南寧府的行跡。為實現靜聞埋骨雞足山的心願，多次前往崇善寺，交涉移葬之事，但崇善寺僧人寶檀和梁家店主為圖死者財物，百般阻撓，向南寧知府投訴，也置之不理，最後只得滿足惡人的欲望，取出靜聞的骸骨，隨身帶上，準備離開南寧。其間有巡察的使者匆匆而來，又匆匆離開。儘管交彝壓境，但這裡上下都置若罔聞。

【注　釋】❶并州　唐時治所在今山西太原，後改為太原府。唐賈島〈渡桑乾〉詩：「客舍并州已十霜，歸心日夜憶咸陽。無端更渡桑乾水，卻望并州是故鄉。」這裡用作已久居熟悉的地方。❷窆　葬時穿土下棺。❸領　領條；收條。❹早聞衙行躡屐聲　衙，疑為「街」之誤。❺吳公　名吳紹志，安徽桐城人。崇禎三年至十二年任南寧知府。❻武緣　明代為縣，隸南寧府，治所在今廣西武鳴。❼下程　程儀，贈送給遠行者的財物。❽宣化縣　明代為南寧府附郭縣，在今南寧。❾望仙坡　在南寧東北一里，與羅秀山相對，高聳甲於諸山。❿戒衣　即袈裟。⓫冊葉　指經卷。⓬竹撞　竹編盛物器具，有隔層。

【語　譯】丁丑年十二月十一日　一夜雨直下到天亮。我苦於瘡痛，睡了好久才起牀。但因天寒瘡痛，身體疲乏，毫無回到舊遊熟地的安定感覺。這時還沒有決定下一步怎麼走，聽到靜聞的遺言，一定要埋骨雞足山，而且打聽到帶著骸骨上路，有種種不便，我憂心忡忡，於是做了兩個鬮，在天寧的佛像前問卜，得到帶骨殖而去的一鬮。我就冒雨趕往崇善寺，把銀子交給僧人寶檀，吩咐他置備菜肴，為明天移葬作準備。晚上到達梁家客店，雨一直不停。

十二日　雨下個不停，午後稍許停了一會。我買了香燭等物，趕到崇善寺，但寶檀、雲白兩個僧人想瓜分靜聞留下的經卷衣服，私下和梁家店主商定，採取互相推託的辦法，對我說非梁家店主到場不可。而梁故意堅決不肯來，我再三苦求他們，來回走了好幾次，三個惡人互相推委，這個不肯來，那個不肯去。等到我坐下來催促，他們又不停地私下相會。我真不知道他們展轉作惡，究竟為了什麼？但也無可奈何。只有日夜懇求他們，可他們反而以惡言惡語來交相咒罵。

十三日　早晨起身，求梁家店主到崇善寺去一次，梁決意不肯走。我只好寫一張收據，求梁作個證人，梁又始終不肯簽押。我又吩咐顧僕去求兩個僧人，那兩個僧人仍執意不變。我出於不得已，想到官府去投訴，先作換店寄住的打算，於是進城，租到一間鄧貢生家的舊房。又出城付給梁家店主三天房錢，把行李搬進城。天色漸漸晴朗。但這寓所沒有鍋子，買了瓦罐做晚飯。只見月光皎潔，以為天氣可望放晴了。

十四日　早上聽到街上拖著鞋子走路的聲音，起來一看，依然下著大雨。吩咐顧僕做飯，然後起牀，寫了一份揭帖，叫顧僕投送知府吳公。但今天巡察的使者從武緣過來，吳公已到郊外迎候，顧僕留下等他回來，我在寓中對著雨水枯坐。過了中午，到按察院前散步，看到左江道準備的禮物，和宣化縣準備的接待酒飯，都很豐盛。回到寓所，顧僕因為知府還沒返回，請再到崇善寺商量。我又寫了信，由顧僕送了過去，他們仍然置之不理。

太平和南寧都出產柑子，但沒有橘。我在向武州反而吃過幾隻橘子。橘子和柑子的形狀很相似。

南寧的邊魚又大又多，其他地方絕對沒有。大的邊魚有四、五斤重，小的也有二、三斤重，真是佳品。鯽魚很小又少，最大的不超過三寸。

十五日　五更時天氣很冷，天亮後放晴。從初一早晨開始陰天，直到現在，恰巧半個月天才晴朗。這天巡察的使者留在南寧，接見各方面的屬吏，我上午前去觀看。午後，吳知府從左江道回來。我吩咐顧僕持帖前往投訴有關靜聞的事，吳知府也不受理。下午，出城尋找車夫，又都沒有，只是憂慮不安罷了。

十六日　天氣極為晴朗。五更，巡察的使者就趕往太平府。他從思恩府來時，也這樣匆忙，不知道是什麼用意。想來也是因為交彝壓境才這樣吧！但沒聽到他作出什麼調度安排，這裡上上下下對此都置若罔聞。仍然吩咐顧僕到處找車夫，始終沒有找到。

南寧城北面狹窄，西面寬闊，北面是從望仙坡延伸過來的山脈，西面靠近江岸。北、東、南各有一座門，都偏處城角，只有西面臨江，有三座城門。

十七日　再次準備了香燭、素菜到崇善寺，求雲白煮熟了祭奠靜聞，我只索取袈裟、經卷和竹撞，其他可以換錢的東西都不追問。雲白仍然推託，要等寶檀回來再說。於是先掘出已埋葬的白骨，幾乎裝滿一瓶，中間雜有木炭灰土。我用竹筷一一揀出，花了一天功夫。仍然將灰炭放進瓶中，埋在原處。用幾層紙裹好白骨，放在崇善寺外，不許帶進去。這時寶檀回來了。見我索取經卷、竹撞，就露出一副強盜面孔對我說：「和尚死了，已經安葬，怎麼還要擅自發掘？」拿鐵索將自己鎖住，又想來鎖我。我笑著猜想他的用意，原來是要我寫一張假收條，表示已經收到所留下的各種物品。這時天色已晚，我先前聽到他自言自語道：「你說我圖謀死和尚的東西，我恨不去圖謀你呢！」我想起這句話，心中十分害怕，就依了他的意思，寫了一張假收條給他，只拿到袈裟、經卷，這才抱著骸骨回來。天黑了，走入鄧家寓所，找來燈燭，將骸骨重新裹好拜過，全都包好縫上，就是袈裟裡面的東西。放在大竹撞裡，恰好放滿竹撞下面一隔。這天幸虧晴朗，所以能在江邊整日揀骨殖。回來時在黑暗中看到沙堤上有車，以為明天一定可以出發了。

十八日　早起則陰雨霏霏，街衢濕透。余持傘覓夫，夫之前約者已不肯行。出沙堤覓車，車又不復得，乃還寓。更令顧僕遍索之城外，終無有也。

十九日　晨得一夫，價甚貴，不得已滿其欲，猶推索再三，上午乃行。雨色已開，陰雲未豁。出朝京門，由五公祠❶即望仙坡。東麓東北行。五里，過接官亭，有小水自西北注東南。又五里，越一崗，連涉南行小水，又五里，有一溪較大，亦自西北向東南注，此即向往清秀❷所過香象橋之上流也。蓋郡北之山，東西屏峙，西撫❸於石步墟，東極於司叛之尖山，皆崇峰聯屬，如負扆其中。南走一支數起數伏，而盡於望仙坡，結為南寧郡治。又東再南走一支，南盡於清秀山，而為南寧之下砂。此水，其腋中之界也，有木梁架溪上，渡梁遂登崗阜。又五里，越一最高崗脊東下，有泉一窞❹在脊畔，是曰高井。由是三下三上，屢渡小水，皆自東南注西北，始知其過脊尚在東，此皆其迴環轉折之阜，流之西北注者，即西轉而東南下木梁大溪者也。共四里，又越一崗脊而下，其脊高不及高井之半，而實為西北來過脊以趨清秀者也。下脊又二里，再渡一溪，其流亦自西北注東南。過溪上崗又二里，為歸仁鋪，三、四家在崗頭而已。又東北望尖山而行，七里為河丹公館，亦有三、四家在崗頭，乃就飯焉。又東北行，屢涉南流小水，五里，一溪頗大，有木梁架之，至長於前二溪。其溪蓋自北崇山中來，有聚落倚其上流塢中，頗盛。越梁東上崗，是為橋村墟，數十家之聚。時方趁墟，人聲沸然。於是北望尖山行，又屢涉東南流小水，十二里，北渡一木梁頗大，又三里，而至施溢驛，日將晡矣，歇于店。

【章旨】本章記載了第二百四十七、第二百四十八天在南寧府的行跡。離開南寧城，城北山峰連綿不斷，從東往西，如屏障峙立。越過一道最高的岡脊，經過高井、橋村墟，到施溢驛留宿。

【注釋】❶五公祠　在望仙坡。北宋皇祐間，狄青、孫沔、余靖南征，駐師於此，知州陶弼，因建三公祠。後懷忠祠圮，移祀蘇緘於內。明代又益以王守仁，易名五公祠。清康熙間，鎮南將軍蟒吉圖恢復南寧，並入祠奉祀，稱六公祠。民國初，巡閱使陸榮廷將祠拆毀，改建鎮寧炮臺。❷清秀　山名，又名泰青峰，今名青山，在南寧城東南十里，有上中下三層，雄奇秀拔，為邕江砥障。上有仙人插劍石，旁有擷青巖，刻有「陽明先生過化之地」數字。❸撫　據有。❹窞　坎中小穴。

【語譯】十八日　早晨起身就陰雨紛飛，街道濕透。我打著傘尋找役夫，原先約好的役夫已不肯走。到沙堤找車，又找不到，只好回到寓所。再叫顧僕去城外四處尋找，始終沒有。

十九日　早晨找到一個役夫，開價很貴，沒辦法，只好答應他的要求，還再三推卻抬價，到上午才出發。雨已停了，但陰雲仍沒散開。走出朝京門，從五公祠即望仙坡。東麓往東北走。過了五里，經過接官亭，有小水從西北流向東南。又走了五里，越過一道山岡，接連涉過幾條往南流的小水。再走五里，有條較大的溪水，也從西北向東南流去，這就是以前去清秀山時所經過的香象橋下的水的上游。大體上說，南寧府北面的山，在東西兩邊如屏障峙立，西面起於石步墟，東面直到司叛的尖山，都是接連不斷的高峰，如同背靠屏風向南居中而立。往南延伸的一支山脈，經過幾次起伏，在望仙坡到了盡頭，盤結為南寧府城。又有向東再往南延伸的一支山脈，往南到清秀山為止，而成為南寧城下的砂丘。這條溪水，就是山腋中的分界。有木橋架在溪上，過橋就登上山岡。再走五里，越過一道最高的岡脊往東走下，脊旁有一口泉水，名高井。從這裡起三下三上，多次渡過小水，都從東南向西北流去，這才知道過渡的山脊還在東面，這裡都是迴環轉折的山丘，往西北流的水，就是在西面轉向東南流下木橋的大溪。共走了四里，再越過一道岡脊走下，這岡脊的高度不到高井的一半，但實際上卻是從西北過來直趨清秀山的山脊。走下山脊又過了二里，再渡過一條溪水，這水也從西北流向東南。渡過溪水登上山岡，又走了二里，到歸仁鋪，只有三、四戶人家在岡頭罷了。再往東北朝著尖山趕路，往前七里為河丹公館，也有三、四戶人家在岡頭，就到那裡吃飯。再往東北走，多次涉過往南流的小水，走了五里，有條溪水很大，上面架著木橋，比前面兩條溪水要長。這條溪水原自北面的大山中流來，有村落靠在它上游的山塢中，十分興盛。過橋往東登上山岡，便是橋村墟，是有幾十戶人家的村落，這時正逢趕集，人聲沸騰。從這裡朝北望著尖山趕路，又多次涉過往東南流的小水，走了十二里，往北通過一座很大的木橋，再走三里，到施溢驛，太陽即將落下，就在客店停息。

二十日　五更起，飯而行，猶昧爽也。由施溢東北行，二里為站墟。又一里，降而下，渡一溪，木梁亦長。越溪東上，共一里，踰一崗，已越尖山東北矣。途中屢越小水，皆北而南。又十二里，橫徑平疇中，其處北近崇山，南下平塢，西即所踰之崗，東則崇山東盡，轉而南行，繚繞如堵牆環立。又東二里，復得大溪自北山南注其內。溪北大山之下，聚落甚盛，曰韋村。大山負扆立村後，曰朝著山。渡溪橋東上崇崗，即南下之脊，為清秀之東郡城第二重下砂也。按《郡志》❶，東八十里有橫山❷，高險橫截江河，蓋即此山南走截江而聳起者也。宋置橫山寨❸，為市馬之所。又東北二里，有三、四家在山崗，曰火甲鋪。於是北下行山塢間，四面皆山，水從東南透夾去。屢涉細流，五里，遂北折入山夾，兩山東西駢立，從其中溯流北上，共十里，山夾東處匯塘堰水，有三、四家踞山脊中度處，兩崖山甚逼，乃名曰關山，土人又名曰山心。按志，崑崙山❹在郡城東九十餘里，必此地無疑。然詢之土人，皆曰崑崙關在賓州❺南，即謝在杭《百粵志》亦云然。按賓州南者乃古漏關❻，非崑崙也。世因狄武襄❼駐賓州，以上元❽饗士，夜二鼓破崑崙，遂以賓州古漏當之。至今在南寧者，止知為關山而不知崑崙；在賓州者，皆以為崑崙，而不知為古漏。若崑崙果在賓州南十里，則兩軍已對壘矣，武襄十日之駐，二鼓之起，及曙之破，反不足為神奇矣。飯于氓舍，遂東北下山，一里，有大溪自北而南，其流湯湯，入自南寧境，尚無比也。蓋關山南北水雖分流，猶南下鬱江。於是溯其流，北行山夾間，其山屢開屢合。又十四里，得百家之聚，曰長山驛。聚落在溪之西，其北有兩溪來會，一自西北，一自東北。二水會合，其北夾而成崗，有墟舍在其上，甚盛。乃渡其西北來之溪，陟橋登墟，循東北來溪之右，溯之行。又十里，溪水自東北盤塢中來，路由北麓而上，得數家之聚，曰裏段墟，乃邕❾、柳界牌嶺之南麓也。其去界牌尚十里。此地猶屬宣化。蓋邕、柳之水，以界牌嶺而分，北下者由思籠西轉武緣高峰嶺西入右江，南下者入鬱江。此界牌嶺南流之水，經長山而南，余以為即伶俐水之上流也。然土人云：「伶俐水尚東隔一山；此水出大中港，其港在伶俐❿之西」云。

是日至裏段約行六十里，日纔過午，夫以擔重難行，且其地至思籠四十里皆重山，無村可歇，遂稅駕不前。

【章　旨】本章記載了第二百四十九天在南寧府的行跡。經過韋村，望見朝著山。又經過關山，懷疑就是崑崙山。在賓州南面的是古漏關，不是崑崙關。接著看到一條大溪，經過長山驛又到裏段墟，便停下休息。

【注　釋】❶郡志　志，原作「城」，據乾隆本改。❷橫山　在南寧城東八十里，山勢高險，橫截江流。元將烏梁哈台由交趾進兵廣西，此為孔道。❸橫山寨　明正統年間曾在武緣南境設橫山寨巡檢司，後廢。據《方輿勝覽》，橫山有橫山砦，為出馬之地。自南宋以來，一直為馬匹交易之地。❹崑崙山　在南寧城東北九十四里，為邕寧和賓陽的界山。東側崑崙關關頂渾圓，上設臺，可望遠，山勢不甚陡峭，但險峻難行，自古為邕賓交通必經之地。關下有「昆侖古道」，傳說關為漢馬援所建，又傳為唐元和十一年壘石為關。❺賓州　明代隸柳州府，治所在今賓陽稍北的新賓。❻古漏關　在賓陽西南五十五里古漏山。山周圍數里，五峰排列，中峰獨聳，與穹起山對峙，為古漏水源頭。其泉滴漏，四時不竭，故名。關當其隘，又名高井隘，南寧至賓陽公路由此經過。❼狄武襄　狄青，字漢臣，汾州西河（今山西汾陽）人，由士兵累功為大將。儂智高陷兩廣，狄青出兵征討，大破之。死後贈中書令，謚武襄。❽上元　元宵節，農曆正月十五日。❾邕　邕州，唐置，治所在宣化，明代改為南寧府。❿伶俐　伶俐鋪，即今位於南寧邕寧東北邕江北岸的伶俐。

【語　譯】二十日　五更起身，吃了飯出發，仍是黎明時分。從施湴驛往東北走，過了二里為站墟。又走了一里，路往下走，渡過一條溪水，木橋也很長。越過溪水往東上行去，共走了一里，翻過一道山岡，已越過尖山的東北面了。路上多次越過小水，都從北向南流。又走了十二里，橫穿平野中，這裡北面靠近高山，往南走下平塢，西面就是所翻過的山岡，東面只見高山往東到了盡頭，轉而向南延伸，像堵牆一樣環繞峙立。又往東走二里，再看到一條大溪從北面的山往南流入塢中。溪北大山下面，村落十分興盛，名韋村。大山在村後南向而立，名朝著山。通過溪橋往東登上高岡，即向南往下延伸的山脊，是清秀山東面府城下第二重砂丘。據《郡志》記載，府城東面八十里有橫山，高大險峻，橫截江河，大概就是這山往南延伸，橫截江水而聳起的山。宋代設置橫山寨，是馬匹交易的場所。再往東北走二里，山岡上有三、四戶人家，名火甲鋪。從這裡往北下去，在山塢間行走，四面都是山峰，水從東南穿過峽谷流去。多次涉過細流，走了五里，便往北轉入峽谷。兩邊山峰東西並立，從其中沿著江水往北上行，共走了十里，峽谷相夾收攏的地方，築起堤壩蓄水成塘，有三、四戶人家座落在山脊從中延伸的地方，兩邊山崖迫近，中間十分狹窄，名叫關山，當地人又叫作山心。據志書，崑崙山在府城以東九十多里，必定就是這裡無疑。但向當地人打聽，都說崑崙關在賓州南面，即謝在杭的《百粵志》也這樣說。按在賓州南面的是古漏關，不是崑崙關。世人因為狄武襄駐兵賓州，在上元節犒勞將士，夜間二更攻破崑崙關，就把賓州的古漏關當作崑崙關了。至今在南寧的人，只知道這是關山，而不知道是崑崙關；而在賓州的人，都以為是崑崙關，而不知道是古漏關。如果崑崙關真是在賓州南面十里處，則雙方軍隊已經對壘，狄青駐軍十天，在二更發兵，天亮破關，反而算不上神奇了。在民家吃飯，便往東北下山，走了一里，有大溪從北流向南，水勢浩浩蕩蕩，自從進入南寧境內，還沒見到能和它相比的水。因為關山南北兩面的水雖然分流，但都往南注入鬱江。於是沿著溪水上行，往北進入峽谷中，山勢時而開擴，時而合攏。再走十四里，到一個有上百戶人家的村落，名長山驛。村落在溪水的西岸，在它北面有兩條溪水流來會合，一條從西北流來，一條從東北流來。二條水會合後，在它北面相夾處形成山岡，岡上有集市的房屋，十分興盛。於是渡過從西北流來的溪水，過橋登上集市，沿著從東北流來的溪水右岸上行，再走十里，溪水從東北盤繞著山塢流來，路從北麓上山，來到一個只有幾戶人家的村落，名裏段墟，在邕州、柳州界牌嶺的南麓。村離界牌嶺還有十里，這裡仍屬宣化地界。原來邕州、柳州的水以界牌嶺為分界，往北流下的從思籠往西轉到武緣高峰嶺再往西注入右江，往南流下的注入鬱江。這是從界牌嶺往南流的水，經過長山往南，我認為就是伶俐水的上游。但當地人說：「伶俐水還隔著東面一座山，這水從大中港流出，大中港還在伶俐鋪的西面。」

這天到裏段大約走了六十里，太陽才過中午。役夫因擔子太重，難以行走，而且這裡到思籠有四十里都是重山峻嶺，途中沒有村子可以歇腳，所以停下不走了。

二十一日　平明，自裏段北行，復下山，仍與北來水遇。溯之入五里，水左、右各有支流自山腋來注，遂渡一小橋，乃西北來支流也。又四里，又渡小橋，越溪之東，東北山夾又有支流下注。又北一里，始北上登嶺，西瞰其流自西夾中來，則裏段、長山大溪之發源處矣。北上半里，東入一隘門，其東有公館焉，是為邕、柳分界處。門以內屬賓州。公館惟中屋為瓦，其門廡俱茅所蓋。館門東向，其前後環壑為田，而南北更峙土山。其水猶西墜館右峽中，蓋即前西麓登山時，所見東北夾支流下注之上流也。其隘土人名為界牌嶺❶，又指為崑崙關。按崑崙為南寧地，去郡東九十五里，茲與賓分界，去南寧一百二十里，其非崑崙可知。今經行者見其處有隘，遂以崑崙當之。故《西事珥》云：「崑崙關不甚雄險，其上多支徑。故曰：『欲守崑崙，須防間道。』」亦誤謂此也。又平行嶺夾，則田塍之東瀦而為塘，三塘連匯，共半里，塘盡，復環為田。田之南巨山橫峙❷，田之北列阜斜騫，而田塍貫其間，即過脈處也。其東，水北流矣。余初以小脈自北南過，及隨水東北下，抵思籠❸而問之，始知其水猶西北轉武緣南之高峰，而出右江。則此脈乃自南而北渡，北起為陸蒙山，迤邐西行，過施湴尖峰，又西走而分支南結為南寧；其直西又西為羅秀，又西為石步，又西盡於王宮❹，則右江入鬱之東岸也。自過脈處又東半里乃下，又半里，下抵塢中。隨水東北行，望前山一峰，尖而甚高，雲氣郁勃，時漫時露。五里，漸抵尖峰之南，渡溪而北，又二里，始見路左西山下有村倚焉。又東渡溪，于是循溪東而北向行。三里，已出尖峰之西麓，溪流東齧麓趾，路乃盤崖北上，轉出崖北。二里，東北下，已繞尖峰之北矣。又行塢中二里，有小水南自尖山北夾來，北與界牌之水合。有小橋渡之，是為上林縣❺界。自界牌嶺來至此，皆為賓州境，而是水之東，又為上林境，以上林之思籠一驛，孤懸獨界其中也。過橋，復東北升陟崗陀，四里，抵思籠，村落一區在崗頭，是為思籠驛。按志：思籠廢縣，昔為南寧屬，不知何時割屬上林。其地東西南皆賓州境，惟西北五十里至上林縣。〔驛南面曰高尖山，北面崇山並障，東曰北斗山，西曰晒麴嶺；遙山層疊正西者，曰陸蒙山。溪自界牌嶺東北至此，扼於北山，遂轉西西南去。惟陸蒙隔於溪西也。〕

先是，雨色濛濛，初擬至思籠而止，及飯，而日色尚早，夫恐明晨雨滑，遂鼓勇而前。由思籠遂東下塢中，溯細流東行，一里，田夾既盡，復瀦水為池。其池長亙一里，池盡復環塍為田，其南北皆崇山壁夾，南為高尖之東北垂，北為北斗之東南垂，其中夾而成田。共半里，即二山度脈之脊，水至是遂分東北與西南二派，東北者入都泥江，西南者入右江，〔為黔、鬱兩江脊，〕水之派至是始分。過脊隨水東北行峽中，其峽甚束。又半里始降而下，有坊焉，復為賓州界。蓋賓州之地，東西夾思籠一驛於中，為上林南界者，橫過僅七里云。既下，山愈逼束，路益東轉，已越高尖山之東麓矣。按志：「賓州南四十五里，有古漏山，古漏之水出焉。其關曰古漏關。」即此矣；然土人無復知者。隨水東下又三里，山峽漸闢，又六里，漸出峽，始東望遙峰甚高，雙尖駢起者，為百花山。水折而北，路亦隨之，山乃大闢。六里，為雙峰洞，陽有廟東向，曰陳崇儀廟❻，乃祀宋守陳曙者。儂智高之亂，曙為賓守，以兵八千戰於崑崙，兵潰，經略狄青以軍法斬之，土人哀而祀焉。後韓都督❼征蠻，見有白馬朱衣而導者，知為曙顯靈，故拓而新之。其地亂山迴伏，無雙峰特聳，若百花駢擁，雖望而見之，然相距甚遙，不知何以「雙峰」名洞。碑曰：「在賓州三十里。」又北二里，有小水自西塢出，東注於大溪。即古漏水。又三里，乃渡大溪之東，溪乃東轉，路亦從溪南隨之。共東十里，溪北之山東盡，溪南之山亦漸東轉而南，是為山口。其東平疇一望，天豁嵐空，不意萬山之中，復有此曠蕩之區也！東望五里，為丁橋村，又東十里為賓州，皆在平楚❽中。謝肇淛云：「崑崙在賓州南十里。」此何據也？

少憩山口，徵三里路於途人。知者云：「當從此東北行，由北小嶺入，是為口村。其道為徑，可無賓州之迂。」時甫下午，日色大霽，遂由山口北渡大溪，從平疇中行。十里，抵北界小山下。其山頹低，自山口之北迴環東北行，至此有村落依之。由村東又東北行五里，越山之北，復有塢自西而東，路橫涉之。二里，有水亦自西而東注，架小橋於上渡之。又北一里，直抵北山下，其山乃北第二重東行小支。又有水直逼山麓，自西而東，架橋亦與前溪同。度橋，即北向登山，山巔有堡一圍，名竹馬堡，乃二年前太平節推吳鼎元，高州❾人。署賓州所築，招狼兵❿五十名以扼要地者。上山半里，又從山上北行，半里，山北有水一塘，橫浸山麓，四面皆山峽環之。下山，又半里，北望公村，尚在塢北二里外，擔夫以力不能前，乃從山北麓東行半里，投宿小村。村不當大道，村人初不納客，已而一婦留之，乃南都⓫人李姓者之女，聞余鄉音而款留焉。其夫姓鄧，隨驛騎至南寧。

【章　旨】本章記載了第二百五十天在柳州府的行跡。登上界牌嶺，進入一道隘門，是南寧、柳州分界處。又走下一道過渡的山脈，過橋到上林的思籠驛，四周有高尖、北斗、晒麵、陸蒙等大山。往前水分成兩支，中間為黔、鬱兩江分流的山脊。再進入賓州地界，到古漏山，又望見百花山。經過雙峰洞，到山口，東面是一望無際的平野。接著渡過大溪，經過竹馬堡，到一個小山村投宿。

【注　釋】❶界牌嶺　在南寧邕寧東北白苗山東，和賓陽接界。❷田之南巨山橫峙　原脫「田」字。❸思籠　今名思隴，在賓陽西境。❹王宮　在邕寧西北境，邕江北岸。❺上林縣　明代隸柳州府賓州，今屬廣西。❻陳崇儀廟　在賓陽城南三十里太守圩，祀宋崇儀使陳曙，已廢。❼韓都督　韓觀，字彥賓，明洪武間任廣西都指揮使、征南將軍。平定都康、向武、上林等地蠻猺。❽平楚　楚，叢木。登高遠望，見樹梢齊平，故稱平楚。❾高州　明代為府，治所在茂名（即今廣東高州）。❿狼兵　明時稱廣西東蘭、那地、南丹、歸順諸土司之兵為狼兵。⓫南都　明代稱南京為南都。

【語　譯】二十一日　黎明，從裏段墟往北走，又下山，仍然和從北面流來的溪水相遇。沿著溪水上行，往裡走五里，溪水左、右兩岸各有支流，從山腋中流來注入，便通過一座小橋，橋下的水就是從西北流來的支流。又走了四里，再通過小橋，到溪水的東岸，東北峽谷中又有支流流下注入。再往北走一里，才朝北登上山嶺，往西俯視水流從西面的峽谷中來，就是裏段和長山大溪的發源地了。往北走上半里，向東進入一道隘門，門東有座公館，是南寧、柳州的分界處。門以內屬賓州。公館只有正中的屋是瓦房，大門和廂房都是用茅草搭蓋。公館門朝東，前後環繞的山巒已墾為耕地，南北兩面還峙立著土山。這裡的水仍然往西墜入公館右面的峽谷中，原來就是先前在西麓登山時所看到的從東北峽谷往下流的支流的上游。當地人稱這隘為界牌嶺，又指為崑崙關。按崑崙關在南寧府地界，離府城東面九十五里，而這裡是和賓州的分界，離南寧一百二十里，可知它不是崑崙。如今路過的人看到這裡有道隘門，就把它當作崑崙關。故《西事珥》說：「崑崙關不太雄偉險峻，關上有許多支路。所以說：『要守住崑崙關，必須防守小路。』」也將這裡誤以為崑崙關了。又在山嶺的夾谷中平步行走，只見田地的東面已蓄水成塘，三個水塘相連積水，有半里長，水塘盡頭，又環繞成田。田的南面有大山橫向峙立，田的北面是排列的土丘斜向伸展，而田地橫貫其中，就是山脈過渡的地方。在它東面，水往北流去。我起初以為小山脈是從北往南過渡，等到隨著水流往東北走下，到思籠打聽以後，才知道這條溪水還要往西北轉到武緣南面的高峰，然後匯入右江。那麼這道山脈是從南向北過渡，北面起自陸蒙山，曲折往西延伸，經過施湴驛的尖峰，再往西分出支脈到南面盤結為南寧府所在的山，一直往西又在西面成為羅秀山，再往西為石步墟，再往西到王宮為止，就是右江注入鬱江的東岸。從山脈過渡的地方又往東走半里便下山，再走半里，往下到山塢中。隨著水流往東北走，望見前面山中一座山峰又尖又高，雲氣鬱勃，時而瀰漫，時而散開。走了五里，漸漸到達尖峰的南面，渡過溪水往北，再走二里，才看到路左邊西山腳下有村莊靠著它。再往東渡過溪水，從這裡沿著溪水東岸向北走。過了三里，已走出尖峰的西麓，溪水東流，侵蝕山腳，路就盤繞著山崖往北走上，從山崖的北面轉出。過了二里，往東北走下，已繞到尖峰的北面了。再在塢中走了二里，有小溪從南面尖山北邊的峽谷流來，往北和界牌嶺的水會合。有小橋可渡過溪水，這就是上林地界。從界牌嶺過來到這裡，都在賓州境內，而這條水流的東面，又為上林轄境，這是因為上林的思籠這一個驛站，孤零零地獨自隔在裡面。過了橋，再往東北在山岡坡地上下，走了四里，到達思籠，有一片村落在岡頭，這就是思籠驛。據志書記載：思籠是已廢除的縣，過去屬南寧府，不知什麼時候劃歸上林縣。這裡東、西、南三面都是賓州地界，惟有往西北走五十里到上林縣。驛的南面名高尖山，北面高山像屏障並立，東面名北斗山，西面名晒麯嶺；正西層層疊疊的遠山名陸蒙山。溪水從界牌嶺東北流到這裡，被北山扼住，就轉向西南流去。惟有陸蒙山被隔在溪水西岸。

在此之前，雨色濛濛，原打算到思籠止步，到吃飯時看天色還早，役夫擔心明天早晨下雨路滑，便鼓起勇氣向前。從思籠驛便往東走下山塢中，沿著細流往東上行，走了一里，夾在細流兩岸的田地到了盡頭，又蓄水成為池塘。這池塘長達一里，池塘盡頭又有土埂環繞的田地，南北兩邊都是高山壁立相夾，南面為高尖山的東北陲，北面是北斗山的東南陲，中間夾成耕地。共走了半里，就是這兩座山的過渡山脊，水到了這裡便分成東北與西南兩支，往東北的一支匯入都泥江，往西南的一支匯入右江，是黔、鬱兩江分流的山脊，水的支流到這裡才開始分流。越過山脊隨溪水往東北在峽谷中行走，這峽谷很狹窄。再走半里，開始往下降落，有座牌坊在這裡，又到了賓州地界。原來賓州地界，從東到西，中間夾著一個思籠驛，作為上林縣的南界，僅橫向伸入七里。下山後，山勢更加狹窄，路也更向東轉，已越過高尖山的東麓了。據志書載：「賓州南面四十五里，有古漏山，是古漏水的發源地。這裡的關隘名古漏關。」就是指這裡了。可當地人卻不知道。隨著水流往東走下三里，峽谷漸漸開闊，又過了六里，漸漸走出峽谷，才向東望見遠處山峰很高，有兩個並起峰尖，為百花山。溪水轉而向北，路也隨著它轉，山才大為開闊起來。又走了六里，到雙峰洞，山南有廟朝東，名陳崇儀廟，祭祀宋代知州陳曙。儂智高作亂時，陳曙為賓州知州，率兵八千到崑崙關作戰，兵敗，經略使狄青按軍法將他處斬，當地人哀憐他，建廟祭祀。後來韓都督征討南蠻，看到有個騎白馬穿紅袍的人為他引路，知道是陳曙顯靈，所以重新擴建了祠廟。這裡亂山迴環起伏，沒有突起高聳的雙峰；至於像百花山兩座並立擁起的山峰，雖然可以望見，但相距很遠，不知為何洞以「雙峰」命名。碑文說：「在賓州三十里外。」再往北走二里，有小水從西面的山塢流出，向東注入大溪。即古漏水。再走三里，仍然渡到大溪的東岸，溪水才向東轉，路也從溪水南岸隨著往東轉。共往東走十里，溪北的山到了東面盡頭，溪南的山也漸漸往東再向南轉，這裡就是山口。在它東面是一望無際的平野，天空豁然開朗，山嵐一掃而空，想不到在萬山之中，還有這樣一片開曠空闊的地方！向東望去，五里外為丁橋村，再往東十里為賓州，都在樹木叢生的平野林中。謝肇淛說：「崑崙關在賓州城南十里。」根據何在？

在山口稍許休息了一會，向過路人徵實去三里城的路。知道的人說：「應當從這裡往東北走，從北面的小山嶺進去，就是口村。這是一條直接的路，可以不必繞道賓州。」這時剛到下午，天色十分晴朗，就從山口往北渡過大溪，從平野中行走。過了十里，到北界的小山下。這山很低，從山口的北面迴環往東北延伸，到這裡有個村莊靠著它。從村東又往東北走五里，越過山的北面，又有山塢從西向東伸展，路橫過山塢。走了二里，有水也從西往東流去，上面架著小橋讓人通過。再往北走一里，直到北山腳下，這山是北面第二重向東延伸的小分支。又有水直逼山麓，從西往東流，上面架的橋也和前面的溪水相同。過了橋，便往北登山，山頂有一座土堡，名竹馬堡，是二年前太平府吳推官名鼎元，高州人。代理賓州州官時建造的，招了五十名狼兵扼守要地。上山走了半里，又從山上往北走，過了半里，山北有個水塘，橫浸山麓，四面都是峽谷環繞。下山後又走了半里，向北遠望公村，還在山塢北面二里之外，挑夫已經精疲力竭，無法再走了，於是從山的北麓往東走半里，到一小村投宿。這村不在大路旁，村人起先不肯留客，後來有一個婦女接納了我們，她是姓李的南京人的女兒，聽到我的家鄉口音，才留客招待。她丈夫姓鄧，隨驛站坐騎到南寧去了。

二十二日　是為立春日。晨起，陰雲四合。飯而北行田塢間。二里，抵北山下，是為公村。由村東越山而北，三里，下及北麓，始見北向擴然，漸有石峰透突。蓋自隆安西嶺入，土山崇卑不一，皆純土而不見石，至此始復見峰巒面目矣。於是復行平疇中，一里，北過一板橋，有小水亦自西而東。又北行四里，抵北小山下，有水從山下漱南麓而東。架橋渡之，遂穿山腋而北，於是北行陂陀間，西望雙峰峻極，氤氳雲表者，大明山❶也。其山〔在北斗山西北，〕為上林、武緣分界。按志：「上林、武緣俱有鏌鋣❷、思鄰❸二山，為二縣界。」曰鏌鋣而不及大明，豈大明即鏌鋣耶？又北五里，有大溪❹西自大明山東流而去，是又為賓州、上林之界。其水較古漏諸溪為大，故不能梁而涉焉。由溪北又三里，登一崗，是為思洛墟，賓州北來大道至墟而合。遂西北行，共十二里，過白墟，又三里，為牧民堡，有賣飯於崗頭者，是為賓州往上林、三里中道也。

又西北行十里，至開籠山，〔一名雞籠❺，〕已直逼北界石山下。由岐北入石山夾中，其山千百為群，或離或合，山雖小而變態特甚。〔有分三岐者，東岐大而高，中次之，西岐特銳，細若竹枝，詭態尤甚；有聳立眾峰間，卓如簪筆❻者。〕由其西轉而北，入石山峒中。五里，北至楊渡❼，一大溪❽西由上林崇山中東流至此，直逼北面石山下，又有一溪❾北由三里山峽中南向入之，二流合而其溪愈大，循石山而東，抵遷江❿入都泥焉。方舟渡北山下，有賣飯者當道，渡者屢屢不絕，遂由其東溯南來溪西岸入峽。其峽或束或開，高盤曲峙，左右俱有村落。十里，峽復大開，四山圍繞，中成大塢，有一峰當塢起平疇中，四旁無倚，極似桂林之獨秀、向武之瑞巖⓫，更小而峭。路過其西，忽樹影倒垂，天光中透，亟東入之，則其中南北中迸，南竅復有巨石自洞頂當門外倚，界洞門為二，門內裂竅高數丈，闊丈五，直透峰北者五、六丈。出北竅，其上飛崖倒覆，騫騰而東，若複道⓬迴空，懸樹倩影。復入其內，又西通一竅，西北轉而出，其中宛轉，屢有飛橋上懸，負竇層透，又透西門焉。一峰甚小，下透四門，中通二道，亦瑯巖之具體而微者。但瑯巖高迥，而茲平狹耳。由巖北又北三里為桂水橋，溪水自西北漱崖，而南崖瞰溪臨橋。昔有疊石為臺，構亭於上者，曰來遠亭，今止存荒址矣。

越橋東，又北二里，為三里城⑬。城建於萬曆八年，始建參府，移南丹衛於此⑭，以鎮壓八寨⑮云。時已過午，稅駕于南城外陳隊長家。其人乃浙之上虞⑯陳氏也，居此二十年矣。晚日甚麗，余乃入城謁關帝廟，換錢於市而出。及就寢，雨復大作。

【章　旨】本章記載了第二百五十一天自柳州府至南丹衛的行跡。走到公村，才看到石峰露出。望見雙峰高峻的大明山，為上林、武緣的分界。又經過賓州、上林的界河，登上思洛墟，路過白墟、牧民堡，到開籠山，有三座支峰，形狀極為奇特多變。再進入石山峒，到楊渡，有兩條大溪會合，流至遷江匯入都泥江。繼續往前，看到山塢中有座尖峰，四周無所依傍。隨後遊覽了一個石洞，很像瑯山巖。最後走過桂水橋，進入三里城，到上虞人陳隊長家留宿。

【注　釋】❶大明山　古稱大鳴山，位於武鳴、上林、馬山、賓陽、邕寧五地間，西北—東南走向，廣袤三百里。主峰龍頭山，海拔一七六〇公尺，為廣西中西部第一高峰，山勢高峻，坡度陡峭。中有五峰高插雲天，時有雲霧隱現。上有潭，相傳吐光時，遠照數里外，故名。登山看雲海，每當陽光照射雲霧，常見五彩光環，出現「人環隨人動，人影在環中」的奇景。有大小河流三十七條從此發源，為澄江源頭。有金、銅、鎢、水銀礦。❷鏌鋣　山名，又名博邪山，在上林城南三十二里，為大明山往東南伸出的山。相傳過去有人在此得古劍，故名。山形盤礴，地勢險隘，上有鏌鋣關。❸思鄰　山名，武緣縣東十五里。相傳有何鄰者，精道術，隱居於此。❹有大溪　指獅螺江。在上林城南，上承芳江、高橋、高弓三江，匯合諸溪之水，東流至獅螺墟，往南注入鄒墟江。❺雞籠　山名，在上林東南二十里，因狀如雞籠得名。古名思婆山，有洞可容納上百人。❻簪筆　古時大臣上朝，在冠上插筆，以便記事。❼楊渡　今名洋渡，在上林東境。❽一大溪　指南江，又名澄江、李依江。源出大明山東麓，東南流至賓陽境內，折北至來賓西南遷江鎮東入紅水河。❾又有一溪　指北江。和南江在楊渡會合後稱清水江，往東再轉向北流，至遷江注入紅水河。❿遷江　明代為縣，隸思恩府，治所在今來賓西南遷江。⓫瑞巖　當作瑯巖，即瑯山巖，見〈粵西遊日記三〉十一月十八日日記。⓬複道　樓閣之間有上下兩層架空的通道，俗稱天橋。⓭三里城　在上林東北，指巡業、撫安、古城等里。萬曆間廣西巡撫郭應聘為鎮壓僮瑤起義，築三里城，派思恩府參將駐守。⓮移南丹衛於此　萬曆八年，王守仁平定八寨瑤、僮亂事，將南丹衛自賓州移至三里城。⓯八寨　指思吉、周安等八寨，後增龍哈、咘咳為十寨，在上林東北三里鎮北，忻水、紅水河以南一帶。⓰上虞　明代為縣，隸紹興府，今屬浙江。

【語　譯】二十二日　這天是立春日。早晨起身，陰雲四面密布。吃了飯往北在田塢中行走。過了二里，到北山下，就是公村。從村東越過山嶺往北，走了三里，往下到山的北麓，才看到北面十分開闊，漸漸有石峰突起露出。原來自從進入隆安西面的山嶺，土山高低不一，全都是土，看不到岩石，到這裡才又看到石山的崢嶸面目。於是又在平野中行走，過了一里，往北通過一座板橋，有小水也從西向東流去。又往北走四里，到北面的小山下，有水從山下沖刷著山的南麓往東。架橋渡過溪水，就穿過山腋往北，從這裡往北在山坡上行走，遠望西面雙峰極其高峻，在雲煙瀰漫之中，這就是大明山。這山在北斗山的西北，為上林和武緣的分界。據志書載：「上林、武緣都有鏌鋣山和思鄰山，是這兩縣的分界。」說到鏌鋣而不提大明，莫非大明山就是鏌鋣山嗎？再往北走五里，有條大溪從西面的大明山往東流去，這又是賓州和上林的分界。這水比古漏山各條溪流大，所以不能架橋渡過。從溪水北岸再走三里，登上一座山岡，這裡就是思洛墟，從賓州往北的大路到思洛墟會合。於是往西北走，共十二里，經過白墟，再走三里，到牧民堡，岡頭上有人賣飯，這是在賓州去上林、三里城的半路上。

再往西北走十里，到開籠山，又名雞籠，已直逼北邊的石山下。由岔路往北進入石山峽谷中，這山千百成群，或分或合，山雖然小，但形態變化十分特殊。有分為三座支峰的，東邊一支又大又高，中間一支其次，西邊一支特別尖，像竹枝那樣細小，形態格外奇特；有聳立在群峰之間的，像插在冠上的筆一般卓然直立。

從石山的西面轉而向北，進入石山峒中。走了五里，往北到楊渡，一條大溪從西面上林高山崇嶺中往東流到這裡，直逼北面石山之下。另有一條溪水從北面三里城的峽谷中往南流入大溪，兩條溪水會合後水勢更大，沿著石山往東流，到遷江注入都泥江。剛坐渡船到北山下，當路有人賣飯，渡溪的人絡繹不絕，便從它的東面沿著南來的溪水西岸上行，進入峽谷中。這峽谷有的地方收攏，有的地方開闊，高高峙立，曲折盤繞，左右兩邊都有村落。走了十里，峽谷又大大開闊起來，四面群山圍繞，中間形成一個大塢，有一座山峰在塢中平地拔起，四周無所依傍，形狀極像桂林的獨秀峰、向武的瑞巖，只是更小更陡削。路從山峰西面經過，忽然看到樹影倒垂，陽光從中透出，急忙往東走進，原來裡面南北向從中迸裂，南面的洞穴有大石從洞頂往下靠在洞門外，將洞門一分為二，門內裂開的孔洞有幾丈高，一丈五尺闊，直透山峰北面有五、六丈長。走出北面的洞穴，洞上飛崖倒覆，向東騰空高舉，如同複道在空中迴繞，樹枝倒懸的倩影。再進入這個洞中，又往西通過一個孔洞，往西北轉出，裡面通道曲折，多次看到有飛橋在上高懸，背靠孔洞層層穿入，又從西面的洞門穿出。有座山峰很小，下面有四個洞門，中間有兩條通道，也是一座形狀相似但較小的瑯巖。但瑯巖高遠，這座山峰卻是平緩狹小罷了。從巖的北面再往北走三里到桂水橋，溪水從西北沖激著山崖，而南面的山崖俯視溪流，下臨橋梁。過去有人在這裡疊石為臺，在臺上造了亭子，名來遠亭，如今只剩下廢址了。

過橋往東，再往北走二里，為三里城。城建於萬曆八年，開始建立參將府，將南丹衛遷移到這裡，以便鎮壓八寨。這時已過中午，在南城外陳隊長家停下休息。這人為浙江上虞的陳氏，住在這裡已二十年了。傍晚落日十分媚麗，我就進城拜謁關帝廟，在市上換了錢出城。等到睡覺時，大雨又下了起來。

二十三日　晨起雨止。既而日色皎然，遂令顧僕浣衣濯被，余乃作與陸參戎書，併錄〈哭靜聞〉諸詩械❶之，以待明晨投入。迨暮，日復墜黑雲中。

二十四日　晨起，雨復作。上午以書投陸君。陸，鎮江[2]人也，鎮此六年矣。陸君名萬里。得書即令一把總[3]以名帖候余，余乃入謁，為道鄉曲[4]，久之乃別。陸君曰：「本當即留款，以今日有冗，詰朝[5]專候耳。」蓋是日乃其孫伯恆初冠[6]，諸衛官有賀燕[7]也。余返寓，雨紛紛不休。陳主人以酒飲余，遂醉而臥。

二十五日　晨起漸霽。余作程紀於寓中。上午，陸君以手書訂余小敘，盡返所餽儀。余再作書強之，為受〈金谷秋香〉卷。下午，入宴於內署，晤陸君。令弟玄芝，昆仲俱長厚純篤，極其眷愛焉。

二十六日　晨起，入謝陸君，遂為下榻東閣。閣在署東隅，喬松浮空，幽爽兼致，而陸君供具豐腆，惠衣襪褲履，諄諄款曲，誼逾骨肉焉。是日，陸君出新舊諸報[8]見示，始知石齋[9]先生已入都，又上二疏，奉旨責其執拗，復令回話，吏部主政熊文舉[10]以疏救之。又知鄭峚陽[11]之獄擬戍，復奉旨欲加重刑，刑部尚書任為鐫三級焉[12]。至六月，錦衣衛[13]以病聞。又知錢牧齋[14]為宵人[15]上疏，以媚烏程[16]，遂蒙逮入都，併瞿式耜[17]俱下獄。撫寧侯朱國弼等疏攻烏程[18]，六月間烏程始歸，鄭、錢獄俱未結。

【章　旨】本章記載了第二百五十二天至第二百五十五天在南丹衛的行跡。寫信投送參將陸萬里，陸設宴款待，並留住官署東閣，情誼懇切，勝過骨肉。在陸君處看到新舊邸報，得知黃道周、鄭鄤、錢謙益諸友近況。

【注　釋】❶椷　同「緘」。封信。❷鎮江　明代為府，治所在今江蘇鎮江市。❸把總　官名，明、清各地總兵屬下以及明駐守京師三大營、清京師巡捕五營皆設有把總，為低級武官。❹鄉曲　猶言鄉下，引申為鄉里。❺詰朝　明朝。❻初冠　古代男子年二十歲，束髮加冠，表示成人。❼燕　通「宴」。❽報　指邸報。漢唐時地方長官於京師設邸，邸中傳抄詔令奏章等，以報於諸藩，故稱邸報。後世因稱朝廷官報為邸報。內容有皇帝諭旨、大臣奏議等官方文書和官吏任免等其他政事等。明末始有活字邸報。❾石齋　即黃道周。❿熊文舉　江西新建人。崇禎進士，官吏部郎中。以附李自成，福王時入從賊案。入清，累官兵部右侍郎。⓫鄭峚陽　鄭鄤，號峚陽，武進人，天啟間與文震孟同榜進士，黃道周之友。崇禎八年，溫體仁欲借鄭鄤傾軋黃、文，誣以杖母烝妾，不孝逆倫，被處磔刑。⓬刑部尚書任為鐫三級焉　據《明季北略》載，鄭鄤案發，因詔獄，刑部尚書馮英在會審後，上疏稱鄭鄤「假箕仙批詞，迫其父以杖母」，未直指鄭杖母。又稱「鄤有才名」，語有回護之意。思宗覽疏大怒，責其徇私，著吏部議處。鐫，削官降職。⓭錦衣衛　即錦衣親軍都指揮使司。明洪武間設置，原為皇宮禁衛親軍，朱元璋為加強專制統治，特令兼管刑獄，賦予巡察緝捕之權，成為特務組織。⓮錢牧齋　錢謙益，字受之，號牧齋，常熟（今屬江蘇）人。萬曆進士，官至禮部侍郎，後被貶逐。多爾袞定江南，迎降，授禮部右侍郎，以詩文標榜東南，為一時文壇領袖。⓯宵人　小人；奸人。宵，通「小」。⓰烏程　指溫體仁，字長卿，浙江烏程（今吳興）人，萬曆進士。為人外曲謹而內陰狠。崇禎中，出任首輔，在位八年，陷人無數。被劾去官，病死。⓱瞿式耜　字起田，號稼軒，常熟人，萬曆進士。南明時擁立桂王，任文淵閣大學士兼吏、兵二部尚書。積極抗清，桂林陷落被殺。⓲撫寧侯朱國弼等疏攻烏程　崇禎十年四月，撫寧侯朱國弼上疏劾溫體仁徇私，左都御史唐世濟又劾溫受霍維華賂。思宗慰諭溫體仁，奪朱國弼侯爵，唐世濟戍邊。

【語　譯】二十三日　早晨起身，雨停了。隨即陽光燦爛，便吩咐顧僕洗滌衣服，我就寫了封信給陸參將，並把〈哭靜聞〉等詩封在信中，等明天一早送進去。到了傍晚，太陽又落入黑雲之中。

二十四日　早晨起身，雨又下了起來。上午把信送給陸君。陸是鎮江人，在這裡鎮守已經六年了。名萬里。

他收到信後派一名把總拿了名帖來問候我，我就去拜見他，表達同鄉的情誼，過了好久才告辭。陸君說：「本來應當立即留你住下招待，因今天有點雜事要辦，明天一早專候大駕。」原來這天是他的孫子伯恆二十歲生日，衛中眾官吏準備了慶賀的宴會。我回到寓所，雨紛紛下個不停。房東陳君請我喝酒，就喝醉了睡下。

二十五日　早晨起身後天漸漸轉晴。我在寓所中寫作遊記。上午，陸君寫了親筆信來約我小聚敘談，並將我所贈送的禮品盡數退還。我再寫信請他收下，他這才收了〈金谷秋香〉的卷軸。下午到官署內赴宴，會晤陸君。陸君的兄弟玄芝，他們兄弟兩人都忠厚淳樸，對我極為親切。

二十六日　早晨起身，到官署向陸君致謝，就被留下住在東閣。閣在官署東隅，高大的松樹蔭蔽天空，既幽靜，又爽朗，而陸君供應極為豐盛，還送我衣褲鞋襪，誠懇表達心意，情誼勝過親骨肉。這天陸君拿出新舊的邸報給我看，才知道石齋先生已經進京，又上了兩道奏疏。聖旨傳下，責備他固執不恭，又命令他回話，吏部主政熊文舉上疏救他。又知道鄭峚陽的案子擬定了充軍之罪，又接到聖旨要加重刑，刑部任尚書也被降了三級。到六月，錦衣衛報告說鄭得了病。還知道小人上疏攻擊錢牧齋，以討好烏程相國，於是錢被捕進京，連同瞿式耜一起關進監獄。撫寧侯朱國弼等人上疏攻擊烏程，六月間，烏程罷官回鄉，鄭、錢兩人的案子都還沒有了結。

二十七日　雨。

二十八日　稍霽。陸公特同余游韋龜巖。巖在三里西十里。

二十九日　復雨。

三十日　復雨。

戊寅❶正月初一日　陰雨復綿連，至初六稍止。陸君往賓州，十一日歸。

十三日　游獨山巖，又小獨山。

十五日　雨中往游周泊隘❷。隘在三里東二十五里。晚酌南樓，觀龍燈甚盛。

二十七日　同陸伯恆游白崖堡巖洞，洞在楊渡西，北向高洞三層。又東南向深洞，內分二支。入宿白崖哨❸官秦餘家。

二十八日　陸公昆仲至，同游青獅巖。巖在楊渡東南，過渡四里乃至。其巖東西直透，東門平，西門高。洞內下甚寬平，上兩層中空透頂，西門內可望，而高不可上，須由山北小竇攀崖而入，下臨西門之頂。又東入深奧，又北透重門，俱在絕壁之上。是日酌於洞中，有孫、張、王三指揮使同飲。既乃觀打魚於江畔，抵暮歸，乃病。

二十九、三十兩日　余臥病東閣。天雨，復不止。

二月初一日　稍霽。

初二日　復雨。是日余病少愈，乃起。

初三日　雨中復往青獅潭觀打魚。先是張揮使言：「青獅巖之南有雞籠山，亦有大巖。」故陸公以騎送余至此，命張往同游。張言雨中不可入，且久無游者，固阻余，仍冒雨歸。自後余欲辭陸公行，陸公擇十三日為期。連日多雨，至初九稍霽。陸公命內姪劉玉池、嘉生昆仲併玄芝、伯恆，各分日為宴餞余。因出演武場，伯恆、二劉為走馬命射演武場。周圍有土城，即鳳化縣❹址也，在城東。

十一日　早聞雨聲，余甚恐為行路之阻。及起，則霽色漸開。至晚，餞余於署後山亭。月色皎然，松影零亂，如濯冰壺。為之醉飲。

十二日　日色甚麗。自至三里，始見此竟日之晴朗。是日，陸公自餞余，且以厚贐❺為餽，並馬牌荐書相畀，極繾綣之意，且訂久要❻焉。何意天末❼得此知己，豈非虞仲翔之所為開頤者乎❽？

【章　旨】本章記載了第二百五十六天至第三百零一天在南丹衛的行跡。連續下雨累月，滯留三里城。其間遊覽了韋龜巖、獨山巖、小獨山、周泊隘、白崖堡、青獅巖，又到青獅潭觀看打魚。接著天氣稍許轉晴，便向陸公辭行。行期決定後，陸公親自餞行，贈送禮物豐厚，情意難分難解。

【注　釋】❶戊寅　崇禎十一年（一六三八）。❷周泊隘　今名刁泊，在上林東北境，三里鎮西。❸哨　軍隊巡邏叫放哨，防守之處也叫哨。❹鳳化縣　明正德時設置，隸思恩府，無城郭官署，嘉靖廢撤。❺贐　以財物贈行者。❻久要　平時的期待約定。《論語・憲問》：「久要不忘平生之言。」這裡引申為永遠友好。❼天末　天邊。指極遠的地方。❽豈非虞仲翔之所為開頤者乎　虞仲翔，虞翻，字仲翔，三國餘姚（今屬浙江）人。自幼好學，頗有才氣。孫權時為騎都尉，屢次犯顏諫爭，權不悅。後被流放至交州，講學不倦，門生常數百人。曾嘆道：「自恨疏節，骨體不媚，犯上獲罪，當長沒海隅，生無可與語，死以青蠅為弔客，使天下有一人知己者，足以不恨。」

【語譯】二十七日 下雨。

二十八日 稍許放晴，陸公特地和我同遊韋龜巖。巖在三里城西十里。

二十九日 天又下雨。

三十日 又下雨。

戊寅年正月初一 又是陰雨連綿，到初六才稍稍停下。陸君前往賓州，十一日回來。

十三日 遊覽了獨山巖和小獨山。

十五日 冒雨前往周泊隘遊覽。隘在三里城東二十五里。晚上在南樓飲酒，觀賞龍燈，十分熱鬧。

二十七日 和陸伯恆同往白崖堡巖洞遊覽。洞在楊渡西面，有三層位於高處朝北的洞穴。另有朝東南的深洞，裡面分成兩支。到白崖堡哨官秦餘家中過夜。

二十八日 陸公兄弟兩人來到，一起去遊青獅巖。巖在楊渡東南，過了渡口走四里才到。這巖洞東西兩頭直通，東門平坦，西門高峻。洞內底部十分寬闊平整，上兩層中間是空的，直穿洞頂。在西門內可以望見，但太高，不能上去，必須從山北的小洞攀崖進入，下臨西門頂部。又往東進入深處，再向北穿過兩道洞門，都在絕壁之上。這天在洞中飲酒，有孫、張、王三位指揮使陪同。隨後在江邊觀看打魚，到傍晚返回，就生起病來。

二十九、三十兩日 我臥病東閣。天又不停地下雨。

二月初一 稍稍放晴。

初二 又下雨。這天我病稍許好轉，就起牀了。

初三 雨中又到青獅潭觀看打魚。在此之前，張指揮使說：「青獅巖的南面有座雞籠山，也有大巖洞。」故陸公用馬送我到這裡，叫張指揮使一起前往遊覽。張說下雨天不能進洞，而且很久沒人去遊了，堅決阻止我去，於是冒雨返回。此後我想辭別陸公上路，陸公選定十三日為行期。連日多雨，到初九稍許放晴。陸公吩咐他的內姪劉玉池、劉嘉生兄弟兩人，還有玄芝、伯恆，各自分別每天設宴為我送行。於是到演武場，伯恆和二劉為我表演跑馬射箭。周圍有土城，即鳳化縣舊址，在三里城東面。

十一日　早晨聽到雨聲，我很擔心行程會因而受阻。等到起身，只見天色漸漸晴朗。到晚上，陸公在官署後面的山亭上為我餞行，月光皎潔，松影零亂，人就像浸在冰壺之中，我因此暢飲直到喝醉。

十二日　陽光明媚，自從來到三里城，這才看到整日天氣晴朗。這天，陸公親自為我餞行，並贈送豐厚的禮物，還給我馬牌和推薦信札，情意難分難捨，而且訂交永遠友好互不相忘。想不到在天涯海角，得到這樣一個知己，豈不就是三國時虞仲翔所為之開顏愉悅的事嗎？

十三日　五鼓，雨聲復作，既起，雨止，雷聲殷殷。陸公親為治裝畢，既飯，送至轅門❶，命數騎送余。遂東出東門，過演武場，抵琴水橋，伯恆與蘇友陳仲容別去。又一哨官王姓者以騎來，與劉玉池同送渡琴水橋。又東一里，北向入山，升陟坂壠。東北十四里，抵一最高石峰之麓，有一土阜西綴石峰之下，是為左營。其石山東即羅洪洞❷賊。營北一里有墟場，趁墟者多賊人。然墟無他物，肉米而已。又北行，皆東石西土。共七里，有石崖夾道，竪峰當門，乃金雞山也。透山腋二里，北復開間峽北去。又十里，為後營。營在西土山之上，東支則石峰參差，西支則土山盤錯。營於山巔，土山形如船。其石山東乃那良❸賊寨。哨官楊迎款甚勤。楊號耀先，閩漳州❹人。欲往游東巖，以雨色復來，恐暮，乃止。

自舊年十二月廿三日入三里，至今二月十三日由三里起程，共五十日。

【章　旨】本章記載了第三百零二天在南丹衛的行跡。陸公親自送到轅門分手。渡過琴水橋，進入山中，又經過左營、金雞山，到後營，一路而來，東邊是石山，西邊是土山。從進入三里城到離去，前後共五十天。

【注　釋】❶轅門　古時地方高級官署，兩旁用木柵圍護，稱轅門。也指軍營營門。❷羅洪洞　在上林城東五十里羅洪洞山，相傳北宋元祐中，為白雲先生韋旻讀書處。又傳為前賢羅洪隱居修煉之地，洞內有石臺石牀，古蹟猶存。❸那良　即今上林東北的那良。❹漳州　明代為府，治所在今福建漳州。

【語　譯】十三日　五更，又聽到雨聲，起牀後，雨停了，但雷聲隆隆。陸公親自為我整理行裝，吃過飯，送我到轅門，派幾名騎兵護送我。於是往東走出東門，經過演武場，到琴水橋，伯恆和蘇州朋友陳仲容向我告別。又有一個姓王的哨官騎馬到來，和劉玉池一起送我通過琴水橋。再往東走一里，向北進入山中，在山坡丘壠上下。往東北走十四里，到一座最高的石峰腳下，有一個土丘在西面連在石峰之下，這就是左營。石山東面是羅洪洞，有盜賊盤據。左營北面一里有集市，趕集的大多數是盜賊。不過集市上沒有其他東西，只有肉、米罷了。再往北走，一路上東邊都是石山，西邊都是土山。共走了七里，有石崖在路旁夾立，石峰當門豎立，就是金雞山。穿過山腋走了二里，北面又開出一道峽口往北延伸。再走十里，到後營。營建在西面的土山上，東面一支是參差不齊的石峰，西面一支是盤繞交錯的土山。營房座落在山頂上，土山形狀像一條船。這石山東面是那良盜賊的山寨。姓楊的哨官迎接款待十分殷勤。楊號耀先，福建漳州人。想去東巖遊覽，因為天色又要下雨，又怕時間已晚，於是停下住宿。

自從去年十二月二十三日進入三里城，到今年二月十三日從三里城啟程，前後共五十天。

三里磚城，週迴大三里。東西皆石山排列，自後營分枝南下，中有土山一支，至此而盡，又起一圓泡，以城環之，參府即倚泡建牙❶。府週圍喬松百餘，〔高刺雲霄，〕幹大皆合抱。余以為數百年物。按碑，乃隆慶初年❷建府時所植，〔栽踰六十年，〕地氣湧盛如此。城久頹，且無樓櫓❸。陸公特增緝雉堞，創三門樓。東、西、南三門，惟直北當府後無門。南門之外，又建南樓，以壯一方之形勢。余有〈南宣樓記〉。又前，則東西二溪交於匯水橋；二溪，西大而東小，俱發源後營之東西谷，〔合〕而下洋渡。而獨山巖又中峙為下流之鑰。前又有獨山村之山，為第二重鑰。

三里之界，南踰楊渡或作洋渡。抵雞籠山，〔共二十里。〕北過後營抵分脊嶺，共五十里。昔時脊北那歷、玄岸二村，北并藍澗，俱順業里屬，今已淪為賊窟。東抵周泊隘，共二十五里。西抵蘇坑❹，四十五里。縱橫皆七十里。名三里者，以昔為賊踞，王文成❺平八寨，始清出之，編戶三里：一曰上無虞；二曰下無虞；三曰順業里。今順業北境與八寨接壤者十餘里，那歷、玄岸并藍澗皆賊踞為巢。曾置鳳化縣，即今演武場週圍土城，遺址尚存。隨廢，後以南丹衛遷此，而設參府鎮之。田糧初輸衛，後收歸上林縣，而民以不便，復紛紛議歸衛矣。

三里以洋渡為前門；有〔李依〕江西自上林縣大明山發源，東流至此，橫為楊渡。渡之南，則石峰離立，若建標列戟；渡之北，則石峰迴合，中開一峽，外湊如門，有小江自北而南，注于洋渡下流，〔即匯水橋下合流水也。〕溯小江西岸入峽，宛轉俱從兩界石山中，北行數里，兩界山漸開漸拓，中環平疇，有獨山村界其中，〔一石山中立溪西，〕為外案❻，又有獨山巖為內案。于是東、西兩溪之水，前合而南去。北面石山愈開，土山自北而來，結為城治焉。城北土山中懸，直自後營西北夭矯而下，至此而盡。其東、西兩界石山，迴合如抱，愈遠愈密，若天成石郭，另闢一函蓋於中者。蓋西來之脊，高峙為大明山，分支東走，環繞於蘇坑南北者，遂為西界之障；又北轉，而東抵後營之後，乃中分土山一支，直南四十里而結三里，若萼中之房；其分支東度者，又南轉環繞為東界之障。故周泊、蘇坑兩處，為三里東西之腋，正中與城治相對。其處〔東西〕最拓，若萼之中折處焉。由周泊而南，漸轉漸合，至洋渡而西向臨溪，則青獅廟❼之後崖也；由蘇坑而南，漸轉漸合，至洋渡而東向臨溪，則白崖堡❽之東崖也。二崕湊合於洋渡，即所入之前門，若萼之合尖處焉。

東西兩溪，俱在兩界石山之內，土山北自後營盤伏而來，兩源遂夾而與俱。西界者，南至羅墟北，又合一西來之水，曲折繞城西，又西抵石村，合汛塘之水，乃東南出匯水橋下，合東溪。東界者，南至琴水巖東，又南出琴水橋，又合一東來之水，曲折抵東南石峰下，又穿流山峽中，乃西出而合西溪。二水合而南，經兩獨山瀠之，又南注於洋渡之東❾。大江西下，此水北下，合併東去。其西北之夾，即洋渡東北之夾，為青獅廟後崖。

【章　旨】本章追記三里城的地理狀況，包括方位、規模、城池建置和沿革，以及周圍地域、山峰位置、溪水流向等。

【注　釋】❶牙　通「衙」。❷隆慶初年　西元一五六七年。隆慶，明穆宗年號。❸樓櫓　古代軍中用以瞭望敵情的無頂高臺，即望樓。❹蘇坑　在上林北境，三里鎮東。❺王文成　王守仁，死後贈新建伯，諡文成。❻案　界限。此指案山。❼青獅廟　在三里鎮南二十里，李依江北岸，和洋渡隔水相對。❽白崖堡　在三里鎮南十六里，李依江北岸，青獅廟西。❾又南注於洋渡之東　原缺「南」字，據乾隆本補。

【語　譯】三里城是座磚城，周圍有三里多長。東西兩邊都是排列的石山，從後營分出支脈向南延伸，中間有一支土山，到這裡為止，又聳起一個圓形的土丘，環繞土丘築起城牆，參將府就靠著土丘建起衙門。參將府周圍有百餘棵松樹，高插雲霄，樹幹都是兩手合抱。我以為是已經過幾百年的古物。看了碑文，原來是隆慶初年建府時栽種，栽後已過六十年，可見地氣如此湧躍旺盛。城牆早已倒坍，而且沒有望樓。陸公特地增修女牆，建了三座門樓。東、西、南三門，只有正北參將府後面沒有門。南門的外面，又建了南樓，用以增強這一方的形勢。我寫了〈南宣樓記〉。再往前，有東、西兩條溪水，在匯水橋相交；兩條溪水，西溪大，東溪小，都從後營東西兩邊的山谷中發源，會合後流下洋渡。而獨山巖又居中峙立，成為下游的門戶。前面還有獨山村的山，為第二道門戶。

三里的地界，南面越過楊渡或作洋渡。到雞籠山，共二十里。北面越過後營到分脊嶺，共五十里。從前山脊北面的那歷、玄岸兩個村子，連同北面的藍澗，都屬順業里，現在已淪為賊窩。東面到周泊隘，共二十五里。西面到蘇坑，四十五里。縱橫都是七十里。以「三里」為名，是因為過去被盜賊占據，王文成公平定八寨，才將此地清理出來，按戶口編成三里，一是上無虞，二是下無虞，三是順業里。如今順業里北境和八寨接壤的地方有十多個里；那歷、玄岸和藍澗都被盜賊盤據作為巢穴。曾設置鳳化縣，就是現在演武場周圍的土城，遺址還在。不久廢除，以後將南丹衛遷到這裡，並且設置參將府鎮守。起先徵收的田糧歸南丹衛，後又劃歸上林縣，老百姓感到不方便，就紛紛倡議要歸還南丹衛了。

三里城以洋渡為前門，有李依江從西面的上林大明山發源，往東流到這裡，橫向為楊渡。楊渡南面，石峰並立，就像標桿豎立，劍戟排列；楊渡北面，石峰迴繞聚合，中間開出一道峽谷，外面湊攏如同門戶，有小江從北向南，注入洋渡的下游，就是匯水橋下合流的水。沿著小江西岸上行，進入峽谷，曲曲折折都從兩邊石山中走，往北走幾里，兩邊山勢漸漸開闊，中間環繞成平坦的田野，有獨山村隔在中間，一座石山居中峙立在溪水西岸，成為外面的分界山，另有獨山巖作為裡面的分界山。於是東、西兩條溪水，在前面會合後向南流去。北面石山更是開闊，土山從北面延伸過來，盤結成為三里城的治所。城北土山居中懸立，一直從後營的西北屈曲往下，到這裡已是盡頭。東、西兩界的石山，迴合環抱，越遠越密，就像天生的石城外牆，在中間另外開出一個封閉的環境。原來從西面延伸過來的山脊，高聳峙立，成為大明山，分出的支脈往東伸展，在蘇坑南北環繞，就成了西界的屏障；再往北轉，往東到達後營的後面，中間分出一支土山，直往南四十里盤結成為三里城，如同花萼中的花房；它向東延伸的支脈，又往南轉，環繞成為東界的屏障。所以周泊、蘇坑兩地，成為三里城的東西兩腋，正中和城的治所相對。這裡東西兩面最開闊，如同花萼中斷的地方。從周泊往南的山崖，漸轉漸合，到洋渡向西面對溪水，這就是青獅廟的後崖；從蘇坑往南的山崖，漸轉漸合，到洋渡向東面對溪水，這就是白崖堡的東崖。兩座山崖在洋渡湊合，就是進入三里城的前門，如同花萼合攏的尖角處。

東西兩條溪水，都在兩界石山之內。土山從北面的後營盤旋起伏延伸，兩條溪水就夾著土山一起流來。

西界的水，往南流到羅墟北面，又和一條從西面流來的水合流，曲折繞過城西，再往西流到石村，會合汎塘的水，就向東南從匯水橋下流出，和東溪會合。東界的水，往南流到琴水巖東面，再往南從琴水橋下流出，又會合一條從東面流來的水，曲折流到東南的石峰下面，再穿流峽谷中，才往西流出和西溪會合。兩條水合流向南，經過兩座獨山，在山下縈繞，再往南注入洋渡的東面。大江向西流下，而這水向北流下，合併後向東流去。在它西北的山峽，就是洋渡東北的山峽，為青獅廟的後崖。

韋龜洞在城西十里韋龜村。西由汎塘踰佛子嶺而北，其路近；北由羅墟轉石山嘴而南，其路遠。其中群峰環繞，內拓平疇，有小水自北而南，分流石穴而去。惟北面石山少開，亦有獨峰中峙若標。韋龜之山，自東南中懸，北向而對之，函蓋獨成，山水皆逆❶，真世外丹丘❷也。數十家倚山北麓，以造紙為業，棲舍累累，或高或下，層嵌石隙，望之已飄然欲仙。其西即洞門，門亦北向。初入甚隘而黑，西南下數步，透出石隙，忽穹然高盤，劃然內朗。其四際甚拓，而頂有懸空之穴，天光倒映，正墜其中。北向躋石而上，乳柱前排，內環平臺，可布几席。南向拾級而下，碧黛中匯，源泉不竭，村人之取汲者，咸取給焉。平臺之前，右多森列之柱，幢蓋駢錯，紋理明瑩；左多層疊之塊，獅象交踞，形影磊落。其內左右又可深入焉。秉炬由右西向入，漸下漸歧，而南可半里，又開一壑而出。秉炬由左東向入，漸躋漸踰而北，可半里，又轉一竇而還。聞由右壑梯險而上，其入甚深；然覓導不得，惟能言之，不能前也。是巖外密中寬，上有通天之影，可以內照；下有逢源之竅，不待外求。一九❸塞口，千古長春。〔三里雖巖谷絕盛，固當以是巖冠。〕況其外村居，又擅桃源、谷口❹之勝乎？

琴水巖在城東六里，琴水橋之北，中支土山東南盡處也。東溪自北，環山之東。土山既盡，獨露石山一拳，其石參差層沓。山南亦有數家之村。洞在村西山半，其門南向。初入窪而下，甚欹側，北進數丈，秉炬踰一隘轉而西，始穹然中高，西透明穴，北有暗竅，當明處有平石闊三丈，臥洞底如墜，可攀而憩焉。秉炬窮暗竅，數丈而隘，躋其上，亦不能深入。乃仍出至平石，躋西穴而出，則山之西面也。下山仍轉山前，騎而周玩之。洞前稍下，其東亦開一巖門，亦南向，外高而中淺，村人積薪於中焉。其北又開兩巖，一上一下：上者在重崖，無路；下者多瀦水，然亦不能與前通也。

【章　旨】本章追記在三里城遊韋龜洞、琴水巖的行跡。韋龜山山水都逆向伸展，無愧仙境。居民以造紙為業。韋龜洞上通陽光，下有水洞，外面村莊如同桃源，為三里城巖洞之冠。琴水巖內有暗洞，但不能深入。

【注　釋】❶山水皆逆　韋龜山峭立東南，北與群山對峙，獨成閉合之勢，山脈與水流均至此逆折轉向。❷丹丘　神話中神仙所居之地，晝夜長明。❸一丸　即一丸泥。《東觀漢記》二三〈隗囂載記〉：「囂將王元說囂曰：『元請以一丸泥為大王東封函谷關，此萬世一時也。』」比喻地勢險要，用丸泥封塞，即可阻敵。❹谷口　在陝西醴泉東北，當涇水出山處，為白渠起點。白渠灌溉田地四千五百餘頃，百姓歌曰：「鄭國（渠名）在前，白渠起後，舉臿為雲，決渠為雨……衣食京師，億萬之口。」

【語　譯】韋龜洞在三里城西十里的韋龜村。從西面汛塘越過佛子嶺往北，這路比較近；從北面羅墟轉過石山嘴往南，這路比較遠。其中群峰環繞，中間開出一片平野，有小水從北向南，分流石洞中去。只有北面的石山稍許開豁，也有一座獨立的山峰在中間峙立，如同標桿。韋龜洞所在的山，從東南過來，懸在中間，朝北面對著它，獨自形成一片封閉的天地，山水都逆折轉向，真是遠離人世的神仙居處。有幾十戶人家靠著山的北麓，以造紙為業，房屋很多，或高或低，層層嵌在石崖隙縫之中，一望見它，便已使人產生飄然欲仙的感覺。村子的西面就是洞門，也朝北。剛進去時十分狹窄黑暗，往西南走下幾步，穿出石縫，洞內忽然高高隆起，向上盤繞，頓時開朗。洞的四周都很開闊，頂部有懸空的孔穴，陽光倒映，正射入洞中。朝北踏著岩石往上，鐘乳石柱在前面排列，裡面繞成平臺，可安放桌子座椅。朝南沿石級往下走，中間匯積著墨綠色的潭水，泉源永不枯竭，村民用水，都到這裡汲取。平臺的前面，右邊有許多森然羅列的石柱，石幢石蓋並立交錯，紋理明晰晶瑩；左邊則有許多層疊堆積的石塊，石獅、石象交錯盤踞，形狀不一。洞內左右兩邊又都可以深入。舉著火把從右邊往西進去，漸漸往下，漸漸分出岔路，往南約半里，又開一道山罅透出。舉著火把從左邊往東進去，漸漸往上攀登，漸漸越過高處往北，大約走了半里，又轉過一個小洞返回。聽說從右邊的山罅冒險攀登，可到很深的地方，但找不到嚮導，只能說說，不能往前了。這個巖洞外面狹窄，裡面寬敞，頂上有通天的日光，可以照到洞內；下面有連著水源的孔洞，不需要到外面去取水。即使用一丸泥土塞住洞口，裡面也可永遠青春長在。三里城巖洞峽谷極多，但應以這個巖洞為第一。何況洞外的村落，又擁有桃源、谷口那樣的勝景呢？

琴水巖在三里城東六里，琴水橋的北面，是中間一支土山延伸到東南的盡頭。東溪從北面流來，環繞著山的東麓。土山到了盡頭後，只露出一座拳頭似的石山，山石參差不齊，層疊雜沓。山的南面也有幾戶人家的村莊。洞在村的西面半山腰，洞門朝南，剛進去時地勢窪下，十分傾斜，往北走進幾丈，舉著火把跨過隘口，轉而向西，才看到洞中間高高隆起，往西通往明亮的洞穴，北面有暗洞，在有亮光的地方，有一塊三丈闊的平石，躺在洞底，就像從上面落下似的，可以攀登上去休息。舉著火把探索暗洞，走進幾丈就狹窄起來，登上後也不能深入。於是仍然走出，來到平石，登上西面的洞穴走出，就到了山的西面。下山後仍然轉到山前，騎著馬周遊一番。洞前稍許低下的地方，東面也開出一個洞門，也朝南，外面高敞，內部淺露，村人在裡面堆放柴火。山北又開出兩個巖洞，一上一下，上面的洞在兩重山崖之上，沒有通道；下面的洞有許多積水，但也不能和前面的洞相通。

佛子嶺北巖，在城西七里，汛塘村之西。佛子嶺者，石山自西分枝而東，東為汛塘、仙廟諸峰，而嶺界其間，石骨嶙嶙❶。踰嶺而北下，則韋龜村西塢之水，南流而抵其麓，傾入洞焉。洞門北向，甚豁，中迴環成潭，潭中瀦水淵澄，深不可測。潭四週皆石壁無隙。聞其南有隙在水下，大潦從北搗下，洞滿不能容，則躍而出於山南之崖。蓋南崖較高，水涸則瀦於北而不洩，中滿則內激而反射於外。其交關之隙，則中伏云。門右穿旁竇，南抵潭東涯上。其上有石高琚❷潭旁，上與洞頂不即不離，各懸尺許，如鵲橋然。坐橋下而瞰深潭，更悠然也。

佛子嶺南巖，在佛子嶺之南。其門南向，前有石澗，天成若槽，有橋橫其上。時澗中無水，即由澗入洞。洞外高巖層穹側裂，不能宏拓。北入洞，止容一人，漸入漸黑，而光滑如琢磨者；其入頗深，即北洞洩水之道也。蓋水大時北洞中滿，水從下反溢而出此，激湧勢壯，故洞與澗皆若磨礪以成云。

佛子嶺西北巖，在佛子嶺西北一里，其門東向。韋〔龜〕村西塢之水自北來，又分流一澗，西抵此洞前，忽穴地下墜。洞臨其上，外門高朗，西入三、四丈即止。洞南有一隙，亦傾側而下，漸下漸黑，轉向西南，無炬而出。聞下與水遇，循水西南行，即透出後山。乃知此村水墜穴，山透腹，亦與向武〔百感〕一轍也。

【章旨】本章追記在三里城遊佛子嶺北巖、南巖、西北巖的行跡。北巖洞中有水潭，深不可測。南巖洞壁光滑，如磨礪而成。西北巖洞內有水穿出後山。方知這裡和百感巖如出一轍。

【注釋】❶嶙嶙　形容山石起伏不平。❷碧　同「拱」。

【語譯】佛子嶺北巖，在三里城西七里，汎塘村的西面。佛子嶺這地方，石山從西面分出一枝往東延伸，在東面成為汎塘、仙廟各座山峰，而佛子嶺就在中間，山石起伏不平。越過山嶺往北走下，只見韋龜村西面山塢中的水，往南流到山麓，奔瀉入洞。洞門朝北，十分開敞，洞中積水迴環成潭，潭水清澄，深不可測。水潭四周都是石壁，毫無縫隙。聽說在它南面水下有縫隙，當大量積水從北面沖下，洞中水滿無法容納，便會從山南的石崖中躍出。因為南面的山崖較高，枯水時就積蓄在北面而並不外洩，洞中積水滿時就在內部激蕩，反射到外面。水來往的縫隙，就隱伏中間。從洞門右邊穿過旁洞，往南到水潭東面的水邊。上面有岩石在潭旁，高高拱起，上端和洞頂不即不離，各自懸空一尺左右。如同鵲橋。坐在橋下，俯視深潭，更覺悠然自得。

佛子嶺南巖，在佛子嶺的南面。洞門朝南，前面有石澗，如同天然的石槽，有橋橫架在上面。這時澗中沒水，就從澗中入洞。洞外高大的山岩層層隆起，旁邊裂開，不能大大拓展。朝北進入洞中，只能容納一個人，漸漸往裡漸漸黑暗起來，而洞壁光滑如經琢磨而成。往裡進入很深，就是北洞泄水的通道。因為水大時北洞蓄滿，水便從下面反溢，從這裡流出，激蕩洶湧，氣勢雄壯，故洞壁和石澗都像磨礪而成一般。

佛子嶺西北巖，在佛子嶺西北一里，洞門朝東。韋龜村西面山塢的水從北面流來，又分出一條澗水，往西流到這個洞前，忽然墜入地下的洞穴。洞就在地洞的上方，外面洞門高大明朗，往西走進三、四丈就到頭。洞的南面有條裂縫，也傾斜而下，漸漸往下，漸漸黑暗起來，轉向西南，因為沒帶火把只得走出。聽說再往下走，就和地下水流相遇，沿著水往西南走，就從後山穿出。才知道這個村子的水落到洞中，山的內部相通，也和向武州的百感巖完全一樣。

獨山巖今名砥柱巖，在城南四里。此地有三獨山，皆以旁無附麗得名。一在溪東岸，與東界石山近，其山小而更峭；一在此山南五里，障溪而東環之，其山突而無奇；獨此山既高而正當其中，與向武之瑯山巖相似。省中之獨秀無此峭拔，亦無此透漏也。其巖當山之腹，南北直透。南門高迸如裂闕，其前有巨石，自巖頂分跨而下，界為兩門，正門在東，偏門在西南，皆有古木虯藤倒掛其上，輕風飄曳，漾翠飛香，甚異也。巖中如合掌而起，高數丈，〔闊一丈五尺，〕平通山後〔者五、六丈。〕上有飛崖外覆，下有湧石如欄，南北遙望，眾山排闥，無不羅列獻於前。巖之中分竅西透，亦轉而北，又通一門，其內架閣兩重，皆上穿圓竅，人下竅行，又若透橋而出者。此一洞四門相通，山甚小而中甚幻也。惟東向不通。其崖外又有一門東向，而西入深亦數丈，是又各分門立戶者。

小獨山巖在城東南五里，與砥柱東西相向，夾小江而立。自砥柱東望，似此山偏與東界近；自此山西望，又似砥柱偏與西界近；自其中望之，其實兩山之去東西兩界各懸絕等也。山小於砥柱，而尖銳亦甚，極似一浮屠中立者。下亦通一門，有石跨其外而不甚高。西透小隙而上懸崖之側，有石平峙為臺。其上懸絕處，有洞南向甚深，若能梯階而升，亦異境也。游砥柱日獨隨一騎導而浮江，并盡此勝。

【章　旨】本章追記在三里城遊獨山巖、小獨山巖的行跡。這裡有三座獨山。獨山巖今名砥柱巖，一洞四門相通，門外漾翠飛香，十分奇異。小獨山巖尖銳，如同佛塔居中峙立。

【語　譯】獨山巖今名砥柱巖，在三里城南四里。這裡有三座獨山，都是因為近旁無所依附而得名。一座在溪水東岸，和東界的石山接近，那山較小但更陡峭；一座在這山南面五里，擋住溪水往東繞過它，那山突起但沒有奇特之處；惟獨這座山既高大而又位於正中，和向武州的瑯山巖相似，省城的獨秀峰不及它峭拔，也不像它四面穿透。它的巖洞在山腹，南北向筆直穿通。南洞門高高迸裂如同城闕，前面有大石，從洞頂分跨而下，隔成兩個洞門：正門在東，旁門在西南，都有古樹曲藤倒掛在門上，輕風飄拂，翠色蕩漾，清香飛溢，十分奇異。洞中如同合攏的手掌，拔地而起，高達數丈，寬一丈五尺，橫向通往山後的地方有五、六丈長。上面有飛崖在外面覆蓋，下面有湧起的岩石排如同欄柵，遙望南北，群山在兩邊排列，無不羅列呈獻在眼前。巖洞中分出支洞通向西邊，也轉向北，又通往另一處洞門，門內架起兩重樓閣，都和上面的一個圓洞穿通，人往下在洞中行走，又像穿過橋下走出似的。這一個洞有四處洞門相通，山很小但裡面十分奇幻。只有向東不通。山崖外還有一處向東的洞門，朝西進去也有幾丈深，這又是各自分門立戶的洞了。

小獨山巖在三里城東南五里，和砥柱巖東西相對，在小江兩邊夾立。從砥柱巖向東望去，似乎這山偏向東界；從這座山朝西望去，又好像砥柱巖偏向西界；從兩山中間望去，其實兩座山距離東西兩界都是相等的。這山比砥柱巖小些，也更尖銳，極像一座佛塔居中屹立。下面也有一門相通，有岩石跨在門外，但不太高。往西穿過小裂縫登上懸崖的一旁，有石平峙成臺。臺上極高的地方，有朝南的洞很深，如果能夠沿著石級攀登上去，也是一處奇境。遊砥柱巖的那天，獨自跟著一名騎馬的嚮導過江，一併遊完這裡的勝景。

白崖堡南巖，在城南十六里。由洋渡北岸溯江西行，轉入山塢，則堡在其中。蓋其山南北迴合，又成一洞天矣。洞在南山之上，重門北向，高綴萬仞之壁，自堡中望之，即在舉首間，而無從著足。巖下石腳外插，亦開裂成紋。初開捱數隙❶，如升層樓，而不知去洞猶甚遠，復出望之，而後覺槍榆枋者，無及於垂天之翼也❷。既而土人秦餘至，為秉炬前導。仍從山口出，循南山之東，而轉其南，始拾級上，得一門東南向，是為後洞，〔正對卓筆、青獅巖諸峰。〕由洞中東北上躋，乃暗而需炬。更轉而北，其上甚峻，遙望天光中透矣。益攀躍以升，得一隙僅如掌，瞰其外闢巨門焉，則上洞之下層也。隙隘不容側身向外，祇可俯眺而已。從其內更上躋，透隘而出，則洞門岈然，北臨無地，向之仰眺而莫可及者，今忽身躋其上矣。此洞甚高，呼吸可通帝座❸，其前夾崖下陷，以木橫架而補其闕，即堪憩託，然止可凭攬諸峰，非久棲地也。仍從內隘下，再窺其外第二層洞，亦以為不可到矣，姑以杖從隙中投之，再由故道俯級直墜，抵前遙望天光處，明炬遍燭，于洞北崖下得一穴焉。其口甚隘，亟引炬❹蛇行而入，其中漸高而成峽，其底甚平，數丈後宛轉東折，又數丈而北透，則其門北向高裂，有巨樹盤根洞中，偃出洞外，是為第三層洞。洞前平石如掌，上下皆危崖峭壁，轟懸無級，回首上眺，則層門重疊，出數十仞之巔者，即上洞與第二層洞也。稍緣平石❺而東，峽壁間有藤樹虯絡，乃猱升猿引以登。半晌，遂歷第二層外洞，前所投杖儼然在也。其洞深三丈，高五丈，嵌上下兩洞之間，而獨不中通，反由外躋。因為吟句曰：「洞門千古無人到，古幹虯藤獨為誰？投杖此中還得杖，三生長與菖坡❻隨。」乃仍掛枝下，循平石篝火穿第三層洞入，再抵前遙望天光處，則仍還後洞腹中矣。蓋是洞如蹲虎，中空如腹，而上洞則其口也，第二層洞在其喉管之外，向從隙外窺處則喉管也。人從喉管上透出其口，由喉管下墜，抵腹中第三層洞，為其臍之所通，故在腹之前。後洞乃其尾閭❼，故在腹之下云。

白崖堡南山下洞，在後洞之西三百步，洞門亦東南向。洞外高崖層亙，洞內即橫分二道，一向西南，一向東北，皆稍下從窪中入，須用炬矣。從西南者，數丈後輒分兩層，下層一穴如井。由井下墜，即得平峽，西行三丈，又懸峽下墜，復得平窪，其中峽竅盤錯，交互層疊，乳柱花萼，倒垂團簇，不啻千萬。隨行胡生金陵❽人。折得石乳數十條，俱長六、七寸，中空如管，外白如晶，天成白玉搔頭❾也。又有白乳蓮花一簇，徑大三尺，細瓣攢合，倒垂洞底，其根平貼上石，俱懸一線。而實黏連處，蒂僅如拳，剷而下之甚易。第出竇多隘，且下無所承，恐墜下時傷損其瓣，不忍輕擲也。盤旋久之，忽見明光一縷，透竅而出，井口亦如前，又在前井之南矣。又從上層西南入，其中石脊高下，屢見下陷之坑，窅❿黑無底，疑即前所探下層也；深入亦盤錯交互，多乳柱攢叢，〔細若駢枝⓫，團聚每千百枝，〕與下層競遠。〔惟後營東洞，乳柱多而大，悉作垂龍舞虬狀，比列皆數十丈云。〕從東北者，不五丈，有北嵌之竅兩重，皆不甚深。東向攀崖而上，漸進漸曲，其盤錯亦如西洞，而深奧少殺之。

【章　旨】本章追記在三里城遊覽白崖堡南巖和白崖堡南山下洞的行跡。南巖高綴萬仞陡壁之上，踏著石級來到後洞，在洞中往上攀登，道路狹窄，只能像蛇那樣爬行，到第三層洞。出洞後像猿猴那樣攀登，又到第二層外洞。這洞形似蹲虎，上洞在虎口，第二層洞在喉管，第三層洞在腹前，後洞在尾部。南山下洞裡面橫分兩條通道，峽谷孔洞盤結交錯，石柱石花倒垂簇聚。後營東洞，鐘乳石柱既多且大，都作虬龍垂舞之狀。

【注　釋】❶初開揠數隙　乾隆本作「初攀數隙」。❷而後覺楂榆枋者二句　以上二句以蜩和斑鳩自喻，有力不從心之意。楂榆枋者，指蜩（蟬）和斑鳩。楂，衝抵；碰撞。榆枋，榆樹和檀木。《莊子・逍遙遊》：「我決起而飛，楂榆枋而止。」垂天之翼，指大鵬。《莊子・逍遙遊》載：大鵬「怒而飛，其翼若垂天之雲。」❸帝座　星名，在天市垣內，候星西。❹引炬　原作「引亡」，據乾隆本改。❺稍緣平石　緣，原作「懸」，據乾隆本改。❻葛坡　同「猖披」。衣不結帶，散亂不整之貌。引申為放縱自恣。❼尾閭　古代傳說中海水歸宿之處。這裡指尾部。❽金陵　古邑名，在南京清涼山，後用作南京的別稱。❾搔頭　婦女首飾。即簪。❿窅　深遠。⓫駢枝　即駢拇枝指，指手大拇指旁枝生一指成六指。原用以喻多餘無用之物。

【語　譯】白崖堡南巖，在三里城南十六里。從洋渡北岸沿著李依江往西上行，轉入山塢，白崖堡就在山塢之中。這山南北環抱，又自成一個洞天。巖洞在南山上面，有兩重洞門朝北，高高連接在萬仞陡壁之上，從堡中望去，抬頭就可看到，但卻無處落腳。巖洞下方石腳外插，也裂成條條石縫。起先攀越幾條石縫，如同登上了層層高樓，但不知道離洞還很遠，又走出觀望，方才感到只能在樹叢中衝撞的小蟲小鳥，決難做到像大鵬一樣展翅淩雲高飛遠處。不久當地人秦餘來到，舉著火把在前面引路。仍從山口走出，沿著南山的東面，轉到它的南面，開始踏著石級而上，來到一個面向東南的洞門，這就是後洞，正對著卓筆、青獅巖各峰。在洞中往東北向上攀登，就變得陰暗需要火把。再轉向北，上面十分險峻，遠遠望見陽光從中透入。更加鼓勁連攀帶跳往上，來到一條僅有手掌寬的裂縫處，俯視縫隙外面，開出一個巨大的洞門，就是上洞的下層。裂縫太窄，不容側身向外，只能往下眺望而已。從裂縫裡面再往上攀登，穿過隘口走出，只見洞門深邃，北面對著懸崖，深不見底，是剛才只能仰望而無法到達的地方，現在忽然已身臨其上了。這洞很高，人的呼吸彷彿可以直通帝座星，洞前相夾的山崖往下陷落，用樹木橫架在中間填補缺口，這樣就可以落腳休息，但只可以憑眺諸峰，並非久居之地。仍然從洞內的隘口往下，再窺見外面第二層洞，也以為無法到達了，姑且將手杖從裂縫中扔下去，再從原路沿石級往下直落，到先前遙望陽光透入的地方，用火把把四處照亮，在洞北邊的山崖下面找到一個洞穴。洞口十分狹小，急忙拿著火把像蛇那樣爬行進入，裡面地勢漸漸升高形成峽谷，峽底十分平坦，走了幾丈後彎彎曲曲向東轉，再走幾丈往北穿過，只見洞門朝北高高裂開，有棵大樹根部盤生洞中，樹幹倒伏伸出洞外，這是第三層洞。洞前平坦的岩石如同手掌，上下都是懸崖峭壁，高高聳峙，沒有石級可上，回頭向上眺望，只見兩層洞門從數十仞高的山頂露出，這就是上洞和第二層洞。稍稍沿著平坦的岩石往東，峽壁中間生長著叢木藤蔓，蜷曲糾纏，於是像猿猴那樣牽引攀登。過了好一會，終於到第二層外洞，剛才扔出的手杖就在那裡。這洞有三丈深，五丈高，嵌在上下兩洞之間，只是互不相通，反而要從洞外攀登。為此吟了幾句詩：「洞門千古無人到，古幹虬藤獨為誰？投杖此中還得杖，三生長與葛坡隨。」於是仍然拉著樹枝往下，沿著平石，點燃火把，穿入第三層洞，再到先前遙望陽光透入的地方，就又回到後洞腹中了。原來這洞形狀如蹲伏的老虎，洞中空處如虎腹，上洞是虎口，第二層洞在虎的喉管之外，先前在縫隙向外窺視的地方就是喉管。人從喉管往上穿出虎口，再從喉管往下墜落，到腹中第三層洞，和肚臍相通，所以這洞在虎腹之前。後洞是它的尾部，所以在虎腹之下。

白崖堡南山下洞，在後洞西面三百步，洞門也面向東南。洞外高大的山崖層層橫亘，洞內即橫分成兩條通道，一條向西南，一條向東北，都稍許往下從窪地中進入，必須用火炬照明了。向西南的通道，走出幾丈後就分為兩層，下層有個洞穴像井一樣。從井中往下落，就到一處平坦的峽谷，往西走三丈，又從高高的峽谷落下，再到一處平坦的窪地，裡面峽谷洞穴盤結交錯，相互層疊，鐘乳石柱石花，倒垂團簇，何止萬千。隨行的胡生金陵人。折下幾十條石乳，都有六、七寸長，中間空如竹管，外面潔白如水晶，真是天生的白玉搔頭。又有一簇乳白色的鐘乳蓮花，直徑三尺長，細細的花瓣聚合，倒垂洞底，它的根部平貼在上面的岩石，都只有一線懸連。而實際黏連的地方，花蒂只有拳頭大，把它劃下很容易。只是出洞的路大多狹窄，而且下面沒有東西承托，怕劃落時損傷花瓣，不忍心輕易將它拋擲。來回轉了好久，忽然看到一線亮光，從孔洞射出，井口也和前面一樣，又到前面那口井的南面了。再從上層往西南走進，裡面石脊高低不平，多次看到往下陷落的深坑，一片漆黑，見不到底，懷疑就是先前所探看的下層；深入進去，裡面也有許多鐘乳石柱盤錯交接，聚合成叢，像大拇指旁枝生的小手指那麼細，成千上百枝聚成一團，可和下層一比長短。唯獨後營的東洞鐘乳石柱既多又大，都作虬龍倒掛飛舞之狀，並排羅列，都長達幾十丈。從東北通道進入，走了不到五丈，就有兩層嵌在北面崖壁的洞穴，都不太深。往東攀崖向上，漸漸走進，漸漸曲折起來，裡面也像西洞那樣盤繞交錯，但深奧有所不及。

青獅南洞，在城南二十里，西南與上林分界處。路由楊渡過江，東南四里乃至。其山石峰卓立，洞在山之下，開東西二門。東門坦下，門高數丈，闊亦數丈，直透山西者約三十丈，平拓修整❶，下闢如砥，上覆如幔，間有石柱倒垂幔下。洞之西垂，又有石柱一隊，外自洞口排列，抵洞後西界，別成長榭。從榭中矚外洞，疏楞綺牖，牽幙披雲，又恍然分境也。西門崇峻，下有巨石盤疊為臺，上忽中盤高穹。從臺內眺，已不見前洞之頂，衹見高盤之上，四面層迴疊繞，如雲氣融結，皆有竅穴鉤連，窗櫺羅列，而空懸無上處。從臺外眺，則西面三岐之峰，卓筆之岫，近當洞門中央，若設之供者。由臺北下，奧窟中復開平洞一圍，外峙巨石為障，下透中虛，〔若橋之度空。〕從此秉炬北入東轉，其穴大而易窮。東從腋隘直入，其竅狹而甚遠，計其止處，當〔不下十五丈；〕已踰外洞之半，此下洞之最奧處也。出小穴，復酌於西門之臺，仰視上層雲氣疊繞處，冀一登，不可得。忽見其北有光逗影，知其外通，陸公令健而捷者從山外攀崖索之。久之，其人已穿入其上，從下眺，真若乘雲朵而捲霧葉也。既而其人呼曰：「速攜炬至，尚可深入。」余從之。乃從西門下，循山麓轉其北，復南向攀崖躋。山之半有門北向。穿石竇入，則其內下陷通明，俯見諸君酌臺上，又若登月窟，捫天門，而俯矚塵界矣。其上有石砥平庋，石端懸空處，復有石柱外列，分窗界戶，故自下望之，不一其竇，而內實旁通也。於是秉炬東入，愈入愈深窅，然中闢亦幾二十丈焉。東入既窮，復轉西北，得一竇，攀而北上，忽倒影遙透，有峽縱橫，高深駢沓。攀其東北，有穴高懸，內峽既峻，外壁彌削，祇納光暉，無從升降。更從奧窟披其西北，穿腋上透，又得一門，平整明拓。其門北向，其處愈高，吐納風雲，駕馭日月，非復凡境。其北腋❷尚有餘奧，然所入已不甚遙。由其門出，欲緣石覓磴而下，其下皆削立之壁，懸突之崖，無從著足。乃復從洞中故道，降出至懸臺下瞰處。諸君自下呼噪，人人以為仙，即余亦自以為仙也。倏明倏暗，倏隔倏通，倏上倏下，倏凡倏仙，此洞之靈，抑人之靈也？非陸公之力，何以得此！

青獅北洞，在青獅潭北岸。青獅潭者，即洋渡之下流也；江潭深匯，為群魚之宮，乃參府之禁沼❸，罟❹網所不敢入者。其北崖亦多穹門，與南洞隔江相對。余雨中過此，不及旁搜。又西為青獅廟。危峰西南來，抵水而盡。洋渡之水從西，三里之水從北，至此合流而東，峰截其灣，愈為屼嵲；廟倚其下，遂極幽閟焉。

【章旨】本章追記在三里城遊青獅南洞、北洞的行跡。南洞東門平坦低下，從洞後西界的臺榭觀看外洞，恍若另成一個境地；西門高大險峻，在石臺往內外眺望，洞穴相連，峰巒峙立。又到下洞最深邃的地方。出洞仰望上層，雲氣環繞，人在上面，真若騰雲駕霧一般。半山腰有洞，在洞中俯視塵世，如登月宮。又到一洞，地勢更高，已非人世景象。在高處遊賞，真有成仙之感。北洞也有高高拱起的洞門，只是來不及四處探尋。參將府禁止在青獅潭捕魚。青獅廟格外幽靜隱祕。

【注釋】❶平拓修整　拓，原作「柘」，據乾隆本改。❷北腋　北，原作「比」，據乾隆本改。❸禁沼　沼，原作「治」，據乾隆本改。❹罟　網的總稱。

【語譯】青獅南洞，在三里城南二十里，西南是和上林分界的地方。去那裡的路要從楊渡過江，往東南走四里才到。這裡石峰卓立，洞在山下，開出東、西兩處洞門。東門平坦低下，門有幾丈高，寬也有幾丈，直穿到山的西面，長約三十丈，裡面平緩地拓展，完好整齊，底部平如磨石，洞頂覆蓋，如同帳幕。有時可看到石柱倒垂在帳幕的下面。洞的西邊，又有一隊石柱，從洞口外面排列過來，直到洞後西界，另外形成一列長型臺榭。從臺榭中注視外洞，只見窗櫺疏朗綺麗，帷幕高掛，彩雲披拂，又恍然另成一個境地。洞的西門高峻，下面有大石盤繞重疊成為石臺，上面忽然從中盤旋高高隆起。在臺上往裡眺望，已看不到前洞的頂部，只見高高盤起的上方，石乳層層疊疊四面環繞，如同雲氣融化凝結而成，都有孔洞相連，窗戶羅列，但懸在空中無法上去。在臺上往外眺望，只見西面分出三支山峰，直立的峰巒，近在洞門中央，就像在此陳設的香案。從臺往北走下，幽深的洞窟中又開出一圈平坦的山洞，外面有大石峙立作為屏障，下面穿通，中間虛空，如同跨越高空的橋梁。從這裡舉著火把往北進入再向東轉，洞穴很大，而且容易走遍。從東面一旁的隘口直往裡走，這洞狹窄但十分深遠，估計到它的盡頭，應該不止十五丈，已超過外洞的一半距離，這是下洞最幽深的地方了。走出小洞，又到西門的臺上飲酒，仰望上層雲氣重重迴繞的地方，希望登上一遊，卻辦不到。忽然看到它的北面有光線閃爍，知道和外面相通，陸公就派了一個健壯敏捷的人從山外攀崖尋找。過了好久，那人已經穿入它的上方，從下面眺望，真像乘著如花的雲朵，捲在如葉的霧中。不久那人呼喊道：「快帶火把來，還可以深入進去。」我就照他的話去做。於是從西門走下，沿著山麓轉到它的北面，又往南攀登山崖。半山腰有個朝北的洞門。穿入石洞進去，裡面往下陷落，一片光明，往下看到各位朋友一起在臺上飲酒，又像登上月宮，手摸天門，俯視人世了。在它上面平架著磨石般的石塊，岩石頂端懸空的地方，又有石柱在外排列，分隔成一扇扇窗戶，所以從下面望去，不止一個洞穴，而裡面其實是連通的。於是舉著火把往東走進，越往裡越黑暗，但中間也開出幾乎有二十丈長的通道。往東走到盡頭，又轉向西北，來到一個洞穴，往北攀登而上，忽然有亮光從遠處倒映透入，縱橫交錯的峽谷，既高又深，重疊雜沓。往東北攀登，有洞高高懸掛，裡面的峽谷已很險峻，外面的崖壁更加陡削，只能讓光線照進，卻無法上下。再從幽深的洞穴往它西北探索，穿過腋部往上，又來到一個洞門，平坦整齊，明亮開闊。這門朝北，地勢更高。能夠吐納風雲，駕馭日月，已遠離人世了。在它的北腋還有一些幽深之處，但進去都不很遠。走出洞門，想沿著石崖尋找石級下山，下面都是陡削直立的石壁，懸空突起，無處落腳。於是仍然從洞中的原路往下走出，到石臺高懸往下觀望的地方。各位朋友在下面歡呼叫喊，人人以為是神仙，即使我也自以為是神仙了。忽然光明，忽然黑暗；忽然隔絕，忽然貫通；忽然在上，忽然在下；忽然入俗，忽然成仙。這究竟是洞府有靈，還是由於人有靈氣呢？不是靠陸公的力量，又怎能辦到！

青獅北洞，在青獅潭的北岸。青獅潭就是洋渡的下游。江水匯成深潭，成了魚群水宮，是參將府封禁的池沼，沒人敢將魚網放進去。洞北的崖壁上也有許多拱起的洞門，和南洞隔江相對。我在雨中經過這裡，來不及四處探尋。再往西為青獅廟。高峻的山峰從西南延伸過來，到水邊為止。洋渡的水從西流來，三里的水從北流來，到這裡合流往東，山峰橫截水灣，顯得更加高峻；廟靠在山峰下，就格外幽深隱祕了。

堡北巖，在城南十二里〔巨〕堡❶之北。〔堡南去洋渡僅三里。〕其門東向，中深五、六丈，後窪而下，不能深入。

獨山村西北水巖，在城南八里大路之西。洞門東向，前有石路，中跨為橋，蓋水發時自洞溢出也。洞倚西山下，洞口危石磊落欹嵌而下，其中窅然深黑，不能懸入也。

砥柱巖西峰水巖，在城南四里。有峰屼突於砥柱之西，高不及砥柱，而迴列倍之。上冒❷下削，〔其淋漓痕，儼若黃熟香片❸側立。〕其南多空裂成門，而北麓有門北向，兩崖如合掌上並。其內深窅，有光南透，若甚崆峒，第門有瀦水溢于兩涯，不能入。幾番欲以馬渡，而水下多亂石，騎亦不前。

後營東山洞，在城北四十里，即後營東界石山之西麓也，去後營四里。中又有小山一重為界，山坳中斷處，有尖峰在前，亦曰獨山，則其西護也。直抵東山下，有石筍一圓云。備記二月十四日。

仙廟山❹，在城西四里，西面石峰之最近城者也。石峰中懸，三面陡絕，惟從西南坳中攀崖上，則三里四境，盡在目中。昔有村氓登山而樵，遇仙得道，故土人祀之。

汛塘浮石，在城西五里汛塘中。汛塘者，即仙廟山南之塢也，自仙廟山前西接獅子坳❺。塢中有塘長數里，水漲時洪流漫衍，巨魚逆流而上，土人利之，故不疏為田而障為塘。有石壑一區，當塘之中，上浮如敗荷覆葉，支撐旁偃，中空外漏，水一潭繞之，石箕踞其上，又如數梁攢湊，去水不及三尺，而虹臥雲嘘，若分若合，極氤氳蜿蜒之勢。其西北里餘即汛塘村，倚北山之下。

周泊隘，在城東二十五里，東界石山之脊也。隘當脊中，南北崇崖高壓，雲氣出沒其中。踰隘而東，即為遷江境。其東北石山內，為八寨之羅洪洞，按《一統志》：「羅洪洞在上林縣東北四十五里。」則昔時亦上林境，而後淪於賊，遂不能恢復，至今為賊所踞。東南石山內，為馬場洞。猶三里屬。第地無居民，皆巨木。

汛塘後塢石洞，在城西七里。西山東來，過佛子嶺分為兩支：一支直東，為汛塘村後峰；一支北轉，為韋龜山。二山之東北又環成一塢，東以仙廟山為前障，中有支峰對其麓。有洞門東向，前有水隔之，內望甚深。土人云：「中可容千人。」昔其西有村，今已鞠❻為草莽。所向東峰之上，亦有洞門西向，高懸欹側，亦翳於草莽，俱未及登。

三層閣在參府廳事東，陸公所新構也。長松環蔭，群峰四合，翛然有遺世之想。

松風亭在署後土山之巔，松蔭山色，遙連埤堄❼，月色尤佳。余下榻於層閣，幾至忘行。陸公餞余於松風亭❽，沉醉月夜，故以終記。

【章　旨】本章追記在三里城遊覽考察堡北巖、獨山村西北水巖、砥柱巖西峰水巖、後營東山洞、仙廟山，汛塘浮石、周泊隘、汛塘後塢石洞諸洞和三層閣、松風亭的地理位置及景狀。

【注　釋】❶巨堡　原缺「巨」字，據乾隆本補。❷冒　升起；透出。❸香片　茶葉的一種。❹仙廟山　又名雲陵山，在三里鎮西。山高數十百丈，石多於土。有風出自山腹，冬溫夏涼，即唐盧六修道處，上有盧仙廟。❺獅子坳　乾隆本作「佛子坳」。❻鞠　養育。❼埤堄　城上有孔的矮牆。❽松風亭　原脫「風」字。

【語　譯】堡北巖，在三里城南十二里巨堡的北面。堡南離洋渡只有三里。洞門朝東，裡面深五、六丈，後面窪下，不能深入。

獨山村西北水巖，在三里城南八里大路的西面。洞門朝東，前面有石路，有橋跨在路中，因為發大水時會從洞裡溢出。洞靠在西山腳下，洞口高大的岩石眾多，斜嵌而下，裡面幽深漆黑，不能進入。

砥柱巖西峰水巖，在三里城南四里。有座山峰在砥柱巖西面突起，不及砥柱巖高，但迴繞排列的範圍比砥柱巖大一倍。山峰上面聳起，下面陡峭，壁上淋漓的水痕，如側立的黃熟香片。峰南有許多空隙，裂成洞門，而北麓有個朝北的洞門，兩旁崖壁像合攏的手掌一起往上。洞內深邃，有光從南面透入，好像十分空闊，只是洞門有積水，溢出兩邊地面，不能進去。幾次想騎馬過去，但水下有許多亂石，馬也不肯往前。

後營東山洞，在三里城北四十里，即後營東界石山的西麓，離後營四里。中間又有一座小山作為分界，山坳中斷的地方，前面有座尖峰，也叫獨山，是它西面的屏障。直到東山下面，有棵圓形的石筍。詳細記載在二月十四日日記中。

仙廟山，在三里城西四里，是西面石峰中離城最近的山峰。石峰居中聳立，三面都是極為陡險的峭壁，只能從西南山坳中攀崖登上，則三里城的四面景狀都呈現在眼中。過去有村民登山砍柴，遇仙得道，故當地人建廟祭祀他。

汛塘浮石，在三里城西五里的汛塘中。所謂汛塘，就是仙廟山南面的山塢，從仙廟山前面往西延伸到獅子坳。塢中有長達幾里的水塘，漲水時洪流泛濫，大魚逆流而上，當地人有利可圖，所以不把這一片水排除改為耕地，而是築堤把它攔成水塘。有石壑一區在水塘中央，浮在水面，像枯敗的荷葉，支撐倒伏，中空外漏，有個水潭環繞著它，潭上岩石盤踞，又像幾座橋梁湊聚在一起，離水面不到三尺，望去猶如長虹橫臥，雲氣迷漫，似分似合，極煙雲繚繞的氣勢。在它西北一里多就是汛塘村，靠在北山的下面。

周泊隘，在三里城東二十五里，是東界石山的山脊。隘口正當山脊之中，南北兩邊高峻的山崖壓下，雲氣在中間出沒。跨過隘口往東，就是遷江縣境。在它東北的石山中，是八寨的羅洪洞，據《一統志》載：「羅洪洞在上林縣東北四十五里。」那麼過去也在上林境內，後來淪入盜賊手中，就不能收復，至今還被盜賊盤踞。東南的石山中是馬場洞。仍為三里屬地。只是當地沒有居民，都生長著巨大的樹木。

汛塘後塢石洞，在三里城西七里。西山向東延伸，經過佛子嶺分成兩支：一支直向東，為汛塘村的後峰；一支往北轉，為韋龜山。兩山的東北又環繞成一個山塢，東面以仙廟山作為前方的屏障，中間有座支峰對著山麓。有個朝東的洞門，前面有水隔開，向裡望去很深。當地人說：「裡面可以容納上千人。」過去洞的西面有村莊，如今已化為草莽。洞門所面向的東峰上面，也有一個朝西的洞門，高懸傾斜，也被草莽遮掩，都來不及登臨。

三層閣，在參將府廳堂的東面，是陸公新建的。大松環繞，濃蔭籠罩，四面群山合抱，令人悠然自得，有出世之想。

松風亭，在衙門後面土山頂上，松蔭山色和城牆遠遠相連，月光下的景色格外美麗。我住在三層閣，幾乎不想離開。陸公在松風亭設宴為我送別，我沉醉在月夜中，所以記到這裡為止。

三里：一曰上無虞里，一曰下無虞里，一曰順業里。

八寨：西界者曰寨壘、東與後營對。都者、東與周安對。剝丁。東與蘇吉對。東界者曰羅洪、西與左營對。那良、西與後營對。古卯、古鉢、何羅。

三鎮：中曰周安❶，北曰蘇吉❷，西南曰古鵬❸。

貫八寨之中者，南自後營，北抵周安，極於羅木渡。其中有那歷、玄岸、藍澗、橋藍諸村，南北十餘里。昔乃順業里及周安之屬，今為八寨餘黨所踞。渠魁藍海潮。八寨交通，而三里之後門不通矣。

三里〔周圍石峰，中當土山盡處，風氣含和，獨盛於此；土膏腴懿，生物茁茂，非他處可及。參署四圍喬松百餘株高刺雲霄，大可三人抱，余疑數百年物，攷之碑記，植於隆慶初建帥府時，栽❹踰六十年，其巨如此，為良區異壤可知。所藝❺禾穡特大，恆種一郭❻，長倍之，性柔嘉，亦異庶土❼所植。〕畜物無所不有：雞豚俱食米飯，其肥異常。鴨大者重四觔而方。此邦鯽魚甚艱，長僅踰寸，而〔此地〕獨有長四、五寸者❽。三里出孔雀。風俗：正月初五起，十五止，男、婦答歌曰「打跋」，或曰「打卜」。舉國若狂，亦淫俗也❾，菓品南種無丹荔，北種無核桃，其餘皆有之。春初，枸杞❿芽大如箸云。採於樹，高二、三丈而不結實，瀹其芽實之入口，微似有苦而帶涼，旋有異味，非吾土所能望。木棉⓫樹甚高而巨，粵西隨處有之，而此中尤多。春時花大如木筆⓬，而紅色燦然，如雲錦浮空，有白鳥成群，四面翔繞之，想食啄其叢也。結苞如鴨蛋，老裂而吐花，則攀枝花也，如鵝翎、羊毧，白而有光云。泗城人亦有練⓭之為布者，細密難成，而其色微黃，想雜絲以成之也。相思豆樹⓮高三、四丈，有莢如皂莢⓯而細。每枝四、五莢，如攢一處，長一寸，而大僅如指。子三、四粒綴莢中，冬間莢老，裂為兩片，盤縮如花朵，子猶不落。其子如豆之細者而扁，色如點朱，珊瑚⓰不能比其彩也。余索得合⑰許。竹有中實外多巨刺者，叢生而最大；有長節枝弱不繁者，瀟灑而頗細；如吾地之聳節虛中，則間有之而無巨者；又一種節細而平，僅若綴一縷而色白，可為杖，土人亦曰粽竹，出三鎮之蘇吉；其地亦有方竹，止在下數節，而不甚端。

【章旨】本章追記三里、八寨、三鎮的建置和物產。三里城周圍風土和美，作物茂盛，有喬松僅栽植六十年，已長成三人合抱。所種莊稼粒大味美。牲畜無所不有，異常肥大，並出產孔雀。有男女對歌的風俗。果品獨缺荔枝、核桃。枸杞芽大，但不結果實。木棉樹又高又大，花朵鮮紅燦爛，泗城有人用來織布。相思豆子顏色鮮紅，珊瑚不能比美。竹子品種甚多。

【注釋】❶周安　今名思安，與蘇吉、古鵬均在今廣西忻城西南。❷蘇吉　今名思吉。❸古鵬　今名古篷。❹裁　通「纔」。❺藝　種植。❻一郭　郭為外城。《孟子・公孫丑》：「三里之城，七里之郭。」這裡借作長度單位。❼庶土　眾多的地方。❽獨有長四五寸者　乾隆本作「有至尺者」。❾三里出孔雀八句　此數句原係眉批。❿枸杞　灌木，夏秋開淡紫色花朵，結實形如棗核，可入藥。⓫木棉　落葉喬木，也稱攀枝花、英雄樹。先葉開花，大而紅。結實長橢圓形，中有白棉，可絮茵褥。⓬木筆　花名，即辛夷。以花苞有毛尖長如筆頭，故名。樹高二、三丈，葉似柿葉而狹長。花似蓮而小如盞，色紫，白者名玉蘭，香氣馥郁，可以入藥。⓭練　將絲、麻、布帛等煮熟，使之柔軟潔白。⓮相思豆樹　喬木，即紅豆樹。株大質堅，枝白，葉似槐，花和皂莢花無異，子紅色，如珊瑚。⓯皂莢　皂莢樹所結的莢果，扁平，褐色，可用以洗滌，也可入藥。⓰珊瑚　在熱帶海洋中，由珊瑚蟲所分泌的石灰質骨骼聚集而成，形狀如樹枝，多紅色，前人用作裝飾物。⓱合　古代計量單位，十合為一升。

【語譯】三里：一為上無虞里，一為下無虞里，一為順業里。

八寨：在西界的名寨壘、東面和後營相對。都者、東面和周安相對。剝丁。東面和蘇吉相對。在東界的名羅洪、西面和左營相對。那良、西面和後營相對。古卯、古鉢、何羅。

三鎮：居中的名周安，在北面的名蘇吉，在西南的名古鵬。

貫通八寨之間的路，南面起自後營，北面到周安，最遠到羅木渡。其中有那歷、玄岸、藍澗、橋藍各村莊，南北長十多里。從前是順業里和周安的屬地，現在被八寨盜賊的餘黨盤踞。匪首名藍海潮。八寨之間相通，但三里城的後門不通了。

三里城周圍石峰環繞，中間正當土山盡頭，風物宜人，氣候溫和，要算這裡最為特出；土壤肥沃豐美，作物茁壯茂盛，別處不能相比。參將府衙門四周，有一百多棵高聳雲霄的喬松，大的要三人合抱，我懷疑是已有幾百年的古樹。查考碑文記載，這些樹是在隆慶初年建帥府時栽種，至今才過六十多年，就長得如此高大，可想而知這裡土質是不同尋常的好地方。所種的莊稼穀粒特別大，經常耕種面積寬七里，長加倍，品種柔軟可口，也和別處出產的不同。牲畜無所不有，雞、豬都吃米飯，異常肥大。鴨子大的重四斤多，體形方正，這一地區鯽魚生長很難，只有一寸多長，惟獨這裡也有四、五寸長的。三里城出產孔雀。當地風俗，自正月初五起，到十五為止，男女對歌，稱為「打跋」，也叫「打卜」。所有的人都盡情狂歡，也是一種放蕩的風氣。果品中，除了南方出產的荔枝、北方出產的核桃外，其餘都有。初春時，枸杞發芽，有筷子那麼大。要從樹上摘下，樹高二、三丈，卻不結果實。把芽煮後放到嘴裡，略有苦味，並帶清涼，很快就出現一種奇特的味道，不是我們家鄉所能得到的。木棉樹又高又大，廣西到處都有，但這裡特別多。春天開花，花朵像木蘭花那麼大，鮮紅燦爛，如雲錦在空中飄浮，有成群的白鳥在樹四圍環繞飛翔，想啄食它的花叢。所結的花苞如鴨蛋，熟後開裂吐出花朵，就是攀枝花，如同鵝毛、羊絨，潔白發光。泗城人有把它煮練後織成布的，十分細密，很難織成，布色微微帶黃，大概是攙雜了蠶絲織成的。相思豆樹高三、四丈，結的豆莢形如皂莢而較細小，每枝有四、五個莢，像聚合生在一處，長一寸，只有手指那麼大。三、四粒子點綴在花心，冬季豆莢枯老，裂成兩片，卷縮如同花朵，子仍不落。相思子像細豆而扁，顏色鮮紅，連珊瑚的色彩都不能和它相比。我求得一合左右。竹子有的實心而外面長著許多大刺，成叢生長，而且最大；有的節長枝軟但不茂盛，模樣瀟灑，而且很細；像我們家鄉那種聳拔空心的竹子，有時也能看到，但都不大；還有一種竹節又細又平，僅像一線附在竹上，色白，可作手杖，當地人也稱為粽竹，三鎮的蘇吉出產；這地方也有方竹，只有下面幾節是方的，而且不太方正。

十四日　晨起，陰雲四布。即索騎游東巖。巖在東石峰之麓，由獨山入隘，度土山一重，共三里，抵其下。有石筍一圓，傍石峰西麓，巖在石筍之上。由南麓上躋，有兩門並列，暗洞在東，明巖在西，二門俱南向。先入明巖，中高敞平豁，後一石蕊中懸，穿蕊而入，轉門而西，又開一門，西向，亦明豁高爽，下臨絕壁。其內與南門轉接處，石柱或聳而為臺，或垂而成龕，攢合透映，真神仙窟宅，雕鏤所不能就者也。仍出南門，從其東北向，傴僂入暗洞。少下，洞遂穹然，篝火北入數丈，則玉乳倒垂，駢聳夭矯繽紛。由其腋透隙而入，少東轉，垂柱益多。平底中有堆石一方，土人號為「棺材石」，以形似也。更入，復從洞柱隙東向上躋轉北，入其內層，上下平拓，乳柱四圍，又成一境。從此西北穿隘而下，其入甚遙，聞深處有溪成潭，下跨石為梁，上則空透影。時誤從東轉，竟從別竇仍下堆石傍。欲復入覓西北隘，而易炬已多，恐一時不繼，乃從故道出。聞此洞東通遷江，雖未必然，而透山而東即為那良賊寨之地，未知果有從出處耳。余所入止得三、四轉，度不及其十之一、二，然所覩乳柱之瑰麗，無過此者❶。此洞既以深詭見奇，而西畔明巖復以明透表異，合之真成二美矣。

出洞仍下山西北行，一里半抵獨山。從其北而西，又一里半，飯於後營。楊君統營兵騎而送余，遂下山北行。東西兩山一石一土，相持南下，有小水南流於其中，經後營而南，金雞隘之北，乃西南墜壑而去，即琴水橋之上流也。從此北望，直北甚遙；南望則金雞石峰若當門之標。後營土山頭南尾北，中懸兩界之中，西南走而盡於三里，遂結為土脈之盡局云。北行八里，有土脊自西而東，橫屬於兩界之中，則南北分水之脊也，南入於楊渡，而北遂入羅木渡焉。踰脊北二里，為那力村。又三里，為玄岸村。二村俱在東石峰之下，昔皆民居，今為八寨賊所踞矣。又北三里，水從直北去，路西穿土山之腋。一里，西下，則土山復東西夾而成塢。又北十里，是為藍澗❷，俱賊村矣。賊首藍海潮者，家西山下。有澗從其前北流，溯之行，北一里半，有石山突於塢東，由其西麓踰小坡，即為周安界矣。又二里，一村在東山麓，曰朝藍。前澗中有潭深匯澄澈，自是而北，遂成拖碧漾翠之流。所云「藍澗」者，豈以此耶？藍澗本三里之順業里屬。今南抵那力過脊之地，俱為八寨餘孽所踞，而藍海潮則其魁也。由藍澗而北抵羅木渡，南抵左營，中開天成直夾，皆土山也。其兩石山，西為寨壘、都者、剝丁；東為羅洪、那良，東西皆賊藪。朝藍昔本周安屬，今北抵周安，亦俱為諸蠹❸所踞，併周安亦岌岌矣。

由朝藍隨澗東岸又北五里，轉而東踰土山，北下一里，復行塢中。三里，出塢。又西行一里，始見前溪從土山西畔北注，與石山西峽之澗合而東來，遂有湯湯之勢。涉溪北上，溪亦折而北，不半里，是為周安鎮，數家之聚，頹垣敗址在溪西岸，而溪東膏腴，俱為賊踞，不可為鎮矣。所云鎮者，是為周安，其西南為古鵬，其北曰蘇吉，總名三鎮，蓋界於八寨之中者也。今周安僅存，古鵬全廢，惟蘇吉猶故。昔有土鎮官吳姓者，以青衫❹居賓州，未襲其職。其子甫襲而死。後委哨官及古零司❺九司❻之一。兼攝之，而古零鞭長不及。前年，八寨賊由此劫上林庫銀，為上林縣官所申，當道復覓吳氏之遺孤仍襲。其孤名承祚，纔十二歲，父即前甫襲而死者。其外祖伍姓者，號娛心，乃賓州著姓，游大人以成名者。甫自賓州同承祚到鎮，見周安凋敝，以承祚隨師卒業於蘇吉。而伍適返周安，見余至，輒割牲以餉。土司以宰豬一味獻客為敬。蓋楊君昔曾委署此鎮，見其送余，非直重新客，猶戀舊主也。是晚復同楊、伍二君北二里游羅隱巖。巖在鎮之西北隅，乃石峰西斷處。蓋大溪南經周安之前而北至此，有土垣一週，為舊賓州南丹衛遺址，乃萬曆八年征八寨移而鎮此者。後衛移三里，州移故處，而此地遂為丘墟，今且為賊藪，可恨也。按《一統志》：羅洪洞在上林縣東北四十五里，為韋旻❼隱居之地。則羅洪昔亦上林屬，而後淪於賊者也。由土垣北直去，為蘇吉、羅木渡大道；由土垣西向入石峰隘，有數家倚隘側，為羅寨村。村前石峰特起，巖穴頗多，但淺而不深。其西麓為羅隱巖，巖橫裂如榻。昔有儒生過此，無託宿處，寄棲此中，題詩崖上，後人遂指為羅隱❽。其題句鄙俚，而諸繞戎❾過之，多有繼題其下者，豈以其為崔浩❿耶？是晚還宿周安，作謝陸君書畀楊。

【章　旨】本章記載了第三百零三天在南丹衛的行跡。騎馬遊東巖，暗洞在東，明巖在西。明巖高敞平豁，裡面石柱聚立，如神仙洞府。暗洞玉乳倒垂，繽紛多彩。聽說這洞可通遷江，所見鐘乳石柱，沒有比這裡更瑰麗的。出洞經過獨山，到後營吃飯，楊君率兵送行，騎馬到朝藍，進入周安鎮。藍澗、朝藍一帶，已成盜賊的巢穴。周安十分破敗，鎮官外祖伍娛心殺豬款待。當晚去遊羅隱巖，崖上有不少粗俗的題詩。

【注　釋】❶有石筍一圓六十二句　乾隆本移於上年十二月二十二日日記中，行文亦有出入。❷藍澗　乾隆本作「橋藍村」，在三里鎮北，上林東北境。❸蘁　違逆；不順從。原作「蕚」，據乾隆本改。❹青衫　即青袍。唐制，文官八、九品服以青，後用指官職卑微。❺古零司　即今廣西馬山縣東南的古零。❻九司　即九土巡檢司。明代思恩府東有古零，西有定羅、那馬、下旺，北有興隆，東北有白山、安定，西北有舊城、都陽九土巡檢司。❼韋旻　北宋時上林人，自號白雲先生，博聞強記，有書樓之目。元祐中應舉不第，隱居羅洪洞。❽羅隱　唐末餘杭（今屬浙江）人。原名橫，因舉進士十試不第，改名隱，字昭諫，自號江東生。工詩文，尤長於詠史，然多所諷諫，為世所憎。❾繞戎　出巡的軍官。❿崔浩　北魏清河東武城（今山東武城西）人，字伯淵。長天文曆學，官至司徒，為北方士族之首，主張辨別姓族門第，以發展世族勢力，與北魏鮮卑族統治者產生矛盾。太平真君十一年（四五〇）主修國史，立銘通衢，盡述鮮卑國事，為來往鮮卑人所惡，以暴露「國惡」被滅族，姻親盧氏、郭氏、柳氏，皆北方世族，都遭滅門之禍，史稱「國史之獄」。

【語譯】十四日　早晨起身，陰雲四布，立即要了馬匹去遊東巖。東巖在東面石峰的山麓，從獨山進入隘口，越過一重土山，共走了三里，到達山下。有一根圓形的石筍，靠著石峰西麓，東巖就在石筍的上面。從南麓往上攀登，有兩座並立的洞門，東面是暗洞，西面是明巖，兩座門都朝南。先進入明巖，洞中高大寬敞，平坦開豁，後面有朵石蕊懸在中間，穿過石蕊進去，轉過一重洞門往西，又開出一道門，朝西，也明亮開豁，高大爽朗，下面是懸崖絕壁。洞內和南門轉接處，石柱有的高聳成臺，有的低垂成龕，聚合透映，真是神仙洞府，不是人工雕刻所能做成的。仍然走出南門，從它的東北的方向，彎著身子進入暗洞。稍許走下幾步，洞便高高拱起，點亮火籠往北走進幾丈，只見白玉般的石乳倒垂，並列高聳，屈伸自如，繽紛多彩。由洞的腋部穿過隙縫走進，稍許向東轉，垂掛的石柱更多。平坦的洞底中間有一方堆起的石塊，當地人稱為「棺材石」，因為形狀相似的緣故。再往裡走，又從洞中石柱的間隙往東向上攀登，轉而向北，進入內層，上下橫向拓展，四周鐘乳石柱圍繞，又成另一個境地。從這裡朝西北穿過隘口走下，裡面十分深遠，聽說深處有溪流匯水成潭，下面岩石跨成橋梁，上面則從空中透進陽光，當時誤從東轉，竟由另一個孔洞仍然往下回到堆起的方石旁。打算重新進洞尋找西北的隘口，但已換了多次火把，恐怕一時接續不上，於是從原路出來。聽說這洞向東通到遷江，雖然未必如此，但穿過山往東就是那良賊寨所在地，不知是否真有從那裡出去的地方。我進洞以後，只轉了三、四個彎，估計不到全洞的十分之一、二，但所見鐘乳石柱的瑰麗，還沒有能超過這裡的。這洞既以深邃詭祕稱奇，而西面的明巖又以明亮透光顯示特色，合在一起，真是珠聯璧合了。

出洞仍然下山往西北走，過了一里半，到達獨山。從它的北面往西，又走了一里半，在後營吃飯。楊君率領營兵騎馬送我，於是下山往北走。東西兩邊一邊是石山，一邊是土山，相對往南延伸，有一條小水往南從中間流過，經過後營往南，到金雞隘的北面，就往西南下墜山壑流去，這就是琴水橋的上游。從這裡朝北望去，正北可到很遠的地方；朝南望去，則金雞隘的石峰就像立在門前的標桿。後營所在的土山，起自南面，終於北面，中段懸隔在兩邊山嶺之中，向西南延伸，到三里城為止，就盤結成為土山山脈的盡頭。往北走八里，有道土山脊從西向東，橫連在兩邊山嶺中，是南北水分流的山脊，水往南流入楊渡，往北就流入羅木渡。越過山脊往北走二里，到那力村。又走了三里，到玄岸村。兩個村都在東面的石峰下，過去全是百姓居住的地方，現在被八寨盜賊盤踞了。再往北三里，水從正北流去，路往西穿過土山山腋。走了一里，往西下去，只見土山又從東西兩邊相夾形成山塢，再往北走十里，到藍澗，都是賊村了。賊首藍海潮，家在西山下面。有條澗水從山前往北流去，沿著澗水上行，往北走一里半，有石山在山塢東面突起，從它的西麓翻過一道小坡，就是周安地界了。再走二里，東山腳下有個村莊，名朝藍。村前山澗中有一個水潭，深而澄澈，從這裡往北，便成為拖碧漾翠的溪流。所謂的「藍澗」，難道就由此得名的嗎？藍澗原屬三里城的順業里。如今往南到那力山脊過渡的地方，都被八寨盜賊的餘黨占據，而藍海潮就是他們的首領。由藍澗往北到羅木渡，往南到左營，中間開出天然的直峽，都是土山。兩邊的石山，西面是寨壘、都者、剝丁；東面是羅洪、那良。東西兩面都是賊窟。朝藍過去本隸屬周安，如今往北到周安，也都被眾逆賊所盤踞，連同周安也岌岌可危了。

從朝藍隨著澗水東岸又往北走五里，轉向東越過土山，往北走下一里，又在山塢中行走。過了三里出山塢，再往西走一里，才看到前面的溪水從土山西邊往北流去，和石山西峽的澗水會合向東流來，就出現浩浩蕩蕩的水勢。涉過溪水往北，溪水也轉而向北，不到半里，就到周安鎮，是個只有幾戶人家的聚落，圍牆倒坍，房屋破敗，在溪水西岸，而溪水東岸的肥沃土地，都被盜賊盤踞，不能設鎮了。所說的鎮，就是周安，西南為古鵬，北面是蘇吉，總稱三鎮，是隔在八寨中間的區域。如今周安僅存，古鵬已全廢棄，只有蘇吉和以前一樣。過去有個姓吳的土鎮官，以卑微的官職住在賓州，沒有正式承襲他的職位。他的兒子剛襲職就死了。後來上面委派哨官和古零司九司之一。兼管，可是古零鞭長莫及。前年，八寨盜賊從這裡出發劫奪上林的庫銀，被上林縣官申報上去，當局才又尋找吳氏留下的孤兒照舊襲職。那孤兒名承祚，才十二歲，他父親就是剛襲職便死去的土鎮官。他的外祖父姓伍，號娛心，是賓州的大族，是個和大人物交遊而成名的人。剛從賓州和承祚一起到鎮上，看到周安的荒廢殘破，便讓承祚隨老師到蘇吉去完成學業。伍君返回周安，正好見我來到，就殺豬款待。土司將殺豬這種食物來供獻客人表示敬意。因楊君過去曾被委任代管周安，見他送我到這裡，故伍君的款待，不僅是尊重新來的客人，還有懷念舊主人的情分。當晚又同楊、伍兩君往北走二里去遊羅隱巖。巖在鎮的西北角，便是石峰西面中斷的地方。大溪往南經過周安前面往北流到這裡，有一圈土牆，為舊賓州南丹衛的遺址，是萬曆八年征討八寨盜賊遷來鎮守這裡的。後來南丹衛遷到三里，州治遷回原處，這裡就成了廢墟，如今成了賊巢，真是可恨。據《一統志》載：羅洪洞在上林縣東北四十五里，為韋旻隱居的地方。那麼羅洪從前也屬上林縣，後來才淪入盜賊手中的。從土牆往北一直走去，是去蘇吉、羅木渡的大路；從土牆往西進入石峰隘口，有幾戶人家靠在隘口一旁，為羅寨村。村前石峰突起，巖洞很多，但淺而不深。石峰西麓為羅隱巖，巖洞橫向裂開，如同牀榻。過去有個儒生經過這裡，沒地方投宿，就到洞中棲身，在崖上題了一首詩，後人就指為羅隱了。他所題的詩句十分粗俗，但出巡的諸將經過時，有不少人在他下面續題，難道把他看作崔浩嗎？當晚回到周安過夜，寫了向陸君致謝的信交給楊君。

十五日　早雨霏霏，既飯少霽，遂別楊君，伍君騎而送余，俱隨大溪西岸北行。〔石峰西突路左，峰四面多開穴竅，中空，第高莫能上。北又有荔枝巖，深黑，須炬入，聞中有荔枝盆。〕於是東西兩界俱石峰，無復土山中間矣。〔先北涉一小水，又北涉一澗，水皆東向入大溪。共四里，小峰當塢立，嵌空多穴，乃下流鎮山，亦如三里之獨山，但南北易位耳。」北六里，山峽中拓，聚落倚西峰下，是為蘇吉鎮。伍君留余入頭目欄，令承祚及其師出見，欲強飯，余急辭之出，乃以多人送余行。又北三里，又有土山突兩界石山中，於是升陟高下，俱隨兩石山之麓，而流溪漸薄東界，相去差遠矣。又北十五里，則一江西自萬峰石峽中破隘而出，橫流東去，復破萬峰入峽，則都泥江❶也。有刳木小舟二以渡人，而馬浮江以渡。江闊與太平❷之左江❸、隆安❹之右江❺相似，而兩岸甚峻，江嵌深崖間，淵碧深沉。蓋當水涸時無復濁流渰❻漫上色也。其江自曲靖❼東山發源，經霑益❽而北，普安❾而南，所謂北盤江❿是也。土人云：「自利州⓫那地至此。」第不知南盤⓬之在阿迷⓭彌勒者，亦合此否？

渡江而北，飯於羅木堡⓮，乃萬曆八年征八寨時所置者。堡兵五十餘家，其頭目為王姓，泣而訴予，為土賊黃天臺、王平原所侵，近傷其人，擄其貲，求余入府乞示。余以其送人少，不之許。其地已屬忻城⓯，而是堡則隸于慶遠，以忻城土司也。賓、慶之分南北⓰，以江為界。堡北東、西兩界石山復遙列，而土山則盤錯於中。北復有小江，北自山寨而來，山寨者即永定土司也。循東山而南入都泥。路循西畔石山北上二十里，有村倚西山之麓，曰龍頭村。村後石山之西，皆瑤人地。蓋自都泥江北，羅木堡西已然矣。龍頭村之東，有水一自北來者，永定之水也；一自東來者，忻城之水也。二水合于村前，即南流而合羅木下流者也。又北二里，為古勒村，村在平塢中。村北三里，復逼小山，西岸行，又五里，有小村倚西峰之麓。又有小水西自石峰下湧穴而出，東流而注于小江。截流渡小水北，又東上土坡，是為高陽站。是站在小江之西，渡江東踰峰隘而入，共十五里⑰而抵忻城。溯小江北五十里，抵永定，又六十里而至慶遠，亦征八寨時所置。站乃忻城頭目所管者。其地石峰之後即為瑤窟。其西有夷江，想即羅木渡之上流。其內有路，自東蘭⑱那地⑲走南寧⑳者從之。東石峰之後即忻城。其東界接柳州㉑。其站始用竹肩輿，蓋土俗然也。自三里馬至周安，周安馬至高陽，高陽換輿直送至府。此地無虞，可行矣。是日共行五十餘里，以渡羅木難也。

【章　旨】本章記載了第三百零四天自南丹衛至慶遠府的行跡。冒雨出發，經過荔枝巖，路兩邊都是石峰，不再有土山相隔。再經過蘇吉鎮，路旁又出現土山，往前看到都泥江從萬峰石峽中流出。到羅木堡吃飯，這裡已屬慶遠府，有條小江從山寨流來。接著經過龍頭村、古勒村，到高陽站留宿。附近山中為瑤人的居地。

【注　釋】❶都泥江　南北盤江合流，總稱烏泥江，又名都泥江，即今紅水河。雖自貴州流來，但不源於都勻司，流經貴州，亦未北入龍江。對此，徐霞客在〈粵西遊日記二〉七月十九日日記中已作更正。❷太平　明代為府，治所在崇善（即廣西崇左）。❸左江　鬱江右岸最大支流，位於桂西南丘陵地區，發源於越南北部弄替，在越南境內稱窮奇河。經越南諒山、那溽，在廣西憑祥平而關入境的稱平而河，在龍州城與水口河匯合成左江，經龍州、崇左、扶綏至邕寧宋村注入鬱江。❹隆安　明代為縣，隸南寧府，今屬廣西。❺右江　鬱江上游河段，位於桂西地區。上源駄娘江發源於雲南廣南，進入廣西後，在田林西岸與西洋江匯合後稱剝隘河，在百色與澄碧河合流後始稱右江，在邕寧宋村合左江入鬱江。❻渰　通「淹」。❼曲靖　見〈粵西遊日記二〉七月二十日日記注。❽霑益　霑益州，明代隸曲靖府，治所在今雲南沾益。❾普安　明代為軍民府，後改為衛，再改為州，治所在盤縣，今屬貴州。❿北盤江　古稱牂牁水。西江上源之一。源出雲南東部，東流經貴州東南與南盤江會合。⓫利州　明初置，後廢。治所在今廣西田林東境的利周。⓬南盤　江名，古稱溫水，西江上源之一。源出雲南曲靖馬雄山，在貴州望謨蔗香附近與北盤江會合後稱紅水河。⓭阿迷　明代為州，隸臨安府，治所在今雲南開遠。⓮羅木堡　又名羅墨，在忻城南境。附近有羅木渡。⓯忻城　明代為縣，隸慶遠府，今屬廣西。⓰賓慶之分南北　慶，原作「廈」，據乾隆本改。⓱共十五里　原脫「里」字。⓲東蘭　明代為州，隸慶遠府，今屬廣西。⓳那地　明代為州，隸慶遠府，治所在今廣西南丹那地。⓴南寧　明代為府，治所在宣化（即今廣西南寧）。㉑柳州　明代置柳州府，治所在馬平（即今廣西柳州）。

【語　譯】 十五日　早晨陰雨霏霏，飯後天色稍稍放晴，於是告別楊君，伍君騎馬送我，一起隨著大溪西岸往北走。路的左邊有石峰在西面突起，石峰四周開出許多孔洞，中間穿空，只是太高，沒法上去。北面還有荔枝巖，洞內深黑，必須拿著火把進去，聽說洞中有荔枝盆。到這裡東西兩邊都是石峰，不再有土山隔在中間了。先往北涉過一條小水，又往北涉過一道澗水，水都向東流入大溪。共走了四里，有小峰屹立在塢中，十分玲瓏，有許多洞穴，是下游的鎮山，也像三里城的獨山，只是南北方位置改變罷了。往北走六里，峽谷中間開闊，有村落靠在西峰下面，這就是蘇吉鎮。伍君留我去頭目家的竹樓，吩咐承祚和他的老師出來相見，硬要留我吃飯，我連忙辭謝走出，於是派了許多人送我。再往北走三里，又有土山從兩界的石山中間突起，從這裡上上下下，都隨著兩界石山的山腳走，而溪流漸漸靠近東界，相去較遠了。再往北走十五里，只見一條江水從西面萬峰石峽中沖破隘口流出，水勢洶湧，向東流去，又沖破萬峰進入峽谷，這就是都泥江。有兩條將樹身挖空而成的小船讓人渡江，而馬匹則浮水過江。江面寬闊，和太平府的左江、隆安縣的右江相似，但兩岸十分高峻，江流嵌在深崖中間，碧綠深沉。這是因為枯水時沒有濁流淹沒污染的緣故。都泥江從曲靖東山發源，經過霑益往北，再經過普安往南，就是所謂的北盤江。當地人說：「江水是從利州、那地流到這裡的。」但不知在阿迷州彌勒的南盤江，也同它合流否？

渡江往北，在羅木堡吃飯，羅木堡是萬曆八年征討八寨時設置的。堡中兵士有五十多家，頭目姓王，向我哭訴被當地盜賊黃天臺、王平原侵犯，最近堡中人被傷害，財物被搶掠，求我到府中請示。我因為他所派護送的人很少，沒有答應。這裡已屬忻城地界，但這堡卻隸屬慶遠府，因為忻城是土縣。賓州和慶遠府南北劃分，以都泥江為界。羅木堡北面東、西兩界的石山又遠遠排列，而土山則盤繞錯雜在中間。北面又有一條小江，從北面的山寨流來，山寨就是永定土司。沿著東山往南注入都泥江。路沿著西邊的石山往北走上二十里，有村莊靠著西山腳下，名龍頭村。村後石山的西面，都是猺人的居地。原來從都泥江北岸，羅木堡以西就已經是這樣了。龍頭村的東面，有一條水從北面流來，是永定的水；一條水從東面流來，是忻城的水。兩條水在村前會合，就是往南流而與羅木渡下游會合的水。再往北走二里，到古勒村，村在平坦的山塢中。村北三里，又逼近小山，沿著水流西岸又走了五里，有個小村靠著西峰的山麓，又有一條小水從西面的石峰下的洞穴中湧出，往東注入小江。橫渡小水到北岸，再往東登上土坡，就是高陽站。這驛站在小江的西面，渡過小江往東越過山峰隘口走進，共十五里到達忻城縣。沿小江往北上行五十里，到永定司，再走六十里到慶遠府，也是征討八寨時設置的。高陽站由忻城頭目管理，這裡石峰的後面就是猺人的巢穴。西面有夷江，想來就是羅木渡的上游。裡面有路，從東蘭那地去南寧的人要走這條路。東面石峰後面就是忻城。它的東邊和柳州接界。到高陽站後開始使用竹肩輿，這是當地的風俗習慣。從三里城騎馬到周安，周安騎馬到高陽，高陽換乘肩輿直送到慶遠府城。這一帶不用擔憂，可以趕路。這天共走了五十多里，因為渡過羅木堡所在的江水十分困難。

【研　析】徐霞客坐船離開南寧的第二天，靜聞病歿。他在太平府壺關聽到這個消息，不禁悲從中來，「為之哀悼，終夜不寐」。靜聞原是江陰迎福寺僧人蓮舟的徒弟，他刺血寫成《法華經》，想供在雲南雞足山，聽說霞客矢志西遊，於是結伴同往，途中朝夕相處，正好一年。《遊記》雖以模山範水為主，但也描述了不少人物，其中形象最鮮明的就是靜聞。這是一個忠厚、善良，又顯得有些笨拙的佛徒，在西遊途中，他和顧僕無怨無悔，承擔了一切雜務。在湘江遇盜時，他表現出一個宗教徒特有的忠誠和勇敢、無私和無畏，因此受傷得病，但毫不在意，依然含辛茹苦，奔走操勞。離開桂林前，正逢連日大雨，「市間水湧如決堤」，但為了拓碑之事，他多次整天在水中跋涉。到南寧崇福寺，終於一病不起，臨終前留下遺言，要將他的遺骨葬在雞足山。霞客感傷「分袂未幾，遂成永訣」，於是寫了六首〈哭靜聞禪侶〉詩，以誌長痛。詩中追憶了在「崎嶇千水復千山」的旅途中，兩人「曉共雲關暮共龕，梵音燈影對偏安」的日子，眼前又浮現出靜聞病中「禪銷白骨空餘夢，瘦比黃花不耐寒」的身影，既為和靜聞訣別時「別時已恐無時見，幾度臨行未肯行」的情景感傷，也為今後旅途中「不毛尚與名山隔，裹革難隨故國旋」的艱辛擔憂。如今形單影隻：「西望有山生死共，東瞻無侶去來難」；生死未卜：「可憐瀕死人先別，未必浮生我獨還」，但霞客依然表示一定不負死友：「別君已許攜君骨，夜夜空山泣杜鵑」。這些詩句，裡面包含著靜聞的血，也有霞客的淚，有低徊的悲吟，也有放聲的長號，絮絮叨叨，恍恍惚惚，言悲辭痛，情真意切。

離開南寧後，徐霞客足跡所至，都是少數民族聚居的荒遠之地，用前人的話說，是「百越文身」之地，這裡沒有名城，甚至罕見引人矚目的人文遺跡，當然也缺少足供參考的文獻記載。也許正因為如此，徐霞客對所經過的一些城市和聚落，特別是一些地方行政中心和軍事要地的地理位置、建置沿革，表現出比以往更大的興趣。他寫太平府城的壺關：「壺關在太平郡城北一里餘。麗江西自龍州來，抵關之西，折而南繞城南，東轉而北，復抵關之東，乃東北流去。關之東西，正當水之東處，若壺之項，相距不及一里。屬而垣之，設關於中，為北門鎖鑰。其南江流迴曲間，若壺之腹，則郡城倚焉。城中縱橫相距亦各一里。東、西、南三面，俱瀕於江。城中居舍荒落，千戶所門俱以茅蓋。城外惟東北有民居闤闠，餘俱一望荒茅舍而已。」雖著墨不多，但這裡的地理形勢、水文狀況、得名緣由，以及城牆、街市、轄境、交通，乃至百姓生活、社會治安，都包容無遺。在崇禎十年十一月十八日離開向武州的日記、次年二月十三日離開三里城的日記、三月初九離開慶遠府的日記中，綜合性的敘述占了很大的篇幅，舉凡城的建置沿革、山川形勢、地質地貌、民風民情，直至政局時事、物產建築，無不一一列舉，條分縷析，證之於史，詢之於俗，景物觀賞和地理探索結合，形象描述與理論分析並存，將多日（其中在向武州停留十六天、在三里城停留五十天、在慶遠府停留二十三天）來遊訪考察的結果，都匯於一篇，涉及之廣，探討之深，都前所未有，令人有觀止之感。

作為中國南方岩溶地貌發育最完善的地區，廣西具有岩溶地貌典型的形態和特徵，諸如石芽（石齒）、溶溝（石紋）、溶斗、落水洞（井、眢井）、地下河、天生橋、盲谷（落水坑）、峰叢、峰林、孤峰、穿山、溶帽山、岩溶湖、溶蝕洼地（塢、窪）、溶洞以及洞中的堆積物（石筍、石柱、石幔、石盆等），這些自然的傑作，在徐霞客的筆下，都得到最真實、最完美，甚至也可說是最早的描述。其中不少名稱，都是他首先提出和使用的，沿襲至今，成為地理學中的專用名詞。他用近乎工筆畫的手法，全面、細緻地描繪了形形色色奇幻多變的自然形態，有一柱秀出，四面陡立的孤峰，如三里城「有三獨山，皆以旁無附麗得名」，其中「一峰當塢起平疇中，四旁無倚，極似桂林之獨秀、向武之瑞巖」；而潯州的獨秀山，則「四面聳削如天柱，非羽輪不能翔其上」。有高懸危峰，一望通明的穿山，如灕江東岸的穿巖，「平透山腹，……上若捲橋，下如甬道，中無懸列之石」，「透明如圓鏡」；在南丹六寨羊角沖，他「東望一峰，尖迴而起，中空如合掌，懸架于眾峰之間，空明下透」。有脫穎而出、高踞峰頂的溶帽山，如龍英騷村的山嶺中，一面「石峰攢合，如翠浪萬疊」，一面「土山高擁，有石峰踞其頂焉」；而柳州西北的景狀更為奇特，「土山迤邐間，忽石峰數十，挺立成隊，峭削森羅……如錐處囊中，猶覺有脫穎之異耳。」

這些奇幻多姿的景物，曾使多少文人學士沉迷陶醉，但徐霞客卻在讚歎的同時，依然保持著好學深思的作風，發揮其長於推理的能力，進而探討形成這些現象的自然原因。在遊三里城佛子嶺南巖時，他從山澗入洞，洞內「止容一人，漸入漸黑，而光滑如琢磨者；其入頗深，即北洞洩水之道也。」通過觀察分析，他明確指出這個溶洞因反溢而出的地下水的侵蝕造成，即「水大時北洞中滿，水從下反溢而出此，激湧勢壯，故洞與澗皆若磨礪以成云」。桂平石橋村的南面，有很多迸裂的洞穴，「皆平地下陷，或長如峽，或圓如井，中皆叢石，玲瓏攢嵌，下則淵水澄澈。」徐霞客認為，這些洞穴也因地下水的侵蝕引起土石崩塌形成：「蓋其地中二、三丈之下，皆伏流潛通，其上皆石骨嘘結，偶骨裂土迸，則石出而穴陷焉。」在《遊記》中，徐霞客多次提出溶洞中的堆積物，如石筍、石柱、石盆等，皆石髓（石乳）所凝成，故「雕鏤不逮」。他常用「花」來形容溶洞中璀璨的石乳，並用富有詩意的語言，深情地描繪了在三里城白崖堡南山下洞所看到的景象：「其中峽竅盤錯，交互層疊，乳柱花萼，倒垂團簇，不啻千萬。隨行胡生折得石乳數十條，俱長六、七寸，中空如管，外白如晶，天成白玉搔頭也。又有白乳蓮花一簇，徑大三尺，細瓣攢合，倒垂洞底，其根平貼上石，俱懸一線。而實黏連處，蒂僅如拳，剗而下之甚易。」在此他所描述的晶瑩管狀的石乳和平貼石上的白蓮花，即今人所說的鵝管和穴盾。有人認為，徐霞客的這段文字，可能是世界上最早的關於穴盾的描寫。

廣西物產豐富，有色金屬品種多，儲量大，被譽為中國「有色金屬之鄉」，其中錫、錳、銀等蘊藏量均居全國前列。錫儲量占全國三分之一，僅南丹的大廠錫礦，就占全國錫礦儲量的四分之一，居全國首位，可謂中國和廣西的「錫庫」。銀的儲量居全國第三，主要分布在河池、南丹等地。《遊記》中詳細介紹了在南丹、河池、那地相交處的銀礦和錫礦，記載了礦穴的形狀和大小、採煉的過程和產量、流通貿易的渠道，及其歷史與現狀、發展和變化。值得重視的是，他還特別注意到由於礦區集中而造成的物價上漲和商品貿易的興旺：「南丹米肉諸物價俱兩倍于他處，惟銀賤而甚低。」「三地相間僅一、二里，皆客省客賈所集。」可見在明代，商品流通的意識、追求利潤的意識，已相當強烈，只要有利可圖，即使荒遠的瘴癘之鄉，也成了商人集聚的樂地。甚至連行政區域也根據礦穴的分配而劃分：「其地實錯於南丹、那地之間。達州必由南丹境，想以礦穴所在，故三分其地也。」三里城周圍「巖谷絕盛」，其中尤以韋龜巖為冠，徐霞客在描述了「函蓋獨成，山水皆逆」的地勢、「穹然高盤，劃然內朗」的洞穴、「紋理明瑩……，形影磊落」的岩石、「又擅桃源、谷口之勝」的岩外村居後，除發出「真世外丹丘」、「望之已飄然欲仙」的讚歎外，也不忘指出：這裡有「數十家倚山北麓，以造紙為業」。據《遊記》可知，從江西到廣西，當時的南方地區，民間小型的造紙作坊已相當普遍，可見當時民間對紙張的需求甚大，由此又可進一步推知各地的文化狀況。

廣西向以動植物資源豐富著稱，已鑒定的植物達六千多種，居全國第三位，並有國家保護的珍稀動物四十多種。從新寧州到馱樸村，徐霞客注意到，石山上都出產巴豆樹和蘇木，前者「或隊聚重巒，或孤懸絕壁，丹翠交錯，恍疑霜痕黔柴」，後者「繞幹結瘿，點點盤結如乳，乳端列刺如鉤，不可嚮邇」。在向武州，他又看到這裡石山的洞穴中出產何首烏，大的有四、五斤重，就是《一統志》中所說的馬檳榔。這些都是當地特產，在其他地方很少見。《遊記》中兩次提到，多靈山四季如春，名花異果，在樹上永不凋謝。三里城土地肥沃，作物茂盛，更非他處可比。廣西到處都有既高又大的木棉樹，而這裡尤多，春天花朵開放，「紅色燦然，如雲錦浮空，有白鳥成群，四面翔繞。」相思豆樹高三、四丈，所結子「色如點朱」，晶瑩玲瓏，血紅堅硬，即使珊瑚的色彩也不及它鮮豔。至於水果，除了荔枝、核桃，三里城幾乎什麼都有。據統計，《遊記》中共記載動物五十餘種，其中以廣西最多，約二十種。在介紹三里城的動物時，徐霞客特意提到孔雀。在向武州的嗛村，他注意到一種「形如長身蟋蟀，而首有二眼，光如蜻蜓」的異蟲。遊真仙巖時，又記載了「不見首尾，伏而不動」的巨蛇。在九龍洞山暗中摸索時，他發現腳下有恍惚不定的閃動，懷疑是「蛇珠虎睛」，居然不顧危險，走近探看。《遊記》中還記載了在柳州的登臺山、北流的勾漏山，當時都有老虎活動的蹤跡。

在文學家眼中，對這片美麗、神祕、富有詩情的土地，應該用彩筆進行渲染，但徐霞客卻能進一步聯繫整體自然環境，從地域、地貌、陽光、水分、土壤等各個方面進行綜合分析，以加深對這些景觀的認識。三里城參將府周圍，有一百多棵大松，高聳雲霄，粗大的得三人合抱。徐霞客原以為是已有幾百年的古樹，看了碑文，方知這些松樹栽下才六十年。為什麼在這不長的時期，樹竟能長得如此粗壯？他經過考察，認為是由於這裡「地氣湧盛」，適宜植物生長。不僅松樹，就連稻穀也長得格外大，而且口感特別好，和一般土地上所長的莊稼不同，因此連這裡的畜牲也沾光吃米飯。由此徐霞客得出三里城「風氣含和，獨盛於此；土膏腴懿」，故「生物茁茂，非他處可及」，「為良區異壤可知」的結論。在徐霞客的時代，三里城仍產孔雀，但由於自然條件的歷史變化、生態環境的人為破壞，孔雀在那裡已經絕跡。《遊記》中提到，當時就已有人注意到保護生態環境，禁止人們對自然無休止的掠奪。如三里城的青獅潭，「江潭深匯，為群魚之宮」，故參將府下令禁止在這裡捕魚，從而保護了魚類的生長。

十六日　晨起陰如故。夫自龍頭村來，始縛竹為輿，既而北行。十里，東西兩界石山中土山漸無，有石山突路左，小江由其東，路出其西。又北十里，西界石山突而東出，是為橫山，乃忻城、永定分界處也。緣山嘴盤崖北轉，巉石嶔崎，中獨淋漓滑淖，間有行潦停隙中，崖路頗高，而獨若此者，以上有重崖高峙，故水瀝其下耳。然磊石與密樹蒙蔽，上下俱莫可窺眺。間從隙間俯見路石之下，石裂成潭，碧波淵沉，涵影深閟。又或仰見上有削雲排空之嶂，透叢而出，或現或隱，倏高倏下，令人恍惚。既北，兩界石山猶拓而北。又八里，有石峰一枝中懸，塢分而為二：其一通西北，其一通東北。余循西北塢溯流入，又五里，復有峰中突，小江緣其東出，路踰其西入。又二里，有數十家倚中峰之北，是為頭奎村❶，以中突峰形若兜冑❷也。飯於頭目何姓者家。自橫山之北，皆為山寨地。弘治間，都御史鄧廷瓚❸奏置永定長官司❹，長官韋姓，隸府。其西又有永順司❺，土官名鄧宗勝，嘉靖間調二土司兵至吾鄉勦倭❻者，所云狼兵是也。既飯，日色忽霽。北向塢中行，始循東界石山矣。五里，抵永定司，即所謂山寨也。土官所居村在西界石山下，欲留余止宿。余以日纔過午，不入而行。漸聞雷聲隱隱。又北二里，西截塢而過。塢中有石潭，或斷或續，涵水於中，即小江之脈也，水大時則成溪，而涸則伏流於下耳。

於是復循西界石山而北，又五里，有峰當塢立，穿其腋而北，塢遂西向而轉，於是山又成南北二界矣。其時黑雲自西北湧起，勢如潑墨❼，亟西馳七里，雨大至，避之石壁堡❽之草蓬下。石壁堡在北山之麓，堡適被火，欲止其間，無宿處。半晌，雨止，乃西，二里，踰嶺坳，此乃東西分水之脊也。南北俱石山如門，踰門西出，始擴〔然〕大開，中皆土阜高下。循石峰之西麓，北向升陟土阜，其上多迴環中窪，大者如塘，小者如井，而皆無水，俯瞰不見其底。〔水由地行，此其中墜處，一如太平府所見。〕北行五里，始下土山塢中。其水東北去，路復北透石峰之隘。此處又石峰一枝自西而東。一里，出隘。又一里，於東峰之麓，得一村曰草塘，乃馮揮使之家丁也，頭目曰東光，言其主在青塘，今且往南鄉。余以陸君書令其速傳去。馮名潤，二年前往泗城❾，而泗城土官岑雲漢加銜副總兵，欲馮以屬禮見，此地明官，至土俱以賓主論。馮不從。岑拘其從者送獄中，馮亦淹留不聽行，復不給糧，從者半斃。陸君以出巡至，始帶出之。陸君之第三郎併兩僕亦死其中。故陸君不聽余從泗城行，而送余由此託馮與南丹導余焉。是晚，宿東光欄上。

【章　旨】本章記載了第三百零五天在慶遠府的行跡。經過忻城、永定分界處的橫山，看到崖壁高處縫隙中有積水，路石裂成水潭，仰望山峰令人神志恍惚。再經過頭奎村進入永定司，到石壁堡避雨。雨停後，繼續往前，發現土丘上的坑井都沒有水。最後到草塘村留宿。

【注　釋】❶頭奎村　今名頭盔，在廣西都安東隅。❷兜胄　即頭盔。❸鄧廷瓚　字宗器，巴陵人。景泰中進士，先任貴州程番知府，有治績。弘治二年（一四八九）巡撫貴州，平定苗亂，改土官世襲為府縣。❹永定長官司　與下永順長官司均在明弘治五年析宜山縣地設置，隸慶遠府，治所在山寨，今名三寨，在廣西宜州市南隅。❺永順司　治所在今廣西都安北隅的永順。❻倭　倭寇。十四世紀日本南北朝時，在混戰中失敗的武士流為海盜，進行走私搶劫。至十六世紀（即嘉靖年間），行動最為猖獗，倭寇勾結中國沿海土豪，殺害百姓多達數十萬人。名將譚綸、戚繼光、俞大猷等血戰多年，才逐漸平息。❼潑墨　蘇軾〈六月二十七日望湖樓醉書五絕〉：「黑雲翻墨未遮山，白雨跳珠亂入船。」形容天空烏雲滾滾，就像潑翻了一盆墨汁。❽石壁堡　今名石別，在宜山南境。❾泗城　明代為州，直隸廣西布政使司，治所在今廣西凌雲。

【語　譯】十六日　早晨起身，仍是陰天。役夫從龍頭村過來，才把竹竿綁紮成轎，隨即往北趕路。走了十里，東西兩界石山中的土山漸漸消失，有石山在路的左邊突起，小江從它的東邊流過，路從它的西邊走出。又往北十里，西邊的石山向東突出，這就是橫山，是忻城和永定分界的地方。沿著山口盤繞山崖向北轉，山岩高峻陡峭，唯獨中間濕淋淋滑溜泥濘，偶有積水停留在石縫中，山崖上的路很高，唯獨這裡出現這種情況，是因為上面有重重山崖高高峙立，所以水滴落到下面罷了。但被亂石和密樹遮蔽，上下都沒法探望。有時從石縫間俯視路石的下面，則見岩石開裂，匯水成潭，碧波深沉，涵影幽閉。偶爾又抬頭望見上面凌空入雲的山峰，從樹叢透出，或隱或現，忽高忽低，令人迷離恍惚。到了北面，兩邊的石山依然向北拓展。再走八里，有一枝石峰居中懸立，把山塢分成兩半：一半通往西北，一半通往東北。我沿著西北的山塢逆水上行，再走五里，又有石峰在中間突起，小江沿著它的東麓流出，路越過它的西面走進。再走二里，有幾十戶人家靠在中峰的北麓，這就是頭奎村，因為在中間突起的山峰形狀如同頭盔。在姓何的頭目家吃飯。從橫山的北面起，都是山寨的地界。弘治年間，都御史鄧廷瓚奏請朝廷，設置永定長官司，長官姓韋，隸屬慶遠府。在它西面又有永順司，土官名鄧宗勝，嘉靖年間調兩土司的士兵到我家鄉剿除倭寇，就是所說的狼兵。吃罷飯，天色忽然晴朗。往北在山塢中行走，開始沿著東界的石山趕路了。走了五里，到達永定司，即所謂的山寨。土官居住的村莊在西邊的石山下，想留我過夜。我因為這時才過中午，沒有進去就上路了。漸漸聽到雷聲從遠處隱隱傳來。又往北走了二里，再往西橫過山塢。塢中有石潭，或斷或續，裡面蓄水，就是小江的水脈。水大時匯成溪水，水枯時便在地下潛流。從這裡又沿著西界的石山往北，再走五里，有石峰屹立山塢中，穿過峰腋往北，山塢就向西轉，到這裡山又分成南北二界了。這時黑雲從西北方湧起，勢如潑墨，急忙往西奔跑七里，大雨來到，便在石壁堡的草屋下避雨。石壁堡在北山山麓，剛遭到火災，想留在堡中，但沒有住宿的地方。過了好久，雨停了，於是往西走了二里，翻過嶺坳，這就是東西兩邊水分流的山脊。南北都是如門的石山，越過門往西走出，才豁然開闊，中間都是高高低低的土丘。沿著石峰的西麓，朝北登上土丘，上面有許多四周環繞中間陷下的窪地，大的像池塘，小的像口井，但都沒有水，俯視深不見底。水從地下流過，這是中間往下墜入的地方，和太平府所看到的同樣情況。往北走五里，才往下到土塢中。這裡的水向東北流去，路又往北從石峰的隘口穿出。這裡又有一枝石峰從西向東延伸。走了一里出隘口，再走一里到東峰山麓，有個村莊名草塘，村中人是馮指揮的家丁，頭目名東光，說他的主人住在青塘，現在暫且去了南鄉。我取出陸君的信，叫他立即傳送過去。馮名潤，兩年前去泗城，當時泗城土官岑雲漢加了副總兵的官銜，要馮指揮以下屬的禮節進見，這裡朝廷所委派的官吏，到土司處，都以賓主的身分接待，馮不肯聽從。岑將他的隨從人拘捕送到獄中，馮也滯留下來，不讓他走，又不供給糧食，隨從的人半數死去。陸君因出巡到此，才把馮帶了出來。陸君的三公子和兩個僕人也死在其中。所以陸君不讓我從泗城走，而把我送到這裡，託馮和南丹衛派人為我嚮導。這天晚上，住在東光家的竹樓上。

十七日　天甚晴霽。從草塘北行，其地東西兩界復土山排闥。先從東麓橫過西麓，塢中有水成塘，而斷續不成溪，亦猶山寨之北也。塘之北，始成溪北流，路從其西。從西峰北行五里，有山中塢突，水由其東，路由其西。入峽二里，東逾一隘。又一里，復北行。七里，又一小水橫亙兩山北口，若門闥然。由其西隘出，於是東西兩界山俱北盡，其外擴然，又成東西大塢矣。西界北盡處，有石突起峰頭，北龕獨有紅色一方內嵌，豈所謂赤心北向者耶？又北竟土阪，五里，乃下墜土夾中，一里，抵夾底，又從夾中行。一里，得五孔橋，有水自西而東出橋下，其勢頗大，乃土山中之巨流也。踰橋北，又三里，復有石山一支自西而東，穿隘北出，其東即為南山寺，龍隱洞在焉。有水自其東谷來，即五孔橋東流之水，至黃崗而分為二流：一東徑油羅村，入龍江❶下流；一西北經龍隱之前而北過慶遠東門，入龍江。出隘北，又皆土山矣。又五里，抵慶遠❷南門。于是開東西大夾，其南界為龍隱❸、九龍❹諸山，北界即龍江北會仙❺、青鳥❻諸山，而江流直逼北山下，江南即郡城倚之。其城東西長而南北狹。從城南西抵西城外，稅駕于香山寺❼。日纔午，候飯，乃入城。復出南門，抵南山，游龍隱。先是，余過後營，將抵藍澗，回顧後有五人者追而至。問之，乃欲往慶遠而阻于藍澗，不敢入。聞余從此道，故隨而往者。楊君令偕行隊伍中。及楊君別去，一路相倚而行，送至香山寺乃謝去。及余獨游至此，忽見數人下山迎，即此輩也，亦非慶遠人，俱借宿於此。余藉之束炬攜火，先游龍隱，出又隨游雙門洞。既出，見此洞奧而多，不能卒❽盡，而不忍捨去。乃令顧僕留宿香山，令一人同往取臥具，為宿此計。余遂留此，更令兩人束炬秉火，盡探雙門二洞之奇。出已暮，復入龍隱，令兩人秉炬引索，懸下洞底深穽。是夜，宿龍隱。

【章　旨】本章記載了第三百零六天在慶遠府的行跡。進入峽谷，到五砦橋，途中看到所謂的「赤心北向」。過橋穿過隘口，到慶遠府城，在香山寺休息。府城靠在龍江南岸，周圍有龍隱、九龍、會仙、青鳥等山。離開後營時，有幾個人跟著一起走，到這裡和他們一起遊覽了龍隱洞和雙門洞，當晚就住在龍隱洞。

【注　釋】❶龍江　源出貴州都勻，自獨山流入廣西，會合荔波、思恩各水，東南流至宜山城北，轉而東入柳城界，為右江上游。前人謂此江如桂林陽江。兩岸石筍峭立，湍流迅急，傳說為神龍所開。❷慶遠　明代為府，治所在宜山（今屬廣西）。❸龍隱　又名南山，在宜山城南五里。上有洞軒敞如屋，中有石龍，鱗甲宛然，因名龍隱洞。山上多洞穴，東、西、南三面穿通，惟北面不通。洞前有廣化寺，宋真宗曾賜御書十六軸藏之閣中。州中有盧僧，名德洪，自幼居寺中。❹九龍　山名，在宜山西南六里，上有石田，高低不平。旁有九龍洞，又名丹霞巖。❺會仙　又名北山，在宜山城北一里。盤曲數里，中多佳勝，常有紫雲元鶴乘空而下，如神仙之會，故名。傳說潛通龍隱洞。上有白龍洞，洞有石龍，鱗甲宛然。唐末河東陸禹臣居大巖，修煉後尸解仙去。又有崔、莫兩仙姑煉丹所。巖前石似觀音，其上石井曾出並蒂蓮花，稱為玉井。❻青鳥　山名，在宜山城北一里，會仙山之東。相傳古時有青鳥飛來，出產異草。❼香山寺　在宜山南關內，寺左邊有書院，為宋趙抃講院故址。❽卒　通「猝」。倉猝。

【語　譯】十七日　天空十分晴朗。從草塘往北走，這裡東西兩邊的土山又像推開的門戶那樣排列。先從土山東麓橫向越過到達西麓，塢中有水積成池塘，但斷斷續續，沒有連成溪流，也和山寨北面的情形一樣。水塘的北面，才形成溪水往北流去，路就從溪水的西邊走。從西面的山峰往北走五里，有山在塢中突起，水從它的東邊流，路從它的西邊走。進入峽谷走了二里，往東越過一道隘口，再過一里，又往北走。過了七里，又有一條小水橫亙在兩座山的北面缺口，就像門檻一樣。從它西邊的隘口走出，在這裡東西兩界的山都往北到了盡頭，山外地勢開闊，又形成東西向的大塢。西界山脈往北盡頭處，有石在峰頂突起，北面的石龕中獨有一方紅色的岩石嵌在裡面，難道這就是所謂的「赤心北向」嗎？又往北走完土坡，過了五里，才往下落到土山峽谷中。走了一里，到達峽底，再從峽谷中走。過了一里，到五砦橋，橋下的水從西向東流出，水勢很大，是土山中的巨流。過橋到北面，再走三里，又有一支石山從西向東延伸，穿過隘口往北走出，在它東面就是南山寺，龍隱洞就在那裡。有水從東面的山谷流來，就是從五砦橋往東流的水，到黃崗後分成兩條支流：一條往東經過油羅村，注入龍江下游；一條往西北經過龍隱洞前，轉向北流過慶遠府城東門，注入龍江。從隘口北面走出，又都是土山了。再走五里，到達慶遠府城南門。在這裡開出東西向的大峽谷，峽谷的南界為龍隱、九龍諸山，北界即是龍江北面的會仙、青鳥諸山，江流直逼北山下面，江的南岸就是府城所依傍的地方。這城東西長，南北狹窄。從城南往西到西城外，在香山寺停留休息。時間剛到中午，等候吃飯，於是進城。再走出南門，直到南山，去遊龍隱洞。先前，我經過後營，將到藍澗時，回頭看到後面有五個人追趕上來。盤問他們，原來是想去慶遠府，而阻留藍澗，不敢進去。聽說我從這條路走，所以來跟著前往。楊君叫他們和隊伍一起走。到楊君告別離開後，這些人仍和我一路相伴而行，送到香山寺才辭謝離去。等到我獨自遊賞來到這裡，忽然看到有幾個人下山迎候，原來就是這些人，他們也不是慶遠人，都在這裡借宿。我借助他們，紮了火把，帶上火種，先去遊龍隱洞，出洞後又隨我遊雙門洞。走出後，見這個洞深邃，景物繁多，一時不能遊遍，但捨不得離開。於是吩咐顧僕留宿香山寺，另派一個人同往取臥具，準備在此過夜，我就留在這裡，再叫兩個人紮了火把舉著，徹底搜探雙門二洞的奇景。出洞時天色已晚，又進入龍隱洞，叫兩個人拿著火把，拉住繩索，懸空落到洞底的深穽。這天夜裡，就住在龍隱洞。

十八日　天色晴霽甚。早飯龍隱。僧淨庵引由山北登蚺蛇洞，借宿二人偕行。既下，再飯龍隱，偕二人循南山北西行二里，穿山腋南出，又循山南西行。一里餘，過龍潭。又西一里，渡北流小溪，南入張丹霞墓洞❶，遂東北五里，還飯於香山寺。復令一人肩臥具隨由西門入，北門出，渡龍江，北循會仙山西麓行。一里，東上山。又一里，游雪花洞。又里餘，登山頂。是晚宿雪花洞。其人辭去，約明日來。

十九日　五更聞雨聲，迨曉而止。候肩行李者不至，又獨行探〔深〕井〔巖。〕又從書生鮑心赤從雪花東坳下，游百子巖。仍上雪花寺飯。有山下臥雲閣僧至，因乞其導游中觀、東閣諸勝，并肩臥具下二里，置閣中。遂攜火游中觀、東觀、丹流閣、白雲洞，午餐閣中。下午，還香山寺。

【章　旨】本章記載了第三百零七、第三百零八天在慶遠府的行跡。登上蚺蛇洞，經過龍潭，進入張丹霞墓洞。回到香山寺，又渡過龍江，到雪花洞過夜。次日獨自探遊深井巖，接著遊覽百子巖，到雪花寺，飯後去遊中觀、東觀、丹流閣、白雲洞等名勝，下午返回香山寺。

【注　釋】❶張丹霞墓洞　在九龍山丹霞巖（又名九龍洞）內。相傳宋御史張自明棺木過此，不開自合。

【語　譯】十八日　天色十分晴朗。早晨在龍隱洞吃飯。僧人淨庵引路，從山北登蚺蛇洞，借宿的兩個人一起走。下山後，再到龍隱洞吃飯，和那兩個人沿著南山北麓往西走二里，穿過山腋往南走出，又沿著山南往西走，過了一里多，經過龍潭。再往西走一里，渡過向北流的小溪，往南進入張丹霞墓洞。便往東北走五里，回到香山寺吃飯。又吩咐一人挑著臥具隨我從西門進城，到北門走出，渡過龍江，往北沿著會仙山西麓走。過了一里，往東上山。再走一里，遊覽雪花洞。再走一里多，登上山頂。這天晚上住在雪花洞。那人告辭回去，約定明天再來。

十九日　五更聽到雨聲，到天亮雨停。等候那個替我挑行李的人沒到，又獨自去探遊深井巖。又跟隨書生鮑心赤從雪花洞東面的山坳走下，去遊百子巖。仍然上山到雪花寺吃飯。山下臥雲閣的僧人到來，於是求他帶路去遊中觀、東閣各勝景，並挑著臥具走下二里，放在臥雲閣中。於是帶了火把，遊中觀、東觀、丹流閣、白雲洞，中午在臥雲閣吃飯。下午，回到香山寺。

二十日　入候馮，猶未歸。仍出游西竺寺❶、黃山谷祠❷。

二十一、二十二日　皆有雨。余坐香山寺中。抵暮，雨大作，徹夜不休。是日前所隨行五人，俱止南山龍隱庵，猶時時以一人來侍余。抵暮，忽有言其一人在洞誘牧牛童，將扼其吭❸而挾之去者。村人來訴余，余固疑其余行亦行，余止亦止，似非端人；然時時隨游扶險，其意慇懃，又似非謀余者，心惴惴不能測。

二十三日　雨猶時作時止。是日為清明節，行魂欲斷，而沽酒杏花將何處耶❹？是處桃杏俱臘中開落。下午，馮揮使之母以酒蔬餉，知其子歸尚無期。悵悵，悶酌而臥。

二十四日　五鼓，雨聲猶潺潺，既而聞雷。及起，漸霽，然濃雲或開或合，終無日影焉。既而香山僧慧庵沽酒市魚，酌余而醉。及寢，雷雨復作，達日而後止。

二十五日　上午猶未霽。既飯，麗日晶然。先是，余疑隨行五人不良，至是卜之得吉。彼欲以兩人從余，先畀定銀，與之市烟焉。又慧庵以緣簿求施，余苦辭之。既而念其意不可卻，雖橐中無餘貲，展轉不能已。乃作書貸之陸君，令轉付焉。

【章　旨】本章記載了第三百零九天至第三百十四天在慶遠府的行跡。等候馮指揮使，一直沒回來。聽人說跟隨我的五人中有一人想拐騙牧童，為此十分不安。連日下雨，困坐香山寺中，其間遊覽了西竺寺、黃山谷祠。

【注　釋】❶西竺寺　原名西明寺，在宜山西關內，相傳建文帝雲遊時曾經寓此。❷黃山谷祠　又稱黃文節祠，原在宜山慶遠西門外。南宋淳熙四年，知州韓璧（或說為署守張自明）為紀念宋代詩人黃庭堅（自號山谷道人）而捐資興建。原有重門、書堂、墨池、寶華亭、不冠墓及山谷手植古樹等，均已毀壞，僅存山谷自畫像、自作像贊詩及歷代碑刻。❸吭　咽喉。❹行魂欲斷二句　唐杜牧〈清明〉詩：「清明時節雨紛紛，路上行人欲斷魂。借問酒家何處有，牧童遙指杏花村。」

【語　譯】二十日　進城等候馮指揮使，還沒回來。仍然出城去遊西竺寺、黃山谷祠。

二十一、二十二日　都有雨。我坐在香山寺中。到傍晚，大雨傾盆，整夜不停。這天先前跟著我走的五個人，都留在南山龍隱庵，還常常派一個人來侍候我。到傍晚，忽然有人來告訴我說，其中一人在山洞引誘放牧的兒童，打算卡著孩子的咽喉將他帶走。村裡人來向我控訴，我本來就懷疑他們，我走也走，我停也停，似乎不是正派人；但常常隨我遊山歷險，陪同攙扶，十分殷勤，又不像是謀害我的人，心中惴惴不安，難以臆測。

二十三日　雨還是時下時停。這天是清明節，路上行人魂欲斷，但沽酒的杏花村又在哪裡呢？這裡桃花、杏花都在臘月中開放凋謝。下午，馮指揮使的母親送來酒菜，她知道兒子還沒確定什麼時候回來。心中悶悶不樂，喝了幾杯酒便睡下。

二十四日　五更，雨聲依然潺潺不止，不久聽到雷響。到起牀時，天色漸漸轉晴，但是濃雲時開時合，始終不見陽光。不一會香山寺僧人慧庵買了酒和魚來請我，我便喝醉了。到睡覺時，又下起雷雨，直到天亮才停止。

二十五日　上午還沒放晴。吃過飯，陽光明媚。在此之前，我懷疑隨行的五個人居心不良，到這時卜了一卦，得到吉卦。他們想要讓其中兩人跟隨我，我先將定金給他們買煙。慧庵又拿出化緣簿求我布施，我苦苦推辭。隨後想到他的心意難以推卻，雖然口袋裡沒有餘錢，反覆考慮不能作罷。於是寫信向陸君借錢，叫他轉交。

二十六日　日晴霽。候馮揮使潤猶不歸，投謁守備[1]吳，不見而還香山寺，再飯。同僧慧庵往九龍，西南穿塍中，蜿蜒排石而過。五里，北越流溪，至丹霞遺蛻洞，即前日所入者。仍下，繞其東麓而南，迴眺遺蛻峰頭有巖東向，高穹其上，靈幻將甚，心欲一登而阻於無路。又東南約半里，抵東峰之北麓，見路兩旁皆水坑流貫，路行其上若橋梁而不知也。其西有巨楓樹一株，下有九龍神之碑，即昔之九龍祠遺址。度其北，是昔從龍隱來所經平崗中之潭，而九龍潭則在祠南石崖之下，水從其中北向經路旁水坑而出，為平崗潭者也。

九龍洞山在郡城西南五里，丹霞遺蛻洞東南。其山從遺蛻山後繞而東，其北崖有洞，下有深潭嵌石壁中，若巨井，潭中下橫一石，東西界為二：東小，而西鉅；東水低，西水高；東水清，西水渾。想當雨後，西水通源，從後山溢來，而東則常瀦者也。西潭之南，石壁高數丈，下插潭底，〔潭多巨魚，〕上鐫「九龍洞」三大字。不知鐫者當時橫架杙木，費幾許精力？西潭之深莫能竟，曰垂絲一絡，亦未可知。然水際無洞，其深入之竅當潛伏水底耳。洞高懸潭上三丈餘，當井崖之端，其門北向，東與「九龍洞」三字並列。固知此鐫為洞，不為潭也。門頗隘，既入，乃高穹。峽南進，秉炬從之，其下甚平，直進十餘丈，轉而東，下雖平，而石紋❷湧起，屈曲分環，中有停潦，遂成仙田。東二丈，忽下陷為深坑。由坑上南崖傴僂而出坑之東，其下亦平，而仙田每每❸與西同。但其上覆石懸乳，壓墜甚下，令人不能舉首。披隙透其內，稍南北分岐，遂逼仄逾甚，不得入矣。

仍西出至坑崖上，投火坑中諦視之，下深三丈餘，中復有洞，東西通透，西洞直入，與上峽同，東洞則橫拓空闊，其上水淙淙下滴，下似有潦停焉。坑之南，崖平覆如棧，惟北則自上直插坑底。坑之裂竅，南北闊二丈，東西長三丈，洞頂有懸柱倒蓮，恰下貫坑中，色潔白瑩映，更異眾乳。俯窺其上久之，恨不攜梯懸索，若南山❹一窮奧底也。〔東三百步，又有巖北向，深十餘丈，在東峰崖過脊處。〕

九龍西峰高懸洞，在丹霞遺蛻之東頂，其門東向而無路。重崖綴石，飛突屼嵲，倒攀雖險，而石鋩❺嵯峨，指可援而足可聳也。先是，一道者持刀芟棘前引，一夫賫火種後隨，而余居其中。已而見其險甚，夫不能從，道者不能引，俱強余莫前。余凌空直躍，連者數層，頻呼道者，鼓其速登，而道者乃至。先從其北得一巖，其門東向，前峽甚峻，中通一線，不即不離，相距尺許。曲折而入者三丈，其內忽穹而開，轉而西南四、五丈，中遂黑暗，恨從夫不以火種相隨。幸其下平，暗中摸索，又轉入一小室，覺無餘隙，乃出。此洞外險而中平，外隘而中扃❻，亦可棲託，然非高懸之洞也。高懸處尚在南畔絕崖之上，虧蔽不能仰見。稍下，轉崖根攀隙以升，所攀者皆兜衣鉤髮之刺棘也。既上，其巖亦東向，而無門環迴前列，高數丈❼，覆空若垂天之雲，而內壁之後層削而起，上有赭石一區嵌其中，連開二門，層累其上，猿猱之所不能升也，安得十丈梯飛度之？時老僧慧庵及隨夫在山麓頻頻號呼，乃仍舊路下。崖突不能下睇，無可點足，展轉懸眺，覺南上有痕一縷，攀棘側肩循之。久之，乃石盡而得土，懸攀雖峻，無虞隕墜矣。下山五里，還香山。返照甚朗，余以為晴兆。既臥而雷雨復大作，達旦不休。

【章旨】本章記載了第三百十五天在慶遠府的行跡。前往九龍洞，先到丹霞遺蛻洞，往前路在水坑上延伸，如同橋梁。九龍洞在山的北崖，下面有深潭，潭一分為二，兩邊潭水全然不同，潭中多大魚。進入洞中，裡面仙田美盛。洞中有深坑，坑中又有洞，東西相通。洞頂石柱、石蓮色彩晶瑩潔白，異乎尋常。接著去遊九龍西峰高懸的洞，地勢險要，必須冒險倒攀而上。先進入一個外面險要狹隘、裡面平坦明亮的洞，又登上高懸的洞。洞上嵌有一方赭石，又接連開出兩道洞門，猿猴也不能上去。下山返回香山寺。

【注釋】❶守備　明代於總兵下設守備，駐守城哨，位在游擊將軍下。❷石紋　乾隆本作「石級」。❸每每　又作「莓莓」，草美盛貌。❹南山　指白崖堡南山。霞客遊南山諸洞，見本月十三日日記。❺鋭　刀劍的尖鋒。❻扃　通「炯」。明亮。❼高數丈　乾隆本作「高十丈」。

【語譯】二十六日　陽光晴麗。等候馮潤指揮使，還沒回來，投送名帖拜訪吳守備，沒有見到就返回香山寺，再吃飯。同僧人慧庵前往九龍山，往西南穿越田埂，彎彎曲曲繞石而過。走了五里，往北越過溪水，到丹霞遺蛻洞，就是前幾天進去的地方。仍然往下，繞過東麓往南，回頭眺望遺蛻峰頭有個朝東的巖洞，在上面高高隆起，好像十分神奇，心中很想登臨一遊，但無路可走。又往東南走了約半里，到達東峰的北麓，看到路兩旁都是水坑，有水流相連，路在坑上延伸，如同橋梁，而行人卻不知道。路的西邊有一棵巨大的楓樹，樹下有九龍神的石碑，就是過去九龍祠的遺址。越過這裡到它的北面，就是原先從龍隱洞來時所經過的平崗中的水潭，而九龍潭則在祠南的石崖之下，水從潭中向北經過路旁水坑流出，成為平崗潭。

九龍洞所在的山在府城西南五里，丹霞遺蛻洞東南。這山從遺蛻山後面繞向東，北崖有洞，下面有深潭嵌在石壁中，如同大井。潭中下面橫著一塊大石，將潭水隔成東西兩處：東潭小，西潭大；東潭水低，西潭水高；東潭水清，西潭水渾。猜想西潭的水連通水源，下雨之後，水從後山流溢而來，而東潭則是常年積水的地方。西潭的南面，石壁有幾丈高，往下插入潭底，潭中有很多大魚，壁上刻著「九龍洞」三個大字。不知鐫刻的人當年打樁架木，花費了多少精力？西潭的深度無法窮究，有的人說，即使垂下一絡線，也未必能測量出來。但水邊沒有洞穴，那深入的孔洞應當潛伏在水底吧。洞高懸在潭上三丈多的地方，正當井壁崖石的頂端，洞門朝北，和東面「九龍洞」三字並列。可知這裡的刻字是為了洞，不是為了水潭。洞門很狹窄，進入後才高高隆起。峽谷往南深入，舉著火把走進，底部十分平坦，直往裡十多丈，轉而向東，下面雖然平坦，但石紋如水波湧起，彎彎曲曲分成一環一環，中間有積水，就成了仙田。向東走二丈，洞底忽然往下陷落成為深坑。從坑上南邊的崖壁彎腰曲背走出坑的東面，下面也很平坦，仙田美盛，和西面相同。但它上面覆蓋的岩石、懸垂的石乳，壓得很低，使人頭都抬不起來。從石縫中鑽到裡面，稍許往前就南北岔開，更加狹窄，不能進去了。仍然往西走出，到坑旁的崖上，將火把投入坑中仔細察看，下面深三丈多，中間又有洞，東西穿通，西洞一直往裡，和上面的峽谷相同。東洞則橫向拓展，十分空闊，上面有水淙淙滴下，下面似有積水。坑的南面，石崖平覆，如同棧道，惟有北面的崖壁則自上而下直插坑底。坑中的裂洞，南北寬二丈，東西長三丈，洞頂有石柱懸垂，石蓮倒掛，恰好下連坑中，顏色潔白晶瑩，與許多鐘乳相比，更加奇異。在上面向下看了好長時間，只恨沒有帶來梯子繩索，像在南山那樣，窮究洞底的奧妙。往東走三百步，又有一個朝北的洞，深十多丈，在東峰崖脊過渡的地方。

九龍山西峰高懸的洞，在丹霞遺蛻洞東面的山頂，洞門朝東，但無路可上。山崖重重，岩石相連，凌空突起，形狀高峻，倒攀雖然危險，但岩石都有鋒棱，手可攀援，腳可踏著往上。起先一個道士拿刀砍除荊棘在前面引路，一個役夫帶著火種跟在後面，我處在中間。後來看到山勢極為險峻，役夫不能跟隨，道士不能帶路，都極力勸我不要再往前走。我淩空躍上，連越幾層，屢次呼喚道士，鼓勵他快上，道士這才來到。先從山北找到一個巖洞，洞門朝東，前面的峽谷很險峻，中間只有一線相通，不即不離，相隔一尺左右。彎彎曲曲往裡走了三丈多，裡面忽然隆起開闊，轉向西南走了四、五丈，洞中就一片黑暗，只恨役夫不帶著火種相隨。幸虧底部平坦，在暗中摸索，又轉進一間小石室，覺得石室中沒有其他縫隙可通，於是走出。這洞外面險峻，裡面平坦；外面狹隘，裡面明亮，也可以居住，但不是高懸的洞穴。高懸的洞穴還在南邊懸崖上面，因被遮蔽，抬頭沒法看到。稍許走下，轉過崖腳攀著石隙往上，所能攀援的都是鉤人衣服頭髮的荊棘。登上懸崖，只見這洞也朝東，但前面沒有環列的洞門，洞有幾丈高，憑空覆蓋，如同垂天之雲，而內壁的後面，層層陡削聳起，上面有一方赭色的岩石嵌在中間，接連開出兩道門，層疊在上面，連猿猴也上不去，哪裡能得到十丈長梯飛度過去呢？這時老僧慧庵和隨行的役夫在山腳不斷呼叫，便仍從原路下山。山崖向外突出，不能往下看，也沒地方可落腳，輾轉不定，在高處眺望，發覺南邊上方有一縷石痕，於是拉著荊棘側身沿著石痕下去。過了好久，才走完石山來到土坡，雖然懸空攀援，還很陡峻，但已無須擔憂跌落了。下山走了五里，回到香山寺。夕陽十分明朗，我以為是天晴的徵兆。睡下後又下起大雷雨，通宵達旦不止。

二十七日　雨止而起。余令人索騎欲行，而馮揮使之母令人再留，曰已三往促其子矣。姑允其留。既而天色大霽，欲往多靈，以晚不及。亟飯，而渡北門大江，登北岸上觀音閣，前為澄碧庵，皆江崖危石飛突洪流之上，就而結構成之者。又北一里，過雪花洞下，乃渡溪，遂西向入石山峽中，轉而南，登嶺坳，遇樵者問之，此上有牛陴洞，非三門也，三門尚在北山。仍出，由南來大路北行。二里，過一古廟，又北，有水自西山麓透石而出，其聲淙淙東瀉，即前所渡自北而南小溪也。又西半里，循西山轉入西塢，則北界石峰崔嵬，南界之山又轉而為土矣。中有土崗，南北橫屬。又半里，踰崗西下，則三門巖在北崖之中矣。乃由岐北向抵山下，望其巖，上下俱危崖，中闢橫竅，一帶垂柱，分楞齊列於外。拾級而上，先抵巖東，則石瓣駢沓，石隙縱橫，皆可深入。而前則有路，循崖端而西，其巖中闢，高二丈餘，深亦如之，而橫拓四丈餘，上下俱平整，而外列三石，界成四門，俱南向，惟中門最大，而左腋一門卑伏。言三門者，舉其大也。西門巖壁抵此而莫前，其上石態更奇。東門穿隙而出，即與東偏縱橫之隙並。而中門之內，設神像於中，上鐫「靈巖」二字。由神像後穿隙北入，宛轉三、四丈，踰庋攀而上，中有一龕，乃巖中之奧室也。出巖而東披縱橫之隙，亦宛轉三、四丈，始闢而大。東踰石閾而上，其內上下平整，前穴通明，另成一界，乃巖外之奧室也。透其前穴出，有石高擎穴前，上平如臺。其東又有小隙宛轉，如簇瓣蓮萼，披之無不通也。由臺前小隙下，即前循崖端而西路。復從崖端轉石嘴而東，稍入，有洞門內闢，其門亦南向，中深數丈，彌備幽深之致。

乃仍舊路下，即沿山麓東還，北望山坳間，有巖高懸絕峽之上，心異之。乃北向望坳上，攀石躋崖以升數十步，踰坳間，乃炭夫樵斫者所由，而懸巖尚在其東。崖壁間之藤棘蒙密，側身難度。乃令隨夫緣枝踐級，橫過崖間，不百步而入巖，余亦從之。巖前懸峽，皆棕竹密翳；其色白，大者可為杖，細者可為筯。而洞當轉峽之側，上下懸峭，其門西南向，頂崇底坦。入五、六丈，當洞之中，遙望西南銳豎尖峰，正列其前，洞兩旁裂峽分瓣，皆廉❶列沓合。洞後透石門而入，其內三闢三合，中連下透，皆若浮橋駕空，飛梁駢影。思各躋其上，不知何處著腳。及透入三橋之內，其中轉寬而黑。從左壁摸索而上攀東崖，南出三、四丈，遂凌內梁之東。其梁背刀削而起，不堪著足。而梁之西亦峻石拄頂，另隔成界，不容西渡。又南緣東崖，凌中梁之東，其不可度與內梁同。又南緣東崖，凌前梁之東，則梁背平整，橫架於兩崖之間，下空內豁，天設徒杠❷。其背平架之端，又有圓石尺許，聳立其上，儼若坐墩。余以為人琢而置此者，捫其根，則天然石柱也。渡梁之西，又北轉入峽門，即中內二梁西端之石所界而成者。其內又有東豁而下通梁後，又西剜而透穴中。入穴中，又拓而為龕，環而為門，透而為峽，下皆細砂鋪底，〔平潔如玉，〕但其中已暗而漸東，不能深入。仍出至前梁之西，緣西崖之半，攀石筍南下，穿石竇以出，復至洞中央矣。前眺尖峰，後矚飛梁，此洞之勝，內外兩絕。

出洞，取棕竹數枝，仍橫度坳脊，歷懸石，下危峽而抵麓。循麓東行，又百步，有洞裂削崖間如「丁」字，上橫下豎，甚峻，其門南向。復北向抵崖下巨峽前，大石如室，累數石而上，皆倒攀懸躋升之。其上一石則高削數丈，無級可攀，而下有穴大如斗。蛇穿以入，中遂穹然，上高數十丈，外透而起，則「丁」字之豎裂也，而橫裂則仰之莫及矣。洞內夾壁而入，傾底而下，北進七、八丈，折而東，始黑暗不可窮詰。乃出斗穴，下累石，又循崖而東數十步，復入巨峽。其門亦南向，前有石界之。連躋石隙二重，其內夾下傾，亦如「丁」字巖。北進五、六丈，亦折而東，則平而拓矣。暗中摸索，忽有光在足下，恍惚不定，余疑為蛇珠虎睛，及近索之，復不見。蓋石板之下，復有下層窟穴，通於前崖，而上下交通處，穴小於斗，遠則斜引下光，近則直墜莫睹。且其穴小而曲，不能蛇伏以下。遙矚其東二、三丈石板盡處，復有微光燁燁。匍匐就之，則其外界石如屏，中有細孔徑寸，屈曲相攢，透漏不一，可以外窺。而其下有孔獨巨，亦如斗大。乃以足先墜，然後懸手而下，遂及下層。其外亦有門南向，而內入不深。巖門內距石屏僅二丈，屏下又開扃竅，內入即前所望石板下窟穴也，然外視昏黑，不知其內通矣。由門外又循崖而東數丈，復得一巖。其門亦南向，內不甚深，而後壁石竅玲瓏，細穴旁披，亦可挻身轉隙，然無能破其扃也。巖前崖懸磴絕，遂不能東，乃仍西歷前所入洞口，下及山麓。又東百步，有洞當北麓，其門亦南向。穿而入，則轉東透峽四、五丈而出，其門又東豁者也。〔聞古城洞❸在青烏山前，東門渡江，三里可至，石壁對夾，中多種蔬者。〕時日將晡，恐渡舟晚不及濟，亟從舊路還，五里餘而抵龍江，渡舟適至，遂受之南濟，又穿城一里，抵香山已薄暮矣。

【章　旨】本章記載了第三百十六天在慶遠府的行跡。來不及去多靈山，便先遊江邊的觀音閣。隨後經過雪花洞，進入石山峽，前往三門巖。這巖上下都是懸崖，洞中開闊，外面有三塊岩石隔成四座洞門，中門內刻有「靈巖」二字。先後遊覽了巖中巖外的祕室。旁邊還有洞，更加幽深。從原路走下，看到山坳中有個巖洞，高懸在陡絕的山峽之上。洞內三開三合，中間相連，下面穿通，就像架在空中的浮橋。穿進三座石橋之內，登上前面石橋的東端，只見橋背平整，真是天然的石橋，上面還有天然的石墩。這洞內外勝景，都令人稱絕。下山後又發現陡峭的山崖上，有個「丁」字形的巖洞。於是倒攀懸升，像蛇那樣鑽進一個斗大的洞穴，又進入一個大峽谷，裡面也像「丁」字巖。發現石板下面還有下層的洞穴，通往前面的山崖。接著又找到兩個巖洞。聽說古城洞在青烏山前，裡面有很多種菜的人。因太陽即將落下，趕緊返回香山寺。

【注　釋】❶廉　稜角鋒利。❷徒杠　可步行通過的木橋。❸古城洞　又名紫霞洞，在宜山城北青鳥山後，有七曲，內有文昌像。

【語　譯】二十七日　雨停了起身。我派人去要馬，準備動身，但馮指揮使的母親派人再來挽留，說是已經三次前往催促兒子叫他回來，我姑且答應留下。過了一會天色放晴，十分明朗，想去多靈山，因為時間已晚，來不及去。急忙吃飯，渡過北門外的大江，到北岸登上觀音閣，閣前為澄碧庵，都座落在江邊懸崖高峻的石壁上，在滾滾洪流之上淩空突起，是隨山勢建築而成的。又往北走一里，經過雪花洞下，渡過溪水，便向西進入石山峽中，轉而向南，登上嶺坳，遇見樵夫上前打聽，得知這山上有牛陣洞，不是三門洞，三門洞還在北山。仍然走出，從南來的大路往北走。過了二里，經過一座古廟，再向北，有水從西面的山麓穿過石縫流出，水聲淙淙往東流瀉，就是原先所渡過的從北往南的小溪。再往西走半里，沿著西山轉入西面的山塢，只見北界石峰高峻，南界的山又轉為土山了。中間有土岡，南北橫接，再走半里，越過土岡往西走下，三門巖就在北面山崖的中間了。於是從岔路往北走到山下。遙望三門巖，上下都是懸崖，中間橫向開出一個洞穴，一排倒垂的石柱，分隔成窗戶，整齊地排列在洞外。沿著石級往上，先到巖洞東邊，只見成瓣的岩石並列雜沓，石縫縱橫交錯，都可以深入進去。而前面則有路，沿著山崖一端往西，巖洞中間拓展，有兩丈多高，深也一樣，橫向拓展四丈多，上下都很平整，洞外排列著三塊岩石，分隔成四座門，都朝南，只有中門最大，而左側的一座門比較低下。稱為三門，是就大門而說的。西門的岩壁到這裡就不能再往前伸展，在它上面的岩石形態更加奇特。東門從隙縫穿出，就和偏東處縱橫的石縫並列。而中門之內正中安放了神像，上面刻著「靈巖」二字。從神像後面穿過石縫往北進入，彎彎曲曲走三、四丈，越過平架的石板攀登上去，中間有個石龕，是巖洞中的祕室。走出巖洞往東穿過縱橫的石縫，也彎彎曲曲走三、四丈，才開始闊大。往東跨過石檻上去，洞內上下平整，前面有洞穴照進亮光，另成一個境界，是洞外的祕室。穿過它前面的洞穴走出，有塊岩石在洞前高高舉起，上面平整如臺。臺的東面又有彎彎曲曲的小石縫，如同簇生的蓮花的花瓣花萼，進去裡面無不相通。從臺前的小石縫走下，就是剛才沿著山崖一端向西走的路。又從山崖一端轉過石口往東，稍許走進幾步，裡面開出一座洞門，門也朝南，裡面有幾丈深，更加具有幽深的情致。

於是仍從原路下山，就沿著山麓往東回去，朝北望見山坳間，有巖洞高高懸掛在陡絕的峽谷的上面，心裡感到奇怪，就向北朝著山坳往上走，攀著崖石升上幾十步，從坳中越過，是燒炭砍柴的人所走的小路，而高懸的巖洞還在它的東面。崖壁間藤蔓荊棘密密叢生，側著身子也難度過。於是吩咐隨從的役夫抓住枝條，踩著石級，橫過山崖之間，不到一百步就走進巖洞，我也跟著上去。洞前高懸的峽谷，都被棕竹密密遮掩；白色，大的可作手杖，細的可作筷子。洞穴正當峽谷轉折處的一旁，上下都是懸崖絕壁，洞門面向西南，頂部高聳，底部平坦。走進五、六丈，在洞的正中，遠遠望見西南豎起一座尖銳山峰，正位於洞的前方，洞的兩旁有裂開的峽谷，如花瓣分開，岩石都棱角鋒利，雜沓聚合。從洞後穿過石門進入，裡面三開三合，中間相連，下面穿通，都像架在空中的浮橋，並排映出飛橋之影。心想各個攀登上去，不知從哪裡落腳。到穿進三座飛橋之內，裡面變得寬敞黑暗。從左邊洞壁摸索向上攀登東面的石崖，往南走出三、四丈，就登上裡面一座橋的東端，這橋背如刀削而起，不能落腳。而橋的西端也有高峻的岩石拄撐洞頂，另外隔成一境，不能向西越過。再往南沿著東面的石崖，凌架中間那座橋的東端，也和裡面的橋一樣不能越過。再往南沿著東面的石崖，登上前面那座橋的東端，只見橋背平整，橫架在兩座石崖之間，橋下是空的，往裡開豁，是一條天然的小橋。橋背平架的頂端，又有一尺左右的圓石聳立在上面，很像讓人坐的石墩。我以為是人琢成放在這裡的，用手摸它的底部，原來是天生的石柱。越過石橋到它的西面，又往北轉入峽門，就是中間和裡面兩座石橋西端的岩石所分隔成的地方。裡面又有向東開豁的裂口往下通到橋的後面，再往西挖通穿進洞中。進入洞中，又拓展為石龕，環繞成洞門，穿通成為峽谷，下面都有細砂鋪底，平滑潔白，如同玉石，但裡面已經漸漸收束，光線昏暗，不能深入進去了。仍然走出，到前面石橋的西邊，沿著西面的石崖的半腰，抓著石筍往南走下，穿過石竇出來，又到洞的中央了。向前眺望尖峰，轉身注視飛橋，這洞的勝景，洞內洞外都令人稱絕。

走出洞，取了幾枝棕竹，仍然橫越坳脊，經過懸掛的石級，走下高聳的峽谷，到達山腳。沿著山腳往東，又走了一百步，陡峭的山崖間裂開一個洞，形狀如「丁」字，上橫下豎，十分險峻，洞門朝南。又往北到山崖下面的大峽谷前，巨大的岩石似乎將路堵塞，從幾塊疊起的岩石往上，都是倒轉身懸空往上攀登。上面有塊陡削的岩石高幾丈，沒有石級可上，而下面有個斗那麼大的洞穴。像蛇一樣鑽了進去，裡面高高隆起，向上高達幾十丈，和外面穿通，這就是「丁」字的豎起裂縫，而橫向的裂縫卻只能仰望，無法到達了。沿著洞內的夾壁走進，底部傾斜往下，朝北走進七、八丈，轉而向東，開始黑暗起來，不能窮究了。於是從那斗一樣的洞穴爬出，走下疊起的岩石，又沿著石崖往東走幾十步，再進入大峽谷，峽門也朝南，前面有石隔開。接連登上兩層石縫，裡面的峽谷往下傾斜，也和「丁」字巖相似。往北走進五、六丈，也轉而向東，便平坦開闊了。在暗中摸索，忽然看到腳下有亮光，閃爍不定，我懷疑是蛇或老虎的眼睛，到走近尋找，又不見了。原來石板的下面，還有下層的洞穴，通向前面的山崖。而上下相通的地方，洞穴比斗還小，在遠處可以看到從下層折射的亮光，靠近則筆直落下，便什麼都看不見了。而且這洞穴既小又彎曲，不能像蛇那樣爬下去。遠望洞穴東面二、三丈石板的盡頭處，又有微光閃閃爍爍，伏在地上爬到那裡，只見外界岩石如同屏障，中間有直徑一寸的細孔曲曲折折聚在一起，相互穿通，不止一處，可以向外張望。而在它的下面獨有一孔最巨，也有斗那麼大。於是先將腳伸下去，然後用手吊著往下，就到下層。在它外面也有朝南的洞門，往裡走進不深。洞門往裡距離石屏只有二丈，石屏下面又開出一個幽閉的洞穴，往裡就是剛才望見的石板下面的洞穴。但從外面看一片昏黑，不知裡面是相通的。從門外又沿著石崖往東走幾丈，又發現一個巖洞，洞門也朝南，裡面不太深，但洞後崖壁上的石孔玲瓏精巧，細小的孔洞在旁邊裂開，也可側身轉過空隙，但不能打破它的幽閉。巖前山崖高懸，石級陡絕，就不能再向東走，仍然往西經過先前所進入的洞口，往下走到山腳，再往東走百步，有洞在山腳北面，洞門也朝南。進入洞中，就轉而向東，穿過峽谷四、五丈走出，洞門又向東開豁了。聽說古城洞在青鳥山前，從東門外渡江，走三里便可到達，石壁相對夾立，裡面有很多種植蔬菜的人。這時太陽即將下山，怕晚了趕不上渡船，急忙從原路返回。走了五里多到龍江，渡船剛巧來到，就上船渡到南岸，再穿過城中走了一里，到香山寺已是傍晚了。

二十八日　天色甚霽。晨起索飯，即同慧庵僧為多靈山之行。西南過雁山村，又過龍項村之北，共八里，過彭嶺橋，其水即九龍北去之流也。又二里，登彭嶺，其南隴有村，是為彭村。又西下嶺，西南轉入山塢，峽中堰而成塘，水滿浸焉。共五里，踰土嶺而下，於是遂與石山遇。又三里，南穿其峽，踰脊而西，其南乃擴然。循石峰南麓西行，二里，為黃窰村。其村之西，石峰前突，是為黃窰山。轉山嘴而西一里，有水自南崗土峽中瀉下，分為二派，一循山嘴東行，引環村之前，一搗山麓北入石峰而出其後。渡水溯流陟崗而上，則上流亦一巨塘也。山至是南北兩界，石峰遙列而中橫土脊，東望甚豁，直抵草塘，覺其勢漸下，而崗坡環合，反堰成此水。由塘上西行又二里，則其水漸西流。又西南二里，下土窪中，則匯水一塘，自西北石峰下成澗而去。又西四里，上土崗，見南山有村三、四家，投之，炊其家，閉戶避不出。久之，排戶入，與之煙少許，輒以村醪、山筍為供。飯而西行，四里，有石峰自西北中懸而來，至此危突曰高獅山。又二里，踰山前土脊而下，又西南四里，過一荒址，則下遷村之遺也。又西上嶺，望見一水自南，一水自東，至此合流而西去，是為下遷江。其江西北流去。截流南渡，水漲流深，上及於胸。既渡，南上隴行三里，有村在南峰東麓，龍門之流瀠之而北，是為鹿橋村。大路在其嶺西，乃下嶺循南峰東麓西行，過一渾水塘，共二里，越脊而下，又二里，出土山之隘，于是塢遂南北遙豁，東西兩界皆石山矣。又有溪當石山之中，自南而北流去，路乃溯流南入。二里，過一石橋，由溪西南向行，又一里，有墟在路左，又有村在西山下，是曰黃村，則宜山西南之鄙❶矣。有全州❷道人惺一者，新結茅於此，遂投宿其中。是日尚有餘照，余足為草履所損，且老僧慧庵聞郡尊❸時以朔日❹行香寺中，欲明日先回，故不復前。

【章旨】本章記載了第三百十七天在慶遠府的行跡。和慧庵一起前往多靈山。越過彭嶺，轉過黃窰山口，到達草塘，途中接連看到三個水塘。接著到一個山村，用煙換來酒和山筍。飯後又經過高獅山，渡過下遷江，路過鹿橋村，到黃村，已是宜山西南的邊遠地區，在道人惺一家中留宿。

【注釋】❶鄙　邊遠地區。❷全州　明代為州，隸桂林府，今屬廣西。❸郡尊　一郡最高長官。❹朔日　農曆每月初一。

【語譯】二十八日　天色十分晴朗。早晨起身要了飯吃，隨即和僧人慧庵前往多靈山。往西南經過雁山村，又經過龍項村的北面，共走了八里，通過彭嶺橋，橋下就是從九龍山往北流的水。再走二里，登上彭嶺，嶺南丘壟上有個村莊，就是彭村。再往西走下山嶺，向西南轉入山塢。峽谷中築壩成塘，裡面浸滿了水。共走五里，越過土嶺走下，到這裡就和石山相遇。再走三里，往南穿出峽谷，越過山脊往西，南面方開擴起來。沿著石峰的南麓往西走，過了二里，到黃窰村。村的西面，石峰向前突起，這就是黃窰山。轉過山口往西走一里，有水從南面山岡的土峽中瀉下，分為兩支，一支沿著山口向東流，從村前繞過，一支直沖山腳，往北流進石峰，又從峰後流出。渡過溪水沿著水流上行，登上山岡，只見上游也是一個巨大的水塘。山到這裡，分為南北兩界，石峰遠遠排列，中間橫著一道土山脊，朝東望去，十分開敞，直到草塘，覺得地勢漸漸下降，但岡坡環抱，反而攔成這個水塘。從塘上往西又走了二里，水漸漸向西流去。再往西南二里，走下土窪中，只見匯聚的一塘水，從西北的石峰下成為澗水流去。再往西走四里，登上土岡，看到南山有個三、四戶人家的村子，到了那裡，想在村民家中煮飯，但家家居民都閉門躲避不出。過了好久，推開門闖進去，送給他們少許煙葉，就拿出村酒、山筍來招待。吃罷飯往西走，過了四里，有居中懸立的石峰從西北延伸過來，到這裡高高突起，名高獅山。再走二里，越過山前的土脊走下，再往西南走四里，經過一處廢墟，就是下遷村的遺址。再往西登上山嶺，望見一條水從南面、一條水從東面流來，到這裡匯合往西流去，這就是下遷江。江水向西北流去，截流橫渡到南岸，水漲流深，往上淹到胸部。過江後，往南登上山壟走了三里，有村莊在南面山峰的東麓，從龍門流來的水繞過它往北，這就是鹿橋村。大路在山嶺的西面，便下嶺沿著南面山峰的東麓往西走，經過一個渾水塘，共走了二里，越過山脊往下，再走二里，從土山的隘口穿出，到這裡山塢就南北向遠遠擴展，東西兩界都是石山了。另有一條溪水在石山中，從南往北流去，路便沿著溪流上行，往南進入。走了二里，通過一座石橋。從溪水西岸往南走，又過了一里，有集市在路的左邊，又有村莊在西面的山下，名黃村，已是宜山西南的邊遠地區了。有個名惺一的全州道人，新近在這裡蓋了一間茅屋，就到他家中投宿。這時太陽尚未落下，我因腳被草鞋磨破，而且老僧慧庵聽說知府初一要到寺中燒香，打算明天先回去，所以停下不再往前。

二十九日　復從黃村墟覓一導者，別慧庵南向行。一里，有村在西麓，曰牛牢村。有一小水在其南，自西山峽中出，東入南來之溪，行者渡小水，從二水之中南向循山行。又一里餘，有巖突西峰之麓，其門東向，披棘入之，中平而不深。

其南峰迴塢夾，石竅縱橫，藤蘿擁蔽，則山窮水盡處也。蒙密中不知水從何出，但聞潺潺有聲，來自足底耳。從此半里，躡級西上，石脊崚嶒，踰坳而西，共一里，而抵其下。是曰都田隘。東為宜山縣，西為永順司分界。見有溪自西南來，亦抵坳窟之下，穿其穴而東出，即為黃村上流者也。又南半里，乃渡其水西南行，山復開，環而成塢。二里，有村在西麓，是為都田村，一曰秦村❶，乃永順司之叔鄧德本所分轄者。又南二里，復渡其水之上流，其水乃西北山腋中發源者，即流入都田隘西穴，又東出而為黃村之水者也。又東南一里，陟土山之崗，於是轉出嶺坳，西向升降土崗之上。二里，為大歇嶺。石山又開，南北兩界中，復土脊盤錯，始見多靈❷三峰如筆架，高懸西南二十里外。下嶺，又西南行夾塢中，三里，乃西向升土山，其山較高，是為永順與其叔分界。下山是為永順境。

西由塢中入石山峽，漸轉西北行，其地寂無人居，而石峰離立，色態俱奇❸。五里，路右有二巖駢啟，其門皆南向：東者在麓，可穿竅東出而惜其卑；西者在崖，可攀石以上而中甚幻。由門後透腋北入，狹竇漸暗，凌竇隙而上，轉而南出，已履洞門之上矣。其下石板平如砥，薄若葉，踐之聲逢逢❹，如行鼓上，中可容兩、三榻。南有穴，下俯洞門，若層樓之窗，但自外望之，不覺其上之中虛耳。

其結構絕似會仙山之百子巖，但百子粗拙，而此幻巧，百子藉人力，而此出天上，勝當十倍之也。

坐久之，乃南下山，復西北行。一里，路漸降，北望石峰之頂，有巖岧然，其門東南向，外有朱痕，內透明穴，乃石梁之飛架峰頭者。下壑半里，轉而南，始與溪遇。其水西南自八洞來，至此折而西向石山峽中，乃絕流渡。又南二里，西望有村在山塢中，是為八洞村❺。都田村之東有八仙洞，乃往龍門道。又南一里，復南渡溪，過溪復南上，循山一里，轉而東南行，一里半，直抵多靈北麓。路左有土山，自多靈夭矯下墜。其後過脈處，有村數家，是為墳墓村，不知墓在何處也。從其前又轉而西南行，一里，下山，絕流渡溪，其溪自南來，抵石山村之左，山環壑盡，遂搗入石穴，想即八洞溪之上流矣。過溪又半里，北抵山麓，是為石山村。乃叩一老人家，登其欄而飯。望多靈正當其南，問其上，有廬而無居者。乃借鍋於老人，攜火於村。老人曳杖前導，仍渡溪，東南上土山，共二里，越崗得塢，已在墳墓村之南，與多靈無隔阪矣。老人乃指余登山道曰：「此上已岐❻，不妨竟陟也。」老人始去。

余躋土麓東南上，路漸茅塞，披茅轉東北行。二里，茅盡，而土峽甚峻。攀之上，抵石崖下，則叢木陰森，石崖峭削，得石磴焉。忽聞犬聲，以為有人，久之不見。見竹捆駢置路傍，蓋他村之人，乘上無人而竊其筍竹，見人至，輒棄竹而避之巉岨❼間耳。此間人行必帶犬。於是攀磴上，磴為覆葉滿積，幾不得級。又一里，有巨木橫仆，穿其下而上，則老枋❽之巨，有三人抱者。乃復得坪焉，而茅庵倚之。其庵北向，頗高整，竹匡、木几與夫趺跏、灑掃之具俱備。有二桶尚存斗米，惜乎人已久去，草沒雙扉，苔封古竈，令人恨不知何事憶人間也！令一人爇火竈中，令一人覓火庵側❾，斷薪積竹，炊具甚富，而水不可得。其人反命曰：「庵兩旁俱無，亦無路。惟東北行，有路在草樹間，循崖甚遠，不知何之？」予從之，果半里而得泉。蓋山頂懸崖綴石，獨此腋萬木攢翳。水從崖石滴墜不絕，昔人鑿痕接竹，引之成流，以供筒酌。其前削崖斷峺，無可前矣。

乃以攜兩筒水返庵，令隨夫淅米而炊。令導余西南入竹林中，覓登頂之道。初有路影，乃取竹覓筍者所踐。竹盡而上，皆巨茅覆頂，披之不得其隙。一里，始踰一西走之脊。其脊之西，又旁起一峰，以拱巨峰者，下不能見，至是始陟之也。又從脊東上，皆短茅沒腰，踐之每驚。其路又一里，而始踰一南走之脊。其脊之南，亦旁起一峰，以拱巨峰者，北不能矚，至是又陟之也。〔此兩峰即大歇嶺所望合中峰為筆架者。」於是從脊北上，短茅亦盡，石崖峻垂，攀石隙以升，雖峻極，而手援足踐，反不似叢茅之易於顛覆也。直北上一里，遂凌絕頂。其頂孤懸特聳于眾石山之上，南北踰一丈，東西及五丈，惟南面可躋，而東、西、北三面皆嵌空懸崖，不受趾焉。頂之北，自頂平分直墜至庵前石磴下，皆巨木叢列，翳不可窺，惟遙望四面，叢山千重萬簇，其脈似從西南來者。遙山外列，極北一抹，乃五開[10]、黎平[11]之脊；極南叢亙，為思恩[12]九司之嶺；惟東北稍豁，則黃窰[13]、裏諸所從來者也。南壑之下，重坑隔阪間，時見有水汪汪，蓋都泥之一曲也。山高江逼，逆而來則見，隨而轉又相掩矣。此即石堰諸村之境也。山之東南垂，亦有小水潺潺，似從南向去，此必入都泥者，其在分脊嶺之南乎？土人言：「登此山者，必清齋數日，故昔有僧王姓者不能守戒，遂棄山而下。若登者不潔，必迷不得道。」以余視之，山無別岐，何以有迷也？又云：「山間四時皆春，名花異果不絕於樹，然第可採食，懷之而下，輒復得迷。」若余所見者，引泉覆石之上，有葉如秋海棠而甚巨，有花如秋海棠而色白，嗅之蕚，極清香，不知何種。而山頂巨木之巔，皆薔薇緣枝綴花，殷紅鮮耀，而不甚繁密。又有酸草，莖大如指，而赤如珊瑚，去皮食之，酸脆殊甚。亦有遺畦剩菜，已結子離離[14]。而竹下龍孫[15]，則悉為竊取者掘索已盡，此人亦當在迷路之列，豈向之驚余而竄避者，亦迷之一耶？眺望峰頭久之，仍從故道下返茅庵。暝色已合，急炊所餐粥⑯，覺枯腸甚適。積薪佛座前作長明燈⑰，以驅積陰之氣，乃架匡⑱展簟而臥。

【章　旨】本章記載了第三百十八天在慶遠府的行跡。經過牛牢村，進入一個巖洞，洞南為山窮水盡之處。又越過山坳，經過都田隘，到大歇嶺，才看到多靈山三峰，如同筆架，高高懸立。走下土山，便是永順司境域。往西進入石山峽，遊覽了路邊兩個並排張開的巖洞，洞的結構極像百子巖，但要比百子巖美十倍。下山看到峰頂有個巖洞，是飛架的石橋。再經過八洞村，直到多靈山北麓的墳墓村。隨後到石山村吃飯，請老人引路前往多靈山。沿著石級攀登，到一個山坪，有茅庵，已沒人居住，離水源很遠。走進竹林，翻過山脊，路上茅草蓋沒頭頂，望見巨峰旁邊，有兩座山峰拱衛，形如筆架。登上絕頂，三面都是懸崖，惟南面可以攀登。放眼四望，遠山羅列，都泥一灣，山高江窄。當地人說，登多靈山必須心地乾淨，否則會迷路。又據說這裡四季都是春天，樹上永遠長著花果。山上有種花葉如秋海棠，還有酸葉。返回茅庵，暮色已四面籠罩。

【注　釋】❶秦村　今名新村，在宜山西境。❷多靈　山名，在都安東北八十里，突起三峰，軒秀聳麗，可遠眺數百里。山上四時花果不絕，有桃樹，桃可食，但不能帶回。又有泉，不盈不涸，尤為奇異。❸色態俱奇　乾隆本作「色青白成紋，態鬱紆若鏤刻」。❹逢逢　鼓聲。❺八洞村　今名八峒，在宜山西南。❻此上已岐　據文意，「岐」字上當有「無」字。❼巉岨　山勢高險。岨，通「阻」。險要。❽枋　木名，《釋文》引李頤語，以為即是檀木。❾覓火庵側　據文意，火應為「水」。❿五開　五開衛，隸貴州都司。⓫黎平　明代為府，治所和五開衛同城，即今貴州黎平。⓬思恩　明代為府，嘉靖中移治今廣西武鳴北舊思恩。⓭黃窰　今名黃瑤，在宜山西南。⓮離離　分披繁盛貌。⓯龍孫　竹筍的別稱。⓰急炊所餐粥　乾隆本作「急餐所炊粥」。⓱長明燈　在佛前點燃的燈，晝夜不滅，故稱「長明」。⓲匡　匡牀，方正安適的牀。也作「筐」。

【語　譯】二十九日　再從黃村墟找來一名嚮導，告別慧庵往南走。走了一里，有村莊在山的西麓，名牛牢村。村南有條小水，從西面的峽谷中流出，往東注入從南面流來的溪水。趕路的人渡過小水，便從兩條水中間往南沿著山麓走。又走了一里多，有巖洞在西峰的山麓突起，洞門朝東，撥開荊棘進入洞中，裡面平坦，但不很深。在它南面山峰迴繞山塢相夾，石洞縱橫，藤蘿簇擁遮蔽，正是山窮水盡的地方。在藤蔓密布之下，不知水從何處流出，只聽到潺潺的水聲，從腳底傳來罷了。從這裡往前走半里，踏著石級往西走上，石脊高峻，越過山坳向西，共走了一里，到達山下。名都田隘。東面為宜山縣，西面為永順司分界。看到有溪水從西南流來，也到山坳的洞穴下面，穿過洞穴往東流出，就是黃村水的上游。再往南走半里，就渡過這條溪水往西南走，山勢重又開闊起來，環抱形成山塢。走了二里，有村莊在山的西麓，這就是都田村，又名秦村，是永順司土司的叔父鄧德本所分管的地方。再往南走二里，又渡過這條溪水的上游，這水是從西北山腋中發源，就是流入都田隘西洞的水，再往東流出成為經過黃村的水。再往東南走一里，登上土山岡，到這裡轉出嶺坳，往西在土岡上上下下。走了二里，到大歇嶺。石山又變得開闊，南北兩界的石山中，又有土山脊盤繞交錯，這才看到多靈山的三座山峰，形狀如同筆架，高懸在西南二十里外的地方。走下山嶺，再往西南在夾塢中行走，過了三里，便向西登上土山，這山較高，是永順土司和叔父轄地的分界。下山就是永順土司的境域。

往西從山塢中進入石山峽谷，漸漸轉向西北走，這裡荒無人煙，但石峰並立，顏色形態都很奇特。走了五里，路的右邊兩個巖洞並立張開，洞門都朝南：東邊的洞在山麓，可以穿過洞往東走出，只可惜太低矮；西邊的洞在崖上，可以攀登岩石上去，洞中十分奇幻。從洞門後面穿過山腋往北走進，狹窄的孔洞漸漸昏暗，從孔洞的空隙中往上爬，轉而從南面走出，腳已踩在洞門之上了。下面石板平如磨石，薄如樹葉，腳踏在上面，發出逢逢的聲響，就像在鼓上行走。中間可以安放兩三張牀鋪。南面有洞穴，往下俯視洞門，就像樓房的窗戶，但從外面望去，並不覺得上層中間是空的。洞的結構很像會仙山的百子巖，但百子巖粗糙笨拙，這洞卻奇幻精巧，百子巖依仗人工，這洞出自天然，理應比百子巖美上十倍。

坐了好久，才往南下山，再向西北走，過了一里，路漸漸低下，朝北望見石峰的頂上，有個拱起的巖洞，洞門面向東南，外有朱紅色的痕跡，裡面和明洞相通，是飛架在峰頭的石橋。走下山壑過了半里，轉而向南走，才和溪水相遇。這水從西南的八洞流來，到這裡轉而向西流入石山峽中，便橫渡溪水。又往南走二里，向西望見山塢中有個村莊，這就是八洞村。都田村的東面有八仙洞，在去龍門的路上。再往南走一里，又往南渡過溪水，再往南上山，沿山走了一里，轉向東南走，過了一里半，直達多靈山北麓。路的左邊有座土山，從多靈山盤曲而下。在土山後面過腋處，有個小村，只有幾戶人家，這就是墳墓村，不知墓在哪裡。從村前轉向西南，走了一里，下山，橫渡溪水。這條溪水從南面流來，到石山村的左邊，山嶺環繞，山壑到了盡頭，溪水就沖進石洞，想必就是八洞溪的上游了。過溪又走了半里，往北到達山麓，這裡是石山村。於是去敲一個老人的家門，登上他的竹樓吃飯。望見多靈山正在竹樓的南面，打聽山上的情況，知道有茅屋但沒人住。於是向老人借鍋，從村裡攜帶火種上山。老人拖著拐杖在前面引路，仍然渡過溪水，往東南登上土山，共走了二里，越過山岡來到一個山塢，已在墳墓村的南面，和多靈山不再有相隔的山坡了。老人向我指著登山的路說：「從這裡上去，已經沒有岔路，不妨一直往上攀登。」老人才離去。

我踏著土山山麓，往東南上山，路漸漸被茅草阻塞，撥開茅草轉向東北走。過了二里，路上茅草消失，但土山峽谷十分險峻。登上峽谷，到石崖下面，只見樹叢陰森，石崖陡峭，在這裡找到了石級。忽然聽到狗叫，以為有人，等了好久，不見人影，只見成捆的竹子並排放在路旁，原來是其他村莊的人，趁山上沒有人而來偷竹子和竹筍，看到有人來，就拋下竹子躲到高險的山崖中了。這裡的人出外必定帶犬。到這裡從石級往上攀登，石級上蓋滿落葉，幾乎找不到石級。又走了一里，有大樹橫倒在地上，從樹下穿過再往上走，這是一棵巨大的老檀樹，有三人合抱那麼粗。又在這裡找到一塊平地，有個茅庵靠著它。這庵朝北，很高大整齊，竹筐、木几和打坐的蒲團、灑水掃地的用具全都齊備。有兩個桶裡還儲存著一斗左右的米，可惜庵中人早已離去，荒草將兩扇門遮沒，苔蘚封住古老的竈臺，使人遺憾的是，修行的人不知為了何事又思念人間呢！我叫一個人到竈中點火，叫另一個人去庵旁找水，劈斷的木柴、堆積的竹子，可以生火的東西很多，但找不到水。那人回來報告說：「庵兩旁都沒有水，也沒有路，只有往東北走，有路在樹木草叢中，沿著山崖走很遠，不知通向何處？」我跟著他走，果然在半里外找到了泉水。原來山頂懸崖都連結著岩石，唯獨這裡山腋千萬棵樹木叢聚掩蔽。水從崖石間不斷滴下，過去人們在崖壁上鑿出槽痕，連接竹管，引水成流，讓人用竹筒酌取。在它的前面是削崖斷峺，無法往前了。

於是帶了兩筒水回到庵中，叫隨從的役夫淘米煮飯，又叫嚮導帶我往西南進入竹林中，尋找登上山頂的路。開始還有隱約的小路，是砍竹、找筍的人踏出來的。到竹林盡頭，再往上走，都是高大的茅草蓋沒頭頂，撥開茅草，也找不到可以穿過的空隙。走了一里，才越過一道往西延伸的山脊。山脊的西面，旁邊又聳起一座山峰，以拱衛巨大的主峰，在山下看不見，到這裡才登臨峰上。再從山脊往東攀登，到處是齊腰深的短茅草，踩在上面走，總是心驚肉跳。從這條路又走了一里，才越過一條往南延伸的山脊。山脊的南面，旁邊也聳起一座山峰，以拱衛巨大的主峰。在北面看不見，到這裡又登臨峰上。這兩座山峰就是在大歇嶺所望見的和中峰合成筆架。到這裡從山脊往北攀登，短茅草也沒有了，石崖高峻下垂，攀著石縫往上，雖然極為險峻，但手拉腳踏，反而不像在草叢中行走容易跌倒。直往北走上一里，便登臨絕頂。這峰頂獨自高懸，聳出眾石山之上，南北寬超過一丈，東西有五丈長，只有南面可以攀登，而東、西、北三面都是嵌空的懸崖，沒有落腳的地方。峰頂北面，從頂端平分直下到庵前的石級下面，都是叢生環列的大樹，密密遮掩，不能窺視。惟向四面遠望，千山萬嶺，重重簇擁，山脈似乎從西南延伸過來。遠山在外面羅列，最北面的一抹山影，便是五開、黎平一帶的山脊；最南面群山連綿，是思恩九巡檢司所在的山嶺；只有東北面稍稍開豁，就是從黃窰、裏諸延伸過來的山脈。南面山壑的下面，在重重深坑山坡相隔的地方，時常看到一片汪汪大水，那是都泥江的一個水灣。山勢高峻，江流狹窄，迎面流來可以看到，順流轉去，又被遮住了。這就是石堰諸村的境地。多靈山的東南陲，也有潺潺的小水，似乎向南流去，一定是匯入都泥江的水，大概在分水嶺的南面吧！當地人說：「攀登這座山，一定要齋戒幾天，所以過去有個姓王的僧人，因為不能守戒，就離開這裡下山了。登山的人如果心地不乾淨，必定會迷路。」在我看來，山上並沒有岔道，怎麼會迷路呢？又說：「山裡面四季都如春天，樹上名花異果永不凋謝。但只可以摘下來吃，如果藏在懷裡帶下山去，就又會迷路。」就我所看到的來說，在汲引山泉處覆蓋的岩石上，有一種樹葉像秋海棠但十分巨大，有一種花像秋海棠但顏色潔白，嗅它的花萼，極其清香，不知是什麼品種。但山頂大樹的頂上，都是薔薇花繞著枝條開放，顏色鮮紅奪目，但不太茂密。還有一種酸草，莖大如同手指，顏色紅如珊瑚。去了皮吃，格外酸脆。也有遺棄的菜地，留下的蔬菜，已經結子，十分繁茂。竹下的筍，都已被偷盜的人挖掘一空了，這種人也應當列在迷路的人之中，難道先前被我驚嚇而逃避的人，也是一個迷路人嗎？在峰頭眺望了很久，仍從原路下山，返回茅庵。這時暮色四面籠罩，急忙煮粥吃，覺得飢腸十分舒適。在佛座前堆起柴火，點燃後作為長明燈，用來驅散積聚的陰氣，於是架牀鋪席睡下。

三月初一日　昧爽起，整衣冠，叩佛座前。隨夫請下山而炊，余從也，但沸湯漱之而下。仍至石山村導路老人欄，淅米以炊。余挾導者覓勝後山，仰見石崖最高處，有洞門穹懸。隨小徑抵其西峽，以為將攀崖而上，乃穿腋而下者也。其隘甚逼，踰而北下，東峰皆峭壁，西峰皆懸竅，然其中石塊叢沓，蘿蔓蒙密，無可攀躋處也。其北隨峽而出，又通別塢，不能窮焉。轉出村前，乃由其東覓溪水所從入，則洞穴穹然在山坳之下，其門南向，溪流搗入於中，其底平衍而不潭。洞高二丈，闊亦二丈，深三、四丈，水至後壁，旁分二門以入，其內遂昏黑莫可進。洞之前，有石柱當其右崖，穿柱而入，下有石坡尺許，傍流渡入，不煩涉水。由石柱內又西登一隙，上復有一龕焉，底平而上穹，亦有石柱前列，與水洞並向。

第水洞下，而此上；水洞寬，而此隘耳。洞中之水，當即透山之背，東北而注於八洞之前者也。出洞，還飯老人家。仍東北循土山而下，渡水過八洞，又北渡水，東南轉入石山之峽，過前所憩洞前。又東入重塢，踰分脊之嶺，乃下嶺東北行塢，復陟崗轉陂，踰大歇嶺，乃北下渡溪，沽酒飲於秦村。又北向渡溪，而踰都田之嶺，又從嶺東隨穴中出水北行，而抵黃村庵，則惺一瀹茶煮筍以待余。以足傷，姑憩而不行。乃取隨夫所摘多靈山頂芽茶，潔釜而焙之，以當吾陽羨❶茶中之茄❷，香色無異也。此地茶俱以柴火烘黑，煙氣太重。而瀹時，又捉入涼水煨之，既滾又雜以他味焉。

【章旨】本章記載了第三百十九日在慶遠府的行跡。回到石山村，到後山探勝。轉到村前，進入山坳下的巖洞，裡面有水洞。接著經過八洞村，越過大歇嶺，到秦村喝酒。再翻過都田隘的山嶺，回到黃村庵烹茶住宿。

【注釋】❶陽羨　故城在今江蘇宜興南，自古以產茶聞名。❷茄　乾隆本作「茗」，茗即茶芽。

【語譯】三月初一　拂曉起身，整理衣帽，在佛座前叩拜。隨從的役夫請求下山後做飯，我同意了，只用熱水洗漱一番就下山。仍然到石山村引路老人的竹樓上，淘米做飯。我拉著嚮導到後山去探尋勝景，抬頭看到石崖最高處，有洞門高懸隆起。順著小路直達西面的峽谷，以為就要攀崖登上，卻不料路穿過山腋往下了。隘口很窄，越過隘口往北走下，東面的山峰都是峭壁，西面的山峰上都是高懸的孔洞。但裡面石塊叢聚雜亂，藤蔓密集，沒有地方可以攀登。從它北面沿著峽谷走出，又通向別處山塢，不能窮究。轉到村前走出，就從它的東面尋找溪水流入的地方，只見山坳下有個洞穴隆起，洞門朝南，溪流沖入洞中，洞底寬平，沒有水潭。

洞高二丈，寬也二丈，深三、四丈。水流到洞的後壁，在旁邊分出兩處門進入，裡面就一片昏暗，沒法進去。洞的前面，有根石柱正當右邊的山崖，穿過石柱進去，下面有一尺左右的石坡，靠著水流渡入，不用涉水。從石柱內又往西登上一道石縫，上面又有一座石龕，底部平坦，上面拱起，也有石柱在前面排列，和水洞朝向相同。只是水洞在下面，而這洞在上方；水洞寬闊，而這洞狹窄罷了。洞中的水流，應當就是穿過山脊往東北注入八洞村前的水。走出洞，回到老人家吃飯。仍然往東北沿著土山走下，渡水經過八洞村，又往北渡過溪水，轉向東南，進入石山峽谷，從原先所歇腳的洞前走過。再往東進入兩重山塢中，越過分脊的山嶺，便下嶺往東北在山塢中行走，又登上山岡，轉過山坡，翻過大歇嶺，才往北走下，渡過溪水，到秦村買酒來喝。再往北渡過溪水，翻過都田隘的山嶺。再從山嶺東面隨洞穴流出的水往北走，到達黃村庵，這時惺一已烹茶煮筍等待我。因為腳傷，暫且休息不走了。於是取出隨從役夫在多靈山頂所採摘的茶芽，洗淨鍋子烘焙，就當作是我家鄉陽羨的茶，香味和顏色都沒有什麼不同。這裡的茶都用柴火烘黑，煙火氣太重。但烹煮時，又攙進涼水用小火慢慢煮，水滾後又摻進其他滋味。

初二日　別惺一，惺一送余以筍脯。以絲曝乾者。乃北行，渡溪橋，又北，乃東轉入山峽。踰平脊，東過渾水塘，上嶺，東望鹿橋而北行。已而北下，渡大溪之水，其水昔高湧于胸，今乃不及臍矣。但北上而崖土淖滑，無可濯處，跣而行。踰坡而下，抵下岕村舊址，有渟潦❶焉，乃濯足納履。又東北踰一澗，乃東上高四山之南阪，踰脊又東，升踄阪陀路。兩旁皆墜井懸窞❷，或深或淺，皆土山，石孔累累不盡。既而少憩土岡上，其南即截路村。又東踰一岡下塢，有塘一方，瀦水甚清，西北從石峰下破澗而去，叢木翳之甚遙。又東踰崗，水從路側西流。又東則巨塘匯陂間，乃北墜壑而下，分為兩流，一北入山穴，一東循山嘴，環於黃窰村前，諸塍悉取潤焉。乃飯於村欄，詢觀巖之路❸。其人曰：「即在山後，但路須東經草峽，北出峽口，西轉循山之陰，而後可得。」從之，遂東。甫出村，北望崖壁之半，有洞高穹，其門東向，甚峻迥，不可攀。草峽之南，有雙峰中懸，又有土山倚其下，是為裏諸村，聚落最盛。

共二里半，北入草峽。又東北行一里，踰石脊而過，有岐西行，遂從之，即黃窰諸峰石山之陰也。其山排列西北去，北盡於獨山❹，所謂觀巖者正在其中。乃循山東麓行，又三里，折而西南，半里而抵其下。則危崖上覆，下有深潭水瀦其中，不知所出，惟從巖北隅瀉入巨門，其中窅黑，水聲甚沸。蓋水從山南來，汎底而出，瀦為此潭，當即黃窰之西〔巨塘〕分流而搗入山穴者，又透底而溢於此也。乃一出而復北入於穴，水與山和，其妙如此。覆巖之上，垂柱懸旌，紛紜歷亂，後壁石腳，倒插潭中。其上旋龕迴竇，亦嵌漏不一，〔俱隔潭不能至。〕潭東南亦有一巖北向，內不甚深。潭東北崖間有神祠焉，中有碑，按之，始知為小觀巖。神祠之後，即潭中之水搗入石門處。其門南向，甚高，望其中崆峒，莫須浮筏以進，不能竟入也。

久之，仍從神祠東北出平疇，見有北趨路，從之，意可得大道入郡。既乃愈北，始知為獨山、懷遠道。欲轉步，忽見西山下有潭，淵然直逼石崖，崖南有穴，則前北向入門之流，又透此而出也。〔計所穿山腹中，亦不甚遙，若溯流入，當可抵水聲甚沸處。〕余欲溯流而入，時日已西昃，而足甚艱，遂從潭上東向覓畦而行。半里，將抵一村，忽墜坑而下，則前潭中之水，北流南轉，遂散為平溪，瀠村南而東去。其水甚闊，而深不及尺，導者負而渡。渡溪，遇婦人，詢去郡路幾許，知猶二十里也。東北上崇涯，遂東出村前，有小路當從東南，導者循大路趨東北，蓋西北有大村，乃郡中趨懷遠大道。知其非是，乃下坡走亂畦中，既漸失路，畦水縱橫，躑躅者五、六里。遇二人，從南來，詢之，曰：「大道尚在北。」復莽行二里，乃得大道，直東向行，詢之途人，曰：「去城尚十里。」返顧日色尚高，乃緩步而東。其道甚坦，五里，漸陟陂陀路，兩旁又多眢井❺墜穴，〔與太平一轍。〕於是聞水聲淙淙，則石壑或斷或連，水走其底，人越其上，或架石為橋。俯瞰底水，所墜不一道，而皆不甚巨。蓋小觀之水出洞為溪，散衍諸畦塍中，此其餘瀝，穿地峽而北洩於龍江者也。又東二里，踰崗而下，復得石壑，或斷或連，水散溜其下，與前橋同。此乃彭嶺橋之水，自九龍來，亦散衍畦洫，故餘瀝穿峽而北，洩者亦無幾也。又東一里半，有庵峙路北，為西道。堂前有塘，甚深衍，龍溪細流從東來注，而西北不見其所洩。又東一里，為西門街口，乃南越龍溪，循溪南東行，過山谷祠之後，又半里而抵香山寺，已昏黑矣。問馮使，猶未歸也。暑甚，亟浴於盆而臥。

【章　旨】本章記載了第三百二十天在慶遠府的行跡。登上高四山南坡，路兩旁都是陷下的井坑。往前看到一個巨大的水塘，水分兩條流下。到黃窖村打聽去觀巖的路，出村望見崖上有個高不可攀的巖洞。草峽南有雙峰居中懸立，下面為裏諸村。進入草峽，走到觀巖下，只見上面懸崖覆蓋，下面有深潭，水瀉入洞門，裡面一片昏黑。這裡山水和諧，奇妙無比。水潭東面為小觀巖，沒有木筏，不能進入洞中。出洞來到平野，看到山下有個水潭，直逼石崖。往前看到高低不平的山坡上有許多枯井和落水洞，和太平府如出一轍。繼續往前，看到從小觀巖和彭嶺橋下流出的水，最後渡過龍溪，回到香山寺。

【注　釋】❶渟潫　積水；水塘。❷窞　坑中小穴。❸詢觀巖之路　巖，原作「洞」，據乾隆本改。❹北盡於獨山　獨，原作「孤」，據乾隆本改。❺眢井　乾枯的井。

【語　譯】初二　告別惺一，惺一送我筍乾。切成筍絲曬乾。於是往北走，通過溪橋，再向北，才往東轉入峽谷。越過平緩的山脊，往東經過渾水塘，登上山嶺，向東朝著鹿橋再往北走。隨後往北走下，渡過大溪，這水原來高高湧到胸部，現在已不到肚臍了。但北上溪岸後，崖上泥土濘滑，無處可洗，只得赤腳走路。越過山坡走下，到下穽村舊址，有個水塘，這才洗腳穿鞋。又往東北越過一條澗水，便往東登上高四山的南坡，越過山脊往東，在起伏不平的山路攀登。兩旁都是往下陷落的井坑，或深或淺，都是土山，石上孔洞接連不斷。隨後在土岡上休息片刻，它的南面就是截路村。再往東越過一座山岡，走下山塢，有一方水塘裡面積水很清，往西北從石峰下沖破山澗流去，在樹叢遮掩下直到很遠的地方。再往東越過山岡，路旁有水往西流去。再往東山坡間水匯成巨塘，就往北落下，分為兩條水流：一條往北流入山洞，一條往東沿著山口在黃窰村前環繞，眾多田地都用這水灌溉。於是在村中竹樓上吃飯，打聽去觀巖的路。村裡有人說：「就在山後，但路必須往東經過草峽，又往北走出峽口，再向西轉，沿著山的北坡走，才能走到。」我聽從他的指點，就向東走。剛出村，向北望見崖壁的半腰，有個高高隆起的洞，洞門朝東，十分高峻深遠，無法攀登。草峽的南面，有兩座山峰居中懸立，又有土山靠在峰下，這裡就是裏諸村，村落最為興盛。

共走了二里半，往北進入草峽。再往東北走一里，越過石山脊，有條岔路往西延伸，便隨著這條路走，就到黃窰村諸峰石山的北坡。這裡的山往西北排列延伸，北面到獨山為止，所說的觀巖正在其中。於是沿著山的東麓走，又過了三里，轉向西南，走了半里便到山下。只見上面有突出的懸崖覆蓋，下面有深潭，水積在裡面不知從何處流出，唯有從巖的北隅瀉入巨大的洞門，洞內昏黑，只聽到水聲沸騰。原來水從山的南面流來，又從洞底溢出，積成這個水潭，應當就是黃窰村西面巨大的水塘分流沖進山洞的水，又穿過洞底到這裡溢出。而水一流出就又往北注入洞穴，山水和諧，竟然如此奇妙。在倒覆的巖頂上，石柱下垂，如同懸掛的旌旗，眾多雜亂，後壁的石腳，倒插在潭中。在它上面盤繞的石龕、孔洞，也有的嵌入，有的穿透，各不相同，都隔著潭水，不能到達。潭水東南也有一個朝北的洞，裡面不太深。潭水東北山崖間有座神祠，裡面有碑。根據碑文，才知道這是小觀巖。神祠的後面，就是潭水沖入石門的地方。這門朝南，很高，朝裡望去，很是空闊，不用木筏，是不能直接進去的。

過了好久，仍然從神祠東北繞出，來到平野，看到一條往北去的路，就沿著它走，原以為可以走上大路進入慶遠府城。過了一會發覺越走越北，才知道這是去獨山、懷遠的路。想回頭走，忽然看到西面的山下有個水潭，看上去很深，直逼石崖，石崖南面有個洞穴，就是剛才往北瀉入巨大的洞門的水流，又穿過這裡流出。估計水在山腹中穿過的路程，也不太遠。如果沿著水流上行，一定可以到達水聲沸騰的地方。我想沿著水流上行往裡走，這時太陽已經偏西，因腳痛走路十分艱難，便從潭上向東尋找田埂走。過了半里，快要到達一個村莊，忽然坑往下落，只見前面潭中的水往北後再轉向南，便散開成為一條平流的溪水，繞過村南向東流去。水面十分寬闊，但深不到一尺，嚮導背我渡過溪水，遇見一個婦女，打聽去府城有多少路，得知還要走二十里。往東北登上高岸，就往東從村前走出，有條小路應當從東南走，嚮導沿著大路往東北趕路，因為西北有個大村莊，在慶遠府城通往懷遠的大路上。知道已走錯了路，就下坡在雜亂的田地中走，不久漸漸迷失方向，田間水流縱橫，在裡面進退不定地走了五、六里，遇見兩個人，從南面過來，上前問路，答道：「大路還在北面。」又莽莽撞撞走了二里，才找到大路，直往東走，詢問過路人，回答說：「離府城還有十里。」回頭見太陽還在高空，於是慢步向東走。這條路很平坦，走了五里，漸漸登上山坡，兩旁又有許多枯井和落水洞，和太平府的井洞如出一轍。於是聽到水聲淙淙，只見石壑或斷或連，水在壑底流，人從壑上越過，有的地方用石塊架成橋梁。俯視壑底的流水，出水道各不相同，但都不太大。原來小觀巖的水流出山洞成為溪水，散布在田間溝渠中，這只是剩餘的末流，穿過地峽往北洩入龍江。再往東走二里，越過山岡往下，又看到一處石壁或斷或連，水在壑底散流，和前面橋下的水相同。這是彭嶺橋下的水，從九龍洞流來，也散布在田間溝渠中，所以末流穿過峽谷往北流，洩的水也沒多少。再往東走一里半，有庵峙立在路的北邊，這是往西走的路。堂前有水塘，十分深廣，龍溪的細流從東面流來注入水塘，但在西北卻看不到洩水的地方。再往東走一里，到西門街口，就往南越過龍溪，沿著溪水南岸往東走，經過山谷祠的後面，再走半里便到香山寺，天色已經昏黑了。打聽馮指揮使的消息，還沒有回來。天很熱，急忙在盆中洗了澡便睡覺。

初三日　余憩足寺中。郡人祉❶會寺前，郡守始出行香。余倚北簷作達陸參戎書。有一人伺其旁，求觀焉，乃馮使之妻弟陳君仲也。名瑛，庠彥❷。言：「此書達陸君，馮當獲罪，求緩之。余當作書往促。」並攜余書去，曰：「明日當來代請。」已而又二人至：一曰謝還拙，一曰陳斗南。謝以貢❸作教將樂❹而歸，陳以廪❺而被黜，復從事武科❻者也。二君見余篋中有文、項❼諸公手書，欲求歸一錄，余漫付之去。既暮，有河池所諸生杜、曾二君來宿寺中，為余言：「謝乃腐儒，而陳即君仲之叔，俗號『水晶』。言其外好看而內無實也。」

初四日　余晨起，欲往覓陳、謝，比出寺東，而陳、謝至，余同返寺中，坐談久之。又求觀黃石齋詩帖，久之去，余隨其後往拜，陳乃返諸公手書。觀其堂額，始知其祖名陳學夔❽，乃嘉靖末年進士，曾任常❾鎮兵使者，蒞吾邑。有愛女卒於任，葬西門外，為之題碑其上曰：「此兵使者陳學夔愛女之墓。吾去之後，不知將夷而去之乎？抑將憐而存之乎？是在常之人已。」過謝君之堂，謝君方留酌，而隨行者覓至，請還，曰：「有陳相公移酒在寺，相候甚久。」余以謝意不可卻，少留飲而後行。比還寺，復領陳君仲之酌。陳出文請正，在此中亦錚錚者。為余言：「其鄰有楊君者，名姿勝。亦庠生，乃獨山爛土司❿之族，將往其地。君可一拜之，俟之同行，不惟此路無虞，而前出黔境亦有導夫，此為最便。」余頷之。

【章旨】本章記載了第三百二十一天、第三百二十二天在慶遠府的行跡。留在香山寺，和陳君仲叔姪相識，陳的先祖為前朝名臣陳學夔。

【注釋】❶祉　祈福。❷庠彥　庠，古代鄉學名。明、清府州縣學中的生員為庠生，彥謂其中傑出者。❸貢　貢生。生員經考選升入京師國子監讀書，稱貢生。❹將樂　明代為縣，隸延平府，今屬福建。❺廩　廩生。明府州縣生員可定期領取廩米者。❻武科　科舉時代為選拔武官人材而設立的考試科目。❼項　指項煜，字水心，吳縣人。崇禎進士，官至詹事。李自成攻陷北京，被門生黎志挾持去見自成，受官職。自成敗後，逃亡南歸。在四明被當地人沉入河中。❽陳學夔　宜山人。嘉靖進士。曾巡撫陝西、巡按雲南，以骨鯁廉直得罪。後任湖廣常岳兵備。❾常　常州。明代為府，治所在武進（今屬江蘇）。❿獨山爛土司　即合江洲陳蒙爛土長官司，明代隸屬貴州獨山州。治所在今貴州三都西隅，都柳江東岸的爛土。

【語譯】初三　我在寺中歇腳。府城的人在寺前聚會迎神祈福，知府這才出來進香。我靠在北邊的廊簷下寫信給陸參將。有一個人守候在旁邊，請求看信，他是馮指揮使的妻弟陳君仲。名陳瑛，秀才。說道：「這信送到陸參將手中，馮指揮使就會得罪，請求緩幾天，我一定寫信去催他。」並將我的信帶走，說：「明天我一定來代為招待。」過了一會又來了兩個人，一人名謝還拙，一人名陳斗南。謝以貢生的身分在將樂作教官才回鄉；陳原是廩生，後被除名，又去考武科。兩人見我書篋中有文、項諸公的親筆信，想借回去抄錄一份，我就隨手給了他們。到傍晚，有河池所的秀才杜君、曾君二人來寺中借宿，對我說：「姓謝的是個迂腐的儒生，而陳斗南就是陳君仲的叔父，綽號『水晶』，是說他只是外表好看但內無真才實學。」

初四　我早晨起身，想去找陳、謝二人，等走到香山寺東，陳、謝已經來了，和我一起返回寺中，坐著談了好長時間。他們又請求觀看黃石齋的詩帖，坐了好久才走，我隨後去回訪，陳斗南便將諸公親筆信還給我。看了他堂上匾額，才知道他的祖父名陳學夔，是嘉靖末年進士，曾經擔任常州鎮兵使者，來到我家鄉，有愛女死在任上，葬於常州西門外，為她在碑上題寫道：「這是鎮兵使者陳學夔愛女之墓。我離開這裡以後，不知道將它剷平挖掉呢？還是憐惜保存下來呢？這全在常州人如何處理了。」我又到謝君家中，謝君剛留我飲酒，而隨行的人已找來，請我回去，說：「有位陳相公在寺中擺酒席等候很久。」我因為謝君的情意不可推卻，就留下稍許飲了幾杯然後離開。等回到寺中，又接受陳君仲的招待。陳拿出文章，請我指正，他在這裡也算是一個佼佼者。對我說：「鄰居楊君，名姿勝。也是庠生，是貴州獨山爛土司的族人，即將去那裡。您可以去拜訪他一次，等他動身時一起走，不但這條路上可以平安無事，再往前到貴州境內，也有了嚮導。這樣走最為方便。」我點頭同意。

初五日　晨起，余往叩陳君。有韋老者，廩將貢矣，向以四等停。茲補試郡中，郡守以其文不堪，復再三令改作。因強余為捉刀❶，余辭再三，不能已，乃為之作二文。一曰〈吾何執〉❷，一曰〈祿足以代其耕也〉❸。既飯，以稿畀韋，而往叩於陳，陳已他出矣。乃返宿於寺。

初六日　以一書畀吳守備，得其馬票。韋亦為余索夫票于戚揮使。以為馬與夫可必得，及索之，仍無應者。是日齋戒而占，惟思恩可行，而南丹不吉。其楊生之同行，亦似虛而不實。

初七日　索夫馬仍不得。楊姿勝來顧，乃阿迷州楊繩武❹之族也。言其往黔尚遲，而此中站騎甚難，須買馬可行。余占之，頗吉。已而馮使以一金來贐，侑❺以蔬酒，受之。既午，大雨傾盆，欲往楊處看騎，不果行。下午雨止，余作一柬，託陳君仲代觀楊騎。是日為穀雨❻，占驗者以甘霖為上兆，不識吾鄉亦有之否也？

【章　旨】本章記載了第三百二十三天至第三百二十五天在慶遠府的行跡。為韋老代寫兩篇文章。雖然得到馬票和夫票，但沒馬和人。據楊姿勝說，必須買馬才能出發。

【注　釋】❶捉刀　代人作文。❷吾何執　《論語・子罕》：「吾何執？執御乎？執射乎？」❸祿足以代其耕也　《禮記・王制》：「諸侯之下士，視上農夫，祿足以代其耕也。」❹楊繩武　字念爾，彌勒人，崇禎進士，巡撫奉天，進總督。率師出關救松錦。按彌勒與阿迷在明代均為州，都在雲南，但前者隸廣西府，後者隸臨安府，並非一地。❺侑　侑食；勸人吃喝。❻穀雨　二十四節氣之一，在每年陽曆四月十九、二十、二十一日。

【語　譯】初五　早晨起身，我去拜訪陳君。有個姓韋的老人，原是廪生，即將選為貢生，以前因考績為四等而暫停。現在府城補考，知府認為他的時文不堪入目，再三下令改寫。於是他就硬求我替他代寫，我再三推辭不成，就寫了兩篇八股文。一篇題為〈吾何執〉，一篇題為〈祿足以代其耕也〉。吃過飯，將稿子交給韋老，就去拜訪陳君。陳已經外出，便回到香山寺住下。

初六　送給吳守備一封信，從他那裡得到馬票。韋老也為我向戚指揮使要了夫票。我原以為馬匹和役夫一定可以得到，等去要時，卻沒有回音。這天齋戒後占卜，結果只有思恩這條路可走，而走南丹這條路不吉利，和楊生同行的事，也似乎只是講講，無法落實。

初七　去要役夫和馬匹，仍然沒得到。楊姿勝來看我，他是阿迷州楊繩武的族人。說他去貴州的日子還早，但這裡驛站的馬很難得到，必須買了馬才能上路。我占了一卦，很吉利。不久馮指揮使送來一兩銀子作程儀，還送來酒蔬勸食，我都收下。到了中午，大雨傾盆而下，要到楊家去看馬，沒有去成。下午雨停了，我寫了一張便條，託陳君仲代我去看楊家的馬。今天是穀雨，占卜的人把這場好雨看作上好的徵兆，不知我們家鄉是否也有這種情況？

初九日　零雨濃雲，猶未全霽。營中以折馬錢至，不及雇騎者十之二。此間人之才頑，實粵西所獨見也。欲行，陳君仲未至，姑待之。抵午不至，竟不成行。下午，自往其家，復他出。余作書其案頭作別，遂返寓，決為明日步行計。

自二月十七日至慶遠，三月初十起程，共二十三日。

慶遠郡城在龍江之南。龍江西自懷遠鎮，北凭空山，透石穴而出，其源從貴州都勻❶而下。循北界石山而東，其流少殺於羅木渡，而兩岸森石嶙峋過之。江北石峰聳立：中為會仙，東為青鳥，西為宜山❷，會仙高聳，宜山卑小。又西為天門拜相山❸，〔即馮京祖墓❹。〕皆凭臨江北，中復開塢，北趨天河❺〔縣名。〕者也。江南即城。城南五里，有石山一支，自西而東，若屏之立。中為龍隱洞山，東為屏山，西為大號山❻，又西為九龍山，皆蜿蜒郡南，為來脈者也。

郡城之脈，西南自多靈山發軔❼。多靈西南為都泥，東北為龍江，二江中夾之脊也。東北走六十里，分支而盡于郡城。將抵城五里外，先列為九龍山，又東北為大號山，又北結為土山，曰料高山，則郡之案也。又北遂為郡城，而龍江截其北焉。

多靈山脈，直東走為草塘堡南之土脊，東起為石壁山，又東而直走為柳州江南岸諸山，又東南而盡于武宣❽之下柳江、都泥交會處。

龍江，郡之經流也。其東北有小江，南入於龍，其源發於天河縣北界；其東南則五羿橋諸流，北入於龍，其源發於多靈山東境。皆郡城下流也。郡城西南又有小水，南自料高山北來，抵墨池西流，是為龍溪。又西則九龍潭之水，自九龍山北流，與之合而西北入龍江。此郡城之上流也。

西竺寺在城西門外；殿甚宏壯，為粵西所僅見，然寥落亦甚。其南為香山寺，寺前平地，湧石環立，為門為峽，為峰為嶂，甚微而幻，若位置於英石⑨盤中者。且小峰之上，每有巨樹箕踞，其根籠絡，與石為一，幹盤曲下覆，極似蘇閶⑩盆累中雕紮而成者。寺西有池，中亦有石。池北郡守岳和聲⑪建香林書院，以存宋趙清獻公⑫故跡。又西北為黃文節祠，後有臥龍石，前有龍谿西流。宋署守張自明⑬因文節遺風，捐數十萬錢，建祠及龍谿書院⑭。今規模已廢，而碑圖猶存祠中。其東北即西竺寺也。

城內外俱茅舍，居民亦凋敝之甚，乃粵西府郡之最疲者。或思恩亦然。聞昔盛時，江北居民瀕江瞰流亦不下數千家。自戊午饑荒⑮，蠻賊交出，遂鞠⑯為草莽，二十年未得生聚⑰，真可哀也！

繞城之勝有三：曰北山，則會仙也；曰南山，則龍隱也；曰西山，則九龍也。

【章 旨】本章記載了第三百二十七天在慶遠府的行跡，並追記慶遠府城的地理位置、地形地勢、山脈江水的走向，以及周圍的名勝和居民生活狀況。

【注 釋】❶都匀 見〈黔遊日記一〉四月初一日記注。❷宜山 在宜山城北一里，其他群山都高大，此山獨卑小，下臨龍江，宜於登眺，故名。縣亦因山而名。❸天門拜相山 俗名狀元山，雙峰如筍，崒嵂參天。山下有馮村，為馮京子孫居處。❹馮京祖墓 馮京，字當世，北宋鄂州咸寧（今屬湖北）人，仁宗皇祐元年進士第一，知開封府，進參知政事，屢與王安石爭議新法，以太子少師致仕。南宋地理總志《方輿勝覽》謂其「祖塋在（慶遠府）龍江浪步之北」。《宋史》謂其為「鄂州江夏人」，兩說有異，似以前說為是。❺天河 明代為縣，隸慶遠府，今屬廣西。❻大號山 在宜山城南二里，為縣內最高山，上有宋趙抃放鶴亭故址。❼發軔 啟行。軔，剎車木，車行必先去剎車木。❽武宣 明代為縣，隸屬柳州府象州，今屬廣西。❾英石 一種石頭，產於廣東英德溪水中，形如峰巒聳拔。❿蘇閭 蘇州閶門（城西門），為盆景之鄉。⓫岳和聲 嘉興（今屬浙江）人，萬曆中任慶遠知府。⓬趙清獻公 名抃，字閱道，宋衢州西安（今浙江衢縣）人。號「鐵面御史」。曾任參政，因反對青苗去位。卒諡清獻。⓭張自明 建昌（治所在今江西南城）人，南宋嘉定間任宜州教授，攝州事，主持修建龍谿書院。⓮龍谿書院 在宜山城西二里。據張自明〈龍谿書院圖記〉，張自明為宜州都曹時，以俸贏餘十萬錢作龍谿之祠。後攝州事，又於嘉定九年以州費用贏錢二十萬作書院，為宜山士人修遊之地，中設孔子像，旁立黃山谷祠。⓯自戊午饑荒 此句「戊」字與下「龍隱巖南門」段「戊午」之「戊」字，原俱作「或」，據本月十二日日記改。戊午，明萬曆四十六年（一六一八）。⓰鞫 窮極。⓱生聚 繁殖人口，積畜物資。

【語 譯】初九 細雨濛濛，濃雲滿布，天還沒有完全放晴。軍營中送來了折算馬匹的錢，還不到雇馬費用的十分之二。這裡人的奸刁實在是粵西獨一無二了。打算出發，因陳君仲沒來，暫且等候他。到中午還沒來，我竟不能動身。下午，我親自到他家，陳又外出了。我寫了封信，放在他的桌上告別，就回到寓所，決定為明天步行作準備。

從二月十七日到慶遠府城，三月初十日啟程，一共二十三天。

慶遠府城在龍江南岸。龍江從西面的懷遠鎮流出，往北依託空山，穿過石穴流出，它的源頭從貴州都匀府流下。沿著北界的石山往東，水勢比羅木渡的水小些，但兩岸森然挺立的怪石卻比那裡更加險峻。江的北岸石峰聳立：中間是會仙山，東面是青鳥山，西面是宜山，會仙山高聳，宜山低矮。再往西為天門拜相山，就是馮京祖墳所在地。都憑臨江北，中間又開出一個山塢，向北通往天河。縣名。江的南岸就是府城。城南五里，有一支石山，自西往東，如同屏障峙立。中間是龍隱洞山，東面是屏山，西面是大號山，再往西是九龍山，都在城南蜿蜒起伏成為延伸過來的山脈。

府城的山脈，從西南的多靈山發端。多靈山西南有都泥江，東北有龍江，是夾在兩江中間的山脊。往東北延伸六十里，分出支脈，到府城為止。山在將到府城五里外的地方，先排列成九龍山，再往東成為大號山，再向北結成土山，名料高山，就是府城的界山。再往北就是府城所在地，而龍江就在城北攔截。

多靈山脈，直往東延伸為草塘堡南的土山脊，在東面突起為石壁山，再往東筆直延伸為柳州柳江南岸眾山，再往東南延伸到武宣下面柳江和都泥江交會處為止。

龍江，是穿過慶遠府城的水流。在它東北有小江，往南匯入龍江，它的源頭出自天河縣的北界；在它東南則有五砮橋下的各條水流，往北匯入龍江，它們的源頭出自多靈山的東境。都是府城水的下游。府城西南還有小水，從南面的料高山往北流來，到墨池後轉向西流，這就是龍溪。再往西就是九龍潭的水，從九龍山往北流去，和龍溪會合後往西北匯入龍江。這是府城水的上游。

西竺寺在府城西門外，殿宇十分宏偉壯麗，在廣西難得見到，但也十分冷落。在它南面為香山寺，寺前的平地上，岩石湧起，環繞峙立，有的為門，有的為峽，有的為峰，有的為嶂，雖然很小，卻十分奇幻，好像放置在英石盤中的美景。而且小峰的上方，常有大樹盤踞，樹根纏繞，和岩石合為一體，樹幹盤曲下覆，極像蘇州閶門盆景中雕琢結紮而成的。寺的西面有個水池，池中也有石塊。池北是知府岳和聲所建的香林書院，用來保存宋趙清獻公的故蹟。再往西北為黃文節祠，後面有臥龍石，前面有龍溪向西流去。宋代代理知府張自明因襲黃文節的遺風，捐了數十萬錢，建造祠堂和龍谿書院。現在建築雖已廢棄，但碑圖還保存在祠堂中。在它東北就是西竺寺。

城裡城外都是草屋，居民也非常困苦，是廣西州府中最為破敗的地方。也許思恩府也是如此。聽說當年繁榮時，江北居民靠近岸邊住下的也不下幾千家。自從戊午年饑荒以後，蠻族盜賊交替出現，便窮極變成荒蕪之地，二十年來未能得到恢復，真可悲啊！

圍繞府城的名勝有三處：一是北山，就是會仙山；一是南山，就是龍隱洞山；一是西山，就是九龍山。

龍隱巖在郡城南五里，石峰東隅迴環北轉處也。前有三門，俱西向。後通山背亦有三門，俱東南向。其中上下層疊，縱橫連絡，無不貫通❶。今將中道交加處，以巨石窒其穴❷，洞遂分而為二。

蓋北偏一門最高敞，前有佛宇，僧淨庵棲之；南偏二門在山腋間，最南者，前多宋刻，張丹霞諸詩俱在焉。其中門已無路，余先從南門入，北透暗穴，反從上層下瞰得之，而無從下。仍出南門，攀搜到其處，再攜炬入，遂盡其奧裏。

北門西向高穹，前列佛宇三楹。洞高不礙其朗，內置金仙像，兩旁鐫刻皆近代筆，無宋人者。數丈後稍隘，而偏於南畔，遂暗黑矣。秉炬直東入，又數丈，有岐在南崖之上。攀木梯而登，南向入穴，有一窪下陷如井，橫木板於上以渡。又南則西壁下有紋一縷，緣崖根而臥，鱗脊蜿蜒，與崖根不即不離，此即所稱龍之「隱」者。外碑有記，謂其龍有昂首奮爪之形，則未之覩矣。又南數丈，踰一隘，遂俯石級下墜，則下層穴道亦南北成隙。南透則與中門內穴通，不知何人以巨石窒而塞之。北透過二隘，仰其上，則橫板上渡處也。再北，竇隘而窮，遂從橫板之竅攀空而上。蓋上瞰則空懸無底，而下躋則攀躍可升也。仍北下木梯，復東向直入，又踰一隘，有岐復南去。從之，漸見前竅有光燁燁，則已透山而得後門矣。又數丈，抵後門，其門東南向。下瞰平疇，山麓有溪一支，環而北透其腋，即五⿱巩石之東流之分而北者。其前復有石山一支，環繞為塢，成洞天焉。仍北返分岐處，復東向直入，又數丈，則巨石中踞，由其北隙側身挨入，有眢井凭空下陷，大三、四丈，深亦如之。乃懸梯投炬，令一人垂索而下，兩人從上援索以摯梯。其人既下，余亦隨之。又東南入一竅，中復有穴，下墜甚隘而深，〔一飛鼠驚竄上。〕從其西南攀崖而上，崖內復有眢井空陷，燭之不見其底。循其上西南入穴，遂無可通處。乃仍下，從懸梯攀索而上，依故道直西而出前門。

南門在北洞南二百餘步山腋間，俗謂之雙門洞。洞前宋刻頗多，而方信孺[3]所題「一洞中分路口三」者，亦在焉。其詩載《一統志》。其上又有張自明〈丹霞絕句〉曰：「玉玲瓏外玉崔嵬，似與三生識面來。自有此山才『才』字余謂作『誰』字妙。有此，游人到此合徘徊。」此《志》所未載也。其左右又有平巒諸碑，皆宋人年月。由門東向入，輒橫裂而分南北，若「丁」字形；南向忽明透山腹，數丈而出後門，此亦後門之最南者也；北向內分兩岐，直北遙望有光，若明若暗，東北懸崖而上，累碎石垣橫截之。乃先從直北透腋平入，其下有深窞，循其上若踐棧道焉。數丈，北抵透明處，則有門西闢在五丈之下，而此則北門之上層也。其前列柱垂楞，飛崖下懸，與下洞若隔。從隙間俯窺下洞，洞底平直，從履下深入，洞前明敞，恍然一堂皇焉。上層踰隘北轉，昏黑不能入。乃從故道南還，復出南門，索炬於北巖，復入北至分岐處，乃東北踰石垣而下，其內寬宏窈窕，上高下平，數轉約二十丈而透出東門，則後門之中也。其前猶壘石為門，置竈積薪，乃土人之樵而食息者。崖旁有遺粟，則戊午避盜者之所藏。門內五丈，有岐東南去，轉而西南，共十餘丈而窮。

中門在南門北數十步，與南門祇隔一崖，上下懸絕，叢箐密翳，須下而復上。搜剔久之，乃得其門。亟覓炬索火于北巖[4]，由門東入，其後壁之上，即南來之上層也。從其下入峽，峽窮，攀而上，其南即上層北轉處，向所瞰昏黑不能下者也，而援側阪可通焉。其東直進又五、六丈，有穴穿而下，以大石窒而塞之，即北洞交通之會，而為人所中斷者也。大抵北洞後通之門一，南洞後通之門二，而中洞則南通南洞之上層，北通北洞之奧窟。是山東、西、南三面，無不貫徹，惟北山不通，而頂有蚺蛇洞，另闢一境云。

【章　旨】本章追記在慶遠府遊龍隱巖的行跡。龍隱巖前後各三門，上下層疊，無不貫通，如今中間通道被大石堵塞，洞遂分前後為二。北門洞內有許多近人石刻，往裡有井坑，石壁上有一縷「龍紋」，故名「龍隱」。後門外下面是一片平野，前面石山又成洞天。返回洞中，繼續搜尋，又探遊了兩個井坑。南門洞前有很多宋人石刻。洞中可從東、南、北三個方向走。往北下面有深坑。下洞前面如同一個大廳。後門崖旁有過去人們避盜時所藏的粟米。中門洞內上下懸絕，好久才找到洞門。這山除了北面，東、西、南三面無不貫通。

【注　釋】❶無不貫通　原缺「貫」字，據乾隆本補。❷以巨石窒其穴　原缺「石」字，「窒」作「窰」，據乾隆本補改。❸方信孺　莆田（今屬福建）人。宋嘉祐中，官道州刺史。遊九疑山，至玉琯巖，書「九疑山」三字於石。其題龍隱洞詩云：「南山山北北山南，一洞中分路口三。飛鶴叫雲聲自遠，懶龍慳雨睡方酣。襄公淡墨留蒼壁，太史高風拂翠嵐。百尺巖前清絕處，道人先我著茅庵。」❹亟覓炬索火于北巖　原缺「巖」字，據上文補。

【語　譯】龍隱巖在府城南面五里，石峰東隅往北迴環轉折處。前面有三座洞門，都朝西。後面通向山背也有三座門，都面向東南。其中上下層疊，縱橫連絡，無不貫通。如今在洞中間通道相交的地方，用大石堵住洞穴，洞就分為兩部。

偏北的一座洞門最高敞，前面有佛寺，僧人淨庵就居住在這裡。偏南的兩座洞門在山腋間，最南的洞門前面有許多宋代石刻，張丹霞的一些詩都在那裡。中間的洞門已經無路可進，我先從南門走進，往北穿過暗洞，反而從上層往下看才發現它，但沒法下去。仍然走出南門，攀援搜尋到那裡，再帶了火把進去，這才遊遍洞中的隱祕之處。

北邊的洞門朝西，高高隆起，門前排列著三間佛寺。洞很高，所以光線不被遮掩仍很明朗。洞內安放著佛像，兩旁石刻都是近代人的手筆，沒有宋人的碑刻。走進幾丈後稍稍變得狹隘，而又偏在南邊，便黑暗起來。拿著火把直往東進入，又走了幾丈，有岔洞在南面的山崖上。攀著木梯向上，往南進入洞穴，有一塊窪地往下陷落如井，上面橫架木板讓人通過。再往南就看到西面的石壁下有一縷石紋，沿著崖腳橫躺在那裡，就像魚鱗的背脊，蜿蜒曲折，和崖腳不即不離，這就是所謂的「龍隱」了。外面碑上有記，說這龍有昂頭舞爪的形態，那就看不到了。再往南走進幾丈，越過一道隘口，就彎下身子隨石級落下，只見下層洞穴的通道，也形成南北向的裂縫。往南穿過便和中門內的洞穴相通，不知道是什麼人用大石把通道堵塞了。往北穿過兩道隘口，仰望上方，就是在上面橫架木板讓人通過的地方。再往北，洞穴越來越狹窄到了盡頭，於是就從橫架木板的孔洞騰空往上攀登。原來從上面往下看便覺懸空無底，而從下面往上爬卻可以攀登躍上。仍然往北走下木梯，又往東筆直走進，再越過一道隘口，又有岔洞往南，從這個岔洞走，漸漸望見前面的孔洞有光閃動，原來已經穿過山腹看到後門了。又走了幾丈，到達後門，門朝東南，往下俯視平野，山麓有一條溪水，繞著山往北流穿過山腋，就是從五碧橋東面的水分而往北的支流。在它前面還有一支石山，環繞而成山塢，裡面又是一處洞天。仍然往北返回岔開的地方再向東筆直走進，又走了幾丈，有巨石在正中盤踞，從它的北邊空隙中側著身子擠進去，有個枯井憑空陷落，大三、四丈，深也差不多。於是樹起梯子，投下火把，叫一個人沿著繩索垂下，兩個人從上面拉繩拴住梯子。那人下去後我也跟著往下。又往東南進入一個洞穴，洞中還有洞，往下陷落很深很窄，一隻蝙蝠受驚飛竄上來。從它西南攀登山崖向上，山崖裡面又有枯井憑空陷落，火把照不見底。沿著它的上方往西南進入洞穴，就沒有通道了。於是仍然下來，從樹起梯子的地方抓住繩索往上爬，沿原路一直往西走出前門。

南邊的洞門在北洞南面兩百多步的山腋間，俗稱雙門洞。洞前有許多宋人刻石，而方信孺所題的「一洞中分路口三」這首詩，也在其中。這詩載在《一統志》中。在它上面還有張自明的〈丹霞絕句〉：「玉玲瓏外玉崔嵬，似與三生識面來。自有此山才『才』字我認為改作『誰』字更妙。有此，游人到此合徘徊。」這詩《一統志》沒有記載。在它左右兩邊還有一些平定蠻族所立的碑刻，都題宋代年月。從洞門向東走進，就橫向裂開分成南北，如同「丁」字形；往南忽然看到有亮光照進山腹，往裡幾丈後走出後門，這也是最南邊的後門；往北裡面分出兩個岔洞，正北遠遠望見亮光，似明似暗，在東北的懸崖上，用碎石堆成短牆將路攔斷。於是先往正北，穿過山腋，平步走進，下面有深坑，沿著坑上走好像踏上棧道。走了幾丈，往北到達照進亮光的地方，只見有洞門開在西邊五丈之下，而這裡則是北門的上層。在它前面石柱排列，窗口下垂，凌空的崖壁往下懸立，似和下洞隔開。從縫隙中俯視下洞，洞底平直，從腳下深入進去，洞前明亮寬敞，彷彿是一個大廳。上層越過隘口向北轉，一片昏黑，不能進入。於是從原路往南退回，又走出南門，到北巖要了火把，再進洞往北到岔開的地方，才往東北越過石牆下去，裡面寬敞深遠，上高下平，轉了幾個彎，大約走了二十丈，穿出東門，就到後門的中間。洞前還壘起石塊作門，安置竈臺，堆積柴草，是當地人砍柴煮飯休息的地方。崖旁有遺留下來的粟米，是戊午年躲避盜賊的人所藏的。門內五丈處，有條岔路往東南去，又轉向西南，共十多丈到了盡頭。

中門在南門北面幾十步的地方，與南門只隔一座山崖，上下懸絕，有竹叢密密遮蔽，必須先下去然後往上攀登。搜尋了很久，才找到洞門。急忙去北巖找來火把，從洞門往東走進，洞後石壁之上，就是從南過來時的通道上層。從它的下面進入峽谷，峽谷到了盡頭，往上攀登，南面就是上層往北轉的地方，以前往下看只見一片昏黑不能走下的地方，但可以從側面爬坡通往。在它東面一直往裡又走進五、六丈，有洞穴穿到下方，用大石堵住，就是和北洞相通交會而被人從中堵塞的地方。大致說，北洞有一處和後面相通的門，南洞有兩處和後面相通的門。而中洞則向南通往南洞的上層，向北通往北洞的深處。這座山東、西、南三面無不貫通，只有山北不通，但山頂有蚺蛇洞，另外開出了一個境界。

蚺蛇洞在龍隱山北絕頂。由山麓遂其東北一里，溪水從兩山峽中破壁西北來，水石交和，漱空倒影，曳翠成聲，自成一壑，幽趣窈然。渡水，共一里，南向攀崖而上，兩崖如削瓜倒垂，中凹若剜，突石累累。緣之上躋，兩旁佳木叢藤，蒙密搖颺，時度馨颸。上一里，則洞門穹然北向，正與郡城相對。前有土山當其中，障溪西北去，而環麓成塢者也。門之中，石柱玲瓏綴疊，前浮為臺，其東闢洞空朗，多外透之竇。東崖既窮，轉竅南入，始昏黑須炬。入數丈，無復旁竅，乃出。仰眺東崖之上，復有重龕。攀崖上躋，則外龕甚大，內龕又重綴其上。坐內龕，前對外龕之北，有竇一圓恰當其中，若明鏡之照焉。此洞極幽極爽，可憩可棲，惜無滴瀝，奈艱于遠汲何！

盧僧洞在龍隱北洞之旁，去北數十步即是。其門亦西向而甚隘。今有葬穴於中者，可笑也。既入，中闢一室，從東北攀隙上，又得一小室，其東北奧上懸垂蓋，下聳圓筍，若人之首，即指以為盧僧者也。昔盱江❶張自明侯選都門❷，遇一僧曰：「君當得宜州❸，至時幸毋相忘。」問：「何以知之？」曰：「以數測之。」問：「居何處？」曰：「南山。」因以香一枝畀之，曰：「依此香覓找，即知所在。」後果得宜，抵南山訪之，皆曰：「僧已久去，不知所向矣。」張乃出香爇之，其煙直入此洞，隨之入，遂與盧遇。余以為所遇者，即此石之似僧者耳。或又謂：「盧僧自洞出迎，飲以茶。茶中有鼻注❹，張不能飲。侍者飲之，輒飛騰去。張遂憤而死。忽有風吹其棺，葬九龍洞石間。其棺數十年前猶露一角，今則石合而週之矣。」其說甚怪，不足信也。按張自明以辭曹❺攝宜州事，號丹霞，曾建黃文節祠、龍溪書院，興學右文❻，惠政於民甚厚。今書院圖碑刻猶存，而《統志》不載，可謂失人。至土人盛稱其怪誕，又不免誣賢矣。

【章　旨】本章追記在慶遠府遊龍隱山蚺蛇洞的行跡。從山麓往上攀登，沿途水石相和，情趣幽雅。山崖如削，清香遠聞。洞門和府城相對，洞中石柱玲瓏。這洞幽靜爽朗，只可惜滴水全無。盧僧洞內有墓葬，往裡石室下有圓形的石筍如同人的頭顱。這裡有關張自明和僧人交往的傳說，十分怪誕。

【注　釋】❶盱江　又名汝水、武陽水、建昌江、臨川江、撫河。源出江西廣昌，經南豐、南城、臨川、進賢、南昌而入贛江，北入鄱陽湖。張自明為建昌人，建昌轄境包括廣昌、南豐、南城等地，故以盱江借指建昌。❷都門　京城城門，借指京城。❸宜州　唐代改粵州置宜州，治所在龍水（即今廣西宜州市），至南宋咸淳間始升慶遠府。❹鼻注　嶺南一些少數民族有鼻飲的習慣，將吸管插入飲料，用鼻吸進，這吸管即名鼻注。❺辭曹　曹，州郡所置的屬官。主管民戶的屬官為戶曹。東晉羊祜鎮襄陽時得百姓愛戴，死後，因戶、祜諧音，為避其諱，州人將戶曹改稱辭曹。❻右文　崇尚文治。

【語　譯】蚺蛇洞在龍隱山北的絕頂。從山麓走一里到它的東北，溪水從兩山間的峽谷中沖破崖壁向西北流來，水石交相應和，空中水沫噴濺，水面山影倒映，風捲綠波，颼颼有聲，自成一個山壑，情趣幽雅，環境深遠。渡過溪水，共走了一里，向南攀登山崖，兩邊山崖如同破開的瓜那樣倒垂著，中間凹陷，就像挖空一樣，有許多突起的岩石。沿著山崖往上爬，兩旁樹木蔥倩，藤蘿叢生，十分茂密，隨風搖動，時送清香。往上走了一里，只見洞門朝北隆起，正好和府城相對。前面有土山正當其中，攔住溪水不往西北流去，環繞山麓成為塢地。洞門中間，石柱玲瓏，相連重疊，前面岩石浮起成為平臺，東面開出一個空闊明朗的洞，有許多穿出外面的小洞。東面的山崖走到盡頭，便轉入孔洞往南進去，才變得昏黑需要火把照明。走進幾丈，不再有旁通的孔洞，於是出洞。仰望東面的山崖上，又有兩重石龕。攀登山崖往上，只見外面的石龕很大，裡面的石龕又重疊連綴在上面。坐在內龕中，前面對著外龕的北面，有個圓洞恰好在它中間，如同明鏡照耀。這洞極為幽靜爽朗，可以休息，可以居住，可惜滴水全無，怎能受得了到遠處去取水的艱辛呢！

盧僧洞在龍隱北洞的旁邊，往北走幾十步就是。洞門也朝西，但很窄。如今有人將墓造在洞中，真是可笑。走進洞，裡面開出一間石室，從東北攀著石隙往上，又看到一間小石室，在它東北深處，頂上有懸垂覆蓋的石乳，下面聳起圓形的石筍，就像人的頭顱，這就是人們所指以為的盧僧。當初盱江張自明在京城裡等候選官，遇見一個僧人對他說：「你會到宜州任職，到那時希望不要忘了我。」問他：「你怎會知道？」答道：「用術數測算出來的。」又問：「你在哪裡居住？」答道：「南山。」於是把一枝香給他，說：「隨這枝香尋來，就知道我所在的地方了。」後來張自明果然受命去宜州，到南山尋訪，人們都說：「這和尚早已離開，不知去哪裡了。」張自明便取出香點燃，香煙直飄進這個洞，隨著進去，就和盧僧相逢。我認為張自明遇見的，就是這塊形狀像僧人的岩石罷了。又有人說：「盧僧走出洞迎接，請他喝茶。茶中有鼻注，張自明不會吸飲。侍從的人吸飲這茶後，就飛騰而去。張自明因此氣憤而死。忽然有風吹起他的棺木，葬在九龍洞的岩石間。幾十年前還可看到這棺木露出的一角，如今已完全被岩石合攏封住了。」這種傳說十分荒誕，不足為信。據考察張自明以戶曹身分代理知宜州職務，曾經修建了黃文節祠、龍谿書院，振興教育，崇尚文治，為百姓做了許多好事。現在刻有書院圖的碑石還保存著，而《一統志》不記載他的事跡，可以說是錯失了一個賢人。至於當地人所津津樂道的那些荒誕故事，又不免是污蔑賢人了。

九龍潭在郡城西南五里平崗之上。有潭一泓，深窅無底，而匯水常溢，北流成溪。九龍洞石山在其南，張自明禱雨有應，請封典焉。石山之北，有巖北向，前有石屏其中，若樹塞門❶。由西隙入，其內闢為巨室，而不甚高。後復有石柱一圍，當洞之中。前立穹碑曰：「郡守張自明墓。」此嘉靖間郡守所立。此實石也，何以墓為？從墓東隙秉炬南入，又南則狹隘，止容一人，愈下愈卑，不容入矣。仍出洞門，有一碑臥其前，中篆❷「紫華丹臺」四大字，甚古。兩旁題詩一絕，左行曰：「百尺❸長兮手獨提，金烏❹玉兔❺兩東西。」右行止存一句曰：「成言一了閒游戲」，及下句一「赤」字，以下則碑碎無可覓矣。其字乃行草❻，而極其遒活之妙，必宋人筆，惜其碑已碎，並失題者姓名，為可恨。巖之西下又有一峽門，南入甚深而隘，秉炬入，十餘丈而止。底多丸石如丹，第其色黃，不若向武❼者瑩白耳。東下又有一覆壁，橫拓甚廣而平。倚杖北眺，當與義皇❽不遠。〔去巖東北四里，石陣排列，自西而東如插屏，直至於香山寺前，俗稱為「鐵索繫孤舟」云。〕余覽罷，即從北行，東渡龍潭北流之澗，東北三里而抵香山寺。寺僧言：「九龍洞甚深，須易數炬，此洞猶丹霞墓，非九龍巖也。」

【章　旨】本章追記在慶遠府遊九龍潭的行跡。潭水深不可測，南面有九龍洞石山，山北有巖洞，洞內有碑，上書「郡守張自明墓」。洞門有已破裂的古碑。巖洞東北有石排列成陣營，即所謂的「鐵索繫孤舟」。據說九龍洞很深，所遊的只是丹霞墓。

【注 釋】❶塞門 影壁（舊時建築中的照牆）。《論語．八佾》：「邦君樹塞門，管氏亦樹塞門。」❷篆 篆書，有大小兩種。大篆相傳為周宣王時史籀所作，也叫籀文或籀書。據說秦統一文字前六國文字多為大篆，後經李斯簡化的字體為小篆。❸百尺 此指劍。❹金烏 指太陽。相傳日中有三足烏，故云。❺玉兔 指月亮。相傳月中有白兔，故云。❻行草 書體的一種，筆勢居於草書與楷書之間，而偏於草書。❼向武 明代為州，直隸廣西布政使司，治所在今天等西北的向都。❽羲皇 指太古。古人以為太古時期，人無憂無慮，翛然自得，與外物混為一體。

【語 譯】九龍潭在府城西南五里的平岡上。有一泓潭水，深不可測，潭中積水時常溢出，往北流成溪水。九龍洞石山在它的南面，張自明在這裡禱告求雨，有了應驗，便請朝廷封祭這山。石山的北面，有個朝北的洞，前面有岩石擋在其中，好像樹立的塞門。從西面的空隙進去，洞內開出巨大的石室，但不太高。後面又有一圈石柱，位於洞的中間。前面立了一塊大碑，上面寫道：「郡守張自明墓。」這是嘉靖年間的知府所立。這實際是石，為什麼說成墓呢？從墓東面的間隙帶了火把往南走進，再南就十分狹窄，只能容納一個人，越往下地勢越低，不能進去了。仍然走出洞門，門有塊碑臥倒在洞前，碑中用篆體刻著「紫華丹臺」四個大字，筆法很古樸。兩旁題了一首絕句，左邊一行寫道：「百尺長兮手獨提，金烏玉兔兩東西。」右邊一行只存下一句，為「成言一了閒游戲」，以及下面一句的一個「赤」字，再下面則因為碑石破碎，無處可找了。它的字體是行草，極盡遒勁活潑的妙趣，必定是宋人手筆。可惜碑石已經破碎，連題詩者姓名也一併失去，真可恨啊。巖洞西邊的下方又有一道峽門，往南走進很深很窄，拿著火把進去，走十多丈就停下。洞底有許多石丸如同丹砂，只是顏色較黃，不及向武州的石丸晶瑩潔白。往東走下還有一道覆壁，橫向拓展，十分寬廣，而且很平整。拄著手杖向北眺望，感覺已像太古時的人那樣逍遙自在。離巖洞東北四里處，石塊排列如同陣營，從西向東就像插入的屏障，直到香山寺前，俗稱「鐵索繫孤舟」。我遊覽完畢，隨即從北面走，向東渡過九龍潭往北流的澗水，再往東北走三里回到香山寺。寺中的僧人說：「九龍洞很深，要換幾次火把才能走到底。這洞還只是丹霞墓，不是九龍巖。」

會仙山在龍江之北，南面正臨郡城。渡江半里，即抵其麓。其山盤崖峻疊，東、西、南三面俱無可上，惟北面山腋間可拾級而登。路從西麓北向行，抵山西北隅，乃東向上躋。第一層，歧而南為百子巖；第二層，歧而南為雪花洞，歧而北為百丈深井巖；直東上嶺脊，轉而南為絕頂。此皆西北面之勝也。從東麓北向上，直抵絕壁之下，最東北隅者為丹流閣，又循崖而西為東觀，又西為白龍洞，又西為中觀，又西為西觀。此皆東南面之勝也。東南之勝在絕壁下，而中觀當正南之中；西北之勝在絕頂上，而玄帝殿踞正南之極；而直北之深井，則上自山巔，下徹山底，中闢奧穴，獨當一面焉。

百子巖在會仙山西崖之半，其門西向。由下門入三丈餘，梯空而上，上復疊為洞，若樓閣然，前門復出下門之上。洞雖不深崇，而闢為兩重，自覺靈幻。內置送子大士，故名。是山石色皆青黝，而洞石獨赭。南又一洞，與上層並列，已青石矣。

雪花洞在會仙山西崖，乃百子之上，而絕頂之側也。其洞西北向，前有庵，奉觀音大士。側疊石為臺，置室其上，則釋子所棲也。由大士龕後秉炬入，門頗不宏，漸入漸崇拓，有石柱石門，宛轉數曲，復漸狹，其下石始崎嶔，非復平底矣。越一小潭，其內南轉而路遂窮。洞在最高處，而能窈窕深入。石柱之端，垂水滴瀝不絕，僧以器承之，足以供眾，不煩遠汲，故此處獨有僧棲。余酌水飲之，甘冽不減惠泉也。夜宿洞側臺上，三面陡臨絕壑，覺灝氣❶上通帝座。

絕頂中懸霄漢，江流如帶橫於下，郡城如棋局布其前，東界則青鳥山，西界則天門拜相山，俱自北而南，分擁左右，若張兩翼。而宜山則近在西腋，以其卑小宜眾，則此山之巖巖壓眾可知矣。峰頂有玄帝殿，頗巨，而無居者。殿後有片石凌空，若鼓翼張喙者然。按張自明〈龍溪書院圖〉，絕頂有齊雲亭，即此。

深井在絕頂之北，與雪花洞平列。路由二天門東北行，忽從山頂中陷而下，週迴大數十丈，深且百丈。四面俱嶄削下嵌，密樹擁垂，古藤虬結，下瞰不見其底，獨南面石崖自山巔直剖而下。下有洞，其門北向，高穹上及崖半，其內下平中遠，反可斜矚。蓋洞上崖削無片隙，樹莫能緣也。崖之西北，峰頭有石橫突窞中，踞其上，正與洞門對。傍又有平石一方如砥，是曰棋枰石，言仙自洞下出，升峰頭而弈也。余晚停杖雪花洞，有書生鮑姓者，引至橫突石上，俯瞰旁矚，心目俱動。忽幽風度隙，蘭氣襲人，奚啻兩翅欲飛，更覺通體換骨矣。安得百丈青絲懸轆轤而垂之下也！僧言其洞直通山南，穿江底❷而出南山。通山南之說有之；若云穿江別度，則臆說也。

【章　旨】本章追記在慶遠府遊會仙山的行跡。會仙山只有北面可以攀登，西北面的勝景在絕頂上，有百子巖、雪花洞、百丈深井巖等。東南面的勝景在絕壁下，有白龍洞、東觀、中觀、西觀、丹流閣等。百子巖開出兩重，十分靈幻，洞中岩石呈赭紅色，與眾不同。雪花洞在最高處，但能曲折深入，洞內有泉水，甘美清冽，故有僧人居住。絕頂高懸雲天，近在西側的宜山顯得十分低矮，峰頂有玄帝殿。深井巖從山頂忽然陷下，深近百丈，四面陡峭，下面有洞，旁邊有棋枰石。夜晚到峰頂橫突的岩石上，向四面望去，有脫胎換骨之感。傳說這洞穿過龍江通往南山，但只是一種主觀猜測。

【注　釋】❶灝氣　迷漫在天地之間的大氣。❷穿江底　江指龍江。

【語　譯】會仙山在龍江北岸，南面正對著府城。渡過江走半里，就到達山麓。這山石崖盤繞，陡峻重疊，東、西、南三面都無路可上，只有北面山腋間可沿著石級攀登。路從西麓往北走，到山的西北角，就向東往上攀登。到第一層，分出岔路往南的是百子巖；到第二層，分出岔路往南的是雪花洞，往北的是百丈深井巖；一直往東登上嶺脊，再轉向南便是絕頂。這些都是西北面的勝景。從東麓往北走上，直到絕壁的下面，在最東北角的為丹流閣，再沿著山崖往西為東觀，再往西為白龍洞，再往西為中觀，再往西為西觀。這些都是東南面的勝景。東南面的勝景在絕壁下，而中觀正處在正南面的中間；西北面的勝景在絕頂上，而玄帝殿高踞正南的最高處；正北的深井巖，則上面起自山巔，下面直通山底，中間開出幽深的洞穴，獨當一面。

　百子巖在會仙山西面山崖的半腰，洞門朝西。從下門走進三丈多，架起梯子凌空往上，上層又疊成一洞，如同樓閣，從前門走出，又到下門的上方。洞雖然並不深遠高大，但開出兩層，自然也就覺得有些神妙奇幻。因裡面供著送子菩薩，所以起這個名字。這山岩石都是青黑色，但唯獨這洞的岩石是赭紅色。南面還有一個洞，和上層洞並列，已是青石了。

雪花洞在會仙山西面山崖上，就在百子巖上方，絕頂的側面。這洞面向西北，前邊有庵堂，供奉觀音菩薩。旁邊用石塊疊成平臺，上面造了房屋，是僧人居住的地方。拿著火把從大士龕的後面走進，門不很高大，漸漸往裡，漸漸變得高大寬敞起來，有石柱石門，轉了幾個彎，又漸漸狹窄，下面岩石開始高低不平，不再是平坦的洞底了。越過一個小潭，從裡面往南轉，路就到了盡頭。洞在最高處，但能夠曲折深入。石柱的上端，水不斷滴下，僧人用器皿接水，足以供眾人使用，不必遠處去取，所以唯獨這裡有僧人居住。我舀了水喝，覺得甘甜清洌，不亞於無錫惠山泉水。當夜住在洞旁的平臺上，三面下臨陡絕的山壑，只覺灝氣往上直通天宮。

絕頂高懸雲天之中，江流如同衣帶橫在山下，府城如同棋局擺在前面，東界為青鳥山，西界為天門拜相山，都從北往南延伸，在左右兩邊分列環抱，如同張開的雙翼。而宜山則近在西腋，因為它矮小，適宜眾人攀登而得名，那麼這山高出群山也可想而知了。峰頂有玄帝殿，很大，但沒人居住。殿後有一片凌空而起的岩石，就像鳥兒張翼開口欲飛的模樣。按張自明的〈龍溪書院圖〉，絕頂上有齊雲亭，就是這裡。

深井巖在絕頂的北面，和雪花洞並排平列。從二天門往東北走，忽然從山頂中間陷下，周圍有幾十丈，深近百丈。四面都高峻陡峭往下深嵌，茂密的樹林環抱垂掛，古藤盤結，往下看不到底，獨有南面石崖從山頂直劈下去。下面有洞，洞門朝北，高高隆起到達石崖半中腰，洞內底部平坦，中間深遠，反而可以斜視。因為洞上的懸崖如同削成，沒有一點縫隙，樹木不能生長。在山崖西北的峰頂上，有岩石在坑中橫向突起，坐在石上，正好和洞門相對。旁邊還有一方平石像磨刀石，名棋枰石，據說神仙從洞下走出，升上峰頭，在這裡下棋。晚上我在雪花洞留宿，有位姓鮑的書生，帶我到橫突的岩石上，向四面往下眺望，心目都感到震動。忽然清幽的山風穿過空隙吹來，蘭花的香氣撲面而來，豈止感到脅下如生雙翅飄然欲飛，更有渾身脫胎換骨之感。到哪裡去找百丈長的青絲繩，懸掛在轆轤上筆直垂下去趁興一遊！僧人說這洞直通山的南面，穿過江底通往南山。通往山南的說法有可能，至於說穿過江底到別的地方，則純粹是一種主觀推測。

中觀在會仙山南崖之下。緣石坡而上，至此則轟崖削立。前有三清殿，已圮。上有玄帝像，倚崖綴室而奉之。像後即洞門，南向。篝燈而入，歷一室，輒後崖前起，攀而上，復得龕一圓，可以趺座，不甚深。其東崖上大書有「四遇亭」三字。循崖而東，三百步得白龍巖。

白龍洞在中觀之東危崖下，〔洞南向。〕入門即西行，秉炬漸轉西北，其底平坦，愈入愈崇宏；二十丈之內，有石柱中懸，長撐洞頂，極為偉麗。其內有岐東上，而西北仍平，入已，愈開拓，中有白石一圓，高三尺，尖圓平整，極似羅築而成者，其為仙冢無疑。冢後有巨石中亙，四旁愈擴。穿隙而入，其內石柱更多。北入數丈，過一隘，又數丈，石壁忽湧起，如蓮下垂，而下無旁竇可入。望其上復窅然深黑，然離地三、四丈，無級以登。乃從故道出，仍過白石冢，至東上之岐，攀躋而上。其石高下成級，入數丈，石柱夾而成門。踰門脊東下，其處深而擴，底平而多碎石漫其中。漸轉而北，恐火炬不給，乃返步，由故道出。余游是洞，以雲臥閣僧為導，取芻洞口，未及束炬，故初入至白石冢而出。再取芻入，至石壁高懸，無級以登而出。三取芻入，從東岐踰隘，下深底，將北轉而出。三出皆以散草易爇，不能持久也。洞口有劉棐詩一絕，甚佳，上刻「白龍洞」三大字。

東觀在白龍洞東北二百餘步，前有三茅真人殿，殿後穹巖覆空，其門南向，中如堂皇，亦置金仙像。東、西俱有奧室，東奧下而窅黑，西奧上而通明。巖前大書「雲深」二字，國初彭揮使筆也。殿西有洞高穹，其門東向。門之南偏有石筍高二丈餘，鐫為立佛，東向洞外。門之北偏有石屏，高三丈餘，鐫為坐佛，西向洞中。其洞崇峻崆峒，西入數丈，忽下墜深坑，上嵌危石，洞轉北入，益深益宏。蓋下陷之坑，透石北轉於下，上穹之洞，凌石北轉於上，中皆嵌之石，橫跨側偃，架則為梁，空則為淵，彼此間阻，不能踰涉，故無深入之路，第一望杳黑而已。是洞有題崖者，亦曰「白龍」，又曰「白龍雙洞」。乃知洞原有二，前之所入乃西洞，此乃東洞也。西洞路平可行，此洞石嵌，無容著足，其深遠皆不可測。洞門題刻頗多，然無宋人筆，最多者皆永樂間題。有永樂四年❶盧陵❷郭子盧❸僉憲❹〈小記〉云：「此乃陸仙翁休服❺修煉處，石牀、丹竈、仙桃、玉井猶存。」按《百粵風土志》❻：「仙翁又名禹臣，唐時人。」豈名與字之不同耶？洞兩旁龕竇甚多，皆昔人趺坐之所。殿東有小室，亦俱就圮。

丹流閣在東觀東北二百餘步，其上危崖，至此又一折矣。崖前有小閣兩重，皆就圮。後閣中置文昌司命❼像。閣西有洞西入，其門東向，甚高。門之內，有石夾聳成關，架小廬其上，亦甚幽爽，皆昔人棲真之處也。由洞內西入數十丈，漸隘而北轉，路亦漸黑，似無深入處，遂不及籌燈。閣北上崖裂摺，下嶺倒墜，北路遂盡，此中觀東北之勝也。此處廬閣處處可棲，今俱凋敝，無一人居，以艱於水也。諸洞惟雪花有滴瀝。

西觀在中觀西三百餘步危崖之上，上下皆石壁懸亙，後有洞，亦南向。余至中觀，仰眺不見，遂折而東行；既下山麓，始迴睇見之，不及復往矣。此中觀西崖之勝也。〔聞會仙山西南層崖上，又有仙姑巖，由西南山麓攀躋上，當在西觀上層，雪花、百子巖南崖，無正道也。〕

【章旨】本章追記在慶遠府遊會仙山的行跡。中觀懸崖陡立，有三清殿和玄帝像。走進白龍洞，越往裡越高大，有石柱拄撐洞頂，極為壯麗。洞內有白石仙冢，又有石壁湧起，如蓮花下垂。東觀前有三茅真人殿，殿西洞門旁有石筍雕成立佛，又有石屏雕成坐佛。這洞高峻空闊，往下陷成深坑，是白龍洞東洞，和先前遊的西洞合稱白龍雙洞。洞門題刻很多，但無宋人手筆。流丹閣即將倒塌，因沒水無人居住。西觀上下石壁懸立橫亙，聽說會仙山西南山崖上還有仙姑巖。

【注釋】❶永樂四年　西元一四〇六年。永樂，明成祖年號。❷廬陵　舊縣名，唐時移治今江西吉安。❸郭子盧　《廣西通志・職官》作「郭子祿」，泰和人。泰和，明代為縣，隸吉安府。❹僉憲　僉事的尊稱。僉事協理州府政務，掌管文牘。❺陸

仙翁休服　陸禹臣，字休服，河東人。避黃巢亂，入南嶽，遇道士軒轅彌明，授以仙術，且謂曰：「子得道當在山窮水絕處。」乃跋涉隱居宜山之北山。山上有井，色紺碧，相傳禹臣在時，時聞仙樂。❻百粵風土志　書名，凡一卷，記廣西風土。❼文昌司命　道教神名，即梓潼帝君。傳說姓張名亞子，居蜀七曲山，仕晉戰死，後人立廟祭祀，元仁宗延祐三年（一三一六）封為「輔文開化文昌司祿宏仁帝君」。道家謂玉帝命梓潼掌文昌府及人間功名、祿位事，因此稱為梓潼帝君。

【語　譯】 中觀在會仙山南面的山崖下。沿著石坡往上，到這裡懸崖矗立，石壁如削。前面有三清殿，已經倒坍。靠著山崖造了一座石室，上面供奉玄帝像。像後就是洞門，朝南。點起燈籠走進，經過一間石室，後面的山崖就向前突起，攀登上去，又看到一個圓形的石龕，可以打坐，不太深。在它東面的山崖上刻著「四遇亭」三個字。沿著山崖往東，走三百步就到白龍巖。

白龍洞在中觀東面的懸崖下，洞門朝南。進入洞中，就往西走，舉著火把漸漸轉向西北，底部十分平坦，越往裡越高大；走了不到二十丈，就看到有石柱居中懸立，長得直撐洞頂，極為雄偉壯麗。洞內有岔路往東走上，而西北仍很平坦，進去後，變得更加開闊，中間有一塊圓形的白石，三尺高，尖圓平整，極像排列修築而成，毫無疑問是仙人的墳墓。墓後有巨石橫在中間，四周更加開闊。從石縫中穿入，裡面石柱更多。往北走進幾丈，經過一個隘口，又走進幾丈，石壁忽然湧起，如同蓮花下垂，但下面卻沒有旁洞可以進入。望見石壁上方又變得幽深黑暗，但離地有三、四丈高，沒有石級可以攀登。於是從原路退出，仍然經過白石冢，到往東走上的岔路，向上攀登。這裡的岩石或高或低，形成石級，走進幾丈後，石柱相夾成門戶。越過門下的石脊往東走下，這裡又深又開闊，底部平坦，但有許多碎石散布其中。漸漸轉向北，怕火把不夠用，於是返回，由原路退出。我遊這個洞，以雲臥閣的僧人為嚮導，在洞口取得乾草，沒來得及紮成火把，所以第一次進洞到白石冢就走出。再取草進洞，到石壁高懸的地方，因沒石級可登而退出。第三次取草進洞，從東面的岔路穿過隘口，往下走到幽深的洞底，將要往北轉就出洞。三次出洞都因為鬆散的草把容易燃燒，不能持久。洞口刻有劉棐的一首絕句，寫得很好。上面刻有「白龍洞」三個大字。

東觀在白龍洞東北二百多步處，前面有三茅真人殿，殿後隆起的巖洞覆蓋半空，洞門朝南，裡面如同大廳，也供著佛像。東西兩邊都有幽深的石室，東邊的石室在下方，幽深黑暗，西邊的石室在上方，透光明亮。巖前寫著「雲深」兩個大字，是建國初期彭指揮使的手筆。殿的西面有高高隆起的洞，洞門朝東。洞門偏南處有二丈多高的石筍，雕成立佛，向東面對著洞外。洞門偏北處有石屏，高三丈多，雕成坐佛，向西面對著洞中。這洞高大險峻，十分空闊，往西走進幾丈，地面忽然往下陷成深坑，上面嵌著危石，在洞中轉向北走進，更深遠更高大。原來下陷的深坑，穿過危石往北轉到下面，往上隆起的洞，凌駕危石往北轉到上面。中間都是傾側相嵌的岩石，有的橫跨，有的側臥，架起的成為橋梁，空著的成為深淵，彼此阻隔，不能跨越，所以沒有可以深入的路，只是一眼望去幽深黑暗罷了。這洞崖壁上有題字，也叫「白龍」，又名「白龍雙洞」。這才知道白龍洞原來有兩個，先前所進的是西洞，這是東洞。去西洞的路平坦可走，而這個洞岩石相嵌，無處落腳，洞的深遠都無法推測。洞門題刻很多，但沒有宋人的手筆，最多的是永樂年間題刻的。有永樂四年廬陵郭子盧僉憲的〈小記〉，寫道：「這是陸仙翁休服修煉的地方，石牀、丹竈、仙桃、玉井都還保存著。」據《百粵風土志》記載：「仙翁又名禹臣，是唐代人。」難道是名和字不同嗎？洞兩旁有許多石龕孔洞，都是過去人們打坐的地方。殿的東邊有小屋，也都快倒坍了。

丹流閣在東觀東北二百多步處，上面的懸崖，到這裡又一轉了。崖前有兩層小閣，都快要倒坍。後閣中供著文昌司命帝君的像。閣的西面有洞往西深入，洞門朝東，很高。洞門之內，有岩石相夾高聳形成關口，上面架著小屋，也很幽靜爽朗，都是過去人修道養性的地方。從洞內往西走進幾十丈，漸漸狹窄起來，轉而向北，路也漸漸黑暗，似乎沒有深入的地方，就沒有點燈。閣北上面的山崖斷裂，下面的山嶺倒墜，北面的路就到了盡頭，這是中觀東北的勝景。這裡的房屋、樓閣處處可以居住，但現在已破敗，沒有一個人居住，這是因為取水困難的緣故。在眾多洞穴中只有雪花洞有水滴下。

西觀在中觀西面三百多步的懸崖上，上下都是高懸橫亙的石壁，後面有洞，也朝南。我到中觀，抬頭眺望卻看不到，便轉向東走，往下到山麓，才回頭看到洞，但來不及再去了。這是中觀西面山崖的勝景。聽說會仙山西南層層山崖上，還有仙姑巖，從西南山麓往上攀登，應當在西觀的上層，雪花洞、百子巖南面的山崖上，沒有大路可以上去。

宜山在會仙山之西，龍江之北。其東又有小石一支並起，曰小宜山。二山孤懸眾峰之間。按志以其小而卑，宜於眾，故名。舊宜山縣在江南岸，西竺寺西，正與此山相對。或又稱古宜山縣在江北，豈即在此山下耶？縣今為附郭❶矣。

多靈山最高聳。其上四時皆春，瑤花仙果，不絕於樹。登其巔，四望無與障者。其山在郡城西南九十里永順司鄧宗勝之境，乃龍江西南，都泥江東北，二江中分之脊也。其來脈當自南丹分枝南下，結為此山；東行至青塘之南，過脊為石壁堡山；又東走而環於柳江之南，為穿山驛❷諸山；而東盡於武宣之西南境❸，柳、都二江交會之間。

臥雲閣在龍江北半里，周氏之別墅也。周氏兄弟五人俱發雋❹，有五桂坊匾。營園於此，名金谷。今已殘落，寂無一人。惟閣三楹，猶整潔，前後以樹掩映可愛。主人已捨為玉皇閣，而中未有像，適一老僧自雪花分來守此，余同徜徉於中。其西南臨江，又有觀音閣，頗勝而有主者，余不及登。

【章旨】本章追記在慶遠府遊宜山、多靈山、臥雲閣的行跡。宜山和小宜山並起，既低又小。多靈山最為高聳，山上四季如春，花果不絕。臥雲閣原為周氏別墅，現已敗落。

【注 釋】❶附郭 府治所在地的縣，與府同城稱附郭縣。郭，外城。❷穿山驛 今名穿山，在柳江南境。❸東盡於武宣之西南境 柳江和都泥江交會處在象州西南的石龍附近，尚未至武宣境內。❹發雋 謂科舉考試及第。

【語 譯】宜山在會仙山的西面，龍江的北岸。在它東面又有一支小石山並排聳起，名小宜山。這兩座山旁無所依，懸立在群峰之間。按志書的說法，因為山既小又矮，適宜眾人登臨，故以「宜」名。原宜山縣治在龍江南岸，西竺寺西面，正好和這山相對。也有人說古時宜山縣治在龍江北岸，莫非就在這山之下嗎？現在宜山縣已經成為慶遠府的附郭縣了。

多靈山最為高聳。山上四季如春，奇花仙果，在樹上不斷開放生長。登上山頂，四面望去，沒有什麼遮擋。這山在府城西南九十里，永順土司鄧宗勝的轄境內，位於龍江西南、都泥江東北，是在這兩條江水中間分隔的山脊。它延伸過來的山脈應當起自南丹州分出南下的支脈，盤結而成這座山；往東延伸到青塘的南面，伸過的山脊便是石壁堡山；再往東延伸環繞柳江的南面，便是穿山驛一帶的群山；再往東到武宣縣的西南境為止，在柳江與都泥江交會之間。

臥雲閣在龍江北面半里處，是周氏的別墅。周氏兄弟五人都科舉考試及第，有五桂坊的匾額。在這裡建造園林，名金谷園。如今已經破敗，冷清清的不見一個人影。只有三間樓閣，還算整潔，前後有樹木掩映，十分可愛。主人已經把這園施捨為玉皇閣，但閣中還沒有神像，剛巧有一個老僧從雪花洞分出來這裡守護，我和他一同在閣中閒遊。在閣西南面對龍江處，還有觀音閣，景色很美，而且有人主管，我來不及登臨了。

【研 析】廣西岩溶地區水文獨特，有的地區地表河與地下河（伏流）或上下相通，或交互出現，有的地區形成複雜的地下河系，有的地區地下水又溢出形成溶湖。這些溶湖（或溶潭、溶泉）不少成為河水的源頭，在流動的過程中又轉入地下，使得地表河和地下河時現時隱，共同組成一個特殊的河系。徐霞客遊慶遠府，對這種奇特的水文狀況十分注意。在府城西南九里，有九龍洞山，「其北崖有洞，下有深潭嵌石壁中，若巨井，潭中下橫一石，東西界為二：東小，而西鉅；東水低，西水高；東水清，西水渾。想當雨後，西水通源，從後山溢來，而東則常瀦者也。」於此，徐霞客已揭示了兩條不同的地下水，因地勢高低不同，在流溢的過程中造成潭水或清或渾的差異。在府城附近的草峽，他沿著獨山到觀巖下，看到「危崖上覆，下有深潭水瀦其中，不知所出，惟從巖北隅瀉入巨門，其中窅黑，水聲甚沸」，立即想到「蓋水從山南來，汎底而出，瀦為此潭，當即黃窰之西巨塘分流而搗入山穴者，又透底而溢於此也。乃一出而復北入於穴，水與山和，其妙如此」。這實際上也是一道暗流，從山南洞穴中流出，又在巖北深入洞中，再從獨山觀巖下的洞穴中流出。

徐霞客對藏而不露的伏流，始終懷有極大的興趣。在勾漏庵後峰，為了找到一條伏流的源頭，他不顧山中有虎，臨深履險。《遊記》中對伏流幾乎有全方位的記載。他看到都泥江兩岸，「水多懸流穿穴」，「自萬峰石峽中破隘而出」；慶遠府的龍江，「自懷遠鎮，北凭空山，透石穴而出」；而三里城佛子嶺南巖，「水大時北洞中滿，水從下反溢而出此，激湧勢壯，故洞與澗皆若磨礪以成云。」即澗水流入北巖後，又從南巖穿出。徐霞客敏銳地感到，佛子嶺北巖地下水的流向，和水壓有關：「潭四週皆石壁無隙。聞其南有隙在水下，大潦從北搗下，洞滿不能容，則躍而出於山南之崖。蓋南崖較高，水涸則瀦於北而不洩，中滿則內激而反射於外。其交關之隙，則中伏云。」他在經過九疑山簫韶峰東麓時，看到有水往西流去，聯想起原先在楊梅洞中所看到的水，在既無舊說可據、又無實地可考的狀況下，依然明白地指出：「此塢四面之水，俱無從出，而楊梅下洞之流，為爛泥河者，即此眾水之沁地而入者也。」揭示了常人既不可能看到更不會去想的地面的水滲入地下河（爛泥河）後又流出地表的現象。

徐霞客寫水，既有專一的摹寫，也有比較的描述；既有歷史的回顧，也有現狀的記錄；既有考察的結果，也有科學的推理；既回盪著江水的呼嘯，也活躍著人的身影。水時而淙淙如琴奏，時而喧豗如雷鳴；時而安靜如淑女，時而激昂如戰士；時而溫柔，任人觀賞，時而凶暴，隨意吞噬。而無論這些水流到哪裡，又總有山在陪伴，青山綠水，在彼此征服、彼此協調中，共同繪就了一幅幅絕非人工所能企及的圖畫。

清人盧文弨〈書遊記後〉，特別強調徐霞客的經世致用之意：「其負性直介，而又非全闕經世之務，徒為汗漫遊者比。」徐霞客萬里遐征，長期「飄泊西南天地間」，在遊多靈山時，因看到一間茅屋，人去物留，還發過這樣的感慨：「惜乎人已久去，草沒雙扉，苔封古竈，令人恨不知何事憶人間也！」但他雖然遠離中原，遠離官場，卻仍不能出世遺俗。事實上，在西遊途中，人世間的風波，時時影響著他，即山山水水，也都或多或少帶有人世的印痕。靜聞死後，崇善寺僧人寶檀和店主梁仲宇合謀侵吞靜聞留下的財物，徐霞客曾向南寧知府吳紹志起訴，當時正逢巡按御史到來，吳紹志一味媚上，對霞客的起訴置之不理，致使惡人氣焰更加囂張，他只得放棄錢財，才將靜聞的遺骨經葉帶走。徐霞客到三里城後，應參將陸萬里之邀，住進官署的東閣，當天就翻閱了新舊邸報，對朝中的黨爭，已捲入黨爭漩渦的朋友的命運，十分關注。他不願在宦海弄濕身體，同時又希望已下水的朋友不要被波浪吞沒，而能成功地游到希望的彼岸。在廣西旅遊途中，他看到許多地處僻遠、形勢險要、人跡罕至的巖洞，成了當地人避亂藏身的場所。真可謂「任是深山更深處，也應無計避世事」。更何況徐霞客性耽山水，並不是為了遊山玩水，而是想通過實地考察，求取真知。他追求的不是科場、官場短暫的功名，而是科學領域的不朽功業。他明白自己難濟當今之世，於是將目光轉向自然之物。只要是真實的存在，不管是自然界的還是人世社會的現象，他都會關注，也都必須關注。他對人世的紛亂，只是一定程度的迴避，而不是徹底遺棄。雖然他時時表現出宗教徒般的執著和熱誠，但從不曾在宗教中得到解脫，他尊重佛教的高士，但並不信佛。對徐霞客來說，置身山水只是為了實現自我，而不是逃避現實。他不像陶淵明那樣，將山水作為身心的最後歸宿；也不像盧藏用那樣，看作求取功名的「終南捷徑」。他有陶淵明的性操，但比陶多了執著的行動；他有盧的用心，但沒有那種世俗的欲念。

在後二篇《粵西遊日記》中，徐霞客描寫了不少因戰亂、貧困而造成的城市村落蕭條荒涼的景象。如太平府城，「城中居舍荒落，千戶所門俱以茅蓋。城外惟東北有民居闤闠，餘俱一望荒茅舍而已。」龍英州「人民離散，僅存空廨垣址而已」。慶遠府「城內外俱茅舍，居民亦凋敝之甚，乃粵西府郡之最疲者」。河池州「州城乃土牆，上覆以茅。城中居民凋敝，俱草茅而無瓦舍」。《遊記》中兩次提到萬曆四十六年（一六一八）在廣西發生的一次大饑荒。慶遠府當全盛之時，沿江有幾千戶居民，但從那次饑荒之後，「蠻賊交出，遂鞠為草莽，二十年未得生聚，真可哀也！」河池所也因那年饑荒，被搶掠焚燒，「蕩為草莽」。民不安生，流離四方，有些地方已「一村俱空，無敢居者」。饑荒引起社會動亂，造成慘重破壞，留下難以痊癒的創傷。但由於這些地方都是蠻夷之地，為正統的史學家所不顧，因此在正史中就得不到反映，徐霞客的記載，不僅能補正史的不足，而且具有比正史所載更真實、也更現實的價值。

由於徐霞客手持陸萬里所給的馬牌，每到一地都可使用役夫，因此關於當時繁重的徭役對百姓的騷擾，記載尤多。當時的驛站夫役制度，不僅要百姓出勞役，還要無償地提供食宿，造成十分沉重的負擔。徐霞客在前往向武州的路中，從上峺村進入峽谷中，路上石峰離立，山坡高下，茅草塞路，腹痛難熬，只能坐轎行走，那天共走了三十五里，換了八次役夫。在坪瀨村、六月村和那埂村，因為村小夫少，甚至用婦女、兒童代夫抬轎。徐霞客在途中確實得到一些村民的幫助，他到向武州的陳峒，已經天黑，村民在暗中聽到人聲，都爭先恐後出來抬轎。但沿途也有不少人，由於不堪其苦，於是以怠工、推諉等方式，進行消極對抗。他在前往佶倫州時，就發生過各村居民互相推諉，在原地兜圈子的事，甚至將行李扔在草叢中一哄而散逃走。當他因役夫故意刁難，無法往前，只得返回佶倫州時，村民怕遭懲罰，「各家男子俱遁入山谷」，只留下「老人婦臥暗處，作呻吟聲」。這些記載，同樣真實地反映了人民的負擔和痛苦。

初十日　晨起，飯於香山寺。雲氣勃勃未已，遂別慧庵行，西〔取南丹道去。〕

隨龍溪半里，踰其北，即西門外街之盡處也。又半里，見又一溪反自西來，乃九龍之流，散諸田壑，北經西道堂之前，東折而來。龍溪又西流而合兩水，合於西街盡處，即從路下北入石穴而注於江。又半里，過西道堂。又西五里，過前小觀還所過石橋架于石壑間者，其水乃小觀所出之支也。過橋，西南有岐，即前小觀所來大路。從橋西直行，乃懷遠大道也。直西行又三里，望見西北江流從北山下一曲。蓋自郡西來，皆循江南岸行，而江深不可見，至是一曲，始得而見之。江北岸之山，自宜山之西連峰至此，突而西盡，曰雞鳴山。其西之連峰，又從雞鳴後環而去者也。憶前從小觀來，誤涉水畦，既得大道後，即涉一石壑，有石架壑上，其下流水潺潺，深不可晰；又東二里，復過一石壑，其架石亦如之。今所過止東壑石橋一所，其西壑者，路已出其北，橋應在其南，但橋下北注之水，不知竟從何出，豈亦入穴而不可覯耶？向疑二橋之水，一為小觀，一為九龍，以今觀之，當俱為小觀，非九龍也。

於是兩界石山俱漸轉西北，從中塢行。又十里，有山中峙於兩界之間，曰獨山，峭削孤聳，亦獨秀之流也。獨山南有村數十家，在南山下，曰中火鋪。又西北一里，踰土崗，復望見西北大江一曲，自西而東。又西北一里，直逼南界石山而行。路北則土阜高下，江北復石峰蜿蜒，路瀕南峰，江瀕北峰，而土山盤界其間，復不見江焉。是時山雨大至，如傾盆倒峽，溪流之北入江者，聲不絕也。又五里，兩界之中，又起石峰一支，路遂界其北，江遂界其南。雨雖漸止，而泥滑不堪著足，行甚蹇也。又三里，轉南界石嘴，有泉一泓，獨止石竇間，甚澄碧。其西有巖北向，前有大石屏門而峙。洞深五丈，中高外閟，後壁如蓮花，葉蕊層層相疊，而綴隙扁狹，可窺而不可入焉。又西北二里，南山後遜外攢，中開一宕❶，北向數家倚之，曰大峒堡。入而炊於欄，問：「洞何在？」曰：「在南山之背。從堡後南入峽，尚三、四里而至，一曰大洞，一曰天門洞，有楚氓開銀其內焉。」蓋自堡北望之，則南峰迴環如玦，入至堡後，又如蓮瓣自裂，可披而入也。

過大洞堡，升降陂陀，又十里，踰土山而下，則江流自南而北，橫天塹焉。其西岸即為懷遠鎮❷。時隨夫挑擔不勝重，匍匐不前，待久之，而後渡。江闊半於慶遠，乃懷遠鎮之南江也。其江自荔波❸來，至河池州東境為金城江❹。又南至東江，合思恩縣❺西來水❻，南抵永順北境，入山穴中，暗伏屈曲數里，而東出於永泰里❼，又東北至中里，經屏風而東，黃村、都田之水入焉。又東北過此，又北而東五里，則北江❽自西北來合，〔為龍江焉。〕前謂自屏風山入穴者，訛也，屏風未嘗流穴中，入穴處在永順司、永泰里之間。土人亦放巨板浮穴中下。由是觀之，永順司有三大流焉，此為北支；而司北五里者，又為都泥北支，司南與思恩府九司隔界者，為都泥南支。八峒石壁之水，入金城下流可知。懷遠鎮在江之西岸，其北尚有北江，自思恩縣北總州❾來，與南江合于懷遠之下流。舟溯南江至懷遠而止。其上則灘高水淺，不能上矣。北江通小舟，三、四日至總州。是晚，宿懷遠鎮之保正⑩家，而送夫之取於堡中者，尚在其西土山上。蓋是處民供府縣，而軍送武差。

【章　旨】本章記載了第三百二十八日在慶遠府的行跡。從香山寺出發，前往南丹州。經過西道堂、小觀，望見龍江北岸的雞鳴山。走過一道石壑，往前又看到獨山峭拔高聳。繼續向前，山中下起大雨，路滑難走。前面有個巖洞，石壁宛如蓮花。到大峒堡吃罷飯，翻過土山，渡過龍江，到懷遠鎮保長家留宿。

【注　釋】❶宕　石礦。❷懷遠鎮　今名同，在宜山西北三十五里。❸荔波　明代為縣，後隸河池州，今屬貴州。❹金城江　上游為打狗河，在河池東境。❺思恩縣　明代隸河池州，治所在今廣西環江毛南族自治縣南。❻西來水　明代稱環江，下游稱東江，即今大環江，在荔波東境，自北往南，至河池東境匯入龍江。❼永泰里　乾隆本作「泰順里」。❽北江　今名小環江，自北往南，至懷遠匯入龍江。龍江在此又稱南江。❾總州　當為「中州」，宋安化州歸仁縣治，在今環江毛南族自治縣東北小環江西岸。❿保正　保長。

【語　譯】初十　早晨起身，在香山寺吃飯。雲氣勃勃升騰不止，於是和慧庵告別出發，往西取道去南丹州。隨著龍溪走半里，越過溪北，就是西門外街的盡頭處。又走了半里，看到又有一條小溪反從西面流來，是九龍潭的水，散流在田野溝壑中，往北經過西道堂的前面，轉向東流來。龍溪再往西流，兩條溪水在西街盡頭會合後，就從路下往北進入石穴而後注入龍江。再走半里，經過西道堂，又往西走五里，通過先前從小觀返回時所路過的那條架在石壑間的石橋，這水就是從小觀分出的支流。過了橋，西南有條岔路，就是先前從小觀來時所走的大路。從橋的西面直往前走，是去懷遠的大路。直往西又走了三里，望見西北的江流從北山下面轉了一個彎。因為從府城西面過來，一路都是沿著江的南岸走，江在山谷深處看不見，到這裡轉了一個彎，方才看到。龍江北岸的山，從宜山的西面連綿不斷延伸到這裡，在西面盡頭突起的，名雞鳴山。它西面連綿不斷的山峰又從雞鳴山後面環繞而去了。回憶先前從小觀過來，誤走水田中，在找到大路後，就涉過一道石壑，壑上架著石橋，下面流水潺潺，因太深看不清楚；再往東走二里，又涉過一道石壑，上面也同樣架著石橋。如今所經過的只有東壑的一座石橋，西壑那座橋，路已走到它的北面，橋應該在南面，但橋下往北流的水，不知究竟從哪裡流出，難道也流入洞中看不到嗎？以前懷疑這兩座橋下的水，一條出自小觀，一條出自九龍潭，但以今天的情形看，應當都是出自小觀，不是從九龍潭流出的。

到這裡兩邊的石山都漸漸轉向西北，路從中間山塢走，又過了十里，有山峙立在兩邊石山的中間，名獨山，陡峭獨自聳立，也是獨秀峰之類的山。獨山南面有個幾十戶人家的村莊，在南山下面，名中火鋪。再往西北走一里，越過土岡，又望見西北大江轉了一個彎，從西往東流去。再往西北走一里，直貼著南界的石山行走。路的北邊是高高低低的土丘，江的北岸又有曲折盤旋的石峰，路靠近南面的山峰，江靠近北面的山峰，而土山在中間盤繞分隔，又看不見江流了。這時山中下起大雨，勢如傾盆倒峽，往北流進江中的溪水，聲響不絕於耳。再走五里，在兩邊石山中間，又聳起一支石峰，路就被隔在它的北面，江流就被隔在它的南面。雖然雨漸漸停下，但泥地滑溜難以立腳，行走十分艱難。再走三里，轉過南界的石口，有一泓清泉，獨自停蓄在石坑中，十分澄澈碧綠。在它西面有個朝北的巖洞，前面有大石擋著洞門峙立。洞深五丈，裡面高大，外面閉塞，後面石壁如同蓮花，花葉花蕊層層相疊，而相連的空隙又扁又窄，可以往裡張望，卻不能進去。再往西北走二里，南山往後退縮，外面聚攏，中間開出一個礦洞，有幾戶人家朝北靠著它居住，地名大峒堡。進堡到竹樓上做飯，問道：「洞在哪裡？」答道：「在南山背後。從堡後往南進入峽谷，再走三、四里便可到達，一個叫大洞，一個叫天門洞，有幾個湖南人在裡面開荒種地。」原來從大峒堡朝北望去，南面的山峰三面迴環如同玉玦，進入堡後，又像蓮花花瓣那樣自然裂開，可以從中進入。

經過大洞堡，在山坡上上下下，又走了十里，翻過土山走下，只見江流從南往北，像天塹橫在面前。江的西岸就是懷遠鎮。這時隨從的役夫承受不了擔子的重壓，趴在地上不能往前走，等了好久才渡江。江面只有慶遠府的龍江一半寬，是懷遠鎮的南江。這條江從荔波流來，到河池州東境稱為金城江。再往南到東江會合思恩縣向西流的水，往南到永順北境，進入山洞，在地下曲折潛流數里，到東面的永泰里流出，再往東北到中里，經過屏風山往東，黃村和都田的水流入其中。再往東北流經這裡再往北轉向東五里，就有北江從西北流來會合，成為龍江。以前說江水到屏風山進入地洞，是訛傳，水到屏風山沒有流入地洞，進入地穴處在永順司、永泰里之間。當地人也將大木板放進地洞，浮水而下。由此看來，永順司有三大水流。這是北支；在司城北面五里處，又為都泥江的北支；在司城南面和思恩府九司交界相隔的，為都泥江的南支。八峒、石壁村的水，流入金城江下游可想而知。懷遠鎮在江的西岸，在它北面還有北江，從思恩縣北的總州流來，在懷遠和南江下游會合。船逆南江水上行，到懷遠為止。它的上游，灘高水淺，不能再上行了。北江可以通小船，航行三、四天到總州。當晚，在懷遠鎮的保長家留宿。而從城堡中派出送我的軍夫，還在西面的土山上。因為這裡百姓應府縣的差役，而軍士則應武差。

十一日　晨起，保正以二夫送至安遠堡換兵夫，久之後行。於是石山遙列，或斷或續，中俱土山盤錯矣。西北五里，上土山，轉而北，已乃復西北升降坡隴，每有小水，皆北流。共二十里，過中火鋪，又西北三里，為謝表堡。其堡當土山夾中，一阜孤懸，惟前面可上，後乃匯水山谷，浸麓為塘，東西兩腋亦水環之。堡在山上，數家而已。候夫久而行。又北踰一嶺，五里，有數十家在東山下，曰舊軍。時已過午，貰酒❶一壺，酌于路隅石上。石間有小水亂其南，一穴伏石竇下，噴流而出，獨清冽殊甚。又西北塢中皆成平疇，望見西北石山橫列於前。共八里，循南界石峰之麓，於是與西北石山又夾而成東西塢，路由其中，轉向西行，踰一橫亙土脊，則此小水之分界也。由此西望，則羊角山❷灣豎於兩界之中，此叱石❸之最大者也。又西二里，抵德勝鎮❹之東營。時尚下午，候營目不至，遂自炊而食。既飯，欲往河池所，問相去尚五里。問韋家山、街南金剛山。袁家山、街北獅子洞。蓮花塘，諸俱在德勝。遂散步鎮間，還宿於東營。是日下午已霽，余以為久晴兆，及中夜，雨復作。

【章　旨】本章記載了第三百二十九天在慶遠府的行跡。離開懷遠鎮，到安遠堡換了兵夫，再經過謝表堡、舊軍村，望見最大的羊角山，下午到德勝鎮東營留宿。

【注　釋】❶貰酒　賒酒。❷羊角山　在宜山城西六十里河池所，以形似得名。山麓有宋將楊文廣故壘。❸叱石　傳說漢黃初平得道成仙，將滿地白石叱起化為羊。此借指形似羊的石山。❹德勝鎮　今名同，在宜山西北六十里。

【語　譯】十一日　早晨起身，保長派兩個民夫送我到安遠堡換兵夫，過了好久才動身。到這裡，石山遠遠排列，或斷或續，中間都是土山盤繞交錯了。往西北走五里，登上土山，轉而向北，隨後又往西北在山坡田壟中上下，途中每次見到的小水，都是向北流去。共走了二十里，經過中火鋪，再往西北走三里，到謝表堡。這堡正當土山相夾之中，有一座獨自懸立的土山，只有前面可以上去，後面山谷中積滿了水，直淹到山麓，成為水塘，東西兩腋也有水環繞。堡在土山上，只有幾戶人家。為了等候兵夫，過了好久才出發。再往北越過一座山嶺，走了五里，有幾十戶人家在東面的山下，地名舊軍。這時已過中午，賒了一壺酒，坐在路邊石上喝。岩石間有小水在南面亂流，有個洞穴隱伏在石坑下，水從洞中噴流而出，格外清涼。再往西北，山塢中都是平坦的田地，望見西北石山橫列在前方。共走了八里，沿著南界石峰的山腳走，到這裡和西北的石山又夾成東西向的山塢，路就從中間通過，轉而向西走，越過一道橫亙的土脊，就是這小水的分界了。從這裡向西望去，只見羊角山山灣豎立在兩界的群山中，在形如羊角的石山中，這是最大的了。更往西走二里，到達德勝鎮的東營。這時還在下午，等候營中頭目不來，就自己煮飯吃。飯後，想去河池所，問後得知還有五里路。又打聽韋家山、在街南金剛山。袁家山、在街北獅子洞。蓮花塘各處名勝，得知都在德勝。於是在鎮上散步，回到東營住宿。這天下午天已放晴，我以為是長期天晴的徵兆，不料到半夜，又下起雨來。

十二日　晨起，飯畢而雨不止。令顧奴押營夫擔行李，先往德勝西營。余入德勝東巷門，一里，折而北，半里，抵北山下，袁家山。過觀音庵不入，由庵左自庵登山。有洞在山椒，其門南向，高約五丈，後有巨柱中屏，穿東西隙，俱可入，則稍下而暗。余先讀觀音庵碑云：「庵後為獅子洞。」故知此洞為獅子。又聞之土人云：「袁家山有洞，深透山後。」窺此洞深杳，亦必此山。時洞外雨潺潺，山頂有玉皇閣，欲上索炬入洞，而閣僧適下山，其中無人。乃令隨夫王貴下觀音庵索炬，余持傘登山，石磴曲綴石崖間，甚峻，數曲而上，則閣上為僧所扃，閣下置薪可為炬。余亟取之，投崖下。歷崖兩層，見兩僧在洞口，余疑為上玉皇閣僧也，及至，則隨夫亦在焉。僧乃觀音庵者，一曰禪一，一曰映玉，乃奉主僧滿室命以茶來迎，且導余入洞者。遂同之，更取前投崖下薪，多束炬入。遂由屏柱東隙，又北進數丈，則洞遂高拓，中有擎天柱、犀牛望月、鶯嘴、石船諸名狀。更東折數丈，則北面有光熠熠，自上倒影，以為此出洞之所也，然東去，尚有道杳黑，乃益張炬東覓之，又約五丈而止。乃仍出北去，向明而投抵其下，則懸石巉岨，光透其上，如數月並引。余疑，將攀石以登，忽有平峽繞其左而轉，遂北透出，其門北向，又在前所望透明之下也。出洞，南向攀叢崖而上，則石萼攢沓，如從蓮花簇瓣上行，緣透明穴外過，又如垂簾隔幙也。南向上山頂，遂從玉皇閣後入，則閣僧已歸。登閣凭眺，則德勝千家鱗次，眾峰排簇，盡在目中也。仍從二導僧下山，〔折磴石崖間，凡數曲下，出〕過獅子洞前，下入觀音庵，謝滿室而別。

遂出南半里，過德勝街，其街東、西二里餘。街方墟集為市。雨中截街而南，又半里，抵韋家山。從山之西麓攀級而登，崖懸峽轉，有樹倒垂其上，如虬龍舞空。上有別柯，從巖門橫架巨樹之杪，合而為一，同為糾連翔墜之勢。其橫架處，獨枝體穿漏，刓空剔竅，似雕鏤成之者。巖門在上下削崖間，其門西向，前瞰樹杪，就隘為門。前有小臺石橫臥崖端，若欄之護險。再上，有觀音閣當洞門。由其右入洞，洞分兩支：一從閣後東向入，轉而南，遂暗，秉炬窮之，五丈而止，無他竇也；一從閣西東向入，下一級，轉而北，亦暗，秉炬窮之，十丈而止，亦無他竇也。大抵此洞雖嵌空，而實無深入處，不若獅子洞之直透山後。然獅子勝在中通，而此洞勝在外嵌，凭虛臨深，上下削崖，離披掩映，此為勝絕矣。觀音閣之左，為僧臥龕，上下皆峭巖，僧以竹扉外障，而南盡處餘隙丈餘，亦若臺榭空懸，僧亦將并障。余勸其橫木於前，欄而不障以臨眺。僧從之。此僧本停錫❶未幾，傳聞此洞亦深透於後，正欲一窮，余以錢畀之，今多置火炬以從。其僧欣然。時有廣東客二人聞之，亦追隨入。及入而遍索，竟無深透之穴，乃止。洞門下懸級之端，亦有一門，入之，深不過四丈，而又甚狹。遂下山，山下雨猶潺潺也。

仍半里，出德勝街之中，隨街西向行，過分司前。向有二府，今裁革。以河池州同攝鎮事。又一里，出德勝西街門，又西一里，有營在路北，是為德勝營。往問行李，又挑而送至河池所矣。仍出至大路，稍西，遂從岐南過一小溪。半里，平原中亂石叢簇，〔分裂不一，〕中有瀦水一泓，〔澄無片草，〕石尖之上，亦有跨樹盤絡，如香山寺前狀❷。潭西又有一石峽，內亦瀦水，想下與潭通。其上則石分峽轉，不一其勝也。其南有石獨高而巨，僧結茅於上，是為蓮花庵。亦如香山寺前之梵室，但僧就峽辟間畜豬聚穢，不免唐突靈區耳❸。峽水之西，又有古廟三楹，扃而無人。前有庵已半圮，有木几巨凳滿其內，而竟無棲守。石虛雲冷，為之憮然。

乃返，北出大路，又西過一石梁，其下水頗小，自北而南，又東環蓮花庵之東，又西繞其前而南去，此乃南入南江之流也。又西經一古臺門，則路俱磚甃，而旁舍寥落，不若德勝矣。又西一里，入河池所❹東門。所有磚城，中開四門，而所署傾盡，居舍無幾，則戊午歲凶，為寇所焚劫，蕩為草莽也。德勝鎮皆客民，僱東蘭❺、那地❻士兵守禦，得保無虞，而此城軍士，反不能禦，而受燹❼。擔停於所西軍舍，穢陋不堪。乃易衣履至東街叩杜實徵，不在舍。返寓，之東門，實徵引至其書室，則所土阜上福山庵後楹也。庵僧窮甚，無薪以炊，仍炊於軍家❽，移食於庵，併行李移入。下午，令顧僕及隨夫，以書及軍符白管所揮使劉君，適他出，抵暮歸，曰：「當即奉叩，以晚，須凌晨至也。」所城與所後福山寺，皆永樂中中使❾雷春所創，乃往孟英山❿開礦者。

【章　旨】本章記載了第三百三十天在慶遠府的行跡。冒雨從德勝鎮到袁家山，山頂有獅子洞，聽說可穿到山的背後。由兩個觀音庵僧人作嚮導，拿著火把進入洞中，裡面曲折幽深。出洞到峰頂的玉皇閣眺望，德勝鎮和四周群山盡在眼底。下山穿過德勝街，到韋家山。有洞在陡峭的山崖間，洞內分成兩支，但裡面沒有旁通的洞。獅子洞的勝景在內部相通，這洞的勝景在外面嵌入，憑虛臨深。洞門前的觀音閣有僧人居住，勸他不要堵住空隙，有凝登臨眺望。下山先到德勝營，再去河池所，途中美景迭出，只是蓮花庵的僧人畜豬聚穢，唐突靈區。另有古廟空無一人。進入河池所，雖有用磚砌成的城，但城內已經荒蕪。這裡僧人窮得連柴火都沒有。

【注釋】❶停錫　僧侶雲遊時手持錫杖，在某處停留時，將錫杖掛起，稱為停錫或掛錫。❷如香山寺前狀　乾隆本作「如香山寺石片更稠合，間以潭渚，尤奇」。❸亦如香山寺前之梵室三句　乾隆本作「門就石隙，東、西、北俱小流環之，地較香山幽麗特絕」。❹河池所　河池守禦千戶所，治所在宜山德勝鎮西五里，和河池州不同城。❺東蘭　明代為州，隸慶遠府，治所在今廣西東蘭。❻那地　明代為土州，隸慶遠府，治所在今南丹西南那地。❼燹　兵火。❽軍家　屬於軍籍的人家。明代實行衛所制度，屬軍籍者，子孫世代隸軍籍。軍官、士兵皆世襲。❾中使　宦官。明代皇帝派遣宦官至各地監軍、開礦、收稅，稱中使。❿孟英山　在南丹城西五十里，產銀。永樂十五年遣內臣開礦，每年不過九十斤，不久罷。

【語譯】十二日　早晨起身，吃過飯，但雨還下個不停。吩咐顧僕押著兵夫挑行李，先去德勝西營。我進入德勝東巷門，走了一里，轉向北，過了半里，到北山下，袁家山。經過觀音庵，沒有進去，由庵的左面登山。山頂上有洞，門向南，約五丈高，後面有巨大的石柱，如同屏障在中間阻隔，穿過東西兩邊的空隙，都可以深入，但稍許走下就昏暗了。我先讀過觀音庵中的碑，上面說：「庵後為獅子洞。」所以知道這是獅子洞。又聽當地人說：「袁家山有個洞，很深，穿通到山背後。」看這洞十分深遠，一定也是這座山了。這時洞外雨聲潺潺，山頂有玉皇閣，想上去索取火把入洞，但閣中的僧人剛巧下山了，裡面沒人。於是吩咐隨從的役夫王貴下山到觀音庵取火把，我拿著傘登山，石級曲曲折折連結在石崖間，十分陡峻，轉了幾個彎上去，只見閣上門被僧人鎖住，而閣下堆積的木柴可以做火把，我急忙拿了木柴扔到崖下。經過兩層山崖，看到洞口有兩個僧人，我懷疑是上面玉皇閣的僧人，等到了那裡，只見隨從的役夫也在。二位原來是觀音庵的僧人，一個名禪一，一個名映玉，是奉主持僧滿室之命，帶著茶來迎候，並引導我入洞。便隨同他們再去取剛才扔到崖下的木柴，紮了許多火把入洞。於是從如同屏障的石柱東邊的空隙，又往北走進幾丈，洞變得高大開闊，裡面有擎天柱、犀牛望月、鶯嘴、石船等名稱的景狀。再往東轉進幾丈，只見北面有光線熠耀閃爍，從上面倒映進來，以為這就是出洞的地方，但往東走，還有一條暗黑的通道，於是更加高舉火把往東尋找，又走了大約五丈到了盡頭。仍然出來往北走，朝著亮光直到它的下面，只見懸垂的岩石十分險峻，亮光從石上透過，如同幾輪明月同時照耀。我感到疑惑，正要在石上攀登，忽然看到有平坦的峽谷繞過它的左邊轉出，就往北穿出洞，洞門朝北，又在先前所望見的透進亮光的下方了。出洞後，往南攀登叢崖向上，則石萼聚合雜亂，人像在蓮花花瓣上行走，沿著照進亮光的洞穴外面走過，又像在垂下相隔的簾幕之中。往南登上山頂，便從玉皇閣後門進去，閣中僧人已經回來。登閣遠望，只見德勝鎮千家萬戶櫛比鱗次，群峰排列簇擁，景物盡在眼中。仍然隨著兩個作嚮導的僧人下山，在石崖間的石級上曲曲折折走，轉了幾個彎才下山，經過獅子洞前，往下進入觀音庵，向滿室致謝告別。

於是出庵往南走半里，經過德勝街，這街東西長二里多。街上正逢趕集。在雨中橫穿過街往南，又走了半里，到達韋家山。從山的西麓沿石級攀登，山崖高懸，峽谷回轉，有樹倒掛在崖上，如同虬龍在空中飛舞。上面有根橫生的樹枝，從洞門前架在大樹的樹梢上，合而為一，同作纏繞相連飛翔下墜之勢。那橫架的地方，惟獨樹幹穿透，挖成空洞，如雕鑿而成。洞門在上下懸崖間，面向西，前可俯視樹梢，靠著隘口為門。門前有塊像小臺的岩石橫躺在崖的一端，如防護險處的欄杆。再往上，有觀音閣正當洞門，由它的右邊入洞，洞內分成兩支：一支從閣後往東進入，轉向南，就暗了下來，拿著火把窮究這個支洞，走了五丈便到底，沒有其他孔洞；另一支從閣西往東進入，走下一級，轉向北，也暗了下來。拿著火把窮究這個支洞，走十丈便到底，也沒有別的孔洞。大概這洞雖然玲瓏，但實際上沒有深入的地方，不像獅子洞直通山後。然而獅子洞的勝處在內部相通，這洞的勝處在外面嵌入，上憑虛空下臨深壑，上下都是懸崖，樹木散亂掩映，這真是極美的地方。觀音閣的左邊，是僧人睡覺的石龕。上下都是陡峭的山岩，僧人用竹門擋在外面，而南面盡頭處還有一丈多寬的空隙，也像懸空的臺榭，僧人也打算一併擋住。我勸他在前面橫架木條，築一圍欄，而不是將它遮擋，便於登臨眺望。僧人聽從我的意見。這僧人原本雲遊四方，到這裡住下不久，傳聞這洞也深透山後，正想徹底探遊一次，我給了他錢，叫他多準備一些火把，隨我進洞，他很愉快地答應了。這時有兩個廣東客人聽到後，也追隨我們進去。等到進入洞後，四處找遍，終於沒有發現往深處穿通的洞穴，這才停下。洞門下面高懸的石級頂端，也有一座洞門，進去深不過四丈，而且又是很狹窄。於是下山，山下依然雨聲潺潺。

仍然走半里，出來到德勝街中，隨著街道往西走，經過分司衙門前。以前設有兩個府，今已裁革，由河池州代理鎮事。再過一里，走出德勝西街門，再往西走一里，路的北邊有軍營，就是德勝營。去打聽行李，又已挑送到河池所了。出營走到大路上，稍許往西，從岔路往南渡過一條小溪。往前半里，平原中亂石成堆聚集，迸裂成各種不同形狀，中間有一泓積水，清澈沒有一根草混在其中，石尖的上面，也有橫跨的樹木盤繞，和香山寺前情形相似。潭的西面又有一道石峽，裡面也積水，想來往下和潭水相通。在它上面則岩石分裂、峽谷繞轉，其中美景，不一而足。南面有塊特別高大的岩石，僧人在石上蓋了茅房，這就是蓮花庵，也和香山寺前的僧舍一樣，但僧人靠著峽壁養豬，堆積污穢，未免冒犯勝地了。峽中積水的西面，還有三間古廟，廟門緊鎖，空寂無人。前面有庵，一半已經倒塌，裡面堆滿了木桌大凳之類的東西，竟沒人居住看守。山石虛空，雲物清冷，不禁為之茫然自失。

於是返回，往北走出到大路上，又往西通過一座石橋，橋下水流很小，從北而南，又往東環繞蓮花庵的東面，再往西環繞庵前然後往南流去，這是往南注入南江的水流。又往西經過一座古臺門，路都用磚砌成，但路旁的房屋稀疏冷落，不如德勝鎮了。再往西走一里，進入河池所東門。河池所有用磚砌成的城牆，中間開出四座門，但所衙門全都坍毀，沒有幾間住房，這是因為戊午年大饑荒，城被盜賊焚燒搶掠，蕩然無存，變成一片荒地。德勝鎮上都是外來的客戶，雇用東蘭、那地的土司士兵守衛，所以能保平安。而這城都是軍士駐守，反而不能抵抗而遭受兵火破壞。把擔子停放在所衙西面的軍營裡，骯髒不堪。於是換了衣服、鞋子，到東街拜訪杜實徵，不在家。我回到寓所，去東門，遇見實徵將我帶到他的書房，就是河池所土山上福山庵的後房，庵中的僧人窮到極點，沒有柴火燒飯，只好仍然在軍戶人家煮好飯，再搬到庵裡吃，連行李也一起搬過去。下午，吩咐顧僕和隨從的役夫，將書信和軍符送交管理這所的劉指揮使，恰巧他外出了，到傍晚回來，說：「本來應該立即拜訪，可是時間不早了，等明天一早就來。」所城和所後福山寺，都是永樂年間，中使雷春創建的，他是去孟英山開礦的。

十三日　晨起欲謁劉君，方往市覓柬，而劉已先至。劉名弘勳，號夢予。餽程甚腆，余止收其米、肉二種。已而柬至，乃答拜其署，乃新覆茅成之者。商所適道，劉君曰：「南丹路大而遠，第土官家亂，九年冬，土官莫極❶因母誕，其弟婦入賀，奸之，乃第三弟妻也，於是與第四弟皆不平，同作亂，極遁于那地。後下司即獨山之爛土司❷，向為南丹所苦，十年九月間，亦乘機報憤，其地大亂。兩弟藉下司萬人圍南丹，極以那地兵來援，其三弟走思恩縣，四弟走上司❸，極乃返州治。十二月，收本州兵執三弟于思恩而囚之。今年春，郡遣戚指揮往其州，與之調解，三弟得不死，而四弟之在上司者，猶各眈眈也。下司路不通。由荔波行，路近而山險，瑤僮時出沒。思恩西界有河背嶺，極高峻，為畏途❹，竟日無人，西抵茅灘，而後入荔波境，始可起夫去，但此路須眾人乃行。」先是，戚指揮以護送牌惠余曰：「如由荔波，今日軍房玉潔送。」蓋荔波諸土蠻素懾服於戚，而房乃其影，嘗包送客貨往來。劉君命房至，親諭之送，房唯唯，而實無行意，將以索重賄也。

　從署中望北山巖，如屏端嵌一粟。既出欲遊北山，有王君以柬來拜，名冕，號憲周。且為劉君致留款意。已而❺劉君以柬來招余，乃不遊北巖而酌於劉署，同酌者為王憲周、杜實徵及實徵之兄杜體乾，皆河池所學生也。曾生獨後至。席間實徵言其岳陳夢熊將往南丹，曰：「此地獨耴夫難❻，若同之行，當無宵人之儆。」

劉君命童子往招之，不至。余持兩端，心惑焉。

【章旨】本章記載了第三百三十一天在慶遠府的行跡。劉君前來拜訪，和他商量該走什麼路線，據他介紹，南丹、荔波、思恩三條路各有危險，為此心中迷惑不定。

【注釋】❶莫極　極，當為「伋」之誤。❷後下司即獨山之爛土司　下司為豐寧長官司下司，爛土司為合江洲陳蒙爛土司，雖同屬獨山州，但前者在獨山州南，後者在獨山州東，並非一地。❸上司　即豐寧長官司上司。❹畏途　艱險可怕的道路。❺已而　原脫「已」字。❻此地獨乩夫難　乩，疑為「取」字。

【語譯】十三日　早晨起身，想去拜訪劉君，正要去市上買名片，而劉君已到了。劉君名弘勳，號夢予。贈送的財物十分豐厚，我只收了米、肉二件東西。不久名片買來了，就去他的官署回訪，是新近用茅草蓋成的房屋。和他商量該走什麼路線，劉君說：「去南丹的是大路，但比較遠，只是土官家中發生變亂，崇禎九年冬天，土官莫極的母親做壽，弟媳前來祝賀，被他姦污了，是他第三個弟弟的妻子，於是三弟和四弟都憤憤不平，起來作亂，莫極逃到那地。往後的下司就是獨山州的爛土司，素受南丹欺壓，在崇禎十年九月間，也乘機報復洩憤，當地大亂。莫極兩個弟弟借助下司一萬人圍攻南丹，莫極率那地的軍隊前來救援，他的三弟逃奔思恩縣，四弟逃奔上司，莫極才返回州治。十二月，莫極聚集本州軍隊到思恩捉了三弟囚禁起來。今年春天，府裡派戚指揮使前往南丹州調解，三弟得以不死，但留在上司的四弟，彼此仍舊虎視眈眈。去下司的路不通。如果從荔波走，雖然路比較近些，但山勢險峻，時常有瑤人、僮人出沒。思恩西界有河背嶺，極為高峻，人們看作畏途，整天不見人影，往西到達茅濫，然後再進入荔波境內，才能征用民夫，但這條路必須有許多人結伴才能走。」在此之前，戚指揮使把護送牌贈給我，說：「如果從荔波走，就叫目軍房玉潔送行。」因為荔波境內各土蠻頭目素來敬畏戚指揮使，而房玉潔是他的貼身隨從，曾經包送客貨往來。劉君把房叫來，親自囑他送我，房只是唯唯應諾，實際上並沒有走的意思，是想借此索取重賄吧。

從官署中遠望北山巖，如同屏風上端嵌著一粒小米。出來後想去遊北山，有位王君持名片前來拜訪，名冕，號憲周。並且為劉君傳達挽留款待我的心意。隨後劉君送來名片邀我，於是不去遊北巖，而到劉君的官署喝酒。同席的有王憲周、杜實徵，以及杜的兄長杜體乾，都是河池所的學生。有位姓曾的學生晚到。在酒席上實徵說起他的岳父陳夢熊將往南丹，說：「這裡就是役夫難得，如果和他同行，就不會被壞人傷害了。」劉君叫童子去請他，沒有來，我猶豫不決，心中迷惑，不知如何是好。

十四日　以月忌❶，姑緩陳君行。余卜之，則南丹吉而荔波有阻，及再占，又取荔波，余惑終不解。乃出北門，為北山之遊。北山者，在城北一里餘。拾級而上者，亦幾一里。削崖三層，而置佛宇於二層之上、上層之下。出北門，先由平壑行，不半里，有亂石聳出路隅，為門為標，為屏為梁，為筍為芝，奇秀不一，更巧於蓮花塘、香山寺者。又北幾一里，北向陟山，危磴倚雲崖而上，曲折亦幾一里。進隘門，有殿宇三楹，僧以索食，先下掩其扉，自下望之，以為不得入矣，及排之，則掩而不扃也。入其中，上扁為「雲深閣」，右扁有記一篇，乃舂元❷董其英❸者。即所中人。言嘗讀書此中，覓閣東音石，為置茅亭。今從庵來覓亭址，不可得。而庵之西，凌削崖而去，上下皆絕壁，而絲路若痕。已從絕壁下，匯水一坎，乃鑿堰而壅，壅者有滴瀝，從倒崖垂下匯之，以供晨夕而已。庵無他奇異，惟臨深凭遠，眺矚甚遙。南望多靈山在第二重石峰之外，正當庵前，西之羊角山，東之韋家山，則庵下東、西兩標也。

徙倚久之，仍下山至所城北門外，東循大路行，已岐而東北，共一里，入壽山寺。亂石一區，水縱橫匯其中，從石巔構室三、四處，以奉神佛，高下不一。先從石端得室一楹，中置金仙。其西則石隙南北橫墜，澄流瀦焉，若鴻溝❹之界者。以石板為橋，渡而西，有側石一隊，亦南北屏列，其上下有穴如門。又穿而西，有庵北向，前匯為塘，亦石所擁而成者。庵後聳石獨高，上有室三楹，中置一像，衣冠偉然，一老人指為張總爺，而所中諸生皆謂之文昌像。余于福山寺閱〈河陽八景〉詩，有征蠻將軍張澡❺〈跋〉，謂得之壽山薜石間，乃萬曆戊子❻閱師過此。則此像為張君無疑。以無文記，後生莫識，遂以文昌事之，而不知為張也。凭弔既久，西南一里，入所城東門，返福山寓。令奴子買鹽覓夫，為明日行計，余作記寓中。已而杜實徽同其岳陳生至，為余覓夫於德勝，為南丹行。是日午後霽，至晚而碧空如洗，冰輪東上，神思躍然。

【章　旨】本章記載了第三百三十二天在慶遠府的行跡。出城去遊北山，北門外的路角有亂石，形狀奇特秀麗。山上有雲深閣，下臨深淵，可憑高遠望。下山進入壽山寺，繼續往前，有屋建在高聳的岩石上，裡面供奉張澡。返回寓所，決定明天和陳生一起去南丹州。

【注　釋】❶月忌　舊俗迷信以農曆初五、十四、二十三日為月忌，在這三天不宜行事。❷春元　明代科舉制度，每三年一次會試，由禮部主持，在北京舉行。第一名稱會元，因試期在春季二月，故又稱春元。❸董其英　天啟七年舉人，官兵部主事。❹鴻溝　古渠名，故道沿今河南賈魯河東，由滎陽北引黃河水，曲折東至淮陽入潁水。楚漢相爭，項羽和劉邦約定中分天下，以鴻溝為界，東為楚，西為漢。❺張澡　明萬曆年間署都督僉事，掛總兵銜。❻戊子　萬曆十六年（一五八八）。

【語　譯】十四日　因為今天是一月中的忌日，所以暫緩同陳君啟程。我占了一卦，結果從南丹州走吉利，從荔波縣走有阻，到第二次占卜時，又是從荔波走吉利，我的疑惑始終解不開。於是走出北門，去遊北山。北山在城北一里多，沿著石級往上，也將近一里。山上有三層陡峭的山崖，而將佛寺建在第二層山崖之上，最上層山崖下面。出了北門，先從平坦的山壑中走，不到半里，有亂石從路的一角聳起，有的像門戶，有的像標杆，有的像屏障，有的像橋梁，有的像竹筍，有的像靈芝，奇特秀麗，形態不一，比蓮花塘、香山寺的岩石更加巧妙。再往北走了近一里，朝北攀登山峰，高高的石級靠在雲霧迷漫的山崖向上伸展，曲曲折折走了也將一里。走進隘口，裡面有三間殿宇，僧人因為去化緣，先把門關上，從下面望去，以為走不進了，等推門時，才發現並沒有加鎖。進入庵內，上面的匾是「雲深閣」，右邊的匾上有篇記，是春元董其英作的。就是所中人。記中說他曾在這裡讀書，在閣的東面找到音石，為它蓋了一間茅亭。如今到庵中尋找亭的舊址，已沒有了。而在庵的西面，登上陡削的山崖走去，上下都是絕壁，小路像一條線痕。隨後從絕壁走下，有一坑積水，是鑿石成壩用來攔水，攔水處有滴瀝從倒懸的山崖垂下，匯積起來以供日常用水。這庵沒有什麼特殊的地方，只是下臨深淵，可以眺望很遠的地方，向南望見多靈山在第二重石峰的外面，正當庵前，而西面的羊角山，東面的韋家山，則像庵下東、西兩邊的標杆。

徘徊了很久，仍然下山到所城北門外，向東沿著大路走，隨後從岔路往東北，共走了一里，進入壽山寺。這地是一片亂石，水流縱橫積在裡面。岩石頂上造有三、四處屋舍，用來供奉神像，高下不一。先在岩石的頂端看到一間屋，裡面安放著金仙像。在它西面有石縫自南往北橫向下垂，裡面蓄著清澈的水流，就像分界的鴻溝。用石板架在上面作為渡橋，過橋到石縫的西邊，有一隊側立的岩石，也南北向排列如同屏障，在它的上下方都有洞穴如門。再穿門到西面，有座朝北的庵，庵前匯水成塘，也是用石塊攔水而成的。庵後聳立著一塊特別高的岩石，上面有三間屋，裡面放著一尊像，衣冠端莊，一個老人指著說是張總爺，但河池所的秀才卻都說是文昌像。我在福山寺看到〈河陽八景〉詩，有征蠻將軍張澡作的〈跋〉，說是萬曆十六年檢閱軍隊經過這裡，在壽山長滿苔蘚的岩石中找到這幾首詩。由此看來，這像毫無疑問是張君了。只是因為沒有碑文記載，後人不認識，就當作文昌供奉，而不知道是張君。憑弔很久，往西南走一里，進入所城東門，回到福山寺寓所。吩咐僕人到德勝鎮買鹽，找役夫，為明日出發作準備，我留在寓中寫日記。隨後杜實徵和他的岳父陳生來到，為我找役夫，決定明天一起前往南丹州。這天午後放晴，到晚上碧空如洗，明月從東方升起，心神為之歡暢。

十五日　晨起天色如洗，亟飯而行。劉君來送，復往謝之，遂同杜實徵同至其岳陳處候之。出北門，即西向行。涉一澗，七里，過羊角山之北，候換夫於西村，竟不至。久之，遂南踰土崗，望西峰環轉處，有洞在山巔，東南向，其門甚巨，疑即所謂新巖者。土崗之南，山又分東、西二界，由其塢中南向行五里，漸見路左小水唧唧❶行，已而有小水從西北石山下來合。涉北來水循之，又南二里，為都街村❷，有數家在西山之麓。至此皆為僮賊之窟所，稱「西巢」也，始不得夫。又南二里，循溪入土山峽中，其峽甚逼。又一里半，轉而東，又一里半，溪乃南去，路西踰土坳，始出險，所謂都街隴也。隴之中，草木虧蔽，為盜賊藪，數日前猶禦③人其間，余得掉臂④而過，甚幸也。下坳西行三里，有茅舍一楹，在山北，為稅司。乃署德勝者，委本處頭目掌之。其西一里，即為落索村。都街之流，又西轉至此，由村南入峽去，路從村北陟山。都街、落索，皆盜賊藪。西北二里半，過石下，有巨石蹲路北，上有榕緣絡之。又西一里，有巨洞在路右山之半，其門東南向，而高懸殊甚，望之神飛。適擔夫停擔於下，余急賈勇北向攀崖，茅塞無路。諸人呼於下，余益奮而上，遂凌藤棘，抵其下。前亦多棕竹，頗巨。洞門甚高，內甚爽豁，深十丈而止。右有小竇，甚隘而中空，不識可蛇伏而入否？洞前有石分兩岐，倒垂其頂。余方獨憩，以陳君候余於下，遂返。又西二里，宿於馬草塘之北村。其村在北峰之麓，村西有江自北峽來，穿西峽而去，即東江之上流也。村氓茅欄甚巨，而下俱板鋪，前架竹為臺。主人出茅濾酒勸客。陳君曰：「此皆賊子也。」是夜，月從東山出，明潔如洗，自入春來，曉旭宵輪，竟晨夕無纖翳，惟此日見之。

【章　旨】本章記載了第三百三十三天在慶遠府的行跡。從河池所出發，經過羊角山北面，往前看到山頂有個洞，懷疑就是新巖。又經過都街村，走出都街隴，離開盜賊出入的巢穴。再經過一處稅司和落索村，遊覽了位於山腰的一個大洞，最後到馬草塘留宿。據說村裡都是賊人。自入春以來，從未見到像今天那樣的麗日明月。

【注　釋】❶唧唧　象聲詞，隨文而異。這裡用指小水流聲。❷都街村　今名同，在宜州市西北隅。❸禦　強暴；暴虐。❹掉臂　搖動手臂，表示不顧而去。

【語　譯】十五日　早晨起身，天空明淨如洗。急忙吃了飯動身。劉君趕來送行，我又前去答謝他，於是和杜實徵一起到他岳父陳夢熊處等候。走出北門，便往西走，涉過一條澗水，走了七里，經過羊角山的北面，到西村等候來接替的役夫，竟沒有來。過了好久，便往南越過土岡，望見西面山峰環轉的地方，有洞座落在山頂上，面向東南，洞門很大，懷疑就是所說的新巖。土岡的南面，山又分成東、西二界，從山塢中往南走，過了五里，漸漸看到路的左邊有小水唧唧流去，隨後又有小水從西北的石山下流來會合，涉過從北面流來的水，沿著它走，又往南二里，到都街村，有幾戶人家住在西山腳下。到這裡都是僮賊的巢穴，稱為「西巢」，開始找不到役夫。再往南走二里，沿著溪水進入土山峽中，這口峽十分狹窄。再走一里半，轉而向東，再走一里半，溪水才往南流，路往西越過土坳，這才走出險境，就是所說的都街隴。隴中草木遮蔽，是盜賊的巢穴，幾天前還在這裡劫掠行人，我能揮手不顧通過此地，真是十分幸運啊。走下土坳，往西三里，看到有一間茅屋在山的北坡，是稅司。是代管德勝的人，委派本地頭目掌管它。在它西面一里，就是落索村。都街隴的水流，又往西轉到這裡，從村的南面進入峽谷流去。路從村的北面上山。都街村、落索村，都是盜賊的巢穴。往西北走二里半，經過岩石下，有大石蹲在路的北邊，上面有榕樹攀緣纏繞。再往西走一里，有個巨大的洞在路右邊的半山腰上，洞門面向東南，特別高懸，望去令人神飛色動。恰好挑夫將擔子停在山下，我急忙鼓起勇氣，往北攀登山崖，茅草堵塞，無路可走。眾人在下面呼叫，而我更加奮勇直上，終於越過藤蔓荊棘，到達洞下。洞前也長著許多棕竹，相當大。洞門很高，裡面十分爽朗開闊，深十丈就已到頭，右邊有小洞，很狹窄，中間是空的，不知能否像蛇行那樣伏地爬進去？洞前有岩石向兩面岔開，倒垂在洞頂。我正想獨自休息一會，因為陳君在下面等候，於是返回。再往西走二里，在馬草塘的北村留宿。這村在北峰的山腳，村的西面有江水從北面的峽谷流來，穿過西面的峽谷流去，即東江的上游。村民的草樓很大，下面都鋪木板，前面架著竹臺。主人拿出茅濾酒請客。陳君說：「這些都是賊人。」這夜，月亮從東山升起，皎潔如洗。自從入春以來，只有這天才見到清晨的旭日、夜晚的月亮，整天沒有浮雲遮掩。

十六日　晨起，微雲薄翳，已不如昨宵之明徹矣。飯後，南踰土阜而下，是為馬草塘。東西俱有峰夾之，塘獨低而窪，真萑苻❶之藪也。二里，越而南，又西三里，有江自北而南，深嵌危崖間，所謂東江也。其南有數家在崗塢間，泊舟于下，呼之不為渡，乃自取其舟渡而西。其江大數丈，而深不測，再南下數里，即與金城江合，而入石穴中，透出永泰里，而下懷遠鎮為南江者也。由江西岸北行，半里，轉而西下，又四里半，為界牌村，是為宜山縣、河池州界。村之東南有山中懸，即東江西北岸之山也。山之南，有塢豁然東南去，則金城之江已在南山之北，向此隙東注而下，與東江合者，第此處猶未之見耳。又西二里，有山在路北，峭崖屏削，上多紋理，虯幹緣之，掩映間有若兜冑，有若戈矛，土人指為南丹莫氏之祖掛盔甲所成者，乃附會形似而言也。又西一里，路北有石聳出峰頭，薄若片雲擎空，上有岐角之物，土人指為犀牛，而不知犀乃獨角也。又西一里，為大灣村，村在北山之麓。村東有窪巖，有水自北山石穴南出，流宕底三丈餘，復南入地穴而注於江。又西則路出臨江北岸，溯之西行一里，其江自西南來，北流至此，折而東去。路從折處直西行，一里，過一小石梁，其下亂石嵯峨，而涸無滴水。其南有村在南山之麓，為橋步村。又西三里，有江自北而南，其闊十丈餘，其深與東江並，乃自荔波來者。其源當亦出於黔南，是為金城渡❷。渡北之西岸，有水懸崖，平瀉一、二丈，聲轟如雷，東注大江❸，則官村南來之水也。大江南去，轉而東，過大灣，與東江合，又南抵南巢，賊窟也，在永順北。而搗入石穴數里，而出於永泰里，以下懷遠者也。時渡舟在江西岸，候久之，乃至。登西岸，復西向行，則山迴壑轉，始為峒而不為峽。三里，有小溪自南而北，溯溪南行半里，有石梁跨其上，甚高整，是為南橋。越橋西半里，其塢乃西南轉，有村在路右，是為壘街。又西南三里，山幃轉拓，有村在西南山麓，曰官村。路折而南，溯溪西一里，過官村前。又南一里，循西山南嘴轉入西峽，半里，有巨石峙北山之麓，老榕偃蓋其上，為行者憩息之所。又西一里，北山復起石巖，其色黃白煥然，與前所過諸山異。石山自三里來，所見皆青白為章，其赭黃一種，自柳州仙弈❹南見後，久未之睹矣。又西半里，有村在北山麓，是為鬼巖村，入登其欄而憩焉。於是村始見瓦欄。蓋德勝間用瓦而非欄，河池所無欄而皆茅覆，河池以西，則諸欄無非茅覆者，獨此村用瓦。主人韋姓，其老者已醉，而少者頗賢，出醇醪醉客，以糟芹為案❺，山家清供❻，不意諸蠻中得之，亦一奇也。是日晝陰，而夜月甚皎。

【章　旨】本章記載了第三百三十四天在慶遠府的行跡。經過馬草塘，渡過東江，再經過宜山、河池的分界處界牌村，往前看到一座山上面紋理如頭盔。再經過大灣村，到金城渡，渡過金城江，地勢才成為峒而不是峽。接著通過南橋，經過官村，看到北山上有岩石黃白相間，色彩鮮明，與前所見到的都不同。最後到鬼巖村韋姓人家住宿。到這村才看到用瓦蓋的樓。

【注　釋】❶萑苻　古澤名，《左傳》昭公二十年：「鄭國多盜，取人於萑苻之澤。」後用以指盜賊出沒之地。❷金城渡　即今廣西河池市西金城鎮。❸大江　指金城江。❹柳州仙弈　馬鞍山，在廣西柳州城南，與魚峰山東西對峙，高為城旁諸峰之冠。以石山古老蒼秀，形如馬鞍而得名。在晨霧中似騰空奔馬，有「天馬騰空」之稱。山上有天然形成的「仙人跡」和「棋盤石」遺跡，古稱仙弈山。半山有洞，洞中有洞，有屏有室，甚為美觀。❺案　古代進食用的短足木盤，這裡借指菜肴。❻山家清供　書名，記載山居人家簡單而美味的蔬食。這裡借用其意。

【語　譯】十六日　早晨起身，天空有一層薄雲微微遮蔽，已不像昨夜那麼明亮清澈了。飯後，往南越過土岡走下，就是馬草塘。東西兩邊都是山峰相夾，只有水塘地勢窪下，真是盜賊出沒的地方。走了二里，越過馬草塘往南，又往西走三里，有條江水從北往南流，深深嵌在山崖之間，就是所說的東江。江的南岸，有幾戶人家住在山岡塢地中，有船停泊在岸下，呼喊村民出來擺渡，沒人理睬，只得自己用他們的船來渡江到西岸。這江面有幾丈寬，深不可測，再往南流下幾里，就和金城江會合，注入石穴中，再從永泰里透出，往下流到懷遠鎮成為南江。從江的西岸往北走，過了半里，轉而往西走下，又過了四里半，到界牌村，是宜山縣與河池州的分界。村的東南有山居中懸立，就是東江西北岸的山。山的南面，有山塢豁然向東南擴展延伸，那麼金城江已在南山的北面，向著這裡的空隙往東流下，與東江會合，但在這裡還不能看到罷了。再往西走二里，有山在路的北邊，陡峭的山崖，如同屏障直立，石上有許多紋理，彎曲的樹幹沿著崖壁生長，掩映之間，有的紋理像頭盔，有的像戈矛，當地人指著說是南丹土司莫氏的祖先懸掛盔甲所形成的，這是由於形狀相似而生出的附會說法。再往西走一里，路的北面有岩石從峰頭聳出，就像浮在空中的一片薄雲，上面有叉角那樣的東西，當地人指著說是犀牛，卻不知道犀牛是獨角的。再往西走一里，到大灣村，村在北山山麓。村東有窪下的巖洞，水從北山石穴中往南流出，流過坑底三丈多，再往南流入地穴而注入江中。再往西路從臨江的北岸穿出，沿著江水往西上行一里，這江水從西南流來，往北流到這裡，轉而向東流去。路從江流轉折處一直往西走，過了一里，經過一座小石橋，橋下亂石突兀，但已乾涸，沒有一滴水。它的南面有個村莊在南山山麓，名橋步村。再往西走三里，有江水自北流向南，江面寬十多丈，深可與東江相比，是從荔波流來的。它的源頭應該也出自貴州南部，地名金城渡。渡口北面的西岸，有水懸在山崖上，平瀉一、二丈，水聲如雷轟鳴，往東注入大江，就是從官村往南流來的水。大江往南流去，轉而向東，經過大灣，與東江會合，再往南流到南巢，是盜賊的巢穴，在永順司北面。沖入石穴中潛流數里，到永泰里露出地面，往下流到懷遠鎮。這時渡船在江的西岸，等了很久才到。登上西岸，再往西走，只見山迴壑轉，開始成為峒而不是峽。走了三里，有條小溪從南流向北，沿著溪水往南上行半里，有石橋跨在溪上，十分高大整齊，這就是南橋。過橋往西走半里，山塢才往西南轉去，路的右邊有個村莊，名壘街。再往西南走三里，幃幕狀的山巒變得開闊起來，有村莊在西南山麓，名官村。路轉而向南，沿著溪水往西上行一里，經過官村前面，再往南走一里，沿著西山南口轉入西面的峽谷，過了半里，有大石峙立在北山的山麓，老榕樹倒臥覆蓋在石上，成為過路人歇腳的地方。再往西走一里，北山又有石岩聳起，顏色黃白相間，色彩鮮明，和前面路過的群山都不同。從三里城一路過來，所見的石山都是青白色，有花紋，這種赭黃色的山，自從在柳州仙弈巖南面見過以後，已好久沒有看到了。再往西走半里，有村莊在北山山麓，這就是鬼巖村，進村登上竹樓休息。在這個村莊才看到有用瓦蓋頂的竹樓。大體上說，德勝鎮那裡雖有瓦蓋的屋，但不是竹樓，河池所沒有竹樓，全是茅草蓋頂，河池以西的地方，眾多竹樓沒有不用茅草蓋頂的，惟獨這個村是用瓦。竹樓主人姓韋，家中老人已經喝醉，但年輕人很善良，拿出美酒讓客喝夠，用糟芹菜下酒。山裡人家的清淡飲食，想不到在荒蠻之地得到，也是一件奇事。這天白天是陰天，夜間月亮十分皎潔。

十七日　及明而飯，南向行，半里，得東來大路，有塢直南而去，墟當其中，是為鬼巖墟。復西向循南山北麓行，又西里餘，有巖在南山之半，其門西北向，即鬼巖❶矣。洞中遙望杳黑，土人祀神像于其間，故謂之「鬼」。從其下西登坳，石級頗整。共一里，踰坳西下，自是石、土二山交錯，而石亦有土矣。西界山又南北成塢❷，有細流瀧瀧❸流塢中，南向而去，即東迴北轉，而繞於官村之前者也。既下，溯細流，北行塢中一里，則兩界山又轉為東西塢。仍溯細流西向行，三里，有石堰細流之上，疑即所謂丁闌堰。上瀦流一方，瀉堰隙東下，是為濫觴之始，而源實出於都明嶺之東麓。渡堰而南，循南山麓西行，又二里，過盧塘村。蓋南北兩界山夾持成塢，塢底平窪，旱則涸，漲則成塘。有村在北山下，路循塘南行。又一里，復有堰當上流，又越之，西二里，乃復上土嶺，半里，踰嶺坳而西下。又半里，有泉一泓，出路左右穴，西向汩汩，無漲涸，亦無停息，勺而飲之，甘冽殊甚，出穴即墜石穴而下，瀧瀧有聲，其處山猶東西成塢。循北界山隨流東下三里，有村在南山下，曰都明村。村後南山既盡，有峽南去，則那地州道也；而河池之道，則西北行土隴間。又二里，渡石梁而西，橋下水北流，當亦東北入金城上流者。其源則一東自都明嶺之石穴，一南自下河嶺北來，二流合而成澗者也。又西北四里，陟一土岡。由岡上又西北二里，有兩、三家在北阜下，為乾照村，炊湯飯於其欄。遂從村側北上土嶺，由嶺畔北行，共三里，下至西麓，有大溪自南而北，即所謂河池江也。江底頗巨，皆碎石平鋪，而無滴瀝。橫渡登西岸，北望則石峰迴合，即有流亦無出處，不知此流漲時，從何而出？蓋北卓立之峰，其下有洞，門南向，當即江水透入之處也。其處南北兩界，又俱石山排列，江形西自河池州之南，東向至此，折而北搗入山。又西循枯江北岸行，一里，則江底砂石間有細流淙淙矣。又西七里，入河池州❹之東門。州城乃土牆，上覆以茅。城中居民凋敝，俱草茅而無瓦舍。其山南北對峙，中成東西塢。而大溪橫其中，東至乾照後土山，亙截為前門溪，轉而北，入石穴；西至大山嶺石脊，為後鑰水之所從發者也。抵州纔過午，穿州出西門，寓茅舍中。以陸東馬符索騎于州尊蕭。來鳳❺，東粵人。蕭公即為發票，取夫騎各二，不少羈焉。

【章　旨】本章記載了第三百三十五天在慶遠府的行跡。離開鬼巖村，經過鬼巖，越過山坳，土山石山便開始交錯。又經過盧塘村、乾照村，渡過已經枯竭的河池江，到河池州停下。州城破敗，百姓困苦。

【注　釋】❶鬼巖　在河池東三十五里鬼巖山，以巖洞幽深得名。❷西界山又南北成塢　西，按下文當為「兩」字。❸淲淲　水流聲。❹河池州　明代隸慶遠府，治所在今廣西河池市西境的河池。❺來鳳　蕭來鳳，《廣西通志》作蕭鳳來，廣東人，舉人。崇禎七年任河池知州。

【語　譯】十七日　天亮吃飯，往南走半里，來到從東面延伸過來的大路上，有山塢直往南伸展，集市在山塢的正中，名鬼巖墟。再往西沿著南山的北麓走，又過了一里多，有巖洞在南山的半腰，洞門面向西北，這就是鬼巖。遠遠望去，洞中一片深黑。當地人在裡面祭祀神像，所以稱它為「鬼」。從它的下面往西登上山坳，石級十分平整。共走了一里，越過山坳往西走下，從這裡開始石山和土山交錯，而且石山裡面也有土了。兩界的山又南北向形成山塢，涓涓細流從塢中往南流去，就是往東迴繞再向北轉在官村前面環繞的水。下山後沿著細流上行，往北在山塢中走一里，只見兩邊的山又轉而形成東西向山塢。仍然沿著細流往西上行，過了三里，有石壩攔在細流的上方，懷疑這就是所說的丁闌堰。壩上蓄著一方池水，從堤壩的隙縫中往東瀉下，這就是細流發源的地方，但實際源頭出自都明嶺的東麓。越過堤壩往南，沿著南山山麓往西走，又過了二里，經過盧塘村。原來南北兩界的山相對夾立形成山塢，塢底平坦低窪，天旱時乾涸，水漲時就成池塘。北山下面有個村莊，路沿著水塘往南。再走一里，又有堤壩攔在上游，再越過堤壩，往西走二里，又登上土山嶺，走了半里，過嶺坳往西下山。再走半里，看到一泓清泉從路左右兩邊石穴中湧出，往西汩汩流淌，這水不漲也不乾，從不停息，舀了一勺喝下，極為甘美清冽，水流出洞穴後，立即墜入石穴，發出淲淲的聲響，這裡的山仍然東西向形成山塢。沿著北界的山隨水流往東走下三里，有村莊在南面的山下，名都明村。村後南山已到了盡頭，有峽谷往南伸展，是去那地州的路；而去河池州的路，則往西北在土壟中行走。再過二里，通過石橋往西，橋下的水往北流去，應當也是往東北注入金城江上游的水。它的源頭，一支在東面出自都明嶺的石穴，一支在南面從下河嶺往北流來，兩條水相會後成了山澗。再往西北走四里，登上一個土岡。從岡上再往西北走二里，有兩、三戶人家住在北面的土丘下面，地名乾照村，在村中竹樓上燒水煮飯。於是從村的一旁往北登上土嶺，從嶺旁往北走，共三里，往下到山的西麓，有條大溪從南往北流去，就是所說的河池江。江底寬闊，都是平鋪的碎石，但沒有一滴水。橫渡江底登上西岸，朝北望見石峰迴繞閉合，即使有水流，也沒有出口，不知河池江漲水時，從什麼地方流出？原來在北面卓立的山峰下面有洞，洞門朝南，應當就是江水穿入的地方。這裡南北兩界又都是排列的石山，江的走向，西面從河池州的南境往東流到這裡，轉而向北沖入山中。又往西沿著枯竭的河牀北岸走，過了一里，只見江底的砂石間，出現了淙淙的細流。再往西走七里，進入河池州的東門。州城是土牆，上面蓋著茅草。城中居民困苦，都是茅屋沒有瓦房。這裡的山南北相對峙立，中間形成東西向的山塢，大溪橫穿其間，往東流到乾照村後的土山，橫截為前門溪，轉而向北，流入石穴；往西流到大山嶺的石脊，成為後鑰水的發源地。到達州城時才過中午，穿城而過，走出西門，在茅屋中住宿。拿了陸指揮使的短信和馬符，到蕭知州名來鳳，廣東人。處要馬匹。蕭公立即發給馬票，要到兩匹馬和二名役夫，沒有耽擱一點時間。

十八日　晨餐後得二騎差役，即以馬夫二名作挑夫影射❶。既而蕭公復以腆儀來貺❷，余受其筍脯，而盡璧❸其餘。入城買帖作謝柬，久乃得之。行已上午矣。西向山塢行，三里，有溪自北山南流，合於西來大溪。乃渡北溪，溯大溪北岸行。又七里，有村在南山之塢，有瓦室焉，名楊村❹。楊姓者有巨力，能保護此村。循北山麓行，又二里，有飛石覆空而出，平壓行人之上。已而上危級，見級外倚深坑，內有懸穴，中空下陷，洪流溢其底焉。既上，從山半行，遂循崖北轉，又成南北之峽，山湊而為東、西兩界矣。循東崖溯流上，升陟三里，渡溪而北，踰一坡而下，見東峽石壁危削，上有穹巖，下有駢峽，但聞水聲喧甚，以為自墮峽而下也，而旁眺不見影。稍前，則溪水猶自北來，復渡之，循溪東行峽中。三里，水窮峽盡，北上嶺，一里，又從嶺頭行，一里，出兩山坳間，有石垣兩重，屬兩峰之左右，是為大山嶺❺，河池、南丹之界也。踰嶺北下，遂為丹州境。轉而西二里，渡小水，其水南去。復西南踰一嶺，復與水遇，隨之西北行，共三里，復渡水，水匯於石壁下，遂就之而飯。又隨水出峽，西二里，山勢漸開，近山皆變石為土，南山下有茅一、二楹矣。隨小水西行三里，漸轉而北，土山塢盡，西山隴間有數十家倚之，是為土寨關，則南丹土稅之鑰也。路在東山之麓，遂北上土嶺，其東來之水，似無北流之隙，惟西北有巨山懸削，想亦從其下入穴以注大江，而下金城、東江者，未親晰也。北下土嶺，其塢中小水亦自東而注西南，似亦逼懸削巨山而去。於是復西北上嶺，升陟共五里，轉出嶺頭，始有巨塢西北去。路從其西山嶺半行，又五里，曰百步村。茅舍數家在西山隴，上皆江右人，為行李居停者。時錫賈擔夫三百餘人，占室已滿，無可托足，遂北向下隴前西北塢中。

水至是轉而西南去，有木梁架其上，覆以亭，亦此中所僅見者。度梁而上隴，其塢遂轉東西。於是西向行，五里，有四、五家在南山隴間，曰巖田村。中有瓦欄三楹，頗巨，亟投之，則老嫗幼孩，室如懸磬，而上瓦下板，俱多破孔裂痕。蓋此乃巨目家，前州亂時，為賊所攻掠而破，遺此老稚，久避他鄉，而始歸故土者。久之，覓得一鍋，僅炊粥為餐，遂席板而臥。

十九日　平明起，炊飯而行。細雨霏霏。西向行土山間，三上三下，共十里。有水自東北注西南，深不及膝，闊約五、六丈，是為大江❻。其源發於西北叢山壑中，南流東轉而至永順界，合東江下流者也。渡江，又西踰一嶺，共五里，轉下一塢。其塢中有一水東南去，溯之行，其水曲折塢中，屢涉之，俄頃數十次。共三里，有水一支自西北來，一支自正西來，遂轉而向西溯之。又半里，有村在北山之麓，其名曰金村，乃是站之當鑰者❼。〔其地西往錫坑止十五里，西北去南丹州五十里。〕入其欄，頭目方往百步墟，乃坐而待之。雨時灑時止，陳夢熊從此入錫坑，遂別去。余候頭目，抵晚始歸。

【章　旨】本章記載了第三百三十六、第三百三十七天在慶遠府的行跡。經過楊村，一路穿峽涉水，越過大山嶺，進入南丹州境。又經過收稅的土寨關、供行人住宿的百步村、上面蓋著亭子的木橋，到巖田村投宿。主人家原為大頭目，在南丹州內亂時遭難。次日渡過大江，到金村留宿。

【注　釋】❶影射　冒充。即充當、代替。❷貺　賜與。❸璧　「完璧歸趙」的略語。即歸還。❹楊村　今名同，在河池市西境。❺大山嶺　在河池市西北隅。❻大江　與上一日所記的「大江」似均指今刁江。刁江源出南丹南境的都利山，又名都利江，東南流經河池市境，匯入都泥江，和東江無關。❼乃是站之當鑰者　鑰，原作「月」。

【語　譯】十八日　早飯後得到兩個騎馬的差役，就將這兩名馬夫作為挑夫來替用。隨後蕭公又送來豐厚的禮物，我只收下筍脯，其餘全部歸還。進城去買簡帖寫答謝信，費了好長時間才買到，出發時已是上午了。往西在山塢中走，過了三里，有溪水從北山往南流去，和從西面流來的大溪會合。便渡過北來的溪水，沿著大溪北岸上行。又走了七里，有村莊在南山的塢中，村裡有瓦房，名楊村。楊氏勢力巨大，能夠保護這個村莊。沿著北面的山麓走，又過了二里，有飛石覆空而出，平壓在過路人的頭頂上面。隨後踏上高峻的石級，只見石級外面靠著深坑，坑內有高懸的洞穴，中間空空，往下深陷，有大水從坑底溢出。上去後，在半山腰行走，就沿著山崖往北轉，又形成南北向的峽谷，群山聚合，分為東、西兩界了。順著東面的山崖，沿水流上行，走了三里，渡過溪水往北，越過一道山坡走下，只見東面的山峽石壁高峻陡峭，上面有拱起的巖洞，下面有並列的峽谷，只聽到水聲喧騰，以為水是從峽谷中落下的，但向四面張望卻不見蹤影。稍許往前走幾步，只見溪水仍然從北面流來，又渡過溪水，沿著它往東在峽谷中行走。過了三里，溪水和峽谷都到了盡頭，往北登上山嶺，走了一里，又從嶺頭走了一里，出來到兩山間的山坳中，有兩層石牆，連接左右兩座山峰，這就是大山嶺，為河池州與南丹州的分界。越過山嶺往北走下，就是南丹州的境域。轉而往西走二里，渡過一條小水，這水往南流去。再往西南越過一道山嶺，又和小水相遇，隨這水往西北走，共三里，再渡過水，水匯積在石壁下面，就靠著石壁吃飯。又隨著水流走出峽谷，往西走二里，山勢漸漸開闊，附近的山都由石山變為土山，南山腳下有一、二間茅屋。隨著小水往西走了三里，漸漸轉向北，土山山塢到了盡頭，西面的山隴中有幾十戶人家，這就是土寨關，是南丹州土司徵稅的關口。路在東面的山麓，便往北登上土嶺，從它東面流來的水，似乎沒有空隙可往北流去，唯獨西北有座高峻陡峭的大山，想來水也從它的下面進入洞穴後注入大江，再流下金城江、東江的，但這只是推測，還不曾親自去查清楚。往北走下土嶺，山塢中的小溪也從東往西南流入，似乎也是逼近高峻陡削的大山流去。從這裡再往西北登上山嶺，往上走了共五里，轉出嶺頭，才有巨大的山塢向西北伸展，路從它西邊山嶺半腰行走，又過了五里，到百步村。有幾間茅屋在西面的山隴上，村裡都是江西人，為過路的客人居住休息的地方。這時有錫商挑夫三百多人將住房占滿了，沒地方歇腳，只好往北下山到隴前西北的山塢中。溪水到這裡轉向西南流去，溪上架著木橋，橋上蓋著亭子，也是這一帶唯一能見到的景象。過橋登上山隴，山塢便轉為東西向。從這裡往西走，過了五里，有四、五戶人家在南面的山隴中，名巖田村。村中有三間蓋瓦的竹樓，很大，趕緊前去投宿，只見這家只有老婦幼兒，室中空無所有，屋頂的瓦片和下面的樓板，都有很多破孔裂痕。原來這裡本是一個大頭目的住家，先前州中發生動亂時，被盜賊攻破，劫掠一空，留下這些老人幼兒，在外鄉躲避了很長時間，剛剛返回故鄉。隔了好久，找到一口鍋，只能煮粥作晚餐，飯後就睡在樓板上過夜。

十九日　黎明起身，煮飯吃了出發。細雨紛飛，往西在土山間行走，三上三下，共走了十里。有水從東北流向西南，水深不到膝蓋，水面寬約五、六丈，這就是大江。它發源於西北群山的山壑中，水往南流再向東轉，到永順司地界，和東江的下游會合。渡過大江，又往西越過一道山嶺，共走了五里，轉下一個山塢。塢中有一條水往東南流去，沿著水流上行，這水在山塢中曲折流過，多次涉水，不一會就有幾十次。共走了三里，有一支水從西北流來，一支水從正西流來，便轉向西沿水流上行。又走了半里，有村莊在北山山麓，名金村，是這一站正當關口的地方。這裡往西去錫坑只有十五里，往西北去南丹州有五十里。進入竹樓，金村頭目正好去百步墟了，就坐著等他。雨時而飛灑，時而停止。陳夢熊要從這裡去錫坑，便告別離開。我等候頭目，他直到晚上才回來。

二十日　晨起，雨霏霏。飯而候夫，久之，乃紮竹為輿，止得其一，而少其一，上午始行。雨中遂東北踰土山，一里餘，越其脊，乃西北下，深茅沒徑。又里許，穿翳而降至塢底，則有小水自南而北，大路亦自南隨之，則錫坑道也。從之北一里，又有一水自西南來，二水合而東北去。水東有村在東山下，是曰雷家村，山峽稍開。又一里，遂轉而為東西塢，有大溪自西而來，合南來小溪，東去即南轉而為大江者也。於是溯溪南土山北麓行，西向升陟共十里，有茅數楹在南山之半，曰灰羅廠❶，皆出錫之所也。由其下又西一里，其塢西盡，有土山橫其中，一小水自西北，一大水自西南，二水合於橫嶺之下。於是涉小水，西上橫嶺。嶺東路旁有眢井種種，深數丈，而圓僅如井大，似鑿掘而成者，即錫穴也。踰嶺西下，共四里，又與前西南來大溪遇。其溪方北曲而南，遂絕流而西，其峽復東西開。溯溪行，其中屢左右涉之，四里，為西楞村，又一水自西北來入，路從大溪南岸行。又一里，路左有岐，踰嶺而南，想往錫坑道也。又西，有溪自南峽來合，其溪亦巨，與西來之溪等。於是又橫涉南溪口，仍溯西來溪南岸行。又五里，有村在南山，曰大徐村。村之西，其峽復開，田始連塍，水盤折其中，又屢涉之。四里，直抵西山下，溯流轉而北，一里，乃涉水上西山。初上甚峻，望北塢山環壑盡，瀑流從山腋懸空直噴，界群碧間，如玉龍百丈。粵西皆石山森幻，惟此景獨見❷。憶前自全之打狗嶺❸亦北望見之，至此已迂迴數千里，涉歷經年，忽於此得覿，亦汗漫❹中一奇遇也！西向援土級而上，瞻顧一里，而不能釋，已而漸踰嶺南，始不復見。又迤邐循北峰而西上者二里，踰一脊，脊北路隅是為打錫關❺，乃錫賈自錫坑而來者，昔於此徵稅，有居舍。自去年亂後被焚，遂無居人。由此西下半里，即有壑當峽之西，遂轉而北，山夾成峽，又下半里，水始成澗北去，隨之又半里，渡澗西，緣崖北行，一里半，出峽。前峽又自東北向西南，乃循崖轉而西南行，雨大至。既而復屢涉此澗，澗乃南去，路乃西踰山坳。共二里，復行塢間，半里，循北山之崖，前澗復自南來，涉之。西北行又半里，又一溪自南峽來，其水頗大，與前澗合而北，橫堰而瀦之。從堰西向北行，又一里而渡南丹❻之南橋，暮雨如注，雷電交作，急覓逆旅而稅駕焉。

南丹之水，北流經州治東。其山東西分界，州治在西山下。其東有街，南北依溪而列，中有一街西入，大石坊跨其前，曰：「攄忠報國，崇整精微。」粵省所未見者。由坊下進街西行，街盡，又入一石卷門，門內有關帝廟，西向，前亦有坊。其西即巨塘匯水，南北各有峰，自西山環臂而前，塘水直浸其麓。塘中有堤，東西長亙數丈，兩端各架木為橋，而亭其上。越西橋，又西過一廢苑，則州治在西南小石峰下。其門北向，前亦有石坊，而四圍土牆不甚崇整，此下署也。州官所居，則在囤⑦上。囤上者，即署後小石峰之巔。路由署中登，乃莫公因家難後移此，以避不測者。蓋西界群峰蜿蜒，其南北兩支東突者，既若左、右臂，又有一支中下特起為石峰，而下署倚之，囤結於上，三面峭削，惟南面有坳可登。囤之後復起小峰，與囤中連若馬鞍，其後與崇山並夾為深坑，其下有小水東南出而注于大溪，此署左第一層界水也。

囤山之北，其山西斷，有洞裂山下。其門東南向，正與囤山對。門頂甚平，亦有圓柱倒垂。門之中即有二巨石危踞，中開一峽，僅尺許，北入三、四丈，折而西，稍下，則西巨石之後也，與洞後壁北距丈餘，西深二丈餘，窅黑無可見，不識有旁竇否？西巨石之上，其面高下不一，皆若臺榭可棲。第四壁懸絕，俱無級可登。東石亦然，第後即聯綴於洞壁，無後繞之隙，而石臺之前，有石柱上聳，接於洞頂，為異西石耳。西石之西，又有小隙穹石，而北峽中架梯一兩層，即可登石上，由西石跨石二尺，即可達東石之端，惜此中人不知點綴耳。由巖前北向行，半里，其山又開東西塢。循西山嘴轉而西行，又有水自西峽來，東北向而入大溪，即清水塘之下流也。溯之，西行又半里，渡一橋亭。橋南有石崖障流，內匯水一池，昔水從橋下出，今搗崖根而東，不北由橋下矣。渡橋稍西，踰一崗，即清水塘。塘南北兩山成夾，中開東西塢，西則大山屏其後，東即石崖所障水口也。寺在其中，東向而立。入門，即為方塘，四週石砌，匯水於中，不深而甚澈。前層架閣塘中，閣後越塘又中亙一亭，亭南北塘中，復供石於水，兩旁各架閣於塘，為左右廂。亭西則玉皇閣也，亦從塘中甃石為基，而中通水道者。閣下位真武，上位玉皇，而真武之後，又從塘中架閣一層，下跨水上，為棲憩之所，上與玉皇閣聯架為一，置三世佛[8]焉。佛後有窗，可平眺西峰，下瞰塘水亹亹[9]從地中溢起。塘之外，皆有垣週之，層樓疊閣，俱架於水中，而佛像皆整麗，亦粵西所未見。惜乎中無一僧，水空雲冷，惟聞唧唧溪聲而已。寺為天啟七年[10]莫公伋所建，前年以譖，鞭殺僧，遂無居者。寺南有溪自西南腋中來，即由寺前東去者。寺北有大道西向踰嶺去，是通巴鵝而達平洲者。寺前水東去，經石崖水口，又東出而注大溪，此署左第二重界水也。

署右第一重界水，即前來所涉堰上南峽之流，第二重即打錫關東來之澗，二水合為大溪而經州前。

【章　旨】本章記載了第三百三十八天在慶遠府的行跡。冒雨出發，經過產錫的灰羅廠，登上滿是挖錫坑洞的橫嶺，再經過大徐村，登上西山，望見瀑布如百丈玉龍。廣西瀑布很少，跋涉一年沒有見到這樣的景象。接著越過打錫關所在的山脊，多次涉過溪澗，在大雨中走過南丹州的南橋，到旅店住宿。南丹州治在西面的山下，街上大石坊寫著「攄忠報國，崇整精微」八字。街的盡頭有關帝廟。官署在小石峰下，但州官居住在峰頂的囤上。囤山北面山下有洞，洞門中央有兩塊大石。出洞繼續往前，到清水塘。走進一座寺院，裡面閣中供奉著玉皇大帝、真武大帝和三世佛，只是沒有一個僧人居住。

【注　釋】❶灰羅廠　今名灰羅，在南丹東南隅。❷粵西皆石山森幻二句　乾隆本作「粵西皆石山林立，故懸水最艱」。❸打狗嶺　見〈粵西遊日記二〉閏四月十三日日記。❹汗漫　浩渺無邊際。❺打錫關　在南丹東南。❻南丹　明代為州，隸慶遠府，今屬廣西。❼囤　舊時用木柵圍成，填以土石，用作防禦工事的建築。❽三世佛　謂過去、現在、未來三世佛。過去佛指迦葉諸佛，一般特指燃燈佛，現在佛為釋迦牟尼佛，未來佛為彌勒佛。❾亹亹　行進的狀態。❿天啟七年　西元一六二七年。天啟，明熹宗年號。

【語　譯】二十日　早晨起身，山雨紛飛。飯後等候役夫，過了好久才用竹子紮成肩輿，但只紮了一副，還少一副，上午才動身。冒雨往東北越過土山，走了一里多，越過山脊，就往西北下山。路被深深的茅草遮沒。又走了一里左右，穿過被茅草掩蔽的道路，往下走到山塢底部，看到有小水從南往北流去，大路也從南面隨著往前延伸，是去錫坑的路。順著這條路往北走一里，又有一條水從西南流來，兩條水會合後往東北流去。水的東面有個村莊在東山下，名雷家村，這裡峽谷稍許開闊。又走了一里，就轉為東西向的土塢，有大溪從西面流來，會合從南面流來的小溪，往東流再向南轉成為大江。從這裡沿著溪水上行，在南岸土山的北麓走，向西往上走了共十里，在南山的半腰有幾間茅屋，名灰羅廠，都是產錫的處所。從它的下面再往西走一里，山塢到了西面的盡頭，有土山橫在中間，一條小水從西北流來，一條大水從西南流來，兩條水在橫嶺的下面會合。從這裡涉過小水，往西登上橫嶺。橫嶺東面的路旁有各種形狀的枯井，都有幾丈深，口徑僅有一般井那麼大，像是挖掘而成的，這就是錫礦的坑洞。越過山嶺往西走下，共四里，又和先前從西南流來的大溪相遇。這溪水正從北面轉而向南，就橫渡溪流往西走，峽谷又成東西向拓開。沿著溪水上行，其間多次往左右兩邊涉過溪流，走了四里，到西楞村，又有一條水從西北流來注入，路從大溪的南岸走。再過一里，路的左邊有條岔路，越過山嶺往南，想來是去錫坑的路。再往西，又有溪水從南面的峽谷流來會合，這溪流也很大，和西面流來的溪水相仿。從這裡又橫向涉過南溪口，仍然沿著從西面流來的溪水南岸上行。再走五里，有個村莊在南山，名大徐村。村的西面，峽谷又開闊起來，田地才連成一片，水在田中曲折流淌，又多次涉過水流。走了四里，直到西山下，沿著水流上行轉而向北，走了一里，才涉過溪水登上西山。剛上去時十分險峻，望見北面的山塢群山環繞，山壑到了盡頭，瀑布從山腋懸空直往下噴瀉，在翠綠的群峰間，如同百丈玉龍。廣西都是森然羅列奇姿異態的石山，像這樣的景色獨一無二。回憶先前在全州打狗嶺也朝北望見這種景色，到這裡已迂迴幾千里，跋涉已一年，忽然在這裡又看到，也真是漫無邊際的遊歷中一次奇遇啊！往西攀援土級而上，邊走邊回頭瞻望，過了一里路，依然不能捨棄，後來漸漸越過山嶺到南面，才看不見了。又彎彎曲曲沿著北面的山峰往西走上二里，越過一道山脊，在山脊北面的路角就是打錫關，錫商從錫坑過來，以前就在這裡徵稅，有房屋。自從去年動亂後被兵火燒毀，就沒有居住的人了。從這裡往西走下半里，就有山壑在峽谷的西面，於是轉而向北，山相夾成峽谷，又往下走半里，水才成澗往北流去，隨著澗水又走半里，渡到澗水西邊，沿著山崖往北走，過了一里半，走出峽谷。前面的峽谷又從東北向西南伸展，就沿著山崖轉向西南走，大雨下降。隨即又多次涉過這條澗水，澗水才往南流去，路就往西越過山坳。共走了二里，又走到山塢中，過了半里，沿著北山的山崖走，先前的澗水又從南面流來，涉過這條水。再往西北走半里，又有一條溪水從南面的峽谷流來，水量很大，和先前的澗水會合後往北流去，有堤壩橫向築在澗上蓄水。從堤壩的西邊往北走，再過一里便渡過南丹州的南橋，天色已晚，大雨如注，雷電交作，急忙找旅舍住宿。

南丹州的水，往北流經過州治東面。這裡的山分為東西兩界，州治在西邊的山下。在它東面有街道，南北向沿著溪水排列，中間有條街向西進去，前面跨著一座大石坊，寫著「攄忠報國，崇整精微」八字，是在廣西省內所未見過的。從石坊下進街往西走，到街盡頭，又進入一道石卷門，門內有關帝廟，面向西，前面也有牌坊。廟的西面就是一個蓄水的大池塘，南北各有山峰，從西面的山起像手臂那樣向前環抱，塘中的水一直浸到山腳。水塘中間有堤壩，東西橫亙，長達數丈，兩頭各架一座木橋，橋上有亭子。通過西頭的木橋，又往西經過一處廢棄的花園，只見州治在西南的小石峰下。官署的大門朝北，門前也有石坊，四周的土牆不太高大整齊，這是下面的官署。州官居住的地方，則在囤上。所謂囤上，就是官署後面小石峰的峰頂。上去的路要從官署中走，是莫公經過家難後搬到那裡以防不測的。因為西邊群峰曲折延伸，它的南北兩支山峰向東突起，既像左右臂環抱，又有中間一支在下突起為石峰，下面的官署，就緊靠著它，囤便建在上面，三面都是峭壁，只有南面的山坳可以攀登。囤的後面又突起一座小峰，和囤中相連，形如馬鞍，小峰和後面的高山並立，相夾成為深坑，下面有小水往東南流出，注入大溪，這是官署左面第一層分界的水流。

囤山的北面，山嶺在西邊中斷，山下裂開一個洞穴。洞門面向東南，正好和囤山相對。門的頂部十分平整，也有圓形的石柱倒垂。洞門中央就有兩塊大石高高盤踞，中間開出一個夾縫，只有一尺左右寬，往北走進三、四丈，折而往西，稍許走下幾步，就到西面的大石背後，和北面洞的後壁相隔一丈多，往西深二丈多，裡面一片漆黑，什麼也看不見，不知道可有旁通的洞穴？西面的大石上，岩石表面高低不平，都像臺榭一樣可以居住。只是四面崖壁懸絕，都沒石級可登。東面的大石也是這樣，只是後部就連結在洞壁上，沒有往後繞的縫隙，而石臺的前面，有石柱往上聳起，連接到洞頂，這和西面的大石有所不同罷了。西面大石的西邊，又有小裂縫的大石，能在北面的峽谷中架起一、二層梯子，就可登臨石上，從西面大石跨過二尺寬的石板，就可到達東面大石的一端，只可惜當地人不懂得如何點綴景觀罷了。從巖前往北走半里，這山又開出東西向的山塢。沿著西面的山口轉向西走，又有一條溪水從西面的峽谷流來，往東北注入大溪，也就是清水塘的下游。沿著水流上行，往西又走了半里，通過一座橋亭。橋的南面有石崖擋住水流，裡面蓄著一池水，以前水從橋下流出，如今沖激著崖腳往東，不再往北從橋下流了。過橋稍許偏西走，越過一道山岡，便是清水塘。塘南北兩邊的山相夾成峽谷，中間開出東西向的山塢，西面是大山如同屏障峙立在它的後面，東面就是被石崖擋住的水口。寺院就在這中間向東而立。走進寺門，就是方塘，四周用石砌成，裡面蓄水，不深但很清澈。前面一層是在塘中架起的樓閣，從閣後越過水塘，中間又橫著一個亭子，在亭子南北的水塘中，又在水中擺設假山石，兩旁也都有架在塘中的樓閣，作為左右的廂房。亭子西面為玉皇閣，也是在塘中用石塊砌成地基，而中間有水道相通。閣中下位供的是真武大帝，上位供的是玉皇大帝。在真武的後面，又在塘中架起一層樓閣，下部跨在水上，作為居住休息的地方，上部則和玉皇閣架空聯結成一體，供三世佛像在裡面。佛像的後面有窗，可以平眺西峰，往下俯視塘水不斷地從地底溢出。水塘外面，都有短牆圍著，層疊的樓閣，全架在水中，而佛像都嚴整壯麗，也是在廣西從未見過的。可惜裡面沒有一個僧人，水空雲冷，只聽到唧唧的溪聲罷了。這座寺院是天啟七年莫公伋所建造的。前年因為聽信讒言，用鞭子打死了僧人，於是便沒有僧人居住了。寺南有條溪水從西南的山腋流來，就是從寺前往東流去的水。寺北有條大路向西越過山嶺延伸，是通往巴鵝直達平洲的路。寺前的水往東流去，經過石崖水口，又向東流注入大溪，這是官署左邊第二層分界的水流。

官署右邊第一層分界的水流，就是先前來時所涉過的壩上從南面峽谷流出的水，第二層就是從東面打錫關流來的澗水，兩條水合為大溪而後流過南丹州前。

二十一日　平明起，天已大霽，以陸公書投莫，莫在囤，不及往叩，以名柬去，余乃候飯于寓中。既午，散步東街，渡塘堤，經州治前，而西循囤山北壁下行，共一里，入北山南向石洞。又從洞前西北行，半里，轉而西南，又半里，渡橋亭，入清水塘。返寓已下午。莫公餽米肉與酒，熟而酌之。迨晚霽甚。

二十二日　五更頗寒，迨起而雲氣復翳。站人言夫將至，可亟炊飯。既飯，而夫仍不齊。先是，余無以為贄❶，以晶章二枚并入餽。此晶乃漳❷中署中所得，瑩澈殊甚。豈一併收入後，竟無回音。余索帖再三，諸人俱互相推委，若冀余行即已者。余不得已，往叩掌案❸劉，為言其故。劉曰：「昨誤以為銀硃❹薄物，竟漫置之，不意其為寶物也，當即入言。但斯時未起，須緩一日程可耳。」余不得已從之。昨諸人竟私置于外，故不得回柬，至是然後入白也。候至更餘，劉猶在囤未歸，乃悶悶臥。

銀、錫二廠，在南丹州東南四十里，在金村西十五里，其南去那地州亦四十里❺。其地〔廠有三❻：〕曰新州，屬南丹；曰高峰，屬河池州；曰中坑，屬那地。皆產銀、錫。三地相間僅一、二里，皆客省客賈所集。按志有高峰砦，即此高峰之廠，獨屬河池，而其地實錯於南丹、那地之間。達州必由南丹境，想以礦穴所在，故三分其地也。銀、錫俱掘井取砂，如米粒，水淘火煉而後得之。銀砂三十觔可得銀二錢，錫砂所得則易。又有灰羅廠，止產錫。在南丹東南三十又五里，即余昨所經。有孟英山，在南丹西五十里芒場相近。止產銀。永樂中遣中使雷春開礦于此，今所出甚微，不及新州矣。雷春至孟英時，河池所城是其所築。

【章　旨】本章記載了第三百三十九、第三百四十天在慶遠府的行跡。因莫仮在囤山，只是將名帖送去，並送去兩枚水晶印章。但州署中的人想私吞禮物，未給回帖，於是前往交涉，拖延了行程。在南丹、河池、那地三州相交的地方，有新州、高峰、中坑三廠，都產銀、錫。此外還有灰羅廠只產錫，孟英廠只產銀。

【注　釋】❶贄　舊時初次求見人所送的禮品。❷漳　漳州，明代為府，治所在今福建漳州。❸掌案　掌管案牘文書的人。❹銀硃　亦作「銀朱」，礦物名，粉末狀，正赤色，用作顏料，可作印泥。❺其南去那地州亦四十里　按實際地理位置，「南」當為「西」字。❻其地廠有三　清代合稱「三廠」，有把總據守，今名大廠。

【語　譯】二十一日　黎明起身，天已完全放晴，將陸公的信投送莫公，莫公在囤山，來不及親去拜訪，便將名帖送去，我便在寓所等待吃飯。到了中午，上東街散步，通過水塘的堤壩，經過州治前，向西沿著囤山北面的石壁下行走，共一里，進入北山朝南的石洞。又從洞前往西北走了半里，轉向西南，又走了半里，越過橋亭，進入清水塘。回到寓所已是下午。莫公送來米肉和酒，煮熟後用肉下酒，到晚上天色更加晴朗。

二十二日　五更時十分寒冷，到起牀時，雲氣又遮住了太陽。驛站的人說役夫即將來到，可趕快煮飯。飯後，役夫仍沒到齊。在此之前，我沒有東西可作見面禮，就拿了兩枚水晶印章一併贈送莫公。這水晶印章，是在漳州官署中得到的，特別晶瑩透明。豈料一併收進後，竟然沒有回音。我再三索取回帖，州署中的人都互相推委，好像希望我一走事情就可了結。我不得已，前去詢問掌管案牘文書的劉某，對他說明其中情況。劉說：「昨天誤以為印章印泥是不值錢的東西，竟隨隨便便將它們擱在一邊，沒想到這是寶物，應當立即進去呈報。但這時莫公還沒起身，必須延遲一天上路才行。」我不得已，只好答應。昨天這些人竟將禮品私下留在外面，所以得不到回帖，到此時才進去稟告。一直等到一更多，劉還在囤山沒有回來，於是悶悶不樂睡下。

銀廠和錫廠，在南丹州東南四十里，金村西面十五里，它的南面離那地州也是四十里。這裡有三個廠：一名新州，屬南丹州；一名高峰，屬河池州；一名中坑，屬那地州。都是出產銀、錫。三地相隔僅一、二里，都是外省客商聚集的地方。據志書載有高峰砦，就是這裡的高峰廠，唯一隸屬河池州的地方，但這裡實際上卻處於南丹州和那地州交界，到河池州去必須從南丹境內走，想來因為是礦坑所在的地方，所以將這裡分成三個部分了。銀、錫的開採都是掘井取砂，礦砂如米粒，經過水淘火煉才能得到。銀砂三十斤可以煉出二錢銀子。錫砂煉錫就比較容易。另外有灰羅廠，只產錫。在南丹州東南三十五里，就是我昨天所經過的地方。有座孟英山，在南丹州西面五十里芒場附近。只產銀。永樂中，朝廷派中使雷春到這裡主管開礦。但現在產量很少，不及新州了。雷春到孟英山時，修築了河池所城。

二十三日　候夫不至，總站徐曰：「以昨禮未酬，尚須待一日。」余求去不得，惟悶悶偃坐而已。至午後，始以兩晶章還余，而損其一，餘五色❶，則為諸人乾沒❷矣。是日午間雷雨，晚大霽。

由銀、錫廠而南，兩日程至涯洞，有大江自西而東，為那地、東蘭二州界。其渡處名河水渡，即都泥江也。其上流來自泗城界，其下流東歷永順土司北五里，即下石堰，為羅木渡者也。

南丹東八十餘里抵大山嶺，為河池州界；東南四十里過新州，為那地州界；西三日程，約一百五十里，抵巴鵝，北為平州四寨界，西為泗城州界；西北二日程，約一百里，過六寨，為獨山下司界；東北日半程，約七十里，抵東界，為荔波縣界。

南丹米肉諸物價俱兩倍于他處，米俱自獨山、德勝諸處來。惟銀賤而甚低，所用者止對沖七成。其等❸甚大，中國銀不堪使也。

龍眼樹至此無。德勝甚多。

【章旨】本章記載了第三百四十一天在慶遠府的行跡。並介紹南丹州的水文、地理和物價。

【注釋】❶色　種類。❷乾沒　侵吞公家或別人的財物。言以公家財物入己，如水之淹物，沉沒無跡。因無水而沒，故曰乾。❸等　等子，一種稱量金、珠或珍貴藥物的小秤，今稱「戥子」。

【語譯】二十三日　等待役夫不到，總管驛站姓徐的人說：「因為昨天送去的禮品沒有答謝，還得等一天。」我要求離開也沒有用，只能悶悶不樂地枯坐或躺著罷了。到午後，才把兩枚水晶印章還給我，其中一枚已經損壞。其餘五種禮品，則被這些人吞沒了。這天中午下雷雨，晚上非常晴朗。

從銀廠、錫廠往南，走兩天路可到涯洞，有大江從西往東流去，為那地、東蘭二州的分界。這江的渡口名河水渡，就是都泥江了。它的上游出自泗城境內，下游往東流經永順土司北面五里，就流下石壩，成為羅木渡的江水了。

南丹州往東八十多里到達大山嶺，為河池州界；往東南四十里過新州，為那地州界；往西走三天路，約一百五十里，到達巴鵝，北面是平洲四寨界，西面為泗城州界；往西北走兩天路，約一百里，經過六寨，為獨山下司地界；往東北走半天路，約七十里，到達東界，為荔波縣界。

南丹的米、肉等各種物品價格都比其他地方高出兩倍，米都從獨山州、德勝鎮各處運來。只有銀價賤，但成色很低。市上所用的銀子沖抵七成。戥子很大，秤中原的銀子不能用。

龍眼樹到這裡已沒有了。德勝鎮很多。

二十四日　晨起，陰雲四合。是日為立夏。飯而待夫，久不至，上午止得四名，二名猶未至，余不能待，以二名擔行李，以二名肩輿行。出街北，直北行山塢間，一里半，大溪向東北去，路折而西北，踰土嶺。二里半，踰嶺西下，有水自東南來，北向而去。渡之南行，於是石峰復出，或迴合，或逼仄，高樹密枝，蒙翳深倩。時午，日漸霽，如行綠幄中。已溯峽西入，惟聞水聲潺潺，而翳密不辨其從出，想亦必東向之流，然石路甚大，不若州東皆從草莽中行也。共三里，有石峰中立於兩山峽間，高銳逾於眾，而兩旁夾壁反隘，益覺崢嶸。由其南夾西透，又陟嶺一里，西南踰脊，其南即深坑下墜，亦如嶺北者之密翳沉碧也。由嶺上西循北峰，又踰脊西下，共里餘，由兩山夾中西出，曰夾山關❶。夾西即有數家倚北峰下，其後削崖如屏，前則新篁密箐。路從其下行，忽北山之麓，石崖飛架，有小水自西來，漱石崖之腳，北入石洞中。洞門南向，在浮崖之東村後危崖之下，水自南搗入，當亦透北山而洩於南丹下流者也。由浮崖下溯細流西行，其內復迴田一壑，南麓又有村數十家。又西三里，踰土山下，西北又一里，有水自西南土峽中來，東抵石崖下，轉而北去，路亦渡水而北。二里，水由東北塢中去，由小岐西北升陟，崗阜高下共四里，乃下嶺。又西南轉入山塢，為彝州村。日已下午矣，炊而易騎，由塢中隨細流東北行。一里，涉溪，又一里，踰坳乃轉西北，細流在山峽中，亦西北轉，已北渡一峽，復北上山，緣西山之半行，共二里，峰頭石路甚崎嶔，其下峽中水亦自南而北，又有一東來小水湊合於其下而北去。又北行，踰嶺而下，則峽中匯水甚深，想即前水之轉而西也。渡之，循澗北行，有堰截澗中，故其東水及馬腹耳。共一里，又有小水自西土峽來，合而東去。從其合處，仍渡而北，則東來大路復至是會，乃循之西北上嶺。一里，踰土山隘，則北面石山屏立而東，路循南界土山西北行。兩界之中，復有田塍，東西開塢，有小水界其中，亦東向去。又西二里餘，塢南北山下俱有村，多瓦舍，曰欄路村❷。大路直西向山隙去，從岐北向渡溪，一里，踰北界石山，北下轉西行，半里，宿於蠟北村。

【章　旨】本章記載了第三百四十二天在慶遠府的行跡。一路翻山越嶺，穿峽涉水，經過夾山關，看到一座浮空飛架的山崖。再到彝州村換馬，又經過欄路村，在蠟北村住宿。

【注　釋】❶夾山關　今名關上，在南丹西北。❷欄路村　今名拉六，在南丹北境。

【語　譯】二十四日　早晨起身，陰雲四面密布。這天是立夏。吃過飯等候役夫，過了好久還沒到。上午只來了四名，還有兩名未到，我不能再等，就叫兩個人挑行李，兩個人抬轎出發。走出街的北面，一直往北在山塢中行走，過了一里半，大溪向東北流去，路轉向西北，翻過土嶺。走了兩里半，翻過土嶺往西走下，有水自東南流來，向北流去。渡過溪水往南走，到這裡又出現石峰，有的迴繞合攏，有的緊逼傾側，樹木高大，枝葉茂盛，蒙密遮掩，幽深倩麗。這時已到中午，天色漸漸晴朗，就像在綠色的帷幔中行走。不久沿著峽谷中的水往西上行，只聽到水聲潺潺，因樹木濃密遮蔽，分不清水從何處流出，想必也是往東流的水，但石路很寬大，不像州城東面的路，都從草莽中穿行。共走了三里，有石峰居中峙立在兩面峽谷之間，比其他山峰都要高大尖銳，但兩旁相夾的石壁卻反而狹隘，更加覺得它的崢嶸。從石峰南邊的夾谷往西穿出，又登上山嶺走了一里，往西南越過山脊，在它南面就是下墜的深坑，也像山嶺北面一樣樹木枝葉濃密深綠。從嶺上往西沿著北面的山峰走，又越過山脊往西走下，共走了一里多，從兩山相夾中往西走出，地名夾山關。夾谷的西面就有幾戶人家靠在北面的山峰下，村後是陡峭的山崖如同屏障，村前則是新生密集的竹林。路從它的下面走過，忽然看到北山山麓，石崖飛架，有小水從西面流來，沖刷著崖腳，往北流入石洞中。洞門朝南，在浮空飛架的石崖東面村後的懸崖下，水從南面沖入洞中，應當也是穿過北山注入南丹州下游的水。從飛崖下沿著細流往西上行，裡面又繞成一壑山田，南麓還有幾十戶人家的村莊。再往西走三里，越過土山走下，往西北再走一里，有水從西南的土峽谷流來，往東到達石崖下，轉而向北流去，路也渡過水流往北。走了二里，水從東北的山塢中流去，從岔出的小路往西北攀登，在高高低低的山岡土阜共走了四里，這才下嶺。又往西南轉入山塢中，到彝州村。時間已是下午了，煮飯吃後，更換馬匹，從山塢中隨著細流往東北走。過了一里，涉過溪水，再走一里，越過山坳，轉向西北，細流在峽谷中也往西北轉。隨後往北越過一道峽谷，再往北上山，沿著西山的半腰行走，共二里，峰頭的石路十分崎嶇，峰下峽谷中的水也從南往北流去，又有一條從東面流來的小水在峰下湊合往北流去。繼續往北，越過山嶺走下，只見峽谷中匯聚的水很深，想來就是先前轉向西的水流了。渡過積水，沿著澗水往北走，有堤壩橫堵在澗中，所以它東面的水只淹到馬的腹部罷了。共

走了一里，又有小水從西面的土峽谷流來，和澗水會合後往東流去。從兩條水的會合處渡過，仍然向北走，
只見從東面延伸過來的大路又到這裡會合，就順著大路往西北登上山嶺。走了一里，越過土山隘口，只見北
面的石山屹立如屏障，往東延伸，路沿著南界的土山往西北走。兩界山的中間，又有田地，東西向開出山塢，
有條小水隔在中間，也向東流去。再往西走二里多，山塢南北的山下都有村莊，瓦房很多，名欄路村。大路
一直往西朝山間的缺口走去，從岔路往北渡過溪水，走了一里，越過北邊的石山，往北走下再轉向西，走了
半里，在蠟北村留宿。

二十五日　昧爽，由蠟北村稍西復北向入峽中，半里，踰小脊北下，半里，
抵尖高峰下。其處另成一峒，有一、二茅舍倚尖峰下。竟峒東北行，二里，有村
在西山之麓，曰肖村。又北半里，有洞在西小山坑中，其門東南向，外層甚敞，
中壁如屏，又闢內門甚深。路由東山崖上行，隔塢對望之，藤蘿罨❶掛，中有水，
自洞門潺潺出，前成澗，南流西折去。又東北半里，踰嶺脊，頗峻。東西峰俱石
崖，而此脊獨土。踰之東北下，一里，又成一峒，曰街旁村。送者欲換夫騎，而
居人不承，強送者復前。于是西北登嶺，嶺上下多倚崖隨壑之舍。一里，踰嶺下
而復上，又西北二里，復踰嶺，西轉北向行，有村在東山之半，甚眾。循之北行
二里，有尖山豎東峰之上，甚銳，下有瓦房，環籬迴堵，頗不似諸村落。其西界

有山高聳，冠于諸峰，此始為南下多靈兩江都泥、龍江。分界之脊，與所行東峰對夾成塢。中開大壑，自南而北，即前欄路村西行大道，轉而為此塢者也。塢中土山之上，叢樹蓊蔥，居室鱗次，與此村東西相對者，曰芒場❷，此大道所經者。余以站騎就村相換，故就此小道。然村夫沿門求代，彼皆不承，屢前屢止，強之不行。方無可奈何，適有一少年懸劍插箭至，促其速行，則南丹莫君所遣令箭送余者，始得復前。又北逾一嶺，又北一里，飯於壁坳村。數家在東峰之半，前多踞石排列，置廬其間，實為選勝，而土人莫之知也。既飯，易騎至而無鞍，乃令二夫先以擔行，站夫再往芒場覓鞍。久之，仍不得，乃伐竹縛輿。輿成而候夫，又久之，馬至，已下午矣，乃西向行。

先是，壁坳站夫言：「西北石山嵯峨，其下有村曰蠻王，此峰亦曰蠻王峰。」乃望之西行，越一土阜西下，共二里，有澗自南而北，踰澗又北上嶺，踰土山二重，共一里，下至土峽中，有小水自北而南，溯之，北上一里，直抵蠻王峰❸下。其屼嵲騈聳，最西南，峰頂有石曲起，反躬北向，上復直豎如首，豈即所謂「蠻王」者耶？時顧僕押夫擔在蠻王村，尚隔一夾，呼余直西從大道，彼亦從村押夫來。半里，會於峰之西，乃轉而循峰西夾北向行，其夾會水於中。北上半里，夾中猶土田，而水已北注。是為北來山脊，至鑾王而西渡南下，峙為芒場西最高之峰，以至多靈，為都泥、金城兩江之界者也。北隨水行，半里，其水西向去，路西北，又半里，踰嶺而下，半里，西南山界擴然，北界石山之脊自西而東，有尖峰豎其上，環其西南為大壑，田隴高下，諸廬舍倚其東北尖峰下。又里許，登其欄曰郊嵐村❹，又名頭水站。有水自東北脊間出，為都泥旁支之上流，此「頭」名所由起也。村人以酒食獻，餐之，易騎行。西北一里半，有路踰北夾而去，乃導者由岐西出峰南。又半里，復易夫，始知其為小路就村也。又西一里，雷雨大至，俄頃而過。又西一里，登一堡，導者欲易騎，其人不從，祗易夫而行。乃挾峰北轉，越嶺而下，又西南墜，共二里，渡一澗，又西北行，一里，始與東來大道合。復西北踰嶺，三里，望北山石脊嵯峨，諸廬舍倚其上，而尚隔一壑。又西，大道西去，由岐北轉，從北山下東向行，一里，上抵飄渺村。其村倚山半，南向，東有尖峰高插嶺頭，西有危崖斜騫崗上。村前平墜為壑，田隴盤錯，自上望之，壑中諸隴，皆四週環塍，高下旋疊，極似堆漆❺雕紋。蓋自鑾王峰西渡脊而北，至此，水皆西南入都泥，壑皆耕犂無隙，居人亦甚稠，所稱巴坪哨，亦一方之沃壤也。是晚，雨後即霽甚。

【章　旨】本章記載了第三百四十三天在慶遠府的行跡。經過肖村、街旁村，往前有座尖山，山下村落有很多瓦房，不同尋常。有座山高出群峰之上，為都泥江、龍江分水脊。山塢中有村莊名芒場。到壁坳村吃了飯，下午直到蠻王峰下，山勢險峻，並排聳起。繼續往前，經過郊嵐村，到飄渺村留宿。這裡山壑中盡是耕田，也是一方沃土。

【注　釋】❶罨　覆蓋。❷芒場　今名同，在南丹北境。❸蠻王峰　在芒場西，山下有蠻王村。❹郊嵐村　今作者樂，在南丹北隅。❺堆漆　漆器工藝名，舊時在器物上用灰泥堆成花紋，再塗上朱漆，稱堆漆，又作堆紅。

【語　譯】二十五日　拂曉，從蠟北村稍許往西再轉向北進入峽谷中，走了半里，越過小山脊往北走下，又過了半里，到又尖又高的山峰下面。這裡另成一峒，有一、二間茅屋靠在尖峰下。到峒的盡頭往東北走，過了二里，有村莊在西山腳下，名肖村。再往北半里，有洞在西面小山坑中，洞門面向東南，外層十分寬敞，中間的洞壁如同屏障，裡面又開出一道洞門相當深。路從東面的山崖上走，隔著山塢朝對面望去，洞口藤蘿覆蓋垂掛，裡面有水，從洞口潺潺流出，在洞前匯成澗水，往南再轉向西流去。再往東北走半里，越過一道很高的嶺脊。東西兩邊的山峰都是石崖，而唯獨這嶺脊上面為土山。越過嶺脊往東北走下，過了一里，又形成一峒，名街旁村。護送我的役夫想在這裡替換人馬，但當地居民不肯應差，強迫護送的人繼續往前走。從這裡往西北登上山嶺，嶺上下各處有許多靠著山崖、沿著山壑的房屋。走了一里，越過山嶺下了又上，再往西北走二里，又越過山嶺，先向西再轉向北走，有村莊在東山的半腰，房屋很多。沿著東山往北走二里，有尖山豎立在東峰上面，山頂十分尖銳，下面有瓦房，竹籬矮牆四周環繞，和一般村落大不相同。在它西界有山高高聳起，高出諸峰之上，到這裡才成為往南流到多靈山的兩條江水都泥江、龍江。分流的嶺脊，和我所走的東峰相對夾成山塢。中間開出一個大壑，從南往北，就是先前從欄路村往西走的大道，轉到這裡成為山塢了。我塢中的土山上，樹叢鬱鬱蔥蔥，房屋鱗次櫛比，和這裡的村莊東西相對，名芒場，是大路所經過的地方。因為驛站的馬匹要到村中去換，所以走了這條小路。但村夫一家接一家請求替換，他們都不肯應差，多次往前走，又多次停下，強迫他們也不走。正在無可奈何時，恰好有個身上掛著寶劍、插著弓箭的少年來到，催促他們快走，原來是南丹州的莫君派來持令箭送我的人，才得繼續前進。又往北翻越一道山嶺，再往北走一里，在壁坳村吃飯。這村是幾戶人家住在東峰的半腰，村前排列著許多盤踞的大石，將房屋建在裡面，實在是首選勝境，但當地人卻不懂得。吃完飯，替換的馬到了，但沒有馬鞍，便吩咐兩個役夫先挑擔子上路，驛站的役夫再到芒場去找馬鞍。過了好久，還沒找到，便砍了竹子，紮成轎子，轎子紮成後等候役夫，又過了好久，馬才到來，已是下午了，於是往西走。

在此之前，壁坳站的役夫說：「西北的石山高峻，山下有個村莊名蠻王村，這山的山峰也叫蠻王峰。」就朝著它往西走，越過一個土丘往西走下，共二里，有澗水從南往北流去，越過澗水又往北登上山嶺，翻過兩重土山，共走了一里，往下到土峽谷中，有條小水從北往南流去，沿著小水上行，往北走上一里，直到蠻王峰下。山峰險峻，並排聳立，在最西南處，峰頂有岩石彎曲突起，反過來對著北方，上端又直豎如頭顱，難道這就是所謂的「蠻王」嗎？這時顧僕押著役夫擔子，正在蠻王村，還隔著一條峽谷，喊我一直往西從大路走，他也從村中押著役夫過來。走了半里，在蠻王峰的西面相會，便轉而沿著蠻王峰西面的峽谷朝北走，這個峽谷中有水會合。往北走上半里，峽谷中還有田地，但水已往北流去。這是從北面延伸過來的山脊，到蠻王峰便往西過渡再向南延伸，峙立成為芒場西面最高的山峰，一直到多靈山，成為都泥、金城兩江的分界。往北隨著水走半里，這水往西流去，路向西北走，又過了半里，越過山嶺走下半里，西南的山十分開闊，北界的石山山脊從西往東延伸，上面豎起一座尖峰，環繞它的西南形成大壑，山壑中是高高低低的田地，眾多房屋都靠在東北的尖峰下面。再走一里左右，登上竹樓，名郊嵐村，又名頭水站。有水從東北的土脊中流出，成為都泥江支流的上游，這就是以「頭」作為名稱的緣由。村裡的人獻上酒食，吃過酒飯，換了馬匹上路。往西北走一里半，有路越過北面的峽谷延伸，但嚮導卻從岔路往西走出山峰南面。又過了半里，再換役夫，才知道他們是為了進村才走小路。再往西走一里，大雷雨到來，不一會雨就停了。再往西走一里，登上一個土堡，嚮導想換馬，堡中的人不肯，只換了役夫就走。於是靠著山峰往北轉，翻過山嶺走下，再往西南下去，共走了二里，渡過一條澗水，再往西北走，過了一里，才和從東面延伸過來的大路會合。再往西北翻過山嶺，走了三里，望見北面的山石脊高峻，眾多房屋都靠在上面，但還隔著一個山壑。再往西，大路向西延伸，由岔路往北轉，從北面的山下向東走，過了一里，上山到飄渺村。這村靠在半山腰，朝南，東面有尖峰，高高插在嶺頭，西面有懸崖，在岡上斜向伸出。在村前平緩地往下陷落成為山壑，丘壟和田地交錯，從上面往下看，壑中眾多丘壟，四周都環繞著田埂，高高低低，盤旋層疊，極像堆泥塗漆雕刻而成的花紋。原來從蠻王峰西面越過山脊往北，到這裡，水都往西南流入都泥江，山壑都開墾成為田地，沒有一點空隙，居民也很稠密，即是人們所稱的巴坪哨，也是這一方的肥沃土地。這天晚上，雨後就十分晴朗。

二十六日　晨起，飯而候騎，命夫先擔行。待久之，乃得騎。由西峰突崖下西向行，二里，踰嶺西北下塢中。其塢東西開夾，中底甚平，東匯堰為塘，溯之西行，塘盡而成草窪。共西半里，有墟場在路隅，曰巴坪場❶。其西有深夾，自西北來，為此東西夾上流，場乃挾右而轉者。路度夾而西，復上嶺，半里，踰脊西下，於是成南北夾，路轉北行。半里，夾仍東西轉，路又西向。半里，此夾中皆平底草蔓，似可為田。於是復西踰隘脊，其脊止高丈許，脊東即所行草壑，脊西則水溢成溪。隨溪西行半里，渡從北山下行，過一坳，有三、四家倚之。又西半里，大路直西去，以就村覓夫，故又南由岐涉溪，踰南坳，共一里，得村于南塢中，曰潭瑣。居村頗盛，山轉中環，又成一峒。又飯而候夫，久乃得之。

下山半里，由西北峽出，即前西流之溪矣。由溪南西行半里，溪轉而北，路亦隨之。於是山開東西兩界：東界山皆自東而西突，凡五、六峰，西面皆平剖下墜，排列而北，若「五老」西向；西界山則土峰蜿蜒，與東界對列成峽，澗由其中北向去。從澗西循西山東麓北行，半里，有小水東注于澗，渡之。又北一里半，抵一嶺，澗轉而東去，路乃北踰嶺。一里，則大路自東來合。又東一里，有澗亦東注，渡之北，又一里，有水一泓，在路側樹根下石隙間，清冽殊異。又北一里，又有水自西北峽中來，東出與石泓北流之水合，似透東北峽而去，路溯西北峽而入。其峽彎環，北自東序六寨之一。南來，是名羊角沖❷，為此中伏莽之徒❸所公行無憚處。輿夫指路側偃草，為數日前殺人之區，過之惻然。入峽一里，東眺已逼東界突山下。又北則突山既盡，其塢大開。東望一峰，尖迥而起，中空如合掌，懸架于眾峰之間，空明下透，其上合處僅徒杠❹之湊，千尺白雲，東映危峰腋間，正如吳門匹練，香爐❺瀑雪，不復辨其為山為雲也。自桂林來，所見穿山甚多，雖高下不一，內外交透，若此剜空環翠者，得未曾有。此地極粵西第一窮徼❻，亦得此第一奇勝，不負數日走磨牙吮血❼之區也。

又北一里，有村懸西峰石坡上，曰東序村❽，乃六寨極南之首村也。縛輿換夫，東北二里，復換夫。西北踰一嶺而下，共一里半，有場曰六寨場❾。轉北而東，又半里，有溪自東來，獨木橋渡其北，一里，有石峰中懸兩峽間，前有數十家倚之，是為六寨哨。所稱「六寨」❿者，南自東序，北抵六寨哨，中有寨六。縛輿換夫，從東峽北行，一里，轉而西入峽，其水東流，溯之入。又一里餘，大路直西踰隘，由岐西北就村，半里，得渾村，在北村下。頭目韋姓，出帖呈覽，以忠勇免差者。余諭之送，其人出酒肉餉，以騎送余。其地北有崇崖，有洞門西南向，高懸崖上；南有絕壁，有洞門東北向，深透壁間。從小路下西坡，交大路而南，二里，抵南洞之前。循石壁西，又一里，轉入南山峽中，東南入塢，有村曰銀村。待夫久之，晚而縛輿，昏黑就道。西北循山出峽，轉而西，共三里，宿於晚宛南村⓫。

【章　旨】本章記載了第三百四十四天在慶遠府的行跡。經過巴坪場、潭瑣，一路翻山涉水，穿峽越塢，來到盜匪公然橫行的羊角沖。進入峽谷，望見一座穿山，上面白雲映照，外面綠樹環繞，想不到在廣西邊遠地區，竟能看到這第一奇景。接著經過東序村、六寨場、六寨哨，到以忠勇免除差役的渾村，最後到晚宛南村留宿。

【注　釋】❶巴坪場　即今南丹芒場西北的巴平村。❷羊角沖　在六寨東南。❸伏莽之徒　指暗藏在山林中的盜匪。❹徒杠　可供徒步行走的小橋。❺香爐　峰名。在雙劍峰西南。因頂部圓似香爐，上面雲霧繚繞，如煙生起而得名。❻窮徼　荒遠的邊區。徼，邊界。❼磨牙吮血　李白〈蜀道難〉：「磨牙吮血，殺人如麻。」磨利牙齒，吮吸鮮血，形容像野獸一樣嗜殺。

❽東序村　在六寨東南。❾六寨場　即今南丹州西北的六砦鎮。❿六寨　在南丹城西北一百里，和貴州獨山、荔波兩地接界。是由黔入桂的門戶。在兩省交界處的龜山上，刻有摩崖石刻「康莊利民」四字，與其相對的鯉魚山上的摩崖石刻為「惠及黔南」四字。⓫晚宛南村　今六寨西北有晚宛上、中、下三村。

【語　譯】二十六日　早晨起身，吃了飯等候馬匹，吩咐役夫先挑著行李走。等了好久，才得到馬匹。從西面山峰突起的崖壁下往西走，過了二里，越過山嶺往西北走下塢中。這山塢開出東西向的峽谷，中間底部十分平坦，東邊築壩匯水成塘，沿著水塘往西上行，水塘盡頭處便成了長滿荒草的窪地。共往西走了半里，路旁有個集市，名巴坪場。在它西面有深深的峽谷，從西北延伸過來，是這個東西向的峽谷中流水的上游，場是靠著峽谷右面轉過的地方。路穿過峽谷往西，又登上山嶺，走了半里，越過山脊往西走下，在這裡變成南北向峽谷，路轉向北走。過了半里，峽谷仍然轉為東西向，路又向西延伸。又走了半里，這裡峽谷中都是底部平坦，蔓草叢生，似乎可以開墾成田。於是再往西越過狹隘的山脊，這山脊只有一丈左右高，山脊東面便是剛才走過的長滿荒草的山壑，山脊西面有水溢出形成溪流。隨著溪水往西走半里，渡過溪水從北山往下走，越過一個山坳，有三、四戶人家靠著它居住。再往西走半里，大路一直向西延伸，因為要到村裡找役夫，所以又往南從岔路涉過溪水，越過南面的山坳，共走了一里，在南面的山塢中找到村莊，名潭瑣。村中居民很多，在山繞轉的中間，又形成一峒。再吃了飯等候役夫，過了好久才得到。

下山走了半里，從西北的峽谷中走出，就是先前向西流的溪水了。從溪水南岸往西走半里，溪流向北轉，路也隨著溪水走。到這裡山分成東西兩界：東界的山都是從東向西突起，共有五、六座山峰，西面都平剖下墜，往北排列，就像「五個老人」面向西方；西界的山則為蜿蜒曲折的土峰，和東界的山相對排列形成峽谷，澗水在這中間往北流去。從澗水西面沿著西山的東麓朝北走，過了半里，有條小水往東注入澗水，便渡過這條小水。再往北走一里半，到一座山嶺，澗水轉向東流，路就向北越過山嶺。走了一里，看到大路從東面過來會合。再往東走一里，有澗水也往東流，渡過澗水往北走，又過了一里，有一泓清水，在路旁樹根下的石縫中，異常清涼甘洌。再往北走一里，又有一條水從西北的峽谷中流來，從東面流出，和石縫中往北流的水會合，似乎穿過東北的峽谷流去，路沿著西北峽谷中的水上行，進入峽中。這峽谷水流彎曲環繞，從北面的東序六寨之一。向南流來，地名羊角沖，是這一帶盜賊歹徒公然橫行無忌的地方。轎夫指著路旁倒伏的草叢，說是幾天前殺人的地方，經過這裡，心中惻然生悲。進入峽谷走了一里，向東望去，已逼近東界突起的山峰下。再往北走，只見突起的山峰已到了盡頭，這裡的山塢大大開闊起來。向東望見一座山峰，極其尖峭向上聳起，中間透空，如合攏的手掌，懸架在群峰之中，下面透進亮光，上面合攏的地方，僅如可徒步行走的獨木橋，千尺白雲，映照在東面高峰的山腋間，就像蘇州出產的白絹，香爐峰噴灑如雪的瀑布，再不能分辨它是山峰還是白雲了。從桂林一路過來，所見的穿山很多，雖然有高有低，內外相通，但像這裡山峰中間挖空外面綠樹環繞的景象，還從未見過。這裡是廣西荒遠邊地，也能看到這第一奇特的美景，不辜負這幾天在磨牙吮血之地奔走了。

再往北走一里，有村莊高懸在西面山峰的石坡上，名東序村，是六寨最南邊的第一個村莊。紮好轎子，換了役夫，往東北走二里，再換役夫，往西北越過一座山嶺走下，共走了一里半，前面有場，名六寨場。轉向北再往東，又走了半里，有溪水從東面流來，渡過溪上的獨木橋到它的北岸，走了一里，有石峰居中懸立在兩邊峽谷之間，前面有幾十戶人家靠著它居住，這就是六寨哨。所稱的「六寨」，南面起自東序，北面到六寨哨，中間有六座寨子。紮好轎，換了役夫，從東面的峽谷往北走，過了一里，轉而往西進入峽谷，峽谷中的水往東流去，沿著水流上行，往裡走進。又過了一里多，大路一直往西越過隘口，從岔路往西北到有村莊的地方去，走了半里，來到渾村，在北村的下面。頭目姓韋，拿出帖子給我看，是因忠誠勇敢而免服差役的村子。我勸他派人送行，這人拿出酒肉款待，用馬送我。這裡北面有高峻的山崖，崖上有洞高懸，面向西南；南面有絕壁，壁上有洞，面向東北，深深地透入石壁中。從小路走下西面的山坡，和大路相交往南走，過了二里，到南洞的前面。沿著石壁往西，又走了一里，轉入南面的峽谷中，往東南進入山塢，有個村落名銀村。在村中等替換的役夫過了好久，到晚上才紮轎子，在一片昏黑中上路。往西北沿著山走出峽谷，轉而向西，共走三里，在晚宛南村留宿。

二十七日　晨起，不及飯，村人輿就，即行。循西山而北，石壑中漸有水東自渾村西麓來，流而成溪。半里，渡溪北行，半里，有村在西山下，溪流環其前，村東向臨之，為晚宛中村，其長又半里。路隔溪，隨之北，又一里，渡橋而西，飯於晚宛北村。換夫東渡橋，遂東北行，一里半，踰東崗，有村在崗北懸阜上。又換夫，北下崗，渡一澗，復一里半，北上一崗，是為岜土音作「壁」。歹村❶，乃丹州極北之寨也。六寨北至岜歹，西至巴鵝❷，昔皆泗城州所屬之地，去泗城遠，故後為丹州所占。三年前，上疏清界，當亦在其中。〔由此西去兩日程，曰羅猴，為泗城東北境，都泥上流所經也。〕飯而換馬，北下阜，過一澗，於是北上崗隴，漸踰坳而北，三上三下。塢中俱荒蕪無復耕塍，其水皆西南流，故知東北即大山之脊矣。共五里，為山界，土人指以為與貴州下司分界處，此不特南丹北盡，實粵西西北盡處也❸。

踰脊北下，水猶西南流。又從嶺北再升一土嶺，共一里，北出石山之隘，是為艱坪嶺。石骨稜削，對峙為門，是為南北二水分界。北下一里，石路嶙峋，草木蒙密，馬足躍石齒間，無可著蹄處，正伏莽者弄兵之窟，余得掉臂而過，亦幸矣哉！既下，西向行峽中，水似西流，而似無出處。一里，始復睹塍田。又西半里，轉而北，峽中塍乃大闢。又北一里，有村在西塢，曰由彝村，是為下司東南第一村，亦貴省東南第一村也。南丹送騎及令箭❹牢子❺辭去。待夫甚久，擔先去，暮，騎至。西北二里，至山寨。又踰嶺涉澗，越數村，夜行八里，而抵下司，俱閉戶莫啟。久之，得一家，啟戶入，臥地無草，遍覓之，得薪一束，不飯而臥。

【章　旨】本章記載了第三百四十五天即最後一天，從廣西慶遠府南丹州進入貴州都勻府獨山州的行跡。從晚宛南村出發，經過晚宛中村、晚宛北村，到南丹州最北端的岜歹村，吃飯換馬，往北越過艱坪嶺，進入貴州境內。騎馬躍過崎嶇險峻的山路，到貴州東南境的第一個村莊由彝村。在夜間趕路到下司留宿。

【注　釋】❶歹村　指岜歹村，又名壁歹村，在六寨北。❷巴鵝　即今南丹月里鎮東北的巴峨村。❸實粵西西北盡處也　乾隆本此句下有「余粵西遊亦止處」。下面自「踰脊北下」至「不飯而臥」一段，列入〈黔遊日記〉首篇，文字較詳。❹令箭　舊時軍隊中發令所用的小旗，竿上加箭頭，叫令箭。❺牢子　泛指一般衙役。

【語　譯】二十七日　早晨起身，來不及吃飯，村民已將轎紮好，就立即動身。沿著西面的山往北走，石壑中漸漸有水從東面渾村的西麓流來，匯成溪流。走了半里，渡過溪水往北走，又走了半里，西面的山下有個村莊，溪流在村前環繞，村莊向東面對溪水，是晚宛中村，它又長達半里。路隔著溪水，隨著它往北，又走了一里，過橋到西岸，在晚宛北村吃飯。換了役夫往東過橋，便往東北走，過了一里半，翻過東面的山岡，有村莊在山岡北面高懸土丘上。又換了役夫，往北走下山岡，渡過一條澗水，再走一里半，往北登上一座山岡，這就是岜土音為「壁」。歹村，是南丹州最北的一座寨子。六寨北到岜歹，西到巴鵝，以前都是泗城州的屬地，離泗城很遠，所以後來被南丹州占有了。三年前，上疏清理邊界，這裡應當也在其中。從這裡往西走兩天路，可到羅猴，為泗城東北境，都泥江上游所流過的地方。吃了飯換馬，往北走下山岡，渡過一條澗水，在這裡往北登上山岡丘壟，漸漸越過坳地往北，共三上三下。山塢中全是一片荒蕪的景象，沒有耕地，水都往西南流去，因此知道東北就是大山的山脊了。共走了五里，到山的分界，當地人指著說這裡是和貴州下司分界之處，不僅是南丹州最北端，實際上也是廣西西北的盡頭了。

翻過山脊往北走下，水仍然朝西南流去。又從山嶺北面再登上一座土嶺，共走了一里，往北走出石山的隘口，地名艱坪嶺。岩石鋒稜，如同削成，相對峙立，成為門戶，是南北兩條水流的分界。往北走下一里，石路陡峻，草木濃密，馬足在牙齒般的岩石中跳躍前進，幾乎沒有落蹄的地方，正是隱伏在草莽中的匪徒出沒劫殺的巢穴。而我能夠揮臂不顧走過，也真算幸運了！下了山，往西在峽谷中行走，水似乎往西流去，而且又好像沒有出口處。走了一里，才重新看到田地。又往西走半里，轉而向北，峽谷中的田地才大大開闊起來。再往北走一里，有村莊在西面的山塢中，名由彝村，是下司東南境的第一個村莊，也是貴州省東南境的第一個村莊。南丹州送行的馬匹和持令箭的牢子告辭離去。等候役夫過了很長時間，先將擔子挑走，到傍晚，馬才來到。往西北走二里，到了山寨，又翻越山嶺，涉過澗水，經過幾個村莊，在夜間走了八里，到達下司，居民都關著門不肯開。過了好久，才找到一戶人家，開門進去，睡的地方連鋪墊的草都沒有。四處尋找，才得到一捆柴草，沒吃飯就睡下了。

【研 析】在後二篇〈粵西遊日記〉中，徐霞客一而再、再而三地發出邊地景觀遠勝中原的讚歎。當他坐船沿左江西行，駛過忠州宋村，只見「兩岸石崖疊出遞換，靡非異境」。西岸山崖半腰有洞，「舟中仰眺，岧若連雲駕空，明如皎月透影。洞前上下，皆危崖疊翠，倒影江潭，洵神仙之境，首於土界得之，轉覺神州凡俗矣。」在馱樸村南有銀山，「劈崖截山之半，青黃赤白，斑爛綴色，與天光水影，互相飛動，陽朔畫山，猶為類大者耳。」在遊覽龍英飄巖後，他讚道：「余西遊所登巖，險峻當以此巖冠。貴溪仙巖，雖懸空瞰溪，然其上窄甚，不及此巖崆峒，而得水則仙巖為勝。」桂林溶洞眾多，洞內石鐘乳之奇，令多少遊人歎為觀止，但徐霞客在遊三里城東巖時，看到洞內「玉乳倒垂，駢聳夭矯繽紛」，深感「所覩乳柱之瑰麗，無過此者」。獨秀峰為桂林主山，有「南天一柱」之譽，但他認為，和三里城的獨山巖（砥柱巖）相比，桂林的獨秀峰，就既「無此峭拔，亦無此透漏」了。在《遊記》中，徐霞客首先用了「穿巖」這個名詞，留下不少關於穿巖的描述，如桂林的穿山月巖、象鼻山水月洞、陽朔的月亮山洞、融縣的壽星巖等，但最令人神往的還是南丹羊角沖的穿山：「東望一峰，尖迥而起，中空如合掌，懸架于眾峰之間，空明下透，其上合處僅徒杠之湊，千尺白雲，東映危峰腋間，正如吳門匹練，香爐瀑雪，不復辨其為山為雲也。自桂林來，所見穿山甚多，雖高下不一，內外交透，若此剜空環翠者，得未曾有。此地極粵西第一窮徼，亦得此第一奇勝，不負數日走磨牙吮血之區也。」真像潘耒所言：「讀其記而後知西南區域之廣，山川多奇，遠過中夏也。」

越是荒遠幽僻之地，景物往往越美，越吸引人，這不是徐霞客發現並首先提出的。柳宗元在〈永州八記〉最後一篇〈小石城山記〉中就已說過：「吾疑造物者之有無久矣，及是愈以為誠有，又怪其不為之中原，而列之夷狄。」這固然是有激之言，但東晉士人好遊山水，倒確確實實是由於當時東南山水，尚屬很少有人前往的邊遠之地，特別是對南渡的中原士人來說，有一種十分新鮮的、未經開發的原始自然美的魅力。物以稀為貴，由於這些地方前所未聞，前所未見，一旦映入眼簾，必然會給人耳目一新之感，而且越是陌生，就越覺新奇，對感官的刺激也越強烈，觀賞者由新奇而驚異，又由驚異而亢奮，從而整個身心都被對象所占據。

由於這些地方不少還處在原始的混沌狀態，依然是神話的王國，裡面包含著許多神秘莫測的現象，使人感到不可理解，同時又充滿懸念，引起人的好奇心，激發想像力，從而產生無窮充滿美感的遐想。

由於這些地方罕見人跡，也就沒有人為的破壞，如「清水出芙蓉，天然去雕飾」，如純情少女，不見造作，保留了自然的清純之美。這裡沒有喧譁，沒有騷動，沒有污染，沒有噪音，也只有在這裡，才能找到人世間失去已久的和平、安逸和寧靜。

景有幽曠之別、奧顯之分。既在荒遠之地，必是幽奧之景。這裡雖沒有面對大海時那種水闊天空、情思浩蕩的壯觀，但在峰迴壑轉、峽幽谷深、天窄路長、曲折迷離的探遊中，常常能獲得奇峰突起、意態橫出、幽尋不窮、興賞未足的美感。

由於這些景觀往往位於形勢險峻、交通不便之處，要找到它們並不容易。而險本身就是一種美，是一種充滿崇高感的壯美。清人查慎行詩云：「萬里乾坤千里目，欣從奇險得奇觀。」（〈興安嶺絕頂遠眺〉）當人處在險境之中，一方面受不可捉摸的命運擺布，正常的行為方式被不正常的情況所破壞，一方面又目標明確地進行掙扎和奮鬥，使不可能的事變成可能。故唯有在險境之中，人才能獲得一種目眩神動、被震懾的感覺；也唯有在險境之中，人才能發現自己的力量，找到一種進取冒險的征服感。

這種偉大的事物、驚心動魄的事物，在比較原始的、混沌的世界中，表現得格外分明和突出。正是在這裡，力成為壓倒一切的因素，人們一方面在自然的永恆和強大中，看到不可征服、不可抗拒的力量，另一方面又在人生的短促和遺憾中，發現自身的渺小和無奈，從而感到震懾，產生敬畏，湧起崇高感。

更主要的是，人只有在空曠靜寂之地，在遠離人世紛爭、干擾、影響的地方，才能以心去領悟，以神去傾聽，才能感受山的高致、水的深趣，才能無幽不抉，無微不顯，像徐霞客那樣，全身心地去發現美、觀賞美、認識美，才能置身物外，屏絕雜事，以性靈遊，以情趣遊，才能遊出「此身乃山川之身」的感覺，才能遊出「偏覓山於天下而得逸於山中」的意趣，才能遊出「與天地精神往來」的境界，才能在天地之跡外，得天地之心，與地脈同步，與天籟同聲，才能真正找到「回歸自然」的感覺。

黔[1]遊日記一

【題解】崇禎十一年（一六三八）三月至五月，徐霞客到廣西南丹岜歹村，越過艱坪嶺，進入貴州境內。隨後經過豐寧上下司、獨山州、都勻府、麻哈州、平越衛、新添衛、龍里衛，到達貴陽府，遊覽了黔靈山的土佛洞，又過華仡佬橋，登上白雲山；接著經過平壩衛、安順府、鎮寧州，探遊了雙明洞，再往前經過關索嶺所，觀賞了黃菓樹大瀑布；隨即通過盤江鐵索橋，到永寧州，繼續往西，經過新興所、普安州，遊覽了丹霞山、碧雲洞；最後到平彝所的亦字孔驛，結束了貴州的旅程。在貴州前後四十二天，全程一千五百里。由於河流的侵蝕切割，貴州地面崎嶇，素有「地無三里平」之說，加上地處荒遠，交通閉塞，行路十分不便。徐霞客在貴州的時間雖然不長，但卻是他西行途中最困難的日子。

戊寅[2]三月二十七日　自南丹北鄙岜歹村，易騎入重山中，漸履無人之境。五里，逾山界嶺，南丹下司界。又北一里，逾石隘，是為艱坪嶺，其石極嵯峨，其樹極蒙密，其路極崎嶇。黔、粵之界，以此而分；南北之水，亦由此而別。然其水亦俱下都泥[3]，則石隘之脊，乃自東而西度，盡於巴鵠之境，而多靈[4]大脊，猶在其東也。北下一里，就峽西行，一里，始有田塍。又半里，峽轉北，塢始大開。又北一里，有村在西塢中，曰由彝。此中諸塢，四面皆高，不知水從何出。然由彝村南石壁下，有洞東向，細流自畦中淙淙入，透山西而去，固知大脊猶在

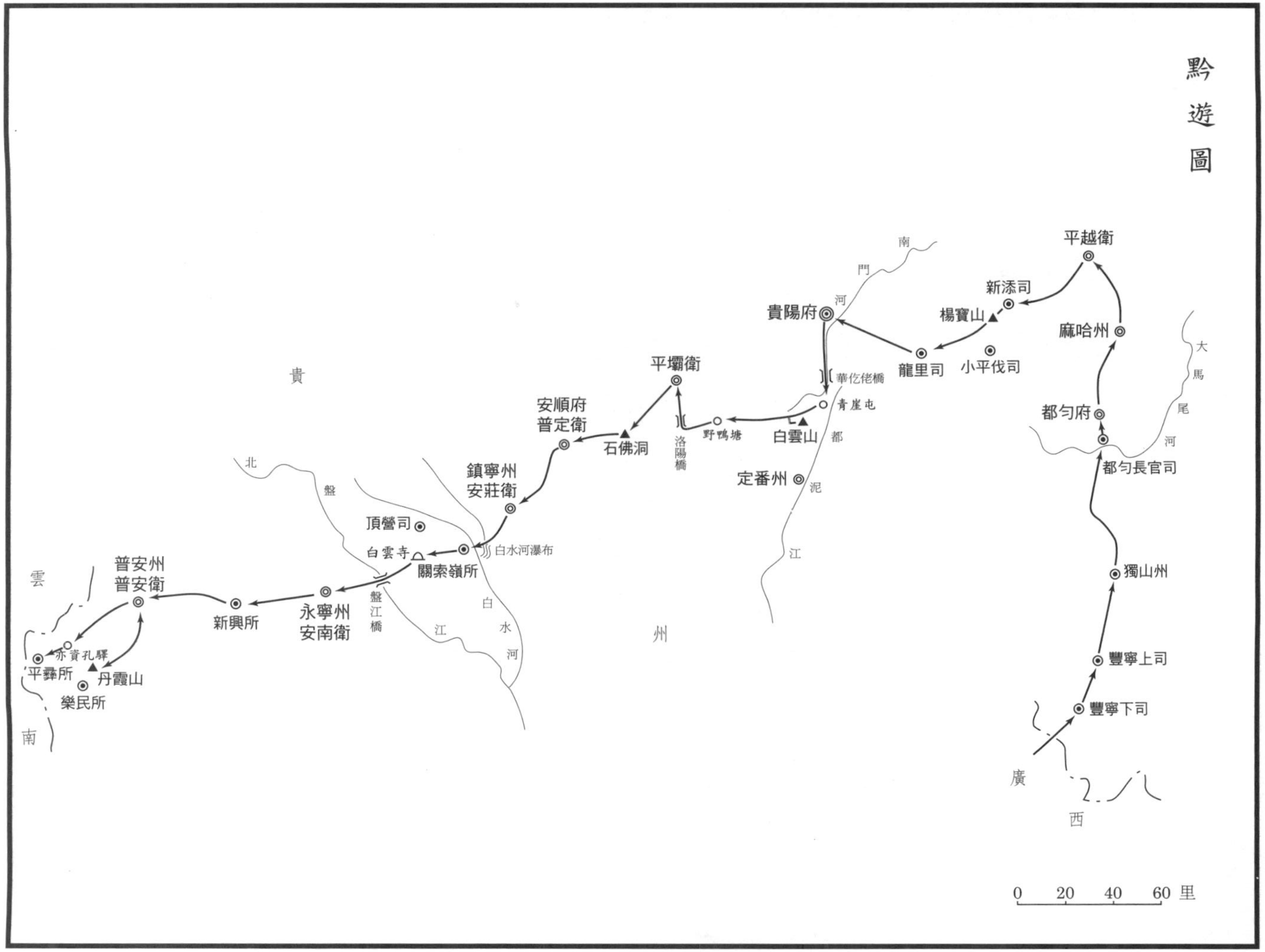
黔遊圖
平越衛
新添司
楊寶山
麻哈州
龍里司
小平伐司
貴陽府
南
門
河
華仡佬橋
青崖屯
白雲山
都
泥
江
定番州
野鴨塘
洛陽橋
平壩衛
石佛洞
安順府
普定衛
鎮寧州
安莊衛
貴
州
北
盤
頂營司
白水河瀑布
白雲寺
關索嶺所
盤江橋
江
白
水
河
永寧州
安南衛
新興所
普安州
普安衛
雲
南
亦資孔驛
平彝所
丹霞山
樂民所
大
馬
尾
河
都勻府
都勻長官司
獨山州
豐寧上司
豐寧下司
廣
西
0 20 40 60 里

東也。至此南丹差騎辭去。由彝人始許夫騎，久乃不至，促久之，止以二夫負擔去。余獨坐其欄，從午至暮，始得騎。西北二里，至山寨，則寨人已送擔亦前去。乃由其東上嶺，越脊北下一里，行壑中。又北一里，再越嶺脊，下行峽中。壑圓而峽長，南北向皆有脊中亙，無洩水之隙，而北亙之脊，石齒如鋸，橫鋒豎鍔，莫可投足。時已昏暮，躍馬而下，此騎真堪託死生❺也。越脊，直墜峽底，逾所上數倍，始知前之圓壑長峽，猶在半山也。峽底有流從南脊下隘，遂滔滔成流。隨之西向行，共里許，有村在南山麓，擔夫已換去，又騎而西半里，擔夫又已去。蓋村人恐余止其家，故亟換之行。而又無騎換，騎夫不肯前，余強之暗行。西北半里，有溪自東而西，橫堰其中，左右淵深，由堰上北度，馬蹄得得❻，險甚。又西轉，過一村。半里，由村西而北向逾嶺，始與雙擔同行，暗中呼聲相屬，不辨其為石為影也。共二上二下，遂行田塍間。共五里，過一寨，排門入，居人頗盛。半里，復排一門出，又行田塍中。一里半，叩門入舊司，門以內茅舍俱閉，莫為啓。久之，守一啓戶者，無茅無飯而臥。

上、下二司者，即豐寧司❼也。瀕南界者，分為下司，與南丹接壤。二司皆楊姓兄弟也，而不相睦。今上司為楊柚，強而有制，道路開治，盜賊屏息。下司為楊國賢，地亂不能轄，民皆剽掠，三里之內，靡非賊窟。其東有七榜之地，地寬而渥，桀驁尤甚。其叔楊雲道，聚眾其中為亂首，人莫敢入。

舊司者，下司昔日司治也，為上司所破，國賢移居寨上。寨在南山之麓，與舊司南北相對，中隔一塢，然亦無奇險也。

【章旨】本章記載了徐霞客從廣西進入貴州第一天在都匀府的行跡。翻過艱坪嶺，便從廣西進入貴州境內。隨後經過由彝村，換馬翻山越嶺，穿峽走壑，因村民不肯留客，只得摸黑趕路，在夜間到舊司過夜。豐寧司分上、下二司，長官為楊姓兄弟，上司安定，下司混亂。

【注釋】❶黔　貴州省的簡稱，因省境東北部在古時屬黔中郡，故名。或說因省內最長的河流烏江古稱黔江而得名。❷戊寅　崇禎十一年（一六三八）。❸都泥　江名，見〈粵西遊日記二〉七月十九日日記注。❹多靈　山名，見〈粵西遊日記四〉二月二十九日日記注。❺真堪託死生　杜甫〈房兵曹胡馬〉：「所向無空闊，真堪託死生。」❻得得　馬蹄聲。❼豐寧司　明、清時置豐寧長官司，初隸都匀衛，後隸獨山州。有上、下二司，上司在貴州獨山南約一百二十里，下司在獨山西南約二百四十里，長官俱楊姓。

【語譯】戊寅年三月二十七日　從南丹州北界的岜歹村，換馬進入重重山嶺之中，漸漸踏上無人的地區。走了五里，越過山界嶺，南丹下司的邊界。又往北走一里，越過石山隘口，這裡就是艱坪嶺，嶺上山石極其高峻，樹木極其茂密，道路極其崎嶇不平。貴州、廣西兩省，以此作為分界；南北的水，也從這裡分流。但這裡的水也都流下都泥江；那麼，石隘所在的山脊，是從東往西過渡，到巴鵝境內便是盡頭，而多靈山的大脊，還在它的東面。往北走下一里，沿著山峽往西走，過了一里，才有田地。又走了半里，山峽往北轉，山塢才大大開闊起來。再往北走一里，有村莊在西面的山塢中，名由彝。這裡的眾多山塢，四面都很高，不知水從何處流出。然而在由彝村南的石壁下，有個朝東的洞，細小的水流從田間淙淙流入洞中，從山的西面穿出，可以確定大脊還在東面。到這裡南丹州派來的馬夫告辭離去。由彝村人起先答應提供馬匹和役夫，過了好久還沒來，去催促了很長時間，只派來兩個役夫挑著擔子先走。我獨自坐在竹樓下，從中午等到傍晚，才得到馬匹。往西北走了二里，到山寨，寨裡的人已經挑送擔子往前走了。於是從它的東面登上山嶺，越過山脊往北走下一里，就在山壑中行走。又往北一里，再越過嶺脊，往下在山峽中行走。壑圓峽長，南北向都有山脊在中間橫貫，沒有排水的空隙，而北面橫貫的山脊，石齒如同鋸子，鋒尖縱橫交錯，沒有地方可以落腳。這時已是黃昏，揚鞭躍馬，往下奔馳，這馬當此困難之時真可寄託生命。越過山脊，直落到峽底，路程超過上山時幾倍，這才知道先前經過的圓壑長峽，還在半山腰。峽底有水從南面的山脊流下隘口，便成滔滔的水流。隨著這水往西，共走了一里左右，有村莊在南山腳下，挑夫已經換走，又騎馬往西走了半里，挑夫又已離開。原來村民怕我在他家裡留宿，故趕緊換人上路。但又沒馬可換，馬夫不肯往前，我迫使他摸黑趕路。往西北走了半里，有溪水從東往西，中間橫築一道石堤，兩旁水都很深，從堤上往北走過，馬蹄得得，十分危險。再往西轉，經過一個村莊。走了半里，從村的西面往北翻過山嶺，才和兩個挑擔的人同行，黑暗中呼喊聲相互不斷，分不清前面是石還是人影。計二上二下，便在田埂中行走。共走了五里，經過一個山寨，推門進去，居民很多。走了半里，再推開一道門走出，又在田埂中行走。往前一里半，敲門進入舊司所在地。門內茅屋都已關閉，沒人為我們開門。守候好久，有一個開門的人，這才進入屋中，地上沒有鋪草，也沒吃飯就睡下了。

上、下二司，即豐寧司。靠近南界的地方，分為下司，和南丹州接壤。二司為楊姓兄弟，但不和睦。如今上司長官為楊柚，勢力強大，能控制局面，故道路開通，盜賊匿跡。下司長官為楊國賢，地方動亂，不能管轄，居民都在搶劫，三里之內，沒有一處不是賊窩。在它東面有個名七榜的地方，土地寬廣肥沃，居民更加桀驁不馴。楊國賢的叔父楊雲道，在裡面為首聚眾作亂，沒人敢進去。

舊司，是下司過去的治所，被上司攻破後，楊國賢搬到寨上居住。寨在南山腳下，和舊司南北相對，中間隔著一個山塢，但也沒有奇險之處。

二十八日　平明起，雨霏霏下。余令隨夫以鹽易米而炊。余以刺索夫於南寨，國賢避不出，託言與上司不合，不敢發夫，止許護送者兩三人送出境。余飯而待之，送者亦不至，乃雇夫分肩行李，從舊司北向逾嶺行。共三里餘，下至餓鬼橋，有小水自東北注西南，小石梁跨其上，禦人者❶每每橫行於此。又北二里，逾嶺，已為上司界。下嶺二里，有村在西塢，而路東有楓木樹對之。又東北逾嶺二里，有村在東塢，其前環山為壑，中窪為田。村倚東峰，有石崖當村後；路循西嶺，與村隔壠相向，始敢對之息肩。又西北逾嶺二里，轉而西向行，於是峽大開，南北相向，南山下村居甚稠，北山則大路倚之。西行五里，路復西北逾嶺。蓋此地大山在東北，路俱緣其西南上，雖有升降，然俱上多下少，逶迤以升者也。又西北二里，逾嶺。路北有峰，迴亙層疊，儼若天盤龍髻。崖半有洞，門西向，數十家倚之。路乃北轉，又一里，越其西岡北向下。西岡者，大山分支，西突為盤髻峰，其下橫岡西度者也。西岡之北，山又東西排闥。北望西界山，一圓石高插峰頭，矗然倚天之柱，其北石崖迴沓，即上司治所托也。東界土山，即路所循而行者。共北五里，路與西界矗柱對。又北二里，忽山雨大至。擔夫停擔，各牽笠蔽雨，余持傘亦蔽一挑。忽有四人持鏢負弩，懸劍橐❷矣，自後奔突而至。兩人趨余傘下，一人趨顧僕傘下，一人趨擔夫笠下，皆勇壯兇獰，似避雨，又似夾持。余甚恐。問余何往，余對以都勻。問余求烟，余對以不用。久之，雨不止而勢少殺，余曰：「可行矣。」其人亦曰：「可去。」余以為將同往而前者，及余行而彼復止。余益知其必非良人；然入其吻而不下咽❸，其心猶良也。

更北半里，轉而西，又一里餘，有營當兩界夾中阜上，壁壘新整。由其下又西一里，入上司南門，有土垣環遶，門內即宿鋪。江西人。自下司至此，居舍中各半土半欄。時雨過街濕，余乘濕履，遂由街北轉而西，有巨塘匯其內，西築堤為堰，甃為馳道❹甚整。又北半里，直抵囤❺山東麓，北向入一門。有石罅一縷，在東麓下，當其盡處，鑿孔如盂，深尺許，可貯水一斗。囤上下人，俱以盎❻候而酌之，謂其水甘冽迥異他水。余酌而嘗之，果不虛也。由此循囤麓轉入北峽，峽中居人甚多，皆頭目之為心膂❼寄者；又編竹架囤於峽中，分行貯粟焉。由北峽西向行，已入囤後，有脊自西北連屬於囤，乃囤之結蒂處也。脊東峽中，有洞倚囤麓，其門北向，甚隘而深。有二人將上囤，余問：「此洞深否？」云：「其洞不深。上至囤半，有大洞頗深而有水，須以炬入。」由下仰眺，囤上居舍纍纍，惟司官所居三、四層，皆以瓦覆，以堊飾。囤險而居整，反出南丹上也。余乃隨其人拾級上囤，其級甚峻，而甃鑿開整。竭蹷而上，共半里，折而東，有樓三楹跨路間，乃囤半之隘關也。洞在中楹之後，前為樓所蔽，不可見。有男、婦各一，炊中楹下。二人指余入，遂登囤去。余索炬於炊者，則楹後即豬欄馬棧。踐之下洞，洞門北向，窪墜而下，下皆污土，上多滴瀝，不堪駐足，乃復出而下。先是令一夫隨行，至脊下不敢登，余乃獨上。然囤上之形，可以外瞭而見，惟此洞為樓掩，非身至不知也。仍由舊路里餘，返宿舍，則已薄暮矣。炊飯亦熟，遂餐而臥。

上司土官楊柚，由長官而加副總，以水西之役也。其地小而與南丹為仇。互相襲殺，故兩土官各退居囤上。南丹州治在囤下而居於上。上司則司治俱在上，而環囤而居者，皆其頭目也。南丹第三弟走荔波❽，為莫伋所執；第四弟走上司，至今為外難，日惴惴焉。

其囤圓而大，四面絕壁，惟西北有脊通級而上，路必環旋於下峽，故為天險。峽中水西南下，合塘中及外峽南北諸流，俱透西南腋中墜去。

【章　旨】本章記載了第二天在都勻府的行跡。從舊司翻過山嶺，進入上司地界。繼續往前，途中望見盤髻峰和一塊高聳雲天的圓石。忽然山中下起大雨，在避雨時碰到幾個歹徒，但沒遭傷害。隨後到達上司，直到囤山東麓，下面有泉，甘甜清冽，不同尋常。囤地處險要，住房整齊，在南丹之上。跟隨兩個過路人到位於囤半腰的巖洞，裡面十分骯髒。就在上司過夜。上司與南丹為仇，互相攻殺。這囤可稱天險。

【注　釋】❶禦人者　攔路搶劫者。❷橐　收藏甲衣或弓箭的袋。❸入其吻而不下咽　到口的東西不吃。這裡指那些歹人本可輕易將霞客一行人殺死，搶走東西，但結果卻沒有這樣做。❹馳道　秦、漢時專供帝王出巡時行駛車馬的大路，即御路。這裡指可行駛車馬的大路。❺囤　一種如同堡壘式的居住點，一般建在地勢險要處。❻盎　古代一種腹大口小的器皿。❼心膂　膂，脊骨。心和膂都是人體重要部分，因用以喻親信可作骨幹的人。❽荔波　明代為縣，隸廣西慶遠府。其地為土司割據，弘治中改土為流，然官未嘗履任所，今屬貴州。

【語　譯】二十八日　黎明起身，細雨霏霏。我吩咐隨從的役夫用鹽換米煮飯。我用名片到南寨索取挑夫，楊國賢避而不見，藉口和上司不合，不敢派遣挑夫，只答應讓兩、三個人護送我出境。我吃了飯等候，護送的人也不來，便雇了挑夫分擔行李，從舊司往北翻過山嶺行走。共三里多，往下到餓鬼橋，有小水從東北往西南流去，上面架著小石橋，攔路搶劫的人常在這裡橫行不法。又往北走二里，翻過山嶺，已是上司地界。下嶺走了二里，有村莊在西面的山塢中，而路的東面有楓樹對著它。再向東北翻過山嶺走了二里，有村莊在東面的山塢中，在它前面山嶺環繞成壑，中間窪下成為田地。村莊靠著東面的山峰，有石崖正對村後；路沿著西面的山嶺走，和村莊相對，中間隔著田壠，這才敢面對它休息一會。再往西北翻過山嶺走了二里，轉向西走，山峽這才大大開闊起來，南北相向，南山下村莊住房甚多，大路則靠著北山。往西走了五里，路又朝西北越過山嶺。因為這裡的大山在東北，路都沿著它的西南往上走，雖然有上有下，但上多下少，一直在曲曲折折往上爬。再往西北走二里，翻過山嶺。路的北面有山峰，繞轉相連，重重疊疊，很像龍髻在天空盤繞。

山崖的半腰有洞，門朝西，有幾十戶人家靠著它。路於是往北轉，又走了一里，越過它西面的山岡向北走下。西面的山岡，即大山的分支，西面突起為盤髻峰，在它下面往西橫向延伸為山岡。在西岡的北面，山又在東、西兩邊排立如門。向北望見西邊的山上，有一塊圓石高高插在峰頂，就像聳入雲天的柱子，在它北面石崖迴繞重疊，即上司治所所在處。東邊是土山，路即沿著它走。共往北走了五里，路與西邊矗立的石柱相對。再往北走二里，山中忽然下起大雨，挑夫放下擔子，各自拿斗笠遮雨，我也用傘遮蓋一付擔子。忽然有四個人手持鏢槍，背負弓弩，腰上掛著劍和箭袋，從後面飛奔過來。兩人到我的傘下，一人到顧僕的傘下，一人到挑夫的斗笠下，都勇猛凶惡，好像來避雨，又好像在兩邊劫持。我十分恐慌。問我去哪裡，我回答說去都勻。向我討煙，我回答說不吸煙。過了好久，雨雖然不停但小了起來，我說：「可以走了。」那人也說：「可以去了。」我以為他們將一起往前，待我們走時，他們又停了下來。我更加明白這些人決不是好人；但對送到嘴邊的肉不吃，可見他們的心地還不壞。

繼續往北走半里，轉向西，又走了一里多，有兵營在兩邊山相夾中的土岡上，圍牆新修完整。從它的下面再往西走一里，進入上司南門，有土牆環繞，門內便是供住宿的店鋪。店主為江西人。從下司到這裡，住房一半是土屋，一半是竹樓。這時雨停了，但街上還是濕的，我趁鞋濕，便從街的北端轉到西端，裡面有個巨大的水塘，西面築起堤岸，砌成可駛車馬的大道，十分平整。再往北走半里，直到囤山東麓，向北走進一道門。有一條石縫，在東麓的下面，就在它的盡頭，挖成一個盂狀的孔洞，深一尺左右，可貯存一斗水。囤內上上下下的人，都用器皿在那裡取水，說這水甘甜清洌，和其他地方的水截然不同。我取水品嘗，果真如此。從這裡沿著囤山山麓轉入北面的山峽，峽中居民甚多，都是作為心腹骨幹的頭目；還在峽中編竹架囤，分行貯藏糧食。從北面的山峽往西走，一會兒就走到囤的後面，有山脊從西北和囤山相連，是囤和山的連結處。山脊東面的峽中，有洞靠著囤麓，洞門朝北，既狹又深。有兩個人將上囤，我問道：「這洞深嗎？」回答說：「這洞不深。往上到囤山的半腰，有大洞很深，而且有水，必須帶火把進去。」從下面抬頭眺望，囤上住房接連不斷，只有司官居住的三、四層房屋，都用瓦片覆蓋、白灰粉刷。囤地處險要，住房整齊，反在南丹之上。我便隨那人踏著石級上囤，石級陡峻，但鋪鑿寬闊平整。竭盡全力往上，共走了半里，轉向東，有三間樓房橫跨路中，是囤山半腰的隘口。洞在中間屋子的後面，前面被樓房遮掩，看不到。有男女各一人，在中間屋子的下面煮飯。那兩人指給我看入洞的地方，便登囤離去。我向煮飯的人要了火把，只見屋子後面就是豬欄馬棧。走到這裡下洞，洞門朝北，窪陷落下，下面都是污土，上面有許多水滴下，不能落腳，於是又出洞走下。先前曾叫一個挑夫跟我一起走，他到山脊下不敢攀登，我就獨自上去。但囤上的形狀，外面可以望見，只有這洞被樓房遮掩，非親自到那裡不會知道。仍然從原路走了一里多，返回住宿的屋子，已是傍晚了。飯也已煮熟，便吃了睡覺。

上司土官楊柚，因參加平定水西之亂有功，由長官而加副總。這裡地方很小，但與南丹為仇，互相攻襲殺戮，故兩處土官各自退居囤上。南丹州治在囤下，但住在囤上。上司則連司治都在囤上，圍繞著囤居住的，都是頭目。南丹土司的三弟逃到荔波，被莫伋俘虜；四弟逃到上司，至今仍為外患，整天惴惴不安。

這囤既圓又大，四面都是陡峭的崖壁，唯有西北有山脊可通石級向上，路必須在下面的山峽環旋，故為天險之地。峽中水往西南流下，會合塘中和外峽南北的各條水流，都穿過西南的山腋落下流去。

二十九日　由上司出南門，仍渡門東小水，溯之東北行。一里，躡土山而上。四里，逾土山西度之脊，其西石峰突兀，至此北盡。逾脊西北行，一里半，嶺頭石脊，復夾成隘門，兩旁石骨嶙峋。由隘西出，轉而東北下，半里，下抵塢中。又北一里，復越土山西下脊，是為上司、獨山州界。於是下嶺循東山行，又二里，有村在西山塢中，為苴查村。其處東西兩界皆土山，中開大塢，有水自北來，界於塢中，遶苴查之東，乃西向破峽去。循東界山溯水北向行，又三里，水分二支來：一自西北，一自東北，如「丫」字會於中支山盡處。西北者較大，路溯東北行，一里半，始渡之。於中支山東麓，得鐔子窰村，乃土官蒙氏之族也。村北溪中皆碎石，時涸時溢。又東渡之，東北上岡頭，共里許，有土環遺址，名曰關上，而無居舍。又東北一里，水盡塢窮，於是躡嶺，其嶺甚峻。三里，北逾其脊，隘中底石如鋪，兩旁有屼立峰，是名雞公關❶。其脈自獨山州西北，繞州治東南過此，又東南度六寨之東，而下巒王峰者也。脊西南水，下苴查而入都泥；脊東北水，由合江州❷下荔波而入龍江❸。從脊東北眺，則崇山蜿蜒，列屏於前，與此山遙對成兩界，中夾大塢，自西北向東南焉。下山，即轉北行。一里，抵塢，轉東即有小水東南下。又東一里，逾陟岡阜，忽有溪自西北注東南，水於此復出，為龍江上流矣。渡溪東上，於是升陟坡壠，東北行塢中。五里，有數家之村，在東北山下。從其前復轉入西峽，北一里，過一脊，始北向下嶺。其下甚深，半里，抵其麓，始知前所行俱在山上也。又北行塢中一里半，有大溪❹汪然自西峽層山中出，東注而去，亦由合江州而下荔波、思恩❺者。歷石壑而渡其北，又緣西界支隴北行五里，為羊角寨。乃蒙氏之砦❻也，在西山麓。又北三里，有小水自西坡東注，涉之。又北二里，入獨山州❼之南隘門。其州無城，一土知州，一明知州。土官蒙姓，所屬皆土人。即苗仲❽。明官多缺，以經歷❾署篆❿，所屬皆客戶⓫。余所主者，江西南昌人黃南溪也，其人忠厚長者。家有樓可棲。蓋是州雖無城，而夾街樓房連屬，俱用瓦蓋，無復茅欄牛圈之陋矣。

獨山土官，昔為蒙詔，四年前觀燈，為其子所弒；母趨救，亦弒之。乃託言殺一頭目，誤傷其父，竟無問者。今現為土官，可恨也。

【章　旨】本章記載了第三天在都勻府的行跡。越過作為上司、獨山州分界的山脊，一路翻山越嶺，經過茸查村、鐔子窖村、雞公關，渡過龍江上游，又看到一條大溪流去，再經過羊角寨，進入獨山州。這州沒城，有當地和明朝委任的兩個知州。現任土官殺了他的父母後奪取這個職位。

【注　釋】❶雞公關　在獨山南面二十五里，為去豐寧司的通道。❷合江州　即合江洲陳蒙爛土司，明代隸獨山州，在今貴州三都西隅的爛土。❸龍江　見〈粵西遊日記二〉六月二十一日日記注。❹大溪　指獨山江，流經合江州，下游為都柳江，流入廣西為融江。❺思恩　見〈粵西遊日記二〉六月二十一日日記注。❻砦　同「寨」。四周有柵欄或圍牆的住處和營壘。❼獨山州　明代隸都勻府，今屬貴州。❽苗仲　仲家。即今布依族。❾經歷　官名，掌出納文書。❿署篆　代理某官職事。署，代理。篆，官印。⓫客戶　非土著的住戶。

【語　譯】二十九日　從上司走出南門，仍然渡過門東的小溪，逆著溪水往東北上行。走了一里，踏上土山攀登。又走了四里，越過土山往西延伸的山脊，在它西面石峰高聳，山到這裡已是北面的盡頭。越過山脊往西北走，過了一里半，嶺頭的石脊，又夾成隘口，兩旁岩石重疊高聳。從隘口向西走出，轉而往東北走下，過了半里，往下到山塢中。又往北走了一里，再越過土山往西下延的山脊，這裡就是上司、獨山州的分界。從這裡下嶺沿著東山走，再過二里，有村莊在西面的山塢中，為苴查村。這裡東西兩邊都是土山，中間開出一個大塢，有水從北面流來，將山塢分開，繞過苴查村的東面，便向西沖破峽谷流去。沿著東界的山嶺逆水往北上行，再走三里，水分出兩支：一支來自西北，一支來自東北，就像「丫」字在中間一支山的盡頭會合。西北一支水流較大，路沿著東北一支水上行，走了一里半，才渡過水流。在中間一支山的東麓，看到鐔子窰村，居戶是土官蒙氏的族人。村北的溪中都是碎石，溪水時而乾涸，時而溢出。又往東渡過溪水，朝東北登上山岡的頂端，共走了一里左右，有土牆圍繞的遺址，地名關上，但沒有住房。再往東北走一里，水流斷絕，山塢到了盡頭，在這裡登上山嶺，這山嶺十分險峻。走了三里，往北越過山脊，隘口中底部岩石平整如同鋪成，兩旁有突起的山峰，地名雞公關。這山脈從獨山州的西北，繞過州治東南經過這裡，又往東南越過六寨的東面，直下蠻王峰。山脊西南的水，往下到苴查村，注入都泥江；山脊東北的水，從合江州往下到荔波，注入龍江。從山脊的東北眺望，只見高大的山脈連綿曲折，像屏風那樣在眼前排列，和這山脊遙遙相對，分成兩界，中間夾著大塢，從西北向東南伸展。下山後，立即轉向北走。過了一里，到達大塢，轉向東即有小水往東南流下。又往東走了一里，翻越山岡，忽然有溪水從西北往東南流去，又在這裡流出，便是龍江的上游了。渡過溪水往東走上，於是登上山坡丘壠，往東北在山塢中行走。過了五里，看到有個幾戶人家的村莊，在東北的山下。從村前又轉入西面的山峽，往北走一里，越過一道山脊，才向北走下山嶺。下面很深，走了半里，到達山麓，才知道先前都在山上行走。又往北在山塢中走了一里半，有深廣的大溪從西面重山的峽谷中流出，往東流去，也是從合江州流下荔波、思恩的水。經過石壑到它的北面，又沿著西界分出的山壠往北走五里，到羊角寨。是蒙氏的山寨，在西面的山麓。再往北走三里，有小溪從西面的山坡往東流下，涉過這條溪水。再往北走二里，進入獨山州南面的隘口。這州沒城，有一個土官知州，一個明朝委派的知州。土官姓蒙，所管轄的都是當地人。即苗仲。明朝委派的知州大多空缺，以經歷代理其職，所管轄的都是外來人。我所寄住的屋主，為江西南昌人黃南溪，是個忠厚長者，家中有樓可以居住。這州雖然沒有城，但街道兩邊樓房相連，都用瓦蓋，沒有簡陋的草棚牛圈。

獨山的土官，過去是蒙詔，四年前看燈時，被他的兒子殺害，母親前去救援，也被殺害。於是借口殺一個頭目，誤傷了他的父親，竟然也沒人管。如今為現任土官，真是可恨。

三十日　平明飯，出獨山州北隘門，西北向循西界山行。六里，有小水亦自西坡東注，涉之。又北二里，北塢漸窮，山脊自東界西度南轉，乃路轉東北，澗中小水北流。渡澗，循東界山腋間，東北上，又二里，有水溢路旁石穴間，甚冽。其側有蒙氏修路碑。從此攀石磴，東北上嶺，雨大至。一里半，北登嶺隘。是嶺由東南度西北，乃祖山❶，從其東北分裂眾枝：其直東而去者，為黎平❷、平崖之脊；東南分枝而下者，為荔波、羅城❸之派；西北分枝而下者，度此稍北，即西轉南走而環於獨山❹之西，度雞公嶺而南，為蠻王、多靈之派。獨山州南二十里，有山尖起立於眾山之中，是名獨山，州之所以得名也。又東北行山峽間，乃下。共二里，有澗自東谷走深崖中，兩崖石壁甚逼，澗嵌其間甚深；架石梁其上，為深河橋。過橋，復躋崖而上。登嶺而北，有小水自東北瀉石崖而下，涉之，復升嶺。共一里，遂由峽中北行。又二里，乃下，東北行壑中。有村在東山下，由其前少轉西北，共二里，有溪自東北來。渡之，溯其西岸，東北逾嶺，二里，一水自東北來，一水自西北來，東北者較大。於是涉西北水，緣中支山而上，東北三里而登其岡，飯於岡上。乃稍下，又北逾嶺而下夾塢中。共三里，又上，有溪自南峽北向下墜深潭中，潭小而高，此西北小溪之源也。又北逾嶺下，一里半，下度深壑中，有澗自西南峽中來，至此東向西轉。此東北小溪之源也。涉之，西南登嶺。半里而上，循嶺半西南行。二里，過兔場，西出嘉坑關，隨小水西下，由夾中行。五里，兩夾山多石崖突兀，路側有泉湧穴出。又西二里，水墜南峽去，路逾北坳上。有寨在東岡之巔，由其西北度脊，南北俱有窪中墜，環塍為田，直抵其底，水皆自底西向透石穴者也。又西逾嶺，一里，出隘口。其上石骨稜峭，皆作嘘雲裂萼之勢。又西北下峽中，一里，轉而西，半里，西出峽，是為獨山州與胡家司分界。胡家司即都勻長官司。從姓呼之，以別郡名也❺。於是山開南北洋，中有大溪自北而南，是為橫梁❻。循溪東轉南半里，抵南崖。崖下有賣粉為餉者，以鹽少許易而餐之。隨溪南岸西行，道路開整，不復以蜀道❼為苦。溪北有崇廟在高樹間，人家田隴，屢屢從斷岸而出。共六里，過塢裡村。又西一里，其水南曲，乃西渡之。從溪西岸南行，半里，為邛母村。由村前西轉，塢復東西開。而其村重綴岡阜，瓦舍高聳，想亦胡家司之族目也。西二里，其水北曲，復西渡之。又西北一里，其水西曲，又北渡之。從北岸懸崖西行一里半，有水自西來會，乃麥沖河❽也。即溯河西行二里，入麥沖堡❾南隘門而宿。是晚雷雨大作，徹夜不止。

【章　旨】本章記載了第四天在都勻府的行跡。繼續翻山越嶺，登上一座分出眾多分支的祖山，又通過深河橋，看到兩條小溪的源頭，再經過兔場，走出嘉坑關，到獨山州和胡家司的分界，隨後沿著橫梁溪走，經過邛母村，到麥沖堡留宿。

【注　釋】❶祖山　指山嶺的主脈。❷黎平　明代為府，治所在今貴州黎平。❸羅城　見〈粵西遊日記二〉六月二十三日日記注。❹獨山　在獨山城東南二十五里，以一山獨立，故名。❺從姓呼之二句　此句原脫，據徐本補。❻橫梁　今名黃良，在都勻南隅。❼蜀道　指由秦（今陝西）入蜀（今四川）之路。❽麥沖河　在都勻城西南。相傳河中有兩條巨魚，不輕出，出則群魚隨之，其年必有兵災。後魚為暴雷震死。❾麥沖堡　今名墨沖，在都勻南境。

【語　譯】三十日　黎明吃飯，走出獨山州北的隘口，往西北沿著西界的山走。過了六里，有小溪也從西面的山坡往東流去，渡過這條溪水。又往北走了二里，北面的山塢漸漸到了盡頭，山脊從東界往西延伸再向南轉，於是路轉向東北，澗中的小水往北流去。渡過澗水，沿著東界的山腋往東北走上，又過了二里，有水從路旁的石穴中溢出，十分寒冷。在它旁邊有蒙氏修路所立的石碑。從這裡攀登石級，往東北走上山嶺，大雨來了。走了一里半，往北登上山嶺的隘口。這嶺從東南往西北延伸，是山的主脈，從它的東北分出各支：直向東延伸的，為黎平、平崖一帶的山脊；向東南往下延伸的，是荔波、羅城一帶的山脈；向西北分支往下延伸的，經過這裡稍許往北，即向西轉再往南延伸，在獨山的西面環繞，又經過雞公嶺往南，為蠻王、多靈一帶的山脈。獨山州南二十里，有尖峰聳立在群山之中，名獨山，州即由此得名。又往東北在山峽中行走，於是下山。共走了二里，有澗水從東面的山谷流入深崖之中，兩旁山崖石壁十分靠近，澗水深深地嵌在裡面，上面架著石橋，名深河橋。過了橋，又在崖上攀登。登上山嶺往北，有小水從東北瀉下石崖，渡過這條水，又登上山嶺。共走了一里，便從峽中往北走。再走二里，才往下，朝東北在山壑中行走。有村莊在東面的山下，從它的前面稍許轉向西北，共走了二里，有溪水從東北流來。渡過這條溪水，沿著它的西岸上行，往東北翻過山嶺，走了二里，一條水從東北流來，一條水從西北流來，東北那條水較大。便渡過西北那條水，沿著中間那支山向上，往東北走了三里登上山岡，在岡上吃飯。於是稍許往下，又向北翻過山嶺，往下走入狹隘的山塢中。共走了三里，再往上，有溪水從南面峽谷向北落到深潭中，這潭面積小，所處地勢高，是西北小溪的源頭。又往北翻過山嶺走下，過了一里半，往下通過深壑，有澗水從西南的峽谷中流來，到這裡從東往西轉，是東北小溪的源頭。渡過這條溪水，往西南登上山嶺。向上走了半里，沿山嶺半腰往西南趕路，走了二里，經過兔場，朝西走出嘉坑關，隨小水往西走下，從兩山相夾中行走。過了五里，兩邊相夾的山大多是突起的石崖，路旁有泉水從穴中湧出。又往西走了二里，水落到南面的峽中流去，路越過北面的山坳向上。有寨子在東面山岡的頂部，從它的西北越過山脊，南北兩邊都有中間陷下的窪地，土埂環繞成為農田，直到它的底部，水都從底部向西從石穴透出。再往西翻過山嶺，過了一里，走出隘口。在它上面岩石鋒利陡峭，都呈現出吐納雲霞、花萼展開的形態。再往西北走下峽中，過了一里，轉而向西，再走半里，往西走出峽谷，這裡就是獨山州和胡家司的分界。胡家司即都勻長官司。根據姓氏稱呼，以區別都勻府名。到這裡山中開出一片南北向的平地，中間有大溪從北往南，這就是橫梁。沿著溪水從東往南轉走了半里，到達南面的山崖，崖下有賣粉當飯的人，便用一點鹽換了粉吃。隨溪水南岸往西走，道路開闊平整，不再以山路難走為苦。溪水的北面有大廟在高大的樹木中，往房田塍，時時從斷裂的溪岸中露出。共走了六里，經過塢裡村。又往西走一里，這水曲折往南，便往西渡過。從溪水西岸往南走，過了半里，到邛母村。從村前往西轉，山塢又東西向開出。而這裡的村莊層層點綴在山岡上，瓦房高聳，想來也是胡家司頭目的住房。往西走二里，水曲折往北，又往西渡過。再往西北走一里，水曲折往西，又往北渡過。從北岸懸崖往西走一里半，有水從西面流來會合，是麥沖河。隨即沿著河水往西上行二里，進入麥沖堡南隘口住下。這天晚上下起大雷雨，整夜不停。

四月初一日　平明起，雨漸止。飯間聞其西有桃源洞，相去五里，須秉炬深入，中多幡蓋纓絡之物。覓主人導之不得，曰：「第往關上，可西往也。」遂北向出隘門，溯溪東岸行。忽石壁湧起岸東，勢極危削，溪漱之南，路溯之北，咫尺間，上倚穹崖，下循迅派❶，神骨俱竦❷。三里，轉入東塢，其北有小峰立路隅，當麥沖河南下之衝，有巖北向，曰觀音洞❸。又北半里，曰麥沖關。問所謂桃源洞者，正在其直西❹大峰之半，相望不出四里外。關之東有真武閣，南向正與觀音洞門對。乃停行李於閣中，覓火炬於僧，將往探之。途遇一老者曰：「此洞相去不遠。但溪水方漲，湍急不可渡，雖有導者，不能為力，而況漫試乎？」余乃廢然而返。取行李西南越而下，抵河東岸。溯之北，共一里，有溪自西北山腋來，路從東北山腋上，遂與麥沖河別。當坡路潦跡間，有泉汎汎❺從下溢起，孔大如指，以指探之，皆沙土，隨指而涸，指去而復溢成孔，乃氣機❻所動，而水隨之，非有定穴也。一里，轉上後峽，遂向東入。又一里，峽更東去，路復從北峽上。其處石峰嶙峋，度脊甚隘。越隘北下塢中，被壠盈塢，小麥青青蕎麥熟，粉花翠浪，從此遂不作粵西蕪態。粵西獨不藝麥。脊東西亂水交流，猶俱下麥沖者。又東一里，轉而北，有塢南北開洋，其底甚平，犁而為田，此處已用牛耕，不若六寨以南之用槩橇⑦矣。波耕水耨，盈盈其間，水皆從崖坡瀉下，而不見有澮濬⑧之跡。二里，有村頗盛，倚西峰下，曰普林堡。又北一里，逾嶺而上石峰，復度峽而下，轉而東，平行石嶺間。一里，東下，盤窩中有小石峰圓如阜，盤托而出，路從之，經窩東入峽。一里，復北向升嶺，一里，遂逾土脊之上。此脊當為老龍⑨之幹，西自大、小平伐⑩來，東過谷蒙、包陽⑪之間，又東過此，東南抵獨山州北，又東為黎平、平崖之脊，而東抵興安⑫，南轉分水龍王廟⑬者也。越脊北下，峽壁甚隘。一里，下行峽中，有水透西南峽來入，北隨峽去，渡之，傍澗西涯行。有岐路溯水西南峽，則包陽道，通平浪⑭、平洲六洞⑮者也。隨水東北行峽中，又三里，轉而東，其峽漸開。有村在南山間，曰下石堡。又北二里，過一巨石橋，澗從橋下西北墜深峽中而去，路別之，東北逾嶺。升降二重，又二里，越嶺下，則東南山塢大開，大溪自西北破峽出，湯湯東去，是曰大馬尾河⑯。以暴漲難渡，由溪南循山崖東行，溪流直搗崖足。一里，東抵堡前，觀諸渡者，水湧平胸，不勝望洋之恐。坐久之，乃解衣泅水而渡，從北岸東向行。水從東南峽去，別之，乃東北逾嶺而下。共三里，東渡小馬尾河，復東北升嶺。一里半，越嶺脊東下。一里半，出山峽，山乃大開，成南北塢，東西兩界，列山環之，大河湯湯流其間，自北而南。溯溪西岸，循西界山北行一里，路旁即有水自西峽東向入溪。涉之，又北二里，有石梁跨一西來溪上。渡之，從梁端循峽西入，是為胡家司，即都勻長官司⑰也，以名同本郡，故別以姓稱。又北一里，有村在西山崖上，曰黃家司⑱，乃其副也。又北行田塍間五里，度西橋。又北半里，入小西門，是為都勻⑲郡城。宿逆旅，主人家為沈姓，亦江西人。

【章　旨】本章記載了第五天在都勻府的行跡。來到麥沖關，準備去桃源洞，因溪水上漲，沒法渡過，掃興而歸。離開麥沖河，途中看到一個小孔，有泉水溢出。往前到一個山塢中，裡面種滿麥子，從此看不到像廣西田中那樣的荒蕪景象。又經過普林堡，越過古老山脈的土脊，看到水勢暴漲的大馬尾河，再渡過小馬尾河，經胡家司、黃家司，走進都勻府城的小西門，在旅店過夜。

【注　釋】❶派　支流。❷竦　通「悚」。恐懼。❸觀音洞　在都勻城西懸崖上，下臨深潭，上建飛閣。❹直西　正西。❺汎汎　水流貌。❻氣機　謂大地有規律運行的自然機能。❼槩橇　乃是指一種平整水田地面的耕作用具。槩，量粟麥時刮平斗斛的器具。引申為刮平、削平。橇，泥中行走之具，形如畚箕，又如船而短小，前頭及兩端微翹起，人曲一腳，擿行泥上。❽澮濬　澮，田間排水的渠道。濬，疏通。❾老龍　舊時風水術因山形地勢逶迤曲折如龍，故謂山勢曰龍。❿大小平伐　大、小平伐長官司。大平伐長官司，明代隸龍里衛，在今貴州定城南三十里。小平伐長官司，明代隸新添衛，在今貴定中部。⓫包陽　與谷蒙俱在都勻西北隅。⓬興安　見〈粵西遊日記一〉四月二十二日日記注。⓭分水龍王廟　即分水塘九龍廟，見〈粵西遊日記一〉四月二十二日日記注。⓮平浪　明代置平浪長官司，隸都勻府，在今都勻南境。⓯平洲六洞　明代置平洲六洞長官司，隸都勻府，在今貴州平塘。⓰馬尾河　又名劍江，今名龍頭江。源出都勻城西雲霧山旁，北流與重安江合，東流為清水江，入湖南境為沅江。⓱都勻長官司　明代置都勻長官司，隸都勻府，在都勻城南七里。長官吳姓，故「胡家司」當為

「吳家司」。⑱黃家司　都勻副長官王姓，故當為「王家司」。⑲都勻　明代為府，治所在今貴州都勻。

【語　譯】四月初一　黎明起身，雨漸漸停了。吃飯時聽到西面有桃源洞，相隔五里，必須拿著火把才能深入進去，洞中有許多幡蓋纓絡那樣的東西。找主人作嚮導沒成功，回答說：「只要去關上，便可往西到那裡。」於是向北走出關門，沿著溪水的東岸上行。忽然看到岸的東邊有石壁湧起，形狀極其高峻陡峭，溪水沖擊著石壁的南面，路沿著它的北面上行，咫尺之間，上面靠著高隆的崖壁，下面沿著迅急的水流，令人神骨俱悚。走了三里，轉入東面的山塢中，在它北面有小峰立在路旁一角，正當麥沖河南下的要衝，有個巖洞朝北，名觀音洞。又往北走半里，地名麥沖關。打聽所謂的桃源洞，就在正西大峰的半山腰，望去不出四里之外。關的東面有真武閣，向南正好和觀音洞門相對。便將行李放在閣中，向僧人要了火把，將去探訪。途中遇上一個老人，說：「這洞相隔不遠。但溪水正在上漲，水流湍急，沒法渡過，即使有嚮導，也無能為力，何況隨便試探呢？」我便掃興地返回。拿了行李往西南翻山下去，到河的東岸。沿河水往北上行，共走了一里，有溪水從西北的山腋流來，路從東北的山腋上去，便和麥沖河分別。在山坡路中積水處，有泉水從地下汎汎溢起，孔洞像手指那麼大，將手指伸入孔中，裡面都是沙土，手指伸進水就混濁，手指離開水又溢成孔洞，這是由於自然運行的功能使水隨之發生變化，並沒有固定的孔穴。走了一里，轉上後面的山峽，便向東進入。又走了一里，山峽更加往東延伸，路再從北面的山峽往上。這裡石峰突兀，延伸過來的山脊十分狹窄。越過隘口往北走下山塢，滿地都是青青的小麥、已熟的蕎麥，粉白的花葉，青翠的麥浪，從此不再看到廣西荒蕪的景象。廣西獨不種麥。山脊東西兩邊，水流雜亂相交，都仍往下流入麥沖河。

又往東走一里，轉而向北，有山塢南北向開出一片平地，底部十分平坦，已成耕田，這裡已用牛耕，不像六寨以南用槧橇了。田中積水盈盈，就在水波中耕種鋤草，水都從山坡瀉下，看不到有疏通排水的溝渠。走了二里，有個村莊十分興盛，靠在西面的山峰下，名普林堡。再往北走一里，翻過山嶺登上石峰，又越過山峽往下，轉而向東，在石嶺中平步行走。過了一里，往東走下，盤繞的山窩中有個圓形的小石峰如土丘，盤托而出，路就隨著它走，經過山窩往東進入峽中。走了一里，再向北登上山嶺，走了一里，便從土脊的上面越過。這土脊應該是大山脈的主體，從西面的大、小平伐延伸過來，向東從谷蒙、包陽中間通過，再向東經過這裡，往東南到獨山州的北面，再向東成為黎平、平崖一帶的山脊，再向東到興安，往南轉到分水龍王廟。越過山脊朝北走下，峽壁間十分狹隘。過了一里，往下在峽中行走，有水穿過西南的峽谷流入，隨峽往北流去，渡過這條水，靠著澗水的西邊走。有岔路沿水上行到西南的峽中，是去包陽的路，通往平浪、平洲六洞等地。隨水往東北在峽谷中行走，又過了三里，轉而向東，這峽漸漸開闊起來。有村莊在南面山中，名下石堡。再往北走二里，經過一座巨大的石橋，澗水從橋下往西北落到深峽中流去，路向別處走，往東北翻過山嶺。經過兩上兩下，又走了二里，翻過山嶺往下，只見東南的山塢大大開闊起來，大溪從西北沖破峽谷流出，浩浩蕩蕩地向東流去，名大馬尾河。因河水暴漲，難以渡過，便從溪水的南面沿著山崖往東走，溪水一股勁地撞擊著山崖的底部。走了一里，往東到達堡前，看到那些過河的人，河水湧到胸部，不禁望而生畏。坐了好久，才脫下衣服游水過河，從北岸向東走。水從東南的峽谷中流去，離開溪水，便往東北翻過山嶺往下。共走了三里，往東渡過小馬尾河，再往東北登上山嶺。走了一里半，越過嶺脊往東走下。過了一里半，走出峽谷，山勢才大大開闊起來，形成南北向的山塢，東西兩界有排列的山嶺環繞，大河在裡面浩浩蕩蕩地流過，從北往南。沿著溪水的西岸上行，隨西界的山嶺往北走一里，路旁即有水從西面的峽谷向東流入溪中。渡過這條水，又往北走二里，有石橋架在一條從西流來的溪水上，通過這座橋，從橋頭沿著峽谷往西進去，便是胡家司，即都勻長官司，因為和府名相同，故另外用姓稱呼。再往北走一里，有村莊在西面的山崖上，名黃家司，是都勻副長官所在地。再往北在田埂中走五里，通過西橋。再往北走半里，進入小西門，這就是都勻府城。在旅店過夜，店主姓沈，也是江西人。

初二日　晨起，作書投都勻司尊張。勉行，四川人。乃散步東入郡堂，堂乃西向蟒山者。又東上東山❶麓，謁聖廟❷。見有讀書廡東者，問南皋鄒總憲❸戍都時遺跡，曰：「有書院❹在東門內。」問《郡志》，其友歸取以示，甚略而不詳，即大、小馬尾之水，不書其發源，並不書其所注，其他可知。載都八景，俱八寸三分帽子❺，非此地確然特出之奇也。此地西門大溪❻上有新架石梁，壘石為九門甚整，橫跨洪流，乃不取此，何耶？

都勻郡城東倚東山，西瞰大溪。有高岡自東山西盤，而下臨溪塹❼；溪自北來❽，西轉而環其東。城圓亙岡上，南北各一門，西有大、小二門，東門偏於山之南。城後環東山之巔，其上有樓，可以舒眺。

郡西對蟒山❾，為一郡最高之案，郡治、文廟俱向之。其南峰旁聳，有梵宇在其上，須拾級五里而上；以飯後雨作不及登。謂之「蟒」者，以峰頭有石脊，蜿蜒如巨蛇，今志改為龍山。

九龍洞在城東十里。按《一統志》有都勻洞❿，在都勻長官司東十里，前門北向，後門南向，當即此洞。今志稱為仙人洞二，下注云：「一在城東，一在城西。」殊覺憒憒。

水府廟在城北夢遇山⓫，大溪南下橫其前，一小溪西自蟒山北直東來注。下有白衣閣，倚崖懸危壁上，凭臨不測；上有梵音洞，西向為門。洞無他致，止云其中有石佛自土中出者為異耳。

【章　旨】本章記載了第六天在都勻府的行跡。走進都勻府大堂，又到東山麓拜謁孔廟，看到《都勻府志》，十分簡略，令人不滿。府城背靠東山，俯視大溪。蟒山為一府案山，形如巨蛇。城東有九龍洞，城北夢遇山有水府廟。

【注　釋】❶東山　在都勻府城內，上建鼓樓，四望極遠。❷聖廟　即孔廟。舊時奉祀孔子的廟宇。明、清時又稱文廟，旁設學宮。❸南皋鄒總憲　鄒元標，字爾瞻，號南皋，江西吉水縣人。萬曆間，以得罪張居正，謫戍都勻六年，與趙南星、顧憲成號「東林三君」。天啟間還朝，任左都御史。總憲，古稱御史臺為憲臺，故明都察院左都御史稱總憲。❹書院　即南皋書院，在都勻城南，為鄒元標謫戍時集諸生講學之地，後建為書院，已毀。❺八寸三分帽子　原指人人可戴的帽子，比喻到處適用，並無特色。❻大溪　即大馬尾河。❼塹　護城河；壕溝。❽溪自北來　溪，指都勻河，今名劍江，下游為龍頭河。❾蟒山　在都勻城西二里，逶迤若龍。有圃可畦，有泉可汲，有洞可棲。俯臨劍河，天將雨則生雲一縷，漸繞峰巒，郡人以此卜陰晴。後遷客張翀易名龍山。❿都勻洞　在都勻城東十里，前門朝北，後門朝南，洞中亂石形似象鼻。⓫夢遇山　在都勻城北三里，俯臨劍河，眾水匯流，波光浩淼，有碑題曰「仙人張三丰觀瀾處」。

【語　譯】初二　早晨起身，寫信投送都勻張知府。名勉行，四川人。於是出去散步，往東走進都勻府大堂，堂向西對著蟒山。又往東登上東山山麓，拜謁聖廟。看到有在東廂房讀書的人，便打聽鄒南皋總憲謫戍都勻時的遺跡，答道：「在東門內有書院。」再打聽《都勻府志》，他的朋友回去拿了給我看，十分簡略而不詳備，如大、小馬尾河，既不寫它的源頭，也不寫它最後匯入何處，其他也就可以推想了。所載都勻八景，都是八寸三分帽子，並不是這裡確實特出的奇景。這裡西門大溪上有新架的石橋，用石壘起九個十分整齊的橋拱，橫跨大水之上，《都勻府志》卻不作記載，不知是什麼緣故？

都勻府城東面靠著東山，西面俯視大溪。有高高的山岡從東山往西盤繞，下面對著作為護城河的溪水；溪水從北面流來，往西轉繞過山岡的東面。府城在岡上環繞相連，南北各有一座門，西面有大小兩座門，東門靠近山的南面。東山山頂在城後環繞，城上有樓，可以放眼眺望。

府城西面對著蟒山，為一府最高的案山，府治、文廟都對著它。蟒山南峰在一旁聳起，上面有佛寺，必須往上走五里的石級才能到達，因為飯後下雨來不及登臨。稱它為「蟒」，是因為峰頂有石脊，曲折如大蛇，如今《府志》改名為龍山。

九龍洞在城東十里。按《一統志》載有都勻洞，在都勻長官司東十里，前門朝北，後門朝南，應該就是這洞。如今《府志》稱有兩個仙人洞，下面注云：「一在城東，一在城西。」看了覺得十分混亂。

水府廟在城北夢遇山，大溪南下，在它的前面橫流，一條小溪從西面的蟒山北邊直向東流來。下面有白衣閣，靠著山崖高掛在陡峻的石壁上，往下深不可測；上面有梵音洞，門朝西。這洞沒有什麼景致，只聽說裡面有石佛出自土中，以此為異罷了。

初三日　下午自都勻起身，二十里，文德宿。

初四日　三十里，麻哈州❶。又十里，乾溪宿。

初五日　十里，麻哈大堡。又十里，乾壩哨。又十五里，平越衛❷。

初六日　歇平越。

初七日　宿店。

初八日　雇貴州夫行，至崖頭❸宿。

初九日新添❹飯。至楊寶❺宿。

初十日龍里❻歇。

十一日二十里，至鼓角❼。三十里，至貴州❽。

十二日止貴州，遊古佛洞❾。

十三日止貴州，寓吳慎所家。

【章旨】本章記載了第七至第十七天從都勻府到貴陽府的行跡。離開都勻，經過文德、麻哈州、乾溪、麻哈大堡、乾壩哨、平越衛、崖頭、新添、楊寶山、龍里、鼓角，到達貴陽，遊覽了古佛洞。

【注釋】❶麻哈州　明代隸都勻府，治所在今貴州麻江縣。❷平越衛　明初置，治所在今貴州福泉市。清代改為縣。❸崖頭　今名巖頭鋪，在貴州貴定東境。❹新添　明代置新添長官司，隸新添衛，在今貴州貴定東北。長官姓宋。❺楊寶　楊寶山，又名陽寶山，在貴定城北十里。高百餘丈，四周群峰環繞，為黔東名山。山上有寺，產茶。❻龍里　明代置龍里長官司，隸貴州宣慰使司，在今貴州龍里西北。❼鼓角　今名谷腳，在龍里西北。❽貴州　指貴州布政使司治所，即今貴陽。❾古佛洞　在貴陽西北角的黔靈山腰，從九曲徑（又名赤松道）登山，經過峭壁千仞的溜翠巖，可見石壁下有一洞，內有一尊玉石雕苦行佛坐像，即古佛洞。

【語譯】初三　下午從都勻動身出發，走了二十里，到文德留宿。

初四　走了三十里，到麻哈州。又走了十里，到乾溪留宿。

初五　走了十里，到麻哈大堡。又走了十里，到乾壩哨。再走十五里，到平越衛。

初六　在平越衛歇腳。

初七　在旅店住宿。

初八　雇了貴州的挑夫出發，到崖頭留宿。
初九　在新添吃飯。到楊寶山留宿。
初十　在龍里歇腳。
十一日　走了二十里，到鼓角。又走了三十里，到達貴州。
十二日　留在貴州，遊覽古佛洞。
十三日　留在貴州，住在吳慎所家。

十四日　晨飯於吳，遂出司❶南門，度西溪❷橋，西南向行。五里，有溪自西谷來❸，東注入南大溪，有石梁跨其上，曰太子橋❹。此橋謂因建文帝❺得名，然何以「太子」云也？橋下水湧流兩崖石間，衝突甚急，南來大溪❻所不及也。度橋溯南來大溪，又西南三里，有一山南橫，如列屏於前，大溪由其東腋北出，路從其西腋南進。又南行峽間二里，歷東山之嘴，曰邑堰塘❼；其西南有雙峰駢起，其東即屏列山之側也。又三里，過雙駢東麓而出其南，漸聞溪聲遙沸，東望屏列之山，南迸成峽，溪形復自南來搗峽去，即出其東北腋之上流矣，第路循西界山椒，溪沿東界峰麓，溯行而猶未覿面耳。又南二里，始見東溪汪然。有村在東峰之下，曰水邊寨。又南三里，曰大水溝，有一、二家在路側，前有樹可憩焉。又南漸升土阜，遂東與大溪隔。已從嶺上平行，五里，北望雙駢，又三分成筆架形矣。南行土山峽中，又一里，出峽，稍折而東，則大溪❽自西南峽中來，至此東轉，抵東峰❾下，乃折而北去。有九鞏❿巨石梁，南北架溪上，是為華仡佬橋⓫，乃飯於橋南鋪肆中。遂南向循東峰之西而行，皆從土坂升陟，路坦而寬。九里，見路出中岡，路東水既東北墜峽下，路西水復西北注坑去，心異之。稍下岡頭，則路東密箐迴環，有一家當其中，其門西臨大道，有三、四人憩石畔，因倚杖同憩，則此岡已為南北分水之脊矣。蓋東西兩界，俱層峰排闥，而此岡中橫其間為過脈，不峻而坦，其南即水南下矣，是云獨木嶺⓬。或曰頭目嶺。昔金筑司⓭在西界尖峰下，而此為頭目所守處。從嶺南下，依東界石山行。五里，復升土嶺，漸轉東南，嶺頭有一窪中墜。從其東又南向而上，共二里，乃下。一里，則有溪自西北峽中出，至此東轉，石梁跨之，是為青崖橋。水從橋下東抵東界山，乃東南注壑去，經定番州⓮而南下泗城⓯界，入都泥江者也，於是又出嶺南矣。度橋而南，半里，入青崖城⓰之北門。其城新建，舊紆而東，今折其東隅，而西就尖峰之上，城中頗有瓦樓闤闠焉。是日，晴霽竟日，夜月復皎。

青崖屯屬貴州前衛，而地則廣順州所轄，北去省五十里，南去定番州三十五里，東北去龍里六十里，西南去廣順州五十里。有溪自西北老龍脊發源，環城北東流南轉。是貴省南鄙要害，今添設總兵駐扎其內。

【章旨】本章記載了第十八天在貴陽府的行跡。通過西溪橋、太子橋、有九個拱洞的華仡佬橋，經過作為南北分水脊的獨木嶺，再通過青崖橋，進入青崖城。青崖屯為貴州南部邊遠地區的要害。

【注釋】❶司　貴州布政使司，此指布政使司所在地，即省城。❷西溪　即今市西河。❸有溪自西谷來　此溪即四方河，今名小車河。河畔有白龍洞地下公園（又名南郊公園），為岩溶洞。洞內景物千奇百怪，維妙維肖，如同仙境。❹太子橋　即太慈橋，在貴陽西南小車河上。❺建文帝　見〈粵西遊日記二〉八月十五日日記注。❻南來大溪　即南明河，在貴陽南門外，又稱南門河，為清水江上游。❼岜堰塘　今名甘蔭塘，在貴陽南郊。❽大溪　指花溪河。上游有花溪水庫，而景色以桃花灘一帶最美，灘上水深過膝，清亮如水晶。桃花灘瀑布如天女散花，銀絲紛披，瀑布上有跳蹬百餘座，供遊人踱步。❾東峰即大將山。❿鞏　同「拱」。建築物成弧形的，如拱橋、拱門等。⓫華仡佬橋　華，同「花」。因橋架在花仡佬河上，故名。在貴陽南郊花溪鎮，為貴州著名風景勝地。明末清初，這裡雜居著漢、苗、布依、仡佬等民族，其中仡佬族最多。仡佬族婦女因服飾花俏美麗，被人稱為「花仡佬」，地因人得名。直至近世，以「花仡佬」名不雅，改名「花溪」。⓬獨木嶺　今名桐木嶺，在貴陽南境。⓭金筑司　明初置金筑安撫司，後改為廣順州，隸貴陽府。在今貴州長順北境的廣順。⓮定番州　明代隸貴陽府，治所在今貴州惠水縣。⓯泗城　明代為州，直隸廣西布政使司，治所在今廣西凌雲。⓰青崖城　今名青巖，在貴陽南境。

【語譯】十四日　在吳家吃了早飯，便走出省城南門，通過西溪橋，往西南走。過了五里，有溪水從西面的山谷流來，往東注入南面的大溪，有石橋架在溪上，名太子橋。這橋據說因建文帝得名，但為什麼以「太子」為名呢？橋下的水在兩座石崖中奔流，沖激十分迅急，從南面流來的大溪不及它。過橋沿著南來的大溪上行，又往西南走三里，有一座山往南橫向伸展，如同屏障在前面排列，大溪從它的東腋往北流出，路從它的西腋往南走進。再往南在峽中走了二里，經過東山的山口，名岜堰塘，在它西南有雙峰並起，在它東面便是如同屏障排列的山的側面。再走三里，經過並起的雙峰的東麓，從它的南面走出，漸漸聽到溪水聲在遠處喧騰，向東望見如同屏障排列的山峰，南面迸裂成峽谷，溪水又從南面流來，沖擊著峽谷流去，便是從它東北側流出的水的上游。只是路沿著西界的山頂走，溪水沿著東界的峰麓流，逆水上行還不能看到罷了。再往南走二里，才看到東溪水勢深廣。有村莊在東峰的下面，名水邊寨。再往南走三里，名大水溝，路旁有一、二戶人家，前面有樹可在下面休息。再往南漸漸登上土丘，便和東面的大溪相隔。隨後從嶺上平步行走，過了五里，向北望見並立的雙峰，又分成三支，變成筆架的形狀。往南在土山峽中行走，又過了一里，走出山峽，稍許向東轉，只見大溪從西南的峽谷中流來，到這裡往東轉，到東峰的下面，才轉向北流去。有座九拱的大石橋南北向架在溪上，這就是華仡佬橋，於是在橋南的店鋪中吃飯。就向南沿著東峰的西面走，都從山坡登上，道路平坦寬廣。走了九里，看到路從中間的山岡中伸出，路東的水既往東北落到峽下，路西的水又往西北注入坑中流去，心裡感到稀奇。走下岡頭不遠，只見路的東面迴繞著密密的翠竹，有一戶人家正當其中，屋門向西對著大路，有三、四個人在石邊休息，便拄著手杖和他們一起休息，發現這山岡已經是南北水分流的山脊了。因為這裡東西兩邊，都是層層山峰排立暢開，而這座山岡橫在中間作為過渡的山脈，不算高峻，而且比較平坦，在它南面的水就往南下流了，地名獨木嶺。或名頭目嶺。過去金筑司在西邊的尖峰下，而這裡為頭目據守的地方。從嶺上往南走下，靠著東界的石山走。過了五里，又登上土嶺，漸漸轉向東南，嶺頭有一處中間陷下的窪地。從它的東面又往南向上，共走了二里，才下山。走了一里，有溪水從西北的峽谷中流出，到這裡往東轉，上面架著石橋，這就是青崖橋。水從橋下往東流到東界的山，才往東南注入山壑流去，經過定番州，南下泗城地界，匯入都泥江，到那裡再從嶺南流出。過橋往南，走了半里，進入青崖城北門。這城是新建的，原來的城牆繞向東去，如今從它的東端轉向西靠著尖峰上面修築，城中瓦樓街市甚多。這天整日晴朗，夜晚月光皎潔。

青崖屯屬貴州前衛，而地則歸廣順州管轄，往北去省城有五十里，往南去定番州有三十五里，往東北去龍里有六十里，往西南去廣順州有五十里。有溪水從西北古老的山脊發源，繞過城北向東流再往南轉。這裡是貴州省南部邊遠地區的要害，如今添設總兵駐紮在裡面。

十五日　昧爽，出青崖南門，由岐西向入山峽。南遵大路為定番州道。五里，折而南，又西南歷坡阜，共五里，有村在路北山下，曰蓊樓，大樹蒙密，小水南流。從其西入山峽，兩山密樹深箐，與貴陽四面童山❶迥異。自入貴省，山皆童然無木，而貴陽尤甚。西北入峽，三里，遂西上陟嶺。一里，逾嶺西下，半里，有泉出路旁土中，其冷徹骨，南下瀉壑去。又西下半里，有澗自北峽來，橫木橋於上，其水南流去，路西度之。復北上嶺一里，逾脊西，有泉淙淙，隨現隨伏。西北行兩山夾中，夾底平窪，犂而為田，而中不見水。又西北半里，抵西脊，脊東復有泉淙淙，亦隨現隨隱。蓋此中南北兩界俱穹峰，而東西各亙橫脊，脊中水皆中墜，不見窪底，故窪底反燥而不潴。越西脊而下，西北二里，路北有懸泉一縷，自山脊界石而下；路南忽有泉聲淙淙成澗，想透穴而出者。半里，轉而西行，又半里，得一村，在北山下，曰馬鈴寨。路由寨前西向行，忽見路南澗已成大溪，隨之西半里，又有大溪自西峽來，二溪相遇，遂合而東南注壑去。此水經定番州，與青崖之水合而下都泥者也。於是溯西來大溪之北岸，又西向行二里，為水車壩。壩北有土司盧姓者，倚盧北峰下；壩南有場❷在阜間，川人結茅場側，為居停焉。壩乃自然石灘橫截，澗水飛突其上，而上流又有巨木橋架溪南北，其溪乃西自廣順來。廣順即金筑安撫司，乃萬曆二十五年❸改為州，添設流官❹。由溪北岸溯流入，為廣順州道；由溪南岸逾嶺上，為白雲山道；隨溪東南下，為定番州道。

乃飯於川人旅肆，送火錢，辭不受。遂西南一里，逾嶺。又行嶺夾中，一里半，乃循山南轉，半里，又東轉入峽。半里，峽窮，乃東南攀隘上，其隘蘿木蒙密，石骨逼仄。半里，逾其上，又東南下，截壑而過。半里，復東南上，其嶺峻石密叢更甚焉。半里，又逾嶺南下，隨塢南行。一里，是為八壘。其中東西皆山，南北成壑，亦有深坎，墜成眢井，而南北皆高，水不旁泄者也。直抵壑南，則有峰橫截壑口，西駢隘如閾❺，東聯脊成嶺。乃東向陟嶺上，一里，逾其脊，是為永豐莊北嶺，即白雲山❻西南度脊也。乃南向下山，又成東西塢。有村在南山下，與北嶺對，是為永豐莊。從塢中東向行二里，得石磴北崖上，遂北向而登。半里，轉而西，半里，又折而北，皆密樹深叢，石級迤邐。有巨杉二株，夾立磴旁，大合三人抱，西一株為火傷其頂，乃建文君所手植也。再折而西半里，為白雲寺，則建文君所開山❼也，前後架閣兩重。有泉一坎，在後閣前楹下，是為跪勺泉，下北通閣下石竅，不盈不涸，取者必伏而勺，故名曰「跪」；乃神龍所供建文君者，中通龍潭，時有雙金鯉出沒云。由閣西再北上半里，為流米洞。洞懸山頂危崖間，其門南向，深僅丈餘，後有石龕，可傍為榻。其右有小穴，為米所從出流以供帝者，而今無矣；左有峽高迸，而上透明窗，中架橫板。猶云建文帝所遺者，皆神其跡者所託也。洞前凭臨諸峰，翠浪千層，環擁迴伏，遠近皆出足下。洞左構閣，祀建文帝遺像，閣名潛龍勝跡。像昔在佛閣，今移置此。乃巡方使❽胡平運所建，前瞰遙山，右翼米洞，而不掩洞門。其後即山之絕頂。逾而北，開坪甚敞，皆層篁聳木，虧蔽日月，列徑分區，結靜廬數處，而南京井當其中。石脊平伏嶺頭，中裂一隙，南北橫不及三尺，東西闊約五尺，深尺許，南北通竅不可測；停水其間，清洌異常，而不減不溢，靜室僧置瓢勺之。余初至，見有巨魚戲水面，見人掉入竅去，波湧紋激，半晌乃定。穴小魚大，水停峰頂，亦一異也。以其側有南京僧結廬住靜，故以南京名，今易老僧，乃北京者，而泉名猶仍其舊也。

是日下午，抵白雲庵。主僧自然供餐後，即導余登潛龍閣，憩流米洞。命閣中僧導余北逾脊，觀南京井。北京老僧迎客坐。廬前藝地種蔬，有蓬蒿菜，黃花滿畦；罌粟花❾殷紅千葉，簇朵甚巨而密，豐豔不減丹、藥❿也。四望喬木環翳，如在深壑，不知為眾山之頂。幽曠交擅，亦山中一勝絕處也。對談久之，薄暮乃返。自然已候於庵西，復具餐啜茗，移坐庵後石壁下。是日自晨至暮，清朗映徹，無片翳之滓；至晚陰雲四合，不能於群玉峰頭逢瑤池夜月⓫，為之悵然。

【章旨】本章記載了第十九天在貴陽府的行跡。貴陽四周都是光山，到蓊樓才出現茂密的樹林。一路翻山越嶺，經過馬鈴寨、水車壩，在四川人開的旅店吃飯，又經過八壘、永豐莊，到建文帝開創的白雲寺。寺旁有跪勺泉、流米洞，都是為了神化建文帝的事跡而假託的。洞旁有潛龍閣，山北平地中有南京井，水不增不減，魚大洞小，也是一處奇景。屋前種著豔麗的罌粟花。傍晚返回白雲庵。

【注釋】❶童山　不長草木的山。❷場　集市。廣西稱墟，貴州稱場，雲南稱街。❸萬曆二十五年　西元一五九七年。❹流官　指明、清時在四川、貴州、雲南等少數民族地區任命的官吏。因其有任期，不同於世襲的土官，故稱。❺閾　門檻。❻白雲山　在廣順東四十里，為一州鎮山。層巒疊嶂，勢如奔馬，至此而止。左右兩邊有水流。山頂常有白雲覆蓋，陰晴皆見，因以為名。相傳建文帝遯跡於此，上有羅永庵，又名白雲寺。寺前有跪井，又名跪勺泉，汲者必跪始得。庵後巖畔又有流米洞、流鹽洞。❼開山　佛家多擇名山創建寺院，稱作開山。❽巡方使　即巡按御史。❾鶯粟花　即罌粟花，二年生草本。夏季開花，花大，有紅、紫、白色。原產歐洲。果中乳汁乾後稱鴉片。❿丹藥　牡丹、芍藥。⓫不能於群玉峰頭逢瑤池夜月　瑤池，傳說在崑崙山上，與群玉山同為西王母所居處。李白〈清平調〉：「若非群玉山頭見，會向瑤臺月下逢。」這裡以群玉峰借喻所處的山頂。

【語譯】十五日　拂曉，走出青崖城南門，從岔路向西進入山峽。往南沿大路走是去定番州的路。走了五里，轉而向南，又往西南經過山坡土丘，共走了五里，有村莊在路北的山下，名蓊樓，大樹茂密，小溪向南流去。從村的西面進入山峽，兩旁山上樹木密集，竹林幽深，和貴陽四周不長草木的山全然不同。自從進入貴州省，山都光禿禿的沒有樹木，貴陽尤其突出。往西北進入山峽，走了三里，便往西登上山嶺。走了一里，翻過山嶺往西走下，再過半里，有泉水從路旁的土中流出，清冷入骨，往南瀉入山壑中流去。又往西走下半里，有澗水從北面的峽谷流來，上面橫架著木橋，水往南流去，路向西渡過澗水。再往北登上山嶺，走了一里，越過山脊的西面，有淙淙的泉水時隱時現。往西北在兩山相夾中走過，山峽的底部是平坦的窪地，已成耕田，裡面看不到水。再往西北走半里，到西面的山脊，山脊的東面又有淙淙的泉水，也時隱時現。原來這裡南北兩界都是高大的山峰，而東西兩邊各有山脊橫貫，脊中的水都落到中間，沒到窪地底部，故窪底反而乾燥不積水。越過西面的山脊往下，往西北走二里，路北懸掛著一條細長的泉水，從山脊分界處的岩石中流下；路南忽然聽到淙淙的泉聲，形成澗水，想來是穿過洞穴流出的。走了半里，轉而向西，再走半里，到一個村莊，在北山下面，名馬鈴寨。路從寨前向西走，忽然看到路南澗水已成大溪，隨著溪水往西走半里，又有一條大溪從西面峽谷流來，兩條溪水相遇，便會合後往東南注入山壑流去。這條水經過定番州，和青崖屯的水會合後往下匯入都泥江。到這裡沿著西來大溪的北岸上行，再往西走二里，到水車壩。壩北有姓盧的土司，房屋靠在北峰的下面；壩南土丘中有集市，四川人在集市旁蓋起茅屋，作為過客居住停留的地方。壩是天然橫截的石灘，澗水在壩上飛灑沖刷，在上游還有大木橋架在溪水的南北兩岸，這溪水是從西面的廣順流來的。廣順即金筑安撫司，萬曆二十五年改為州，添設流官。從溪水北岸沿水流往裡上行，是去廣順州的路；從溪水南岸翻過山嶺往上，是去白雲山的路；隨溪水往東南走下，是去定番州的路。

於是在四川人開的旅店吃飯，給他們柴火錢，推辭不要。就往西南走一里，翻過山嶺。又在山嶺相夾中行走，過了一里半，便沿著山往南轉，走了半里，再往東轉入山峽。走了半里，山峽到了盡頭，便往東南向上攀登隘口，這隘口藤蘿樹木十分茂密，山道狹窄，岩石逼人。走了半里，從它的上面越過，又往東南走下，橫過山壑。走了半里，再往東南上去，嶺上岩石更加險峻，樹木更加密集。走了半里，又翻過山嶺往南走下，隨著山塢向南走。過了一里，到八壘。這裡東西兩邊都是山，南北向形成山壑，也有深坑，往下陷成枯井，而南北的地勢都較高，水不會從旁邊漏走。直到山壑的南面，有山峰橫截壑口，西面並立的隘口就像門檻，東面相連的山脊成為山嶺。便向東登上山嶺，走了一里，越過山脊，這就是永豐莊北嶺，即白雲山向西南延伸的山脊。於是往南下山，又形成東西向的山塢。有村莊在南山下，和北嶺相對，這就是永豐莊。從山塢中向東走二里，在北崖上找到石階，便向北攀登。走了半里，轉而向西，再走半里，又轉而向北，一路都是茂密幽深的樹林、曲折連綿的石級。有兩棵巨大的杉樹，豎立在石階兩旁，樹大得三人合抱，西面一棵頂部被火燒傷，據說是建文君親手栽下的。再轉向西走半里，到白雲寺，是建文君創建的，前後架起兩重樓閣。有一坑泉水，在後閣前的堂屋下，這就是跪勺泉，往下朝北和閣下的石穴相通，水既不會溢出，也不會乾涸，取水的人必須伏在地上舀取，故名「跪」；是神龍供奉建文君的，坑中和龍潭相通，據說常有一對金鯉魚出沒。從閣的西面再往北上去半里，到流米洞，洞高掛在山頂的懸崖間，門朝南，深只有一丈多，後面有石龕，可靠在上面作牀用。在它右邊有個小洞，是米所流出供給建文帝的地方，如今已沒米流出了；左邊有峽高高迸裂，上面透光如明亮的窗口，中間架著橫板。現在仍說這些是建文帝的遺物，實際上都是為了神化建文帝的事跡而假託的。在洞前居高俯視群山，千層翠浪，在周圍環繞簇擁，曲折起伏，遠遠近近的景物，都呈現在腳下。洞的左邊造了樓閣，祭祀建文帝的遺像，閣名「潛龍勝跡」。遺像過去在佛閣，現在移到這裡安放。是巡按御史胡平運建造的，閣前面俯視遠山，右邊靠著米洞，但沒將洞門遮沒。閣的後面就是山的峰頂。翻過山向北，開出一片平地，十分寬敞，到處可見翠竹層層，樹木高聳，遮蔽日月，中間有小路將平地劃分成不同的區域，有些地方蓋起了靜室，南京井就在裡面。石脊平緩地俯伏在嶺頭，中間裂出一道縫隙，南北向長不到三尺，東西向寬約五尺，深一尺左右，南北有洞穿通，深不可測；裡面積著水，異常清涼，既不會減少，也不會溢出，靜室中的僧人把瓢放在這裡取水。我剛到時，看到有大魚在水面嬉戲，見人便掉尾潛入洞中，水面激起陣陣漣漪，好一會才平息。洞小魚大，水留在峰頂，也是一處奇景。因為在它旁邊有南京來的僧人蓋屋居住修行，故以「南京」為名，如今已改由一個老僧居住，是從北京來的，但泉名照舊不變。

這天下午，到達白雲庵。住持僧法號自然，供飯後即帶我登上潛龍閣，在流米洞休息。又吩咐閣中的僧人帶我往北越過山脊，觀賞南京井。北京來的老僧迎客讓坐。屋前墾地種菜，裡面有蓬蒿菜，滿田都是黃花；罌粟花有無數鮮紅的花瓣，簇聚的花朵又大又密，豐滿豔麗，不比牡丹、芍藥遜色。向四面望去，高大的樹木環繞遮掩，如在深壑之中，使人不覺得這裡就是群山之頂。環境幽靜曠遠兼有其美，也是山中一處絕妙的勝地。相對座談了好久，到傍晚才返回。自然法師已在庵的西面等候，又備飯喝茶，將座位移到庵後的石壁之下。這天從清晨到傍晚，天空清澈明朗，沒有片雲污染；但到晚上陰雲密布，以致不能在群玉峰頭觀賞瑤池的夜月，為此十分惆悵。

十六日　夜聞風雨聲，抵曉則夙雨霏霏，余為之遲起。飯後坐小窗待霽，欲往探龍潭，零雨不休，再飯乃行。仍從潛龍閣北逾嶺，至南京井，從岐東北入深箐中。聳木重崖，上下窈渺，穿崿透碧，非復人世。共五里，則西崖自峰頂下嵌，深墜成峽，中窪停水，淵然深碧，陷石腳而入，不縮不盈，真萬古潛淵，千峰閟壑也。其峽南北約五丈，東西約丈五，東崖低，陷空下者約三丈；西崖聳，陷空下者十數丈。水中深不可測，而南透穴彌深，蓋穿山透腹，一峰中涵，直西南透為南京井，東南透為跪勺泉者也。崖上喬幹密枝，漫空籠翠。又東北攀崖，東南度壑，皆窈渺之極。壑東有遺茅一龕，度木橋而入，為兩年前匡廬❶僧住靜處，今茅空人去。將度木披之，而山雨大作，循舊徑返，深靄間落翠紛紛，衣履沾透。再過南京井，入北僧龕。僧鑰扉往白雲，惟雨中罌粟脈脈對人，空山嬌豔，宛然桃花洞口逢也。還逾潛龍閣，自然已來候閣旁。遂下庵，瀹茗炙衣。

晚餐後，雨少霽，復令徒導，由庵東登嶺角。循之而北，一里，出其東隅，近山皆伏其下，遙山則青崖以來，自龍里南下之支也。稍北，下深木中，度石隙而上，得一靜室；其室三楹，東向寥廓，室前就石為臺，綴以野花，室中編竹繚戶，明潔可愛。其處高懸萬木之上，下瞰箐篁叢疊，如韭畦沓沓❷，隔以懸崖，間以坑塹，可望而不可陟，故取道必迂從白雲，蓋與潛龍閣後北坪諸靜室取道皆然，更無他登之捷徑也。此室曠而不雜，幽而不閟，峻而不逼，呼吸通帝座，寤寐❸絕人寰，洵棲真❹之勝處也。靜主號啟本，滇人，與一徒同棲，而北坪則獨一老僧也。白雲之後，共十靜廬，因安氏❺亂，各出山去，惟此兩廬有棲者。十二廬旁各有坎泉供勺，因知此山之頂，皆中空醞水，停而不流，又一奇也。晚返白雲，暮雨復至。自然供茗爐旁，篝燈夜話，半晌乃臥。

【章　旨】本章記載了第二十天在貴陽府的行跡。從南京井進入竹叢中，穿山越林，景物非人世所有。這裡水深不可測，穿過山腹，形成南京井和跪勺泉。山中下起大雨，罌粟花脈脈對人，嬌豔無比。晚飯後到一處靜室，高高處在一望無際的樹木之上，與人世隔絕。屋旁有坑泉，這山頂部都貯存著水，不會流失。

【注　釋】❶匡廬　廬山，見〈遊廬山日記〉注。❷沓沓　重重疊疊。❸寤寐　日夜。醒時為寤，睡時為寐。❹棲真　道家以性命之根本為真。棲真謂保其根本，養其元神。即修行。❺安氏　貴州水西土司，管苗族，世襲貴州宣慰使。明天啟間，安位襲位，其叔安邦彥挾之叛亂，自號四裔大長老，崇禎時兵敗被殺，安位繼續作亂。

【語譯】十六日　夜晚聽到風雨聲，到天亮下了一夜的雨依然紛飛，我為此晚些起身，飯後坐在小窗下等待天晴，想前往探訪龍潭，但雨斷斷續續下個不停，吃了午飯才出發。仍然從潛龍閣往北翻過山嶺，到南京井，從岔路往東北進入幽深的箐谷中。樹木高聳，山崖重重，上上下下，一片幽深，穿越山崖，通過綠林，如在仙境之中。共走了五里，只見西面的山崖從峰頂往下嵌入，落成深峽，中間窪下積水，一片深綠，陷入石腳，既不乾涸，也不溢出，真是萬古隱藏的深淵，千山封閉的幽壑。這峽谷南北向長約五丈，東西向寬約一丈五，東崖低矮，懸空陷落約有三丈；西崖高聳，懸空陷落有十多丈。峽中水深不可測，而往南穿通的洞穴更深，大概水從山腹穿過，整座山都包涵著水，往西南滲出成為南京井，往東南滲出成為跪勺泉。崖上樹木高大，枝葉密集，空中到處被綠色籠罩。又往東北攀登山崖，往東南走過山壑，都極其杳遠。山壑的東面留下一間茅屋，走過木橋進去，是兩年前廬山僧人來此居住修行的地方，如今人去屋空。正要過木橋推門進去，山中下起大雨，便沿著原路返回，四周煙雨迷茫，落葉紛紛，衣服鞋子全都濕透。再經過南京井，到北京僧人的住處。僧人已鎖了房門前往白雲寺，只有雨中的罌粟花脈脈含情，對著來人，在空山中顯得分外嬌豔，彷彿是在桃花源的洞口相逢。再越過潛龍閣，自然法師已來閣旁等候。於是往下到庵中，一面煮茶，一面烘衣服。

晚飯後，雨稍許停了一會，又叫自然的徒弟引路，從庵東登上嶺角。沿著路往北，走了一里，從它的東隅走出，附近的山都俯伏在嶺下，而遠處的山則為從青崖城過來，自龍里往南延伸的分支。稍許往北，走下幽深的樹林中，通過石縫向上，看到一處靜室，有三間屋子，向東望去，蒼茫無際，室前以石為臺，上面點綴著野花，室中竹簾掛在門口，明潔可愛。這裡高高位於一望無際的樹木之上，往下俯視竹林，如同重重疊疊的韭菜田，中間隔著懸崖溝坑，可望而不可過，故必須遠從白雲庵取道，和去潛龍閣後北面山坪中各靜室的路相同，再沒有其他捷徑可登。這靜室所處的環境，空曠而不雜亂，幽靜而不閉塞，高峻而不逼仄，呼吸直通天宮，日夜和人世隔絕，真是隱居修行的好地方。靜室的主人法號啟本，雲南人，和一個徒弟一起居住，而在北面山坪中居住的只有一個老僧。白雲庵的後面，共有十處靜室，因安氏作亂，僧人各自出山離去，只有這兩處靜室尚有人居住。十二處靜室旁各有坑泉可以取水，由此可知這山的頂部，裡面都是空的，貯存著水，留在這裡並不流失，這又是一個奇觀。晚上返回白雲庵，雨又來了。自然在爐旁煮茶給我喝，點亮燈籠在夜間相對而談，直到半夜才去睡覺。

十七日　晨起，已霽，而寒悄❶頗甚。先是重夾猶寒，余以為陰風所致，有日當解，至是則日色皎然，而寒氣如故，始知此中夏不廢爐，良有以耳。

白雲山初名螺擁山❷，以建文君望白雲而登，為開山之祖，遂以「白雲」名之。《一統志》有螺擁之名，謂山形如螺擁，而不載建文遺跡，時猶諱言之也。土人訛其名為羅勇，今山下有羅勇寨。土人居羅勇而不知其為螺擁，土人知白雲山而不知即螺擁山。僻地無徵，滄桑轉盼如此！

白雲山西為永豐莊北嶺，即余來所逾嶺也；東則自滇僧靜室而下，即東隤頹然❸，下對青崖，皆為絕壑；前則與南山夾而成塢，即余來北上登級處也；後則從山頂窮極窈渺，北抵龍潭，下為後塢，即余來時所經嶺南之八壘者也：此其近址也。其遠者：東抵青崖四十五里，西抵廣順三十里，東南由翁貴抵定番州三十里，北抵水車壩十五里。

白雲山中有玄色白色諸猿，每六六成行，輪朝寺下。據僧言如此。余早晚止聞其聲。又有菌甚美，大者出龍潭後深箐仆木間，玉質花腴，盤朵徑尺，即天花菜也。又有小者名八擔柴，土人呼為茅棗，雲南甚多。

自青崖而西，有司如之流，其西又有馬鈴寨東溪，其西又有水車壩西溪，皆南流合於定番，而皆自石洞湧出。至白雲南，又有蓊貴鑼鼓洞水及撒崖水，皆為白雲山腹下流，皆東合於定番州。其南又有水埠龍，在白雲南三十里，有仙人洞；其北五里，又有金銀洞、白牛崖。其上流亦自洞湧出，而南注於都泥江❹。則此間水無非洞出者矣。

東望山脊蜿蜒，自龍里西南分支南下，迴繞如屏，直抵泗城界，此即障都泥而南趨者。其山迴環而東，中圍丹平❺、平州❻諸司，即麥沖、橫梁諸水南透六洞而下都泥，以此支環之也。

老龍之脊，自廣順北，東度上寨嶺東，過頭目嶺，又東北過龍里之南，又東過貴定縣❼西南，又東過新添衛❽之杪木寨，乃東南轉，環蟒山之南，東過為普林北嶺，又東南抵獨山州北，乃東趨黎平南境，而東度沙泥北嶺，以抵興安分界。

貴州東三里為油鑿關❾，其水西流；西十里為聖泉❿北嶺，其水東流；北十五里為老鴉關⓫，其水南流為山宅溪⓬；南三十里為華仡佬橋，其水北流。四面之水，南最大，而西次之，北穿城中又次之，東為最微。俱合於城南薛家洞，東經襄陽橋⓭，東北抵望風臺⓮，從其東又稍北，入老黃山東峽，乃東搗重峽而去，當與水橋諸水同下烏江⓯者也。

【章　旨】本章記載了第二十一天在貴陽府的行跡。儘管陽光明媚，但山下依然寒氣逼人。白雲山原名螺擁山，因建文君改名。山上有猿猴，出產天花菜。這裡的水都從洞中流出。省城四面的水流，應該都匯入烏江。

【注　釋】❶寒悄　悄，疑為「峭」之誤，峭，料峭，風寒使人戰慄。❷螺擁山　在廣順東二十里，上有深淵，四時不涸，色碧如藍。❸頹然　坍塌貌。❹都泥江　指都泥江上游的漣江（在惠水境內）和濛江（在羅甸境內）。❺丹平　明代置丹平長官司，隸新添衛，在今貴州平塘西境。❻平州　當為「平洲」。❼貴定縣　明代隸貴陽府，治所在今貴定西南的舊縣場。❽新添衛　治所在今貴州貴定，清代併入縣中。❾油鑿關　今名油榨關，在貴陽東郊。❿聖泉　又名漏勺泉、靈泉，在貴陽西北黔靈山背後山坳中。水從山麓石罅迸出，一般潮泉一天三潮，這泉約九分半鐘漲縮一次，故又稱「百盈泉」、「百刻泉」。明初貴州都指揮使顧成甃石為池，置石鼓測試水之消長，其應不爽。清代張澍稱此泉「噴若玉竇，泄若瑤池，浮若醍醐，瑩若琉璃」，「可驗潮汐」。⓫老鴉關　在貴陽城西北五里，通往四川的驛道從此經過。⓬山宅溪　又名宅溪、擇溪，俗稱貫城河，流經貴陽城，今有些地段已被覆蓋成為暗河。⓭襄陽橋　即霽虹橋，在貴陽大南門外的南明河上。⓮望風臺　又名觀風臺，在貴陽東南，明萬曆中建。西面有建於同時的甲秀樓，為貴陽著名勝景。清人劉蘊良有甲秀樓長聯，中云：「五百年穩占鰲磯，獨掌天宇，讓我一層更上，眼界拓開。」⓯烏江　發源於貴州威寧，上游為七星河，東北流至重慶酉陽稱黔江，又稱涪陵江。

【語　譯】十七日　早晨起身，天已放晴，但寒氣逼人。起先穿著兩件夾衣仍覺寒冷，我以為是陰風造成的，太陽升起就會消除，到了陽光明媚時，寒氣依然不變，才知道這裡夏天仍用火爐，確實是有道理的。

白雲山原名螺擁山，因為建文君望著白雲攀登，成為白雲寺的開山祖，於是改名「白雲」。《一統志》有「螺擁」這名稱，說山形如田螺簇聚，但不載建文君的遺跡，因為當時還有禁忌。當地人訛稱羅勇山，如今山下有羅勇寨。當地人住在羅勇卻不知實際上名「螺擁」，知道白雲山卻不知道它就是螺擁山。地處僻遠，無人證實，滄桑之變，轉瞬之間，竟然已是這樣！

白雲山西面為永豐莊北面的山嶺，即我來時所越過的山嶺；東面則從雲南僧人的靜室往下，便向東倒塌，下面對著青崖城，都是陡峻的深壑；前面則與南山相夾形成山塢，即我來時北上攀登石級的地方；後面則從山頂直至幽深杳遠之處，北到龍潭，往下為後塢，即我來時所經過的嶺南的八壘：這些都是附近的地區。離它遠一些的地方是：往東到青崖屯四十五里，往西到廣順州三十里，東南從蓊貴到定番州三十里，往北到水車壩十五里。

白雲山有黑色、白色的各種猿猴，常排成六六行列，輪流到寺下朝拜。據僧人說是這樣。我在早晨和晚上只聽到猿猴的啼叫聲。另外還有很美的菌蕈，大的菌蕈出自龍潭後面深谷中倒下的樹木上，質地如玉，花瓣豐腴，盤狀的花朵直徑有一尺，即天花菜。還有小的菌名八擔柴，當地人稱為茅棗，雲南很多。

從青崖城往西，有司如水，在它西面又有馬鈴寨東溪，再往西還有水車壩西溪，都往南流到定番州會合，而且都從石洞中湧出。到白雲山的南面，還有從蓊貴鑼鼓洞和撒崖流出的水，都為白雲山腹部水的下游，都往東到定番州會合。在它南面還有水埠龍，在白雲山南面三十里，有仙人洞；在它北面五里，還有金銀洞、白牛崖。它的上游也從洞中湧出，往南注入都泥江。可見這裡的水沒有不從洞中流出的。

東望山脊曲折連綿，從龍里西南分出支脈南下，像屏障那樣迴繞，直到泗城地界，這就是擋住都泥江迫使它往南流的山。這山環轉向東，中間圍著丹平、平洲各司，即使麥沖、橫梁各條溪水往南穿過平洲六洞流下都泥江，也是因為這支山脈環繞著它們。

大山的山脊，從廣順州的北面，向東延伸到上寨嶺的東面，經過頭目嶺，又往東北經過龍里的南面，再向東經過貴定縣西南，再向東經過新添衛的杪木寨，才往東南轉，繞過蟒山的南面，向東經過普林北嶺，再往東南到獨山州北，才向東到黎平南境，再向東延伸到沙泥北嶺，直到和興安的分界處。

省城東面三里為油鑿關，水往西流；西面十里為聖泉北嶺，水往東流；北面十五里為老鴉關，水往南流為山宅溪；南面三十里為華仡佬橋，水往北流。四面的水流，南面最大，西面其次，再其次為北面穿過城中的水，東面最小。這些水都在城南的薛家洞會合，向東經過襄陽橋，再往東北到達望風臺，從臺的東面再稍許往北，進入老黃山東峽，才向東沖刷著重重峽谷流去，應當和水橋的各條水一起流下烏江。

十八日　辭自然師下山，一里半，抵山麓。西一里半，有數家在南麓，為永豐莊，皆白雲寺中佃戶也。由其前西向尖峰峽中去，是為廣順州道；由其前西去南轉，是為定番州道；由其前北向逾嶺，是為土地關❶道。先是自然為余策所從，曰：「由廣順、安順西出普定，其道近，而兩順之間，廣順知州柏兆福，欲歸臨清❷；安順土知州，近為總府禁獄中。苗蠻伏莽可慮。不若西北由東基出平壩抵普安，多行四十里，而地僻苗馴，可免意外。」余思由兩順亦須三日行，走平壩迂而行多，亦三日可達普安，遂不西行而北逾嶺，其嶺即白雲山之西垂也。共一里，越其北，有塢東北向，東南界即白雲後龍潭之後，西北界即南嶺所環，轉北而東，屬於龍潭東峰之下者。其中平塢一壑，南北長二里，水亦中窪下墜，兩旁多犂為田，是名八疊。北竟塢中，乃北逾石嶺。共半里下，北渡獨木橋，有塢自東北向西南，是為乾溝。橫渡之，北上半里，是為土地關。下關半里，鑿石坎停細流一盂，曰「一碗水」，行者以口就而啜之。又西向一里半出峽，由其北循山東北轉，為水車壩道。

由其西截塢直行，一里半，有村在北山下，是為谷精。從村西轉，又截塢而下，一里，轉入山峽，有溪自西南而北，即從北峽轉而東去，是水車壩之上流也，其流自廣順州東北老龍南谷來者。渡之，又西越山坡，旋下，泝❸西來小流入，其流東注南來大溪，即同之直向東去。路溯溪南，山峽逼仄，時攀石上下，二里餘，乃西渡此水。從其北西向又半里，其北削崖高穹，有洞上綴，其門南向。遂從其下西逾坳，坳間石骨稜厲，逼屬南山。迴視前溪在其下，不知從何而出，當亦透穴之流也。先是自然謂余，此間如馬鈴堡諸水，多從山穴出，即水車壩水亦流自穴中者，不知即指此水，抑謂南來大溪也。逾坳西稍下，約一里，有路交為「十」字：其南北皆從山嶺上下，有石磴逶迤，乃廣順達貴省道也；其東西即逾坳而西下峽中者。從峽西下半里，又聞水聲潺潺，有水深自坑底東注坳下，信乎即坳東透穴之水矣。溯之，山塢復開，有村在西山下，是為東基下寨。從其前轉而東北則下寨山之北突也。循之一里，又西北轉，則西界山純削為石，而東界則土脊迤邐。又北二里，有村當北岡之上，是為東基上寨。寨中懸小支盡處，皆瓦房鱗次，非他苗寨所及。由寨西北向半里，有泉飛流注腋間，由寨東而出，寨當其中，小支左右，皆崇岡峻峽。寨後復環一塢，良疇層倚焉，皆此泉之所潤，而透於東坳之下者也。蜿蜒上躋者一里，從嶺上復北逾頂者半里，下至塢中，望北峰夾立甚高，其下有塢自西北來者，即上寨後注腋之水，從水車壩而南去者也；其下有塢向東北墜者，即塢中東分之水，從華仡佬橋而北出者也。其塢甚平，中犁為田。從田塍北上，又東北升嶺，半里，逾峰頭而飯。於是北望遙山，開伏數里外，石峰屏列，俱不能與此山並峻矣。

北下甚坦，半里，路分兩岐：一從東北行者，從黃泥堡天生橋而達省；一從西北行者，為野鴨塘出平壩道。遂從西北下山，一里，抵山下，沿坡陀西行，漸有小水，俱從東北去。二里，復溯水入峽。一里，復陟嶺而上。又二里，遂西過野鴨塘。有堡數十家，在南山下，其前有塘瀦水，直逼北山，然東西皆高，不知從何而洩，即所謂野鴨塘是也。遶堡前西南行半里，望西北山崖間有洞高穹，其前隴復有洞伏於下，乃呼擔夫少停行李路隅，余獨從西嶺橫陟之。半里，遂陟下洞之上。隴不甚高，然四面皆懸削不可下。復稍西，下山麓東向行，遂得下洞。

洞門南向，門中稍窪；其左透崖東出，另闢一門，門東北向，其後旋壑下陷，四面寬圓，雖窪而不闇。既上，遂透東門而出。稍下，從峽中西陟上洞。洞門東向，前有壘石為垣，後亦中窪而下，然不甚深；其上懸崖雖高，中扃之玲瓏，乳柱之夭矯，反不若下洞也。

既出，復從峽中下，轉前隴之嘴而西，又經下洞前，則前麓皆水草沮洳，東與野鴨塘相連，而此即其上流也。忽聞水聲潺潺，自下洞前石根透出，歷沮洳之塢，而東瀦於野鴨塘者也。又從西嶺下半里，仍抵路隅，呼擔與顧奴，遂西緣山坳行。西望三峰攢列，外又有峰繞之，心以為異。又西四里，有寨在南山下，又繞其前，循之左轉，西南半里，又逾一坳，於是西行峽中。其峽南北兩界，排闥而前。北即所望三峰攢列者，但在其內，下望反不可見；南則有崖高削，上有一石倒垂，石色獨白，而狀如羊，是為羊弔崖。逾坳至此，又一里矣。其北崖中斷，忽露頂上之峰，盤穹矗豎，是為唐帽山。蓋即前望三峰，至是又轉形變象耳。按志：唐帽在省城南八十里，天生橋在金筑司北三十里。今天生橋在唐帽東北三十里，是天生橋去省反近，而唐帽反遠，不知當時何以分界也。自然言建文君先駐唐帽，後駐白雲，志言其處可以避兵，亦幽閟之區矣。

又西一里餘，有峽南向下，是為豬槽堡。路直西逾小脊而下，三里，則塢開南北，路交「十」字於中，乃橫截之，渡一小水。半里，有堡在西山上，曰柳家堡。又北半里，又有堡在北隴上。於是循其右，復西上嶺。一里，將及嶺坳，有泉淙淙自土穴出，其色乳白，渾而不清。逾嶺下，共二里，復塢開南北，仍橫截之。有澗在塢中，其水甚小，瀦而不流，似亦北去者。又西一里，復上嶺，其嶺南北石峰駢夾，中通一坳，甚逼。一里，越坳而西，見西壑中堰水滿坡，始以為東出，而實不流之波也。循之又西一里，則大塢擴然西去，陂堰橫障而北。又北循之，有村在北山之嘴，曰狗場堡，乃湯吏部❹之佃苗也；村西平疇一塢，為膏腴之壤。欲投之宿，村人弗納，曰：「西去二里有村，亦湯氏佃丁，其中可宿。」乃復西循平疇北隴行。一里餘，有石峰界平塢中，削骨擎空，亦「獨秀」之峭而險者。透北峽而西又半里，復得一村，入叩之，其人閉戶遁去。又西得一堡，強入其中，茅茨陋甚，而臥處與豬畜同穢。蓋此地皆苗熟者，雖為佃丁，而習甚鄙，今人反憶土蠻竹欄為上乘耳。

【章　旨】本章記載了第二十二天在貴陽府的行跡。根據自然法師的建議，取道平壩前往普安。經過永豐莊、八壘、土地關，渡過水車壩的上游，山上的水都從洞穴流出。又經過東基上下寨，到野鴨塘，不知塘裡的水從何而洩。中途遊了上下兩個洞，望見三座聚列的山峰、岩石白色的羊弔崖、傳說建文帝曾經住過的唐帽山，再經過柳家堡，前面有乳白色的泉水從土穴中流出。最後到狗場堡西面苗族佃戶的住處過夜。

【注　釋】❶土地關　在長順東北隅。❷臨清　明代為州，隸東昌府，今屬山東。❸泝　也作「溯」。❹湯吏部　湯景明，貴陽人，萬曆進士，以河間令擢吏部郎。性坦率，不修邊幅，被人冒犯，也不作計較，鄉里服其德。

【語　譯】十八日　告別自然法師下山，走了一里半，到山腳。往西走一里半，有幾戶人家住在山的南麓，為永豐莊，居民都是白雲寺中的佃戶。從它的前面往西到尖峰下的山峽中，是去廣順州的路；從它的前面往西再向南轉，是去定番州的路；從它的前面向北翻過山嶺，是去土地關的路。在此之前，自然為我考慮走哪條路，說：「從廣順、安順往西出普定，這條路比較近，但兩順之間，廣順知州柏兆福，想回臨清；安順土知州，最近被總督府關押在獄中。苗人藏在樹叢中活動，令人擔憂。不如往西北從東基出平壩到普安，多走四十里路，但在偏僻之地，苗人比較馴服，可避免不測之禍。」我想從兩順之間走也得三天，從平壩走雖然繞道多走些路，三天也可到普安，便不往西走，而是向北翻過山嶺，這山嶺即白雲山的西陲。共走了一里，越過它的北面，有個朝東北的山塢，東南界就在白雲山後龍潭的後面，西北界就在南面山嶺環繞的地方，轉向北再往東，和龍潭東峰的下面相連。其中有一壑平坦的塢地，南北長二里，水也往中間的窪地下流，兩旁多墾為田地，地名八壘。在塢中往北走到盡頭，便向北翻過石嶺。共走了半里下山，往北走過獨木橋，有山塢從東北向西南延伸，這就是乾溝。橫向越過這地方，往北走上半里，就是土地關。下關走了半里，鑿成的石坑中只有一盂大小的細流，名「一碗水」，行人都用嘴貼在上面喝。又往西走了一里半出峽，從它的北面沿著山往東北轉，是去水車壩的路。

從它的西面橫穿山塢一直往前走，過了一里半，有村莊在北山下，這就是谷精。從村莊往西轉，又橫穿山塢往下，走了一里，轉入峽谷，有溪水從西南往北流，即從北峽轉向東流，是水車壩的上游，水從廣順州東北大嶺南面的山谷流來。渡過溪水，又往西翻過山坡，很快又下山，沿著西來的小溪往裡上行，這水往東注入南來的大溪，即一起直向東流去。路沿著溪水的南岸上行，山峽狹隘，時時攀著岩石，上上下下，共走了二里多，才往西渡過這條溪水。從它的北面向西又走了半里，北面陡峭的山崖高高聳起，上面有洞，門朝南。於是從它的下面往西越過山坳，坳中岩石鋒利，緊接南山。轉身看到先前的溪水在它的下面，不知從什麼地方流出，應該也是從洞穴中透出的水流。在此之前，自然曾對我說，這裡如馬鈴堡的各條水，都從山洞中流出，即使水車壩的水，也是從洞穴中流出的，不知他就指這水呢，還是說從南面流來的大溪。越過山坳的西面往下不遠，大約走了一里，有路交叉成「十」字：南北向的路都從山嶺上下，有連綿曲折的石階，是從廣順州直通省城的路；東西向的路即越過山坳往西走下山峽。從山峽的西面走下半里，又聽到潺潺的水聲，有水從深深的坑底往東注入山坳下面，可以確信即山坳東面穿出洞穴的水。沿著水流上行，山塢又開闊起來，有村莊在西山下面，這就是東基下寨。從它的前面轉向東北便是下寨山往北突出的地方。順著這方向走了一里，再向西北轉，只見西界山純為陡削的岩石，而東界則為連綿曲折的土山脊。再往北走二里，有村莊在北面的山岡上，這就是東基上寨。寨子座落在一支分出的小山的盡頭，都是排列整齊的瓦房，不是其他苗寨所能相比的。從寨子的西面向北走半里，有泉水飛流，注入山腋，從寨子東面流出，寨子正好處在水流中間，分出的小山左右兩邊，都是高大的山岡、險峻的峽谷。寨子後面又圍成一個山塢，有良田層層靠在上面，都得到這泉水灌溉，水又滲透到東面的山坳下。曲曲折折往上攀登一里，從嶺上再往北翻過山頂走了半里，往下到山塢中，望見北峰夾立，十分高峻，在它下面有從西北延伸過來的山塢，即上寨後面注入山腋的水，從水車壩往南流去的地方；在它下面有往東北落下的山塢，即先前塢中往東分流的水，從華仡佬橋往北流出的地方。這山塢十分平坦，中間開墾成田。從田埂往北走上，再往東北登上山嶺，走了半里，越過峰頭吃飯。

在這裡北望遠山，在幾里外起伏不平，石峰像屏風那樣排列，都不能和這山的高峻相比。往北走下地勢十分平坦，過了半里，路分成兩條：一條往東北走，從黃泥堡天生橋到達省城；一條往西北走，從野鴨塘走出到平壩衛。便從西北下山，走了一里，到山下，沿著山坡往西，漸漸有小溪，都向東北流去。走了二里，又沿著溪水上行，進入山峽。走了一里，又登上山嶺。再走二里，便向西經過野鴨塘。南面山下，有幾十戶人家的土堡，在它前面有池塘積水，直逼北山，但東、西兩邊地勢都很高，不知水從哪裡排出，這就是所謂的野鴨塘。從堡前繞過，往西南走半里，望見西北的山崖間有洞高高拱起，在它前面的山壠中還有洞伏在下方，便喊挑夫將行李放在路旁，稍許停一會，我獨自從西面的山嶺橫穿過去。走了半里，便到下洞的上方。山壠不太高，但四面都很陡峭，沒法下去。又稍許往西，走下山麓往東，便到下洞。洞門朝南，門中地勢稍許低窪些；在它左邊穿過山崖往東走出，另外開出一道門，門朝東北，後面盤繞的山壑往下陷落，四周又寬又圓，雖然低窪但不幽暗。登上之後，便從東門穿出。稍許往下，從峽中往西登上上洞。洞門朝東，前面有用石塊壘成的圍牆，後面也中間窪下，但不太深；上面的懸崖雖然高峻，但洞中所藏的玲瓏景觀以及鐘乳石柱的卷曲多變，反而不如下洞了。

走出洞，又從峽中往下，轉到前面山壠的入口向西，再經過下洞前，只見前面的山麓都是長著水草的低濕地，和東面的野鴨塘相連，而這裡就是它的上游。忽然聽到潺潺水聲，水從下洞前面的石根透出，經過低濕的山塢，往東匯聚在野鴨塘中。又從西面的山嶺走下半里，仍然回到路旁，呼喊挑夫和顧僕，便往西沿著山坳走。向西望見三座山峰聚列，外面還有山峰圍繞，心中暗暗稱奇。再往西走四里，有寨子在南面的山下，又繞到它的前面，沿著寨子往左轉，再往西南走半里，又越過一個山坳，從這裡往西在山峽中行走。這峽南北二邊的山崖，如門敞開，並排向前延伸。北邊就是所望見的三座聚列的山峰，但在它的裡面，從下面望去反而看不見；南邊有高峻陡峭的山崖，上有一石倒懸，獨自呈現白色，形狀如羊，這就是羊弔崖。越過山坳到這裡，又是一里了。在它北面的山崖中間斷裂的地方，忽然露出山的頂峰，盤空直上，這就是唐帽山。原來就是前面望見的三座山峰，到這裡又轉變形象罷了。據志書載：唐帽山在省城南面八十里，天生橋在金筑司北面三十里。如今天生橋在唐帽山東北三十里，這樣天生橋離省城反而近，而唐帽山反而遠，不知當時根據什麼來分界的。自然說建文君先住在唐帽山，後來住在白雲山，志書說這裡可以躲避兵禍，也是一處幽僻的地方了。

又往西走一里多，有山峽往南向下延伸，地名豬槽堡。路直往西越過小山脊走下，過了三里，只見南北向開出山塢，路在塢中相交成「十」字形。便橫向穿過，渡過一條小水。走了半里，有土堡在西面的山上，名柳家堡。又往北走半里，又有土堡在北面的山壠上。從這裡沿著它的右面，再往西登上山嶺。走了一里，即將到達山嶺的坳地，有泉水從土穴中淙淙流出，水色乳白，渾濁不清。翻過山嶺往下，共走了二里，又南北向開出一個山塢，仍然橫向穿過。有澗水在山塢中，這水很小，匯積在裡面並不流失，好像也是向北流去的。再往西走一里，又登上山嶺，這嶺南北兩邊石峰並立相夾，中間通過一個山坳，十分狹窄。走了一里，越過山坳往西，看到西面的山壑中築起低矮的堤壩，滿山坡都是積水，開始以為水往東流出，其實並不流動。沿著它又往西走了一里，有個大塢向西擴展，水塘的低壩往北橫向擋著。再沿著它朝北走，有村莊在北山的山口，名狗場堡，是湯吏部的苗族佃戶居住的地方。村西有個山塢，平坦的田野土壤肥沃。想在這裡投宿，村裡的人不肯接受，說：「往西走二里有個村莊，也是湯氏的佃戶，裡面可以留宿。」於是又往西沿著田野北面的山壠趕路。走了一里多，有石峰在平坦的山塢中分界，陡峭的岩石高聳雲天，也是一座陡峭險峻的「獨秀」山。穿過北面的山峽往西又走了半里，又到一個村莊，進去敲門，人已經關門逃走。再往西到一個土堡，強行走進裡面，茅屋十分簡陋，睡的地方和豬圈一樣骯髒。因為這裡都是熟苗，雖然是佃戶，但生活習慣十分賤陋，使人反而想起土著蠻族居住的竹樓可算是上等的了。

十九日　昧爽，促苗起作飯。忽擔人亦呼之，余心以為異，謂從來懶不肯起，今何以人呼亦呼也。蓋此人名王貴，為靖州❶太陽坪人。先自三里❷抵藍澗，彼同數人自後尾至，告曰：「余儕欲往慶遠❸，苦此路不通，迂路又太遠，聞參府以兵送行，故特來附帶。」余納而憐之，途中即以供應共給之。及抵慶遠，彼已去。及遊南山❹復遇之，遂日日來候余，願隨往滇中。余思自慶抵南丹，有夫可送，至貴州界，恐無負擔，欲納其一人。因與之約曰：「余此地尚無所用汝，然既隨余，亦每日予工價一分，若遇負擔處，每日與工價三分半。」彼欲以二人從。後聞其儕在南山洞中，以絮塞牧牛童子口，余心疑之。而王貴來言，誘童子非伊，乃同行者，彼已另居於慶，己請獨從。後至麻哈，遂漸傲慢，以攬傷予足。及抵貴州，見余欲另覓夫，復作悔過狀，甚堪憐，余復用之。至是早起，忽不見，觀余所藏路費，亦竟竊之去矣。自余行蠻洞❺中，以數金藏鹽筒中，不意日久為彼所窺，乃不失於蠻烟虺毒之區，而失之就坦遵途之日，徒有悵悵而已。

既明，擔夫竊貲已去，無可奈何，求苗子❻送出平壩，不及三十里，索價甚貴，已而竟遁去不肯出，蓋苗習素不送客。予求之他苗，其人曰：「彼好意宿汝，奈何以擔累之？須自負去。二、三里抵九家堡，即有送者。」遍求之，其語皆然。余無可奈何，飯而東擔，與顧僕共抬而前行。由狗場西苗堡截塢堰南過，一里，逾嶺西下，又過一苗堡，益轉而南，又逾一嶺，半里，乃由嶺頭從岐路北向入塢，路小山寂。一里，乃西向下。半里，有溪汪然自南而北，始為脊北第一流❼，乃北合洛陽橋下水，東經威清❽而下烏江者。溪上舊有石橋，已圮，其東半涉水而渡，其西半是為九家堡，乃苗之熟者也。至是已近午矣，始雇得一夫，擔而行。復西北上隴，六里，有村在西山下，曰二家堡。從其東盤山嘴而北，北界山遠闢曠然，直東遙見高峰在四十里外者，即志所云馬鞍山，威清之山也。路復循南山之北，西向入峽。二里，出峽，有村在南山下，曰江清[9]。其處山塢大開，平疇中拓，東有石峰離立，即與南山夾而為所從之峽者也。

由村東北向抵二石峰下。其峰兀突，南面削崖迴裂而無深洞；西面有洞在峰半，其門西向，亟令苗子停擔峰下。余先探其南面，無巖可入，惟西南峰下，細流汩汩，向麓下竅中出，遂從其上躋入洞。洞頂甚平，間有乳柱下垂，若帷帶飄搖。其內分為三層：外層即洞門之前，曠若堂皇[10]，中有圓石，如堆旋而成者。四、五丈之內，即陷空而下，其下亦平整圓拓，深約丈五，而大倍之。從其上下瞰，亦頗光明，蓋洞門之光，既從上倒下，而其底北裂成隙，亦透明於外，似可挨入而未及也。是為下層。下層之東，其上復深入成洞，與外層對，第為下陷所隔，不能竟達。由外層南壁攀崖而上，東透入腋，列柱如門，頗覺幽暗，而玲瓏嵌空，詭態百出。披竅北下，遂達中層，則外層之光，仍中射而入。其內千柱繽紛，萬竅靈幻，左入甚深，而窈窕莫窮，前臨下層，如在樓閣，亦貴竹[11]中所僅見者。方攀陟不能去，而苗夫在下呼促不已，乃出洞而下。從洞前北行，升陟塍隴二里，有大溪自西而東，溯之西行。有橋十餘鞏橫跨其上，是為洛陽橋⑫，乃新構而成者。橋下流甚大，自安順州北流至此，曲而東注威清，又北合陸廣⑬，志所謂的澄河⑭是矣。

渡橋北，又溯流而西，抵水之北來東折處，遂從岐北向溯小溪行。始由溪東，已涉堰由溪西，已復西北逾岡，五里，抵銅鼓山⑮。其處山塢南闢，北界石峰聳立，皆有洞，或高或下，隨峰而出。西界則遙山自北而南，蜿蜒如屏，連裂三洞，其門皆東向，而南偏者最高敞。其前有數十家當其下，即銅鼓寨也，是洞名銅鼓洞。按志：銅鼓山在威清西四十五里。以方隅道里計之，似即此山。然其地去平壩僅五里，不平壩而威清，何也？其洞高懸峻裂，內入不甚深，而前多突聳之石，環牖分門，反覺窈窕。其右重壁之上，圓穴一規，北向高穹。攀崖登之，其中上盤空頂，下墜深穽⑯，土人架木鋪竹為墊，儼然層閣。頂東另透明窗，穽內復有穴自下層出入。土人置扉穴前，晚則驅牛馬數十頭藏其中。正巖之後，有裂竅西南入，滴瀝垂其內不絕，漸轉漸隘而暗，似向無入者，乃出。時有一老者候余洞前。余欲並探北偏中洞。老者曰：「北洞淺不足觀。有南洞在高崖上，且大路所由，可一登之。」乃循洞麓西轉，不數十步，則峰南果有洞出崖端，其門南向，其下依崖而居者，猶環之為廬。乃從廬後躋級上。洞門懸嵌彌高，前壘石為垣，若雉堞形，內深五丈餘，而無懸突之石，擴然高朗；其後窪陷而下者一、二丈，然俱面陽而燥，土人置廩盈其間。其左腋裂竅北下，漸下漸狹而卑。土人曰：「與東洞通。」想即垂瀝不絕處也，亦以黑暗不暇入。

時顧僕與苗子擔前行已久，余恐其不之待，遂下山。循麓西上，半里，逾坳，則顧僕與苗夫猶待於此。其坳當西界蜿蜒屏列之中，脊不甚高，而石骨稜稜，兩旁駢峙甚逼。過隘西下塢中窪，其西復有坳環屬，蓋南北夾起危峰，而東西又兩脊如屬垣。窪中有小水，牧者浸牛滿其中。度窪半里，又逾脊，西下約一里，有岐直下西塢者，通平壩南上之道；循嶺北越嶺角者，為往平壩道。乃西北上嶺者一里，逾嶺角而北，又北下者一里，又逾嶺西北一里，與大道值。循大道稍北，遂西度田塍，共半里，逾小橋，入平壩[17]東門。半里，轉而南，乃停擔肆中。是晚覓得安莊夫，市小鯽佐酒。時方過午，坐肆樓作記。

平壩在東西兩山夾間，而城倚西山麓。城不甚雄峻，而中街市人頗集，魚肉不乏。出西門數里有聖泉[18]，亦時涸時溢，以迂道不及往。

【章　旨】本章記載了第二十三天在貴陽府的行跡。從廣西三里城到慶遠府，有個名王貴的人願意隨行去雲南，到這時偷了暗藏的銀兩逃走。因這裡的苗人一向不送客，只好和顧僕抬著擔子，走到九家堡，才雇到一個苗族挑夫。又經過江清，探遊一個洞，洞分三層，裡面石乳形狀千奇百怪，並有無數奇幻的孔洞，是貴州境內獨有的景觀。接著通過洛陽橋，橋下的水為的澄河上游。到銅鼓山，山上接連裂開三個洞，名銅鼓洞，當地人到夜晚將牛馬趕到洞內，在南洞放置米倉。出洞下山，進入平壩城。城外有聖泉。

【注　釋】❶靖州　明代直隸湖南布政使司，即今湖南靖縣。❷三里　見〈粵西遊日記四〉十二月二十三日日記注。❸慶遠　見〈粵西遊日記四〉二月十七日日記注。❹南山　見〈粵西遊日記四〉二月十八日日記注。❺蠻洞　同「蠻峒」。指南方少數民族聚居地區。❻苗子　苗族；苗人。❼脊北第一流　即今平壩境內的麻線河，為貓跳河上源之一。❽威清　明代置威清衛，治所在今貴州清鎮。❾江清　今名江青，在平壩東南境。❿堂皇　廣大的殿堂。⓫貴竹　又作貴筑、貴竺。明初置貴竹長官司，後改為新貴縣，隸貴陽府。在今貴陽。此以貴竹借指貴州省。⓬洛陽橋　在貓跳河上源洛陽河（今名羊昌河）上。⓭陸廣　河名，為貓跳河下游。⓮的澄河　又作滴澄河，今名貓跳河。水流落差甚大，現建有紅楓湖水庫，在清鎮西南，平壩東北，分北湖、南湖、後湖三大片，面積相當於十個杭州西湖。湖中將軍灣有包括將軍洞（舊名王八洞）、打漁洞（舊名黃牛洞）在內的溶洞群。⓯銅鼓山　在清鎮城西四十五里，相傳武侯南征於此獲銅鼓，故名。⓰穽　即「阱」字。捕捉野獸用的陷坑。此指水洞。⓱平壩　明代置平壩衛，治所在今貴州平壩。⓲聖泉　在平壩城西門外平岡之下，泉從石縫中流出，淙淙有聲。一時之內，再盈再縮，從不少輟。春時詞人遊女，或置香花，或插簪珥，再拜祈禱，泉中魚蝦並出。

【語　譯】十九日　拂曉，催促苗人起身做飯。忽然聽到挑夫也在叫他，我聽了感到十分奇怪，因為那人從來就偷懶不肯起身，如今為什麼跟我一起叫呢？此人名王貴，是靖州太陽坪人。我先前從三里城到藍澗，他和幾個人跟在後面，對我說：「我們想去慶遠府，苦於這條路不通，繞道走又太遠，聽說參將府派兵給你送行，所以來想跟著一起走。」我覺得可憐便接納這些人，途中還將驛站供應的食物給他們一起吃。到慶遠府時，這些人已離開。到遊南山時又碰見他們，於是天天來等候我，願意隨我去雲南。我考慮到從慶遠府到南丹衛，有挑夫送行，到貴州地界，怕沒人挑擔，想接納其中一個人。因此和他約好：「我在這裡還用不著你，但你既然跟著我，也每天給你一份工價，如果碰到挑擔的時候，每天給你三份半工價。」他們想兩個人一起隨我走。後來聽說這些人在南山的洞中，用棉絮塞住牧童的嘴，我生了疑心。但王貴說，誘騙兒童的不是他，是同他一起走的人，那人已另去慶遠府住下，自己請求單獨跟從我。後來到了麻哈，便漸漸傲慢起來，用櫈子砸傷了我的腳。到達貴州後，見我想另外尋找挑夫，又作悔過的表示，十分可憐，我就繼續用他。到這天很早就起身，忽然不見人影，檢點我所藏的路費，竟也被他偷走了。自從我在蠻洞中行走，便將一些銀兩藏在鹽筒中，想不到時間長了被他偷看到，這些銀兩沒有在蠻族瘴癘之地丟失，卻在踏上平坦的大路時被偷走，使人唯有惱恨而已。

天亮後，挑夫已偷了錢逃走，我無可奈何，只好求苗人送我出平壩，不到三十里路，但要價很貴，過了一會竟躲開不肯出現，大概苗人的習慣一向不送客。我求其他苗人，那人說：「他好心留你過夜，你怎麼可以用挑擔這種事拖累他？現在只能自己挑著走。過二、三里路到九家堡，就有送行的人。」到處求人，都這樣說。我無可奈何，吃了飯收拾擔子，和顧僕一起抬著往前走。從狗場堡西的苗堡橫穿山塢中的低壩往南，走了一里，翻過山嶺往西走下，又經過一個苗堡，繼續往南轉，再翻過一座山嶺，走了半里，才由嶺頭從岔路向北進入山塢，道路狹小，山中幽寂。走了一里，便往西走下。過了半里，有深廣的溪水從南往北流去，這才是山脊北面的第一條水流，往北和洛陽橋下的水會合，向東經過威清注入烏江。溪上原有石橋，已倒坍，從橋東邊涉水渡過，到西邊的九家堡，是比較開化的苗民居住地。到這時已近中午了，才雇到一個挑夫，挑著擔子行走。又往西北登上山壠，走了六里，有村莊在西面的山下，名二家堡。從它的東面繞過山口往北，北界的山遠遠顯得十分開曠，向正東遙望，看到一座高大的山峰在四十里外，即志書所說的馬鞍山，是威清的山。路又沿著南山的北面，向西進入山峽。過了二里，走出山峽，有村莊在南山腳下，名江清。這裡山塢大大開闊起來，中間開出平坦的田地，東面有石峰並立，石峰和南面的山相夾形成我所走過的山峽。

從村莊往東北到兩座石峰的下面。這峰突兀高聳，南面陡峭的山崖有曲折的裂縫，但沒有深洞；西面有洞在半山腰，洞門朝西，急忙叫苗人將擔子停在峰下。我先探訪山峰的南面，沒洞可進，唯獨西南的山峰下，有小溪汩汩流過，向著山腳下的孔洞中流出，便從它的上面攀登入洞。洞頂很平坦，間或有鐘乳石柱下垂，如同帷帶飄搖。洞內分為三層：外層即洞門的前面，就像殿堂那樣寬敞，中間有塊圓石，如同陶人製器堆土旋轉而成。在不到四、五丈高的地方，洞就懸空陷落，下面也平整圓展開闊，深約一丈五，寬加倍。從它的上面俯視下方，也很明亮，這是因為洞門的光線，既從上面往下倒映，而洞底的北邊裂成縫隙，也有光線從外面照進，似乎可以挨著它進去，但沒有時間。這是下層。下層的東邊，上面又深入成洞，和外層相對，只是被陷下的部分阻隔，不能直接到達。從外層南面的石壁攀崖往上，向東穿入山腋，排列的石柱如同門戶，覺得很幽暗，而岩石玲瓏精巧，形狀千奇百怪。鑽進孔洞，朝北走下，便到達中層，只見外層的光線，仍然射進洞中。裡面成千根石柱繽紛多姿，上萬個孔洞神奇莫測，往左走進，十分深遠，但幽深曲折，不可窮盡，前面對著下層，如在樓閣之中，也是貴州境內獨有的景觀。正在攀登不想離開，但那個苗族挑夫卻在下面不停地催促呼喊，只得出洞下山。從洞前往北走，在田埂土壟中往上走了二里，有大溪從西向東流去，沿著大溪往西上行。有座帶有十幾個拱洞的橋橫跨溪上，這就是洛陽橋，是新造的。橋下水流很大，從安順州往北流到這裡，曲折向東注入威清水，又往北和陸廣河會合，就是志書所說的的澄河。

過橋往北，又沿著溪流向西上行，到溪水從北流來又往東轉的地方，便從岔路往北沿著小溪上行。起先從溪水的東邊走，通過低壩後從溪水的西邊走，隨後又往西北翻過山岡，走了五里，到達銅鼓山。這裡山塢往南拓展，北界石峰聳立，都有洞，或高或低，隨山峰露出。西界則有遠山從北往南，曲折延伸，如同屏障，接連裂開三個洞，洞門都朝東，而南邊的洞最高敞。洞前有幾十戶人家位於洞的下方，即銅鼓寨，這洞名銅鼓洞。按志書載：銅鼓山在威清城西四十五里。根據方位里程計算，似乎就是這山。但這裡離平壩只有五里，不屬平壩而屬威清，不知是什麼原因？這洞高高懸掛，陡峻裂開，往裡進去不太深，但前面有許多突起的岩石，環繞成窗洞，分列為門戶，反而讓人產生幽深之感。在它右面重重石壁之上，有一個圓形的洞穴，朝北高高拱起。攀著山崖登上這個洞，洞中上面空頂盤繞，下面落成深阱，當地人架木鋪竹墊在下面，酷似一座多層的樓閣。洞頂東邊另外透出明亮的窗口，阱內還有洞穴從下層出入。當地人在洞穴前安裝了門扇，夜晚則將幾十頭牛馬趕到裡面藏起來。主洞的後面，有裂開的孔洞往西南伸入，裡面水滴不斷落下，漸漸往裡轉，漸漸變得狹隘黑暗起來，好像過去從不曾有人進入，便出洞。當時有個老人在洞前等著我。我想同時探遊北邊的中洞，老人說：「北洞淺得很，不值得看。有南洞在高崖上，而且是大路經過的地方，可登臨一遊。」於是沿著洞麓往西轉，不到幾十步，只見山峰的南面果然有洞在崖端出現，門朝南，在它下面靠著山崖居住的人，就像環繞著這洞蓋屋。於是從住屋後面踏著石級向上。洞門懸嵌在很高的地方，前面壘石成垣，形狀如同城牆，裡面有五丈多深，但沒有懸空突起的岩石，四面擴展，高大明朗；後面往下陷落一、二丈，但都朝南乾燥，當地人在裡面放滿了糧倉。從它左側裂開的孔洞往北走下，漸漸往下，漸漸變得狹窄低矮。當地人說：「這裡和東洞相通。」想來就是水滴不斷落下的地方，也因黑暗沒時間進去。

這時顧僕和苗人已挑著擔子往前走了好久，我怕他們不肯等候，便下山。沿著山麓西上，走了半里，越過山坳，看到顧僕和苗夫還等在那裡。這山坳位於西界連綿曲折、如同屏風排列的群山之中，山脊不太高，但岩石邊角鋒利，在兩旁並立，十分逼近。經過隘口往西走下山塢中的窪地，在它西面又有山坳環繞相連，高大的山峰在它南北相夾聳起，東西又有兩座山脊如同連結的圍牆。窪地中有小水，水裡盡是牧人放的牛。越過窪地走了半里，又翻過山脊，往西走下約一里，有岔路直下西面的山塢，是通過平壩南上的路；沿著山嶺往北越過嶺角，是通往平壩的路。於是往西北登上山嶺走了一里，越過嶺角往北，又往北走下一里，再越過山嶺往西北走一里，和大路相遇。沿著大路往北不遠，便往西越過田埂，共走了半里，通過一座小橋，進入平壩東門。走了半里，轉而向南，才將擔子停放在店中。這天晚上找到安莊的挑夫，買了小鯽魚下酒。這時剛過中午，便坐在店樓上寫遊記。

平壩在東西兩山相夾中，城靠在西山腳下。城不太雄峻，但城裡街市人煙密集，不乏魚肉。走出西門幾里有聖泉，也時而乾涸，時而溢出，因為要繞道走，來不及前往。

二十日　早餐，隨擔夫出平壩南門，循西山麓南行。二里，有石坊當道，其南叢山橫列，小溪向東峽去。路轉西峽入，三里，又隨峽南轉。又二里，上石子嶺，逾嶺為石子哨。又七里，過水橋屯。又五里，為中火鋪❶。又二里，西上坳。從坳夾行一里，為楊家關❷。又西三里，為王家堡。乃南轉四里，為石佛洞，洞門西向，不深，有九石佛甚古。其處西抵大茅河❸為安酉❹界，約五十里。又南五里，平塢間水分南北流，是為老龍過脊。又南五里，為頭鋪。又南二里，西入山坳。逾之，出其西，又南行三里，過一堡。又二里，上隴，入普定❺北門。一岐自東北來者，廣順道；一岐自西北來者，大茅河諸關隘道。普定城垣峻整，街衢宏闊，南半里，有橋，又南半里，有層樓跨街，市集甚盛。

【章　旨】本章記載了第二十四天在安順府的行跡。登上石子嶺，經過石子哨、楊家關、石佛洞、頭鋪，進入普定城。城內街道寬闊，集市興盛。

【注　釋】❶中火鋪　旅途中供行人生火煮飯的地方。❷楊家關　在安順東北境。❸大茅河　三岔河在普定北境這一段，明代稱大茅河。❹安酉　指世襲貴州宣慰使的安氏。酉，部族首領。❺普定　明初置普定衛，後升為軍民指揮使司，治所在今貴州安順。

【語　譯】二十日　吃過早飯，隨挑夫走出平壩南門，沿著西山腳往南走。過了二里，有石牌坊立在路中，在它南面群山橫列，小溪向東面的峽谷流去。路轉而進入西面的峽谷，走了三里，又隨峽谷往南轉。再走二里，登上石子嶺，翻過山嶺到石子哨。再走七里，經過水橋屯。再走五里，到途中供人做飯的地方。再走二里，往西登上山坳，從山坳相夾處走了一里，到楊家關。再往西走三里，到王家堡。再往南走四里，到石佛洞，洞門朝西，不深，有很古老的九座石佛。從這裡往西到大茅河為安酋的地界，約五十里。再往南走五里，水在平坦的山塢中向南北分流，這就是大山嶺延伸到這裡的山脊。再往南走五里，到頭鋪。再往南走二里，往西進入山坳。越過山坳，從它的西面走出，再往南走三里，經過一個土堡。再走二里，登上山壠，進入普定北門。一條岔路從東北過來，是去廣順的路；一條岔路從西北過來，是去大茅河各關口的路。普定城牆高峻整齊，街道寬闊，往南走半里，有橋，再往南走半里，有樓房跨越街道，集市十分興盛。

二十一日　出南門西南行，十五里，為楊家橋，有堡為楊橋堡。又南十里，為中火鋪。又南一里，抵龍潭山下，轉入西峽。西八里，有哨❶。轉南七里，為龍井鋪。又南七里，過啞泉，大路從東南下山，繞山南入安莊❷東門；小路越嶺西而南下，渡小橋，抵安莊西門。安莊後倚北峰，前瞰南隴，而無南、北門，惟東、西兩門出入。西門外多客肆，余乃入憩焉。遂入西門。遇伍、徐二衛舍，為言：「此間為安邦彥所荼毒，殘害獨慘，人人恨不洗其穴。然以天兵❸臨之，蕩平甚易，而部院朱獨主撫❹，以致天討不行，而叛逆不戢。今正月終，猶以眾窺三汊河❺，以有備而退。」三汊河者，去安莊西五十里，一水西北自烏撒❻，一水西南自老山中，合併東北行，故曰「三汊」，東經大茅、陸廣、烏江，與安限為天塹者，惟此。今設總兵官駐其地。時朱總督已斃，輿尸還越，而按君❼馮士晉為四川人，余離貴省日，亦親臨陸廣，巡歷三汊，將由安莊抵安南。伍君曰：「按君此行，亦將巡察要害，分布士卒，為勦除之計，非與朱為比者。」不識然否。

普定衛城內，即安順府❽所駐。余先聞安順止土知州，而宦籍❾有知府、節推❿，至是始知所駐在普定也。

安莊衛城內，即鎮寧州⓫所駐。其公署在南城內段公祠之東，段公名時盛，天啓四年，任鎮寧道。雲南普名勝⓬叛，踞阿迷州，段統兵征之，死於難。故州人立祠祀之，而招魂⓭葬於望水亭之西。今普名勝之子，猶據阿迷州。湫㵒殊甚。庭有古杉四株，大合兩人抱，豈亦國初之遺耶？

安南衛城內，即永寧州所駐。考《一統志》，三衛⓮、三州，舊各有分地，「衛」俱在北，「州」俱在南。今州、衛同城，欲以文轄武，實借武衛文也。但各州之地，俱半錯衛屯⓯，半淪苗孽，似非當時金甌⓰無缺矣。

三衛之西，為水西⓱所苦，其東又諸苗雜據，惟中一道通行耳。

【章　旨】本章記載了第二十五天在安順府的行跡。走過楊家橋，到龍潭山下，又經過龍井鋪、啞泉，進入安莊城，遇見兩個衛舍，談及因總督朱燮元主張安撫，致使叛亂不息的情況。三汊河在安莊西面。普定、安莊、安南三衛，分別是安順、鎮寧、永寧三州的治所，如今一州一衛各在同一座城中。

【注　釋】❶哨　軍隊防守之處。❷安莊　明代置安莊衛，治所在今貴州鎮寧。❸天兵　王師。指官軍。❹部院朱獨主撫　朱，朱燮元，字懋和，浙江山陰人，天啟間，安氏叛亂，加兵部尚書，兼總督貴州、雲南、廣西諸軍務。行軍務持重，不妄殺人，為苗民感戴。部院，明代為巡撫別稱。此當為「部堂」之誤。部堂，明代為總督別稱。❺三汊河　今稱三岔河，在安順城北，烏江上游。❻烏撒　本烏蠻烏撒部，明初改為土府，治所在今貴州威寧。❼按君　對巡按御史的尊稱。❽安順府　原為安順州，萬曆間升軍民府，治所在今貴州安順。❾宦籍　記錄官員名位的籍冊文書。❿節推　節度推官。唐代在節度使、觀察使下置推官，掌勘問刑獄，元、明時於各府亦置推官。⓫鎮寧州　明代隸安順府，治所在今貴州鎮寧。⓬普名勝　見〈滇遊日記一・隨筆二則〉注。⓭招魂　召喚死者的靈魂。⓮衛　明代於要害地區設衛，一衛五千六百人，由都司率領，防地可以包括幾個府，一般駐在某地即稱某衛，後相沿成為地名。⓯衛屯　明代在各地設衛所，軍士世襲，大部分屯田，小部分駐防，軍餉大部分由屯田收入支給。⓰金甌　黃金製作的杯子。此喻疆土完固。⓱水西　土司名，元代在今貴州境內土司即有水西、水東之稱。明貴州宣慰使司由安氏世襲宣慰使，因安氏轄境大部分在烏江上游鴨池河以西，通稱水西宣慰。

【語　譯】二十一日　出南門往西南走，過了十五里，到楊家橋，有堡為楊橋堡。又往南十里，到途中供人做飯的地方。再往南走一里，到龍潭山下，轉入西面的山峽。往西走八里，有哨所。轉向南走七里，到龍井鋪。再往南走七里，經過啞泉，大路從東南下山，繞過山南進入安莊東門；小路越過嶺西往南走下，通過小橋，到安莊西門。安莊城背靠北面的山峰，面向南面的山壠，但沒有南、北門，只有東、西門出入。西門外有許多客店，我便進去休息。於是走進西門，遇見伍、徐兩個安莊衛的門客，對我說：「這裡遭受安邦彥荼毒，殘害尤其慘烈，人人只恨不去血洗他的巢穴。只要官軍來到，掃平叛亂十分容易，但朱總督卻獨自主張安撫，致使官軍不去討伐，叛亂不能平息。今年正月底，還帶領兵馬圖謀三汊河，因見官軍有防備才退兵。」三汊河，在安莊西面五十里，一條水來自西北的烏撒，一條水來自西南的老山中，會合後往東北流去，故名「三汊」，往東分別稱為大茅河、陸廣河、烏江，和安邦彥分界作為天塹的，只有這水了。如今設置總兵駐防在這裡。這時朱總督已死，屍體用車運回浙江老家，而巡按馮士晉為四川人，我離開貴州那天，他也曾親臨陸廣河，巡視三汊河，將從安莊去安南。伍君說：「巡按這次出行，也將巡視各地要害，布置軍隊，計劃要剿除叛匪，不是朱可相比的。」不知是不是這樣。

普定衛城內，即安順府治所所在地。我以前聽說安順只有土知州，而宦籍簿冊上有知府、節度推官的記載，到這裡才知道治所在普定。

安莊衛城內，即鎮寧州治所所在地。官署在南城內段公祠的東面，段公名時盛，天啟四年，任鎮寧道員。雲南普名勝叛亂，占據阿迷州，段公率兵討伐，在戰鬥中死難，故鎮寧州的百姓建祠祭祀他，同時招段公之魂，葬在望水亭的西面。如今普名勝的兒子，仍然占據著阿迷州。地勢低下，破敗不堪。庭中有四株古杉，兩人合抱那麼大，難道這也是建國初期留下的嗎？

安南衛城內，即永寧州治所所在地。據《一統志》載，普定、安莊、安南三衛，安順、鎮寧、永寧三州，過去各有分地，「衛」都在北面，「州」都在南面。如今州、衛在同一座城中，想用文官來管轄武將，實際上是借武將來保衛文官。但各州的土地，都一半和衛所屯田錯雜，一半落到苗族叛逆的手中，似乎不像當年那樣金甌無缺了。

三衛的西面，苦於水西的叛亂，東面又有各苗族部落雜亂占據，只有中間一條路能夠通行罷了。

二十二日　五鼓，大雨達旦，余少憩逆旅。下午霽，獨南遵大路，一里，逾嶺，由岐東下半里，入雙明洞❶。此處山皆迴環成窪，水皆下透穴地。將抵洞，忽塢中下裂成坑，闊三尺，長三丈，深丈餘，水從其東底溢出，即從其下北去。

溢穴之處，其上皆環塍為田，水盈而不滲，亦一奇也。從此西轉，則北山遂南削為崖，西山亦削崖北屬之，崖環西、北二面，如城半規。先抵北崖下，崖根忽下嵌成洞，其中貯水一塘，淵碧深泓，即外自裂坑中潛透而匯之者。從崖外稍西，即有一石自崖頂南跨而下，其頂與崖並起，而下闢為門，高闊約俱丈五，是為東門。透門而西，其內北崖愈穹，西崖之環駕而屬者，亦愈合。西山之南，復分土山一支，掉臂❷而前，與東門外崖夾坑而峙。昔有結高垣，壘石址，架閣於上，北與東門崖對，以補東向之隙，而今廢矣。由東門又數十步，抵西崖下。其崖自南山北屬於北崖，上皆削壁危合，下則中闢而西通，高闊俱三倍於東門，是為西門。此洞外之「雙明」也。一門而中透已奇，兩門而交映尤異。

其西門之外山，復四環成窪，高若列城，水自東門外崖北淵泓間❸，又透石根溢出西門之東，其聲淙淙，從西門北崖又透穴西出。門之東、西，皆有小石梁跨之，以入北洞。水由橋下西行環窪中，又透西山之下而去。西門之下，東映重門，北環墜壑，南倚南山，石壁氤氳，結為龕牖，置觀音大士像焉。由其後透穴南入，石竅玲瓏，小而不擴，深可十餘丈而止。此門下南壁之奇也。北接北崖，石屏中峙，與南壁夾而為門。屏後則北山中空盤壑，極其宏峻；屏之左右，皆有小石梁以分達之；屏下水環石壑，盤旋如帶。此門下北壁之奇也。北壁一屏，南界為門，北界為洞，洞門南臨。此屏中若樹塞❹，遂東西亦分兩門，南向。水自東門下，溢穴而出，漱屏根而入，則循屏東而架為東橋，而東門臨之；又溢穴出西門下，循屏西而架為西橋，而西門臨之。此又洞內之「雙明」也。

先從西門度橋入，洞頂高十餘丈，四旁平覆如幄，而當門獨旋頂一規，圓盤而起，儼若寶蓋❺中穹。其下有石臺，中高而承之；上有兩圓窪，大如銅鼓，以石擊之，分清濁聲，土人詫為一鐘一鼓云。洞西北盤亙，亦多垂柱裂隙，俱迴環不深。東南裂隙下，高迥亦如西門，而掩映彌深，水流其前，瀠洄作態，崆峒清泠，各極其趣。遂逾東橋，仍出西門下，由其前南向而上，直躋崖根，復有洞東向，高闊俱三丈，而深十丈。洞後北轉，遂上穹而黑，然不甚深矣。洞中乾朗，有僧棲之，而中置金仙❻像。乃叩僧索筆攜炬同下，窮西門大士後小穴，並錄壁間詩。返寓已暮。

【章　旨】本章記載了第二十六天在安順府的行跡。下午獨自去遊雙明洞，離洞不遠的地方，滿田是水，但不滲漏。這洞有東門、西門，形成洞外「雙明」，門下南壁、北壁，均有奇景。又有東橋、西橋，為洞內「雙明」。

【注　釋】❶雙明洞　又名紫雲洞，俗稱觀音洞，在鎮寧城西五里，高敞明朗，因洞東西兩門穿通如城闕，故名。❷掉臂奮起貌。形容山石突起。❸水自東門外崖北淵泓間　據上文，「崖北」當為「北崖」。❹此屏中若樹塞　屏，此指石屏像影壁。塞，阻隔不通。❺寶蓋　用珍寶裝飾的傘蓋。❻金仙　佛家調如來之身，金色微妙，故稱金仙。

【語　譯】二十二日　五更，大雨直下到天亮，我在旅店稍許休息了一會。下午天晴，獨自往南沿著大路走，過了一里，翻過山嶺，從岔路的東面往下走半里，進入雙明洞。這裡山都迴繞形成窪地，水都往下滲入地洞，即將到洞時，忽然看到山塢中下面裂成一個水坑，寬三尺，長三丈，深一丈多，水從它東面的底部溢出，即從它的下面往北流去。坑洞溢水的地方，上面都是土埂環繞的田地，滿田是水，但不滲漏流失，也是奇事。從這裡往西轉，只見北山南面削成崖壁，西山也有陡峭的崖壁和北山連接，崖壁環繞著西、北兩面，如同半圓形的城牆。先到北崖下面，崖腳忽然往下嵌成洞穴，裡面積滿一塘水，顏色碧綠，很深，即從外面裂開的水坑中滲入匯成。從崖外往西不遠，即有一塊岩石從崖頂往南跨下，岩頂和崖頂並起，下面裂開成門，高和寬都約一丈五，這就是東門。穿過門往西，裡面北崖更加高大，西崖環架相連的部分，也更加緊密。西山的南面，又分出一支土山，向前突起，和東門外的山崖相夾峙立在水坑的兩旁。過去有連結的高牆，壘起的石址，在上面架閣，和北面的東門山崖相對，以填補東面的空隙，如今已廢圮了。從東門又走了幾十步，到西崖之下。這崖從南山往北和北崖相連，上面都是陡峭的石壁在高處合攏，下面則中間裂開通往西面，高和寬都是東門的三倍，這就是西門。這是洞外的「雙明」。有一道門中間穿通已可稱奇，這裡兩道門交相輝映，顯得更加奇特。

西門外面的山，又四面環繞形成窪地，山高如同排列的城牆，水從東門外山崖北面的深坑中，又穿過岩石底部從西門的東面溢出，水聲淙淙，從西門北崖再穿過洞穴往西流出。門的東、西兩邊，都有小石橋架在水上，由此進入北洞。水從橋下往西流到四面環山的窪地中，又穿過西山的下面流去。西門的下方，東面映照著兩道門，北面環繞著下墜的山壑，南面靠著南山，石壁上煙雲迷漫，形成有窗的佛龕，裡面放著觀音大士的像。從它的後面穿過洞穴往南走進，石孔玲瓏，很小，不向外擴展，大概有十多丈深。這是西門下南面石壁的奇景。北面連接著北崖，有岩石像屏風那樣居中峙立，與南面的石壁相夾成門。石屏後面，北山中間空曠盤旋成壑，極其雄偉險峻。石屏的左右兩邊，都有小石橋分別通向那裡；石屏的下面水流環繞著石壑，像帶子那樣盤旋。這是西門下北面石壁的奇景。北面石壁有道石屏風，南邊為門，北邊為洞，洞門朝南。這石屏像影壁那樣在中間樹立相隔，也就分成東、西兩門，面向南。水從東門下面的穴中溢出，沖刷著石屏的底部流入，便沿著石屏東面架起東橋，東門對著它；水又從穴中溢出，流到西門下面，便沿著石屏西面架起西橋，西門對著它。這又是洞內的「雙明」。

先從西門過橋入洞，洞頂高十多丈，四周平覆如同帳幕，而正當洞門獨有一個旋繞的圓頂，呈圓形盤旋升起，很像用珍寶裝飾的傘蓋在中間隆起。下面有石臺，中間高出，支承著圓頂；石臺上面有兩個圓形的坑窪，像銅鼓那麼大，用石塊敲擊它，能分別發出或清或濁的聲音，當地人感到稀奇，把它們看作一鐘一鼓。洞的西北岩石盤繞相連，也有許多垂掛的石柱、裂開的縫隙，都曲折環繞，不深。東南裂開的縫隙下，也像西門那樣高遠，但掩映更加幽深，水從前面流過，呈現出回旋往復的形態，空曠清冷，各自極盡情趣。於是越過東橋，仍然走出西門往下，從它的前面向南走上，直到山崖的底部，又有一個朝東的洞，高和寬都為三丈，深十丈。從洞後往北轉，便向上拱起，一片黑暗，但不太深。洞中乾燥明朗，有僧人居住，中間放著金仙像。便求僧人借筆，並帶了火把一起走下，遊遍西門觀音大士像後的小洞，並抄錄了刻在壁上的詩篇。返回住所已是傍晚。

二十三日　雇短夫遵大道南行。二里，從隴頭東望雙明西巖，其下猶透明而東也。洞中水西出流壑中，從大道下復西入山麓，再透再入，凡三穿巖腹，而後注於大溪。蓋是中窪壑，皆四面山環，水必透穴也。又南逾阜，四升降，共四里，有堡在南山嶺頭。路從北嶺轉而西下，又二里，有草坊當路，路左有茅鋪一家。又西下，升陟隴壑，共七里，得聚落一塢，曰白水鋪❶，已為中火鋪矣。又西二里，遙聞水聲轟轟，從隴隙北望，忽有水自東北山腋瀉崖而下，搗入重淵，但見其上橫白闊數丈，翻空湧雪，而不見其下截，蓋為對崖所隔也。復逾阜下，半里，遂臨其下流，隨之湯湯西去，還望東北懸流，恨不能一抵其下。擔夫曰：「是為白水河❷。前有懸墜處，比此更深。」余恨不一當其境，心猶慊慊。隨流半里，有巨石橋架水上，是為白虹橋。其橋南北橫跨，下闢三門，而水流甚闊，每數丈，輒從溪底翻崖噴雪，滿溪皆如白鷺群飛，白水之名不誣矣。渡橋北，又隨溪西行半里，忽隴箐虧蔽，復聞聲如雷，余意又奇境至矣。透隴隙南顧，則路左一溪懸搗，萬練飛空，溪上石如蓮葉下覆❸，中剜三門❹，水由葉上漫頂而下，如鮫綃❺萬幅，橫罩門外，直下者不可以丈數計，搗珠崩玉，飛沫反湧，如烟霧騰空，勢甚雄厲，所謂「珠簾鉤不捲，匹練掛遙峰」，俱不足以擬其壯也。蓋余所見瀑布，高峻數倍者有之，而從無此闊而大者，但從其上側身下瞰，不免神悚❻。而擔夫曰：「前有望水亭可憩也。」瞻其亭，猶在對崖之上，遂從其側西南下，復度峽南上，共一里餘，躋西崖之巔。其亭乃覆茅所為，蓋昔望水亭❼舊址，今以按君道經，恐其停眺，故編茅為之耳。其處正面揖飛流，奔騰噴薄之狀，令人可望而不可即也。停憩久之，從亭南西轉，澗乃環山轉峽東南去，路乃循崖石級西南下。

又升陟隴壑四里，西上入塢，有聚落一區在東山下，曰雞公背[8]。土人指其東南峰，上有洞西北向，外門如豎而內可容眾，有「雞公」焉，以形似名也。其洞東透前山，而此塢在其後，故曰「背」。余聞之，乃賈勇先登，冀一入其內。比登，祇有一道西南上，隨之迤邐攀躋，竟無旁岐。已一里，登嶺頭矣，是為雞公嶺。坳中有佛宇，問洞何在，僧指在山下村南，已越之而上矣。擔夫亦至，遂逾嶺西向下，半里，抵壑中。又半里，有堡在南壠，曰太華哨[9]。又西上嶺，逾而西，又一里，乃迤邐西南下，甚深。始望見西界遙峰，自北而南，屏立如障，與此東界為夾，互相頡頏；中有溪流，亦自北而南，下嵌壑底。望之而下，一下三里，從橋西度，是為關嶺橋[10]。越橋，即西向拾級上，其上甚峻。二里，有觀音閣當道左，閣下甃石池一方，泉自其西透穴而出，平流池中，溢而東下，是為馬跑泉[11]，乃關索[12]公遺跡也。閣南道右，亦有泉出穴中，是為啞泉[13]，人不得而嘗焉。余勺馬跑，甘冽次於惠[14]，而高山得此，故自奇也；但與啞泉相去不數步，何良楛[15]之異如此！由閣南越一亭，又西上者二里，遂陟嶺脊，是為關索嶺[16]。

索為關公子，隨蜀丞相諸葛南征，開闢蠻道至此。有廟⑰，肇自國初，而大於王靖遠，至今祀典⑱不廢。越嶺西下一里，有大堡在平塢中，曰關嶺鋪，乃關嶺守禦所⑲所在也。計其地猶在山頂，雖下，未及三之一也。至纔過午，夫辭去，余憩肆中。

【章　旨】本章記載了第二十七天在安順府的行跡。遠望雙明洞，發現在四面群山環抱的窪地中，水必然從洞穴透出。經過白水鋪，望見白水河從山中瀉下，水面十分寬闊，在空中翻捲，如雪浪湧起，果然名不虛傳。走過白虹橋，耳邊聲如震雷，眼前白練飛舞，珠玉迸濺，煙霧騰空，氣勢極為雄壯，過去從不曾見過如此闊大的瀑布。登上對面山崖的望水亭，可以正面觀賞瀑布的奔騰噴薄之狀。接著越過雞公背、雞公嶺，經過太華哨，走過關嶺橋，來到觀音閣，旁邊有馬跑泉和啞泉，水質優劣相差懸殊。再登上關索嶺，中午到關嶺鋪歇腳。

【注　釋】❶白水鋪　今名白水，在鎮寧西境，白水河東岸。❷白水河　打幫河上游，為北盤江支流，在鎮寧西南三十里處。色白異於他水，從高處飛落數十丈，注入綠潭，白練千條，轟雷捲雪，雖天氣晴朗，而激湍噴濺，如行大霧中，澎湃之聲，遠聞數里外。其飛落處內有洞名「水簾」，明末孫可望率兵至此，見水中有神物，欲涸水以得之，但費數日之功，潭水終不可竭。❸溪上石如蓮葉下覆　指由於河水中含有豐富的碳酸鈣，在石壁面上產生的較廣厚的石灰華層。❹中剜三門　在黃菓樹瀑布左側半腰，有水簾洞，長達百米，為遮蔽在水簾後的崖廊洞穴。洞外蒙絡搖翠，萬斛珠瀉。洞內綠茵滿壁，石珠晶瑩，壁上刻有「雪映川峽」四大字，洞中靠瀑簾石壁被水溶蝕，呈三個大孔，有如天窗，更使洞內光影明滅，撲朔迷離。❺鮫綃　傳說為鮫人織成的綃，後用以指生綢薄紗。鮫人，神話中在海底居住的魚人。❻但從其上側身下瞰二句　從「透隴隙南顧」至此一段文字，即描述黃菓樹瀑布。瀑布在鎮寧城西南三十里的白水河上，故又名白水河瀑布。白水河流經黃菓樹這一地段，河牀有九處跌落，形成大小不等的九級瀑布。黃菓樹瀑布落差七十四公尺，寬八十一公尺，是中國最大的瀑布。瀑布跌入深潭，水石相擊，聲如震雷，幾里外都能聽到。寬大的水簾如雲垂煙接，萬練倒懸，在陽光照耀下，化作道道彩虹，飛跨山間。瀑布跌入的犀牛潭，深十七公尺，潭水碧綠，與白色的瀑布，形成鮮明的對照。❼望水亭　即觀瀑亭。黃菓樹瀑布對面，是一個幽深莫測的大峽谷，亭在陡峭的崖壁上，始建於明初，可正面觀賞飛流奔騰噴薄之狀，俯視下游玉龍飛渡、峽谷回流、銀灘輕瀉等景。❽雞公背　山名，在黃菓樹瀑布西南。山脊如雞背，險峻難登。過去為黔滇大道。山畔雞公洞，深廣可容百餘人。相傳有石雞能啼，後被人竊去。在它南面有曬甲山，相傳為諸葛亮南征時屯兵曬甲之處。山頂有紅巖碑，寬十公尺，高六公尺，有「南中第一奇跡」之稱。碑上有四十多個形狀怪異的字，人莫能辨，至今仍是一謎。❾太華哨　今名大花哨，在關嶺東境，白水河與灞陵河之間的公路旁。❿關嶺橋　又名關索橋，在關索嶺。因橋至關索嶺關口有八里，故名八里橋。架灞陵河上，亦名灞陵橋。左右兩邊各植黃菓樹。⓫馬跑泉　在關索嶺龍泉寺旁，水味甘甜，傳說為關索騎馬奔跑踏地湧出的泉水，故名。旁邊還有刀靶泉，為關索以刀靶觸地湧出的泉水，行人自嶺下十六盤而上，再自嶺上二十七盤而下，到此一飲，滌煩消渴，沁人心脾。⓬關索　關羽有二子，長子名平，次子名興，關平與父同時遇難。關興有父風，深得諸葛亮之愛，征討未嘗不從。但史傳無關索之名。田雯《黔書》以為當年關興帥師渡瀘（江），帥與率通，後訛「率」為「索」，因稱關索。⓭啞泉　在馬跑泉右邊，深僅尺許，不涸不溢，傳說人飲之則啞，故名。⓮惠　指惠山泉，又名陸子泉，在江蘇無錫惠山山麓。相傳經唐人陸羽品題，稱天下第二泉。水質甘香重滑，宋時成為貢品。⓯楛　器物粗製濫造，借喻事物惡劣。⓰關索嶺　在關嶺城東四十四里，滇、黔間的山嶺，以「關索」為名者甚多，此嶺為黔、滇鎖鑰，南北橫絕，東凡四十三盤，西凡九盤，一線鳥道，去天尺五，行人比之蜀道。「關嶺接天」為永寧八景之一。嶺上原有龍泉寺（即觀音閣），祀關羽。⓱有廟　指關索廟，旁有清康熙帝親題匾額的御書樓。⓲祀典　祭祀的禮儀和制度。⓳關嶺守禦所　明代置關索嶺守禦千戶所，隸安莊衛，嘉靖間為永寧州治，即今貴州關嶺。

【語　譯】二十三日　雇了短途挑夫沿大路往南走，過了二里，從壠頭向東望見雙明洞西巖，下面仍然往東透出亮光。洞中的水往西流出注入山壑，從大路下面又往西流入山腳，再接連從山腳滲出穿入，總共三次穿過山腹，然後注入大溪。因為這中間窪下的山壑，四面都有山環繞，水必然從洞中透出。又往南越過山岡，四上四下，共走了四里，有土堡在南山的嶺頭。路從北面的山嶺轉向西走下，再過二里，有草坊正當路中，路的左邊有一家茅草蓋的店鋪。再往西走下，在山壠溝壑上下，共走了七里，來到一個山塢中的村落，名白水鋪，已是供人做飯的地方。再往西走二里，遠遠聽到水聲轟鳴，從山壠的缺口朝北望去，忽然看到有水從東北的山腋直瀉山崖，往下沖入深淵之中，只見它的上方橫著幾丈寬的白水，在空中翻騰，如雪迸湧，但看不到下面一段，因為被對面的山崖遮住了。又翻過山岡往下，走了半里，便到它的下游，隨著滾滾的激流向西走去，回頭遠望東北的激流，只恨不能到它下面一遊。挑夫說：「這是白水河。前面水懸空落下的地方，比這裡更深。」我只恨不能親臨其境，心中仍覺十分遺憾。隨著水流走了半里，有座巨大的石橋架在水面上，即白虹橋。這橋南北向橫跨，下面開出三個橋洞，水流十分壯闊，每隔幾丈，就從溪底湧起，翻捲山崖，噴灑如雪的浪花，滿溪都像白鷺成群飛翔，「白水」之名，確非虛美。過橋到北岸，又隨著溪水往西走半里，忽見山壠中竹林遮天蔽日，又聽到雷鳴般的水聲，我心想一定又到一處奇境。透過山壠的缺口，回頭往南觀望，只見路的左邊有一條水流懸空往下沖刷，如同萬匹白練在空中飛舞，溪上的岩石形如荷葉往下覆蓋，中間剜出三個洞門，水從荷葉般的岩石上漫過頂部流下，就像萬幅鮫綃，橫罩在洞門外，往下直落的水流，高度不可用多少丈來計算，水珠噴灑，如珠玉迸濺，飛沫倒湧，又如煙霧騰空，氣勢十分雄壯，所謂「珠簾鉤不捲，匹練掛遙峰」，都不足以形容它的壯觀。我所看到的瀑布，有比它高幾倍的，但從未有過這樣寬闊的，從它的上方側著身子往下看，不免令人心悸魄動。挑夫說：「前面有望水亭可以休息。」遠望那個亭子，還在對面的山崖上，便從瀑布旁邊往西南走下，又越過峽底往南上山，共走了一里多，登上西面山崖的頂端。這亭子是用茅草蓋成，原來是過去望水亭的舊址，如今因巡按路過，怕他停下遊賞，故用茅草蓋了這亭子。這裡正好面對著飛灑的水流，奔騰噴薄的狀況，使人只能觀望，沒法接近。停下休息了好久，從亭子的南面往西轉，澗水才繞過峽谷向東南流去，路則沿著崖上的石級往西南走下。

又在山壠溝壑中走了四里，往西走上進入山塢，東面的山下有一處村落，地名雞公背。當地人指著它東南的山峰，說上面有個朝西北的洞，外門如同豎直的縫隙，裡面可容納眾人，有「雞公」石，以形似得名。這洞往東穿過前山，而山塢在它的後面，故稱「背」。我聽了便鼓起勇氣搶先攀登，希望能到裡面一遊。到登山時，發現只有一條路往西南走上，隨著這條路曲折攀登，旁邊竟沒有其他岔路。走了一里，已登上嶺頭，這就是雞公嶺。山坳中有佛寺，打聽洞在哪裡，僧人指著說在山下村南，已越過它往上走了。挑夫也到，便翻過山嶺往西走下，過了半里，到山壑中。又走了半里，有土堡在南面的山壠，名太華哨。再往西登上山嶺，翻過山嶺往西，又過了一里，便曲折不斷往西南走下，路十分深遠。這才望見西界的遠山，從北往南，像屏障那樣峙立，和這東界的山相夾，高低不相上下，中間有溪流，也從北往南，嵌在下面溝壑的底部。朝著它往下，一鼓作氣走了三里，過橋往西，就是關嶺橋。過了橋便往西踏著石級向上，上面十分陡峻。走了二里，有觀音閣在路的左邊，閣下砌成一方石池，泉水從它的西面穿過洞穴流出。平緩地流滿池中，溢出後往東流下，這就是馬跑泉，是關索公的遺跡。在觀音閣南道路的右邊，也有泉水從穴中流出，這就是啞泉，人不可嘗飲。我勺飲馬跑泉水，就甘甜清洌來說，比惠山泉差些，但出現在高山之上，也夠奇特了；但和啞泉相隔不到幾步，為何水質優劣竟如此懸殊呢！從閣南越過一個亭子，又往西走上二里，便踏上嶺脊，這就是關索嶺。關索是關公的兒子，隨蜀漢丞相諸葛公南征，在蠻夷地區開闢道路來到這裡。有祠廟，建於國朝初期，比王靖遠的祠廟大，至今祭祀仍未廢除。翻過山嶺往西走下一里，有大堡在平坦的山塢中，名關嶺鋪，是關嶺守禦所所在地。估計這裡仍在山頂，雖然往下走，但不到全程三分之一的路。到關嶺鋪才過中午，挑夫告辭離去，我在旅店休息。

二十四日　晨起，以夫為慮。忽有駝騎❶至，尚餘其一，遂倩之，議至交水❷。以筐囊裝馬上，令之先行，余飯而後往。西南七里，上北斗嶺。一里，西逾其脊，有亭跨其上。西望崇山列翠，又自北屏列而南，與東界復頡頏成夾；夾中亦有小水南去。從嶺西下二里，抵夾塢中，有聚落倚其麓，是為北斗鋪。關嶺為中界高山，而北斗乃其西陲。雞公嶺為東界高山，而太華乃其西陲。二界高嶺，愈西愈高。由鋪西截塢橫度二里，乃西向拾級上。迤邐峯頭，五里，逾一坳，東眺關嶺，已在足底。有坊跨道，曰「安普封疆」，是為安莊哨。自關嶺為鎮寧、永寧分界，而安莊衛之屯，直抵盤江❸，皆犬牙相錯，非截然各判者。又西上峰峽中，三里，崖木漸合，曰安籠鋪❹。又永寧屬。按《志》有安籠箐山❺、安籠箐關，想即此。問所謂安籠守禦所❻，土人云：「在安南東南三日程。」此屬普州，又非此矣❼。按此地在昔為安氏西南盡境，故今猶有安莊、安籠、安順、安南諸名。蓋安氏之地，昔以盤江為西塹，而今以三汊為界；三汊以南，盤江以東，為中國奮武衛者僅此耳。

由鋪西更南上一里，逾嶺稍下，有塢中窪。又西半里，則重峰夾坑下墜北去。盤嶺側，西度坑坳，又半里，復拾級上二里，有庵跨道，是為象鼻嶺❽。由其西度脊甚狹，南北俱削壁，下而成坑，其上闊僅五、六尺，如度堵。又宛轉北躋，再過一脊，共二里，陟嶺頭，則此界最高處也。東瞰關嶺，西俯盤江以西，兩界山俱屏列於下，如「川」字分行而擁之者。嶺西又盤塢為坪，結城其間，是為查城❾，即所謂鼎站也，有查城驛，屬安南。鼎站為西界高山，而白雲寺乃其西陲，亦愈西愈高。乃望之西北下。共二里半，而稅駕逆旅趙店。江西人。時駝騎猶放牧中塗，余小酌肆中，入觀於城，而返憩肆間。

其地為盤江以東，老龍第一枝南分之脊，第二枝為關嶺，第三枝為雞公背。三枝南下，形如「川」字，而西枝最高，然其去俱不甚長，不過各盡於都泥江以北。其界都泥江北而走多靈者，又從新添東南，分支下都勻南，環獨山州北而西，又東南度雞公關而下者也。

其地東南為慕役長官司⑩，李姓。東北為頂營長官司⑪，羅姓。西北為沙營長官司⑫。沙姓。時沙土官初故，其妻即郎岱⑬土酋之妹，郎岱率眾攻之，人民俱奔竄於鼎站。沙營東北為郎岱土酋，東北與水西接界，與安孽表裡為亂，攻掠鄰境，上官惟加銜餌，不敢一問也。

按是嶺最高，西為查城，東為安籠箐，皆絕頂迴環而成塢者，在眾山之上也。《一統志》永寧之安籠箐關，正指此。普安之安籠千戶所，在安南東南三日程者，即與廣西之安隆長官司⑭接界，乃田州⑮、白隘所由之道。在普安安籠千戶所，當作安隆，與廣西同稱，不當作安籠，與永寧相溷也。

鼎站之峽，從東北向西南，其東南即大山之脊；而查城倚其西北，亦開一峽而去，乃沙營土司道也。其泉源亦自東北脊下，穿站街而西，南墜峽底；西南峽脊，亦環接無隙，遂從其底穿山腹西去，當西注盤江者矣。

【章　旨】本章記載了第二十八天在安順府的行跡。託馬幫運走行李，自己登上北斗嶺，經過北斗鋪、安莊哨、安籠鋪、象鼻嶺，到查城停下。這裡地處盤江東面，山勢最高，老嶺分出三支山脊，形狀如「川」字，越往西越高。附近沙營、郎岱相繼為亂，當局不敢過問。

【注　釋】❶駝騎　即馬幫。駝，通「馱」。❷交水　元代置交水縣，明代廢縣，遷霑益州治於此，即今雲南霑益。❸盤江　指北盤江。❹安籠鋪　今名安龍鋪，在關嶺中部。❺安籠箐山　在關嶺。山巒相接，林木茂盛，周圍長達四十里。道路多險難行，秋冬多霧，昏曉不辨。❻安籠守禦所　明代置關索嶺守禦千戶所，隸安莊衛，嘉靖間為永寧州治，即今貴州關嶺。❼此屬普州二句　上「此」當作「彼」字。❽象鼻嶺　在永寧東七里，為入滇舊路。左右皆萬仞懸崖，中有通道如橋。❾查城　即今關嶺西境的永寧，清代移永寧州治於此。❿慕役長官司　明代隸永寧州，在今關嶺南境的花鎮。⓫頂營長官司　明代隸永寧州，在今關嶺縣治和永寧之間。原本「頂營」誤作「營頂」，據《明史．地理志》改。⓬沙營長官司　在今關嶺北境的沙營場，為土州，《明史．地理志》不載。⓭郎岱　明土司隴氏地，即今六枝南境的郎岱。⓮安隆長官司　明代直隸廣西布政使司，在今廣西隆林。⓯田州　明代為廣西直隸州，治所在今廣西田陽。

【語　譯】二十四日　早晨起身，為沒有挑夫擔憂。忽然有運貨的馬幫到來，還有一匹馬空著，便上前請求借用這匹馬，商議送到交水。將竹筐口袋裝在馬上，叫他們先去，我吃了飯後走。往西南走了七里，登上北斗嶺。走了一里，往西翻過嶺脊，上面有亭子。西望大山綠樹成行，又從北往南如同屏風排列，和東界的山相夾，高度不相上下；兩山相夾中間也有小水往南流去。從山嶺的西面往下走了二里，到相夾的山塢中，有村落靠著山腳，這就是北斗鋪。關嶺為中間的高山，北斗鋪在它的西陲。雞公嶺為東界的高山，太華哨在它的西陲。兩界的高山，越往西越高。從北斗鋪西面橫過山塢走了二里，便向西踏著石級往上。曲曲折折登上峰頂，走了五里，越過一個山坳，東望關嶺，已在腳下。有牌坊橫跨路中，題字為「安普封疆」，這就是安莊哨。自關嶺作為鎮寧、永寧的分界，而安莊衛的屯田直到盤江，境域都犬牙交錯，並沒有明確分開。又西上進入峰下的峽谷中，走了三里，崖上樹木漸漸密集，地名安籠鋪。又屬永寧地界。按《一統志》載有安籠箐山、安籠箐關，想來就是這地方。打聽所謂的安籠守禦所，當地人說：「在安南衛東南，還有三天路程。」那裡屬普安州，和這裡無關。按這裡過去是安氏轄地的西南邊境，故如今仍有安莊、安籠、安順、安南等地名。安氏的境地，過去以盤江作為西面的塹壕，如今則以三汊河為分界；三汊河以南，盤江以東，已是中國軍隊駐地僅剩的地方了。

從安籠鋪再往南走上一里，翻過山嶺往下不遠，有個中間窪下的山塢。再往西走半里，只見兩座山峰夾著坑坳落下，往北延伸。從山嶺的一旁繞過，往西越過坑坳，又走了半里，再踏著石級往上走二里，有寺庵跨在路的兩旁，地名象鼻嶺。從它的西面越過十分狹隘的山脊，南北兩邊都是陡峭的崖壁，下面成為坑坳，上面只有五、六尺寬，就像翻過一座牆。再曲折往北攀登，又越過一道山脊，共走了二里，登上嶺頭，是這裡最高的地方。向東俯視關嶺，向西俯視盤江以西的地區，這兩邊的山嶺都像屏風那樣在下面排列，形如「川」字分行簇擁著這座高山。嶺的西面又盤繞山塢形成一塊平地，裡面連成一個城鎮，這就是查城，即所謂的鼎站，有查城驛，屬安南衛。鼎站為西界的高山，而白雲寺在它的西陲，也是越往西越高。便朝著它往西北走下。共走了二里半，在姓趙的旅店停留。江西人。這時馬幫還在途中放牧，我在店中小飲，又走進城中觀看，然後返回旅店休息。

這裡地處盤江的東面，是大山往南分出的第一支山脊，第二支為關嶺，第三支為雞公背。三支山脈往南延伸，形狀如同「川」字，而以西面一支為最高，但它們延伸都不太遠，不過各自到都泥江的北面為止。以都泥江北岸為界而走向多靈山的山脈，又從新添的東南，分出支脈往下到都勻南面，繞過獨山州的北面向西，再向東南越過雞公關往下延伸。

這裡東南為慕役長官司，長官姓羅。東北為頂營長官司，長官姓羅。西北為沙營長官司，長官姓沙。這時沙土官剛死，他的妻子是郎岱酋長的妹妹，郎岱酋長率領人馬攻打沙營，百姓都逃奔到鼎站。沙營東北為郎岱土司，郎岱東北和水西接界，與安賊內外作亂，攻打劫掠鄰近的境域，上面的官僚只知道用加官引誘他們，從不敢去過問。

按這裡的山嶺最高，西面為查城，東面為安籠箐，都在峰頂環繞形成山塢，高出眾山之上。《一統志》所記載的永寧州安籠箐關，正是指這裡。普安州的安籠箐千戶所，在安南衛東南，有三天路程，即和廣西安隆長官司接界的地方，是去田州、白隘所經過的路。在普安州的安籠千戶所，應該為「安隆」，和廣西的長官司同名，不該作「安籠」而和永寧州的安籠相混淆。

鼎站的峽谷，從東北向西南延伸，它的東南便是大山的山脊；而查城靠著它的西北面，也開出一座峽谷往外伸展，是去沙營土司的路。這裡的泉源也從東北的山脊流下，穿過站街向西，往南落到峽底；西南峽谷的山脊，也環繞相連，沒有缺口，水便從它的底部穿過山腹往西流去，應該是往西注入盤江了。

【研　析】從遊天台山、雁蕩山起，瀑布一直是徐霞客鍾情的景觀。浙江諸暨的五泄、福建仙遊的九漈，早就成了他神往的地方。廣西由於岩溶面積大，地下水位深，故瀑布比較少見。直到胡潤寨的南隴村，徐霞客才看到「兩峽口有巨石橫亙如堰，高數十丈，闊十餘丈，轟雷傾雪之勢，極其偉壯，西南來從未之見也」。到河池州的大徐村，他又望見「北塢山環壑盡，瀑流從山腋懸空直噴，界群碧間，如玉龍百丈」，不禁歎道：「粵西皆石山森幻，惟此景獨見。」貴州雖然也多岩溶地貌，但其地勢由西向東、北、南三面傾斜，故河流多發源於西部和中部的高地，這些河流經橫切山脈，形成一系列峽谷，谷底往往低於高原地面幾百公尺。由於谷壁陡峭，河面狹窄，河牀高低不平，落差很大，故多暗礁、險灘和激流、瀑布。據統計，《遊記》中共載瀑布七十四個，其中最壯觀的便是貴州鎮寧白水河上的黃菓樹瀑布。

「山得水而活，水得山而媚。」這是就潺湲的溪流、平靜的湖泊而言的，至於穿過山峽的江水，高懸崖壁的瀑布，所得就不是「媚」而是「壯」了。瀑布本是一種最富於動感、並在激烈的運動中顯示其壯美的景觀，而像黃菓樹那樣的大瀑布尤為突出。前人描寫瀑布，一般集中在兩點上：一是飛流直下的氣勢，一是煙水迷茫的幻影。《遊記》也正是抓住這兩點，來表現瀑布雄深奇偉的境界、生動流轉的氣韻。

白水河流經黃菓樹地段時，因河牀斷落，形成九級瀑布。黃菓樹瀑布是其中最大的一級，水面寬可三十公尺，落差六十七公尺，水從高處跌入深潭，水石相擊，聲如巨雷轟鳴，萬馬奔騰，數里之外即可聽到。《遊記》所載，也是未見其形，先聞其聲。從大自然的聲響中，可看到力的節奏。不同的景觀有不同的聲響伴隨，從中傳出不同的運動狀態。從淙淙的吟唱中，可想見溪水從竹林中歡快地流過；從澎湃的呼嘯中，可以想見海浪猛烈地拍打著岸邊的礁石；從蕭蕭的風雨中，可以想見一望無際的樹葉紛紛飄落。而徐霞客正是從如雷的轟鳴中，從那奔放的旋律、渾厚的節奏中，感受瀑布雄厲的氣勢，並通過對水聲的描述，來渲染奔瀉噴薄的氣勢和力量。他從不曾見過比黃菓樹更闊大的瀑布，在讚歎之餘，用了大量象徵潔白、明淨的詞語來形容，使他所描寫的景狀充滿亮色，因明亮的色彩會使空間變得更加開敞爽朗，藉此激發對瀑布壯觀的聯想。

《遊記》中寫黃菓樹瀑布的形態，由遠而近，由淺而濃，由隱約而分明，聲情並茂，氣勢磅礴。文中以「遙聞水聲」、「從隴隙北望」、「為對崖所隔」、「透隴隙南顧」、「從其上側身下瞰」、「面揖飛流」等詞句為線索，隨著作者行跡的移位，使景物從遠近、高低、上下、前後等不同層面展現，多方面、多角度顯示瀑布的雄偉和壯麗，使得文章本身，也具有一種流動的美。文中寫初見瀑布：「忽有水自東北山腋瀉崖而下，搗入重淵，但見其上橫白闊數丈，翻空湧雪，而不見其下截。」如奔馬絕塵，有住而不住之勢。結語悠遠：「其處正面揖飛流，奔騰噴薄之狀，令人可望而不可即也。」如眾流歸海，有盡而不盡之意。

清初田雯作九言詩〈白水巖放歌〉：「匡廬瀑布天下稱奇絕，何如白水河灌犀牛潭。銀漢倒傾三疊而後下，玉虹飲澗百丈哪可探。聲如豐隆奮地風破碎，濤如天孫織錦花鬤鬖。」近代貴州著名詩人鄭珍也寫過一首七言詩〈白水瀑布〉：「九龍浴佛雪照天，五劍掛壁霜冰山。美人乳花玉胸滑，神女佩戴珠囊翻。文章之妙避直露，自半以下成霏煙。銀虹墮影飲谼壑，天馬無聲下神淵。沫塵破散湯沸鼎，潭日蕩漾金鎔盤。」這兩首詩是歌詠黃菓樹瀑布的名篇，設想奇特，比喻生動，詞采絢麗，作為文學作品，都無愧佳作。但和徐霞客的描述相比，卻顯得想像有餘而刻劃不足，雖然色彩斑斕，但形象卻未必鮮明，讀者只知景美但又不能真切地感受究竟美在哪裡。寫黃菓樹瀑布那樣處在永遠變動中的壯觀，不可能不用比喻。《遊記》中用「翻空湧雪」、「白鷺群飛」、「萬練飛空」、「搗珠崩玉」等來形容瀑布的聲色形態，和田雯、鄭珍詩中的比喻相比，雖不似他們奇特，但更貼切。陳衍稱讚鄭珍詩「歷前人所未歷之境，狀前人所難狀之狀」，歷覽前人遊記，真能無愧此美的，首推徐霞客。

也許是因為天氣不佳，徐霞客沒有看到、從而也未能在《遊記》中描寫瀑布水霧在陽光照耀下所產生的繽紛的色彩，以及如同海市蜃樓般縹緲奇麗的景象。

和通常一樣，徐霞客在描寫景物外觀之美的同時，也不忘對地質地貌進行探討。在黃菓樹瀑布後面的巖壁上，有個被瀑布遮掩的洞穴，洞外如珠簾懸掛，萬斛珠瀉，故名水簾洞。這是一個典型的石灰華洞，《遊記》中用「溪上石如蓮葉下覆」，來形容河水沉積在洞壁上的石灰華層的覆疊形態，既形象，又自然。這洞是由不同時期、不同部分的石灰華積澱物堆砌、架空而成，《遊記》中所說的「中剜三門」，即三個沒有完全被封蓋的窗口。如此細緻的觀察和記載，絕非一般遊人和文人所能。

在廣西新寧和江州分界處，有水名響源，「水入江處，有天然石壩，橫絕水口如堵牆，其高踰丈，東西長十餘丈，面平如砥，如甃築而成者。水踰其面，下墜江中，雖不甚高，而雪濤橫披，殊瀑平瀉，勢闊而悍，正如錢塘八月潮，齊驅下坂，又一奇觀也。」到貴州普安南板橋，他又看到這種由人工建造的堤壩所形成的瀑布：「有壩南北橫截溪上，其流湧壩下注，闊七、八丈，深丈餘，絕似白水河上流之瀑，但彼出天然，而此則人堰者也。」這些話，不僅是對人工形成的瀑布的讚美，從中也顯示了徐霞客對開發自然景觀所持的積極、肯定的態度。

「舊說天下山，半在黔中青。又聞天下泉，半落黔中鳴。」（孟郊〈贈黔府王中丞楚〉）貴州因其獨特的地貌而多奇泉。《遊記》中記載了貴陽黔靈山後山的聖泉（漏勺泉），這泉「噴若玉竇，泄若瑤池，浮若醍醐，瑩若琉璃」，每隔約九分半鐘漲縮一次，被古人稱作「百刻泉」、「百盈泉」，認為「可驗潮汐」。長順白雲山中的「跪勺泉」，「北通閣下石竅，不盈不涸，取者必伏而勺，故名曰『跪』。」當徐霞客走到平壩野鴨塘附近，「忽聞水聲潺潺，自下洞前石根透出。」這裡有著名的龍泉，又稱酒珠泉，泉水像天女散花一般，從草間噴出，「水碧如油，晶瑩閃爍，變化無窮。」在平壩柳家堡，他又看到嶺坳中「有泉淙淙自土穴出」，和一般清泉不同，「其色乳白，渾而不清。」都勻麥沖關外山坡的積水中，有一孔很奇特的泉眼，泉水「汎汎從下溢起，孔大如指，以指探之，皆沙土，隨指而涸，指去而復溢成孔」。徐霞客在觀察了周圍的地勢後認為：「（此）乃氣機所動，而水隨之，非有定穴也。」即由於自然運行的功能，使水隨之發生變化。他對白雲山頂「皆中空醞水，停而不流」的奇景懷有極大的興趣，如南京井，「石脊平伏嶺頭，中裂一隙，南北橫不及三尺，……水停峰頂，亦一異也。」「西崖自峰頂下嵌，深墜成峽，中窪停水，淵然深碧，陷石腳而入，不縮不盈，真萬古潛淵，千峰閟壑也。」至於普安城邊的三一溪就更希罕了。這些奇泉，大多是岩溶泉，是岩溶地貌比較典型和普遍的地區所特有的景觀。在湖南寧遠香爐山，徐霞客已描寫了岩溶湖：「頂有澄潭，廣二、三畝，其中石筍兩枝，亭亭出水面三丈餘，疑即志所稱天湖也。」這種因岩溶作用而形成的湖泊，在貴州也不少見，如普安雙山觀附近，「塢底有塘一方，匯環坡之麓，四旁皆石峰森森，繞塘亦多石片林立，亦有突踞塘中者。」在普安海子鋪，「山塢稍開頗大，中有水塘，即所謂海子也。」

晚唐雍陶詩云：「行過險棧出褒斜，歷盡平川似到家。萬里客愁今日散，馬前初見米囊花。」（〈西歸出斜谷〉）據《本草》、《群芳譜》，米囊花即罌粟花的別名。雖然此花早見於詩人的題詠，但真見過此花的人並不多。徐霞客首次看到罌粟花，是在白雲山南京井旁，「盧前藝地種蔬，有蓬蒿菜，黃花滿畦；罌粟花殷紅千葉，簇朵甚巨而密，豐豔不減丹、藥也。」「雨中罌粟脈脈對人，空山嬌豔，宛然桃花洞口逢也。」前面實寫，後面虛擬，既有「春風拂檻露華濃」的豔麗，也有「解釋春風無限恨」的風韻。古人將罌粟煎煮湯水，蘇軾詩云：「道人勸飲雞蘇水，童子能煎鶯粟湯。暫借藤牀與瓦枕，莫教辜負竹風涼。」（〈歸宜興留題竹西寺〉）《本草》中也有將罌粟入藥煎湯可治風氣、驅邪熱的記載。但這既有觀賞價值、又有藥用價值的花，因被後人製成鴉片，從而淪為眾口切齒的惡魔。《遊記》中有不少關於「煙」的記載，如廣西桂林七星山有種金系草的人，「為吃烟藥者」；胡潤寨的南隴村，一村人只有一個九十歲的老翁「不食烟與檳榔」；徐霞客在慶遠府雇用二個挑夫，要先給他們定金買煙；在宜山草塘，他用隨身帶的少量煙，和村民換了酒和山筍；他一進貴州，就遇上強盜，他們開口就向他要煙吃。不知他所說的「煙」，和以後的「大煙」（鴉片）有無關係？

黔遊日記二

【題解】北宋初期，貴州西部的石人部落首領普貴以其所領矩州歸順朝廷（當地烏蠻土音訛「矩」為「貴」），宋太祖趙匡胤頒敕褒獎，中有「予以義正邦華夏，蠻貊罔不率服。惟爾貴州，遠在要荒」之語。這是「貴州」作為行政區名的緣起，從中也反映了中原人士對貴州的基本看法。歲月漫漫，人間滄桑，但貴州始終和貧窮、落後、閉塞連在一起，山多地少、水急灘險、土瘠民貧，組成了貴州的整體形象。直到近幾年，人們才猛地發現，貴州的山是那麼秀，貴州的水是那麼清。這裡有以鎮寧黃菓樹瀑布為代表，以九級十八瀑為中心的大小不一、多級跌水、形態各異、氣勢磅礴的瀑布群；有如夢一般迷幻、謎一般神祕、遍地是寶、觸目皆奇、位於印江和江口交界的梵淨山；有被稱為當今世界已發現的保存最原始、景觀最完備、旅遊和科研價值都最高的溶洞織金洞；有全長三十里、穿越二十多個山頭、串連九十多個洞穴的地下洞湖安順龍宮；有雄麗可追三峽、幽秀不讓漓江、從鎮遠和施秉之間的峽谷流過的㵲陽河；有兼「黃菓之壯、桂林之秀、九寨之美、黃龍之奇、三峽之險」的馬別河峽谷；有「天下山水之秀聚在黔中，黔中山水之秀聚在斯崖」的黃平飛雲崖；有「千尋金鎖橫銀漢，百尺丹樓跨彩鳳」的盤江鐵索橋；有不施一釘一鉚、全用杉木榫接、飛閣重簷、層層而上的侗寨鼓樓……景物奇麗，遠非江南水鄉可比。相傳明初大臣劉伯溫（劉基）曾作〈燒餅歌〉，預言將來之事，其事固屬荒謬，但劉基有幾句詩：「江南千條水，雲貴萬重山。五百年後看，雲貴勝江南。」倒是確實預言了山水審美的歷史變化。

二十五日　晨起，自鼎站西南行一里餘，有崖在路右，上下各有洞，洞門俱東南向，而上洞尤空闊，以高不及登。路左壑泉已成澗，隨之南半里，山迴壑盡，脊當其前，路乃上躋，水則自其下入穴。盤折二里，逾坳脊，是為梅子關。越關而西，路左有峽，復墜坑而下，東西徑一里，而西復迴環連脊。路循其上平行而西，復逾脊，始下陟。二里，又盤塢中山西南轉，二里，復西北上，一里，是為黃土壩❶。蓋鼎站之嶺至此中降，又與西嶺對峙成峽，有土山中突而連屬之，其南北皆墜峽下，中踞若壩然，其云黃土壩者以此。有數家倚西山而當其坳，設巡司以稽察焉。又上逾嶺脊，共五里，為白雲寺。於是遂西南下，迤邐四里，途中扛擔絡繹，車騎相望，則臨安道❷毋忠，以欽取入京也。司道無欽取之例，其牌如此，當必有說。按毋，川人，本鄉薦❸，豈果有卓異特達聖聰耶？然聞阿迷之僭據未復❹，而輿扛之紛紜實繁，其才與操，似俱可議也。又至塢底，西北上一里，為新鋪。由鋪西稍逾嶺頭，遂直垂垂下。

五里，過白基觀。觀前奉真武，後奉西方聖人，中頗整潔。時尚未午，駝騎方放牧在後，余乃入後殿，就淨几，以所攜紙墨，記連日所遊，蓋以店肆雜沓，不若此之淨而幽也。僧檀波，甚解人意，時時以茶蔬米粥供。下午，有象過，二大二小，停寺前久之。象奴❺下飲，瀕去，象輒跪後二足，又跪前二足，伏而候升。既而駝騎亦過，余方草記甚酣，不暇同往。又久之，雷聲殷殷，天色以雲幕而暗，辭檀波，以少禮酬之，固辭不受。初，余以為去盤江止五里耳，至是而知駝騎所期舊城，尚在盤江上五里，亟為前趨。乃西向直下三里，有枯澗自東而西，新構小石梁跨之，曰利濟橋。越橋，度澗南，又西下半里，則盤江沸然，自北南注。其峽不闊而甚深，其流渾濁如黃河而甚急。萬山之中，眾流皆清，而此獨濁，不知何故。余三見此流：一在武宣[6]入柳江[7]，亦甚濁；一在三鎮[8]北羅木渡[9]，則清；一在此，復濁，想清乃涸時也。

循江東岸南行，半里，抵盤江橋[10]。橋以鐵索，東西屬兩崖上為經，以木板橫鋪之為緯。東西兩崖，相距不十五丈，而高且三十丈，水奔騰於下，其深又不可測。初以舟渡，多漂溺之患，壘石為橋，亦多不能成。崇禎四年，今布政朱[11]，名家民，雲南人。時為廉憲[12]，命普安遊擊[13]李芳先，四川人。以大鐵練[14]維兩崖，練數十條，鋪板兩重，其厚僅八寸，闊八尺餘，望之飄渺，然踐之則屹然不動，日過牛馬千百群，皆負重而趨者。橋兩旁，又高維鐵練為欄，復以細練經緯為紋。兩崖之端，各有石獅二座，高三、四尺，欄練俱自獅口出。東西又各跨巨坊，其東者題曰「天塹雲航」，督部朱公[15]所標也；其西者題曰「□□□□」，傅宗龍[16]時為監軍御史[17]所標也。傅又豎穹碑，題曰「小葛橋」，謂諸葛武侯以鐵為瀾滄橋[18]，數千百載，乃復有此，故云。余按：「渡瀾滄，為他人⑲。」乃漢武故事⑳，而瀾滄亦無鐵橋，鐵橋㉑故址在麗江，亦非諸葛所成者。橋兩端碑刻、祠宇甚盛。時暮雨大至，不及細觀。度橋西，已入新城門內矣，左轉瞰橋為大願寺。西北循崖上，則新城所環也。自建橋後，增城置所，為鎖鑰之要云。聞舊城尚在嶺頭五里，急冒雨竭蹶躋級而登。一里半，出北門。又北行半里，轉而西，逶迤而上者二里，雨乃漸霽。新城內所上者峻，城外所上者坦。西逾坳，循右峰北轉，又半里，則舊城懸嶺後岡頭矣。入東門，內有總府鎮焉。其署與店舍無異，早晚發號用喇叭，聲亦不揚，金鼓之聲無有也。青崖總兵姓班，三汊總兵姓商，此間總兵姓胡。添設雖多，而勢不尊矣。是夜，宿張齋公家，軍人也。

【章　旨】本章記載了徐霞客遊貴州第二十九天在安順府的行跡。經過梅子關、黃土壩、白雲寺，途中看到臨安道員毋忠帶著許多東西進京。中午在白基觀寫遊記，下午有兩頭大象兩頭小象從觀前走過。離觀後通過利濟橋，橋下北盤江波濤洶湧，水流渾濁。隨即走到盤江橋，這橋用鐵索連成，十分堅固。過橋進入新城門內，裡面總兵府也很清冷。

【注　釋】❶黃土壩　今名黃土坡，又作黃豐，在關嶺西境。❷臨安道　明代雲南道之一，下轄澂江、臨安、廣西、廣南、元江五府及新化州，阿迷州隸臨安府。❸鄉薦　指鄉試中式，即考中舉人。❹阿迷之僭據未復　事見〈滇遊日記一・隨筆二則〉。明代阿迷州隸臨安府，阿迷之亂未平，作為臨安長官的毋忠難辭其咎。❺象奴　趕象的人。奴，對人的鄙稱。❻武宣見〈粵西遊日記二〉七月二十日日記注。❼柳江　見〈粵西遊日記二〉六月十四日日記注。❽三鎮　見〈粵西遊日記四〉二月十三日日記注。❾羅木渡　同上。❿盤江橋　在關嶺、晴隆兩地交界的北盤江渡口，長八十公尺，崇禎間建。清鄒一桂詩云：「豈徒騎馬似乘船，鐵索橋橫直上天。正是扶風吹不定，怒濤驚吼起龍眠。」「十二峰頭鎖玉關，八牛植柱屬連環。盤江萬里滇黔界，一道長蛇控百蠻。」⓫今布政朱　朱即朱家民，字同人，雲南曲靖人，曾任貴陽知府，有政聲。以剿安邦彥叛亂之功，世襲指揮使。⓬廉憲　明代於各省設提刑按察使，主管一省司法。因其職掌與元代肅政廉訪使略同，故稱。⓭遊擊　明代於邊區守軍設遊擊將軍，分掌駐地的防守應援。⓮綀　當為「鍊」（鏈）字。⓯督部朱公　督部，總督的別稱。明代後期貴州不設總督，此朱公當指朱家民。⓰傅宗龍　字仲綸，號括蒼，雲南人，崇禎間任貴州巡按、四川巡撫、保定總督，俱著勞績。入為兵部尚書，以討伐李自成，戰死於新蔡。⓱監軍御史　明代在作戰中軍中常設監軍，以御史擔任，掌稽核功罪賞罰。⓲瀾滄橋　即蘭津橋，在雲南景東西南瀾滄江上，東漢永平中建，明永樂初修，峭壁插天，白浪穿峽，鎔鐵為柱，繫鐵索於南北岸為橋，古稱巨險。⓳渡瀾滄二句　原本「他人」二字空缺，據《四庫》本補。⓴漢武故事　據《華陽國志・南中志》載：「孝武時，通博南山，度蘭倉水、耆溪，置巂唐、不韋二縣，徙南越相呂嘉子孫宗族實之，因名不韋，以彰其先人惡行。行人歌之曰：『漢德廣，開不賓，渡博南，越蘭津，渡蘭倉，為他人。』渡蘭倉水以取哀牢地，哀牢轉衰。」孝武，指漢武帝。博南山，在雲南永平西南。蘭倉水，即瀾滄江。呂不韋，秦始皇年幼即位，尊為仲父，任相國，後因事獲罪自殺。㉑鐵橋　唐時吐蕃所建，在今雲南麗江市西北塔城附近的金沙江上，為雲南通往西藏的交通要道。

【語　譯】二十五日　清晨起身，從鼎站往西南走一里多，有山崖在路的右邊，上下各有洞，洞門都朝東南，而上洞尤其空闊，因為太高，來不及登臨。路的左邊山壑中的泉水已流成澗水，隨著水流往南走了半里，山嶺繞轉，山壑到了盡頭，山脊就在前面，路便往上走，水則從它的下面流入洞中。盤山曲折走了二里，越過坳脊，就是梅子關。過關往西，路的左邊有峽谷，又往下落到坑中，東西向長一里，而西面又迴繞連接著坳脊。路沿著峽谷上方往西平步行走，再越過坳脊，才開始往下走。過了二里，再繞著塢中的山往西南轉，走了二里，又往西北走上，再過一里，到黃土壩。因為鼎站的山嶺到這裡從中降下，又和西面的山嶺相對峙立，形成峽谷，有土山在中間突起，和它們連結，南北兩面都落到峽下，中間盤踞如同堤壩，由此稱為黃土壩。有幾戶人家背靠西山，正當坳地，在這裡設置巡司進行稽察。再往上越過嶺脊，共走了五里，到白雲寺。從這裡往西南走下，曲折往前走了四里，途中看到挑著擔子的人絡繹不絕，車馬一輛緊接一輛，原來是臨安道員毋忠，因皇帝取用要前往京城。司道官員並沒有皇帝直接取用的先例，但舉起的牌子這樣寫著，一定有緣故。按毋忠為四川人，原是個舉人，難道真有與眾不同之處傳到聖上的耳中？但聽說阿迷州的割據尚未收復，而他這次帶走的東西又這麼多，可見他的才能操守，似乎都有可議之處。再走到塢底，往西北走上一里，到新鋪。從鋪的西面越過嶺頭不遠，便垂直下山了。

走了五里，經過白基觀。觀的前面供奉著真武像，後面供奉著佛像，裡面十分整潔。這時還沒到中午，馬幫正在後面放牧，我便進入後殿，靠著乾淨的桌子，用隨身帶的紙墨，寫這幾天的遊記，因為店鋪人多雜亂，不如這裡潔淨幽靜。僧人檀波，善解人意，不斷拿出茶點蔬菜米粥款待。下午，有象群走過，兩大兩小，在寺前停下好久。象奴從象背上下來喝水，臨走時，象先跪下後面兩條腿，再跪下前面兩條腿，伏在地上等候象奴騎上去。不久馬幫也經過這裡，我寫著遊記，正在興頭上，顧不上和他們一起走。又過了好久，雷聲隆隆，天色因烏雲遮空暗了下來，於是告別檀波，送一點禮物酬謝，他堅決推辭不肯接受。起先，我以為到盤江只有五里路，到這裡才知道馬幫和我約定碰頭的舊城，還在盤江往上五里處，急忙向前趕路。便直往西走下三里，有條乾涸的山澗從東往西延伸，上面架著新建的小石橋，名利濟橋。過了橋，到山澗南邊，又往西走下半里，只見盤江波濤翻滾，從北往南流去。這裡的峽谷雖不寬闊，但很深，水流像黃河那樣渾濁，水勢湍急。在萬山之中，眾多水流都很清澈，唯獨盤江渾濁，不知是什麼緣故。我三次見到這條江水：一次在武宣匯入柳江處，也很渾濁；一次在三鎮北面的羅木渡，為清水；一次在這裡，又變得渾濁，想來水清是在乾涸的時候。

沿著江的東岸往南走，過了半里，到盤江橋，橋用鐵索連成，東西兩頭連在兩座山崖上如織物的經線，用木板橫鋪在上面如織物的緯線。東西兩岸的山崖，相隔不到十五丈，而高將近三十丈，江水在下面奔騰，深不可測。原先用船渡江，時常發生翻船落水的事故，而壘石架橋，也多不能成功。崇禎四年，現任朱布政使，名家民，雲南人。那時為按察使，下令普安遊擊將軍李芳先，四川人。用大鐵鏈繫在兩邊的山崖上，共有幾十條鐵鏈，上面鋪著兩層木板，厚僅八寸，寬八尺多，看上去飄搖不定，但踏在上面卻屹然不動，每天有成千上百群牛馬從上面走過，並且都載著重物趕路。橋的兩旁，又高高繫著鐵鏈作為欄杆，又用細鐵鏈縱橫交叉結成網絡。兩邊山崖的橋頭，各有兩個石獅，高三、四尺，欄杆上的鐵鏈都從石獅的口中拉出。東西兩頭又各跨著巨大的牌坊，東面的題字為「天塹雲航」，是督部朱公題寫的；西面的題字為「□□□□」，是傅宗龍做監軍御史時題寫的。傅又豎起一塊高大的石碑，題字為「小葛橋」，以為諸葛武侯用鐵索造了瀾滄江橋，千百年後，才又有這座鐵索橋，所以這樣題寫。據我查考：「渡瀾滄，為他人。」這是漢武帝時故事，而且瀾滄江上沒有鐵橋，鐵橋的舊址在麗江，也不是諸葛亮建成的。橋的兩頭有很多碑刻、廟宇，這時已是傍晚，又下起大雨，來不及仔細觀看。過橋到西岸，已進入新城門內了。向左轉俯視鐵橋，便可看到大願寺。往西北沿著山崖走上，便是新城所環繞的地方。自從造了橋後，在這裡增建了新城，設置衛所，成為軍事和交通的要地。聽說舊城還在離嶺頭五里的地方，急忙冒雨踏著石級竭盡全力攀登。過了一里半，走出北門，又往北走半里，轉向西，曲折往上走了二里，雨漸漸停下放晴。新城內往上走的路比較陡峻，城外往上走的路比較平坦。往西越過山坳，沿著右邊的山峰往北轉，又走了半里，舊城就高掛在嶺後的岡頭了。走進東門，裡面有總兵府鎮守。這官署和普通的客店沒什麼不同，早晚用喇叭發號，聲音也不響亮，聽不到敲鑼擊鼓的聲音。青崖總兵姓班，三汊總兵姓商，這裡總兵姓胡。雖然增設不少總兵，但其權勢反而削弱了。這天晚上，在張齋公家過夜，他是個軍人。

二十六日　駝馬前發，余飯而出舊城西門。始俱西南行，從嶺塢升降，五里，有一、二家在南隴下，為保定鋪。從其側西上嶺，漸陟隆崇。三里，忽有水自嶺峽下。循峽而上，峽中始多田塍，蓋就水而成者。時已插蒔矣。又上二里，是為涼水營。由營西復從山塢逶迤而上，漸上漸峻。又五里，遇駝馬方牧，余先發。將逾坳，坐坳下石間少憩，望所謂海馬嶂者，欲以形似求之。忽有人自坳出，負罌汲水，由余前走南岐去。余先是望南崖迴削有異，而未見其岐，至是亟隨之。抵崖下，則穹然巨洞，其門北向，其內陷空而下，甚宏。其人入汲於石隙間，隨處而是，皆自洞頂淙淙散空下墜，土人少鑿坏承之。水從洞左懸頂下者最盛，下有石臺承之，臺之側，鑿以貯汲者。洞從右下者最深，內可容數百人，而光明不閟，然俱無旁隙別竅，若堵牆而成者也。出洞，仍由舊路出大道，登坳即海馬嶂，有真武閣跨坳間。余入憩閣間，取筆楮❶記遊，而駝馬已前去。久之乃行，其內即為海馬鋪❷，去城十里矣。其處北兩日半程，為小米馬場，有堡城下臨盤江，隔江即水西地；南兩日程，為乖場河，水漲難渡，即出鉛之所也。又西循南嶺而行，見其塢皆北向墜，然多中窪而外橫亙者。連西又稍上二平脊，共三里，則北度而矗者，其峰甚高，是為廣山。其上李芳先新結浮屠❸，為文曲星❹，蓋安南城東最高之巔也。又西二里為茶庵。其北有山，欹突可畏，作負嵎❺之勢者，舊名歪山，今改名威山❻。余望之有異，而亟於趨城，遂遵大路而西。又三里，復逾一阜，又二里，稅駕於安南城❼之東關外逆旅陳貢士家。

【章　旨】本章記載了第三十天在安順府的行跡。經過涼水營，途中探遊了一個大洞，裡面到處是水。接著到海馬嶂，在真武閣寫遊記。繼續往前，看到安南城東的廣山，上有新建的佛塔。又經過形勢險惡的威山，到東關外留宿。

【注　釋】❶楮　木名，皮可造紙，故用作紙的代稱。❷海馬鋪　即今晴隆東境的哈馬哨，舊稱哈馬關。哈馬，即下馬。因這關極其狹窄，騎馬的人必須下馬過去，故名。❸浮屠　又作「浮圖」。佛塔。❹文曲星　即文昌星，簡稱文星。傳說為支持文運的星宿。❺負嵎　嵎，山曲。背靠山曲則只當一面，三面無慮，後因稱據險對抗為負嵎。也作「負隅」。❻威山　即今晴隆東北的歪山，又稱巍山，以其高而得名。❼安南城　明代置安南衛，與永寧州同城，在今晴隆縣治蓮城鎮。

【語　譯】二十六日　馬幫先出發，我吃了飯走出舊城西門。開始都往西南走，在嶺塢中上下，走了五里，有一、二戶人家在南面的土壠下，地名保定鋪。從它的旁邊往西登上山嶺，漸漸升到高處。過了三里，忽然看到有水從山嶺峽谷中流下。沿著峽谷向上，峽中開始有較多的田地，是趁水的便利開出的。這時已經插秧了。又往上走了二里，到涼水營。從營的西面再從山塢中曲折連綿往上走，漸漸向上，漸漸變得陡峻起來。再走五里，遇見馬幫正在放牧，我便先出發。即將越過山坳時，坐在坳下的石上稍許休息了一會，遙望所謂的海馬嶂，想從形狀相似的山中尋找。忽然有人從山坳中走出，背著瓦瓶取水，從我面前往南面的岔路走去。我原先望見南面的山崖盤繞陡削，不同尋常，但沒看到岔路，這時急忙跟著他走。到崖下，只見一個高拱的大洞，門朝北，裡面懸空落下，很大。那人進去在石縫中取水，這裡到處是水，都從洞頂淙淙流出，散布在空中落下，當地人鑿了幾個石坯接水。水從洞左邊頂上落下的最多，下面有石臺承接，臺旁鑿了石坯貯水讓人取用。洞內從右邊往下走最深，裡面可容納幾百人，而且能照進亮光，但旁邊都沒有空隙孔洞，就像築成的圍牆。走出洞，仍從原路走出，到大路上，登上山坳便是海馬嶂，有真武閣架在山坳中。我進去在閣中休息，拿出紙筆寫遊記，馬幫已經往前走了。過了好久才動身，往裡就是海馬鋪，離城已有十里了。從這裡往北走兩天半路，到小米馬場，有城堡下面對著盤江，江對岸便是水西地界；往南走兩天路，到乖場河，河水高漲，難以渡過，是出產鉛的地方。再往西沿著南面的山嶺走，只見山塢都朝北陷落，但以中間窪下、外面山嶺橫貫的居多。接連往西又稍稍登上兩道平坦的山脊，共三里路，看到往北延伸而又高聳的山峰，這就是廣山。山上有李芳先新建的佛塔，為文曲星，是安南城東最高的山頂。再往西走二里到茶庵，在它北面有山，斜突可怕，呈現出據險對抗的勢態，過去名歪山，如今改名威山。我看著它覺得上面有奇境，因急於進城，便沿著大路往西。又走了三里，再越過一座土山，繼續走二里，到安南城東關外陳貢士的旅店留宿。

二十七日　駝馬已發，余乃飯。問知城東五里，由茶庵而北，有威山，山間有洞從東透西；又有水洞，其中積水甚深，其前正瞰衛城。遙指其處，雖在山巔，然甚近也。乃同顧僕循昨來道，五里，東抵茶庵，遂由岐北向入山。一里，抵山左腋，則威山之脈，自北突而南，南聳而北伏，南削而北垂，東、西皆亙崖斜騫而南上；從南麓復起一小峰，亦如之。入東峽又一里，直抵山後，則與東峰過脊處也。由脊北下，甚深而路蕪；由脊西轉，循山北峰之半西行，路蕪而磴在。循之行，則北塢霾霧從塢中起，瀰漫北峰，咫尺不可見，而南面威山之北，惟行處猶朗，而巔亦漸為所籠。西行半里，磴乃南上。拾級而登者半里，則峰之北面全為霧籠矣。乃轉東北上，則東崖斜騫之上也。石脊甚狹，由東北上西南，如攀龍尾而升。復見東南峰外，澄霄麗日，遙山如靛❶；余所行之西北，則瀰淪如海，峰上峰下，皆入混沌，若以此脊為界者。蓋脊之東南，風所從來，故夙霾淨捲；脊之西北，風為脊障，毒霧遂得倚為窟穴。予夙願一北眺盤江從來處，而每為峰掩，至是適登北嶺，而又為霧掩，造化根株，其不容人窺測如此！

攀脊半里，有洞在頂崖之下；其門東向，上如合掌，稍窪而下，底寬四、五丈，中有佛龕僧榻，遺飯猶存，而僧不知何往。兩旁頗有氤氳之龕。其後直透而西，門乃漸狹而低，亦尖如合掌。其門西徑山腹而出，約七丈餘，前後通望而下不見者，以其高也。出後門，上下俱削崖疊石。路緣崖西南去，十餘丈，復有洞西向，門高不及丈，而底甚平，深與闊各二丈。而洞後石縷繽紛，不深而幻，置佛座其中，而前建虛堂❷，已圮不能存。其前直瞰衛城，若垂趾可及，偶霧氣一吞，忽漫無所睹。不意海市蜃樓，又在山阿❸城郭也。然此特洞外者也。由洞左旁竅東向入，其門漸隘而黑。攀石閾上，其中坎坷欹嵌，窪竇不一，皆貯水滿中而不外溢。洞頂滴瀝，下注水池，如雜珮繁絃❹，鏗鏘遠近。洞內漸轉東北，勢似宏深淵墜，既水池高下，而無可著足，而無火炬遙燭，惟從黑暗中聽其遙響而已。余所見水洞頗多，而獨此高懸眾峰之頂，又瀦而不流，無一滴外洩，向所望，以為獨石凌空，而孰意其中乃函水之具耶？出洞，仍循崖而北，入明洞後門，抵前洞。從僧榻之左，有旁龕可登，攀而上之，則有隙西透，若窗而岐為兩。其後復有洞門西向，在崖路之上，其門頗敞，第透隙處，雙欞逼仄，祇可外窺，不能穿之以出耳。先是余入前洞，見崖間有鐫「三明洞」三字者，從洞中直眺，但見前後，而不知旁觀更有此異也。

下洞，由舊路三里，出茶庵，適按君馮士俊以專巡至。從來直指❺巡方，不逾關嶺、盤江，馮以特命再任，故歷關臨至此耳。時旌旗穿關逾坳，瞻眺之，空山生色，第隨其後抵安南，不免徒騎雜沓，五里之程，久乃得至。乃飲於陳氏肆中。遂入東門，西抵衛前，轉南而出南門，南向行嶺峽間。共平上二里，有脊自西北度東南，度處東平為塍，西忽墜坑深下，有小水自坑中唧唧出。路隨之，西循北崖下墜，即所謂烏鳴關❻也，烏鳴關在安南衛。土人呼為老鴉關。西向直下一里，有茶庵跨路隅，飛泉夾灑道間，即前唧唧細流，至此而奔騰矣。庵下崖環峽仄，極傾陷之勢。又曲折下半里，泉溢夾道；有穹碑，題曰「甘泉勝迹」。其旁舊亦有亭，已廢，而遺址豐碑❼尚在，言嘉靖間有僧施茶膳眾，由嶺下汲泉甚艱，一日疏地得之。是言泉從僧發者。余憶「甘泉」之名，舊志有之，而唧唧細流，實溢於嶺上，或僧疏引至此，不為無功，若神之如錫卓❽龍移，則不然也。

又拾級西南下一里，下抵峽口，循西崖之足，轉而西行，北則石崖排空，突兀上壓；南則墜壑下盤，坵垤⑨縱橫，皆犂為田。雖升降已多，猶平行山半也。又西半里，有泉自北崖裂隙間，宛轉下注，路經其前，為架橋橫度，泉落於橋內，復從橋下瀉峽去。坐橋上仰觀之，崖隙欹曲，泉如從雲葉間墮出，或隱或現，又瀑布一變格也。循崖又西，迤邐平上，兩過南度之脊，漸轉西北，共五里，為烏鳴鋪。復西北，下峽間一里餘，有小水一自東峽來，一自北峽來，各有石梁跨之，合於路左而東南去。度兩石橋，又西南上嶺。一里，從嶺頭過一哨，有數十家夾道。又從嶺上循北界大山西向行，其南復平墜成壑，下盤錯為田甚深。其南遙山與北界環列者，聳如展屏，而北角獨尖豎而起。環此壑而東度土脊一支，遙屬於北界大山，所過嶺頭夾哨處，正其北屬之脊也。余先是從海馬嶂西，即遙從嶺隙見西峰繚繞，而此峰獨方頂，迴出如屏，問騎夫：「江西坡即此峰否？」對曰：「尚在南。」余望其坳入處，反在北，心惑之，至是始知其即東向分支之脊；路雖對之行，而西坡實在其北。循北嶺升降曲折，皆在峰半行。又西北二里，西南二里，直墜坡而下者二里，緣嶺西轉者一里，是為納溪鋪；蓋在北崖南墜之下，雖所下已多，而猶然土山之脊也。由鋪西望，則東西山又分兩界，有水經其中，第此兩界俱支盤隴錯，不若關嶺之截然屏夾也。復西南下一里半，有水從東崖墜坑而出，西懸細若馬尾。從其北，路亦墜崖而下。又二里餘，抵塢中，巨橋三門，跨兩隴間。水從東一門湧而北出，其西二門，皆下平為田，豈水涸時耶？其水自西南諸峽中，各趨於橋之南，墜峽而下，經橋下，北注而出於盤江上流，豈納溪⑩之名以此耶？度橋復西北上嶺，是為江西坡，以嶺在溪之西也。路從夾岡中透壁盤旋而上，一里，出峽，復拾級上。一里，得茅庵，在坡之半。又北上拾級，半里，抵嶺頭，其北有峰夾塢，尚高，東望納溪鋪之綴東崖者，高下正與此等。於是又西向平陟嶺間二里，挾南峰轉循其西，又西向行半里，則嶺上水多左右墜。又東北下轉，則一深塹甚逼，自西南墜東北，若劃山為二者。度小石梁而西，又西北逾嶺頭，共一里，而入西坡城之東南門，是為有嘉城。

【章 旨】本章記載了第三十一天在安順府的行跡。經過茶庵，到威山，山峰北面濃霧籠罩，一片混茫，沒法望見北盤江從何處流來。接著連遊兩洞，其中一個名三明洞，是水洞，高懸眾峰之頂，水聚而不流，過去從未見過，洞後雲霧迷漫，如對海市蜃樓。沿原路走出茶庵，經過烏鳴關，到「甘泉勝迹」，往前看到一道從雲葉中落下的瀑布。再經過烏鳴鋪、納溪鋪，一路翻山越嶺，渡過納溪河，登上江西坡，最後進入西坡城。

【注　釋】❶靛　青藍色的染料。❷虛堂　高堂。❸山阿　山中幽曲處。阿，曲處；曲隅。❹繁絃　前人以繁絃急管，指細碎而又急促的聲音。❺直指　官名，漢武末年，各地農民起事，朝廷特派官員衣繡衣，持節發兵，進行鎮壓，稱繡衣直指。因本由侍御史充任，故又稱繡衣御史。其職和明巡按御史有相似之處，故用以借指巡按。❻烏鳴關　俗稱半關，今名二十四拐，在晴隆西境。❼豐碑　紀功頌德的高大石碑。❽錫卓　即卓錫。錫，錫杖，又稱禪杖，僧人出行所用。卓，植立。因稱僧人的居止為錫卓。❾坵垤　小山丘。坵，同「丘」。❿納溪　即江西坡河，今名西泌河，為晴隆、普安兩地的分界。

【語　譯】二十七日　馬幫已經出發，我才吃飯。問後得知在城東五里，從茶庵往北，有威山，山中有洞從東向西透出；另外還有水洞，裡面積水很深，洞前往下正對著安南衛城。遠遠指著那地方，雖然在山頂，其實很近。就和顧僕沿著昨天過來的路，走了五里，往東到達茶庵，便從岔路向北進山。走了一里，到山的左腋，只見威山山脈，從北向南突起，南面高聳，北面低伏，南面陡峭，北面垂下，東、西兩面都是橫貫的山崖斜向往南聳起；從南麓又挺起一座小峰，也是這樣。進入東面的山峽又走了一里，直到山後，就是和東面的山峰相連延伸過來的山脊處。從山脊往北走下，十分深遠，路已荒蕪；從山脊往西轉，沿著北面山峰的半腰往西走，路雖荒蕪，但石級還在。沿著石級走，只見霾霧從北面的山塢中升起，在北面的山峰中瀰漫，雖然近在咫尺之間，也看不見，而南面威山的北坡，惟有走路的地方還明朗，山頂也漸漸被霾霧所籠罩。往西走半里，石級才向南往上。踏著石級攀登半里，山峰的北面就全被霾霧籠罩了。於是轉向東北往上走，就到斜向聳起的東面山崖上。石脊十分狹隘，從東北往西南向上延伸，就像拉著龍尾上升。又看到東南山峰的外面，天空晴朗，陽光明媚，遠山如用青藍色的顏料染成；而我所走的西北的山中，雲霧迷漫，如同大海，峰上峰下，都淹沒在混茫之中，就像以這道山脊作為分界。這是因為山脊的東南，是風吹來的地方，故積聚的霾霧被一掃而空；而山脊的西北，風被山脊擋住，毒霧便能在裡面聚積。我一直想往北看一下盤江的源頭，但總是被山峰遮掩，到這裡碰巧登上北嶺，卻又被雲霧遮掩，大自然的奧祕，竟這樣不肯讓人探測！

攀登山脊走了半里，有洞在崖頂下面，洞門朝東，頂部如同合攏的手掌，底部稍許窪下，寬四、五丈，裡面有佛龕僧牀，剩下的飯還在，但僧人不知到哪裡去了。兩旁有不少雲煙瀰漫的佛龕。從它後面直往西穿過，門就漸漸變得狹窄低矮，也像合攏的手掌那麼尖。這門往西直穿出山腹，約有七丈多長，前後穿通相望，因為在高處，下面看不到。走出後門，上下都是陡峭的山崖、層疊的岩石。路沿著山崖往西南走，向前十多丈，又有一個朝西的洞，門高不到一丈，底部十分平坦，深和寬各二丈。洞後石紋繽紛多姿，雖不幽深，卻很奇幻，裡面安放著佛座，而前面建了高堂，已經毀圮，不能保存。洞前向下直對著安南衛城，好像抬腿就可走到，偶爾霧氣迷漫，忽然變得什麼也看不清，想不到海市蜃樓，竟又出現在山曲城郭之中。但這只是洞外的景觀。從洞左邊的孔洞往東進去，洞門漸漸狹隘黑暗起來。攀登石坎往上，裡面高低不平，坑窪洞穴，各不相同，都積滿了水，但不往外溢出。洞頂的水滴，往下注入水池，如同玉珮相擊，繁絃齊奏，聲音鏗鏘，遠近皆聞。從洞內漸漸轉向東北，地勢就像從萬丈深淵落下，由於上下都是水池，沒有可落腳的地方，加上又沒有火把照向遠處，惟有在黑暗中傾聽遙遠的水聲罷了。我見過的水洞很多，惟獨這個洞高掛在群峰的頂端，水又聚而不流，沒有一滴漏到外面，原先望去，還以為是一塊岩石獨自凌空而起，哪想到裡面竟是蓄水的地方？走出洞，仍然沿著山崖往北，進入明洞後門，到前洞。在僧牀的左面，旁邊有石龕可以攀登，登上之後，看到一條往西穿出的縫隙，如同窗戶，但分成兩半。在它後面還有朝西的洞門，在崖路的上面，門很寬敞，只是縫隙透出的地方，兩個窗洞十分狹窄，只能向外面張望，身子無法從中穿出。先前我進入前洞，看到崖間刻著「三明洞」三字，從洞中直望過去，只看到前後的景觀，而不知旁邊還有這樣的奇景。

離開洞往下，從原路走了三里，出茶庵，碰巧巡按馮名士俊因專程巡察到這裡。御史巡視四方，從來不曾越過關嶺、盤江，馮以特殊使命連任，故通過關隘來到這裡。這時高舉旌旗的隊伍穿過關口，越過山坳，望著他們，似乎空山也增添了光彩，只是跟在他們後面去安南，未免覺得人馬太多太雜，五里路程，走了好久才到。就在陳氏的店中喝酒。於是進入東門，往西到安南衛衙前，轉向南走出南門，再向南在山嶺峽谷中行走。共平步上行二里，有山脊從西北往東南延伸，伸過的地方東面是平坦的田地，西面忽然往下直落成深坑，有小水從坑中唧唧流出。路隨著這條小水走，往西沿著北面的山崖落下，就到了所謂的烏鳴關，烏鳴關地屬安南衛。當地人稱為老鴉關。向西直往下走一里，有茶庵跨在路的一角，路上飛泉從兩邊噴灑，就是前面唧唧的細流，到這裡已奔騰不息了。庵下山崖環繞，峽谷狹窄，地勢極其傾側凹陷。又曲曲折折往下走了半里，泉水溢滿了道路；有塊大碑，題字為「甘泉勝迹」。在它旁邊過去也有亭子，現已廢棄，但遺址的石碑還在，碑文說嘉靖年間，有僧人向眾人施捨茶點，從嶺下取水十分不便，一天疏通地面發現這口泉水。這是說泉水由僧人發掘的。我想起「甘泉」這名稱，過去的方志已有記載，而唧唧的細流，實際上是從嶺上溢出的，或許由僧人疏引到這裡，不能說沒有功勞，但若將它神化，說成是僧人到此，龍泉移位，則不是這麼一回事。

又踏著石級往西南走下一里，往下到峽口，沿著西崖的山腳，轉向西走，北面石崖淩空，突兀高聳，從上逼壓；南面山壑墜落，在下盤繞，小丘縱橫，都成耕田。雖然多次上下，仍在半山腰平步行走。又往西走半里，有泉水從北面山崖的裂縫中，曲折往下流去，路從它的前面經過，因此架橋以便橫渡。泉水落在橋內，又從橋下瀉入峽谷流去。坐在橋上抬頭觀望，崖縫彎曲，泉水好像從雲朵中落下，或隱或現，是瀑布的又一種變形。沿著山崖再往西，曲折連綿，平步向上，兩次經過往南延伸的山脊，漸漸轉向西北，共走了五里，到烏鳴鋪。再往西北，走下峽中一里多，有小溪一條從東面的峽谷流來，一條從北面的峽谷流來，各有石橋架在上面，兩條水在路的左邊會合後向東南流去。通過兩座石橋，再往西南登上山嶺。走了一里，從嶺頭經過一個哨口，路兩旁有幾十戶人家。再從嶺上沿著北界的大山向西走，在它南面又橫向陷落成壑，下面是盤繞交錯的田地很深。南面的遠山和在北界環繞羅列的山，像展開的屏風那樣聳立，惟獨北角山峰尖尖豎起。環繞著這個山壑而往東延伸的一支土脊，遠遠地和北界的大山相連，我所經過的嶺頭哨口處，正是它往北連結的山脊。我先前在海馬嶂的西面，就遠遠地從山峰的空隙中看到西面山峰繚繞，惟獨這峰方頂，高出群峰之上，形狀如同屏障，問趕馬的人：「江西坡就是這峰嗎？」回答說：「還在南面。」我望見山坳的入口處，反在北面，心生疑惑，到這裡才知道它就是向東分支的山脊。路雖朝著它走，但江西坡實際上在它的北邊。沿著北面的山嶺曲折上下，都在山峰的半腰行走。又往西北走二里，往西南走二里，直從山坡落下二里，沿著山嶺往西轉一里，就到納溪鋪；鋪在北崖往南墜落的下面，雖然已往下走了很多路，但仍在土山的山脊上。從鋪向西望去，只見東西兩邊的山又分成為兩界，有水從中間流過，只是兩邊都是支脈盤繞，山壠交錯，不像關嶺明顯如屏風相夾。再往西南走下一里半，有水從東崖落到坑中流出，在西面懸掛，像馬尾那麼細。在它的北面，路也從崖上落下。再走二里多，到山塢中，有座包含三個拱洞的大橋，橫跨在兩座山壠之間。水從東邊一個拱洞往北湧出，西邊兩個拱洞，下面都是平坦的田地，難道現在是乾涸的時候嗎？這水從西南各個峽谷中，分別流到橋的南面，從峽中落下，經過橋下，往北流入盤江上游，「納溪」的名稱，難道就由此產生的嗎？過橋再往西北登上山嶺，就是江西坡，因為嶺在溪水西邊的緣故。路從相夾的山岡中穿過崖壁盤繞向上，過了一里，走出峽谷，又踏著石級向上。走了一里，看到一間茅屋在半山坡。再往北踏上石級，走了半里，到達嶺頭，北面有山峰夾著山塢，地勢還算高，向東望見納溪鋪所在的山崖，高低正和嶺頭相等。從這裡再往西在山嶺中平步行走二里，緊貼著南峰轉而沿著它的西面，又往西走半里，只見嶺上的水大多往左右兩邊落下。再向東北往下轉，有一條深溝十分狹窄，從西南往東北落下，就像將山分成兩部分。走過小石橋往西，又往西北翻過嶺頭，共走了一里，進入西坡城的東南門，這就是有嘉城。

二十八日　出西坡城❶之西北門，復西向陟嶺，盤折而上二里，始升嶺頭。其北嶺尚崇。循其南而西，又二里，望西北一峰，甚近而更聳，有霧籠其首，以為抵其下矣。又西一里，稍降而下，忽有脊中度，左右復中墜成峽，分向而去。其度脊闊僅二尺，長亙二、三丈而已，為東西聯屬之蒂。始知西坡一山，正如一芝側出，東西徑僅十里，南北兩垂，亦不過二、三十里，而此則其根蒂所接也。度脊，始上雲籠高峰。又二里，盤峰之南，是為倪納鋪，數十家後倚高峰，南臨遙谷。前所望方頂屏列之峰，正亙其南。指而詢之，土人曰：「是為兔場營。其南為馬場營，最南為新、安二所。」新為新城所❷，安為安籠所，即與廣西安隆土司為界者。由鋪之西半里，有脊自山前塢中南度，復起山一支，繞於鋪前；脊東西流水，俱東南入納溪橋之上流者，第脊西之流，墜峽南搗甚逼。又稍北，循崇山而西半里，有脊自南嶺橫亙而北，中平而不高。有堡樓峙脊間，是為保家樓。已為玀玀❸哨守之處。其脊自西南屏列而來，至此北度，東起而為高峰，即倪納後之霧籠者；西亙而成石崖，即與來脊排闥為西夾塢者。由脊北循石崖直西，行夾塢之上，是為三條嶺。西四里，石崖垂盡，有洞高穹崖半，其門南向，橫拓而頂甚平；又有一斜裂於西者，其門亦南向，而門之中有懸柱焉。其前塢中水繞入西南峽，路乃稍降。復西上嶺坳，共三里，為芭蕉關❹，數十家倚北山南突之坳間。水繞突峰之南，復北環關西而出；過關則墜峽而下，復與水遇。是為普安東境之要害，然止鋪舍夾路，實無關也。

由其西降峽循水，路北重崖層突，多赭黑之色。聞有所謂「弔崖觀音」❺者，隨崖物色之。二里，見崖間一洞，懸踞甚深，其門南向而無路。乃攀陟而登，則洞門圓僅數尺，平透直北十餘丈而漸黑，似曾無行跡所入者。乃返出洞口，則滿地白骨，不知是人是畜也。仍攀崖下，又西有路，復北上崖間，其下門多牛馬憩息之所，污穢盈前；其上層有垂柱，空其端，而置以小石大士，乃出人工，非天然者。復下循大路，隨溪西一里，溪轉北向墜峽去。於是復西涉坡阜[6]，共六里，而至新興城[7]；自芭蕉關而來，所降不多，而上亦不遠，其塢間溪猶出山上也。入東門，出西門，亦殘破之餘也。有碑為天啓四年[8]都御史烏程[9]閔公所復。中有坐鎮守備[10]。是晚按君宿此。又西行嶺峽間二里，連逾二嶺脊，皆自南北度者。忽西開一深壑，中盤旋為田，其水四面環亙，不知出處。路循東峰西南降，一里，復轉南向上，一里，又轉東南上，半里，逾嶺脊而南，乃西南下，一里，抵塢中，聞水聲淙淙甚急。忽見一洞懸北崖之下，其門南向而甚高，溪水自南來，北向入洞，平鋪洞間，深僅數寸，而闊約二丈。洞頂高穹者將十丈，直北平入者十餘丈，始西闢而有層坡，東墜而有重峽，內亙而有懸柱，然漸昏黑，不可攀陟矣。此水當亦北透而下盤江者。出洞，徵洞名於土人，對曰：「觀音洞[11]。」徵其義，以門上崖端有置大士像於其穴者也。

洞前溪由東南峽中來，其峽底頗平，大葉蒲叢生其間，淬綠鍔[12]於風前，搖青萍於水上，芃芃[13]有光。循之西南半里，又西穿嶺隙間，漸循坡躡脊。二里，有一、二家在北峰下。其前陷溪[14]縱橫，水由西南破壑去，路由西北循嶺上。一里，出嶺頭，是為藺家坡。西南騁望，環山屏列甚遙，其中則峰巔簇簇，盤伏深壑間，皆若兒孫匍匐成行，無與為抗。從此乃西北下，直降者二里，又升隴脊西行者二里，有庵綴峰頭，曰羅漢松，以樹名也。自逾新興西南嶺，群峰翠色茸茸⑮，山始多松，然無喬枝巨本，皆弱幹糾纏，垂嵐拂霧，無復吾土凌霄傲風之致也。其前又西南開峽，從峽中直下者三里，轉而西平行者一里，有城當坳間，是曰板橋鋪城。城當峽口；仰眺兩界山，凌空而起，以為在深壑中矣，不知其西猶墜坑下也。路在城外西北隅，而入宿城中之西門。

【章　旨】本章記載了第三十二天在安順府的行跡。在山嶺上下，方知西坡山如同一株旁出的靈芝。隨後經過倪納鋪、保家樓、三條嶺、芭蕉關，來到一個似乎從不曾有人進入的巖洞。又沿大路進入新興城，城中也破敗不堪。接著探遊了觀音洞，洞中的水也應當流入盤江。接著經過藺家坡、羅漢松，山上開始多細弱的松樹。最後到板橋鋪城過夜。

【注　釋】❶西坡城　今名江西坡，在普安東隅。地勢高聳寬平，商民多集居此地。明代置安南衛，最初治所即在此。❷新城所　明代置新城千戶所，即今貴州興仁。❸儸儸　《遊記》又作「玀玀」、「囉囉」、「猓玀」、「獹玀」等，也作「羅羅」、「盧鹿」、「羅落」等，都是同音的不同寫法。是對西南各地彝族帶有侮辱性的稱呼。❹芭蕉關　在今普安城東。❺弔崖觀音　今名觀音洞，在普安城東。❻於是復西涉坡阜　涉，當為「陟」字。❼新興城　明代置新興所，即今貴州普安。❽天啟四年　西元一六二四年。天啟，明熹宗年號。❾烏程　明代為縣，為湖州府附郭縣，即今浙江吳興。❿守備　明代於總兵下設守備，駐守城哨，地位次於游擊將軍。⓫觀音洞　在普安城西八里青龍山腰，以洞中有石形似觀音得名。崖下清溪環繞，俗稱「觀音小南海」。⓬淬綠鍔　淬，淬劍。鑄造刀劍時將刀劍燒紅後浸入水中，使之迅速冷卻，以增加硬度。鍔，劍刃。菖蒲葉長如劍，故稱作綠鍔。菖蒲生於水邊，蒲葉點水，猶如水淬其鋒。⓭芃芃　花草茂盛貌。⓮陷溪　指貴州岩溶地區的伏流，水常穿洞入地，時出時沒。⓯茸茸　花草叢生貌。

【語譯】 二十八日　走出西坡城的西北門，再往西攀登山嶺。曲折盤繞往上走了二里，才登上嶺頭。它北面的山嶺還比較高大。沿著它的南面往西，又走了二里，望見西北有座山峰，很近，但更高聳，有霧籠罩著峰頭，以為走到這山的下面了。再向西走一里，往下不遠，忽然看到有山脊從中穿過，左右兩邊又落成峽谷，朝不同的方向延伸。這穿過的山脊僅二尺寬，二、三丈長而已，是東西兩端連接的地方。方才知道西坡這座山，就像一株靈芝從側面伸出，東西長僅十里，南北兩邊下垂，也不過二、三十里，而這裡則為它底部連接處。越過山脊，才登上雲霧籠罩的高峰。再走二里，繞到高峰的南面，地名倪納鋪，有幾十戶人家背靠高峰，南面對著遠處的山谷。前所望見的如同屏障排列的方頂山峰，正橫貫在它的南面。指著那裡打聽，當地人說：「這是兔場營。在它南面為馬場營，最南面為新、安兩處衛所。」新為新城所，安為安籠所，即和廣西安隆土司接界的地方。在鋪西半里處，有山脊從山前的塢中往南延伸，又聳起一支山脈，在鋪前迴繞；山脊東西兩邊的流水，都往東南注入納溪橋下水的上游，只是山脊西邊的流水，落到峽谷中，往南沖去十分迅急。再稍許往北，沿著大山往西走半里，有山脊從南面的山嶺往北橫貫，中間平坦不高。有堡樓峙立在山脊中，這就是保家樓。已經是儸儸放哨守衛的地方。這山脊從西南像屏風排列延伸過來，到這裡往北延伸，在東面聳起高峰，即倪納鋪後面雲霧籠罩的高峰；往西橫亙形成石崖，即和延伸過來的山脊相對在西面夾成山塢。從山脊的北面沿石崖筆直往西，在相夾而成的山塢上行走，這裡就是三條嶺。往西走四里，石崖將到盡頭，有洞在山崖半腰高高拱起，洞門朝南，橫向拓展，頂部很平整；還有一個在西面斜向裂開的洞，門也朝南，洞門中間有懸掛的石柱。洞前山塢中的水繞入西南的峽谷，路才稍許往下。又往西登上嶺坳，共走了三里，到芭蕉關，有幾十戶人家靠在北山往南突起的坳地中。水繞過突起的山峰的南面，再往北繞過關的西面流出；通過芭蕉關就從峽中直往下走，又和水相遇。這裡是普安東境的要害之地，但路兩邊只有店鋪房屋，實際上並沒有關口。

從芭蕉關西面下峽谷沿著水流走，路的北面重重山崖層層突起，多赭黑色。聽說有所謂「弔崖觀音」這個景觀，便隨山崖尋找。走了二里，看到崖中有個洞，高高座落在很深的地方，洞門朝南，沒路可通。就往上攀登，只見洞門呈圓形，直徑只有幾尺長，橫向往北穿入十多丈便漸漸黑暗起來，似乎從不曾有人進去過。於是轉身走出洞口，滿地都是白骨，不知是人還是牲畜。仍然攀著崖壁下去，西面又有一條路，再往北登上山崖間，下面洞門內有不少成了牛馬棲息的場所，前面盡是髒物；洞的上層有垂掛的石柱，頂端是空的，放著菩薩小石像，出自人工雕刻，不是自然形成的。又往下沿著大路，隨溪水向西走了一里，溪水轉向北落到峽谷中流去。從這裡又往西登上山坡土岡，共走六里，到達新興城；從芭蕉關過來，往下走得不多，往上走也不太遠，山塢中的溪水仍然從山上流出。進入東門，走出西門，也是已被毀壞的地方。有碑記載這城是天啟四年都御史烏程閔公所恢復的。城內有守備坐鎮。這天晚上巡按就住在這裡。再往西在山嶺峽谷中走了二里，接連越過兩道嶺脊，都從南往北延伸。忽然西面開出一個深壑，中間盤繞成為田地，水在四面環繞相連，不知流向何處。路沿著東峰的西南走下，過了一里，再轉向南往上，走了一里，又轉向東南往上，走了半里，越過嶺脊向南，才往西南走下，過了一里，到達塢中，聽到淙淙的急流聲。忽然看到一個洞位於北面的山崖下，洞門朝南，很高，溪水從南面流來，向北注入洞中，在洞內平鋪，只有幾寸深，約二丈寬。洞頂高高拱起，將近十丈，往正北平步走進十多丈，才看到西面有開出的層層坡地，東面有落下的深峽，裡面有橫貫的懸柱，但漸漸昏黑，不可再攀登了。這水也應當往北穿出流下盤江。走出洞，向當地人打聽洞名，回答說：「觀音洞」。又問是什麼道理，原來是因為洞門上方崖頂的洞穴中放著觀音菩薩像的緣故。

洞前溪水從東南的峽谷中流來，這峽谷底部很平坦，裡面長著葉子很大的菖蒲草叢，如同綠鍔在風前淬火，青萍在水上搖動，蒲葉茂盛，富有光澤。沿著峽底往西南走了半里，又向西穿過山嶺缺口，逐漸沿著山坡走上山脊。走了二里，有一、二戶人家住在北面的山峰下。前面伏流縱橫，水從西南沖破山壑流去，路從西北沿著山嶺往上。走了一里，到嶺頭，這就是藺家坡。往西南縱目遠望，山峰如同屏風排列，在遠處環繞，中間峰頂聚集，在深壑中盤繞起伏，都像兒孫那樣，在腳下俯伏成行，沒有能和它相比的山峰。從這裡才往西北走下，直往下走二里，又在壠脊上上下下往西走二里，有個小庵座落在峰頭上，名羅漢松，以樹命名。自從越過新興城西南的山嶺，群峰綠樹叢生，山上開始多松樹，但沒有大松，都是細弱的枝幹糾纏，在煙嵐雲霧中飄拂下垂，不再有我們家鄉的松樹凌空直上笑傲風霜的風采。在它前面西南又開出一道峽谷，從峽中直往下走三里，轉而往西平步行走一里，有城座落在山坳中，名板橋鋪城。城正當峽口，抬頭眺望兩邊的山峰，凌空而起，還以為在深壑之中，不知道這城的西面還有陷落的坑谷。路在城外西北角，進城到西門過夜。

二十九日　出板橋城之西門，北折入大路，遂拾級下。有小水自右峽下注，逾其左，隨之行。一里，則大溪❶汪然，自西南轉峽北注，有巨石梁跨其上，即所謂三板橋也；今已易之石，而鋪猶仍其名耳。橋上下水皆闊，獨橋下石峽中束，流急傾湧。其水西北自八納山發源，流經軟橋，又西南轉重谷間，至是北搗而去，亦深山中一巨壑也。越橋西，溯溪北崖行。一里，溪由西南谷來，路入西北峽去，於是升降隴坳，屢越岡阿，四里，直西，山復曠然平伏，獨西南一石峰聳立，路乃不從西平下，反轉南仰躋。半里，盤石峰東南，有石奮起路右，首銳而彎突，肩齊而並聳，是曰鸚哥嘴❷。又西轉而下者，一里半，有鋪肆夾路，曰革納鋪。土音「納」俱作「捺」。至是而始知所云「捺溪」、「倪捺」，皆「納」字也。惟此題鋪名。又從峽平行，緣坡升降，五里，有哨舍夾路，曰軟橋哨。由哨西復墜峽下，遙見有巨溪從西峽中懸迅東注，下峽一里，即與溪遇，其溪轉向南峽去，路從溪北，溯溪循北山之麓西行。二里，有巨石梁南北跨溪上，即所謂軟橋也。余初疑冉姓者所成，及讀真武廟前斷碑，始知為「軟」，想昔以篾索為之，今已易之石，而猶仍其名耳。

度橋而南，遂從溪南，西向緣南崖而上，其躋甚峻，半里，平眺溪北，山俱純石，而綠樹緣錯成文，其中忽有一瀑飛墜，自峰頂直掛峽底。緣南崖西上，愈上愈峻，而北眺翠紋玉瀑，步步回首不能去。上二里，峽底溪從西北而出，嶺頭路向西南而上。又一里，過真武廟。按君自新興而來，越此前去。由其西南向行，遂下塢中。又西南共四里，兩越小嶺而下，有峽自東南達西北，又兩界山排闥而成者，其中頗平遠，有聚落當其間，曰舊普安❸。按君飯於鋪館。余復先之而西北，由塢中行。東北界山，逶迤繚繞，不甚雄峻；西南界山，蹁躚❹離立，復露森羅；峽蹤雖遠，然兩頭似俱連脊，中平而無洩水之隙者。又西三里，有石峰中起，分突塢間，神宇界其下，曰雙山觀。按君自後來，復越而前去。又西一里，則西脊迴環於前，遂塢窮谷盡。塢底有塘一方，匯環坡之麓，四旁皆石峰森森，繞塘亦多石片林立，亦有突踞塘中者。於是從塘西南上迴坡，一里，登其脊。又宛轉西行嶺頭，嶺左右水俱分瀉深谷，北出者，當從軟橋水而入盤江上流；南流者，當從黃草壩❺

而下盤江下流。又西向從嶺頭升陟，其上多中窪之宕❻，大者盤壑為田，小者墜穴為穽。共五里，為水塘鋪，乃飯於廟間。過鋪西下嶺，逶迤山半，又五里，過高笠鋪，南向行隴間。逾一平崗西南下，又五里，有小溪自北峽來，石橋南跨之。度其南，北門街夾峙岡上，逾岡南下，始成市，有街西去，為雲南坡大道。直南又一小溪，自西南峽來，石橋又南跨之。橋南即為普安城，州、衛❼俱在其中。

按君已駐署中矣。

其城西半倚山脊，東半下臨東溪，南北二門，正當西脊之東麓，而東門則瀕溪焉。南門外石橋，則三溪合於北，經東門而西環城南，又南去而注於水洞者。北門外石橋：第一橋即雲南坡之水，繞城西北隅而為塹，東下而與北溪合於城東；第二橋即小溪自西北來者，《一統志》所云「目前山之水」也；第三橋即小溪自北來者，《一統志》所云「沙莊之水」也。三溪交會於城之東北，合而南去，是為三一溪❽，經城南橋而入於水洞。

其城自天啟初，為水西叛逆，諸蠻應之，攻圍一年而破，後雲南臨安安南土官沙姓者，奉調統兵來復。至今瘡痍未復。然是城文運❾，為貴竹之首，前有蔣都憲❿，今有王宮詹，名祚遠⓫。非他衛可比。州昔惟土官，姓龍，其居在八納山下，統十二小土司，今土官名子烈，年尚少。後設流官，知州姓黃。並治焉。

州東北七十里，有八納[12]。其山高冠一州，四面皆石崖斬絕，惟一徑盤旋而上，約三十里；龍土官居在其下。其頂甚寬平，有數水塘盈貯其上，軟橋之水所由出也。土音以「納」為「但」，而梵經有「叭呾哆」之音，今老僧白雲南京人。因稱叭呾山。遂大開叢林[13]，而彝[14]地遠隔，尚未證果[15]。

州南三十里，有丹霞山[16]。其山當叢峰之上，更起尖峰卓立於中。西界有山一支，西南自平彝衛[17]屏列而北，迤邐為雲南坡，而東下結為州治。西屏之中，其最高處曰睡寺山，正與丹霞東西相對。其東界有山，南自樂民所[18]分支而北，當丹霞山南十里。西界屏列高山橫出一支，東與東界連屬，合併而北，夭矯叢沓，西突而起者，結為丹霞山；東北聳突而去者，漸東走而為兔場營方頂之山，而又東北度為安南衛脈。其橫屬之支，在丹霞山南十里者，其下有洞，曰山嵐洞，其門北向。水從洞中出，北流為大溪，經丹霞山之西大水塘塢中，又北過趙官屯，又東轉而與南板橋之水合。由洞門溯其水入，南行洞腹者半里，其洞劃然上透，中匯巨塘，深不可測；土人避寇，以舟渡水而進，其中另闢天地，可容千人。而丹霞則特拔眾山之上，石峰峭立，東北惟八納山與之齊抗。八納以危擁為雄，此峰以峭拔擅秀。昔有玄帝宮，天啓二年，毀於蠻寇，四年，不昧師徽州⑲人。復鼎⑳建，每正、二月間，四方朝者駢集，日以數百計。僧又捐貲置莊田㉑，環山之麓，歲入穀三百石。而嶺間則種豆為蔬，歲可得豆三十石。以供四方。但艱於汲水：尋常汲之嶺畔，往返三里，皆峻級，遇旱，則往返十里而後得焉。

【章　旨】本章記載了第三十三天在安順府的行跡。出城到一條大溪，溪上架著大石橋，過橋經過鸚哥嘴、軟橋哨，再通過軟橋，經過真武廟、舊普安、雙山觀、水塘鋪，到達普安城。普安文運，為貴州之冠。城旁有三一溪，城外有八納山、丹霞山，前者以高擁稱雄，後者以峭拔擅秀。另外還有山嵐洞，洞中積水匯成一個巨大的水塘，往裡開出一處新的天地，可容納上千人。丹霞山上的玄帝宮，朝拜者從四方雲集，僧人出錢購置了莊田。

【注　釋】❶大溪　即軟橋河，今名虎跳河，自南往北流入北盤江，為普安、盤縣兩地的分界。❷鸚哥嘴　今名英武，在盤縣東隅。❸舊普安　元普安路，治所在八部山下，屬雲南行省。明初改為府，屬雲南布政使司，不久廢。舊普安即指此，在今盤縣東境。❹蹁躚　形容旋轉舞動。❺黃草壩　見〈滇遊日記二〉八月二十六日日記注。❻宕　石礦。❼州衛　明代設普安州和普安衛，萬曆間，州、衛同治，皆在今貴州盤縣。❽三一溪　在盤縣城東，源頭有三：一出拔山箐，一出紅豆沖，一出獅子口，三水會於城東，故名。南流入碧雲洞，穿山腹而過大較場，便逆流沿山壁而上。天下水流無不往下，這溪獨湧而上行，為罕見的奇觀。往前出風洞，又入落潘山，伏流八十里，出明寨。明寨地勢高峻，亂石森列，水至此奔騰直瀉，浪駭濤翻，如十萬兵馬，聲震數里外，流至墮竹入盤江。❾文運　指科舉應試中式的運氣。❿蔣都憲　蔣宗魯，字道父，普安人。嘉靖間，以副都御史巡撫雲南，平四川東川土目阿堂之亂，嚴毅精察，吏治一清。因忤嚴嵩引歸。文章經濟，均冠一時，著述甚多。⓫名祚遠　王祚遠，字無近，普安人，少有異才，下筆萬言。天啟間官至吏部尚書，所著詩文甚多。⓬八納　山名，又名廣午山，在盤縣城北一百里，周圍百餘里。頂有龍泉匯成大池。山高可觀日出，東望曲靖，北望水城，如在眼前。⓭叢

林　指佛教多數僧眾聚居的寺院。意為眾僧和合共住一處，如樹木之叢集為林，故名。⓮彝　彝族。與隋唐時的烏蠻有淵源關係。元、明以來史籍稱「羅羅」、「倮羅」，主要居住在四川、貴州、雲南地區。這裡泛指貴州的少數民族。⓯證果　佛教謂精修久之，悟道有得。⓰丹霞山　又稱丹山，在盤縣城南三十里，孤峰插天，時有霞氣湧現，形似鸞鶴。山上林木蒼翠，當地有「三月三，玩丹山」之說。⓱平彝衛　明代設平彝衛，後改為平彝縣，隸雲南曲靖府，治所在今雲南富源。⓲樂民所　在盤縣西南隅。⓳徽州　見〈遊白岳山日記〉注。⓴鼎　鼎新；更新。㉑莊田　舊時雇人耕種或租給農民的田地。

【語　譯】二十九日　走出板橋城的西門，往北轉入大路，便踏著石級往下走。有小水從右邊的峽谷流下，越過小水到它的左邊，隨著水流走。過了一里，有條深廣的大溪，從西南轉入峽谷往北流去，有座大石橋架在溪上，即所謂的三板橋；如今已改成石橋，但鋪城仍然用「板橋」的舊名。橋上游下游的水面都很寬闊，惟獨橋下石峽中間收束，急流傾瀉，水勢洶湧。這水從西北的八納山發源，流經軟橋，又往西南轉入深谷中，到這裡往北沖去，也是深山中的一個大壑。過橋往西，沿著溪北的山崖上行。走了一里，溪水從西南的山谷流來，路進入西北的峽中走去。從這裡在山壠坳地上下，多次越過山岡，走了四里，筆直往西，山勢又變得開曠平坦，惟獨西南有座石峰聳立，路卻不從西面平坦處走下，反而轉向南面往上爬。走了半里，繞過石峰的東南，有岩石在路的右邊挺起，頂部尖銳，彎處突出，並肩聳立，名鸜哥嘴。又往西轉走下，過了一里半，路兩旁有店鋪，名革納鋪。當地話「納」都說成「捺」。到這裡才知道人們所說的「捺溪」、「倪捺」，都是「納」字。惟有這裡題作鋪名。再從峽中平步行走，沿著山坡上下，走了五里，路兩旁有哨屋，名軟橋哨。從哨的西面又走下峽谷，遠遠望見有大溪從西面的峽谷中奔騰直下，往東流去，下峽走了一里，就和溪水相遇，溪水轉向南面的峽谷流去，路從溪水的北面，沿著北山山麓，沿著溪水往西上行。走了二里，有大石橋南北向架在溪上，即所謂的軟橋。我起先懷疑是姓冉的建成，等到讀了真武廟前的斷碑後，才知道是「軟」而不是「冉」，猜想過去用篾索搭橋，如今已改為石橋，但仍沿用原名罷了。

過橋往南，便從溪水的南面，向西沿著南面的山崖往上走，攀登的山路十分陡峻，過了半里，向前眺望溪水北岸，山上純是岩石，綠樹隨山勢錯落，美若圖畫，裡面忽然有一道瀑布飛落，從峰頂直掛到峽底。沿著南面的山崖往西走上，越往上越險峻，但向北眺望翠綠的樹叢如同珠玉迸濺的瀑布，一步一回頭，令人捨不得離開。往上走了二里，峽底溪水從西北流出，嶺頭路向西南往上。又走了一里，經過真武廟。巡按從新興過來，經過這裡往前。從它的西面往南，便走下山塢中。再往西南共走了四里，兩次越過小嶺往下，有山峽從東南直通西北，又是由兩邊的山相對峙立形成，峽中十分平坦深遠，有村落在裡面，名舊普安。巡按正在鋪館吃飯。我又趕在他們前面往西北，從山塢中走。東北界的山峰，曲折繚繞，不太雄峻；西南界的山峰，起伏並立，又呈現出森然羅列的景象；峽中路的影痕雖然很遠，但兩頭好像都連山脊，中間平坦，沒有泄水的缺口。再往西走三里，有石峰居中挺出，在山塢中分別突起，下面有神廟分隔，名雙山觀。巡按從後面過來，又經過這裡往前。再往西走一里，只見西面的山脊在眼前環繞，山塢峽谷就都到了盡頭。塢底有一方水塘，在山坡腳下匯聚環繞，四周都是高聳的山峰，圍繞水塘的也以林立的石片居多，另外還有在塘中突起蹲伏的岩石。於是從水塘的西南踏上迴繞的山坡，走了一里，登上山脊。又曲折往西在嶺頭行走，嶺上左右兩邊的水都分別瀉入深谷中，往北流出的水，應當隨軟橋下的水匯入盤江上游；往南流的水，應當從黃草壩往下匯入盤江下游。再往西從嶺頭攀登，上面有許多中間窪下的礦洞，大的盤繞山壑開墾為田，小的陷落成洞變作陷阱。共走了五里，到水塘鋪，就在廟中吃飯。經過鋪西走下山嶺，在半山腰曲折不斷地趕路，又過了五里，經過高笠鋪，向南在山壠中行走。越過一座平坦的山嶺往西南走下，再過五里，有小溪從北面的峽谷流來，石橋向南架在溪上。過橋到它的南面，北門外的街市在山岡上夾立，翻過山岡往南走下，才成為市鎮，有街道向西延伸，是去雲南坡的大路。正南又有一條小溪，從西南的峽谷流來，石橋又向南架在溪上。橋的南面就是普安城，州、衛治所都在裡面。巡按已進駐官署了。

這城西面一半靠著山脊，東面一半下面對著東溪，南北兩座門，正當西面山脊的東麓，而東門則靠近溪水。南門外的石橋，有三條溪水在橋北會合，經過東門往西繞過城南，再往南注入水洞。北門外的石橋：第一座橋的下面，即雲南坡的水流，繞過城的西北角成為壕溝，往東流下和北溪在城東會合；第二座橋下面，即從西北流來的小溪，《一統志》所說的「目前山之水」；第三座橋的下面，即從北面流來的小溪，《一統志》

所說的「沙莊之水」。三條溪水在城的東北交會，匯合後往南流去，這就是三一溪，經過城南的石橋流入水洞。

這城從天啟初年起，因為水西叛逆，各地蠻族響應，圍剿一年才攻破，後雲南臨安安南姓沙的土官，奉調率兵前來收復。至今尚未復原。但這城文運興旺，為貴州之冠，以前有蔣都憲，如今有王宮詹，名祚遠。不是其他衛所可以相比。州過去只有土官，姓龍，住在八納山下，統轄十二個小土司，如今土官名子烈，年紀還小。後設流官，知州姓黃。一起治理。

州城東北七十里，有八納山。這山高為一州之冠，四面都是高峻的石崖，只有一條小路盤旋而上，約三十里。龍土官住在山下。山頂十分寬大平坦，上面有幾個水塘積滿了水，軟橋的水就從這裡流出的。當地話將「納」說成「但」，而佛經中有「叭咀哆」之音，故如今老僧白雲南京人。因此稱它為叭咀山。於是大建寺院，但彝地和外界遠隔，至今尚未有僧人在此悟道成正果。

州城南面三十里，有丹霞山。這山在群峰之上，裡面還有尖峰卓然聳立。西界有一支山脈，從西南的平彝衛往北延伸，如同屏風排列，曲折連綿成為雲南坡，往東延伸結成州治所在的山脈。西面如同屏風排列山峰中，最高的是睡寺山，正好和丹霞山東西相對。東界有山，從南面的樂民所分出支脈往北延伸，正當丹霞山南十里處。西界如同屏風排列的高山中，橫向伸出一支山脈，往東和東界的山連接，合在一起往北延伸，重重疊疊，高低起伏，在西面突起的，結為丹霞山；在東北聳起並往下延伸的，漸漸往東成為兔場營方頂的山，再往東北延伸成為安南衛的山脈。橫向連結的支脈，在丹霞山南面十里的山，下面有洞，名山嵐洞，洞門朝北。水從洞中流出，往北流成大溪，經過丹霞山西面大水塘所在的山塢中，又往北流過趙官屯，再往東轉和南板橋下的水會合。從洞門沿著水流上行入洞，往南在洞的深處走了半里，這洞忽然往上穿通，中間積水匯聚成為一個巨大的水塘，深不可測，當地人為躲避強盜，用船渡水進去，裡面開闢出一處新的天地，可容納上千人。而丹霞山則獨特地挺立在群山之上，石峰陡峭，惟有東北的八納山能和它一爭高下。八納山以高險簇擁稱雄，這峰以陡峭峻拔擅秀。過去有玄帝宮，天啟二年，被蠻族匪徒搗毀，四年，不昧法師徽州人。又修建新宮，每年正、二月間，朝拜的人從四面八方聚集到這裡，每天有幾百人。僧人又捐錢購置莊田，環繞著山麓，每年收進穀子三百石。而嶺中則種豆作為蔬菜，每年可得豆三十石。以供養四方的來客。但取水很困難，平時到嶺旁汲取，來回三里路，都是陡峻的石級，遇到乾旱，則要來回走十里路才能得到水。

五月初一日　余東裝寄逆旅主人符心華寓，蘭溪❶人。乃南抵普安北門外，東向循城行。先是駝騎議定自關嶺至交水，至是余欲往丹霞，彼不能待，計程退價。余倉卒收行李，其物仍為夫盜去。窮途之中，屢遭拐竊，其何堪乎！復隨溪南轉，過東門，又循而抵南門，有石梁跨溪上。越其南，水從西崖向南谷，路從東坡上南嶺。西眺水抵南谷，崖環壑絕，遂注洞南入。時急於丹霞，不及西下，二里，竟南上嶺，從嶺上行。又二里，逾嶺轉而西，其兩旁山腋多下墜之穴，蓋其地當水洞東南，其下中空旁透，下墜處，皆透穴之通明者也。又西南一里，路右一峽下迸，有巖西南向，其上甚穹，乃下探之。東門有側竇如結龕，門內窪下而中平，無甚奇幻。遂復上南行，又一里，逾嶺脊，遂西南漸下，行坡峽間。一里，過石亭壘址，其南路分兩岐：由東南者，為新、安二所、黃草壩之徑；由西南者，則向丹霞而南通樂民所道也。遂從西南下。

從嶺峽中平下者二里，東顧峽坑墜處，有水透崖南出，余疑為水洞所洩之水，而其勢頗小，上流似不雄壯。從其西，遂西南墜坑而下。一里，抵壑中，則有溪汪然自西而東注，小石梁跨其上，曰南板橋。以別於北大道之三板橋也。其下水西自石洞出，即承水洞之下流，至是而復透山腹也。水從橋東又合南峽一溪，東向而去，東北合軟橋下流，出北板橋而東與盤江合。其南峽之溪，則自大水塘南山嵐洞來。二溪一北一南，皆透石洞而出，亦奇矣。越南板橋南一里，溯南來溪入南峽，轉而西行峽中。又二里，則有壩南北橫截溪上，其流湧壩下注，闊七、八丈，深丈餘，絕似白水河上流之瀑，但彼出天然，而此則人堰者也。壩北崖有石飛架路旁，若鷁首❷掉虛，而其石分竅連枝，玲瓏上透，嵌空湊合，亦突崖之一奇也。又西三里，路緣北崖而上，西越之而下，共半里，山迴水轉，其水又自南向北而來者，其先東西之峽甚束，至是峽之成南北者漸寬。又循溪西崖南向行一里，南逾一突嘴，則其南峽開而盤成大塢。南望有石梁橫跨溪上，半里，度石梁而東，遂東南上坡，始與南來之溪別。東上半里，過一村，又東半里，轉而南稍下，共半里，逾小溪而上，過趙官屯，遂由屯村北畔東南入塢。二里，復上嶺。一里，轉峽處有水飛墜山腰，循山嘴又西轉而南，半里，隨峽東入。又半里，峽中有水自東峽出，即飛瀑之上流也。小石梁跨峽而南，石碑剝落，即丹霞山〈建橋記〉文也。

由橋南西向盤嶺，為大水塘❸之道。由橋東向溯水而入，其下峽中箐樹蒙密，水伏流於下，惟見深綠一道，迤邐谷底。又東半里，內塢復開，中環為田，而水流其間。路循山南轉，半里，入竹樹間，有一家倚山隈❹結廬，下瞰壑中平疇而棲。余以為非登山道矣，忽一人出，呼余由其前，稍轉而東，且導余東南登嶺，乃下耕塢中去。及余躋半里，復西入樵徑，其人自塢中更高呼「稍東」，遂得正道。其處四山迴合，東北皆石山突兀，而余所登西南土山，則松陰寂歷，松無挺拔之勢，而偃仆盤曲，雖小亦然。遂藉松陰，以手掬所攜飯，摶❺而食，覺食淡之味更長也。既而循坡南上者半里，又入峽西上者一里，又南逾坳脊間半里。其坳兩旁石峰東西湧起，而坳中則下陷成井，灌木叢翳其間，杳不可窺。已循東峰之南，又轉而東南，盤嶺半里，其兩旁石峰，又南北湧起，而峽中又下陷成窪。又稍轉東北，路成兩岐：一由北逾峽，一由東上峰。余不知所從，乃從東向而上者，其兩旁石峰，復南北湧起。半里陟其間，漸南轉，又半里，南向躋其坳，則兩旁石峰，又東西湧起。越脊南，始見西南一峰特聳，形如天柱，而有殿宇冠其上。乃西南下窪間，半里，復南上岡脊，迴望所越之脊，有小洞一規，其門南向。其西有石峰如展旗，其東岡之上，復起亂峰如湧髻，而南岡則環脊而西，遂矗然起丹霞之柱焉。其中迴窪下陷，底平如鏡，已展土為田，第無滴水，不堪插蒔❻。由岡西向躋級登峰，級緣峰西石崖，其上甚峻。已而崖間懸樹密蔭，無復西日之爍，直躋半里，始及山門。其門西北向，而四週籠罩山頂。時僧方種豆壠坂間，門閉莫入。久之，一徒自下至，號照塵。啟門入余，遂以香積❼供。既而其師影修至，遂憩余閣中，而飲以茶蔬。影修又不昧之徒也。時不昧募緣❽安南，影修留余久駐，且言其師在，必不容余去，以余乃其師之同鄉也。余謝其意，許為暫留一日。

【章旨】本章記載了第三十四天在安順府的行跡。出城登上山嶺，途中發現山腋中有許多下墜的洞穴，都能照進亮光。隨後經過石亭壘遺址，通過南板橋，看到南北兩條溪水都從石洞中流出。又到一座堤壩，水流如白水河的瀑布。往前土山上的松樹低矮彎曲。又看到一座天柱般的山峰格外高聳，這就是丹霞山，山下已開墾成田地。上山到一座佛寺暫住一天。

【注釋】❶蘭溪　見〈浙遊日記〉十月初七日記注。❷鷁首　古時在船頭畫鷁首，故稱船或船頭為鷁首。鷁，水鳥名，形如鷺，體較大，羽毛蒼白色，善飛翔。❸大水塘　今名水塘，在盤縣南境。❹山隈　山的彎曲處。❺摶　捏之成團。❻蒔　移植（水稻的秧苗）；栽種。❼香積　僧、道的飯食。❽募緣　佛教稱能布施的人與佛有緣，故稱募化為募緣、化緣。募化，僧尼求人施捨財物。

【語譯】五月初一　我收拾行李寄放在店主符心華的寓所，蘭溪人。便往南到普安北門外，向東沿著城牆走。原先和馬幫約定從關嶺去交水，到這裡我想去丹霞山，他們不能等待，便按路程退給我差價。我匆忙收回行李，仍有物品被趕馬的人偷走。正當窮途末路中，卻又多次遭到拐竊，怎能承受！再沿著溪水往南轉，經過東門，又沿著城走到南門，有石橋架在溪上。過橋到溪水南岸，水從西面的山崖流向南面的峽谷，路從東面的山坡登上南面的山嶺。向西望見水到南面的峽谷，周圍山崖環抱，山塹斷絕，便往南流入洞中。這時因急於去丹霞山，來不及往西走下，過了二里，竟往南登上山嶺，從嶺上行走。又過了二里，越過山嶺向西轉，兩旁山腋中有許多往下陷落的洞穴，因為這裡正當水洞的東南，它下面中間是空的，四周相通，陷落的地方，都是穿通的洞穴，能照進亮光。再往西南走一里，路的右邊有座下面迸裂的峽谷，有巖洞面向西南，上部高高隆起，便往下探訪。東門旁有個洞，如造成的佛龕，門內窪下，中間平坦，沒什麼奇特的景觀。就又往上向南走，再過一里，越過嶺脊，便朝西南漸漸走下，在山坡和峽谷中趕路。走了一里，經過石亭壘的遺址，在它南面路分成兩條：從東南走的，是去新城、安籠兩所及黃草壩的路；從西南走的，則是向丹霞山朝南通往樂民所的路。就從西南走下。

從山嶺峽谷中平步走下二里，回頭向東望見峽坑墜落的地方，有水穿過山崖往南流出，我懷疑是從水洞排出的水，但水勢很小，上游似乎也不雄壯。從它的西面，便往西南走下坑中。過了一里，到山塹中，有深廣的溪水從西往東流去，上面架著小石橋，名南板橋。因和北面大路上的三板橋區別。橋下水從西面的石洞流出，即承受水洞下游的水，流到這裡再穿過山腹。水從橋東又會合出自南峽的一條溪水，向東流去，再往東北和軟橋水的下游會合，流出北板橋往東和盤江會合。出自南峽的溪水，則從大水塘南面的山嵐洞流來。兩條溪水一北一南，都從石洞流出，也可稱奇了。走過南板橋往南一里，沿著南來的溪水上行，進入南面的峽谷，轉而往西在峽中行走。又過了二里，只見有堤壩南北向橫截溪水，水流湧過堤壩往下流去，寬七、八丈，高一丈多，極像白水河上游的瀑布，但那裡出自天然，這裡則由人工堤壩形成。堤壩北面的山崖有岩石飛架路旁，就像船頭在空中掉轉，這岩石上面分出許多孔洞，如樹枝相連，玲瓏剔透，上面照進亮光，湊聚在一起，也是突起的山崖的一處奇觀。再往西走三里，路沿著北面的山崖向上，再往西越過山崖而下，共走了半里，山迴水轉，水又從南往北流來，原先東西相對的峽谷十分狹隘，到這裡峽谷變成南北相對，漸漸開闊起來。

再沿著溪水西面的山崖向南走一里，往南越過一個突起的山口，只見南面的峽谷開敞，繞成一個大塢。朝南望見有石橋橫架溪上，走了半里，通過石橋往東，便向東南登上山坡，才和南來的溪水分開。往東走上半里，經過一個村莊，再往東走半里，轉向南走下不遠，共半里，越過小溪往上，經過趙官屯，便從屯村北邊往東南進入山塢。走了二里，又登上山嶺。再走一里，峽谷轉折處有水飛落山腰，沿著山口再往西轉然後向南，走了半里，隨峽谷往東走進。再過半里，峽谷中有水從東峽流出，即飛瀑的上游。通過架在峽上的小石橋往南，有塊已經剝落的石碑，碑上即刻著丹霞山〈建橋記〉文。

從橋南向西盤繞山嶺，是去大水塘的路。從橋向東沿著水流上行走進，下面峽谷中竹樹茂密，水在地下潛流，只看到一道深綠色，在峽谷的底部曲折連綿延伸。又往東走半里，裡面再開出一個山塢，中間繞成田地，水從田中流過。路沿著山往南轉，走了半里，進入竹樹中，有一戶人家靠著山的彎曲處蓋起屋子居住，往下俯視著山壑中平坦的田野。我以為這裡不是登山的路，忽然有人走出，叫我從他的前面，稍往東轉，並且帶我往東南登上山嶺，便往下去塢中耕地。等我攀登半里路，再往西走進砍柴人通行的路，那人在塢中又高聲喊道：「稍許向東」，於是找到正路。這裡四周群山環抱，東北都是高聳的石山，而我所攀登的是西南的土山，松蔭下一片寂靜，松樹沒有挺拔的氣概，倒伏盤曲，就是小松也是這樣。便靠在松蔭下，用手捧著所帶的飯，捏成一團來吃，覺得吃淡飯更耐回味。隨即沿著山坡往南走上半里，又進入峽中往西走上一里，再往南越過坳脊從中走了半里。這坳地兩旁的石峰從東西湧起，而坳中則往下陷落成井，灌木叢遮在裡面，十分深遠，沒法探望。隨後沿著東峰的南面，再轉向東南，在嶺上盤繞半里，兩旁石峰，又從南北湧起，而峽中又往下陷成窪地。再稍許往東北轉，路分成兩條岔道：一條從北面越過峽谷，一條從東面登上山峰。我不知該走哪條路，便踏上向東往上的路，兩旁石峰，又從南北湧起。在裡面攀登半里，漸漸往南轉，又走了半里，向南登上坳地，只見兩旁石峰，又從東西湧起。越過山脊往南，才看到西南一座山峰特別高聳，形狀如同天柱，有殿宇在它的頂部。於是往西南走下窪地，過了半里，又往南登上岡脊，回頭望見所越過的岡脊上，有一個圓形的小洞，門朝南。在它西面有石峰如展開的旗幟，東面的山岡上，又有亂峰聳起，如湧現髮髻，而南面的山岡則繞過山脊往西，便矗然聳起天柱般的丹霞山。裡面迴繞的窪地往下陷落，底部平滑如同鏡面，已經墾為田地，只是沒有一滴水，不能插秧。從岡上往西，踏著石級攀登山峰，石級沿著山峰西面的石崖，往上十分陡峻。過了一會，崖中樹木高掛，濃蔭密布，不再有西曬的太陽，直往上半里，才到山門。寺門面向西北，四周房屋籠罩著山頂。這時僧人正在山坡種豆，門關著不能進去。過了好久，一個徒弟從下面走來，號照塵。開門讓我進去，拿出寺中的飯食給我吃。不一會他的師父影修到了，便讓我到閣中休息，喝茶和菜湯。影修又是不昧的徒弟。這時不昧在安南衛化緣，影修留我長住這裡，並且說他師父在的話，必定不會讓我走，因為我和他師父是同鄉。我感謝他的好意，答應暫留一天。

初二日　甚晴霽。余時徙倚四面，凭窗遠眺，與影修相指點。其北近山稍伏，其下為趙官屯，漸遠為普安城，極遠而一峰危突者，八納也。相去已百里。其南稍下，而橫脊擁其後，為山嵐洞；極遠而遙峰隱隔者，樂民所之南，與亦佐縣❶為界者也。其西墜峽而下，為大水塘，塢中自南而北，山嵐洞之水，北出南板橋者也；隔溪則巨峰排列，亦自南而北，所謂睡寺山矣；山西即亦資孔大道，而嶺障不可見。其東僅為度脊，上堆盤髻之峰；稍遠則駢岫叢沓，迤邐東北去，為兔場營方頂山之脈者也。山東南為歸順土司❷。普安龍土司之屬，與粵西土司❸同名。越其東南，為新安二所、黃草壩諸處，與泗城接界矣。是日，余草記閣中。影修屢設茶，供以雞葼菜、藟漿花、藤如婆婆針線，斷其葉蒂，輒有白漿溢出。花蕊每一、二十莖成一叢。莖細如髮，長半寸。綴花懸蒂間，花色如淡桃花。連叢採之。黃連頭，皆山蔬之有風味者也。

【章　旨】本章記載了第三十五天在安順府的行跡。靠著窗戶遠望，和影修指點四周山川的地理位置。山中蔬菜別有風味。

【注　釋】❶亦佐縣　見〈滇遊日記三〉九月初五日記注。❷歸順土司　明代設歸順營，即今普安南境的民主。❸粵西土司　明代在廣西置歸順州，即今廣西靖西，與越南接界。

【語　譯】初二　天氣十分晴朗。我這時在寺四周留連徘徊，靠著窗戶向遠處眺望，和影修相互指點山川景觀。在它北面，附近的山略為低伏，往下為趙官屯，漸漸遠去為普安城，在極遠的地方有一座山峰高高突起，即八納山。相隔已有上百里。在它南面，稍許往下，有橫貫的山脊在後面環抱，是山嵐洞所在之地；極遠處山峰隱隱相隔，為樂民所的南隅，和亦佐縣分界的地方。在它西面落下峽谷的為大水塘，山塢從南往北伸展，山嵐洞的水，往北從南板橋流出；溪水對岸，排列著巨大山峰，也從南往北，就是所謂的睡寺山；山的西面即通往亦資孔的大路，因被山嶺遮擋看不見。在它東面，只是些延伸的山脊，上面聚積著如同髮髻盤起的山峰；稍遠些是眾多雜亂並立的山峰，曲折連綿往東北延伸，是兔場營方頂山所在的山脈。山的東南為歸順土司。普安龍土司的下屬，和廣西土司同名。翻山到它的東南面，為新城、安籠兩所及黃草壩等地，已和泗城接界了。這天，我在閣中寫遊記。影修屢次上茶，給我吃雞葼菜、藟漿花、藤如老婆婆的針線，將它的葉蒂摘斷，就有白漿溢出，花蕊每一、二十根莖組成一叢。莖像頭髮那麼細，長半寸。花點綴在葉蒂中，顏色如淺淡的桃花。連帶莖葉成叢採下。黃連頭，都是山中別有風味的蔬菜。

初三日　飯後辭影修。影修送余以茶醬。粵西無醬，貴州間有之而甚貴，以鹽少故。而是山始有醬食。遂下山。十里，北過趙官屯。十里，東北過南板橋。七里，抵普安演武場。由其西橫嶺西度，一里，望三一溪北來，有崖當其南，知洞在是矣，遂下，則洞門北向迎溪，前有巨石坊，題「碧雲洞天」，始知是洞之名碧雲❶也。土人以此為水洞，以其上有佛者為乾洞。

洞前一巨石界立門中，門分為二，路由東下，水由西入。入洞之中，則擴然無間，水循洞西，路循洞東，分道同趨。南向十餘丈，漸昏黑矣，忽轉而東，水循洞北，路循洞南，其東遂穹然大闢，遙望其內，光影陸離，波響騰沸，而行處猶闇闇也。蓋其洞可入處，已分三層：其外入之門為一層，則明而較低；其內闢之奧為一層，則明而彌峻；當內外轉接處為一層，則暗而中坼，稍東如門，高穹如橋，聳豁不如內層，低垂不如外層，而獨界其中，內外迴眺，雙明炯然。然從暗中仰矚其頂，又有一圓穴上透，其上亦光明開闢，若樓閣中函，恨無由騰空而上也。

東行暗中者五、六丈而出，則堂戶宏崇，若阿房❷、未央❸，四圍既拓，而峻發彌甚。水從東南隅下搗奧穴而去，光從西北隅上透空明而入，其內突水之石，皆如踞獅泛鳧，附壁之崖，俱作垂旂矗柱。蓋內奧之四隅，西南為轉入之橋門，西北為上透之明穴，東南為入水之深竅，而獨東北迴環迥邃，深處亦有穴高懸，其前有智窟❹下墜，黑暗莫窺其底，其上有側石環之，若井欄然，豈造物者恐人暗中失足耶？由窟左循崖而南，有一石脊，自洞頂附壁直垂而下，痕隆起壁間者僅五、六寸，而鱗甲宛然，或巨或細，是為懸龍脊，儼有神物浮動之勢。其下西臨流側，石畦每每，是為十八龍田。由窟右循崖而東，有一石痕，亦自洞頂附壁直垂而下，細紋薄影，是為蛇退皮，果若遺蛻黏附之形。其西攀隙而上，則明窗所懸也。其窗高懸二十丈，峻壁峭立，而多側痕錯鍔。緣之上躋，則其門擴然，亦北向而出，縱橫各三丈餘，外臨危坡，上倚峭壁，即在水洞之東，但上下懸絕耳。門內正對矗立之柱；柱之西南，即橋門中透之上層也。

余既躋明窗，旋下觀懸龍、蛇蛻，仍由䂬碧橋❺下出，飯於洞門石上。石乃所鐫詩碑，遊人取以為臺，以供飲饌。其詩乃張渙❻、沈思充者，詩不甚佳，而渙字極遒活可愛。鐫碑欲垂久遠，而為供飲之具，將磨滅不保矣，亟出紙筆錄之。仍入內洞，欲一登䂬碧橋上層，而崖壁懸峭，三上三卻。再後，仍登明窗東南，援矗柱之腋，透出柱南，平視䂬碧橋之背，甚坦而近，但懸壁無痕，上下俱絕攀踐，咫尺難度，於是復下而出洞。日已下舂，因解衣浴洞口溪石間。半載夙垢，以勝流浣濯之，甚快也！

既而拂拭登途，忽聞崖上歌笑聲，疑洞中何忽有人，迴矚之，乃明窗外東崖峭絕處，似有人影冉冉。余曰：「此山靈招我，不可失也。」先是，余聞水洞之上有梵龕，及至，索之無有；從明窗外東眺，層崖危聳，心異之，亦不見有攀緣之跡。及出水洞覓路，旁有小徑，隱現伏草間，又似上躋明窗者，以為此間乃斷崖❼絕磴耳，不意聞聲發悶，亟迴杖上躋。始向明窗之下，旋轉而東，拾級數十層，復躋危崖之根，則裂竅成門。其門亦北向，內高二丈餘，深亦如之；左有旁穴前透，多裂隙垂櫺，僧以石窒之為室；右有峭峽後坼，上頗氤氳盤結，而峻不可登。洞中有金仙三像，一僧棲其間，故遊者攜樽罍❽就酌於此，非其聲，余將芒芒❾返城，不復知水洞之外，復有此洞矣。酌者僕從甚都，想必王翰林子弟。余遠眺而過之。下山，循溪溯流，二里，有大道，即南門橋。遂從南門入，躡山坡北行。城中荒敝甚，茅舍離離❿，不復成行；東下為州署，門廨無一完者。皆安酋叛時，城破鞠為坵莽，至今未復也。出北門，還抵逆旅。是晚覓夫不得，遂臥。按君是早返轅矣。

【章　旨】本章記載了第三十六天在安順府的行跡。經過普安演武場，到三一溪南面的碧雲洞，有水洞、乾洞之分。洞中路和水分道往前，入洞口有三層。洞內堂戶高大，景觀奇特，有鱗甲逼真的「懸龍脊」，石畦美盛的「十八龍田」，紋細痕淺的「蛇退皮」等勝景，另外還有石鐘乳和枯井洞。洞口的詩碑，被人用作飯桌。因崖壁過於險峻，無法登上洞內石拱橋的上層。傍晚忽然聽到有人聲，由此又發現一個洞，遊人帶了酒到這裡作樂。下山進入普安南門，城中十分荒涼破敗。

【注　釋】❶碧雲　洞名，在貴州盤縣城關。分天、地兩洞，一在山腰，一在山腹，上下相通。洞中「山重水複」，長十三里。進洞後，水陸兩路，忽分忽合，時高時低，洞中有洞，洞上有洞，結構奇特。景物皆碧乳凝成，氣象萬千。出洞至峰頂，石筍高聳，古樹參天，風景宜人。洞內外崖壁上有多處題刻，《遊記》中所記的「碧雲洞天」坊刻及張渙詩碑，今仍保存無損。每年農曆正月二十三日，當地民眾紛紛來此作「桃源遊」，燭火通明，極一時之盛。❷阿房　秦朝宮殿名，遺址在今陝西西安西阿房村。據漢初人言，東西五里，南北千步，規模極為宏大。工程起於秦始皇在位時，至秦亡仍未全部完成。秦亡，被項羽焚毀。現尚存高大的夯土臺基。❸未央　漢代宮殿名，遺址在今陝西西安北部漢長安故城內。漢高祖時丞相蕭何建。新莽末毀。經考古勘察，宮垣東西長四里半，南北寬近四里。現馬家寨村仍保存著前殿臺基。❹眢窟　枯井洞。眢，井枯無水。❺砦橋　有弧形孔洞的石橋。❻其詩乃張渙　張渙〈碧雲洞〉：「洞中春酒釀薔薇，塵外三仙日下歸。隔嶺碧簫猿鶴近，侵衣瑤草芷蘭肥。一樽共飲東風軟，萬里誰知笑語非。歌罷水流花片片，斷雲殘雨點斜暉。」❼斷崖　高聳孤立的山崖。❽樽罍　樽，本作「尊」，盛酒器。罍，較大的盛酒器，上面畫著雲雷圖案。❾芒芒　同「茫茫」。❿離離　散亂貌。

【語　譯】初三　吃過飯和影修道別。影修送給我茶醬。廣西無醬，貴州偶爾有，但很貴。因為這裡鹽少。到這座山才有醬食。便下山。走了十里，往北經過趙官屯。又走了十里，往東北經過南板橋。再走七里，到達普安演武場。從它的西面往西橫越山嶺，走了一里，望見三一溪從北面流來，有山崖在它的南面，知道洞在這裡了，於是往下走，只見洞門朝北對著溪水，前面有巨大的石牌坊，上面寫著「碧雲洞天」這幾個字，才知道這洞名「碧雲」。當地人以這洞為水洞，將在它上面有佛像的洞稱為乾洞。

洞前一塊大石峙立在門中間隔，將洞門分成兩部分，路從洞門東邊走下，水從西邊進去。進入洞中，則又擴展，沒有間隔，水沿著洞的西面，路沿著洞的東面，分道一起往前。往南走了十多丈，漸漸昏黑起來，忽然往東轉，水沿著洞的北面流，路沿著洞的南面走，東面便高高隆起十分開闊，遠遠朝裡望去，光彩斑斕，水聲喧騰，但走路的地方仍然十分幽暗。因為這洞可進入的地方，已分為三層：從外面走進的門為一層，明亮而地勢較低；裡面開出的奧區為一層，明亮而更高峻；在內外轉接的地方為一層，幽暗而又中間裂開，像門那樣稍許聚攏，像橋那樣高高拱起，高敞不及內層，低垂不及外層，恰恰成為內外層的分界，轉身往內往外眺望，兩邊都很明亮。但從暗中抬頭注視洞頂，又有一個圓洞在上面透出，上面也明亮開敞，如同樓閣藏在裡面，只恨不能騰空躍上。

往東在暗中走了五、六丈出來，眼前堂戶高大，就像阿房宮、未央殿，四周既已開拓，更顯得高峻挺拔。水從東南角往下沖入幽深的洞穴流去，光從西北角上方穿過虛空處照進，裡面從水中突起的岩石，都像蹲伏的獅子、浮水的野鴨，附在壁上的崖石，又都像垂掛的旗幟、矗立的柱子。因為裡面奧區的四角，西南角為轉入的橋門，西北角為上面透光的明洞，東南角為進水的深孔，唯獨東北角曲折深遠，深處也有高掛的洞穴，前面有枯井洞下落，在黑暗中看不到它的底部，上面有石塊在旁邊環繞，就像井欄，難道是造物主怕人暗中失足掉下而特意建造的嗎？從井洞的左邊沿著崖壁往南，有一道石脊，從洞頂附著崖壁筆直垂下，壁上凸起的石痕只有五、六寸高，但鱗甲逼真，或粗或細，這就是懸龍脊，很有神龍游動的態勢。石脊下西面臨近水流的一旁，石田美盛，這就是十八龍田。從井洞的右邊沿著崖壁往東，有一道石痕，也從洞頂附著崖壁筆直垂下，紋理細微，痕跡甚淺，這就是蛇退皮，形狀果真像脫落的蛇皮黏附在上面。從它西面的缺口往上攀登，便是明亮的窗洞所在處。這窗洞高掛在離地面二十丈的地方，峻拔的崖壁陡峭矗立，旁邊有許多石痕，如鋒刃交錯。沿著崖壁往上攀登，洞門開擴，也朝北而出，縱橫各有三丈多，外面對著高坡，上面靠著峭壁，即在水洞的東面，但上下相隔懸殊罷了。門內正對著矗立的石柱，石柱的西南，即橋洞從中穿過的上層。

我在登上明亮的窗洞後，隨即往下觀賞懸龍脊、蛇蛻皮，仍然從石拱橋下走出，在洞門石板上吃飯。這石板是刻著詩的碑，遊人拿來當作飲食的飯桌。詩是張渙、沈思充寫作的，詩不太好，但張渙的字遒勁活潑，極其可愛。刻碑原想傳之久遠，而現在卻成了飯桌，必將因不斷磨損而無法保存了，急忙拿出紙筆抄錄下來。仍然進入內洞，想登上石拱橋上層一遊，但崖壁陡峭，三次往上，又三次退下。再後仍然登上明亮的窗洞的東南，在矗立的石柱的側面攀援，從石柱的南面穿出。平視石拱橋背，很平坦，也很近，但陡峭的崖壁沒有痕跡，上下都沒有可手拉腳踩的地方，雖然近在咫尺之間，卻難以越過，於是又往下出洞。這時太陽已經下山，因此脫下衣服，在洞口溪石中洗澡。半年來身上所積的污垢，用清澈美麗的水流一洗而淨，真覺得痛快！

不一會擦乾身子上路，忽然聽到崖上有歌笑聲，我對洞中怎麼忽然有人產生懷疑，轉身注視洞中，原來在明亮的窗洞外東崖最陡峭的地方，似乎有飄忽的人影。我說：「這是山靈在召喚我，不可錯過。」在此之前，我聽到水洞的上面有佛龕，等到了那裡，卻找不到。從明亮的窗洞外向東眺望，層層山崖高聳，心裡覺得奇怪，但也看不到有攀援的痕跡。等到走出水洞找路，發現旁邊有小路，埋在草中，或隱或現，又好像是登上明亮窗洞的路，原以為這裡不過是陡峭的山崖、險峻的石級罷了，想不到有聲音打破沉寂，急忙轉身往上攀登。開始朝著明亮的窗洞下趕路，隨即往東轉，踏著石階走了幾十級，又登上高峻的山崖的底部，只見孔洞開裂成門。這門也朝北，裡面高二丈多，深也如此；左邊有旁洞往前穿通，有許多裂開的縫隙、下垂的窗口，僧人用石塊堵住作為居室；右邊有陡峭的峽壁後面裂開，上面雲煙彌漫盤繞，因太險峻無法攀登。洞中有三尊佛像，一個僧人住在裡面，故遊人帶了酒器到這裡喝酒，如果沒有這些人聲，我將糊裡糊塗回城，不再知道除水洞外，還有這個洞了。喝酒人的僕役都很漂亮，想必是王翰林的子弟。我在遠處眺望，從他們前面走過。下山後，沿著溪流上行，走了二里，有條大路，即去南門橋的路。便從南門走進，踏著山坡往北走。城中十分荒涼破敗，草屋散落，不列成行；往東走下到州署，大門官舍，沒有一處完好的地方。都因安酋叛亂時城被攻破，淪為荒丘，至今尚未恢復。走出北門，返回旅店，這天晚上沒有找到挑夫，便去睡覺。

巡按在這天早晨起駕返回。

初四日　覓夫不得，候於逆旅。稍散步北寺，惟有空樓層閣，而寂無人焉，乃構而未就者。還，悶悶而臥。

初五日　仍不得夫。平明微雨，既止，而雲油然四布。是日為端午，市多鬻蒲艾❶者。雄黃為此中所出，然亦不見巨塊。市有肉而無魚。余兀坐❷逆旅，囊中錢盡，不能沽濁醪解愁，回想昔年雉山之樂❸，已分霄壤。

初六日　夜雨達旦。夫仍不得。既午，遇金重甫者，麻城❹人也，賈而儒，索觀余諸公手卷。為余遍覓夫，竟無至者。

初七日　囊錢日罄，而夫不可得。日復一日，不免悶悶。是早，金重甫言將往荊州❺，余作書寄式圍叔❻。下午，彼以酒資奉，雖甚鮮而意自可歆。

初八日　候夫雖有至者，而惡主代為掯價❼，力阻以去。下午得騎，亦重價定之，無可奈何也。余所遇惡人，如衡陽劫盜❽，狗場掯徒❾，併此寓竊錢去者，共三番矣。此寓所竊，初疑為騎夫，後乃知為符主也。人之無良如此！夫劫盜掯徒無論，如南寧梁仲宇、寶檀僧❿，併此人，俱有害人之心。余以萬里一身，脫其虎口，亦幸矣！

【章　旨】本章記載了第三十七至第四十一天在安順府的行跡。找不到挑夫，只得在旅店等候，因錢即將用完，心中悶悶不樂。自這次離家出遊以來，已三次遇上惡人了。

【注釋】❶蒲艾 蒲，菖蒲，舊俗端午節服菖蒲酒以避瘟氣。艾，艾蒿，舊俗端午節用艾作虎，或者剪綵為虎，黏上艾葉，戴以辟邪。❷兀坐 獨自端坐。❸昔年雉山之樂 指前一年在桂林雉巖寺與楊子正、鄭子英等人聚飲之樂。❹麻城 明代為縣，隸黃州府，今屬湖北。❺荊州 見〈粵西遊日記一〉二月二十三日日記注。❻式圍叔 〈粵西遊日記一〉二月二十三日記作「奎之叔」。❼掯價 在價錢上勒索、刁難。❽衡陽劫盜 見〈楚遊日記〉二月十一日日記。❾狗場拐徒 見〈黔遊日記一〉四月十九日日記。❿南寧梁仲宇寶檀僧 見〈粵西遊日記四〉十二月十一日至十七日日記。

【語譯】初四 找不到挑夫，在旅店等候。到北寺附近散步，只有空空的樓閣，一片寂靜，沒人居住，是還沒有完成的建築。回店後，悶悶不樂睡下。

初五 仍然找不到挑夫。天亮時下起小雨，雨停後，浮雲四面密布。這天是端午節，集市中有許多賣菖蒲、艾蒿的人。雄黃雖是這裡出產，但也看不到大塊的。市中有肉但沒魚。我端坐在旅店中，口袋裡的錢已經用完，不能沽酒解愁，回想去年雉山遊賞的樂趣，已有天地之別。

初六 整夜下雨，直到天亮。挑夫仍沒找到。中午，遇見金重甫，是麻城人，既做生意，又讀書，向我借閱諸公題寫的卷軸。為我到處找挑夫，竟也沒人來到。

初七 口袋中的錢一天天將要用完，但挑夫還是找不到，這樣一天又一天過去，心中不免煩悶。這天早晨，金重甫說他將去荊州，我寫信託他寄給式圍叔。下午，他帶了酒錢給我，雖然很少，但情意可嘉。

初八 等候挑夫，雖有人來，但可惡的店主卻代他勒索價錢，極力阻撓挑夫前往。下午找到一匹馬，也是用高價訂下的，實在無可奈何。我所遇見的惡人，如在衡陽搶劫的強盜，在狗場堡拐騙的匪徒，連同這裡偷錢逃走的人，共三次了。在這裡住宿時偷竊的人，起先懷疑是馬夫，後來才知道是姓符的店主。人竟壞到這種地步！搶劫的強盜、拐騙的匪徒就不必說了，像南寧的梁仲宇、寶檀和尚，連同這姓符的人，竟都有害人之心。我孤身一人，飄泊萬里之外，能逃脫他們的虎口，也夠幸運了。

初九日　平明以行李付騎，別金重甫乃行。是早雲氣穠郁，從普安北門外第一溪橋北循西峽入，過稅司前，漸轉西南，皆溯小溪西岸行。西山崇隆，小瀑屢屢從山嶺懸注。南五里，始西南登坡，是為雲南坡。初二里稍夷，又一里半甚峻。過一脊而西，復上坳，共一里為馬鞍嶺。越而西，遂循嶺西向西南行。於是升降在嶺頭，盤折皆西南，俱不甚高深。五里，稍降塢中，為坳子哨。先是，每處有打❶哨之苦。此為第一哨。今纔奉憲禁，并於一處，過無問者。又南越一坳，大雨淋漓。仍前升降大峰之西，冒雨又十五里而至海子鋪，山塢稍開頗大，中有水塘，即所謂海子❷也。有小城在其南，是為中火鋪。普安二十二哨，俱於此並取哨錢，過者苦焉。先各哨分取，今并取於此。哨目止勒索駝馬擔夫，見余輩亦不甚阻撓。余乃入城，飯於肆。復出南門，南向登山。五里，遇駝馬方牧於山坡，雨復大至，余乃先行。升降高下，俱依東大山而南。兩旁多眢井墜坑，不辨水從何出。又五里，為大河鋪。有水自鋪東平瀉坡陀下，漫流峽中，路隨之而南。天乃大霽，忽雲破峰露，見西南有山甚高，土人稱為黑山❸。雲氣籠罩，時露一班，直上與天齊。望而趨五里，大河之水，已漸墜深塹，似從西北坼峽去。路東南緣嶺透峽東下，則山環塢合間，中窪為塘，水滿其中而四面皆高，不知出處。又東透坳下，塢間又復窪而成塘，與前雖有高下，而豬水莫洩同之。又東緣南峰而轉越其東，則東塢大開，深盤遠錯，千塍環壑於下。度其地在丹霞山南，山嵐洞西南。余謂壑底水即北透山嵐者，徵之土人，云：「西峰下有入水洞，水墜穴去，不知所出。」從西峰稍下，共五里，是為何郎鋪❹。越鋪南，又上嶺，仍依東嶺行。迴望雲籠高峰，已在西北，時出時沒，興雲釀雨，皆其所為，雖山中雨候❺不齊，而眾山若惟瞻其馬首❻者。循東嶺南下峽中，有溪自南而來，溯之行其東岸，共五里，路忽由水渡西岸，而暴雨漲流，深湧莫能越。方欲解衣赴之，忽東山之上有呼者，戒莫渡，招余東上嶺行。余從之，遂從莽棘中上東嶺。已得微道，隨之南二里，得北來大道，果從東嶺上降者。蓋涉溪者乃西道，從嶺者乃東道，水涸則從西，水漲則從東也。西流之中，有一線深坑，涸時橫板以渡；茲漲沒無影，非其人遙呼，幾不免馮河❼之險矣。從東嶺下一里，則大道西瀕溪，道中水漫數寸，仍揭而溯之。一里，有石梁跨溪上，其溪❽自西南抵東山之麓，至是橫折而西，從梁下抵西山之麓，乃轉北去。蓋其源發於西南火燒鋪❾西分水嶺，按志：分水嶺在普安西南百二十里，即此。北流經此，又北抵黑山、何郎之南，不知所洩，即土人亦莫能悉也。石梁西麓，有穴紛駢縱橫如「亦」字，故名其地曰亦字孔。今訛為亦資孔，乃土音之溷也。梁南半里即為亦字孔驛❿，有城倚西山下，而水繞其東焉。比至，雷雨大作。宿於西門內周鋪。

【章旨】本章記載了第四十二天在安順府的行跡。經過雲南坡、馬鞍嶺、坳子哨、海子鋪，到一個小鎮，普安的哨口，全都到這裡收錢。又經過大河鋪，望見高聳的黑山，山塢中的水塘都積滿水而不流走。再經過何郎鋪，因溪流暴漲，差點冒險下水。接著看到一條發源於火燒鋪的溪水，經過洞穴雜亂交錯的亦字孔，到亦字孔驛留宿。

【注釋】❶打　遇上；碰上。❷海子　湖泊。❸黑山　起於猗蘭山，至羅沖突起一峰，橫開兩嶂，每當興雲吐霧之時，氣象萬千，為普安祖山。山色如墨。有龍潭幽深不測，周圍百餘丈，潭水清澈，葉落潭中，即被鳥銜出。❹何郎鋪　今名娥榔鋪，在盤縣西南，紅果附近。❺候　隨時變化的情況。如火候、氣候等。❻瞻其馬首　即「馬首是瞻」，作戰時看主將馬頭所向以統一進退，後泛指追隨別人。❼馮河　徒步過河。《詩・小雅・小旻》：「不敢暴虎，不敢馮河。」後常以暴虎馮河喻冒險行事。❽其溪　即今清水河，發源於火燒鋪，在娥榔西峰下流入洞中，以後再流出，自南往北注入北盤江。❾火燒鋪　今名伙鋪，在盤縣西隅，靠近雲南。❿亦字孔驛　今名亦資孔，在盤縣西隅。

【語譯】初九　天亮時將行李交給趕馬的人，告別金重甫出發。這天早晨雲氣濃重，從普安城北門外第一座溪橋往北沿著西面的峽谷走，經過稅司前，漸漸往西南轉，都沿著小溪的西岸上行。西山高大，常常有小瀑布從山嶺往下流去。向南五里，才開始往西南登上山坡，這就是雲南坡。起先二里比較平坦，往下一里半，路很陡峻。越過一道山脊往西，再登上山坳，共走了一里，到馬鞍嶺。越過這嶺往西，便沿著嶺的西面往西南走。於是在嶺頭上下，曲折盤繞，都朝著西南走，也都不太高深。過了五里，稍許往下走到塢中，地名坳子哨。在此之前，每到一處都有遇上哨所檢查的煩惱。這是第一個哨所，現在才接到禁令，各哨所合併在一處，沒人再來盤問。又往南越過一個山坳，雨下得很大。仍然往前在大山的西面上下，冒雨又走了十五里到海子鋪，山塢稍稍開闊起來，很大，裡面有水塘，即所謂的海子。有個小城鎮在它的南面，是供行人做飯的地方。普安二十二哨，都在這裡一起收取哨錢，過路人叫苦不迭。過去各哨所分別收取，如今在這裡一起收取。哨所的頭目只勒索馬幫挑夫，看到像我這樣的人也不太阻撓。我便進城，在店中吃飯。又走出南門，往南登山。走了五里，遇見馬幫正在山坡上放牧，大雨又來到，我便先走了。在高高低低的路中走上走下，都靠著東面的大山往南，兩旁有許多枯井深坑，分不清水從哪裡流出。再走五里，到大河鋪。有水從鋪東的山坡平緩地瀉下，在峽谷中漫流，路隨著水流往南。這時天已放晴，忽然浮雲散開，露出山峰，看到西南有山很高，當地人稱為黑山。因雲氣籠罩，時而露出一部分，往上直插高空。朝著它走了五里，大河鋪的水流，已漸漸落到深溝中，似乎從西北斷裂的峽谷中流去。路從東南沿山嶺穿過峽谷往東走下，只見在群山環抱山塢聚合中，有個窪下的池塘，裡面積滿了水，四周地面都很高，不知從何處流出。又往東從山坳下穿過，山塢中又窪下形成一個水塘，和前面那個水塘雖有高低之別，但裡面積滿水不泄漏則相同。再往東沿著南面的山峰轉，翻山到它的東面，只見東面的山塢十分開闊，在深處盤繞、遠處錯落，有成千條田埂在山壑下環繞。估計這裡地處丹霞山南面，山嵐洞西南。我以為壑底的水，即是往北穿過山嵐洞的水，向當地人證實這種想法，回答說：「西面的山峰下有入水洞，水落到洞穴中，不知從哪裡流出。」從西面的山峰走下不遠，共五里，到何郎鋪。越過鋪的南面，又登上山嶺，仍然靠著東面的山嶺走。回頭望見雲氣籠罩的高峰，已在西北方，時出時沒，興雲作雨，都是由這高峰造成的，雖然山中雨候並不相同，但群山好像都隨它一起變化。沿著東面的山嶺往南走下峽中，有溪水從南面流來，沿著溪水在它的東岸上行，共走了五里，路忽然越過溪水到它的西岸，因下暴雨，溪流高漲，水深浪急，不能過去。正想脫衣下水，忽然聽到東面的山上有人呼喊，告誡我不要渡水，同時招呼我往東上嶺行走。我聽從他的話，就從荊棘叢中登上東面的山嶺。過了一會發現一條小路，隨著小路往南走二里，看到從北面延伸過來的大路，果然是從東面的嶺上往下到這裡的。因為渡過溪水走的是西面的路，從嶺上走的是東面的路，沒水時從西面走，漲水時從東面走。西面的水流中，有一條細長的深坑，水乾涸時人從橫架的木板上走過，現在因漲水不見蹤影，如果沒有那人遠遠呼喊，差點要冒險過河了。從東面的山嶺往下走一里，只見大路西面靠著溪水，路中水漫過幾寸高，仍然掀起衣服下襬沿著溪水上行。走了一里，有石橋架在溪上，這溪水從西南流到東山腳下，到這裡往西橫轉，從橋下流到西山腳下，便轉向北流去。這水發源於西南火燒鋪西面的分水嶺，據志書載：分水嶺在普安西南一百二十里，就是指這嶺。往北流過這裡，再往北到黑山、何郎鋪的南面，不知從何處流出，甚至當地人也不清楚。石橋西面的山麓，有洞穴紛亂並列、縱橫交錯，形如「亦」字，故地名「亦字孔」，如今訛傳為「亦資孔」，是因當地人話音相混造成的。石橋南面半里即亦字孔驛，有城靠在西面的山下，水從它的東面繞過。剛到那裡，下起大雷雨，便在西門外姓周的店鋪留宿。

【研　析】貴州多山，俗稱「地無三里平」。王守仁謫居貴州多年，作詩云：「貴竹路從峰頂入，夜郎人自日邊來。」徐霞客一進貴州，便感受到因石芽地貌而造成的蠶叢鳥道、崎嶇難行的窘況：「石骨稜峭，皆作噓雲裂萼之勢。」「石齒如鋸，橫峰豎鍔，莫可投足。」形容山石，設想奇特。《遊記》中有幾句話，寫廣西、貴州兩省分界的地貌，簡潔明快：「逾石隘，是為艱坪嶺，其石極嵯峨，其樹極蒙密，其路極崎嶇。黔、粵之界，以此而分；南北之水，亦由此而別。」在進入貴州前往貴陽的途中，呈現在徐霞客眼前的，多是不長樹木的荒山，貴陽附近尤其明顯。直到蓊樓，他才看到「兩山密樹深箐，與貴陽四面童山迥異。」《遊記》中記載了地勢與當時農業生產的關係。因為土地平坦，有水供應，都勻麥沖關北的山塢中，「被壠盈塢，小麥青青蕎麥熟，粉花翠浪，從此遂不作粵西蕪態。」稍許往北，又有一個山塢，「南北開洋，其底甚平，犂而為田，波耕水耨，盈盈其間。」而普安丹霞山，雖然裡面的窪地「底平如鏡，已展土為田」，只因「無滴水，不堪插蒔」。

在天台山、黃山遊覽時，徐霞客已注意到由於風力、氣溫的影響而造成高山上松樹短小拳曲的形態。這種松樹，在貴州高原山地也常可看到。從普安新興所到板橋鋪城的山嶺中，「山始多松，然無喬枝巨本，皆弱幹糾纏，垂嵐拂霧，無復吾土淩霄傲風之致也。」丹霞山「松無挺拔之勢，而偃仆盤曲，雖小亦然」。在湖南茶陵雲陽山，他已觀賞了由於地形和風向的作用而在高山上呈現的兩邊截然不同的景觀。到貴州安南的威山，他又重見這種奇觀：「東南峰外，澄霄麗日，遙山如靛；余所行之西北，則瀰淪如海，峰上峰下，皆入混沌，若以此脊為界者。蓋脊之東南，風所從來，故夙霾淨捲；脊之西北，風為脊障，毒霧遂得倚為窟穴。」由於徐霞客生性好奇，且善於探奇，長於表奇，故常能見人所難見的奇觀，寫人所難寫的奇景，如上述的描寫，都令人有奇筆縱橫，異彩紛呈之妙。

和在廣西時一樣，盤江和伏流始終是徐霞客關注的重點。他已三次看到北盤江（下游為都泥江），一次在廣西武宣北境，都泥江注入柳江，顏色渾濁；一次在南丹衛三里城北的羅木渡，都泥江水清澈；一次在貴州關嶺和晴隆交界處，奔騰的盤江從北往南流去，「其峽不闊而甚深，其流渾濁如黃河而甚急。萬山之中，眾流皆清，而此獨濁，不知何故。」在廣西，他已注意到這個問題，到貴州後，進一步推測盤江水或清或濁，可能和旱季或雨季有關。在貴州境內，徐霞客看到有不少水流，從巖洞流出，注入都泥江，如長順白雲山南的水埠龍，「其上流亦自洞湧出，而南注於都泥江。」事實上，這裡的水無不從洞中流出。普安新興城和板橋鋪之間，「溪水自南來，北向入洞……此水當亦北透而下盤江者。」在鎮寧西南的雙明洞，徐霞客看到：「此處山皆迴環成窪，水皆下透穴地。」「洞中水西出流壑中，從大道下復西入山麓，再透再入，凡三穿巖腹，而後注於大溪。蓋是中窪壑，皆四面山環，水必透穴也。」由於這裡地勢窪下，四面群山環抱，匯積在裡面的水，勢必侵蝕山崖，天長日久，形成山洞，於是水又流入洞中，或為暗流，再穿過山洞，回到地面。「四面山環，水必透穴」八字，實際上已揭示了洞穴和伏流二者形成的原因。徐霞客還認為，正是由於這裡水多穿岩透穴，致使北盤江的源頭始終未能摸清。

貴州多橋，其中包括不少石拱橋和鐵索橋。徐霞客在都勻府看了郡志後，感到十分不滿，就因為志中「載都八景，俱八寸三分帽子，非此地確然特出之奇也。」而府城西門大溪上，有橋「壘石為九門甚整，橫跨洪流」，卻不見於郡志記載。對此，他感到不可理解。《遊記》中記載了因建文帝而得名的貴陽太子橋；「有九翬巨石梁，南北架溪上」的華佗佬橋（即花溪橋）；「有橋十餘翬橫跨其上」的平壩洛陽橋；其中最著名的無疑是在關嶺和晴隆交界處的盤江鐵索橋。《遊記》在寫橋之前，先描述了這裡險峻的形勢，東西兩邊的山崖，相隔不到十五丈，但高竟達三十丈，江水在下面奔騰，深不可測，用船擺渡，常有傾覆的危險，而建造石橋，又難以成功。不著一字，這橋的雄姿已破紙而出。據徐霞客一貫的作風，《遊記》中對建橋的材料和橋的結構，作了十分詳細的描述。「望之飄渺，然踐之則屹然不動，日過牛馬千百群，皆負重而趨者。」通過這幾句話，橋的堅固已可想見。《遊記》中寫過不少有特色的橋，但寫得像盤江鐵索橋那麼具體，則不多見。

「一年有四季，十里不同天。」多樣化的地形和氣候，使貴州擁有豐富的動植物資源和礦產資源。據說貴州動、植物數量和種類之多，相當於整個歐洲的總和，其中珍奇動物有三十多種，全國八種一類珍貴樹種，貴州占了一半。由於徐霞客在貴州時間較短，且一直在急於趕路，故不像在廣西、雲南時那樣，對此有較多的記載。《遊記》中令人較感興趣的是對大象的描寫。在廣西他已提到莫彝「驅大兵象陣，入營鎮安」。到關嶺新鋪白基觀，他看到「有象過，二大二小，停寺前久之。象奴下飲，瀕去，象輒跪後二足，又跪前二足，伏而候升。」寥寥數句，寫出大象的馴順，十分傳神。在〈遊九鯉湖日記〉中，徐霞客已寫過「啼猿上下，應答不絕」的景象。到長順白雲山，他每天早晚都聽到猿聲，據僧人說，「白雲山中有玄色白色諸猿，每六六成行，輪朝寺下。」如果僧人所言屬實，也可稱為一種奇觀。從《遊記》中可知，當時貴州缺鹽。徐霞客在貴州時，隨身帶著鹽，並以此換取食物。

貴州原為窮鄉僻壤，當明朝末年，更為凋弊。據《遊記》載，盤江橋西端的新城總兵府衙門，「與店舍無異，早晚發號用喇叭，聲亦不揚，金鼓之聲無有也。」總兵府尚且如此，其他地方就更不必說了。徐霞客在途中三次遇盜，兩次就發生在貴州。進入貴州後，徐霞客沒有再遇上像三里城參將陸萬里、向武知州黃紹倫那樣的知己，手中沒有馬牌，既不能使用驛站的馬匹，也沒有役夫接送，行路十分困難，甚至連夜晚投宿也常遇到麻煩，有時「臥處與豬畜同穢」，「臥地無草」，「不飯而臥」。貴州雖然沒有交彝之警，但也有土司之爭，尤其是和廣西接界的獨山州豐寧司，騷亂不已，盜賊橫行。徐霞客在豐寧上司避雨時，曾遇上四個全副武裝、「勇壯兇獰」的大漢，以為這次在劫難逃，但最後這幾個人居然沒有動手，他在慶幸之餘，不由得歎道：「知其必非良人；然入其吻而不下咽，其心猶良也。」但他沒想到，一個居心險惡的人，正在他的身邊，此人就是在廣西慶遠府主動提出要隨徐霞客去雲南的王貴，當時他通過占卜，答應讓王貴同行。自從走進少數民族地區後，徐霞客便將一些銀子藏在鹽筒中，日子長了被王貴發現，到平壩狗場堡，便偷了銀子逃之夭夭。霞客省吃儉用所藏的路費，「不失於蠻烟瘴毒之區，而失之就坦遵途之日」，心情極為不快。普安城內店主符心華，是浙江蘭溪人，徐霞客原以為他是江浙老鄉，可以信任，便將行李放在他的住所，誰知竟被他偷走。徐霞客沒想到連這種人也「俱有害人之心」，不由得慨歎「人之無良如此」！轉而又為自己「萬里一身，脫其虎口」而感到僥倖了。《遊記》中還寫了普安二十二哨，都在海子鋪收取哨錢，勒索馬幫挑夫，行人苦不堪言。不過和達官貴人比，這些偷雞摸狗之徒，又都瑣瑣不足道了。徐霞客在關嶺黃土壩，看到途中「扛擔絡繹，車騎相望」，原來是臨安道員毋忠，「以欽取入京」。當時在臨安道所屬的阿迷州，土司割據勢力依然十分猖獗，作為長官，毋的才能值得懷疑；而他離任隨身所帶的財物又如此之多，此人的品性也很可議論。那麼，他又是憑什麼得到晉升，「豈果有卓異特達聖聰耶？」或者，只是應了莊子「竊國者侯」這句老話？《遊記》中關於毋忠的一段話，淡淡說來，卻辛辣無比。《遊記》中還寫了普安丹霞山的僧人不昧，捐錢購置莊田，供養四方的來客，可見即使在邪惡橫行的濁世中，依然有良知的光輝在閃爍。

滇❶遊日記一（缺）

【題解】崇禎十一年（一六三八）五月初十，徐霞客自貴州亦資孔驛進入雲南。據季會明說，〈滇遊日記〉第一冊的稿本，在清順治二年（南明隆武元年，一六四五）七月清兵南下時，毀於江陰兵火，故現缺五月初十至八月初六這八十七天的日記。後雖經霞客第四子李寄聚殘補缺，但僅得〈遊太華山記〉等幾篇小記而已。雲南之名，或說起於西漢：「漢武元狩間，彩雲見於南中，遣使迹之，雲南之名始此。」（《雲南通志》）「漢元狩元年，彩雲現於白崖，遂置雲南縣（今祥雲雲南驛）。」（《祥雲縣志》）或說「舊以在雲嶺之南得名」。在很長一段時期內，一直被看作「泛皮船兮渡繩橋」的蠻荒不毛之地。本世紀六十年代，在雲南元謀發現了古人類的臼齒化石，方知雲南原來是人類最早的發祥地之一。雲南地勢複雜，山河壯麗，民族眾多，資源豐富，無論自然景觀還是民俗風情，都異彩紛呈，以奇見稱。〈滇遊日記一〉為徐霞客入滇之始的記載，奇遇勝遊，盡在其中，失之殊為可惜。幸賴他在〈盤江考〉和〈滇遊日記二〉、〈滇遊日記三〉中，對這段旅程頗多提示之處，從中可以考見當時的行蹤。大致自亦資孔驛經火燒鋪、小洞嶺，從勝境關入滇。又經過平彝衛、霑益州交水、曲靖府，沿南盤江南下，遊覽石堡溫泉，再經過越州衛、陸涼州，往西至楊林所，然後進入省城昆明，遊覽了太華山。接著自昆明經呈貢縣、晉寧州、通海縣，遊秀山，又經過臨安府，至石屏州，考察瀘江源流，遊覽異龍湖，再從石屏州返回臨安，遊顏洞，然後經過阿迷州、彌勒州，到廣西府。現〈滇遊日記一〉所收的四篇小記，即作於這段旅程中。

季會明❷曰：乙酉❸七月，余宗人季楊之避難❹於舅氏徐虞卿處，顧余於館，見《霞客遊記》，攜〈滇遊〉一冊去。不兩日虞卿為盜所殺，火其廬，記付祖龍❺。是書遭其殘缺，亦劫數❻也！原稿後又搶散，此集亦失而復得，危矣哉！幸矣哉！但全集今唯義興❼庠友曹駿甫❽處有之。駿甫亦好遊，慕霞客之高，聞變，詣弔，已葬，拜墓而去。後又來，欲求遺書校錄，為刊刻計。子依以原稿付去，逾一年而返趙❾，云已謄錄。今其集必全。況此冊正入滇之始，奇遇勝遊，多在其中，甚不可缺，訪而得之，亦甚易也。又詩稿一冊，仲昭❿付梓人陳仲鄰；仲鄰遇難，稿亦散失。然其詩另為一冊，與記不相連屬，缺之猶可；記缺其一，便不成集，當急求之。

陳體靜⓫曰：余嘗考介翁⓬於宜興史氏⓭購得曹氏底本，而此冊中亦僅載遊太華、顏洞數小記而已；其間自五月初九至八月初六，凡八十七日日記，仍不可得。想曹氏以其經行之略已見于〈盤江考〉中而概削之者，則知駿甫所錄，先已非全文也。文章缺陷，信乎有數存焉，為之浩歎！

徐鎮⓮按：〈滇一〉日記，已為燼簡；介翁蒐殘補治，定知非輯綴假合也。或者一并汰之，直將〈太華〉數節，別作記外贅筆，而〈滇〉一則仍闕如，豈復成令丙⓯耶？茲從陳本編正。

【注釋】❶滇　雲南省的簡稱。因省境東北部在戰國至漢武以前為滇國地而得名。❷季會明　即季夢良，崇禎十五年（一六四二），季夢良在王忠紉手校的基礎上，搜錄補輯，《徐霞客遊記》首次成書。清順治二年（一六四五），清兵攻陷江陰，霞客長子徐屺遇難，日記原稿全部被火燒毀，季氏整理本也有散失，季氏再作搜集整理，但〈滇遊日記〉首冊已不可得。❸乙酉　清世祖順治二年（一六四五）。❹避難　順治二年，清兵南下江南，下令漢人薙髮，霞客故鄉江陰民眾推典史閻應元、陳明遇為首守城，立誓「頭可斷，髮不可薙」，與二十四萬圍城清軍苦戰八十一天，城破，守城民眾全部就義。❺祖龍　祖，始。龍，君王。指秦始皇。因秦始皇有焚書坑儒之事，故云。❻劫數　佛教謂天地形成到毀滅為一劫。劫數為極漫長的時間。後也用以指厄運、災難、大限。❼義興　古地名，宋初改名宜興，即今江蘇宜興。❽曹駿甫　其抄本今已失傳。❾返趙　即「完璧歸趙」意。❿仲昭　徐霞客族兄徐遵湯。錢謙益曾致書徐仲昭，囑他在刻印《遊記》中，萬萬不可改動，以免失去本來面目。⓫陳體靜　即陳泓，江陰人，乾隆年間，集李寄、楊名時等《遊記》抄本，校對數次，抄錄一部。⓬介翁　李寄，字介立，霞客幼子，妾周氏所生，後育於李氏，因改姓李。徒步至宜興，訪史夏隆得曹駿甫抄本，與季夢良第二次抄本互校成書，為後陳泓及楊名時二抄本所本。⓭史氏　史夏隆。據史夏隆為《遊記》所作序，他在康熙五年（一六六六）從同里曹學遊處得《遊記》四冊，「草塗蕪冗，殊難為觀」，後在朋友幫助下，抄錄一通，於康熙二十三年將原書交李介立。⓮徐鎮　字筠峪，徐霞客族孫。乾隆四十一年（一七七六）據楊名時、陳泓二人的校本，對李本進行對比校勘，考其異同得失，刻印成書，為《徐霞客遊記》的第一個木刻本。⓯令丙　原指法令編次的第三編。

遊太華山❶記

出省城❷，西南二里下舟，兩岸平疇夾水。十里田盡，萑葦❸滿澤，舟行深綠間，不復知為滇池❹巨流，是為草海❺。草間舟道甚狹，遙望西山❻繞臂東出，削崖排空，則羅漢寺❼也。又西十五里，抵高嶢❽，乃捨舟登陸。高嶢者，西山中遜處也。南北山皆環而東出，中獨西遜，水亦西逼之。有數百家倚山臨水，為迤西❾大道。北上有傅園❿，園西上五里為碧雞關⓫，即大道達安寧州⓬者。由高嶢南上為楊太史祠⓭，祠南至華亭⓮、太華，盡於羅漢⓯，即碧雞山⓰南突為重崖者。蓋碧雞山自西北亘東南，進耳⓱諸峰由西南亙東北，兩山相接，即西山中遜

滇遊一圖

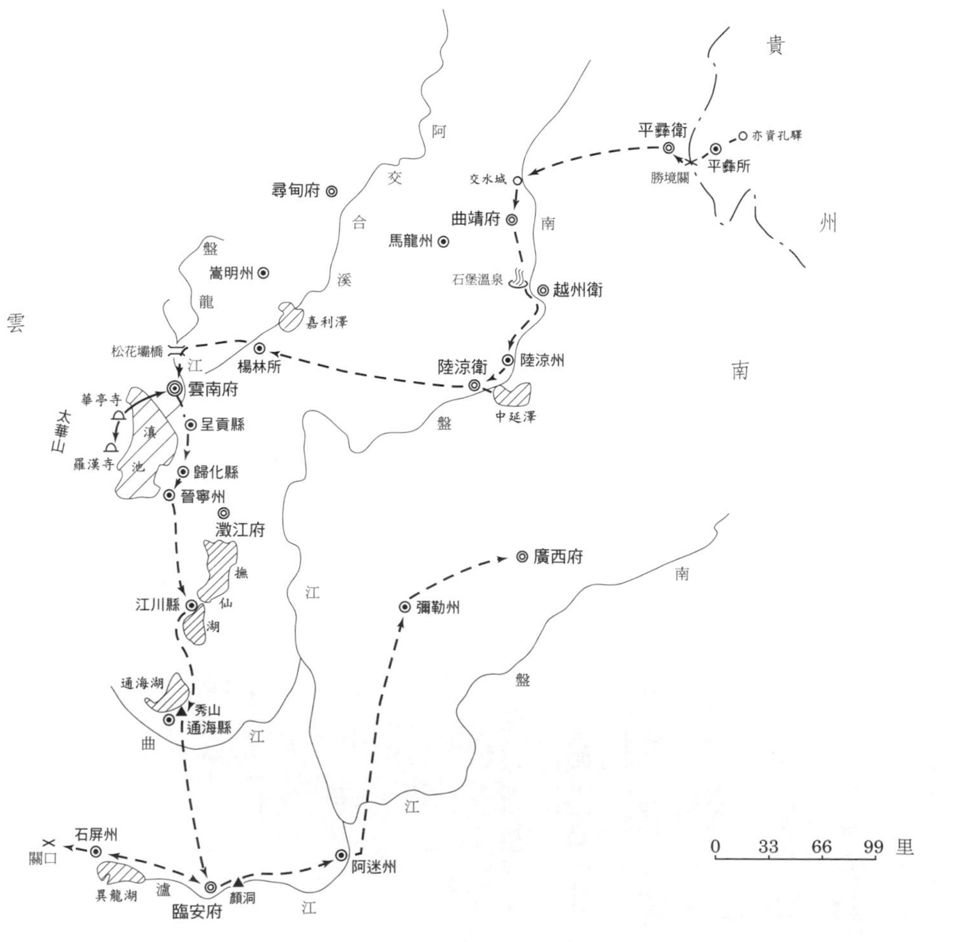
貴
州
雲
南
平彝衛
亦資孔驛
平彝所
勝境關
交水城
曲靖府
南
盤
江
阿
交
合
溪
尋甸府
馬龍州
嵩明州
盤
龍
江
石堡溫泉
越州衛
嘉利澤
松花壩橋
楊林所
陸涼衛
陸涼州
中延澤
雲南府
華亭寺
太華山
羅漢寺
滇
池
呈貢縣
歸化縣
晉寧州
澂江府
撫
仙
湖
江川縣
廣西府
彌勒州
通海湖
秀山
通海縣
曲
江
石屏州
關口
異龍湖
瀘
江
臨安府
顏洞
阿迷州
0 33 66 99 里

處，故大道從之，上置關，高甍實當水埠焉。

余南一里，飯太史祠。又南過一村，乃西南上山。共三里，山半得華亭寺⑱。寺東向，後倚危峰，草海臨其前。由寺南側門出，循寺南西上，南踰支隴入腋，共二里，東南升嶺，嶺界華亭、太華⑲兩寺中而東突者。南踰嶺，西折入腋湊⑳間，上為危峰，下盤深谷。太華則高峙谷東，與行處平對，然路必窮極西腋，後乃東轉出。腋中懸流兩派墜石窟，幽峭險仄，不行此徑不見也。又東盤山嘴，共一里，俯瞰一寺在下壑，乃太平寺㉑也。又南一里，抵太華寺。寺亦東向，殿前夾墀皆山茶，南一株尤巨異。前廊南穿廡入閣，東向瞰海。然此處所望，猶止及草海，若瀠瀠浩蕩觀，當更在羅漢寺南也。

遂出南側門稍南下，循塢西入。又東轉一里半，南踰崗嶺，嶺自西峰最高處東垂下，有大道直上，為登頂道。截之東南下，復南轉，遇石峰嶙峋南擁，輒從其北，東向墜土坑下，共一里，又西行石叢中。一里，復上躡崖端，盤崖而南，見南崖上下，如蜂房燕窩，纍纍欲墮者，皆羅漢寺南北庵㉒也。披石隙稍下，一里，抵北庵。已出文殊巖㉓上，始得正道。由此南下，為羅漢寺正殿；由此南上，為朝天橋㉔。橋架斷崖間，上下皆嵌崖，此復嶄崖中墜。橋度而南，即為靈官殿㉕，殿門北向臨橋。由殿東側門下，攀崖躡峻，愈上愈奇，而樓[26]、供純陽。而殿[27]、供玄帝。而閣[28]、供玉皇。而宮[29]，名抱一。皆東向臨海，嵌懸崖間。每上數十丈，得斗大平崖，輒杙空架隙[30]成之，故諸殿俱不巨，而點雲綴石，互為披映，至此始擴然全收水海[31]之勝。南崖有亭前突，北崖橫倚樓，樓前高柏一株，浮空漾翠。並樓而坐，如倚危檣[32]上，不復知有崖石下藉也。抱一宮南削崖上，杙木棧[33]，穿石穴；棧懸崖樹，穴透崖隙，皆極險峭。度隙，有小樓粘石端，寢龕炊竈皆具。北庵景至此而極。返下朝天橋，謁羅漢正殿。殿後崖高百仞。崖南轉折間，泉一方渟崖麓，乃朝天橋迸縫而下者，曰勺冷泉[34]。南踰泉，即東南折，其上崖更崇列，中止瀠坪[35]一縷若腰帶，下悉隤阪崩崖，直插海底，坪間梵宇仙宮，雷神廟[36]、三佛殿[37]、壽佛殿[38]、關帝殿[39]、張仙祠[40]、真武宮[41]。次第連綴。真武宮之上，崖愈傑竦[42]，昔梁王[43]避暑於此，又名避暑臺，為南庵盡處，上即穴石小樓也。更南則庵盡而崖不盡，穹壁覆雲，重崖拓而更合[44]。南絕壁下，有猗蘭閣址。

還至正殿，東向出山門，凡八折，下二里抵山麓，有村氓數十家，俱網罟[45]為業。村南即龍王堂[46]，前臨水海。由其後南循南崖麓，村盡波連，崖勢愈出，上已過猗蘭舊址。南壁愈拓削，一去五里，黃石痕掛壁下，土人名為掛榜山[47]。

再南則崖迴嘴突，巨石壘空嵌水折成壘[48]。南復分接屏壁，雄峭不若前，而兀突離奇，又開異境。三里，下瞰海涯[49]，舟出沒石隙中，有結茅南涯側者，亟懸仄徑下，得金線泉[50]。泉自西山透腹出，外分三門，大僅如盎，中崆峒，悉巨石欹側，不可入。水由盎門出，分注海。海中細魚溯流入洞，是名金線魚[51]。魚大不踰四寸，中腴脂，首尾金一縷如線，為滇池珍味。泉北半里，有大石洞，洞門東瞰大海，即在大道下，崖傾莫可墜，必迂其南，始得逶迤入，即前所望石中小舟出沒處也。門內石質玲透，裂隙森柱，俱當明處。南入數丈輒暗，覓炬更南，洞愈崇拓。共一里，始轉而分東西向，東上三丈止，西入窈窕莫極。懼火炬不給，乃出。

上山返抱一宮。問山頂黑龍池[52]道，須北向太華中，乃南轉。然池實在山南金線泉絕頂，以此地崖崇石峻，非攀援可至耳。余輒從危崖歷隙上，壁雖峭，石縫多稜，懸躍無不如意。壁紋瓊葩瑤莖，千容萬變，皆目所未收。素習者惟牡丹，枝葉離披，布滿石隙，為此地絕遘，乃結子垂垂，外綠中紅，又余地[53]所未見。土人以高遠莫知採鑒，第曰山間野藥，不辨何物也。攀躋里餘，遂躡巔，則石萼鱗鱗，若出水青蓮，平散竟地。峰端踐側鍔而南，惟西南一峰最高。行峰頂四里，凌其上，為碧雞絕頂。頂南石萼駢叢，南墜又起一突兀峰，高少遜之，乃南盡海口山[54]也。絕頂東下二里，已臨金線泉之上，乃於聳崖間觀黑龍池而下。

【章　旨】本章記載了徐霞客進入雲南後遊省城昆明西山的行跡。出省城昆明，坐船駛入草海，到西山中部的高嶤上岸。往南走上，在楊太史祠吃飯。飯後上山到華亭寺，又越過山嶺，望見太華山高高聳立，環境極為幽險。隨後到太華寺，殿前有一株山茶花樹格外巨大奇特，在這裡可眺望滇池波瀾壯闊的大觀。接著翻山越嶺，看到羅漢寺的南北庵，形狀如同蜂房燕窩。從羅漢寺通過朝天橋到靈官殿，愈往上山崖愈險愈奇，有純陽樓、玄帝殿、玉皇閣、抱一宮，到這裡才能盡覽滇池水海的勝景。抱一宮南的懸崖上有棧道，極險峭。回到羅漢寺正殿，殿後有勺冷泉，山坪中有佛寺仙宮。南庵盡頭有避暑臺，上面有石室小樓，南端絕壁下有猗蘭閣遺址。下山到山麓，往南到掛榜山，有黃色的石痕。再往前到金線泉，洞中有金線魚，為滇池珍味。泉北有大石洞，洞內石質玲瓏剔透。上山返回抱一宮，從懸崖缺口往上爬，壁間裂紋千變萬化。山上有牡丹，但當地人卻不知為何物。登上山頂，片片石萼如同出水蓮花。最後登上碧雞絕頂，再往下觀看黑龍池。

【注　釋】❶太華山　在滇池西岸，左邊為華亭山。環擁蒼翠，為遊覽勝地。古人稱它「居中最高，得一山之勝」，故名。明楊慎《雲南山川志》稱此山「蒼崖萬丈，綠水千尋，月印澄海，雲橫絕頂，雲南一絕景也」。太華山原為西山的一部分，但這篇遊記則將它作為西山的代名，題為遊太華山，實際上是一篇西山遊記。❷省城　指雲南布政使司治所昆明府城。因其地「萬紫千紅花不謝，夏涼冬暖四時春」，故有「春城」、「花城」之稱。❸萑葦　即蘆葦。❹滇池　又名昆明湖、昆明池。「滇」字據說源於古滇國，或說滇者，天也，雲南在高原之上，以「滇」言其高；或說滇者，顛（倒）也，因向南流入湖中的盤龍江等水流與向北出湖的螳螂川等水流向正相反，故云。岸邊有金馬、碧雞兩山東西夾峙，池上煙波浩渺，一碧萬頃，風帆點點，景色極佳，有雲貴明珠之稱。清康熙年間，大觀樓建成，「五百里滇池，奔來眼底」。樓前門柱上有乾隆間孫髯所撰一百八十字長聯，被譽為「古今第一長聯」。❺草海　古稱積坡池，又名青草湖、西湖，在滇池北端，湖濱近華浦，為滇中名勝。❻西山　為太華、羅漢、碧嶢、華亭、太平諸山的總稱，高出昆明六百餘公尺。由市內憑高遠眺，秋色最佳，「碧雞秋色」為昆明勝景。而「三月三，遊西山」，則又成為昆明相傳已久的風俗。❼羅漢寺　在西山羅漢崖上，是一組九層、十二座殿閣、一石坊的建築群。元代為梁王避暑宮，後改建為淩虛閣、玉皇閣，明改為海涯寺，後又改稱羅漢寺，又稱三清閣至今。現存建築經元、明、清三代修建而成。寺宇依山鑿險，憑空架隙，遠望有空中樓閣之感。❽高嶢　嶢，當地讀作「橋」。在西山腳下，草海西岸山水交集處。由昆明渡水往西山多在此登岸。❾迤西　迤，往；向。表示在某一方向上的延伸。迤西即往西。明時雲南有迤東、迤西之分，以昆明為中心，迤東包括今滇東、滇南，迤西即今滇西。清初設迤東道和迤西道，乾隆間又從迤東道中分出迤南道，即所謂的「三迤」。❿傅園　晚明昆明人傅宗龍（字仲綸），官至兵部尚書、陝西總督。傅園疑為其族人所居之處。⓫碧雞關　在西山北側，碧雞山與進耳山之間。和昆明城東金馬山下的金馬關遙遙相對，相傳這兩處為漢時祭祀金馬、碧雞之神的地方。⓬安寧州　明代隸昆明府，今為昆明市郊縣。⓭楊太史祠　楊太史，楊慎，字用修，號升庵，故居原在四川新都桂湖中。為正德間狀元，曾任翰林院修撰，與古代太史（史官）之職相近，故稱楊太史。嘉靖間，以直言極諫，充軍雲南，死於昆明。在滇長達三十五年，足跡遍及雲南主要地區，著述甚豐。在昆明居高嶢山麓，宅名「碧嶢精舍」或「海莊」。萬曆間雲南布政使劉之龍改建為祠堂，以作紀念。⓮華亭　山名，在碧雞山南。山上花木繁茂，尤以山茶、牡丹著稱，為登覽勝地，有「雲氣千峰出，煙霞一徑通」的奇觀。⓯羅漢　山名，在太華山南，為西山主峰。有羅漢崖及羅漢寺。羅漢崖嵌空高峙，峭壁上有龍門。⓰碧雞山　位於西山偏北，在西山中最近昆明城，隔湖與金馬山相望。古人稱金馬為神駿，碧雞為鳳儀，有時亦以碧雞作為西山總稱。⓱進耳　山名，在滇池西南，碧雞關北。有進耳寺。徐霞客在〈滇遊日記四〉中，稱山與寺形狀俱似雙耳。⓲華亭寺　在華亭山腹，為自昆明遊覽西山的第一站。始建於宋代，元時僧人鉉峰重修。傳說上梁時有群鶴翔集，詫為華亭仙翮，因以名寺。明末清初毀於兵火，後多次重修，民國時改名為靖國雲棲禪寺，是昆明現存規模最大的寺廟，大殿內有三尊三世佛金身像，兩側壁上塑五百羅漢像。周圍地勢平坦，背山面水，環境極其幽雅。⓳太華　在太華山麓。原名佛嚴寺，為「雲南禪宗第一師」玄鑒於元代創建。明代成為黔寧王沐家的家廟。後屢有增修，形成梵宇琳宮、金碧輝煌的建築群。殿前有兩組大理石浮雕欄杆，圖案渾厚生動。另有縹緲樓、一碧萬頃樓諸勝。院內古木參天，花草繁茂，尤以太華玉蘭（又名朱砂玉蘭）、千年銀杏最享盛名。⓴腋湊　指山腰凹陷處。㉑太平寺　舊址在太平山，明萬曆間僧人碧潭修建。㉒南北庵　兩庵構於崖壁，鑿空半懸，危危欲墜，南疏北幽，以分別位於羅漢寺的南、北而得名。南庵可見草海，北庵可望水海。今通稱為三清境，因最高處有三清閣而得名。㉓文殊巖　即羅漢巖，又稱文殊崖或羅漢崖。㉔朝天橋　在文殊巖南，飛架斷崖之上，為通往羅漢寺南北兩庵的起點。㉕靈官殿　為遊覽羅漢寺南北庵的起點。殿內供天將王靈官，傳說北宋道士王善，林靈素再傳弟子，明永樂中封隆恩真君，後被尊為玉樞火府天將，建火德觀。道觀內所塑王靈官像，赤面三目，披甲執鞭，為鎮守山門之神。㉖樓　純陽樓，道觀名，內供唐末道士呂嵒（又作巖）。呂字洞賓，號純陽子，自稱回道人。傳說其百餘歲仍保持童顏，步履輕疾，世以為神仙。全真道奉為北五祖之一，通稱「呂祖」。民間關於他的傳說故事甚多。㉗殿　玄帝殿，道觀名，內供玄帝，即真武帝，又名玄武帝。㉘閣　玉皇閣。玉皇，即玉皇大帝，道家所稱的天帝。㉙宮　抱一宮。抱一即守一，語出《老子》：「少則得，多則惑，是以聖人抱一為天下式。」㉚杙空架隙　在山崖空隙處槷木樁，搭木架。杙，小木樁。㉛水海　滇池分為兩部分，北部即草海，又稱西湖，湖水較淺，湖面較小。南部即水海，又稱外海或昆明海，湖水較深，湖面寬廣。㉜危檣　高的桅竿。借指船。㉝杙木棧　言在崖壁上鑿孔架木，以成棧道。㉞勺冷泉　在羅漢寺北，傳說明時趙道人居羅漢山修行，因山上缺水，養牛一頭，每日馱水上山，長達二十年。一日，牛忽死去，在牠僵臥處，地面往下凹陷，據之得水，水味甘洌，即勺冷泉，又名牛井、孝牛泉。㉟漈坪　在勺冷泉東南高處的一條狹長的平地。㊱雷神廟　內供司雷之神（即雷師或稱雷公）。㊲三佛殿　內供釋迦、文殊、普賢三佛。㊳壽佛殿　內供無量壽佛（即阿彌陀佛）。㊴關帝殿　內供關公（即關羽）。㊵張仙祠　內供張仙，傳說為五代四川眉山人張遠霄，常挾彈弓出遊，為民排難，後在青城山得道成仙。㊶真武宮　在朝天橋南，內供真武帝（即玄帝）。以上各處均為南庵建築物。㊷傑竦　高竦。㊸梁王　指元末把匝刺瓦爾密，元世祖第五子雲南王忽哥赤後裔，封梁王，鎮雲南，有威惠。明朝建立後，仍在雲南擁兵自守，長達十四年。傅友德率兵西討，把匝知事不可為，驅妻兒投滇池死，夜入草屋自經。他在羅漢山的離宮，改建為海涯寺，後稱羅漢寺。㊹上即穴石小樓也四句　從三清閣穿過朱家洞（即舊石室），上有題額曰「別有洞天」，南北兩壁刻有「雲海」、「石林」四字。穿越隧道繼續往南，至慈雲洞（即新石室），洞在懸崖上。再往前穿過刻有「龍門」二字的石坊，至達天閣，內供一尊魁星，外有月臺，下臨百丈深潭。這段路過去很難上去，至清代，道士吳來清（原為貧苦漁民）關心修橋築路，與附近數十戶石工，自乾隆四十六年（一七八一）至咸豐三年（一八五三），歷時七十二年，冒險斷續開出這段登山通路，直到豁然開朗的覽海處。今統稱龍門。三清閣和龍門被譽為「天上宮闕，雲間仙府」，有「不遊三清閣，不知西山之美；不登龍門，不知羅漢壁之奇」之說。在達天閣外憑欄下眺，滇池煙水盡收眼底，有壁聯稱：「仰笑宛離天尺五，憑臨恰在水中央」，身臨其境，水天一色，氣象萬千，為滇中第一勝景。㊺罟　網的總稱。㊻龍王堂　龍王廟，據〈滇遊日記四〉，在螳螂川近海口的一個沙洲上。㊼掛

榜山　在羅漢山南，因崖壁上有黃石痕形如掛榜而得名。㊽璺　器皿裂紋。㊾海涯　指滇池水邊，文中所稱海，均指滇池。㊿金線泉　在西山倒石頭附近，以產金線魚著稱。(51)金線魚　產於太華山的金線泉和晉寧牛戀鄉的金線洞兩處，為滇池所產的三種特殊魚之一。體大不盈尺，小口細鱗，中有一條金線，故名。味極鮮美，現已罕見。(52)黑龍池　在羅漢山南側，金線泉之上，池水深黑，今已涸。(53)余地　指霞客的故鄉。(54)海口山　為羅漢山南延部分，以近海口而得名。

【語　譯】出省城，往西南走二里上船。兩岸平野夾水，船行十里，田野消失，水中長滿蘆葦，船在深綠的蘆葦叢中行駛，已不知道在滇池大湖中，這就是草海。水草中的航道十分狹窄，遠望西山，像彎曲的臂膀向東伸出，陡峭的崖壁淩空排列，即羅漢寺所在的地方。又往西行駛十五里，到達高嶢，便離船上岸。高嶢是在西山中部低凹處。西山南部北部的山都環繞向東伸出，惟獨中間往西收縮，水也向西逼近它，有幾百戶人家靠山面水居住，去滇西的大路，從這裡經過。從高嶢往北走上到傅園，從傅園往西走上五里到碧雞關，這是通往安寧州的大路。從高嶢往南走上到楊太史祠，從祠往南到華亭山、太華山，最後到羅漢山，即碧雞山向南突出形成的重重山崖。大體上說，碧雞山從西北橫貫東南，進耳等山峰從西南橫貫東北，兩山相接處，就是西山中部低凹的地方，所以大路從這裡經過，上面設置關口，高嶢實際上是一個水邊的碼頭。

我往南走一里，在楊太史祠吃飯。又往南走過一個村莊，便往西南上山，共走了三里，在半山腰看到華亭寺。寺面向東，背靠高峻的山峰，前面對著草海。從寺南的邊門走出，沿著寺的南側往西走上，往南越過分支的丘壠進入山腋，共走了二里，往東南登上山嶺，嶺隔在華亭、太華兩寺中間向東突起。往南越過山嶺，再往西轉入山腰的凹陷處，上面是高峰，下面深谷盤繞，太華寺高高峙立在山谷東邊，和我所走的地方齊平相對，但路必須走完西面山腰的凹陷處，然後才能往東轉出。山凹中懸掛著兩道瀑布，墜入石窟，地勢幽深陡峭，險峻不平，不走這條路是看不到的。轉出峽谷，又往東繞過山口，共走了一里，往下看到一座寺廟在下面山壑中，是太平寺。再往南走一里，到太華寺。這寺也面向東，殿前石階兩旁都是山茶花樹，南面的一棵格外高大奇特。從前廊往南穿過廂房進入閣中，向東俯視滇池。但在這裡所能望見的只是草海，至於迴旋浩蕩、波瀾壯闊的景觀，應當再到羅漢寺南面才能看到。

於是從寺南的邊門走出，稍許往南走下，沿著山塢往西進入。又轉向東走一里半，往南越過山嶺，這嶺從西面山峰最高處向東垂下，有大路一直往上，是登上峰頂的路。橫穿大路往東南走下，再向南轉，看到石峰陡峻，往南簇擁，就從它的北面，向東墜下土坑，共走了一里，又往西在石叢中行走。過了一里，再往上腳踏崖頂，盤繞山崖往南走，只見南面的山崖上上下下，如同蜂房燕窩般的房屋層層疊疊，好像要墜落似的，這些都是羅漢寺的南庵和北庵。穿過崖石缺口稍許走下，過了一里，到達北庵，隨即走出到文殊巖上，才進入大路。從這裡往南走下，到羅漢寺正殿；從這裡往南走上，到朝天橋。橋架在斷裂的山崖中，上下都是凹陷的山崖，這裡又是高險的山崖中斷墜落處。過橋往南，便是靈官殿，殿門朝北對著橋。從殿東邊門走下，攀登險峻的山崖，越往上越奇特，有樓、供奉純陽。有殿、供奉玄帝。有閣、供奉玉皇。有宮，名抱一宮。都向東對著滇池，鑲嵌在懸崖之中。每往上攀登幾十丈，崖上便有一塊斗大的平地，廟宇就在這空隙處打樁架木建成，所以各個殿都不大，但點綴在白雲崖石間，相互披露掩映，到這裡才地勢開闊起來，能夠盡覽滇池水海的勝境。南崖有亭向前突出，北崖有樓橫靠著，樓前有一棵高大的柏樹，翠綠的枝葉在空中飄蕩，依樓而坐，就像坐在船上，不再感覺到下面還有崖石。抱一宮南面陡峭的崖壁上，打樁鋪板，成為棧道，穿石成為洞穴；棧道懸掛在崖上的樹木中，石洞通過崖壁的缺口，都極為險峻陡峭。穿過缺口，有小樓緊貼在石崖的一端，裡面吃睡用具一應齊全。北庵的景物到這裡為止。往下回到朝天橋，去羅漢寺正殿拜佛。殿後的山崖高達百仞。山崖南面的轉折處，有一方泉水匯聚在崖腳，是從朝天橋山縫中迸湧流下的，名勺冷泉。往南越過泉水，隨即轉向東南，上面的山崖更加高大綿延，中間只有一縷像腰帶那樣的平地縈繞，往下全是倒坍的山坡、崩裂的崖壁，直插滇池水底，平地上的佛寺仙宮，雷神廟、三佛殿、壽佛殿、關帝殿、張仙祠、真武宮。依次連接。真武宮的上面，山崖更加高竦，從前梁王在這裡避暑，又名避暑臺，為南庵的盡頭，上面就是石穴小樓了。再往南，則庵到盡頭，但山依然不絕，崖壁高聳，雲霧籠罩，重重山崖分開又合攏。南端絕壁之下，有猗蘭閣舊址。

回到羅漢寺正殿，往東走出廟門，共轉了八個彎，向下走二里到達山麓，這裡住著幾十家村民，都以捕魚為業。村南便是龍王廟，前面對著滇池水海。從龍王廟後面往南沿著南面的崖麓走，村莊盡頭連接水波，山崖的氣勢更加突出，上面已過猗蘭閣舊址。南面的崖壁更加開擴陡峭，一直延伸五里，黃色的石痕懸掛在崖壁下，當地人稱為掛榜山。再往南則崖壁環繞，山口突出，巨石重疊，高聳天空，下插水中，斷裂成縫。往南又和屏風般崖壁忽分忽接，雄偉陡峭不如前面的山，但高聳離奇，又別開異境。走了三里，俯視滇池水邊，船在石縫中出沒，在南岸一邊蓋有茅屋，趕緊從小路垂直走下，來到金線泉。泉水從西山腹部穿出，外面分成三道門，只有盎那麼大，裡面是空洞，全是傾側的大石，不能進去。泉水從盎那樣的門口流出，分別注入滇池。滇池中有小魚逆流游入洞中，名金線魚。金線魚長不超過四寸，魚肉肥嫩，從頭到尾有一縷金線，是滇池的美味。在泉水北面半里，有個大石洞，洞口向東俯對滇池，就在大路下面，因為崖壁傾側，沒有地方可以下去，必須繞到洞的南面，才能曲折走進，即是先前所望見的小船在石縫中出沒的地方。洞內石質玲瓏剔透，裂開的縫隙，石柱密布，都在亮處。往南走進幾丈就黑暗起來，找到火把後再往南進去，洞內更加高大開闊。共走了一里，才轉而分為東、西兩個方向，往東上去三丈就已到底，往西進去，則幽深曲折不可窮盡。因怕火把不夠，便走出洞來。

上山返回抱一宮。打聽去山頂黑龍池的路，得知必須向北到太華山中，便往南轉。黑龍池實際上是在山南金線泉所在的最高峰頂，因為這裡山崖高峻，石壁陡峭，不是攀援能夠到達。我就從高峻的山崖踩著缺口往上爬，崖壁雖然陡峭，但石縫有許多棱角，懸空躍上無不如意。崖壁的裂紋，如同瓊花瑤莖，形態千變萬化，都是從未見過的。我平時熟悉的只有牡丹花，枝葉茂盛，布滿石縫，在這裡絕無僅有，而結子下垂，外綠中紅，又是我家鄉所未見到的。當地人因為山高路遠不知道採來觀賞，只說是山間野藥，分辨不出它是什麼花。往上攀登一里多，就踏上山頂，只見一片片魚鱗般的石萼，就像出水的青蓮，平布滿地。在峰頭踩著旁邊棱角鋒利的岩石往南，惟有西南的一座山峰最高。在峰頂走了四里，登上最高處，是碧雞山的絕頂。絕頂南面石萼並立叢聚，南邊墜落的地方又突起一峰，比碧雞山稍低，是南邊盡頭處的海口山。從絕頂往東走下二里，已到金線泉的上方，於是在高聳的山崖間觀賞黑龍池，然後下山。

滇中花木記

滇中花木皆奇，而山茶、山鵑為最。山茶❶花大逾碗，攢合成球，有分心、卷邊、軟枝者為第一❷。省城推重者，城外太華寺❸。城中張石夫所居朵紅樓樓前，一株挺立三丈餘，一株盤垂幾及半畝。垂者叢枝密幹，下覆及地，所謂柔枝也，又為分心大紅，遂為滇城冠。山鵑❹一花具五色❺，花大如山茶，聞一路迤西，莫盛於大理、永昌境。花紅❻，形與吾地同，但家食時，疑色不稱名，至此則花紅之實，紅豔果不減花也。

【章　旨】本章記載了雲南的名花，其中以山茶、杜鵑最為奇特。花紅果實鮮紅，名符其實。

【注　釋】❶山茶　為終年常綠的灌木或小喬木。《本草綱目》云：「山茶花其葉類茶，又可作飲，故得茶名。」明人王象晉所作《群芳譜》云：「山茶一名曼陀羅，樹高者丈餘，低者二、三尺，枝幹交加……聞滇南有二、三丈者，開至千朵，大於牡丹，皆下垂，稱絕豔矣。」茶花為雲南省花，現有多種品類，樹幹高疏，葉色深綠，花大如牡丹，團紅簇錦，爛漫生輝。❷有分心卷邊軟枝者為第一　《雲南通志》載：「雲南茶花奇甲天下……趙璧作譜近百種，以深紅軟枝分心卷瓣為上。」如普寧盤龍山藥師殿前的兩株古茶花樹，即一屬「軟枝松子鱗」，一屬「九心十八瓣」。九心十八瓣十分難得，「花大豐茸圓湛，一花能耐旬日之綻，一樹能經數月之開，實為中州所未有。」❸太華寺　今寺內有茶花名「松子鱗」，相傳為建文帝手栽，樹幹直徑一尺多，枝葉繁茂，每年開花上千朵。楊慎曾作詞讚道：「正月滇南春色早，山茶處處齊開了，豔李妖桃都壓倒，妝點好，園林處處紅雲島。」❹山鵑　杜鵑花，多為常綠或半常綠的灌木，也有一些喬木。花多殷紅、嫩紫、粉白色。於暮春開放，因正值杜鵑鳥哀啼之時，故名。又名紅躑躅、映山紅、石山榴。以雲南、四川最盛，與山茶、報春、玉蘭合稱「雲南四大名花」。❺一花具五色　據《雲南通志》，杜鵑花「有五色雙瓣者，永昌（今保山）、蒙化（今巍山）多至二十餘種。」❻花紅　又名沙果、林檎。春夏之交開花，花蕾紅色，果實黃或紅色，味似蘋果。

【語　譯】雲南的花木都很奇特，而山茶、山鵑最為突出。山茶花比碗還大，花瓣層層聚合，結成球形，有分心、卷邊、柔枝的為第一。省城所推重的，是城外太華寺的山茶。城中張石夫所居住的朵紅樓樓前，有一棵山茶樹挺立三丈多高，另一棵山茶樹盤繞垂蓋，幾乎有半畝地。垂下的枝幹叢生密集，往下覆蓋到地面，就是所謂的柔枝，花又是分心大紅色，便被譽為省城山茶花之冠。山鵑一花具有五種顏色，花朵像山茶那樣大，聽說滇西一帶，沒有地方比得上大理、永昌境內的山鵑花開得繁盛了。花紅的形狀和我家鄉的相同，但在家鄉吃花紅時，常懷疑果子的顏色不符它的名稱，到這裡看到花紅的果子，鮮紅豔麗真的是不亞於花。

遊顏洞❶記

臨安府❷顏洞凡三，為典史❸顏姓者所開，名最著。余一至滇省，每飯未嘗忘鉅鹿也❹。遂由省中南過通海縣❺，遊縣南之秀山❻。上一里半，為灝穹宮❼。宮前巨山茶二株，曰「紅雲殿」。宮建自萬曆初，距今裁六十年，山茶樹遂冠南土。又南抵臨安府，城南臨瀘江❽。此江西自石屏州❾異龍湖❿來，東北穿出顏洞，而合郡眾水，亦以此洞為洩水穴也。

於是覓一導遊者於城東接待寺。顏洞大道，當循城而南，渡瀘江橋；導者從寺前隔江東北小路行，遂不得渡瀘江，東觀三溪會合處。由寺北循塘岸東行，塘東皆紅蓮覆池，密不見水。東北十五里，渡賽公橋，水自西北來，東南入瀘。又五里上山，為金雞哨。哨南瀘江會諸水，由此東入峽。峽甚逼，水傾其中，東抵洞口尚里餘。望洞頂石崖雙劈，如門對峙，洞正透其下，重岡迴夾之，不可得見。求土人導入，皆曰：「水漲流急，此非遊時。若兩月前水涸，可不橋而入。今即有橋，亦不能進，況無橋耶？」橋非一處，每洞中水深處，輒架木以渡。往例按君來遊，架橋費且百金，他費亦百金。土人苦之，乘普酉兵變⑪，託言洞東即阿迷境，叛人嘗出沒此，遂絕官長遊洞者。余必欲一至洞門，土人曰：「須渡江南岸，隨峽入，所謂瀘江橋大道也。」始悔為導者誤。乃捨水洞，覓南明、萬象二陸洞。

從哨東下坡，復上山登頂。東瞰峽江環峽東入，洞門即在東峽下。余所登山處，正與其上雙崖平對，門猶為曲掩，但見峭崖西向，湧水東傾，搗穴吞流之勢，已無隱形矣。東北三里，踰嶺脊下山。二里，則極東石壁迴聳，如環半城，下開洞門北向。余望之有異，從之直下，一里，抵峽中。又一里半，抵東壁下，稍南上，洞門廓然，上大書「雲津洞」，蓋水洞中門也。遊顏洞以雲津為奇，從前門架橋入，出後門，約四、五里，暗中傍水行，中忽闢門延景，其上又絕壁迴環，故自奇絕。余不能入其前洞，而得之重崿絕巘[12]間，且但知萬象、南明，不復知有雲津也，誠出余意外。遂瞰洞而下，洞底水從西南穴中來，盤門內而東，復入東南穴去。余下臨水湄[13]，徑之：水闊三丈，洞高五、六丈，而東西當門透明處，徑可二十丈。但水所出入，直逼外壁，故非橋莫能行。出水西穴，漸暗不可遠窺；東為水入穴處，稍旁拓，隔水眺之，中垂列乳柱，繽紛窈窕。

復上出洞外，上眺東南北三面，俱環壁無可上，仍西出舊道，北上山。東一里，踰嶺，已陟東壁迴環上嶺，塢中東向一里，其地南北各起層峰，石崖時突，萬象洞即在北崖上，乃導者妄謂在南崖下。直下者一里，抵南崖，一洞東向，高四丈，水從中湧出，兩崖角起，前對為峽，水出洞破峽，勢極雄壯，蓋水洞後門也。又東二里，抵老鼠村，執途人問之，萬象洞在西北嶺上，即前所從下山處；洞甚深，歷降而下，底與水洞通。余欲更至洞門，晚色已合，去宿館尚十里。念此三洞，慕之數十年，趨走萬里，乃至而叛彝阻之，陽侯[14]隔之，太陽促之，導人又誤之；生平遊屐，斯為最阨矣！

【章旨】本章記載了在雲南臨安府遊顏洞的行跡。一到雲南，便念念不忘去遊顏洞。從省城往南經過通海，遊覽秀山，山上有灝穹宮，宮前有二棵巨大的山茶樹。又往南到臨安府，城南臨瀘江。隨嚮導從小路走，經過金雞哨，到顏洞洞口，正逢漲水之時，當地人說沒橋無法入洞，只得離開水洞，去尋找陸洞。在登山途中看到江水「搗穴吞流」的壯觀。下山時出乎意料地發現雲津洞，為水洞的中門，架橋進入洞中，景物奇絕，洞底有水穿過，鐘乳石柱多姿多采。出洞翻山越嶺，看到萬象洞在北崖上。到南崖發現水洞後門，水勢十分雄壯。接著經過老鼠村，遊覽了萬象洞，洞底和水洞相通。生平遊覽，數這次遊顏洞最不順利了。

【注釋】❶顏洞　在雲南建水縣城東十五里的石巖山（又名蒙山）。山麓有三洞，異龍湖、瀘江諸水流入其中，又出入開遠地界。一名水雲洞（又名雲津洞、中洞、巖洞），前門寬敞，可容數百人，洞內石筍倒垂，狀如龍蛇虎豹，旋轉迴合，幾二十里。一名南明洞，在水雲洞後，上有兩竅，陽光射入，可見石牀丹竈。一名萬象洞，與南明洞相連，勢更陡峻，歷級而上，隱隱聞風雷之聲。相傳為顏姓者所開，故稱顏洞；或說為遷客閻閎所開，又稱閻洞；也稱句町三洞。顏洞和附近的燕子洞古時有「南徼奇觀數第一」和「西南第一洞天」之稱。❷臨安府　治所在建水州（即今雲南建水縣）。❸典史　明、清時為知縣下掌管緝捕、監獄的屬官。❹每飯未嘗忘鉅鹿也　漢初匈奴勢力強盛，屢次侵犯邊境。漢文帝為代王時，尚食監高祛曾多次向他談起戰國趙將李齊的才幹，及其在鉅鹿作戰的情況。文帝即位後，曾對馮唐說：「今吾每飯意未嘗不在鉅鹿也。」即念念不忘鉅鹿的戰況，念念不忘能有良將守衛邊疆。此句引申為念念不忘顏洞。鉅鹿，戰國時為趙邑，秦時為縣，在今河北平鄉西南。❺通海縣　明代隸臨安府，今屬雲南。❻秀山　又名青山、螺峰，在通海城南隅。素有「冠冕南洲，秀甲南滇」之譽。南宋開禧元年（一二〇五），大理國主段氏在此建啟祥宮，其後續建。山上文物古蹟甚多，現存萬壽臺、普光寺、紫光閣、清涼臺、湧金寺等明建築。清涼臺周圍古木參天，濃蔭匝地，傳說為建文帝駐錫處。湧金寺位於峰頂，登臨遠眺，湖光山色，相映如畫，有古柏兩株，相傳為宋人所植。❼灝穹宮　原名啟祥宮，後改今名。宮後有建文帝祠，楊慎書額「慈仁寺」。❽瀘江　自石屏異龍湖東流，入建水顏洞，出開遠為樂蒙河，注入南盤江。❾石屏州　明代隸臨安府，今屬雲南。❿異龍湖　在石屏城東南二里，面積約五十平方公里，為構造湖，湖水清澈如鏡，湖中有三島九曲之勝。也以顏洞為泄水穴。異龍湖、瀘江諸水流經顏洞，匯入南盤江。⑪普酋兵變　見〈隨筆二則〉。⑫重崿絕巘　崿，山崖。巘，峰。⑬湄　水邊；岸旁。⑭陽侯　古代傳說中的水神名。

【語譯】臨安府顏洞共有三個洞，是姓顏的典史所開發，最為著名。我一到雲南省，便念念不忘去顏洞一遊。於是從省城往南經過通海縣，遊覽了縣城南面的秀山。上山一里半，到灝穹宮。宮前有二棵巨大的山茶樹，宮名「紅雲殿」。建於萬曆初年，離現在纔六十年，但山茶樹已為滇南花木之冠了。又往南到達臨安府。府城南面靠近瀘江。這江從西面的石屏州異龍湖流來，往東北穿出顏洞，而臨安府的眾多河流，也以顏洞作為泄水的洞穴。

於是在城東的接待寺找了一個嚮導。去顏洞的大路，應當沿著府城往南，渡過瀘江橋；嚮導從寺前隔江往東北延伸的小路走，就不能渡過瀘江，往東觀看三條溪水會合的地方。從寺北沿著池塘岸邊往東行，池塘東部盡是紅蓮覆蓋池面，因過於密集看不到水。往東北走了十五里，通過賽公橋。橋下的水從西北流來，往東南注入瀘江。又走了五里上山，到金雞哨。哨南瀘江與各條水流會合，從這裡往東流入峽谷。峽谷十分狹窄，江水傾瀉峽谷中，往東流到洞口還有一里多路。望見洞頂兩邊石崖如刀劈而成，門一樣地相對峙立，洞正好從它下面穿過，被重重山岡圍繞夾住，沒法看到。請求當地人帶我進去，都說：「現在水漲流急，不是遊洞的時候。如果在兩個月前水乾涸時，可以不用橋就能進洞了。現在即使有橋，也不可進入，何況又沒有橋呢！」這裡橋並非一處，每當洞中水深的地方，就架起木橋讓人過渡。慣例巡按御史來遊洞，架橋費用要近一百兩銀子，其他費用也要一百兩銀子。當地人為此苦不堪言，乘普酋起兵叛亂，藉口洞的東面就是阿迷州境，叛軍曾經在這裡出沒，才結束了官員遊洞之事。我一定要到洞門去，當地人說：「必須渡過瀘江到南岸，沿著峽谷走進，就是所謂的瀘江橋大路。」這才後悔被嚮導引錯了路。於是離開水洞，去尋找南明、萬象兩個陸洞。

從金雞哨的東面走下山坡，又登上山頂。往東俯視峽中江水環繞峽谷往東流入，洞門就在東面的峽谷下。

我所登臨的地方，正好和洞上兩邊的石崖平行相對，洞門仍然被曲折的山峽遮掩，只看見陡峭的山崖向西，洶湧的江水往東傾瀉，江水沖向洞穴，吞吐奔流，氣勢十分雄壯，已一目了然了。往東北走三里，越過嶺脊下山。又走了二里，只見最東面石壁迴繞高聳，如同半圓形的城牆，下面開出朝北洞門。我一眼望去覺得不同尋常，就往那裡直朝下走，過了一里，到峽谷中，又走了一里半，到東面的崖壁下。稍許往南走上，洞門十分開闊，上面寫著「雲津洞」三個大字，原來是水洞的中門。遊顏洞以雲津洞最為奇特，從前門架橋入洞，到後門出洞，大約四、五里路，在黑暗中靠著水走，中間忽然開出門洞，引進日光，上面又有絕壁環繞，由此自然格外奇妙。我沒能從前洞進入，卻在重重陡峭的山崖中發現它，而且原來只知道有萬象洞、南明洞，不知道還有雲津洞，這次遊洞確實出乎我意料之外。於是俯視著洞下去，洞底的水從西南的洞穴流來，在洞門內盤繞向東流去，再注入東南的洞穴流去。我往下走到水邊，測量這水洞，面寬三丈，洞高五、六丈，而東西向正當洞透進亮光的地方，直徑約二十丈。但水從中出入，直逼外面的石壁，所以沒有橋就不能走。西面出水的洞，漸漸暗下來沒法看到遠處；東面為水流進洞穴的地方，稍許向旁邊拓展，隔著水眺望，裡面鐘乳石柱垂直排列，繽紛多采，窈窕多姿。

再往上走出洞外，向上眺望東、南、北三面，都是環繞的崖壁沒法上去，仍然往西從原路走出，往北上山。往東走一里，越過山嶺，隨後登上東面的崖壁，環繞上嶺，在山塢中往東走一里，這裡南、北兩邊，各自聳起層層山峰，石崖時時突起，萬象洞就在北面的山崖上，而嚮導卻胡說在南面的山崖下。直往下走一里，到達南崖。有個朝東的洞，高四丈，水從洞中湧出，兩邊崖石如角聳起，在洞前相對峙立形成峽谷，水出洞後沖破峽谷流去，氣勢極其雄壯，原來是水洞的後門。又往東走二里，到老鼠村，拉住路人打聽，得知萬象洞在西北的山嶺上，即先前從那裡下山的地方，洞很深，一直往下走，底部和水洞相通。我還想去洞門，但暮色籠罩，離旅館還有十里路，已沒時間了。想起這三個洞，思慕幾十年，奔走萬里路，誰知到了這裡，卻受到反叛彝人阻撓，並被大水隔開，暮色催人，嚮導又引錯了路，生平所遊歷的地方，這次最不順利了！

隨筆二則

黔國公❶沐昌祚卒，孫啓元嗣爵。邑諸生往祭其祖❷，中門啓，一生翹首內望，門吏杖箠之。多士怒，亦箠其人，反為衆桀奴❸所傷，遂訴於直指❹金公。公諱瑊，將逮諸奴，奴聳啓元先疏誣多士。事下御史。金逮奴如故。啓元益嗔，徵兵祭纛❺，環直指門，發巨炮恐之，金不為動。沐遂掠多士數十人，毒痛之，囊其首於木❻。金戒多士毋與爭，急疏聞。下黔督❼張鶴鳴❽勘，張奏以實。時魏璫❾專政，下調停旨，而啓元愈猖狂不可制。母宋夫人懼斬世緒❿，泣三日，以毒進，啓元隕，事乃解。宋夫人疏請孫稺未勝爵服，乞權署名，俟長賜襲。會今上登極⓫，憐之，輒賜敕實授。即今嗣公沐天波，時僅歲一周支⓬也。

普名勝⓭者，阿迷州⓮土寇也。祖者輅，父子為亂三鄉⓯、維摩⓰間。萬曆四十二年⓱，廣西郡守蕭以裕⓲，調寧州⓳祿土司⓴兵合勦，一鼓㉑破之，輅父子俱就戮，始復維摩州，開三鄉縣。時名勝走阿迷，寧州祿洪欲除之。臨安守梁貴夢、郡紳王中丞撫民㉒，畏寧州強，留普樹之敵，曲㉓庇名勝。初猶屯阿迷境，後十餘年，兵頓強，殘破諸土司，遂駐州城，盡奪州守權。

崇禎四年㉔，撫臣王伉㉕憂之，裹毡笠，同二騎潛至州，悉得其叛狀，疏請勦。上命川、貴四省合勦之。石屏龍土司㉖兵先薄漾田，為所殲。三月初八日，王中丞親駐臨安，布政周士昌㉗統十三參將，將本省兵萬七千人，逼沈家墳。賊命黎亞選扼之，不得進，相持者二月。五月初二日，亞選自營中潛往為名勝壽，醉返營。一童子洩其事於龍。龍與王土司㉘夜劫之，遂斬黎，進薄州城，環圍四月，卒不下。時州人廖大亨任職方郎㉙，賊恃為奧援，潛使使入京縱反間，謂普實不叛，王撫起釁徼功，百姓悉糜爛。于是部郎㉚疏論普地不百里，兵不千人，即叛可傳檄定㉛，何騷動大兵為？而王宮諭錫袞㉜、楊庶常繩武㉝，各上疏言宜勦。事下樞部㉞議。先是王撫疏名勝包藏禍心已久，前有司養疽㉟莫發奸，致成難圖蔓草，上因切責前撫、按。而前撫閔洪學㊱已擢冢宰㊲，懼勿能自解，即以飛語㊳慫恿大司馬㊴。大司馬已先入部郎言，遂謂名勝地不當一縣，撫、按比周㊵，張大其事勢，又延引日月，徒虛糜縣官㊶餉。疏上，嚴旨逮伉及按臣趙世龍㊷。十月十五，撫、按俱臨安就逮。十二月十八，周士昌中銃㊸死，十三參將悉戰沒。

五年正月朔[44]，賊悉兵攻臨安，詐郡括萬金犒之，受金，攻愈急。迨十六，城垂破，賊忽退師，以何天衢襲其穴也。天衢，江右人，居名勝十三頭目之一，見名勝有異志，心不安，妻陳氏力勸歸中朝，天衢因乞降，當道以三鄉城處之，今遂得其解圍力。後普厦以兵攻三鄉，各相拒，無所勝，乃退兵，先修祖父怨于寧州。方攻寧時，洪已奉調中原，其母集眾目，人犒五金，京青布二，各守要害，賊不得入。後洪返，謂所予太重，責之金，諸族目悉解體。賊諜知，乘之入，洪走避撫仙湖[45]孤山[46]，州為殘破。歲餘，洪復故土，鬱鬱死。賊次攻石屏州及沙土司[47]等十三長官，悉服屬之。志欲克維摩州南魯白城，即大舉。魯白城在廣南[48]西南七日程，臨安東南九日程，與交趾界；城天險，為白彝所踞。名勝常曰：「進圖中原，退守魯白，吾無憂矣。」攻之三年，不能克。

七年九月，忽病死[49]。子福遠[50]，方九歲。妻萬氏[51]，多權略，威行遠近。當事者姑以撫了局，釀禍至今，自臨安以東，廣西以南，不復知有明官矣。至今臨安不敢一字指斥，旅人詢及者，輒拚口相戒；府州文移，不過虛文。予過安莊[52]，見為水西[53]殘破者，各各有同仇志，不惜為致命，而此方人人沒齒無怨言，不意一婦人威略乃爾！南包沙土司，抵蒙自縣[54]；北包彌勒州[55]，抵廣西府；東包維摩州，抵三鄉縣；西抵臨安府，皆其橫壓之區。東唯三鄉何天衢，西唯龍鵬56龍在田，猶與抗鬬，餘皆聞風慴伏。有司為之籠絡，仕紳受其羈靮57者，十八、九。

王伉以啓釁被逮，後人苟且撫局，舉動如此，朝廷可謂有人乎？夫伉之罪，在誤用周士昌，不諳兵機，彌連數月，兵久變生耳。當時止宜責其遲，留策其後效。臨敵易帥且不可，遽就軍中逮之，亦太甚矣。嗟乎，朝廷於東西用兵，事事如此，不獨西南彝也！

【章　旨】本章記載了徐霞客在雲南獲悉的兩段史實。黔國公沐啓元繼位後，庇護惡奴，傷害儒生，橫行不法。他的母親宋夫人怕因此斷送家業，只得將他毒死。普名勝是阿迷州的土匪，奪取了知州的權力。貴州巡撫王伉和參政周士昌率兵圍剿，僵持數月。普名勝以阿迷州人兵部職方郎廖大亨為內應，通過吏部尚書和兵部尚書，彈劾王伉。崇禎下令逮捕王伉，周士昌戰死。普名勝乘機四出侵犯奪地，後被毒死。其妻萬氏頗有權謀，威勢通行遠近，沒人敢有怨言，官府形同虛設。由於朝廷總是臨敵更換主帥，用兵反覆多變，結果造成了這種局面。

【注　釋】❶黔國公　明洪武間，朱元璋義子沐英從傅友德取雲南，戰功最著，留鎮其地，濬廣滇池，大興屯田，招懷番酋，簡政便民，死後追封黔寧王，子孫襲封黔國公，世守雲南。沐氏在滇日久，威權日盛，後人仗勢虐民，驕淩三司，橫行不法。❷孫啓元嗣爵二句　「孫」原作「子」，「祖」原作「父」，據《明史・沐英傳》改。❸桀奴　惡奴。桀，凶暴。❹直指　朝廷直接派往地方處理問題的官員。❺纛　古時軍隊的大旗。❻囊其首於木　即頸、手、足都用枷鎖住，再用口袋蒙住頭。囊，盛物的口袋，這裡作動詞「蒙蓋」解。木，三木，古代加在犯人頸、手、足上的刑具。❼黔督　當作「黔撫」。❽張鶴鳴　原作「張鳴鶴」，據《明史·張鶴鳴傳》改。字元平，潁州（治所在今安徽阜陽）人。曾任貴州巡撫、總督陝西三邊軍務。以平苗功，進兵部尚書，與遼東經略熊廷弼不合，致使邊事大壞。崇禎即位，懼罪求去。後死於亂。❾魏璫　指天啟間司禮秉筆太監魏忠賢。❿靳世緒　靳，斷絕。世緒，祖先的世業。⓫今上登極　指崇禎皇帝朱由檢即位。⓬歲一周支　即滿一周歲。支，地支，古人以十二地支和十二月分相配。⓭普名勝　《明史·雲南土司傳》與《雲南通志·土司》均作「普名聲」。普維藩子，幼育於官，長大後繼父職，收拾舊部，勇於攻戰，授阿迷土知州，日益驕恣。⓮阿迷州　明代隸臨安府，治所在今雲南開遠。⓯三鄉　萬曆四十二年設三鄉縣，治所在丘北城西下寨馬頭山的新城。⓰維摩　明代為州，隸廣西府，治所在今原硯山北境的維摩。後徙今丘北城西下寨馬頭山的舊城。⓱萬曆四十二年　西元一六一四年。⓲蕭以裕　江西清江人，萬曆間任廣西知府，講學不倦，遷學宮於三台山麓，創鶴麓書院，事關學校，靡不殫心。省刑薄斂，善政甚多。土司普者輅騷擾江外，親自率師擒之，諸彝畏服。⓳寧州　明代隸臨安府，即今雲南華寧。⓴祿土司　明初開滇，有弄甥者以迎師有功，賜姓祿，授土知州。㉑一鼓　擂第一次鼓。這裡意為一鼓作氣。㉒王中丞撫民　《雲南通志》作「王恩民」。字成宇，建水人，隆慶進士，曾任湖廣荊西右參議，有政聲，時宰相張居正以父喪歸，恩民獨不趨奉，張不悅。官至福建巡撫，右副都御史。致仕歸，優游林下，淡泊二十年。中丞，明、清時副都御史職與漢御史中丞之職相同，因為巡撫兼銜，故用以對巡撫的稱呼。㉓曲　曲意；曲從別人。㉔崇禎四年　西元一六三一年。㉕王伉　潼川（治所在今四川三臺）人，崇禎間任雲南巡撫。㉖龍土司　普名勝叛，石屏里長龍在田率鄉勇征戰，以功授守備。㉗周士昌　原作「周世昌」，據《明史·雲南土司傳》及《雲南通志·名宦》改。四川內江人，崇禎間任左布政使，在圍剿普名勝時，遇伏擊力戰而死。㉘王土司　萬曆間，土人沙源以所部征討有功，委掌王弄山副長官司。後從征交趾有功，又以安南長官司廢地畀之。累官宣撫使，時號沙兵。㉙職方郎　《周禮》夏官所屬有職方氏，掌管地圖與四方的職貢，自唐以後皆於兵部設職方司，掌管疆域圖籍、軍制、城隍、鎮戍、簡練、征討等事，長官稱職方郎。㉚部郎　明、清時各部郎中、員外郎的統稱。這裡指兵部職方郎廖大亨。㉛傳檄定　即「傳檄而定」。不出兵就定亂。傳檄，傳遞檄文。古代公文都寫在木簡上，用以徵召、曉諭或聲討，稱「傳檄」。㉜王宮諭錫袞　王錫袞，雲南祿豐（在路南西南）人。崇禎間累官少詹事、兵部尚書，以丁憂還鄉。土官沙定洲作亂，詭草錫袞疏上永明王，請以定洲鎮雲南，錫袞大恨而卒。宮諭，指詹事，原為太子官屬之長。㉝楊庶常繩武　楊繩武，字念爾，雲南彌勒人，崇禎進士。洪承疇被圍困松山，進總督率師出關救松、錦，未幾卒。庶常，庶吉士的代稱，屬翰林院，專選新進士之優者，入館學習，稱翰林院庶吉士。三年舉行考試，依成績分別錄用。㉞樞部　樞，樞府。為政權中樞，代指大學士。部，六部。㉟養疽同「養癰」，言患癰疽畏痛不割，終成大患。後稱姑息壞人而誤事，為養癰遺患。㊱閔洪學　字周先，浙江烏程人。天啟間巡撫雲南，委布政使謝存仁及參將袁善督兵破安效良於霑益。㊲冢宰　周代官名，為六卿之首，後用以稱宰相，明、清時也用作吏部尚書的別稱。㊳飛語　又作「蜚語」。指無根據的流言或惡意的誹謗。㊴大司馬　漢武帝罷太尉置大司馬，為全國軍事首腦。明、清時用作兵部尚書的別稱。㊵比周　結黨營私。比，勾結。㊶縣官　朝廷；官府。㊷趙世龍　按《明史・雲南土司傳》及《雲南通志・秋官》，崇禎間雲南巡按名趙洪範，江南人。㊸銃　古代的一種火器，又稱作礮。㊹朔　農曆初一，月亮運行到地球與太陽之間，地面上看不到月光，這種現象叫「朔」，故也稱每月初一為朔日或朔。㊺撫仙湖　又名澂江海、邏迦湖、青草戲月湖。在雲南澂江縣城南四里。湖中有二石聳立，似仙人撫肩巡遊，名撫仙石，湖因此得名。湖面北寬南窄，面積約二百平方公里，為雲南第三大湖，中國已知的僅次於長白山天池的深水湖泊。湖西南有長約二里的山谷河道，與江川的星雲湖相通。河道中段岸壁上鐫「魚界石」三字，星雲湖的大頭魚和撫仙湖的抗浪魚均抵石而返，互不往來，傳為美談。㊻孤山　又名環玉山，為撫仙湖南部的島嶼，前人稱此山「特起湖中，四壁如削，凭虛視下，競秀爭流」。㊼沙土司　沙源死後，次子沙定洲繼掌王弄山副長官司，後以不服沐天波命，謀反。㊽廣南　明代為府，治所在今雲南廣南。㊾忽病死　崇禎七年（一六三四），廣西知府張繼孟道出阿迷州，設計毒殺普名勝於彌勒息宰。㊿福遠　《明史・雲南土司傳》作「服遠」。(51)萬氏　本江西寄籍女。普名勝死後，改嫁王弄山副長官沙定洲，後與沙定洲被張忠獻部將李定國俘獲，在昆明市剝皮而死。(52)安莊　安莊衛，見〈黔遊日記一〉四月二十一日日記注。(53)水西　同上。(54)蒙自縣　明代隸臨安府，今屬雲南。(55)彌勒州　明代隸廣西府，今屬雲南。(56)龍鵬　今名龍朋，在石屏北境。(57)羈靮　馬絡頭與馬韁。這裡作控制解。

【語譯】黔國公沐昌祚去世，孫沐啓元繼承爵位。城裡的眾儒生去祭弔他的祖父，中門開後，一個儒生抬頭向裡面張望，守門的小吏竟用鞭杖打他。眾多士人被激怒了，也去鞭打那個守門人，反而被沐府眾多的惡奴打傷，於是儒生們到直指金公那裡去申訴。金公名瑊，打算逮捕那些惡奴，惡奴慫恿沐啓元上疏誣告眾士人。這案子轉交監察御史處理，金公照舊逮捕惡奴，沐啓元更加惱火，召集士兵，祭奠軍旗，包圍了直指衙門，開大炮恐嚇金公，金公毫不動搖。沐啓元於是拷問數十名士人，殘酷對待他們，用木枷夾鎖頭頸，再蒙在口袋，金公告誡眾士人不要和沐爭執，急忙上疏報告朝廷。朝廷下令貴州省總督張鶴鳴查核，張鶴鳴如實奏報。當時宦官魏忠賢專政，下旨調解，因而沐啓元更加猖狂，不能制約。他的母親宋夫人害怕斷送世傳基業，哭了三天，送上毒藥，沐啓元被毒死，事情才得了結。宋夫人上疏朝廷，說孫子年幼，不能勝任爵位，請求暫時代理這個職位，等孫子長大後再封賜繼承爵位。這時正逢當今皇上繼位，可憐沐昌祚的孫子，就敕令實授爵位。就是現在繼承黔國公爵位的沐天波，當時他年僅一周歲。

普名勝這個人，原是阿迷州的土匪。他的祖父者輅，和兒子一起在三鄉城、維摩州一帶作亂。萬曆四十二年，廣西知府蕭以裕，調集寧州祿土司的軍隊合力圍剿，一鼓作氣攻破他們，者輅父子一起被殺，才收復維摩州，設置三鄉縣。當時普名勝逃到阿迷州，寧州土司祿洪想除掉他。臨安知府梁貴夢、府中鄉紳曾任巡撫的王撫民，擔心寧州土司強大，便留下普名勝和祿氏對立，曲意包庇普名勝。最初普名勝還只是駐紮在阿迷州邊境，過了十多年，兵力頓時強大起來，消滅了周圍眾多土司後，就進駐州城，將阿迷州知州的權力全部奪去。

崇禎四年，巡撫王伉對他很擔憂，用氈帽遮臉，和二名騎兵潛入阿迷州，獲得普名勝叛亂的全部情況，上疏申請圍剿。皇上命令四川、貴州等四省合兵攻打他。石屏州龍土司的軍隊首先逼近漾田，被普名勝殲滅。三月初八日，巡撫王伉親自率兵駐守臨安府，布政使周士昌統率十三個參將，帶領本省軍隊一萬七千人，逼近沈家墳。普賊命令黎亞選據險阻扼官軍，使不能前進，雙方相持了兩個月。五月初二日，黎亞選從軍營中偷偷去阿迷州為普名勝祝壽，喝醉後回營，他的一個童僕將這事泄露給龍土司，龍土司和王土司連夜搶攻，便殺了黎亞選，進逼阿迷州城，包圍了四個月，始終沒能攻下。當時阿迷州人廖大亨任職方郎，叛賊依靠他作為內援，暗中派使者進京施行反間計，說普名勝其實沒有叛亂，是王巡撫挑起爭端以邀功，百姓全都受害。於是兵部職方郎上疏，分析說普名勝占地不到一百里，軍隊不滿一千人，即使反叛也可傳下一道命令便能平定，何必驚動大軍去攻？而宮諭王錫袞、庶常楊繩武，分別上疏說應當圍剿。這事轉下中樞部門討論。在此之前，王巡撫上疏說普名勝包藏禍心由來已久，前任長官養癰遺患，當時沒有揭發他奸邪，導致今日蔓草難除的局面，皇上因此嚴詞指責前任巡撫、巡按御史。而前任巡撫閔洪學已升任吏部尚書，害怕不能自我辯解，就用流言慫恿兵部尚書。兵部尚書已先聽了兵部職方郎的話，於是說普名勝的地盤抵不上一個縣，巡撫、巡按御史互相勾結，擴大其事，又拖延時間，白白浪費朝廷軍餉。奏上這疏後，皇上便下詔逮捕巡撫王伉、巡按御史趙世龍。十月十五日，巡撫、巡按御史在臨安府被捕。十二月十八日，周士昌被火器擊中而死，十三個參將全部戰死。

崇禎五年正月初一，叛賊全軍攻打臨安府城，欺騙臨安府搜求一萬兩銀子犒勞他們，拿到銀兩後，攻城更加緊迫。到十六日，府城即將攻破，叛賊忽然退兵，是因為何天衢偷襲了他們巢穴的緣故。何天衢是江西人，名列普名勝的十三頭目之一，看到普名勝有野心心中十分不安，妻子陳氏竭力勸他歸順朝廷，何天衢於是請求投降，當局以三鄉城來安置他，這時就靠他解了圍。後來普多勝多次率兵進攻三鄉城，相持不下，普名勝不能取勝，便退兵，先去攻寧州報祖父、父親的怨仇。正要攻打時，寧州土司祿洪已奉命調往中原，他的母親召集眾頭目，每人犒勞五兩銀子、兩匹京城的青布，叫他們各自據守要害之處，叛賊不能攻入。後來祿洪回來，說犒勞太重，討回銀兩，各頭目全都離散。叛賊得到情報，乘機攻入寧州，祿洪逃到撫仙湖的孤山避難，寧州遭到嚴重破壞。過了一年多，祿洪才收復故土，憂悶而死。叛賊接著攻打石屏州及沙土司等十三長官司，把他們全部收服。又想攻克維摩州南的魯白城，立即大舉進攻。魯白城在廣南府西南，有七天路程，在臨安府東南，有九天路程，和交趾接界；這城憑藉天險，是白彝盤踞的地方。普名勝常說：「進可以圖謀中原，退可以據守魯白，我就沒有憂慮了。」攻城三年，沒能攻克。

七年九月，普名勝忽然病死。兒子普福遠才九歲。妻子萬氏，頗有權謀策略，威勢到達遠近各處。當權的人姑且用安撫的辦法來了結局勢，釀成禍害直到現在，從臨安府以東、廣西府以南的地區，百姓已不知道還有明朝的官員了。至今臨安府不敢對叛賊指責一聲，旅客問到這事，總是閉口不談，互相告誡；府、州下達的公文，不過一紙虛文。我經過貴州安莊衛時，看到被水西土司殘害破壞的地方，人人有同仇敵愾之心，不惜為此犧牲，而這裡的人，都閉口沒有一句怨言，想不到一個婦人的威勢謀略竟到這樣地步。往南包括沙土司，到達蒙自縣；往北包括彌勒州，到達廣西府；往東包括維摩州，到達三鄉縣；往西到達臨安府，都是萬氏橫行欺壓的地區。東邊唯有三鄉的何天衢，西邊惟有龍鵬的龍在田，還能和她抗爭，其餘的都聞風喪膽，畏懼屈服。官府被萬氏籠絡，鄉紳受萬氏控制的，十有八、九。

王伉因為挑起爭端被捕，後來的官員苟且維持安撫局面，這樣的措置，能說朝廷還有賢能之人嗎？要說王伉的罪過，在於誤用周士昌，周不懂軍事機宜，拖延了幾個月，用兵時間一長就會發生變故。當時只應該責備他用兵遲緩，留任督促，以觀後效。臨敵更換主帥尚且不可，突然到軍中把他逮捕法辦，也太過分了。唉，朝廷對東、西邊地用兵，事事如此，不僅在西南彝族地區是這樣啊！

【研　析】「苹香波暖泛雲津，漁枻樵歌曲水濱。天氣常如二三月，花枝不斷四時春。」（〈滇海曲〉）這是明人楊慎詠昆明滇池的名篇。古時滇池水域，要比現在大得多，當徐霞客披襟縱目之時，眼前五百里滇池，一派浩蕩無際的景象。他下船首先駛過的「巨流」草海，因大規模的圍湖造田，現已被填成陸地，《遊記》中所描寫的「萑葦滿澤，舟行深綠」的壯觀，已不可復得，令人不禁生費盡移山心力、空對荒煙落照的感慨。

滇池西岸，青山秀拔，水映山色，海闊天空，前人有「南浦綠波西山爽氣，春風落日秋水長天」的讚歎。自古以來，遊人接踵，佳作疊出。如明嘉靖間張佳胤的〈遊滇太華山記〉、萬曆間王士性的〈泛舟昆明池歷太華諸峰記〉，寫景狀物，都清麗可誦。霞客的功夫，本非語言所能涵蓋，當然也就無須在文字上較長論短，同樣寫太華山（西山），不僅和作為文學家的張佳胤異趣，就是和同樣「一生好入名山遊」的地理學家王士性也不一樣，而具有更鮮明的特色。無論張佳胤，還是王士性，所遊主要是太華寺和羅漢寺南北庵，文中重筆渲染的，也是這兩處景觀，而寫太華寺，又主要寫了兩株山茶樹和在一碧萬頃閣憑眺滇池風光，這和徐霞客所寫，並不相左。張佳胤憑欄眺望，只見「湖水空曠，四際煙渚」，「波光蕩搖，千峰俱動」；在王士性眼前呈現的，是「危檣一粟，水勢黏天」，氣象都甚為壯觀。而徐霞客入閣望湖，卻說：「此處所望，猶止及草海，若瀠瀠浩蕩觀，當更在羅漢寺南也。」頗煞風景，但一種「曾經滄海難為水」的胸懷，顯然可見。張、王寫羅漢寺的南北庵，雖鋪錦列繡，雕繪滿目，但如霧裡看花，並不分明。而在徐霞客的筆下，可有可無的形容詞、表現主觀色彩的感歎詞都很少，多的是具有方位感的、條理十分清晰的、客觀的描述，更注意眼前美景所處的地理位置、建築特色。古代創作論，有虛實之說。由於文言長於會意，短於刻劃，故前人摹景，往往虛寫。特別在文人畫興起之後，避實就虛，更成為一種審美風尚。「論畫以形似，見與兒童鄰。賦詩必此詩，定知非詩人。」蘇軾的這幾句詩，幾乎成了一些人作詩繪畫的座右銘。但徐霞客所記，都為實寫。從羅漢寺正殿往上，樓閣宮殿相連，景物越來越奇，王士性僅說「如鵲巢燕寢，懸度飄搖」，張佳胤則從側面進行渲染：「勁風亂颭，飄花如雨。」「巨浸浩渺，皆出胯下。」而徐霞客的描述，則要具體得多：「而樓、而殿、而閣、而宮，皆東向臨海，嵌懸崖間。每上數十丈，得斗大平崖，輒杙空架隙成之，故諸殿俱不巨，而點雲綴石，互為披映，至此始擴然全收水海之勝。」

張、王兩人，都在太華寺過夜，次日再遊羅漢寺。在徐霞客的《遊記》中，沒有在太華寺留宿的記載，也不見像張、王文中月色入戶、宿烏驚棲的描寫，似乎遊罷太華寺，便直奔羅漢寺，這和他不辭辛勞、日夜兼程的作風是一致的。當其他人淺嘗輒止之時，徐霞客已經在更加險峻的道路上攀登了。在三清閣（舊名玉皇閣，即《遊記》中所說的避暑臺）羅漢崖有一副對聯：「置身須向最高處，舉首還多在上人。」但事實上，包括張佳胤、王士性在內，大多數人都到這裡就卻步了。因為從三清閣往上，當時還沒有築成的通道，路極難走。據《遊記》中的描寫，徐霞客已到了現在所說的「龍門」，這裡有「滇中第一美景」之稱，不過地勢也最為險峻。但他仍不滿足，隨即又攀登碧雞絕頂，途中經過金線泉，看到滇池的珍味金線魚，並在懸崖峭壁的裂紋中，看到過去從未見過的千變萬化的「瓊葩瑤莖」，即奇花異草。

〈滇中花木記〉和〈遊太華山記〉同作於徐霞客寓居昆明之時。「滇中花木皆奇」，雲南由於地形、氣候的複雜多樣，植物資源極為豐富，素有「植物王國」之稱。在十九世紀，就有不少歐、美人到雲南採集植物標本，現在歐、美培植的杜鵑、報春、山茶、蘭花、百合等名花，大多來自雲南，用他們的話說：「沒有雲南的花便不成花園。」《遊記》中所記載的植物品種，也以雲南居多，共計六十多種，占百分之四十強。四季如春的昆明，堪稱南國花都，終年繁花如錦，清香四溢，城內有不少地名就是以花木得名的。徐霞客所著重介紹的山茶、杜鵑、報春、玉蘭，便是昆明、也是雲南的四大名花。在〈遊太華山記〉和〈遊顏洞記〉中，他都特別提到山茶樹。野遊賞花，形諸文字，本是文人雅趣。徐霞客似乎無意在此爭長，他寫山茶、杜鵑，更像一個植物學家的筆記。他更關注的是當地一些特有樹木，如筇竹寺內的禾木，「獨此山有之」；妙高寺正殿「有辟塵木，故境不生塵」；最奇特的是昆明城內土主廟中的菩提樹，樹幹粗大高聳，葉似枇杷而發光，花瓣如蓮，「每朵十二瓣，遇閏歲則添一瓣。以一花之微，而按天行之數……物之能測象如此，亦奇矣。」後來他到大理上關，又看到這種樹，名木蓮花（當地人稱為十里香）。可惜這棵菩提樹連同土主廟，現都已不見影痕。另外《遊記》中還有一些純色香的描寫，如曲靖翠峰山朝陽庵中的西番菊，「花大如盤，簇瓣無心，赤光燦爛，黃菊為之奪豔。」「庭前有桂花一樹，幽香飄泛，遠襲山谷。」安寧曹溪寺中的優曇樹，「開花當六月伏中，其色白而淡黃，大如蓮而瓣長，其香甚烈而無實。」值得注意的是，徐霞客特地指出，這棵優曇樹，「今已築之牆版中」，即已被隔離保護起來。

徐霞客離開昆明南下臨安，主要是為了探訪南盤江的上游。他素聞顏洞之名，瀘江源出異龍湖，東流至臨安城南，穿過顏洞，匯入南盤江。無論作為一處景觀，還是考察的對象，顏洞都時刻吸引著他，非親歷其境，不能自釋。但因叛兵作梗，大水阻隔，嚮導誤引，時間匆忙，雖思慕數十年，奔走上萬里，結果卻很不如意。由於入洞不深，故對洞內的地貌、水文，寫得都比較簡單。倒是寫當地人苦於巡按來此遊玩花費巨大，故藉口阿迷州叛匪在此出沒，拒絕長官前來，頗耐人尋味。

〈隨筆二則〉作於徐霞客從臨安去廣西府的途中，讚揚了宋夫人、萬氏這兩個女子足以凌駕鬚眉的不尋常的識見。沐英為明初鎮守、開發雲南的功臣，他能在朱元璋的淫威下全功保身，實屬不易，但子孫橫行不法，驕淩三司，成為一霸。〈隨筆〉第一則寫御史金瑊不畏強暴，宋夫人深明大義，令人感佩。《明史》和志書都只載沐啓元妻陳氏、其子天波妻焦氏、妾夏氏在沙定洲之亂時自焚自縊事，對宋夫人揮淚殺子隻字不及，腐儒之見，相形益彰。第二則寫了普名勝妻萬氏的聲威膽略，就更顯出當時官府的平庸無能。在志書中，王撫民、閔洪學都以賢能見稱，而王伉則頗遭非議，而〈隨筆〉卻揭示了他們另外的一面。這些記載，對研究晚明雲南的社會政治狀況，都有十分珍貴的史料價值。〈隨筆〉最後一段，徐霞客忍不住對當時朝政，作了相當激烈的批評：「王伉以啓釁被逮，後人苟且撫局，舉動如此，朝廷可謂有人乎？……臨敵易帥且不可，遽就軍中逮之，亦太甚矣。嗟乎，朝廷於東西用兵，事事如此，不獨西南彝也！」確實，用兵不當，乃朝廷之過，又豈止雲南如此。袁崇煥竭智盡忠，竟被誣殺，自毀長城，其禍尤烈。徐霞客敢直指當朝皇帝崇禎之過，固然是因為憂心耿耿，不暇擇詞，但其識高志遠，也確非那些陷於泥淖不能自拔的俗吏陋儒所能企及。

滇遊日記二

【題解】崇禎十一年（一六三八）八月初七，徐霞客在廣西府遊覽了矣邦池、發果山、瀘源洞和萬壽寺，因向何別駕索取《廣西府志》，滯留多日，直到十六日才離開。為考察南盤江下游，他往東經過師宗州、羅平州，一路都是荒山，途中走過最幽僻險要的張飛哨、偏頭哨，再渡過作為雲南、貴州分界的凶險的江底河，到貴州黃草壩。隨後轉向西北走，於八月二十九日返回雲南，到亦佐縣東隅的碧峒留宿。

戊寅❶八月初七日　余作書投署府❷何別駕❸，求《廣西府志》。是日其誕辰，不出堂，書不得達。入堂，閱其四境圖，見盤江自其南界西半入境，東北從東界之北而去，不標地名，無從知其何界也。

初八日　何收書欲相見，以雨不往。

初九日　余令顧僕辭何，不見；促其《志》，彼言即送至，而終不來。是日復大雨不止。

初十日　何言覓《志》無印就者，已復命殺青❹矣。是日午霽，始見黃菊大開。菊惟黃色，不大。又有西番菊❺。

廣西府西界大山，高列如屏，直亙南去，曰草子山❻。西界即大麻子嶺，從

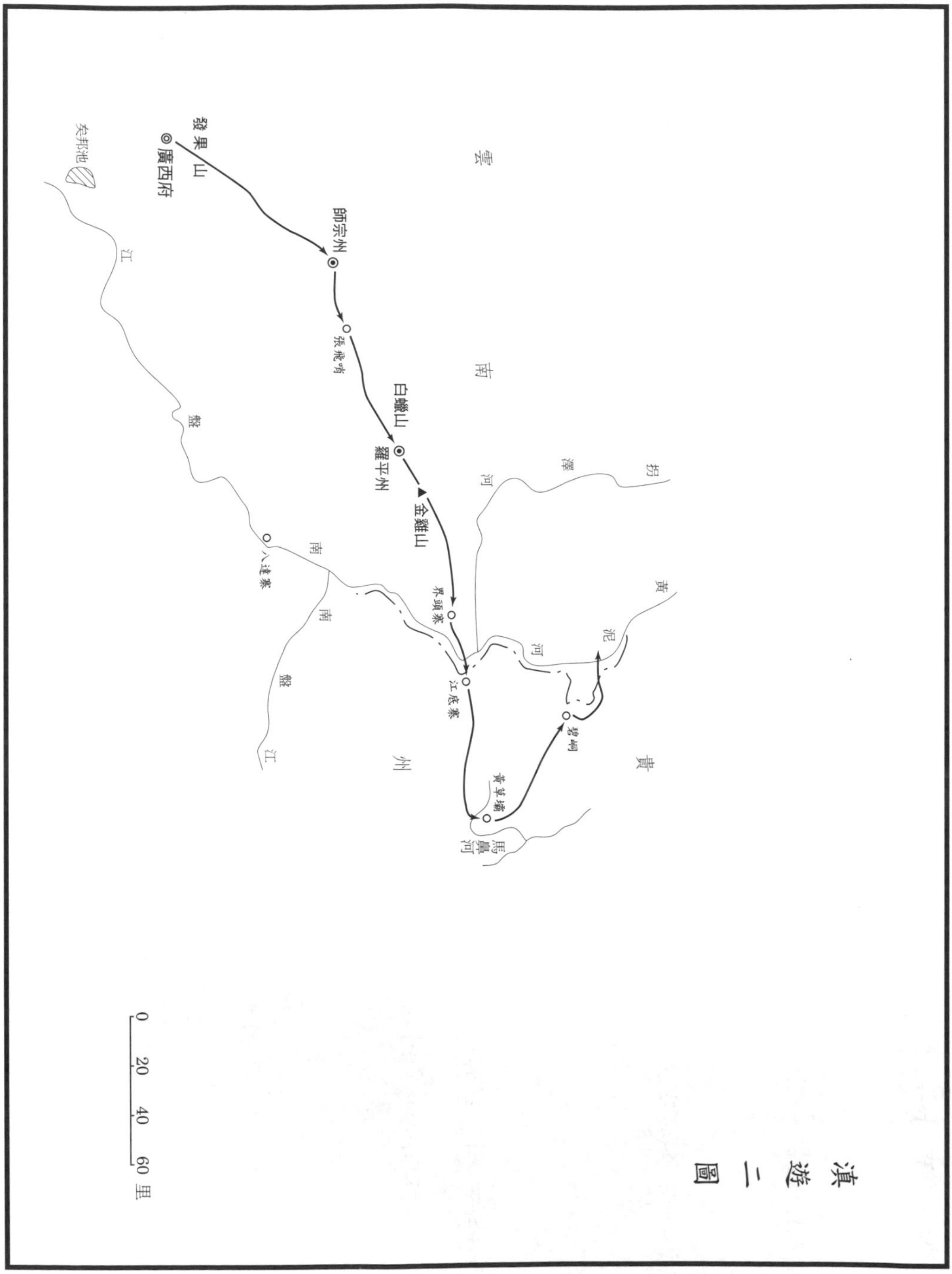
發果山
廣西府
矣邦池
師宗州
張飛哨
白蠟山
羅平州
金雞山
界頭寨
江底寨
黃草壩
碧峒
馬鼻河
八達寨
雲南
貴州
南盤江
黃泥河
拐澤河
0 20 40 60 里

滇遊二圖

大龜來者。東界峻逼，而西界層疊。北有一石山，森羅於中，連絡兩界，曰發果山[7]。東支南下者，結為郡治；西支橫屬西界者，有水從穴湧出，甚巨，是為瀘源[8]，經西門大橋，而為矣邦池[9]之源者也。通海[10]從穴湧出，此海[11]亦從穴湧出，然此海南山復橫截，仍入太守塘[12]山穴中，尤為異也。廣福僧言此水入穴，即從竹園村[13]北龍潭出，未知果否？恐龍潭自是錫岡北塢水，此未必合出也。矣邦池俗名海子，又曰龍甸。此瀘江非廣中瀘江[14]也。瀘江在南，而此水亦竊其名，不知何故。矣邦池之南，復有遠山東西橫屬，則此中亦一南北中窪之坑，而水則去來皆透於穴矣。此郡山之最遠者也。

發果山圓若貫珠，橫列郡後。東下一支曰奇鶴峰[15]，則學宮所託；西下一支曰鐵龍峰[16]，則萬壽寺所倚；而郡城當其中環處。城之東北，亦有一小石峰在其中，曰秀山[17]，上多突石，前可瞰湖，後可攬翠。城南瀕湖復突三峰：東即廣福，曰靈龜山[18]；中峰最小，曰文筆峰，建塔於上；而西峰橫若翠焉。即名翠屏[19]。此郡山之近者也。

秀山前有伏波將軍廟，後殿為伏波像，前殿為郡守張繼孟[20]祠。張，扶風人，以甲科[21]守此。壬申[22]為普酋困，城岌岌矣，張奮不顧身，固保城隍[23]，普莫能破，城得僅存。先是張夢馬伏波示以方略，後遂退賊。二月終，親蒞息宰河[24]招撫焉。州人服其膽略，賊稱為「捨命王」云。

新寺即萬壽寺。當發果西垂之南，其後山石嶙峋，為滇中所無。其寺南向，後倚峭峰，前臨遙海，亦此中勝處。前有玉皇閣，東為城隍廟，俱在城外。

瀘源洞㉕在城西北四里。新寺後山西盡，環塢而北，其中亂峰雜沓，綴以小石岫，皆削瓣駢枝，標青點翠。北環西轉，而瀘源之水，湧於下穴。瀘源之洞，闢於層崖，有三洞焉：上洞東南向，前有亭；下洞南向，在上洞西五十步，皆在前山之南崖；後洞在後山之北岡，其上如眢井㉖。從井北墜穴而下二十步，底界而成脊，一穴東北下而小，一穴東南下而廓。此三洞之分向也。其中所入皆甚深，秉炬穿隘，屢起屢伏，乳柱紛錯，不可窮詰焉。

【章　旨】本章記載了徐霞客進入雲南後第八十六天至第八十九天在廣西府的行跡。寫信向何通判求取《廣西府志》，何說沒有印好的書。府城西界有草子山、大麻子嶺，北邊有發果山。瀘江源頭在發果山向西的支脈，經過府城又為矣邦池的水源。府城後面有奇鶴峰、鐵龍峰，東北有秀山，南面靠湖有靈山、文筆峰、翠屏峰。秀山前面有伏波將軍廟，廟中有張繼孟祠。新寺山石奇特，靠山臨池，為這裡名勝。瀘源洞在府城西北，有上中下三洞，都很深，無法窮究。

【注　釋】❶戊寅　崇禎十一年（一六三八）。❷府　指廣西府，治所在今雲南瀘西。❸別駕　漢置別駕從事史，為刺史的佐吏，刺史巡視轄境時，別乘驛車隨行，故稱別駕。宋於諸州置通判，近似別駕之職，後世相沿稱通判為別駕。❹殺青　古人將文字寫在竹片上，為便於書寫並防止蟲蛀，將竹片先用火烘乾，使竹片內的水分似汗冒出，叫做「殺青」，或稱「汗簡」。後泛指書籍定稿，這裡謂印刷。❺西番菊　又名西洋菊。花色淡雅，自春至秋相繼不絕，為花中佳品。西番，舊時對西洋人的泛稱，也用以特指印度。番，也作「蕃」。❻草子山　疑即青沙嶺，在瀘西西境。為青色土，產煤，山體北高南低，森林覆蓋面較好。❼發果山　即今九華山嶺，在瀘西北境，從東華山脈西麓的三家村起向西南延伸，山嶺南端九峰並峙，體勢尊嚴，俯瞰縣城，故名。❽瀘源　指瀘川，又稱西溪、阿盧江，今名西大河，源出阿盧洞，與東大河（又稱東子河）會合，下游稱小江河，往下注入南盤江。❾矣邦池　又名龍甸池，原在瀘西西南，周圍三十餘里，半跨彌勒地界，現已湮沒。❿通海　又名杞麓湖，在雲南通海縣城北三里秀山下，積水為湖，沿岸周長約一百二十餘里，舊時水澇不通，有僧於城東北石筍叢立處，以杖穿穴泄水，因名「通海」。從東南部岳家營附近的落水洞泄為地下暗河，再出露地表，注入南盤江。⓫海　舊時較大的湖泊也稱海。⓬太守塘　又名知府塘，在瀘西城東南四十五里，境內各條溪水在此匯合，為瀘川尾閭。⓭竹園村　明設竹園村巡檢，在今雲南彌勒南境。⓮廣中瀘江　指南瀘江，見〈滇遊日記一．遊顏洞記〉注。⓯奇鶴峰　即今大騎鶴峰，為九華山九峰的最高峰，位於瀘西城東北二里，海拔近二千公尺，因傳說唐代有神仙騎鶴落於此峰而得名。⓰鐵龍峰　在瀘西城西一里，怪石崢嶸，勢如飛舞。⓱秀山　即鍾秀山，在瀘西城東北隅，拔地一百公尺。山上奇石嶙峋，古木參天。登遊此山，石青樹綠，令人神清氣爽。「鍾秀清風」名列瀘西名勝之首。⓲靈龜山　在瀘西城東三里，突起一峰，矣邦池水四面迴環，宛若海島。因山上有廣福寺，又名廣福山。⓳翠屏　山名，據新編《瀘西縣志》，此山又名文筆山，在城南約一里處。山橫貫數百公尺，恰如縣城的屏風，故名。山間滿生蘅蕙，蔥籠如織，奇石嶙峋間，多仙人掌樹。山腹有泉水，不知淵源流向，深不可測，有魚生在泉水中。過去每年秋汎時，盆地中一片汪洋，翠屏山浮在碧水之中，「翠屏秋水」為瀘西一景。⓴張繼孟　字太巖，陝西扶風人。崇禎初為御史，以剛直出為廣西知府，興文講武。普名勝死後，其妻萬氏勢頗盛，前往招撫者輒被殺，繼孟單騎入營，諭以利害，萬氏遂降。㉑甲科　漢時課士分甲、乙、丙三科。唐代進士有甲、乙二科。明、清稱進士為甲科，舉人為乙科。㉒壬申　崇禎五年（一六三二）。㉓城隍　城壕。有水為池，無水為隍。㉔息宰河　即今甸溪河下游，在彌勒搆田壩，舊有皈依寺，為萬氏投降處。㉕瀘源洞　即阿盧古洞，在瀘西城西四里的阿盧山中。瀘川之水，即源於該洞。阿盧山有九峰十八洞，阿盧洞為十八洞群的主體洞。四周山環水繞，景色迷人。阿盧洞為岩溶洞，包含三個旱洞、一個水洞，分三層排列，第一層為瀘源洞、玉柱洞，第二層為碧玉洞，第三層為玉筍河。三洞一河互相銜接，既渾然一體，又風格各異，形成一個層次迴然、洞洞相連、洞中有洞、洞中有河、洞中有天的溶洞群。㉖眢井　枯井。眢，眼枯不明。

【語　譯】崇禎十一年八月初七　我寫信投送代理廣西知府何別駕，求取《廣西府志》。這天是他的生日，不上堂，信沒有送到。我走進府衙大堂，查看廣西府四境圖，見圖上盤江從府南面邊界的西半部流入境內，往東北從東面邊界的北部流去，沒有標出地名，沒法知道它經過哪些地界。

初八　何別駕收到我的信後想見面，因為下雨沒有前往。

初九　我吩咐顧僕向何別駕告辭，他沒有接見；催促要《廣西府志》，他說立即送到，但又始終沒來。這一天大雨又下個不停。

初十　何別駕說找不到印好的《廣西府志》，已經下令重新印刷了。這天中午天晴，才看到黃菊盛開。菊花只有黃色的品種，花朵不大。另外還有西番菊。

廣西府西界的大山，高高聳列，如同屏障，直往南延伸下去，名草子山。西界即大廝子嶺，是從大龜山延伸過來的山。東界山勢險峻狹隘，而西界山勢層層疊疊。北面有一座石山，在中間森然羅列，連接東西兩界，名發果山。這山東面的支脈往南延伸下去，盤結為府治所在的山；西面支脈和西界的山橫連的地方，有水從洞穴中湧出，水勢很大，這就是瀘川的源頭，流經西門大橋，成為矣邦池的水源。通海湖的水從洞穴中湧出，這池的水也是從洞穴中湧出。但這池南面還有山脈橫斷水流，水仍然流入太守塘的山洞中，更覺奇異。廣福寺的僧人說，這池水流入洞穴後，就從竹園村北面的龍潭流出，不知是否果真如此？恐怕龍潭是出自錫岡北面山塢的水，未必和這池的水匯合後流出。矣邦池俗稱海子，又名龍甸。這條瀘江不是廣中的瀘江。瀘江在南方，但這條水也竊取它的名稱，不知是什麼原因。矣邦池的南面，還有遠山東西向橫貫，那麼這裡也是一個南北走向中間窪下的坑地，而池水則都穿過山洞流來流去。這是廣西府境內最遠的山脈。

發果山像串起的珠子那麼圓，在廣西府城背後橫向排列。往東延伸的一支名奇鶴峰，是學宮所靠的山峰；往西延伸的一支名鐵龍峰，是萬壽寺所靠的山峰；而府城正當這兩座山峰中的盤繞處。府城的東北，也有一座小石峰立在中間，名秀山，山上有很多突起的岩石，往前可以俯視湖水，往後可以觀覽蒼翠的景色。府城南面靠近湖水的地方，又突起三座山峰：東邊即廣福寺所在的山，名靈龜山；中間的山峰最小，名文筆峰，山上建塔；而西邊的山峰像翠屏那樣橫列。就名翠屏。這是府城附近的山峰。

秀山前面有伏波將軍廟，廟的後殿供奉伏波像，前殿為廣西府知府張繼孟的祠堂。張繼孟是扶風人，以進士身分出任廣西知府。壬申年，廣西府遭到普名勝圍攻，府城岌岌可危，張繼孟奮不顧身，堅守城池，普名勝無法攻破，府城才得以獨自保存。戰前張繼孟夢見伏波將軍馬援指示作戰的方略，後來便打退了叛賊。二月底，他親自到息宰河招撫。當地人欽佩他的膽略，連叛賊也稱他為「捨命王」。

新寺即萬壽寺。在發果山西邊的南部，寺後山石嶙峋，是雲南其他地方所沒有的。這寺朝南，背靠陡峭的山峰，前面對著遠遠的矣邦池，也是這裡的名勝。新寺前面有玉皇閣，東面為城隍廟，都在城外。

瀘源洞在府城西北四里。新寺後面的山脈，往西到了盡頭，便環繞山塢北去，裡面山峰雜亂眾多，上面連結著小石峰，都像開放的花瓣，並列的枝條，青翠的山色，十分顯眼。往北繞過再向西轉，瀘川源頭的水，就從下洞湧出。瀘源洞在層疊的山崖上開出，有三個洞：上洞面向東南，前面有亭；下洞朝南，在上洞西五十步，兩個洞都在前山南面的山崖；後洞在後山北面的山岡，上面如同枯井。從枯井北面落到洞中往下走二十步，洞底分界處形成一道脊，一個往東北深入的洞穴比較狹小，一個往東南深入的洞穴比較寬闊。這是三個洞不同的走向。三洞裡面進去都很深，拿著火把在狹窄的洞中穿行，身隨地勢多次起伏，鐘乳石柱紛亂交錯，無法窮究。

十一日　大霽。上午出西門，過城隍廟、玉皇閣前，西一里，轉新寺西峰之嘴而北。又北一里，見西壑漲水盈盈，而上洞在其西北矣。由岐路一里抵山下，歷級遊上洞。望洞西有寺，殿兩重，入憩而瀹水為餐。余因由寺西觀水洞。還寺中索炬，始知為洞有三，洞皆須火深入。下午，強索得炬，而火為顧僕所滅，遍覓不可得。遙望一村在隔水之南，漲莫能達。遂不得為深入計，聊一趨後洞之內，披其外扃，還入下洞之底，探其中門而已。仍從舊路歸，北入新寺，抵暮而返。

十二日　早促何君《志》，猶曰即送至。坐寓待之，擬一至即行，已而竟日復不可得。晚謂顧僕曰：「《志》現裝釘，俟釘成帙，即來候也。」

余初以為廣西郡人必悉盤江所出，遍徵之，終無諳者。其不知者，反謂西轉彌勒，既屬顛倒；其知者，第謂東北注羅平，經黃草壩下，即莫解所從矣。間有謂東南下廣南，出田州❶，亦似揣摩之言，靡有確據也。此地至黃草壩，又東北四、五日程。余欲從之，以此中淹留日久，迤西之行不可遲，姑留為歸途之便。

廣西府鸚鵡最多，皆三鄉縣所出，然止翠毛丹喙，無五色之異。

三鄉縣乃甲寅❷蕭守❸所城。

維摩州州有流官，祗居郡城，不往州治。二處皆藉何天衢守之，以與普拒。

廣福寺在郡城東二里。吉雙鄉❹在矣邦池之東南，與之對。而彌勒州在郡西九十里。《一統志》乃注寺在彌勒東九十里，鄉為彌勒屬，何耶？豈當時郡無附郭，三州各抵其前為界，故以屬之彌勒耶？然今大麻子哨❺西，何以又有分界之址也？

十三日　中夜聞雷聲，達旦而雨。初余欲行屢矣，而日復一日，待之若河清❻焉。

自省至臨安，皆南行。自臨安抵石屏州，皆西北。自臨安抵阿迷，皆東北。自阿迷抵彌勒，皆北行。自彌勒抵廣西府，皆東北。

【章　旨】本章記載了第九十天至第九十二天在廣西府的行跡。遊覽了瀘源洞上洞，因火把熄滅，不能深入洞中。原以為廣西府人一定知道盤江源頭，誰知並沒有了解的人。廣西府鸚鵡很多。多次想出發，只為取《廣西府志》，一天又一天留下等候。

【注　釋】❶田州　見〈粵西遊日記二〉六月二十一日日記注。❷甲寅　萬曆四十二年（一六一四）。❸蕭守　即蕭以裕，見〈隨筆二則〉注。❹吉雙鄉　在瀘西城東四里。❺大麻子哨　在瀘西城西四十里，去彌勒的路從這裡經過。❻河清　古稱黃河千年一清，因以河清喻時機難遇。

【語　譯】十一日　天氣十分晴朗。上午走出西門，經過城隍廟、玉皇閣前，往西走一里，轉過新寺西面的峰口往北。又往北走了一里，望見西面山塢中漲滿了水，而瀘源洞上洞就在山塢的西北。從岔路走了一里到山下，踏著石級遊覽上洞。望見洞的西面有座寺廟，寺內有兩重大殿，進去休息並燒水吃飯。我於是從寺廟往西觀看水洞。回到寺中尋找火把，才知道水洞有三個，每個洞都必須點燃火把才能深入。下午，勉強找到火把，但火被顧僕熄滅了，到處找火種都沒有。遠遠望見一個村莊在隔著水的南面，因水漲不能到達那邊。這樣就無法作深入洞中的打算了，暫且到後洞裡面一遊，觀賞它的外層，返回後又進入下洞的底部，探訪它的中門罷了。仍然從原路回去，往北進入新寺，傍晚才回到寓所。

十二日　一早就催促何別駕求取《廣西府志》，依然回答說立即送來。坐在寓所等待，準備書一送到就出發，過後又是空等了一整天。晚上何別駕對顧僕說：「《廣西府志》現正在裝釘，等裝釘成冊，立即帶來拜訪。」

我起初以為廣西府的人一定都知道盤江的源頭，問遍當地人，竟沒熟悉的人。那些不知的人，反而說盤江往西轉流到彌勒州，這已把盤江的流向都顛倒了；那些稍知的人，只是說江水往東北流到羅平州，經過黃草壩往下，就不知流到何處去了。偶有人說往東南流到廣南府，再從田州流出，也好像是猜測的說法，沒有確切的依據。從這裡到黃草壩，還有四、五天往東北走的路程。我想走這條路，但因為在這裡停留的日子已經很長了，去滇西的行程不能再推遲，暫且放下，留待滇西返回時順路前往了。

廣西府鸚鵡最多，都是三鄉縣所出，但只是綠羽紅嘴這一種，沒有其他顏色。

三鄉縣城是萬曆四十二年蕭知府所修建。

維摩州設有流官，但只住在廣西府城，不去州的住所。三鄉縣、維摩州這二地都靠何天衢守衛，以抵禦普酋。

廣福寺在府城東二里，吉雙鄉在矣邦池的東南，和廣福寺相對。而彌勒州在府城西九十里。《一統志》卻記廣福寺在彌勒州東九十里，吉雙鄉隸屬於彌勒州，不知是什麼緣故？難道當時廣西府沒有附郭縣，這三個州分別到達府治前分界，所以將吉雙鄉隸屬於彌勒州嗎？但如今大麻子哨的西面，為什麼又有分界的遺址呢？

十三日　半夜聽到雷聲，到天亮時下起雨來。原先我多次想出發，但一天又一天等在這裡，像等黃河水清一樣遙遙無期。

從省城到臨安府，都往南走。從臨安府到石屏州，都往西北走。從臨安府到阿迷州，都往東北走。從阿迷州到彌勒州，都往北走。從彌勒州到廣西府，都往東北走。

十四日　再令顧僕往促《志》，余束裝寓中以待。乍雨乍霽。上午得回音，仍欲留至明晨云。乃攜行李出西門，入玉皇閣。閣頗宏麗，中乃銅像，而兩廡塑群仙像，極有生氣，正殿四壁，畫亦精工。遂過萬壽寺，停行李於其右廡。飯後登寺左鐵龍峰之脊，石骨稜稜，皆龍鱗象角也。《志》又稱為天馬峰，以其形似也。既下，還寺中，見右廡之北，有停柩焉，詢之，乃吾鄉徽郡游公柩也。游諱大勳❶，任廣西三府❷。征普時，游率兵屯郡南海梢，以防寇之衝突。四年四月，普兵忽乘之，游竟沒於陣。今其子現居其地，不得歸，故停柩寺中。余為慨然。是晚遇李如玉、楊善居諸君，作醮❸寺中，屢承齋餉。曾千松亦少❹解人意。是晚月頗朗。

十五日 余入城探游君之子，令顧僕往促何君。上午出西門，遊城隍廟。既返寺，寺中男婦進香者接踵。有吳錫爾者，亦以進香至，同楊善居索余文，各攜之去，約抵暮馳還。抵午，顧僕回言：「何君以吏釘《志》久遲，撲數板，限下午即備，料不過期矣。」下午，何命堂書❺送《志》及程儀至。余作書謝之。是晚為中秋，而晚雲密布，既暮而大風忽吼。僧設茶於正殿，遂餔餟❻而臥。

【章旨】本章記載了第九十三天、第九十四天在廣西府的行跡。進入玉皇閣，十分雄偉壯麗。接著去萬壽寺，登上鐵龍峰，萬壽寺中停放著游大勳的靈柩。中秋節那天，何通判送來《廣西府志》和禮物。

【注釋】❶游諱大勳 游大勳，徽州婺源人，貢生，崇禎間任廣西府通判。有正氣，好士恤民。普名勝叛，合力守城，以無援助，兵敗遇害。❷三府 指通判。以其職位次於知府、同知而言。❸醮 原為禱神的祭祀，後專指僧道為禳除災祟而設的道場。❹少　稍許；略微。❺堂書　負責文書事務的小吏。❻餔餟　同「餔啜」。即食與飲。

【語譯】十四日　又吩咐顧僕去催取《廣西府志》，我整理行裝在寓所等待。天氣忽雨忽晴。上午得到回音，說仍要我留到明天早晨。於是帶上行李走出西門，進入玉皇閣。閣頗宏偉壯麗，中間安放銅像，而兩邊廂房中有眾多的神仙塑像，栩栩如生，正殿四周的壁畫也都十分精美。接著到萬壽寺，將行李放在寺的右廂房。飯後攀登寺左邊的鐵龍峰山脊，岩石稜角分明，都像龍鱗象角一般。《府志》又稱為天馬峰，因為山形和天馬相似的緣故。下山後回到萬壽寺，看到右廂房的北端，停放著棺材，向人打聽，原來是我家鄉徽州游公的靈柩。游公名大勳，出任廣西府通判。征討普名勝時，游公率領軍隊駐守在府城南面的矣邦池後，以防敵寇衝擊。崇禎四年四月，普名勝的軍隊突然乘機進攻官軍，游公竟戰死在陣地上。現今他的兒子還住在這裡，不能回故鄉，故將靈柩停放在寺中。我為此十分感慨。這天晚上，碰到李如玉、楊善居諸君到寺中作道場，多次受到他們以齋飯款待。僧人千松也稍解人意。這晚月光十分明亮。

十五日　我進城探望游公的兒子，吩咐顧僕去催促何君。上午走出西門，遊覽了城隍廟。返回萬壽寺後，看到寺裡進香的男男女女接連不斷。有個名吳錫爾的人，也因為進香來到這裡，和楊善居一起要看我的文章，各自帶回家去，約定到晚上趕來歸還。到了中午，顧僕回來說：「何君因為屬吏裝釘《廣西府志》時間拖得太長，打了他幾板子，限令他下午裝釘完成，想來不會過期了。」下午，何君命書吏送來《廣西府志》和禮物，我寫信向他道謝。這天晚上是中秋節，但傍晚濃雲密布，天黑後忽然大風怒吼。僧人在正殿擺上茶點，於是吃喝之後便去睡覺。

十六日　雨意霏霏，不能阻余行色。而吳、楊未至，令顧僕往索之。既飯，楊君攜酒一樽，侑❶以油餅熏鳧❷。乃酌酒而攜鳧餅以行。從玉皇閣後，循鐵龍東麓而北，一里，登北山而上。一里，逾其坳，即發果山之脊也，《志》又謂之九華山。蓋東峰之南下者，為奇鶴，為學宮所倚；西峰之南下者，為鐵龍，為萬壽寺之脈；中環而南突於城中者，為鐘秀山；其實一山也。從嶺上平行，又北三里，始見瀘源洞在西，而山脊則自東界大山，橫度而西，屬於西界，為郡城後倚，然瀘源之水，穿其西穴而出，亦不得為過脈也。從嶺北行，又五里而稍下，有哨在塢之南岡，曰平沙哨❸，郡城北之鎖鑰也。其東即紫微❹之後脈，猶屏列未盡；其西則連峰蜿蜒，北自師宗南下為阿盧山❺，界塢中之水而中透瀘源者也。由哨前北行塢中六里，有溪自北而南，小石梁跨之，是為矣各橋❻。溪水發源於東西界分支處，由梁下西注南轉，塢窮而南入穴，出於瀘源之上流也。又北六里，有村在西山之半，溪峽自東北來，路由西北上山。一里，躡嶺而上，二里，遂逾西界之脊，於是瞰西塢行。塢中水浸成壑，有村在其下，其西復有連山，自北而南，與此界又相持成峽焉。從嶺上又北四里，乃西北下西峽中，一里，抵麓。復循東麓北行十五里，復有連岡屬兩界之間，有數家倚其上，是為中火鋪，有公館焉。

按《志》：師宗南四十里有額勒哨，當即此矣。

飯，仍北行峽中，其內石峰四、五，離立崢崢。峽西似有溪北下，路從峽東行，兩界山復相持而北。塢中皆荒茅沮洳，直抵師宗，寂無片椽❼矣。聞昔亦有村落，自普與諸彝出沒莫禁，民皆避去，遂成荒徑。廣西李翁為余言：「師宗南四十里，寂無一人，皆因普亂，民不安居。龜山❽督府，今亦有普兵出沒。路南❾之道，亦梗不通。一城之外，皆危境云。」龜山為秦土官❿寨。其山最高，為彌勒東西山分脈處。其西即北屬陸涼⓫，西屬路南，為兩州間道。向設督捕城，今漸廢弛。秦土官為昂土官⓬所殺，昂復為普所擄。今普兵不時出沒其地，人不敢行，往路南、澂江⓭者，反南迂彌勒，從北而向革泥關⓮焉。蓋自廣西郡城外，皆普氏所懾服。即城北諸村，小民稍溫飽，輒坐派其貲以供，如違，即全家擄掠而去。故小民寧流離四方，不敢一鳴之有司，以有司不能保其命，而普之生殺立見也。北行二十里，經塢而西，從塢中度一橋，有小水自南而北，涉之，轉而西北行，暝色已合。顧僕後，余從一老人、一童子前行，躑躅昏黑中。余高聲呼顧僕，老人輒搖手禁止，蓋恐匪人聞聲而出也。循坡陟坳十里，有一尖峰當坳中，穿其腋，復西北行。其處路甚濘，蹊水交流，路幾不辨。後不知顧僕趨何所，前不知師宗在何處，莽然隨老人行，而老人究不識師宗之遠近也。老人初言不能抵城，隨路有村可止，余不信。至是不得村，並不得師宗，余還叩之，老人曰：「余昔過此，已經十四年。前此隨處有村，不意竟滄桑莫辨！」久之，漸聞犬吠聲隱隱，真如空谷之音⓯，知去人境不遠。過尖山，共五里，下涉一小溪，登坡，遂得師宗⑯城焉。抵東門，門已閉，而外無人家。循城東北隅，有草茅數家，俱已熟寢。老人仍同童子去。余止而謀宿，莫啓戶者。心惶惶念顧僕負囊，山荒路寂，泥濘天黑，不知何以行，且不知從何行。久之，見暗中一影，亟呼而得之，而後喜可知也！既而見前一家有火，趨叩其門，始固辭；余候久之，乃啓戶入。瀹湯煮楊君所貽粉糕啖之，甘如飴也。濯足藉草而臥，中夜復聞雨聲。主人為余言：「今早有人自府來，言平沙有沙人⑰截道。君何以行？」余曰：「無之。」曰：「可徵君之福也。土人與之相識，猶被索肥始放，君之不遇，豈偶然哉！即此地外五里，尖山之下，時有賊出沒。土人未晚即不敢行，何幸而昏夜過之！」

師宗在兩山峽間，東北與西南，俱有山環夾。其塢縱橫而開洋，不整亦不大。水從東南環其北而西去，亦不大也。城雖磚甃而甚卑，城外民居寥寥，皆草廬而不見一瓦。其地哨守之兵，亦俱何天衢所轄。

城西有通玄洞⑱，去城二里，又有透石靈泉，俱不及遊。

【章旨】本章記載了第九十五天在廣西府的行跡。冒雨出發，登上山嶺，越過發果山山脊，又經過平沙哨，走過矣各橋，到一處中火鋪吃飯。飯後在峽谷中行走，山塢中荒無人煙。由於普酉劫殺，官府又不能保護百姓生命安全，當地人都逃走了。在黑暗中竭力往前，好不容易到師宗州城，城門已經關閉，只得到城外一戶人家求宿。師宗城在峽谷中，城外人煙稀少，附近有通玄洞和透石靈泉。

【注釋】❶侑　勸人飲食。❷鳧　野鴨。❸平沙哨　在瀘西城北二十里，接師宗界，萬曆六年知府邵鳴岐建。❹紫微　山名，在瀘西城東十五里，高數百仞，綿延五十里。❺阿盧山　在瀘西城西，綿亙四十餘里，南接彌勒，北跨師宗，以舊為阿盧部而得名。❻矣各橋　又名矣戈河橋，在瀘西城北二十里。❼椽　架屋瓦的木條，也指房屋間數。❽龜山　今名圭山，在路南城東北八十里，穹窿綿亙，俯瞰交廣。❾路南　明代為州，隸澂江府，今屬雲南。❿秦土官　明洪武間，路南土酋秦普歸附，授州同知，永樂中升知州，成化中設流官。⓫陸涼　明代為州，隸曲靖府，治所在今雲南陸良東北舊州。西南有陸涼衛。⓬昂土官　明洪武間，土酋普德歸順，授彌勒知州，不久升廣西知府，成化中土知府昂貴以不法革職，改設流官。⓭澂江　明代為府，治所在河陽（今雲南澂江縣）。⓮革泥關　在彌勒城西五十里前往路南的大路上，明代設有巡檢司。⓯空谷之音　即空谷足音，喻難得的東西。《莊子·徐无鬼》：「夫逃空谷者……聞人足音，跫然而喜矣。」⓰師宗　明代為州，隸廣西府，今屬雲南。⓱沙人　民國《馬關縣志稿》卷二〈風俗志〉載：「沙人，本儂人之變種。明末，其酋長沙定洲驍悍……其部謂之沙人，衣裝剪裁另為格式，以示區別，此沙人之由來也。一說該族多居河濱，男婦老稚每於沙灘乘涼，初生小兒以之臥沙上，則無疾易養，故稱沙人云。查其語言風俗，與儂人無異，不同處惟裙不加折。以情判之，則前之說轉為近似。」分布在雲南廣西交界處的一些壯族，自稱「布依」，意即儂人。則沙人亦係壯族中的一支，他們和儂人一樣，都是以其統治者的姓氏見稱。但景泰《雲南圖經志書》載廣西府「有沙蠻」，正德《雲南志》說，廣西府「沙人善治田」，則沙人的名字比沙定洲早得多。⓲通玄洞　又作通元洞、通源洞，在師宗城西北一里荒山中。有上、中、下三洞，上洞幽深莫測，下洞有水橫出洞外，流至城南，舊時可灌溉田數百畝，隨後流下大河口。

【語譯】十六日　山雨霏霏，不能阻止我啟程。但吳錫爾、楊善居帶走的文章還沒送還，吩咐顧僕前往索取。吃過飯，楊君帶來一樽酒，並用油餅、烤野鴨下酒，於是喝了酒，帶著烤鴨、油餅出發。從玉皇閣的後面，沿著鐵龍峰東麓往北，走了一里，攀登北面的山。走了一里，越過山坳，即發果山的山脊，《廣西府志》又稱作九華山。原來發果山東峰往南延伸為奇鶴峰，是學宮所靠的山；西峰往南延伸為鐵龍峰，是萬壽寺所在的山脈；居中盤繞又往南在城中突起的，是鐘秀山；其實是同一座山脈。從嶺上平步行走，又往北三里，才看見瀘源洞在西面，而山脊則從廣西府東界的大山，向西橫越，和西界的山相連，成為府城所靠的山脈，但瀘源洞的水，穿過山脊西面的洞穴流出，這山脊也不能成為過渡的山脈。從山嶺往北走，又過了五里，稍許走下，有哨所在山塢南邊的山岡上，名平沙哨，是廣西府城北面的關口。在它東邊是紫微山的後脈，仍像屏風那樣排列，沒有盡頭；西邊則是連綿曲折的山峰，從北面的師宗州往南延伸為阿盧山，阻隔山塢中的水流，迫使它從瀘源洞中穿出。從平沙哨前往北，在山塢中走了六里，有溪水從北往南流，上面架著小石橋，這就是矣各橋。溪水發源於東西兩邊山脈分界的地方，從橋下往西流再向南轉，到山塢盡頭處就往南流入洞中，又從瀘川源頭的上游流出。再往北走六里，有村莊在西面的山腰上，溪水流過的峽谷從東北延伸過來，路從西北上山。走了一里，踏上山嶺往上攀登，再走二里，就越過西邊的山脊，從這裡俯視西塢行走。塢中浸滿了水，形成溝壑，有村莊在下面，山塢西面還有連綿不斷的山脈從北往南延伸，和這邊的山脈又相對峙立，形成峽谷。從嶺上再往北走四里，便往西北走下西面的峽谷中，過了一里，到山腳。再沿著東麓往北走十五里，又有連綿不斷的山岡在峽谷兩邊相連，有幾戶人家靠著山岡居住，這就是中火鋪，有公館在裡面。按《廣西府志》記載，師宗州南面四十里有額勒哨，應當就是這裡了。

吃過飯，仍然往北在峽谷中行走，裡面有四、五座石峰，各自高高聳立。峽谷西面似乎有溪水往北流下，路從峽谷東面走，東、西兩邊的山又相對峙立往北延伸。山塢中長滿荒草，地勢低濕，直到師宗州都是一片荒涼景象，沒有一間房屋。聽說過去這裡也有村落，自從普酋和各色彝人在此出沒，橫行無忌，百姓便都逃走，於是成了荒蕪的道路。廣西府李翁對我說：「師宗州以南四十里，空無一人，都是因為普名勝作亂，百姓不得安居。連龜山督府現在也有普酋的士兵出沒。去路南州的路，也阻塞不通。在師宗州城之外，都是危險的區域。」龜山是秦土官的山寨。這座山最高，為彌勒州東西部山脈分支的地方。龜山西面即北連陸涼州，西連路南州，有去兩州的小路。過去設有督捕城，如今已漸漸失去作用。秦土官被昂土官殺死，昂土官又被普酋俘擄。現在普酋的士兵時常在這裡出沒，人們不敢從這裡行走，去路南州、澂江府的人，反而往南繞道彌勒州，往北朝革泥關走。大概除了廣西府城外，其餘地方都因害怕普酋而屈服。即使是府城北面的各個村莊，只要百姓稍能溫飽，普酋就坐地攤派他們供奉錢財，如有違抗，立即全家被擄掠而去。所以百姓寧可流離四方，也不敢向官府訴說，因為官府已不能保護百姓的生命，而普遍的生殺慘禍立即就會出現。往北走二十里，經過山塢往西走，從塢中走過一座橋，有條小水從南往北流去，渡過小水，轉向西北走，暮色已經籠罩，顧僕走在後面，我跟著一個老人、一個童子往前走，在一片昏黑中跌跌撞撞地往前。我高聲呼喊顧僕，老人立即搖手禁止，是怕土匪聽見聲音出來劫掠。沿著山坡登上山坳走了十里，有一座尖峰聳立在山坳中，從它的側面穿過，再往西北走。這裡道路十分泥濘，路和水交錯，幾乎分不清路面所在。既不知道後面顧僕走到哪裡，也不知道往前師宗州在何處，貿貿然跟著老人走，而老人竟也不知道師宗州的遠近。老人起先說今天已走不到師宗城，沿路遇有村莊就可住宿，我不相信。到這裡既沒有村莊，也找不到師宗州，我又去問他，老人說：「我過去經過這裡，到現在已有十四年了。以前這裡到處有村莊，想不到現在竟然發生這麼大的變化，認不出了！」過了好久，漸漸聽到隱隱約約的狗叫聲，真像空谷足音那樣難得，令人興奮，知道離開人家居住的地方不遠了。過了尖山，共走五里，往下渡過一條小溪，登上山坡，終於到了師宗城。到達城東門，門已關閉，而城外沒有人家。沿著城牆走到東北角，有幾間草屋，人都已熟睡了。老人仍和童子離去。我停下尋找住處，沒有開門的人。心中惶惶不安想起顧僕背著行李趕路，山路荒涼，更何況泥濘天黑，真不知他怎麼走？而且不知道他從哪裡走？過了好久，才看到黑暗中有一個人影，急忙呼喊找到了他，當時的喜悅，可想而知了！隨即看到前面一戶人家有燈光，趕緊上前敲門求宿。主人開始堅決推辭，我等了很久，才開門讓我們進去。燒水煮楊君所贈的粉糕吃，覺得像糖膏那樣甜美。洗腳後睡在草堆上，半夜又聽到雨聲。主人對我說：「今天早晨有人從府城過來，說平沙哨有沙人攔路搶劫。你是怎樣走來的？」我說：「沒有遇到沙人。」主人說：「可見你有福氣。當地人和沙人認識，還被勒索錢財後才放行，你卻沒有遇上，這難道是偶然的嗎？即使在離這裡五里之外的尖山下面，也時常有盜賊出沒，當地人天還沒黑就不敢走了，你在黑夜通過真夠幸運了！」

師宗州城在兩山之間的峽谷中，東北和西南都有山嶺環繞相夾。這裡的山塢縱橫開闊，不整齊，也不大。水從東南繞過州城北邊，往西流去，也不大。城牆雖然用磚砌成，但很低。城外民房寥寥無幾，都是草屋，看不到一間瓦房。在這裡駐防的哨兵，也都屬何天衢管轄。

州城西面有通玄洞，離城二里，另外還有透石靈泉，都來不及去遊覽。

十七日　晨起，雨色霏霏。飯而行，泥深及膝，出門即仆。北行一里，有水自東南塢來，西向注峽而去，石橋跨之，為綠生橋。過橋，行塢中一里，北上坡。遵坡行八里，東山始北斷成峽，水自峽中西出。有寨當峽而峙，不知何名。余從西坡北下，則峽水西流所經也。坡下亦有茅數家，為往居停之所，是曰大河口❶。河不甚巨，而兩旁沮洳特甚，有石梁跨之，與綠生同，其水勢亦與綠生相似。過橋北行，度塢，塢北復有山自東北橫亙西南。一里，陟其坡，循之東向行。三里，越坡東下，塢中沮洳，有小水自北而南入大河。溪上流有四、五人索哨錢於此，因架木為小橋以渡。見余，不索哨而乞造橋之犒，余畀以二文，各交口稱謝。既渡，半里，余隨車路東行，諸人哄然大呼。余還顧，則以羅平大道宜向東北，余東行為誤故也。

亟還從東北半里，復上坡東行，於是皆荒坡遙隴，夙霧遠迷，重茅四塞。十五里，東逾岡，始望見東北岡上有寨一屯，其前即環山成窪，中有盤壑，水繞其底而成田塍❷，四顧皆高，不知水所從出。從岡東下一里，越塢中細流。其塢與流，皆自南而北，即東通盤壑者。又東上一里，循壑之南脊行，與所望北岡之寨，正隔塢相對矣。又逾東岡稍下，一里，則盤壑之東，有峽穿隴而至，其峽自東南大山破壁而至者。峽兩崖皆亘壁，其上或中剖而成峽，或上覆而成梁，一塢之中，倏斷倏續，水亦自東南流穿盤壑，但壑中不知何洩。時余從石梁而度，水流其下，不知其為梁也。望南北峽中水，一從梁洞出，一從梁洞入。乃從梁東選石踞勝，瞰峽而坐，睇其下，如連環夾壁，明暗不一，曲折透空，但峽峭壁削，無從下穿其穴耳。於是又東，愈岡塢相錯。再上再下，八里，盤嶺再上，至是夙霧盡開，北有削崖近峙，南有崇嶺遙穹。取道其間，橫陟嶺脊，始逼北崖，旋向南嶺。二里，復逾高脊，北轉東下。二里，有茅當兩峰峽間，前植哨竿，空而無人，是曰張飛哨，山中之最幽險處也。又東下三里，懸壑深閴，草木蒙密，泥濘及膝，是名偏頭哨。哨不見居廬，路口止有一人，懸刀植鎗而索錢，余不之與③而過。此哨之南，即南穹崇嶺，羅平賊首阿吉所窟處，為中道最險，故何兵哨守焉，又名新哨，而師宗界止此矣。

過哨，又東上嶺，嶺更峻，石骨稜厲。二里，躋其巔，是為羅平、師宗之分界，亦東西二山之分界也。嶺重山複，上下六十里，險峻為迤東之冠。其山蓋南自額勒度脈，分支北下，結成崇嶺，北度此脊，而為白蠟、東龍，而東盡於河底、盤江交會處者也。從嶺上東向平行，其間多墜壑成穽，小者為眢井，大者為盤窪，皆叢木其中，密不可窺，而峰頭亦多樹多石，不若師宗皆土山茅脊也。平行嶺上五里，路左有塲，宿火樹間，是為中火鋪，乃羅平、師宗適中之地。當午，有土人擔具攜炊，賣飯於此，而既過時輒去，余不及矣，乃冷餐所攜飯。又東一里，漸下。又一里，南向下叢中。其路在箐石間，泥濘彌甚。一里，遂架木為棧，嵌石隙中，非懸崖沿壁，而或斷或續，每每平鋪當道，想其下皆石孔眢井，故用木補填之也。又東下一里，始出峽口。迴顧西壑，崇嶺高懸，皆叢箐密翳，中有人聲；想有彝人之居，而外不能見。東眺則南界山岡平亙，北界則崇峰屏立，相持而東。於是循北坡東行。三里，復北上坡，直抵北界峰腰，緣之。三里，峰盡東下，有塢縱横，一塢從北峽來，一塢從東峽來，一塢從西峽來，一塢向東南去。

時雨色復來，路復泥濘，計至羅平，尚四十里，行不能及，聞此中有營房一所可宿，欲投之。四顧茫無所見，祇從大道北轉入峽，遂緣峽東小嶺而上。一里，忽遇五、六人持矛挾刃而至，顧余曰：「行不及州矣。」予問：「營房何在？」曰：「已過。」「可宿乎？」曰：「可。」遂挾余還。蓋此輩即營兵，乃送地方巡官過嶺而返者。仍一里，下山抵塢中，乃向東塢入。半里，抵小峰之下，南向攀峰而上，峻滑不可著足。半里，登其巔，則營房在焉。營中茅舍如蝸，上漏下濕，人畜雜處。其人猶沾沾謂予：「公貴人，使不遇余輩，而前無可託宿，奈何？雖營房卑隘，猶勝彝居十倍也。」彝謂黑、白彝❹與儸儸。余頷之。索水炊粥，峰頭水甚艱，以一掬濯足而已。

【章　旨】本章記載了第九十六天從廣西府到曲靖府的行跡。走過綠生橋，經過大河口，前往羅平州，從此都是荒山，長滿野草。望見山窪中有盤曲的溝壑，溝壑東面有峽谷，不知裡面的水從何處流出。接著翻越高高的山脊，經過山中最幽僻險要的張飛哨，到高峻幽寂的偏頭哨，哨南是強盜的巢穴。登上作為師宗州、羅平州分界的山頂，看到嶺上有許多墜落的溝壑形成的穽洞，小的是枯井，大的為盤窪。往前道路更加泥濘，石縫中嵌入木條作為棧道，山壑中有彝人居住。估計當天已來不及到羅平，便到山頂的營房借宿。營中茅屋如同蝸牛殼，人畜雜處，用水很難。

【注　釋】❶大河口　在師宗城東十里。❷水繞其底而成田塍　「田」後原衍「回」字，據《四庫》本刪。❸不之與　即「不與之」。❹黑白彝　彝族以黑、白分貴賤。黑彝（黑儸儸）彝語稱「諾」，含有「主體」的意思，為彝族的貴族。白彝（白儸儸）彝語稱「曲」，為彝族的賤民。

【語　譯】十七日　早晨起身，陰雨霏霏。吃了飯出發，泥漿深陷到膝蓋，一出門就滑倒。往北走了一里，有水從東南的山塢流來，向西注入峽谷流去，有石橋架在水上，是綠生橋。過了橋，在山塢中走一里，往北登上山坡。沿著山坡走了八里，東面的山嶺在北邊開始斷裂，形成峽谷，水從峽谷中往西流出。有寨子座落在峽谷中，不知是什麼名稱。我從西面的山坡往北走下，就是峽谷中的水往西流過的地方。山坡下面也有幾間茅屋，是供來往行人住宿停留的場所，地名大河口。河流不太大，但河兩旁地面特別低濕，有石橋架在河上，和綠生橋一樣，水勢也和綠生橋那裡相似。過橋往北走，通過山塢，山塢北面又有山從東北橫亙西南。走了一里，登上山坡，沿著山坡往東，又走了三里，翻過山坡往東走下，塢中地勢低濕，有小溪從北往南流入大河。溪水上游有四、五個人在那裡索取哨錢，因此架起木條作為小橋讓人過渡。看到我，沒有索取哨錢而求給造橋的酬勞費，我給了兩文錢，眾口同聲向我道謝。過橋後走了半里，我隨著行車的路往東走，眾人哄然一起大聲呼喊。我轉身回視，原來因為去羅平州的大路應該往東北走，而我往東走錯了。

急忙返回往東北走了半里，又登上山坡往東走，從這裡起一路都是荒山遠壠，晨霧在遠處彌漫，重重茅草將四圍堵塞。走了十五里，往東越過山岡，才望見東北山岡上有個寨子，寨前即由山嶺環繞而形成窪地，窪地中間有盤曲的溝壑，水流環繞它的底部形成田地，向四面望去都是高地，不知水從何處流出。從山岡往東走下一里，越過山塢中的細流。這山塢和細流，都從南往北，和東面盤曲的溝壑相通。又往東走上一里，沿著溝壑南面的山脊走，和所望見的北面山岡上的寨子正好隔著山塢相對。再越過東面的山岡，稍稍往下走了一里，只見盤曲的溝壑的東面，有峽谷穿過丘壠延伸到這裡，這峽谷是從東南大山破壁而來。峽谷兩邊的山崖都是相連的峭壁，壁上有的中間劈開形成峽谷，有的上面覆蓋成為橋梁，在同一山塢之中，忽斷忽續，水流也從東南穿過盤曲的溝壑，只是不知道在盤曲的溝壑中從何處流出。當時我從石橋上走過，水在橋下流，卻不知道這就是橋。望見南北峽谷中的水，一處從橋洞中流出，一處流入橋洞。於是在石橋東面選擇岩石坐下觀賞勝景，俯視峽谷的下面，就像連環夾壁，或明或暗，曲折透空，但峽壁陡峭如削，無法下去穿過這些洞穴。於是再往東走，山岡山塢更加互相交錯。兩次上去下來，走了八里，繞過山嶺再向上，到這裡晨霧完全散開，北面有陡峭的石崖在附近峙立，南面有高大的山嶺遠遠隆起。在這中間取道，橫登嶺脊，剛逼近北面的山崖，很快又轉向南面的山嶺。走了二里，再越過高高的山脊，往北又轉向東下山。走了二里，有茅屋在兩座山峰間的峽谷中，屋前樹立哨竿，但屋內空無一人，地名張飛哨，是山中最幽僻險要的地方。再往東走下三里，陡峭的山壑幽深寂靜，草木茂密，道路泥濘深陷膝蓋，地名偏頭哨。這哨看不到住房，只有一個人站在路口，帶著刀槍，在那裡向過路人要錢，我沒有給他就過去了。這哨的南面，就是在南面隆起的高大山嶺，是羅平州的強盜首領阿吉的巢穴所在的地方，地勢最為險要，故何天衢的兵士駐防在這裡，又名新哨，師宗州州界就到此為止了。

過哨後，又往東登上山嶺，山嶺更加陡峻，岩石棱角鋒利。走了二里，登上嶺頭，這裡是羅平州、師宗州的分界，也是東西兩處山的分界。山嶺重疊，上上下下有六十里，險峻為滇東之冠。大體上說，這山南面起自從額勒哨伸過的山脈，分出一支往北下延，結成高大山嶺，往北延伸到這道山脊，成為白蠟山和東龍山，再往東到河底河、盤江交匯處為止。從嶺上向東平步行走，途中有許多墜落的溝壑形成穽洞，小的為枯井，大的為盤窪，裡面都草木叢生，十分茂密，不可窺視，而峰頂也多樹多石，不像師宗州都是土山和長著茅草的山脊。在嶺上平步走了五里，路的左邊有集市，在樹林中住宿生火，這是途中供人生火煮飯的地方，正好位於羅平州、師宗州的中間。到中午時，有當地人挑著炊具，到這裡賣飯，但時間一過就離去，我沒有趕上，只好吃自己所帶的冷飯。再往東走一里，漸漸下山。再走一里，往南走下草叢中。這裡的道路在竹叢亂石中，更加泥濘。走了一里，就有架起木條築成的棧道，嵌在石縫中，並非沿著峭壁，懸空掛在崖上，因而或斷或續，往往有平鋪在路上的，想來棧道下面都是石孔枯井，所以用樹木來填補。再往東走下一里，才走出峽口。回頭看西面的山壑，高大的山嶺，懸在空中，竹林密密覆蓋，裡面有人聲，想來有彝人居住，但外面看不見。向東眺望，只見南邊山岡平緩相連，北邊高山如屏風聳立，相互對峙，向東延伸。從這裡沿著北面的山坡往東走。過了三里，又往北登上山坡，直到北邊的峰腰，沿著峰腰行走。過了三里，到峰腰盡頭往東走下，有山塢縱橫交錯，一處從北面的山峽延伸過來，一處從東面的山峽延伸過來，一處從西面的山峽延伸過來，一處往東南延伸過去。

這時又下起雨來，道路更加泥濘，估計到羅平州還有四十里，當天已來不及到達，聽說這裡有一所營房可以住下，想去投宿。向四面望去，煙雨茫茫，什麼也看不見，只得從大路往北轉入峽谷，就沿著峽谷東面的小嶺往上。走了一里，忽然遇到五、六個人，手持長矛，挾著大刀過來，對著我說：「來不及到羅平州了。」我問他們：「營房在什麼地方？」答道：「已經過了。」又問：「可以住宿嗎？」答道：「可以。」便帶著我回去。原來這些人就是軍營中的士兵，是護送地方巡查的官員過嶺後回到這裡的。仍舊走了一里，下山到塢中，就走進東面的山塢。過了半里，到一座小峰的下面，向南往上攀登山峰，路又陡又滑，無處落腳。過了半里，到達峰頂，營房就在頂上。營中的茅屋就像蝸牛殼一般，上漏下濕，人畜混雜居住。那些士兵還沾沾自喜對我說：「先生是貴人，假如沒遇上我們，而前面又沒地方投宿，怎麼辦？營房雖然低矮狹小，還是比彝人住處要好十倍。」彝人指黑彝、白彝和儸儸。我點頭同意。想要找水煮粥，峰頂上用水很難，只能用一捧水洗腳罷了。

十八日　平明，雨色霏霏。余謂：「自初一漾田晴後，半月無雨。恰中秋之夕，在萬壽寺，狂風釀雨，當復有半月之陰。」營兵曰：「不然。予羅平自月初即雨，並無一日之晴。蓋與師宗隔一山，而山之西今始雨，山之東雨已久甚。乃此地之常，非偶然也。」余不信。

飯後下山，飯以笋為案。笋出山箐深處，八月正其時也。濘滑更甚於昨，而濃霧充塞，較昨亦更甚。一里，抵昨所入塢中，東北上一里，過昨所返轅❶處。又一里，逾山之岡，於是或東或北，盤旋嶺上。八里稍下，有泉一縷，出路左石穴中。其石高四尺，形如虎頭，下層若舌之吐，而上有一孔如喉，水從喉中溢出，垂石端而下墜。喉孔圓而平，僅容一拳，盡臂探之，大小如一，亦石穴之最奇者。余時右足為污泥所染，以足向舌下，就下墜水濯之。行未幾，右足忽痛不止。余思其故而不得，曰：「此靈泉而以濯足，山靈罪我矣。請以佛氏懺法解之。如果神之所為，祈十步內痛止。」及十步而痛忽止。余行山中，不喜語怪。此事余所親驗而識之者，不敢自諱以沒山靈也。

從此漸東下，五里，抵一盤壑中，有小水自北而南，四圍山如環堵，此中窪之底也，豈南流亦透穴而去者耶？又上東岡，二里逾岡。又東下一里，行塢中者三里，有小水自西北向東南，至是始遇明流之澗，有小橋跨之。既度，澗從東南去，路復東上岡。三里，逾岡之東，始見東塢大闢，自南而北。東界則遙峰森峭，志稱羅莊山❷。駢立東南；西界則崇巘巍峨，志稱白蠟山❸。屏峙西北。東北又有一山，土人稱為東龍山❹。橫排於兩界缺處，而猶遠不睹羅平城，近莫見與哆囉也。與哆囉即在山下，以嶺峻不能下瞰耳。又東稍下者二里，峻下者一里，遂抵塢中，則與哆囉茅舍數間，倚西山東麓焉。從此遂轉而北行塢中，其塢西傍白蠟，東瞻羅莊，南去甚遙，則羅莊自西界老脊，分枝而東環處也。塢中時有土岡，自西界東走，又有石峰自東界西突。路依西界北行，遙望東界遙峰下，峭峰離立，分行競穎，復見粵西面目。蓋此叢立之峰，西南始于此，東北盡于道州，磅礴數千里，為西南奇勝，而此又其西南之極云。

過興哆囉北，一重土岡東走，即有一重小水隨之。想土岡之東，有溪北注，以受此諸水。數涉水逾岡，北五里，望西山高處有寨，聚居頗眾，此儸儸寨也。又北二里，有池在東岡之下；又北二里，有池在西岡之下，皆岡塢環轉，中窪而成者。又北三里，有水成溪，自西而東向注，甚急，一石梁跨之，是為魯彝橋，橋下水東南數里入穴中。越橋北，始有夾路之居。又北半里，有水自西而東注，其水不及魯彝之半，即從上流分來，亦東里餘而滅，亦一石梁跨之。二水同出於西門外白蠟山麓龍潭中，分流城東南而各墜地穴，亦一奇也。橋之南，始有盈禾之塍。又北半里，入羅平❺南門。半里，轉東，一里，出東門，停憩於楊店。是日為東門之市。既至而日影中露，市猶未散，因飯於肆，觀於市。市新榛子、薰雞葼❻，還楊店，而雨濛濛復至。

時有楊婿姜渭濱者，荊州❼人，贅此三載矣，頗讀書，知青烏術❽。詢以盤江曲折，能隨口而對，似有可據者。先是余過南門橋，有老者巾服而踞橋坐，見余過，拉之俱坐。予知其為土人，因訊以盤江，彼茫然也。彼又執一人代訊，其人謂由澂江返天上，可笑也！渭濱言：「盤江南自廣西府流東北師宗界，入羅平之東南隅羅莊山外，抵八達彝寨⑨，會江底河⑩，經巴澤、河格、巴吉、興龍、那貢，至壩樓⑪，為壩樓江，遂東南下田州，不北至黃土壩⑫，亦不至普安州⑬。」第壩樓諸處，與普安界亦相交錯，是南盤亦經普安之東南界，特未嘗與東北之北盤合耳。

羅平在曲靖府東南二百餘里，舊名羅雄，亦土州也。萬曆十三年⑭，土酋者繼榮作亂⑮，都御史劉世曾奉命征討，臨元道⑯文作⑰率萬人由師宗進，夾攻平之，改為羅平。明年繼榮目把董仲文等復叛，羈知州何倓⑱，文作以計出之，復率兵由師宗進，討平之。今遂為迤東要地。

羅平州城西倚白蠟山下，東南六十里為羅莊山，東北四十里為東龍山。有水自白蠟麓龍潭出，名魯彝河⑲，東環城，南出魯彝橋，而東入地穴；其北有分流小水，亦如之。此內界之水也。其西有蛇場河⑳，自州西南環州東北，抵江底河，俱在白蠟、東龍二山外。其東南有盤江，自師宗東北入境，東南抵八達，俱在羅莊山外。此外界之水也。

州城磚甃頗整。州治在東門內，俱民，惟東門外頗成闤闠。西、南二門，為賊首官霸、仲家㉑，巢在正南八十里，烏魯河㉒師宗界。阿吉，儸儸，巢在州西南七十里，偏頭㉓南大山下。二寇不時劫掠，民不能居。

白蠟山在城西南十餘里，頂高十餘里，其麓即在西門外二里，上有尖峰。南自偏頭寨，北抵州西北，為磨盤山過脈，而東又起為東龍山者也。此山雖晴霽之極，亦有白雲一縷，橫亙其腰，如帶圍，為州中一景。

東龍山在城東北四十里。者繼榮叛時，結營其上為巢窟，官兵攻圍久之，內潰而破。今其上尚有二隘門。

羅莊山在城東南六十里。其山參差森列，下多卓錐拔笋之岫，粵西石山之發軔㉔也。

羅平州東至廣南八達界二百里，西南至師宗州偏頭哨六十里，南至師宗州烏魯河界八十五里，西南至陸涼蛇場河界一百里，西北至舊越州㉕界發郎九十里，北至亦佐縣桃源界一百二十里，東北至亦佐縣黃草壩㉖二百里。

羅平州正西與滇省對，正東與廣西田恩府㉗對，正北與平彝衛㉘對，正南與廣西府永安哨㉙對。

【章旨】本章記載了第九十七天在曲靖府的行跡。雖然只隔一座山，但羅平州和師宗州的天氣全然不同。看到路旁有個形如虎頭的神奇石洞，用洞中的泉水洗腳，忽然疼痛不止，用佛教的懺法，竟然止了痛。翻過一道道山岡，到山塢中的興哆囉寨。遙望遠山，又看到廣西石峰並立競秀的景象。叢立的石峰，從這裡開始，到湖南道州為止，為西南奇勝。繼續往前，通過魯彝橋，走進羅平州城，到楊姓店中住宿。店主女婿名姜渭濱，對盤江的流向十分熟悉。羅平是土州，萬曆間土司者繼榮在此叛亂。州境內有白蠟山、羅莊山、束龍山、魯彝河，境外有蛇場河。

【注釋】❶返轅　掉轉返回走。轅，在車前駕車的兩根直木。❷羅莊山　在羅平城東南約六十里，舊為林木之藪。❸白蠟山　在羅平城西南十三里，山峰高達萬仞，綿亙百里，為滇東雄鎮。❹束龍山　又作淑龍山，在羅平城東約七十里，山四面壁立，上寬平，可容千家。山顛有泉湧出。❺羅平　明代為州，隸曲靖府，治所在今雲南羅平羅雄。❻雞葼　當為「雞㙇」，即「雞㙡」，也稱「雞宗」、「雞菌」。菌類植物。出雲南，生沙地間。高腳傘頭。點茶、烹肉均宜，氣味皆似香蕈。入藥。❼荊州　明代為府，治所在今湖北江陵。❽青烏術　相傳漢代有青烏子，又稱青烏公或青烏先生，精通堪輿（即相地）之術，後世因稱堪輿之術為青烏術，相地人為青烏。❾八達彝寨　即今羅平東南隅的八大河村，在南盤江北岸，隔江即廣西境。❿江底河　即黃泥河下游自江底寨往西南流入南盤江的一段河流。⓫壩樓　在今廣西隆林東境，冷水河流入南盤江處。⓬黃土壩　疑為「黃草壩」。⓭普安州　見〈黔遊日記二〉四月二十九日日記注。⓮萬曆十三年　西元一五八五年。⓯土酋者繼榮作亂　明初，羅雄土酋者洛元歸附，授土知州。嘉靖中，羅雄知州者濬殺營長，奪其妻，生子繼榮。萬曆九年，朝廷調羅雄兵征緬甸，繼榮臨行前殺者濬，且與霑益土知州妻安素儀合營私通，留越州土官資氏家，淫樂不進。越州知州越應奎將擒之，繼榮逃走，聚眾謀反，攻破陸涼諸寨，築石城於赤龍山，據龍潭以為險。⓰臨元道　明代雲南分守道之一，駐新興州（治所在今雲南玉溪市）。⓱文作　涪州（治所在今重慶涪陵區）人。萬曆間，官雲南右布政使。⓲羈知州何倓　者繼榮被殺後，劉世曾上疏請築城，改設流官，以四川人何倓為知州，者繼仁為巡檢。不久，蠻寇必大反，殺繼仁，執何倓。亂平後，改羅雄州名羅平。⓳魯彝河　今名大乾河，又作魯沂河，在羅平城南一里，源出龍王廟，至西門引以灌田。⓴蛇場河　即今測德河、九龍河。源出雲南富源西南，流經羅平西北，轉入富源東南，入黃泥江。㉑仲家　布依族和雲南部分壯族的舊稱。㉒烏魯河今名五洛河，在師宗東南境，從北往南匯入南盤江。㉓偏頭　偏頭哨，在師宗東境。㉔發軔　啟行。軔，剎車木，行車必先去軔，故稱。後以喻事物的開端。㉕舊越州　元代置越州，明洪武間廢，故稱舊越州，在今雲南曲靖南境。㉖亦佐縣黃草壩　明代黃草壩隸貴州普安州，不屬雲南亦佐縣。㉗思恩府　見〈粵西遊日記二〉六月二十一日日記注。㉘平彝衛　明初設平彝千戶所，後升為衛，清代改為縣，隸曲靖府。㉙永安哨　在瀘西城東約八十里。

【語　譯】十八日　天亮時，陰雨霏霏。我說：「從初一在漾田天晴後，半個月沒下雨。恰巧中秋之夜，在萬壽寺，狂風帶來大雨，應當又有半個月的陰天。」營兵說：「不是這樣。我們羅平州從月初就下雨，沒有晴過一天。因為和師宗隔著一座山，山的西邊至今才下雨，山的東邊雨已下了很久。這是當地的常情，並不是偶然的。」我不相信。

吃了飯下山，飯用竹筍做菜。竹筍出於山林深處，八月正是吃筍的季節。路比昨天更加泥濘滑溜，濃霧迷漫，也比昨天更加厲害。走了一里，到昨天所進入的山塢中，往東北走上一里，經過昨天轉回的地方。又走了一里，越過山岡，從這裡起便時而向東，時而向北，在山嶺上盤旋。走了八里，稍許往下，有一縷泉水從路的左邊石洞中流出。這洞的岩石高四尺，形狀像虎頭，下層像吐出的舌頭，而上面有個圓孔像喉嚨，泉水便從喉孔中溢出，流到岩石的頂端往下垂落。喉孔圓而平整，只能容納一個拳頭，把整個手臂伸入探測，裡外同樣大小，也算是個最奇異的石洞。當時我右腳被污泥沾染，就將腳伸到舌下，利用落下的泉水洗腳。沒走了幾步，右腳忽然疼痛不止。我想不出是什麼緣故，就說：「這是靈泉，我卻用來洗腳，山靈懲罰我了。請允許我用佛教的懺法解脫罪過。如果真是神靈所為，祈求能在十步之內消除疼痛。」走到十步，疼痛忽然停止。我在山中行走，不喜歡談神說怪，這是我親身體驗而認識的事，不敢迴避自己的過錯而閉口不言，埋沒山靈。

從這裡起逐漸往東下山，走了五里，到一處盤曲的山壑中，有條小水從北向南流，四周山峰如同圍牆，這裡是中間窪地的底部，難道往南流的水也是穿過洞穴而去的嗎？又登上東面的山岡，走了二里，越過山岡。又往東走下一里，在山塢中走了三里，有條小水從西北向東南流，到這裡才看到露出地面的澗水，有小橋橫架在上面。過了橋，澗水往東南流去，路又往東登上山岡。走了三里，翻過山岡到它的東面，才看到東面的山塢從南往北十分開闊。山塢東界是森然陡峭的遠峰，志書稱為羅莊山。在東南並列；西界是巍峨的高山，志書稱為白蠟山。如同屏風在西北峙立。東北方還有一座山，當地人稱為東龍山。在東西兩界中間的缺口處橫向排列，因而仍然往遠處看不到羅平州城，近處看不見興哆囉寨。興哆囉寨就在山下，因為山嶺陡峻，不能往下俯視。再往東稍許走下二里，陡直往下走了一里，便到山塢中，只見興哆囉寨的幾間茅屋就靠在西山的東麓。從這裡便轉而往北在山塢中走。這山塢西靠白蠟山，東望羅莊山，往南延伸到很遠處，是羅莊山從西界大山分出支脈向東環繞的地方。山塢中常有土岡從西界向東伸展，另外還有石峰從東界向西突起。路靠著西界的山岡往北走，遠遠望見東界遠峰之下，陡峭的山峰並立，分列成行，爭向高處聳立，眼前又呈現廣西的地貌。大體上說，這種叢林般聳立的山峰，西南從這裡開始，東北到道州為止，氣勢磅礴，綿延數千里，為西南地區的奇觀，而這裡又在這種地貌的最西南邊遠處了。

經過興哆囉寨往北，只要有一重土岡向東延伸，就有一重小水隨著山勢東流。想來土岡的東面，有溪水向北流注，以接納這裡的各條小水。多次渡過小水，越過土岡，往北走五里，望見西山高處有寨子，聚居著不少人家，這是儸儸寨。又往北走二里，東面的土岡下有池塘；再往北走二里，西面的土岡下也有池塘，都是因土岡山塢環轉，中間窪下形成的。再往北走三里，有水形成溪流，從西往東而去，水流很急，一座石橋架在溪上，這就是魯彝橋，橋下的水往東南流了數里後進入洞穴。過橋往北，路兩旁才有居民住戶。再往北走半里，有水從西往東流去，水大不到魯彝河的一半，是從魯彝河上游分流而來的，也向東流一里多而消失，也有一座石橋架在上面。兩條水都出自羅平州城西門外白蠟山麓的龍潭中，分別流過州城東南而後各自墜入地洞，也是一處奇景。石橋南面，才有長滿稻穀的田地。再往北走半里，進入羅平州城南門。走了半里，向東轉，又走了一里，自東門出，在姓楊的店中留宿。這天是東門趕集的日子。到了那裡，正當中午，集市還沒有散，於是在店裡吃飯，到市上觀看。買了新榛子、薰雞葼，回到姓楊的店中，濛濛細雨又下了起來。

當時姓楊的店主有個女婿名姜渭濱，是荊州人，招上門已三年了，讀過不少書，懂得相風水，問他盤江曲折的流程，能隨口回答，似乎都有根據。在此之前，我經過南門橋，有個老人頭裹頭巾身穿長衣坐在橋上，見我走過，拉住我和他一起坐下。我得知他是當地人，便打聽盤江的情況，他茫然無所知。他又拉住一個人代我打聽，那個人說流到澂江後返回天上，十分可笑。姜渭濱說：「盤江從南面的廣西府往東北流到師宗州界，又流入羅平州東南角的羅莊山外，到八達彝寨和江底河會合，再經過巴澤、河格、巴吉、興龍、那貢，到壩樓，稱為壩樓江，於是往東南流下田州，既不往北流到黃土壩，也不到普安州。」但壩樓等江水流過的地方，和普安州界也互相交錯，這樣南盤江也流經普安州東南界，只是未曾和東北的北盤江匯合罷了。

羅平州在曲靖府東南二百多里處，原名羅雄，也是土州。萬曆十三年，土司者繼榮作亂，都御史劉世曾奉命征討，臨元道員文作率領一萬軍隊從師宗州進攻，兩面夾擊平定了叛亂，改名為羅平。第二年，者繼榮手下的頭目董仲文等人又進行叛亂，拘押羅平知州何倓，文作用計救出何倓，又率兵從師宗州進攻，討平叛亂。如今羅平州已成為滇東的要地。

羅平州城西面靠著白蠟山腳，往東南六十里到羅莊山，往東北四十里到束龍山。有水從白蠟山腳的龍潭流出，名魯彝河，河水往東流環繞州城，再向南流出魯彝橋，而後往東流入地洞；在橋北面有分流的小水，情況也是這樣。這是羅平州境內的水流。州西面有蛇場河，從州西南繞轉到州的東北，流到江底河，都在白蠟山、束龍山外。州東南有盤江，從師宗州往東北流入境內，再往東南流到八達彝寨，都在羅莊山外。這是羅平州境外的水流。

州城城牆用磚砌成，十分平整。州治在東門內，周圍都是居民，只有東門外形成街市。西門、南門，被盜賊首領官霸、仲家，巢穴在羅平州正南八十里，師宗州境內烏魯河旁。阿吉儸儸，巢穴在羅平州西南七十里，偏頭哨南面的大山下。二寇時常前來搶劫，百姓不能安居。

白蠟山在州城西南十多里處，山頂高達十多里，山麓就在西門外二里處，山上有尖峰。山南面起自偏頭寨，往北到州城西北，為磨盤山延伸過來的山脈，往東又聳起為束龍山。白蠟山即使在天氣非常晴朗的時候，也有一縷白雲如同腰帶橫貫山腰，是州中的一處勝景。

束龍山在州城東北四十里處，者繼榮叛亂時，在山上紮營作為巢穴，官兵圍攻了很長時間，因內部瓦解才被攻破。如今山上還有兩道隘門。

羅莊山在州城東南六十里處。這山參差不齊，森然聳列，山下有許多如錐尖卓立、竹筍拔起的石峰，延伸到廣西的石山就從這裡開始。

羅平州往東到廣南府八達彝寨地界有二百里，往西南到師宗州偏頭哨六十里，往南到師宗州烏魯河地界八十五里，往西南到陸涼州蛇場河地界一百里，往西北到舊越州地界的發郎九十里，往北到亦佐縣桃源地界一百二十里，往東北到亦佐縣黃草壩二百里。

羅平州正西和雲南省城相對，正東和廣西省思恩府城相對，正北和平彝衛相對，正南和廣西府永安哨相對。

十九日　坐雨逆旅，閱《廣西府志》。下午有伍、左、李三生來拜。

二十日　雨阻逆旅。

二十一日　亦雨阻逆旅。

二十二日　早猶雨霏霏，將午，乃霽。澣濯污衣，且補紉之。下午入東門，仍出南門，登門外二橋，觀魯彝河。詢之土人，始知其西出白蠟山麓龍潭，仍東入地穴者也。還入南門，上城行，抵西門。望白蠟山麓，相去僅三里，外有土岡一層迴之，魯彝發源，即從其麓透穴而出者也。稍北，即東轉，經北門。其西北則磨盤山[1]峙焉，為州城來脈。城東北隅匯水一塘，其下始有禾畦，即東門接壤矣。其城乃東西長而南北狹者也。

【章 旨】本章記載了第九十八天至第一百零一天在曲靖府的行跡。連續三天因雨留在旅店。天晴後出去觀看魯彝河，它的源頭在白蠟山麓的龍潭。城北門外峙立著磨盤山。

【注 釋】❶磨盤山 在羅平城北一里左右，俯視太液湖。山下有清泉，從石罅中流出，味甘美，堪擬茶泉，惜少鑒賞之人。

【語 譯】十九日 因為下雨，留在旅店中閱讀《廣西府志》。下午有伍、左、李三個儒生前來拜訪。

二十日 因雨受阻，留在旅店。

二十一日 仍被雨所阻，留在旅店。

二十二日 早上還是陰雨霏霏，將近中午，天才放晴。洗了髒衣服，又縫補好。下午走進東門，仍從南門出城，到門外兩座橋上，觀看魯彝河。向當地人打聽，才知道這河出自西面白蠟山麓的龍潭，仍然往東流入地洞。返回時進入南門，登上城牆行走，到達西門。眺望白蠟山麓，相距只有三里，山麓外有一層土岡圍繞，魯彝河的源頭，就是從白蠟山麓穿過洞穴流出。稍許往北，就向東轉，經過北門。磨盤山就在北門的西北屹立，是延伸到州城的山脈。城東北角匯聚著一塘水，水塘下面才有稻田，就和東門接壤了。州城地形東西長而南北狹窄。

二十三日 晨起，陰雲四布。飯而後行。其街從北去，居民頗盛。一里，出北隘門，有岐直北過嶺者，為發郎❶道，其嶺即自西界磨盤山轉而東行者。板橋大道，從嶺南東轉東北向行。十里，有村在北山之下，曰發近德。其處南開大塢，西南即白蠟，東南即大堡營山。大堡營之南，一支西轉，卓起一峰，特立於是村之南，為正案；其南則石峰參差遙列，即昨與哆囉所望東南界山也。又東屢有小水南去，渡之。東五里，有石峰突兀當關，北界即磨盤東轉之山，南界即大堡山諸石峰，相湊成峽，而石峰當其中，若蹲虎然。由其東南腋行，南界石山，森森成隊南去，而路漸東北上。五里，出當關峰之東，其東垂有石特立，上有斜騫之勢，是曰金雞山❷，所謂「金雞獨立」也。又東一里，一洞在南小峰下，時雨陣復來，避入其中，飯。又東三里，東上峽脊。其脊即磨盤山東走脈，至此又度而南，為大堡營東山者也。一里，逾脊之東，其上有岐南去，不知往何彝寨。脊東環窪成塢，有小水北下，注東南塢中，稻禾盈塍。有數家倚北峰下，曰沒奈德。東峰下有古殿二重，時雨勢大至，趨避久之。乃隨水下東南峽，峽逼路下，兩旁山勢，仍覺當人面而起。東行峽中二里，有水自峽南洞穴出，與峽水同東注。又一里，有小石梁跨溪，逾之，從溪南東行。一里，溪北注峽，路東逾岡。一里餘，有塢自西北來，環而南，其中田禾芃彧❸，村落高下。東二里，有數十家夾路，曰山馬彝，亦重山中一聚落也。於是又東北一里，石峰高亙，逾其南坡，抵峰下。又東南一里，有塘在山塢，五、六家傍塢而栖，曰挨澤村。又東北二里，為三板橋❹。數家踞山之岡，其橋尚在岡下。時雷雨大至，遂止於岡頭上寨。

【章　旨】本章記載了第一百零二天在曲靖府的行跡。離開羅平州，經過發近德往前，一路都是石峰，途中望見金雞山，又經過沒奈德、山馬彝、三板橋，到岡頭的上寨留宿。

【注　釋】❶發郎　今名法郎，在羅平西北境，前往曲靖的路旁。❷金雞山　在羅平城東二十五里，有石高一丈左右，形如雞立山巔，故名。❸芃彧　茂盛。❹三板橋　在羅平城東北板橋鎮，位於前往黃草壩的路上，明天啟間建。

【語　譯】二十三日　早晨起身，陰雲密布。吃了飯出發。這街道向北延伸，居民很多。走了一里，出北關門，有岔路直往北越過山嶺，是去發郎的路，這山嶺就是起自西邊的磨盤山，又轉向東延伸的。去板橋的大路，從山嶺南面往東再轉向東北走，過了十里，有村莊在北面的山下，名發近德。這裡南面開出一個大塢，西南即白蠟山，東南即大堡營山。大堡營山的南面，一支山脈往西轉，中間突起一座山峰，卓然聳立在這村莊的南面，為正中的案山；在它南面石峰參差不齊在遠處羅列，就是昨天在興哆囉寨所望見的東南界的山。再往東走，多次遇到小水向南流去，渡過這些小水。往東走五里，有石峰高高聳立在關口，北界即是磨盤山轉向東延伸的山脈，南界就是大堡營山的眾多石峰，南北相湊形成峽谷，石峰正好矗立在中間，就像蹲伏的老虎一樣。從它的東南腋走，南界的石山，森然挺立，成排向南延伸，而路漸漸往東北走上。過了五里，從關口的石峰的東面走出，石峰東端有岩石卓然聳立，岩石上部有斜向騰飛的起勢，這就是金雞山，即所謂的「金雞獨立」。再往東走一里，有個洞在南面的小峰下，這時又下起陣雨，避雨進入洞中吃飯。再往東走三里，向東登上峽脊。這脊就是磨盤山往東延伸的山脈，到這裡後又向南去，成為大堡營東面的山。走了一里，越過峽脊的東面，在它上面有岔路往南，不知通到哪個彝寨。峽脊東面環繞窪地成為山塢，有小水從北面流來，注入東南的山塢中，田裡長滿稻穀。有幾戶人家靠在北峰下面，地名沒奈德。東面的山峰下有兩重古殿，這時大雨來了，趕緊進殿避雨，過了好久。於是隨著水流走下東南的峽谷，峽谷狹窄，路往下走，兩旁的山勢仍然感到在人面前聳起。往東在峽谷中走了二里，有水從峽谷南面的洞穴中流出，和峽谷中的水一起往東流去。再走一里，有座小石橋架在溪流上面，過橋，從溪水南岸往東走。過了一里，溪水往北注入峽谷，路往東越過山岡。走了一里多，有山塢從西北延伸過來，繞向南去，塢中稻禾茂盛，村莊高低錯落。往東走二里，有幾十戶人家在路兩旁居住，地名山馬彝，也是深山中的一個村落。從這裡又往東北走一里，石峰高聳橫亙，越過它的南面山坡，到達峰下。再往東南走一里，山塢中有水塘，五、六戶人家靠著山塢居住，地名挨澤村。再往東北走二里，便是三板橋。有幾戶人家座落在山岡上，這橋還在山岡下。這時大雷雨來臨，便在岡頭的上寨留宿。

二十四日　主人炊飯甚早，平明即行。雨色霏霏，路滑殊甚。下坡即有小石梁，其下水亦不大，自西而東注，乃出於西北石穴，而復入東北穴中者。其橋非板而石，而猶仍其舊名。橋南復過一寨，乃東向行坡間。二里，有岐當峽：從東北者，乃入寨道；從直東者，為大道，從之。直東一里，登岡上。其北有塢在北大山下，即寨聚所託，中有禾芃芃焉。岡南小石峰排立岡頭，自東而西，遂與北山環峙為峽。入峽，東行四里，逾脊北上。半里，入其坳，其北四峰環合，中有平塢；經之而北，西峰尤突兀焉。北半里，又穿坳半里，復由峽中上一里，直抵北巨峰下。其峰聳亙危削，如屏北障。其西有塢下墜北去，其中箐深霧黑，望之杳然。路從峰南東轉，遂與南峰湊峽甚逼。披隙而東半里，其東四山攢沓，峰高峽逼，叢木蒙密，亦幽險之境也。遂循南峰之東，南向入塢，半里，乃東南上。半里，逾岡脊而東，其東有塢東下，路從岡頭南向行，一里，復出南坳。其坳東西兩峰，從岡脊起，路出其側，復東向行。三里，始稍降而復上。於是升降曲折，多循北嶺行，與南山相持成塢。六里，路從塢而東。又五里，稍上逾坳，南北峽始開。再東盤北嶺之南，三里，始見路旁餘薪爨灰，知為中火之地。從其東一里下峽，始得石路，迤邐南向。平行下二里，俯見南塢甚杳。循北嶺東向行一里，忽聞溪聲沸然。又南下抵塢中，一溪自東而西，有石梁跨之，溪中水頗大而甚急。四顧山迴谷密，毫無片隙，不知東北之從何來，不知西南之從何洩，當亦是出入於竅穴中者。欲候行人問之，因坐飯橋上。久之不得過者，乃南越橋行。仰見橋南有岐躡峰直上，有大道則溯溪而東，時溪漲路濘❶，攀南峰之麓行。念自金雞山東上，一路所上者多，而下者無幾，此溪雖流塢中，猶是山巔之水也。東一里，循南峰東麓轉而南。隔塢東望，溪自東北峽中破崖而出，其內甚逼。路捨之南，半里，復循南峰南麓，轉而西向入塢。一里，塢窮，遂西上嶺。一里，逾嶺頭，始見有路自北來，合并由嶺上南去。此即橋南直上之岐，逾高嶺而下者，較此為逕直云。由嶺南行，西瞰塢甚深，而箐密泉沸，亦不辨其從何流也。又南二里，轉而東，循北嶺南崖東向行，亦與南山下夾成塢，下瞰深密，與西塢同。東五里，其塢漸與西塢並，始知山從東環，塢乃西下者。又東向逾岡，東北一里，度一脊，其脊東西度。從其東復上嶺，一里，則嶺東有塢南北闢，乃北轉循西山行塢上。一里，塢窮。從塢北平轉，逾東嶺之東。共二里，有數家在路北坡間，是曰界頭寨❷，以羅平村落東止於此也。

又東行岡上二里，再上嶺一里，逾而東，則有深峽下嵌，惟聞水聲洶湧而不見水。從嶺上轉而南行，東瞰東界山麓，石崖懸削，時突於松梢箐影中，而不知西界所行之下，其崖更聳也。南行一里，始沿崖南下。又一里，仰見路西之峰，亦變而為穹崖峭壁，極危峻之勢焉。從此瞰東崖之下，江流轉曲，西南破壁去，隔江有茅兩、三點，倚崖而居。乃東向拾級直下，一里，瞰江甚近，而猶未至也。轉而北，始見西崖矗立插天，與東崖隔江對峙。其崖乃上下二層，向行其上，止見上崖而不得下見，亦不得下達，故必迂而南，乃得拾級云。北經矗崖下半里，下瀨江流❸，則破崖急湧，勢若萬馬之奔馳，蓋當暴漲時也。其水發源於師宗西南龍擴北，合陸涼諸水，為蛇場河，由龍甸及羅平舊州，乃東北至伊澤，過東龍山後，轉東南抵此，即西南入峽，又二百里而會八達，盤江者也❹。羅平、普安以此江為界，亦遂為滇東、黔西分界焉。有舟在江東，頻呼之，莫為出渡者。薄暮雨止，始有一人出曰：「江漲難渡，須多人操舟乃可。」不過乘急為索錢計耳。又久之，始以五人划舟來，復不近涯，以一人涉水而上，索錢盈壑❺，乃以舟受，已昏黑矣，雨復淋漓。截流東渡，登涯入旅店。店主人他出，其妻黠而惡，見渡舟者乘急取盈，亦尤而效之，先索錢而後授餐，餐又惡而鮮，且嫚褻余，蓋與諸少狎而笑余之老也。此婦奸腸毒手，必是馮文所❻所記地羊寨中一流人；幸余老，不為所中耳。

江底寨❼乃儸儸，止此一家歇客，為漢人。其人皆不良，如儸儸之要渡，漢婦之索客，俱南中❽諸彝境所無者。其地為步雄❾屬，乃普安十二營❿長官所轄也。土酋龍姓。據土人曰：「今為儂姓者所奪。」步雄之界，東抵黃草壩二十里，西抵此江六十里，南抵河格為廣南界一百餘里，北至本司十二營界，亦不下三、四十里，亦平原⓫中一小邑也。

【章　旨】本章記載了第一百零三天從曲靖府進入貴州普安州的行跡。從大路登上山岡，山塢中稻禾長勢喜人。進入峽谷，穿過山坳，經過峰高峽窄、樹叢茂密的幽險之地。途中看到在山谷緊密環繞的塢中，有溪水既大又急，不知從何處來，又向何處去。從金雞山起，一路往上走時多，往下走時少。往前走到界頭寨，羅平東邊的村落到此為止。又登上山嶺，只聽到峽中水聲洶湧。從高峻的山崖走下，到江底河邊，江水暴漲，勢如萬馬奔騰。擺渡的人乘人之急，勒索錢財；過江到江底寨，店主的妻子心狠手辣，這在南中少數民族地區從未遇到過。江底寨是平原中的一個小鎮，屬貴州普安州十二營長官司管轄。

【注釋】❶渰 通「淹」。❷界頭寨 在羅平東北隅。❸下瀨江流 此江指江底河。❹其水發源於師宗西南龍擴北十旬此水在師宗稱子午河，入羅平稱九龍河，至羅平東北稱喜就溪，至老江底匯入黃泥河，再南向流入盤江。❺盈壑 形容貪欲之大，難以滿足。壑，欲壑。❻馮文所 據明末清初李延昰所作《南吳舊話錄》，馮文所即馮時可，字敏卿，號元成，松江華亭（今屬上海）人。明隆慶間進士，官至湖廣布政使參政。為人瀟灑真率，胸無城府。曾言：「眾味莫如白粥，諸飲莫如白湯，貴真貴淡，與人交亦然。」一生著述甚豐，為世所重。其父為明嘉靖間著名的「四鐵御史」馮恩。❼江底寨 即今貴州興義西南的江底鎮。❽南中 晉常璩著《華陽國志》，內有〈南中志〉一卷。南中，相當於今四川大渡河以南地區和雲南、貴州兩省。❾步雄 今作布雄，在貴州興義南境。❿普安十二營 明代普安州領九里十二營，以九里處漢人，以十二營處彝人。馬乃、鼠場、樓下，今為普安縣地；捧鮓、布雄、黃坪，今為興義縣地；魯土、歸順、狗場、普陌、毛政、篾箕，在今盤縣境。布雄營又作卜容營，黃坪營即黃草壩營。普安十二營分布在北盤江與南盤江之間的地區。⓫平原 原作「中原」，據徐本改。

【語譯】二十四日 主人很早就煮飯，天剛亮就出發。陰雨霏霏，路格外滑溜。下坡後就有小石橋，橋下的水也不大，從西往東流去，是從西北的石洞流出，又流入東北洞中的水。這橋不是板橋而是石橋，但仍沿用原來的名稱。到橋的南面又經過一個寨子，便往東在山坡中行走。過了二里，有岔路正當峽谷：往東北走的，是進寨的路；一直往東走的，是大路，我就從大路走。徑直往東走了一里，登上山岡。它的北面有山塢在北大山之下，是寨子所在的地方，塢中稻禾茂盛。山岡南面有小石峰在岡頭排立，從東往西，便和北面的山環繞夾峙，形成峽谷。進入峽谷，往東走四里，越過山脊往北走上，過了半里，進入山坳。山坳北部四面山峰環抱，中間有平坦的塢地，穿過塢地往北，西面的山峰更加高大。往北走半里，又穿過山坳走半里，再從峽谷中走上一里，直到北面的巨峰下。這峰高聳橫亙，陡峻如削，就像屏風擋在北面。在它西面有山塢陷下往北延伸，塢中竹林幽深，霧氣濃黑，望去十分深遠。路從巨峰的南面往東轉，巨峰便和南面的山峰夾成很窄的峽谷，穿過峽縫往東走半里，在它的東面四周群山聚合雜亂，山峰高聳，峽谷狹隘，叢林茂密，也是幽僻險峻的境地。於是沿著南峰的東面，往南進入山塢，走了半里，往東南攀登。再走半里，越過岡脊往東，在它東面有山塢往東伸下，路從岡頭往南走。過了一里，又從南面的山坳走出。這山坳東西兩邊的山峰，從岡脊聳起，路從它的側面伸出，再往東走。過了三里，才稍許往下又往上走。從此時上時下曲折向前，大多沿著北面的山嶺走，和南面的山相對形成山塢。走了六里，路從山塢往東走。再過五里，稍許往上越過山坳，南北向的峽谷才開闊起來。再往東繞著北嶺南面走了三里，才看到路旁有餘下的木柴和灰燼，知道是途中燒火做飯的地方。從這裡往東一里走下峽谷，才有石路，曲折連綿往南延伸。平步走下二里，向下看見南面的山塢很深。沿著北嶺向東走了一里，忽然聽到沸騰的溪水聲。再往南走下，到山塢中，一條溪水從東往西流去，有石橋架在溪上，溪中水相當大，又很急。向四面望去，群山環繞，峽谷密閉，毫無空隙，不知道水從東北何處流來，也不知往西南從何處流出，想來也應是從洞中流出流入的水。心想等候行人打聽，便坐在橋上吃飯。好久都沒人路過，於是過橋往南走。抬頭望見橋的南面有岔路從山峰徑直往上，有大路則沿溪水往東上行。這時溪水上漲淹沒道路，便攀援南峰的山麓行走。心想從金雞山往東走上，一路往上走的時候多，而往下走的時候很少，這溪水雖然在山塢中流過，仍然是山頂的水。往東走一里，沿著南峰的東麓轉向南走。隔著山塢向東望去，溪水從東北的峽谷中破崖而出，裡面十分狹窄。路離開溪水往南，走了半里，再沿著南峰的南麓，轉而向西進入山塢。走了一里，到了山塢的盡頭，便往西登上山嶺。走了一里，越過嶺頭，才看到有路從北面過來，兩條路合併後從嶺上往南而去。這就是在橋的南面從山峰徑直往上的岔路，越過高峻的山嶺下來的，比所走的大路要直接。從山嶺往南走，向西俯視山塢很深，而且竹林茂密，山泉沸騰，也分不清泉水流向何處。再往南走二里，轉而向東，沿著北嶺的南崖往東走，也和南山在下面夾成山塢，往下看塢深竹密，和西面的山塢一樣。往東走五里，這山塢漸漸和西面的山塢合併，才知道山從東面繞來，塢則往西面伸下。再往東翻過山岡，往東北走一里，越過一道山脊，這脊從東往西延伸。從山脊的東面又登上山嶺，走了一里，只見山嶺東面有山塢南北向開出，便轉向北沿著西山在塢上行走，過了一里，走完山塢。從山塢北邊橫向轉去，越過東嶺的東面，共走了二里，有幾戶人家在路北的山坡上，地名界頭寨，因為羅平州東邊的村落到這裡為止。

又往東在山岡上走了二里，再登上山嶺走一里，越過山嶺往東，有峽谷下陷很深，只聽到水聲洶湧，但看不見水流。從嶺上轉向南走，向東望俯視東界的山麓，石崖陡峭，時時從松梢竹影中突出，而不知道所走的西界山下，崖壁更加高聳。往南走一里，才沿著崖壁往南走下。再走一里，抬頭望見路西的山峰，也變成隆起的懸崖峭壁，形勢極其陡峻。從這裡俯視東邊崖壁的下面，江流彎曲，往西南沖破崖壁流去，江的對岸有兩三間茅屋，靠著山崖居住。便向東沿著石級直往下走，過了一里，俯視江面似乎很近，但還沒走到。轉向北走，才看到西邊的山崖高聳雲天，和東邊的山崖隔江相對峙立。這崖有上下兩層，剛才在上層行走，只看到上層崖壁而看不到下層，也不能到下面，所以必須繞道往南，才能沿著石級走下。往北經過矗立的山崖走下半里，崖下靠近江流，江水沖破崖壁湍急洶湧，氣勢如萬馬奔騰，這是因為正值江水暴漲的時候。這江水發源於師宗州西南龍擴北面，匯合陸涼州各條水流成為蛇場河，從龍甸和羅平舊州，往東北流到伊澤，經過東龍山後，轉向東南流到這裡，隨即往西南流入峽谷，再流二百里在八達彝寨和盤江匯合。羅平州、普安州以這條江為分界，由此也就成為滇東、黔西的分界。江東岸有船，我接連多次呼喚，沒人出來擺渡。傍晚雨停了，才有一個人出來說：「江水上漲，難以渡過，必須好幾人划船才行。」其實不過是想乘我急於過江而勒索錢財罷了。又過了好久，才有五個人划著船來，又不靠岸，讓一個人渡水上前，索取錢財滿足欲壑後，才讓上船，這時天已一片昏黑了，大雨又下了起來。橫穿江流東渡，上岸後走進旅店。店主到外面去了，他的妻子又狡猾又凶惡，看到擺渡的人乘急獲得大利，也就學他們的壞樣，要先索取錢，然後才給飯吃，飯菜又壞又少，而且對我輕慢無禮，和那些年輕人親昵而笑我年老。這婦人心腸奸詐，手段毒辣，一定是馮文所所記載的地羊寨中的那類人；幸虧我年老，不被她看中！

江底寨是儸儸寨，只有這一家店主是漢人。這裡的人都不善良，如儸儸要挾渡江人，漢婦勒索旅客，都是南中各彝族居住境內所未有的事。這裡屬於步雄，是普安十二營長官司所管轄。土司姓龍。據當地人說：「如今權力已被姓儂的土司奪去。」步雄的地界，往東到黃草壩有二十里，往西到這條江有六十里，往南到河格，為廣南府界，有一百多里，往北到所屬十二營長官司地界，也不少於三、四十里，也是平原中的一個小鎮。

二十五日　其婦平明始覓炊，遲遲得餐。雨時作時止。出門即東上嶺。蓋其江自北而南，兩崖夾壁，惟此西崖有一線可下，東崖有片隙可廬，其南有山横列，江折而西向入峽，有小水自東峽來注，故西崖之南，江勒❶而無餘地，東崖之南，曲轉而存小塍。過此江❷，乃知步雄之地，西南隨此江，其界更遠；南抵廣南，其界即盤江，此《統志》所云東入普安州境也。步雄屬貴州普安州。盤旋東北共三里，逾嶺頭，遂與南山成南北兩界。峽中深逼，自東而西，路循北山嶺南行，自西而東。又五里，則北山忽斷如中剖者，下陷如深坑，底有細流，沿石底自北而瀉於南峽。路乃轉北而下，歷懸石，披仄崿，下抵石底。踐流稍南，復攀石隙，上躋東崖。由石底北望，斷崖中剖，對夾如一線，並起各千仞，叢翠披雲，飛流濺沫，真幽險之極觀，逼仄之異境也。既上，復循北嶺東行。五里，稍降，行塢中二里，於是路南復有峰突起，不沿南塢，忽穿北坳矣。時零雨❸間作，路無行人。既而風馳雨驟，山深路僻，兩人者勃窣❹其間，覺樹影溪聲，俱有靈幻之氣。

又三里，度東脊，稍轉而南，復逾岡而上。二里，一岐東南，一岐直北，顧奴前馳從東南者。穿山腋間二里，忽見數十家倚北塢間，余覺有異，趨問之，則大路尚在北大山後。此乃山中別聚，皆儸儸也，見人倀倀❺，問有解語者，問其名，曰坡頭甸。問去黃草壩，曰尚五十里。問北出大路若干里，曰不一里。蓋其後有大山，北列最高，抱此甸❻而南，若隔絕人境者。隨其指，逾嶺之西北腋，果一里而得大道。遂從之，緣大山之北而上。直躋者二里，望北塢甚深而闢，霾開樹杪，每佇視之，惟見其中叢茅盤谷，闃無片塍半椽也。盤大山之東，又上半里，忽見有峽東墜。稍東南降，半里，平行大山東南支，又見其西，復有峽南墜，已與大山東西隔隴矣。於是降陟嶺塢，十里，有兩、三家居北岡之上，是曰柳樹❼。止而炊湯以飯，而雨勢不止，訊去黃草壩不及，遂留止焉。其人皆漢語，非儸儸。居停❽之老陳姓，甚貧而能重客，一見輒煨榾柮❾以燎濕衣。余浣污而炙之，雖食無鹽，臥無草，甚樂也。

【章　旨】本章記載了第一百零四天在普安州的行跡。翻過山嶺，看到山崖忽然裂開，往下陷落如同深坑。走到坑底，北望裂開的山崖，真是極其幽險狹窄的境地。穿入山坳不久，風雨迅猛，只能匍匐爬行，覺得四周都有靈幻之氣。往前走到坡頭甸，這裡似和人世隔絕。根據當地儸儸的指點上路，到達柳樹，因雨下個不停，便在陳姓老人家留宿。

【注釋】❶勒　約束。❷過此江　原脫此三字，據《四庫》本補。❸零雨　斷續不止的雨。❹勃窣　匍匐而行。❺倀倀　茫然不知所措。❻甸　元代以後，雲南某些縣和縣以下的地方常稱甸。❼柳樹　今名柳樹坪，在興義西境。❽居停　停留、歇腳的地方。❾榾柮　柴根；木疙瘩。

【語譯】二十五日　天亮後店主的妻子才煮飯，很晚才吃到飯。雨時下時停。出門就往東登上山嶺。因為這江從北往南流，兩岸懸崖峭壁相夾，只有這西邊山崖有一線小路可以走下，東邊山崖有一小片空地可以蓋房居住，南邊有大山橫列，江水便轉向西流入峽谷，有小水從東面的峽谷流來注入江中，所以西邊山崖的南面，被江水束住沒有餘地，東邊山崖的南面，曲折轉過而保留了小塊田地。渡過這條江，才知道是步雄的地界，西南沿著江流，邊界更遠；南面到廣南府，邊界即盤江，這就是《一統志》所說的往東進入普安州境內。步雄屬於貴州普安州。在嶺上盤繞往東北共走三里，翻過嶺頭，便和南山分成南北兩界。峽谷中幽深狹窄，從東往西延伸，路沿著北邊山嶺的南面走，從西往東。走了五里，北山忽然斷裂，就像從中劈開似的，往下陷落如同深坑，坑底有細流，沿著石底從北瀉入南峽。路就轉向北走下，經過高懸的岩石，穿越傾側的山崖，往下走到石底。踩著細流稍許往南，又沿著石縫攀援，登上東邊的山崖。從石底向北望去，斷裂的山崖從中破開相對夾峙，中間如同一線天，崖壁兩邊並起有千仞高，叢林翠竹，雲霧披拂，飛流直下，水沫噴濺，真是極其幽險的景觀，異常狹隘的境地。登上崖頂後，又沿著北面的山嶺往東走。過了五里，稍許走下，在山塢中走了二里，從這裡起路的南面又有山峰突起，不再沿南面的山塢走，而忽然穿向北面的山坳。這時斷續下著細雨，路上沒有行人，隨即風馳雨驟，山深路僻，我和顧僕兩人在裡面匍匐爬行，只覺得樹影溪聲，都有靈幻之氣。

又走了三里，越過東面的山脊，稍許向南轉，再越過山岡往上，走了二里，一條岔路伸向東南，一條岔路一直向北，顧僕從往東南的岔路快步往前走。在山腋中穿行二里，忽然見有幾十戶人家靠在北面的塢中，我覺得有些奇怪，趕忙走過去問路，原來大路還在北面大山的背後，這裡是山中特別的聚落，都是儸儸。看到生人，不知所措，其中有懂漢語的，向他詢問這裡的地名，說是坡頭甸。又問去黃草壩的路程，說還有五十里。再問往北走到大路有幾里，說不到一里。原來這裡背後有大山，是在北面排列最高的山，環抱著坡頭甸往南延伸，就像與世隔絕一般。隨著當地人所指的方向，越過山嶺的西北腋，果然走一里便到大路。於是從大路走，沿著大山的北面往上。一直往上走了二里，望見北面的山塢很深，而且很開闊，陰霾從樹木杪頭散開，常常停下觀看，只見塢中茅草叢生，盤繞山谷，寂靜無聲，沒有一片田地半間房屋。繞著大山的東面，又往上走了半里，忽然看到有峽谷往東下墜。稍許往東南走下半里，沿著大山的東南分支平步行走，又看見在它的西面還有峽谷向南下墜，已和大山東西兩邊隔隴相望了。從這裡登嶺下塢走了十里，途中有兩三戶人家住在北面的山岡上，地名柳樹。停下燒水煮飯，雨還是下個不停，打聽去黃草壩已來不及了，便在這裡留宿。村裡人都講漢語，不是儸儸。住宿處的老人姓陳，雖然很窮卻能愛重客人，一見面就點燃柴塊讓我們烘烤濕衣。我先洗去污泥，然後烘乾。雖然吃飯沒鹽，睡覺沒草，但仍然很是快樂。

二十六日　平明起炊飯。風霾飄雨，余仍就火，久之乃行。降坡循塢，其塢猶西下者。東三里，塢窮，有小水自北塢來，橫渡之。復東上坡，宛轉嶺坳五里，有場在北坡下。由其東又五里，逾岡而下，塢忽東西大開。其西南岡脊甚平，而東北若深墜，南北皆巨山，而南山勢尤崇，黑霧間時露巖巖❶氣色。塢中無巨流，亦無田塍居人，一望皆深茅充塞。路本正東去，有岐南向崇山之腋，顧奴前馳，從之。一里，南竟塢，將陟山坡上，余覺其誤，復返轍而北，從大路東行。披茅履濕，三里，東竟塢，有峰中峙塢東。塢從東北墜而下，路從東南陟而上。二里，南穿山腋。又東半里，逾其東坳，俯見東山南向列，下界為峽，其中泉聲轟轟，想為南流者。從嶺上轉南半里，逾其南坳，又俯見西山南向列，下界為峽，其中泉聲轟轟，想亦南流者。蓋其東西皆有層巒夾谷，而是山中懸其間。遂從其西沿嶺南下，二里，有小水自東崖橫注西谷，遂踞其上，濯足而飯。既飯，從塢上南行，隔塢見西峰高柯叢蔓，蒙密無纖隙。南二里，塢將盡，聞伐木聲，則掄❷材取薪者，從其南漸北焉。又南一里，下至塢中。則塢乃度脊，雖不甚中高，而北面反下。脊南峽，南下甚逼，中滿田禾。透峽而出，遂盤一壑，豐禾成塍，有小水自東北峽下注。南有尖峰中突，水從其西南墜去，路從其東北逾嶺。一里半，涉壑。一里半，登嶺。又東俯有峽南下，其中水聲甚急。拾級直下一里，抵塢底，東峽水西南注，遂橫涉之；稍南，又東峽一水，自東而西注，復橫涉之。二水遂合流南行，路隨澗東而南。

二里，出峽，有巨石峰突立東南，水從塢中直南去。塢中田塍鱗次，黃雲被隴，西瞻步雄，止隔一嶺。路從塢東上嶺，轉突峰之南，一里，有數家倚北岡上，是日沙澗村❸，始知前所出塢為沙澗也。由其前東下而復上，又東南逾一岡而下，共一里餘，有溪自北而南，較前諸流為大，其上有石梁跨之。過梁，復東上坡，一里，岡頭石齒❹縈泥，滑濘廉利❺，備諸艱楚。一里，東下，又東南轉，逾一岡，一里，透峽出，始見東小山南懸塢中，其上室廬纍纍，是為黃草壩❻。乃東行田塍間一里，遂經塢而東，有水自北塢來，石坡橫截之。坡東隙則疊石齊坡，水冒其上，南瀉而下。其水小於西石梁之水，然皆自北而南，抵巴吉❼而入盤江者也。自沙澗至此，諸水俱清徹可愛，非復潢汙❽渾濁之比。豈滇、黔分界，而水即殊狀耶？此處有石瀨❾，而復甃堰以補其缺。東上即為黃草壩營聚。壩之得名，豈以此耶？時樵者俱浣濯壩上，亦就濯之，污衣垢膝，為之頓易。乃東上坡，循堵垣而東，有街橫縈岡南，然皆草房卑舍，不甚整闢。土人言，前年為步雄龍土司挾其戚沙土司兵攻毀，故非復舊觀。然龍氏又為儂氏所攻而代之矣。其北峰頂，即土司黃氏之居在焉。乃入息於吳氏。吳，漢人，男婦俱重客，蔬醴俱備云。

【章 旨】本章記載了第一百零五天在普安州的行跡。接連翻山越嶺，穿過山塢，途中看到山壑中有豐收的稻穀，塢中田地鱗次櫛比，稻穀如雲。走到沙澗村，往前石芽沾滿污泥，路極難走。黃草壩在山塢中的一座小山上，就留在這裡過夜。從沙澗到黃草壩，水都清澈可愛，黔、滇分界，水也清濁不同。

【注　釋】❶巖巖　形容山勢高峻。❷掄　選擇；選拔。❸沙澗村　今名灑金，在興義城西。❹石齒　指岩溶山地的石芽。❺廉利　鋒利。❻黃草壩　即今貴州興義市區。在明天啟間，因盛產名貴中藥材金釵石斛（又名黃草）而得名。清中葉，因興義出產的鴉片煙質佳而被譽為「壩貨」（即黃草壩的特貨），從而成為貴州西南鴉片煙集散地。❼巴吉　今名巴結寨，在興義東南隅，南盤江北岸。❽潢污　低窪積水處。❾石瀨　水激石間形成的急流。瀨，湍急的水。

【語　譯】二十六日　天亮時起身煮飯。風吹陰霾，雨絲飄揚，我仍坐在火邊，過了好久才出發。下坡後沿著山塢走，這山塢仍往西延伸下去，往東走三里，到山塢盡頭，有小水從北面的山塢流來，橫渡這條小水。又往東登上山坡，在嶺坳中繞轉五里，有集市在北面的山坡下。從集市往東又走了五里，越過山岡走下，山塢忽然東西向大大開闊起來。在它西南的岡脊很平坦，但東北方好像深深墜落，南北兩邊都是大山，而南邊的山勢尤其高大，從黑霧中時時露出高峻的景象。山塢中沒有巨大的水流，也沒有田地居民，一眼望去，都被深密的茅草充塞。路本來往正東走去，有條岔路往南到大山的側面，顧僕向著它在前面飛快行走，我在後面跟著他走，過了一里，往南到了山塢盡頭，將要登臨山坡往上走時，我發覺去這條岔路走錯了，再返回原路往北，從大路往東走。撥開茅草，踏著潮濕的路，走了三里，往東到山塢盡頭。有座山峰峙立在山塢東面的中央，山塢從東北落下，路往東南向上攀登。走了二里，往南穿過山腋。又往東走半里，越過它東邊的山坳，向下看見東邊的山朝南排列，下面是峽谷，峽中水聲轟鳴，想來是向南流的水。從嶺上轉向南走半里，越過它南邊的山坳，又向下看見西邊的山朝南排列，下面是峽谷，峽中水聲轟鳴，想來也是向南流的水。這是因為東西兩邊都是層層山巒夾著峽谷，而這座山居中聳立在裡面。於是從它的西面沿著山嶺往南走下，過了二里，有條小水，從東面的山崖橫向流到西面的峽谷，便蹲在水邊，洗腳吃飯。吃過飯，從山塢上往南走，隔著山塢看到西面的山峰樹木高大，蔓草叢生，十分茂密，沒有一點空隙。往南走二里，即將到山塢盡頭，聽到伐木的聲音，是選料砍柴的人，從山塢南面漸漸走到北面了。又往南走了一里，往下到山塢中，這山塢在延伸的山脊，正中雖不很高，但北面反而低下。山脊南面的峽谷，往南伸下十分狹窄，峽中全是稻田。穿過峽谷走出，便繞著一道山壑走，豐收的稻穀長滿田壠，有條小水從東北的峽谷流下。南面有座尖峰在中間突起，水從尖峰的西南落下，路從尖峰的東北越過山嶺。走了一里半，越過山壑。又走了一里半，登上山嶺。再往東俯視，有峽谷往南伸下，裡面發出急流的聲音。沿著石級直往下走一里，到達山塢的底部，東面峽谷中的水往西南流去，便橫渡過去；稍許往南，又有一條來自東面峽谷的水，從東往西流去，再橫渡過去。兩條水會合後向南流，路隨著澗水的東岸往南走。

過了二里，走出峽谷，有巨大的石峰在東南突立，水從山塢中直往南流去。山塢中的田地鱗次櫛比，金黃色的稻穀像雲那樣覆蓋著田壠，往西瞻望步雄，只隔著一座山嶺。路從山塢的東面登上山嶺，轉到突起的石峰南面，走了一里，有幾戶人家靠在北面的山岡上，這就是沙澗村，方才知道先前走出的山塢名沙澗。從村莊前面往東走下再向上，又往東南越過一座山岡下去，共走了一里多，有條溪水從北往南流，比先前各條水流都大，它上面架著石橋，走過橋，再往東登上山坡，走了一里，岡頭石芽沾滿污泥，爛泥滑溜，石芽鋒利，各種艱難，在這裡都遇上了。走了一里，往東下山，又轉向東南，越過一座山岡，又走了一里，從峽谷穿出，才看見東面的小山朝南懸在塢中，山上有許多房屋，這就是黃草壩。於是往東在田埂上走了一里，便經過山塢往東，有水從北面的山塢流來，被石坡橫向攔住。石坡東面的空隙處有堆疊的石塊，高和石坡相齊，水從上面流過，往南瀉下。這水比西面石橋下的水小，但都從北往南流，到巴吉注入盤江。從沙澗到這裡，各條水流都清澈可愛，再不是在低窪處停積的渾濁的水了。難道滇、黔分界，水就不同了嗎？這裡有水石相激形成的急流，而且還用磚砌成水壩來填補被水沖破的缺口。往東走上就是黃草壩營的聚居地區，營以壩為名，難道就因為這道水壩的緣故嗎？這時砍柴人都在壩上洗濯，我也到那裡去洗骯髒的衣服和滕蓋上的污垢，頓時面目一新。於是往東走上山坡，沿著圍牆往東，有街道橫繞山岡的南面，但都是低矮的茅屋，不太整齊寬敞。當地人說，這裡前年被步雄龍土司帶著他的親戚沙土司的士兵攻破摧毀，所以不再是原來的景象。然而龍土司又遭到儂土司的攻打而被取代了。黃草壩北面的峰頂，就是黃土司居住的地方。於是到吳家休息。吳家是漢人，夫婦都好客，蔬菜甜酒全都齊備。

二十七日　晨起，雨猶不止。既而霽，泥濘猶甚。姑少憩一日，詢盤江曲折，為明日行計。乃匡坐❶作記。薄暮復雨，中夜彌甚，衣被俱沾透焉。

二十八日　晨雨不止。衣濕難行，俟炙衣而起。終日雨涔涔❷也。是日此處馬場，人集頗盛。市中無他異物，惟黃蠟與細笋為多。乃煨笋煮肉，竟日守雨。

黃草壩土司黃姓，加都司❸銜。乃普安十二營長官司之屬。十二營以歸順為首，而錢賦之數，則推黃草壩，土地之遠，則推步雄焉。

黃草壩東十五里為馬鼻河❹，又東五十里抵龍光❺，乃廣西右江❻分界。西二十里為步雄，又西五十里抵江底，乃雲南羅平州分界。南三十里為安障❼，又南四十里抵巴吉，乃雲南廣南府分界。北三十里為豐塘❽，又北二十里抵碧峒，乃雲南亦佐縣❾分界。東、西、南三面與兩異省錯壤，北去普安二百二十里。其地田塍中闢，道路四達，人民頗集，可建一縣。而土司恐奪其權，州官恐分其利，莫為舉者。

黃草壩東南，由龍光、箐口、者恐、板屯、壩樓、以上俱安隆❿土司地。其土官自天啓初為部人所殺，泗城⓫以孫代署之。八蠟、者香，俱泗城州地。下田州，乃昔年大道。自安隆無土官，泗城代署，廣南以兵爭之，據其大半。道路不通，實由於此。

按盤江自八達、與羅平分界。巴澤、河格、巴吉、興隆[12]、那貢[13]，以上俱安隆土司地，今俱為廣南有。抵壩樓，遂下八蠟、者香。又有一水自東北來合，土人以為即安南衛[14]北盤江，恐非是。安南北盤，合膽寒、羅運、白水河之流，已東南下都泥，由泗城東北界，經那地、永順，出羅木渡[15]，下遷江[16]。則此東北來之水，自是泗城西北界山箐所出，其非北盤可知也。於是遂為右江。再下，又有廣南富州[17]之水，自者格[18]、亦安隆土司屬，今為廣南據者。葛閬[19]、歷裡，俱泗城州地。來合而下田州。此水即志所稱南旺諸溪[20]也。二水一出泗城西北，一出廣南之東，皆右江之支，而非右江之源，其源惟南盤足以當之。膽寒、羅運，出於白水河，乃都泥江之支，而非都泥江之源，其源惟北盤足以當之。各不相紊也。

按雲南抵廣西間道有三：一在臨安府之東，由阿迷州、維摩州，本州昔置乾溝、倒馬坡、石天井、阿九、抹甲等哨，東通廣南。每哨撥陸涼衛百戶一員、軍兵十五名、民兵十五名把守。後州治湮沒，哨悉廢弛。見有《府志》可考。抵廣南富州，入廣西歸順[21]、下雷[22]，而出馱伏[23]，下南寧[24]。此余初從左江[25]取道至歸順，而卒阻於交彝者也，是為南路。一在平越府[26]之南，由獨山州[27]豐寧上下司[28]，入廣西南丹[29]、河池州[30]，出慶遠[31]。此余後從羅木渡取道而入黔、滇者也，是為北路。一在普安之南、羅平之東，由黃草壩，即安隆壩樓之下田州，出南寧者。此余初徘徊於田州界上，人皆以為不可行，而久候無同侶，竟不得行者也，是為中路。中路為南盤入粵出黔之交；南路為南盤瀠滇之始，與下粵之末；北路為北盤經黔環粵之會。然此三路今皆阻塞：南阻於阿迷之普，富州之李、沈，見《廣西小紀》。歸順之交彝；中阻於廣南之蠶食，田州之狂狺；北阻於下司之草竊，八寨[32]之伏莽。既宦轍之不敢入，亦商旅之莫能從。惟東路由沅[33]、靖[34]而越沙泥[35]，多黎人之恐州[36]，為今人所趨。然懷遠沙泥，亦多黎人之恐，且迂陟湖南，又多歷一省矣。

黃草壩東一百五十里為安籠所[37]，又東為新城所[38]，皆南與粵西之安隆、泗城接壤。然在黔曰「籠」，在粵曰「隆」，一音而各異字，一處而各異名，何也？豈兩名本同一字，傳寫之異耶？按安莊之東，大路所經，亦有安籠箐山[39]，與安籠所相距四百里。乃遠者同而近者異，又何耶？大抵黔中多用「籠」字，粵中多用「隆」字，如隆安縣之類。故各從其地，而不知其地之相近，其取名必非二也。

黃草壩著名黔西，而居聚闤闠，俱不及羅平州。羅平著名迤東，而居聚闤闠，又不及廣西府。此府州營堡之異也。聞瀓江府湖山最勝，而居聚闤闠，亦讓廣西府。臨安府為滇中首郡，而今為普氏所殘，凋敝未復，人民雖多，居聚雖遠，而光景止與廣西府同也。

迤東之縣，通海為最盛；迤東之州，石屏為最盛；迤東之保聚，寶秀(40)為最盛，皆以免於普禍也。縣以江川(41)為最凋，州以師宗為最敝，保聚以南莊(42)諸處為最慘。皆為普所蹂躪也。若步雄之龍、儂爭代，黃草壩之被鬨於龍、沙，沙乃步雄龍氏之婦翁。安隆土司之紛爭於岑、儂，岑為廣西泗城，儂為廣南府。今廣南勢大，安隆之地，為佔去八、九矣。土司糜爛人民，乃其本性，而紊及朝廷之封疆，不可長也。諸彝種之苦於土司糜爛，真是痛心疾首。第勢為所壓，生死惟命耳，非真有戀主思舊之心，牢不可破也。其所以樂於反側(43)者，不過是遺孽煽動。其人不習漢語，而素昵彝風，故勾引為易。而遺孽亦非果有殷之頑(44)，田橫之客(45)也，第跳梁(46)伏莽之奸，藉口愚眾，以行其狡猾耳。

所度諸山之險，遠以羅平、師宗界偏頭哨為最；其次則通海之建通關(47)，其險峻雖同，而無此荒寂；再次則阿迷之中道嶺，沈家墳處。其深杳雖同，而無此崇隘；又次則步雄之江底東嶺，其曲折雖同，而無此逼削。若溪渡之險，莫如江底，崖削九天，塹嵌九地，盤江朋圃(48)之渡，皆莫及焉。

粵西之山，有純石者，有間石者，各自分行獨挺，不相混雜。滇南之山，皆土峰繚繞，間有綴石，亦十不一、二，故環窪為多。黔南之山，則界於二者之間，獨以逼聳見奇。滇山惟多土，故多壅流成海，而流多渾濁。惟撫仙湖㊾最清。粵山惟石，故多穿穴之流，而水悉澄清。而黔流亦界於二者之間。

【章　旨】本章記載了第一百零六天、第一百零七天在普安州的行跡。雨仍下個不停。正逢黃草壩馬市，來趕集的人很多。黃草壩土司姓黃，屬普安十二營長官司，東、西、南三面和廣西、雲南兩省交錯接壤。據考察，只有南盤江才是右江的源頭，也只有北盤江才是都泥江的源頭。從雲南到廣西有三條小路：中路是南盤江流出貴州、流入廣西的交界處；南路是南盤江開始縈繞雲南、最後流下廣西所經過的地區；北路是北盤江流經貴州、環繞廣西的會合處。這時三條路都已阻塞。貴州的安籠和廣西的安隆一地異名，同音異字。論住所街市，黃草壩不及羅平州，羅平州不及廣西府，澂江府也不及廣西府，臨安府和廣西府相同。雲南東部，縣以通海最興盛，州以石屏最興盛，城堡以寶秀最興盛；而縣以江川最凋傷，州以師宗最衰敗，城堡以南莊最淒慘。土司魚肉百姓，是他們的本性，各部彝人苦不堪言，痛心疾首，並非樂於跟隨土司叛亂。所越過的眾山的險境，以偏頭哨為最，建通關其次，再次為中道嶺、江底東嶺；水以江底河最險，連盤江朋圃也不及。廣西、貴州、雲南三省，或多石山，或多土山，由此造成三省水流或清或濁的差異。

【注　釋】❶匡坐　端正地坐著。匡，正。❷涔涔　形容雨水不斷流下。❸都司　都指揮使司的簡稱。為明代一省最高軍事機構。❹馬鼻河　今名馬別河，又名清水河。發源於普安和盤縣交界，海拔過千米的者格附近，由南往北橫貫全縣，在興義、安龍、隆安三地交界的岔河口匯入南盤江。馬別河峽谷位於興義城東北十二里，長約二十里，深百餘公尺，這裡峽逼、瀑奇、巖峭、徑險、竹翠、虹迷，古樸奇倔，風光旖旎，有「黃菓之壯、桂林之秀、九寨之美、黃龍之奇、三峽之險」，為貴州十大風景區之一。清道光間《興義府志》載：「(馬別河)天星橋兩山懸瀑凡六，奇於永寧州之白水河瀑。」❺龍光　今名龍廣，在貴州安龍西隅。❻右江　道名，明置廣西分守右江道，駐柳州府，右江兵巡道駐賓州。❼安障　今名安章，在興義南境。❽豐塘　今名楓塘，在興義西北隅。❾亦佐縣　見〈滇遊日記三〉九月初六日記注。❿安隆　明代置安隆長官司，直隸廣西布政使司，在今廣西隆林。⓫泗城　明代為州，直隸廣西布政使司，治所在今廣西凌雲。⓬興隆　〈盤江考〉作「興龍」，在今安龍東境。⓭那貢　今名納貢，在隆林北隅，南盤江南岸。⓮安南衛　見〈黔遊日記二〉四月二十六日日記注。⓯羅木渡　在廣西忻城羅木堡，見〈粵西遊日記四〉二月十五日日記注。⓰遷江　見〈粵西遊日記二〉七月十九日日記注。⓱富州　見〈粵西遊日記二〉六月二十一日日記注。⓲者格　今名者厄，在廣南縣北隅，馱娘江自雲南流入廣西處。⓳葛閬　即今富寧縣東隅的谷拉。⓴南旺諸溪　指從雲南東南隅流入廣西的馱娘江、西洋江、谷拉河等水流。㉑歸順　見〈粵西遊日記三〉十月二十七日日記注。㉒下雷　同上。㉓馱伏　疑為「馱木」，見〈粵西遊日記三〉十月初一日記注。㉔南寧　見〈粵西遊日記二〉八月二十三日日記注。㉕左江　道名，明置廣西分守左江道，駐潯州府，左江兵巡道駐南寧府。㉖平越府　見〈粵西遊日記二〉六月二十一日日記注。㉗獨山州　見〈黔遊日記一〉三月二十九日日記注。㉘豐寧上下司　見〈黔遊日記一〉三月二十七日日記注。㉙南丹　見〈粵西遊日記四〉三月二十日日記注。㉚河池州　見〈粵西遊日記四〉三月十二日日記注。㉛慶遠　見〈粵西遊日記四〉二月十七日日記注。㉜八寨　見〈粵西遊日記四〉二月十三日日記注。㉝沅　沅州，明代隸辰州府，治所在盧陽（今湖南芷江侗族自治縣）。㉞靖　靖州，明代直隸湖廣行省，治所在永平（今湖南靖州）。㉟沙泥　今名沙宜，在今廣西三江侗族自治縣東北隅。㊱多黎人之恐州　原缺「多黎人之」四字，據《四庫》本補。黎，九黎，古代南方部落名。據上文所記，此黎人當指分布在今貴州、湖南、廣西毗連地區的侗族。㊲安籠所　見〈黔遊日記一〉四月二十四日日記注。㊳新城所　明代置新城千戶所，即今貴州興仁。㊴安籠箐山　見〈黔遊日記一〉四月二十四日日記注。㊵寶秀　關名，在今雲南石屏西北，明代置巡檢司。㊶江川　明代為縣，隸澂江府，治所在今雲南江川縣，崇禎七年移治今江城。㊷南莊　在今建水城北。㊸反側　反覆無常。㊹殷之頑　《書·畢命》：「毖殷頑民，遷於洛邑。」周王朝建立後，稱亡國後不服從新朝統治的殷（商）遺民為頑民。㊺田橫之客　田橫，本齊國貴族，秦末起兵重建齊國，自立為齊王。漢朝建立後，率徒黨五百餘人逃亡海島，因不肯臣服於漢，全部自殺。㊻跳梁　強橫。㊼建通關　在通海城南二十里，通海與建水分界處。㊽朋圃　又作彭堡、淜普，今名朋普，在雲南彌勒南境。㊾撫仙湖　見〈滇遊日記一·隨筆二則〉注。

【語　譯】二十七日　早晨起身，雨還沒停。過了一會放晴，但路仍然泥濘不堪。暫且稍許休息一天，打聽盤江曲折的流向，為明天上路作準備。於是端坐寫遊記。傍晚又下起雨來，到半夜更加厲害，衣服被子都被淋濕。

二十八日　早晨雨下個不停，衣服淋濕難以上路，等烘乾起牀。整天雨水不斷淌著。這天正逢黃草壩馬市，前來趕集的人很多。集市上沒有其他稱奇的物品，唯獨黃蠟和細筍最多。於是煨筍煮肉，整日坐等雨停。

黃草壩土司姓黃，加都司頭銜。是普安州十二營長官司的部屬。十二營以歸順營排列第一，但繳納錢糧的數目則首推黃草壩營，至於土地的遼闊，則首推步雄營。

黃草壩東面十五里處為馬鼻河，再往東五十里到達龍光，是和廣西右江道的分界；西面二十里處為步雄，再往西五十里到達江底，是和雲南羅平州的分界；南面三十里處為安障，再往南四十里到達巴吉，是和雲南廣南府的分界；北面三十里處為豐塘，再往北二十里到達碧峒，是和雲南亦佐縣的分界。東、西、南三面和其他兩個省交錯接壤，北面離普安州二百二十里。這裡中間開出田地，道路四通，人口集中，可建立一個縣。但土司怕權力被剝奪，州官怕好處被分走，因此沒人提出建縣的事。

黃草壩的東南，經過龍光、箐口、者恐、板屯、壩樓、以上各處都是安隆土司的轄地。安隆土官從天啟初年被族人所殺後，泗城州官便用他的孫子代理職權。八蠟、者香，都是泗城州的轄地。到達田州，是從前的大路。自從安隆長官司沒設土官，泗城州代理職權後，廣南府便以兵力來爭奪，占據了大半土地。道路不通，其實就是由此引起的。

按盤江自八達、在羅平州和廣西省的分界處。巴澤、河格、巴吉、興隆、那貢，以上各處都是安隆土司的轄地，如今都被廣南府占有。到壩樓後，便向下流往八蠟、者香。另有一條水從東北流來匯合，當地人以為就是從安南衛流來的北盤江，恐怕並非如此。安南衛的北盤江，匯合膽寒、羅運、白水河各條水後，已往東南流入都泥江，再從泗城的東北部，經過那地、永順，從羅木渡流出，往下到達遷江縣，那麼這條從東北流來的水，自然是從泗城州西北部的山林中流出，可知它並不是北盤江。從這裡起盤江就稱為右江。再往下，還有廣南府富州的水，從者格、也是安隆土司的屬地，如今被廣南府占據。葛閬、歷裡，都是泗城州的轄地。流來匯合，再往下流到田州。這水就是志書上所說的出自南旺的各條溪水中的一條。兩條水一條出自泗州城西北，一條出自廣南府東部，都是右江的支流，而不是右江的源頭，右江的源頭只有南盤江足以充當。膽寒、羅運的水從白水河流出，是都泥江的支流，而不是都泥江的源頭，都泥江的源頭只有北盤江足以充當。各條水道並不相互混亂。

按雲南到廣西有三條小路：一條在臨安府的東面，從阿迷州、維摩州，本州過去設置乾溝、倒馬坡、石天井、阿九、抹甲等哨，向東通往廣南府。每個哨所由陸涼衛派一名百戶長、十五名士兵、十五名民兵把守。後來州治湮沒，這些哨所也都廢弛了。現有《府志》可考。到達廣南府富州，進入廣西省歸順州、下雷州，而後從馱伏出去，直下南寧府。這是我當初打算從左江道取道至歸順州，但終被交彝所阻的路，這是南路。一條在平越府的南面，從獨山州豐寧上下司，進入廣西省南丹州、河池州，再從慶遠府出去。這是我後來從羅木渡取道進入貴州、雲南的路，這是北路。一條在普安州的南面、羅平州的東面，經過黃草壩，從安隆長官司的壩樓往下到田州，再從南寧府出去。這是我當初在田州邊界徘徊不定，人人都認為不能走，等了好久沒有一起走的人，終於沒能成行的路，這是中路。中路是南盤江流入廣西、流出貴州的交界處；南路是南盤江開始瀠繞雲南和最後流下廣西所經過的地區；北路是北盤江流經貴州、環繞廣西的會合處。但這三條路如今都已阻塞不通：南路受阻於阿迷州的普酋，富州的李酋、沈酋，見《廣西小紀》。歸順府的交彝；中路受阻於廣南府的蠶食侵占，田州人的猖狂騷擾；北路受阻於豐寧下長官司的草野盜賊和八寨潛藏匪徒的劫掠。政府委派的官吏已經不敢進入，商人旅客也沒法從這裡通過。惟有東路從沅州、靖州越過沙泥，這地區有許多害怕州縣的伺人，是現在人們所走的路。而懷遠、沙泥一帶，也是許多害怕州縣的伺人生活區，只是還要繞道進入湖南，又多走一省了。

黃草壩東面一百五十里處為安籠所，再往東為新城所，都和南面廣西西部的安隆長官司、泗城州接壤。但在貴州省叫「籠」，在廣西省叫「隆」，同音字不同，一處地方而各有不同的名稱，是什麼原因呢？難道兩個地名本來是同一個字，在傳寫中發生差異嗎？按安莊衛的東面，大路所經過的地方，也有安籠箐山，和安籠所相距四百里，遠離的地名相同，而鄰近的地名反而不同，又是什麼原因呢？大致上說，貴州境內多用「籠」字，廣西境內多用「隆」字，如隆安縣之類。所以地名也根據其所屬省分各不相同，而不知道兩地既然相近，取名不會不同。

黃草壩著稱於貴州西部，但住所、街市都不及羅平州；羅平州著稱於雲南東部，但住所、街市又不及廣西府。這是府、州、營、堡之間的等級差異。聽說澂江府的湖山最美，但村落、街市也不及廣西府。臨安府是雲南中部首府，但如今被普酋所摧殘，還沒從衰敗中恢復，人口雖多，居住地區雖大，但景況只和廣西府相同。

雲南東部的縣，通海最為興盛；雲南東部的州，石屏最為興盛；雲南東部的城堡，寶秀最為興盛，都是因為沒有遭到普酋的禍害。縣以江川最為凋敝，州以師宗最為衰敗，城堡以南莊等處最為淒慘，都是因為被普酋所踐踏。至於像步雄的土司，龍氏、儂氏互相爭奪取代，黃草壩遭受龍、沙兩姓土司的鬩鬥，沙土司是步雄龍土司的岳父。安隆在岑土司、儂土司之間發生紛爭。岑土司在廣西泗城州，儂土司在廣南府。如今廣南府勢力強大，安隆岑土司的屬地，已被儂土司奪去了十分之八、九。這些土司魚肉百姓，是他們的本性，而且騷擾朝廷的疆界，決不能助長其氣焰。各地彝人苦於土司的欺壓，真是痛心疾首。只是被土司權勢所迫，生死由命罷了，並非真有戀主思舊之心，上下一致，牢不可破。彝人之所以樂於反叛，不過是受到一些元代蒙族後裔的煽動。這些人不懂漢語，而素來就和彝人的風俗習慣親近，所以勾引彝人反叛十分容易。但這些餘孽也並非真是擁護先朝的遺民，有田橫門客那樣的忠心，不過是跳梁小丑、潛伏的盜賊之類奸人，尋找藉口愚弄民眾，以便他們的陰謀得逞罷了。

所越過的眾多山峰的險境，遠的以羅平州、師宗州交界處的偏頭哨為最；其次為通海縣的建通關，它險峻雖然和偏頭哨相同，但沒有那樣荒涼空寂；再次為阿迷州的中道嶺，在沈家墳所在地。它深遠雖然和偏頭哨相同，但沒有那樣高峻狹隘；再次為步雄江底寨東嶺，它曲折雖然和偏頭哨相同，但沒有那樣狹窄陡峭。至於所渡過的溪水之險，則沒有能和江底河相比的，那裡懸崖高插雲天，深溝直嵌泉地，連盤江邊的朋圃渡口，都及不上。

廣西的山，有的是純粹石峰，有的土石相間，各自分列成行，獨出挺立，不相混雜。雲南的山，都是繚繞的土峰，其中有石峰點綴，也不到十分之一、二，所以山中有很多圓形的窪地。貴州的山，則介於滇、粵二者之間，獨以狹隘高聳見奇。雲南的山多土，所以常堵塞溪流，形成湖泊，而且水流大多渾濁。只有撫仙湖最清。廣西的山多石，所以有很多穿過洞穴的水流，而且水都十分清澈。而貴州水流的清濁也介於滇、粵二者之間。

二十九日　晨雨霏霏。既飯，辭主人行。從街東南出，半里，繞東峰之南而北，入其塢，佇而迴睇，始見其前大塢開於南。群山叢突，小石峰或朝或拱，參立前塢中。而遙望塢外，南山橫亙最雄，猶半與雲氣相氤氳，此即巴吉之東，障盤江而南趨者也。塢中復四面開塢，西則沙澗所從來之道，東則馬鼻河所從出之峽，而南則東西諸水所下巴吉之區，北則今所入豐塘之路也。計其地，北與□□□為對，南與富州為對，西與楊林❶為對，東與安籠所為對。其遙對者，直東則粵西之慶遠，直北則四川之重慶❷矣。

入北塢又半里，其西峰盤崖削石，巖巖獨異，其中有小水南來。溯之北，又二里，循東峰北上，逾脊稍降，陟塢復上，始見東塢焉。共二里，再上北坳，轉而西，坳中有水自西來，出坳下墜東塢，坳上豐禾被隴。透之而西，沿北嶺上西向行。二里，稍降，陟北塢一里，復西北上。二里，逾北坳，從嶺脊西北行。途中忽雨忽霽，大抵雨多于日也。稍降，復盤陟其西北坡岡，左右時有大窪旋峽。共五里，逾西坳而下。又三里，抵塢中，聞水聲淙淙，然四山迴合，方疑水從何出。又西北一里，忽見塢中有坑，中墜如井，蓋此水之所入者矣。從塢右半里，又西北陟嶺半里，透脊夾而出。於是稍降，從長峽中行。西北三里，復稍上，始知此峽亦中窪，而無下洩之道者也。飯於路旁石上。出嶺之西，始見西塢中盤，內皆嘉禾芃芃。北有小山綰塢口，廬舍懸其上，是曰豐塘。東、西、南皆迴峰環之，水從西南二塢交注其間，北向墜峽。由塢東南降嶺，循塢南盤南山北麓，共二里，北與綰口廬舍，隔塢相對。見路旁有岐，南向入山，疑為分岐之處，過而復還。始登，見其內道頗大，以為是。再上，路分為二，西者既漸小，南者又盤南山，又疑為非。往復數四，莫可從問。而塢北居廬相距二里餘，往返既遙，見南山有牧者，急趨就之，而隔峰間壑，不能即至。忽有負木三人從前嶺下，問之，乃知其非。隨之二里，北出大路。其人言：「分岐之處，尚在嶺西。此處南岐，乃南塢小路之入山者，大路在西塢入也。然此去已不及黃泥河，正可從碧峒託宿矣。」

乃西向入塢。有小水自西來，路逾坡西上，下而復陟。三里，逾坳。坳不高而接兩山之間，為南山過北之脊。東水下豐塘，西水復西北流，俱入馬鼻者。脊西遙開塢直去。循北嶺又西二里，岐始兩分：沿北嶺西向出塢，為普安州道；橫度塢南陟嶺南上，為亦佐道。遂南度塢，路漸微，深茅覆水，曲磴欹坡，無非行潦。緣之南上坡，一里，西南盤嶺角，始望見北界遙山橫亙，蜿蜒天末。此即亦字孔❸西南東轉之脊，從丹霞山東南，迤邐環狗場❹、歸順❺二營，以走安籠所，北界普安南北板橋諸水入北盤，南界黃草壩馬鼻河諸水入南盤者也。又西南入峽，一里餘，復南躋嶺巔。一里，得石磴，由脊南轉。其脊茅深路曲，非此石道，復疑其誤矣。循磴西下，復轉而南，曲折一里，抵山麓。其麓復開大塢西去。塢雖大，皆荒茅盤錯，絕無禾塍人煙。於是隨山麓西行，三里，塢直西去，路西南截塢行。塢南北界，巨嶺森削，中環一壑，圓匝合沓❻，令人有四面芙蓉之想。惟瞑色欲合，山雨復來，而路絕茅深，不知人煙何處，不勝惴惴。又西南一里，穿峽脊而過，其脊中平而夾甚逼。出其西，長峽西去，南北兩界夾之甚遙。其中一望荒茅，而路復若斷若續，上則重茅偃雨，下則停潦盈蹊。時昏黑逼人，惟向暗中躑躅。三里，忽聞犬聲，繼聞人語在路南，計已出峽口，然已不辨為峽為坡，亦不辨南向從何入。又半里，大道似從西北，而人聲在南，從莽中橫赴之，遂陷棘刺中。久之，又半里，乃得石徑。入寨門，則門閉久矣。聽其舂聲甚遙，號呼之，有應者；久之，有詢者；又久之，見有火影出；又久之，聞啓內閫門聲，始得啓外門入。即隨火入舂者家，炊粥浣足。雖擁青茅而臥，猶幸得其所矣。既定，問其地名，即碧峒❼也，為亦佐東北界。問紅板橋❽何在，即在此北峰之麓，為黃草壩西界，與此蓋南北隔一塢云。

【章　旨】本章記載了第一百零八天在普安州的行跡。走進山塢，望見南山橫貫塢外，最為雄壯，塢中又向四面開出山塢。在塢中穿行，越過一個個山坳，來到豐塘。隨後走上去亦佐縣的岔路，望見北邊遠山橫貫，從亦字孔驛延伸到安籠所。又到一個大塢，四周群山環抱，山色秀麗，如出水芙蓉。時間已晚，在黑暗中摸索，好不容易走到碧峒住下。

【注　釋】❶楊林　驛名，在雲南嵩明東南。❷重慶　明代為府，治所在巴縣，即今重慶。❸亦字孔　見〈黔遊日記二〉五月初九日記注。❹狗場　在今貴州興義西北。❺歸順　在今貴州盤縣南境。❻合沓　重疊。❼碧峒　今名筆沖，在雲南富源東南。❽紅板橋　在貴州興義西北隅。

【語　譯】二十九日　晨雨紛飛，吃過飯，告別主人出發。從街市往東南走出，過了半里，繞到東峰的南面再往北，進入山塢。站在那裡向四面眺望，才看見前面大塢在南開出，群山聳立如林，小石峰有的像朝拜，有的像拱手，參差不齊峙立在前面山塢中。而遠望山塢之外，南山橫貫，最為雄偉，山上還有一半被重重雲氣籠罩著，這就是在巴吉東面擋住盤江而往南延伸的山脈。山塢中又有向四面開出的山塢：西塢是從沙澗過來時所走的路，東塢是馬鼻河所從流出的峽谷，而南塢則是東西山塢中各條水流下巴吉所過的地區，北塢是現在去豐塘所走的道路。估計它的地理位置，北面和□□□相對，南面和富州相對，西面和楊林相對，東面和安籠所相對。和它遙遙相對的地方，正東為廣西的慶遠府，正北為四川的重慶府。

進入北塢後又走了半里，在它西面的山峰石崖盤曲陡峭，高高聳立，與眾不同，塢中有小水往南流來。沿著水流往北上行，又走了二里，沿著東面的山峰往北走上，越過山脊稍許往下，到山塢再往上攀登，才看見東塢。共走了二里，再登上北面的山坳，轉而向西，坳中有水從西面流來，流出山坳往下墜入東塢中，山坳上面稻穀覆蓋田壠。穿過山坳往西，沿著北面的山嶺上往西走，過了二里，稍許往下，在北塢中走了一里，又往西北走上，過了二里，越過北面的山坳，從嶺脊往西北走，途中忽然下雨，忽然放晴，總的說下雨的時候比出太陽的時候要多。稍許往下，又盤繞登上西北的坡岡，左右兩邊時常出現巨大的窪地和盤旋的峽谷。共走了五里，越過西面的山坳往下，又走了三里，到達塢中，聽到淙淙的水流聲，但四周群山環抱，心中懷疑水從何處流出。再往西北走一里，忽然看見山塢中有坑洞，坑正中像井那樣往下陷落，原來這就是塢中水流入的地方。從山塢的右邊走半里，再往西北登上山嶺，走了半里，從山脊的夾縫中穿出。從這裡稍許往下，在長長的峽谷中行走。往西北走了三里，再稍許往上，才知道這道峽谷也是中間窪下，但沒有往下流的水道。坐在路旁的石上吃飯。從山嶺西面走出，才看見西塢在群山盤繞中，塢內都是茂盛的稻禾。北面有座小山扼住塢口，有房屋高懸在山上，地名豐塘。這裡東、西、南三面都有回旋的山峰環抱，水從西塢、南塢流到這裡會合，向北墜入峽谷。從山塢的東南走下山嶺，沿著山塢南邊盤繞的南山北麓，共走了二里，和北面扼住塢口的房屋隔塢相對。看見路旁有條岔路，往南伸入山中，我懷疑是分路處，走過岔路口又轉身返回。開始從岔路上山，看到裡面路很寬闊，以為走對了。再往上走，路又分成兩條，往西的路漸漸變小，往南的路繞著南山，又懷疑走錯了。來回走了四遍，找不到人問路。而山塢北面的住房相隔有二里多路，來回走實在太遠，看到南面的山上有放牧的人，急忙向他走去，但中間隔著山峰溝壑，不能馬上走到。忽然有三個人背著柴木從前面的山嶺下來，問了他們，才知道走錯路了。跟著他們走了二里，往北從大路走出。那些人說：「分路的地方，還在山嶺的西面。這裡往南的岔路，是南塢進山的小路，大路從西塢進去。但現在走大路已來不及到黃泥河了，正好可到碧峒住宿。」

於是往西走進山塢，有小水從西面流來，路越過山坡往西走上，下去後又往上走，過了三里，越過山坳。山坳不高，但連接在兩座山之間，是南山往北過渡的山脊。東面的水流下豐塘，西面的水再往西北流去，都注入馬鼻河。山脊西面，遠遠開出山塢，直往前伸展。沿著北面的山嶺，再往西走二里，大路才分成兩條岔路：沿著北面的山嶺往西走出山塢，是去普安州的路；橫穿山塢南部再登上山嶺往南，是去亦佐縣的路。於是往南越過山塢，路漸漸小起來，深深的茅草覆蓋著水面，曲折的石階靠著山坡，到處都是積水。沿著路往南登上山坡，走了一里，往西南繞過嶺角，才望見北界遠山橫貫，曲折綿延，直到天邊。這就是在亦字孔驛西南轉向東延伸的山脊，從丹霞山東南，曲折連綿伸展，繞過狗場、歸順兩營，然後到安籠所，是北界普安州南北板橋的各條水匯入北盤江，南界黃草壩馬鼻河各條水匯入南盤江的地方。再往西南進入峽谷，走了一里多，再往南登上山頂。走了一里，找到石階，從山脊往南轉。這山脊上茅草深密，道路曲折，如果沒有石階，又要懷疑走錯路了。沿著石階往西走下，再轉向南，曲曲折折走了一里，到達山麓。這山麓又開出大塢向西伸展。山塢雖大，但都是盤根錯節的荒草，根本沒有稻田和人煙。於是隨著山麓往西走了三里，山塢直向西伸展，路橫穿山塢往西南走。山塢的南北界，巨大的山嶺森然陡峭，中間環繞著一道山壑，圍成圓形，重重疊疊，山色秀麗，令人有四周群山如同荷花的聯想。只是暮色即將籠罩，山中又下起雨來，而且道路中斷，茅草深密，不知道哪裡才有人煙，心中不禁惴惴不安。再往西南走一里，越過峽脊，這脊中間平坦，兩邊逼窄。從它的西面走出，長長的峽谷在南北兩邊山的相夾中往西直伸到很遠處，一眼望去，裡面盡是荒草，路又似斷似續，上面層層茅草倒伏在雨水中，下面的小路被積水淹沒。這時天已昏黑逼人，只能在黑暗中摸索著走。走了三里，忽然聽到狗叫聲，接著聽到有人在路的南邊說話，估計已走出峽口。但已分辨不出哪是峽谷、哪是山坡，也摸不清往南該怎麼走。又過了半里，似乎覺得大路往西北走，而人聲則在南面，從草叢中橫穿過去，就陷入荊棘叢中。過了很久，又走了半里，才找到石路。向寨門走去，寨門關閉已很久了。聽到門內遠遠傳來舂穀的聲音，便大聲呼喊，有答應的人；過了很長時間，有人出來詢問；又過了很長時間，看到火光出現；再過了很長時間，聽到開內隘門的聲音，才得開外門進入。就跟著火把到舂穀人的家中，煮粥洗腳。雖然睡在青草堆上，還是慶幸找到了住處。安定之後，打聽這裡地名，原來就是碧峒，在亦佐縣的東北界。問紅板橋在哪裡，回答說就在碧峒北峰的山麓，為黃草壩的西界，和這裡只是一南一北中間隔著一個山塢罷了。

【研　析】「不識廬山真面目，只緣身在此山中。」這是蘇軾的名句。由於常人往往入而不出，故難免東坡之誚。徐霞客不僅能入，而且善出，即使在深入山谷之中，考察一石一木的同時，依然能對山川形勢作整體的宏觀把握，故《遊記》中既有細緻入微的刻劃，也不乏驅山走海、尺幅千里的描述。在羅平境內的山路跋涉時，他遠望「東界遙峰（羅莊山）下，峭峰離立，分行競穎，復見粵西面目」，認為「其山（羅莊山）參差森列，下多卓錐拔筍之岫，粵西石山之發軔也」。並確定了西南地區岩溶地貌的分布範圍：「蓋此叢立之峰，西南始于此，東北盡于道州，磅礴數千里，為西南奇勝，而此又其西南之極云。」在〈盤江考〉中，他重複了這種看法。這些石灰岩山峰，峰體尖銳（如卓錐拔筍），外形呈塔狀或圓錐狀，從平地拔起，遠望如林，故稱峰林。根據當代科學考察，從湖南道縣到雲南羅平這數千里內，確實是厚層石灰岩的分布區域，峰林地貌發育明顯，徐霞客的判斷基本正確。他的考察並沒有到此為止，通過觀察、比較、分析、推理、歸納、總結，觀大勢，察細理，進一步揭示了西南岩溶地貌的地域差別和分布規律，指出在這具有整體特徵的大範圍內，各地區間又存在著「同中之異」，即同屬發育良好的峰林地貌，也因發育階段不同，而產生形態特徵的差別：「粵西之山，有純石者，有間石者，各自分行獨挺，不相混雜。滇南之山，皆土峰繚繞，間有綴石，亦十不一、二，故環窪為多。黔南之山，則界於二者之間，獨以逼聳見奇。」同時指出由於山或石或土，造成水或清或濁的不同：「滇山惟多土，故多壅流成海，而流多渾濁。惟撫仙湖最清。粵山惟石，故多穿穴之流，而水悉澄清。而黔流亦界於二者之間。」在廣西遊覽時，徐霞客對漓江峰林谷地、柳江孤峰谷地、鬱江殘丘谷地、粵西峰叢谷地的地貌，作過更加具體的區分。當然，如果沒有這二年足跡遍布湘、粵、黔、滇的考察，沒有銖積寸累的功夫，決不可能作出如此高屋建瓴式的明確的論斷。

在這篇遊記中，徐霞客對雲南東部的岩溶地貌和水文狀況，有不少發現和描述。廣西府的矣邦池，和通海一樣，從洞穴中湧出，但這湖南面還有山橫向攔截，迫使水仍然流入山洞中，因此顯得更加奇特。徐霞客認為，這湖「亦一南北中窪之坑，而水則南北去來皆透於穴矣。」可知矣邦池實際上是一個由溶蝕窪地形成的岩溶湖。在師宗州最幽險的張飛哨附近，有道峽谷從東南的大山破壁而來，「峽兩崖皆亘壁，其上或中剖而成峽，或上覆而成梁，一塢之中，倏斷倏續，水亦自東南流穿盤壑，但壑中不知何洩……望南北峽中水，一從梁洞出，一從梁洞入。」在此所描述的，就是兩邊峭壁陡立，並保留著天生橋和穿洞（梁洞）的岩溶峰谷。從師宗一進入羅平，他就發現山嶺中的「多墜壑成穽，小者為眢井，大者為盤窪」。他所說盤窪，即面積較大的圓形或橢圓形的溶融窪地，而眢井則是現在所說的溶斗（又稱喀斯特漏斗），是一種碟形（或漏斗形、圓筒形）的小型圓窪地。

在這篇遊記中，徐霞客對所經過的府、州、堡、關的地理、社會狀況，作了綜合的比較分析，並著重指出，黃草壩具有極其優越的地理形勢，「其地田塍中闢，道路四達，人民頗集」，且為普安十二營長官司所收錢賦最多的地方，特別是「米價最賤，一升止三四文而已」，認為這裡「可建一縣」，只是因為「土司恐奪其權，州官恐分其利」，所以沒人提出。至清嘉慶間，果然在黃草壩改置興義縣，後又成為一個地區的行政中心，顯示了他在經濟地理上的卓見。徐霞客還認為「黃草壩」的得名，可能是因為這裡石瀨上有堤壩的緣故。

長年的野外跋涉，使徐霞客掌握了看雲識天氣的本領。自這年八月初一天晴之後，連續半個月無雨，到中秋之夜，忽然狂風怒吼，濃雲密布，暴雨傾瀉，他估計這次「當復有半月之陰」。據遊記所載，這場雨直下到九月初六，才停了二天，到九月初八，重新下起大雨；持續到二十一日，停了三天，到二十五日，又下起雨來；二十七日、二十八日這兩天，雖然沒雨，但濃雲鬱勃，天色陰沉，直到二十九日，才重見碧空如洗的黯陽天。後來他到霑益州的交水，還記下這年九月初的南疆，「殷雷轟然，大雨忽至，避茅簷下，冰霰交作，迴風湧之，撲人衣面，莫可掩蔽。久之乃霽」的情景。這些記載，已成為研究明末雲南地區氣候的十分珍貴的原始資料。

作為一個漢族士人，徐霞客對西南地區的少數民族，很自然地懷有輕視之意，但在旅行途中，在他作為一個一無所有的行人而不是鄉紳時，通過和各色人的交往，徐霞客還是深深感受到這些彝人的純樸。當他在江底寨遭到那個心狠手辣、既黠又惡的漢族女店主侮辱時，不禁歎道：這是「南中諸彝境所無者」。即在西南少數民族地區，不會有如此惡人。《遊記》中對當時雲南百姓生活的艱辛，有過許多記載。如亦佐碧峒有戶彝人，只有一間茅屋，屋中「東半畜馬，西半則主人之榻，榻前就地煨濕薪以為爨，爨北即所置几地也，與其榻相隔止一火」。曲靖馬場有戶新來的人家，家徒四壁，「百無一具」。而箐口嶺頭的幾戶人家，都「茅舍低隘，牛畜雜處其中」。即使營兵的生活條件也十分惡劣，徐霞客到位於師宗、羅平交界處的白蠟山營房投宿時，只見「營中茅舍如蝸，上漏下濕，人畜雜處」。而且用水十分困難。但那些營兵還沾沾自喜地說：「雖營房卑隘，猶勝彝居十倍也。」當徐霞客在月夜和唐泰飲酒吟詩、神遊山水之時，可以「閉門不管鄉鄰鬭，夜話翻來只有山」。但在備嘗艱辛的旅途中，面對這一幅幅悽慘的人間圖景，就不可能再無動於衷，當感傷變成憤怒之後，對現實不平的抨擊也隨之出現了。他一針見血地指出，造成百姓貧困的根本原因，是土司的壓迫和奴役，「土司糜爛人民，乃其本性，而紊及朝廷之封疆，不可長也。諸彝種之苦於土司糜爛，真是痛心疾首。第勢為所壓，生死惟命耳，非真有戀主思舊之心，牢不可破也。」徐霞客還認為西南少數民族跟著土司進行叛亂，是由於不了解情況，被留在當地的元代蒙族後裔欺騙煽動所致，「其所以樂於反側者，不過是遺孽煽動。其人不習漢語，而素昵彝風，故勾引為易。而遺孽亦非果有殷之頑，田橫之客也，第跳梁伏莽之奸，藉口愚眾，以行其狡猾耳。」因此，廢除土司制度，改土歸流，不僅是必要的，也是可行的。問題在於當時的官府，不去關心百姓，不能保護百姓，在土司為非作歹之時，姑息縱容，貽患釀禍，乃至在臨安府以東，廣西府以西這樣一片地區內，人們「不復知有明官」。致使百姓對官府失去信任，不抱希望，「故小民寧流離四方，不敢一鳴之有司。」從這個意義上說，正是在官府腐敗的機制中，結出西南土司橫行的惡果。徐霞客後來在晉寧州提出應祭祀晉寧州刺史李毅，多次提到李毅之女李秀的守城保境之功，除了出於大一統的思想，更多的還是希望通過表彰前賢，激勵今人盡心盡力，以抑制土司日益囂張的氣焰。

滇遊日記三

【題　解】崇禎十一年（一六三八）九月初一，徐霞客從雲南東界的碧峒出發，渡過黃泥河，穿過竹園箐，經過亦佐縣，渡過拐澤河、蛇場河、交河，進入越州衛地界。在石堡溫泉洗澡後，北上曲靖府，再遊交水城，考察白石江上游。隨後轉向西走，登上翠峰山頂，考察盤龍山脊的走向。又渡過阿交合溪，到達尋甸府，遙望堯林山。再渡過巨龍江，經過嵩明州，遊覽法界寺，並在峰頂觀賞梁王山統領群山的氣勢。在考察滇池主要水源和嘉利澤的水文狀況後，於九月底返回昆明。

戊寅九月初一日　雨達旦不休。起觀兩界山，已出峽口，碧峒在西南山下，其北山岡上即紅板橋，為貴州界。復去黔而入滇，高枕一宵矣。就火炊飯欲行，主人言：「此去黃泥河二十里，水漲舟莫能渡，須少需❶之。」蓋是河東岸無居廬，先有去者，亦俱反候於此。余見雨勢不止，憚于往返，乃掃剔片地，拭木板為几，匡坐敝茅中，冷則與彝婦同就濕焰。蓋一茅之中，東半畜馬，西半則主人之榻，榻前就地煨濕薪以為爨❷，爨北即所置几地也，與其榻相隔止一火。夜則鋪茅以臥，日則傍火隱几❸。雨雖時止，簷低外濘，不能一舉首辨群山也。

初二日　夜雨仍達旦。主人言：「今日漲愈甚，舟益難渡，明日為街子，貴

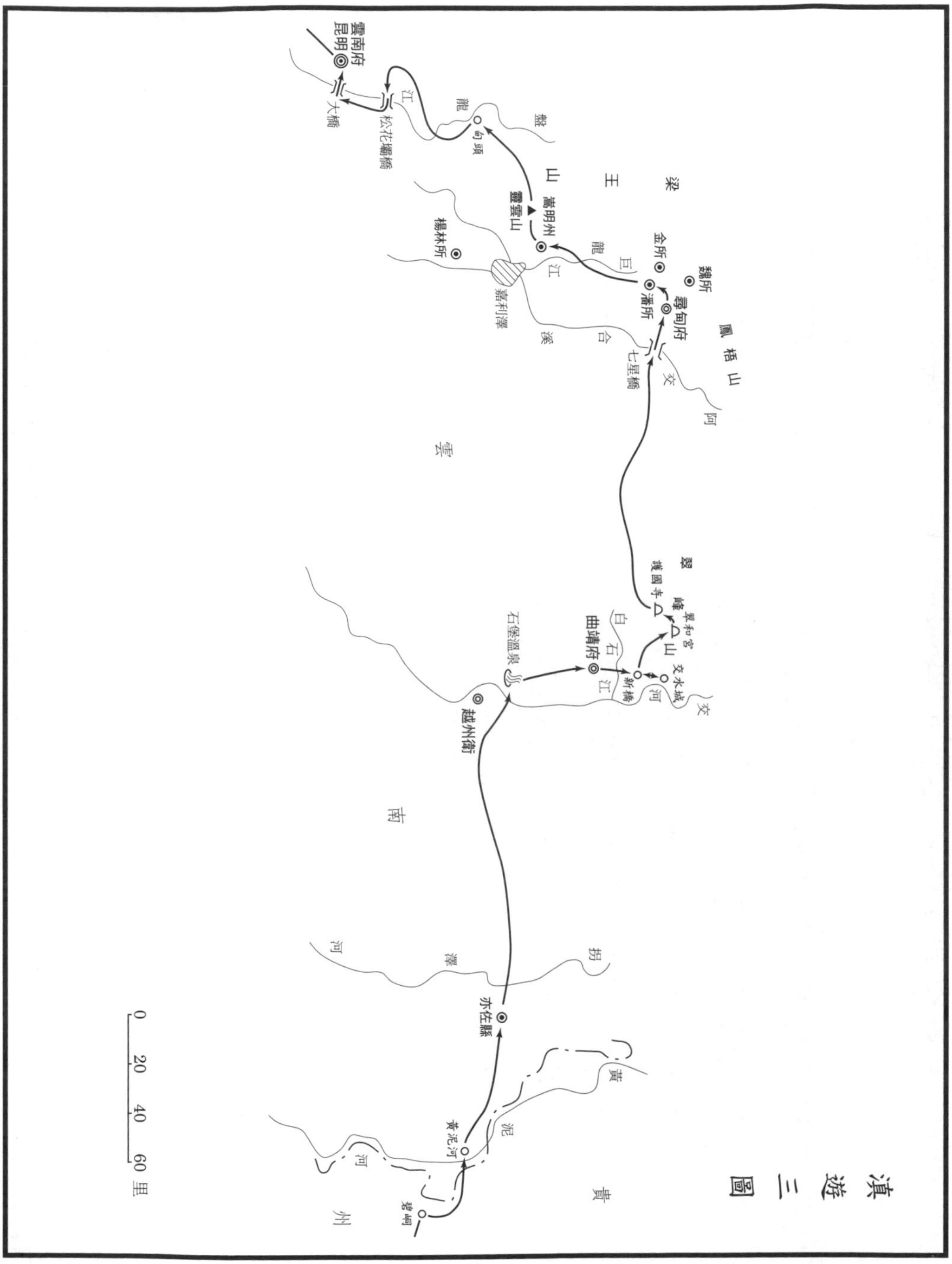
滇遊三圖
雲南府
昆明
松花壩橋
大橋
甸頭
嵩明州
靈雲山
梁王山
楊林所
嘉利澤
金所
魏所
尋甸府
潘所
七星橋
鳳梧山
翠峰山
護國寺
交水城
新橋
曲靖府
白石江
石堡溫泉
越州衛
亦佐縣
黃泥河
碧峒
雲南
貴州
0 20 40 60 里

州為場，雲南為街子，廣西為墟。候渡者多，彼舟不得不至。即余亦同行也。」余不得已，復從之；匡坐如昨日。就火煨粥，日三啜焉，枯腸為潤。是日當午，雨稍止。忽聞西嶺喊聲，寨中長幼，俱遙應而馳。詢之，則豺狼來負羊也，幸救者，傷而未死。夫日中而兇獸當道，余夜行叢薄❹中，而僥倖無恐，能忘高天厚地之靈祐哉！

碧峒在亦佐縣東百里。蓋滇南勝境❺之界山，南走東轉，包明月所之南橫過，為火燒鋪❻南山。按滇南勝境，乃分界山也，而老脊尚在其東火燒鋪西嶺。余前過明月所，即平彝所❼，詢土人，言其水南下亦佐。則明月所東、火燒鋪西，乃為分水之脊，即轉為火燒、亦資孔❽之南山，東走而北轉，經樂民所❾，北繞歸順、狗場之間，而東南下安籠所，入廣西泗城州❿境，又東過思恩府⓫北，東峙為大明山⓬，而盡於潯州⓭，為黔、鬱二江之界。其滇南勝境之南，所度火燒鋪南山者，其峽中尚有明月水出焉，界從其口東度兩分而已。老脊從此分為兩支：正支東由亦資孔南，東北繞樂民所北，而轉安籠所，下泗城州；旁一支南下東轉，而黔、滇之界因之，南抵此峒，又南至於江底，又南盡於南盤之北焉。是黔界越老脊之西南，不以老脊為界，而以南支為界也。若以老脊，則樂民所、狗場營、黃草壩俱當屬滇。以老脊東行而黔隘小，故裒⓮滇益黔，以補不足。

碧峒北與新興城遙對，南與柳樹遙對。此地又滇凸而東者。

碧峒寨有民哨，有儸儸，共居一寨門之內。其西為民寨，即余所棲者，其東為儸儸寨。

自黃草壩至此，米價最賤，一升止三四文而已。

【章　旨】本章記載了進入雲南後第一百零九天、第一百十天在曲靖府的行跡。又從貴州進入雲南。因黃泥河河水上漲，船沒法擺渡，只得留在碧峒。這裡白天都有野獸在路上出沒。雲、貴兩省，以山為分界，並以此調節兩省的地域。從黃草壩到碧峒，米價最便宜。

【注　釋】❶需　須；等待。❷爨　竈。❸隱几　靠著几案。❹叢薄　草木叢生的地方。❺滇南勝境　即勝境關。在雲南富源城東十六里，滇、黔兩省交界處的宣威嶺上。這裡萬山磅礴，一嶺橫亙，有「全滇鎖鑰」之稱。嶺上有「滇南勝景坊」一座，高約十二公尺，寬十尺，八楹柱，塗金繪彩，重簷翹角，初建於明景泰年間，後迭加修葺。牌坊中間楹柱前有石獅兩對，分別面對兩省。面向貴州的一對身覆青苔，面向雲南的一對身披紅土，見者無不稱奇。這是因為靠貴州的一面，山土多為黑赭，多霧；靠雲南的一面，土多赤褐，常晴。東西僅隔一嶺，但景觀不同。明代楊慎在〈滇中記〉中稱：「西望則山平天豁，還觀則箐霧瘴雲，此天限二方也。」❻火燒鋪　見〈黔遊日記二〉五月初九日記注。❼平彝所　見〈黔遊日記二〉四月二十九日日記注。❽亦資孔　見〈黔遊日記二〉五月初九日記注。❾樂民所　見〈黔遊日記二〉四月二十九日日記注。❿泗城州　明代直隸廣西布政使司，治所在今廣西淩雲。⓫思恩府　明嘉靖間移治今廣西武鳴北舊思恩。⓬大明山　見〈粵西遊日記四〉十二月二十二日日記注。⓭潯州　見〈粵西遊日記二〉七月二十日日記注。⓮裒　減少。

【語　譯】崇禎十一年（戊寅）九月初一　雨通宵達旦下個不停。起身觀察雲、貴兩省交界的山脈，不久就走出峽口。碧峒在峽谷西南的山下，紅板橋就在它北面的山岡上，屬貴州省地界。接著又從貴州地界回到雲南地界。昨晚已經高枕無憂地睡了一夜。到火邊煮飯準備出發，主人說：「這裡離黃泥河有二十里，河水在漲，船無法擺渡，必須稍稍等待水位降低。」因為黃泥河東岸沒有住家，先前有渡河的人，也都返回在這裡等候。我看雨勢還不會停下，怕來回徒勞，於是清掃出一小塊地，把木板擦淨當作桌子，端坐在簡陋的茅屋中，冷了就和彝族婦女燃燒濕柴一同烤火。這一間茅屋裡，東面一半畜養馬匹，西面一半放著主人牀鋪，牀鋪前就地燒濕柴作為竈塘，竈塘北面是我放桌的地方，和主人的牀鋪只隔著一個火塘。夜間鋪上茅草睡覺，白天則在竈塘旁邊靠著桌子坐下。雖然有時雨停了，但屋簷低矮，門外泥濘，不能一抬頭就看清群山。

初二　雨仍然通宵達旦下著。主人說：「今天河水漲得更加厲害，船更加難渡。明天是街子，貴州集市叫場，雲南叫街子，廣西叫墟。等候擺渡的人很多，那渡船不得不來，這時我和你一起走。」我無可奈何，只好又聽從他。和昨天一樣端坐在屋裡。到火邊煮粥，一日三餐，乾枯的腸胃得到滋潤。這天中午，雨稍稍停止。忽然聽到西面山嶺傳來喊聲，寨裡老少男女都呼喊著和西嶺的喊聲遠遠相應，並急忙奔跑過去。問後方知是豺狼來抓羊，幸被救出，羊雖受了傷但還沒死。要是說大白天的中午都有猛獸在路上出沒，而我連夜在草木叢中行走，卻僥倖沒有受到一點驚嚇，怎能忘記高天厚地神靈的保佑呢！

碧峒在亦佐縣東面一百里。大致勝境關所在地雲、貴分界的山脈，往南延伸又向東轉，環抱明月所的南部橫向穿過，成為火燒鋪南山。按雲南勝境關所在的山，是雲、貴兩省的分界，但山的主脈還在它東面的火燒鋪西嶺。我先前經過明月所，即平彝所，詢問當地人，回答說這裡的水往南流下亦佐縣。那麼明月所東面、火燒鋪西面，才是雲、貴兩省分水的嶺脊，即轉為火燒鋪、亦資孔驛的南面的山脈，往東延伸再向北轉，經過樂民所，往北從歸順、狗場兩營之間繞過，然後往東南直下安籠所，進入廣西泗城州境內，又向東經過思恩府北面，在東面聳立為大明山，最後到潯州為止，成為黔江和鬱江的分水界。在滇南勝境關的南面，所延伸為火燒鋪南山的地方，那裡峽谷中還有明月水流出，作為兩省分界的山從峽口向東延伸分隔兩邊罷了。山的主脈從這裡分為兩支：為主的一支往東從亦資孔驛南面，往東北繞過樂民所北面，然後轉到安籠所，直到泗城州。旁出的一支往南延伸後向東轉，而雲、貴兩省就以這支山脈為分界，往南延伸到碧峒，又往南延伸到江底，又往東到南盤江北岸為止。因此貴州省的邊界越過主脈的西南，不以主脈為分界，而以往南延伸的支脈為分界。如果以主脈為分界，那麼樂民所、狗場營、黃草壩都應當隸屬於雲南省。由於主脈往東延伸，造成貴州地域狹小，故以支脈為界，削減雲南地域來增加貴州地域，以彌補不足。

碧峒北面和新興城遙遙相對，南面和柳樹遙遙相對。這裡又是雲南向東凸出的地方。

碧峒寨有漢人哨所，有儸儸，同在一個寨門之內。它的西部是漢人寨子，就是我借住的地方，東部是儸儸寨子。

自黃草壩到碧峒，米價最便宜，一升米只賣三、四文銅錢。

初三日　子夜❶寒甚。昧爽起，雨仍霏霏。既飯，出寨門，路當從小岐南上山，誤西從大石徑行。初有塢西北去，以為狗場道。隨石徑西南轉，二里，東界石山南去，塢轉而西。隨之二里，峽中禾遂盈隴，望北山崖畔，有四、五家懸坡上，相去尚一里，而塢南遂絕，乃莽蒼横陟其塢而西北。一里，抵北山村麓，有兩人耕於其下，亟趨而問之。尚隔一小溪，其人輒牽牛避去。余為停趾，遂告以問道意，其人始指曰：「往黃泥河應從來處，此誤矣。」再問以誤在何處，其人不告去。乃返，行泥塍間，路倏斷倏續，二里餘，至前轉塢處，猶疑以為當從南峽入。方惆悵無路，忽見塢邊一牧馬者，呼之，即碧峒居停主人也。問何以至此。蓋黃泥河之道，即從碧峒後東南逾嶺，乃轉西峽，正與此峽東界石山，南北相隔，但茅塞無路，故必由碧峒始得通行。遂復二里餘，返至碧峒西南，傍其寨門，東南逾嶺而下。一里，東南徑塢。半里，復上。又半里，又東南逾一嶺，有峽自南西墜，而路則直西出坳。半里，始下。又半里，抵西峽中，遂由峽西行。屢陟岡窪，三里，有石峰踞峽之中，為當關之標，由其北逾脊而下。時密雲釀雨，見細箐縈崖，深杳叵測，真豺虎之窟也。惴惴西下，一里，度壑。又二里，忽有水自北峽出，下嵌壑中，繞東南而注，是為黃泥河。其河僅比瀘江❷水，不闊而深，不渾而急。其源發於樂民所、明月所，經狗場至此，東南與蛇場河同下江底而入盤江者也。時有小舟艤西，稍待之，得渡，遂西上坡。一里半，逾嶺坳，有岐自東南峽底來，為入小寨而抵板橋者，乃知板橋亦四達之區也。又西出峽，見群峰中圍一壑，而北峰獨稍開，即黃泥河所環。共一里餘，抵聚落中。是日為市，時已散將盡。入肆覓飯。主人婦以地濘天雨，勸留莫前。問馬場尚四十里，度不能前，遂停杖焉。

黃泥河❸聚盧頗盛，但皆草房。其地四面環山，而北即河繞其後，復東南帶之。西又一小溪，自西南峽來，北注黃泥。其中多盤塢環流，土膏豐沃，為一方之冠。亦佐之米，俱自此馬駝肩負而去。前擬移縣於此，至今稱為新縣，而名亦佐為舊縣云。

【章　旨】本章記載了第一百十一天在曲靖府的行跡。離開碧峒，上山橫穿山塢，遇到兩個農夫，才知走錯路了。返回重走，途中看到山崖深不可測，真虎狼出沒之地。黃泥河只能和瀘江相比，發源於樂民所，流入南盤江。因為下雨，道路泥濘，就留在黃泥河村過夜。當地土地肥沃，物產豐富，為這一帶之冠。

【注　釋】❶子夜　夜半子時。即晚上十一點至翌晨一時。❷瀘江　見〈滇遊日記一・遊顏洞記〉注。❸黃泥河　在雲南富源東南隅，黃泥河西岸對面即貴州境。

【語　譯】初三　半夜十分寒冷。天亮起身，依然陰雨紛飛。吃過飯，走出寨門，本該從小岔路往南上山，卻誤從大石路往西走。起先有山塢往西北伸展，以為是去狗場營的路。隨著大石路往西南轉，走了二里，東邊的石山往南延伸，山塢向西轉。順著山塢走了二里，峽谷中田壟長滿稻禾，望見北面的山崖旁有四、五戶人家住在高高的山坡上，相隔還有一里，而山塢南部就到了盡頭，於是在蒼茫中橫穿山塢往西北走。過了一里，到北面有村莊的山麓，有兩個人在山下耕地，急忙上前去向他們問路，還相隔一條小溪，那兩人就牽著牛躲開了。我因此停下腳步，將問路的意圖告訴他們，那兩人才指著說：「去黃泥河應當從過來的地方走，到這裡是走錯了。」再問他們錯在什麼地方，兩人沒說就走了。於是返回，在泥濘的田埂上行走，路忽斷忽續，走了二里多，到先前山塢轉向的地方，仍然遲疑不決，以為應從南邊峽谷進去。正在為不知去路而懊惱發愁，忽然看見山塢旁邊有個牧馬的人，向他呼喚，原來就是我在碧峒借宿的房主，問我怎麼會到這裡。因為去黃泥河的路，即從碧峒背後往東南越過山嶺，而後轉入西面的峽谷，正好和這峽谷東邊的石山，南北相隔，但因茅草堵塞，無路可走，故必須從碧峒走才能通行。於是又走了二里多，返回碧峒的西南，靠著寨門，往東南越過山嶺走下。過了一里，往東南穿過山塢，走了半里，再往上走，又過半里，再往東南越過一座山嶺，有峽谷從南往西落下，而路則一直往西伸出山坳。走了半里，開始下山，又走了半里，到達西面的峽谷，便從峽谷中往西走。多次登上山岡穿過窪地，走了三里，有座石峰座落在峽谷中，成為正當關口的標誌，從它的北面越過山脊走下。這時烏雲密布，大雨即將到來，只見細密的竹林環繞山崖，深不可測，真是豺狼虎豹的巢穴。恐懼不安地往西下山，走了一里，越過山壑。又走了二里，忽然有水從北面的峽谷流出，往下落到深壑中，繞向東南流去，這就是黃泥河。這河只能和瀘江相比，水面不寬但很深，水流不渾但很急。它發源於樂民所、明月所，流經狗場營到這裡，往東南和蛇場河一齊往下流到江底注入盤江。這時有條小船停泊在河的西岸，稍許等了一會，得以過河，便往西登上山坡。再走一里半，越過山嶺坳地，有條岔路從東南峽谷的底部過來，是進入小寨而後去板橋的路，方知板橋也是四通八達的地區。再往西走出峽谷，只見群峰中圍成一個山壑，唯有北面的山峰稍稍開豁，是黃泥河所環繞流過的地方。共走了一里多，到一個聚落中。這天是趕集的日子，我到時人已散開，即將結束。走進店鋪找飯吃。女店主以地上泥濘、天在下雨為理由，勸我留下，別再往前走了。打聽去馬場的路還有四十里，估計當天已不能走到那裡，就在這裡留宿。

黃泥河的住家很多，但都是草房。這裡四面環山，黃泥河在北面從村落的背後繞過，再往東南流去。西面又有一條小溪從西南的峽谷流來，往北注入黃泥河。這裡有很多盤繞山塢的水流，土地肥沃，物產豐富，為這一地區之冠。亦佐縣的米，都是從這裡用馬馱、靠人背運出。從前曾打算將縣治移到這裡，故至今仍稱黃泥河為新縣，而稱亦佐縣為舊縣。

初四日　晨起雨止，四山雲氣勃勃。飯而行。西半里，度一木橋，其下溪流自南而北，即西小溪也。又西上坡，轉而南，溯流半里，入西峽。又半里，轉而北，其處又有北峽、西峽二流之交焉。於是隨北峽溪，又溯流半里，乃西上山。時東峰雲氣稍開，乃賈勇上躋。仰見西嶺最高，其上皆夾坡削箐，雲氣罩其頂，不能悉。上躋二里，漸入濃霧中，遂從峰頭穿峽上，於是箐深霾黑，咫尺俱不可見。又一里，陟其頂，平行嶺上。又二里，乃下。下一里，及西塢。涉塢而西，一里，度一小橋，橋下水北流。乃南向西轉，一里，有岐交其南北：南乃入牛場村道，有小峰駢立，村隱其下焉；北乃其處趨狗場營者。又西半里，乃西上山，其坡峻且滑，無石級可循，有泥坎陷足，升躋極難。二里，陟峰頭，又平行峰頭一里，越其巔。時濃霧成雨，深茅交道，四顧皆瀰淪如銀海。得峰頭一樹如擎蓋，下有列石如錯屏，乃就樹踞石而憩，止聞颼飀滴瀝之聲，而目睫茫如也。又西北平行者一里，下眺嶺西深墜而下，而杳不可見；嶺東屏峙而上，而出沒無常。已從北下，始有石磴陡墜，箐木叢水。共一里半，陟塢而西，亦中窪之宕也。半里，又逾西坳出，其壑大開，路乃稍平，尖峰旁立，若為讓道者。西向平行塢中，一里半，有水橫瀦於前，以為溪也，涉之不流，乃壑底中窪之坑蓄而成溪者。又西二里，復有一溪，北流甚急，波漲水深，涉之沒股焉。

又西一里，乃飯於峽坡之下。既飯，遂西入竹峽。崇峰迴合，紆夾高下，深篁密箐，蒙密不容旁入，祇中通一路，石徑逶迤，如披重雲而穿密幄也。其竹大可為管，瀰漫山谷，杳不可窮。從來所入竹徑，無此深密者。其處名竹園箐。自黃泥河西抵馬場，人人捆負，家家獻客，皆此物也，客但出鹽瀹之耳。其中坡陀屢更，三里，逾峽南下，其塹中開，又為霧障，止聞隔坡人語聲，然不辨其山形谷勢矣。南行塹中一里，轉而西半里，又越一坳。又半里，經峽而西，抵危坡下，復西向躋磴上。於是密箐仍縈峽壁懸崖間，其陡削雖殊，而深杳一如前也。攀陟三里，西逾嶺頭，竹箐既盡，循山南轉，皆從嶺上行。路東則屏峙而上，路西則深墜而下，然皆沉霧所翳，不能窮晰也。南向平陟嶺上者三里，轉而西行嶺脊者一里，其脊南北俱深墜而下，第霧漫莫悉端倪。既而傍北嶺行，北屏峙而南深墜。又二里，雨復大至，適得羊場堡四、五家當嶺頭，遂入宿焉。其家竹牀竹戶，煨㮧❶餉笋，竟忘風雨之苦也。

【章　旨】本章記載了第一百十二天在曲靖府的行跡。一路翻山涉水，穿峽走塢，午飯後進入竹園箐，山谷中遍布竹林，過去從未見到如此深密的景象。因為下大雨，就走到羊場堡留宿。

【注　釋】❶㮧　榾柮。即樹兜、塊柴。

【語　譯】初四　早晨起身時雨停了，四周群山雲霧瀰漫。吃了飯出發。往西走半里，通過一座木橋，橋下的溪水從南向北流去，即是西面的小溪。又往西登上山坡，轉而向南，沿著溪流上行，走了半里，進入西面的峽谷。再走半里，向北轉，又有從北面和西面的峽谷流出到這裡交匯的水流。從這裡隨著北面峽谷中的溪流，又上行半里，才往西上山。這時東面的山峰雲氣稍稍散開，便鼓起勇氣往上攀登。抬頭望見西面的山嶺最高，嶺上都是狹窄的山坡、長在峭壁的竹林，雲霧籠罩著山頂，不能全都看清。往上攀登二里，漸漸進入濃霧之中，於是從峰頂穿過峽谷往上，到這裡竹林幽深，黑霧濃重，即使近在咫尺之內，也什麼都看不見。又走了一里，登上山頂，在嶺上平步行走。再過二里，才下山。往下走一里到西面的山塢中。穿過山塢往西走了一里，通過一座小橋，橋下的水往北流去。於是朝南再向西轉，走了一里，有岔路相交分向南北：往南的是去牛場村的路，有小峰並列，村莊隱藏在小峰的下面；往北的是從這裡去狗場營的路。再往西走半里，便往西上山。山坡又陡又滑，沒石級可走，卻有陷腳的泥坑，往上攀登極其困難。走了二里，登上峰頂，又在峰頂平步行走一里，越過峰頂。這時濃霧化成雨水，深深的茅草交集路上，環顧四周，雲霧彌漫，如同銀色的海洋。看到山頂有一棵樹，形如舉起的車蓋，樹下有岩石排列，如錯落的屏障，於是靠著樹坐在石上休息，只聽到風聲颼颼，雨聲淅瀝，而眼前糢糊不清。再往西北平步行走一里，往下望見山嶺西邊深深陷落下去，但昏暗深遠，什麼也看不見；山嶺東邊如屏風一般向上聳立，在煙雨中時隱時現。隨即從北邊下山，才有石階陡直地往下，兩邊綠竹成林，溪水聚集。共走了一里半，越過山塢往西，也是中間低窪的石礦。走了半里，又越過西面的山坳走出，這裡山壑十分開闊，路才稍許平坦，尖峰聳立在路旁，就像讓路似的。往西在山塢中平步行走，過了一里半，有水橫積在前面，原以為是溪流，渡水過去，水卻不流動，原來是山壑底部中間低窪的坑蓄積的水。再往西走二里，又有一條溪水，往北流得很急，水面上漲，水流較深，渡水過去大腿淹沒水中。

再往西走一里，便在峽谷的斜坡下吃飯。飯後，就往西進入長滿翠竹的峽谷。高峻的山峰四面環抱，曲折相夾，高低聳立，竹林幽深密集，旁邊沒有空隙可進，只在中間有條通道，石路曲折綿延，在上面行走，如同撥開重重雲霧、穿過密密的帳幕一般。這裡竹子的大小可作管樂器，遍布山谷，深不可測，我所走過的竹林中的小路，沒有這樣深密的。這裡地名竹園箐。從黃泥河往西一直到馬場，人人成捆背著的，家家招待客人的，都是竹筍，客人只要用鹽煮著吃就行了。峽谷中的地勢高低不平，變化很大，過了三里，穿過峽谷往南走下，中間開出山壑，但又被霧氣遮擋，只聽到對面山坡有人說話的聲音，卻分不清山谷的地貌形勢。往南在山壑中走了一里，轉向西走半里，又越過一個山坳。再走半里，穿過峽谷往西，到陡坡下面，再往西踏著石階向上攀登，到這裡密集的竹林仍是在懸崖峭壁間環繞，它所在處的陡峻程度雖然不同，但幽深和前完全一樣。攀登三里，往西越過嶺頭，走完竹箐，沿著山往南轉，都從嶺上走。路的東面山峰如屏風那樣向上峙立，路的西面則深深陷落下去，但都被濃霧遮蓋，不能完全看清楚。往南平步登上山嶺，走了三里，轉而向西，從嶺脊上走了一里，這嶺脊南北兩邊，都深深陷落下去，只是因雲霧彌漫而看不到邊際。不久靠著北面的山嶺走，北邊山峰如屏風峙立，而南邊則深深陷落。再走二里，大雨又來，正好走到羊場堡，有四、五戶人家住在嶺頭，於是進去住宿。這戶人家有竹牀竹門，烤著火吃竹筍，居然忘卻了在風雨中趕路的辛苦。

初五日　夜雨達旦不休。飯而行。遂南向稍下，已漸轉西。兩旁多中窪下陷之穴，或深墜無底，或瀦水成塘，或枯底叢箐，不一而足。然路猶時時陟岡逾嶺，下少上多也。十里，見路北有深箐，有岐從箐中升，合併西去。有聚落當嶺頭，是曰水槽。其處聚落頗盛，夾道成衢，乃狗場營、安籠所、桃花大道所出。但岡頭無田，其上皆耕厓鋤隴，祗堪種粟，想稻畦在深坑中，霧翳不見也。升陟嶺頭，又西五里，是曰水井，其聚落與水槽同。由其西一里半，始歷磴下，遙望西塢甚深。下箐中一里，由峽底西行二里，復逾坡而上。一里，稍下坡西塢中，其中不深，而迴峰四闢，霧倏開合，日色山光，遠近迭換，亦山中幻景也。既復西向逾嶺，三里，見嶺西窪中，有水成塘。乃循峰西北行，稍下一里，而入亦佐縣❶東門。縣城磚甃，而城外草舍三、四家，城中亦皆草舍，求瓦房寥寥也。一里，炊於縣前。飯後，半里，出西門，乃西北行。計其地猶在群峰之頂，但四山霧塞，上下莫辨耳。從嶺頭西北行二里，乃西向歷峻級而下。其時霧影亦開，遂見西塢中懸，東界所下之山，與西界崇峰並夾，南北中闢深壑，而拐澤河❷自北而南，經其中焉，其形勢雖見，而河流猶深嵌不可窺。西山崇列如屏，南頷尤高，雲氣尚平抹其頂，不令盡露。西山之南，復起一山，斜障而東，此則障拐澤而東南合蛇場者也。於是盤折西下，三里，抵坡而磴盡，復西北行坡陀間。一里，逾岡再下，數家茅舍在焉，然猶未瀕河流也。又西半里，涉一東來小水，乃抵河岸。溯之北，又涉一東北來小水，約半里，有渡舟當崩崖下，渡之。是河發源於平彝衛及白水鋪❸以東，滇南勝境以西皆注焉。其勢半於江底，而兩倍於黃泥河，急流傾洄，南奔東轉，與蛇場合而東南，會黃泥河水而為江底河者也。亦佐、羅平南北東西二處俱以此為界。西登崖，崖岸崩頹，攀躋而上，遂西向陟嶺。時暮色將至，始以為既渡即有託宿處，而荒崖峻坂，絕無一人，登陟不已。暮雨復來，五里，遇一人趨渡甚急，執而問之。曰：「此無託宿處，雞場❹雖遙，亟趨猶可及也。」乃冒雨竭蹶，轉向西南上。五里，逾坳而西，乃西轉北行峽中。稍降二里，得數家之聚焉，亟投煨[木突]，暮色已合，而雨復徹夜。

【章　旨】本章記載了第一百十三天在曲靖府的行跡。離開羊場堡，路旁有許多中間低窪往下陷落的洞穴。往前經過水槽、水井，進入亦佐縣城。飯後繼續在峰頂行走，望見拐澤河嵌在深壑之中。下山走到河邊，水勢小於江底河，大於黃泥河。過河只見荒山陡坡，急忙趕到雞場投宿。

【注　釋】❶亦佐縣　明代隸曲靖府，治所在今雲南富源東南。❷拐澤河　《明史・地理志》作塊澤江，今名塊澤河。源出富源北境，南流入九龍江。❸白水鋪　即今曲靖東北的白水鎮，為交通要道。❹雞場　今名小雞場，在羅平縣北端。

【語　譯】初五　雨通宵達旦下個不停。吃了飯出發。於是往南稍稍走下，隨後漸漸轉向西。路兩旁有很多中間低窪往下陷落的洞穴，有的深深落下不見底部，有的積水形成池塘，有的乾枯的底部細竹叢生，各不相同。但路還是登山越嶺，往下走的時候少，往上爬的時候多。走了十里，望見路北有幽深的箐谷，有岔路從箐谷中向上伸出，和所走的路合併後往西延伸。有村落在嶺頭，地名水槽。這裡村落相當興盛，座落在路的兩旁，形成四通八達的大道，去狗場營、安籠所、桃花等處的各條大路，都從這裡出發。但岡頭上沒有田地，上面都在山邊土壟耕作，只能種些小米，想來稻田在深坑中，被霧遮蔽而看不見。登上嶺頭，又往西走五里，地名水井，這裡的村落和水槽相同。從它的西面往前走了一里半，才沿著石階走下，遠遠望去，西面的山塢很深。往下到箐谷中走了一里，從峽谷的底部往西走了二里，再越過山坡向上走了一里，稍稍往下走到山坡西面的塢中，裡面不深，但環繞的山峰向四面展開，雲霧忽開忽合，陽光山影或遠或近，更迭變換，也是山中奇幻的景象。隨即又往西越過山嶺，走了三里，望見山嶺西面的窪地中，有水匯聚成為池塘。於是沿著山峰往西北走，稍許往下走了一里，進入亦佐縣的東門。縣城的垣牆用磚砌成，但城外有三、四家草房，城中也都是草房，想找瓦房則寥寥無幾。走了一里，在縣衙門前煮飯，飯後，走了半里，從縣城西門出去，便往西北走。估計這裡仍處在群山的頂上，但四周山峰都雲霧彌漫，上下無法辨認了。從嶺頭往西北走二里，才向西沿著陡峻的石級走下。這時雲霧也散開了，於是望見西面的山塢居中高懸，東界下面的山，和西界高峻的山峰相對峙立，南北兩邊的山中開出深壑，而拐澤河從北往南在它中間流過，這裡的地理形勢雖已見到，但拐澤河流仍深嵌壑底不能看到。西邊的山峰高高聳列如同屏風，南面上端尤其高大，雲霧還平抹著山頂，不讓它全部顯露出來。西邊大山的南面，又聳起一座山，如同屏障往東傾斜延伸，這是擋住拐澤河向東南流和蛇場河會合的山。到這裡路曲折盤繞往西下去，走了三里，到達山坡，石級到了盡頭，又往西北在傾側不平的山坡上行走，過了一里，越過山岡再走下，有幾家茅房在路邊，但還沒靠近河流。再往西走半里，渡過一條從東面流來的小水，才到達拐澤河邊。沿著河流往北上行，又渡過一條從東北流來的小水，大約走了半里，有渡船正停在崩塌的山崖下，乘船渡過拐澤河。這河發源於平彝衛和白水鋪以東地區，滇南勝境關以西的水流都匯入其中。水勢相當於江底河的一半，而是黃泥河的兩倍，湍急的河水傾瀉到洞中，往南奔流，再向東轉，和蛇場河會合後往東南流去，和黃泥河合流成為江底河。亦佐縣、羅平州的南北分界和東西分界都是這條河。往西登上山崖，崖岸崩塌，往上攀登，便向西上嶺。這時暮色即將籠罩，原先以為過了河就有寄宿的地方，誰知眼前只有荒崖陡坡，絕無一人，只得不停地攀登。傍晚，雨又下了起來，走了五里，遇見一個人急匆匆地趕往渡口，拉住他打聽住處。那人說：「這裡沒有投宿的地方，去雞場雖遠，但趕緊走還來得及。」於是冒著雨竭盡全力趕路，轉向西南攀登。走了五里，越過山坳往西，於是從西轉北，在峽谷中行走。稍許走下二里，來到有幾戶人家的村落，趕快投宿，烘烤濕衣，暮色已經籠罩，而雨又整夜不停地下著。

初六日　晨起，雨止，四山猶氤氳不出。既飯，稍西下，渡窪。復西北上，漸露昨所望屏列崇峰在西南，而路盤其東北。三里，逾一岡，坪間有墟地一方，則雞場是也。從坳北稍下，又得數家之聚焉，問之，亦雞場也。蓋昨所宿者為雞場東村，此則雞場西村矣。從村北行，其峽西墜處，有石峰屼立。路從其北逾脊，稍東轉而北涉塢，共三里，遂西北躋嶺。盤折石磴西北上，二里而涉其巔，則夙霧頓開，日影煥發，東瞻群峰吐穎，眾壑盤空，皆昨所從冥漠中度之者。越嶺西下一里，抵盤壑中，見秋花懸隙，細流縈磴，遂成一幽異之境。西一里，有山横披壑西，透其西北腋，似有耕雲樵石之棲在西峰後；循其東南塢，則大路所從去也。乃隨塢南轉，塢東、西山分兩界，余以為塢中水將南流，而不意亦俱中窪之穴也。南行三里，復逾脊而上，遂西轉，盤横坡之南脊焉。一里，循横坡南崖而西，其處山脊湊合，岡峽縱横，而森石尤多娟麗。又西一里，有岐自東南峽來合。又西一里，乃轉北下，於是西向山遙豁，而路則循山西北向行矣。四里，復北向逾岡，轉而西下，望西北塢中，有石壁下嵌，不辨其底。已而降行塢中一里餘，又直造其下，則亦中窪之峽也。由其南又西行，兩陟岡塢，共三里，始涉一南流小水。自渡拐澤河至此，俱行嶺上，未見勺水。又西逾一岡，一里，南望岡南，一峰西闢，洞門高懸，門有木横列，而下隔一峽，遙睇無路，遂不及迂入。又半里，又涉一南流小水，西逾一岡，共二里，而抵桃源村[1]。其村百家之聚，與水槽相似，倚北山而居。前有深塢，羅平之道，自塢中東南來。北、東、西三面，俱會其水南墜入崖洞，而南洩於蛇場江。故知拐澤西岸崇山，猶非南行大脊也。村多木皮覆屋以代茅。時日已午，就村舍淪湯餐飯，而木濕難燃。

久之，乃西向行，渡西北峽石中小水。一里，陟西塢而上。又一里，逾岡而西，見西塢自西而東，其南有小山蜿蜒，亦自西而東界之。其山時露石骨崢崢，然猶未見溪流也。塢中雖旋窪成塘，或匯澄流，或瀦濁水，皆似止而不行者。又西一里，逾岡西下，有村當塢，倚南崖而居。於是繞村西行，始見塢中溪形曲折，且聞溪聲潺湲矣。由其北溯之西行，又一里，見塢中又有一村當塢而居。始見溪水自西來，從其村西，環其村北，又繞其東。其村中懸其北曲中，一溪而三面環之，南倚南山之崖，北置木橋以渡溪水。其水不甚大，而清澈不汩，是為清水溝云。蓋發源於西山之迴坎坡，經此而東出於桃源，始南去者也。又西一里，復過一村，其村始在塢北。又西一里，又經一村，曰小板村，有稅司在焉，蓋羅平北境，為桃花駝鹽之間道也。又西二里，始逾坡涉澗，屢有小水自北峽來，南注於清水溝，路截而逾之也。北峽中男婦二十餘人，各捆負竹笋而出，蓋土人群入箐採歸，淡熏為乾，以待鬻人者。又西二里，直逼西山之麓，有村倚之，是為迴窩坡。清水溝中民居峽塢，至此而止，以塢中有水可耕也。由此西南半里，過一小橋，其水自西北沿山而來，即清水溝上流之源矣。度之，即西上嶺。嶺頭有索哨者，不之與而過。躡嶺一里半，西陟嶺脊。是脊始為分水之處，乃北自白水鋪西直南度此，迴環西南，而峙為大龜，以分十八寨❷、永安哨❸、江底河諸派者也，而羅平之界，亦至是而止焉。

逾脊西，漸西北平下，一里，漸轉而西，行塢中。其塢東西直亙，而南北兩界遙夾之，南山卑伏，而北山高聳。暮霧復勃勃籠北峰上，流泉亦屢屢自北注南。第南山之麓，似有墜澗橫其北，然不辨其為東為西，以意度之，以為必西流矣，然不可見也。塢中皆荒茅斷隴，寂無人烟。西行六里，其西有山橫列塢口，塢始墜而西下，茅舍兩三家，依塢而棲。路乃逾塢循北山而西，半里，有茅亭一龕當路旁，南與茅舍對，想亦哨守之處也。又西一里，稍下，有小水成溪，自北峽來，小石梁跨之，其水南注塢口而去。既度梁，即隨西山南向，隨流半里，轉而西上嶺，暮色合矣。又上一里，而馬場❹之聚當嶺頭。所投宿者，乃新至之家，百無一具。時日已暮，不暇他徙，煨濕薪，臥濕草，暗中就枕而已。

【章　旨】本章記載了第一百十四天在曲靖府的行跡。登上山嶺，穿越山塢，在很長一段路程內沒看到一勺水。到桃源村已是中午。飯後繼續穿越山塢，塢中有個村莊，清水溝的溪流從三面繞過。又經過小板村、迴窖坡，登上分水嶺，羅平地界到這裡為止。晚上到馬場投宿。

【注　釋】❶桃源村　在羅平北隅。❷十八寨　明嘉靖初在彌勒西南十八寨山九十里設十八寨守禦千戶所，直隸雲南都司。在今彌勒縣西南的虹溪鎮。❸永安哨　在羅平西南四十四里處。❹馬場　今分大馬場、小馬場，在今曲靖東南隅，獨木水庫邊。

【語　譯】初六　早晨起身時雨停了，四周的山依然被雲霧籠罩。吃了飯稍稍往西走下，通過窪地。又往西北走上，昨天所望見的像屏風那樣在西南方聳列的高峻山峰漸漸顯露了出來，而路繞向它的東北。走了三里，越過一座山岡，山坪中間有一塊趕集的場地，這就是雞場。從山坳的北面稍許走下，又到一個有幾戶人家的村落，向人打聽地名，也叫雞場。原來昨晚住宿的地方，是雞場東村，這裡則為雞場西村了。從村向北走，這裡峽谷朝西陷落的地方，有座光禿禿的石峰峙立。路從石峰的北面越過山脊，稍許往東轉，便往北走過山塢，共三里，就往西北登上山嶺。沿著曲折盤繞的石階往西北走上，過了二里到達山頂，只見晨霧頓時散開，陽光燦爛，向東望去，群山露出尖峰，眾多山壑在高空盤繞，都是昨天在昏暗迷茫中所經過的地方。越過山嶺往西走下一里，到達盤繞的山壑中，只見秋花懸綴在石縫中，細流縈繞著石階，便成為一處幽雅奇妙的境地。往西走一里，有山橫露在山壑的西面，從它的西北腋穿過，似有在高山上耕種砍柴的人居住在西峰背後；沿著它東南的山塢走，便是大路所伸出的地方。於是隨著山塢往南轉，山塢東、西兩邊的山各自分列，我以為塢中的水將向南流，沒想到水也都流入中間低窪的坑穴中。往南走三里，又越過山脊往上，便向西轉，盤繞著橫坡的南脊走。過了一里，沿著橫坡南面的山崖往西走，這裡山脊聚合，山岡峽谷縱橫交錯，幽森的岩石尤其美麗。又往西走一里，有岔路從東南的峽谷延伸過來會合。再往西走一里，就轉向北走下，從這裡往西，遠處山峰開豁，而路則沿著山往西北走。過了四里，又往北越過山岡，轉向西走下，望見西北的山塢中，有石壁往下嵌入，但認不出它的底部。隨後往下到山塢中走了一里多，又直到它的下面，也是中間低窪的峽谷。從它的南面再往西走，兩次登上山岡，穿過山塢，共走了三里，才渡過一條往南流的小水。從渡過拐擇河後到這裡，都在嶺上行走，沒有看到一勺水。再往西越過一座山岡，走了一里，向南望見山岡的南面，有一座山峰朝西展開，洞門高懸，門前有橫列的樹木，但下面隔著一道峽谷，遠遠望去沒路可走，就來不及繞道入洞了。再走半里，又渡過一條往南流的小水，往西越過一座山岡，共走了二里，到達桃源村。這村有上百戶人家聚集，和水槽相似，靠著北山居住。村前有很深的山塢，去羅平州的路，在山塢中從東南延伸過來。北、東、西三面，水都會合往南注入崖洞，再往南流進蛇場河。由此可知拐澤河西岸的高山，還不是往南延伸的大山脊。這村大多用樹皮代替茅草覆蓋屋頂。這時已是中午，就在村中的房屋裡燒水煮飯，但木柴潮濕難於燃燒。

過了好久，才向西走去，渡過西北峽谷亂石中的小水，往前一里，登上西面的山塢。再走一里，越過山岡往西，只見西面的山塢從西往東伸展，山塢的南面有蜿蜒不斷的小山，也從西往東延伸，成為山塢的邊界。這山時時露出高峻的岩石，但仍然看不到溪流。山塢中雖然有窪地繞成的池塘，其中有的匯聚著清澈的水流，有的停蓄著混濁的積水，但都像靜止不動。再往西走一里，越過山岡往西下去，有村莊在山塢中，靠著南面的山崖居住。從這裡繞過村莊往西走，才看見山塢中曲折的溪流，而且聽到潺潺的溪水聲。沿著溪水的北岸往西上行，再走一里，看見山塢中又有一個村莊。到這裡才看到溪水從西面流來，經過村莊的西面，繞過村莊北面，再繞到它的東面。這村莊座落在溪水往北繞過的彎曲處，一條溪水從三面環繞著它，南面靠著南山山崖，北面架著木橋讓人渡過溪水。這水不太大，但清澈平緩，故稱為清水溝。它發源於西山的迴坎坡，經過這裡往東從桃源村流出，才往南流去。再往西走一里，又經過一個村莊，這村莊開始在山塢的北端出現。再往西走一里，又經過一個村莊，名小板村，有稅司設在這裡，因為這村位於羅平州北境，是到桃花馱鹽的小路所經過的地方。再往西走二里，開始翻山涉水，常有小水從北面的峽谷流來，往南注入清水溝，路橫截溪水而過。北面的峽谷中有男女二十多人，各自背著成捆的竹筍走出來，當地人成群結隊進入箐谷採回竹筍，不放鹽用火烘乾，等待賣給別人。再往西走二里，直逼西山山麓，有村莊靠著西山，這就是迴窩坡。清水溝旁的百姓在峽谷山塢中的住處，就到這裡為止，因為山塢中有水可以耕種莊稼。從這裡往西南走半里，過一座小橋，橋下的水從西北沿著山麓流來，即是清水溝上游的源頭。過了橋，就往西登上山嶺。嶺頭有索查通行證件的哨所，沒有出示就通過了。踏上山嶺走了一里半，往西登上嶺脊。這脊才是分水嶺，就是從北面白水鋪的西邊直往南延伸到這裡，再往西南環繞，聳立為大龜山，成為劃分十八寨、永安哨、江底河各處的山脈，而羅平州的地界，也到這裡為止。

越過嶺脊到西面，漸漸往西北平步走下一里，又漸漸轉向西，在山塢中行走。這山塢東西直貫，而南北兩邊遠山相夾，南邊的山低伏，北邊的山高聳。傍晚雲霧又勃勃興起，籠罩著北邊的山峰，泉水也不斷從北往南流去。只是南山的腳下，似乎有條下墜的澗水橫在北面，但分不清澗水的流向是往東還是往西，憑想像估計地勢，以為定是向西流的了，但不能看到。山塢中全是荒草斷壟，一片沉寂，不見人煙。往西走六里，在它西部有山橫列在塢口，山塢開始往西落下，有兩三家茅屋，靠著山塢居住。路就穿過山塢沿著北山往西。走了半里，有一間草亭就在路旁，和南面的茅屋相對，想來也是哨所防守的地方。再往西走一里，稍許往下，有小水匯成溪流，從北面的峽谷流來，溪上架著小石橋，這水往南注入塢口而去。過了小石橋，就隨著西山向南走，沿著溪流走半里，轉而向西登上山嶺，暮色已經籠罩了。再往上走一里，馬場的村落就在嶺頭。所投宿的人家，是剛遷居這裡，什麼用器都沒有。這時天色已晚，沒有時間去其他人家，就燒潮濕的木柴煮飯，鋪上潮濕的茅草，在黑暗中睡下罷了。

初七日　晨起，雲尚氤氳。飯而行，有索哨者，還宿處，解囊示批而去。於是西北隨坡平下，其路甚坦，而種麻滿坡南，蓋其下亦有塢西通者。西馳四里，始與溪近。隨流稍南，半里，復循坡西轉，又一里，下坡。西望西南塢中，有數家之聚，田禾四繞，此溪經塢環之。其塢自北山隨坡南下，中有一水，亦自北而南，與此水同會於村北，合而西南破峽去。乃西截北來塢，半里，抵北來之溪，有新建石梁跨之，是為獨木橋。想昔乃獨木，今雖石而猶仍舊名也。橋下溪流，三倍於西來之水，固知北塢之源，遠於東矣。逾橋西，即上嶺，西南直躋甚峻。一里半，逾其脊。又西向平下者一里，有岐隨岡南去者，陸涼道也。岡西塢中，復有數家焉，亦陸涼❶屬也。其塢亦自北而南，雖有村而無流。路西下截塢，半里，經村北，又半里，抵西界崇山下，遂躡峻而上，而陸涼之界，又西盡於此矣。蓋因其水南下陸涼，故西自此塢，東抵迴窞西山，皆屬之陸涼。其處南抵陸涼衛❷，路經尖山天生橋，相距尚八十里也。

由西嶺而上，又為海崖❸屬，乃亦佐縣右縣丞土司龍姓者❹所轄。亦佐縣有左右二丞，皆土司。左丞姓沙，在本縣，即與步雄攻黃草壩者❺，右丞姓龍，或曰即姓海，在此而居近越州❻。其地東自此嶺而西抵箐口焉，東與亦佐西界中隔，羅平、陸涼二州之地，間錯其間，不接壤也。從東麓西上，屢峻屢平，峻者削崖盤磴，平者曲折逶迤。三峻而三逾嶺頭，共七里，望見南坪有數十家之聚，北峰則危聳獨懸。蓋自馬場而西，即望見遙峰尖削，特出眾峰之上，而不意直逼其下也。又一里，梯石懸磴，西北抵危峰前。其時麗日轉耀，碧天如洗，眾峰盡出，而是山最高，不特獨木西峰，下伏如砥，即遠而迴窞老脊，亦不能上與之抗，惟拐澤雞場西嶺，遙遙相頡頏。其中翡翠層層，皆南環西轉，而接於西南巨峰。此東顧之極觀也。其西則亂峰迴罨，叢箐盤錯，遠雖莫抗，而近多自障焉。其南則支條直走，近界既豁，遠巘前環，此獨木諸所遙帶而下洩者。西南有二峰遙湊，如眉中分，此盤江之所由南注者耶？其西即越州所倚。而東峰之外，復有一峰高懸，其南浮青上聳，圓若團蓋，此即大龜山❼之特峙於陸涼、路南、師宗、彌勒四州之交者耶？天南諸峰，悉其支庶，而此峰又其伯仲行矣。由峰西逾脊稍下，即有石坡斜懸，平庋砥峙，古木婆娑❽其上，亦高崖所僅見者。由此歷級西下一里，有壑迴環，中窪四合，復有中懸之臺，平瞰其中，夾坑之岡，橫亙其外，石痕木蔭，映彩流霞，令人神骨俱醒。由橫岡西南轉，二里，復逾一脊，又西度一中懸之岡，有索哨者，不顧而去。度岡而西一里，復上坡，又一里，西逾其隘，復有索哨者，亦不顧而去。想皆所云海崖土司者。逾脊，又不能西見盤江。又西半里，西障始盡，下界遙開，瞥然見盤江之流，自西北注東南而去，來猶不能盡矚焉。於是西向拾級直下，一里，抵塢中。又西半里，循西山南轉，半里，復稍上逾岡西，復平行嶺上。半里，有岐，一直西下坑，一西南盤嶺。見西南路稍大，從之。一里，得數家當嶺頭，其茅舍低隘，牛畜雜處其中，皆所謂玀玀也。男子皆出，婦人莽不解語，索炊具，無有應者。是即所謂箐口⑨也，海崖之界，於是止焉。

由岡頭西南去，為越州道；從此西北下，即越州屬，為曲靖道。遂西北下嶺。始甚峻，一里，轉西漸夷，於是皆車道平拓，無齟齬⑩之慮矣。又西一里，飯於樹下。又西馳七里，始有塢北來。遂盤東山北轉，一里，始橫截北來之塢。余始意塢中當有流南注，而不知其塢亦中窪也。塢中橫亙一岡，南北俱成盤壑，而壑南復有岡焉。從中亙者馳而西，一里，復西上坡。又一里，陟坡之脊，亦有儸儸數家。問之道，不能對也。從脊西下三里，連越兩坡，又見塢自北來南向去，其中皆圓窪貯水，有岡中間，不通流焉。從坡上西北望，則龍潭之山，自北分突，屏列而西，此近山也；西南望，則越州南嶺，隔山遙障，所謂西峰也；而東峰之外，浮青直對，則大龜之峰，正與此南北相準焉。西下坡，又有一塢自北而南，南環為大塢，與東界連窪之塢合。此塢始有細流中貫，夾塢成畦。流上橫小橋西度，有一老人持筐賣梨其側，一錢得三枚，其大如甌，味鬆脆而核甚小，乃種之絕勝者，聞此中有木瓜梨，豈即此耶？西上一岡，平行岡上四里，直抵西峰下，則有塢隨其麓，而深澗瀠之，所謂龍塘河⑪也；然但見澗形，而不能見水。乃西下坡，約半里，隨塢出西南，先與一小水遇，隨之。既乃截塢而西，又半里，始與龍塘河遇，有大石梁跨其上。橋右村廬纍纍，倚西山而居，始皆瓦房，非復茅舍矣。龍塘河之水，發源於東北山峽中，其處環潭甚深，為蛟龍之窟，即所謂曲靖東山之東峽也。其山北自白水鋪西分水嶺分支南下，亙曲靖之東，故曰東山；而由此視之，則為西嶺焉，南至此，瀕河而止。其西腋之中為閬木山⑫，東腋之中為龍潭，即此水之所出矣。自箐口西下塢中，即為越州屬，州境至此西止，而田疇悉環聚焉。由村西上坡，即東山之南盡處也。

二里，逾岡頭，方踞石少憩，忽一人自西嶺馳來，謂余曰：「可亟還下山宿，前嶺方有盜劫人，毋往也。」已而其婦後至，所語亦然。而仰視日方下午，前終日馳無人之境，皆豺狼魑魅之窟，即深夜幸免，豈此周行，東西夾山而居者甚眾，反有賊當道耶？因詰之曰：「既有賊，汝何得至？」其人曰：「彼方剝行者衣，余夫婦得迂道來耳。」余疑此人欲誑余還宿，故託為此言，又思果有之，今白日返宿，將明日又孰保其不至耶？況既劫人，彼必無復待之理，不若即馳而去也。遂叱顧僕行，即從岡上盤北山而西。蓋北即東山南下之頂，南即其山下墜之峽，而盤江自橋頭⑬南下，為越州後橫亙山所勒，轉而東流，遂截此山南麓而斷之，故下皆砠硌。路橫駕嶺上，四里，抵其中，旁矚北嶺，石參差而岫屼㟮⑭，覺雲影風枝，無非惴人之具，令人錯顧不定，投趾莫擇。又西四里，始西南下片石中。其處土傾峽墜，崩嵌交錯，而石骨露其中，如裂瓣綴行。其墜處皆流土，不可著足，必從石瓣中宛轉取道。其石質幻而色異，片片皆英山[15]絕品；惟是風鶴[16]驚心，不能狎憩而徐賞之。亡何[17]，已下見西塢南流之江，知去橋頭不遠，可免虎口，乃倚石隙少憩，竟作青蓮瓣中人矣。

從石中下者一里，既及西麓，復行支隴，遂多聚廬之居。又一里，路北江迴堰曲，中涵大塘一圍，四面豐禾環之，東有精廬[18]，高倚東山之麓，西則江流所洩，而石梁橫跨之。又行畦間半里，始及石梁。其梁不高而長，是為南盤之源，北自炎方[19]、交水、曲靖之東，直南至此。是橋[20]為曲靖鎖鑰，江出此即東南流，繞越州之東而南入峽焉。逾梁而西約半里，上坡北，而宿于逆旅，即昔之所過石堡村也。適夜色已瞑，明月在地，過畏途，就安廬，樂甚。問主人：「嶺上有禦[21]人者，果有之乎？」主人曰：「即余鄰人，下午樵於山，數賊自山後躍出，剝三人衣，而碎一人首。與君來時相後先也。」予於是始感前止宿者之情，而自媿以私衷臆度之也。蓋是嶺東為越州，西為石堡，乃曲靖衛[22]屯軍之界，互相推諉，盜遂得而乘之耳。

【章　旨】本章記載了第一百十五天在曲靖府的行跡。繼續登山穿塢，通過獨木橋，走出陸涼州，到海崖土司屬地，為亦佐、羅平、陸涼相互交錯的地界。接著多次在險峰、平地間上上下下，到這一帶最高的山峰前，放眼四顧，極為壯觀。遠處有座高聳的山峰，山形圓如車蓋，可能就是南部的主脈大龜山。繼續往前，一眼望見盤江往東南流去。再走到箐口，海崖土司的地界到此為止。踏上去曲靖府的路，前面都是平坦開闊的車道。往西奔馳，在山坡上望見龍潭的山峰、越州南面的山嶺和大龜山的山峰。途中用一文錢買了三個梨，梨大味美，可能就是木瓜梨。再橫穿山塢，和龍塘河相遇，河發源於曲靖東山。從箐口到這裡，為越州地界。正坐在石上休息，忽然有人奔來，說前面嶺上有強盜搶劫。沒信他的話，繼續往前，道路坎坷，一路驚恐不安。途中有岩石如裂開的花瓣，石質奇幻。再往前到一座石橋，橋下的水為南盤江上源。過橋到石堡村投宿，已是夜晚。聽旅店主人說，下午真有強盜搶劫殺人。

【注　釋】❶陸涼　明代為州，隸曲靖府，治所在今雲南陸良東北二十五里的舊州。❷陸涼衛　明初置，治所在今雲南陸良。

❸海崖　土司地名，即今曲靖東南的海寨。❹土司龍姓者　元末龍海為苦麻部土官，明洪武間歸順，改其地為越州，以龍海為土知州。龍海死，其子阿資繼其職，恃險叛亂被殺。於是將越州地分屬霑益州、陸涼州。永樂初，阿資子祿寧詣闕奉貢，朝廷授以土縣丞，與亦佐土官沙氏分土而居。❺即與步雄攻黃草壩者　見〈滇遊日記二〉八月二十六日日記注。❻越州　明代置越州衛，治所在今曲靖東南十五里的越州鎮。❼大龜山　在雲南彌勒城北三十里，極高大，綿亙數十里，往東四十里與瀘西接界，東北七十里與師宗接界。山上有龜鏡禪林。❽婆娑　扶疏；紛披。❾箐口　寨名，在曲靖東南。❿齟齬　同「岨峿」。下文又作「砠硦」。牴觸不相合，這裡形容地面坎坷不平。⓫龍塘河　今名龍潭河，自曲靖市流至越州附近匯入南盤江。

⓬閬木山　即朗目山，又名青龍山、黃榜山，在曲靖城東二十里。山色蒼翠，遠望如屏風。⓭橋頭　寨名，在廣西貴港市東南。⓮屼嵲　山勢突兀。⓯英山　古名湞石山，在廣東英德城東，產奇石，具峰巒巖洞之狀，世稱英石。⓰風鶴　風聲鶴唳。東晉時，前秦主苻堅率大軍攻晉，列陣肥水（在安徽境內），晉將謝玄率精兵擊破秦軍。秦軍敗逃，「餘眾棄甲宵遁，聞風聲鶴唳，皆以為王師已至」，後以「風聲鶴唳」喻極端驚恐疑懼，自相驚擾。⓱亡何　不久。⓲精廬　即精舍，僧道修鍊之所。

⓳炎方　明代驛名，屬宣威州，在今曲靖北境。⓴是橋　指石堡山橋，在曲靖城南，為往來官道。崇禎二年鄉民募建。㉑禦

強暴；暴虐。㉒曲靖衛 明洪武間設曲靖衛指揮使司，治所與府同城。

【語譯】初七 早晨起身，依然雲霧彌漫，吃了飯出發。有索查通行證件的哨所，只得返回住處，打開行李出示批條才得通過。從這裡往西北隨山坡平步走下，路很平坦，山坡南面種滿了麻，大概坡下也有山塢通向西面。往西奔走四里，才到溪水附近。隨溪流稍許往南走了半里，再沿著山坡往西轉，又走了一里，下坡。向西望見西南的山塢中，有幾戶人家的村落，四周稻田環繞，這條溪水流過山塢，環繞村落。山塢從北山隨山坡往南伸展，中間有一條水流，也從北往南，和這條溪水在村落的北面會合，合流後往西南穿過峽谷流去。於是往西橫穿從北面延伸過來的山塢，走了半里，到達從北面流來的溪水，有新建的石橋架在溪上，這就是獨木橋。想來這裡過去是獨木橋，如今雖然改建石橋，卻還沿用舊名。橋下溪水的流量，是西面流來的水的三倍，可知北面山塢中的水源，比東面的水源要遠。過橋到溪水的西邊，立即登上山嶺，往西南直向上攀登，路很陡峻。走了一里半，越過嶺脊。又往西平步走下一里，有岔路隨著山岡往南伸，是去陸涼州的路。山岡西面的山塢中，又有幾戶人家住著，也屬陸涼州管轄。這山塢也從北往南伸展，裡面雖有村落，但沒有水流。路往西走下橫穿山塢，過了半里，經過村落的北面，又走了半里，到達西界的大山下，便踏上陡峻的山嶺，陸涼州的西邊地界，就到此為止了。因為這條溪水往南流到陸涼州，所以西邊從這個山塢開始，東邊到達迴窞坡西山，都屬於陸涼州。從這裡往南到達陸涼衛，途中經過尖山、天生橋，相距還有八十里。

從西面的山嶺往上，又屬海崖土司，是亦佐縣右縣丞姓龍的土司所管轄的地方。亦佐縣有左、右兩個縣丞，都是土司。左縣丞姓沙，轄地在本縣，就是和步雄土司一起攻打黃草壩的人。右縣丞姓龍，有的說就姓海，轄地在這裡，但家在越州附近。海崖土司的屬地，東邊起自這山嶺，西邊到達箐口，東界和亦佐縣的西界中間被隔斷，羅平、陸涼兩州的屬地交錯其間，所以海崖和亦佐不相接壤。從山嶺東麓往西走上，多次攀登險峰，又多次踏上平地，險峻處石階盤繞著陡峭的山崖，平坦處道路曲折，連綿不斷。三次攀登險峰，三次越過嶺頭，共走了七里，望見南面的山坪中有幾十戶人家的村莊，北面的山峰獨自高高聳立。原來從馬場往西走時，就已望見遠處山峰尖削，在眾峰之上突起，沒想到現在竟直走到它的下面了。又走了一里，沿著石級向上攀登，往西北到高峻的山峰前面。這時明媚的陽光變得更加耀眼，蔚藍的天空明淨如洗，群峰全都顯露出來，而這山最高，不但獨木橋西面的山峰，低伏如同平地，就是遠處迴窩坡大山也不能和它一比高低，唯有拐澤河邊雞場西面的山嶺，才能和它遠遠抗衡，不相上下。其間翡翠般的峰巒層層疊疊，都從南繞向西轉，而和西南高大的山峰相接。這是往東看到的極為壯麗的景觀。在它西面則亂峰迴繞遮掩，竹林盤結交錯，遠處雖然沒有能和它抗衡的高山，但近處有許多地方自相遮擋了。在它南面則山的支脈直往前延伸，近處已豁然開曠，遠處山峰在前面環繞，這是和獨木橋的群山遠相連接而往下伸展的山脈。西南有兩座山峰遙相湊合，如秀眉中分，盤江就從這中間往南流去的嗎？在它西面就是越州所靠的山峰。而東峰的外面又有一座山峰高聳，在南面的空中浮起蒼翠的山頂，圓如車蓋，這就是卓然峙立在陸涼、路南、師宗、彌勒四州交界處的大龜山嗎？在遙遠的南方眾多山峰，都是它的支脈，而這座東峰又和大龜山不相上下。從最高峰的西面越過山脊稍稍走下，即有石坡斜懸高處，平放挺立，上面古樹紛披，也是在高崖上罕見的景象。從這裡沿著石級往西走下一里，有個環繞的山壑，中間窪下，四面圍合，裡面又有高臺，登上平視壑中，夾著窪坑的山岡，橫貫在山壑之外，石痕樹蔭，彩色映照，霞光流動，令人身心全都振奮起來。從橫貫的山岡往西南轉，走了二里，又越過一座山脊，再往西經過一座居中聳立的山岡，有索查通行證件的哨所，沒理會他們就過去了。越過山岡往西走一里，又登上山坡，再走一里，往西越過隘口，又有索查通行證件的哨所，也不理他們過去了。想來這些都是所說的海崖土司設置的哨所。越過山脊，還不能向西看到盤江。再往西走半里，西部才沒有遮擋，下界遠遠開豁，一眼望見盤江的水流，從西北往東南流去，但它的來源還不能完全望見。從這裡向西沿著石級直往下走，過了一里，到達塢中。又往西走半里，沿著西面的山嶺往南轉，走了半里，又稍稍往上越過山岡到西面，再在嶺上平步行走。過了半里，有岔路，一條直往西走下坑中，一條往西南盤繞山嶺。見往西南的路稍大，便從這條路走。過了一里，看到有幾戶人家住在嶺頭，茅屋低矮狹小，耕牛牲畜和人雜處其中，這幾家住戶都是儸儸。男人都外出，婦女粗野，聽不懂漢語，向她們借用炊具，沒人答話。這裡便是所謂的箐口，海崖土司的地界，到這裡為止。

從岡頭往西南走，是去越州的路；從這裡往西北走，即屬越州地界，是去曲靖府的路。於是往西北下嶺。開始很陡峻，走了一里，路向西轉，漸漸平坦起來，從此都是寬平的車道，不再擔憂地面坎坷難走了。再往西走一里，在樹下吃飯。再往西奔走七里，才有山塢從北面延伸過來。於是繞著東山往北轉，走了一里，開始橫穿北來的山塢。我原先以為山塢中應有水往南流去，卻不知這山塢也是中間低窪之地。塢中橫貫著一座山岡，南北兩邊都成盤繞的山壑，山壑的南面還有山岡。從塢中橫貫的山岡往西奔走，過了一里，又往西登上山坡。再走一里，登上坡脊，也有幾家儸儸居住。向他們問路，不能回答。從坡脊往西走下三里，接連越過兩座山坡，又看見山塢從北面延伸過來再轉向南去，塢中都是積水的圓形窪地，有山岡隔在中間，水不能流通。從坡上向西北望去，只見龍潭的山，從北面分出突起，像屏風那樣聳列，往西延伸，這是近處的山；向西南望去，只見越州南面的山嶺，隔著山在遠處遮擋，就是所謂的西峰；而東峰的外面，正對著蒼翠的山色，則是大龜山的山峰，正好和這裡南北相對。往西走下坡，又有一處從北往南伸展的山塢，往南環繞成為大塢，和東界窪地相連的山塢會合。這山塢才有細流從中流過，細流兩邊的塢地成為畦田。水上橫架著小橋往西過渡，有個老人提著籮筐在橋旁賣梨，一文錢買了三個梨，像瓦杯那麼大，口感脆嫩，而核很小，是品種極好的梨，聽說這裡產木瓜梨，難道就是這種梨嗎？往西登上一座山岡，在岡上平步行走四里，直到西峰下面，有山塢順著峰麓，而深深的山澗縈繞山塢，這就是所說的龍塘河，但只看到山澗的形狀，卻看不見水流。於是往西下坡，大約走了半里，隨著山塢從西南走出，先和一條小水相遇，沿著它走。不久就橫穿山塢往西，又走了半里，才和龍塘河相遇，有大石橋架在河上。橋右邊的村莊，房屋連成一片，靠著西山居住，到這裡方才看到全是瓦房，不再是茅屋了。龍塘河的水，發源於東北的山峽中，那裡有很深的圓形水潭，是蛟龍的巢穴，就是所謂的曲靖東山的東峽。這山從北邊白水鋪西面分水嶺的支脈往南延伸，縱貫曲靖府的東部，故名東山；而從這裡看它，則成了西嶺，往南延伸到這裡，靠近龍塘河岸為止。在它西腋山嶺中有閬木山；東腋山嶺中有龍潭，即龍塘河發源的地方。從箐口往西走下塢中，便是越州的屬地，越州西部境域到此為止，而田地全都環繞聚集在這裡。從村莊的西邊登上山坡，就是東山南端盡頭處了。

走了二里，越過岡頭，正坐在石上稍作休息，忽然有個人從西面的山嶺奔走過來，對我說：「可趕快返回到山下住宿。前面山嶺上有強盜搶劫，不要過去了。」他的妻子也隨後趕到，所說的話也是這樣。而抬頭看太陽，正是下午，先前整天在沒有人煙的地區奔走，一路都是豺狼鬼怪的巢穴，即使在深夜行走也幸免於難，哪會走在這條大路上，山的東西兩邊居民又很多，反而有盜賊攔路搶劫呢？因此追問他們：「既然前面有盜，你們怎麼過來的？」那人說：「他們正在剝行人的衣服，我們夫婦才得繞道過來了。」我懷疑這人想騙我回去住宿，所以借託這樣的話，又想如果真有強盜，今日白天回去過夜，明天誰能保證他們不再來呢？況且既已搶了人家的財物，盜賊必無再等在那裡的道理，不如立即奔走過去。於是呼喝顧僕上路，隨即從山岡上繞著北山往西走。因為北面就是東山往南延伸的頂部，南面就是這山往下陷落的峽谷，而盤江從橋頭往南流下，被越州後面橫貫的山脈擋住，轉向東流，就橫穿這山的南麓把它切斷，所以往下的道路都是坎坷不平。路橫跨在嶺上，走了四里，到達東山中部，向旁邊注視北面的山嶺，岩石參差不齊，山峰突兀高聳，只覺雲影飄動，風吹樹枝，無一不讓人害怕，使人東張西望驚恐不定，不知往哪裡走才好。又往西走四里，才向西南走下片片岩石之中。這裡山土倒塌，峽谷陷落，或崩或嵌，縱橫交錯，而岩石從中露出，如裂開的花瓣連接成行。那些陷落的地方都是鬆動的泥土，不能著腳，必須從片片石瓣中曲折取道。這些岩石質地奇幻，色彩奇異，片片都像英山石中的稀世珍品，只是風聲鶴唳、怵目驚心，不能隨意遊玩休息，從容不迫地觀賞。不久，已往下看見從西面的山塢中往南流去的盤江，知道離橋頭不遠，可以逃離虎口，才靠著石縫稍作休息，竟然成了青色石蓮花瓣中的人了。

從石片中往下走了一里，到達西面山麓，又在岔出的丘壟行走，這裡村落住房就多了起來。又走了一里，路的北邊江流回轉，堤岸彎曲，裡面包含著一圈大塘，四周有茂盛的稻禾環繞，東面有精舍，高高地靠在東山山麓，西面則是盤江洩水通道，石橋橫架在上面。又在田間走了半里，才到達石橋。這橋不高而較長，橋下的水為南盤江的上源，從北面炎方、交水、曲靖府的東部，直往南流到這裡。這座橋是曲靖府的交通要地，盤江流過這裡就往東南流去，繞過越州的東部而後往南流入峽谷。過橋後往西大約走了半里，上坡往北走，到旅店住宿，就是原先所走過的石堡村。這時正好已到夜晚，明亮的月光灑在地上，通過令人生畏的旅途，到了安逸的旅店，心中十分高興。問旅店主人：「聽說嶺上有強盜搶劫，是真的嗎？」主人說：「被搶的就是我的鄰居，今天下午在山上砍柴，幾個盜賊從山後跳出，剝掉三個人的衣服，還敲破了一個人的腦袋。發生的時間和你來時一前一後。」我到這時才感謝先前勸我返回住宿的人的情誼，並十分慚愧自己用私心去猜疑他。大概因為這山嶺東面為越州屬地，西面為石堡村，是曲靖衛駐軍的地界，雙方互相推諉，使盜賊得以乘機進行搶劫罷了。

初八日　昧爽飯，索酒而酌，為浴泉計。遂由村後越坡西下，則溫泉❶在望矣。塢中蒸氣氤氳，隨流東下，田畦間鬱然四起也。半里，入圍垣之戶，則一泓中貯，有亭覆其上，兩旁復磚甃兩池夾之。北有榭三楹，水從其下來，中開一孔，方徑尺，可掬而盥也。遂解衣就池中浴。初下，其熱爍膚，較之前浴時覺甚烈。既而溫調適體，殊勝彌勒之太涼❷，而清冽亦過之。浴罷，由垣後東向半里，出大道。是日碧天如濯，明旭晶然，騰翠微而出，浩波映其下，對之覺塵襟湯滌，如在冰壺❸玉鑑❹中。

北行十里，過南城。又二十里，入曲靖❺南門。時有戈參戎者，奉按君命，巡諸城堡，高幢大纛，擁騎如雲，南馳而去。余避道旁眎❻之，如赫電，亦如浮雲，不知兩界青山見慣，袒當誰左❼也。飯於麪肆中。出東門半里，入東山寺。是名青龍山，而實無山。郭東㟝嶁❽，高僅丈餘，大不及五丈，上建大殿，前列層樓配之，置宏鐘焉，鐘之大，余所未見也。殿左有藏經閣，其右樓三層，皆翼於㟝嶁之旁，而齊其末者。徙倚久之，出寺右，循城而北，五里，出演武場大道。又三里，過白石江❾。又二里，過一坡。又十里，抵新橋。殷雷轟然，大雨忽至，避茅簷下，冰霰❿交作，迴風湧之，撲人衣面，莫可掩蔽。久之乃霽。仍北行，濘滑不可著趾。十里抵交水⓫，入南門，由霑益州⓬署前抵東門，投舊邸龔起潛家。見其門閉，異之，叩而知方演劇於內也。余以足泥衣垢，不樂觀，亟入其後樓而憩焉。霑益惟土司居州治，而知州之署則在交水⓭。

【章旨】本章記載了第一百十六天在曲靖府的行跡。去石堡溫泉洗澡，水溫很高，感覺極其舒適。這天陽光燦爛，面對美景，令人俗念盡消。往北經過南城，進入曲靖府城。飯後去青龍山，樓中放著從未見過的大鐘。接著到新橋，忽然大雨來臨，冰雹雪珠交加。天晴後去交水，經過霑益州署，到龔起潛家投宿。

【注釋】❶溫泉　在曲靖府城東南三十里石堡山下的石堡村，可飲用。❷殊勝彌勒之太涼　彌勒有翠微溫泉，在朋普翠微閣，據舊州志稱，春夏稍涼，浴宜秋冬。❸冰壺　盛冰的玉壺。❹玉鑑　玉盆。❺曲靖　明代為府，治所在南寧（即今雲南曲靖）。曲靖為古代雲南名城。清康熙十八年（一六七九），在曲靖城北的舊石城遺址，出土〈大理國段氏與三十七部會盟碑〉，此碑立於大理國段素順明政三年，即北宋開寶四年（九七一）。清乾隆四十三年（一七七八），又在曲靖城南楊旗田，出土〈爨寶子碑〉，此碑立於東晉義熙元年（四〇五）。這兩碑現在曲靖一中爨碑亭內。❻眎　古「視」字。❼袒當誰左　左袒，即袒露左臂。漢初呂氏專政，太尉周勃謀劃滅除呂氏，於是在軍中宣布：「為呂氏右袒，為劉氏左袒。」全軍都左袒擁劉。後因稱偏護一方為左袒。❽峿嶁　同「培塿」。即小土山。❾白石江　源出馬龍地界，流經曲靖東北，再往東南匯入瀟湘江。❿霰　俗稱雪珠。⓫交水　元置交水縣，明代廢縣存城，屬霑益州。後為霑益縣治，即今曲靖城北西平鎮。⓬霑益州　明代隸曲靖府，治所在今雲南宣威。⓭霑益惟土司居州治二句　明末，霑益州土司安氏從水西叛亂。天啟二年，流官知州逃往交水，築城建署，土司仍居霑益州治，從而出現土官流官各自設署的情況。這裡所說的霑益州署為流官官署。

【語　譯】初八　拂曉吃飯，要來酒喝，為去溫泉沐浴作好準備。於是從村後越過山坡往西走下，溫泉就在眼前了。山塢中蒸氣彌漫，隨著泉流往東走下，田間蒸氣旺盛，從四面騰起。往前半里，走進圍牆的門，一泓清泉就匯積在裡面，上面蓋著亭子，兩旁又用磚砌了兩個水池夾住溫泉，北面高臺上有三間屋子，泉水從屋子下面流來，中間開出一個孔洞，有一尺見方大，可以用手捧水洗滌。於是脫下衣服到池中沐浴。剛下水時，水熱燙皮膚，和以前在溫泉沐浴時相比，覺得更加厲害。過了一會，水溫就變得使身體感到舒適，遠遠勝過彌勒州的太涼溫泉，而泉水的清冽也超過它。沐浴完畢，從圍牆背後往東走半里，到大路。這天碧空如洗，陽光燦爛，太陽從青翠的山峰中躍出，浩蕩的水波在陽光下映照，面對這樣的美景，只覺世俗襟懷已被一洗而淨，如置身冰壺玉盆之中。

往北走十里，經過南城，又走二十里，進入曲靖府城南門。這時有個姓戈的參將，奉巡按的命令，巡視各城堡。儀仗隊的旗幟又高又大，簇擁的騎兵紛亂如雲，往南飛奔而過。我讓在路旁注視著他們，如閃電震怒而來，又如浮雲飄逝而去，不知道兩旁的青山看慣了這樣情況，誰還會來擁護他們呢！在麵店吃飯。出城東門走了半里，進入東山寺。這裡地名青龍山，但實際上沒有山。城郭東面的小土丘，高只有一丈多，大不到五丈，上面造起大殿，前面排列著層樓和它相配，樓內放著大鐘，鐘這樣巨大，是我從未見過的。大殿左邊有藏經閣，右邊有三層樓，都分立在土丘旁邊，而和大殿的底部相齊。在寺中徘徊了很久，從寺的右邊走出，沿著城牆往北走了五里，出來到演武場的大路。又走了三里，經過白石江。再走二里，越過一個山坡。

再走十里，到達新橋。雷電轟鳴，大雨忽然來臨，在茅簷下躲雨，冰雹雪珠交相落下，被旋風捲起，撲打著人的衣服臉面，沒有可以遮蔽的東西。過了好久，天才放晴。仍然往北走，道路泥濘溜滑，難以落腳。走了十里，到達交水，走進城南門。從霑益州署前到東門，去原來住過的龔起潛家投宿。看見他家大門緊閉，感到奇怪，敲門後才知他家中正在演戲。我因為雙腳泥濘衣服骯髒，不願意看戲，急忙走進他家後樓休息。霑益州只有土司在州治居住，而知州的官署則在交水。

初九日　余倦於行役，憩其樓不出，作數日遊紀。是日為重九❶，高風鼓寒。以登高之候，而獨作袁安❷僵臥之態，以日日躋攀崇峻不少也。下午，主人攜菊具酌，不覺陶然而臥。

初十日　寒甚，終日陰翳。止寓中。下午復雨，徹夜不休。

十一日　余欲行，主人以雨留，復為強駐，厭❸其酒脯焉。初余欲從霑益，并窮北盤源委。至交水，龔起潛為余談之，甚晰，皆鑿鑿可據。遂圖返轅，由尋甸趨省城焉。

【章　旨】本章記載了第一百十七天至第一百十九天在曲靖府的行跡。正逢重九節，但因長途跋涉，天天爬山，感到疲倦，故留在樓內寫日記。原想去窮究北盤江的源流，因龔起潛講得已很清楚，故打算掉頭去省城。

【注　釋】❶重九　農曆九月九日。古時以九為陽數，九月而又九日，故又稱重陽，為傳統節日。舊時在這天佩帶茱萸，有登高的習慣。❷袁安　字邵公，東漢汝南汝陽（今河南商水縣西南）人。早年客居洛陽，遇上大雪，人們都出去乞討食物。洛陽令視察經過袁安家門，見屋門關閉，沒有腳印，便命人掃雪進門，只見袁安在屋中僵臥不起，說道：「大雪天大家都餓，不應去麻煩別人。」洛陽令十分歎服，舉為孝廉。明帝時官至司徒，以嚴明著稱，不避權貴。汝南袁氏，後為東漢著名的世家望族。❸厭　通「饜」。吃飽。

【語　譯】初九　我因長途跋涉感到疲倦，在龔起潛家的後樓休息不再出門，寫這幾天的遊記。這天是重九節，天高風急，吹起陣陣寒意。在世俗登高的節日，卻獨自一人像袁安那樣仰臥不起，因為我天天在攀登崇山峻嶺，已經不少了。下午，主人帶來菊花，備下酒宴，一起賞菊飲酒，不知不覺歡然入睡了。

初十　天很冷，整天陰雲遮掩。留在寓所裡。下午又下起雨來，整夜不停。

十一日　我打算出發，主人因天在下雨挽留，又被強行留住，在他家喝酒吃肉。起初我想從霑益州走，連帶去窮究北盤江的源流。到了交水，龔起潛給我介紹北盤江流程，十分清楚，都確鑿有據。於是打算掉頭返回，由尋甸府趕往省城。

十二日　主人情篤，候飯而行，已上午矣。十里，仍抵新橋，遂由岐溯流西南行。二里，抵西南小山下，石幢❶之水，乃從西北峽中來，路乃從西南峽中入。一里，登嶺。一里，陟其巔。西行嶺上者又一里，乃下。初從嶺頭下瞰西塢，有廬有疇，有水瀠之，以為必自西而東注石幢者。迤邐西下者又一里，抵塢中，則其水反西南流，當由南谷中轉東而出於白石江者。詢是村為戈家冲❷。由是而西，併翠峰諸澗之流，皆為白石江上流之源矣。源短流微，瀠帶不過數里之內，而沐西平❸曲靖之捷❹，誇為冒霧涉江，自上流渡而夾攻之，著之青史，為不世❺勳，而不知與坳堂❻無異也。徵事考實，書之不足盡信❼如此！

於是盤折坂谷四里，越劉家坡，則翠峰山❽在望矣。蓋此山即兩旁中界之脊，南自宜良❾分支，北度木容箐❿，又北而度火燒箐嶺，又北而度響水⓫西嶺，又北而結為此山。又西夾峙為迴龍山，繞交水之西北，經炎方，又北抵霑益州南，轉東，復折而南下，峙為黑山⓬，分為兩支：正支由火燒鋪、明月所之間，南走東折，下安籠所，入泗城州，而東峙為大明山，遂盡於潯州；旁支西南由白水西分水嶺，又分兩支，直南者由迴窖坡西嶺，西南峙為大龜山，而盡於盤江南曲，西南分支者，盡於曲靖東山。其東南之水，下為白石江；東北之水，下為石幢河；而西則洩於馬龍之□江⓭，而出尋甸，為北盤江焉。然則一山而東出為南盤，西出為北盤，惟此山及炎方足以當之；若曲靖東山，則旁支錯出，而志之所稱悉誤也。由劉家坡西南，從坡上行一里，追及一嫗，乃翠峰山下橫山屯人也。隨之，又西一里，乃下坡。徑塢一里，有小水自西北來，小石梁跨之。從此西南上坡，為三車道；從此直西溯小水，自西南岸入，為翠峰間道。其路若續若斷，橫截塢隴。三里，有大道自東南來，則自曲靖登山之徑也，於是東南望見三車市⓮矣。

遂從大道西行，二里，將抵翠峰下，復從小徑西南度隴，風雨忽至，頃刻而過。一里，下坡涉深澗，又西上坡，半里，抵橫山屯。其屯皆徐姓。

老嫗命其子從村後送余入山。半里，抵其麓，即有兩小澗合流，涉其北來者，溯其西來者，遂躡峻西上。一里半，盤嶺頭而北，轉入西峽中，則山之半矣。其山自絕頂垂兩支，如環臂東下：北支長，則繚繞而前，為新橋西岡之脈；南支短，即所躡以上者。兩臂之內，又中懸一支，當塢若臺之峙，則朝陽庵踞其上，庵東北向。其南腋又與南臂環阿成峽，自峰頂逼削而下，則護國舊寺倚其間。自西峽入半里，先達舊寺，然後東轉上朝陽，以舊寺前墜峽下塹也。舊寺兩崖壁夾而陰森，其病在旁無餘地；朝陽孤臺中綴而軒朗，所短在前少迴環。余先入舊寺，見正殿亦整，其後遂危崖迴峭，藤木倒垂於其上；而殿前兩柏甚巨，夾立參天。寺中止一僧，乃寄錫殿中者，一見即為余爇火炊飯。余乃更衣叩佛，即乘間東登朝陽。一頭陀[15]方曳杖出庵門。余入其庵，亦別無一僧，止有讀書者數人在東樓。余閒步前庭，庭中有西番菊[16]兩株，其花大如盤，簇瓣無心，赤光燦爛，黃菊為之奪豔，乃子種而非根分[17]，此其異於諸菊者。前樓亦幽迴，庭前有桂花一樹，幽香飄泛，遠襲山谷。余前隔峽盤嶺，即聞而異之，以為天香[18]遙墜，而不意乃敷萼⑲所成也。桂芬菊豔，念此幽境，恨無一僧可託。

還飯舊寺，即欲登頂為行計，見炊飯僧殷勤整餉，雖瓶無餘粟，豆⑳無餘蔬，殊有割指啖客之意，心異之。及飯，則己箸不沾蔬，而止以蔬奉客，始知即為淡齋師也。先是橫山屯老嫗為余言：「山中有一僧，損口苦體，以供大眾。有予衣者，輒復予人，有餉食者，己不鹽不油，惟恐眾口弗適。」余初至此訊之，師不對，余肉眼不知即師也。師號大乘，年甫四十，幼為川人，長於姚安㉑，寄錫於此已期年㉒矣。發願淡齋供眾，欲於此靜修三年；百日始一下山。其形短小，而目有瘋癢之疾，苦行勤修，世所未有。余見之，方不忍去，而飯未畢，大雨如注，其勢不已。師留止宿，余遂停憩焉。是夜寒甚，余宿前楹，師獨留正殿，無具無龕，徹夜禪那㉓不休。

十三日　達日雨不止，大乘師復留憩。余見其瓶粟將盡，為炊粥為晨餐，師復即另爨為飯。上午雨止，恐余行，復強余餐。忽有一頭陀入視，即昨朝陽入庵時曳杖而出者，見余曰：「君尚在此，何不過我？我猶可為君一日供，不必啖此也。」遂挾余過朝陽，共煨火具餐。師號總持，馬龍人，為曲靖東山寺住持，避囂於此，亦非此庵主僧也。此庵主僧曰瑞空，昨與舊寺主僧俱入郡，瑞空歸而舊寺僧并不知返，蓋皆蠢蠢，世法佛法，一無少解者。大乘精進㉔而無餘貲，總持靜修而能撙節㉕，亦空山中兩勝侶㉖也。已而自言其先世為姑蘇㉗吳縣㉘籍，與余同姓。昔年朝海過吳門㉙，山塘㉚徐氏欲留之放生池㉛，師不果而歸。今年已六十三矣。是夜宿其西樓，寒更甚，而夜雨復潺潺。

【章　旨】本章記載了第一百二十天、第一百二十一天在曲靖府的行跡。經過新橋、戈家冲，到白石江上游，水流很小，有關沐英曲靖之戰的記載，顯然誇大其辭，和事實不符。越過劉家坡，翠微山就在眼前，唯有這一座山，兩邊流出的水分別為南、北盤江的上游。跟隨一個老婦到翠峰山下的橫山屯，然後上山。這山從頂峰垂下南北兩支，如同手臂環繞，中間又聳起一支。先到護國舊寺，殿前古柏參天；庭中兩株西番菊，鮮紅燦爛；庭前有一棵桂花樹，清香遠揚。在舊寺寄居的大乘法師，原籍四川，勤苦修行，損己利人，人世罕見。次日被頭陀僧總持法師拉到朝陽庵，總持先世為蘇州人，和大乘可謂空山中的兩個高僧。

【注　釋】❶石幢　河名，又名臘溪，今名西河。源出曲靖城北二十里龍華山，與交水河合流自北往南匯入南盤江。❷戈家冲　今作戈家屯，在曲靖西北隅。❸沐西平　沐英，以破吐蕃功，封西平侯，見〈滇遊日記一・隨筆二則〉注。❹曲靖之捷　據《明史》載，沐英從傅友德出兵雲南，元梁王派平章達里麻率兵十餘萬在曲靖抵抗。沐英乘霧濃趕到白石江，以奇兵從下游過江，突然出現在元軍陣後。元軍大驚失措，沐英揮兵渡江，大敗元軍，活捉達里麻。❺不世　罕有；非常。❻坳堂　堂屋的低窪處。❼書之不足盡信　《孟子・盡心下》有「盡信《書》，則不如無《書》」之言。《書》原指《尚書》，此借指一般史書。❽翠峰山　在曲靖府城西北三十里，與馬龍接界，為城屏障。❾宜良　明代為縣，隸雲南府，今屬雲南。❿木容箐　山名，在馬龍東南六十里。山下有木容箐水，流入瀟水。⓫響水　響水坳，在馬龍東北響水街。⓬黑山　在貴州盤縣西南。

⑬馬龍之□江　馬龍城東有東河，又名九曲河，又名瀟湘河，城西有西河，兩水會合後流入尋甸，下游今名馬龍河。馬龍，明代為州，隸曲靖府，治所在今雲南馬龍。⑭三車市　又名三岔口堡，今名三岔，在曲靖城西北。⑮頭陀　梵文音譯，意為「抖擻」，即去掉塵垢煩惱之義，佛教苦行之一。頭陀行須遵守十二項修行規定，後稱行腳乞食的僧人為頭陀。⑯西番菊　見〈滇遊日記二〉八月初十日記注。⑰乃子種而非根分　根，原作「苗」，據徐本改。⑱天香　唐李正封有詠牡丹詩：「天香夜染衣，國色朝酣酒」。後多用以指花。⑲敷萼　開花。⑳豆　古代食器，形似高腳盤。㉑姚安　明代為府，治所在姚州（今雲南姚安）。㉒期年　一整年。期，原作「暮」，據徐本改。㉓禪那　梵語，略作「禪」，意譯為「思維修」，即禪定，特指為生於色界諸天而行的思維修習。此謂坐禪。㉔精進　佛教名詞，音譯「毗梨耶」，也譯作「勤」，為六度之一，名「精進波羅蜜多」。指按照佛教教義，在修善斷惡、去染轉淨的修行過程中，不懈怠地努力。被列為成就菩提，修行佛道的必要條件。㉕撙節　約束；克制。㉖勝侶　良伴。㉗姑蘇　又作「姑胥」、「姑餘」，山名，在江蘇吳縣西南。山上有姑蘇臺，相傳為吳王闔閭或夫差所築。後世稱吳縣治為姑蘇。㉘吳縣　明代為蘇州府附郭縣，今屬江蘇。㉙吳門　見〈浙遊日記〉九月二十二日日記注。㉚山塘　水名，又名「射瀆」、「石瀆」，在江蘇吳縣西北。唐白居易所鑿，上承運河，北繞虎丘，而仍入運河。後也稱靠近這水的街市為山塘。㉛放生池　佛教以不殺生為善舉。梁武帝崇信佛教，置放生池，謂之長命洲，放養收贖的龜魚螺蚌等。唐太平公主於京西掘地置放生池。唐肅宗乾元二年通命境內臨江之地各置放生池，凡八十一所，顏真卿為作〈天下放生池碑銘序〉。

【語譯】十二日　主人情意深厚，等吃過飯出發，已經是上午了。走了十里，仍然回到新橋，就從岔路沿水流往西南上行。走了二里，到達西南的小山下，石幢河水從西北的峽谷中流來，路就往西南的峽谷中進去。走了一里，登上山嶺，又走一里，登上山頂。在嶺上又往西走了一里，才走下嶺。起先從嶺頭往下俯視西面的山塢，有房屋田地，水流環繞著它，以為這水一定從西往東流入石幢河的。曲曲折折往西又走下一里，到達山塢中，卻看到這水反過來往西南流去，想來應該從南面的山谷中往東轉而後流入白石江。打聽這裡的村名，叫戈家冲。從這裡往西，連同翠峰山的各條澗水，都是白石江上游的源頭了。源流很短，水量微小，瀠繞流過的地方不過在幾里之內，而當年沐西平曲靖之戰的捷報，卻誇張說冒著濃霧渡過白石江，從上游渡水而夾攻敵軍，並載入史冊，成為罕見的功勳，人們卻不知道白石江上流和小水塘差不多。經過實地考察，書上的記載，竟至這樣不可完全相信！

從這裡起在山坡峽谷中曲折盤繞走了四里，越過劉家坡，翠峰山就在眼前了。原來這山就是在中間分隔兩邊山嶺的山脊。從南面宜良縣的支脈，往北延伸到木容箐，再往北延伸到火燒箐嶺，再往北延伸到響水西嶺，再往北盤結成這座山。繼續往西延伸，相夾峙立為迴龍山，繞過交水的西北，經過炎方驛，再往北到霑益州南面，轉而向東，再轉向南，峙立為黑山，然後分成兩支：正支從火燒鋪、明月所之間往南延伸，再向東轉，往下到安籠所，進入泗城州，而後往東峙立為大明山，最後到潯州為止；旁支從西南白水鋪西面的分水嶺，又分成兩支，一直往南延伸的分支，從迴窞坡西嶺往西南峙立為大龜山，到盤江南面彎曲處為止，往西南延伸的分支，到曲靖府東山為止。翠峰山東南的水，往下流為白石江；東北的水，往下流為石幢河；而西面的水則流入馬龍州的□江，而後從尋甸府流出，稱為北盤江。那麼在同一座山，東面流出的水為南盤江上源，西面流出的水為北盤江上源，唯有這座翠峰山和炎方驛所在的山才稱得上；至於曲靖府東山，則是岔出的旁支，志書中所記載的都錯誤了。從劉家坡往西南沿著山坡往上走了一里，追上一個老婦人，她是翠峰山下橫山屯人。跟著她又往西走了一里，就下山坡。在塢中穿行一里，有條小水從西北流來，上面架著小石橋。從這裡往西南登上山坡，是去三車市的路；從這裡直往西沿著小水上行，從西南岸進入，是去翠峰山的小路。這條小路斷斷續續，橫穿山塢丘壟。走了三里，有條大路從東南過來，是曲靖府登翠峰山的路，在這裡向東南可望見三車市了。於是從大路往西走，過了二里，即將到達翠峰山下，又從小路往西南越過山壟，風雨忽然來臨，很快就過去了。走了一里，下坡渡過深澗，又往西上坡，走了半里，到達橫山屯。屯裡的人都姓徐。

老婦人吩咐她的兒子送我從村後進山。走了半里，到翠峰山麓，就有兩條小澗合流，先渡過從北面流來的澗水，再沿著從西面流來的澗水上行，便踏上陡峻的山坡往西攀登。過了一里半，盤繞嶺頭往北，轉入西面的峽谷，便到翠峰山的半山腰。這山從頂峰垂下兩支，如同手臂環抱往東延伸：北支長，繚繞向前，為新橋西面山岡的山脈；南支短，就是剛才所登的陡峻山坡。在兩支手臂般環抱的山脈中間，又聳起一支，就像高臺那樣峙立，正對著山塢，朝陽庵就座落在上面，面向東北。這支山脈的南腋又和翠峰山南邊的支脈屈曲環繞形成峽谷，狹窄陡峭，從峰頂直落下去，護國舊寺就靠在峽谷中。從西邊的峽谷走進半里，先到護國舊寺，然後向東轉，往上到朝陽庵，因為護國舊寺前有陷下的峽谷阻隔。舊寺兩邊崖壁相夾陰森，旁無一點空地，這是它的不足處；朝陽庵孤獨地座落在山中，環境高曠明朗，但庵前缺少回旋的餘地，也是它的短處。我先進入護國舊寺，看到大殿也很完整，殿後就是高峻的山崖，十分陡峭，古藤老樹倒掛在上面，而殿前的兩棵柏樹很高大，屹立大殿兩旁，高入雲天。寺中只有個僧人，是寄居殿中的行腳僧，一見面就為我燒火煮飯。我於是換了衣服拜佛，隨即抽空往東攀登到朝陽庵。一個頭陀正拖著錫杖走出庵門。我進入庵中，也沒有看到其他僧人，只有幾個讀書人住在東樓。我在前庭散步。庭中有兩株西番菊，花大如盤，花瓣簇聚但沒花蕊，鮮紅燦爛，豔麗的黃菊，和它相比也會黯然失色。這花是下籽栽種而不是分根移植，和其他各種菊花有所不同。前樓也幽靜深遠，庭前有一棵桂花樹，幽香飄浮，遠布山谷之中。我先前隔著峽谷盤繞山嶺，就已聞到花香而覺得奇怪，還以為天香從遠處降臨，而沒想到是桂花開放所散發的香氣。桂樹芬芳，菊花豔麗，如此幽雅的環境，竟然沒有一個僧人依託，深感遺憾！

返回護國舊寺吃飯，打算飯後即去登上山頂，看到煮飯的僧人慇懃準備飯菜，雖然瓶中沒有多餘的米糧，盤中沒有多餘的蔬菜，但很有割下指頭來待客的一番情意，心中感到很不尋常。到吃飯時，那僧人自己筷子從不夾菜，而只將菜招待客人，才知道他是淡齋法師。在此之前，橫山屯的老婦人曾對我說：「翠峰山中有一個僧人，省吃儉用，自己受苦，以供養大眾。有人送衣服給他，他總是又轉送給別人。有人送飯給他，他自己吃的不放鹽不放油，只是擔心不適合眾人的口味。」我剛到這裡就向他打聽情況，淡齋法師不作回答，我淺陋的眼光沒有看出他就是淡齋法師。法師號大乘，年紀剛滿四十歲，幼時為四川人，在姚安府長大，到這裡寄宿已經一年了。許下心願，簡吃省用供奉大眾，想在這裡清靜修行三年，一百天才下一次山。他的身材矮小，而且患有瘋癢眼病，如此勤苦修行，在世上從未見過。我見此情況，正不忍心離開，而飯沒有吃罷，就下起傾盆大雨，看雨勢一時不會停止，法師留我過夜，我便留在寺內休息。這天夜間很冷，我住在前屋，法師獨自留在正殿，既沒有寢具，也沒有臥室，整夜坐禪不休息。

十三日　直到天亮雨沒停止，大乘法師又留我在寺中休息。我看到他瓶中米糧就要吃完，就替他煮粥作早餐，大乘立即另外煮飯。上午雨停了，怕我出發，又強留我吃飯。忽然有個頭陀進來張望，就是昨天進朝陽庵所見到的拖著錫杖出去的那個僧人，他看到我就說：「你怎麼還在這裡，為什麼不到我那裡去？我還能為你提供一天的食宿，不必在這裡吃了。」於是拉著我去朝陽庵，一起烤火準備飯食。法師號總持，馬龍州人，為曲靖府東山寺的住持，因躲避喧鬧來到這裡，也不是朝陽庵的主持僧。這庵的主持僧名瑞空，昨天與護國舊寺的主持僧一起去府城，瑞空已返回庵中而舊寺主持僧還不想返回，大概都是愚昧的人，無論人世間禮法，還是佛界的教規，都一無所知。大乘法師修行不懈，沒有一點多餘財物，總持法師靜心修行，又能約束自己，也是空山中的兩個好伴侶。隨後他自稱祖輩為蘇州府吳縣人，和我同姓，前些年朝海經過蘇州，山塘的徐氏想留他住在放生池，法師沒有留下而返回到這裡。今年已經六十三歲了。這天晚上住在朝陽庵西樓，比昨夜更為寒冷，而且夜間又聽到雨聲潺潺。

十四日　雨竟日不霽，峭寒砭骨，惟閉戶向火❶，不能移一步也。

翠峰山在曲靖西北、交水西南，各三十里，在馬龍西四十里❷，秀拔為此中之冠。朝陽庵則劉九庵大師所開建者。碑言師名明玄，本河南太康❸人，曾中甲科❹，為侍御❺。嘉靖甲子❻，駐錫翠峰。萬曆庚子❼，有征播之役❽，軍門❾陳用賓❿過此，感師德行，為建此庵。後師入涅槃⓫，陳軍門命以儒禮葬於庵之東原。土人言：劉侍御出巡，案置二桃，為鼠所竊。劉窺見之，佯試門子⓬曰：「汝何竊桃？」門子不承。嚇之曰：

「此處豈復有他人，而汝不承，吾將刑之。」門子懼刑，遂妄承之。問：「核何在？」門子復取他核以自誣。劉曰：「天下事枉者多矣！」乃棄官薙髮於此。

曲靖者，本唐之曲州、靖州也[13]，合其地置府，而名亦因之。

霑益州土知州安邊者，舊土官安遠之弟，兄終而弟及者也。與四川烏撒府[14]土官安孝良接壤，而復同宗。水西安邦彥之叛[15]，孝良與之同逆。未幾死，其長子安奇爵襲烏撒之職，次子安奇祿則土舍[16]也。軍門謝[17]命霑益安邊往諭水西，邦彥拘留之。當事者即命奇祿代署州事，並以上聞。後水西出安邊，奉旨仍掌霑益，奇祿不得已，還其位。而奇祿有烏撒之援，安邊勢孤莫助，擁虛名而已。然邊實忠順，而奇祿狡猾，能結當道歡[18]。今年三月，何天衢[19]命把總羅彩以兵助守霑益，彩竟乘機殺邊，並挈其貲二千金去。或曰，彩受當道意指，皆為奇祿地[20]也。奇祿遂復專州事，當道俱翕然[21]從之，獨總府沐[22]曰：「邊雖土司，亦世臣[23]也，況受特命，豈可殺之而不問？」故至今九月間，霑益復杌隉[24]不安，為未定之局云。

下午飯後，伺雨稍息，遂從朝陽右登頂。西上半里，右瞰峽中，護國寺下嵌穽口；左瞻岡上，八角庵上踞朝陽右脇。西眺絕頂之下，護國後箐之上，又有一庵，前臨危箐，後倚峭峰，有護國之幽而無其逼，有朝陽之塏㉕而無其孤，為此中正地，是為金龍庵。時霏雨復來，俱當岐而過，先上絕頂。又西半里，逾北嶺，望見後數里外，復一峰高峙，上亦有庵，曰盤龍庵，與翠峰東西駢峙。有水夾北塢而下㉖，即新橋石幢河之源也。於是南向攀嶺脊而登，過一虛堂，額曰「恍入九天」。又南上共半里，而入翠和宮，則此山之絕頂也。

翠峰為曲靖名峰，而不著於《統志》。如閬木之在東山，與此隔海子㉗遙對；然東山雖大，而非正脈，而此峰則為兩江鼻祖㉘。余初見西塢與迴龍夾北之水，猶東下新橋，而朝陽、護國及是峰東麓之水，又俱注白石，疑是峰猶非正脊；及登頂而後知正南下墜之峽，則南由響水坳西，獨西下馬龍出尋甸矣，始信是頂為三面水分之界。東北二面俱入南盤，南面入北盤。其脈南自響水坳西，平度而峙為此峰，即西度盤龍。其水遂南北異流，南者從西轉北，北者從東轉南。兩盤之交錯，其源實分於此云。

翠和頂高風峭，兩老僧閉門煨火。四顧霧幙峰瀰，略瞰大略。由南塢西下，為尋甸間道，余擬明日從之而去者。遂東南下，由靈官廟東轉，半里，入金龍庵。庵頗整潔，庭中菊數十本，披霜含雨，幽景淒絕。是庵為山東老僧天則所建。今天則入省主地藏寺㉙，而其徒允哲主之，肅客具齋。暝雨漸合，遂復半里，東還朝陽。欲下護國看大乘師，雨滑不能，瞰之而過。

【章　旨】本章記載了第一百二十二天在曲靖府的行跡。上午關著門烤火，下午登上翠峰山頂峰，途中望見護國寺、八角庵、金龍庵、盤龍庵，進入翠和宮。翠峰山是曲靖府名山，秀麗挺拔為這一帶之冠，峰頂是水往三面分流的地方，南、北盤江的源頭，都在這山。朝陽庵為劉九庵法師創建。下山時進入金龍庵，景物極為淒清。霑益州土知州安奇祿，為人狡猾，在當局支持下，於原知州安邊被殺後任職，至今州內仍動盪不安。

【注　釋】❶向火　圍坐火塘邊烤火取暖，至今雲貴仍稱向火。❷在馬龍西四十里　翠峰山位於馬龍東北，「西」字疑誤。❸太康　明代為縣，隸開封府，今屬河南。❹甲科　漢代課士分甲乙丙三科。唐代明經有甲乙丙丁四科，進士有甲乙二科。明清通稱進士為甲科，舉人為乙科。❺侍御　侍御史，為御史臺成員。明清時僅存監察御史一種，也稱監察御史為侍御。❻嘉靖甲子　嘉靖四十三年（一五六四）。❼萬曆庚子　萬曆二十八年（一六〇〇）。❽征播之役　洪武四年，明將湯和、傅友德分兵攻取四川。次年播州宣慰使楊鏗等歸順，仍置播州宣慰使司，楊鏗等任原職。萬曆元年，楊應龍襲職，應龍為人雄猜多忌，阻兵嗜殺。十八年，貴州巡撫葉夢熊上疏論楊罪惡，主張播州改土歸流。十九年，應龍所轄五司七姓叛亂。二十八年，總督李化龍率軍突破婁山關，攻克海龍囤土城，楊應龍自殺，改播州宣慰使司為遵義府。楊氏自唐乾符三年（八七六）入播州，共世襲二十九代。明代播州宣慰使司隸四川布政使司，治所在今貴州遵義。❾軍門　明代稱總督、巡撫為軍門。❿陳用賓　福建晉江市人，進士出身。萬曆間任雲南巡撫，有雄略，用兵如神。剛上任，即視察雲南形勢，設蠻哈守備。不久，緬甸入寇，用間諜說暹邏國從背後襲擊緬甸，並設八關二堡戍守。在任期間建學築城，功績甚豐。以功晉右都御史，卒諡襄毅。⓫涅槃　佛教名詞，意譯為「滅」、「寂滅」、「無為」等，又譯為「圓寂」。是佛教全部修習所要達到的最高理想，一般指熄滅生死輪迴而後獲得的一種精神境界。大乘把涅槃作為成佛的標誌，後也常用作僧人死亡的代稱。⓬門子　明代對官衙下人的鄙稱。⓭曲靖者二句　曲州，唐武德間置，唐末廢，治所在朱提（今雲南昭通）。靖州，唐武德間置，天寶末廢，治所在靖川

（今雲南大關附近）。曲靖本唐曲州、靖州舊地，乃後人誤說。⑭烏撒府　見〈黔遊日記一〉四月二十一日日記注。⑮水西安邦彥之叛　見〈黔遊日記一〉四月十六日日記注。⑯土舍　土官舍人。明清時土司的官屬，無職銜，多為土官宗親充任，有時也用異姓，掌庶務，子孫可世襲其職。⑰軍門謝　指謝存仁，祁門（今屬安徽）人，進士出身，崇禎間任雲南巡撫。⑱然邊實忠順三句　《明史·四川土司傳》及〈雲南土司傳〉載：「安邊據霑益，從水西叛」，「其祿署霑益知州，雖懦稚，頗忠順，其母亦頗有主持，能得眾。」與霞客所記不合。⑲何天衢　事跡見〈滇遊日記一·隨筆二則〉。⑳地　地步；餘地。㉑翕然　形容言論行動一致。㉒總府沐　指世襲總兵之職的黔國公沐啟元，事跡見〈滇遊日記一·隨筆二則〉。㉓世臣　歷朝有功勳的舊臣。㉔杌楻　當作「杌隉」。不安貌。㉕塏　地勢高且乾燥。㉖有水夾北塢而下　「有水」二字原脫，據陳本補。㉗海子　方言稱湖泊為海子。㉘鼻祖　始祖；初祖。此借指發源處。㉙地藏寺　在昆明城東門外，宋末四川僧人永照、雲悟建，明宣德間僧人道正重修。

【語譯】 十四日　整天下雨不放晴，寒風刺骨，只好關著門烤火，不能離開一步。

翠峰山在曲靖府西北，交水西南，和兩地相隔各三十里，又在馬龍州西面四十里，秀麗挺拔為這一帶之冠。朝陽庵是劉九庵大師所創建的。碑文說大師名明玄，原是河南省太康縣人，曾中進士，任監察御史。嘉靖四十三年，留居翠峰山。萬曆二十八年，有征討播州叛亂的戰爭，巡撫陳用賓經過這裡，被大師的德行感動，為他修建了這庵。後來大師圓寂，陳巡撫下令按儒家的禮節將大師埋葬在朝陽庵東面的平地上。當地人說：劉御史外出巡視時，在桌上放了兩個桃子，被老鼠偷吃了。劉御史看到後，假裝不知道，試探門子，問道：「你為什麼偷桃？」門子不承認。劉御史嚇唬他說：「這裡哪有其他人，而你卻不承認，我將對你用刑。」門子害怕受刑，就胡亂承認了。劉御史問道：「桃核在哪裡？」門子又拿別的桃核來誣陷自己。劉御史歎道：「天下冤枉的事太多了！」於是放棄官職，到這裡剃髮出家。

曲靖府，原是唐代的曲州、靖州所在地，後將兩地合併設府，因而地名也就稱為曲靖。

霑益州的土知州安邊，是原土官安遠的弟弟，哥哥死後，弟弟繼承職位。和四川烏撒府土官安孝良的屬地接壤，而且又是同宗。水西土司安邦彥叛亂時，安孝良和他一起作亂。不久安孝良死了，他的長子安奇爵繼承烏撒府土官的職位，次子安奇祿則為土官舍人。謝巡撫命令霑益土知州安邊去曉諭水西土司，被安邦彥拘留。當局就任命安奇祿代理霑益州土知州，並且上報朝廷。後來水西土司釋放安邊，安邊奉命仍然掌管霑益州，安奇祿沒辦法，只得歸還職位。但安奇祿有烏撒府援助，安邊勢孤力弱，得不到任何幫助，徒有虛名罷了。但安邊實際上忠順，而安奇祿卻很狡猾，能結交當局，取得他們的歡心。今年三月，何天衢命令把總羅彩領兵幫助守衛霑益州，羅彩竟乘機殺了安邊，並帶走安邊的二千兩銀子。有人說，羅彩接受當局的指使，都是在為安奇祿創造條件。安奇祿於是又專領霑益州事，當局都一致順從他，唯獨沐總兵說：「安邊雖然是土司，但也是有功的舊臣，更何況還受朝廷特命，怎能被殺了卻不加追究呢？」所以直到今年九月間，霑益州仍是動盪不安，局勢還不穩定。

下午吃過飯，等雨稍稍停下後，就從朝陽庵右邊攀登翠峰山頂。往西走上半里，向右俯視峽谷中，下面的護國寺嵌在穽口；向左仰望山岡上，上面的八角庵座落在朝陽庵的右側。向西眺望頂峰的下面，護國寺背後竹林的上方，又有一座庵，前面對著高高的竹林，後面靠著陡峭的山峰，有護國寺的幽深，但不像它那麼狹窄，有朝陽庵的高燥，但不像它那麼孤單，處在山中最正中的地位，這就是金龍庵。這時又細雨紛飛，遇到岔路都過而不入，先登上頂峰。又往西走了半里，越過北嶺，看見後面幾里外的地方，又有一座山峰高聳，上面也有庵，名盤龍庵，和翠峰山東西相對峙立。有條水流夾著北面的山塢而下，就是新橋石幢河的源頭。從這裡往南攀登嶺脊，經過一間高堂，堂上的匾額寫著「恍入九天」四個字。再往南攀登，共走了半里，就進入翠和宮，已到這座山的頂峰了。

翠峰山是曲靖府著名的山峰，卻沒有載入《一統志》。根據閬木山在東山的位置，正好和翠峰山隔著湖泊遙遙相對，但東山雖大，並不是主脈，而翠峰山卻是北盤江、南盤江的發源地。我起初看到北面夾在西塢和迴龍山之間的水，還往東流下新橋，而朝陽庵、護國寺以及這山東麓的水，又都注入白石江，懷疑這山峰還不是主脊；等到登上峰頂後才知道正南下落的峽谷，則是從南邊響水坳的西面，單獨往西延伸到馬龍州，再從尋甸府伸出，這才相信翠峰山頂是三面水流的分界。東、北兩面的水都流入南盤江，南面的水流入北盤江。這山脈南部從響水坳的西面，平緩地延伸到這裡峙立為翠峰山，隨即往西延伸為盤龍山。翠峰山中的水於是南北分流，往南流的水從西向北轉，往北流的水從東向南轉。南、北兩條盤江交錯流行，它們源頭實際上是從這峰分出。

翠和宮在山頂高處，寒風淩厲，兩個老年僧人關著門烤火。向四面望去，霧氣彌漫，籠罩著山峰，只能略為往下一看大概情況。從南面的山塢往西走下，是去尋甸府的小路，我打算明天離開這裡要走的路。於是往東南走下，從靈官廟向東轉，走了半里，進入金龍庵。這庵很整潔，庭中有幾十株菊花，帶著清霜雨露，幽寂的景致極其淒清。庵是山東老僧天則創建，如今天則到省城主持地藏寺，這裡由他的徒弟允哲主持，準備了齋飯，恭敬地迎客。黃昏時雨漸漸密集起來，於是又走了半里，往東回到朝陽庵。想下山去護國寺看望大乘法師，因下雨路滑不能去，只能俯視而過。

十五日　達旦雨止，而雲氣靉靆❶，余復止不行。日當午獻影，余遂乘輿往看大乘。大乘復固留。時天色忽霽，余欲行而度不及，姑期之晚過，為明日早行計。乃復上頂，環眺四圍，遠峰俱出，始晰是山之脈，俱東西橫列，而脈從中度，屢伏屢起，非直亙之脊也。惟翠峰與盤龍二峰，乃東西並夾。而翠峰之南，響水坳之支，橫列東下，而結為曲靖；盤龍之西，又南曲一支，始東下而結為交水，又橫亙而北，始東匯炎方之水，又北始轉度霑益之南塢焉。從峰東下，又還過八角庵，仍返餐於朝陽，為總持所留，不得入護國。是日以麗江、嵩明二處，求兆於翠和靈籤，麗江得「貴人接引喜更新」，嵩明得「枯木逢春欲放花」。皆吉兆也。午晴後，竊計明日可早行，既暮而雨復合。

【章　旨】本章記載了第一百二十三天在曲靖府的行跡。中午去看望大乘法師，隨後又登上翠峰山頂，環顧四周，觀察這山所處的地理位置。到翠和宮抽籤占卜，決定以後的去向。下山回到朝陽庵。

【注　釋】❶靉靆　形容雲氣濃鬱。

【語　譯】十五日　天亮時雨停了。但雲氣濃鬱，我又留下不走了。中午露出陽光，我便乘興去看望大乘法師。大乘法師又堅決挽留我住下。這時天氣忽然放晴，我想動身，但估計已來不及，和他約好晚上過來，暫且準備明天一早就出發。於是又登上峰頂，環視四周，遠處的山峰露了出來，才看清這座山的脈理，都是東西向橫列，而主脈從中越過，屢起屢伏，不是直貫的山脊。只有翠峰和盤龍這兩座山峰，在東西兩邊並立。而在翠峰山的南面，響水坳的支脈，橫向排列，往東延伸，盤結成曲靖府所在的山；盤龍山的西面，又往南彎出一支山脈，開始往東延伸，盤結成交水城所在的山，再橫貫往北延伸，才往東成為炎方驛各條水流的匯合處，再往北才轉而穿越霑益州南面的山塢中。從翠峰山東面下山，回時又經過八角庵，仍然回到朝陽庵吃飯，被總持法師留下，沒能去護國寺。這天為了從麗江府走，還是從嵩明州走，在翠和宮抽籤占卜，去麗江府的籤是「貴人接引喜更新」，去嵩明州籤是「枯木逢春欲放花」。都是吉兆。中午天晴後，我私下估計明天可以一早出發，到傍晚，卻又下起雨來。

十六日　阻雨。

十七日　雨復達旦。一駐朝陽者數日，而總持又非常住，久擾殊為不安，雨竟日復一日❶。飯後欲別而行，總持謂雨且復至，已而果然。已復中霽，既乃大注，傾盆倒峽，更甚於昨。

十八日　徹夜徹旦，點不少輟。前二日俱午刻朗然，而今即閃爍之影一併無之，而寒且更甚，惟就榾柮作生涯，不復問前程矣。

十九日　晦雨❷仍如昨，復阻不行，榾柮閒談。總持昔以周郡尊❸事，逮繫桁楊❹甚苦，因筆記之。東山寺昔有《藏經》❺，乃唐巡撫所請歸者。郡守周之相石阡❻人，由鄉薦擢守曲靖，以清直聞。慕總持師道行，請之檢《藏》，延候甚密。迤東巡守以下諸僚，皆有「獨清」❼之恨，而周復不免揚其波❽，於是悉側目之，中傷於撫臺王伉❾，羅織無跡，遂誣師往還為交通賄賂，以經籠❿為筐篚⓫，坐⓬以重贓。周復代為完之而去云。

二十日　夜不聞簷溜，以為可行矣。晨起而霧，復以為霽可待也。既飯而霧復成雨。及午過大霽，以為此霽必有久晴，迨暮而雨聲復瑟瑟⓭，達夜而更甚焉。

二十一日　晦冥終日，迨夜復雨。是日下午，散步朝陽東數十步。東峽中一庵當峽，是曰太平庵，蓋與護國東西夾朝陽者。太平老僧煮芋煨栗以餉。

【章　旨】本章記載了第一百二十四天至第一百二十九天在曲靖府的行跡。接連幾天下雨，被阻留在朝陽庵中，無法啟程。其間總持法師談起因當地官僚忌恨知府周之相獨有清直之名，進行陷害，連累他被拘捕之事。

【注釋】❶一駐朝陽者數日四句　原作「念自駐朝陽者數日」，據徐本改補。❷晦雨　陰雨。❸郡尊　一郡之尊。指知府。❹桁楊　古時加在頸上或腳上的刑具。❺藏經　即《大藏經》，佛教典籍叢書。以經、律、論為主，並包括若干印度、中國等國的佛教撰述。南北朝時稱「一切經」，隋以後稱《大藏經》。❻石阡　明代為府，治所在今貴州石阡。❼獨清　《楚辭・漁父》中有屈原對漁父言：「舉世皆濁而我獨清，眾人皆醉而我獨醒。」❽不免揚其波　《楚辭・漁父》中有漁父答屈原言：「世人皆濁，何不淈其泥而揚其波？眾人皆醉，何不餔其糟而歠其釃？」揚其波，即隨波逐流之意。據前後文意，當為周之相不肯隨波逐流，故眾人側目而視。「不免」二字似有誤。❾王伉　見〈滇遊日記一・隨筆二則〉注。❿簏　古時盛物的竹器，方的為筐，圓的為簏。⓫筐簏　盛物的竹器，方的為筐，圓的為簏。南朝梁江革出任東揚州（治所在會稽，即今浙江紹興）刺史長史，兼會稽郡丞。他在會稽的門生故吏，聞訊後都拿著東西沿路迎候。江革對他們說：「我通不受餉，不容獨當故人筐簏。」後以筐簏借指禮物。⓬坐　判罪。⓭瑟瑟　風雨聲。

【語譯】十六日　因雨不能外出。

十七日　雨又下到天亮。在朝陽庵一連住了好幾天，而總持法師又不是常住這裡的人，長時間打擾他，心中十分不安，而雨竟一天又一天下個不停。飯後想和總持法師告別出發，總持法師說雨馬上又要下了，不久真的又下起雨來。過了一會，中間放晴，很快又大雨傾盆，勢如翻江倒峽，比昨天下得更大。

十八日　通宵達旦，雨一直下著沒稍停過。前兩天都到中午放晴，而今天連閃爍的陽光都不見了，而且冷得更加厲害，只能靠著柴火度日，不再去想以後的去路了。

十九日　陰雨仍和昨天一樣，又被雨阻止不能動身，烤火閒談。總持法師說起他過去因為周知府的事，被逮捕拘禁，受了很多痛苦，我因此用筆記錄這事。東山寺從前有《大藏經》，是唐巡撫請回來的。知府周之相是石阡府人，由舉人被提拔為曲靖府知府，以清廉正直聞名。他仰慕總持法師的道行，請他檢閱《大藏經》，接待伺候十分周到。滇東巡守以下的眾多官僚，對周之相「獨清」的聲名都心懷忌恨，而周之相又不肯隨波逐流，於是那些官僚對他都側目而視，到巡撫王伉那裡惡意中傷，編造毫無根據的罪名，就誣陷法師和周知府往來是交結官府，進行賄賂，並用經簏作為行賄的禮物，以貪污巨資定罪。周知府又代法師交清贓款後離去。

二十日　夜裡沒聽到屋簷滴水聲，以為天晴可以動身了。早晨起身看到有霧，又以為很快就會放晴。吃過飯霧又變成了雨。到中午以後，天色十分晴朗，我以為這次一定會天晴很長時間。傍晚卻又響起瑟瑟的風雨聲，到夜裡雨下得更加厲害。

二十一日　整天昏暗無光，到夜晚又下起雨來。這天下午，出去散步到朝陽庵東邊幾十步之外。東面的峽谷中有一座庵正當峽口，名太平庵，是和護國寺從東西兩邊夾著朝陽庵的廟宇。太平庵的老僧煮芋頭、燒栗子給我吃。

二十二日　晨起晦冥，然決去之念，已不可止矣。上午乃行。總持復贈之以米，恐中途雨後一時無宿者耳。既別，仍上護國後夾箐中觀龍潭。潭小而流不竭，蓋金龍庵下夾壁縫中之液，雖不竭而非涵瀦之窟也。遂西上逾嶺，循翠和宮之後，一里餘，又逾嶺而南下，雨猶霏霏不已。半里，及塢中。又一里，有岐北轉，誤從之，漸入山夾，則盤龍所登之道也。仍出從大道西南行。二里，有村當塢中，溪流自塢直南去，路由村西轉北行。半里，涉塢而西，一里，又有村在坡間，是曰高坡村。由村後下岡，有岐從塢中西南去，為小徑，可南達雞頭村；從岡上西北轉，為大徑，乃駝馬所行者。初交水主人謂余：「有間道自尋甸出交水甚近，但其徑多錯，乃近日東川❶駝銅之騎所出，無同行之旅，不可獨去，須從響水走雞頭村大道。」及余不趨響水而登翠峰，問道於山僧，俱云：「山後雖即駝銅道，然路錯難行，須仍出雞頭為便。」至是余質之途人，亦多主其說。然見所云徑路反大，而所云往雞頭大路者反小甚，心惑之，曰以村人為卜，然已過村。見有村人自山中負薪來，呼而問之，則指從北不從南。

余乃從駝馬路轉西北，循岡三里，西北過一脊。其脊乃自盤龍南度者，余初以為分支南下，而不意乃正脈之曲。出坳西，見脊東所上者甚平，而脊西則下墜深曲，脊南北又從嶺頭駢峰高聳，各極嵯峨。意是山之脊，又直折而南。蓋前自翠峰度其北去者，此又度其南，一脊而半日間兩度之矣。從坳西隨南峰之上，盤腰曲屈，其坑皆深墜。北向一里，躋一坡，一里，又北度一脊，其脊平亙於南北之中者。於是又一里，再躋北嶺，始西北下。其時天已漸霽，無復晦冥之色，遠峰近峽，環矚在望。二里，下西塢，其塢自南而北，其中黃雲盤隴，村落連錯，一溪中貫之。問水所從出，則仍從新橋石幢河也。問其所從來，則堰口也。問其地何名，則兔街子❷也。始信所過之脊，果又曲而南；過堰口，當又曲而北。余前登翠峰，第見其西過盤龍，不至此，又安知其南由堰口耶？前之為指南者，不曰雞頭，即曰桃源；余乃漫隨馬跡，再歷龍脊，逢原之異，直左之右之矣。下塢南行二里，遂橫涉其溪，中流湯湯，猶倍於白石江源也。南上坡一里，是為堰口❸，聚落數十家，在溪北岡上。乃入炊，久之，飯而行，陰雲復合。其處有岐北入山，為麥冲❹道。余乃西向行，其溪亦分岐來，一自北峽，一自西峽。余度其北來者，遂西入峽，漸上漸峻，天色亦漸霽。四里，從嶺上北轉，則北峽之窮墜處。又一里，復逾嶺而西。是嶺自木容箐楊金山北走翠峰，復自盤龍南走高坡，又南至此，始轉而北。其東西相距，數里之內，凡三曲焉。余一日三過之，何遇之勤而委曲不遺耶！

從嶺西涉塢，其水遂南流。一里，於是又北轉逾嶺。一里，西北下山。二里，抵塢中，隨小水北向出峽，始有塢成畦。路當從畦隨流西去，而塢北有村聚當北岡上，是為洒家❺。想亦土酋之姓，或曰亦屬平彝。乃一里，經塢登岡，由洒家西向行。一里，越隴西下，有峽自北來，小水從之，是亦麥冲南來之道。遂循其塢轉而西南行，二里，抵新屯，廬舍夾道，豐禾被塢。其處為平彝之屯。據土人言，自堰口之北兔街子，屯屬平彝，而糧則寄於南寧❻；自洒家之西抵三車，屯屬平彝，而糧則寄於馬龍；自一碗冲之西抵魯石，屯屬平彝，而界則屬於尋甸。蓋尋甸、曲靖以堰口老龍南分之脊為界，馬龍、南寧以堰口老龍為界，而平彝則中錯于兩府之交而為屯者也。自屯西逾坡，共一里餘，過一塢，有二、三家在西嶺，其塢復自北而南。由村南轉而逾岡西南下，二里，復有一塢，溪疇南環，聚落北倚，是為保官兒莊❼，夾路成衢，為村聚之最盛者，此亦平彝屯官之莊也。

【章　旨】本章記載了第一百三十天在曲靖府的行跡。告別總持法師，離開朝陽庵，先去觀看龍潭，再到高坡村。一路過來，人們都說去尋甸府必須走雞頭村的大路，但實際上卻走了馬幫新踩出的路。途中兩次越過從盤龍山往南延伸的山脊，並觀察了山脊的走向。接著經過兔街子，到堰口吃飯。飯後進入峽谷，翻過一道山嶺，這嶺在幾里之內，有三處轉折，在一天之內，也就翻越了三次。最後經過洒家、新屯，到保官兒莊，這是平彝衛屯守長官所在的莊園，十分繁盛。

【注　釋】❶東川　明代為府，隸四川布政使司，治所在今雲南會澤。東川以產銅聞名，有「銅都」之稱。❷兔街子　在馬龍東北隅。❸堰口　在馬龍東北境。❹麥沖　在曲靖城西北霑益鎮西。❺洒家　今名色甲，在馬龍北境。❻南寧　明代為曲靖府附郭縣，即今曲靖市區。❼保官兒莊　今名保谷莊，在馬龍北境。

【語　譯】二十二日　早晨起身天色昏暗，但我決定離開這裡的想法，已經不可阻止了。上午就出發。總持法師又送來米，怕我在中途遇雨之後一時找不到住宿的地方。辭別後，仍然走上護國寺後窄狹的竹林中觀看龍潭。龍潭雖小，但水流卻不枯竭，這是因為水來自金龍庵下夾壁縫中的流泉，雖不枯竭，但也不是容納蓄水的洞穴。於是往西走上，越過山嶺，沿著翠和宮的背後走了一里多，又越過山嶺往南走下，雨仍然下個不停。走了半里，到達塢中。又走了一里，有岔路往北轉，誤跟著這岔路走，漸漸進入山峽中，原來是攀登盤龍山的路。仍從岔路走出來到大路往西南走。過了二里，有村落正當山塢中，溪水從塢中直往南流去，路從村落的西面轉向北走。過了半里，穿過山塢往西，走了一里，又有村落在山坡上，名高坡村。從村後走下山岡，有條岔路從山塢中往西南伸出，是條小路，可以往南到達雞頭村；從山岡上往西北轉，是條大路，是馬幫所走的路。當初在交水時，住宿處的主人對我說：「有小路從尋甸府到交水很近，只是這條路交錯地方很多，是近來東川府馱銅的馬匹所走出來的路，沒有同伴，不能單身獨走，必須從響水坳走雞頭村的大路。」等到我沒去響水坳而登上了翠峰山，向山中僧人問路，回答說：「山後雖然就是馱銅馬匹走的路，但這路交錯難走，必須仍然到雞頭村走方便。」到了這裡，我又詢問過路的人，也大多主張這樣走。但我看到人們所說的小路反而大，而所說的去雞頭村的大路反而小得多，心裡產生懷疑。想找村人來決定去向，但已經走過村落了。看見有個村民背著柴從山中過來，便向他呼喊問路，那人所指示的路，從北而不從南走。

我就從馬幫所走的路轉向西北，沿著山岡走了三里，往西北越過一道山脊。這脊是從盤龍山往南延伸過來的，我原先以為是盤龍山的分支往南延伸，而沒想到是主脈彎曲處。從山坳西面走出，看到所攀登的山脊東面很平，而山脊西面則往下陷入幽深處，山脊的南北兩端又從嶺頭聳起兩座並列的山峰，都極其高峻。想來這座山脊，又是徑直往南轉去。原來先前從翠峰山越過這山脊北部，到這裡又越過它的南部，半天之內，兩次越過同一道山脊了。從山坳的西面隨著南峰往上走，曲曲折折盤繞著山腰，路中坑洞都深深陷落。往北走了一里，登上一座山坡，走了一里，又往北越過一道山脊，這脊橫貫南北的山峰之間。從這裡又向前走了一里，再登上北面的山嶺，才開始往西北下山。這時天已漸漸晴朗，不再是昏暗的天色，遠處的山峰，附近的峽谷，向四面望去，盡在眼中。走了二里，往下到西面的山塢。這塢從南往北伸展，塢中黃雲繚繞丘壟，村落接連不斷，一條溪水從中流過。打聽溪水向何處流去，原來仍然是流入新橋石幢河。又問水從何處流來，則出自堰口。打聽這裡的地名，叫兔街子。這才相信所越過的山脊，果然曲折南伸，經過堰口，又應當曲而向北。我先前攀登翠峰山，只看到它往西越過盤龍山，不到這裡，又怎能知道它往南經過堰口呢？先前為我指路的人，不說雞頭村，就說桃源，我卻隨隨便便沿著馬幫的足跡走，兩次翻越山的主脊，行程異乎尋常的順利，可謂左右逢源了。走下山塢，往南走二里，便橫渡塢中的溪水，溪水中游，急流洶湧，要比白石江上游的水大兩倍。往南登上山坡走一里，就到堰口，是個有數十戶人家的村落，聚居在溪水北面的山岡上。於是走進堰口煮飯。過了好長時間，吃了飯上路，陰雲又聚合起來。這裡有岔路，往北進入山中，是去麥沖的路。我於是往西走，這裡的溪水也分支流來，一條出自北面的峽谷，一條出自西面的峽谷，我渡過從北面流來的溪水，就往西進入峽谷，漸漸往上，路漸漸陡峻，天色也漸漸晴朗。走了四里，從嶺上往北轉，是北面峽谷的盡頭往下陷落的地方。又走了一里，再越過山嶺往西。這嶺從木容箐的楊金山往北延伸到翠峰山，再從盤龍山往南延伸到高坡村，再往南延伸到這裡，才轉向北延伸。在這嶺東西相隔不過幾里之內，共有三處轉折，我一天之內三次越過這嶺，為什麼會碰上這樣多的次數，而且每一處轉折都不錯過呢！

從山嶺的西面穿過山塢，溪水就往南流。走了一里，從這裡又往北轉越過山嶺。再走一里，往西北下山。再走二里，到達塢中。隨著小水往北走出峽谷，才有山塢開墾成為田地。路應從田野隨著水流往西走，而山塢北面有村落在北面的山岡上，名叫洒家。想來這也是當地酋長的姓氏，有人說這村也屬平彝衛。於是在塢中走了一里登上山岡，從洒家往西走。過了一里，越過山壟往西走下，有峽谷從北面延伸過來，小水順著峽谷流，這峽谷也是從麥沖往南的路。就沿著山塢轉向西南走，過了二里，到達新屯，道路兩旁都是房屋，茂盛稻禾覆蓋著山塢。這裡是平彝衛的屯守地。據當地人說，從堰口往北到兔街子，屯守屬平彝衛，而糧餉則由南寧縣供給；從洒家往西到三車，屯守屬平彝衛，而糧餉則由馬龍州供給；從一碗沖的西面到魯石，屯守屬平彝衛，而地界則屬於尋甸府。大概尋甸府和曲靖府以堰口主脈往南分出的山脊為分界，馬龍州和南寧縣以堰口的主脈為分界，而平彝衛則在尋甸、曲靖兩府交界處錯落屯守。從新屯往西越過山坡，共走了一里多，經過一處山塢，有兩三戶人家住在西面的山嶺上，這塢又從北往南伸展。從村子往南轉，而後越過山岡往西南走下，過了二里，又有一處山塢，溪流、田地在山塢南部環繞，村落靠在山塢的北部，這就是保官兒莊，路兩旁房屋相夾成為街道，是最繁盛的村落，這裡也是平彝衛屯守長官所在的莊園。

二十三日　中夜聞隔戶夜起者言明星烺烺❶。雞鳴起飯，仍濃陰也，然四山無霧。昧爽即行，始由西南涉塢，一里，漸轉西行入峽，平涉而上。三里，逾一坳脊，遂西下。兩上兩下，兩度南去之塢，兩逾南行坡脊而西，共五里，有村在西坡上，是曰三車❷。由其村後復逾南行一坡，度南行一塢，一里半，披西峽而入，於是峽中水自西而東。溯之行半里，漸盤崖而上。崖南峽中，箐木森鬱，微霜乍染，標黃疊紫，錯翠鋪丹，令人恍然置身丹碧❸中。一里餘，漸盤而北折，下度盤壑，更覺深窈。二里，又循西峽上。一里，又逾一脊，是為南行分脊之最遠者，東西皆其旁錯也。由脊西下，涉塢再西，共二里，有峽西折而南行，半里，復西逾嶺。半里，出嶺西，始見嶺北有塢，居廬環踞岡上，是為一碗冲❹。於是西行嶺脊之上，其嶺頗平，南北皆塢，而脊橫其中。一里，陟脊西，又南轉逾岡西下，共一里，度一峽，想即一碗冲西向洩流之峽也。又西北上坡，其坡頗長，一里，陟其巔。於是東望所度諸嶺，如屏層繞，而直東一峰，浮青遠出，恐尚在翠峰之外，豈東山閣木之最高處耶？北望乃其峰之分脊處，至是乃見迴支環壑。而南望則東南最豁，此正老脊分支環於板橋諸處者，不知此處何以反伏其脊，其外亦有浮青特出遠甚，當是路南❺邑市❻之間。惟西則本支尚高，不容外矚也。

由巔南循坡西轉，半里，又西度脊。從脊西向西北下塢，約一里，有溪始西向流，橫二松渡之。其溪從西峽去，路循西北坡上。一里，復西逾脊，環坡南下，遂循之行。一里，轉而西下，有塢自北來頗巨，橫涉其西，塍泥污濘。半里，有大聚落在西坡下，是為魯石哨❼，其處已屬尋甸，而屯者猶平彝軍人也。由村南西上逾坡，一里，復逾岡頭。轉而西南，二里，又西向逾脊。從脊西下峽中，半里，峽北忽下墜成坑，路從南崖上行，南聳危巘，北陷崩坑，坑中有石幢，則崩隤之餘也。循坑西下，又半里，有北來之塢，橫度之。又半里，涉溪西上，復西南上坡，橫行坡上。一里，又西向入峽，其南有峰尖大聳，北有峰駢立。二里，從南峰之北，逾腋而西，又一里，始行北峰之南岡，與北峰隔塢相對。有村居倚北峰而懸塢北，是為郭擴❽，始非平彝屯而為尋甸編戶❾。

由其西南下坡，半里，涉小澗，西登坡。循坡北行，又與駢峰東西隔塢。共二里，北上，瞰駢峰之陰，遂西半里逾岡，從岡上平行。有中窪之坑，當岡之南，橫墜而西。其西有尖峰，純石而中突，兩腋屬於南北，若當關之標。路行坑上，一里，出尖石峰之北腋，遂西向而下。一里，抵西壑，則尖石峰之西麓矣。於是南界擴然，直望❿一峰最高，遠插天表，余疑以為堯林山⓫而無可徵也。迤東諸山，惟堯林山最高聳特出，在嵩明東二十里，與河口⑫隔河相對。登楊林老脊，猶東望而見之，今則南望而見之，皆在七、八十里之外。按志無堯林之名，惟有秀嵩山，在嵩明州東二十里，聳秀插霄漢，環州之山，惟此為最耳。度壑西轉，二里，越小溪橋，有村在北隴，是曰壁假⑬。由其西攀嶺北上，旋逾坳而西，一里，復下涉壑，又南見天表高峰。時已追及一老人，執而問之，果堯林也。又西一里，復入西峽。躡峽而上，半里，逾嶺西，西界遙山始大開。望見南龍老脊，自西南橫列而東北，則東川、尋甸倚之為界者也。其脊平峙天際，而西南與東北兩頭各起崇峰，其勢最雄，亦最遠。從屏峙中又分列一支，自西北走東南，若「八」字然。其交分之處，山勢獨伏，而尋甸郡城正託其坳中。由伏處入，為東川道；西逾分列之脊，為嵩明并入省道；循分列東麓而南，為馬龍道。楊林之水，繞堯林之東，馬龍水由中和北轉，同趨而北，皆隨此分列之山，而合於其東者也。但溪流猶不可見，而郡南海子則汪然可挹。從此西下，坡峻嶺豁，二里，抵其峽中。有小水亦南行，隨之西南又半里，北塢迴環，中有村廬當坡，曰海桐。由其南西度塢，復上岡，一里，抵岡頭。隨岡南下，轉而西，共二里，塢自北來，溪流隨之。內有村當塢，曰果壁，外有石堰截流。路由堰上，涉水而西，從平坡上行。二里，稍下，有村倚坡之西，曰柳塘⑭。於是坡盡畦連，北抵迴峰，西逾江⑮而及郡，南接海子，皆禾稻之區，而村落相望矣。

從畦塍西行二里，則馬龍之溪，自東南峽出，楊林之溪，自西南峽出，夾流而北，至此而合。石梁七洞，橫架其上，曰七星橋⑯。其自南而北，為北盤上流，正與石保橋之流，自北而南，為南盤上流，勢正相等，但未能及曲江橋⑰之大也。過橋，有廟三楹，東向臨之。中有舊碑，或言去郡城十五里，或言二十里，或名為江外河，或名為三岔河：無定里，亦無定名。而《一統志》又名其溪為阿交合溪⑱，又注舊名為此邱溢派江，名其橋為通靖橋。然注其橋曰：「城東二十里，跨交合溪」，注其溪曰：「府東南十五里合流」，又自異焉。按舊城在今城東五里，今城築於嘉靖丁亥⑲安銓亂後，則今以十五里之說為是。乃屢訊土人，皆謂其流出東川，下馬湖⑳，無有知其自霑益下盤江者。然《一統志》曰入霑益，後考之《府志》，其注與《一統》同。參之龔起潛之說，確而有據，不若土人之臆度也。或有謂自車洪江下馬湖，其說益訛㉑。亦可見此水之必下車洪，車洪之必非馬湖矣。蓋車洪之去交水不遠，起潛之諳霑益甚真。若車洪之上，不折而西趨馬湖，則車洪之下，不折而北出三板橋，則起潛之指示可知也。

由江西岸北行，半里，隨江折而西，循江南岸。依山陟嶺，又二里餘，江折而北，路逾嶺頭折而南下。半里，由塢中西行，於是循鳳梧南山之麓矣。按鳳梧山㉒者，在郡城東北十里，山脈由郡西外界老脊，排列東突為是山，西北一峰圓聳，東南一峰斜騫，為郡中主山。阿交合溪自東來，逼其麓，轉而東北入峽去，若避此山者，是老龍東北行之脊也。《一統志》無其名，止標月狐山在城東北八里，環亙五十餘里。以舊城計之，當即此山。第《府志》則月狐、鳳梧並列，似分兩山。然以山形求之，實無兩山分受也。豈舊名月狐，後訛「狐」為「梧」，因訛「月」為「鳳」耶？豈圓聳者為月狐，而後人又分斜騫者為鳳梧耶？共西三里，南望壑中海子，水不甚大，而零匯連珠。蓋郡城之流東南下，楊林之川南來，相距㉓於壑口而不相下，遂瀦而成浸㉔者。坡南下處，石漸稜稜㉕露奇。又一里，行石片中，下忽有清泉一泓，自石底溢而南出。其底中空，泉混混㉖平吐，清洌鑑人眉宇㉗。又西數步，又有泉連瀦成潭，乃石隙迴環中下溢而起，汎汎不竭，亦溢而南去。此潭圓若鏡，而無中空之隙，不知水從何出，然其清洌，不若東泉之碧瑩無纖翳也。按《郡志》，八景中有「龍泉雙月」㉘，謂郡城東十里有雙泉，相去十餘步，月夜中立其間，東西各見月影中逗。以余觀之，泉上石環樹罨，雖各涵明月，恐不移步而左右望，中未必能兼得也。又西半里，有聚落倚山面壑，是為鳳梧所㉙，土人謂之馬石窩，想未置所時，其舊名然耳。於是西北隨田塍行，坡隴間時有聚落而不甚盛。按《郡志》，舊郡址在今城東五里，不知何村足以當之。共西三里，有溪流自北塢來，中貫田間，有石梁跨之。越之西行，又三里，復有溪自北塢來，亦貫田間，而石梁跨之，此即所謂北溪也。水在郡城之北為最近，乃城西坡與鳳梧夾腋中出者。越梁，又西行一里，入尋甸㉚東門，轉而南㉛，停屐於府治東之旅肆。

尋甸昔為土府，安氏世長之，成化間始改流㉜。至嘉靖丁亥，安之裔孫安銓者作亂㉝，搆武定鳳廷文㉞，攻毀楊林、馬龍諸州、所。當道奏發大兵殲之，并武定改流㉟。乃移尋甸郡於舊治之西五里，直逼西山下，始築城甃磚為雄鎮㊱云。按鳳廷文或又稱為鳳繼祖㊲，或又稱為阿鳳，或又稱為鳳顯祖，自改名鳳廷霄。或又云本江西人，贅武定土官婦，遂專恣作亂，以兵直逼省，後獲而磔㊳之。

尋甸四門俱不正，蓋因山勢所就也。東門偏於北，南門偏於東，西門偏於南，惟北門差正，而又非經行之所。城中惟街二重，前重乃府與所㊴所蒞，後重為文廟、城隍、察院㊵所倚，其向俱東南。

尋甸之城，直東與馬龍對，直西與元謀㊶對，直南與河口對，直北與東川對。

其西北皆山，其東南大豁。

【章 旨】本章記載了第一百三十一天自曲靖府至尋甸府的行跡。一路翻山穿峽，經過三車、一碗冲，登上山頂，觀察山脈的走向和地理形勢。走到魯石哨，已屬尋甸府，但仍由平彝衛屯守。往前經過郭擴、壁假，途中望見遠處有座最高的山，即堯林山。又望見作為東川府、尋甸府分界的大山，在山脊的兩端分別聳起險峰，氣勢最為雄壯。再經過海桐、果壁，到柳塘，村莊開始多了起來。馬龍州和楊林所的溪水，流到這裡會合，溪上架著七星橋，橋下的水即阿交合溪，為北盤江上游，就像石堡橋下的水為南盤江上游。過橋沿著鳳梧山南麓走，是尋甸府主峰。途中望見溪流停蓄形成的湖泊，並觀賞了兩泓清泉。尋甸八景中有一景名「龍泉雙月」，但實際上未必能同時看到。最後經過鳳梧所，越過北溪，進入尋甸府城投宿。尋甸府原為土官，後因土司作亂，和武定府都改土歸流。城門順著山勢建成，故四門都不正。

【注 釋】❶烺烺　鮮明。❷三車　在馬龍北境。❸丹碧　同「丹青」。指繪畫。❹一碗冲　今名玉碗冲，在馬龍西北境。❺路南　明代為州，隸澄江府，即今雲南路南。❻邑市　明初置邑市縣，隸路南州，治所在今宜良東北的古城，弘治間廢。「邑市」原作「市邑」，據《明史·地理志》改。❼魯石哨　今名魯石，在馬龍西北隅。❽郭擴　今名戈夸，在尋甸東南隅。❾編戶　編入戶籍的平民。❿直望　眼睛望著前方。⓫堯林山　即秀嵩山，俗名瑤嶺山，今名藥靈山，在嵩明城東南三十里。高聳雲霄，盛產水果。山上有洗甲池，雲覆其頂即雨，晴則日光先照。「秀嵩晴靄」為嵩明一景。⓬河口　在嵩明東境，嘉利澤水東北流至此，轉而北流為牛欄江。⓭壁假　今名必寨，在尋甸東南境。⓮柳塘　今名勒唐，在尋甸東南境。⓯西逾江　此江指牛欄江。⓰七星橋　又名通靖橋，在尋甸城東阿交合溪上，處四方交會的衝要。明時橋長三十丈，寬五尺。⓱曲江橋　在建水北隅，橫跨曲江上。原為木橋，明萬曆間巡按沈正隆召鄉紳捐資改建石橋。⓲阿交合溪　在尋甸城東十五里，上源一出嵩明，一出馬龍，至城東南合流入霑益州。⓳嘉靖丁亥　嘉靖六年（一五二七）。⓴馬湖　明代為府，隸四川布政使司，治所在今四川屏山縣。㉑或有謂自車洪江下馬湖二句　嘉利澤水東北流入尋甸境名牛欄江，繼續東北流入宣威境名車洪江，轉而西北流匯入金沙江。馬湖在金沙江北岸，車洪江下馬湖，並非訛說，霞客誤信龔起潛之說，故言其訛。㉒鳳梧山　在尋甸城東北八里，環亙五十里，登上山頂，可遠望滇池。山頂有雲氣必雨，「鳳梧朝雲」為尋甸八景之一。傳說宋時有狐在此拜月，故又名月狐山。㉓距　通「拒」。抗拒。㉔浸　大水；湖泊。㉕稜稜　形容高聳突起。㉖混混　形容水奔流不絕。㉗眉宇　眉額之間。因面有眉額，如屋有簷宇，故稱。亦用以泛指容貌。㉘龍泉雙月　即龍泉夜月。在尋甸城東十里，有兩龍潭，相隔二十餘步。人站在中間，兩邊明月映水，宛然可見。為尋甸八景之一。㉙鳳梧所　即鳳梧守禦千戶所，嘉靖間置，直隸雲南都司，治所在今尋甸城東的馬石五村。㉚尋甸　明代為府，治所在今雲南尋甸。㉛轉而南　原脫此三字，據徐本補。㉜尋甸昔為土府三句　明洪武間，設尋甸軍民甸，以土官安氏世襲知府事。成化十四年，土知府安晟死，安晹、安洒兄弟爭襲，引起內亂，於是改置尋甸府，設流官，降安氏為營長。成化，明憲宗年號。㉝安銓者作亂　嘉靖六年，知府馬性魯以徵糧事，將安晹孫安銓之妻關入獄中，脫光衣服鞭打。安銓被激怒，進行叛亂，攻打尋甸，馬性魯棄城逃跑。㉞搆武定鳳廷文　鳳廷文，《明史．雲南土司傳》及《雲南通志．土司》均作「鳳朝文」。嘉靖七年，武定府土官舍人鳳朝文作亂，殺同知以下官吏，劫去州印，舉兵與安銓合力侵犯雲南府，滇中大驚。搆，俗作「構」。連結；交合。㉟武定改流　明洪武間，武定土女官商勝率先歸附，置武定軍民府，授商勝土知府。正德間，其世孫阿英改姓鳳氏。鳳朝文被殺後，土知府瞿氏、索林婆媳不和，引起鳳繼祖、鳳曆之亂。萬曆三十五年，阿克繼續作亂，被擒至京師，磔於市，於是武定府改設流官。霞客誤記。㊱雄鎮　地勢險要，足以控制四方的重鎮。㊲鳳廷文或又稱為鳳繼祖　鳳廷文（當為鳳朝文）為鳳英兒輩，其亂在嘉靖七年，鳳繼祖為鳳英孫輩，為土女官瞿氏所收養異姓兒，其亂在嘉靖四十四年，並非同一人。㊳磔　古代分裂肢體的酷刑。㊴所　尋甸城東南有木密關，又名易龍堡（今名易隆），明洪武間置木密關守禦千戶所。㊵察院　都察院。這裡指都察院的派出機構。㊶元謀　明代為縣，隸武定府，今屬雲南。

【語譯】二十三日　半夜聽到隔壁夜裡起來的人說，星光明亮。雞啼時起身吃飯，仍然是陰沉沉的天氣，但四周山上沒有雲霧。拂曉就出發，開始往西南穿過山塢，走了一里，漸漸往西進入峽谷，平步通過峽谷上山。走了三里，越過一道坳脊，便往西下山。兩上兩下，兩次穿過往南伸展的山塢，兩次越過往南延伸的坡脊往西，共走了五里，有村莊在西面的山坡上，名三車。從這村的後面，又越過一道往南延伸的山坡，穿過一處往南伸展的山塢，走了一里半，穿入西面的峽谷，到這裡峽谷中的水從西往東流去。沿著水流上行半里，漸漸盤繞著山崖往上。山崖南面的峽谷中，竹樹茂密，剛染上一層清霜，眼前景物，或顯出黃色，或添上紫色，或鑲嵌綠色，或蓋上紅色，使人感到彷彿置身於圖畫之中。走了一里多，漸漸繞向北轉，往下越過盤繞的山壑，更覺深遠幽寂。走了二里，又沿西面的峽谷走上。過了一里，再越過一道山脊，這是往南延伸最遠的支脊，東西兩邊都是它旁出錯落的支脈。從山脊往西走下，穿過山塢再往西，共走了二里，有道十分狹隘的峽谷。隨著它向西轉再往南走，過了半里，又往西越過山嶺。再過半里，走出山嶺西面，才看到山嶺北面有山塢，住房環繞座落在山岡上，這就是一碗沖。從這裡往西在嶺脊上行走，這嶺很平坦，南北兩邊都是山塢，而嶺脊橫貫在中間。走了一里，登上嶺脊的西坡。又轉向南，越過山岡往西下山，共走了一里，穿過一道峽谷，想來就是一碗沖往西排泄水流的峽谷。再往西北登上山坡，這道山坡很長，走了一里，登上山頂。在這裡向東望見所越過的眾多山嶺，就像屏風那樣層層環繞，而正東的一座山峰，遠遠浮現青翠的山色，恐怕還在翠峰山的外面，難道是東山閬木山的最高處嗎？向北望是這峰的分脊處，到這裡才看見曲折的支脈環繞著山壑。而向南望去則見東南面最為開豁，這正是主脊的支脈在板橋各處環繞，不知道這裡的山脊為何反而低伏，在它外面很遠的地方也有青翠的山色浮現突出，應當在路南、邑市之間。唯獨西面則本支山脈還比較高，不能從外面觀望。

從山頂的南面沿著山坡往西轉，走了半里，又往西越過山脊。從山脊的西面往西北走下塢中，約走了一里，才有溪水往西流，橫架兩棵松樹，渡過溪水。這條溪水從西面的峽谷流去，路沿著西北的山坡往上。走了一里，再往西越過山脊，繞著山坡往南走下，就沿著坡走。過了一里，轉向西走下，有個很大的山塢從北面伸展過來，橫穿山塢西面，田埂上盡是污泥。走了半里，有個大村落在西面的山坡下，這就是魯石哨，這裡已屬尋甸府，但屯守的仍是平彝衛的士兵。從村落南面往西攀登，越過山坡，走了一里，又越過岡頭。轉向西南走了二里，再往西越過山脊。從山脊西面走下峽谷中，過了半里，峽谷北部忽然往下陷落成為深坑，路從南面的山崖上走。峽谷南面聳起高峻的山峰，北面陷成崩塌的深坑，坑中有石幢，是崩塌後的殘餘物。沿著深坑往西走下，又過了半里，有從北面延伸過來的山塢，橫穿過去。又走了半里，渡過溪水往西走上，再往西南登上山坡，在坡上橫向行走。過了一里，再往西進入峽谷，峽谷的南面有尖峰高聳，北面有山峰並立。走了二里，從南峰的北面越過山腋往西，再走一里，才到北峰南面的山岡上，和北峰隔著山塢相對。有個村莊靠著北峰高高座落在山塢北面，這就是郭擴，到這裡才不是平彝衛的屯守區，居民編入尋甸府的戶籍。

從郭擴的西南下坡，走了半里，渡過一條小澗，往西登上山坡。沿著山坡往北走，又和峽谷兩邊並立的山峰隔著山塢東西相對。共走了二里，往北攀登，俯視並立的山峰的背面，便往西走半里越過山岡，在山岡上平步行走。有個中間低窪的坑洞，位於山岡的南面，橫向往西陷落。坑的西面有座尖峰，上面純是岩石，中部突起，兩腋和南北兩邊相連，就像正當關口的標誌。路從坑的上方通過，走了一里，從尖石峰的北腋走出，便往西下去，過了一里，到達西面的山壑，則是尖石峰的西麓了。從這裡起南界十分開豁，望見前面有一座最高的山峰，在遠處直插天外，我懷疑是堯林山，但找不到證據。滇東眾多山峰，唯獨堯林山最為高聳突出，位於嵩明州東面二十里處，與河口隔河相對。登上楊林所的主脊，還能向東看到它，如今則向南見到它，所處的位置，都是在七、八十里之外。按志書中沒有堯林山這個名稱，只有秀嵩山，位於嵩明州東面二十里處，高聳秀麗，直插雲霄，環繞嵩明州的山，以這座山最高。越過山壑往西轉，走了二里，通過小溪橋，有個村莊在北面的山壟上，名壁假。從它的西面攀登山嶺往北走上，隨即越過山坳往西，走了一里，再往下穿過山壑，往南又看見直插天外的高峰。這時已趕上一個老人，拉住他打聽，果然是堯林山。再往西走一里，又進入西面的峽谷。踏上峽谷攀登，走了半里，越過山嶺到西面，西界遠山才大大開闊起來。望見南部大山的主脊，從西南往東北橫向延伸，東川府、尋甸府就憑這座山作為分界。這山脊平緩地峙立在天邊，而西南和東北兩頭分別聳起高大的山峰，氣勢最為雄壯，距離也最遠。從屏風般峙立的山脊中又分列出一支，從西北往東南延伸，形狀就像「八」字。在交叉分出的地方，山勢特別低伏，而尋甸城正好座落在這山坳之中。從低伏處走進，是去東川府的路；往西越過分列出的山脊，是去嵩明和省城的路；沿著分列的山脊東麓往南，是去馬龍州的路。楊林所的水流，繞過堯林山的東面，馬龍州的水流，到中和往北轉，兩條水一起往北流去，都是隨著這分列的山脊流，而後在它的東面匯合。但溪流在遠處還看不到，而尋甸府南面的湖泊十分深廣，近在眼前，就像能用手捧取一般。從這裡往西走下，山坡陡峻山嶺開闊，過了二里，到達它的峽谷中。有小水也往南流，隨著它往西南又走了半里，北面山塢環繞，中間有村舍座落在山坡上，名海桐。從它的南面往西穿過山塢，又登上山岡，走一里到達岡頭。隨著山岡往南走下，轉而向西，共走了二里，有山塢從北面延伸過來，溪水隨著山塢流，有個村莊在山塢中，名果壁，外面有石壩攔住水流。路從石壩上走，渡過溪水往西，在平坦的山坡上行走，過了二里，稍許往下，有村莊靠在山坡的西面，名柳塘。這裡山坡已到盡頭，田地連綿不斷，往北到迴繞的山峰下，往西越過牛欄江而到府城，往南和湖泊相接，都是種稻的地區，村落也一個接一個相望不斷了。

從田埂上往西走二里，只見馬龍州的溪水從東南的峽谷中流出，楊林所的溪水從西南的峽谷中流出，兩條溪水相夾往北流去，到這裡匯合。有座七孔石橋橫架在它上面，名七星橋。橋下的水從南往北流去，為北盤江上游，正和石堡橋的水從北往南流去，為南盤江上游，形勢相仿，但都不及曲江橋下的水大。通過七星橋，有廟宇三間，向東面對著橋。廟中有舊碑，有的碑文說這裡離尋甸府城十五里，有的說二十里，有的稱這條溪水為江外河，有的稱為三岔河，既沒有確定的里數，也沒有固定的名稱。而《一統志》又稱這溪為阿交合溪，還說明原名為些邱溢派江，稱這座橋為通靖橋。但對橋所作的說明：「在城東面二十里處，架在交合溪上。」對溪所作的說明：「在府城東南十五里處合流。」又自相矛盾了。按尋甸府舊城在今府城東面五里處，如今的府城是嘉靖六年安銓之亂後修建的，那麼現在應以橋和溪水距離府城十五里的說法為是。為此多次詢問當地人，都說溪水流出東川府，再往下流到馬湖府，沒人知道它從霑益州往下流入盤江的。但《一統志》說阿交合溪流入霑益州，後來查考《尋甸府志》，它的說明和《一統志》相同。參考龔起潛的說法，確鑿而有據，不像當地人僅憑主觀猜想。有人說這溪從車洪江往下流到馬湖府，這種說法更加錯誤。也可見這條溪水一定往下流到車洪江，但車洪江一定不會流到馬湖府。因為車洪江離交水不遠，龔起潛對霑益州確實熟悉。如果車洪江的上游，不轉向西流往馬湖府，那麼車洪江的下游，也不轉向北從三板橋流出，因而龔起潛的指示是可以理解的。

從江的西岸往北走了半里，隨江流往西轉，沿著江的南岸走。順著山登嶺，又走了二里多，江流轉向北，路越過嶺頭轉向南下，走了半里，從山塢中往西，到這裡沿著鳳梧山南麓走了。按鳳梧山在府城東北十里處，山脈從尋甸府城西部外界的主脊，往東排列突起形成這山，西北部有一座圓形山峰聳立，東南部有一座傾斜的山峰伸出，是尋甸府的主山。阿交合溪從東面流來，逼近鳳梧山麓，轉向東北流入峽谷，好像故意避開這山似的。這山也是山的主脈往東北延伸的山脊。《一統志》沒有記載它的名稱，只說月狐山在府城東北八里處，四周綿亙五十多里。按舊府城的位置計算，月狐山應該就是這山。只是《尋甸府志》將月狐山、鳳梧山並列記載，似乎分為兩座山。但根據山形來看，實際上並沒有可分開的兩座山。難道是原名月狐山，後來將「狐」錯改為「梧」，因而又將「月」字錯改為「鳳」字嗎？又難道是圓形聳立的山峰為月狐山，而後人們又將傾斜伸出的山峰分出稱為鳳梧山嗎？往西共走了三里，向南望見山壑中的湖泊，水不太大，但各處匯入的水流連續不斷。大概是尋甸府城的水往東南流下，楊林所的水從南面流來，在壑口互相抗拒，其勢各不相讓，於是停蓄聚合形成湖泊。在山坡南面往下的地方，岩石漸漸高聳突出，露出奇特的形態。又走了一里，在石片中行走，下面忽然出現一泓清泉，從岩石底部溢出往南流去。它的底部中間是空的，泉水源源不斷地平吐出來，清澈能照人容貌。再往西走幾步，又有泉水連接聚成的水潭，是從曲折環繞的石縫下溢出，永不枯竭，也是溢出後向南流去。這潭像鏡子那樣圓，但沒有中空的縫隙，不知道泉水從何處流出，但就清澈程度而言，這泉水不像東面的泉水碧綠晶瑩，沒有一點污穢。按《尋甸府志》所載的八景中有「龍泉雙月」，說府城東面十里處有兩泓泉水，相隔十多步，月夜中站在兩泓泉水之間，東西兩邊映照泉中的月影都可看到。根據我的觀察，泉水上面有石環繞，樹木掩映，雖然兩邊清泉各能照入明月，只怕不移步走向左右兩邊望去，站在中間是不能同時看到泉中月影的。再往西走半里，有村落背靠山岡，面對山壑，這就是鳳梧所，當地人稱為馬石窩，想來是未設所時村子的原名罷。從這裡往西北隨著田埂走，山坡丘壟中常有村落但都不太興盛。據《尋甸府志》記載，府城舊址在如今府城東面五里，不知哪個村落是它的所在地。往西共走了三里，有條溪水從北面的山塢中流來，從中穿過田間，有石橋架在溪水上。過橋後往西走了三里，又有溪水從北面的山塢流來，也從田間穿過，上面架著石橋，這就是所說的北溪。溪水在府城北面，離得很近，是從府城西面的山坡和鳳梧山的夾腋中流出的。過橋再往西走一里，從尋甸府城東門進去，轉向南走，在府衙門東邊的旅店停留。

尋甸府從前是由土官任知府，安氏世襲。成化年間才改土歸流。到嘉靖六年，安氏的後代孫子安銓進行叛亂，勾結武定府土司鳳廷文攻破楊林所、馬龍州等地。當局上奏朝廷派大軍將他們殲滅，連同武定府一起改土歸流。於是遷尋甸府治於舊治西面五里處，緊靠西山下面，才修築磚城成為險要的重鎮。按鳳廷文有時又稱為鳳繼祖，有時稱為阿鳳，有時又稱為鳳顯祖，自己改名為鳳廷霄。有人又說他原來是江西人，入贅到武定府的女土司家，於是專斷放肆，進行叛亂，率領軍隊一直打到省城。後來捕獲處以磔刑。

尋甸府的四座城門都不正，大概是順著山勢建成的。東門往北偏，南門往東偏，西門往南偏，只有北門略微正些，卻又不是來往的地方。城中只有兩條街道，前面一條是尋甸府衙和木密關所衙所在的地方。後面一條是文廟、城隍廟以及都察院派出機構所在的地方，都面向東南。

尋甸府城，正東和馬龍州相對，正西和元謀縣相對，正南和河口相對，正北和東川府相對。城的西北全是山，東南十分開豁。

二十四日　余初欲行，偶入府治觀境圖，出門，左有肆，中二儒冠❶者，問圖、志，以有版可刷對。余辭以不能待。已而曰：「有一刷而未釘者，在城外家中。」索錢四百，余予之過半。既又曰：「須候明晨乃得。」余不得已，姑需之。聞八景中有「北溪寒洞」❷，在東門外北山之下，北溪水所從出也，因獨步往探之。遍詢土人，莫有識者，遂還。步城內後街，入儒學、城隍諸廟。下午，還寓作記。是日晴而有風。城中市肆，與廣西府相似。賣栗者，以火炙而賣之。

二十五日　晨起往索志。其人初謂二本，既而以未釘者來，止得上冊，而仍少其半。余略觀之，知其不全，考所謂阿交合溪之下流，所載亦正與《一統志》同，惟新增所謂鳳梧山、雙龍潭之類而已。乃畀還之，索其原價，遂飯而行。

出西門，即上西山，峻甚。五里，逶迤躡其頂，則猶非大龍之脊也，其脊尚隔一塢。西南自果馬山❸環界而北，乃東度而為月狐，從其北度之坳，又南走一支，橫障於東，即此山也。志稱為隱毒山❹，謂山下有泉，為隱毒泉。蓋是山之西，與老龍夾而中窪，內成海子，較南海子❺頗長而深。是山之東，有泉二派，一出於北，今名為北溪。一出於南，（脫數字。）而是山實南北俱屬於大脊焉。由其西向西南下，二里，抵塢中，有小坑瀦污流，不甚大也。西涉塢一里半，草房數間，倚南坡上，為黑土坡哨❻。前有岐，西北由塢中行，為潘、金、魏所道，西南上坡為正道。余乃陟坡一里，復南逾其岡，岡頭多眢井中陷，草莽翳之，或有聞水聲潺潺者。越岡南行二里餘，乃下坡，遂與西海子❼遇，其水澄碧深泓，直漱東山之麓。路既南臨水湄，遂東折而循山麓行。南向二里，見其水汪汪北轉，環所逾眢井之岡，南抵南岡，東逼山麓，而西瀕所聚焉。蓋惟西、北二面，大脊環抱，可因泉為田，而三所屯託之，所謂潘所、金所、魏所❽也。乃土官三姓。三所在海子西，與余所循山麓隔水相望。是水一名清海子❾，一謂之車湖。水瀕山麓，清漱可愛，然涸時中有淺處，可徑而南也。今諸山岡支瞰其間，湖水紆折迴抱，不啻數十里，《一統志》謂四圍皆山者是，謂周廣四里，則不止焉，想從其涸時言也。

又南一里，東逾一瞰水之岡，又陟漱水之坡，南向一里，海子南盡，遂西南逾岡而行。岡不甚峻，而橫界於東西兩界之間，皆廣坡漫衍。由其上南行四里，稍南下，忽聞水聲，已有細流自岡西峽墜溝而南矣。有數家在西山下，曰花箐哨⑩。始知其岡自西界老脊度脈，而東峙為東界，北走而連屬於鳳梧之西坳，是為隱毒山，中環大窪，而清海子瀦焉；南走綿聳於河口之北崖，是為堯林山，前挾交溪，而果馬水入焉。不陟此岡，不知此脈乃由此也。於是隨水南行，皆兩界中之坂隴，或涉西委之水，或逾西垂之坡，升降俱不甚高深，而土衍不能受水，皆不成畦。然東山逶迤而不峻，西山崇列而最雄，路稍近東山，而水悉溯西山而南焉，則花箐諸流之下洩於果馬溪者，又楊林之源矣。南行二十五里，始有聚落曰羊街子⑪。其西界山至是始開峽，重巒兩疊，湊列中有懸箐焉。由此而入，是為果渡木朗，乃尋甸走武定之間道。蓋西界大山，北向一支，自西南橫列東北，起嶂最高，如重蓋上擁；南向一支，亦自西南橫列東北，排巒稍殺，而外幔斜騫；雖北高南下，而其脈實自南而北疊，而中懸一箐為叢薄，為中通之隙焉，是曰果馬山；而南北之水，由此分矣。羊街子居廬頗聚，又有牛街子⑫在果馬溪西大山下，與羊街子皆夾水之市，皆木密所分屯於此者。蓋花箐而南，至此始傍水為塍耳。時方下午，問前途宿所，必狗街子，去此尚三十里，恐行不能及。途人皆勸止，遂停憩逆旅，草記數則。薄暮，雨意忽動，中夜聞潺潺聲。

【章　旨】本章記載了第一百三十二天、第一百三十三天在尋甸府的行跡。因買志書，在城中留了一天。想去遊「北溪寒洞」，但沒人知道在什麼地方。離開尋甸府城，登上隱毒山頂，山下有隱毒泉，西面有湖泊。經過黑土坡哨，越過山岡，岡頭有許多枯井，下坡和西邊的湖泊相遇。隔著車湖，遠遠望見潘所、金所和魏所。車湖四周群山環抱，不止幾十里。往南越過一座山岡，到花箐哨，方才了解西部主峰的走向，往北聳起隱毒山，往南聳起堯林山。繼續往前，到羊街子留宿。西部的大山就是果馬山，往北往南各分出一支，南北兩邊的水，也從這裡分流。在果馬溪西邊的大山下，還有牛街子。

【注　釋】❶儒冠　儒生戴的帽子。後用以稱儒生。❷北溪寒洞　在尋甸城北三里處。山下有泉，極為清洌，為尋甸八景之一。❸果馬山　在尋甸城西六十里。山下有泉流成溪水，名果馬溪。❹隱毒山　在尋甸城西八里，相傳此山獨無瘴氣，當地人每年夏季都上山避暑。山麓有泉，名隱毒泉。❺南海子　今已堙沒不存。❻黑土坡哨　在尋甸城西。❼西海子　在尋甸城西三十里，周圍六十里，清澈見底。過去有鰷、鰋、鱠、鯉，應時而出。「西海澄清」為尋甸八景之一。❽潘所金所魏所　三處現都為屯名，在尋甸西北境。❾清海子　即清水海，又名車湖，在尋甸城西三十里，周廣四里。四周群山環抱，眾流交匯。湖水源出花箐哨山，會北山諸水匯聚成湖，北流入會澤界為小江。再往北流經東川匯入金沙江。霞客所見的在尋甸城西十餘里，潘、金、魏三所之東，今稱潘所海，並非清水海。❿花箐哨　今名花心哨，在尋甸西南境。⓫羊街子　在尋甸南隅，果馬河東岸。⓬牛街子　在尋甸南隅，果馬河西岸。

【語　譯】二十四日　我起先想動身，偶然進入府衙看尋甸地圖，走出門來看到左邊有店鋪，裡面有兩個儒生，便去詢問有沒有地圖、志書，回答說有製好的版，可以印刷。我以不能等待而推辭。那兩個人隨即說：「有一部已印刷好但還沒裝訂，放在城外家中。」開價四百文，我給了一半多。過了一會他們又說：「要等到明天早晨才能拿到。」我沒辦法，只好暫且等他們拿來。聽說尋甸八景中有「北溪寒洞」的景觀，在東門外北山下，是北溪水所流出的地方，於是獨自步行前往探訪。問遍當地人，沒有一個知道，只得返回城中。在城內後街走進學宮和城隍廟等地方。下午，回到寓所寫日記。這天天氣晴朗，但有風。城中的街市店鋪，和廣西府相似，賣栗子的人，用火烤熟後賣出。

二十五日　早晨起身，去取志書。那人開始說有兩冊，過後將沒裝訂的拿來，只有上冊，還少一半。我略翻閱一下，就知道這書不全，查考所謂阿交合溪下游的情況，書中記載的內容正好和《一統志》相同，只是新增了所謂的鳳梧山、雙龍潭之類內容而已。於是將書還給他們，要回原來付給的錢，便吃了飯出發。

走出西門，立即登上西山，山十分陡峻。走了五里，曲曲折折登上山頂，但還不是主峰的山脊。那山脊還隔著一個山塢，從西南果馬山繞著府界往北，再往東延伸為月狐山，從它的北面越過的山坳，又往南伸出一支山脈，橫擋在東面，就是現在攀登的這座山。志書稱為隱毒山，說山下有泉，名隱毒泉。原來這山的西面，和主峰相夾，中間低窪，裡面成為湖泊，比南面湖泊更長也更深。這山的東面有兩條泉水，一條從北邊流出，如今名北溪。一條從南邊流出，(漏掉幾個字。)而這山的南面、北面其實都和主峰山脊相連。從隱毒山的西面往西南走下，過了二里，到達塢中，有個小坑積滿污水，坑不太大。往西在塢中穿行一里半，看到有幾間草房靠在南面的山坡上，這是黑土坡哨。前面有岔路，從山塢中往西北走，是去潘所、金所、魏所的路，從西南上坡是正路。我便上坡走了一里，再往南越過山岡，岡頭有許多枯井往下陷落，被草叢遮掩，有的能聽到井中潺潺的水流聲。越過山岡往南走了二里多，才下山坡，便和西面的湖泊相遇，湖水清澈碧綠很深，直接沖刷著東面的山麓。路往南伸到湖邊後，就轉向東沿著山麓走。往南二里，看到深廣的湖水往北轉去，環繞著剛才越過的有許多枯井的山岡，再往南流到南面的山岡，往東流緊逼山麓，而往西流臨近各所村落。

大概只有西、北兩面，在主峰山脊的環抱中，可以利用泉水種田，而三所都到這裡屯守，就是所說的潘所、金所、魏所。是以三個土官的姓來命名。三所位於湖泊西邊，和我所沿著走的山麓隔水相望。這湖泊一名清海子，一名車湖。湖水靠近山麓，清澈可愛，但在乾涸時，湖中有水淺的地方，可以直接往南走。如今眾多山岡支脈伸到湖中，俯照湖面，湖水曲折環抱眾山，方圓不下幾十里。《一統志》說湖的四周都是山，這是說得對的。但說湖的周廣只有四里，則遠遠不止，想來是根據湖泊乾涸時的水面說的。

又往南走了一里，往東越過一座伸向湖中俯照湖面的山岡，再登上湖水沖刷的山坡，往南走一里，到湖泊南部的盡頭，便往西南越過山岡行走。山岡不太陡峻，橫隔在東西兩界之間，都是連綿不斷寬廣的山坡。從山岡上往南走了四里，稍許往南走下，忽然聽到流水聲，就已看到有條小水從山岡西面的峽谷落到深溝往南流去了。有幾戶人家住在西邊的山下，地名花箐哨。方才知道這山岡從西部主峰的山脊延伸過來，往東峙立成為東部的分界山，再往北延伸和鳳梧山西面的山坳相連，這就是隱毒山，其中環繞著一片很大的窪地，裡面蓄水形成清海子；往南綿延到河口的北崖聳起，就是堯林山，山前夾著交溪，而果馬溪的水流入其中。不登上這座山岡，就不會知道這山脈的走向。從這裡隨著小水往南，一路都是在兩邊山峰之間的山坡丘壟上走，有時渡過曲折往西的流水，有時越過往西垂下的山坡，上上下下都不太高深，但土地低平，不能蓄水，都沒能開墾成田。但東邊的山曲折連綿而不陡峻，西邊的山高高聳列最為雄偉，路稍許偏近東邊的山，而水都沿著西邊的山往南逆流，這樣，從花箐哨往下流入果馬溪的各條水流，又成了楊林所水流的上源了。往南走了二十五里，才有村落名羊街子。在它西邊的山到這裡才開出峽谷，兩邊是層層疊疊的山巒，在聚合排列的山巒中有高懸的箐谷。從這裡進去，便是果渡木朗，是從尋甸府去武定府的小路。原來西界的大山，往北延伸的一支，從西南往東北橫列，聳起屏障般的山峰最為高大，如同層層車蓋向上簇擁；往南延伸的一支，也從西南往東北橫列，成排的峰巒稍許低矮，如同外圍的帳幕斜向飛動；雖然山勢北高南低，而山脈走向實際上都是從南往北層層聳起，裡面高懸著一片草木叢生的箐谷，是通行的空隙，地名果馬山；而南北兩邊的水也從這裡分流了。羊街子的住房很多，另有牛街子在果馬溪西邊的大山下，和羊街子都是果馬溪兩岸的街市，又都是木密所分派士兵屯守的地方。大概從花箐哨往南，直到這裡才靠近水流墾為田地。這時正是下午，打聽前面途中可住宿的地方，一定要到狗街子，離這裡還有三十里路，怕來不及走到。路上行人都勸我止步，於是留下在旅店休息，寫了幾則日記。傍晚，忽然出現下雨的跡象，半夜便聽到潺潺的雨水聲。

二十六日　晨起，飯後，雨勢不止，北風釀寒殊甚。待久之，不得已而行。但平坡漫隴，界東西兩界中，路從中而南，雲氣充塞，兩山漫不可見。而寒風從後擁雨而來，傘不能支，寒砭風刺，兩臂僵凍，痛不可忍。十里，稍南下，有流自東注於西，始得夾路田畦。蓋羊街雖有田畦，以溪傍西山，田與路猶東西各別耳。渡溪南，復上坡二里，有聚落頗盛，在路右，曰間易屯。又北一里半，南岡東自堯林山直界而西，西抵果馬南山下，與果馬夾溪相對，中止留一隙，縱果馬溪南去。溪岸之東山，阻溪不能前，遂北轉溯流作環臂狀。又有村落倚所環臂中，東與行路相向。詢之土人，曰果馬村❶。從此遂上南岡，平行岡嶺二里，是為尋甸、雲南之界。蓋其嶺雖不甚崇，自南界橫亙，直湊西峰，約十餘里，橫若門閾，平若堵牆，北屬尋甸，南屬嵩明，由此脊分焉。稍南，路左峰頂有庵二重，在松影中，時雨急風寒，急趨就之。前門南向，閉莫可入。從東側門入，一老僧從東廡下煨楔，見客殊不為禮。禮佛出，將去之，一爨下僧號德聞。出留就火，薪不能燃，遍覓枯槎焙之。就炙濕衣，體始復蘇；煨栗瀹茶，腸始回溫。余更以所攜飯乘沸茶食之，已午過矣。

零雨漸收，遂向南坡降。三里，抵坡下，即楊林海子之西塢也。其處遙山大開，西界即嵩明後諸老龍之脊，東界即羅峰公館後分支，為翠峰祖脊，相對夾成大壑，海子中匯焉；其南楊林所城當鎖鑰，其北堯林山扼河口。海東為大道所經，海西為嵩明所履，但其處竹樹漸密，反不遑遠眺。大道東南去，乃狗街子道；岐路直南去，為入州道。余時聞有南京僧在狗街子州城大道之中，地名大一半村者，欲往參之，然後入州。乃從岐道下竹坑間行，一里，有大溪自西北環而東注，即果馬溪之循西山出峽，至是放而東轉者。橫木梁跨石洑❷上，洑凡三砥，木三跨而達涯之西，其水蓋與新橋石幢河相伯仲者也。既渡，即平疇遙達，村落環錯，西南直行六里而抵州。由塍中東南向，遵小徑行二里，過小一半村❸。又一里，有大路自東北走西南，是為狗街子入州之道。道之北即為大一半村❹，道之南即為玉皇閣。入訪南京師，已暫棲州城某寺。其徒初與余言，後遂忘之。南京僧號金山。余遂出，從大道西南入州。二里，又有溪自西而東向注，其水小於果馬之半而頗急，石卷橋跨之。越而西西南行，濘陷殊甚。自翠峰小路來，雖久雨之後，而免陷淖之苦，以山徑行人少也。一入大路，遂舉步甚艱，所稱「蜀道」❺，不在重崖而在康莊如此。又三里，直抵西山下，轉而西南，又一里，而入嵩明❻之北門。稍轉東而南，停於州前旅舍。問南京僧，忘其寺名，無從覓也。

【章　旨】本章記載了第一百三十四天自尋甸府至雲南府的行跡。刮風下雨，天寒刺骨。經過間易屯，到果馬村，南面的山岡是尋甸府和雲南府的分界。路過一座寺廟，進去烤火喝茶，凍僵的身體才又恢復過來。午後到楊林所湖泊西面的山塢，觀察遠處的山勢。從岔路走到果馬溪的下游，溪上有橋分三截架在石洑上。過橋經過小一半村，到大一半村，想去拜訪從南京來的僧人，卻沒碰上。走大路去嵩明州，路上反而泥濘不堪。

【注　釋】❶果馬村　在尋甸西南隅，果馬河西岸。❷石洑　下面為伏流的石塊。洑，水伏流地下。❸小一半村　今名小倚伴，在嵩明城東，果馬河西。❹大一半村　今名大倚伴，在小倚伴南面。❺蜀道　指由秦（陝西）入蜀（四川）之道，樂府「相和歌」有調名「蜀道難」，專寫蜀道的行路艱險。李白〈蜀道難〉詩中有「蜀道之難，難於上青天」之語。❻嵩明　明代為州，隸雲南府，今屬雲南。

【語　譯】二十六日　早晨起身，吃過飯後，雨還是下個不停，北風凜冽，天氣格外寒冷。等了很長時間，無可奈何，只得出發。只見平坦的山坡一望無際的丘壟，隔在東西兩邊的山嶺中，路從中間往南，雲霧充塞，兩邊的山已被遮掩看不見了。而寒風從後面帶雨吹來，傘不能撐起，寒風刺骨，兩臂都凍僵了，痛得難以忍受。走了十里，稍許往南走下，有水從東往西流去，路的兩旁才出現田地。羊街子雖然有田地，因為溪水靠近西邊的山，田地和道路還各在東、西一邊分開。渡過溪水往南，又登上山坡走了二里，有個村落十分興盛，在路的右邊，名間易屯。又往北走一里半，南面的山岡從東邊堯林山直往西分隔，西面到果馬南山下面，和果馬山隔著溪水相對，中間只留下一條空隙，聽任果馬溪往南流去。溪水東岸的山，因溪流阻擋不能往前伸展，於是轉向北逆流延伸，形成如同手臂環抱形狀。又有一個村落靠在如臂環抱的山中，和東面所走的路相對，詢問當地人，叫果馬村。從這裡就登上南面的山岡，在岡嶺上平步行走二里，這是尋甸府和雲南府的分界。原來這嶺雖然不太高大，但從南部橫貫，直到和西部的山峰聚合，長約十多里，像門坎那樣橫列，像堵牆那樣平整，北面屬於尋甸府，南面屬於嵩明州，就以這嶺脊來劃分。稍許往南，看到路左邊的峰頂上有兩座小庵，在松影之中，這時雨猛風冷，急忙向它走去。庵的前門向南，關閉著不能進入。從東邊的側門走進，一個老僧人在東邊廊屋下烤火，看到來客，連一點禮貌都沒有。我拜佛後走出來，將要離開這裡，一個燒飯的僧人法號德聞。出來留我烤火，柴濕沒法點燃，就到處找來枯枝燒火，我靠著火烘烤濕衣，凍僵的身體才又恢復過來，烤栗子、燒茶水下肚之後，腸胃開始轉暖，我還把所帶的飯，用煮沸的茶水泡了一起吃，這時已過中午了。

斷斷續續下著的雨，漸漸停止，於是往南面山坡走下。過了三里，到山坡腳下，便是楊林所湖泊西邊的山塢。從這裡向四面望去，遠處山勢十分開闊，西界即嵩明州後面各座大山的山脊，東界即羅峰公館後面的分出支脈，為翠峰山的最初的山脊，東西相對，夾成大壑，裡面匯聚著湖泊；在它南面的楊林所城正當關口，北面的堯林山控制著河口。湖泊東邊是大路所經過的地方，湖泊西邊是去嵩明州所走的路，但這裡竹子樹木漸漸茂密起來，反而不能向遠處眺望。大路往東南走，是去狗街子的路，岔路一直往南走，是去嵩明州的路。當時我聽說有個南京來的僧人，住在狗街子到嵩明州城的大路中，地名大一半村，想去拜訪他，然後進入州城。於是從岔路往下到長滿竹子的坑中，走了一里，有大溪從西北繞向東流，就是果馬溪沿著西面的山流出峽谷，到這裡放開轉向東流的水。水中石湫上橫架著木橋，石湫共三塊，木橋分三截架在上面到達溪水西岸，這水大概和新橋石幢河不相上下。渡過溪水，便是平坦的田地，直到很遠的地方，村莊環繞錯落，往西南一直走了六里，到嵩明州。從田埂上往東南，沿著小路走了二里，經過小一半村。又走了一里，有條大路從東北通往西南，這是狗街子去嵩明州的路，路的北面就是大一半村，路的南面就是玉皇閣。進去拜訪南京來的法師，他已暫時住進了州城的某寺。他的徒弟當初對我說過這件事，我後來就忘了。南京法師法號為金山。我便走出，從大路往西南去州城。走了二里，又有溪水從西往東流去，這水比果馬溪的一半還小，但流很急，有石拱橋架在溪上。過橋後往西南走，路上泥濘陷腳，極其難走。從翠峰山的小路過來，雖然是久雨之後，但沒有陷入爛泥的苦惱，因為山路行人稀少的緣故。一進入大路，就走一步都很艱難，所謂「蜀道」之難，正如現在這種情況，不在重重山崖中，而在康莊大道上了。又走了三里，直到西面的山下，轉向西南，又走了一里，進入嵩明州城北門，稍許轉向東再往南走，在州衙門前的旅店留宿。打聽南京僧人的情況，忘記了他所住的寺名，無處尋找。

二十七日　密雲重布，雖不雨不霧，而街濕猶不可行。余抱膝❶不下樓。作書與署印州同❷張，拒不收；又以一刺投州目❸管，雖收而不即答。初是，州使君❹為吾郡鈕國藩。武進❺鄉薦。余初入滇，已遷饒州❻別駕，至是東其轅及月矣。二倅❼皆南都人，余故以書為庚癸呼❽，乃張之扞戾❾乃爾，始悔彈鋏❿操竽之拙也。是日買得一野鳧，烹以為供。

二十八日　晨起，濃雲猶鬱勃，惟東方已開。余令肆婦具炊，顧僕候管倅回書。余乃由州署西，踐濕徑，北抵城隍廟，其東為察院。其中北向登山數級，右為文廟，左為明倫堂⓫、尊經閣⓬。登閣，天色大霽，四山盡出，始全見海子之水當其前。是海子與楊林共之，即《統志》所云嘉利澤⓭也，以果馬巨龍江⓮及白馬廟溪之水為源，而東北出河口，為北盤江之源者也。由中路再上，抵文廟後夾衢西入，與文廟前後並峙者，是為宗鏡寺[15]。寺建於唐天祐[16]中。寺古而宏寂，踞蛇山之巔，今謂之黃龍山[17]。山小而石骨稜稜，乃彌雄山[18]東下之脈，起而中峙如錐，州城環之，為州治之後山[19]者也。昔多小黃蛇，故今以黃龍名之。登此則一州之形勢盡在目中矣。

嵩明舊名嵩盟[20]。《一統志》言州治南有盟蠻臺[21]故址，昔漢人與烏、白蠻會盟之處，而今改為嵩明焉。州城亦因山斜繞，門俱不正，其向與尋甸相似。

嵩明正北由大山峽口入，竟日而通普岸、嚴章，為尋甸西境；正南隔嘉利澤，與羅峰公館對，為楊林[22]北境；正東為堯林山，踞河口之北，為下流之砥柱；正西逾嶺，為舊邵甸縣[23]。其北之梁王山，為老龍分支之處，領挈眾山，為本州西境，與尋甸、富民、昆明分界者也。

嵩明中環海子，田澤沃美。其西之邵甸、南之楊林，皆奧壤[24]也。昔皆為縣，而今省去。楊林當大道，今猶存所焉。

出寺下山，還飯於店，而管倖回音不至。余遂曳杖出南門，轉而西半里，抵塔下。大道東南由楊林去，余時欲由兔兒關[25]，乃西南行。一里，有追呼於後者，則管倅以回柬具程，命役追至，而程猶置旅寓中。因令顧僕返取，余從間道北向法界寺[26]待之。法界寺者，在城西北五里，亦彌雄山東出之支，突為崇峰者也，路當從西門出。余時截岡逾隴，下度一竹塢，二里而北上山。躡坡盤級而上，二里，逾一東下之脊，見北塢有山一支，自頂下垂，而殿宇重疊，直自峰頂與峰俱下。路有中盤坳中者，有直躡峰頂者。余乃竟躡其頂，一里及之。西望峰後，下有重壑，壑西北有遙巘最高，如負扆挈領，擁列迴環，瞻之甚近。余初以為嵩明之冠，而不知其即梁王之東面也。轉而東，峰頭有玄帝殿冠其頂，門東向。余入叩畢，問所謂南京師者，仍不得也。先是從城中寺觀覓之不得，有謂在法界者，故余復迂途至，而豈意終莫可蹤跡乎！由殿前東向下，歷級甚峻。半里，得玉虛殿，亦東向，仍道宮也，兩傍危箐迴合，其境甚幽。再下，出天王殿。又下半里，有一庵當懸岡之中，深竹罨門，重泉夾谷，幽寂窈窕，惜皆閉戶，無一僧在。又下，始為法界正殿。先入殿後懸臺之上，其殿頗整，有讀書其中者，而主僧仍不在。乃下，禮佛正殿。甫畢，而顧僕亦從塢中上。東廡有僧出迎，詢知南京師未嘗至。而仰觀日色，尚可行三十餘里，遂詢道於僧，更從北徑為邵甸行。蓋楊林為大道，最南而迂；兔兒為中道，最捷而坦；邵甸為北道，則近依梁王，最僻而險。余時欲觀其挈領之勢，遂取道焉。

由寺前西南轉竹箐中，隨坳而南，一里，逾東南岡，出向所來道，遂南下山。一里，抵山下，有塢自西北來，即前嶺頭下瞰重壑之第一層也。由其南橫度而西南，二里，過一村，村南始畦塍相屬。隨塍南下，西行畦中一里餘，望見北岡垂盡處，石崖駢沓，其東村廬倚岡上，為靈雲山㉗；西有神宇臨壑，是為白馬廟㉘。神宇之西有塢，自北山迴環而成峽，有大溪自峽中東注而出，即前嶺頭遙瞰之第二層也。其壑西南，始遙逼梁王㉙最崇峰之下。蓋梁王東突，聳懸中霄，北分一支，東下為靈雲峰，即白馬所倚；再北分一支，東峙為法界寺；法界北壑雖與梁王對夾，而靈雲實中界焉，故梁王東麓之溪瀠注，俱從此出也。其流與東山之巨龍江相似，東西距州城遠近亦相似也。溪無橋，涉之，即西上坡。始余屢訊途人，言渡溪而西，必宿大大村。村之東，皆層岡絕嶺，漫無村居。問：「去村若干里？」曰：「三十。」余仰視日色，當已不及，而土人言不妨速行而至。再問皆然。遂急趨登坡，一里，有負載而來者，再問之。曰：「無及矣，不如返宿為明晨計。」余隨之還，仍渡溪，入白馬廟。廟敝甚，不堪託宿。乃東過駢沓石崖，從村廬之後，問宿於靈雲山僧。是庵名梵虛。僧雖不知禪誦，而接客有禮，得安寢焉。

【章　旨】本章記載了第一百三十五天、第一百三十六天在雲南府的行跡。坐在樓上寫信，向嵩明州的兩個副職官吏求援。次日到城隍廟。登上山頂，觀看湖泊，湖水為北盤江的上源。又登上黃龍山，走進宗鏡寺，一州的地理形勢，全都呈現在眼前。嵩明州原名嵩盟，城門也都不正。北部的梁王山，為嵩明州和尋甸、富民、昆明的分界。州內湖泊眾多，土地肥沃。下山吃了飯，從小路去法界寺。山上寺廟重重疊疊，從山頂直到下面。登上峰頂，望見遠處一座最高的山，即梁王山。峰頂有玄帝殿，往下經過玉虛殿、天王殿，到法界寺正殿拜佛。為了觀看梁王山統領群山的氣勢，決定從去邵甸的北路走。途中經過靈雲山、白馬廟，觀察了梁王山的山勢走向。因來不及趕到可寄宿的地方，只得返回白馬廟過夜。

【注　釋】❶抱膝　手抱膝而坐，有所思貌。相傳諸葛亮隱居隆中時，在早晨夜晚，常抱膝長嘯。❷州同　州同知。知州的佐官。❸州目　明代於各州設吏目，掌刑獄及官署內部事務，若州無同知、通判，則分理州事。❹使君　漢時稱刺史為使君，後也用作對州郡長官的尊稱。❺武進　明代為常州府附郭縣，即今江蘇常州。❻饒州　明代為府，治所在鄱陽（今江西鄱陽）。❼倅　副。古代地方佐貳副官叫丞、倅。❽庚癸呼　春秋時吳王夫差與晉、魯等國會盟，吳大夫申叔儀向魯大夫公孫有山氏乞糧，答曰：「粱則無矣，麤（粗）則有之，若登首山以呼，曰：『庚癸乎？』則諾。」因軍中缺糧，故用隱語乞糧。庚，西方，主穀。癸，北方，主水。庚癸即隱語糧與水。後因稱向人告貸為「呼庚呼癸」或「庚癸之呼」。❾扞戾　乖戾；不講情理。❿彈鋏　戰國時馮驩為孟嘗君門客，曾彈鋏（彈擊劍把）而歌：「長鋏歸來乎！食無魚。」「長鋏歸來乎！出無車。」後用以喻有所希求於人。⓫明倫堂　《孟子·滕文公上》：「夏曰校，殷曰序，周曰庠，學者三代共之，皆所以明人倫也。」舊時孔廟（文廟）的大殿旁有明倫堂。⓬尊經閣　舊時學宮藏書的地方。⓭嘉利澤　又名楊林澤，在嵩明城東南十五里。以水溉農田，魚供民食，故名。民國初年湖面計二萬餘畝，南部稱楊林海，北部稱八步海，現已成為農場和魚池。⓮巨龍江　又名龍巨河、龍濟溪，在嵩明城東十里。上游為果馬溪，流入嘉利澤。⓯宗鏡寺　在嵩明城內黃龍山，創建甚古。元、明時多次修補。清咸豐間毀於戰火，光緒間重修。⓰天祐　唐哀帝年號。⓱黃龍山　在嵩明城內，山勢層疊，狀如盤蛇，故又名蛇山。「龍山毓秀」為嵩明一景。⓲彌雄山　在嵩陽城北，蒼巖疊出，蔚然深秀。⓳為州治之後山　《雲南通志》、《嵩明州志》均稱黃龍山為州治之主山。⓴嵩明舊名嵩盟　嵩明地區宋時為大理國嵩盟部，至元代始設州。㉑盟巒臺　在嵩明城南。相傳昔為漢人居住之地，後烏、白蠻強盛，漢人遷出，在此盟誓。或說諸葛亮七擒孟獲，與諸蠻盟於此。明嘉靖間重修，萬曆間以石刻「古盟臺」三字立於臺上。㉒楊林　明初置楊林縣，成化間廢，存楊林守禦千戶所，治所在今嵩明城南楊林。在楊林小屯村觀音寺內有石碑，記載了清道光十三年七月二十三日滇東北大地震的具體情況，十分珍貴。㉓舊邵甸縣　明初置邵甸縣，不久廢。治所在今嵩明西南的白邑村。㉔奧壤　同「沃壤」。㉕兔兒關　明代設兔兒關巡檢司，隸嵩明州。即今昆明市郊東北隅的兔兒村。㉖法界寺　在嵩明西北靈雲山，元天曆間建。㉗靈雲山　在嵩陽城西，林木森鬱，雙泉瀉碧。㉘白馬廟　在昆明城西擺渡村，相傳祀三國蜀龐統。㉙梁王　山名，在尋甸南境，與嵩明接界。

【語譯】二十七日　烏雲重重密布，雖然沒有雨，也沒有霧，但街上仍然很濕，難以行走。我抱膝而坐，不想下樓，寫信給代理知州張州同，他拒絕不收；又將一張名片投送管州目，他雖然收下但不立即答覆。原先，嵩明州的知州是我家鄉的鈕國藩，武進縣舉人。我剛到雲南，他已遷升為饒州府通判，這時往東赴任已有一個月了。現任兩位副職都是南京人，所以我寫信向他們借錢，而張竟如此不顧情面，我才為因窮困而向人求援的愚蠢想法，感到後悔。這天買到一隻野鴨，煮熟了當食物。

二十八日　早晨起身，依然濃雲密布，只有東方已露出亮光。我吩咐旅舍主婦準備煮飯，顧僕去等候管州目的回信。自己就從州衙門的西邊，踩著潮濕的小路，往北到達城隍廟，廟的東邊為都察院派出機構。從中間往北登上幾級石階，右邊是文廟，左邊是明倫堂、尊經閣。登上尊經閣，天色非常晴朗，四周的山峰全都露了出來，才在尊經閣前看到湖泊的全貌。這湖泊在嵩明州和楊林所兩地境內，就是《一統志》所說的嘉利澤。它的上源是從果馬山流出的巨龍江以及從白馬廟流出的溪水，往東北流到河口，又成為北盤江的源頭。從中間的路再往上走，到文廟後面狹窄的街道往西走進，和文廟一前一後並立的是宗鏡寺。寺建於唐代天祐年間。這寺古樸而且宏偉空寂，座落在蛇山頂上，如今稱為黃龍山。山雖然矮小，但岩石尖聳，是彌雄山往東延伸的山脈，到這裡聳起，像錐子那樣居中峙立，州城環繞著它，是州署背後的山。從前山上有許多小黃蛇，所以現在就以黃龍為名。登上這山，嵩明一州的地理形勢，就全部呈現在眼前了。

嵩明州舊名叫嵩盟。《一統志》說州署南面有盟蠻臺遺址，是過去漢人和烏蠻、白蠻會盟的地方，現在改稱嵩明。州城也依山斜繞，城門都不正，座向和尋甸府城相似。

在嵩明州的正北面從大山谷口走進，一整天可到普岸、嚴章，是尋甸府的西境；正南面隔著嘉利澤，與羅峰公館相對，為楊林所的北境；正東面為堯林山，位於河口的北面，是下游的中流砥柱；從正西面越過山嶺，是原來的邵甸縣。在它北面的梁王山，是大山主脈分支的地方，它統領著眾山，為嵩明州西境和尋甸府、富民縣、昆明縣的分界。

嵩明州中部湖泊環繞，水田肥沃。在它西面的邵甸、南面的楊林所，也都土壤肥沃。過去這兩地都設縣，現在已裁除了。楊林位於大路旁，現在所還保留著。

走出宗鏡寺便下山，回到旅店吃飯，但還沒得到管州目的回音，我便拖著手杖從南門出城，轉向西走半里，來到一座塔下。大路往東南去楊林所，我這時想去兔兒關，便往西南走。過了一里，有人在後面追趕呼喊，是管州目送來回帖並置備了財物，命差役追到這裡，而財物還放在旅店中。於是叫顧僕回去取財物，我從小路往北到法界寺等他。法界寺在嵩明城西北五里的靈雲山，也是彌雄山向東伸出的支脈，突起成為高大的山峰。去那裡的路應當從西門出城。我不斷橫越山岡丘壟，往下穿過一處長滿翠竹的山塢，走了二里，往北上山。踏上山坡繞著石級往上走了二里，越過一道往東延伸的山脊，看到北面的山塢中有一座山，從頂部陡直垂下，而崖壁上層層疊疊的佛殿廟宇，也隨著山勢從峰頂一直往下。路有從中繞著山坳走的，也有直達山頂的，我就直向山頂攀登，走了一里，到達那裡。向西望見山峰後面，下有重重山壑，山壑西北遠處有座最高的山峰，像帝王背靠屏風朝南接見群臣那樣統領群山，群山則在它的周圍簇擁環列，看起來似乎離得很近。我起先以為是嵩明州的主峰，而不知道它就是梁王山的東面。轉向東，有玄帝殿座落在峰頂上，門朝東。我進殿叩拜完畢，打聽所稱說的南京法師，仍然找不到。在此之前，我在城中的寺廟尋訪沒有找到，有人說在法界寺，所以我又繞道來到這裡，哪裡想到終究沒能發現他的行蹤呢？從殿前往東下去，走過很陡的石級。過了半里，到玉虛殿，門也朝東，仍然是道教的宮觀，兩旁高大的竹林環繞聚合，環境十分幽雅。再往下走，到天王殿。再往下走半里，有一座庵位於高峻的山岡中，深密的翠竹遮掩庵門，兩條泉水夾在山谷中，環境幽靜深遠。可惜門都關著，沒有一個僧人在內。再往下走，才是法界寺的正殿。先到殿後的高臺上面，這殿很整齊，有人在裡面讀書，但主持的僧人仍然不在。於是走下，到正殿拜佛。剛拜完畢，顧僕也從山塢中上來了。東邊的廊屋有僧人出來迎接，問後知道南京法師不曾到這裡。抬頭觀看天色，還可走三十多里，於是向僧人問路，改從往北去邵甸的路走。原來從楊林所走是大路，在最南面而且要繞路；從兔兒關走的是中路，最近而且也平坦；從邵甸走的是北路，靠近梁王山，最偏僻而且最危險。當時我想觀察梁王山統領群山的形勢，就走了這條路。

從法界寺前面往西南轉進入竹林中，隨著山坳往南，走了一里，越過東南的山岡，走到剛才過來的路上，就往南下山。走了一里，到達山下，有山塢從西北延伸過來，就是先前在嶺頭往下看到重重山壑的第一層。從山塢南部橫穿過去而後往西南走，過了二里，經過一個村莊，村莊的南面才有連成一片的田地。隨田埂往南走下，再往西在田中走了一里多，望見北面的山岡將到盡頭處，石崖並列雜沓，東面有村舍靠在山岡上，是靈雲山；西面有神廟對著山壑，是白馬廟。神廟的西面有山塢，從北面的山嶺繞來形成峽谷，有條大溪水從峽谷中往東流出，就是先前在嶺頭遠遠望見的第二層山壑。這山壑的西南面，才靠近遠處梁王山最高峰的下面。大致說，梁王山東部突起，高聳雲霄，北部分出一支，往東延伸形成靈雲峰，即白馬廟所靠的山；再從北部分出一支，往東聳立成為法界寺所在的山；法界寺北面的山壑雖然和梁王山相對夾峙，但靈雲峰實際上在它們中間分隔，所以梁王山東麓縈繞的溪水，都從這裡流出。這溪水和東山的巨龍江相似，東西兩邊離州城的遠近也相似。溪上沒有橋，渡水過去，立即往西登上山坡。起初我多次詢問過路行人，說渡過溪水往西，一定要在大大村住宿。村的東面都是層疊的山岡、陡峭的山嶺，全然沒有村落住房。又問：「這裡離大大村有多少里？」答道：「三十里。」我抬頭看天色，估計時間已來不及，但當地人說不礙事，趕緊走可以到達。再問別人，都這樣說。於是急忙趕路，登上山坡，走了一里，有人背著東西過來，再去問他，回答說：「來不及了，不如回去住下，明天早晨出發。」我跟著他返回，仍然渡過溪水，進入白馬廟。廟很破敗，不能寄宿。於是往東經過並列雜沓的石崖，從村舍的後面走，到靈雲山僧人那裡求宿。這庵名梵虛，僧人雖然不懂坐禪誦經，但接待客人很有禮貌，因此得在庵中安睡。

二十九日　晨起，碧天如洗。亟飯。仍半里渡溪，躡西坡而上。迤邐五里，逾岡脊，東望嘉利澤，猶在足下；西瞻梁王絕頂，反為近支所隱不可見，計其處正當絕巘之東，此即其支岡也。岡頭多中陷之坎，枯者成窞井，瀦者成天池。稍西北，盤岡一里，復西南下。一里，度中窪之底，復西北上，行山南嶺坡間。二里，復西南下塢中。其塢自西北崇峰夾中來，中有流泉頗急，循塢西崖東墜，此梁王山東南之流也。有岐路直自塢外東南來，直西北向梁王山東腋去，此楊林往普岸、嚴章[1]徑。余交截之而西，半里，渡西涯急流，復西北躡岡上，頗峻。一里，躡峰頭，已正當梁王山之南矣。西向平行嶺頭，一里，又西下半里，塢有小水，猶東南流也。一里，徑塢，又西上逾嶺。半里，復下。其嶺南北俱起，崇峰夾之。水已西南行，余以為過脊矣，隨之下一里，行峽中。轉而南一里，又有水自西北來，同墜壑東注而下嘉利澤，始知前所過夾峰之脊，猶梁王南走之餘支也。越水，復西北躡峻而上，一里半，抵峰頭，則當梁王山之西南矣。是峰西南與南來老脊，又夾坑東北下嘉利澤；是峰東北與梁王主峰，亦盤谷東下嘉利澤。從脊上平行而西，一里餘，出西坳。半里，始見其脈自南山來者，從此脊之西北下，伏而再起，遂矗峙梁王焉。

梁王山者，按志無其名。余向自楊林西登老脊，已問而知之，云在邵甸東北，故余取道再出於此，正欲晰其分支界水之源也。然志雖不名梁王，其注盤龍江，則曰：「源自故邵甸縣之東山、西山。」則指此為東山矣。其注東葛勒山，則曰：「在邵甸縣西北，高三十里，為南中名山，遠近諸峰，高無踰此。」則所謂三十里者，又指此為東葛勒山❷矣。但土人莫諳舊名，因梁王結寨其頂，遂以梁王名之。志無梁王名，未嘗無東葛勒名也。其脈自澂江府羅藏山❸東北至宜良，分支東北走者，為翠峰之支；正支西北走者，由楊林西嶺，而北度兔兒關，又北度此而高聳梁王山，橫亙於邵甸之北。其東西兩角並聳，東垂下臨白馬溪之西，西垂下臨牧養澗❹之東。由西垂環而西南為分支，則文殊❺、商山❻之脈所由衍也；由東垂走而東北為正支，則果馬、月狐之脊所自發也。西垂曲抱，而盤龍❼之源，遂濬滇海；東垂橫夾，而嘉利之派，遂匯北盤。宜其與羅藏雄對南北，而共稱梁王云。

過脊，漸西降，西瞰夾塢盤窩，皆豐禾芃芃，不若脊東皆重岡荒磧也。一坡西垂夾塢中，上皆側石斜臥。從其上行二里，始隨坡下墜。一里，及塢，有小溪自東南塢中出，越之西行。又半里，有村聚南山下，皆瓦房竹扉，山居中之最幽而整者，是曰大大村❽，始東西開塢。梁王山西南之水，由塢北西注，余所越南塢之水，截塢而從之。半里，越村之西，又開為南北之塢，有小水自南來，經西岡下，北合於東塢之水，同破西北峽而下墜，當西出於邵甸之北者也。路越南來小水，遂西南上坡。盤坡而上，約里許，越其巔。又西下半里，西南涉溪，其溪似南流者。一里，又西逾坡脊，平行坡上。又一里餘，始見西塢大開，其塢自北而南，闊夾甚遙，而環峰亦甚密。塢中豐禾雲麗❾，村落星羅，而溪流猶僅如帶，若續若斷焉。於是陡降西麓，半里，抵塢。有村倚麓西而廬，是曰甸頭村❿，即邵甸縣之故址也。是村猶偏於塢東，塢北有峰中垂，亦有聚廬其上。其地去嵩明州四十里，重巒中間，另闢函蓋。正北則梁王正脊互列於後，東界即老脊之北走者，西界即分支之南環者。其西北度處，有坳頗平，是通牧漾⓫；東北循梁王山東垂而北，是通普岸、嚴章；西逾嶺，通富民縣；東逾嶺，即所從來者；惟南塢最遠，北自甸頭，十里，至甸尾。塢中之水，南至甸尾折而西南去，路亦逾山而西，遂為嵩明、昆明之界焉。

余既至甸頭村，即隨東麓南行。一里，有二潭潴東涯下，南北相並，中止有岸尺許橫隔之，岸中開一隙，水由北潭注南潭間。潭大不及二丈，而深不可測，東倚石崖，西瀕大道，而潭南則祀龍神廟焉。潭中大魚三、四尺，汎汎其中。潭小而魚大，且不敢捕，以為神物也。甸頭之水自北來，流於大道之西，潭中水自潭南溢，流大道之東，已而俱注於西界之麓，合而南去。路則由東界之麓，相望而南。塢中屢過村聚。八里，有小水自東峽出，西入於西麓大溪，踰之，南二里，則甸尾村⑫橫踞甸南之坡。有岐直南十里，通兔兒關，正路則由村西向行。一里餘，直抵西界之麓，有石梁跨大溪⑬上。逾梁，始隨西麓南行。半里，溪水由西南盤谷而入，路西北向逾嶺。一里，登嶺頭。一里，下嶺西塢中，路復轉西南行。大溪尚出東南峽中，不相見也。蓋其東老脊，南自宜良，經楊林西嶺度而北，一經兔兒關，其西出之峰，突為五龍山⑭，則挾匯流塘之水而出松花壩⑮者也；再北經甸尾東，其峰突為祭鬼山⑯，則挾邵甸之水而西出匯流塘者也。於是又西越塢脊，四里，隨塢西下。一里，又有水自北峽來，有梁跨之，其勢少殺於甸尾橋下水。有村在梁之西，是為小河口⑰，即牧養之流，南經此而與邵甸之水合而出匯流塘者也。過村，又西南上嶺，盤折山坡者七里，中有下窪之窞⑱。既而陡下峽中，有小水自西北峽來，渡之，村聚頗盛。村之南，則邵甸之水，已與小河口之流，合而西向出峽，至此復折而南入峽中，是為匯流塘，其瀠迴之勢可想也。從此路由西岸隨流入峽，其峽甚逼，夾翠駢崖，中通一水，路亦隨之，落照西傾，窈不見影。曲折四里，有數家倚溪北岸，是為三家村⑲。投宿不納。蓋是時新聞阿迷不順⑳，省中戒嚴，故昆明各村，俱以小路不便居停為辭。余強主一家，久之，乃為篝火炊粥，啟戶就榻焉。

【章　旨】本章記載了第一百三十七天在雲南府的行跡。登上山岡，岡頭有許多陷下的坑穴。從梁王山東南的山塢，先後登上山南面和西南的峰頭。志書上沒有梁王山這名稱，似乎將它看作邵甸的東山或東葛勒山。這山和羅藏山南北相對，共稱梁王山。越過山脊，經過幽雅整齊的大大村，往前到一處十分開闊的山塢。塢中稻穀豐收在望，村莊星羅棋布。越過山嶺往西，便是嵩明和昆明縣的分界。隨後路過甸頭村、甸尾村，途中看到山麓有兩個深潭。繼續翻山越嶺，穿峽走塢，經過小河口、匯流塘，到三家村投宿。

【注　釋】❶普岸嚴章　兩村都在尋甸西南境。❷東葛勒山　在嵩明西北邵甸地界，高出群山。登上山頂，太華、滇池，歷歷在目。東葛勒山和梁王山並非同一座山。❸羅藏山　在澄江、呈貢兩地之間，自南而北，綿亙一百多里。相傳從前有虎自碧溪渡滇池至此，當地人置柵捕虎，土語稱虎柵為羅藏，故名。主峰高二千八百三十公尺，五峰屏列。登臨峰頂，數百里之內，山川瞭然，如在目前。為滇中名山。元末梁王瓦爾密聞明軍攻破曲靖，走入羅藏山，結寨立砦，故又名梁王山。霞客所經過的大山，與羅藏山雖同名「梁王」，但不是同一座山。❹牧養澗　今名牧養河，在嵩明西南約五十里，源出阿打龍，南流經邵甸入盤龍江。❺文殊　山名，在昆明城北二十里，有寺有泉，皆名文殊。❻商山　又名長蟲山，在昆明西北。❼盤龍江名，有兩個源頭：一處發源於嵩明北部梁王山西北麓黃龍潭附近，流經牧羊河；一處發源於嵩明西北的冷水洞，在三家村匯合，往西南流至松花壩水庫，再從北往南穿過昆明城，到洪家村附近注入滇池。既是流經昆明市區的第一大河，也是滇池的主要流源之一。因河道蜿蜒曲折如蟠龍得名，又稱滇池河。❽大大村　今名達達村，又稱周達，在嵩明縣西南境，白邑稍東。❾雲麗　前人詩中以黃雲喻成熟的稻麥。如王安石〈同陳和叔遊齊安院〉：「繰成白雪桑重綠，割盡黃雲稻正青。」❿甸頭村　在嵩明西境白邑鎮，元置邵甸縣治於此。⓫牧漾　今名牧羊，在嵩明西北盤龍江邊。⓬甸尾村　在嵩明西南隅。⓭大溪　即邵甸河，在嵩明西境。上源有二，均出梁王山西北，合流後匯入盤龍江。⓮五龍山　在昆明北郊。山下有五龍湫。又名小石屏山。⓯松花壩　從回流灣（即匯流塘）到松花壩，現已為昆明市郊最大的松花壩水庫。⓰祭鬼山　疑即聚奎山，在嵩明城西邵甸地界，五山奔赴，狀若聚奎。山下有龍湫。⓱小河口　今名小河，在昆明市郊東北隅。⓲窖　坎中小穴。⓳三家村　原址在建松花壩水庫時被淹沒，現遷至邵甸河與牧漾河匯流處的東岸。⓴阿迷不順　參見〈滇遊日記一・隨筆二則〉。

【語　譯】二十九日　早晨起身，碧空如洗。趕緊吃飯。仍然走半里，渡過溪水，踏著西面的山坡往上攀登。曲折連綿走了五里，越過岡脊，向東觀望嘉利澤，還在腳下；向西眺望梁王山頂峰，反而被近處的支脈遮掩看不見，估計它的位置，正處在梁王山最高峰的東面，這裡就是它的分支山岡了。岡頭有很多中間陷下的坑穴，沒水的成為枯井，積水的成為天池。稍許往西北繞著山岡走一里，又往西南走下，過了一里，穿過陷落的窪地底部，再往西北上去，在山南面的嶺坡間行走。過了二里，再往西南走下塢中。這山塢從西北高峰的峽谷中延伸過來，塢中有泉水流得很急，沿著山塢西邊的崖壁往東落下，這是梁王山東南的水流。有條岔路從東南山塢外面徑直過來，又直往西北梁王山的東腋延伸過去，這是從楊林所去普岸、嚴章的小路。我橫穿這條小路往西，走了半里，渡過西邊的急流，再往西北踏上山岡攀登，路很陡峻。走了一里，登上峰頭，已經在梁王山的正南面了。往西在嶺頭平步行走，過了一里，又往西走下半里，山塢中有小水，仍然向東南流去。再走一里，穿出山塢，又往西攀登越過山嶺。走了半里，再往下走。這山嶺南北兩面都高高聳起，有高峰夾著它。水已向西南流去，我以為越過嶺脊了，便跟著水流往下一里，在峽谷中行走。轉向南走一里，又有水從西北流來，一起落到山壑中往東流入嘉利澤，方才知道先前所越過的夾在高峰中的嶺脊，仍然是梁王山往南延伸的支脈。渡過水流，再往西北踏上高峰攀登，走了一里半，到達峰頭，則在梁王山的西南了。這座山峰的西南部和從南面延伸過來的主峰山脊，又夾著坑穴往東北向下延伸到嘉利澤；這座山峰的東北部和梁王山主峰，也環繞著峽谷往東向下延伸到嘉利澤。從山脊上往西平步行走，過了一里多，走出西坳。再過半里，才看見從南面山中延伸過來的山脈，從這道山脊的西北延伸下去，低伏後再聳起，便矗立為梁王山。

梁王山，查考志書，沒有這名稱。我過去從楊林所西面攀登主峰山脊，向人詢問後已經知道這山了。說是在邵甸的東北，所以我走去邵甸的路再次到這裡，正想弄清它的支脈所分流的各條水的源流。但志書雖然沒有梁王山這名稱，它注釋盤龍江則說：「發源於舊邵甸縣的東山、西山。」那麼是指梁王山為東山了。它注釋東葛勒山則說：「在邵甸縣西北，山高三十里，是南中地區的名山，遠近各處的眾多山峰，沒有比它高的。」那麼所謂三十里高的說法，又指梁王山為東葛勒山了。只是當地人不熟悉原來的舊名，因為梁王在這山頂上安營紮寨，便稱它為梁王山。志書沒有梁王山名，但未嘗沒有東葛勒山名。它的山脈從澂江府羅藏山的東北延伸到宜良縣，往東北延伸的分支，為翠峰山脈；往西北延伸的主脈，經過楊林所西面的山嶺，往北到兔兒關，再往北到這裡高聳為梁王山，橫貫在邵甸縣的北部。梁王山東西兩端，如雙角並列聳起，東端往下垂落，靠近白馬溪的西面，西端往下垂落，靠近牧養澗的東面。從西端下垂處繞向西南的為支脈，文殊、商山的山脈就是從這裡派生的；從東端下垂處向東北延伸的為主脈，果馬山、月狐山的山脊就從這裡伸出；西端下垂處山脈曲折環抱，而盤龍江的上源，就從這中間通往滇池；東端下垂處山脈橫列相夾，而嘉利澤的支流，就從其中匯入北盤江。它和羅藏山一南一北，雄偉地相對峙立，從而一起被稱為梁王山是很適宜的。

越過山脊，漸漸往西走下，向西俯視被夾的山塢、盤曲的山窩中，全是茂盛的稻禾，不像山脊東面都是重重山岡和荒涼的沙石。一道山坡往西垂下夾塢中，上面都是傾斜倒伏的石塊。從坡上走了二里，才隨著山坡往下，走了一里，到達山塢，有條小溪從東南的山塢中流出，渡過小溪往西走。又過了半里，有個村落在南面的山下，都是瓦房竹門，在山間住所中要算是最幽雅整齊的，名大大村，到這裡才東西向開出山塢。梁王山西南的水，從山塢北面往西流去，我所渡過的南面山塢中流出的小水，橫穿這山塢隨著往西流。走了半里，到村的西面，又開出南北走向的山塢，有小水從南面流來，經過西面的山岡流下，往北匯入東面山塢的水中，一起穿過西北的峽谷往下墜落，應當往西從邵甸的北面流出。路越過從南面流來的小水，便往西南登上山坡。繞著山坡往上，大約走了一里多，越過坡頂。又往西走下半里，再往西南渡過溪水，這溪水好像是往南流的。走了一里，又往西越過坡脊，在坡上平步行走。再走一里多，才看到西面的山塢十分開闊，這塢從北往南伸展，兩邊隔得很遠，而環繞它的山峰也很多，塢中稻穀豐收在望，如同一片黃雲，村莊星羅棋布，而溪流較小，只像衣帶一樣從塢中斷斷續續流過。從這裡陡然往下到山塢的西麓，過了半里，到達山塢。有村莊靠著山麓西邊蓋起房屋，名甸頭村，即邵甸縣治的舊址。這村莊還偏在山塢的東面，山塢的北面有座山峰居中直立，上面也有村落。這裡離嵩明州四十里，中間隔著重重山巒，另外開出一片天地。山塢正北是梁王山的主脊在後面橫列，東界是往北延伸的大山主脊，西界是往南環繞的分支。在山塢西北過渡處，有很平坦的坳地，通往牧漾；在山塢東北沿著梁王山東邊往北，通往普岸、嚴章；往西越過山嶺，通往富民縣；往東越過山嶺，就是我來時所走的路；唯有南面的山塢最遠，北面起自甸頭村，延伸十里到甸尾村。塢中的水，往南流到甸尾轉向西南流去，路也越過山嶺往西，就成為嵩明州和昆明縣的分界。

我到甸頭村後，就隨著東面的山麓往南走。過了一里，有二個水潭在東邊山下，一南一北並列，中間只有一尺多寬的堤岸橫隔著，堤岸中開出一道缺口，水從北潭注入南潭。潭面不到二丈寬，但深不可測，東邊靠著石崖，西邊臨近大路，而在潭的南面則有座祭祀龍神的廟。潭中大魚有三、四尺長，在潭中浮游。潭小而魚大，而且沒人敢捕，以為這是神物。甸頭的水從北而來，在大路的西邊流，潭中的水從潭裡往南溢出，在大路的東邊流，隨後都流到西邊的山麓，匯合往南流去。路則從東界的山麓和水流相對往南走。在山塢中多次經過村落。走了八里，有小水從東面的峽谷流出，往西注入西麓的大溪，渡過小水，往南走二里，只見甸尾村橫向座落在甸南的山坡上。有岔路直往南十里，通往兔兒關，大路則從甸尾村往西走。過了一里多，直接到達西邊的山麓，有石橋架在大溪上。過了橋，才隨著西麓往南走。過了半里，溪水從西南繞著峽谷進山，路往西北越過山嶺，走了一里，登上嶺頭。又走了一里，下嶺到西面的山塢中，路又轉向西南走。大溪尚在東南的峽谷中，看不見了。原來山塢東面的大山脊，南端起自宜良，經過楊林所西部的山嶺往北延伸，一過兔兒關，往西伸出的山峰，便突起成為五龍山，就是夾著匯流塘水使它流出松花壩的山；再往北延伸，經過甸尾村東面，這山峰突起成為祭鬼山，則是夾著邵甸的水往西使它流出匯流塘的山。從這裡再往西越過塢脊，走了四里，隨山塢往西走下。過了一里，又有水從北面的峽谷流來，有橋架在上面，水勢稍小於甸尾橋下的水。有村莊在橋的西面，這是小河口，就是牧漾的水，往南流過這裡和邵甸的水匯合後流出匯流塘的水。過了小河口村，又往西南登上山嶺，盤繞山坡走了七里，途中有窪下的小穴。隨即陡直往下到峽谷中，有小水從西北的峽谷流來，渡過小水，有個很興盛的村莊。村莊的南面，則邵甸的水，已和小河口的水，匯合後往西流出峽谷，到這裡又轉而向南流入峽谷中，這就是匯流塘，它曲折瀠繞的水勢可以想見了。從這裡開始路從匯流塘西岸隨水流進入峽谷，這峽谷十分狹窄，兩邊青山並立，中間流過一條水，路也隨著水走，夕陽西斜，但峽谷幽深看不到日影。曲曲折折走了四里，有幾戶人家靠在溪水的北岸，這就是三家村。進村投宿卻沒人接受。因為這時剛聽到阿迷州發生叛亂，省城戒嚴，所以昆明附近的各個村莊，都以小路上不便借宿為理由推辭。我強求一戶人家，過了好久，才為我生火煮粥，開門讓我入睡。

【研　析】元、明兩代，都曾官修《一統志》。元志早已亡佚，僅有殘簡傳世，明志以元志為藍本，但編次疏舛，錯誤甚多，可見修志並非易事。儘管如此，明代依然修志成風，即使遠在邊隅的廣西府、尋甸府，也無不有志。只是這些志也多不如人意，如《尋甸府志》，在徐霞客眼中，實在沒什麼價值。(在遊覽和考察的過程中，他多次對《一統志》中的錯誤進行訂正，如尋甸府的東湖，《一統志》說它「周廣四里」，其實這湖「水瀕山麓」，「紆折迴抱，不啻數十里」。又如曲靖府的東山，「旁支錯出，而志之所稱悉誤也」。) 徐霞客痛感「山川面目，多為圖經志籍所蒙」，提出非經實地考察，不足言山川真貌。《遊記》中一再說：「不陟此岡，不知此脈乃由此也。」「余時欲觀挈領之勢，遂取道焉。」他在考察盤江的過程中，一個意外的收穫是發現白石江的上游，和小水溝無異，史書上所描寫的沐英「曲靖之捷」，顯然有誇大其辭之嫌，不禁慨道：「徵事考實，書之不足盡信如此！」

當徐霞客進入曲靖南海崖土司的屬地，在「三峻而三逾嶺頭」之後，來到一座高峻的山峰前。得天獨厚的地理位置，使他能縱目眺望，盡攬勝景。此時「碧天如洗，眾峰盡出」，東望群山如「翡翠層層」，西顧亂峰中「叢箐盤錯」，更有「二峰遙湊，如眉中分」，「有壑迴環，中窪四合」。就在這樣「令人神骨俱醒」的景物中，徐霞客仍然注意到大龜山突起四州之交，以及遠近山脈的走向；在觀賞「石痕木蔭，映彩流霞」的同時，也不忘指出這裡還有「高崖所僅見」的婆娑的古木。這是一段科學的美文，思如經緯縱橫，字如珠落玉盤，既搖曳多姿，又條理分明。雲南是中國森林資料較為豐富的地區之一。在離黃泥河不遠的地方，有一處名竹園箐的峽谷，「崇峰迴合，紆夾高下，深篁密箐，蒙密不容旁入，祇中通一路，石徑逶迤，如披重雲而穿密幄也。」甚至連見多識廣的徐霞客，也不禁歎道：「從來所入竹徑，無此深密者。」《遊記》中還描寫了在曲靖東山所見的奇石，「其處土傾峽墜，崩嵌交錯，而石骨露其中，如裂瓣綴行。……其石質幻而色異，片片皆英山絕品。」

在曲靖東山跋涉時，路旁「石參差而岫屼崪，覺雲影風枝，無非惴人之具，令人錯顧不定，投趾莫擇」。而比自然險阻更可怕的是人的傷害，走在徐霞客前面的人，就在這座山嶺遇到幾個殺人劫貨的強盜，三人被剝走衣服，一人被敲破頭顱。盜賊敢在光天化日之下如此行凶，是因為「是嶺東為越州，西為石堡，乃曲靖衛屯軍之界，互相推諉，盜遂得而乘之耳」。由於社會不寧，造成當地民眾恐懼不安的心理。在去黃泥河的路上，徐霞客看到二個農夫，正想上前問路，但那二個人看到生人，雖然還隔著一條小溪，就急忙牽著牛躲開了。在曲靖翠峰山的護國寺，徐霞客看到了眾口交讚的僧人大乘法師。大乘身材矮小，而且眼睛「有瘋癢之疾」，但「苦行勤修，世所未有」，「損口苦體，以供大眾」，如同出污泥而不染的青蓮，格外可敬。另外還有一個「靜修而能撙節」的總持法師，和大乘稱「空山中兩勝侶」，為知府周之相所重。《遊記》中寫了當時曲靖的眾多官吏，因嫉妒周之相不肯同流合污，有「獨清」之譽，於是羅織罪名，造謠中傷，通過傷害總持，將周之相逼走。官場黑暗，令人扼腕。難怪創建翠峰山朝陽庵的劉九庵法師，有感於「天下事枉者多矣」，自知回天無力，只得棄官出家。

盤江考

【題　解】早在西遊之前，徐霞客就已從事對南、北盤江源流的研究，並在給劉愚公的信中，就這問題進行商討，以訂正《大明一統志》中的錯誤。雖然信件已在衡陽遇盜時丟失，但從《遊記》中仍可見他當時的一些基本看法。《遊記》中第一次論述右江、左江的源流及其與南、北盤江的關係，在崇禎十年（一六三七）六月二十一日，徐霞客剛到廣西柳城。七月十九日，他從象州到紅水河口，第二次論述了都泥江的源流，對過去的說法作了一些修正。九月二十四日，他到南寧的右江口，對南、北盤江和右、左二江的關係作了更加詳細的論述。次年二月十五日，徐霞客到廣西三里城北的都泥江邊，第四次提到盤江的源流。同年五月初十，他到貴州西南隅的小洞嶺，找到了南、北盤江的分水脊。隨後沿著南盤江的上游走，經過霑益州、曲靖府、越州衛、陸涼州，到省城昆明。他聽說南盤江「西源更遠」，於是產生了「隨流考之」的想法，便從昆明南下，在臨安府考察了瀘水，隨後取道阿迷州、彌勒州，到廣西府。八月初七，徐霞客在廣西府的大堂上，查看四境圖，看到圖上盤江從廣西府南面邊界的西半部流入境內，往東北從東面邊界的北邊流去，沒有標出地名，無從知道它流經哪些地方。他原以為廣西府的人一定知道盤江的上源，但問遍當地人，居然沒人清楚，所說的僅是一些「揣摩之言，靡有確據也」。由於他在羅平誤信了姜渭濱的話，沒有東下，而是轉向東北走，考察南盤江的流向，在貴州黃草壩，第五次全面論述了盤江的源流，因是非難辨，錯誤不少。在重到交水後，又誤信龔起潛的話，以為南盤江出於炎方驛，北盤江源於嵩明州的楊林海子，流經尋甸府。於是轉向東，由尋甸府返回昆明。九月二十三日，他到尋甸府的阿交合溪，第六次論述了盤江的源流。徐霞客考察南、北盤江的結晶，便是這篇〈盤江考〉。

南北兩盤江，余於粵西已睹其下流，其發源俱在雲南東境。余過貴州亦資孔驛，輒窮之。驛西十里，過火燒鋪。又西南五里，抵小洞嶺❶。嶺北二十里，有黑山，高峻為眾山冠，此嶺乃其南下脊。嶺東水即東向行，經火燒鋪、亦資孔，乃西北入黑山東峽，北出合於北盤江；嶺西水自北峽南流，經明月所西塢，東南出亦佐縣，南下南盤江。小洞一嶺，遂為南、北盤分水脊。《一統志》謂南北二盤，俱發源霑益州東南二百里❷，北流者為北盤，南流者為南盤，皆指此黑山南小洞嶺，一東出火燒鋪，一西出明月所二流也。後西至交水城東，中平開巨塢，北自霑益州炎方驛，南踰此，經曲靖郡。塢亙南北，不下百里，中皆平疇，三流縱橫其間，匯為海子。有船南通越州，州在曲靖東南四十里。舟行至州，水西南入石峽中，懸絕不能上下，乃登陸。十五里，復下舟，南達陸涼州。越州東一水，又自白石崖❸龍潭❹來，與交水海子❺合出石峽，乃滇東第一巨溪也，為南盤上流云。

余憩足交水，聞曲靖東南有石堡溫泉勝，遂由海子西而南。南下二十里，一溪來自西北，轉東南去，入交海，橋跨之，為白石江；涓細僅闊數丈，名獨著，以沐西平首破達里麻於此，遂以入滇也。按達里麻以師十萬來拒，與我師夾江陣，是日大霧，沐分兵從上流潛濟❻，繞出其後，遂破之。今觀線大山溪，何險足據！

且白石上流為戈家沖，源短流微，瀠帶不過數里內。沐公曲靖之捷，誇為冒霧涉江，自上流出奇夾攻之，為不世勳，不知乃與坳堂無異也！度橋南六里，抵曲靖郡。出郡南門，東南二十五里，海子汪洋漲溢，至是為東西山所束，南下伏峽間，橋橫架交溪❼上，曰上橋。橋西開一塢東向，即由上橋西折入塢，半里，至溫泉。泉可浴，泡珠時發自池底，北池沸泡尤多；對以六角亭，曰噴玉。東踰坡半里，抵橋頭村❽。村西行田疇間，忽一石高懸，四面蓊叢，樓楹上出，即石崖堡❾也，與溫泉北隔一塢。徑平畦里許，抵堡東麓，南向攀級，上凌絕頂，則海子東界山南繞於前，西界山自北來，中突為此崖，又西峙而南為水口山。交溪南出上橋，前為東界山南繞所扼，輒西南匯為海子，正當石堡南；其東北白石崖龍潭，與東南亦佐之水，合交溪下流於越州，乃西南破峽去。而石堡正懸立眾峰中，諸水又匯而瀠之，危崖古松，倍見幽勝。北下山，西一里，抵石堡村。迴眺石堡西北兩面，嵌空奇峭，步步不能去。由村南下坡，東半里，逾一石梁。南走梁下者即交溪，溪遂折東南去。又東一里半，抵東山麓。東北上山，從石片中行，土傾峽墜，崩嵌紛錯，石骨競露如裂瓣，從之傾折取道。石多幻質，色正黑如著墨，片片英山絕品。石中上者一里，至嶺坳，下見西塢南流之江，下墜嶺南之峽，乃交溪由橋頭南下，橫截此山南麓以東去者也。

余已躬睹南盤源，聞有西源更遠，直西南至石屏州⑩，隨流考之。其水源發自石屏西四十里之關口，流為寶秀山⑪巨塘⑫，又東南下石屏，匯為異龍湖⑬。湖有九曲三島⑭，周一百五十里。島之最西北近城者，曰大水城，頂有海潮寺，稍東島曰小水城。舟經大水城南隅，有芰荷百畝，巨朵錦邊，湖中植蓮，此為最盛。水又東經臨安郡南，為瀘江，穿顏洞⑮出，又東至阿彌州⑯，東北入盤江。盤江者，即交水海子，南經越州、陸涼、路南、寧州⑰，至州東六十里婆兮甸⑱，合撫仙湖⑲水；又南至播箕街河甸，合曲江⑳；又東至阿彌州稍東，合瀘江；二江合為南盤江，遂東北流廣西府東山外。

余時徵諸廣西土人，竟不知江所向。乃北過師宗州，又東北去羅平州十五里，抵一塢，曰興哆囉。其塢西傍白蠟，東瞻羅莊，南去甚遙。而羅莊山森峭東界，皆石峰離立，分行競奮，復見粵西面目㉑。蓋此叢矗怪峰，西南始此，而東北盡于道州，磅礴數千里，為西南奇勝，此又其西南之極也㉒。已而至羅平，詢土人盤江曲折，始知江自廣西府流入師宗界，即出羅平東南隅羅莊山外，抵巴日彝寨，會江底河。寨去羅平東南二百里，江東即廣南府境。又東北經巴澤、河格、巴吉、興隆、那貢，至霸樓，為霸樓江；六處地名俱粵西安隆長官司地。今安隆無土官，俱為廣南、泗城所占。遂入泗城境之八蠟、者香，於是為右江。再下，又有廣南富州之水，自者格經泗城之葛閬、歷裏來合，而下田州云[23]。

後余至雲南省城，過楊林，見北一海子特大，古稱嘉利澤，北成大溪，出河口[24]。溪北有山甚峻，曰堯林山。又東北十里出峽，經果子園[25]，北至尋甸府，合郡城西北水，匯為南海子。又東北與馬龍水合于郡東二十里七里橋[26]，為阿交合溪。余因究水所出，知其下霑益州可渡河[27]，乃北盤江上流也。按此則南、北二盤，但名稱之同耳，發源非一山之水。北盤自可渡河而東，始南合亦資孔、火燒鋪之水，則火燒鋪非北盤之源也。南盤自交水發源，南渡越州，始合明月所之水，則明月所非南盤之源也。乃《一統志》北盤捨楊林，南盤捨交水，而取東南支分者為源。則南北源一山之誤[28]，宜訂正者一。

又以南盤至八蠟、者香，一水自東北來合，土人指以為北盤江，遂謂南、北盤皆出于田州。夫北盤過安南，已東南下都泥，由泗城東北界，經那地、永順，出羅木渡，下遷江[29]。則此東北合南盤之水，自是泗城西北箐山所出[30]。謂兩江合于普安州、泗城州之誤，宜訂正者二。

至《一統志》最誤處，又謂南北二盤分流千里，會於合江鎮[31]。蓋惟南寧府[32]西左、右江合流處為合江鎮，是直以太平府[33]左江為南盤，田州右江反為北盤矣。今以余所身歷綜校之，南盤自霑益州炎方驛南下，經交水、曲靖，南過橋頭，由越州、陸涼、路南，南抵阿彌州境北，合曲江、瀘江；始東轉，漸北合彌勒[34]巴甸江[35]，是為額羅江；又東北經大柏塢[36]、小柏塢[37]，又北經廣西府東八十里永安渡，又東北過師宗州東七十里黑如渡，又東北過羅平州東南巴日寨，合江底水；經巴澤、巴吉，合黃草壩水[38]；東南抵壩樓，合者坪水；始下舊安隆[39]，出白隘[40]，為右江。北盤自楊林海子，北出嵩明州果子園，東北經熱水塘，合馬龍州中和山[41]水；抵尋甸城東，北去彝地為車洪江；下可渡橋，轉東南，經普安州北境，合三板橋[42]諸水；南下安南衛東鐵橋[43]，又東南合平州[44]諸水，入泗城州東北境；又東注那地州、永順司，經羅木渡，出遷江、來賓[45]，為都泥江，東入武宣[46]之柳江。是南盤出南寧，北盤出象州[47]，相去不下千里。而南寧合江鎮，乃南盤與交趾[48]麗江[49]合，非北盤與南盤合也。其兩盤江相合處，直至潯州府[50]黔、鬱二江會流時始合，但此地南、北盤已各隱名為鬱江、黔江矣。則謂南盤、北盤，即為南寧左、右江之誤，宜訂正者三。

若夫田州右江源，明屬南盤，志書又謂源自富州，是棄大源而取支水，猶之志南盤者源明月所，志北盤者源火燒鋪也。彼不辨端末巨細，悍然秉筆，類一邱之貉也夫！

【章旨】南、北兩條盤江發源於雲南東境，在廣西已看到它們的下游。經過貴州亦資孔驛，就想窮究兩江的源流。驛西的小洞嶺，是南、北盤江的分水脊，嶺東的水往北流出後和北盤江匯合，嶺西的水最後往南流入南盤江。雲南越州衛東面有條水，和交水湖水匯合，成為滇東第一大溪，是南盤江的上游。在交水看到白石江，僅是一條細小的溪流，沐英曲靖之捷，分明是誇大其辭。曲靖府東南有石堡溫泉。石堡山聳立在群峰之中，環境幽美，形狀奇峭。東山石質奇幻，顏色純黑。在看到南盤江源頭後，又去石屏州考察它的西源。西源的水往下流為寶秀湖，匯成異龍湖，再往下為瀘江。交水的湖水，先後匯合撫仙湖水、曲江、瀘江，成為南盤江，流到雲南廣西府東山外。廣西府的當地人，都不知道盤江的流向。到羅平州的羅莊山，才又看到廣西的山貌。這類叢林般矗立的奇峰，從西南的雲南羅平開始，到東北的湖南道州為止，為西南地區的奇景。到羅平打聽南盤江曲折的流向，才知道江水從廣西府流經師宗州、羅平州，到巴旦彝寨匯合江底河，再經過巴澤等地，到廣西霸樓成為霸樓江，流入泗城州成為右江，再往下匯合從雲南富州來的水流到田州。在去省城昆明的途中看到嘉利澤，流到尋甸府匯成南海子，和馬龍水合流後稱阿交合溪，再流下霑益州的可渡河，成為北盤江的上游。北盤江從可渡河開始往東，南盤江從交水發源往南，南、北盤江發源於同一座山，是應當訂正的第一個誤說。兩江在貴州普安州、廣西泗城州匯合，是應當訂正的第二個誤說。《一統志》最大的錯誤是以為南、北盤江分流千里，到南寧合江鎮會合。根據親身經歷進行綜合考察，南盤江從霑益州炎方驛南下，到廣西白隘流出為右江。北盤江從楊林海子北流，到廣西來賓流出為都泥江。南盤江從南寧府流出，北盤江從象州流出，相隔千里。合江鎮是南盤江和麗江的會合處。兩條盤江直到改名黔江、鬱江，在潯州府才合流。以為南、北盤江就是南寧的左、右江，是應當訂正的第三個誤說。那些不分首尾大小，不顧事實的記載，犯的都是同一類錯誤。

【注 釋】❶小洞嶺 今名硝洞嶺，在貴州盤縣火鋪鎮西面。❷俱發源霑益州東南二百里 《一統志》僅記盤江「在霑益州，有二源，北流曰北盤江，南流為南盤江」，並無「東南二百里」之說。❸白石崖 今名白石巖，在曲靖東境，茨營北端的龍潭河源。❹龍潭 河名，〈滇遊日記三〉九月初七日記作「龍塘河」。❺交水海子 即交海，在曲靖壩子東部，現已闢為圩田。❻沐分兵從上流潛濟 據《明史．沐英傳》載，沐以「奇兵從下流濟」，二說不同。❼交溪 即交河。南盤江在今雲南霑益發源處，稱為交河；在曲靖城東匯合臘溪諸水，稱為瀟湘江；至陸良稱為八達河；經羅平西北稱為南盤江。是同一條水在不同地區的不同名稱。❽橋頭村 又名溫泉村，在南盤江西岸，曲靖境內。❾石崖堡 即石堡山，在曲靖城東南二十餘里，相傳為諸葛亮征蠻時，與當地酋長會盟之所。山下有溫泉。❿石屏州 見〈滇遊日記一．隨筆二則〉。⓫寶秀山 在石屏城西三十里，為寶山、秀山的合稱。寶山又名朝君山，形如圓珠；秀山峰巒秀拔，上有碧蓮臺。⓬巨塘 指寶秀湖，又名赤瑞湖，周長二十餘里。湖水原流入異龍湖，現已排乾墾為農田。⓭異龍湖 見〈滇遊日記一．遊顏洞記〉注。⓮三島 即大水城、小水城、馬坳龍。在異龍湖西部。唐、宋時當地蠻族已在前兩個島上築城。馬坳龍蛇蟲甚多，人不可居。現大水城、小水城已在湖岸上，僅剩最小的馬坳龍。⓯顏洞 見〈滇遊日記一．遊顏洞記〉注。⓰阿彌州 即阿迷州，見〈黔遊日記二〉四月二十五日日記注。⓱寧州 明代隸臨安府，治所在今雲南華寧。⓲婆兮甸 即今盤溪，在華寧東隅，曲江在此匯入南盤江。⓳撫仙湖 見〈滇遊日記一．隨筆二則〉注。⓴曲江 在建水縣東北九十里。源出雲南玉溪縣，西南向屈曲流經峨山，轉向東南流經通海、建水兩縣注入南盤江。㉑復見粵西面目 參見〈滇遊日記二〉八月十八日日記。㉒此又其西南之極也 同上。㉓已而至羅平二十句 參見〈滇遊日記二〉八月二十八日日記。巴旦彝寨，〈滇遊日記二〉八月十八日日記作「八達彝寨」。廣南府，治所在今雲南廣南縣，轄境相當今雲南廣南、富寧等縣地。㉔河口 即今嵩明東境小河口。㉕果子園 在嵩明東境，楊林湖水東流至此轉向北流稱為牛欄江。㉖七里橋 據〈滇遊日記三〉九月二十三日日記，當為「七星橋」。㉗可渡河 在宣威城北，與貴州交界處。㉘則南北源一山之誤 據近代地理調查，北盤江有二個源頭，一為可渡河，一為霑益城北馬雄山北麓的革香河，南盤江發源於馬雄山南麓。㉙夫北盤過安南六句 參見〈滇遊日記二〉八月二十八日日記。㉚自是泗城西北箐山

所出　此水當為貴州境內的都泥江及其支流格凸河，並非和南、北盤江匯合的水，而是和南、北盤江合流後匯合的水。㉛合江鎮　見〈粵西遊日記二〉六月二十一日日記注。㉜南寧府　見〈粵西遊日記二〉八月二十三日日記注。㉝太平府　見〈粵西遊日記三〉十月初四日日記注。㉞彌勒　州名，見〈滇遊日記一・隨筆二則〉注。㉟巴甸江　一名巴盤江，今名甸溪河，在彌勒境內，從北往南流入南盤江。㊱大柏塢　即今雲南硯山縣西北的大百戶。㊲小柏塢　即今雲南丘北縣境內的膩腳一帶。㊳黃草壩水　似指馬別河，見〈滇遊日記二〉八月二十八日日記注。㊴舊安隆　舊安隆州，元致和間置，後廢。治所在今廣西田林西北，南盤江南岸。㊵白隘　即今雲南富寧縣東北境的剝隘。㊶中和山　在馬龍西南五十五里。中峰突兀，左右層巒環列，狀若旗鼓。山上有仙人洞、玉龍潭。㊷三板橋　在貴州普安西境。㊸鐵橋　即盤江橋，見〈黔遊日記二〉四月二十五日日記注。㊹平州　指平洲六洞長官司，見〈黔遊日記一〉四月初一日記注。㊺來賓　見〈粵西遊日記二〉七月十九日日記注。㊻武宣　見〈粵西遊日記二〉七月二十日日記注。㊼象州　見〈粵西遊日記二〉六月二十一日日記注。㊽交趾　見〈粵西遊日記三〉十月二十七日日記注。㊾麗江　見〈粵西遊日記二〉六月二十一日日記注。㊿潯州府　見〈粵西遊日記二〉七月二十日日記注。

【語譯】南、北兩條盤江，我在廣西時已經看到它們的下游，它們的源頭都在雲南東部地區。我經過貴州亦資孔驛，就開始窮究它們的源流。從亦資孔驛往西走十里，經過火燒鋪。又往西南走五里，到達小洞嶺。在小洞嶺北面二十里，有黑山，高峻為群山之冠，這嶺是黑山向南延伸的山脊。山嶺東面的水即往東流，經過火燒鋪、亦資孔驛，便往西北流入黑山東面的峽谷，再往北流出和北盤江匯合；山嶺西面的水，從北面的峽谷往南流，經過明月所西面的山塢，往東南流出亦佐縣，再往南流入南盤江。這一座小洞嶺，就成為南、北盤江的分水嶺脊。《一統志》說南、北兩條盤江，都發源於霑益州東南二百里處，往北流的為北盤江，往南流的為南盤江，都是指這黑山南面小洞嶺的兩條水流，一條從東面流出火燒鋪，一條從西面流出明月所。以後往西走到交水城東面，從中開出一片平坦的大山塢，北起霑益州炎方驛，往南越過交水，穿過曲靖府。這座山塢縱貫南北，不下一百里，塢中都是平坦的田地，三條水在裡面縱橫交流，在水流匯聚的地方形成湖泊。以後有船往南通往越州，州城在曲靖府東南四十里。坐船航行到越州，水往西南流入石峽中，峽谷極其陡險，船無法上下，只好上岸。走了十五里，又上船，往南到陸涼州。越州東面有一條水，又從白石崖的龍潭流來，和交水的湖水一起流出石峽，這是滇東第一大溪，為南盤江的上游。

我在交水歇腳，聽說曲靖府東南有石堡溫泉這處名勝，便從湖泊西面往南走。朝南走下二十里，一條溪水從西北流來，轉向東南流去，注入交水湖中，有橋架在溪上，這水就是白石江；涓涓細流，只有幾丈寬，卻獨享盛名，因為沐西平首先在這裡大破達里麻率領的元軍，才得進入雲南。據史書記載，達里麻率領十萬大軍前來抵抗，和明朝軍隊隔江布陣，這天有大霧，沐英分兵從白石江上游偷渡，繞到元軍背後，於是擊破敵軍。現在看到的白石江只是一條如線細小的山間溪水，哪裡有天險足以據守！而且白石江上游為戈家沖，源頭很短，流量微小，縈繞範圍，不過在幾里之內。沐公曲靖之戰的捷報，卻誇張說冒著大霧渡水過江，從上游出奇兵夾擊元軍，建立了非常的功勳，人們卻不知白石江上游和小水塘沒有什麼兩樣！過橋往南走六里，到達曲靖府。從南門出城，往東南走二十五里，看到寬廣的湖水，上漲外溢，到這裡被東西兩邊的山束縛，往南流下低伏的峽谷中，有橋橫架在交溪上，名上橋。橋的西面開出一處向東伸展的山塢，便從上橋往西轉入山塢，走了半里，到達溫泉。泉水可以沐浴，水泡時時從池底冒出，北面的池中沸騰的水泡更多；對面是個六角亭子，名噴玉。往東越過山坡走了半里，到達橋頭村。從橋頭村往西在田間行走，忽然看到有座石峰高聳，四圍叢林茂密，樓臺楹柱從上面露出，這就是石崖堡，和溫泉在北面隔著一個山塢。在平坦的田間徑直走了一里左右，到達石崖堡的東麓，朝南攀登石級，升上頂峰，只見湖泊東界的山往南延伸，在前面環繞，西界的山從北面延伸過來，從中突起這座石崖，又往西峙立向南延伸為水口山。交溪往南流過上橋，前面被東界的山往南環繞所扼制，就轉向西南流匯聚成為湖泊，正在石崖堡南面；在它東北白石崖的龍潭水，和東南亦佐縣的水流，匯入交溪往下流到越州，便往西南穿過峽谷流去。而石崖堡正聳立群峰之中，眾多水流又匯在一起縈繞著它，山崖高峻，松木古老，更加顯得幽靜優美。從北面下山，往西走了一里，到達石堡村。回頭眺望石崖堡西、北兩面聳入雲天，奇崛陡峭，一步一望，捨不得離開。從石堡村的南面下坡，往東走了半里，通過一座石橋。往南流到橋下的水就是交溪，溪水便轉向東南流去。又往東走了一里半，到達東邊的山麓。往東北上山，在石片中行走，泥土傾塌，峽谷墜落，土崩石嵌，交錯雜亂，岩石爭相露出，如同開裂的花瓣，從中傾斜曲折地找路行走。岩石很多，質地奇幻，顏色純黑如同塗上墨汁似的，片片都是英山石中的絕品。在岩石中往上走了一里，到達嶺坳，往下看到西面山塢中向南流的江水，往下落到山嶺南面的峽谷中，它是交溪的水，從橋頭村往南流下，橫穿這座山的南麓而往東流去。

我已經親眼看到南盤江的源頭，聽說還有西面一支源頭在更遠的地方，一直往西南到石屏州，隨著水流進行考察。這支水流發源於石屏州西面四十里的關口，流成寶秀山下的大水塘，又往東南流下石屏州，匯聚成為異龍湖。湖中有九道水灣、三座小島，周長一百五十里。在最西北靠近石屏城的島名大水城，最高處有海潮寺；稍許偏東的島名小水城。船經過大水城的南隅，有上百畝荷花，花朵巨大，枝葉絢麗，在湖中培植荷花，以這裡最為壯觀。湖水又往東流經臨安府南境，稱為瀘江，穿過顏洞流出，又往東流到阿彌州，轉向東北匯入盤江。這盤江就是交水的湖泊，往南流經過越州、陸涼州、路南州、寧州，流到寧州東面六十里的婆兮甸，和撫仙湖水匯合；又往南流到播箕街河甸，和曲江水匯合；再往東流到阿彌州偏東的地方，和瀘江水匯合；兩條江水合流後稱為南盤江，就往東北流到廣西府的東山外。

我當時請教過廣西府的當地人，始終沒有弄清南盤江的流向。於是往北經過師宗州，又往東北在離羅平州十五里的地方，到一個山塢，地名興哆囉。這山塢西面靠著白蠟山，東面可望羅莊山，南面伸到很遠處。而羅莊山高峻陡峭在東界聳立，都是並立的石峰，分列成行，爭相奮起，又顯出廣西的山貌。大體上說，這類叢林般矗立的奇特山峰，西南從這裡開始出現，往東北到道州為止，氣勢磅礴，綿亙幾千里，是西南地區奇特的勝景，而這裡又是西南奇景中的極觀。隨後到羅平州，向當地人打聽盤江曲折流向，方才知道江水從廣西府流入師宗州境內，就從羅平州東南隅的羅莊山外流出，到巴旦彝寨，和江底河匯合。巴旦彝寨在羅平州東南二百里外，南盤江東岸即是廣南府的境地。江水再往東北流，經過巴澤、河格、巴吉、興隆、那貢到霸樓，被稱為霸樓江；這六處地名，都是廣西安隆長官司的屬地。如今安隆長官司沒有土官，這些地方都被廣南府、泗城州占有。於是流入泗城州的八蠟、者香，到這裡被稱為右江。再往下流，又有廣南府富州的水流，從者格經過泗城州的葛閬、歷裏流來和右江匯合，然後流下田州。

後來我到雲南省城，經過楊林所，看見北面有個湖泊特別大，古時稱為嘉利澤，北面形成大溪，流出河口。大溪北面有山十分高峻，名堯林山。又往東北流十里，穿過峽谷，經過果子園，往北到尋甸府，和府城西北的水流會合，匯聚成南海子。再往東北流，和從馬龍州流來的水在府城東面二十里的七星橋匯合，被稱為阿交合溪。我於是窮究溪水的流向，知道它往下流到霑益州的可渡河，便是北盤江的上游了。根據這些考察，那麼南、北兩條盤江，只是名稱相同罷了，源頭並不是從同一座山流出的水。北盤江從可渡河往東流，才和從南面流來的亦資孔驛、火燒鋪的水流匯合，可見火燒鋪並不是北盤江的發源地。南盤江從交水發源，往南流過越州，才和明月所的水流匯合，可見明月所並不是南盤江的發源地。而《一統志》記載北盤江漏了楊林所，記載南盤江漏了交水，而以東南分支作為它們的源頭，那麼認為南、北盤江發源於同一座山的誤說，是應當訂正的第一個問題。

又因為南盤江流到八蠟、者香，有一條水從東北流來會合，當地人將這條水當作北盤江，於是說南、北盤江都從田州流出。其實北盤江經過安南，就已往東南流下都泥江，從泗城州東北界經過那地、永順，流出羅木渡，下入遷江。那麼這條從東北流來和南盤江會合的水，自然是從泗城州西北部的山林中流出的。認為南、北兩條盤江在普安州、泗城州會合的誤說，是應當訂正的第二個問題。

至於《一統志》記載最錯誤的地方，又在說南、北兩條盤江分別流了上千里，在合江鎮匯合。因為只有南寧府西面左江、右江合流的地方叫合江鎮，《一統志》的記載竟然將太平府的左江看作南盤江，田州的右江反被看作北盤江了。現在根據我親身的經歷進行綜合考察，南盤江從霑益州炎方驛往南流下，經過交水、曲靖府，再往南流過橋頭，經過越州、陸涼州、路南州，往南流到阿彌州北境，和曲江、瀘江匯合；才轉向東流，漸漸往北和彌勒州的巴甸江匯合，這就是額羅江；再往東北經過大柏塢、小柏塢，再往北流過廣西府東面八十里的永安渡，再往東北流過師宗州東面七十里的黑如渡，再往東北流經過羅平州東南面的巴旦彝寨，和江底河匯合；經過巴澤、巴吉，和黃草壩的水流匯合；往東南流到霸樓，和者坪的水流匯合；這才往下流到舊安隆，從白隘流出，被稱為右江。北盤江從楊林所嘉利澤，往北流出嵩明州果子園，往東北經過熱水塘，和馬龍州中和山的水流匯合；流到尋甸府城東面，往北流入彝族居住地區稱車洪江；往下流到可渡橋，轉向東南流，經過普安州北境，和三板橋的各條水匯合；往南流到安南衛東面的鐵橋，又往東南匯合平州的各條水流，流入泗城州東北境；再往東流到那地州、永順司，經過羅木渡，又從遷江、來賓流出，稱為都泥江，往東注入武宣的柳江。這樣，南盤江從南寧府流出，北盤江從象州流出，相隔不下一千里。而南寧府的合江鎮，是南盤江和交趾麗江匯合處，並非北盤江和南盤江匯合處。這兩條盤江相互匯合的地方，一直要到潯州府黔江、鬱江合流時才匯合，但在那裡的南、北盤江已經分別改名為鬱江、黔江了。那麼認為南盤江、北盤江就是南寧府的左江、右江的誤說，是應當訂正的第三個問題。

至於像田州右江的源流，明明屬於南盤江，但志書又說右江發源於富州，這是捨棄主要的源流而取分支的水流，就像記載南盤江發源於明月所、記載北盤江發源於火燒鋪一樣。這種不分首尾大小，不顧事實的記載，犯的都是同一類錯誤。

【研　析】徐霞客的〈盤江考〉，對南、北盤江的源流，及其流經區域的地貌、水文，作了全面、綜合的探討，其論述之詳、研究之深，均可謂前所未有，從而被近代地質學的奠基者丁文江譽為「我國言地理學最重要之文字」。

〈盤江考〉是徐霞客用力最勤、費時最多的一篇專題論文，其中確實糾正了前人的一些錯誤。過去的志書都將貴州西南隅明月所、火燒鋪的兩條水，作為南、北盤江的源頭，徐霞客將南盤江的上源上溯到霑益北面炎方驛的交河，將北盤江的上源上溯到火燒鋪北面的可渡河；過去的志書將鬱江上游的右江作為北盤江的下游，徐霞客指出北盤江從安南衛流下都泥江，出羅木渡，入黔江；過去人們對南盤江的源頭和上游流向，始終不曾弄清，徐霞客指出南盤江的源頭就是西江的源頭，一舉解決了兩條江水源頭的問題。所有這些，都將盤江研究推進了一大步。

但據近世學者的歸納研究，在徐霞客的論述中，依然存在著不少問題和錯誤。崇禎十一年（一六三八）九月十四日，他在曲靖時曾說過，位於曲靖西北、交水西南各三十里的翠峰山，「為兩江鼻祖」，「是頂為三面水分之界。東北二面俱入南盤，南面入北盤」，「兩盤之交錯，其源實分於此云」。但在〈盤江考〉中，卻將南、北盤江發源於同一座山這種說法，作為需要訂正的第一個問題。其實這並沒有錯。南盤江的源頭在雲南烏蒙山脈的馬雄山南麓（位於霑益北面），北盤江有兩個源頭，一為可渡河，一為馬雄山北麓的革香河，兩條江確實發源於同一座山。

徐霞客要訂正的第二個問題是南、北盤江在普安州、泗城州合流。他誤信姜渭濱的話，以為南盤江流下廣南府，出田州為右江，又將北盤江看作廣西泗城西北箐山所出的格凸河，匯入都泥江，兩條江水分流直下，右江延伸為鬱江，都泥江延伸為黔江，直到潯州府才會合。但南盤江實際上並不到田州，右江的上源為馱娘江和西洋江，與南盤江無涉。由於他堅信這樣一個錯誤的前提，從而不相信在黃草壩聽到當地人所說的一種正確看法，即南盤江正是從雲南羅平州的三江口出省，流經貴州興隆，到廣西泗城州的者香（今屬貴州望謨），而北盤江則從貴州安南衛流到者香與南盤江會合。

文中訂正的第三個問題是南、北盤江的下游即在南寧合江鎮會合的左、右江。這確是一種誤說。在廣西時，徐霞客兩次提到北盤江發源於雲南曲靖東山的北面。這本是正確的看法，但到雲南後，由於誤信龔起潛之說，他錯將馬龍州和楊林所的水（至尋甸合稱阿交合溪），看作可渡河的上游，也就是北盤江的上游。其實當地人說得不錯，楊林海子的水出東川，下馬湖，流入牛欄江，往北匯入金沙江，屬長江水系，和屬珠江水系的可渡河實不相通。

造成這些錯誤，固然有徐霞客自身的原因，由於他心存偏見，故寧信龔、姜等士人之言，而不信當地人的說法。而從客觀上看，在當時的科學水平和交通條件下，在那極其艱苦和危險，乃至「不知何以行，且不知從何行」的旅程中，他孤身一人，長途跋涉，不可能遍訪盤江的上游，找到它們的源頭。徐霞客將前人從未弄清的問題作為自己研究考察的方向，以「舍我其誰」的氣概、求真務實的作風、百折不撓的犧牲精神，履危涉險，窮江溯源，提出新的看法。如果說，他的錯誤是因時代的局限造成，那麼，他的成就則是用強者的精神和氣魄所鑄就的不朽的豐碑。

國家圖書館出版品預行編目資料

新譯徐霞客遊記／黃珅注譯;黃志民校閱.——二版一刷.——臺北市：三民，2022
面； 公分.——（古籍今注新譯叢書）

ISBN 978-957-14-6613-2（平裝）
1. 遊記 2. 中國

690　　108004464

古籍今注新譯叢書

新譯徐霞客遊記（中）

注譯者	黃　珅
校閱者	黃志民
發行人	劉振強
出版者	三民書局股份有限公司
地　址	臺北市復興北路 386 號（復北門市） 臺北市重慶南路一段 61 號（重南門市）
電　話	(02)25006600
網　址	三民網路書店 https://www.sanmin.com.tw
出版日期	初版一刷 2002 年 4 月 二版一刷 2022 年 11 月
書籍編號	S031850
ISBN	978-957-14-6613-2